I0818518

כי קרוב אליך

יעקב מדן

כי קרוב אליך

הפטרות השבוע

עיון בדברי הנביאים הנאמרים באמת

Yaaqov Medan
The Word is Very Near: The Weekly Haftarot –
A Study of the Prophets' Words Spoken in Truth

יעקב מדן
כי קרוב אליך: הפטרות השבוע – עיון בדברי הנביאים הנאמרים באמת

עורך אחראי: ראובן ציגלר
עורכת ראשית: אוריה מבורך
עורכת משנה: אפרת גרוס
ייעוץ וליווי: נועם שליט
עריכה לשונית: עמרם ינאי, רועי בראון
הגהה: אוריה פלס, ינון חן
עימוד: רינה בן גל
עיצוב עטיפה: תני בייער

ספרי מגיד, הוצאת קורן
ת"ד 4044 ירושלים 9104001
טל': 02-6330530 פקס: 02-6330534

office@korenpub.com
www.korenpub.co.il

מסת"ב ISBN 978-965-526-419-7

נדפס בישראל 2025 Printed in Israel

לעילוי נשמת אהובות ליבנו היקרות

צפורה בת ישראל ז״ל

ובתה

נעם רחל ז״ל בת אפרים צבי משה הי״ו

רימל

נלב״ע ג׳ בכסלו תש״ף

תנצב״ה

הספר מוקדש בתפילה לרפואתו של בני
אלישע יהודה בן רותי מדן
וכל לוחמינו פצועי הקרבות במלחמה בעזה ובגבול הצפון

לעילוי נשמת תלמידי ישיבת הר עציון היקרים

הרב נערן אשחר הי״ד
דוד שורץ הי״ד
יקיר ימין הכסטר הי״ד
שי אוריאל פיזם הי״ד
ארי יחיאל זנילמן הי״ד
זכריה פסח הבר הי״ד

וכל לוחמינו שנפלו בקרבות

תעמוד לכל ישראל זכותם

תוכן העניינים

הקדמה

קריאת ההפטרות כחלק מסדר קריאת התורה וסדר התפילה בבית הכנסת פותחת לנו צוהר מבורך לעיון בספרי הנביאים. ספק בעיניי אם צוהר זה היה נפתח מעצמו לרבבות אלפי ישראל, שאינם עוסקים בקביעות בדברי הנביאים, ואפשר שהיו מסתפקים בקשר שלהם עם תורת משה מפי ה׳ שאנו זוכים לו בעת קריאת התורה בבית הכנסת, ומשם היו עוברים ישירות לתורה שבעל פה, דרך לימוד קבוע של המשנה היומית, הדף היומי וההלכה היומית.

התקנה הקדומה (שתידון בע״ה במבוא) לקרוא מדי שבת בשבתו פרק מדברי הנביאים בצמוד לקריאת התורה ובקשר אליה, פותחת לנו צוהר להכרה הפנימית שדבר ה׳ אל האומה לא היה בן דור אחד בלבד, מכוחו של איש שמעולם לא קם כמוהו – משה רבנו. דבר ה׳ המשיך לחיות עם האומה וללוות אותה בדרכה במשך דורות רבים, קרוב לאלף שנים, בימי עושרה וטובתה וקרבתה אל ה׳, וגם בימי עונייה ושעבודה מחמת ריחוקה מה׳ ומתורתו. דבר ה׳ המשיך ללוות את האומה באמצעות נביאיו, נביאי האמת והצדק. נביאים אלו הסכימו לדחות כל משימה בחייהם האישיים והציבוריים מפני המשימה של הבאת דבר ה׳ אל האומה, בביקורת על דרכה, בביקורת גלויה ומסותרת על מנהיגיה ועל מלכיה, ובביקורת על מבנה החברה ועל סדר עדיפויותיה. נביאים אלו גם דחו כל משימה אישית וציבורית שלהם כדי להביא לאומה בימי עונייה את דבר ה׳ על נחמות הגאולה הצפויות ובעיקר את הַשְׁרָשַׁת האמונה בכך שה׳ מלווה את האומה וסולל את דרכה, יחד עם מנהיגיה ועם בניה, למקום טוב יותר.

נוכל לומר שהנביאים הם הפרשנות הנכונה למשמעות המשכן, ובעיקר בית המקדש, בתפר שבין כנסת ישראל לדודה, הקב״ה. המקדש הוא מקום שכינת ה׳ בתוך בני ישראל, אך בהדגשה, שהתנאי והבסיס לכך הוא לא רק עבודת המקדש

המצומצמת, אלא עבודת ה׳ המלאה וההליכה בדרכו, שהיא דרך הצדקה והמשפט (בראשית יח, יט), לאורך כל חייה של כנסת ישראל.

המושג הקרוב ביותר מבחינתי להבנת תרומתם של הנביאים שאחרי משה, למרות שלא הגיעו לדרגתו, הוא ההיסטוריה. כוונתי להיסטוריה של עם ישראל בפרט ושל כל העמים שסביבו בכלל. את אירועי ההיסטוריה ניתן לפרש בפנים שונים, וגם בדרך חילונית לחלוטין, המדגישה את כישרונותיהם של בני אדם (ובעיקר שליטים ומלכים) ואת יד המקרה והגורל. ניתן לפרשם גם בדרך ׳דתית׳ הכרוכה בעבודה זרה ובכוחם, כביכול, של אלוהים אחרים. הנביאים טורחים בכל דבריהם להצביע על הקב״ה כמוביל את ההיסטוריה של עם ישראל במסגרת ההיסטוריה העולמית, ועל האמירה שהוא עושה זאת גם, ובעיקר, כתגובה למעשיהם של ישראל ולהיצמדותם לדרך ה׳ או, חלילה, להפכה. שוב, דרך ה׳ כוללת גם ובמידה רבה את דרך הצדקה והמשפט. אולם תגובת ה׳ למעשיהם של ישראל כוללת בתוכה גם מקום נכבד לתפילתם אל ה׳ בעקבות מקרי הזמן ואת מעשי תשובתם על חטאיהם בעקבות מקרים אלו. בדרך הטבע ובעקבות דברינו לעיל תגובת ה׳ כוללת (בעיקר בשוליים) גם את מעשי הגויים ואת בחינת טיבם הדתי והמוסרי.

חשיבות משפטינו האחרונים גדולה בעיקר אם נרצה (ואנחנו אכן רוצים מאוד) ליישם את מוסר הנביאים היום, כאלפיים וחמש מאות שנה אחרי שבעוונותינו פסקה הנבואה, ואם נרצה להבין מה הוא דבר ה׳ אלינו היום. האירועים ההיסטוריים שעם ישראל מצוי במרכזם רבים ומכריעים היום לא פחות מן האירועים שהיו בימי הנביאים, ואפילו הרבה יותר מכך. אולם אין איתנו נביא היכול לפרש לנו היום מה רוצה ה׳ לומר לנו באירועים אלו ובדרך גלגולם. נביא כדוגמה פסוק מדבריהם:

> הִכְרַתִּי גוֹיִם נָשַׁמּוּ פִּנּוֹתָם הֶחֱרַבְתִּי חוּצוֹתָם מִבְּלִי עוֹבֵר נִצְדּוּ עָרֵיהֶם מִבְּלִי אִישׁ מֵאֵין יוֹשֵׁב: אָמַרְתִּי אַךְ תִּירְאִי אוֹתִי תִּקְחִי מוּסָר:
>
> (צפניה ג, ו–ז)

מהו אפוא המוסר שנוכל לקחת היום באין לנו נביא המפרש את דבר ה׳ הבא לידי ביטוי באירועים האופפים אותנו?

מוטלת עלינו המשימה לעיין היטב בדברי הנביאים לאור רקעם ההיסטורי, המדיני, הצבאי, הכלכלי והחברתי, ולנסות להבין מה הם היו אומרים היום. קיימת סכנה גדולה בדברינו, סכנה של טעות בפירוש דבר ה׳ הקיים היום, שמא לא כִּוַּנּוּ היטב בהשוואת מצבנו לזה שהנביאים דיברו בו, וממילא אנו מחטיאים את דבר ה׳ אלינו ונמצא שכרנו יוצא אלף מונים בהפסדנו. ויותר מכך, אם חלילה ננצל את דבר ה׳ כדי לתקוף את יריבינו האישיים או את יריבינו בהשקפת עולם, בלא לראות בו

ביקורת בעיקר כלפי עצמנו, יהיה הפסדנו גדול עוד יותר. לכן תמיד נוסיף לדברינו את הספק שמא אנו טועים, ולעולם נַטה את הספק לביקורת כלפי עצמנו. אולם אין בחשש זה מפני טעות בהבנתנו את דבר ה׳, כדי לפטור אותנו מניסיון אמיתי שאינו נוגע בדבר, ניסיון לשם שמַיִם לכוון לדבר ה׳ הדובר אלינו דרך האירועים, שהרי אם איננו נביאים, ישראל בני נביאים הם.

כאמור, ההפטרות פותחות לנו בכל שבת צוהר לנבואה ולהשתלבותה בדבר ה׳ ביד משה עבדו, ועשויות לפתח אצלנו רצון וסקרנות, עבורם נשתדל לתת מענה בספר זה, לראות את הנבואה כולה ואת הקשריה השונים, הנבואיים וההיסטוריים, מעבר לפסוקים הקצרים שאנו קוראים בהפטרה.

*

בילדותי גדלתי בבית הכנסת ׳שער השמים׳ בשכונת גונן בירושלים. בבית הכנסת היו ספרי נביאים הכתובים על קלף, והם הצריכו הכנה מראש לקריאת ההפטרות בטעמים. בהדרכת אבי מורי, רבי מאיר מדן ז״ל, קראתי את ההפטרות בבית הכנסת החל מהיותי בן תשע. ההכנה הרבה לקריאתן הביאה לכך שהן היו שגורות בפי בעל פה. כנער צעיר תמיד ראיתי בעיניי את הנביא העומד מולי ומדבר אליי. בהפטרות שהסיפור בהן עיקר ראיתי את עצמי חוֶוה את המעשה בגופי - במצור שומרון על ידי הארמים, בְּחנה העומדת בוויכוח קשה עם עלי הכהן, וכן בכל המעשים הנפלאים שהנביאים יודעים לספר לנו אודותיהם ואודות דבר ה׳ הנשקף מהם. למדתי מבט זה מאבי מורי ז״ל, ואני מכיר לו על כך טובה גדולה. את חוויותיי ממבט זה ודברים נוספים, אני מנסה להעביר לקורא כשותף שלי לספר זה.

*

סיום כתיבתו של הספר והאחרונות בהגהותיו הם בעת דבר ה׳ הרועם והחזק המתגלה אלינו בימי המלחמה הארוכה, שהחלה בשמחת תורה תשפ״ד. בימים אלו למדתי את עוצמת דבר ה׳ ואת טהרתו בעיקר מבְּנִי אלישע יהודה, שיצא בשמחת תורה מביתו כאזרח, יחד עם רבים אחרים, והלך ללחום את מלחמת ה׳ באויבינו בעיר שדרות ובקיבוץ בארי. משגויס, יצא עם הכוח הראשון התוקף של צה״ל אל מעוז האויב הקשה בעיירה בית חנון שמול שדרות. שם, בפיצוץ קטלני על פתח מנהרה נפלו ארבעה מחבריו הטובים ביותר, והוא עצמו נפצע קשה מאוד. בחסדי ה׳ הגדולים ובתושייתם ובמסירותם של הצוותים הרפואיים, שב לחיים ולהתמודדות קשה, מאתגרת, כואבת ואינסופית יחד עם אשתו מירי וכל משפחתו. התרומה שאלישע תרם

באותם ימים ואחריהם לחוסנו של עם ישראל, לאחדותו, להדגשת היפה והמאיר שבו ולאמונתו בה׳ היא תרומה שלא תסולא בשום פז. רק מאת ה׳ ניתן בו כוח זה ונמסכה בו שליחות זו, בדומה לדרך בה נתן ה׳ כוח בנביאיו להשיב את עם ה׳ אל אלוהיו (מבלי כמובן להשוות את העוצמות). הספר מוקדש בתפילה לרפואתו ולשובם בשלום של שאר בניי יחד עם חייליהם וחבריהם אחרי ימים כה רבים בחזית מול פני האויב.

*

הרבה למדתי מרבותיי, ויותר מכולם למדתי מתלמידיי. המלחמה ׳תפסה׳ אותי בגיל, שאיש כבר אינו רוצה להסתכל עליי ועל שכמותי בציפייה לתרומה ביטחונית של ממש. תלמידיי עזבו מייד וללא היסוס את גמרותיהם ואת ספרי הלימוד שלהם, את סוגיותיהם, את מאמריהם ואת שאר מפעלותיהם היקרים מפז למען עם ישראל ולמען הפצת תורת ה׳ בקרב עמו, עלו על מדיהם והזדרזו להיות מן הראשונים העומדים מול האויב בצפון, בדרום ובכל מקום. הם הישירו מבט אל האויב ולא מצמצו לרגע. במספר לא קטן מהם התקיימו לצערנו דבריו של חיים שטורמן הי״ד, ממייסדי היישוב העברי בעמק יזרעאל לפני קרוב למאה שנה - ׳נופלים ההולכים ראשונה׳. הספר מוקדש גם לזכרם של נופלי ישיבתנו בקרבות, והם מונצחים בשער הספר. ה׳ ייקום דמם ותעמוד לכל ישראל זכותם.

בשורה האחרונה של ההקדמה ברצוני להודות לבית המדרש הווירטואלי, ׳תורת הר עציון׳, שבמסגרתו פורסמו לראשונה שיעוריי על ההפטרות. תודה גדולה אני חייב לשני העורכים הלשוניים שליוו אותי, ידידיי הטובים רמי ינאי ורועי בראון. כמו כן למגיהים שעשו בספר עבודה נאמנה, ינון חן ואוריה פלס.

עוד יבואו על התודה ועל הברכה אנשי הוצאת ׳מגיד׳ שהפיקו את הספר במסירות ובכישרון.

ביתי העיקרי במשך רוב גדול של ימי חיי, ישיבת הר עציון, שבין כתליה נכתב הספר.

תודה גדולה אני חייב לכל משפחתי, ובעיקר לאשתי היקרה רותי, שליוותה אותי בכלל, ובהערותיה החשובות בפרט, בכל שלבי הספר הזה וספריי הקודמים, ושלי ושלכם - שלה.

אחרון חביב ברשימת התודות - ידידי היקר נועם שליט, שללא כישרונו הבלתי נתפס ומסירותו הגדולה, דבר לא היה יוצא לאור. עימו הלכתי יד ביד בכל ימי הריונו של הספר ולידתו.

מבוא

על החובה לקרוא בנביא

מצוות קריאת ההפטרה מפורשת במשנה:

ביום טוב חמשה (= עולים לתורה), ביום הכפורים – ששה, בשבת – שבעה; אין פוחתין מהן אבל מוסיפין עליהן, ומפטירין בנביא.
(משנה מגילה ד, ב)

מקורה של המצווה קדום. רב אחאי משבחא למד דין זה מן התקנה שתיקן משה לישראל לקרוא במועדים מעניין היום (מסכת סופרים י, א), וחובת הקריאה במועדים כוללת גם את השבת. כמובן, משה רבנו לא תיקן לקרוא בספרי הנביאים שקמו אחריו, אך יש בהפטרות מן הנביאים מעניין היום, העונֶה על דרישה זו:

שאילתא: דמחייבין דבית ישראל למיקרי בספרא ובנביא כל יומא בעניינא דיומא, דכתיב (ויקרא כג, מד): וַיְדַבֵּר מֹשֶׁה אֶת מֹעֲדֵי ה׳ אֶל בְּנֵי יִשְׂרָאֵל, ותניא: משה תיקן להם לישראל שיהו שואלים ודורשין בעניינו של יום.
(שאילתות דרב אחאי קסא, וכן הוא גם ב־כו)

ספר הפרדס מבית מדרשו של רש״י ראה בקריאת ההפטרות מנהג נביאים, ולכן היא מחייבת אמירת ברכות אחריה:

ויש מן הגדולים שכתב שחייב לברך, וכן עיקר. אין מברכין על שום מצוה באחרונה, אלא על דבר שהוא תקנת הנביאים, כגון: קריאת ס״ת והלל

שמברכין לבסוף ׳יהללוך׳ וכן מקרא מגלה וכן בהפטרה, לפי שכל אלו תקנות נביאים הם.

(הפרדס, תרומת הפרדס, שער המעשה)

הרי״ד, רבי ישעיה דה־טיראני, כתב בספר ׳המכריע׳ שקריאת הפטרה היא מתקנות עזרא בתחילת ימי הבית השני:

... אבל בנביאים – מתקנת עזרא הוא בכל מקום, ולא תקנוהו אלא בשעת ביטול מלאכה ובשעת כינופייא (= התכנסות העם) בין יוצר למוסף.

(המכריע לא)

רבי צדקיה הרופא, בעל ׳שבלי הלקט׳, כתב שהקריאה בנביאים נועדה לגוון את לימוד התורה שהתחייבנו בו:

ובשעת שהייה לאחר תפילה היו מביאין ספרים וקורין בתורה ובנביא ובמשנה ובשמועות, כדאמרינן (קידושין ל ע״א): לעולם ישליש אדם שנותיו שליש במקרא שליש במשנה שליש בתלמוד, כדי לקיים ׳לא ימיש׳,[1] והרי כבר קראו בתורה קודם תפלה שבחרו בהך קריאת שמע שיש בו דברים הרבה, ואחר התפלה היו שוהין וקורין בדברי הנביאים, ולאחר שעה במשנה ובשמועות התלמוד.

(שבלי הלקט תפילה מד)

רבי דוד אבודרהם כתב שקריאת ההפטרה תוקנה בעת שגזרו על ישראל שלא לקרוא בתורה, וקראו בנביא בעניין פרשת השבוע או בעניין היום במועדים.[2] על פי זה מסביר אבודרהם את הצורך לקרוא לפחות עשרים ואחד פסוקים:

ואחר שגוללין ספר תורה קורא ההפטרה, וצריך שיהא בה מענין פרשת היום. ולמה מפטירין בנביאים – לפי שגזרו על ישראל שלא יקראו בתורה, וכנגד שבעה שהיו עולין לקרות בתורה, ואין קורים פחות משלשה פסוקים עִם כל אחד ואחד, תקנו לקרות כ״א פסוקים בנביאים, ולא יפחות מהם, ואם נשלם העניָן בפחות מכ״א, כגון הפטרת שובה שהיא קטנה, אינו צריך לקרות יותר.

(אבודרהם, שחרית של שבת)

1. ונראה שכוונתו לדברי ה׳ ליהושע (א, ח): לֹא יָמוּשׁ סֵפֶר הַתּוֹרָה הַזֶּה מִפִּיךָ...
2. כמוהו כתבו גם הלבוש (רפד, א) והמשנ״ב (רפד, ב) ופוסקים נוספים.

*

נסיים בדבריו היקרים של רבי שמואל הכהן וינגרטן[3] על חיוב קריאת ההפטרה. לדבריו, שנאמרו בעקבות הרב י"ל פישמן־מימון, קריאת ההפטרה תוקנה כתשובה לשומרונים, שהכירו בחמישה חומשי תורה ובספר יהושע בלבד (נדרים כב ע"ב). כך כתב גם ההיסטוריון ש' גרץ:

> השומרונים כפרו בקדושת בית המקדש שבירושלים, ובדברי הנביאים לא הודו בכלל, שהרי אלה מלאים דברים על ירושלים עיר האלהים, על הר ציון הר הקדש, על הקריה הנאמנה. על כן קראו ראשי העם לקרוא את הנביאים לעדים ולשנן לבני העם את חשיבותם של הנביאים מדי שבת בשבתו ובכל המועדים.

(גם) לאור דבריו, הרחיב על כך הרב מימון בכיוון דומה. אין ספק שדברי הנביאים מלאים כרימון בחיבת ירושלים ומלכות בית דוד, שלא נזכרו בתורת משה. השומרונים ראו את עצמם ממשיכי דרכה של ממלכת ישראל שהקים ירבעם, והחליפו את ירושלים ת"ו בשכם ובהר גריזים כ'מקום אשר יבחר ה'', כביכול. לנו ברור היום שהניסיון לכפור בדברי הנביאים, מלבד היותו ניסיון בוטה למחיקת חיבת ירושלים וחיבת מלכות בית דוד, נועד גם לטשטש את זרמי העומק בנבואה, העוסקים במלחמה בעבודה זרה, בשחיתות החברתית ובמצוות נוספות (בעיקר השבת), ומעלים לתודעה את האמונה בתשובה ובגאולת ישראל. השומרונים כפרו בכל זה.

כך מבאר הרב מימון את ברכות ההפטרה, שמדברות על בחירת ה' 'בנביאי האמת והצדק', על כך שהוא עתיד לקיים את כל דבריו, על רחמיו על ציון בית חיינו ועל שיבת מלכות בית דוד למקומה. זו הסיבה שתוקנו ברכות רבות על הקריאה בנביאים.

*

ככל שהתקנה קדומה יותר וחמורה יותר, כך יש יותר מקום לדרוש קריאה בהפטרה מספר שלם של נביא, הכתוב על קלף, וכך כתב גם בעל הלבושים (או"ח רפד) וכן

3. ר' שמואל הכהן היה אביו של רבי ידעיה הכהן ז"ל, שהיה מנהל ישיבתנו במשך למעלה מיובל שנים ונפטר בשנת תשפ"ב. הדברים והציטוטים שלהלן נכתבו במאמרו "ראשיתן של ההפטרות", **סיני** פ"ג (תשל"ח), עמ' קה-קלו. אני מודה לידידי, ר' אריה רוטנברג יצ"ו, שהראה לי את הדברים.

הנהיג הגר"א. אומנם 'מגן אברהם' בפתיחתו לסימן הנ"ל התיר לקרוא בספר מודפס, ובלבד שיהיה ספר נביא שלם (או כמקובל היום – תנ"ך שלם).

זכתה ישיבת הר עציון כשקיבלה לידיה את שמונת ספרי הנביאים כתובים כהלכתם.[4] אני זוכר היטב כיצד נצצו עיניו של מוה"ר עמיטל ז"ל, ראש ישיבתנו ומייסדה, בעת שנתן את השיחה החגיגית וקרא בה את דברי בעל הלבושים. מאז נוהגים בישיבה כמנהג הגר"א, וקוראים בכל שבת ממגילות ספרי הנביאים.

4. שמונה מגילות – מגילה לכל אחד מספרי הנביאים.

מבוא להפטרות מספר ישעיהו[1]

כרבע מן ההפטרות הנקראות במהלך השנה, שמונה עשרה הפטרות, לקוחות מנבואות ישעיהו. מחלוקה פנימית ביניהן עולה, שרק שלוש הפטרות (שמות, יתרו ודברים) לקוחות מחלקו הראשון והגדול של ישעיהו (פרקים א-לט), ושאר חמש עשרה ההפטרות הן מחלקו השני (פרקים מ-סו), ובכללן שבע הפטרות הנחמה, הנקראות בשבתות שאחרי תשעה באב. ההפטרות הרבות מחלקו השני של ספר ישעיהו מחייבות אותנו להתייחס לעצם החלוקה שעשינו בין נבואותיו של ישעיהו, ובדרך הטבע תשפיע חלוקה זו על כתיבתנו ועל תוכנה. נזכיר, ששלוש ההפטרות הראשונות בתורה (בראשית, נח ולך לך) הן מחלקו השני של ישעיהו.

הקדמנו מעט את המאוחר. שנים רבות מאוד קיימת מַחְלוקת על ספר ישעיהו, בין הגישה הרווחת בבית המדרש לבין הגישה של רוב החוקרים. נדגיש: המחלוקת אינה בשום פנים בין אמונה לכפירה. תלמידי חכמים חשובים (מעטים, לדעתי) סבורים כחוקרים, ויש חוקרים דגולים הסבורים כבית המדרש. השאלה היא, האם שני חלקי ספר ישעיהו נכתבו בידי נביא אחד – ישעיהו בן אמוץ, או שמא ישעיהו בן אמוץ הנזכר בפתיחת ספר ישעיהו כתב את נבואותיו מפרק א עד לפרק לט, ונביא מאוחר (המכונה בפיהם 'ישעיהו השני') שחי בתקופת כורש מלך פרס – ימי שיבת ציון, כתב את הנבואות בפרקים מ-סו, ונבואות אלה צורפו אל ספר ישעיהו בן אמוץ (המכונה בפיהם 'ישעיהו הראשון').

כאמור, הרוב הגדול של החוקרים מניחים, שאת חלקו השני של ספר ישעיהו כתב נביא אחר (לפחות אחד), שחי בימי כורש מלך פרס, המוזכר בפירוש בפרקים אלה. לשיטתם, הוא חי כחמישים שנה אחרי חורבן הבית הראשון, כלומר, כמאתיים

1. בפרק זה הפניה ללא שם ספר מתייחסת לספר ישעיהו. בהמשך הספר הפניה סתמית בכל פרק מתייחסת לנביא (ולפרק) שממנו לקוחה ההפטרה באותה שבת.

שנה אחרי ישעיהו הנביא, שכתב את החלק הראשון של הספר. לגישה זו יש מספר ראיות בפסוקים, ונביא את הבולטות שבהן:

מֵקִים דְּבַר עַבְדּוֹ וַעֲצַת מַלְאָכָיו יַשְׁלִים, הָאֹמֵר לִירוּשָׁלַםִ תּוּשָׁב וּלְעָרֵי יְהוּדָה תִּבָּנֶינָה, וְחָרְבוֹתֶיהָ אֲקוֹמֵם:

(מד, כו)

הָאֹמֵר לְכוֹרֶשׁ רֹעִי וְכָל חֶפְצִי יַשְׁלִם, וְלֵאמֹר לִירוּשָׁלַםִ תִּבָּנֶה וְהֵיכָל תִּוָּסֵד:

(מד, כח)

כֹּה אָמַר ה׳ לִמְשִׁיחוֹ לְכוֹרֶשׁ אֲשֶׁר הֶחֱזַקְתִּי בִימִינוֹ...

(מה, א)

עָרֵי קָדְשְׁךָ הָיוּ מִדְבָּר, צִיּוֹן מִדְבָּר הָיָתָה, יְרוּשָׁלַםִ שְׁמָמָה: בֵּית קָדְשֵׁנוּ וְתִפְאַרְתֵּנוּ אֲשֶׁר הִלְלוּךָ אֲבֹתֵינוּ הָיָה לִשְׂרֵפַת אֵשׁ, וְכָל מַחֲמַדֵּינוּ הָיָה לְחָרְבָּה:

(סד, ט-י)

התמונה העולה מנבואות אלה: ירושלים גלתה ונעזבה, והמקדש נשרף. כל זה קרה זמן רב אחרי ימי ישעיהו הנביא שמוכָּר לנו.

נבהיר מעט את סדרי הזמנים. בפתח ספר ישעיהו נאמר:

חֲזוֹן יְשַׁעְיָהוּ בֶן אָמוֹץ אֲשֶׁר חָזָה עַל יְהוּדָה וִירוּשָׁלָםִ בִּימֵי עֻזִּיָּהוּ יוֹתָם אָחָז יְחִזְקִיָּהוּ מַלְכֵי יְהוּדָה:

(א, א)

עוזיהו מָלך כמאתיים שנה אחרי שנבנה הבית הראשון, והוא מלך חמישים ושתיים שנה. יותם בנו ואחז בן בנו מלכו שש עשרה שנה כל אחד, וחזקיהו מלך אחריהם עשרים ותשע שנים. לצורך דיוננו נזכיר גם את המלכים שמלכו לאחר המלכים שהוזכרו בכותרת לספר: אחרי חזקיהו מלך מנשה (חמישים וחמש שנה), אָמון (שנתיים) ויאשיהו (שלושים ואחת שנה). עשרים ושתיים שנה אחרי מות יאשיהו חרב המקדש.

נבואות רבות מפרק מ ואילך עוסקות בקיבוץ גלויות, בשיבת ציון ובבניין ירושלים והמקדש. אין בהן דיונים מדיניים על הסכמים ובריתות עם מלכי אשור,

בבל ומצרים, דיונים שמצויים לרוב בחלקו הראשון של הספר. אין בהן שמות של מלכי ממלכת יהודה, שישעיהו ניבָּא[2] בה.[3]

ראב״ע (מ, א) רומז לאפשרות, שחלקו השני של ספר ישעיהו נכתב על ידי נביא אחר וצורַף לספר ישעיהו, כדרך שנבואות נתן וגד צורפו לספר שמואל אחרי מותו של שמואל, והם אלה שהמשיכו וכתבו על ימי דוד. לגבי ספר שמואל חז״ל אמרו זאת במפורש (בבא בתרא טו ע״א): ״שמואל כתב ספרו – והכתיב: וּשְׁמוּאֵל מֵת (שמ״א כח, ג)! דאסקיה (= סיימו אותו) גד החוזה ונתן הנביא״. לעומת זאת, לגבי ספר ישעיהו נאמר בגמרא (שם): ״ישעיהו כתב את ספרו״, ומשמע, לכאורה, את כולו. אך אין זו ראיה נחרצת, שהרי אף לגבי ספר יהושע אמרו חז״ל שהוא כתב את ספרו, ואף על פי כן יש בספר פסוקים שנכתבו אחרי מותו. לגבי ספר מלכים, אמרו חז״ל (שם) שירמיהו כְּתָבוֹ, ומשובצות בו נבואות של ישעיהו (מל״ב יח-כ) ושל נביאים נוספים.

עם זאת יש להעיר, שרחל מרגליות בספרה ׳אחד היה ישעיהו׳ (ירושלים תשי״ד), הביאה ראיות סגנוניות וביטויי לשון רבים מאוד הייחודיים לספר ישעיהו על שני חלקיו, והם מוכיחים את אחדותו של הספר ואת כתיבתו בידי נביא אחד.[4]

אנו נלך בדרך המלך של חז״ל והמסורת היהודית, שהספר כולו נכתב בידי נביא אחד בעל סגנון אחד. עם זאת, לא נוכל להתעלם מ׳קיר הברזל׳ שבנו החוקרים בין שני חלקי הספר בתוכניהם ובסגנונם. אנו נגדיר זאת כך: ישעיהו כתב שני ספרים (א-לט; מ-סו), כאדם בן יָמֵינו הכותב ספר פרשנות למקרא וספר חידושים לתלמוד.[5] חוקר ספרותי ימצא מטבעות לשון החורזים את שני הספרים, גם אם תוכניהם וסגנונם שונים מאוד. להלן נבאר את חלוקת הנבואות לשני ספרים, שבסופו של דבר אוחדו לספר אחד, שהוא כלל נבואותיו של ישעיהו.

2. העדפנו לנסח את ׳מעשה׳ הנביא בעת שהוא מקבל את נבואת ה׳ בפועל נִיבָּא, בקמץ תחת הבי״ת, בבניין נפעל, המבאר שהנביא פסיבי בקבלת הנבואה מאת ה׳. זאת בניגוד לקב״ה, שכשהוא ניבֵּא, יש לקרוא בצירה תחת הבי״ת, בבניין פיעל, שהרי הוא ניבא את הנביא. גם התנבא בבניין התפעל נכון לשימוש, אך התרחקנו ממנו, כי הוא משמש בחז״ל ובמקרא גם לנביאי שקר, והעדפנו כאמור ניבָּא בקמץ.

3. ניתן להעמיק ולהרחיב על ההבדל בין שני חלקי הספר, אך אין כאן מקומו.

4. יחזקאל קויפמן, מגדולי חוקרי המקרא, הזכיר את דברי מרגליות (׳תולדות האמונה הישראלית׳ [ירושלים 1956], כרך ה, הנקרא כרך רביעי ספר ראשון, עמ׳ 51), ופטר את טענותיה המשכנעות בדברים של מה בכך. הוא עצמו הלך בעקבות חוקרים שרובם אינם בני ברית, שפיצלו את ספר ישעיהו. רבים מהם פיצלו את ׳ישעיהו השני׳, כלשונם, לנביאים אחדים, ואין לדבר סוף.

5. ניקח כדוגמה את רבי מאיר שמחה מדווינסק, שכתב את ספרו ׳אור שמח׳ על הי״ד החזקה של הרמב״ם ואת ספרו ׳משך חכמה׳ על התורה.

*

כאמור, פסוק הפתיחה לספר ישעיהו (א, א) מציין את זמנו: בִּימֵי עֻזִּיָּהוּ יוֹתָם אָחָז יְחִזְקִיָּהוּ מַלְכֵי יְהוּדָה. חז"ל אומרים לנו (יבמות מט ע"ב), שמנשה בן חזקיהו מלך יהודה הרג את ישעיהו בעקבות נבואותיו, משמע, שישעיהו ניבא גם בימי מנשה. בימי מנשה היו נביאים לא מעטים (נחום, חבקוק, כנראה גם מיכה ואולי גם יואל), וכעולה מן המקראות:

וַיְדַבֵּר ה' בְּיַד עֲבָדָיו הַנְּבִיאִים לֵאמֹר: יַעַן אֲשֶׁר עָשָׂה מְנַשֶּׁה מֶלֶךְ יְהוּדָה הַתֹּעֵבוֹת הָאֵלֶּה, הֵרַע מִכֹּל אֲשֶׁר עָשׂוּ הָאֱמֹרִי אֲשֶׁר לְפָנָיו, וַיַּחֲטִא גַם אֶת יְהוּדָה בְּגִלּוּלָיו:
(מל"ב כא, י-יא)

וַיְדַבֵּר ה' אֶל מְנַשֶּׁה וְאֶל עַמּוֹ, וְלֹא הִקְשִׁיבוּ:
(דהי"ב לג, י)

וְיֶתֶר דִּבְרֵי מְנַשֶּׁה וּתְפִלָּתוֹ אֶל אֱלֹהָיו, וְדִבְרֵי הַחֹזִים הַמְדַבְּרִים אֵלָיו בְּשֵׁם ה' אֱלֹהֵי יִשְׂרָאֵל, הִנָּם עַל דִּבְרֵי מַלְכֵי יִשְׂרָאֵל: וּתְפִלָּתוֹ וְהֵעָתֶר לוֹ, וְכָל חַטָּאתוֹ וּמַעְלוֹ וְהַמְּקֹמוֹת אֲשֶׁר בָּנָה בָהֶם בָּמוֹת וְהֶעֱמִיד הָאֲשֵׁרִים וְהַפְּסִלִים לִפְנֵי הִכָּנְעוֹ, הִנָּם כְּתוּבִים עַל דִּבְרֵי חוֹזָי:
(שם, יח-יט)

הנביאים שפעלו בימי מנשה לא נקראו על שמו, ולא נזכר בפסוקים שהם ניבאו בימיו, משום ש'לא היה כשר', כדברי בעל סדר עולם (פרק כ). אומנם, נביאים נקראו גם על שמם של מלכים שלא היו כשרים, כאחז וכיהויקים, אך מנשה, כנראה, הגדיל ברשעתו, והרג את ישעיהו, אבי אימו, ואולי גם נביאים אחרים. נשווה את שני המקראות הבאים, ונטען, שהדם הנקי ששפך מנשה הוא דמם של הנביאים:

וְגַם דָּם נָקִי שָׁפַךְ מְנַשֶּׁה הַרְבֵּה מְאֹד...
(מל"ב כא, טז)

אַךְ יָדֹעַ תֵּדְעוּ, כִּי אִם מְמִתִים אַתֶּם אֹתִי, כִּי דָם נָקִי אַתֶּם נֹתְנִים עֲלֵיכֶם וְאֶל הָעִיר הַזֹּאת וְאֶל יֹשְׁבֶיהָ, כִּי בֶאֱמֶת שְׁלָחַנִי ה' עֲלֵיכֶם...
(ירמיהו כו, טו)

נסה לטעון,[6] שחלקו הראשון של ספר ישעיהו (א–לט) נאמר בימי עוזיהו, יותם, אחז, יחזקיהו, ואכן הפרק האחרון בחלק זה נאמר אחרי מחלתו של חזקיהו, בימי מצור סנחריב על ירושלים. חלקו השני של ישעיהו (מ–סו) נאמר (בעיקר) בימי מנשה, ועובדה זו שינתה את אופיו.

האם נוכל למצוא קשר ברור בין החלק השני בישעיהו לבין ימי מנשה? אפשר שכן!

הַצַּדִּיק אָבָד, וְאֵין אִישׁ שָׂם עַל לֵב, וְאַנְשֵׁי חֶסֶד נֶאֱסָפִים בְּאֵין מֵבִין, כִּי מִפְּנֵי הָרָעָה נֶאֱסַף הַצַּדִּיק: יָבוֹא שָׁלוֹם, יָנוּחוּ עַל מִשְׁכְּבוֹתָם, הֹלֵךְ נְכֹחוֹ: וְאַתֶּם קִרְבוּ הֵנָּה בְּנֵי עֹנְנָה זֶרַע מְנָאֵף וַתִּזְנֶה: עַל מִי תִּתְעַנָּגוּ, עַל מִי תַּרְחִיבוּ פֶה תַּאֲרִיכוּ לָשׁוֹן, הֲלוֹא אַתֶּם יִלְדֵי פֶשַׁע זֶרַע שָׁקֶר: הַנֵּחָמִים בָּאֵלִים תַּחַת כָּל עֵץ רַעֲנָן, שֹׁחֲטֵי הַיְלָדִים בַּנְּחָלִים תַּחַת סְעִפֵי הַסְּלָעִים: בְּחַלְּקֵי נַחַל חֶלְקֵךְ, הֵם הֵם גּוֹרָלֵךְ, גַּם לָהֶם שָׁפַכְתְּ נֶסֶךְ הֶעֱלִית מִנְחָה, הַעַל אֵלֶּה אֶנָּחֵם: עַל הַר גָּבֹהַּ וְנִשָּׂא שַׂמְתְּ מִשְׁכָּבֵךְ, גַּם שָׁם עָלִית לִזְבֹּחַ זָבַח: וְאַחַר הַדֶּלֶת וְהַמְּזוּזָה שַׂמְתְּ זִכְרוֹנֵךְ, כִּי מֵאִתִּי גִּלִּית, וַתַּעֲלִי הִרְחַבְתְּ מִשְׁכָּבֵךְ וַתִּכְרָת לָךְ מֵהֶם, אָהַבְתְּ מִשְׁכָּבָם יָד חָזִית: וַתָּשֻׁרִי לַמֶּלֶךְ בַּשֶּׁמֶן, וַתַּרְבִּי רִקֻּחָיִךְ, וַתְּשַׁלְּחִי צִרַיִךְ עַד מֵרָחֹק, וַתַּשְׁפִּילִי עַד שְׁאוֹל:

(נז, א–ט)

שמא ה'צדיק' הוא ישעיהו, שנהרג על ידי מנשה, ומותו (שנכתב על ידי תלמידיו, כמו מותו של יהושע בפרק כד בספרו) מבשר לעם רעות. בהמשך הנבואה מדובר על פשעי עבודה זרה ושפיכות דמים, מן הקשים ביותר שקיימים בנבואה, על שחיטת ילדים לאלים זרים על ההרים הגבוהים ותחת כל עץ רענן. פסוקים אלו אינם תואמים לתאוריות על נביא שחי בבבל בימי שיבת ציון, ומתנבא על נחמות וגאולה; הם מתאימים מאוד לימי מנשה הרעים.

כיוצא בו גם המקראות הבאים והמשכם:

כִּי אִם עֲוֹנֹתֵיכֶם הָיוּ מַבְדִּלִים בֵּינֵכֶם לְבֵין אֱלֹהֵיכֶם, וְחַטֹּאותֵיכֶם הִסְתִּירוּ פָנִים מִכֶּם מִשְּׁמוֹעַ: כִּי כַפֵּיכֶם נְגֹאֲלוּ בַדָּם וְאֶצְבְּעוֹתֵיכֶם בֶּעָוֹן, שִׂפְתוֹתֵיכֶם דִּבְּרוּ שֶׁקֶר, לְשׁוֹנְכֶם עַוְלָה תֶהְגֶּה: אֵין קֹרֵא בְצֶדֶק וְאֵין נִשְׁפָּט בֶּאֱמוּנָה, בָּטוֹחַ עַל תֹּהוּ וְדַבֶּר שָׁוְא הָרוֹ עָמָל וְהוֹלֵיד אָוֶן: בֵּיצֵי צִפְעוֹנִי בִּקֵּעוּ, וְקוּרֵי עַכָּבִישׁ יֶאֱרֹגוּ,

6. בצעירותי שמעתי טענה זו במשפט אחד ממו"ר הרב יואל בן נון, ועל פיה ניסיתי ללמוד את כל הנבואות הנזכרות.

הָאֹכֵל מִבֵּיצֵיהֶם יָמוּת, וְהַזּוּרֶה תִּבָּקַע אֶפְעֶה: קוּרֵיהֶם לֹא יִהְיוּ לְבֶגֶד, וְלֹא יִתְכַּסּוּ בְּמַעֲשֵׂיהֶם, מַעֲשֵׂיהֶם מַעֲשֵׂי אָוֶן, וּפֹעַל חָמָס בְּכַפֵּיהֶם: רַגְלֵיהֶם לָרַע יָרֻצוּ, וִימַהֲרוּ לִשְׁפֹּךְ דָּם נָקִי, מַחְשְׁבוֹתֵיהֶם מַחְשְׁבוֹת אָוֶן, שֹׁד וָשֶׁבֶר בִּמְסִלּוֹתָם:

(נט, ב–ז)

פֵּרַשְׂתִּי יָדַי כָּל הַיּוֹם אֶל עַם סוֹרֵר, הַהֹלְכִים הַדֶּרֶךְ לֹא טוֹב אַחַר מַחְשְׁבֹתֵיהֶם: הָעָם הַמַּכְעִיסִים אוֹתִי עַל פָּנַי תָּמִיד, זֹבְחִים בַּגַּנּוֹת וּמְקַטְּרִים עַל הַלְּבֵנִים: הַיֹּשְׁבִים בַּקְּבָרִים וּבַנְּצוּרִים יָלִינוּ, הָאֹכְלִים בְּשַׂר הַחֲזִיר וּמְרַק פִּגֻּלִים כְּלֵיהֶם: הָאֹמְרִים קְרַב אֵלֶיךָ, אַל תִּגַּשׁ בִּי כִּי קְדַשְׁתִּיךָ, אֵלֶּה עָשָׁן בְּאַפִּי, אֵשׁ יֹקֶדֶת כָּל הַיּוֹם: הִנֵּה כְתוּבָה לְפָנָי, לֹא אֶחֱשֶׁה כִּי אִם שִׁלַּמְתִּי, וְשִׁלַּמְתִּי עַל חֵיקָם: עֲוֺנֹתֵיכֶם וַעֲוֺנֹת אֲבוֹתֵיכֶם יַחְדָּו, אָמַר ה׳, אֲשֶׁר קִטְּרוּ עַל הֶהָרִים וְעַל הַגְּבָעוֹת חֵרְפוּנִי, וּמַדֹּתִי פְעֻלָּתָם רִאשֹׁנָה אֶל חֵיקָם: [...] וְאַתֶּם עֹזְבֵי ה׳, הַשְּׁכֵחִים אֶת הַר קָדְשִׁי, הַעֹרְכִים לַגַּד שֻׁלְחָן, וְהַמְמַלְאִים לַמְנִי מִמְסָךְ: וּמָנִיתִי אֶתְכֶם לַחֶרֶב וְכֻלְּכֶם לַטֶּבַח תִּכְרָעוּ...

(סה, ב–יב)

נבואות אלו אומנם בודדות, אך הן בעלות משקל, ולא ניתן להתעלם מהן,[7] והן מתאימות דווקא לימי מנשה! מכאן נוכל ללמוד על כלל נבואות הגאולה בחלק השני, שהן חזונות רחוקים לתקומה שתבוא אחרי ימי מנשה, בימי יאשיהו, ואולי רק אחרי חורבן הבית ושיבת ציון. נבואות אלו הן 'נבואות סֵפר' הנכתבות לעתיד, והן לא נאמרו בכיכר העיר, כפי שנאמרו נבואות ישעיהו בימי המלכים הקודמים: עוזיהו, יותם, אחז, חזקיהו. הנבואות שנאמרו בימיהם נועדו להשפיע על המלכים ועל העם באותה עת, ואכן השפעתן הייתה בעלת משקל גדול על החיים ועל הופעת ה׳ בהם. נשווה את ההבדל בין שני חלקי ישעיהו לסופר גדול, הכותב ספרות קלָסית, ויש לו גם טור קבוע בעיתון. הטור בעיתון הוא מָשל לחלקו הראשון של ספר ישעיהו (וברוך המבדיל בין קודש לחול); הסיפור הקלָסי הוא משל לרוב חלקו השני של ישעיהו.

מִפְנה כזה היה בשלב מסוים גם בימי אחז, שמאס בנבואות ישעיהו, אף שלא רדף אותו עד מוות. ישעיהו נאלם אז לעשרות שנים ולא הופיע בציבור:

צוֹר תְּעוּדָה, חֲתוֹם תּוֹרָה בְּלִמֻּדָי: וְחִכִּיתִי לַה׳ הַמַּסְתִּיר פָּנָיו מִבֵּית יַעֲקֹב, וְקִוֵּיתִי לוֹ: הִנֵּה אָנֹכִי וְהַיְלָדִים אֲשֶׁר נָתַן לִי ה׳ לְאֹתוֹת וּלְמוֹפְתִים בְּיִשְׂרָאֵל, מֵעִם ה׳ צְבָאוֹת הַשֹּׁכֵן בְּהַר צִיּוֹן: וְכִי יֹאמְרוּ אֲלֵיכֶם, דִּרְשׁוּ אֶל הָאֹבוֹת וְאֶל הַיִּדְּעֹנִים הַמְצַפְצְפִים

7. אלא אם כן נפנה כמספר חוקרים לתֵאוריה על נביאים רבים ונבואות בודדות מתקופות שונות השזורות בישעיהו, וזה לדעתנו כמו למחוק את הספר כולו.

וְהַמַּהְגִּים, הֲלוֹא עַם אֶל אֱלֹהָיו יִדְרֹשׁ בְּעַד הַחַיִּים אֶל הַמֵּתִים: לְתוֹרָה וְלִתְעוּדָה,
אִם לֹא יֹאמְרוּ כַּדָּבָר הַזֶּה אֲשֶׁר אֵין לוֹ שָׁחַר:

(ח, טז-כ)

הנביא נוצר את התעודה, את העדות – את הנבואה. הוא חותם את התורה בתלמידיו שלו (לִמֻּדָי) ובילדיו. הוא סוגר את עצמו בבית המדרש, כפי שעשה רבן יוחנן בן זכאי ערב חורבן הבית השני, כשאנשי העיר לא שמעו לו, ושפכו דם בכל פינה. הוא מטפח במחתרת את החשוב שבתלמידיו, את חזקיהו, שהיה אז עדיין נער, שעתיד לבצע עם עלותו למלוכה את המהפכה הדתית שתציל את ירושלים.

ספק רב אם ישעיהו זכה לראות את המלך יאשיהו בן אמון בילדותו, ואם ניסה לחנכו למהפכה הדתית שערך גם הוא עם עלותו למלוכה, אך אפשר שתלמידיו עשו זאת.[8] ישעיהו ניבא נבואות רבות על קיבוץ גלויות, למרות שבימיו ישבה ממלכת יהודה במקומה. אפשר שכיוון בנבואות אלה לעליית עשרת השבטים סמוך למלאות מאה שנה לגלותם. אכן, יאשיהו בן אמון שלח בשנת שמונה עשרה למולכו את הנביא ירמיהו להחזירם.[9] חלקם עלו, אך רובם נשארו בגלות מרצונם, והגשמת נבואת גאולתם ושיבתם נדחתה לימי שיבת ציון ואחריה.

בדרך הטבע, נבואות שנאמרות בבית מדרש סגור או במחתרת, שונות בסגנונן מנבואות שנאמרו בכיכרות, כדרך שמאמר אקדמי או תורני שונה בסגנונו ממאמר בעיתון יומי.

*

8. אני נוטה לומר, שעיקרי נבואת ישעיהו בחלקו השני מתייחסים לתקומה הצפויה בימי יאשיהו ואין להרחיקן עד ימי שיבת ציון שאחרי חורבן הבית. להבנתי, חורבן המקדש לא נגזר עד סוף ימי ירמיהו, ולא היה טעם לדבֵּר על שיבת ציון מן הגלות בימים שקדמו לגזֵרת החורבן. במאמר אחר טענתי (על פי דבריו של ח' חפץ, עיין "מבוא למאמרו של ח' חפץ על מלכות פרס ומדי", **מגדים** יד (תשנ"א), בעיקר עמ' 63-64), ש'כורש' הנזכר בישעיהו הוא כיארכסס (על פי השיבוש היווני) מלך מָדַי, שהיה הגורם הפוליטי החשוב במיגור שלטונה של אשור, שלטון שגרם לכל רעותיהם של מנשה ואמון, ואפשר את הרקע החיצוני למהפכה הדתית הגדולה של יאשיהו. רק משעלתה המהפכה של יאשיהו על שרטון, נדחתה נבואת הגאולה של ישעיהו אל כורש של ימי שיבת ציון.

גם מקראות כמו אלו שהובאו לעיל: בֵּית קָדְשֵׁנוּ וְתִפְאַרְתֵּנוּ אֲשֶׁר הִלְלוּךָ אֲבֹתֵינוּ, הָיָה לִשְׂרֵפַת אֵשׁ, וְכָל מַחֲמַדֵּינוּ הָיָה לְחָרְבָּה (סד, י) עשויים, לדעתנו, לתאר את המצב בימי מנשה, אחרי שהמקדש נסגר והוזנח במשך עשרות שנים עד לשיפוצו בימי יאשיהו (מל"ב כב). אפשר, שחלקים ממנו עלו באש עוד בימי מנשה. גם ירושלים ועריה היו עשויות להיות חרבות מחמת השלטון האשורי שהכביד את עולו בימי מנשה.

9. נעסוק בע"ה בהרחבה בשיבתם ארצה בימי יאשיהו בהפטרת יום שני של ראש השנה.

אם כנים דברינו, ורבות מחמש עשרה ההפטרות מחלקו השני של ישעיהו הן מימי מנשה, ישפיע הדבר באופן ניכר על פירושן. נבחין בכך בע"ה כבר בשלוש ההפטרות הראשונות, לפרשיות בראשית, נח ולך לך.

הפטרת בראשית

מב ה כֹּה־אָמַר הָאֵל יהוה בּוֹרֵא הַשָּׁמַיִם וְנוֹטֵיהֶם רֹקַע הָאָרֶץ וְצֶאֱצָאֶיהָ נֹתֵן ישעיה
ו נְשָׁמָה לָעָם עָלֶיהָ וְרוּחַ לַהֹלְכִים בָּהּ: אֲנִי יהוה קְרָאתִיךָ בְצֶדֶק וְאַחְזֵק בְּיָדֶךָ
ז וְאֶצָּרְךָ וְאֶתֶּנְךָ לִבְרִית עָם לְאוֹר גּוֹיִם: לִפְקֹחַ עֵינַיִם עִוְרוֹת לְהוֹצִיא מִמַּסְגֵּר
ח אַסִּיר מִבֵּית כֶּלֶא יֹשְׁבֵי חֹשֶׁךְ: אֲנִי יהוה הוּא שְׁמִי וּכְבוֹדִי לְאַחֵר לֹא־אֶתֵּן
ט וּתְהִלָּתִי לַפְּסִילִים: הָרִאשֹׁנוֹת הִנֵּה־בָאוּ וַחֲדָשׁוֹת אֲנִי מַגִּיד בְּטֶרֶם תִּצְמַחְנָה
י אַשְׁמִיעַ אֶתְכֶם: שִׁירוּ לַיהוה שִׁיר חָדָשׁ תְּהִלָּתוֹ מִקְצֵה הָאָרֶץ
יא יוֹרְדֵי הַיָּם וּמְלֹאוֹ אִיִּים וְיֹשְׁבֵיהֶם: יִשְׂאוּ מִדְבָּר וְעָרָיו חֲצֵרִים תֵּשֵׁב קֵדָר יָרֹנּוּ
יב יֹשְׁבֵי סֶלַע מֵרֹאשׁ הָרִים יִצְוָחוּ: יָשִׂימוּ לַיהוה כָּבוֹד וּתְהִלָּתוֹ בָּאִיִּים יַגִּידוּ:
יג יהוה כַּגִּבּוֹר יֵצֵא כְּאִישׁ מִלְחָמוֹת יָעִיר קִנְאָה יָרִיעַ אַף־יַצְרִיחַ עַל־אֹיְבָיו
יד יִתְגַּבָּר: הֶחֱשֵׁיתִי מֵעוֹלָם אַחֲרִישׁ אֶתְאַפָּק כַּיּוֹלֵדָה אֶפְעֶה אֶשֹּׁם
טו וְאֶשְׁאַף יָחַד: אַחֲרִיב הָרִים וּגְבָעוֹת וְכָל־עֶשְׂבָּם אוֹבִישׁ וְשַׂמְתִּי נְהָרוֹת לָאִיִּים
טז וַאֲגַמִּים אוֹבִישׁ: וְהוֹלַכְתִּי עִוְרִים בְּדֶרֶךְ לֹא יָדָעוּ בִּנְתִיבוֹת לֹא־יָדְעוּ אַדְרִיכֵם
אָשִׂים מַחְשָׁךְ לִפְנֵיהֶם לָאוֹר וּמַעֲקַשִּׁים לְמִישׁוֹר אֵלֶּה הַדְּבָרִים עֲשִׂיתִם וְלֹא
יז עֲזַבְתִּים: נָסֹגוּ אָחוֹר יֵבֹשׁוּ בֹשֶׁת הַבֹּטְחִים בַּפָּסֶל הָאֹמְרִים לְמַסֵּכָה אַתֶּם
יח יט אֱלֹהֵינוּ: הַחֵרְשִׁים שְׁמָעוּ וְהַעִוְרִים הַבִּיטוּ לִרְאוֹת: מִי עִוֵּר כִּי אִם־
כ עַבְדִּי וְחֵרֵשׁ כְּמַלְאָכִי אֶשְׁלָח מִי עִוֵּר כִּמְשֻׁלָּם וְעִוֵּר כְּעֶבֶד יהוה: רָאוֹת רַבּוֹת
כא וְלֹא תִשְׁמֹר פָּקוֹחַ אָזְנַיִם וְלֹא יִשְׁמָע: יהוה חָפֵץ לְמַעַן צִדְקוֹ יַגְדִּיל תּוֹרָה וְיַאְדִּיר: הספרדים מסיימים כאן
כב וְהוּא עַם־בָּזוּז וְשָׁסוּי הָפֵחַ בַּחוּרִים כֻּלָּם וּבְבָתֵּי כְלָאִים הָחְבָּאוּ הָיוּ לָבַז וְאֵין
כג כד מַצִּיל מְשִׁסָּה וְאֵין־אֹמֵר הָשַׁב: מִי בָכֶם יַאֲזִין זֹאת יַקְשִׁב וְיִשְׁמַע לְאָחוֹר: מִי־נָתַן
לִמְשׁוֹסָה יַעֲקֹב וְיִשְׂרָאֵל לְבֹזְזִים הֲלוֹא יהוה זוּ חָטָאנוּ לוֹ וְלֹא־אָבוּ בִדְרָכָיו הָלוֹךְ
כה וְלֹא שָׁמְעוּ בְּתוֹרָתוֹ: וַיִּשְׁפֹּךְ עָלָיו חֵמָה אַפּוֹ וֶעֱזוּז מִלְחָמָה וַתְּלַהֲטֵהוּ מִסָּבִיב
מג א וְלֹא יָדָע וַתִּבְעַר־בּוֹ וְלֹא־יָשִׂים עַל־לֵב: וְעַתָּה כֹּה־אָמַר יהוה בֹּרַאֲךָ

ב יַעֲקֹב וְיֹצֶרְךָ יִשְׂרָאֵל אַל־תִּירָא כִּי גְאַלְתִּיךָ קָרָאתִי בְשִׁמְךָ לִי־אָתָּה: כִּי־תַעֲבֹר
בַּמַּיִם אִתְּךָ אָנִי וּבַנְּהָרוֹת לֹא יִשְׁטְפוּךָ כִּי־תֵלֵךְ בְּמוֹ־אֵשׁ לֹא תִכָּוֶה וְלֶהָבָה לֹא
ג תִבְעַר־בָּךְ: כִּי אֲנִי יהוה אֱלֹהֶיךָ קְדוֹשׁ יִשְׂרָאֵל מוֹשִׁיעֶךָ נָתַתִּי כָפְרְךָ מִצְרַיִם כּוּשׁ
ד וּסְבָא תַּחְתֶּיךָ: מֵאֲשֶׁר יָקַרְתָּ בְעֵינַי נִכְבַּדְתָּ וַאֲנִי אֲהַבְתִּיךָ וְאֶתֵּן אָדָם תַּחְתֶּיךָ
ה וּלְאֻמִּים תַּחַת נַפְשֶׁךָ: אַל־תִּירָא כִּי אִתְּךָ־אָנִי מִמִּזְרָח אָבִיא זַרְעֶךָ וּמִמַּעֲרָב
ו אֲקַבְּצֶךָּ: אֹמַר לַצָּפוֹן תֵּנִי וּלְתֵימָן אַל־תִּכְלָאִי הָבִיאִי בָנַי מֵרָחוֹק וּבְנוֹתַי מִקְצֵה
ז ח הָאָרֶץ: כֹּל הַנִּקְרָא בִשְׁמִי וְלִכְבוֹדִי בְּרָאתִיו יְצַרְתִּיו אַף־עֲשִׂיתִיו: הוֹצִיא עַם־
ט עִוֵּר וְעֵינַיִם יֵשׁ וְחֵרְשִׁים וְאָזְנַיִם לָמוֹ: כָּל־הַגּוֹיִם נִקְבְּצוּ יַחְדָּו וְיֵאָסְפוּ לְאֻמִּים מִי
בָהֶם יַגִּיד זֹאת וְרִאשֹׁנוֹת יַשְׁמִיעֻנוּ יִתְּנוּ עֵדֵיהֶם וְיִצְדָּקוּ וְיִשְׁמְעוּ וְיֹאמְרוּ אֱמֶת:
י אַתֶּם עֵדַי נְאֻם־יהוה וְעַבְדִּי אֲשֶׁר בָּחָרְתִּי לְמַעַן תֵּדְעוּ וְתַאֲמִינוּ לִי וְתָבִינוּ כִּי־
אֲנִי הוּא לְפָנַי לֹא־נוֹצַר אֵל וְאַחֲרַי לֹא יִהְיֶה:

א. הקשר בין הפרשה להפטרה

הנבואה פותחת במעשה בראשית ובהיות הקב"ה בורא שמיים וארץ, ממשיכה באמירה שהקב"ה ברא הכול לכבודו (מג, ז), ומסיימת בהכרזה שה' הוא הראשון והוא האחרון. בכך קשורים פתיחת ההפטרה וסיומה לפרשתנו, העוסקת גם היא בבריאת העולם. ההפטרה לא רק מזכירה את בריאת העולם, היא גם מְפָרֶשֶׁת שה' ברא הכול לכבודו, ומוסיפה את העולֶה מאמונתנו שה' ברא את העולם: ה' הוא הראשון, ומכיוון שהוא קיים מאז ומעולם, הוא יהיה גם אחרון, וימשיך להתקיים לנצח. בתווך עוסקת ההפטרה בעיקר בגאולת עם ישראל ממאסרם אצל הגויים ובמסעם הארוך בדרך אל ארצם.

מהו הקשר בין בריאת העולם לגאולת ישראל? בפשטות ניתן לבאר, שבריאת העולם הוזכרה בנבואה כחיזוק לאמונה ביכולתו של ה' לגאול את ישראל. מי שברא הכול – יכול להנהיג את העולם כרצונו ולגאול את עַמו מן הגלות. אך בתורה נזכרת יציאת מצרים, ולא בריאת העולם, כבסיס לאמונה ביכולתו וברצונו של ה' לגאול אותנו, והברית שנכרתה בין הקב"ה לישראל ביציאת מצרים היא יסוד הבטחת הגאולה:

וְאַף גַּם זֹאת בִּהְיוֹתָם בְּאֶרֶץ אֹיְבֵיהֶם לֹא מְאַסְתִּים וְלֹא גְעַלְתִּים לְכַלֹּתָם לְהָפֵר בְּרִיתִי אִתָּם, כִּי אֲנִי ה' אֱלֹהֵיהֶם: וְזָכַרְתִּי לָהֶם בְּרִית רִאשֹׁנִים, אֲשֶׁר הוֹצֵאתִי אֹתָם מֵאֶרֶץ מִצְרַיִם לְעֵינֵי הַגּוֹיִם לִהְיוֹת לָהֶם לֵאלֹהִים, אֲנִי ה':

(ויקרא כו, מד-מה)

גם בספר דברים מזכיר משה רבנו את זיכרון יציאת מצרים כבסיס לביטחוננו בגאולה העתידית, ובכך שיום אחד יגאל ה׳ את נידחי עמו מקצה השמיים:

אַתֶּם רְאִיתֶם, אֵת כָּל אֲשֶׁר עָשָׂה ה׳ לְעֵינֵיכֶם בְּאֶרֶץ מִצְרַיִם לְפַרְעֹה וּלְכָל עֲבָדָיו וּלְכָל אַרְצוֹ: הַמַּסּוֹת הַגְּדֹלֹת אֲשֶׁר רָאוּ עֵינֶיךָ, הָאֹתֹת וְהַמֹּפְתִים הַגְּדֹלִים הָהֵם... וְשַׁבְתָּ עַד ה׳ אֱלֹהֶיךָ וְשָׁמַעְתָּ בְקֹלוֹ, כְּכֹל אֲשֶׁר אָנֹכִי מְצַוְּךָ הַיּוֹם אַתָּה וּבָנֶיךָ בְּכָל לְבָבְךָ וּבְכָל נַפְשֶׁךָ: וְשָׁב ה׳ אֱלֹהֶיךָ אֶת שְׁבוּתְךָ וְרִחֲמֶךָ, וְשָׁב וְקִבֶּצְךָ מִכָּל הָעַמִּים אֲשֶׁר הֱפִיצְךָ ה׳ אֱלֹהֶיךָ שָׁמָּה: אִם יִהְיֶה נִדַּחֲךָ בִּקְצֵה הַשָּׁמָיִם, מִשָּׁם יְקַבֶּצְךָ ה׳ אֱלֹהֶיךָ וּמִשָּׁם יִקָּחֶךָ: וֶהֱבִיאֲךָ ה׳ אֱלֹהֶיךָ אֶל הָאָרֶץ אֲשֶׁר יָרְשׁוּ אֲבֹתֶיךָ, וִירִשְׁתָּהּ, וְהֵיטִבְךָ וְהִרְבְּךָ מֵאֲבֹתֶיךָ:

(דברים כט, א – ל, ה)

משה רבנו מזכיר את יציאת מצרים גם בבואו לחזק את העם לקראת המלחמה בעמי כנען:

כִּי תֹאמַר בִּלְבָבְךָ רַבִּים, הַגּוֹיִם הָאֵלֶּה מִמֶּנִּי, אֵיכָה אוּכַל לְהוֹרִישָׁם: לֹא תִירָא מֵהֶם, זָכֹר תִּזְכֹּר אֵת אֲשֶׁר עָשָׂה ה׳ אֱלֹהֶיךָ לְפַרְעֹה וּלְכָל מִצְרָיִם: הַמַּסֹּת הַגְּדֹלֹת אֲשֶׁר רָאוּ עֵינֶיךָ, וְהָאֹתֹת וְהַמֹּפְתִים וְהַיָּד הַחֲזָקָה וְהַזְּרֹעַ הַנְּטוּיָה אֲשֶׁר הוֹצִאֲךָ ה׳ אֱלֹהֶיךָ, כֵּן יַעֲשֶׂה ה׳ אֱלֹהֶיךָ לְכָל הָעַמִּים אֲשֶׁר אַתָּה יָרֵא מִפְּנֵיהֶם:

(דברים ז, יז-יט)

כלומר, כאשר יהיה לך ספק ביכולתך להוריש את הגויים, עליך לזכור את גבורות ה׳ ביציאת מצרים, וכגבורות אלו הוא יעשה גם לך בעת כיבוש הארץ.

אכן, יציאת מצרים קשורה לגאולה, והיא מלמדת על גבורותיו של הקב״ה כנגד העמים שמשעבדים את ישראל ופוגעים בו. לכאורה, בריאת העולם קשורה במידה פחותה לגאולה, שהרי היא אינה מביעה את יחסו המיוחד של ה׳ לעם ישראל ואת רצונו לגאול אותו.

חז״ל ניסו לגשר על פער זה במדרשם:[1]

אמר רבי ברכיה: שמים וארץ לא נבראו אלא בזכות ישראל, דכתיב: בְּרֵאשִׁית

1. לדעתנו, ניתן לעגן מדרש זה בפשוטו של מקרא, אך אין כאן מקומו, ועיין בספרֵנו ׳כי קרוב אליך – בראשית׳ (ישראל 2014), עמ׳ 20-27.

בָּרָא אֱלֹהִים, ואין 'ראשית' – אלא ישראל, שנאמר (ירמיהו ב, ג): קֹדֶשׁ יִשְׂרָאֵל לַה', רֵאשִׁית תְּבוּאָתֹה.

(ויקרא רבה לו)

רבי ברכיה הסיק מן הדרשה, שבריאת שמיים וארץ אכן קשורה ליחס המיוחד של ה' לעם ישראל, וממילא גם לגאולתם, וללא יחס מיוחד זה לא היה הקב"ה בורא את העולם.

אם בתורה לא התפרש שבריאת העולם היא העדות ליכולתו ולרצונו של ה' לגאול את עמו, הרי שהדבר התפרש בנביאים מספר פעמים:

עֹשֵׂה אֶרֶץ בְּכֹחוֹ, מֵכִין תֵּבֵל בְּחָכְמָתוֹ, וּבִתְבוּנָתוֹ נָטָה שָׁמָיִם: לְקוֹל תִּתּוֹ הֲמוֹן מַיִם בַּשָּׁמַיִם, וַיַּעֲלֶה נְשִׂאִים מִקְצֵה הָאָרֶץ, בְּרָקִים לַמָּטָר עָשָׂה, וַיּוֹצֵא רוּחַ מֵאֹצְרֹתָיו... לֹא כְאֵלֶּה חֵלֶק יַעֲקֹב, כִּי יוֹצֵר הַכֹּל הוּא, וְיִשְׂרָאֵל שֵׁבֶט נַחֲלָתוֹ, ה' צְבָאוֹת שְׁמוֹ:

(ירמיהו י, יב-טז)

ישעיהו מציין את הזיקה בין בריאת העולם לגאולת ישראל בנבואות נוספות, למשל:

שְׂאוּ מָרוֹם עֵינֵיכֶם וּרְאוּ מִי בָרָא אֵלֶּה, הַמּוֹצִיא בְמִסְפָּר צְבָאָם לְכֻלָּם בְּשֵׁם יִקְרָא, מֵרֹב אוֹנִים וְאַמִּיץ כֹּחַ אִישׁ לֹא נֶעְדָּר: לָמָּה תֹאמַר יַעֲקֹב וּתְדַבֵּר יִשְׂרָאֵל, נִסְתְּרָה דַרְכִּי מֵה' וּמֵאֱלֹהַי מִשְׁפָּטִי יַעֲבוֹר: הֲלוֹא יָדַעְתָּ אִם לֹא שָׁמַעְתָּ, אֱלֹהֵי עוֹלָם ה' בּוֹרֵא קְצוֹת הָאָרֶץ, לֹא יִיעַף וְלֹא יִיגָע, אֵין חֵקֶר לִתְבוּנָתוֹ... וְקוֹיֵ ה' יַחֲלִיפוּ כֹחַ יַעֲלוּ אֵבֶר כַּנְּשָׁרִים, יָרוּצוּ וְלֹא יִיגָעוּ יֵלְכוּ וְלֹא יִיעָפוּ:

(מ, כו-לא)

התבוננות בכוכבי השמיים ובבריאת 'קצות הארץ' אמורה להביא לידיעה, שדרכם של ישראל ומשפטם לא נסתרו מה', ושהוא עתיד לחזק את המקווים לו בדרכם לגאולה.

מה פשר ההבדל בין התורה, המחברת את תודעת הגאולה לאירועי יציאת מצרים, ובין הנביאים, הקושרים פעמים רבות את תודעת הגאולה לבריאת העולם?

אפשר, שהתורה נוקטת גישה של 'לכתחילה', ומדגישה את הקשר המתבקש בין גאולת מצרים לגאולת ישראל, האפשרית בכל דור. לעומת זאת, כאשר הנביאים ראו את ה' 'מוֹכֵר' את ישראל לידי הגויים, והם מידרדרים למצבים המזכירים את שעבוד מצרים, הם לא יכלו לדַמות את יציאת מצרים לגאולה, שהרי ה' ביטל, לכאורה, את תוקפה של יציאת מצרים בשעבוד החדש.

דוגמה לבעיה זו מצויה במדרש:

וַיָּבוֹא אֵלַי אֲנָשִׁים מִזִּקְנֵי יִשְׂרָאֵל, וַיֵּשְׁבוּ לְפָנָי (יחזקאל יד, א) – אמרו לו: יחזקאל, עבד שמְכָרו רבו לא יָצָא מרשותו? אמר להם: הֵין. אמרו לו: הואיל ומכרנו המקום לאומות העולם, יצאנו מרשותו.

(ספרי במדבר קטו)

הנביאים ביקשו, אפוא, לבסס את יכולתו של ה׳ לגאול את ישראל על יסוד הקיים לעולם, גם בעת שהקב״ה ׳מְכָרָנו׳ בידי גויים, ויציאת מצרים איבדה משהו מתוקפה. הם מצאו את מבוקשם בבריאת העולם. אפשר, שאת הדבר הזה ביקש ישעיהו להדגיש בנבואה שבהפטרתנו.[2]

ב. הדרך אל ארץ ישראל בעת הגאולה

הנביא מתייחס לגבורות ה׳ בהוצאת עמו ישראל מתחת ידי המשעבד, אך הוא מתייחס בעיקר לנִסֵּי הדרך הארוכה מן הנֵכר אל ארץ הגאולה:

ה׳ כַּגִּבּוֹר יֵצֵא, כְּאִישׁ מִלְחָמוֹת יָעִיר קִנְאָה, יָרִיעַ אַף יַצְרִיחַ, עַל אֹיְבָיו יִתְגַּבָּר:

(מב, יג)

אַחֲרִיב הָרִים וּגְבָעוֹת וְכָל עֶשְׂבָּם אוֹבִישׁ, וְשַׂמְתִּי נְהָרוֹת לָאִיִּים וַאֲגַמִּים אוֹבִישׁ:
וְהוֹלַכְתִּי עִוְרִים בְּדֶרֶךְ לֹא יָדָעוּ, בִּנְתִיבוֹת לֹא יָדְעוּ אַדְרִיכֵם, אָשִׂים מַחְשָׁךְ לִפְנֵיהֶם לָאוֹר וּמַעֲקַשִּׁים לְמִישׁוֹר, אֵלֶּה הַדְּבָרִים עֲשִׂיתִם וְלֹא עֲזַבְתִּים:

(מב, טו–טז)

כִּי תַעֲבֹר בַּמַּיִם אִתְּךָ אָנִי, וּבַנְּהָרוֹת לֹא יִשְׁטְפוּךָ, כִּי תֵלֵךְ בְּמוֹ אֵשׁ לֹא תִכָּוֶה, וְלֶהָבָה לֹא תִבְעַר בָּךְ:

(מג, ב)

2. מחלוקת מקבילה קיימת בין הרמב״ם לבין ריה״ל. הרמב״ם (יסודי התורה א) ביסס את עיקרי האמונה בה׳ על בריאת העולם והנהגתו, ויציאת מצרים אינה מופיעה בין שלושה עשר עיקרי האמונה שלו. לעומת זאת, ריה״ל (הכוזרי מאמר א) ראה את עיקרי האמונה כמבוססים על יציאת מצרים ועל מתן תורה שבעקבותיה, ולדעתו, אירועים אלו הם הבסיס לאמונה בקב״ה כבורא העולם. התייחסותנו לקב״ה כבורא העולם היא התייחסות אליו כאל ׳אבינו׳, שהרי האב ׳יוצר׳ את בנו. לעומת זאת, התייחסותנו אליו כמוציאנו ממצרים היא התייחסות אליו כאל ׳מלכנו׳, שהרי בפדותו אותנו מבית עבדים קנה אותנו להיות עבדיו.

הדרך אל ארץ הגאולה דומה למדבר בעינֵי מי שאינם מכירים אותו (עִוְרִים). זוהי דרך שיש בה מכשולים כמו ים סוף ונהר הירדן, דרך של הרים גבוהים ומכשולים אחרים (מַעֲקַשִּׁים). גם התורה מתייחסת בהרחבה רבה לא רק לניסי המלחמה במצרים, אלא גם לניסי ההליכה במדבר:

הַמּוֹלִיכֲךָ בַּמִּדְבָּר הַגָּדֹל וְהַנּוֹרָא, נָחָשׁ שָׂרָף וְעַקְרָב וְצִמָּאוֹן אֲשֶׁר אֵין מָיִם, הַמּוֹצִיא לְךָ מַיִם מִצּוּר הַחַלָּמִישׁ: הַמַּאֲכִלְךָ מָן בַּמִּדְבָּר אֲשֶׁר לֹא יָדְעוּן אֲבֹתֶיךָ...

(דברים ח, טו–טז)

לזיכרון ניסי ההליכה במדבר קבעה התורה את חג הסוכות. גם בתיאור שיבת ציון (עזרא ז) יש משקל לניסי הדרך שהעולים הלכו בה עם כסף וזהב לרוב, המזמינים שודדי דרכים.[3] בדרך זו הולך גם ישעיהו הנביא בהפטרתנו.

כפי שכתבנו במבוא להפטרות מספר ישעיהו, אנו נוטים לומר, שנבואת גאולה זו, שנאמרה בעת שממלכת יהודה עדיין יושבת על אדמתה, מתייחסת לחזון קיבוץ נידחי עשרת השבטים מאשור ומָדַי. נבואה זו החלה להתקיים כמאה שנה אחרי גלותם, בשנה השמונה עשרה למלכות יאשיהו בן אמון, זמן לא רב אחרי מותו של ישעיהו.[4]

ג. הנביא – שליח ה'

לא ניתן להתעלם מן העיסוק של הפטרתנו בחשיבות שליחותו של הנביא ובאמינות נבואתו. נפתח דיון זה בפסוקים הקודמים להפטרתנו ושצמודים אליה:

קָרְבוּ רִיבְכֶם, יֹאמַר ה׳, הַגִּישׁוּ עֲצֻמוֹתֵיכֶם, יֹאמַר מֶלֶךְ יַעֲקֹב: יַגִּישׁוּ וְיַגִּידוּ לָנוּ אֵת אֲשֶׁר תִּקְרֶינָה, הָרִאשֹׁנוֹת מָה הֵנָּה הַגִּידוּ, וְנָשִׂימָה לִבֵּנוּ וְנֵדְעָה אַחֲרִיתָן, אוֹ הַבָּאוֹת הַשְׁמִיעֻנוּ: הַגִּידוּ הָאֹתִיּוֹת לְאָחוֹר, וְנֵדְעָה כִּי אֱלֹהִים אַתֶּם, אַף תֵּיטִיבוּ וְתָרֵעוּ, וְנִשְׁתָּעָה וְנִרְאֶ יַחְדָּו: ... וְאֵרֶא וְאֵין אִישׁ, וּמֵאֵלֶּה וְאֵין יוֹעֵץ, וְאֶשְׁאָלֵם וְיָשִׁיבוּ דָבָר: הֵן כֻּלָּם אָוֶן אֶפֶס מַעֲשֵׂיהֶם, רוּחַ וָתֹהוּ נִסְכֵּיהֶם: הֵן עַבְדִּי אֶתְמָךְ בּוֹ, בְּחִירִי רָצְתָה נַפְשִׁי, נָתַתִּי רוּחִי עָלָיו, מִשְׁפָּט לַגּוֹיִם יוֹצִיא: לֹא יִצְעַק וְלֹא יִשָּׂא,

3. מכאן עלינו ללמוד את משקלה הראוי של תפילת הדרך בתודעתנו, כשאנו עוסקים במעשינו היום־יומיים כהולכי דרכים וכעוברי ימים ומדברות.
4. נעסוק בכך בע"ה בהרחבה בהפטרת יום ב׳ של ראש השנה.

וְלֹא יַשְׁמִיעַ בַּחוּץ קוֹלוֹ: קָנֶה רָצוּץ לֹא יִשְׁבּוֹר, וּפִשְׁתָּה כֵהָה לֹא יְכַבֶּנָּה, לֶאֱמֶת יוֹצִיא מִשְׁפָּט: לֹא יִכְהֶה וְלֹא יָרוּץ, עַד יָשִׂים בָּאָרֶץ מִשְׁפָּט, וּלְתוֹרָתוֹ אִיִּים יְיַחֵילוּ:
(מא, כא – מב, ד)

הנביא פונה בשם ה' לאלו הָרָבִים עימו ומבקשים להדיחו. הוא קורא להם לומר את העתידות לבוא (הַבָּאוֹת הַשְׁמִיעֻנוּ, הַגִּידוּ הָאֹתִיּוֹת לְאָחוֹר[5]), כפי שעושה הנביא, ורואה שאין בהם איש שמסוגל להתמודד עימו. ה' תומך בעבדו (לדעתנו – הנביא), המוציא את משפט הגויים מאת ה', ומגלה אותו לרבים. בנקודה זו הוא ממשיך אל הפסוקים בתחילת הפטרתנו, אל פקיחת העיניים העיוורות מלראות את אור הגאולה הקָרֵב, ואת מה שהוא מחייב את העם:

אֲנִי ה' קְרָאתִיךָ בְצֶדֶק וְאַחְזֵק בְּיָדֶךָ, וְאֶצָּרְךָ וְאֶתֶּנְךָ לִבְרִית עָם לְאוֹר גּוֹיִם: לִפְקֹחַ עֵינַיִם עִוְרוֹת, לְהוֹצִיא מִמַּסְגֵּר אַסִּיר, מִבֵּית כֶּלֶא יֹשְׁבֵי חֹשֶׁךְ:
(מב, ו-ז)

הוא ממשיך ומוכיח את אמינות נבואותיו בעבר (הָרִאשֹׁנוֹת) ואת יכולתו לומר את העתידות (וַחֲדָשׁוֹת) בטרם תבואנה:

הָרִאשֹׁנוֹת הִנֵּה בָאוּ, וַחֲדָשׁוֹת אֲנִי מַגִּיד, בְּטֶרֶם תִּצְמַחְנָה אַשְׁמִיעַ אֶתְכֶם:
(מב, ט)

עיקר הפולמוס עם המערערים על הנביא ניכר בהמשך הפטרתנו. הנביא קורא לעם לראות את יד ה' בגאולה הממשמשת ובאה: הַחֵרְשִׁים שְׁמָעוּ, וְהַעִוְרִים הַבִּיטוּ לִרְאוֹת (מב, יח), אך שומעיו עונים לו בהתרסה, כאילו בשם ה': מִי עִוֵּר כִּי אִם עַבְדִּי, וְחֵרֵשׁ כְּמַלְאָכִי אֶשְׁלָח, מִי עִוֵּר כִּמְשֻׁלָּם, וְעִוֵּר כְּעֶבֶד ה' (מב, יט), כלומר, הנביא הוא העיוור והחרש, והוא אינו יודע את דבר ה' באמת. מה טיב הערעור על דברי הנביא והפקפוק באמונה בו?

בהקדמתנו להפטרות הלקוחות מחלקו השני של ספר ישעיהו הצגנו את דעתנו,

5. לְאָחוֹר משמעו לעתיד, כנגד 'לְפָנִים בְּיִשְׂרָאֵל' (שמ"א ט, ט), שמשמעו בעבר. בעברית המדוברת היום התהפכו היוצרות – המביט לפנים מביט לעתיד, והמביט לאחור בוהה בעבר – כביכול, אנו מסוגלים לראות את העתיד ולדעת לקראת מה אנו הולכים, והעבר חשוב פחות. נדמה, שעלינו לשוב ללשון הנביאים, לעברית המקורית, ולהבנה שאנו הולכים אל עתיד הנמצא מאחורינו, ואיננו יודעים מה יֵלֶד יום, כפי שאיננו יכולים לראות את מה שמאחורינו. לעיתים נוכל להסיק מסקנות על העתיד מהתבוננות מעמיקה בעבר, אך גם הן אינן בטוחות.

שהנבואות הללו הן מימי מנשה, שבסופו של דבר הרג את ישעיהו. ניתן להניח, שהאכזבה הגדולה מנבואות ישעיהו באה לידי ביטוי במדרש של חז"ל:

> ביקש הקדוש ברוך הוא לעשות חזקיהו משיח וסנחריב גוג ומגוג. אמרה מִדת הדין לפני הקדוש ברוך הוא: רבונו של עולם! ... חזקיה, שעשית לו כל הנסים הללו, ולא אמר שירה לפניך – תעשהו משיח?

(סנהדרין צד ע"א)

אכן, בחלקו הראשון של ספר ישעיהו מצויות נבואות רבות (לדוגמה: ישעיהו יא-יב) המבשרות את בוא המשיח בעקבות ישועת ירושלים ממצור סנחריב, והרואות את חזקיהו ממלא תפקיד זה. מֵחֵלק זה של הספר נראה, שמצור סנחריב על ירושלים במשך שלוש שנים וחורבן עשרות ערים בממלכת יהודה בעקבות חורבן ממלכת שומרון הם הפורענות האחרונה לפני בוא הגאולה. אך המציאות הייתה מאכזבת, כאשר פחות מדור אחד לאחר ישועת ירושלים, בימי אסרחדון ואשורבניפל שמלכו באשור אחרי סנחריב, שוב השתלטו האשורים על הארץ. הם הפעילו כלפי ממלכת יהודה יד קשה, והכבידו את עולם עליה בימי מנשה, והאכזבה מנבואות הגאולה של ישעיהו הייתה קשה מנשוא.[6] אכזבה זו הביאה בעקבותיה שלוש התפתחויות קשות:

א. מנשה ובני דורו עזבו את ה׳, ולא רצו עוד ללכת בדרכיו.
ב. העם כולו פקפק בדברי הנביא, ואמר לנביא כביכול בשם ה׳: מִי עִוֵּר כִּי אִם עַבְדִּי,
וְחֵרֵשׁ כְּמַלְאָכִי אֶשְׁלָח (מב, יט).
ג. מנשה בן חזקיהו דן את ישעיהו למוות כנביא שקר, והרג אותו.

ה׳ המשיך לשלוח את ישעיהו הנביא לבשר את הגאולה, למרות שהגאולה שניבָּא עליה בימי חזקיהו הוחמצה. אם הייתה נבואה מפורשת מאת ה׳ – כיצד הוחמצה? אין מנוס מלומר שהבחירה החופשית והגמול עליה חזקים מחיובה של הנבואה להתגשם.

גם מסקנה זו עולה מהפטרתנו, והנביא מבהיר, שסבלם של ישראל מיד משעבדיהם והיותם לבז ולמשיסה נובעים מחטאיהם, ומכך שלא הלכו בדרכי ה׳ ולא שמעו לתורתו:

> וְהוּא עַם בָּזוּז וְשָׁסוּי, הָפֵחַ בַּחוּרִים כֻּלָּם וּבְבָתֵּי כְלָאִים הָחְבָּאוּ, הָיוּ לָבַז וְאֵין

6. בשל קוצר היריעה לא נדון כאן בסיבות שבגללן הוחמצה הגאולה (מלבד אי אמירת השירה), לאחר ששולם עבורה מחיר כבד ביותר בשנות המצור.

מַצִּיל מְשִׁסָּה וְאֵין אֹמֵר הָשַׁב: מִי בָכֶם יַאֲזִין זֹאת, יַקְשִׁב וְיִשְׁמַע לְאָחוֹר: מִי נָתַן לִמְשִׁסָּה יַעֲקֹב וְיִשְׂרָאֵל לְבֹזְזִים – הֲלוֹא ה׳, זוּ חָטָאנוּ לוֹ, וְלֹא אָבוּ בִדְרָכָיו הָלוֹךְ, וְלֹא שָׁמְעוּ בְּתוֹרָתוֹ: וַיִּשְׁפֹּךְ עָלָיו חֵמָה אַפּוֹ וֶעֱזוּז מִלְחָמָה, וַתְּלַהֲטֵהוּ מִסָּבִיב וְלֹא יָדָע, וַתִּבְעַר בּוֹ וְלֹא יָשִׂים עַל לֵב:
(מב, כב-כה)

ד. מעשה הבריאה ושליחות הנבואה

נשוב לפסוקים הראשונים של ההפטרה:

כֹּה אָמַר הָאֵל ה׳, בּוֹרֵא הַשָּׁמַיִם וְנוֹטֵיהֶם רֹקַע הָאָרֶץ וְצֶאֱצָאֶיהָ, נֹתֵן נְשָׁמָה לָעָם עָלֶיהָ וְרוּחַ לַהֹלְכִים בָּהּ: אֲנִי ה׳ קְרָאתִיךָ בְצֶדֶק וְאַחְזֵק בְּיָדֶךָ, וְאֶצָּרְךָ וְאֶתֶּנְךָ לִבְרִית עָם לְאוֹר גּוֹיִם: לִפְקֹחַ עֵינַיִם עִוְרוֹת, לְהוֹצִיא מִמַּסְגֵּר אַסִּיר מִבֵּית כֶּלֶא יֹשְׁבֵי חֹשֶׁךְ:
(מב, ה-ז)

ניתן לבאר כדברינו לעיל, שהנביא מצמיד את פסוקי הבריאה לגאולתם של ישראל – מִבֵּית כֶּלֶא יֹשְׁבֵי חֹשֶׁךְ, אך אפשר גם שהנביא מצמיד את פסוקי הבריאה למינויו לנביא ולשליח ה׳, וזו אמירה שונה. מהו הקשר בין בריאת העולם לבין מינוי של נביא לִפְקֹחַ עֵינַיִם עִוְרוֹת?

נראה לנו, שבבריאה המתוארת בפרק א בפרשתנו נתקשה למצוא קשר לשליחות הנביא. תיאור הבריאה בפרק א רואה את האדם כנזר הבריאה, מי שנברא בצלם אלוהים ותפקידו לרדות ולשלוט בבריאה כולה.

נתבונן, אפוא, במעשה היצירה המתואר בהרחבה בפרק ב, בפרשת גן העדן. בפרק זה האדם איננו נזר הבריאה, אלא בעל תפקיד ומשימה. הוא אינו השולט בבריאה, אלא נועד לְעָבְדָהּ וּלְשָׁמְרָהּ – הוא שליח ה׳ לתקן את הבריאה ולהופכה לראויה להשכנת שמו יתברך:

וְכֹל שִׂיחַ הַשָּׂדֶה טֶרֶם יִהְיֶה בָאָרֶץ, וְכָל עֵשֶׂב הַשָּׂדֶה טֶרֶם יִצְמָח, כִּי לֹא הִמְטִיר ה׳ אֱלֹהִים עַל הָאָרֶץ, וְאָדָם אַיִן לַעֲבֹד אֶת הָאֲדָמָה... וַיִּיצֶר ה׳ אֱלֹהִים אֶת הָאָדָם עָפָר מִן הָאֲדָמָה, וַיִּפַּח בְּאַפָּיו נִשְׁמַת חַיִּים, וַיְהִי הָאָדָם לְנֶפֶשׁ חַיָּה... וַיִּקַּח ה׳ אֱלֹהִים אֶת הָאָדָם וַיַּנִּחֵהוּ בְגַן עֵדֶן לְעָבְדָהּ וּלְשָׁמְרָהּ: וַיְצַו ה׳ אֱלֹהִים עַל הָאָדָם...
(בראשית ב, ה-טז)

הנביא הוא המקיים לדורות את המשימה להכשיר את הקרקע להשראת השכינה. הוא

עושה זאת לקראת גאולת ישראל בדור שבו הם נתונים למשיסה ולבוזזים, שהרי כך אמר הנביא בראשית דרכו:

וָאֶשְׁמַע אֶת קוֹל אֲדֹנָי אֹמֵר, אֶת מִי אֶשְׁלַח וּמִי יֵלֶךְ לָנוּ, וָאֹמַר הִנְנִי שְׁלָחֵנִי:
(ו, ח)

גם בהפטרתנו מזכיר הנביא את ה׳ כבורא העולם, השולח את הנביא למשימתו – גאולת ישראל, לצורך השראת השכינה מחדש בירושלים, כדרך ששרתה בגן העדן בעקבות הבריאה, כל עוד מילא האדם את המשימה שלמענה הוּשַׂם שָׁם.

הפטרת נח

נד א רָנִּי עֲקָרָה לֹא יָלָדָה פִּצְחִי רִנָּה וְצַהֲלִי לֹא־חָלָה כִּי־רַבִּים בְּנֵי־שׁוֹמֵמָה מִבְּנֵי ישעיה
ב בְעוּלָה אָמַר יהוה: הַרְחִיבִי מְקוֹם אָהֳלֵךְ וִירִיעוֹת מִשְׁכְּנוֹתַיִךְ יַטּוּ אַל־תַּחְשֹׂכִי
ג הַאֲרִיכִי מֵיתָרַיִךְ וִיתֵדֹתַיִךְ חַזֵּקִי: כִּי־יָמִין וּשְׂמֹאול תִּפְרֹצִי וְזַרְעֵךְ גּוֹיִם יִירָשׁ
ד וְעָרִים נְשַׁמּוֹת יוֹשִׁיבוּ: אַל־תִּירְאִי כִּי־לֹא תֵבוֹשִׁי וְאַל־תִּכָּלְמִי כִּי לֹא תַחְפִּירִי
ה כִּי בֹשֶׁת עֲלוּמַיִךְ תִּשְׁכָּחִי וְחֶרְפַּת אַלְמְנוּתַיִךְ לֹא תִזְכְּרִי־עוֹד: כִּי בֹעֲלַיִךְ עֹשַׂיִךְ
ו יהוה צְבָאוֹת שְׁמוֹ וְגֹאֲלֵךְ קְדוֹשׁ יִשְׂרָאֵל אֱלֹהֵי כָל־הָאָרֶץ יִקָּרֵא: כִּי־כְאִשָּׁה
ז עֲזוּבָה וַעֲצוּבַת רוּחַ קְרָאָךְ יהוה וְאֵשֶׁת נְעוּרִים כִּי תִמָּאֵס אָמַר אֱלֹהָיִךְ: בְּרֶגַע
ח קָטֹן עֲזַבְתִּיךְ וּבְרַחֲמִים גְּדֹלִים אֲקַבְּצֵךְ: בְּשֶׁצֶף קֶצֶף הִסְתַּרְתִּי פָנַי רֶגַע מִמֵּךְ
ט וּבְחֶסֶד עוֹלָם רִחַמְתִּיךְ אָמַר גֹּאֲלֵךְ יהוה: כִּי־מֵי נֹחַ זֹאת לִי אֲשֶׁר
י נִשְׁבַּעְתִּי מֵעֲבֹר מֵי־נֹחַ עוֹד עַל־הָאָרֶץ כֵּן נִשְׁבַּעְתִּי מִקְּצֹף עָלַיִךְ וּמִגְּעָר־בָּךְ: כִּי
הֶהָרִים יָמוּשׁוּ וְהַגְּבָעוֹת תְּמוּטֶינָה וְחַסְדִּי מֵאִתֵּךְ לֹא־יָמוּשׁ וּבְרִית שְׁלוֹמִי לֹא
יא תָמוּט אָמַר מְרַחֲמֵךְ יהוה: עֲנִיָּה סֹעֲרָה לֹא נֻחָמָה הִנֵּה אָנֹכִי מַרְבִּיץ הספרדים מסיימים כאן
יב בַּפּוּךְ אֲבָנַיִךְ וִיסַדְתִּיךְ בַּסַּפִּירִים: וְשַׂמְתִּי כַּדְכֹד שִׁמְשֹׁתַיִךְ וּשְׁעָרַיִךְ לְאַבְנֵי
יג יד אֶקְדָּח וְכָל־גְּבוּלֵךְ לְאַבְנֵי־חֵפֶץ: וְכָל־בָּנַיִךְ לִמּוּדֵי יהוה וְרַב שְׁלוֹם בָּנָיִךְ: בִּצְדָקָה
טו תִּכּוֹנָנִי רַחֲקִי מֵעֹשֶׁק כִּי־לֹא תִירָאִי וּמִמְּחִתָּה כִּי לֹא־תִקְרַב אֵלָיִךְ: הֵן גּוֹר יָגוּר
טז אֶפֶס מֵאוֹתִי מִי־גָר אִתָּךְ עָלַיִךְ יִפּוֹל: הִנֵּה אָנֹכִי בָּרָאתִי חָרָשׁ נֹפֵחַ בְּאֵשׁ פֶּחָם
יז וּמוֹצִיא כְלִי לְמַעֲשֵׂהוּ וְאָנֹכִי בָּרָאתִי מַשְׁחִית לְחַבֵּל: כָּל־כְּלִי יוּצַר עָלַיִךְ לֹא
יִצְלָח וְכָל־לָשׁוֹן תָּקוּם־אִתָּךְ לַמִּשְׁפָּט תַּרְשִׁיעִי זֹאת נַחֲלַת עַבְדֵי יהוה וְצִדְקָתָם
נה א מֵאִתִּי נְאֻם־יהוה: הוֹי כָּל־צָמֵא לְכוּ לַמַּיִם וַאֲשֶׁר אֵין־לוֹ כָּסֶף לְכוּ
ב שִׁבְרוּ וֶאֱכֹלוּ וּלְכוּ שִׁבְרוּ בְּלוֹא־כֶסֶף וּבְלוֹא מְחִיר יַיִן וְחָלָב: לָמָּה תִשְׁקְלוּ־כֶסֶף
בְּלוֹא־לֶחֶם וִיגִיעֲכֶם בְּלוֹא לְשָׂבְעָה שִׁמְעוּ שָׁמוֹעַ אֵלַי וְאִכְלוּ־טוֹב וְתִתְעַנַּג בַּדֶּשֶׁן
ג נַפְשְׁכֶם: הַטּוּ אָזְנְכֶם וּלְכוּ אֵלַי שִׁמְעוּ וּתְחִי נַפְשְׁכֶם וְאֶכְרְתָה לָכֶם בְּרִית עוֹלָם

ד ה חַסְדֵי דָוִד הַנֶּאֱמָנִים: הֵן עֵד לְאוּמִּים נְתַתִּיו נָגִיד וּמְצַוֵּה לְאֻמִּים: הֵן גּוֹי לֹא־תֵדַע
תִּקְרָא וְגוֹי לֹא־יְדָעוּךָ אֵלֶיךָ יָרוּצוּ לְמַעַן יהוה אֱלֹהֶיךָ וְלִקְדוֹשׁ יִשְׂרָאֵל
כִּי פֵאֲרָךְ:

א. הקשר בין הפרשה להפטרה

הפסוק המקשר את ההפטרה לפרשה הוא הפסוק המזכיר את מֵי נֹחַ (נד, ט), שהם מי המבול, והוא מכריז, כי כפי שה׳ הבטיח בברית הקשת, שמי המבול לא ישובו עוד לכלות את העולם, כך הוא מבטיח לישראל לבטל את קצפו ואת גערתו.

יְתֵרה נבואתנו על המקראות בפרשתנו בכך שהיא נותנת להבטחת ה׳ על ׳מי נח׳ תוקף של שבועה, בעוד בתורה נזכרה ברית בלבד. לשבועה תוקף גדול יותר, כשם שלשבועה שנשבע ה׳ לאברהם אבינו בעקֵדה תוקף גדול מתוקפן של הבריתות שקדמו לה, ברית בין הבתרים וברית המילה:

> וַיֹּאמֶר, בִּי נִשְׁבַּעְתִּי נְאֻם ה׳, כִּי יַעַן אֲשֶׁר עָשִׂיתָ אֶת הַדָּבָר הַזֶּה, וְלֹא חָשַׂכְתָּ אֶת בִּנְךָ אֶת יְחִידֶךָ: כִּי בָרֵךְ אֲבָרֶכְךָ, וְהַרְבָּה אַרְבֶּה אֶת זַרְעֲךָ כְּכוֹכְבֵי הַשָּׁמַיִם וְכַחוֹל אֲשֶׁר עַל שְׂפַת הַיָּם, וְיִרַשׁ זַרְעֲךָ אֵת שַׁעַר אֹיְבָיו:

(בראשית כב, טז-יז)

האם ישעיהו חושף כאן שבועה שהוסתרה בתורה, או ששבועה זו מופיעה גם בפסוקי התורה? נראה, כי יש מספר אפשרויות ללמוד זאת מן המקראות בתורה:[1]

א. כאשר התורה מתארת את החלטת ה׳ לא להביא עוד מבול, היא משתמשת בסגנון חריג:

> וַיָּרַח ה׳ אֶת רֵיחַ הַנִּיחֹחַ, וַיֹּאמֶר ה׳ אֶל לִבּוֹ, לֹא אֹסִף לְקַלֵּל עוֹד אֶת הָאֲדָמָה בַּעֲבוּר הָאָדָם, כִּי יֵצֶר לֵב הָאָדָם רַע מִנְּעֻרָיו, וְלֹא אֹסִף עוֹד לְהַכּוֹת אֶת כָּל

1. האפשרות העדיפה מכולן נאמרה בגמרא: ״אמר רבי אלעזר: לאו – שבועה, הן – שבועה. בשלמא לאו שבועה, דכתיב וְלֹא יִהְיֶה עוֹד הַמַּיִם לְמַבּוּל (בראשית ט, טו), וכתיב כִּי מֵי נֹחַ זֹאת לִי אֲשֶׁר נִשְׁבַּעְתִּי (נד, ט)... אמר רבא: והוא דאמר לאו לאו תרי זימני... דכתיב (בראשית ט, יא) וְלֹא יִכָּרֵת כָּל בָּשָׂר עוֹד מִמֵּי הַמַּבּוּל, וְלֹא יִהְיֶה עוֹד הַמַּיִם לְמַבּוּל״ (שבועות לו ע״א).

חַי כַּאֲשֶׁר עָשִׂיתִי: עֹד כָּל יְמֵי הָאָרֶץ, זֶרַע וְקָצִיר וְקֹר וָחֹם וְקַיִץ וָחֹרֶף וְיוֹם וָלַיְלָה לֹא יִשְׁבֹּתוּ:

(בראשית ח, כא-כב)

הביטוי וַיֹּאמֶר ה׳ אֶל לִבּוֹ חריג וקשה. הדברים לא נאמרו לנח ולבניו, ועל כן אין בהם ברית. אפשר שביטוי זה, על פי פרשנותו של הנביא, מביע שבועה שלא לחזור עוד על המבול, ולא על השבתת חוקי הטבע והכאת האדמה וכל חי. על דרך הפשט נראה, שביטוי זה בפרשה בא בהקבלה למה שנאמר לפני המבול ולקראתו:

וַיִּנָּחֶם ה׳ כִּי עָשָׂה אֶת הָאָדָם בָּאָרֶץ, וַיִּתְעַצֵּב אֶל לִבּוֹ: וַיֹּאמֶר ה׳, אֶמְחֶה אֶת הָאָדָם אֲשֶׁר בָּרָאתִי מֵעַל פְּנֵי הָאֲדָמָה, מֵאָדָם עַד בְּהֵמָה עַד רֶמֶשׂ וְעַד עוֹף הַשָּׁמָיִם, כִּי נִחַמְתִּי כִּי עֲשִׂיתִם:

(שם ו, ו-ז)

ב. אף שהתורה כינתה את הקשת ׳ברית׳, הרי שדרכה של ברית שיש בה דבר המחייב את שני הצדדים, והיא מותנית בהדדיות. בבריתות העיקריות של ה׳ עימנו, כמו הברית במעמד הר סיני, ה׳ הבטיח לנו: לְמַעַן יַאֲרִכוּן יָמֶיךָ עַל הָאֲדָמָה (שמות כ, יא), ומאידך, דרש מאיתנו לשמור את מצוותיו. ברית הקשת, על אף דמיונה הסגנוני לברית המילה,[2] אינה ברית הדדית[3] (אולי מלבד הדרישה מן האדם לִפְרוֹת ולרבות ולקיים בכך את העולם), ולכן יש לה תוקף של שבועה, שהיא חד־צדדית ואינה ניתנת להפרה, כמו שבועת ה׳ בעקבות העקדה. אפשר, שגם בהפטרתנו מדגיש הנביא, שהקצף והגערה לא ישובו גם בעקבות חטא, וה׳ ימצא דרכים אחרות להביא את בני ישראל לתקן את חטאם.

2. דוגמות לדמיון בין ברית הקשת לברית המילה – בברית הקשת נאמרו הביטויים: וַיֹּאמֶר אֱלֹהִים; זֹאת אוֹת הַבְּרִית; בֵּינִי וּבֵינֵיכֶם; לְדֹרֹת עוֹלָם; לְאוֹת בְּרִית בֵּינִי וּבֵין הָאָרֶץ; בְּרִיתִי אֲשֶׁר בֵּינִי וּבֵינֵיכֶם; זֹאת אוֹת הַבְּרִית אֲשֶׁר הֲקִמֹתִי (בראשית ט, ח-יז). ביטויים אלו מקבילים לנאמר ביחס לברית המילה: בְּרִיתִי בֵּינִי וּבֵינֶךָ; בְּרִיתִי אִתָּךְ; וַהֲקִמֹתִי אֶת בְּרִיתִי בֵּינִי וּבֵינֶךָ; לְדֹרֹתָם לִבְרִית עוֹלָם; בְּרִיתִי אֲשֶׁר תִּשְׁמְרוּ בֵּינִי וּבֵינֵיכֶם (שם יז, ב-י).

3. במקראות יש מקום לדחות טענה זו, אם נניח שברית הקשת ממשיכה ברצף את מצוות בני נח הנזכרות בפרשה, ובעיקר את איסור שפיכות דמים, את הדינים ואת איסור אכילת בָּשָׂר בְּנַפְשׁוֹ דָמוֹ (בראשית ט, ד) ואבר מן החי, כפירושם של חז״ל. על פי זה אפשר, שהבטחת ה׳ שלא להכות עוד את העולם במבול ודומיו כפופה לשמירת מצוות בני נח בידי האדם. אך מדברי הנביא נראה שלא הבין כך, וגם אמירת ה׳ אל ליבו שנזכרה לעיל מדברת על החלטה חד־צדדית ובלתי מותנית של ה׳.

ג. הנביא יחזקאל מבאר את משמעות מראה הקשת, שבה הבטיח ה׳ למנוע מבול:

כְּמַרְאֵה הַקֶּשֶׁת אֲשֶׁר יִהְיֶה בֶעָנָן בְּיוֹם הַגֶּשֶׁם, כֵּן מַרְאֵה הַנֹּגַהּ סָבִיב, הוּא מַרְאֵה דְּמוּת כְּבוֹד ה׳...

(יחזקאל א, כח)

לא נבין פסוק זה לעומק הנדרש, אך עולה ממנו שהקשת היא מעין ׳חתימה אישית׳ של הקב״ה על דברתו בעניין המבול. ׳חתימה׳ מיוחדת זו היא כהזכרת שמו על הבטחתו, ודינה כשבועה בשמו. הענן, שכבודו של ה׳ נראה בו בקשת, מוסיף תוקף לשבועה זו.[4]

ב. ברית האבות וברית סיני לעומת שבועת ה׳ לאחר המבול

בעת זעם, כשה׳ חפץ לכלות את ישראל בעקבות חטא העגל, לא הזכיר משה רבנו שבועת ה׳ לנח, אלא את שבועת ה׳ לאבות (שמות לב, יג), דהיינו, את השבועה שבמעשה העקדה (לא הייתה שבועה אחרת לאבות), שגם אנו נוהגים להזכירה בעת תחינתנו לה׳. מדוע מזכיר הנביא ישעיהו דווקא את ׳מי נח׳, ואינו נוהג כמשה רבנו?

אפשר שהנביא ישעיהו רואה בחטאי מנשה ועַמו, שלדעתנו בהם הוא דן,[5] חטאים כה חמורים, עד שגם שבועת העקדה אינה יכולה לחפות עליהם. לכן הוא נזקק לחטאי דור המבול, שהיו חמורים מחטאי מנשה, והוא נזקק לשבועת ה׳ שלא יוסיף עוד לכלות את העולם. רק כך תהיה אחיזה במציאות להבטחה שה׳ ירחם על ישראל למרות חטאיהם, שעברו כל גבול.

אם נניח, כמקובל, שישעיהו מדבר כאן על מה שעתיד להיות אחרי החורבן ולא על ימי מנשה, אפשר שהבין שחורבנם הגמור של ירושלים והמקדש יצר מציאות חדשה לחלוטין בתולדות ישראל. במציאות זו קרסה (זמנית) הברית שנכרתה עם האבות ועם בני ישראל בהר סיני, ויש צורך לשוב לברית הקדומה שבעקבות המבול כדי להוליד ממנה את צמיחתו החדשה של עם ישראל.

*

4. ראו בְּיֶתר הרחבה בספרנו ׳כי קרוב אליך – בראשית׳ (ישראל 2014), עמ׳ 54–56.
5. עיינו במבוא להפטרות מספר ישעיהו, שבו כתבנו שעיקר הנבואות שבחלקו השני של הספר הן מימי מנשה בן חזקיהו.

גם אם לא יבוא 'מבול' שיכַלֶּה הכול, עדיין עלול אסון נורא לפקוד את העולם בחטאו, אולי רעידת אדמה קשה. הנביא מתייחס גם לאפשרות זו, ומבהיר שבריתו של ה' עִם עַמּוֹ וחסדו עליו חזקים גם מפורענות זו, של הרים וגבעות הנעקרים ממקומם:

> כִּי הֶהָרִים יָמוּשׁוּ, וְהַגְּבָעוֹת תְּמוּטֶנָה, וְחַסְדִּי מֵאִתֵּךְ לֹא יָמוּשׁ, וּבְרִית שְׁלוֹמִי לֹא תָמוּט, אָמַר מְרַחֲמֵךְ ה':
>
> (נד, י)

*

לא נוכל להתעלם מהכינוי החריג הניתן בפי הנביא למבול – 'מי נח'. הזוהר הקדוש התייחס לכך:

> כיון דאמר ליה דישתזיב הוא ובנוי, לא בעא רחמין על עלמא, ואתאבידו, ובגין כך אקרון מי המבול על שמיה, כמה דאת אמר:[6] כִּי מֵי נֹחַ זֹאת לִי, אֲשֶׁר נִשְׁבַּעְתִּי מֵעֲבֹר מֵי נֹחַ עוֹד עַל הָאָרֶץ.
>
> (זוהר נח סז ע"ב)

המדרש בזוהר מבקר את נח, שלא עשה כמעשה אברהם בסדום וכמעשה משה בגזרת העגל, ולא התפלל על הרשעים בני דורו. לכן נקרא המבול על שמו – 'מי נח'.

ג. האישה העזובה

הנביא מדמה את כנסת ישראל ל'אשתו' של הקב"ה, אף שדימוי זה הוא בלתי נתפס לאור הבנתנו את ה'. גם נביאים אחרים עשו זאת, אולי בעקבות שיר השירים שכתב שלמה. חז"ל בחרו בדרך כלל לתאר את היחסים בין ה' לעמו כיחסי אב ובנו. מדוע שינו חז"ל מדרכם של הנביאים? נציע לכך שתי תשובות:

א. דימוי יחסינו עם הקב"ה ליחסי איש ואישה עלולים להוביל את עולם הדמיון שלנו למקומות מסוכנים ובלתי ראויים. הנביאים, בעולמם הגבוה, פחות חששו לכך. חז"ל, בעולמם הריאלי, המציאותי, העדיפו להימנע מכך.

6. תרגום חופשי: כיוון שאמר לו שיינצל הוא ובניו, לא ביקש רחמים על העולם, ואבדו. לכן נקראו מי המבול על שמו, כמו שנאמר.

ב. יחסי איש ואישה עלולים להתפרש כיחסים מותנים. אלו יחסים העלולים מטבעם להיפסק בעקבות מריבה קשה או בגידה, חלילה. יחסי אב ובנו הם יחסים של אהבה ללא כל תנאי. גם אם הבן יבגוד באביו או יכעיסנו ללא גבול, האב יישאר לעולם אביו של הבן, ולעולם ישאף למצוא לו דרך לתיקון ותשובה. חז"ל, על סף גלות ארוכה מכל מה שתיארו הנביאים, ראו צורך להמיר את דימוי הבעל והאישה לדימוי אב ובנו, שאינם בטלים לעולם.

הנביא מתאר את כנסת ישראל אחרי סילוק השכינה ממנה בשלל דימויים של אישה בודדה. היא מתוארת כאישה עקרה, שלא ילדה ואפילו לא הרתה (לֹא חָלָה), כעלמה (= רווקה) מבוישת וכאלמנה מלאת חרפה, כאישה גרושה (וְאֵשֶׁת נְעוּרִים כִּי תִמָּאֵס) וכאישה עגונה שבעלה נטש אותה (כְּאִשָּׁה עֲזוּבָה). התיאור העשיר של עיצבונה נועד להבליט את החסד הגדול שהקב"ה יעשה עימה בעת שישוב אליה בעת גאולתה. באותה עת יבואו, וכביכול ייולדו מחדש, בניה הרבים.

ד. האוהל והבית

בחלקה הראשון של הנבואה מתואר האוהל החדש של כנסת ישראל הקמה לתחייה, שיש בו גם משכן – הַרְחִיבִי מְקוֹם אָהֳלֵךְ, וִירִיעוֹת מִשְׁכְּנוֹתַיִךְ יַטּוּ, אַל תַּחְשֹׂכִי, הַאֲרִיכִי מֵיתָרַיִךְ וִיתֵדֹתַיִךְ חַזֵּקִי (נד, ב). בחלקה השני של הנבואה מתגוררת כנסת ישראל בארמון מפואר ומבוצר היטב:

הִנֵּה אָנֹכִי מַרְבִּיץ בַּפּוּךְ אֲבָנַיִךְ, וִיסַדְתִּיךְ בַּסַּפִּירִים: וְשַׂמְתִּי כַּדְכֹד שִׁמְשֹׁתַיִךְ וּשְׁעָרַיִךְ לְאַבְנֵי אֶקְדָּח, וְכָל גְּבוּלֵךְ לְאַבְנֵי חֵפֶץ: וְכָל בָּנַיִךְ לִמּוּדֵי ה׳, וְרַב שְׁלוֹם בָּנָיִךְ:
(נד, יא–יג)

שני חלקי הנבואה מזכירים לנו את הַמָּקוֹם אֲשֶׁר יִבְחַר ה׳ (דברים יב, ה ועוד). בפשטות, התורה סתמה ולא פירשה את המקום, משום שהיו שניים: משכן שילה, שהיה אוהל,[7] והמקדש בירושלים, שהיה בניין חזק ומפואר. הלבטים הנבואיים בדבר הצורך לעבור מאוהל ומשכן ל׳בית ארזים׳ מתוארים היטב בדבריו של נתן הנביא אל דוד, והמעבר לבניין קבע מותנה בכינון מלכות של קבע בישראל:

לֵךְ וְאָמַרְתָּ אֶל עַבְדִּי אֶל דָּוִד, כֹּה אָמַר ה׳, הַאַתָּה תִּבְנֶה לִּי בַיִת לְשִׁבְתִּי: כִּי

7. הוא נקרא ׳אוהל׳, למרות שהוא היה בנוי מאבנים, כיוון שתקרתו הייתה יריעות, ולא גג בנוי.

לֹא יָשַׁבְתִּי בְּבַיִת לְמִיּוֹם הַעֲלֹתִי אֶת בְּנֵי יִשְׂרָאֵל מִמִּצְרַיִם וְעַד הַיּוֹם הַזֶּה, וָאֶהְיֶה מִתְהַלֵּךְ בְּאֹהֶל וּבְמִשְׁכָּן: בְּכֹל אֲשֶׁר הִתְהַלַּכְתִּי בְּכָל בְּנֵי יִשְׂרָאֵל, הֲדָבָר דִּבַּרְתִּי אֶת אַחַד שִׁבְטֵי יִשְׂרָאֵל, אֲשֶׁר צִוִּיתִי לִרְעוֹת אֶת עַמִּי אֶת יִשְׂרָאֵל, לֵאמֹר, לָמָּה לֹא בְנִיתֶם לִי בֵּית אֲרָזִים:

וְשַׂמְתִּי מָקוֹם לְעַמִּי לְיִשְׂרָאֵל וּנְטַעְתִּיו וְשָׁכַן תַּחְתָּיו וְלֹא יִרְגַּז עוֹד וְלֹא יֹסִיפוּ בְנֵי עַוְלָה לְעַנּוֹתוֹ כַּאֲשֶׁר בָּרִאשׁוֹנָה: וּלְמִן הַיּוֹם אֲשֶׁר צִוִּיתִי שֹׁפְטִים עַל עַמִּי יִשְׂרָאֵל וַהֲנִיחֹתִי לְךָ מִכָּל אֹיְבֶיךָ וְהִגִּיד לְךָ ה׳ כִּי בַיִת יַעֲשֶׂה לְּךָ ה׳: כִּי יִמְלְאוּ יָמֶיךָ וְשָׁכַבְתָּ אֶת אֲבֹתֶיךָ וַהֲקִימֹתִי אֶת זַרְעֲךָ אַחֲרֶיךָ אֲשֶׁר יֵצֵא מִמֵּעֶיךָ וַהֲכִינֹתִי אֶת מַמְלַכְתּוֹ: הוּא יִבְנֶה בַּיִת לִשְׁמִי וְכֹנַנְתִּי אֶת כִּסֵּא מַמְלַכְתּוֹ עַד עוֹלָם:

(שמ״ב ז, ה-ז; י-יג)

את האוהל (= המשכן) תבנה האישה (= כנסת ישראל) לבדה, בכוחה שלה.[8] מי יבנה את הבית המפואר? חז״ל ביארו זאת במדרש:

אמר רבי אלעזר אמר רבי חנינא: תלמידי חכמים מרבים שלום בעולם, שנאמר: וְכָל בָּנַיִךְ לִמּוּדֵי ה׳, וְרַב שְׁלוֹם בָּנָיִךְ – אל תקרי ׳בָּנָיִךְ׳ אלא ׳בוניך׳.

(ברכות סד ע״א)

הבנים, בניה של כנסת ישראל, הם גם הבונים, והם יבנו מאבני הספיר ואבני החפץ את ביתה. מתי יתרחש המעבר מן האוהל והמשכן אל הבית? דבר זה רמוז בהמשך הנבואה, בהפטרתנו. המעבר יבוא יחד עם חידושה של מלכות בית דוד:

שִׁמְעוּ שָׁמוֹעַ אֵלַי וְאִכְלוּ טוֹב, וְתִתְעַנַּג בַּדֶּשֶׁן נַפְשְׁכֶם: הַטּוּ אָזְנְכֶם וּלְכוּ אֵלַי, שִׁמְעוּ וּתְחִי נַפְשְׁכֶם, וְאֶכְרְתָה לָכֶם בְּרִית עוֹלָם, חַסְדֵי דָוִד הַנֶּאֱמָנִים: הֵן עֵד לְאוּמִּים נְתַתִּיו, נָגִיד וּמְצַוֵּה לְאֻמִּים:

(נה, ב-ד)

8. נזכיר שיִתַד הָאֹהֶל והַמַּקֶּבֶת המשמשת לתקיעתה מופיעים ככלי עבודה של אישה גם בתיאור מעשה יעל אשת חבר (שופטים ד, כא).

ה. מלכות בית דוד

כפי שהזכרנו, המעבר מאוהל ומשכן לבית קשור בחזרת מלכות בית דוד למקומה. לעניות הבנתנו, כך מתיישבים המקראות:

השלב הראשון אינו תלוי במעשי בני ישראל, והוא נעשה כולו ברחמי ה', השב אל אשתו העזובה, והיא משקמת את אוהלה, משכָּנה.

השלב השני, שבו עוברת העניה הסוערה מאוהלה לבניין פאר, קשור בחידוש מלכות בית דוד. שלב זה מותנה בשמיעה בקול ה' ובהליכה לקראתו – הַטּוּ אָזְנְכֶם וּלְכוּ אֵלַי (נה, ג). אפשר שזו הסיבה לכך שגם בעת הכניסה לארץ בימי יהושע עדיין לא קמה מלכות ישראל. ה' עדיין ציפה לנאמר בנבואה כאן, וכשבני ישראל ביקשו מלוכה קודם זמנה, היה הדבר רע בעיני ה' ובעיני שמואל נביאו. היה צורך במיצוי שלב הביניים שבו עם ישראל כבר נכנס לארצו, ובמרכז חייו עמד המשכן, האוהל. עדיין לא הייתה מלכות קבע בישראל, משום שעדיין לא התקיים החזון של הַטּוּ אָזְנְכֶם וּלְכוּ אֵלַי, שִׁמְעוּ וּתְחִי נַפְשְׁכֶם.

עם דוד כרת ה' ברית עולם, ורק אז נסללה הדרך להקמת הבית המפואר המתואר בהפטרתנו, תיאור הדומה במשהו לתיאור הקמת המקדש. זהו השלב שבו הופכת הבטחת ה' לעמו להבטחת נצח. האם יש משמעות להקמת מלכות בית דוד מעבר לברית הנצח עימה? מפסוקי הפטרתנו נראה שֶׁכֵּן – הֵן עֵד לְאוּמִּים נְתַתִּיו נָגִיד וּמְצַוֵּה לְאֻמִּים (נה, ד).

ימיה הראשונים של מלכות ישראל בהנהגת דוד הפכו את מדינת היהודים לקיסרות, שהשתרעה מנהר החידקל עד נהר מצרים, לאימפריה שעמים כפופים תחתיה, שמלכה הוא נָגִיד וּמְצַוֵּה לְאֻמִּים.

בחזון הנבואי על עתידו של עם ישראל לא מופיעים בהכרח שאיפות התפשטות מעצמתיות ורצון לשלוט על עמים רבים, כדרך שנהגו הפרסים, הרומאים ועמים רבים אחרים. אולם בארץ שהובטחה לזרעו של אברהם בברית בין הבתרים, בין נהר מצרים לנהר פרת, גרים גם עמים אחרים, בעיקר בני משפחת אברהם: בני ישמעאל, בני קטורה, אדום, עמון ומואב. ללא יחסים מסודרים והוגנים תחת עוצמתו של עם ישראל, חייו של עם ישראל בארצו לא יהיו בטוחים לאורך ימים. דוד היה נָגִיד וּמְצַוֵּה לְאֻמִּים, והוא הבטיח בכך את שלומם של ישראל, ולכך מכַוון גם הנביא בהפטרתנו.

הפטרת לך לך

ישעיה

מ כה כו [וְאֶל־מִי תְדַמְּיוּנִי וְאֶשְׁוֶה יֹאמַר קָדוֹשׁ: שְׂאוּ־מָרוֹם עֵינֵיכֶם וּרְאוּ מִי־בָרָא
אֵלֶּה הַמּוֹצִיא בְמִסְפָּר צְבָאָם לְכֻלָּם בְּשֵׁם יִקְרָא מֵרֹב אוֹנִים וְאַמִּיץ כֹּחַ אִישׁ
לֹא נֶעְדָּר:][1]

כז לָמָּה תֹאמַר יַעֲקֹב וּתְדַבֵּר יִשְׂרָאֵל נִסְתְּרָה דַרְכִּי מֵיהוה וּמֵאֱלֹהַי מִשְׁפָּטִי יַעֲבוֹר:
כח הֲלוֹא יָדַעְתָּ אִם־לֹא שָׁמַעְתָּ אֱלֹהֵי עוֹלָם יהוה בּוֹרֵא קְצוֹת הָאָרֶץ לֹא יִיעַף
כט ל וְלֹא יִיגָע אֵין חֵקֶר לִתְבוּנָתוֹ: נֹתֵן לַיָּעֵף כֹּחַ וּלְאֵין אוֹנִים עָצְמָה יַרְבֶּה: וְיִעֲפוּ
לא נְעָרִים וְיִגָעוּ וּבַחוּרִים כָּשׁוֹל יִכָּשֵׁלוּ: וְקוֵֹי יהוה יַחֲלִיפוּ כֹחַ יַעֲלוּ אֵבֶר כַּנְּשָׁרִים
מא א יָרוּצוּ וְלֹא יִיגָעוּ יֵלְכוּ וְלֹא יִיעָפוּ: הַחֲרִישׁוּ אֵלַי אִיִּים וּלְאֻמִּים יַחֲלִיפוּ
ב כֹחַ יִגְּשׁוּ אָז יְדַבֵּרוּ יַחְדָּו לַמִּשְׁפָּט נִקְרָבָה: מִי הֵעִיר מִמִּזְרָח צֶדֶק יִקְרָאֵהוּ
ג לְרַגְלוֹ יִתֵּן לְפָנָיו גּוֹיִם וּמְלָכִים יַרְדְּ יִתֵּן כֶּעָפָר חַרְבּוֹ כְּקַשׁ נִדָּף קַשְׁתּוֹ: יִרְדְּפֵם
ד יַעֲבוֹר שָׁלוֹם אֹרַח בְּרַגְלָיו לֹא יָבוֹא: מִי־פָעַל וְעָשָׂה קֹרֵא הַדֹּרוֹת מֵרֹאשׁ אֲנִי
ה יהוה רִאשׁוֹן וְאֶת־אַחֲרֹנִים אֲנִי־הוּא: רָאוּ אִיִּים וְיִירָאוּ קְצוֹת הָאָרֶץ יֶחֱרָדוּ
ו ז קָרְבוּ וַיֶּאֱתָיוּן: אִישׁ אֶת־רֵעֵהוּ יַעְזֹרוּ וּלְאָחִיו יֹאמַר חֲזָק: וַיְחַזֵּק חָרָשׁ אֶת־
צֹרֵף מַחֲלִיק פַּטִּישׁ אֶת־הוֹלֶם פָּעַם אֹמֵר לַדֶּבֶק טוֹב הוּא וַיְחַזְּקֵהוּ בְמַסְמְרִים
ח לֹא יִמּוֹט: וְאַתָּה יִשְׂרָאֵל עַבְדִּי יַעֲקֹב אֲשֶׁר בְּחַרְתִּיךָ זֶרַע אַבְרָהָם
ט אֹהֲבִי: אֲשֶׁר הֶחֱזַקְתִּיךָ מִקְצוֹת הָאָרֶץ וּמֵאֲצִילֶיהָ קְרָאתִיךָ וָאֹמַר לְךָ עַבְדִּי־
י אַתָּה בְּחַרְתִּיךָ וְלֹא מְאַסְתִּיךָ: אַל־תִּירָא כִּי עִמְּךָ־אָנִי אַל־תִּשְׁתָּע כִּי־אֲנִי אֱלֹהֶיךָ

1. שני הפסוקים הראשונים וכן הפסוק האחרון, המוקפים בסוגריים מרובעים, מתווספים להפטרה על פי נוסח הרמב"ם, שמנהג קריאתו השתמר בקהילות איטליה ותימן. קראתי זאת במאמרו המאלף של הרב אלחנן סמט על ההפטרה באתר ישיבת 'ברכת משה' https://www.ybm.org.il/lesson?lesson=6050&format=H. הוא ביאר עניין זה בטוב טעם ודעת, ולא אכפול כאן את דבריו.

יא אִמַּצְתִּיךָ אַף־עֲזַרְתִּיךָ אַף־תְּמַכְתִּיךָ בִּימִין צִדְקִי: הֵן יֵבֹשׁוּ וְיִכָּלְמוּ כֹּל הַנֶּחֱרִים
יב בָּךְ יִהְיוּ כְאַיִן וְיֹאבְדוּ אַנְשֵׁי רִיבֶךָ: תְּבַקְשֵׁם וְלֹא תִמְצָאֵם אַנְשֵׁי מַצֻּתֶךָ יִהְיוּ
יג כְאַיִן וּכְאֶפֶס אַנְשֵׁי מִלְחַמְתֶּךָ: כִּי אֲנִי יהוה אֱלֹהֶיךָ מַחֲזִיק יְמִינֶךָ הָאֹמֵר לְךָ
יד אַל־תִּירָא אֲנִי עֲזַרְתִּיךָ: אַל־תִּירְאִי תּוֹלַעַת יַעֲקֹב מְתֵי יִשְׂרָאֵל אֲנִי
טו עֲזַרְתִּיךְ נְאֻם־יהוה וְגֹאֲלֵךְ קְדוֹשׁ יִשְׂרָאֵל: הִנֵּה שַׂמְתִּיךְ לְמוֹרַג חָרוּץ חָדָשׁ בַּעַל
טז פִּיפִיּוֹת תָּדוּשׁ הָרִים וְתָדֹק וּגְבָעוֹת כַּמֹּץ תָּשִׂים: תִּזְרֵם וְרוּחַ תִּשָּׂאֵם וּסְעָרָה
תָּפִיץ אוֹתָם וְאַתָּה תָּגִיל בַּיהוה בִּקְדוֹשׁ יִשְׂרָאֵל תִּתְהַלָּל:

יז [הָעֲנִיִּים וְהָאֶבְיוֹנִים מְבַקְשִׁים מַיִם וָאַיִן לְשׁוֹנָם בַּצָּמָא נָשָׁתָּה אֲנִי יהוה אֶעֱנֵם
אֱלֹהֵי יִשְׂרָאֵל לֹא אֶעֶזְבֵם:]

א. הקשר בין הפרשה להפטרה – אברהם אבינו

פרשתנו עוסקת בראשית דרכו של אברהם אבינו, והנבואה שאנו קוראים בהפטרה מכנה את ישראל זֶרַע אַבְרָהָם אֹהֲבִי (מא, ח) אך נראה, שאין די בכך כדי להצדיק את התאמת הנבואה לפרשה. אפשר להניח, שקובעי מנהג הפטרתנו הסתמכו על דברי המדרש, הקורא על אברהם אבינו, העושה את דרכו ממזרח לכיוון ארץ ה׳ – ארץ כנען, את הפסוקים הבאים:

מִי הֵעִיר מִמִּזְרָח, צֶדֶק יִקְרָאֵהוּ לְרַגְלוֹ, יִתֵּן לְפָנָיו גּוֹיִם וּמְלָכִים יַרְדְּ, יִתֵּן כֶּעָפָר חַרְבּוֹ, כְּקַשׁ נִדָּף קַשְׁתּוֹ: יִרְדְּפֵם יַעֲבוֹר שָׁלוֹם, אֹרַח בְּרַגְלָיו לֹא יָבוֹא:
(מא, ב-ג)

דוד כתב את ספר תהלים על ידי עשרה זקנים... וליחשוב נמי איתן האזרחי (= יש להכניס לרשימה את איתן האזרחי שנזכר בספר תהלים, ואינו נמנה בין עשרת הזקנים)! אמר רב: איתן האזרחי זה הוא אברהם – כתיב הכא (תהלים פט, א): לְאֵיתָן הָאֶזְרָחִי, וכתיב התם: מִי הֵעִיר מִמִּזְרָח...
(בבא בתרא טו ע״א)

וּבְרֹב גְּאוֹנְךָ תַּהֲרֹס קָמֶיךָ (שמות טו, ז) – הרבית להתגאות נגד מי שקם נגדך... ומי קמו כנגדך? מי שקמו כנגד בניך. ומה טיבן? אֶת כְּדָרְלָעֹמֶר מֶלֶךְ עֵילָם וְתִדְעָל מֶלֶךְ גּוֹיִם (בראשית יד, ט)... וַיֵּחָלֵק עֲלֵיהֶם לַיְלָה הוּא וַעֲבָדָיו וַיַּכֵּם

(שם, טו), מִי הֵעִיר מִמִּזְרָח, צֶדֶק יִקְרָאֵהוּ לְרַגְלוֹ, מהו אומר – יִרְדְּפֵם יַעֲבוֹר שָׁלוֹם...

(מכילתא דר"י בשלח, מסכתא דשירה, ו)

מלבד המדרשים הללו, הדברים מופיעים במקומות רבים בדברי חז"ל, וכך מפרש גם רש"י בהפטרתנו, ובעקבותיו מפרשים נוספים. המדרשים נאחזו בשתי נקודות בפסוקי ההפטרה:

א. תיאור האיש שהתעורר במזרח (= באור כשדים) והביא עימו את בשורת הצדק, מזכיר את הנאמר על אברהם (בראשית יח, יט): כִּי יְדַעְתִּיו, לְמַעַן אֲשֶׁר יְצַוֶּה אֶת בָּנָיו וְאֶת בֵּיתוֹ אַחֲרָיו, וְשָׁמְרוּ דֶּרֶךְ ה' לַעֲשׂוֹת צְדָקָה וּמִשְׁפָּט.

ב. הקב"ה מסר את כדרלעומר וחבריו בידי אברהם ובידי חניכיו המועטים כדי לרדותם, ככתוב בהפטרתנו (מא, ב): יִתֵּן לְפָנָיו גּוֹיִם וּמְלָכִים יַרְדְּ. המדרש מרחיק לכת ולומד מהמשך הפסוק, שחַרְבּוֹ של אברהם וחִצֵּי קשתו הפכו לרבים מִסְּפוֹר, כעפר וכקש, וכך ניצח אברהם את אויביו הרבים בלילה אחד – יִתֵּן כֶּעָפָר חַרְבּוֹ, כְּקַשׁ נִדָּף קַשְׁתּוֹ.

הגמרא מתבססת על פסוק זה, ומוסיפה דבר פלא על מלחמתו של אברהם באויביו. היא מספרת על נחום איש גמזו, שהביא בטעות עָפר כשי לקיסר, ורצו להורגו. בא אליהו זכור לטוב, ואמר להם, שהעפר הוא מעפרו של אברהם במלחמת כדרלעומר וחבריו, עָפר ההופך לחרבות נגד האויב, וכך ניצח הקיסר את האויב:

... אייתי הקדוש ברוך הוא לאברהם, ואותביה מימיניה, והוה שדינן עפרא, והוו חרבי, גילי – והוי גירי... וכתיב: מִי הֵעִיר מִמִּזְרָח, צֶדֶק יִקְרָאֵהוּ לְרַגְלוֹ, יִתֵּן לְפָנָיו גּוֹיִם וּמְלָכִים יַרְדְּ, יִתֵּן כֶּעָפָר חַרְבּוֹ, כְּקַשׁ נִדָּף קַשְׁתּוֹ... אתא אליהו ואידמי להו כחד מינייהו. אמר להו: דילמא האי עפרא – מעפרא דאברהם אבינו הוא, דהוה שדי עפרא – הוו חרבי, גילי – הוו גירי. בדוק ואשכחו הכי. הוה מחוזא דלא הוו קא יכלי ליה למיכבשיה, שדו מההוא עפרא עליה וכבשוה.

(סנהדרין קח ע"ב – קט ע"א)[2]

2. תרגום חופשי: הביא הקדוש ברוך הוא את אברהם, והושיבו לימינו, והיינו זורקים עפר והיה לחרבות, קש – והיה לחיצים... וכתיב: מִי הֵעִיר מִמִּזְרָח, צֶדֶק יִקְרָאֵהוּ לְרַגְלוֹ, יִתֵּן לְפָנָיו גּוֹיִם וּמְלָכִים יַרְדְּ, יִתֵּן כֶּעָפָר חַרְבּוֹ, כְּקַשׁ נִדָּף קַשְׁתּוֹ... בא אליהו ודומה היה לאחד מהם. אמר להם: שמא עפר זה – מעפרו של אברהם אבינו הוא, שהיה זורק עפר – והיה לחרבות, קש – והיה לחיצים. בדקו ומצאו כך. היה מחוז שלא הצליחו לכובשו, וזרקו עליו מאותו עפר וכבשוהו.

על פי מדרשים אלו, הנביא מדמה את עם ישראל, השב מגלותו במזרח, ממקום הסמוך למקום הולדתו של אברהם, לאביהם שעשה דרך זו אלפי שנים קודם לכן. שָׁבֵי הגולה החלשים, שלא היו מלומדי מלחמה, היו יראים מן האויב שהמתין להם בארץ, או מן האויב שעלול לבוא עליהם מבבל ומעילם, כנבוכדנאצר שהִגלם. הנביא מבטיח להם, שיד ה׳ הגדולה והחזקה תושיעם ממלכי המזרח, כדרך שהושיעה את אברהם אביהם.

הדימוי של החרב כעפר ושל הקשת כקש נידף מזכיר גם את סיום הפטרתנו:

הִנֵּה שַׂמְתִּיךְ לְמוֹרַג חָרוּץ חָדָשׁ בַּעַל פִּיפִיּוֹת, תָּדוּשׁ הָרִים וְתָדֹק, וּגְבָעוֹת כַּמֹּץ תָּשִׂים: תִּזְרֵם וְרוּחַ תִּשָּׂאֵם, וּסְעָרָה תָּפִיץ אוֹתָם...

(מא, טו–טז)

נזכיר בחטף את שכתבנו גם בשתי ההפטרות הקודמות: הגאולה מצטיירת בפי ישעיהו הנביא לא על פי הדגם של יציאת מצרים, אלא על פי הדגם הנלמד מהפרשיות הראשונות של ספר בראשית, הדגם של בריאת העולם ושל שבועת ה׳ לנח, ובהפטרתנו – על פי הדגם של היד החזקה, שבה הושיע ה׳ את אברהם. דברינו אלו יהיו כ׳יהודה ועוד...׳, סיוע וחיזוק לדברי רבנו הגדול, הרמב״ן:

אומר לך כלל, תבין אותו בכל הפרשיות הבאות בעניין אברהם יצחק ויעקב, והוא ענין גדול, הזכירוהו רבותינו בדרך קצרה ואמרו: כל מה שאירע לאבות סימן לבנים. ולכן יאריכו הכתובים בסִפּוּר המסעות וחפירת הבארות ושאר המקרים, ויחשוב החושב בהם, כאִלּוּ הם דברים מיותרים, אין בהם תועלת, וכולם (= אבל כולם) באים ללמד על העתיד, כי כאשר יבוא המקרה לנביא משלֹשת האבות, יתבונן ממנו (= אפשר לראות בו) הדבר הנגזר לבֹא לזרעו.

(רמב״ן בראשית יב, ו)

לא נפל דבר מכל מאורע האב, שלא יהיה בבנים. והענין הזה פרשוהו בבראשית רבה: ״רבי פנחס בשם רבי אושעיא אמר, אמר הקדוש ברוך הוא לאברהם, צא וכבוש את הדרך לפני בניך״.

(שם, י)[3]

3. נציין שהרמב״ן מזכיר במפורש ׳סימן לבנים׳ עוד פעם אחת (שם כד, יז), ושם הסימן הוא מעשה האימהות: ״ובבראשית רבה: ׳ותמלא כדה ותעל׳ – כל הנשים יורדות וממלאות מן העין, וזו כיון שראו אותה המים מיד עלו. אמר לה הקדוש ברוך הוא: את סימן ברכה לבניך״.

זאת ועוד: כפי שכבר כתבנו, עם ישראל עתיד להגיע, על פי נבואת הגאולה של ישעיהו, לא ממצרים אלא מן המזרח, מן המקום שאברהם אבינו הגיע ממנו לארץ ה׳.

בשתי ההפטרות הקודמות הזכרנו, שהנביא נמנע מלהזכיר את דגם הישועה המקובל בתורה – גבורות ה׳ ביציאת מצרים, משום שלכאורה בעת החורבן ׳פג תוקפה׳ של יציאת מצרים, כשה׳, הפודה את עבדיו ממצרים, מְכָרם למלך זר, לנבוכדנאצר וממשיכיו.

ב. מִי הֵעִיר מִמִּזְרָח – כורש, מחולל שיבת ציון

למרות הפירוש היפה של חז״ל לפסוק הנזכר (מִי הֵעִיר מִמִּזְרָח...), פירוש שמחמתו זכינו להפטרה יפה זו, לא ניתן להתעלם ממה שנראה לנו כפשוטו של מקרא – פירושו של ראב״ע:[4]

> ולפי דעתי שהוא רמז על כורש, כי כל הפרשה היא דְּבֵקָה, וכן כתוב (מו, יא): קֹרֵא מִמִּזְרָח עַיִט, והנה אחריו (מא, כה): הַעִירוֹתִי מִצָּפוֹן וַיַּאת, מִמִּזְרַח שֶׁמֶשׁ יִקְרָא בִשְׁמִי, והפרשה כולה מפורש שם כורש. מִמִּזְרָח – כי עילם צפונית מזרחית בבל.
>
> (אבן עזרא מא, ב)

ראב״ע קובע, שקובץ הנבואות שלפנינו עוסק כולו באדם אחד – בכורש. ואכן, הנביא מזכיר את כורש בפירוש בהמשך נבואתו:

> הָאֹמֵר לְכוֹרֶשׁ רֹעִי, וְכָל חֶפְצִי יַשְׁלִם, וְלֵאמֹר לִירוּשָׁלַםִ תִּבָּנֶה, וְהֵיכָל תִּוָּסֵד: כֹּה אָמַר ה׳ לִמְשִׁיחוֹ לְכוֹרֶשׁ, אֲשֶׁר הֶחֱזַקְתִּי בִימִינוֹ לְרַד לְפָנָיו גּוֹיִם, וּמָתְנֵי מְלָכִים אֲפַתֵּחַ, לִפְתֹּחַ לְפָנָיו דְּלָתַיִם, וּשְׁעָרִים לֹא יִסָּגֵרוּ:
>
> (מד, כח – מה, א)

נאמר מספר מילים על כורש ועל חלקו בשיבת ציון.

כורש החל את דרכו כמלכה של אנשן, מלכות קטנה שהייתה כפופה למלכות מדי הגדולה, שירשה את חצי מלכות אשור בסוף המאה השביעית לפנסה״נ, כחצי יובל שנים לפני חורבן המקדש. הוא מלך בימי אסטיאגס (אישטווגו) מלך מדי. על

4. למלבי״ם פירוש נוסף (כנראה בעקבות מדרש זוטא שיר השירים ב, ט), ולפיו הפסוקים הללו עוסקים במלך המשיח.

פי ההשערה המקובלת בקרב ההיסטוריונים, החל כורש למלוך בשנת 558 לפנסה"נ, כעבור חמש שנים מרד באסטיאגס, וכעבור שלוש שנים נוספות (550) ניצח אותו ולקח אותו בשבי. הוא כבש את אחמתא, בירת מדי, השתלט על מדי כולה, וגם על פרס הקטנה, שכנתה של אנשן. כמלך מדי הגדולה החל כורש לסכן את שאר המלכויות באזור. לוּד שבאסיה הקטנה, בבל, מצרים וספרטה שביוון כרתו ברית כדי להילחם בו. כורש כבש את לוּד העשירה ואת סרדיס בירתה (546), ולקח בשבי את קרויזוס מלכה. כל אוצרותיה נפלו בידיו (כנרמז בנבואה להלן), והוא פנה לכיבושים במזרח איראן. כשסיים, יצא למלחמת כיבוש נגד בלשאצר הבבלי, ובקרב המכריע ליד העיר אופיס נחל ניצחון גדול (539). בלשאצר נמלט לבבל, ומשתהו המפואר בבבל (המתואר בדניאל ה) היה מעין פיצוי על תבוסתו וביטא רצון להתרומם מחדש. אך באותו לילה פתחה בבל את שעריה לפני הכובש החדש, ובלשאצר נהרג. שוּמֵר ואכד פתחו אף הן את שעריהן, נכנעו לכורש והשתעבדו לו.

כך הפך כורש למושל של אימפריה אדירה – מלכות פרס ומדי ששלטה בכול. הוא היה מלך סובלני מבחינה דתית, והקים מחדש את מקדשיהם של רבים מאלילי העמים שכבש. אפשר ששמע את מה שקרה לבלשאצר בלילו האחרון, בעת שחילל את כלי מקדש ה׳, ועל הכתובת שהופיעה על הקיר (כתובת שפענח דניאל), ובעקבות זאת החליט שאינו רוצה להחזיק בכלים אלו, ושלחם לבית מקדש העתיד להיבנות בימיו בירושלים.

הנביא ראה בכורש את שליח ה׳, גם אם שלא מדעתו, וקבע שעל ידו תבוא הגאולה. וכך ניבא עליו ישעיהו:

אֲנִי לְפָנֶיךָ אֵלֵךְ, וַהֲדוּרִים אֲיַשֵּׁר, דַּלְתוֹת נְחוּשָׁה אֲשַׁבֵּר, וּבְרִיחֵי בַרְזֶל אֲגַדֵּעַ: וְנָתַתִּי לְךָ אוֹצְרוֹת חֹשֶׁךְ וּמַטְמֻנֵי מִסְתָּרִים, לְמַעַן תֵּדַע, כִּי אֲנִי ה׳ הַקּוֹרֵא בְשִׁמְךָ, אֱלֹהֵי יִשְׂרָאֵל: לְמַעַן עַבְדִּי יַעֲקֹב וְיִשְׂרָאֵל בְּחִירִי וָאֶקְרָא לְךָ בִּשְׁמֶךָ, אֲכַנְּךָ וְלֹא יְדַעְתָּנִי: אֲנִי ה׳ וְאֵין עוֹד, זוּלָתִי אֵין אֱלֹהִים, אֲאַזֶּרְךָ וְלֹא יְדַעְתָּנִי:

(מה, ב–ה)

כאשר פנה כורש לכבוש את בבל, הוציא מלך בבל ממקדשי ערים בבליות רבות את אליליהן, והביאם לבבל כדי שיסייעו לו להגן על העיר מפני כורש. כידוע, למרות האלילים ש'הגנו' על העיר, היא נפלה בידיו של כורש ללא קרב. לאור הניסיון להציל את העיר באמצעות האלילים נשוב ונקרא את פסוקי הפטרתנו על התקדמותו של כורש בכיבושיו, ונאזין ללעגו של הנביא לאלילי הגויים:

מִי הֵעִיר מִמִּזְרָח, צֶדֶק יִקְרָאֵהוּ לְרַגְלוֹ, יִתֵּן לְפָנָיו גּוֹיִם וּמְלָכִים יַרְדְּ, יִתֵּן כֶּעָפָר

חַרְבּוֹ כְּקַשׁ נִדָּף קַשְׁתּוֹ: יִרְדְּפֵם יַעֲבוֹר שָׁלוֹם, אֹרַח בְּרַגְלָיו לֹא יָבוֹא: מִי פָעַל וְעָשָׂה, קֹרֵא הַדֹּרוֹת מֵרֹאשׁ, אֲנִי ה׳ רִאשׁוֹן, וְאֶת אַחֲרֹנִים אֲנִי הוּא: רָאוּ אִיִּים וְיִירָאוּ, קְצוֹת הָאָרֶץ יֶחֱרָדוּ, קָרְבוּ וַיֶּאֱתָיוּן: אִישׁ אֶת רֵעֵהוּ יַעְזֹרוּ, וּלְאָחִיו יֹאמַר חֲזָק:[5] וַיְחַזֵּק חָרָשׁ אֶת צֹרֵף, מַחֲלִיק פַּטִּישׁ אֶת הוֹלֶם פָּעַם, אֹמֵר לַדֶּבֶק טוֹב הוּא, וַיְחַזְּקֵהוּ בְמַסְמְרִים לֹא יִמּוֹט:

(מא, ב-ז)

לימים יאמר עוד על פרשה זו:

כָּרַע בֵּל קֹרֵס נְבוֹ... קָרְסוּ כָרְעוּ יַחְדָּו, לֹא יָכְלוּ מַלֵּט מַשָּׂא, וְנַפְשָׁם בַּשְּׁבִי הָלָכָה:[6]

(מו, א-ב)

ג. מִי הֵעִיר מִמִּזְרָח — אפשרות נוספת

במבוא השני לספר, עסקנו בחלקו השני של ספר ישעיהו. בדברינו העלינו את הקושי לראות את ישעיהו, שניבא זמן רב לפני החורבן, מתאר בבהירות כה גדולה את כורש, שהקים את האימפריה הפרסית כיובל שנים אחרי החורבן, וכתבנו שלא זו הייתה דרכם של הנביאים. שמואל דוד לוצאטו (שד"ל) פתר בעיה זו בפירושו לספר ישעיהו בדרך 'צבעונית' ויפה. הוא תיאר את ה' 'מניח' את הנביא בעתיד הרחוק, והנביא ניבָּא את החזון שנראָה לו, כאילו הוא מתרחש כאן ועכשיו. כאמור, זו פרשנות נאה, אך נראה שיש מקום לדרך נוספת. אנו נציע,[7] ש'כורש' שאליו כיוון ישעיהו את דבריו הוא כיארכסס מלך מדַי, אביו של אסטיאגס הנזכר לעיל, שהוכה בידי כורש הידוע. על פי מניין ההיסטוריונים, מָלך כיארכסס במדי בשנים 625-585 לפנסה"נ, והפך אותה למעצמה. על פי התיארוך המקובל, שנת תחילת מלכותו היא השנה החמש עשרה למלך יאשיהו. המכָּה העזה שהכה כיארכסס את האשורים אפשרה את התפתחות המהפכה הרוחנית של יאשיהו בשנת שמונה עשרה למלכותו, שלוש

5. יש למחות, לטעמי, במגידי שיחות בבית המדרש, המצטטים פסוק זה בבואם לעודד דיבוק חברים בעבודת ה', שהרי הפסוק נאמר על עובדי עבודה זרה. יש פסוקים מתאימים לגיבוש חברים לעבודת ה' ביואל ב ובמקומות רבים נוספים.
6. בל ונבו היו האלילים הראשיים במלכות בבל.
7. על פי דבריו של ח' חפץ ("מלכות פרס ומדי בתקופת בית שני ולפניה — עיון מחודש", מגדים יד (תשנ"א), עמ' 78-147 ועמ' 98-99) ועל פי דברינו במבוא למאמרו (שם עמ' 46-77 ועמ' 63-64).

שנים מאוחר יותר.[8] בשנה העשרים ושמונה ליאשיהו כבש כיארכסס מלך מדי את נינווה, בירת אשור.

אפשר שישעיהו ידע על כיארכסס בצעירותו, וראה בחזונו הנבואי, שזה המלך שעתיד לסייע לפריקת העול האשורי מעל ממלכת יהודה, והוא המלך שה׳ העירו ממזרח בהפטרתנו. אם נקבל הנחה זו, אפשר שנבואת קיבוץ נידחי ישראל מארצות גלותם שנזכרה בהפטרתנו ובנבואות נוספות הלקוחות מחלקו השני של ספר ישעיהו, עוסקת בקיבוץ עשרת השבטים שהתרחש בימי יאשיהו (ונזכר גם בירמיהו פרקים ג-ד ו-לא). על קיבוץ גלויות זה אמרו חז"ל: "כשהחזירן ירמיהו, יאשיהו מלך עליהם" (ערכין לג ע"א).

על פי הסבר זה נוכל לומר, שמלכתחילה הנבואות העוסקות ב׳כורש׳ נאמרו על כיארכסס. רק אחרי שהוחמצה אפשרות הגאולה בימי יאשיהו, ׳נדד׳ שם המלך שהזכיר הנביא אל כורש מלך אנשן, שמלך בימי שיבת ציון, וכך התקיימה נבואתו של ישעיהו באיחור.

ד. פסוקי הפתיחה להפטרתנו

לָמָּה תֹאמַר יַעֲקֹב וּתְדַבֵּר יִשְׂרָאֵל, נִסְתְּרָה דַרְכִּי מֵה׳, וּמֵאֱלֹהַי מִשְׁפָּטִי יַעֲבוֹר: הֲלוֹא יָדַעְתָּ אִם לֹא שָׁמַעְתָּ, אֱלֹהֵי עוֹלָם ה׳ בּוֹרֵא קְצוֹת הָאָרֶץ, לֹא יִיעַף וְלֹא יִיגָע, אֵין חֵקֶר לִתְבוּנָתוֹ: נֹתֵן לַיָּעֵף כֹּחַ, וּלְאֵין אוֹנִים עָצְמָה יַרְבֶּה: וְיִעֲפוּ נְעָרִים וְיִגָעוּ, וּבַחוּרִים כָּשׁוֹל יִכָּשֵׁלוּ: וְקוֹיֵ ה׳ יַחֲלִיפוּ כֹחַ, יַעֲלוּ אֵבֶר כַּנְּשָׁרִים, יָרוּצוּ וְלֹא יִיגָעוּ, יֵלְכוּ וְלֹא יִיעָפוּ:

(מ, כז-לא)

פסוקים אלו משקפים עייפות רבה, חוסר אונים וייאוש גדול של העם. כפי שכתבנו, תחושות אלו מתאימות מאוד לעשרת השבטים, שגלו זמן רב לפני מועד אמירת הנבואה, ולא מצאו מנוח בגלותם, אלה שיחזקאל כינה אותם בנבואתו (לז, ד): הָעֲצָמוֹת הַיְבֵשׁוֹת. עם זאת, אפשר שנאמרו הדברים על גולי יהודה, שאף הם חוו את העייפות המתוארת כאן. עוצמה גדולה צריך הנביא לגייס בדבריו בבואו לעודד מיואשים חסרי אונים בדרכם לארץ. בדורנו היינו עדים למסע דומה של גולי אתיופיה, מגונדהר אל חופי סודן ב׳מבצע משה׳. באמצעות מסעם הנורא נוכל להשקיף אל קריאת הנביא לשָׁבֵי ציון בתחילת הפטרתנו, להבין לליבם של שָׁבֵי הגולה ולהעריך את עוצמת קריאתו של הנביא.

8. ראו מל"ב כב-כג.

*

לסיום נעיר, שהמעיין בפסוקי ההפטרה המובאים בתחילת דברינו, ימצא שהוספנו שם פסוקי פתיחה וסיום על פי נוסח הרמב"ם. על פי נוסח זה, אלה הפסוקים הפותחים את ההפטרה:

וְאֶל מִי תְדַמְּיוּנִי וְאֶשְׁוֶה, יֹאמַר קָדוֹשׁ: שְׂאוּ מָרוֹם עֵינֵיכֶם, וּרְאוּ מִי בָרָא אֵלֶּה, הַמּוֹצִיא בְמִסְפָּר צְבָאָם, לְכֻלָּם בְּשֵׁם יִקְרָא, מֵרֹב אוֹנִים וְאַמִּיץ כֹּחַ אִישׁ לֹא נֶעְדָּר:
(מ, כה-כו)

נשיאת העיניים אל הכוכבים הרבים במרום באה לומר, שכשם שהקב"ה יודע את מספר הכוכבים, את שמו של כל כוכב ואת מקומו בשמיים, כך לא שכח, חלילה, את עַמו, ולא נסתרו דרכו ומשפטו של עַמו מעיניו. אנו נוהגים לשאת עינינו למרום, לראות את הלבנה בחידושה ולייחל לגאולה ולמלכות בית דוד. ישעיהו ראה זאת גם בכוכבים, צבאותיו של הקב"ה.

הפטרת וירא

ד א וְאִשָּׁה אַחַת מִנְּשֵׁי בְנֵי־הַנְּבִיאִים צָעֲקָה אֶל־אֱלִישָׁע לֵאמֹר עַבְדְּךָ אִישִׁי מֵת מלכים
וְאַתָּה יָדַעְתָּ כִּי עַבְדְּךָ הָיָה יָרֵא אֶת־יהוה וְהַנֹּשֶׁה בָּא לָקַחַת אֶת־שְׁנֵי יְלָדַי
ב לוֹ לַעֲבָדִים׃ וַיֹּאמֶר אֵלֶיהָ אֱלִישָׁע מָה אֶעֱשֶׂה־לָּךְ הַגִּידִי לִי מַה־יֶּשׁ־לָךְ בַּבָּיִת
ג וַתֹּאמֶר אֵין לְשִׁפְחָתְךָ כֹל בַּבַּיִת כִּי אִם־אָסוּךְ שָׁמֶן׃ וַיֹּאמֶר לְכִי שַׁאֲלִי־לָךְ
ד כֵּלִים מִן־הַחוּץ מֵאֵת כָּל־שְׁכֵנָיִךְ כֵּלִים רֵקִים אַל־תַּמְעִיטִי׃ וּבָאת וְסָגַרְתְּ
ה הַדֶּלֶת בַּעֲדֵךְ וּבְעַד־בָּנַיִךְ וְיָצַקְתְּ עַל כָּל־הַכֵּלִים הָאֵלֶּה וְהַמָּלֵא תַּסִּיעִי׃ וַתֵּלֶךְ
ו מֵאִתּוֹ וַתִּסְגֹּר הַדֶּלֶת בַּעֲדָהּ וּבְעַד בָּנֶיהָ הֵם מַגִּשִׁים אֵלֶיהָ וְהִיא מוֹצָקֶת׃ וַיְהִי
כִּמְלֹאת הַכֵּלִים וַתֹּאמֶר אֶל־בְּנָהּ הַגִּישָׁה אֵלַי עוֹד כֶּלִי וַיֹּאמֶר אֵלֶיהָ אֵין עוֹד
ז כֶּלִי וַיַּעֲמֹד הַשָּׁמֶן׃ וַתָּבֹא וַתַּגֵּד לְאִישׁ הָאֱלֹהִים וַיֹּאמֶר לְכִי מִכְרִי אֶת־הַשֶּׁמֶן
ח וְשַׁלְּמִי אֶת־נִשְׁיֵךְ וְאַתְּ וּבָנַיִךְ תִּחְיִי בַּנּוֹתָר׃ וַיְהִי הַיּוֹם וַיַּעֲבֹר אֱלִישָׁע
אֶל־שׁוּנֵם וְשָׁם אִשָּׁה גְדוֹלָה וַתַּחֲזֶק־בּוֹ לֶאֱכָל־לָחֶם וַיְהִי מִדֵּי עָבְרוֹ יָסֻר שָׁמָּה
ט לֶאֱכָל־לָחֶם׃ וַתֹּאמֶר אֶל־אִישָׁהּ הִנֵּה־נָא יָדַעְתִּי כִּי אִישׁ אֱלֹהִים קָדוֹשׁ הוּא
י עֹבֵר עָלֵינוּ תָּמִיד׃ נַעֲשֶׂה־נָּא עֲלִיַּת־קִיר קְטַנָּה וְנָשִׂים לוֹ שָׁם מִטָּה וְשֻׁלְחָן וְכִסֵּא
יא וּמְנוֹרָה וְהָיָה בְּבֹאוֹ אֵלֵינוּ יָסוּר שָׁמָּה׃ וַיְהִי הַיּוֹם וַיָּבֹא שָׁמָּה וַיָּסַר אֶל־הָעֲלִיָּה
יב וַיִּשְׁכַּב־שָׁמָּה׃ וַיֹּאמֶר אֶל־גֵּיחֲזִי נַעֲרוֹ קְרָא לַשּׁוּנַמִּית הַזֹּאת וַיִּקְרָא־לָהּ וַתַּעֲמֹד
יג לְפָנָיו׃ וַיֹּאמֶר לוֹ אֱמָר־נָא אֵלֶיהָ הִנֵּה חָרַדְתְּ אֵלֵינוּ אֶת־כָּל־הַחֲרָדָה הַזֹּאת מֶה
לַעֲשׂוֹת לָךְ הֲיֵשׁ לְדַבֶּר־לָךְ אֶל־הַמֶּלֶךְ אוֹ אֶל־שַׂר הַצָּבָא וַתֹּאמֶר בְּתוֹךְ עַמִּי
יד אָנֹכִי יֹשָׁבֶת׃ וַיֹּאמֶר וּמֶה לַעֲשׂוֹת לָהּ וַיֹּאמֶר גֵּיחֲזִי אֲבָל בֵּן אֵין־לָהּ וְאִישָׁהּ זָקֵן׃
טו טז וַיֹּאמֶר קְרָא־לָהּ וַיִּקְרָא־לָהּ וַתַּעֲמֹד בַּפָּתַח׃ וַיֹּאמֶר לַמּוֹעֵד הַזֶּה כָּעֵת חַיָּה אַתְּ
יז חֹבֶקֶת בֵּן וַתֹּאמֶר אַל־אֲדֹנִי אִישׁ הָאֱלֹהִים אַל־תְּכַזֵּב בְּשִׁפְחָתֶךָ׃ וַתַּהַר הָאִשָּׁה
יח וַתֵּלֶד בֵּן לַמּוֹעֵד הַזֶּה כָּעֵת חַיָּה אֲשֶׁר־דִּבֶּר אֵלֶיהָ אֱלִישָׁע׃ וַיִּגְדַּל הַיֶּלֶד וַיְהִי
יט הַיּוֹם וַיֵּצֵא אֶל־אָבִיו אֶל־הַקֹּצְרִים׃ וַיֹּאמֶר אֶל־אָבִיו רֹאשִׁי רֹאשִׁי וַיֹּאמֶר אֶל־

כ הַנַּעַר שָׂאֵהוּ אֶל־אִמּוֹ: וַיִּשָּׂאֵהוּ וַיְבִיאֵהוּ אֶל־אִמּוֹ וַיֵּשֶׁב עַל־בִּרְכֶּיהָ עַד־הַצָּהֳרַיִם
כא כב וַיָּמֹת: וַתַּעַל וַתַּשְׁכִּבֵהוּ עַל־מִטַּת אִישׁ הָאֱלֹהִים וַתִּסְגֹּר בַּעֲדוֹ וַתֵּצֵא: וַתִּקְרָא
אֶל־אִישָׁהּ וַתֹּאמֶר שִׁלְחָה נָא לִי אֶחָד מִן־הַנְּעָרִים וְאַחַת הָאֲתֹנוֹת וְאָרוּצָה
כג עַד־אִישׁ הָאֱלֹהִים וְאָשׁוּבָה: וַיֹּאמֶר מַדּוּעַ אַתְּ הֹלֶכֶת אֵלָיו הַיּוֹם לֹא־חֹדֶשׁ וְלֹא
כד שַׁבָּת וַתֹּאמֶר שָׁלוֹם: וַתַּחֲבֹשׁ הָאָתוֹן וַתֹּאמֶר אֶל־נַעֲרָהּ נְהַג וָלֵךְ אַל־תַּעֲצָר־לִי

הספרדים מסיימים כאן

כה לִרְכֹּב כִּי אִם־אָמַרְתִּי לָךְ: וַתֵּלֶךְ וַתָּבוֹא אֶל־אִישׁ הָאֱלֹהִים אֶל־הַר הַכַּרְמֶל וַיְהִי
כִּרְאוֹת אִישׁ־הָאֱלֹהִים אֹתָהּ מִנֶּגֶד וַיֹּאמֶר אֶל־גֵּיחֲזִי נַעֲרוֹ הִנֵּה הַשּׁוּנַמִּית הַלָּז:
כו עַתָּה רוּץ־נָא לִקְרָאתָהּ וֶאֱמָר־לָהּ הֲשָׁלוֹם לָךְ הֲשָׁלוֹם לְאִישֵׁךְ הֲשָׁלוֹם לַיָּלֶד
כז וַתֹּאמֶר שָׁלוֹם: וַתָּבֹא אֶל־אִישׁ הָאֱלֹהִים אֶל־הָהָר וַתַּחֲזֵק בְּרַגְלָיו וַיִּגַּשׁ גֵּיחֲזִי
לְהָדְפָהּ וַיֹּאמֶר אִישׁ הָאֱלֹהִים הַרְפֵּה־לָהּ כִּי־נַפְשָׁהּ מָרָה־לָהּ וַיהוה הֶעְלִים
כח מִמֶּנִּי וְלֹא הִגִּיד לִי: וַתֹּאמֶר הֲשָׁאַלְתִּי בֵן מֵאֵת אֲדֹנִי הֲלֹא אָמַרְתִּי לֹא תַשְׁלֶה
כט אֹתִי: וַיֹּאמֶר לְגֵיחֲזִי חֲגֹר מָתְנֶיךָ וְקַח מִשְׁעַנְתִּי בְיָדְךָ וָלֵךְ כִּי־תִמְצָא אִישׁ לֹא
ל תְבָרְכֶנּוּ וְכִי־יְבָרֶכְךָ אִישׁ לֹא תַעֲנֶנּוּ וְשַׂמְתָּ מִשְׁעַנְתִּי עַל־פְּנֵי הַנָּעַר: וַתֹּאמֶר אֵם
לא הַנַּעַר חַי־יהוה וְחֵי־נַפְשְׁךָ אִם־אֶעֶזְבֶךָּ וַיָּקָם וַיֵּלֶךְ אַחֲרֶיהָ: וְגֵחֲזִי עָבַר לִפְנֵיהֶם
וַיָּשֶׂם אֶת־הַמִּשְׁעֶנֶת עַל־פְּנֵי הַנַּעַר וְאֵין קוֹל וְאֵין קָשֶׁב וַיָּשָׁב לִקְרָאתוֹ וַיַּגֶּד־
לב לוֹ לֵאמֹר לֹא הֵקִיץ הַנָּעַר: וַיָּבֹא אֱלִישָׁע הַבָּיְתָה וְהִנֵּה הַנַּעַר מֵת מֻשְׁכָּב עַל־
לג לד מִטָּתוֹ: וַיָּבֹא וַיִּסְגֹּר הַדֶּלֶת בְּעַד שְׁנֵיהֶם וַיִּתְפַּלֵּל אֶל־יהוה: וַיַּעַל וַיִּשְׁכַּב עַל־
הַיֶּלֶד וַיָּשֶׂם פִּיו עַל־פִּיו וְעֵינָיו עַל־עֵינָיו וְכַפָּיו עַל־כַּפָּו וַיִּגְהַר עָלָיו וַיָּחָם בְּשַׂר
לה הַיָּלֶד: וַיָּשָׁב וַיֵּלֶךְ בַּבַּיִת אַחַת הֵנָּה וְאַחַת הֵנָּה וַיַּעַל וַיִּגְהַר עָלָיו וַיְזוֹרֵר הַנַּעַר
לו עַד־שֶׁבַע פְּעָמִים וַיִּפְקַח הַנַּעַר אֶת־עֵינָיו: וַיִּקְרָא אֶל־גֵּיחֲזִי וַיֹּאמֶר קְרָא אֶל־
לז הַשֻּׁנַמִּית הַזֹּאת וַיִּקְרָאֶהָ וַתָּבוֹא אֵלָיו וַיֹּאמֶר שְׂאִי בְנֵךְ: וַתָּבֹא וַתִּפֹּל עַל־רַגְלָיו
וַתִּשְׁתַּחוּ אָרְצָה וַתִּשָּׂא אֶת־בְּנָהּ וַתֵּצֵא:

א. הקשר בין הפרשה להפטרה

המעשה הפותח את ההפטרה, והעוסק באשת בן הנביאים וכלי השמן שלה אינו קשור ישירות לפרשתנו. המעשה באישה השונמית ובנה קשור לפרשה בשני קצותיה. המעשה הזה עוסק בראשיתו בזוג חשוך ילדים, והאיש זקן.[1] הזוג מקיים את מצוות

1. בשני המקרים האחריות למניעת בן תלויה משום מה בבעל: בפרשה נאמר: אַחֲרֵי בְלֹתִי הָיְתָה לִּי עֶדְנָה וַאדֹנִי זָקֵן (בראשית יח, יב), ובהפטרה – וַיֹּאמֶר גֵּיחֲזִי, אֲבָל בֵּן אֵין לָהּ, וְאִישָׁהּ זָקֵן (יד).

הכנסת אורחים כלפי איש האלוהים, ובתמורה זוכָה האישה לבשורת כָּעֵת חַיָּה – למועד הזה בשנה הבאה היא תלד בן. כל זה קרה בפרשתנו לאברהם ושרה, כאשר אירחו את מלאכי ה׳.

תשומת לב מיוחדת ניתנת גם בפרשה וגם בהפטרה לחוסר האֵמון שמגלה האישה העקרה כלפי בשורת הבן, זו הנאמרת לאברהם מפי מלאך האלוהים וזו הנאמרת לשונמית מפי איש האלוהים, אלישע:[2]

וַתִּצְחַק שָׂרָה בְּקִרְבָּהּ לֵאמֹר, אַחֲרֵי בְלֹתִי הָיְתָה לִּי עֶדְנָה, וַאדֹנִי זָקֵן: וַיֹּאמֶר ה׳ אֶל אַבְרָהָם, לָמָּה זֶּה צָחֲקָה שָׂרָה לֵאמֹר, הַאַף אֻמְנָם אֵלֵד, וַאֲנִי זָקַנְתִּי: הֲיִפָּלֵא מֵה׳ דָּבָר, לַמּוֹעֵד אָשׁוּב אֵלֶיךָ כָּעֵת חַיָּה, וּלְשָׂרָה בֵן:
(בראשית יח, יב-יד)

וַיֹּאמֶר, לַמּוֹעֵד הַזֶּה כָּעֵת חַיָּה אַתְּ חֹבֶקֶת בֵּן, וַתֹּאמֶר, אַל אֲדֹנִי אִישׁ הָאֱלֹהִים, אַל תְּכַזֵּב בְּשִׁפְחָתֶךָ: ... וַתֹּאמֶר, הֲשָׁאַלְתִּי בֵן מֵאֵת אֲדֹנִי, הֲלֹא אָמַרְתִּי לֹא תַשְׁלֶה אֹתִי:
(מל״ב ד, טז; כח)

האם יש קשר בין מותו של בן השונמית וכמעט-מותו של יצחק בהר המוריה לבין חוסר האֵמון של אימותיהם בבשורת פקידתן?

בהמשך הסיפור, בחלק העוסק במות הילד,[3] מגלה השונמית אמונה גדולה בכוחו של הנביא, הפועל בשם ה׳ להחיות את הילד. היא הולכת אל הנביא להר הכרמל, ומשם נגזרת גזֵרת החייאתו. גם בעניין זה יש דמיון ליצחק, שנגזרה עליו מיתה בעקֵדה, ובהר המוריה נגזרה גזֵרת חייו מחדש בבשורת אַל תִּשְׁלַח יָדְךָ אֶל הַנַּעַר (בראשית כב, יח). הר הכרמל כבר דמה בעבר, באופן זמני, להר המוריה, כשירדה עליו אש מן השמיים בגזרת אליהו, כשם שירדה על מזבחו של שלמה בהר המוריה בעת חנוכת המקדש.

הנס הכפול של חיי הילד, לידתו והחייאתו מחדש, קשור בשני המקרים ביסודות החסד והאמונה המלווים את משמעות חיינו. בהפטרה בא החסד לידי ביטוי בשלב הראשון, כשהשונמית מסייעת לנביא ומארחת אותו בביתה, ובשלב השני – האמונה, כשהיא דבקה בנביא, ואינה חדלה מלבטוח בישועה הבאה על ידו.

2. נזכיר, שאצל עקרות אחרות: רבקה, רחל, אשת מנוח וחנה – אין רמז לבעיה שכזו.
3. הספרדים, הנוהגים בדרך כלל לקצר, משמיטים פסקה זו מן ההפטרה. לכאורה (ורק לכאורה), יכלו להשמיט את מעשה אשת בן הנביאים ונס אסוך השמן, שאין לו קשר ברור לפרשתנו, ולהשלים את מעשה השונמית.

ב. ניסי אלישע ומשמעותם לתקופתו

הפטרתנו עוסקת בשני ניסים שנעשו על ידי אלישע לשתי נשים, וישנן שתי הפטרות נוספות (לפרשיות תזריע ומצורע) העוסקות גם הן בניסים שעשה אלישע. תופעת ניסי אלישע חריגה במקרא, ויש מקום לעמוד עליה.

אלישע ניבא נבואות מעטות, ולא מצאנו שפעל להשיב את העם בתשובה. פועלו התרכז רובו ככולו בניסים, שעיקרם היה סיוע למלכות שומרון (כמו בהפטרת פרשת מצורע) ולאנשים בודדים (כשני המעשים בהפטרתנו) ובהענשת חוטאים. מה טעם במֵעין 'אדמו"ר', שעיקר תפקידו לעשות ניסים שלא כדרך הטבע?

הסתלקותו של אליהו בישרה פורענות והסתר פני ה' מעמו. כך אמר ה' לאליהו, כאשר בישר לו על סיום תפקידו:

וְהָיָה הַנִּמְלָט מֵחֶרֶב חֲזָאֵל יָמִית יֵהוּא, וְהַנִּמְלָט מֵחֶרֶב יֵהוּא יָמִית אֱלִישָׁע: וְהִשְׁאַרְתִּי בְיִשְׂרָאֵל שִׁבְעַת אֲלָפִים, כָּל הַבִּרְכַּיִם אֲשֶׁר לֹא כָרְעוּ לַבַּעַל, וְכָל הַפֶּה אֲשֶׁר לֹא נָשַׁק לוֹ:

(מל"א יט, יז-יח)

אלישע ליווה את העם אחרי הסתלקות אליהו בתקופות קשות מנשוא. נביא שתי דוגמות:

בַּיָּמִים הָהֵם הֵחֵל ה' לְקַצּוֹת בְּיִשְׂרָאֵל, וַיַּכֵּם חֲזָאֵל בְּכָל גְּבוּל יִשְׂרָאֵל: מִן הַיַּרְדֵּן מִזְרַח הַשֶּׁמֶשׁ, אֵת כָּל אֶרֶץ הַגִּלְעָד, הַגָּדִי וְהָראוּבֵנִי וְהַמְנַשִּׁי, מֵעֲרֹעֵר אֲשֶׁר עַל נַחַל אַרְנֹן וְהַגִּלְעָד וְהַבָּשָׁן:

(י, לב-לג)

כִּי לֹא הִשְׁאִיר לִיהוֹאָחָז עָם, כִּי אִם חֲמִשִּׁים פָּרָשִׁים וַעֲשָׂרָה רֶכֶב וַעֲשֶׂרֶת אֲלָפִים רַגְלִי, כִּי אִבְּדָם מֶלֶךְ אֲרָם, וַיְשִׂמֵם כֶּעָפָר לָדֻשׁ:

(יג, ז)

מצד אחד היו אלו הימים שאחרי מהפכת יהוא, שהכריתה את הבעל ועובדיו מישראל, ומצד שני היו בהם חטאים כבדים של חידוש עבודת עגלי ירבעם. כאמור, היו אלה ימים של הסתר פני ה' מעמו ושעבוד ארמי קשה ומשפיל. היה צורך גדול להדגיש, שלמרות החטא והעונש הכבד, ה' לא עזב את עמו. אלישע וניסיו היו 'אי' של ישועה ב'ים' הגזרות והפגעים של שנות הסתר הפנים, עד שהחל ה' להושיע את ממלכת שומרון, אחרי מותו של אלישע, בימי יהואש בן יהואחז וירבעם בנו.

ג. מעשה אשת בן הנביאים והשמן

רש"י, בעקבות המדרש, שופך מעט אור על המעשה העלום:

מִנְּשֵׁי בְנֵי הַנְּבִיאִים – אשת עובדיה היתה,
וְהַנֹּשֶׁה – הוא יהורם בן אחאב, שהיה מלווהו ברבית, מה שזן את הנביאים בימי אביו, במדרש רבי תנחומא.

(רש"י ד, א)

זיהוי בן הנביא שלווה כסף ומת עם עובדיה מבוסס על עדותה של האישה (ד, א): עַבְדְּךָ אִישִׁי מֵת, וְאַתָּה יָדַעְתָּ כִּי עַבְדְּךָ **הָיָה יָרֵא אֶת ה'**, וְהַנֹּשֶׁה בָּא לָקַחַת אֶת שְׁנֵי יְלָדַי לוֹ לַעֲבָדִים. והרי כך נאמר על עובדיהו, תלמידו של אליהו הנביא (מל"א יח, ג): וַיִּקְרָא אַחְאָב אֶל עֹבַדְיָהוּ אֲשֶׁר עַל הַבָּיִת, וְעֹבַדְיָהוּ הָיָה **יָרֵא אֶת ה'** מְאֹד.

עובדיהו אשר על הבית היה בעל משרה רמה בחצר מלכותו של אחאב, מֵעֵין תפקידו של יוסף, שפרעה אמר לו: אַתָּה תִּהְיֶה עַל בֵּיתִי, וְעַל פִּיךָ יִשַּׁק כָּל עַמִּי (בראשית מא, מ). כיצד ייתכן שעובדיהו מת בחוסר כול והותיר אחריו חובות כבדים? רש"י והמדרש מקשרים זאת לכך שפִּרְנֵס בסתר במשך זמן רב את מאה הנביאים, שהתחבאו במערות מפני איזבל אשת אחאב, שביקשה להורגם:

וַיְהִי בְּהַכְרִית אִיזֶבֶל אֵת נְבִיאֵי ה', וַיִּקַּח עֹבַדְיָהוּ מֵאָה נְבִאִים וַיַּחְבִּיאֵם חֲמִשִּׁים אִישׁ בַּמְּעָרָה, וְכִלְכְּלָם לֶחֶם וָמָיִם:

(מל"א יח, ד)

חז"ל יודעים לספר לנו, שעובדיהו הותיר אחריו לא רק חובות כבדים, אלא גם את הריבית שהתחייב בעבורם. אפשר להניח, שלמדו זאת מן המילים החריגות 'וְהַנֹּשֶׁה' ו'נִשְׁיֵךְ' (פס' א; ז), המזכירות את מצוות התורה:

אִם כֶּסֶף תַּלְוֶה אֶת עַמִּי אֶת הֶעָנִי עִמָּךְ, לֹא תִהְיֶה לוֹ כְּנֹשֶׁה, לֹא תְשִׂימוּן עָלָיו נֶשֶׁךְ:
(שמות כב, כד)

הנושה הוא גם הנושך – הוא תובע בחוזקה את חובהּ של האישה, וגם דורש תשלום ריבית.

יהורם בן אחאב מוצג במקרא כמלך שהיו לו מעלות וחסרונות:

וִיהוֹרָם בֶּן אַחְאָב מָלַךְ עַל יִשְׂרָאֵל בְּשֹׁמְרוֹן... וַיַּעֲשֶׂה הָרַע בְּעֵינֵי ה׳, רַק לֹא כְאָבִיו וּכְאִמּוֹ, וַיָּסַר אֶת מַצְּבַת הַבַּעַל אֲשֶׁר עָשָׂה אָבִיו:
(ג, א-ב)

יהורם סייע לעובדיהו להציל את נביאי ה׳, אך דרש בנוקשות שלמונים תמורת עזרה זו, ולא היה מוכן לוותר.

*

מלבד עוניָה, המצוקה הקשה של אשת בן הנביאים נבעה מכך שהנושה התכוון לגבות בחובו את ילדיה ולהופכם לעבדיו. בעולם העתיק היה מקובל למכור לעֶבד את מי שידו לא השיגה לשלם את חובו – אותו או את ילדיו.[4] לבושתנו, מצאנו זאת גם בעם ישראל, בעת בניית חומת ירושלים בימי שיבת ציון. העניים נאלצו ללוות כסף לתשלום מיסי המלך הפרסי, וכשלא השיגה ידם לשלם את החוב, כבשו העשירים המלווים את בניהם ואת בנותיהם לעבדים:

וַתְּהִי צַעֲקַת הָעָם וּנְשֵׁיהֶם גְּדוֹלָה אֶל אֲחֵיהֶם הַיְּהוּדִים... וְיֵשׁ אֲשֶׁר אֹמְרִים לָוִינוּ כֶסֶף לְמִדַּת הַמֶּלֶךְ שְׂדֹתֵינוּ וּכְרָמֵינוּ... וְהִנֵּה אֲנַחְנוּ כֹבְשִׁים אֶת בָּנֵינוּ וְאֶת בְּנֹתֵינוּ לַעֲבָדִים, וְיֵשׁ מִבְּנֹתֵינוּ נִכְבָּשׁוֹת, וְאֵין לְאֵל יָדֵנוּ, וּשְׂדֹתֵינוּ וּכְרָמֵינוּ לַאֲחֵרִים:
(נחמיה ה, א-ה)

התורה מכירה באפשרות כזאת לגביית חוב,[5] אך רק בחוב שיסודו בגנֵבה פלילית[6], דהיינו, גנב שאין בידו לשלם את סכום הגנֵבה, כיוון שבזבז את הכסף, נמכר לעבד: שַׁלֵּם יְשַׁלֵּם, אִם אֵין לוֹ וְנִמְכַּר בִּגְנֵבָתוֹ (שמות כב, ב): בכל מקרה אחר, גביית חוב באמצעות שעבוד הלווה (וקל וחומר שעבוד בניו או יתומיו) היא איסור שעונשו מוות!

לֹא יַחֲבֹל רֵחַיִם וָרָכֶב, כִּי נֶפֶשׁ הוּא חֹבֵל: כִּי יִמָּצֵא אִישׁ גֹּנֵב נֶפֶשׁ מֵאֶחָיו מִבְּנֵי יִשְׂרָאֵל, וְהִתְעַמֶּר בּוֹ וּמְכָרוֹ, וּמֵת הַגַּנָּב הַהוּא, וּבִעַרְתָּ הָרָע מִקִּרְבֶּךָ... כִּי תַשֶּׁה

4. אני מכיר עדויות מהימנות לכך בעיקר מכתבי היוונים.
5. התורה מכירה באפשרות זו אך ורק במכירת החייב עצמו (הגנב) לעבד, ובשום פנים לא במכירת בניו!
6. לדעתנו, עיקר הדבר נאמר ביחס לגנב הבא במחתרת. עוד בעניין זה ראו בספרנו ׳כי קרוב אליך – שמות׳ (ישראל 2014), עמ׳ 381.

בְרֵעֲךָ מַשַּׁאת מְאוּמָה, לֹא תָבֹא אֶל בֵּיתוֹ לַעֲבֹט עֲבֹטוֹ: בַּחוּץ תַּעֲמֹד, וְהָאִישׁ אֲשֶׁר אַתָּה נֹשֶׁה בוֹ, יוֹצִיא אֵלֶיךָ אֶת הַעֲבוֹט הַחוּצָה: וְאִם אִישׁ עָנִי הוּא, לֹא תִשְׁכַּב בַּעֲבֹטוֹ: הָשֵׁב תָּשִׁיב לוֹ אֶת הַעֲבוֹט כְּבוֹא הַשֶּׁמֶשׁ, וְשָׁכַב בְּשַׂלְמָתוֹ:

(דברים כד, ו–יג)

דינו של גונב אדם ומשעבדו ומוכרו נכתב יחד עם דינים אחרים העוסקים בגביית חוב מֵעָני, כדבר הלָמֵד מענייננו. התורה אוסרת על הגובֶה ליטול מן הלווה את הריחיים שבהם הוא טוחן את לחמו, להיכנס לביתו ליטול ממנו משכון או ליטול ממנו את בגדו האחרון. ראויה הייתה אשת בן הנביא, שמסר נפשו על הצלת נביאי ה׳, שייעשה לה נס, וראוי היה אלישע, ממשיך דרכו של אליהו רבו, שאמר לאישה הצרפית (מל״א יז, יד): כַּד הַקֶּמַח לֹא תִכְלָה וְצַפַּחַת הַשֶּׁמֶן לֹא תֶחְסָר, שייעשה נס השמן שאינו כלה על ידו.

ד. מעשה האישה השונמית[7] ובנה

המעשה המופלא באישה מכניסת האורחים שנפקדה מעקרותה ומעשה החייאת בנה מדברים בעד עצמם, ובפרק הראשון של דברינו עסקנו מעט במעשים אלו, והשווינו אותם לשני המעשים המקבילים בפרשת וירא. בפרק זה נעסוק במי שנראה לנו כ׳גיבור׳ המעשה – גיחזי, משרתו של אלישע, שחז״ל מנו אותו במשנה (סנהדרין י, ב) בין ארבעת ההדיוטות שאין להם חלק לעולם הבא.

התנהגותה של השונמית מעוררת תמיהות:

א. כשאלישע מציע לה עזרה, ושואל הֲיֵשׁ לְדַבֶּר לָךְ אֶל הַמֶּלֶךְ אוֹ אֶל שַׂר הַצָּבָא (יג), היא אינה מבקשת דבר, ואינה שוטחת את מצוקתה כאישה עקרה.

ב. כשהנביא מבטיח לה בן, היא עונה בדרך מסויגת וללא שִׂמְחה: אַל אֲדֹנִי אִישׁ הָאֱלֹהִים, אַל תְּכַזֵּב בְּשִׁפְחָתֶךָ (טז).

ג. היא אינה מספרת לבעלה על מות הילד ועל מטרת הליכתה להר הכרמל.

ד. כשגיחזי שואל אותה במצוות אדוניו אִם שלום לילד, היא אומרת: שָׁלוֹם (כו), ואינה מספרת לו על דבר מותו.

7. העיר שונם מזוהה עם הכפר סולם, השוכן היום סמוך לעפולה, מדרום לגבעת המורה. סולם הייתה עירה של אבישג השונמית, ששירתה את דוד בזקנתו (מל״א, א). הפלשתים חנו בה לקראת המלחמה בשאול וצבאו בגלבוע (שמ״א כח).

ה. היא ספקנית לגבי הפתרון שמציע הנביא – הנחת משענתו בידי גיחזי על פני הילד, וכופָה על הנביא לבוא בעקבותיה אל ביתה.

נראה, שההסבר לארבע מתוך חמש הבעיות שהעלינו הוא הסתייגותה החריפה מגיחזי, נערו של אלישע. בטביעת עינה הבוחנת היא ראתה נער העושה את מלאכתו רמייה, נער שאינו ראוי לאצטלת שליח הנביא, כפי שאכן הוכח בהמשך, במעשה נעמן (שנקרא כהמשך להפטרת פרשת תזריע), שבעקבותיו אכן הסירוֹ אלישע מעל פניו:

> וְהוּא בָא וַיַּעֲמֹד אֶל אֲדֹנָיו, וַיֹּאמֶר אֵלָיו אֱלִישָׁע, מֵאַיִן גֵּיחֲזִי, וַיֹּאמֶר, לֹא הָלַךְ עַבְדְּךָ אָנֶה וָאָנָה: וַיֹּאמֶר אֵלָיו, לֹא לִבִּי הָלַךְ כַּאֲשֶׁר הָפַךְ אִישׁ מֵעַל מֶרְכַּבְתּוֹ לִקְרָאתֶךָ, הַעֵת לָקַחַת אֶת הַכֶּסֶף וְלָקַחַת בְּגָדִים וְזֵיתִים וּכְרָמִים וְצֹאן וּבָקָר וַעֲבָדִים וּשְׁפָחוֹת: וְצָרַעַת נַעֲמָן תִּדְבַּק בְּךָ וּבְזַרְעֲךָ לְעוֹלָם, וַיֵּצֵא מִלְּפָנָיו מְצֹרָע כַּשָּׁלֶג:
>
> (ה, כה-כז)

בפרשת נעמן מתגלה גיחזי כחומד ממון, ואפשר שהשונמית ראתה בו חֶמדה נוספת מאיסורי 'לא תחמד' או תכונות שליליות נוספות, העולות מניסיונו להודפה בעת שהחזיקה ברגליו של איש האלוהים.[8] היא אינה משתפת עימו פעולה, גם כשהוא בא בשליחות הנביא, והיא ספקנית גם כלפי הבטחת הנביא עצמו על הבן הצפוי לה, כשגיחזי מעורב בדבר. אפשר, שכך היא פירשה בדיעבד גם את מותו של הבן, שאומנם הובטח לה מפי הנביא, אך גם לגיחזי הייתה מעורבות בהבטחת לידתו. היא אינה עונה לגיחזי בהגיעה להר הכרמל, והיא אינה מאמינה בשליחותו עם המשענת, ודורשת במפגיע שאלישע יבוא עימה, ויטפל בילד באופן אישי ולא באמצעות שליחו. כאמור, להלן, במעשה נעמן, יתברר שהשונמית צדקה. האם טחו עיניו של נביא ה' מלראות את פגמי נערו קודם מעשה זה?! אפשר שפתרון שאלתנו טמון בדברי הגמרא:

> וילך (בפסוק מופיע וַיָּבֹא) וַיָּבֹא אֱלִישָׁע דַּמֶּשֶׂק (ח, ז) – למה הלך? אמר רבי יוחנן: שהלך להחזירו לגיחזי בתשובה, ולא חזר.
>
> (סוטה מז ע"א)

אפשר שאלישע מְאַמֵץ את גיחזי כשליחו, למרות התנהגותו הרעה, כדי לבטא בכך את בקשתו המתמדת מן הקב"ה 'לאמץ' מחדש את עם ישראל, אחרי שאליהו הנביא עֲזָבָם בגלל התנהגותם, והנהגת העם הייתה נתונה בידי יהוא ויהואחז בנו, שנטשו

8. חז"ל עמדו על כך במדרשם (ברכות י ע"ב).

את דרך ה׳. בתקופה זו, תקופה של הסתר פנים נורא מצד ה׳, היה אלישע החוט הדק שקישר בין ישראל לבין הקב״ה. אלישע סבל את תעלוליו של גיחזי, וניסה לחנכו בסבלנות אין קץ, עד שגיחזי הגדיש את הסאה בפרשת נעמן, ואלישע שילחו מעל פניו (על המשך תעלוליו של גיחזי נעמוד, בעזרת ה׳, כשנעסוק בהפטרת פרשת מצורע). רבי יוחנן מספר לנו, שלמרות מעלליו של גיחזי, אלישע לא התייאש ממנו, והלך אחריו עד דמשק כדי להחזירו בתשובה, אך גיחזי סירב לכך.

השונמית סירבה לשתף פעולה עם אלישע בניסיון לְקָרב את גיחזי. אפשר שצדקה בכך, והדבר רמוז בהסתר הפנים שהיה מנת חלקו של הנביא, בעת שגיחזי היה לידו:

וַיִּגַּשׁ גֵּיחֲזִי לְהָדְפָהּ, וַיֹּאמֶר אִישׁ הָאֱלֹהִים הַרְפֵּה לָהּ, כִּי נַפְשָׁהּ מָרָה לָהּ, וַה׳ הֶעְלִים מִמֶּנִּי וְלֹא הִגִּיד לִי:

(ד, כז)[9]

ה. בעל השונמית והנער שטיפל באתון

יחסה של השונמית לבעלה והתנהגותו שלו בפרשת ילדם המשותף אומרים דורשני. מדוע לא שיתפה השונמית את בעלה בְּצָרַת מות הילד? מדוע לא התעניין האב במצבו של ילדו, אחרי שחש ברע כשהיה עימו בשדה, ואם ידע שהילד מת – מדוע תמה על כך שאשתו הולכת אל הנביא, שבישר את לידת הילד?

האב מתנהג כמי שיש לו ילדים נוספים, כנראה מנשים אחרות. כך נהג גם אלקנה, כשלא ירד לסוף דעתה של חנה במצוקתה:

9. א. לדעתנו קיים דמיון האומר דורשני בין השונמית לבין חנה העקרה. חנה הלכה לבדה אל משכן ה׳, ושטחה את מצוקתה ישירות לפני ה׳ ולפני עלי הכהן הגדול. היא עקפה את בניו הסוררים של עלי, חפני ופנחס, שהיו ממונים בפועל על ענייני המקדש ופוקדיו, וכנראה גם על התפילות בו. דבריה לפני עלי: אַל תִּתֵּן אֶת אֲמָתְךָ לִפְנֵי בַּת בְּלִיָּעַל (שמ״א א, טז), נשמעים כאילו אמרה ׳אל תתן את אמתך לפני בני בליעל׳, כלומר חפני ופנחס, שנקראו בְּנֵי בְלִיָּעַל (שם ב, יב). הרחבנו על כך במאמרנו ״על שתי הפטרות ועל שתי עקרות״ בספרנו ׳המקראות המתחדשים׳ (אלון שבות תשע״ה), עמ׳ 353–414.
ב. למען האיזון נציין, שכשם שמצאנו רמז לביקורת על הנביא, ששיתף את גיחזי במעשיו, כך יש, לדעתנו, רמז לביקורת גם על השונמית, הדוחה את גיחזי מכול וכול. אלישע שולח את גיחזי אל השונמית לשאול הֲיֵשׁ לְדַבֶּר לָךְ אֶל הַמֶּלֶךְ אוֹ אֶל שַׂר הַצָּבָא (יג), אך השונמית דחתה את ההצעה: וַתֹּאמֶר בְּתוֹךְ עַמִּי אָנֹכִי יֹשָׁבֶת. אך לא לעולם חוסן, ולבסוף נזקקה גם היא לגיחזי, שידבר בעבורה אל המלך (ח, ה).

וַיֹּאמֶר לָהּ אֶלְקָנָה אִישָׁהּ, חַנָּה לָמֶה תִבְכִּי, וְלָמֶה לֹא תֹאכְלִי, וְלָמֶה יֵרַע לְבָבֵךְ,
הֲלוֹא אָנֹכִי טוֹב לָךְ מֵעֲשָׂרָה בָּנִים:

(שמ"א א, ח)

גם הליכתה של חנה למשכן, תפילתה, נִדְרָהּ ודברי עֵלי אליה היו נחלתה בלבד ולא נחלת אלקנה אישהּ. יתֵרה עליה השונמית, שבאה אל הנביא בדרישה חריגה מאין כמותה – דרישת החייאת המת. בדרישה חריגה זו לא יכלה לשתף את בעלה.

תפקיד הנער המשרת והאתון שהיה מופקד עליה אינו ברור, וכך גם פשר הצו הסתום שהשונמית פוקדת עליו: נְהַג וָלֵךְ, אַל תַּעֲצָר לִי לִרְכֹּב, כִּי אִם אָמַרְתִּי לָךְ (כד). נראה שהאתון והנער נועדו להחיש את הליכתה של השונמית אל הר הכרמל המרוחק, כדי שלא להותיר את הילד המת זמן רב מדי במותו. כל זה עומד בסתירה להתעקשותה של השונמית להישאר צמודה לאיש האלוהים בהליכתם חזרה מן הכרמל אל ביתה בשונם. לא יעלה על הדעת שאלישע רכב עם השונמית לביתה על האתון האחת, ולכן אין מנוס מן ההבנה, שהאתון והנער ליוו את השונמית רק בדרך אל הר הכרמל, ואילו בדרכה הביתה החזיר הנער את האתון, והשונמית הלכה ברגליה לפני אלישע אל ביתה.

ו. תחיית הילד

הנער לא הקיץ אחרי שגיחזי הניח עליו את המשענת – מטהו של איש האלוהים. הנטייה הראשונה היא להאשים את גיחזי, שפעל בדרך לא נכונה או שלא היה ראוי שייעשה הנס על ידו. אך אפשר שיש כאן גם ביקורת על אלישע הנביא, שסבר שנס החייאת המת יכול להיעשות באמצעות המשענת לבדה, ללא מעורבות ממשית של הנביא וללא תפילה שתיאמר על ידו. אליהו, רבו של אלישע, הקים את בן הצרפית לתחייה רק מכוח התפילה שהתפלל לידו. גם אלישע, אחרי שהנער לא הקיץ, הגיע אל הנער והתפלל לידו (לג).[10] האם היה קשר בין משענתו של אלישע לתפילתו? אפשר שקשר דומה עולה מדברי חז"ל בנוגע למשה, כאשר הוא ניצב על הגבעה

10. א. יש לשים לב גם לכך שאלישע סגר את הדלת בעת התרחשות הנס (לג), וכך ציווה גם את האישה שנעשה לה נס אסוך השמן (ד).
ב. לבי נוטה לחבר לתפילתו של אלישע אחרי שהמשענת 'כשלה' גם את מאמציו האנושיים לחמם את בשר הילד ולגהור עליו (מעין 'הנשמה מלאכותית', אם כי אחרי זמן רב). שילוב מאמץ אנושי בתפילה היא הדרך המוכרת לנו בפתרון בעיות באין בידינו 'מטה' פלאי, אף שהמאמץ האנושי אחרי זמן כה רב שהילד מת נראה כאן מעט תמוה.

במלחמת עמלק ומטה האלוהים בידו. חז"ל 'שמעו' את תפילת בני ישראל שהביטו במשה רבנו, כפי שנאמר במשנה:

> וְהָיָה כַּאֲשֶׁר יָרִים מֹשֶׁה יָדוֹ, וְגָבַר יִשְׂרָאֵל (שמות יז, יא) – וכי ידיו של משה עושות מלחמה או שוברות מלחמה? אלא לומר לך: כל זמן שהיו ישראל מסתכלים כלפי מעלה ומשעבדין את לבם לאביהם שבשמים – היו מתגברים.

(ראש השנה ג, ח)

פעמיים החיה אלישע את המת: בפעם הראשונה – את בן השונמית, ובפעם השנייה, אחרי מותו – אדם אקראי שגופתו התגלגלה אל קברו (בדומה לנער, שזכה לחיים לאחר שהושכב על מיטתו של אלישע):

> וַיְהִי הֵם קֹבְרִים אִישׁ, וְהִנֵּה רָאוּ אֶת הַגְּדוּד, וַיַּשְׁלִיכוּ אֶת הָאִישׁ בְּקֶבֶר אֱלִישָׁע, וַיֵּלֶךְ וַיִּגַּע הָאִישׁ בְּעַצְמוֹת אֱלִישָׁע, וַיְחִי וַיָּקָם עַל רַגְלָיו:

(יג, כא)

מה טיבו של נס כה גדול החוזר על עצמו פעמיים? שמא יש כאן בשורה לעם ישראל בעת הסתר פנים גדול ובסבלו מן השעבוד הארמי הדורסני, מעין בשורתו של יחזקאל:

> וְהִנַּבֵּאתִי כַּאֲשֶׁר צִוָּנִי, וַתָּבוֹא בָהֶם הָרוּחַ, וַיִּחְיוּ וַיַּעַמְדוּ עַל רַגְלֵיהֶם חַיִל גָּדוֹל מְאֹד מְאֹד: וַיֹּאמֶר אֵלַי, בֶּן אָדָם, הָעֲצָמוֹת הָאֵלֶּה כָּל בֵּית יִשְׂרָאֵל הֵמָּה, הִנֵּה אֹמְרִים יָבְשׁוּ עַצְמוֹתֵינוּ וְאָבְדָה תִקְוָתֵנוּ, נִגְזַרְנוּ לָנוּ... וְנָתַתִּי רוּחִי בָכֶם וִחְיִיתֶם, וְהִנַּחְתִּי אֶתְכֶם עַל אַדְמַתְכֶם, וִידַעְתֶּם כִּי אֲנִי ה' דִּבַּרְתִּי וְעָשִׂיתִי, נְאֻם ה':

(יחזקאל לז, י-יד)

הפטרת חיי שרה

א א ב וְהַמֶּלֶךְ דָּוִד זָקֵן בָּא בַּיָּמִים וַיְכַסֻּהוּ בַּבְּגָדִים וְלֹא יִחַם לוֹ: וַיֹּאמְרוּ לוֹ עֲבָדָיו מלכים א׳
יְבַקְשׁוּ לַאדֹנִי הַמֶּלֶךְ נַעֲרָה בְתוּלָה וְעָמְדָה לִפְנֵי הַמֶּלֶךְ וּתְהִי־לוֹ סֹכֶנֶת וְשָׁכְבָה
ג בְחֵיקֶךָ וְחַם לַאדֹנִי הַמֶּלֶךְ: וַיְבַקְשׁוּ נַעֲרָה יָפָה בְּכֹל גְּבוּל יִשְׂרָאֵל וַיִּמְצְאוּ אֶת־
ד אֲבִישַׁג הַשּׁוּנַמִּית וַיָּבִאוּ אֹתָהּ לַמֶּלֶךְ: וְהַנַּעֲרָה יָפָה עַד־מְאֹד וַתְּהִי לַמֶּלֶךְ סֹכֶנֶת
ה וַתְּשָׁרְתֵהוּ וְהַמֶּלֶךְ לֹא יְדָעָהּ: וַאֲדֹנִיָּה בֶן־חַגִּית מִתְנַשֵּׂא לֵאמֹר אֲנִי אֶמְלֹךְ וַיַּעַשׂ
ו לוֹ רֶכֶב וּפָרָשִׁים וַחֲמִשִּׁים אִישׁ רָצִים לְפָנָיו: וְלֹא־עֲצָבוֹ אָבִיו מִיָּמָיו לֵאמֹר מַדּוּעַ
ז כָּכָה עָשִׂיתָ וְגַם־הוּא טוֹב־תֹּאַר מְאֹד וְאֹתוֹ יָלְדָה אַחֲרֵי אַבְשָׁלוֹם: וַיִּהְיוּ דְבָרָיו
ח עִם יוֹאָב בֶּן־צְרוּיָה וְעִם אֶבְיָתָר הַכֹּהֵן וַיַּעְזְרוּ אַחֲרֵי אֲדֹנִיָּה: וְצָדוֹק הַכֹּהֵן וּבְנָיָהוּ
בֶן־יְהוֹיָדָע וְנָתָן הַנָּבִיא וְשִׁמְעִי וְרֵעִי וְהַגִּבּוֹרִים אֲשֶׁר לְדָוִד לֹא הָיוּ עִם־אֲדֹנִיָּהוּ:
ט וַיִּזְבַּח אֲדֹנִיָּהוּ צֹאן וּבָקָר וּמְרִיא עִם אֶבֶן הַזֹּחֶלֶת אֲשֶׁר־אֵצֶל עֵין רֹגֵל וַיִּקְרָא אֶת־
י כָּל־אֶחָיו בְּנֵי הַמֶּלֶךְ וּלְכָל־אַנְשֵׁי יְהוּדָה עַבְדֵי הַמֶּלֶךְ: וְאֶת־נָתָן הַנָּבִיא וּבְנָיָהוּ
יא וְאֶת־הַגִּבּוֹרִים וְאֶת־שְׁלֹמֹה אָחִיו לֹא קָרָא: וַיֹּאמֶר נָתָן אֶל־בַּת־שֶׁבַע אֵם־שְׁלֹמֹה
יב לֵאמֹר הֲלוֹא שָׁמַעַתְּ כִּי מָלַךְ אֲדֹנִיָּהוּ בֶן־חַגִּית וַאדֹנֵינוּ דָוִד לֹא יָדָע: וְעַתָּה לְכִי
יג אִיעָצֵךְ נָא עֵצָה וּמַלְּטִי אֶת־נַפְשֵׁךְ וְאֶת־נֶפֶשׁ בְּנֵךְ שְׁלֹמֹה: לְכִי וּבֹאִי אֶל־הַמֶּלֶךְ
דָּוִד וְאָמַרְתְּ אֵלָיו הֲלֹא־אַתָּה אֲדֹנִי הַמֶּלֶךְ נִשְׁבַּעְתָּ לַאֲמָתְךָ לֵאמֹר כִּי־שְׁלֹמֹה
יד בְנֵךְ יִמְלֹךְ אַחֲרַי וְהוּא יֵשֵׁב עַל־כִּסְאִי וּמַדּוּעַ מָלַךְ אֲדֹנִיָּהוּ: הִנֵּה עוֹדָךְ מְדַבֶּרֶת
טו שָׁם עִם־הַמֶּלֶךְ וַאֲנִי אָבוֹא אַחֲרַיִךְ וּמִלֵּאתִי אֶת־דְּבָרָיִךְ: וַתָּבֹא בַת־שֶׁבַע אֶל־
טז הַמֶּלֶךְ הַחַדְרָה וְהַמֶּלֶךְ זָקֵן מְאֹד וַאֲבִישַׁג הַשּׁוּנַמִּית מְשָׁרַת אֶת־הַמֶּלֶךְ: וַתִּקֹּד
יז בַּת־שֶׁבַע וַתִּשְׁתַּחוּ לַמֶּלֶךְ וַיֹּאמֶר הַמֶּלֶךְ מַה־לָּךְ: וַתֹּאמֶר לוֹ אֲדֹנִי אַתָּה נִשְׁבַּעְתָּ
יח בַּיהוה אֱלֹהֶיךָ לַאֲמָתֶךָ כִּי־שְׁלֹמֹה בְנֵךְ יִמְלֹךְ אַחֲרָי וְהוּא יֵשֵׁב עַל־כִּסְאִי: וְעַתָּה
יט הִנֵּה אֲדֹנִיָּה מָלָךְ וְעַתָּה אֲדֹנִי הַמֶּלֶךְ לֹא יָדָעְתָּ: וַיִּזְבַּח שׁוֹר וּמְרִיא־וְצֹאן לָרֹב
וַיִּקְרָא לְכָל־בְּנֵי הַמֶּלֶךְ וּלְאֶבְיָתָר הַכֹּהֵן וּלְיֹאָב שַׂר הַצָּבָא וְלִשְׁלֹמֹה עַבְדְּךָ לֹא

כ קָרָא: וְאַתָּה אֲדֹנִי הַמֶּלֶךְ עֵינֵי כָל־יִשְׂרָאֵל עָלֶיךָ לְהַגִּיד לָהֶם מִי יֵשֵׁב עַל־כִּסֵּא
כא אֲדֹנִי־הַמֶּלֶךְ אַחֲרָיו: וְהָיָה כִּשְׁכַב אֲדֹנִי־הַמֶּלֶךְ עִם־אֲבֹתָיו וְהָיִיתִי אֲנִי וּבְנִי שְׁלֹמֹה
כב כג חַטָּאִים: וְהִנֵּה עוֹדֶנָּה מְדַבֶּרֶת עִם־הַמֶּלֶךְ וְנָתָן הַנָּבִיא בָּא: וַיַּגִּידוּ לַמֶּלֶךְ לֵאמֹר
כד הִנֵּה נָתָן הַנָּבִיא וַיָּבֹא לִפְנֵי הַמֶּלֶךְ וַיִּשְׁתַּחוּ לַמֶּלֶךְ עַל־אַפָּיו אָרְצָה: וַיֹּאמֶר נָתָן
כה אֲדֹנִי הַמֶּלֶךְ אַתָּה אָמַרְתָּ אֲדֹנִיָּהוּ יִמְלֹךְ אַחֲרָי וְהוּא יֵשֵׁב עַל־כִּסְאִי: כִּי יָרַד הַיּוֹם
וַיִּזְבַּח שׁוֹר וּמְרִיא־וְצֹאן לָרֹב וַיִּקְרָא לְכָל־בְּנֵי הַמֶּלֶךְ וּלְשָׂרֵי הַצָּבָא וּלְאֶבְיָתָר
כו הַכֹּהֵן וְהִנָּם אֹכְלִים וְשֹׁתִים לְפָנָיו וַיֹּאמְרוּ יְחִי הַמֶּלֶךְ אֲדֹנִיָּהוּ: וְלִי אֲנִי־עַבְדֶּךָ
כז וּלְצָדֹק הַכֹּהֵן וְלִבְנָיָהוּ בֶן־יְהוֹיָדָע וְלִשְׁלֹמֹה עַבְדְּךָ לֹא קָרָא: אִם מֵאֵת אֲדֹנִי
הַמֶּלֶךְ נִהְיָה הַדָּבָר הַזֶּה וְלֹא הוֹדַעְתָּ אֶת־עַבְדְּךָ מִי יֵשֵׁב עַל־כִּסֵּא אֲדֹנִי־הַמֶּלֶךְ
כח אַחֲרָיו: וַיַּעַן הַמֶּלֶךְ דָּוִד וַיֹּאמֶר קִרְאוּ־לִי לְבַת־שָׁבַע וַתָּבֹא לִפְנֵי הַמֶּלֶךְ וַתַּעֲמֹד
כט לִפְנֵי הַמֶּלֶךְ: וַיִּשָּׁבַע הַמֶּלֶךְ וַיֹּאמַר חַי־יהוה אֲשֶׁר־פָּדָה אֶת־נַפְשִׁי מִכָּל־צָרָה:
ל כִּי כַּאֲשֶׁר נִשְׁבַּעְתִּי לָךְ בַּיהוה אֱלֹהֵי יִשְׂרָאֵל לֵאמֹר כִּי־שְׁלֹמֹה בְנֵךְ יִמְלֹךְ אַחֲרַי
לא וְהוּא יֵשֵׁב עַל־כִּסְאִי תַּחְתָּי כִּי כֵּן אֶעֱשֶׂה הַיּוֹם הַזֶּה: וַתִּקֹּד בַּת־שֶׁבַע אַפַּיִם אֶרֶץ
וַתִּשְׁתַּחוּ לַמֶּלֶךְ וַתֹּאמֶר יְחִי אֲדֹנִי הַמֶּלֶךְ דָּוִד לְעֹלָם:

א. הקשר בין הפרשה להפטרה

הקשר הראשוני והמתבקש בין ההפטרה לפרשה הוא קשר מילולי: ההפטרה פותחת במילים וְהַמֶּלֶךְ דָּוִד זָקֵן בָּא בַּיָּמִים, הדומות למילים שבפרשה (בראשית כד, א): וְאַבְרָהָם זָקֵן בָּא בַּיָּמִים. אולם קשר זה אין בו כדי למלא את הנפש, ונבקש לעֲבוֹתוֹ.

זקנתו של אברהם מביאה אותו לבקש נערה שתהיה בת זוג ואישה ליצחק בנו, ועבדו (אליעזר) הולך ומביא את רבקה. גם זקנתו של דוד מביאה את עבדיו לבקש נערה שתהיה עימו, והם מביאים לו את אבישג. אולם שני המעשים נבדלים בשני דברים, וההבדלים אלו מפוררים, לכאורה, את הדמיון שמצאנו ביניהם:

א. אבישג אינה מתבקשת כבת זוג לדוד, אלא כמשרתת או כ'מחממת' – וְחַם לַאדֹנִי הַמֶּלֶךְ (ב).
ב. אברהם ביקש את משרתו להביא בת זוג ליצחק בנו, ואילו משרתי דוד מביאים את אבישג אליו, אל המלך הזקן.

למרות שני הבדלים אלו, אנו מתעקשים על הדמיון בין המעשים ועל חשיבותו.

א. כפי שנטען להלן בהרחבה, אבישג נתבקשה כאישה לדוד ולא כמשרתת.

ב. בסופו של דבר, אחרי מות דוד ביקש בנו של דוד (שראה עצמו כיורשו המיועד), אדוניהו בן חגית, לשאת את אבישג לאישה, כיצחק בן אברהם, שנשא את רבקה לאישה.

היקש צורני נוסף (ללא תוכן של ממש) ניתן לראות בהכפלת המעשים המסופרים בפרשה ובהפטרה. מעשה עבד אברהם ופגישתו עם רבקה, 'מבחן' השקאת האיש וגמליו וכל פרטי הסיפור מסופרים בתורה פעמיים: פעם אחת כסיפור ישיר, ופעם שנייה כאשר עבד אברהם מספר את הדברים למשפחת רבקה. גם המשתה שערך אדוניהו לעבדי המלך וליושבי ירושלים מסופר בהפטרתנו על כל פרטיו, ומסופר שוב בדבריה של בת שבע אל דוד ושוב בסיפורו של נתן הנביא לדוד.

ב. מעשה אבישג

הצעת עבדי דוד לבקש נערה שתחמם את בשרו באמצעות שכיבה בחיקו כתחליף לתנור או לאמצעי חימום סביר אחר, אינה מתקבלת על הדעת, ואי אפשר להבינה כפשוטה בשום פנים.

כשאדם מזדקן ולא די לו בחום גופו, הדבר נובע מהאטה בזרם הדם ומגורמים נוספים, שמשמעם בין השאר שהוא הולך ומאבד את כוח ההולדה. עבדיו של דוד מציעים לו ברגע האחרון בדרך של כבוד ובשפה נקייה לקחת אישה נוספת, אולי כפילגש, כדי שתלד לו בן, שיירש את מלכותו אחרי מותו. נזכיר, שזו הייתה הפעם הראשונה שבן יורש עתיד למלוך על ישראל במקום אביו, והדאגה הייתה גדולה. אמנון, שהיה בכור, ואבשלום, שלכאורה נראה מתאים ביותר למלוך, מתו, וכנראה ששאר הבנים לא נראו מתאימים למלוכה, או שאימותיהם לא היו אהובות דיין על דוד. הדוגמה היא המועמד הבא בתור – אדוניהו בן חגית. תיאוריו מוכיחים בעליל, עד כמה לא התאים למלוכה. דוד אומנם ייעד את שלמה, בנה של בת שבע, למלוך תחתיו, אך דבר זה לא נראָה לאנשי הצמרת בגלל חטאו הכבד של דוד בלקיחת בת שבע. שלמה הזכיר בעצם נוכחותו את החטא, שהכול רצו לשכוח אותו או לטשטשו. כנראה, גם בת שבע לא הייתה אהובה על יועצי דוד ועבדיו בגלל החטא. על כן מסתבר, שמה שעמד מאחורי הצעתם היה שבנה של הנערה שתילקח אל המלך, ימלוך כשיגדל, אחרי מותו של דוד.

דוד, ששכב כבר על ערשו, מסכים לקבל את אבישג כדי שתסעד אותו בזקנתו, אך בשום פנים לא כאישה או כפילגש. המקרא מדגיש (ד): וְהַמֶּלֶךְ לֹא יְדָעָהּ. לשם מה? מהי החשיבות של פרט זה? חז"ל (סנהדרין כב ע"א) הבינו, שדוד נמנע מלשאת אותה בשל האיסור וְלֹא יַרְבֶּה לּוֹ נָשִׁים (דברים יז, יז), משום שכבר נשא נשים כמספר

המותר למלך. אנו נציע דרך נוספת: דוד לא היה מוכן לקבל יורש אחר מלבד שלמה. הוא נשבע לבת שבע שבנה ימלוך אחריו, וזו הייתה תוכניתו מסיבות נוספות, שנעמוד עליהן להלן.

מחוץ לחדרו של דוד הדברים התפרשו, כנראה, בדרך שונה, והעובדה שאבישג לא הרתה כעבור מספר חודשים, התפרשה כסימן לכך שדוד הזקן כבר איבד את כוח ההולדה שלו, ובית המלוכה נותר ללא יורש מתאים.

ג. מרד אדוניהו

אדוניהו בן חגית ניצל את ההזדמנות שנוצרה, לאחר שדוד הוצג כמי שאינו יכול להוליד עוד. לימים, אחרי ששלמה הומלך, וחנן את אדוניה מלמות בחטאו, ביקש אדוניהו מבת שבע לסייע לו לקבל רשות לשאת את אבישג השונמית (ב, יג-כה). בת שבע הסכימה לכך. היא הכירה את דוד, וראתה את אבישג כמטפלת סיעודית, ובמושגי המקרא בהפטרתנו – משרתת. היא לא ראתה פגם בכך, שאדוניהו יישא משרתת לאישה. אולם שלמה הבין את מזימת אדוניהו לעומקה. הוא ידע שאדוניהו מנצל את השמועה שדוד היה אמור לשאת את אבישג, ואולי גם נְשָׂאָהּ לאישה, אלא שלא הצליח להוליד ממנה בן. מבחינתו ומבחינת התודעה העממית, אילו נשא אדוניהו את אבישג, הוא היה נושא את אשתו או את פילגשו של דוד (כפי שעשה אבשלום קודמו, ששכב עם פילגשי אביו כחלק מן המרד שלו - שמ"ב טז, כב), ואדוניהו חשב, שבכך יקדם את עצמו אל המלוכה.

אדוניהו ידע ששלמה אינו מקובל על יועצי דוד, והוא חשב, ששלמה איננו יורש מתאים ממנו. יופיו נתן לו יתרון, והוא ראה בכך הזדמנות לתפוס את המלוכה עוד בחיי דוד, לפחות כדי למלוך אחריו. במרדו נהג כאבשלום, שנאמר בו:

וַיְהִי מֵאַחֲרֵי כֵן וַיַּעַשׂ לוֹ אַבְשָׁלוֹם מֶרְכָּבָה וְסֻסִים, וַחֲמִשִּׁים אִישׁ רָצִים לְפָנָיו:
(שמ"ב טו, א)

גם אצל אבשלום וגם אצל אדוניהו היה זה שלב מקדים למרד. כשאביו לא מיחה בו, עבר אדוניהו לשלב הבא – החלפת דברים עם אביתר הכוהן ועם יואב שר הצבא.

לא ברור מה גרם לאביתר הכוהן לתמוך באדוניהו נגד דעתו של דוד המלך, גם כשנראה היה שדעתו של דוד רופפת ואינה תקיפה כבעבר. אפשר, ששררה מתיחות בין שני הכוהנים הבכירים: צדוק (מבית אלעזר בן אהרן) ואביתר (מבית איתמר). אפשר, שמתיחות זו באה לידי ביטוי כבר בעת הֲשָׁבַת ארון הברית לירושלים במרד אבשלום (שמ"ב טו, כד; וראו יומא עג ע"ב). לדוד הייתה ברית עם אביתר בעקבות

הריגת כל משפחתו של אביתר בנוב עיר הכוהנים, אירוע שהתרחש במידה מסוימת באשמת דוד (ראו שמ"א כב, כב-כג). כנגד ברית זו עמדה נבואת איש האלוהים לעלי על חורבן ביתו בעוונות בניו, חפני ופינחס (שמ"א ב, כז-לו). אפשר, שאביתר קיווה, שאדוניהו ימנה אותו לכוהן גדול, אם יסייע לו באמצעות תפקידו ככוהן וכמי שמייצג את עולם הקדושה. בסופו של התהליך, כששלמה מלך ואדוניהו נהרג, גורש אביתר מן הכהונה, והמקרא מדגיש שכל זה התגלגל מאת ה' בעקבות הנבואה הנזכרת:

וּלְאֶבְיָתָר הַכֹּהֵן אָמַר הַמֶּלֶךְ, עֲנָתֹת לֵךְ עַל שָׂדֶיךָ כִּי אִישׁ מָוֶת אָתָּה, וּבַיּוֹם הַזֶּה לֹא אֲמִיתֶךָ, כִּי נָשָׂאתָ אֶת אֲרוֹן אֲדֹנָי אֱלֹהִים לִפְנֵי דָּוִד אָבִי, וְכִי הִתְעַנִּיתָ בְּכֹל אֲשֶׁר הִתְעַנָּה אָבִי: וַיְגָרֶשׁ שְׁלֹמֹה אֶת אֶבְיָתָר מִהְיוֹת כֹּהֵן לַה' לְמַלֵּא אֶת דְּבַר ה' אֲשֶׁר דִּבֶּר עַל בֵּית עֵלִי בְּשִׁלֹה:

(ב, כו-כז)

כאמור, גם יואב שר הצבא תמך באדוניהו. הוא כנראה הבין, ששלמה יְמַנֶּה שר צבא אחר, וכוכבו של בנָיָהו בן יהוידע כגיבור מלחמה כבר דרך בחצרו של דוד. נזכיר, שאחרי מרד שבע בן בכרי ואחרי הריגת עמשא בן יתר שר הצבא, החזיר יואב את עצמו לראשות הצבא, במידה רבה בעל כורחו של דוד. דוד הדיח את יואב מראשות הצבא, אחרי שהרג את אבשלום ביער אפרים בניגוד להוראתו, ומינה במקומו את עמשא בן יתר, שר צבאו של אבשלום. יואב הרג את עמשא בנימוק הנראה יותר כתירוץ, נטל את הפיקוד על צבא הגיבורים מאבישי אחיו, וניהל בעצמו את המרדף אחרי שבע בן בכרי ואת המשא ומתן שהוביל להסגרתו (שמ"ב כ). בעקבות הצלחותיו במלחמתו בצבא אבשלום ובמרד שבע בן בכרי הוא מינה את עצמו מחדש לשר צבא דוד, על אף שדוד, כאמור, לא היה מעוניין בו. ערב החלפת השלטון הוא החליט לתמוך באדוניהו, כדי שיתמוך בהמשך כהונתו כשר הצבא.

בשלב השלישי, משלא מחה דוד על שני השלבים הראשונים, ערך אדוניהו סעודה גדולה ועשירה לכל אוהביו ולאנשי ירושלים ליד עין רוגל, מקום שהיה מרוחק מעט מירושלים (בהמשך נחל קדרון, מדרום מזרח למעיין השילוח). שם, על פי המתואר בהפטרתנו, אמרו המסובים כטוב ליבם ביין, עוד בחיי דוד: יְחִי הַמֶּלֶךְ אֲדֹנִיָּהוּ (כה). לא מצאנו בישראל מלכים שנהגו כמנהג הגויים להמליך את עצמם באמצעות משתה, עד לימי הושע בן אלה, אחרון מלכי ישראל, שהמיט על ממלכת שומרון את חורבנה הסופי. על המלכתו של הושע בן אלה אמר הנביא הושע:

יוֹם מַלְכֵּנוּ הֶחֱלוּ שָׂרִים חֲמַת מִיָּיִן, מָשַׁךְ יָדוֹ אֶת לֹצְצִים:

(הושע ז, ה)

ד. נתן הנביא ובת שבע אם שלמה

במבט ראשון קשה להבין, מה הביא את נביא ה׳ להתערב בפוליטיקה הפנימית של בית המלוכה, ולעשות כל אשר לאל ידו כדי לסכל את המלכת אדוניהו ולפעול לטובת המלכת שלמה. נדון תחילה בדרך המורכבת שנתן בחר ללכת בה. הוא שלח את בת שבע אל דוד, ושם בפיה מילים האמורות לשכנע את דוד להגיב בחומרה למעשה אדוניהו. נראה שתגובה זו, שבסופו של דבר באה באיחור, הייתה חייבת להיות חד־משמעית ותקיפה, כדי להביא את דוד, לא רק למחות באדוניהו ובאנשיו, אלא להמליך בו ביום את שלמה, עוד בחייו, ולקבוע עובדות שאין עליהן ערעור.

על פי תוכניתו של נתן, לאחר שבת שבע תאמר את דבריה, ייכנס הוא אל דוד (שלא בפני בת שבע, ראו פס׳ כח), ויאמר דברים דומים לאלה שאמרה לו בת שבע. מה פשר כפילות זו?[1]

בת שבע תובעת מדוד לפעול כדי להציל אותה ואת שלמה בנה מהתנכלותו הצפויה של אדוניהו. יתר על כן, היא תובעת מדוד להיות נאמן לשבועתו, לא רק בהינזרות מאבישג, אלא גם בהמלכת שלמה בנה, כפי שנשבע לה בימיהם הקשים. נזכיר: למרות תפילתו של דוד, הילד הראשון שילדה בת שבע לדוד מת בהיותו בן שבעה ימים בהתאם לנבואתו של נתן (שמ״ב יב, יג-כג). לדעתנו, מתו גם שלושת בניה הבאים של בת שבע: שמוע, נתן ושובב, והיא שָׁכְלָה ארבעה בנים בשל מה שעשתה עם דוד, וכדברי דוד בנבואתו של נתן (שם, ו): וְאֶת הַכִּבְשָׂה יְשַׁלֵּם אַרְבַּעְתָּיִם.[2] היא נשארה עם דוד בימים שבהם היה מצורע, על פי חז״ל (סנהדרין קז ע״א), והיה מעין ׳מנודה׳ בגלל חטאו. באותה עת נשבע לה דוד, שבנה הבא, שלמה, ימלוך אחריו. שלמה נולד אחרי תשובתו של דוד ולאחר שקיבל עליו את מידת הדין. ה׳ אהבו, וגם נתן הנביא ראה בו את הבן הנבחר:

> וַתֵּלֶד בֵּן, וַתִּקְרָא אֶת שְׁמוֹ שְׁלֹמֹה, וַה׳ אֲהֵבוֹ: וַיִּשְׁלַח בְּיַד נָתָן הַנָּבִיא, וַיִּקְרָא אֶת שְׁמוֹ יְדִידְיָהּ, בַּעֲבוּר ה׳:
>
> (שמ״ב יב, כד-כה)

מבחינתה של בת שבע, עומדות עתה נאמנותו של דוד ושבועתו למבחן ולפירעון.

1. ר״י אברבנאל הסביר את הצורך בכפילות זו על פי השינויים הקטנים שבין דברי בת שבע לדברי נתן, והבוחר יבחר. אנו לא התייחסנו לשינויים אלו.
2. הרחבנו על כך בספרנו ׳דוד ובת שבע – החטא, העונש והתיקון׳ (אלון שבות תשס״ב), בפרק ״ואת הכבשה ישלם ארבעתים״, עמ׳ 130-136.

למען מטרה זו די בבואה של בת שבע אל דוד, אך בואו של נתן השלים נקודה חשובה נוספת. קריאת שלמה בשם מיוחד – בַּעֲבוּר ה׳ – מביעה את ציפייתו של הנביא מן הבן שנולד בד בבד עם תהליך התשובה של דוד על חטאו וקבלת דין שמיים עליו. נזכיר את שהבטיח נתן לדוד לפני חטאו בבת שבע:

> כִּי יִמְלְאוּ יָמֶיךָ וְשָׁכַבְתָּ אֶת אֲבֹתֶיךָ, וַהֲקִימֹתִי אֶת זַרְעֲךָ אַחֲרֶיךָ, אֲשֶׁר יֵצֵא מִמֵּעֶיךָ, וַהֲכִינֹתִי אֶת מַמְלַכְתּוֹ: הוּא יִבְנֶה בַּיִת לִשְׁמִי, וְכֹנַנְתִּי אֶת כִּסֵּא מַמְלַכְתּוֹ עַד עוֹלָם: אֲנִי אֶהְיֶה לּוֹ לְאָב וְהוּא יִהְיֶה לִּי לְבֵן...

(שם ז, יב–יד)

בן זה עתיד להיות שלמה־ידידיה, ועליו תוטל המשימה לבנות בית לה׳. דוד נטל על שכמו לחַנֵּךְ את שלמה בנו ולהכינו לתפקיד שיועד לו על ידי הנביא:

> וַיֹּאמֶר דָּוִיד, שְׁלֹמֹה בְנִי נַעַר וָרָךְ, וְהַבַּיִת לִבְנוֹת לַה׳ לְהַגְדִּיל לְמַעְלָה לְשֵׁם וּלְתִפְאֶרֶת לְכָל הָאֲרָצוֹת, אָכִינָה נָּא לוֹ, וַיָּכֶן דָּוִיד לָרֹב לִפְנֵי מוֹתוֹ: וַיִּקְרָא לִשְׁלֹמֹה בְנוֹ, וַיְצַוֵּהוּ לִבְנוֹת בַּיִת לַה׳ אֱלֹהֵי יִשְׂרָאֵל: וַיֹּאמֶר דָּוִיד לִשְׁלֹמֹה, בְּנִי, אֲנִי הָיָה עִם לְבָבִי לִבְנוֹת בַּיִת לְשֵׁם ה׳ אֱלֹהָי: וַיְהִי עָלַי דְּבַר ה׳ לֵאמֹר, דָּם לָרֹב שָׁפַכְתָּ, וּמִלְחָמוֹת גְּדֹלוֹת עָשִׂיתָ, לֹא תִבְנֶה בַיִת לִשְׁמִי, כִּי דָּמִים רַבִּים שָׁפַכְתָּ אַרְצָה לְפָנָי: הִנֵּה בֵן נוֹלָד לָךְ, הוּא יִהְיֶה אִישׁ מְנוּחָה, וַהֲנִחוֹתִי לוֹ מִכָּל אוֹיְבָיו מִסָּבִיב, כִּי שְׁלֹמֹה יִהְיֶה שְׁמוֹ, וְשָׁלוֹם וָשֶׁקֶט אֶתֵּן עַל יִשְׂרָאֵל בְּיָמָיו: הוּא יִבְנֶה בַיִת לִשְׁמִי, וְהוּא יִהְיֶה לִּי לְבֵן וַאֲנִי לוֹ לְאָב, וַהֲכִינוֹתִי כִּסֵּא מַלְכוּתוֹ עַל יִשְׂרָאֵל עַד עוֹלָם: עַתָּה, בְנִי, יְהִי ה׳ עִמָּךְ, וְהִצְלַחְתָּ וּבָנִיתָ בֵּית ה׳ אֱלֹהֶיךָ, כַּאֲשֶׁר דִּבֶּר עָלֶיךָ: אַךְ יִתֶּן לְךָ ה׳ שֶׂכֶל וּבִינָה, וִיצַוְּךָ עַל יִשְׂרָאֵל וְלִשְׁמוֹר אֶת תּוֹרַת ה׳ אֱלֹהֶיךָ: אָז תַּצְלִיחַ, אִם תִּשְׁמוֹר לַעֲשׂוֹת אֶת הַחֻקִּים וְאֶת הַמִּשְׁפָּטִים, אֲשֶׁר צִוָּה ה׳ אֶת מֹשֶׁה עַל יִשְׂרָאֵל, חֲזַק וֶאֱמָץ, אַל תִּירָא וְאַל תֵּחָת:

(דבהי״א כב, ה–יג)

בדברי הימים ישנם פסוקים רבים, המתארים בדרך דומה את דוד המלמד את שלמה בנו, כיצד לבנות את מקדש ה׳, ומבאר לו את גודל המשימה. יתר על כן, דוד מחנך את בנו לאהבת ה׳, ליראתו ולשמירת מצוותיו, כדי שחֵפֶץ ה׳ בבניית בית המקדש יצלח בידו. נדמה, שאין צורך לבאר, שבית המקדש לא יוכל להיבנות בידי מלך שדברים אלו אינם בראש מעייניו. לנתן הנביא ברור כשמש, שאדוניהו, על כל מרכיבי אישיותו, אינו בשום פנים האדם המתאים למשימת בניין בית ה׳. גם אם יצליח ה׳ את מלכותו, וגם זה מוטל בספק רב, אולי יצליח לבסס את הצד הפוליטי של מלכות

ישראל ואת מעמדה בין העמים הסובבים אותה, אך ודאי לא יוכל להצעיד את העם בדרך הרוחנית הנכונה אל עולם הקדושה, הדרוש לצורך בניית בית המקדש והחזקתו. נתן נחוש לוודא את קיום נבואתו על בניית בית ה׳ ומקום מנוחה לאלוהי ישראל, על פי החזון שמסר לדוד.

כניסת נתן הנביא אל המלך אחרי בת שבע לא הייתה אמורה לחדש פרטים נוספים על מרד אדוניהו, מעבר לדברים שסיפרה בת שבע, אך היא נועדה להסביר לדוד את דחיפות העניין ואת הצורך בתגובתו המיידית על מעשה אדוניהו למען קיום שני הדברים הנדרשים: נאמנותו של דוד לבת שבע ולשבועתו אליה, ונאמנותו לרצונו להקים את בית ה׳ בירושלים.

הפטרת תולדות

א א ב מַשָּׂא דְבַר־יהוה אֶל־יִשְׂרָאֵל בְּיַד מַלְאָכִי: אָהַבְתִּי אֶתְכֶם אָמַר יהוה וַאֲמַרְתֶּם מלאכי
ג בַּמָּה אֲהַבְתָּנוּ הֲלוֹא־אָח עֵשָׂו לְיַעֲקֹב נְאֻם־יהוה וָאֹהַב אֶת־יַעֲקֹב: וְאֶת־עֵשָׂו
ד שָׂנֵאתִי וָאָשִׂים אֶת־הָרָיו שְׁמָמָה וְאֶת־נַחֲלָתוֹ לְתַנּוֹת מִדְבָּר: כִּי־תֹאמַר אֱדוֹם
רֻשַּׁשְׁנוּ וְנָשׁוּב וְנִבְנֶה חֳרָבוֹת כֹּה אָמַר יהוה צְבָאוֹת הֵמָּה יִבְנוּ וַאֲנִי אֶהֱרוֹס וְקָרְאוּ
ה לָהֶם גְּבוּל רִשְׁעָה וְהָעָם אֲשֶׁר־זָעַם יהוה עַד־עוֹלָם: וְעֵינֵיכֶם תִּרְאֶינָה וְאַתֶּם
ו תֹּאמְרוּ יִגְדַּל יהוה מֵעַל לִגְבוּל יִשְׂרָאֵל: בֵּן יְכַבֵּד אָב וְעֶבֶד אֲדֹנָיו וְאִם־אָב אָנִי
אַיֵּה כְבוֹדִי וְאִם־אֲדוֹנִים אָנִי אַיֵּה מוֹרָאִי אָמַר יהוה צְבָאוֹת לָכֶם הַכֹּהֲנִים בּוֹזֵי
ז שְׁמִי וַאֲמַרְתֶּם בַּמֶּה בָזִינוּ אֶת־שְׁמֶךָ: מַגִּישִׁים עַל־מִזְבְּחִי לֶחֶם מְגֹאָל וַאֲמַרְתֶּם
ח בַּמֶּה גֵאַלְנוּךָ בֶּאֱמָרְכֶם שֻׁלְחַן יהוה נִבְזֶה הוּא: וְכִי־תַגִּשׁוּן עִוֵּר לִזְבֹּחַ אֵין רָע
וְכִי תַגִּישׁוּ פִּסֵּחַ וְחֹלֶה אֵין רָע הַקְרִיבֵהוּ נָא לְפֶחָתֶךָ הֲיִרְצְךָ אוֹ הֲיִשָּׂא פָנֶיךָ אָמַר
ט יהוה צְבָאוֹת: וְעַתָּה חַלּוּ־נָא פְנֵי־אֵל וִיחָנֵנוּ מִיֶּדְכֶם הָיְתָה זֹּאת הֲיִשָּׂא מִכֶּם
י פָּנִים אָמַר יהוה צְבָאוֹת: מִי גַם־בָּכֶם וְיִסְגֹּר דְּלָתַיִם וְלֹא־תָאִירוּ מִזְבְּחִי חִנָּם אֵין־
יא לִי חֵפֶץ בָּכֶם אָמַר יהוה צְבָאוֹת וּמִנְחָה לֹא־אֶרְצֶה מִיֶּדְכֶם: כִּי מִמִּזְרַח־שֶׁמֶשׁ
וְעַד־מְבוֹאוֹ גָּדוֹל שְׁמִי בַּגּוֹיִם וּבְכָל־מָקוֹם מֻקְטָר מֻגָּשׁ לִשְׁמִי וּמִנְחָה טְהוֹרָה
יב כִּי־גָדוֹל שְׁמִי בַּגּוֹיִם אָמַר יהוה צְבָאוֹת: וְאַתֶּם מְחַלְּלִים אוֹתוֹ בֶּאֱמָרְכֶם שֻׁלְחַן
יג אֲדֹנָי מְגֹאָל הוּא וְנִיבוֹ נִבְזֶה אָכְלוֹ: וַאֲמַרְתֶּם הִנֵּה מַתְּלָאָה וְהִפַּחְתֶּם אוֹתוֹ
אָמַר יהוה צְבָאוֹת וַהֲבֵאתֶם גָּזוּל וְאֶת־הַפִּסֵּחַ וְאֶת־הַחוֹלֶה וַהֲבֵאתֶם אֶת־
יד הַמִּנְחָה הַאֶרְצֶה אוֹתָהּ מִיֶּדְכֶם אָמַר יהוה: וְאָרוּר נוֹכֵל וְיֵשׁ בְּעֶדְרוֹ זָכָר וְנֹדֵר
וְזֹבֵחַ מָשְׁחָת לַאדֹנָי כִּי מֶלֶךְ גָּדוֹל אָנִי אָמַר יהוה צְבָאוֹת וּשְׁמִי נוֹרָא בַגּוֹיִם:
ב א ב וְעַתָּה אֲלֵיכֶם הַמִּצְוָה הַזֹּאת הַכֹּהֲנִים: אִם־לֹא תִשְׁמְעוּ וְאִם־לֹא תָשִׂימוּ עַל־
לֵב לָתֵת כָּבוֹד לִשְׁמִי אָמַר יהוה צְבָאוֹת וְשִׁלַּחְתִּי בָכֶם אֶת־הַמְּאֵרָה וְאָרוֹתִי
ג אֶת־בִּרְכוֹתֵיכֶם וְגַם אָרוֹתִיהָ כִּי אֵינְכֶם שָׂמִים עַל־לֵב: הִנְנִי גֹעֵר לָכֶם אֶת־הַזֶּרַע

ד וְזֵרִיתִי פֶרֶשׁ עַל־פְּנֵיכֶם פֶּרֶשׁ חַגֵּיכֶם וְנָשָׂא אֶתְכֶם אֵלָיו: וִידַעְתֶּם כִּי שִׁלַּחְתִּי
ה אֲלֵיכֶם אֵת הַמִּצְוָה הַזֹּאת לִהְיוֹת בְּרִיתִי אֶת־לֵוִי אָמַר יהוה צְבָאוֹת: בְּרִיתִי
הָיְתָה אִתּוֹ הַחַיִּים וְהַשָּׁלוֹם וָאֶתְּנֵם־לוֹ מוֹרָא וַיִּירָאֵנִי וּמִפְּנֵי שְׁמִי נִחַת הוּא:
ו תּוֹרַת אֱמֶת הָיְתָה בְּפִיהוּ וְעַוְלָה לֹא־נִמְצָא בִשְׂפָתָיו בְּשָׁלוֹם וּבְמִישׁוֹר הָלַךְ
ז אִתִּי וְרַבִּים הֵשִׁיב מֵעָוֹן: כִּי־שִׂפְתֵי כֹהֵן יִשְׁמְרוּ־דַעַת וְתוֹרָה יְבַקְשׁוּ מִפִּיהוּ כִּי
מַלְאַךְ יהוה־צְבָאוֹת הוּא:

א. הקשר בין הפרשה להפטרה

הנבואה מזכירה בתחילתה את אחוותם של עֵשָׂו ויעקב, שבה פותחת פרשתנו. הנבואה מוסיפה, שה׳ בחר ביעקב ואהב אותו, ואילו את עֵשָׂו הוא שונא. זוהי בחירה עקרונית, שאינה נובעת בהכרח ממעשיהם של יעקב ועֵשָׂו, ויש בה חידוש. העדפת יצחק על פני ישמעאל יכולה להיות מובנת, משום שישמעאל הוא בן השפחה, ויצחק הוא בנה של שרה, הגבירה. אולם עֵשָׂו ויעקב הם תאומים, שנולדו מאותה אם לאותו אב, ומדוע יְבוּכַּר אח אחד, ואחיו יידחה?! הנבואה אינה מנמקת זאת, וכנראה, היא רואה בכך בחירה עקרונית, הנובעת מרצון ה׳. אפשר, שכך יש לראות גם את תוצאות הכרעת המאבק הסמוי ביניהם בפרשה.

נראה, שחז״ל התחבטו בשאלת העדפת יעקב ודחיית עֵשָׂו. הם התאמצו לנמק את הדבר בעקרונות הגמול – השכר והעונש על בחירתו החופשית של האדם ועל מעשיו, וראו את יעקב כצדיק, שדָּבַק במורשת הרוחנית של אבותיו, ואת עֵשָׂו כרשע:

> וְיַעֲקֹב אִישׁ תָּם יֹשֵׁב אֹהָלִים (בראשית כה, כז) – שני אהלים: בית מדרשו של שם ובית מדרשו של עבר...
> שבא עֵשָׂו על נערה מאורסה והרג את הנפש, הדא הוא דכתיב (= זהו שכתוב): וַיָּבֹא עֵשָׂו מִן הַשָּׂדֶה (שם, כט) – שבא על נערה מאורסה, שנאמר (דברים כב, כה): וְאִם בַּשָּׂדֶה יִמְצָא הָאִישׁ אֶת הַנַּעֲרָ הַמְאֹרָשָׂה; וְהוּא עָיֵף – שהרג את הנפש, כמה דאת אמר (ירמיהו ד, לא): עָיְפָה נַפְשִׁי לְהֹרְגִים. ר׳ ברכיה ור׳ זכיי רבה: אף גנב, כמה דאת אמר (עובדיה א, ה): אִם גַּנָּבִים בָּאוּ לְךָ... עובד עבודה זרה ומגלה עריות ושופך דמים...
>
> (בראשית רבה סג, י).

המקראות אינם מצדיקים בהכרח את מבטם של חז״ל על עֵשָׂו. הם מבקרים את עֵשָׂו

שביזה את הבכורה ומְכָרָהּ תמורת נזיד עדשים, ומציינים את רעת הנשים הכנעניות שלקח (שלא כיצחק אביו, שאשתו הובאה עבורו ממשפחת אברהם שבחרן) ואת רצונו להרוג את יעקב, שגנב את בכורתו ואת ברכתו. אך המקראות מציינים גם את מצוות כיבוד אב שעֵשָׂו נזהר בה, ואת העובדה שכשנוכח לדעת שבנות כנען רעות בעיני אביו, הוא נשא לאישה את בת ישמעאל ממשפחת אברהם (בראשית כח, ח–ט) ואת אהליבמה מבנות אלופי שעיר, שלא הייתה כנענית (שם לו, ב). המקראות גם מציינים שבפגישה של עֵשָׂו עם יעקב בבואו מחרן הוא נשק לו וחיבקו (שם לג, ד), ואף הציע לו עזרה, ובעת הצורך הוא אף פינה את ארץ כנען ליעקב אחיו, והלך להר שעיר (שם לו, ו).

מדוע בחרו חז"ל בדרך שונה, המצדיקה את השנאה לעֵשָׂו? בדרך כלל, חוקרי מדרשי חז"ל מעדיפים לומר, שחז"ל בחנו את עֵשָׂו ב'מבחן התוצאה' המאוחר, על פי התנהגותה הרעה של מלכות רומי, המיוחסת לעֵשָׂו. אנו מעדיפים לומר, שחז"ל סמכו על תבונתה של רבקה, שאהבה את יעקב, וכנראה לא אהבה את עֵשָׂו, ומן הסתם היו לה סיבות טובות לכך.

כאמור, הנביא מלאכי בהפטרתנו מותיר את אהבת ה' ליעקב ואת שנאתו לעֵשָׂו ללא נימוק, כבחירה התלויה ברצונו בלבד. אומנם, להלן נגלה טענות קשות של הנביא כנגד אדום, המבארות את פשר שנאת ה' אליו.

עוד יש בהפטרה טענה על עם ישראל, הפותחת במילים: בֵּן יְכַבֵּד אָב וְעֶבֶד אֲדֹנָיו (א, ו), והיא מתעצמת לאור המסופר בפרשתנו על הקפדתו של עֵשָׂו על כבודו של יצחק אביו.

ב. נבואת מלאכי על אדום

בתחילת הנבואה מותח הנביא ביקורת חריפה על אדום ועל יחסה לישראל, שֶׁבְּעֵת החורבן היה בו גם מרכיב של 'אחד בפה ואחד בלב'. מלך אדום היה בין חמשת המלכים שבאו אל צדקיה מלך יהודה שבע שנים לפני החורבן כדי להביאו בברית שנועדה למרוד, בחסות מצרים, במלך בבל (ירמיהו כז, ב–ג). לממלכת יהודה היה תפקיד מפתח בתוכנית זו בגלל מיקומה הגאוגרפי: היא שָׁכְנָה באזור העשוי לקשר בין צבא מצרים, האמור לתמוך בברית ובין הממלכות המורדות (מצפון ליהודה – צור וצידון, ממזרח ליהודה – עמון ומואב, מדרום להן – אדום). הנביא ירמיהו, בשם ה', התנגד נחרצות לברית זו, וטען שתביא למפולת רוחנית ודתית ואף לחורבן. הוא הזהיר את צדקיהו מפני כניסה לברית זו:

כֹּה אָמַר ה' אֵלַי עֲשֵׂה לְךָ מוֹסֵרוֹת וּמֹטוֹת, וּנְתַתָּם עַל צַוָּארֶךָ: וְשִׁלַּחְתָּם אֶל מֶלֶךְ

אֱדוֹם וְאֶל מֶלֶךְ מוֹאָב וְאֶל מֶלֶךְ בְּנֵי עַמּוֹן וְאֶל מֶלֶךְ צֹר וְאֶל מֶלֶךְ צִידוֹן בְּיַד מַלְאָכִים הַבָּאִים יְרוּשָׁלַםִ אֶל צִדְקִיָּהוּ מֶלֶךְ יְהוּדָה:
(ירמיהו כז, ב-ג)

המוסרות והמוטות ביטאו את דברי הנביא, שיש להיכנע לבבל, ושהמרד נגד בבל נדון לכישלון, כפי שאכן קרה לבסוף. נבוכדנאצר מלך בבל שם את פעמיו בראשונה לירושלים, החריב את המקדש ואת העיר, והרג את רוב יושביה. המדינות הנזכרות, שלכאורה היו בעלות בריתה של יהודה, שמחו לאידם של ישראל, והצטרפו אל סוחרי העבדים שקנו את השבויים היהודים לצורך עבדות. ירושלים נותרה בודדה, בלא בעל ברית שינחם אותה, כפי שמתארת מגילת איכה. נראה, שבוגדנותה של אדום באה לידי ביטוי גם בסחר העבדים שפיתחה על גבם של שבויי המלחמה בבבל.[1] כך כתב ירמיהו במגילת איכה על שמחתם של בעלי הברית האדומיים לאידה של ירושלים ועל נקמתו הצפויה של ה׳ בעקבות זאת:

שִׂישִׂי וְשִׂמְחִי בַּת אֱדוֹם יוֹשֶׁבֶת בְּאֶרֶץ עוּץ, גַּם עָלַיִךְ תַּעֲבָר כּוֹס, תִּשְׁכְּרִי וְתִתְעָרִי:
תַּם עֲוֹנֵךְ בַּת צִיּוֹן, לֹא יוֹסִיף לְהַגְלוֹתֵךְ, פָּקַד עֲוֹנֵךְ בַּת אֱדוֹם, גִּלָּה עַל חַטֹּאתָיִךְ:
(איכה ד, כא-כב)

על פורענותה של אדום כתב ירמיהו גם בנבואת הפורענות על אדום בימי חורבן ירושלים:

כִּי כֹה אָמַר ה׳, הִנֵּה אֲשֶׁר אֵין מִשְׁפָּטָם לִשְׁתּוֹת הַכּוֹס שָׁתוֹ יִשְׁתּוּ, וְאַתָּה הוּא נָקֹה תִּנָּקֶה – לֹא תִנָּקֶה, כִּי שָׁתֹה תִּשְׁתֶּה: כִּי בִי נִשְׁבַּעְתִּי, נְאֻם ה׳, כִּי לְשַׁמָּה לְחֶרְפָּה לְחֹרֶב וְלִקְלָלָה תִּהְיֶה בָצְרָה, וְכָל עָרֶיהָ תִהְיֶינָה לְחָרְבוֹת עוֹלָם:
(ירמיהו מט, יב-יג)

הנביא יחזקאל היטיב לבאר את שמחתה של אדום לאידה של ירושלים ואת סיבתה:

בֶּן אָדָם, שִׂים פָּנֶיךָ עַל הַר שֵׂעִיר, וְהִנָּבֵא עָלָיו: וְאָמַרְתָּ לּוֹ, כֹּה אָמַר אֲדֹנָי ה׳, הִנְנִי אֵלֶיךָ הַר שֵׂעִיר, וְנָטִיתִי יָדִי עָלֶיךָ, וּנְתַתִּיךָ שְׁמָמָה וּמְשַׁמָּה: עָרֶיךָ חָרְבָּה אָשִׂים, וְאַתָּה שְׁמָמָה תִהְיֶה, וְיָדַעְתָּ כִּי אֲנִי ה׳: יַעַן הֱיוֹת לְךָ אֵיבַת עוֹלָם, וַתַּגֵּר אֶת בְּנֵי

1. מסקנה זו עולה מנבואת יואל על סחר העבדים בבני ירושלים, הכוללת את ההבטחה: וֶאֱדוֹם לְמִדְבַּר שְׁמָמָה תִהְיֶה (יואל ד, יט), אך זה היה בתקופה מוקדמת יותר.

יִשְׂרָאֵל עַל יְדֵי חָרֶב בְּעֵת אֵידָם בְּעֵת עֲוֹן קֵץ... יַעַן אֲמָרְךָ אֶת שְׁנֵי הַגּוֹיִם וְאֶת שְׁתֵּי הָאֲרָצוֹת לִי תִהְיֶינָה, וִירַשְׁנוּהָ וַה׳ שָׁם הָיָה... כִּשְׂמְחָתְךָ לְנַחֲלַת בֵּית יִשְׂרָאֵל עַל אֲשֶׁר שָׁמֵמָה, כֵּן אֶעֱשֶׂה לָּךְ, שְׁמָמָה תִהְיֶה הַר שֵׂעִיר וְכָל אֱדוֹם כֻּלָּהּ, וְיָדְעוּ כִּי אֲנִי ה׳:

(יחזקאל לה, ב–טו)

אדום ניצלה היטב את גלות ממלכת יהודה כדי להתפשט מֵהַר שעיר אל הנגב הישראלי ואל הר יהודה. בימי הנביא מלאכי, ימי שיבת ציון, הגיעה פחוותו של גֶּשֶׁם הערבי עד ירושלים, והוא הציק ליהודים (הערבים בתקופה זו חברו בדרך כלל לאדומים). מאוחר יותר, כשבירושלים שלט הורדוס האדומי, נחלת משפחתו הייתה מדרום לבית לחם, באזור הרודיון. יחזקאל הנביא מדמה את אדום לאח השמח על מות אחיו, משום שבעקבות מותו הוא זוכה בירושה שנועדה במקורה לשניהם.

שלא כירמיהו ויחזקאל שניבאו על עתידה של אדום, מלאכי ניבא אחרי שממלכת אדום כבר חרבה. על פי כתובת שנמצאה בעיר סלע, בירתה של אדום בהר שעיר, היא נכבשה בידי נבונאיד מלך בבל. אפשר שגם בימי מלאכי נותרו יישובים אדומיים רבים על אדמת ממלכת יהודה, ויושביהם הציקו לישראל. הנביא מבשר, שהם לא יצליחו לבנות את חורבות ארצם:

כִּי תֹאמַר אֱדוֹם רֻשַּׁשְׁנוּ, וְנָשׁוּב וְנִבְנֶה חֳרָבוֹת, כֹּה אָמַר ה׳ צְבָאוֹת, הֵמָּה יִבְנוּ וַאֲנִי אֶהֱרוֹס, וְקָרְאוּ לָהֶם גְּבוּל רִשְׁעָה, וְהָעָם אֲשֶׁר זָעַם ה׳ עַד עוֹלָם:

(א, ד)

מנקמתו של ה׳ באדום ייווכחו ישראל שכוחו של ה׳ גדול גם מעבר לגבול ישראל, ושהוא יכול לנקום באויביהם גם בארצותיהם:

וְעֵינֵיכֶם תִּרְאֶינָה, וְאַתֶּם תֹּאמְרוּ, יִגְדַּל ה׳ מֵעַל לִגְבוּל יִשְׂרָאֵל:

(שם, ה)

ג. נבואת התוכחה של מלאכי על הזלזול בעבודת המקדש ובקורבנות

בנבואה חריגה בתוכנה מאשים הנביא את העם, ובעיקר את הכוהנים, בהבאת קורבנות פסולים למקדש: בעלי מום, חולים וגם קורבנות גזולים. נביאי הבית הראשון הוכיחו

את העם פעמים רבות דווקא על הידור יתר בהבאת הקורבנות, הבא על חשבון מצוות אחרות. למשל:

> בַּמָּה אֲקַדֵּם ה׳, אִכַּף לֵאלֹהֵי מָרוֹם, הַאֲקַדְּמֶנּוּ בְעוֹלוֹת בַּעֲגָלִים בְּנֵי שָׁנָה: הֲיִרְצֶה ה׳ בְּאַלְפֵי אֵילִים, בְּרִבְבוֹת נַחֲלֵי שָׁמֶן... הִגִּיד לְךָ אָדָם מַה טּוֹב, וּמָה ה׳ דּוֹרֵשׁ מִמְּךָ, כִּי אִם עֲשׂוֹת מִשְׁפָּט וְאַהֲבַת חֶסֶד וְהַצְנֵעַ לֶכֶת עִם אֱלֹהֶיךָ:

(מיכה ו, ו-ח)

גם לנביא חגי, שקדם למלאכי בימי שיבת ציון, היו טענות קשות על הזלזול בדיני טומאה וטהרה בקורבנות:

> כֹּה אָמַר ה׳ צְבָאוֹת, שְׁאַל נָא אֶת הַכֹּהֲנִים תּוֹרָה, לֵאמֹר: הֵן יִשָּׂא אִישׁ בְּשַׂר קֹדֶשׁ בִּכְנַף בִּגְדוֹ, וְנָגַע בִּכְנָפוֹ אֶל הַלֶּחֶם וְאֶל הַנָּזִיד וְאֶל הַיַּיִן וְאֶל שֶׁמֶן וְאֶל כָּל מַאֲכָל – הֲיִקְדָּשׁ? וַיַּעֲנוּ הַכֹּהֲנִים וַיֹּאמְרוּ, לֹא: וַיֹּאמֶר חַגַּי, אִם יִגַּע טְמֵא נֶפֶשׁ בְּכָל אֵלֶּה – הֲיִטְמָא? וַיַּעֲנוּ הַכֹּהֲנִים וַיֹּאמְרוּ, יִטְמָא: וַיַּעַן חַגַּי וַיֹּאמֶר, כֵּן הָעָם הַזֶּה וְכֵן הַגּוֹי הַזֶּה לְפָנַי, נְאֻם ה׳, וְכֵן כָּל מַעֲשֵׂה יְדֵיהֶם וַאֲשֶׁר יַקְרִיבוּ שָׁם טָמֵא הוּא:

(חגי ב, יא-יד)

השינוי בתוכחות הנביאים ביחס למקדש, לעבודתו ולקורבנות המוקרבים בו בין ימי הבית הראשון לימי הבית שני אומר דורשני. ננסה לבארו בשתי דרכים, אך שתיהן צדדים של מטבע אחד:

א. בבית המקדש הראשון שהיה מפואר וגדול, היו בַּדְּבִיר ארון הברית והכרובים ועמהם השכינה. הכוהן הגדול לבש את האורים והתומים, שפעלו ברוח הקודש, כשבתוכם שם ה׳. זיקת העם להשראת השכינה באמצעות המקדש ועבודתו הייתה יסוד חזק וברור. לא פעם התכנס כל העם לכריתת ברית עם הקב״ה (למשל: בימי אסא, דהי״ב טו) או לתפילה משותפת אליו (למשל: בימי יהושפט, שם, כ), והמקדש עמד במרכז תודעתו הדתית של העם והכמיהה שלו אל ה׳. דבר זה קבע את משקלה של עבודת הקורבנות בעיני העם, ועבודה זו האפילה לעיתים על הצורך להשקיע מאמצים בשאר חלקי עבודת ה׳ ובחלקי התורה העוסקים ביושר, במשפט ובצדקה. נביאי הבית הראשון קראו על כך תיגר באומרם שאין כל טעם בעבודת המקדש כדרך להשראת שכינה בלא עיסוק בשאר חלקי עבודת ה׳ ועניני היושר, הצדקה והמשפט.

לעומת זאת, הבית השני היה בתחילתו (עד ימי הורדוס) בית צנוע, ונראֶה, שכוח המשיכה שלו בעיני העם לא היה גדול. כך תיאר הנביא חגי את הבית הזה:

מִי בָכֶם הַנִּשְׁאָר, אֲשֶׁר רָאָה אֶת הַבַּיִת הַזֶּה בִּכְבוֹדוֹ הָרִאשׁוֹן, וּמָה אַתֶּם רֹאִים אֹתוֹ עַתָּה, הֲלוֹא כָמֹהוּ כְּאַיִן בְּעֵינֵיכֶם:

(חגי ב, ג)

הדביר עמד ריק, ללא ארון וללא כפורת, והאורים והתומים לא אמרו את דברם. העם לא ראה בו מוקד דתי בעל משמעות, והדבר השפיע על יחסו של העם למקדש, על מעמדם של הכוהנים ועל יחסם למקדש. העבודה במקדש מתגלית בנבואתנו במלוא עליבותה, ונביאי הבית השני קוראים על כך תיגר, והם דרשו מן העם לשנות את יחסו למקדש ולקודשיו.

ב. חז"ל מספרים (יומא סט ע"ב), שבתחילת ימי הבית השני ביטלו אנשי כנסת הגדולה את יֵצֶר העבודה הזרה, שנגלה לעיניהם כשהוא דומה לגור של אש היוצא מבית קודשי הקודשים. בפשטות נראה, שיש קשר בין גור האש שיצא מהמקדש להיעדרותם של הארון ושני הכרובים. עוד נראה, שמחירו של ביטול יצר העבודה הזרה היה התקהות הרגש הטבעי, הנכסף לעבודה מוחשית של ה׳ כעבודת הקורבנות. התקהות רגש זה הפחיתה את משקל הכמיהה לעבודת הקורבנות, והדבר בא לידי ביטוי בנבואתו של מלאכי בהפטרתנו.

גם היום עלינו לשים לב לשני החסרונות שהזכרנו ולתוצאתם המרה. כולנו כוספים לבניין המקדש ולחידוש עבודתו, אך איננו עושים די כדי לחנך את ילדינו ולהסביר להם את חשיבות הקורבנות בעבודת ה׳ שלנו ואת יכולתם לקָרְבֵנו לאבינו שבשמיים. במצב זה, אם יקום בע"ה המקדש, עלולה עבודת הקורבנות להיראות כמו בהפטרתנו. האם אנו מצפים שהמשיח יעשה במקומנו את העבודה החינוכית, העוסקת בחשיבות עבודת המקדש והקורבנות?!

ד. גָדוֹל שְׁמִי בַּגּוֹיִם

כִּי מִמִּזְרַח שֶׁמֶשׁ וְעַד מְבוֹאוֹ גָּדוֹל שְׁמִי בַּגּוֹיִם, וּבְכָל מָקוֹם מֻקְטָר מֻגָּשׁ לִשְׁמִי וּמִנְחָה טְהוֹרָה, כִּי גָדוֹל שְׁמִי בַּגּוֹיִם, אָמַר ה׳ צְבָאוֹת:

(א, יא)

הקורא תמה, ואולי אף מתכווץ מכאב. מלכות פרס שולטת כאן בכיפה, והכול נעשה

על פי הוראותיה; במערב עולה וצומחת מלכות יוון; שעריה של ירושלים פרוצים ושוממים,[2] ויהודי ירושלים שרויים ברעה גדולה מול שכניהם, בני אוסף עמים בלתי מוגדר. האם במצב שכזה אפשר לומר, שגדול שמו של הקב"ה בגויים?! היכן הם המקומות הרבים שמקטירים בהם לשמו של ה'? ומי מכיר בגדולתו של ה' אחרי חורבן ירושלים וגלות בבל?!

נראה, שיש להבין את דברי הנבואה לאור אירועי תקופתו של הנביא מלאכי. הוא ניבא שנים ספורות אחרי נס חג הפורים והניצחון הגדול של מרדכי ואסתר והיהודים על המן ובניו ועל צוררי ישראל הרבים שעמדו תחת פיקודם. נזכיר פסוקים בודדים מן המגילה העוסקים בכך:

> וְרַבִּים מֵעַמֵּי הָאָרֶץ מִתְיַהֲדִים, כִּי נָפַל פַּחַד הַיְּהוּדִים עֲלֵיהֶם: ... וְאִישׁ לֹא עָמַד לִפְנֵיהֶם, כִּי נָפַל פַּחְדָּם עַל כָּל הָעַמִּים: וְכָל שָׂרֵי הַמְּדִינוֹת וְהָאֲחַשְׁדַּרְפְּנִים וְהַפַּחוֹת וְעֹשֵׂי הַמְּלָאכָה אֲשֶׁר לַמֶּלֶךְ מְנַשְּׂאִים אֶת הַיְּהוּדִים, כִּי נָפַל פַּחַד מָרְדֳּכַי עֲלֵיהֶם:
> (אסתר ח, יז; ט, ב-ג)

ערב המלחמה המכרעת בשונאי היהודים התגיירו גויים רבים, שפעלו בתחילה לאבד את היהודים, והם נקראו בפי חז"ל (יבמות כד ע"ב): "גרי מרדכי ואסתר". אלה שלא התגיירו נותרו מפוחדים. ניתן להניח, שאז התגדל שמו של ה' אלוהי היהודים בעיני כל העמים, והדבר השפיע כעבור שנים מעטות גם על עליית עזרא. בארץ ישראל, שהייתה בשולי האימפריה הפרסית, המצב נותר כנראה קשה,[3] אולם גם ללא ישועה בארץ ישראל נותר שמו של הקב"ה גדול בגויים, ועל כך מדבר מלאכי בהפטרתנו.

ה. כִּי מַלְאַךְ ה' צְבָאוֹת הוּא

אחרי גערתו הקשה בכוהנים הנביא מְשַׁנֶּה כיוון באופן מפתיע, ומדבר בשבחו של כוהן יחיד, שעימו כרת הקב"ה ברית:

2. ראו נחמיה א.
3. שמא זוהי הסיבה להתנגדות הראשונית של החכמים לתקנותיה של אסתר – קביעת חג וכתיבת המגילה לדורות. התנגדות זו מוזכרת בגמרא (מגילה ז ע"א), ומנומקת בחשש מפני איבתם של האומות ובנימוקים הלכתיים אחרים. אפשר, שיסודה של טענת החכמים (לדעתנו, היו אלה כנראה אנשי כנסת הגדולה, חכמי ארץ ישראל) הייתה, שאין לקבוע חג ולחבר מגילה לדורות על נס זה, משום שלמרות הניצחון בשושן ובשאר מדינות המלך, ארץ ישראל ותושביה היהודים לא ראו ישועה גדולה.

וְעַתָּה אֲלֵיכֶם הַמִּצְוָה הַזֹּאת, הַכֹּהֲנִים: אִם לֹא תִשְׁמְעוּ, וְאִם לֹא תָשִׂימוּ עַל לֵב לָתֵת כָּבוֹד לִשְׁמִי, אָמַר ה' צְבָאוֹת... בְּרִיתִי הָיְתָה אִתּוֹ הַחַיִּים וְהַשָּׁלוֹם, וָאֶתְּנֵם לוֹ מוֹרָא וַיִּירָאֵנִי, וּמִפְּנֵי שְׁמִי נִחַת הוּא: תּוֹרַת אֱמֶת הָיְתָה בְּפִיהוּ, וְעַוְלָה לֹא נִמְצָא בִשְׂפָתָיו, בְּשָׁלוֹם וּבְמִישׁוֹר הָלַךְ אִתִּי, וְרַבִּים הֵשִׁיב מֵעָוֹן: כִּי שִׂפְתֵי כֹהֵן יִשְׁמְרוּ דַעַת, וְתוֹרָה יְבַקְשׁוּ מִפִּיהוּ, כִּי מַלְאַךְ ה' צְבָאוֹת הוּא:
(ב, א–ב; ה–ז)

הגערה בכוהנים היא על עבודת המקדש הפגומה שלהם, אך שִׁבְחי הכוהן היחיד עליו מדובר בפסוקים אלה אינם עוסקים בעבודת המקדש, אלא דווקא בקשר ההדוק שלו לתורה ולמצוותיה, ביראת ה' שבו, בשלום ובקשר הטוב שיש לו עם העם ובהשבתם מעוון.

נראה, שהנביא מכוון לעזרא הסופר, שהיה כוהן (כמבואר בעזרא ז). אומנם לא מצאנו פעילות רבה של עזרא במקדש, והוא לא היה מעולם כוהן גדול, אולם הוא היה פעיל מאוד בהפצת התורה, בקירוב העם למצוות ובתקנות למניעת חטאים, בעיקר חטא הנישואין עם בנות נכר,[4] שעליו מדבר הנביא בפסוקים שאחרי הפטרתנו.

חז"ל אומרים (מגילה טו ע"א), שמלאכי הוא עזרא. נראה לנו, שאין כוונתם לזיהוי ממשי של האיש, והם באו לומר, שמלאכי ועזרא פעלו יחדיו בברית אחת ובמדיניות אחת – סילוק הנשים הנוכריות והובלת העם בדרך התורה והמצוות. הנביא מלאכי רואה בעזרא ובשליחות הגדולה שנטל על עצמו את מַלְאַךְ ה' צְבָאוֹת.

נזכיר את דברי משה, ביומו האחרון, על שני התפקידים של הכוהן:

יוֹרוּ מִשְׁפָּטֶיךָ לְיַעֲקֹב וְתוֹרָתְךָ לְיִשְׂרָאֵל, יָשִׂימוּ קְטוֹרָה בְּאַפֶּךָ וְכָלִיל עַל מִזְבְּחֶךָ:
(דברים לג, י)

בימי עזרא ומלאכי התפצל התפקיד לשניים: הכוהנים הגדולים נטלו על עצמם את עבודת המקדש (בדרך שלא הצליחה, כמתואר לעיל), ואילו עזרא הכוהן נטל על עצמו את הנחלת התורה לעם בעזרתם של מלאכי, נחמיה ואנשי כנסת הגדולה.

נוסיף הערה אחרונה על דימויו של עזרא – מַלְאַךְ ה' צְבָאוֹת. חז"ל השוו את עזרא למשה, למרות ההבדלים הברורים ביניהם:

תניא, רבי יוסי אומר: ראוי היה עזרא שתינתן תורה על ידו לישראל, אילמלא

4. כאן קשר נוסף בין הפטרתנו לפרשה, שהרי בעקבות נישואיו עם בנות כנען נדחה עֵשָׂו מעולם הקדושה.

קְדָמוֹ משה. במשה הוא אומר (שמות כ, ג): וּמֹשֶׁה עָלָה אֶל הָאֱלֹהִים, בעזרא הוא אומר (עזרא ז, ו): הוּא עֶזְרָא עָלָה מִבָּבֶל. מה עלייה האמור כאן – תורה, אף עלייה האמור להלן – תורה; במשה הוא אומר (דברים ד, יד): וְאֹתִי צִוָּה ה׳ בָּעֵת הַהִוא לְלַמֵּד אֶתְכֶם חֻקִּים וּמִשְׁפָּטִים, בעזרא הוא אומר (עזרא ז, י): כִּי עֶזְרָא הֵכִין לְבָבוֹ לִדְרוֹשׁ אֶת תּוֹרַת ה׳ וְלַעֲשֹׂת וּלְלַמֵּד בְּיִשְׂרָאֵל חֹק וּמִשְׁפָּט.

(סנהדרין כא ע״ב)

גם משה נקרא ׳מלאך׳:

וכן הנביאים נמשלו למלאכים, שכך הוא אומר במשה (במדבר כ, טז): וַיִּשְׁלַח מַלְאָךְ וַיֹּצִאֵנוּ מִמִּצְרָיִם – וכי מלאך היה? והלא משה היה! אלא מכאן שהנביאים נקראו מלאכים.

(תנחומא שלח א)

המשותף לשני ה׳מלאכים׳ הללו הוא הנחלת התורה לעם ישראל – משה הוריד לנו תורה מן השמיים, ועזרא היה מנהיגם של אנשי כנסת הגדולה, הנחשבים אבן היסוד של התורה שבעל פה.

הפטרת ויצא

יא ז ח וְעַמִּי תְלוּאִים לִמְשׁוּבָתִי וְאֶל־עַל יִקְרָאֻהוּ יַחַד לֹא יְרוֹמֵם׃ אֵיךְ אֶתֶּנְךָ אֶפְרַיִם — הושע / הספרדים מתחילים כאן
אֲמַגֶּנְךָ יִשְׂרָאֵל אֵיךְ אֶתֶּנְךָ כְאַדְמָה אֲשִׂימְךָ כִּצְבֹאיִם נֶהְפַּךְ עָלַי לִבִּי יַחַד נִכְמְרוּ
ט נִחוּמָי׃ לֹא אֶעֱשֶׂה חֲרוֹן אַפִּי לֹא אָשׁוּב לְשַׁחֵת אֶפְרָיִם כִּי אֵל אָנֹכִי וְלֹא־אִישׁ
י בְּקִרְבְּךָ קָדוֹשׁ וְלֹא אָבוֹא בְּעִיר׃ אַחֲרֵי יהוה יֵלְכוּ כְּאַרְיֵה יִשְׁאָג כִּי־הוּא יִשְׁאַג
יא וְיֶחֶרְדוּ בָנִים מִיָּם׃ יֶחֶרְדוּ כְצִפּוֹר מִמִּצְרַיִם וּכְיוֹנָה מֵאֶרֶץ אַשּׁוּר וְהוֹשַׁבְתִּים עַל־
יב א בָּתֵּיהֶם נְאֻם־יהוה׃ סְבָבֻנִי בְכַחַשׁ אֶפְרַיִם וּבְמִרְמָה בֵּית יִשְׂרָאֵל
ב וִיהוּדָה עֹד רָד עִם־אֵל וְעִם־קְדוֹשִׁים נֶאֱמָן׃ אֶפְרַיִם רֹעֶה רוּחַ וְרֹדֵף קָדִים כָּל־
ג הַיּוֹם כָּזָב וָשֹׁד יַרְבֶּה וּבְרִית עִם־אַשּׁוּר יִכְרֹתוּ וְשֶׁמֶן לְמִצְרַיִם יוּבָל׃ וְרִיב לַיהוה
ד עִם־יְהוּדָה וְלִפְקֹד עַל־יַעֲקֹב כִּדְרָכָיו כְּמַעֲלָלָיו יָשִׁיב לוֹ׃ בַּבֶּטֶן עָקַב אֶת־אָחִיו
ה וּבְאוֹנוֹ שָׂרָה אֶת־אֱלֹהִים׃ וַיָּשַׂר אֶל־מַלְאָךְ וַיֻּכָל בָּכָה וַיִּתְחַנֶּן־לוֹ בֵּית־אֵל
ו ז יִמְצָאֶנּוּ וְשָׁם יְדַבֵּר עִמָּנוּ׃ וַיהוה אֱלֹהֵי הַצְּבָאוֹת יהוה זִכְרוֹ׃ וְאַתָּה בֵּאלֹהֶיךָ
ח תָשׁוּב חֶסֶד וּמִשְׁפָּט שְׁמֹר וְקַוֵּה אֶל־אֱלֹהֶיךָ תָּמִיד׃ כְּנַעַן בְּיָדוֹ מֹאזְנֵי מִרְמָה
ט לַעֲשֹׁק אָהֵב׃ וַיֹּאמֶר אֶפְרַיִם אַךְ עָשַׁרְתִּי מָצָאתִי אוֹן לִי כָּל־יְגִיעַי לֹא יִמְצְאוּ־לִי
י עָוֹן אֲשֶׁר־חֵטְא׃ וְאָנֹכִי יהוה אֱלֹהֶיךָ מֵאֶרֶץ מִצְרָיִם עֹד אוֹשִׁיבְךָ בָאֳהָלִים כִּימֵי
יא יב מוֹעֵד׃ וְדִבַּרְתִּי עַל־הַנְּבִיאִים וְאָנֹכִי חָזוֹן הִרְבֵּיתִי וּבְיַד הַנְּבִיאִים אֲדַמֶּה׃ אִם־
גִּלְעָד אָוֶן אַךְ־שָׁוְא הָיוּ בַּגִּלְגָּל שְׁוָרִים זִבֵּחוּ גַּם מִזְבְּחוֹתָם כְּגַלִּים עַל תַּלְמֵי שָׂדָי׃
יג יד וַיִּבְרַח יַעֲקֹב שְׂדֵה אֲרָם וַיַּעֲבֹד יִשְׂרָאֵל בְּאִשָּׁה וּבְאִשָּׁה שָׁמָר׃ וּבְנָבִיא הֶעֱלָה — יש מסיימים כאן
טו יהוה אֶת־יִשְׂרָאֵל מִמִּצְרָיִם וּבְנָבִיא נִשְׁמָר׃ הִכְעִיס אֶפְרַיִם תַּמְרוּרִים וְדָמָיו עָלָיו — האשכנזים מתחילים כאן
יג א יִטּוֹשׁ וְחֶרְפָּתוֹ יָשִׁיב לוֹ אֲדֹנָיו׃ כְּדַבֵּר אֶפְרַיִם רְתֵת נָשָׂא הוּא בְּיִשְׂרָאֵל וַיֶּאְשַׁם
ב בַּבַּעַל וַיָּמֹת׃ וְעַתָּה יוֹסִפוּ לַחֲטֹא וַיַּעֲשׂוּ לָהֶם מַסֵּכָה מִכַּסְפָּם כִּתְבוּנָם עֲצַבִּים
ג מַעֲשֵׂה חָרָשִׁים כֻּלֹּה לָהֶם הֵם אֹמְרִים זֹבְחֵי אָדָם עֲגָלִים יִשָּׁקוּן׃ לָכֵן יִהְיוּ כַּעֲנַן־
ד בֹּקֶר וְכַטַּל מַשְׁכִּים הֹלֵךְ כְּמֹץ יְסֹעֵר מִגֹּרֶן וּכְעָשָׁן מֵאֲרֻבָּה׃ וְאָנֹכִי יהוה אֱלֹהֶיךָ

ה מֵאֶרֶץ מִצְרָיִם וֵאלֹהִים זוּלָתִי לֹא תֵדָע וּמוֹשִׁיעַ אַיִן בִּלְתִּי: אֲנִי יְדַעְתִּיךָ בַּמִּדְבָּר
ו ז בְּאֶרֶץ תַּלְאֻבוֹת: כְּמַרְעִיתָם וַיִּשְׂבָּעוּ שָׂבְעוּ וַיָּרָם לִבָּם עַל־כֵּן שְׁכֵחוּנִי: וָאֱהִי לָהֶם
ח כְּמוֹ־שָׁחַל כְּנָמֵר עַל־דֶּרֶךְ אָשׁוּר: אֶפְגְּשֵׁם כְּדֹב שַׁכּוּל וְאֶקְרַע סְגוֹר לִבָּם וְאֹכְלֵם
ט י שָׁם כְּלָבִיא חַיַּת הַשָּׂדֶה תְּבַקְּעֵם: שִׁחֶתְךָ יִשְׂרָאֵל כִּי־בִי בְעֶזְרֶךָ: אֱהִי מַלְכְּךָ
יא אֵפוֹא וְיוֹשִׁיעֲךָ בְּכָל־עָרֶיךָ וְשֹׁפְטֶיךָ אֲשֶׁר אָמַרְתָּ תְּנָה־לִּי מֶלֶךְ וְשָׂרִים: אֶתֶּן־לְךָ
יב יג מֶלֶךְ בְּאַפִּי וְאֶקַּח בְּעֶבְרָתִי: צָרוּר עֲוֹן אֶפְרָיִם צְפוּנָה חַטָּאתוֹ: חֶבְלֵי
יד יוֹלֵדָה יָבֹאוּ לוֹ הוּא־בֵן לֹא חָכָם כִּי־עֵת לֹא־יַעֲמֹד בְּמִשְׁבַּר בָּנִים: מִיַּד שְׁאוֹל
טו אֶפְדֵּם מִמָּוֶת אֶגְאָלֵם אֱהִי דְבָרֶיךָ מָוֶת אֱהִי קָטָבְךָ שְׁאוֹל נֹחַם יִסָּתֵר מֵעֵינָי: כִּי
הוּא בֵּין אַחִים יַפְרִיא יָבוֹא קָדִים רוּחַ יהוה מִמִּדְבָּר עֹלֶה וְיֵבוֹשׁ מְקוֹרוֹ וְיֶחֱרַב
יד א מַעְיָנוֹ הוּא יִשְׁסֶה אוֹצַר כָּל־כְּלִי חֶמְדָּה: תֶּאְשַׁם שֹׁמְרוֹן כִּי מָרְתָה בֵּאלֹהֶיהָ
ב בַּחֶרֶב יִפֹּלוּ עֹלְלֵיהֶם יְרֻטָּשׁוּ וְהָרִיּוֹתָיו יְבֻקָּעוּ: שׁוּבָה יִשְׂרָאֵל עַד
ג יהוה אֱלֹהֶיךָ כִּי כָשַׁלְתָּ בַּעֲוֹנֶךָ: קְחוּ עִמָּכֶם דְּבָרִים וְשׁוּבוּ אֶל־יהוה אִמְרוּ אֵלָיו
ד כָּל־תִּשָּׂא עָוֹן וְקַח־טוֹב וּנְשַׁלְּמָה פָרִים שְׂפָתֵינוּ: אַשּׁוּר לֹא יוֹשִׁיעֵנוּ עַל־סוּס
ה לֹא נִרְכָּב וְלֹא־נֹאמַר עוֹד אֱלֹהֵינוּ לְמַעֲשֵׂה יָדֵינוּ אֲשֶׁר־בְּךָ יְרֻחַם יָתוֹם: אֶרְפָּא
ו מְשׁוּבָתָם אֹהֲבֵם נְדָבָה כִּי שָׁב אַפִּי מִמֶּנּוּ: אֶהְיֶה כַטַּל לְיִשְׂרָאֵל יִפְרַח כַּשּׁוֹשַׁנָּה
ז ח וְיַךְ שָׁרָשָׁיו כַּלְּבָנוֹן: יֵלְכוּ יֹנְקוֹתָיו וִיהִי כַזַּיִת הוֹדוֹ וְרֵיחַ לוֹ כַּלְּבָנוֹן: יָשֻׁבוּ יֹשְׁבֵי
ט בְצִלּוֹ יְחַיּוּ דָגָן וְיִפְרְחוּ כַגָּפֶן זִכְרוֹ כְּיֵין לְבָנוֹן: אֶפְרַיִם מַה־לִּי עוֹד לָעֲצַבִּים אֲנִי
י עָנִיתִי וַאֲשׁוּרֶנּוּ אֲנִי כִּבְרוֹשׁ רַעֲנָן מִמֶּנִּי פֶּרְיְךָ נִמְצָא: מִי חָכָם וְיָבֵן אֵלֶּה נָבוֹן
וְיֵדָעֵם כִּי־יְשָׁרִים דַּרְכֵי יהוה וְצַדִּקִים יֵלְכוּ בָם וּפֹשְׁעִים יִכָּשְׁלוּ בָם:

הספרדים מסיימים

יש מוסיפ יואל

ב כו וַאֲכַלְתֶּם אָכוֹל וְשָׂבוֹעַ וְהִלַּלְתֶּם אֶת־שֵׁם יהוה אֱלֹהֵיכֶם אֲשֶׁר־עָשָׂה עִמָּכֶם
כז לְהַפְלִיא וְלֹא־יֵבֹשׁוּ עַמִּי לְעוֹלָם: וִידַעְתֶּם כִּי בְקֶרֶב יִשְׂרָאֵל אָנִי וַאֲנִי יהוה
אֱלֹהֵיכֶם וְאֵין עוֹד וְלֹא־יֵבֹשׁוּ עַמִּי לְעוֹלָם:

נקדים ונאמר: לשונו של הנביא הושע – הן המילים עצמן והן צירופן למשפטים – היא מן הקשות שבלשונות הנביאים. אפשר, שהדבר קשור בכך שהנביא, על פי חז"ל, היה בן שבט ראובן. חז"ל (פסיקתא דרב כהנא כד) מזהים את בארי, אביו של הושע, עם בְּאֵרָה, נשיא שבט ראובן, שהוגלה עם כל שבטו כדור אחד לפני חורבן שומרון כולה:

1. יש המוסיפים גם את שני הפסוקים הלקוחים מספר יואל, כדי לסיים בטוב. ספר הושע מסתיים במילים: וּפֹשְׁעִים יִכָּשְׁלוּ בָם, ולכן חיברו אליו פסוקי סיום מנביא אחר.

בְּאֵרָה בְנוֹ, אֲשֶׁר הֶגְלָה תִּלְּגַת פִּלְנְאֶסֶר מֶלֶךְ אַשֻּׁר, הוּא נָשִׂיא לָרְאוּבֵנִי:
(דהי״א ה, ו)

כשנגיע בע״ה להפטרת השבת שבעשרת ימי תשובה (׳שבת שובה׳), נעסוק בהרחבה במשמעות העמוקה של הקביעה שהושע הוא נביא משבט ראובן. עתה רק נעיר, ששבט רועֵי המקנה, שבט ראובן, נדד כברת ארץ ארוכה מזרחה בבקשו מקומות מרעה לצאנו, והתפצל לִפְלַגּוֹת, שחיו כל אחת במקומה המבודד, במרחק רב מעַם ישראל, מרחק שגרם גם לניכור בינו לבין העם (ראו שופטים ה, טו–טז). יש מקום להנחה שבני השבט דיברו בשפה שונה מעט, שתחבירה היה שונה מן התחביר הרגיל בעברית, וזו הסיבה לקושי בהבנת דבריו של הנביא הושע.

א. הנביא הושע בן בארי ותקופתו

סגנונו של הושע דומה בדברים רבים לסגנונו של ירמיהו. ירמיהו ניבא על חורבן ממלכת יהודה וירושלים, והושע ניבא על חורבן ממלכת שומרון. חשוב להדגיש, שהנביאים נתמנו לתפקידם לא כדי להודיע על החורבן, אלא כדי להזהיר מפניו ולנסות למונעו. זה היה עיקר עיסוקם, כל אחד במקומו – הושע בממלכת שומרון וירמיהו בירושלים.

הנבואה שבהפטרתנו נמצאת בסוף ספר הושע. אנו נניח, גם בגלל מקומה בספר וגם בגלל תוכנה, שהיא נאמרה בימי אחרון מלכי שומרון, הושע בן אלה, שבימיו חָרבה שומרון בידי סרגון מלך אשור.[2]

2. על הנחתנו הנזכרת ניתן לשאול שתי שאלות:
א. בפסוק הפתיחה לספר נאמר: דְּבַר ה׳ אֲשֶׁר הָיָה אֶל הוֹשֵׁעַ בֶּן בְּאֵרִי בִּימֵי עֻזִּיָּה יוֹתָם אָחָז יְחִזְקִיָּה מַלְכֵי יְהוּדָה וּבִימֵי יָרָבְעָם בֶּן יוֹאָשׁ מֶלֶךְ יִשְׂרָאֵל – ולא נזכר שהושע בן בארי ניבא בימי הושע בן אלה, המלך האחרון, וגם לא בימי המלכים שקדמו לו. תשובתנו על כך היא, שחורבן שומרון היה בתחילת ימי חזקיהו מלך יהודה, וכאמור לעיל, הנביא הושע ניבא בימיו. ימי ירבעם בן יואש מקבילים רק לחלקם הראשון של ימי עוזיהו, ובהמשך ימי מלכותם של עוזיהו, יותם, אחז וחזקיהו מלכו בשומרון זכריה, מנחם, פקחיה, פקח והושע בן אלה. נראה שהעובדה שהם לא נמנו בכותרת הנבואה קשורה לדבריו של הושע (ח, ד): הֵם הִמְלִיכוּ וְלֹא מִמֶּנִּי, הֵשִׂירוּ וְלֹא יָדָעְתִּי – הנביא אינו מכיר במלכותם בשל היות רובם רוצחי קודמיהם, שהשתלטו בכוח על הממלכה.
ב. חז״ל (בראשית רבה פד) אמרו על ראובן, ששב בתשובה על חטאו בבלהה: ״ואתה פתחת בתשובה תחלה, חייך שבן בנך עומד ופותח בתשובה תחלה, ואיזה – זה הושע, שנאמר ׳שובה ישראל עד ה׳ אלהיך׳״. משמע מכאן שנבואת ׳שובה ישראל׳ שבהפטרתנו היא נבואת הפתיחה של הושע, אך אנו עומדים על כך שזוהי הנבואה המסיימת את דבריו של הושע, והיא נאמרה בימי הושע בן אלה (בע״ה נדון בסוגיה זו בהרחבה בדברינו על הפטרת השבת שבעשרת ימי תשובה, כשנעסוק בפסוקי שׁוּבָה יִשְׂרָאֵל, שלא נוכל לעסוק בהם כאן בשל קוצר היריעה).

ב. הקשר בין הפרשה להפטרה – מאבקה של ירושלים בבית אל

הקשר בין הפרשה להפטרה ברור יותר על פי מנהג הספרדים, ונפתח בו.

> וְרִיב לַה׳ עִם יְהוּדָה, וְלִפְקֹד עַל יַעֲקֹב כִּדְרָכָיו כְּמַעֲלָלָיו יָשִׁיב לוֹ: בַּבֶּטֶן עָקַב אֶת אָחִיו, וּבְאוֹנוֹ שָׂרָה אֶת אֱלֹהִים: וַיָּשַׂר אֶל מַלְאָךְ וַיֻּכָל, בָּכָה וַיִּתְחַנֶּן לוֹ, בֵּית אֵל יִמְצָאֶנּוּ וְשָׁם יְדַבֵּר עִמָּנוּ:

(יא, ג–ה)

בדברי הנביאים מתייחס הכינוי ׳יעקב׳ בדרך כלל לזרעו של יעקב, עַם ישראל. אך נראה, שכאן הכוונה ליעקב אבינו האיש, והנביא פוקד עליו את ׳חטאו׳, שבבטן עקב את אחיו, ולאחר מכן רימה אותו בנטילת הבכורה (ואולי ניתן לראות חטא גם בהעזתו להיאבק במלאך ה׳). הנביא מזכיר כאן את קורותיו של יעקב אבינו, הכתובות בתורה בפרשיות שסביב פרשתנו, בפרשת תולדות (עָקַב אֶת אָחִיו) ובפרשת וישלח (שָׂרָה אֶת אֱלֹהִים). הוא שופך מעט אור על המאבק של יעקב והמלאך, ומספר לנו על תחנוניו של המלאך שיעקב ישחרר אותו גם מבלי שהמלאך יעניק לו את השם ׳ישראל׳. הוא מבטיח ליעקב, שה׳ יעניק לו תואר זה בבית אל, כפי שאכן קרה:

> וַיֵּרָא אֱלֹהִים אֶל יַעֲקֹב עוֹד בְּבֹאוֹ מִפַּדַּן אֲרָם, וַיְבָרֶךְ אֹתוֹ: וַיֹּאמֶר לוֹ אֱלֹהִים שִׁמְךָ יַעֲקֹב, לֹא יִקָּרֵא שִׁמְךָ עוֹד יַעֲקֹב, כִּי אִם יִשְׂרָאֵל יִהְיֶה שְׁמֶךָ, וַיִּקְרָא אֶת שְׁמוֹ יִשְׂרָאֵל... וַיַּצֵּב יַעֲקֹב מַצֵּבָה בַּמָּקוֹם אֲשֶׁר דִּבֶּר אִתּוֹ, מַצֶּבֶת אָבֶן, וַיַּסֵּךְ עָלֶיהָ נֶסֶךְ, וַיִּצֹק עָלֶיהָ שָׁמֶן: וַיִּקְרָא יַעֲקֹב אֶת שֵׁם הַמָּקוֹם אֲשֶׁר דִּבֶּר אִתּוֹ שָׁם אֱלֹהִים בֵּית אֵל:

(בראשית לה, ט–טו)

כזכור מן הנאמר בתורה, יעקב סירב לבקשת המלאך, ודרש ממנו את הברכה ואת קריאת השם החדש כבר במעבר יבוק, והברכה וקריאת השם נאמרו שוב מפי ה׳ בבית אל.

נראה, שהנביא שב לעסוק במעשה זה כחלק ממאבקו בבית אל ובעגל שעמד בה (הָעִיר דן והעגל שעמד בה חרבו בטרם נאמרה הנבואה, ונותר רק העגל שבבית אל) וכחלק מדרישתו לשוב לירושלים, אל המקדש השוכן במקום אשר יבחר ה׳. הוא שופט את מעשהו של יעקב בקריאת שם ה׳ בבית אל כעוון, שהתחיל כבר מעת שעָקַב אֶת אָחִיו.

גישתו של הנביא מחזירה אותנו לשאלה גדולה העולה מפרשתנו: מדוע

הציב יעקב מצבה ונִסֵּך עליה שמן, גם לפני יציאתו מן הארץ וגם לאחר ששב אליה, דווקא בבית אל, ולא בהר המוריה, במקום שהתקדש בעת מעשה העקדה? חז"ל (חולין צא ע"ב) ורש"י משיבים על כך, שאכן בית אל של יעקב הייתה במקום הר המוריה:

> וַיִּפְגַּע בַּמָּקוֹם – לא הזכיר הכתוב באיזה מקום, אלא במקום הנזכר במקום אחר, הוא הר המוריה, שנאמר בו (בראשית כב, ד): וַיַּרְא אֶת הַמָּקוֹם מֵרָחֹק.
> שֹׁכֵב עָלֶיהָ – קיפל הקדוש ברוך הוא כל ארץ ישראל תחתיו, רמז לו שתהא נוחה ליכבש לבניו.
> ועוד אמרו: יעקב קראה לירושלים בית אל... ומהיכן למדו לומר כן? אומר אני, שנעקר הר המוריה ובא לכאן... שבא בית המקדש לקראתו עד בית אל.
> אמר רבי אלעזר בשם רבי יוסי בן זמרא: הסולם הזה עומד בבאר שבע ואמצע שיפועו מגיע כנגד בית המקדש, שבאר שבע עומד בדרומה של יהודה, וירושלים בצפונה, בגבול שבין יהודה ובנימין, ובית אל היה בצפון של נחלת בנימין, בגבול שבין בנימין ובין בני יוסף, נמצא סולם שרגליו בבאר שבע וראשו בבית אל מגיע אמצע שיפועו נגד ירושלים.
>
> (רש"י בראשית כח, יא-יז; על פי בראשית רבה)

על פי המדרש, ה' התגלה ליעקב בהר המוריה, בין אם נאמר שבית אל הוא הר המוריה עצמו, בין אם נאמר שכל הארץ התקפלה תחת יעקב, ובין אם נאמר שהסולם שיסודו בבאר שבע התנשא גם מעל הר המוריה. אולם על פי פשטי המקראות, ה' לא התגלה ליעקב בהר המוריה, אלא במקום אחר, ורק לדורות בחר ה' בהר המוריה ולא בבית אל. ירבעם בן נבט שהקים את העגל בבית אל, ניצל את מה שעשה יעקב בבית אל כדי לעקור את כוח המשיכה הגדול של ירושלים ולהעבירו לבית אל. במהלך הזה נאבק הנביא הושע בהפטרתנו, והוא מתאר את הריב שיש לה' עם יעקב על כך.

*

האשכנזים פותחים את ההפטרה בפסוקי ההמשך למריבת יעקב ועֵשָׂו, הקשורים ישירות לפרשתנו:

> וַיִּבְרַח יַעֲקֹב שְׂדֵה אֲרָם, וַיַּעֲבֹד יִשְׂרָאֵל בְּאִשָּׁה, וּבְאִשָּׁה שָׁמָר:
>
> (יב, יג)

הנביא שב לשהייתו הראשונה של יעקב בבית אל, בעת שיצא מבאר שבע בבורחו מפני עֵשָׂו אחיו. פסוק זה הוא המשך לביקורת של הנביא על יעקב, שבאבן שֶׂשָׂם למצבה, ובנדרו להקים שם מקדש החל בהקמת המקדש בבית אל. נראה לנו, שבכך אומר הנביא, שהקמת המקדש בבית אל הייתה התחנה האחרונה של יעקב בארץ אבותיו, ולאחר הנחת היסודות למקדש בבית אל גלה יעקב לעבודתו בשדה ארם. הנביא ממשיך ׳לעקוץ׳ את יעקב, ומזכיר, שכל עבודתו המפרכת של יעקב הייתה ׳רק׳ בעבור אישה, ועבורה שמר יומם ולילה על צאנם של זרים. כך, על פי הושע, יהיה גם גורלה של שומרון, הממשיכה לקיים את מקדש בית אל במקום לשוב לירושלים – היא עתידה לִגְלות צפונה בידי ממלכת אשור ולהשתעבד שם לעבדות קשה, מחפירה וחסרת תכלית ראויה.

*

כאן עלינו לשוב ולעסוק ברקע ההיסטורי של הנבואה. התבססנו על ההנחה שנבואת הפטרתנו נאמרה בימי הושע בן אלה, המלך האחרון בשומרון. חז״ל מלמדים אותנו, שבימיו בטלו המשמרות שהושיב ירבעם בן נבט כדי למנוע מתושבי השומרון והגליל לעלות לירושלים ולמקדש, כשרצה ירבעם להפוך את העגלים למרכז הדתי במקום המקדש בירושלים:

> עולא אמר (= על הסיבה לשמחת ט״ו באב): יום שביטל הושע בן אלה פרוסדיות (= משמרות) שהושיב ירבעם בן נבט על הדרכים, שלא יעלו ישראל לרגל, ואמר: לאיזה שירצו יעלו.[3]

(תענית ל ע״ב)

להבנתנו, המקור לדברי עולא מצוי בפסוקים המספרים על יום הפסח, שחזקיהו כרת בו ברית עִם העם לשוב אל ה׳. גם אנשים משבטי הצפון השתתפו בכריתת הברית בירושלים ובמקדש, והדבר היה בשנת שלוש להושע בן אלה:

> וַיַּעֲמִידוּ דָבָר לְהַעֲבִיר קוֹל בְּכָל יִשְׂרָאֵל, מִבְּאֵר שֶׁבַע וְעַד דָּן, לָבוֹא לַעֲשׂוֹת פֶּסַח לַה׳ אֱלֹהֵי יִשְׂרָאֵל בִּירוּשָׁלָ‍ִם... וַיֵּלְכוּ הָרָצִים בָּאִגְּרוֹת מִיַּד הַמֶּלֶךְ וְשָׂרָיו בְּכָל

3. הברייתא ב׳סדר עולם׳ כב תולה בכך את העובדה שהוא היחיד ממלכי ישראל שנאמר עליו וַיַּעַשׂ הָרַע בְּעֵינֵי ה׳ רַק לֹא כְּמַלְכֵי יִשְׂרָאֵל אֲשֶׁר הָיוּ לְפָנָיו (מל״ב יז, ב). התלמוד הירושלמי (תענית פ״ד, ה״ז) אכן תמה מדוע דווקא בימיו בא החורבן, וענה על כך בדרכו, ולא נאריך בכך כעת.

יִשְׂרָאֵל וִיהוּדָה, וּכְמִצְוַת הַמֶּלֶךְ לֵאמֹר, בְּנֵי יִשְׂרָאֵל, שׁוּבוּ אֶל ה׳ אֱלֹהֵי אַבְרָהָם יִצְחָק וְיִשְׂרָאֵל, וְיָשֹׁב אֶל הַפְּלֵיטָה הַנִּשְׁאֶרֶת לָכֶם מִכַּף מַלְכֵי אַשּׁוּר... עַתָּה אַל תַּקְשׁוּ עָרְפְּכֶם כַּאֲבוֹתֵיכֶם, תְּנוּ יָד לַה׳ וּבֹאוּ לְמִקְדָּשׁוֹ אֲשֶׁר הִקְדִּישׁ לְעוֹלָם, וְעִבְדוּ אֶת ה׳ אֱלֹהֵיכֶם וְיָשֹׁב מִכֶּם חֲרוֹן אַפּוֹ... וַיִּהְיוּ הָרָצִים עֹבְרִים מֵעִיר לָעִיר בְּאֶרֶץ אֶפְרַיִם וּמְנַשֶּׁה וְעַד זְבֻלוּן וַיִּהְיוּ מַשְׂחִיקִים עֲלֵיהֶם וּמַלְעִגִים בָּם: אַךְ אֲנָשִׁים מֵאָשֵׁר וּמְנַשֶּׁה וּמִזְּבֻלוּן נִכְנְעוּ וַיָּבֹאוּ לִירוּשָׁלָם:

(דהי״ב ל, ה-יא)

אין לנו ביטחון בשבח המגיע להושע בן אלה על ביטול המשמרות. אנו מתרשמים, שמלכותו הייתה כה דלה וכה מופקרת, עד שלא היה ביכולתו להמשיך ולהחזיק את המשמרות, וזו הייתה הסיבה לביטולם.

במקראות הללו אנו רואים, שהיו אנשים משבטי ישראל שבאו לירושלים ולמקדש, אולם היו גם רבים מאנשי ממלכת ישראל, שֶׁשָּׂחֲקוּ ולעגו לקריאה לשוב לירושלים, והעדיפו להמשיך ולקיים את העגל שבבית אל (כאמור לעיל, העגל שהיה בדן גלה שנים רבות לפני כן). אפשר, שכנגדם באה נבואת הפטרתנו, המדגישה את החטא שבקיום העגל הנמצא בבית אל, וכאמור, רוֹאָה את שורשיו כבר ביעקב אבינו, שבחר בבית אל בְּמָקוֹם בהר המוריה, ונדר להקים בה בית אלוהים.[4]

להלן ידבר הנביא בלעג על העגל, ויאמר:

כְּדַבֵּר אֶפְרַיִם רְתֵת נָשָׂא הוּא בְּיִשְׂרָאֵל, וַיֶּאְשַׁם בַּבַּעַל וַיָּמֹת: וְעַתָּה יוֹסִפוּ לַחֲטֹא, וַיַּעֲשׂוּ לָהֶם מַסֵּכָה מִכַּסְפָּם כִּתְבוּנָם עֲצַבִּים, מַעֲשֵׂה חָרָשִׁים כֻּלֹּה, לָהֶם הֵם אֹמְרִים, זֹבְחֵי אָדָם עֲגָלִים יִשָּׁקוּן:

(יג, א-ב)

הנביא מדבר על ימים גרועים יותר בממלכת אפרים – על ימי בית אחאב, שבהם עבדו לבעלים הכנעניים, ועל ימי פקח בן רמליהו, קודמו של הושע בן אלה, שגם בימיו עבדו ישראל לבעלים. עתה הימים טובים יותר, ובני ישראל עובדים ׳רק׳

4. נבהיר את עמדתנו בנקודה רגישה זו: כאמור לעיל, חז״ל במדרשיהם עשו כל מאמץ לחבר את בית אל של יעקב עם הר המוריה. גם אם נראה את בית אל כמקום נפרד מירושלים, יש להניח שיעקב לא הכיר את הר המוריה ולא קיבל מאבותיו מסורת בנוגע למיקומו, ולכן הקמת בית אלוהים בבית אל הייתה לדעתו דבר נכון.
בספרנו ׳כי קרוב אליך – בראשית׳ (ישראל 2014), עמ׳ 228, כתבנו שהעיר בית אל, זו שנקראה בעבר ׳לוז׳, הייתה באזור שילה, ושם באמת עמד המשכן במשך מאות שנים. בשלב מאוחר יותר בחר ה׳ דווקא בירושלים ובהר המוריה, כפי שביארנו.

לעגל, ומודים בכך באלוה שהוציאם ממצרים.[5] עובדי הבעל זבחו בני אדם, ובעיקר ילדים, לאליל הכנעני, ועכשיו המירו את שחיטת בני האדם בנשיקה ובאהבה בלתי מסויגת לעגלים.

*

להבנתנו, הנקודה המכרעת בנבואה היא ההקבלה:[6]

וַיִּבְרַח יַעֲקֹב שְׂדֵה אֲרָם, וַיַּעֲבֹד יִשְׂרָאֵל בְּאִשָּׁה, וּבְאִשָּׁה שָׁמָר:
וּבְנָבִיא הֶעֱלָה ה׳ אֶת יִשְׂרָאֵל מִמִּצְרָיִם, וּבְנָבִיא נִשְׁמָר:

(יב, יג-יד)

הנביא משווה בין יעקב, שברח למקום גלותו בחרן (ומשם ירד למצרים, כנזכר ב׳מקרא ביכורים׳, דברים כו, ה), לבין משה רבנו, הנביא שעל ידו העלה ה׳ את ישראל ממצרים, והוא והנביאים שאחריו שמרו שעם ישראל יישאר נאמן לאלוהיו. יעקב בחר בבית אל לפני גלותו, אך ה׳, ביד נביאיו, שינה בחירה זו, ובחר בירושלים. לאמור: שמרנות וכיסופים לימי האבות אינם בהכרח נכונים; רצון ה׳ הפועל בהיסטוריה הוא דינמי ועשוי להשתנות, וכשהוא משתנה, הוא מובא לאוזני העם בידי נביאיו – ממשה רבנו ועד אחרון הנביאים. על כן יש לעזוב את בית אל ולעלות לירושלים בעקבות המהפכה הדתית הגדולה שיזם חזקיהו.

הנביא מדגיש זאת גם בפסוקים נוספים:

וְאָנֹכִי ה׳ אֱלֹהֶיךָ מֵאֶרֶץ מִצְרָיִם, עֹד אוֹשִׁיבְךָ בָאֳהָלִים כִּימֵי מוֹעֵד: וְדִבַּרְתִּי עַל הַנְּבִיאִים, וְאָנֹכִי חָזוֹן הִרְבֵּיתִי, וּבְיַד הַנְּבִיאִים אֲדַמֶּה:

(שם, י-יא)

הארכנו לעסוק בקשר בין הפרשה להפטרה, ומפאת קוצר היריעה ניגע בקצרה בנקודות בודדות נוספות בהפטרתנו.

5. ראו כוזרי ד, יד.
6. נקודה זו למדתי ממו״ר הרב יואל בן נון.

ג. אהבת האב לבנו

אֵיךְ אֶתֶּנְךָ אֶפְרַיִם אֲמַגֶּנְךָ יִשְׂרָאֵל, אֵיךְ אֶתֶּנְךָ כְאַדְמָה אֲשִׂימְךָ כִּצְבֹאיִם, נֶהְפַּךְ עָלַי לִבִּי יַחַד, נִכְמְרוּ נִחוּמָי: לֹא אֶעֱשֶׂה חֲרוֹן אַפִּי, לֹא אָשׁוּב לְשַׁחֵת אֶפְרָיִם, כִּי אֵל אָנֹכִי וְלֹא אִישׁ, בְּקִרְבְּךָ קָדוֹשׁ, וְלֹא אָבוֹא בְּעִיר:

(יא, ח–ט)

לפנינו אחד הביטויים החמים ומכמירי הלב בכל ספרי הנבואה לאהבתו של ה׳ לעם ישראל, וכאן הכוונה לאפרים, כלומר, לעשרת השבטים שפרשו מירושלים. ה׳ אינו מופיע כאן כמלך וכמְצַווה, והנביא נוקט בדימוי נועז, ׳כלשון בני אדם׳, לאב שאינו מסוגל להעניש את בנו ולְמַצות איתו את מידת הדין המוצדקת, משום ש׳ליבו נהפך עליו׳.

הזכרנו לעיל את סגנונם הדומה של שני נביאי החורבן: סגנונו של הושע בבית אל ובשומרון ושל ירמיהו כעבור דורות בירושלים. ירמיהו נקט לשון דומה כלפי אפרים בנבואת חזרת עשרת השבטים:

כֹּה אָמַר ה׳, קוֹל בְּרָמָה נִשְׁמָע נְהִי בְּכִי תַמְרוּרִים, רָחֵל מְבַכָּה עַל בָּנֶיהָ, מֵאֲנָה לְהִנָּחֵם עַל בָּנֶיהָ, כִּי אֵינֶנּוּ:
הֲבֵן יַקִּיר לִי אֶפְרַיִם אִם יֶלֶד שַׁעֲשֻׁעִים, כִּי מִדֵּי דַבְּרִי בּוֹ זָכֹר אֶזְכְּרֶנּוּ עוֹד, עַל כֵּן הָמוּ מֵעַי לוֹ, רַחֵם אֲרַחֲמֶנּוּ, נְאֻם ה׳:

(ירמיהו לא, יד; יט)

בשני המקומות נזכר אפרים, שהיה ראש וראשון לעשרת השבטים הפורשים. אך נדמה, שהפיכת הלב והמיית המעיים שבנבואות, מזכירות את בכיו ואת געגועיו של יעקב לבנו יוסף, אביו של אפרים, ואת בכיה של רחל, אימו של יוסף.

מדוע לא נזכרו ביטויים כה אנושיים לכאבו של ה׳ על החורבן כלפי מלכות יהודה?

אפשר, שחורבן יהודה והגלות שבאה בעקבותיו, עם כל הקושי שבהם, הותירו לאנשי יהודה סיכוי לשוב לארצם לאחר שבעים שנה, כפי שנקב ירמיהו את הקץ בנבואותיו (ירמיהו כט, י). יהודה גלתה כעם וכקהילה, בעיקר בימי יהויכין, ונותרה במידה זו או אחרת כעַם מחוץ לארצו, היודע מתי ישוב. לעומת זאת, ממלכת שומרון גלתה לערים רבות ולמחוזות רבים. תודעתם כבני אברהם יצחק ויעקב, המחויבים לתורת ה׳ המוציאם ממצרים הייתה נמוכה, ולא נאמר להם מתי ישובו. הם הפכו, כנבואת יחזקאל (לז), ל׳עצמות יבשות׳, המפוזרות על פני בקעה שלמה. הגלות נראתה

כביטול מוחלט של הווייתם כעם. הכאב שמביע הנביא בהפטרתנו על חורבנם הצפוי גדול מנשוא, והוא מזכיר את מחשבתו של יעקב בעת אובדנו של יוסף: טָרֹף טֹרַף יוֹסֵף (בראשית לז, לג).

ד. כָּל הַיּוֹם כָּזָב וָשֹׁד יַרְבֶּה, וּבְרִית עִם אַשּׁוּר יִכְרֹתוּ

בתוכחתו הקשה נגד עבודת העגלים והעבודה הזרה הנביא מזכיר שני עוונות נוספים:

סְבָבֻנִי בְכַחַשׁ אֶפְרַיִם, וּבְמִרְמָה בֵּית יִשְׂרָאֵל... כָּל הַיּוֹם כָּזָב וָשֹׁד יַרְבֶּה, וּבְרִית עִם אַשּׁוּר יִכְרֹתוּ, וְשֶׁמֶן לְמִצְרַיִם יוּבָל:
כְּנַעַן בְּיָדוֹ מֹאזְנֵי מִרְמָה, לַעֲשֹׁק אָהֵב: וַיֹּאמֶר אֶפְרַיִם, אַךְ עָשַׁרְתִּי, מָצָאתִי אוֹן לִי, כָּל יְגִיעַי לֹא יִמְצְאוּ לִי עָוֺן אֲשֶׁר חֵטְא:

(יב, א–ב; ח–ט)

השקר, העושק והעוול נזכרים אף הם בין חטאי החורבן. נראה, שלאחר שהושע בן אלה קָשַׁר על פקח בן רמליהו מלך ישראל, והרגו, עברו על שבטי ישראל ימים רבים ללא מלכות וללא משטר. הושע בן אלה עלה לשלטון כעבור שנים, ולא מיד בתום מלכותו של פקח בן רמליהו. הימים האלה מתוארים על ידי הנביא הושע כִּימֵי הַגִּבְעָה (ט, ט; י, ט), כלומר, כעוון פילגש בגבעה, עוון שהעיד מצד אחד על הפקרות ללא גבול, ומצד שני על מלחמת אחים פנימית, כשכל אחד רואה רק את מניעיו הפרטיים. הנביא משווה את הרמייה שבה מתייחס העם לבריתו עם הקב"ה, לרמייה שבה נוהגים בעלי הממון כלפי אחיהם.

החטא השני הנזכר בפסוקים אלו הוא הברית עם סוֹא מלך מצרים והברית עם מלכי אשור. שתי בריתות אלו סותרות זו את זו, משום שמצרים ואשור היו עוינות זו לזו, והן התחרו על ההגמוניה ברחבי האזור. ממלכת ישראל עסקה ערב חורבנה בלוליינות פוליטית, וסבלה מחוסר אחידות פוליטית בשאלה, על מי מהמעצמות (ששתיהן שליליות בעיני הנביא מכול וכול) להישען, וגם חטא זה הפיל את שומרון לבלי קום:

וַיִּמְצָא מֶלֶךְ אַשּׁוּר בְּהוֹשֵׁעַ (= בן אלה) קֶשֶׁר, אֲשֶׁר שָׁלַח מַלְאָכִים אֶל סוֹא מֶלֶךְ מִצְרַיִם, וְלֹא הֶעֱלָה מִנְחָה לְמֶלֶךְ אַשּׁוּר כְּשָׁנָה בְשָׁנָה, וַיַּעַצְרֵהוּ מֶלֶךְ אַשּׁוּר, וַיַּאַסְרֵהוּ בֵּית כֶּלֶא:

(מל"ב יז, ד)

עקב קוצר היריעה לא זכינו לעסוק בנבואת שׁוּבָה יִשְׂרָאֵל שבהפטרתנו, ונעסוק בה בע"ה בשבת שבעשרת ימי תשובה.

הפטרת וישלח

א א חֲזוֹן עֹבַדְיָה כֹּה־אָמַר אֲדֹנָי יֱהֹוִה לֶאֱדוֹם שְׁמוּעָה שָׁמַעְנוּ מֵאֵת יהוה וְצִיר עובדיה
ב בַּגּוֹיִם שֻׁלָּח קוּמוּ וְנָקוּמָה עָלֶיהָ לַמִּלְחָמָה׃ הִנֵּה קָטֹן נְתַתִּיךָ בַּגּוֹיִם בָּזוּי אַתָּה
ג מְאֹד׃ זְדוֹן לִבְּךָ הִשִּׁיאֶךָ שֹׁכְנִי בְחַגְוֵי־סֶלַע מְרוֹם שִׁבְתּוֹ אֹמֵר בְּלִבּוֹ מִי יוֹרִדֵנִי
ד אָרֶץ׃ אִם־תַּגְבִּיהַּ כַּנֶּשֶׁר וְאִם־בֵּין כּוֹכָבִים שִׂים קִנֶּךָ מִשָּׁם אוֹרִידְךָ נְאֻם־יהוה׃
ה אִם־גַּנָּבִים בָּאוּ־לְךָ אִם־שׁוֹדְדֵי לַיְלָה אֵיךְ נִדְמֵיתָה הֲלוֹא יִגְנְבוּ דַּיָּם אִם־
ו ז בֹּצְרִים בָּאוּ לָךְ הֲלוֹא יַשְׁאִירוּ עֹלֵלוֹת׃ אֵיךְ נֶחְפְּשׂוּ עֵשָׂו נִבְעוּ מַצְפֻּנָיו׃ עַד־
הַגְּבוּל שִׁלְּחוּךָ כֹּל אַנְשֵׁי בְרִיתֶךָ הִשִּׁיאוּךָ יָכְלוּ לְךָ אַנְשֵׁי שְׁלֹמֶךָ לַחְמְךָ יָשִׂימוּ
ח מָזוֹר תַּחְתֶּיךָ אֵין תְּבוּנָה בּוֹ׃ הֲלוֹא בַּיּוֹם הַהוּא נְאֻם־יהוה וְהַאֲבַדְתִּי חֲכָמִים
ט מֵאֱדוֹם וּתְבוּנָה מֵהַר עֵשָׂו׃ וְחַתּוּ גִבּוֹרֶיךָ תֵּימָן לְמַעַן יִכָּרֶת־אִישׁ מֵהַר עֵשָׂו
י יא מִקָּטֶל׃ מֵחֲמַס אָחִיךָ יַעֲקֹב תְּכַסְּךָ בוּשָׁה וְנִכְרַתָּ לְעוֹלָם׃ בְּיוֹם עֲמָדְךָ מִנֶּגֶד
בְּיוֹם שְׁבוֹת זָרִים חֵילוֹ וְנָכְרִים בָּאוּ שְׁעָרָו וְעַל־יְרוּשָׁלִַם יַדּוּ גוֹרָל גַּם־אַתָּה
יב כְּאַחַד מֵהֶם׃ וְאַל־תֵּרֶא בְיוֹם־אָחִיךָ בְּיוֹם נָכְרוֹ וְאַל־תִּשְׂמַח לִבְנֵי־יְהוּדָה בְּיוֹם
יג אָבְדָם וְאַל־תַּגְדֵּל פִּיךָ בְּיוֹם צָרָה׃ אַל־תָּבוֹא בְשַׁעַר־עַמִּי בְּיוֹם אֵידָם אַל־תֵּרֶא
יד גַם־אַתָּה בְּרָעָתוֹ בְּיוֹם אֵידוֹ וְאַל־תִּשְׁלַחְנָה בְחֵילוֹ בְּיוֹם אֵידוֹ׃ וְאַל־תַּעֲמֹד
טו עַל־הַפֶּרֶק לְהַכְרִית אֶת־פְּלִיטָיו וְאַל־תַּסְגֵּר שְׂרִידָיו בְּיוֹם צָרָה׃ כִּי־קָרוֹב יוֹם־
טז יהוה עַל־כָּל־הַגּוֹיִם כַּאֲשֶׁר עָשִׂיתָ יֵעָשֶׂה לָּךְ גְּמֻלְךָ יָשׁוּב בְּרֹאשֶׁךָ׃ כִּי כַּאֲשֶׁר
שְׁתִיתֶם עַל־הַר קָדְשִׁי יִשְׁתּוּ כָל־הַגּוֹיִם תָּמִיד וְשָׁתוּ וְלָעוּ וְהָיוּ כְּלוֹא הָיוּ׃
יז יח וּבְהַר צִיּוֹן תִּהְיֶה פְלֵיטָה וְהָיָה קֹדֶשׁ וְיָרְשׁוּ בֵּית יַעֲקֹב אֵת מוֹרָשֵׁיהֶם׃ וְהָיָה
בֵית־יַעֲקֹב אֵשׁ וּבֵית יוֹסֵף לֶהָבָה וּבֵית עֵשָׂו לְקַשׁ וְדָלְקוּ בָהֶם וַאֲכָלוּם וְלֹא־
יט יִהְיֶה שָׂרִיד לְבֵית עֵשָׂו כִּי יהוה דִּבֵּר׃ וְיָרְשׁוּ הַנֶּגֶב אֶת־הַר עֵשָׂו וְהַשְּׁפֵלָה
אֶת־פְּלִשְׁתִּים וְיָרְשׁוּ אֶת־שְׂדֵה אֶפְרַיִם וְאֵת שְׂדֵה שֹׁמְרוֹן וּבִנְיָמִן אֶת־הַגִּלְעָד׃
כ וְגָלֻת הַחֵל־הַזֶּה לִבְנֵי יִשְׂרָאֵל אֲשֶׁר־כְּנַעֲנִים עַד־צָרְפַת וְגָלֻת יְרוּשָׁלִַם אֲשֶׁר

כא בְּסְפָרַד יָרְשׁוּ אֵת עָרֵי הַנֶּגֶב: וְעָלוּ מוֹשִׁעִים בְּהַר צִיּוֹן לִשְׁפֹּט אֶת־הַר עֵשָׂו
וְהָיְתָה לַיהוה הַמְּלוּכָה:

א. הקשר בין הפרשה להפטרה

החלק האחרון של פרשתנו (לו) עוסק בתולדות עֵשָׂו אבי אדום, כחלק מהיותו בן למשפחת האבות. עיקר תולדותיו היו בהר שעיר, ולשם הלך עֵשָׂו בעקבות אהליבמה אשתו, עוד לפני שיעקב הגיע ארצה מגלותו אצל לבן הארמי. שנים רבות אחרי שיעקב שב ארצה, נטש עֵשָׂו סופית את ארץ כנען, והשתקע בהר שעיר, המתנשא ממזרח לנחל הערבה, מִיַּם המלח ודרומה.

עֵשָׂו נזכר גם בראשית פרשתנו, המתארת את המפגש הלבבי שלו עם יעקב. עֵשָׂו הגיע למפגש זה מאדום שבדרום, בעוד יעקב הגיע מחרן שבצפון.

הפרשה מותירה אותנו בסימן שאלה לגבי היחס שבין עֵשָׂו, שגמר אומר בליבו להרוג את יעקב ובין עֵשָׂו שרָץ לקראת יעקב, מחבק אותו, נופל על צווארִיו ונושק לו. בולט גם ההבדל בין עֵשָׂו, שמציע ליעקב אחיו סיוע ושמירה בדרכו, ובין יעקב, המנסה ככל יכולתו לחמוק ממנו ולהיפרד מעליו.

סימני שאלה אלו מרחפים גם מעל הפטרתנו. זעמו של הנביא על עֵשָׂו ועל אדום חד־משמעי, והוא מכריז: מֵחֲמַס אָחִיךָ יַעֲקֹב תְּכַסְּךָ בוּשָׁה, וְנִכְרַתָּ לְעוֹלָם (י). הוא גם מצפה מאדום להתייחס לעם ישראל כאל אחיו, ודורש: וְאַל תֵּרֶא בְיוֹם אָחִיךָ בְּיוֹם נָכְרוֹ, וְאַל תִּשְׂמַח לִבְנֵי יְהוּדָה בְּיוֹם אָבְדָם, וְאַל תַּגְדֵּל פִּיךָ בְּיוֹם צָרָה (יב).

אכן, פרשתנו מצפה מן העמים שקמו מיעקב ומעֵשָׂו להתייחס זה לזה כאל אחים, אך המציאות המתוארת על ידי הנביא בהפטרתנו שונה בתכלית.

ב. זמנה של הנבואה והאירועים המתוארים בה (אפשרות א)

להבנתנו, השאלות הראשונות האמורות להישאל הן, מתי חי הנביא עובדיה, ועל איזו תקופה ניבא את הנבואה היחידה בספרו. רבים מהפרשנים המקובלים בבית המדרש (רש״י, רד״ק, ר״י אברבנאל ועוד) הלכו בעקבות מדרש חז״ל (סנהדרין לט ע״ב), וזיהו את הנביא עובדיה עם עובדיהו, תלמידו של אליהו הנביא, שהיה ממונה על בית אחאב, והציל מאה נביאים מידיה של איזבל:

וַיִּקְרָא אַחְאָב אֶל עֹבַדְיָהוּ אֲשֶׁר עַל הַבָּיִת, וְעֹבַדְיָהוּ הָיָה יָרֵא אֶת ה׳ מְאֹד: וַיְהִי בְּהַכְרִית אִיזֶבֶל אֵת נְבִיאֵי ה׳, וַיִּקַּח עֹבַדְיָהוּ מֵאָה נְבִאִים, וַיַּחְבִּיאֵם חֲמִשִּׁים אִישׁ

בַּמְּעָרָה, וְכִלְכְּלָם לֶחֶם וָמָיִם: ... וַיְהִי עֹבַדְיָהוּ בַּדֶּרֶךְ, וְהִנֵּה אֵלִיָּהוּ לִקְרָאתוֹ, וַיַּכִּרֵהוּ וַיִּפֹּל עַל פָּנָיו, וַיֹּאמֶר – הַאַתָּה זֶה אֲדֹנִי אֵלִיָּהוּ: וַיֹּאמֶר לוֹ – אָנִי, לֵךְ אֱמֹר לַאדֹנֶיךָ, הִנֵּה אֵלִיָּהוּ:

(מל"א יח, ג-ח)

על פי רש"י, נבואתו של עובדיה עוסקת בחטאה הכבד של אדום כלפי ישראל בעת חורבן הבית הראשון בימי נבוכדנאצר. רד"ק ור"י אברבנאל הרחיקו לכת, וביארו שעיקר הנבואה עוסק בחטאיה הכבדים של מלכות רומי, המזוהה על ידי חז"ל כאדום, והגיעו בביאור הפסוקים עד חורבן הבית השני ואף אחריו. המפרשים הנזכרים לא הוטרדו, לא כאן ולא בנבואות רבות אחרות, מן המרחק הרב בין הזמן שבו חי הנביא, לבין זמנם של האירועים שאליהם הוא מתייחס בנבואתו.

לעומתם, המפרשים 'החדשים' הניחו, שהנביאים ניבאו על זמנם שלהם, ועל פי הנחה זו, אי אפשר לומר שהנבואה עוסקת במלכות רומי, שהרי הנבואה פסקה מישראל זמן רב לפני הופעת מלכות זו בעולם. מפרשים אלו אכן מעדיפים לבאר כרש"י, שהרקע לנבואה הוא ימי חורבן הבית הראשון, אך דעתם כדעת ראב"ע, שאין לקשור בין עובדיהו שכיהן בממשלת אחאב, לעובדיה הנביא, שחי כשלוש מאות שנה אחריו.

על פי פירוש זה, הנבואה עוסקת בתפקיד הבזוי שנטלה על עצמה ממלכת אדום בעת חורבן ירושלים – לסייע לחיילי נבוזראדן, רב הטבחים הבבלי, ללכוד את הפליטים היהודים, שברחו מירושלים למקומות מסתור ולהסגירם לידיו:

אַל תָּבוֹא בְשַׁעַר עַמִּי בְּיוֹם אֵידָם, אַל תֵּרֶא גַם אַתָּה בְּרָעָתוֹ בְּיוֹם אֵידוֹ, וְאַל תִּשְׁלַחְנָה בְחֵילוֹ בְּיוֹם אֵידוֹ: וְאַל תַּעֲמֹד עַל הַפֶּרֶק לְהַכְרִית אֶת פְּלִיטָיו, וְאַל תַּסְגֵּר שְׂרִידָיו בְּיוֹם צָרָה:

(יג-יד)

ניתן להניח, שה'עִסקה' של הסגרת הנמלטים הייתה חלק מעיסוקם של האדומים ובני עמים נוספים במכירת הנמלטים לעבדים. גם אפשר, שבזכות שיתוף הפעולה של האדומים עם נבוכדנאצר, הם קיבלו ממנו לאחר החורבן את הזכות להתיישב בנגב, בהר חברון ובסביבת ירושלים. העִסקה הייתה בזויה שבעתיים, משום שמלך אדום היה בין המלכים שכרתו ברית הגנה עם צדקיהו מלך יהודה במטרה למרוד יחד במלך בבל:

כֹּה אָמַר ה' אֵלַי, עֲשֵׂה לְךָ מוֹסֵרוֹת וּמֹטוֹת, וּנְתַתָּם עַל צַוָּארֶךָ: וְשִׁלַּחְתָּם אֶל מֶלֶךְ

אֱדוֹם וְאֶל מֶלֶךְ מוֹאָב וְאֶל מֶלֶךְ בְּנֵי עַמּוֹן וְאֶל מֶלֶךְ צֹר וְאֶל מֶלֶךְ צִידוֹן, בְּיַד מַלְאָכִים הַבָּאִים יְרוּשָׁלַםִ אֶל צִדְקִיָּהוּ מֶלֶךְ יְהוּדָה... וְהָיָה הַגּוֹי וְהַמַּמְלָכָה אֲשֶׁר לֹא יַעַבְדוּ אֹתוֹ אֶת נְבוּכַדְנֶאצַּר מֶלֶךְ בָּבֶל, וְאֵת אֲשֶׁר לֹא יִתֵּן אֶת צַוָּארוֹ בְּעֹל מֶלֶךְ בָּבֶל – בַּחֶרֶב וּבָרָעָב וּבַדֶּבֶר אֶפְקֹד עַל הַגּוֹי הַהוּא, נְאֻם ה׳, עַד תֻּמִּי אֹתָם בְּיָדוֹ:
(ירמיהו כז, ב-ח)

אדום בגדו בבריתם עם יהודה, שיתפו פעולה עם נבוכדנאצר, ואף שמחו לאֵידם. ירמיהו קונן על כך, ותבע מאת ה׳ נקם:

שִׂישִׂי וְשִׂמְחִי בַּת אֱדוֹם, יוֹשֶׁבֶת בְּאֶרֶץ עוּץ, גַּם עָלַיִךְ תַּעֲבָר כּוֹס, תִּשְׁכְּרִי וְתִתְעָרִי:
תַּם עֲוֹנֵךְ בַּת צִיּוֹן, לֹא יוֹסִיף לְהַגְלוֹתֵךְ, פָּקַד עֲוֹנֵךְ בַּת אֱדוֹם, גִּלָּה עַל חַטֹּאתָיִךְ:
(איכה ד, כא-כב)

נביאים רבים יצאו בחריפות בלתי רגילה נגד אדום, וגם המשורר בתהלים הכיר את שותפותם הבוגדנית של האדומים בחורבנה של ירושלים:

זְכֹר ה׳ לִבְנֵי אֱדוֹם אֵת יוֹם יְרוּשָׁלָםִ,[1] הָאֹמְרִים עָרוּ עָרוּ עַד הַיְסוֹד בָּהּ:
(תהלים קלז, ז)

ירמיהו (מט) ניבא בלשון דומה מאוד לנבואתו של עובדיה בפרקנו. שני הנביאים דרשו לנקום באדום על מעשיהם ובוגדנותם, ושניהם מתארים את המקום המוגן והבטוח, לכאורה, שבו שוכנת אדום – בחגווי הסלע הגבוהים. תיאורים אלו מתאימים מאוד לערי אדום שבמרום הר שעיר, ובעיקר לבירותיהם – העיר בָּצְרָה והעיר סלע.

ג. עונשה של אדום

בשנים הסמוכות לחורבן ירושלים חרבה אדום, ובכך התקיימו בקשות הנקם של ירמיהו ועובדיה. נסיבות חורבנה של אדום אינן ברורות לחלוטין, וישנן שתי השערות בעניין זה.

לקראת סוף המאה ה־19 נתגלתה בעיר סלע, שהייתה בירת אדום, כתובת הכרוניקה של נבונאיד מלך בבל, המתארת את כיבושיו באדום ואת כיבוש העיר סלע

1. נשים לב, ׳יום ירושלים׳ באיכה הוא תשעה באב, יום חורבנה של ירושלים, להבדיל מ׳יום **חירות** ירושלים׳, שהוא יום חזרתה לידי בניה במלחמת ששת הימים, לידי עם ישראל.

עצמה. כיבוש זה מתוארך לכשלושים עד ארבעים שנה אחרי חורבן בית המקדש, אך לא לגמרי ברור שבתקופה זו עדיין שרדו האדומים בבירתם ובארצם. ישנן עדויות היסטוריות על כך שהנבָּטים יחד עם שבטים ערבים נוספים, הגיחו מִדְרום מזרח וכבשו את ממלכת אדום בשנת חורבן המקדש. על פי זה, נבונאיד כבש את ערי אדום מידי הנבָּטים, ולא מידי האדומים עצמם. אם נקבל את ההנחה ששבטי הנבָּטים הם שקיימו את נבואת הנקם של עובדיה, תהיה לדבר משמעות גדולה יותר מבחינה היסטורית־נבואית. הנבָּטים היו בעלי בריתם של האדומים, והיו גם שותפיהם למסחר העשיר שהתנהל בין חצי האי ערב לארצות הים התיכון דרך אדום וסביבותיה. אולם למרות הידידות והשותפות ביניהם, כבשו הנבָּטים והערבים את אדום, ופליטי אדום נדדו אל הר חברון ואף צפונה משם. בגידתם של הנבָּטים והערבים באדומים היא גמול מתאים על בגידתם של האדומים באחֵיהם היהודים, והיא מוזכרת באופן ברור בנבואתנו:

עַד הַגְּבוּל שִׁלְּחוּךָ כֹּל אַנְשֵׁי בְרִיתֶךָ, הִשִּׁיאוּךָ יָכְלוּ לְךָ אַנְשֵׁי שְׁלֹמֶךָ, לַחְמְךָ יָשִׂימוּ מָזוֹר תַּחְתֶּיךָ, אֵין תְּבוּנָה בּוֹ: ... כִּי קָרוֹב יוֹם ה׳ עַל כָּל הַגּוֹיִם, כַּאֲשֶׁר עָשִׂיתָ יֵעָשֶׂה לָּךְ, גְּמֻלְךָ יָשׁוּב בְּרֹאשֶׁךָ:

(ז; טו)

נציין עוד, שהמשך נקמת ה׳ באדום היה בימי יוחנן הורקנוס החשמונאי (בסוף המאה השנייה לפנסה״נ), שכבש את אדום וכפה על כל תושביה ברית מילה וגיור.

דרך זו בהבנת הנבואה – בקשת נקם באדום על שותפותם בחורבן ירושלים בימי נבוכדנאצר – היא הדרך המועדפת על הפרשנים ׳החדשים׳. מחלוקתם עם דברי רש״י שהבאנו לעיל אינה אלא על זמנו של הנביא עובדיה עצמו. לדעתם, הוא חי בתקופה שעליה הוא ניבא, בימי החורבן, בעוד רש״י בעקבות חז״ל הבין, שהנביא עצמו חי קודם לחורבן כשלוש מאות שנה, וחי בימי אחאב ואליהו.

ד. זמנה של הנבואה והאירועים המתוארים בה (אפשרות ב)

גם אנו, בעניות דעתנו, נוטים להבנה שהנביאים ניבאו על אירועי זמנם, ולא על דברים העתידים להתרחש מאות שנים אחריהם. עקרון הבחירה החופשית שיש לכל אדם ולכל עם הוא עיקרון נבואי חשוב מאוד, ועימו בא עקרון הגמול הראוי לכל אדם ולכל עם:

רֶגַע אֲדַבֵּר עַל גּוֹי וְעַל מַמְלָכָה לִנְתוֹשׁ וְלִנְתוֹץ וּלְהַאֲבִיד: וְשָׁב הַגּוֹי הַהוּא מֵרָעָתוֹ אֲשֶׁר דִּבַּרְתִּי עָלָיו, וְנִחַמְתִּי עַל הָרָעָה אֲשֶׁר חָשַׁבְתִּי לַעֲשׂוֹת לוֹ: וְרֶגַע אֲדַבֵּר עַל

גּוֹי וְעַל מַמְלָכָה לִבְנֹת וְלִנְטֹעַ: וְעָשָׂה הָרַע בְּעֵינַי לְבִלְתִּי שְׁמֹעַ בְּקוֹלִי, וְנִחַמְתִּי עַל הַטּוֹבָה אֲשֶׁר אָמַרְתִּי לְהֵיטִיב אוֹתוֹ:

(ירמיהו יח, ז-י)

לעניות דעתנו, עיקרון זה מקשה מאוד על ההבנה, שנביא גוזר את גורלו של עם על חטאים שעדיין לא חטא, והוא עתיד לחטוא בהם רק כעבור מאות שנים.

לכן, מכיוון שבדרך הטבע נרצה לקבל את דברי חז״ל, שזיהו את עובדיה הנביא עם עובדיהו שהיה ממונה על בית אחאב, נצטרך להעתיק גם את התקופה שעליה מדברת הנבואה למועד קרוב לימיהם של אליהו הנביא ואחאב.

לדרך זו יתרון נוסף. אם נקבל את הטענה שהנביא עובדיה חי בימי חורבן ירושלים, יקשה עלינו להסביר, מדוע נבואה דומה, כמעט זהה, נאמרה בזמן אחד על ידי שני נביאים – עובדיה וירמיהו (מט). אולם אם עובדיה ניבא כשלוש מאות שנה לפני ירמיהו, יש מקום לסברה, שירמיהו משתמש בנבואה העתיקה של עובדיה, כשהוא מתייחס לעוולות שעשו האדומים בירושלים בזמנו שלו.

נלך אפוא בעקבות הברייתא ב׳סדר עולם׳, המייחסת את נבואתו של עובדיה לימיו של אמציה מלך יהודה:

חֲזוֹן עֹבַדְיָה – אימתי הייתה מלחמה זו? בימי אמציה – וּמֶלֶךְ אֵין בֶּאֱדוֹם (מל״א כב, מח),[2] ומשנפלו אדומיים בימי אמציהו, לא העמידו מלך במקומן, ולא זקפו ראש עד היום, ומשנפלו אדומיים כדבר אלישע לא עמדו, אלא שנתעוררו בימי אחז ונפלו.

(סדר עולם רבה כ)

נתאר את ההתרחשויות לקראת אמצע ימי הבית הראשון, כפי שהן משתקפות בעינינו. אסא מלך יהודה ויהושפט בנו היו מלכים צדיקים, וברוב ימיהם ה׳ הצליח את דרכם. הם מלכו זמן ממושך, והביאו את ממלכת יהודה לעוצמה גדולה ולעושר רב. נביא דוגמה אחת מימי יהושפט:

וַיְהִי פַּחַד ה׳ עַל כָּל מַמְלְכוֹת הָאֲרָצוֹת אֲשֶׁר סְבִיבוֹת יְהוּדָה, וְלֹא נִלְחֲמוּ עִם יְהוֹשָׁפָט: וּמִן פְּלִשְׁתִּים מְבִיאִים לִיהוֹשָׁפָט מִנְחָה וְכֶסֶף מַשָּׂא, גַּם הָעַרְבִיאִים

2. פסוק זה מתאר את שליטתו של אמציה מלך יהודה באדום. מלחמתו של אמציה באדום מתוארת בספר דברי הימים, ונעסוק בה בדברינו להלן.

מְבִיאִים לוֹ צֹאן אֵילִים שִׁבְעַת אֲלָפִים וּשְׁבַע מֵאוֹת וּתְיָשִׁים שִׁבְעַת אֲלָפִים וּשְׁבַע מֵאוֹת: וַיְהִי יְהוֹשָׁפָט הֹלֵךְ וְגָדֵל עַד לְמָעְלָה, וַיִּבֶן בִּיהוּדָה בִּירָנִיּוֹת וְעָרֵי מִסְכְּנוֹת:
(דהי"ב יז, י-יב)

יהורם, בנו של יהושפט, נשא לאישה את עתליה בת עומרי מלך ישראל, שגדלה בבית אחאב בנו, והמשיכה את דרכה של אשתו המרושעת, איזבל. היא הכתיבה גם את עולמו המוסרי והרוחני של יהורם, וממילא, על פי העיקרון הנבואי הנזכר לעיל, גם את גמולו ואת גמול עַמו בידי שמיים:

בְּיָמָיו פָּשַׁע אֱדוֹם מִתַּחַת יַד יְהוּדָה, וַיַּמְלִיכוּ עֲלֵיהֶם מֶלֶךְ: ... וַיִּפְשַׁע אֱדוֹם מִתַּחַת יַד יְהוּדָה עַד הַיּוֹם הַזֶּה אָז תִּפְשַׁע לִבְנָה בָּעֵת הַהִיא מִתַּחַת יָדוֹ כִּי עָזַב אֶת ה' אֱלֹהֵי אֲבֹתָיו: ... וַיָּבֹא אֵלָיו מִכְתָּב מֵאֵלִיָּהוּ הַנָּבִיא לֵאמֹר, כֹּה אָמַר ה' אֱלֹהֵי דָּוִיד אָבִיךָ, תַּחַת אֲשֶׁר לֹא הָלַכְתָּ בְּדַרְכֵי יְהוֹשָׁפָט אָבִיךָ וּבְדַרְכֵי אָסָא מֶלֶךְ יְהוּדָה: וַתֵּלֶךְ בְּדֶרֶךְ מַלְכֵי יִשְׂרָאֵל, וַתַּזְנֶה אֶת יְהוּדָה וְאֶת יֹשְׁבֵי יְרוּשָׁלַם כְּהַזְנוֹת בֵּית אַחְאָב, וְגַם אֶת אַחֶיךָ בֵית אָבִיךָ הַטּוֹבִים מִמְּךָ הָרָגְתָּ: הִנֵּה ה' נֹגֵף מַגֵּפָה גְדוֹלָה בְּעַמֶּךָ וּבְבָנֶיךָ וּבְנָשֶׁיךָ וּבְכָל רְכוּשֶׁךָ: וְאַתָּה בָּחֳלָיִים רַבִּים בְּמַחֲלֵה מֵעֶיךָ, עַד יֵצְאוּ מֵעֶיךָ מִן הַחֹלִי יָמִים עַל יָמִים: וַיָּעַר ה' עַל יְהוֹרָם אֵת רוּחַ הַפְּלִשְׁתִּים וְהָעַרְבִים אֲשֶׁר עַל יַד כּוּשִׁים: וַיַּעֲלוּ בִיהוּדָה וַיִּבְקָעוּהָ, וַיִּשְׁבּוּ אֵת כָּל הָרְכוּשׁ הַנִּמְצָא לְבֵית הַמֶּלֶךְ וְגַם בָּנָיו וְנָשָׁיו, וְלֹא נִשְׁאַר לוֹ בֵּן כִּי אִם יְהוֹאָחָז קְטֹן בָּנָיו:
(שם כא, ח-יז)

הפסוקים מתארים תמונה קשה של פלישה מדרום, שמשתתפים בה הפלשתים מדרום־מערב והערבים והאדומים מדרום־מזרח. כולם יחד מגיעים עד בית המלך בירושלים, ובני יהורם וכל משפחת המלוכה נופלים בשבי ונמכרים לעבדים בארצות נכר. ניתן להניח, שרבים מבני ירושלים נמכרו עימם לעבדות בארצות שונות, והחרפה והצער היו גדולים מנשוא.

אפשר, שגם הנביא יואל היה מתלמידי אליהו ובן אותה תקופה.[3] נתבונן מעט בנבואתו:

וְקִבַּצְתִּי אֶת כָּל הַגּוֹיִם, וְהוֹרַדְתִּים אֶל עֵמֶק יְהוֹשָׁפָט, וְנִשְׁפַּטְתִּי עִמָּם שָׁם עַל עַמִּי

3. הרד"ק (יואל א, א) כתב, שהנביא יואל חי בימי יהורם, וכוונתו ליהורם בן אחאב, שהיה בן תקופתו של יהורם בן יהושפט מלך יהודה, שאנו עוסקים בו. אולם הדעה המקובלת יותר היא, שיואל היה בימי מנשה בן חזקיהו, ולפי זה, אין לו כל שייכות לתקופה שאנו דנים בה.

> וְנַחֲלָתִי יִשְׂרָאֵל אֲשֶׁר פִּזְּרוּ בַגּוֹיִם, וְאֶת אַרְצִי חִלֵּקוּ: וְאֶל עַמִּי יַדּוּ גוֹרָל, וַיִּתְּנוּ הַיֶּלֶד בַּזּוֹנָה, וְהַיַּלְדָּה מָכְרוּ בַיַּיִן וַיִּשְׁתּוּ: וְגַם מָה אַתֶּם לִי צֹר וְצִידוֹן וְכֹל גְּלִילוֹת פְּלָשֶׁת, הַגְּמוּל אַתֶּם מְשַׁלְּמִים עָלָי, וְאִם גֹּמְלִים אַתֶּם עָלַי, קַל מְהֵרָה אָשִׁיב גְּמֻלְכֶם בְּרֹאשְׁכֶם: אֲשֶׁר כַּסְפִּי וּזְהָבִי לְקַחְתֶּם, וּמַחֲמַדַּי הַטֹּבִים הֲבֵאתֶם לְהֵיכְלֵיכֶם: וּבְנֵי יְהוּדָה וּבְנֵי יְרוּשָׁלַם מְכַרְתֶּם לִבְנֵי הַיְּוָנִים לְמַעַן הַרְחִיקָם מֵעַל גְּבוּלָם: הִנְנִי מְעִירָם מִן הַמָּקוֹם אֲשֶׁר מְכַרְתֶּם אֹתָם שָׁמָּה, וַהֲשִׁבֹתִי גְמֻלְכֶם בְּרֹאשְׁכֶם: וּמָכַרְתִּי אֶת בְּנֵיכֶם וְאֶת בְּנוֹתֵיכֶם בְּיַד בְּנֵי יְהוּדָה, וּמְכָרוּם לִשְׁבָאיִם אֶל גּוֹי רָחוֹק, כִּי ה׳ דִּבֵּר:

(יואל ד, ב-ח)

יואל מתאר את מכירת בני ירושלים לעבדים בשוקי עבדים רחוקים. בנבואה זו הוא מאשים את סוחרי העבדים מצור, צידון ופלשתים, שהגלו אותם באוניות לארצות רחוקות, אך להלן הוא אומר על כך:

> מִצְרַיִם לִשְׁמָמָה תִהְיֶה, וֶאֱדוֹם לְמִדְבַּר שְׁמָמָה תִּהְיֶה מֵחֲמַס בְּנֵי יְהוּדָה, אֲשֶׁר שָׁפְכוּ דָם נָקִיא בְּאַרְצָם: וִיהוּדָה לְעוֹלָם תֵּשֵׁב, וִירוּשָׁלַם לְדוֹר וָדוֹר: וְנִקֵּיתִי דָּמָם לֹא נִקֵּיתִי, וַה׳ שֹׁכֵן בְּצִיּוֹן:

(שם, יט-כא)

לענייננו: גם לאדום אחריות ישירה על מה שנעשה לבני יהודה בעת מכירתם לעבדים בימי יהורם, וגם היא נושאת באשמה זו.

על רקע דברים אלו נתבונן בסוף נבואת עובדיה:

> וְיָרְשׁוּ הַנֶּגֶב אֶת הַר עֵשָׂו, וְהַשְּׁפֵלָה אֶת פְּלִשְׁתִּים, וְיָרְשׁוּ אֶת שְׂדֵה אֶפְרַיִם וְאֵת שְׂדֵה שֹׁמְרוֹן, וּבִנְיָמִן אֶת הַגִּלְעָד: וְגָלֻת הַחֵל הַזֶּה לִבְנֵי יִשְׂרָאֵל אֲשֶׁר כְּנַעֲנִים עַד צָרְפַת, וְגָלֻת יְרוּשָׁלַם אֲשֶׁר בִּסְפָרַד, יִרְשׁוּ אֵת עָרֵי הַנֶּגֶב: וְעָלוּ מוֹשִׁעִים בְּהַר צִיּוֹן לִשְׁפֹּט אֶת הַר עֵשָׂו, וְהָיְתָה לַה׳ הַמְּלוּכָה:

(יט-כא)

עובדיה מבשר, שֶׁעָרֵי הנגב והר עֵשָׂו יפלו בידי בני ישראל שיבואו מגלויות צרפת וספרד. צרפת היא ׳צרפת אשר לצידון׳ (הנזכרת במל״א יז, ט), ובני ישראל הובלו לשם בידי ׳כנענים׳, כלומר סוחרים, סוחרי עבדים. גלות העבדים הגיעה עד ספרד, כנראה סרדיס שבאסיה הקטנה (היום טורקיה).

נקמת ה׳ באדום על מעשיהם בימי יהורם התבצעה בפועל בימי אמציה בן

יואש מלך יהודה, שני דורות אחרי יהורם. הייתה זו נקמה קשה מנשוא (ואף קשה להזדהות עימה):

> וַאֲמַצְיָהוּ הִתְחַזַּק, וַיִּנְהַג אֶת עַמּוֹ, וַיֵּלֶךְ גֵּיא הַמֶּלַח וַיַּךְ אֶת בְּנֵי שֵׂעִיר עֲשֶׂרֶת אֲלָפִים: וַעֲשֶׂרֶת אֲלָפִים חַיִּים שָׁבוּ בְּנֵי יְהוּדָה, וַיְבִיאוּם לְרֹאשׁ הַסָּלַע, וַיַּשְׁלִיכוּם מֵרֹאשׁ הַסֶּלַע, וְכֻלָּם נִבְקָעוּ:
>
> (דהי"ב כה, יא-יב)

הפטרת וישב

ב ו כֹּה אָמַר יהוה עַל־שְׁלֹשָׁה פִּשְׁעֵי יִשְׂרָאֵל וְעַל־אַרְבָּעָה לֹא אֲשִׁיבֶנּוּ עַל־מִכְרָם עמוס
ז בַּכֶּסֶף צַדִּיק וְאֶבְיוֹן בַּעֲבוּר נַעֲלָיִם: הַשֹּׁאֲפִים עַל־עֲפַר־אֶרֶץ בְּרֹאשׁ דַּלִּים וְדֶרֶךְ
ח עֲנָוִים יַטּוּ וְאִישׁ וְאָבִיו יֵלְכוּ אֶל־הַנַּעֲרָה לְמַעַן חַלֵּל אֶת־שֵׁם קָדְשִׁי: וְעַל־
ט בְּגָדִים חֲבֻלִים יַטּוּ אֵצֶל כָּל־מִזְבֵּחַ וְיֵין עֲנוּשִׁים יִשְׁתּוּ בֵּית אֱלֹהֵיהֶם: וְאָנֹכִי
הִשְׁמַדְתִּי אֶת־הָאֱמֹרִי מִפְּנֵיהֶם אֲשֶׁר כְּגֹבַהּ אֲרָזִים גָּבְהוֹ וְחָסֹן הוּא כָּאַלּוֹנִים
י וָאַשְׁמִיד פִּרְיוֹ מִמַּעַל וְשָׁרָשָׁיו מִתָּחַת: וְאָנֹכִי הֶעֱלֵיתִי אֶתְכֶם מֵאֶרֶץ מִצְרָיִם
יא וָאוֹלֵךְ אֶתְכֶם בַּמִּדְבָּר אַרְבָּעִים שָׁנָה לָרֶשֶׁת אֶת־אֶרֶץ הָאֱמֹרִי: וָאָקִים מִבְּנֵיכֶם
יב לִנְבִיאִים וּמִבַּחוּרֵיכֶם לִנְזִרִים הַאַף אֵין־זֹאת בְּנֵי יִשְׂרָאֵל נְאֻם־יהוה: וַתַּשְׁקוּ אֶת־
יג הַנְּזִרִים יָיִן וְעַל־הַנְּבִיאִים צִוִּיתֶם לֵאמֹר לֹא תִּנָּבְאוּ: הִנֵּה אָנֹכִי מֵעִיק תַּחְתֵּיכֶם
יד כַּאֲשֶׁר תָּעִיק הָעֲגָלָה הַמְלֵאָה לָהּ עָמִיר: וְאָבַד מָנוֹס מִקָּל וְחָזָק לֹא־יְאַמֵּץ כֹּחוֹ
טו וְגִבּוֹר לֹא־יְמַלֵּט נַפְשׁוֹ: וְתֹפֵשׂ הַקֶּשֶׁת לֹא יַעֲמֹד וְקַל בְּרַגְלָיו לֹא יְמַלֵּט וְרֹכֵב
טז הַסּוּס לֹא יְמַלֵּט נַפְשׁוֹ: וְאַמִּיץ לִבּוֹ בַּגִּבּוֹרִים עָרוֹם יָנוּס בַּיּוֹם־הַהוּא נְאֻם־
ג א יהוה: שִׁמְעוּ אֶת־הַדָּבָר הַזֶּה אֲשֶׁר דִּבֶּר יהוה עֲלֵיכֶם בְּנֵי יִשְׂרָאֵל
ב עַל כָּל־הַמִּשְׁפָּחָה אֲשֶׁר הֶעֱלֵיתִי מֵאֶרֶץ מִצְרַיִם לֵאמֹר: רַק אֶתְכֶם יָדַעְתִּי מִכֹּל
ג מִשְׁפְּחוֹת הָאֲדָמָה עַל־כֵּן אֶפְקֹד עֲלֵיכֶם אֵת כָּל־עֲוֹנֹתֵיכֶם: הֲיֵלְכוּ שְׁנַיִם יַחְדָּו
ד בִּלְתִּי אִם־נוֹעָדוּ: הֲיִשְׁאַג אַרְיֵה בַּיַּעַר וְטֶרֶף אֵין לוֹ הֲיִתֵּן כְּפִיר קוֹלוֹ מִמְּעֹנָתוֹ
ה בִּלְתִּי אִם־לָכָד: הֲתִפֹּל צִפּוֹר עַל־פַּח הָאָרֶץ וּמוֹקֵשׁ אֵין לָהּ הֲיַעֲלֶה־פַּח מִן־
ו הָאֲדָמָה וְלָכוֹד לֹא יִלְכּוֹד: אִם־יִתָּקַע שׁוֹפָר בְּעִיר וְעָם לֹא יֶחֱרָדוּ אִם־תִּהְיֶה
ז רָעָה בְּעִיר וַיהוה לֹא עָשָׂה: כִּי לֹא יַעֲשֶׂה אֲדֹנָי יֱהֹוִה דָּבָר כִּי אִם־גָּלָה סוֹדוֹ
ח אֶל־עֲבָדָיו הַנְּבִיאִים: אַרְיֵה שָׁאָג מִי לֹא יִירָא אֲדֹנָי יֱהֹוִה דִּבֶּר מִי לֹא יִנָּבֵא:

א. על שלושה ועל ארבעה

פתיחת הנבואה שבהפטרתנו, עַל שְׁלֹשָׁה פִּשְׁעֵי יִשְׂרָאֵל וְעַל אַרְבָּעָה לֹא אֲשִׁיבֶנּוּ, כורכת אותה עם הנאמר לפניה. הנביא עמוס מדבר רבות על יום ה׳, יום שבו עתיד הקב״ה לפקוד על כל העמים את חטאיהם. עמוס מזכיר בנבואתו את חטאי דמשק (= ארם), עזה (= פלשתים), צור, אדום, עמון, מואב ויהודה[1] – שבעה (!) עמים, והוא חותם בנבואה על פִּשְׁעֵי יִשְׂרָאֵל. הנביא פותח את נבואתו על כל אחד משבעת העמים הללו במילים: עַל שְׁלֹשָׁה פִּשְׁעֵי... וְעַל אַרְבָּעָה לֹא אֲשִׁיבֶנּוּ, אך מזכיר בהם חטא אחד בלבד, כנראה את החטא הרביעי, החטא שהגדיש את הסאה, והביא את הקב״ה לפקוד עליהם את עוונם.

מדוע פוקד הקב״ה על העמים את עוונם מן החטא הרביעי בלבד? הרמב״ם מבאר (בעקבות הגמרא ביומא פו ע״ב), שהדבר נובע ממידת רחמיו של הקב״ה:

> אבל הצבור – תולין להן עוון ראשון שני ושלישי, שנאמר: עַל שְׁלֹשָׁה פִּשְׁעֵי יִשְׂרָאֵל וְעַל אַרְבָּעָה לֹא אֲשִׁיבֶנּוּ, וכשמחשבין להן על דרך זה, מחשבין להן מרביעי ואילך.

(הלכות תשובה ג, ה)

אפשר שכל ׳חטא׳ הנזכר בכל אחת מן הנבואות מייצג דור באומה החוטאת, וה׳ פוקד את העוונות רק בדור הרביעי, כנאמר בעשרת הדיברות:

> כִּי אָנֹכִי ה׳ אֱלֹהֶיךָ אֵל קַנָּא, פֹּקֵד עֲוֹן אָבֹת עַל בָּנִים עַל שִׁלֵּשִׁים וְעַל רִבֵּעִים לְשֹׂנְאָי:

(שמות כ, ה)

דבר זה נכון לא רק ביחס לעם ישראל. האמורי בימי אברהם היה גוי חוטא וכבד עוון, ולמרות זאת אמר ה׳ בברית בין הבתרים, שהוא מעביר להם על חטאיהם, ורק בדור הרביעי יפקוד עליהם את עוונותיהם, והארץ תקיא אותם:

> וְדוֹר רְבִיעִי יָשׁוּבוּ הֵנָּה, כִּי לֹא שָׁלֵם עֲוֹן הָאֱמֹרִי עַד הֵנָּה:

(בראשית טו, טז)

1. מבחינת עמוס, שחי בממלכת ישראל ונבואותיו עוסקות בה, יהודה הוא אחד מהעמים ה׳אחרים׳, והוא מייחד בנבואתו רק את ממלכת שומרון.

ב. עַל שְׁלֹשָׁה פִּשְׁעֵי יִשְׂרָאֵל וְעַל אַרְבָּעָה לֹא אֲשִׁיבֶנּוּ

כאמור, כשעמוס ניבא על שבעת העמים הוא הזכיר רק חטא אחד, את החטא האחרון (ובלשון אחרת: הוא הזכיר ארבעה חטאים פחות שלושה, שעליהם ה׳ העביר ולא פקד). לעומת זאת, ביחס לישראל הנביא מזכיר שבעה חטאים, כנגד כל העמים שנזכרו (ובלשון אחרת: ארבעה ועוד שלושה):

1. עַל מִכְרָם בַּכֶּסֶף צַדִּיק,
2. וְאֶבְיוֹן בַּעֲבוּר נַעֲלָיִם:
3. הַשֹּׁאֲפִים עַל עֲפַר אֶרֶץ בְּרֹאשׁ דַּלִּים,
4. וְדֶרֶךְ עֲנָוִים יַטּוּ,
5. וְאִישׁ וְאָבִיו יֵלְכוּ אֶל הַנַּעֲרָה, לְמַעַן חַלֵּל אֶת שֵׁם קָדְשִׁי:
6. וְעַל בְּגָדִים חֲבֻלִים יַטּוּ אֵצֶל כָּל מִזְבֵּחַ,
7. וְיֵין עֲנוּשִׁים יִשְׁתּוּ בֵּית אֱלֹהֵיהֶם:

(ב, ו-ח)

אפשר, שזה פשר דבריו בהמשך הפטרתנו על פקידת עוונותיהם של ישראל באופן מלא וחמור במיוחד: רַק אֶתְכֶם יָדַעְתִּי מִכֹּל מִשְׁפְּחוֹת הָאֲדָמָה, עַל כֵּן אֶפְקֹד עֲלֵיכֶם אֵת כָּל עֲוֹנֹתֵיכֶם: (ג, ב).

כנגד שבעת החטאים, יש בנבואה שבעה עונשים:

1. וְאָבַד מָנוֹס מִקָּל,
2. וְחָזָק לֹא יְאַמֵּץ כֹּחוֹ,
3. וְגִבּוֹר לֹא יְמַלֵּט נַפְשׁוֹ:
4. וְתֹפֵשׂ הַקֶּשֶׁת לֹא יַעֲמֹד,
5. וְקַל בְּרַגְלָיו לֹא יְמַלֵּט,
6. וְרֹכֵב הַסּוּס לֹא יְמַלֵּט נַפְשׁוֹ:
7. וְאַמִּיץ לִבּוֹ בַּגִּבּוֹרִים – עָרוֹם יָנוּס בַּיּוֹם הַהוּא, נְאֻם ה׳:

(ג, יד-טז)

ג. הקשר בין הפרשה להפטרה

בפשטות, ההפטרה קשורה לפרשה רק בפסוק הראשון שלה (ב, ו): עַל מִכְרָם בַּכֶּסֶף צַדִּיק, וְאֶבְיוֹן בַּעֲבוּר נַעֲלָיִם, המזכיר את עוון מכירת יוסף שמצוי בְּלֵב פרשתנו. האם

לעוון זה התכוון עמוס בתלונתו על פִּשְׁעֵי יִשְׂרָאֵל? מסתבר, שהוא מכוון בדבריו לחטאי אנשי דורו, ונרחיב בכך להלן. אומנם ייתכן, שראה אותם כ'אוחזים מעשה אבותיהם בידיהם',[2] שחטאם נובע מן החטא הקדום של מכירת יוסף. אומנם, יש להסתייג מסברה זו, שהרי העיר שומרון, שעיקר דברי נבואתו של עמוס נאמרו כלפיה, הייתה עיר מרכזית בנחלת יוסף, ויוסף, שלא חטא במכירתו, הוא עיקרם של שבטי ממלכת ישראל שהנביא פונה אליהם.[3]

קשר הדוק יותר של הנבואה למכירת יוסף מופיע במדרש מאוחר, מדרש עשרה הרוגי מלכות,[4] ללא מקור ברור מלבד עצם הנבואה בהפטרתנו. במדרש זה התפרש הפסוק שבהפטרתנו כעוסק במכירת יוסף ממש:

> פעם אחת היה יושב (= הקיסר הרומי) ועוסק בתורה, ומצא כתוב (שמות כב, טז): וְגֹנֵב אִישׁ וּמְכָרוֹ, וְנִמְצָא בְיָדוֹ – מוֹת יוּמָת, והלך וטח הבית כֻּלו בנעלים, ודִבְּקם בכתלים... אמר להם: בשביל אחי יוסף שמכרו את יוסף, דכתיב (בראשית לז, כח): וַיִּמְכְּרוּ אֶת יוֹסֵף, וכתיב: עַל מִכְרָם בַּכֶּסֶף צַדִּיק וְאֶבְיוֹן בַּעֲבוּר נַעֲלָיִם, ולכן טח אותו רשע את הבית במנעלים, כדי שיכירו באיזה דבר מכרו את יוסף, שנאמר בַּעֲבוּר נַעֲלָיִם – בדמי נעלים... כיון שראו אחי יוסף, אמרו לאותן הישמעאלים: החזירו לנו הבגד הזה, שלא מכרנוהו לכם אלא ערום. ויאמרו הישמעאלים: לא נחזיר לכם. עד שהוסיפו להם עוד ארבעה זוגות מנעלים... ואותו קיסר הרשע היה יודע שמכרוהו בנעלים, ואמר להם: קבלו עליכם דין שמים.

ד. סוחרי העבדים, סוחרי התבואה ובאי בית האלוהים

מסחר ביהודים בשוקי העבדים הוא מן העבירות החמורות שבתורה, ועונשו מיתה:

> כִּי יִמָּצֵא אִישׁ גֹּנֵב נֶפֶשׁ מֵאֶחָיו מִבְּנֵי יִשְׂרָאֵל, וְהִתְעַמֶּר בּוֹ וּמְכָרוֹ, וּמֵת הַגַּנָּב הַהוּא, וּבִעַרְתָּ הָרָע מִקִּרְבֶּךָ:
> (דברים כד, ז)

2. על פי ברכות ז ע"א.
3. היו שמצאו קשר נוסף בין ההפטרה לפרשתנו בפסוק: וְאִישׁ וְאָבִיו יֵלְכוּ אֶל הַנַּעֲרָה, לְמַעַן חַלֵּל אֶת שֵׁם קָדְשִׁי (ב, ז), וטענו לרמיזתו ליהודה שבא על תמר, שהייתה לפני כן אשת בניו, ער ואונן. אנו שוללים פרשנות זו, ומאמצים את דרכו של הרמב"ן שם, שבדיעבד יהודה קיים בתמר מצוות ייבום (שקודם מתן תורה).
4. הדברים נזכרים גם בפיוט 'אלה אזכרה', הנאמר בסוף סדר העבודה של יום הכיפורים ומבוסס על המדרש המובא כאן.

האם התורה מקשרת חטא זה למכירת יוסף בפרשתנו? אפשר שכן, והדבר נרמז בסמיכות הפסוקים:

וּמַכֵּה אָבִיו וְאִמּוֹ – מוֹת יוּמָת: וְגֹנֵב אִישׁ וּמְכָרוֹ וְנִמְצָא בְיָדוֹ – מוֹת יוּמָת:
וּמְקַלֵּל אָבִיו וְאִמּוֹ – מוֹת יוּמָת:

(שמות כא, טו-יז)

התורה כורכת בפסוקים אלו את איסור מכירת בן חורין לעבד עם מצוות כיבוד הורים, הכתובה משני צדיו. חלק גדול מעוון מכירת יוסף היה הצער שגרמו אחי יוסף לאביהם הזקן, כפי שעולה מפרשתנו ומפרשת ויגש.

מסתבר, שהעוסקים בפועל בסחר עבדים בממלכת ישראל היו מעטים, אך עמוס מאשים בכך את החברה כולה, ומונה עבירה זו כאחד מ'פִּשְׁעֵי יִשְׂרָאֵל'. סחר העבדים בישראל (בימים שבהם אכן היה הדבר מקובל) ובאומות אחרות, עסק בעיקר במכירת בני חורין, שלוו כספים ולא יכלו לפרוע את חובותיהם. הלווה היה נמכר לעבד כדי לפרוע בדמיו את חובו. התורה עצמה התירה מציאות כזאת, אך רק בחוב הנובע מגנבה,[5] ובשום פנים לא בחוב הנובע מהלוואה רגילה. בהלוואה רגילה התורה אף הגבילה את היכולת לגבות את החוב באמצעות עיקול נכסים: היא אסרה לעקל את כלי הכנת הקמח או את בגדו האחרון של הלווה, וכן אסרה להיכנס לבית הלווה כדי ליטול מנכסיו. במרכז איסוריה ביחס לגביית החוב עומד האיסור למכור את גופו של הלווה לעבדות כדי לפרוע את חובו:[6]

לֹא יַחֲבֹל רֵחַיִם וָרָכֶב, כִּי נֶפֶשׁ הוּא חֹבֵל: כִּי יִמָּצֵא אִישׁ גֹּנֵב נֶפֶשׁ מֵאֶחָיו מִבְּנֵי יִשְׂרָאֵל, וְהִתְעַמֶּר בּוֹ וּמְכָרוֹ, וּמֵת הַגַּנָּב הַהוּא, וּבִעַרְתָּ הָרָע מִקִּרְבֶּךָ: ... כִּי תַשֶּׁה בְרֵעֲךָ מַשַּׁאת מְאוּמָה, לֹא תָבֹא אֶל בֵּיתוֹ לַעֲבֹט עֲבֹטוֹ: בַּחוּץ תַּעֲמֹד, וְהָאִישׁ אֲשֶׁר אַתָּה נֹשֶׁה בוֹ, יוֹצִיא אֵלֶיךָ אֶת הַעֲבוֹט הַחוּצָה: וְאִם אִישׁ עָנִי הוּא, לֹא תִשְׁכַּב בַּעֲבֹטוֹ: הָשֵׁב תָּשִׁיב לוֹ אֶת הַעֲבוֹט כְּבוֹא הַשֶּׁמֶשׁ, וְשָׁכַב בְּשַׂלְמָתוֹ וּבֵרֲכֶךָּ, וּלְךָ תִּהְיֶה צְדָקָה לִפְנֵי ה' אֱלֹהֶיךָ:

5. על פי פשטי המקראות, מכירה לעבדות התבצעה, רק אם בעקבותיה טבח או מכר הגנב את השור או השה הגנובים, ובוודאי שלא התירה התורה להתעלל בעבדים ולהוליכם לארצות נכר רחוקות.
6. ונדון הדבר בדברינו על הפטרת פרשת וירא.

(דברים כד, ו-יג)

מצאנו גם מכירת ילדים בני חורין לעבדים בחוב אבותיהם, ואף דבר זה הוא איסור חמור מאין כמותו:

עַבְדְּךָ אִישִׁי מֵת, וְאַתָּה יָדַעְתָּ, כִּי עַבְדְּךָ הָיָה יָרֵא אֶת ה׳, וְהַנֹּשֶׁה בָּא לָקַחַת אֶת שְׁנֵי יְלָדַי לוֹ לַעֲבָדִים:

(מל״ב ד, א)

וְיֵשׁ אֲשֶׁר אֹמְרִים, לָוִינוּ כֶסֶף לְמִדַּת הַמֶּלֶךְ שְׂדֹתֵינוּ וּכְרָמֵנוּ: וְעַתָּה כִּבְשַׂר אַחֵינוּ בְּשָׂרֵנוּ, כִּבְנֵיהֶם בָּנֵינוּ, וְהִנֵּה אֲנַחְנוּ כֹבְשִׁים אֶת בָּנֵינוּ וְאֶת בְּנֹתֵינוּ לַעֲבָדִים, וְיֵשׁ מִבְּנֹתֵינוּ נִכְבָּשׁוֹת, וְאֵין לְאֵל יָדֵנוּ, וּשְׂדֹתֵינוּ וּכְרָמֵינוּ לַאֲחֵרִים:

(נחמיה ה, ד-ה)

נשוב להפטרתנו, לנבואת עמוס. להבנתנו, נאמרה נבואה זו לא רק כלפי סוחרי העבדים. נתבונן בסוף נבואתו של עמוס:

שִׁמְעוּ זֹאת הַשֹּׁאֲפִים אֶבְיוֹן וְלַשְׁבִּית עֲנִיֵּי אָרֶץ: לֵאמֹר, מָתַי יַעֲבֹר הַחֹדֶשׁ – וְנַשְׁבִּירָה שֶּׁבֶר, וְהַשַּׁבָּת – וְנִפְתְּחָה בָּר, לְהַקְטִין אֵיפָה וּלְהַגְדִּיל שֶׁקֶל וּלְעַוֵּת מֹאזְנֵי מִרְמָה: לִקְנוֹת בַּכֶּסֶף דַּלִּים, וְאֶבְיוֹן בַּעֲבוּר נַעֲלָיִם, וּמַפַּל בַּר נַשְׁבִּיר:

(ח, ד-ו)

בתחילת הנבואה שבהפטרתנו, עוסק עמוס במוכרי העבדים, ובסיומה הוא עוסק בקוני העבדים, והוא כורך אותם יחד עם סוחרי התבואה (׳שבר׳ ו׳בר׳), המנצלים את השפע שבידם כדי להכתיב את מחירי השוק של המצרכים החיוניים לחיי הנפש, מקטינים את איפת התבואה שהם מספקים, ודורשים שקלי כסף גדולים יותר תמורתה. בעקבות מעשיהם נאלץ העני, המקבל בעל כורחו את תנאיהם של הסוחרים העשירים, לשלם מחירים שהם מעבר לכוחותיו כדי להשיג מעט מזון לביתו. לשם כך הוא נאלץ ללוות כספים, שאינו יכול להשיבם, והוא נמכר לעבדות בחובו. סוחרי התבואה הופכים בעקיפין לסוחרי עבדים, אף שמעולם לא עסקו בכך בפועל. החברה כולה, כל איש עסקים בדרכו, גם אם יגלגל עיניו לשמיים, שותף למחיקתם של העניים מספר החיים והחירות.

נציין שלפי פירושו של הרשב"ם למכירת יוסף, גם האחים יכלו לגלגל עיניים לשמיים ולומר, שלא הם מכרו את יוסף, שהרי ניתן להבין מן הפרשה, שהמדיינים הסוחרים הם שמשכו את יוסף מן הבור, והם מכרוהו לישמעאלים.[7] האחים, שהפשיטו את יוסף את כותונתו והשליכו אותו לבור כעבד ערוֹם שנענש בידי אדוניו, גרמו למדיינים לחשוב שזכו בעבד מן ההפקר, אך אשמתם היא אשמה עקיפה בלבד. למרות זאת מטיח יוסף באחיו (בראשית מה, ד): אֲנִי יוֹסֵף אֲחִיכֶם אֲשֶׁר מְכַרְתֶּם אֹתִי מִצְרָיְמָה.

*

בין שבעת החטאים שמונה עמוס, הוא מזכיר גם את השימוש בעת עבודת ה׳ ברכושם של אלה שלוו:

וְעַל בְּגָדִים חֲבֻלִים יַטּוּ אֵצֶל כָּל מִזְבֵּחַ, וְיֵין עֲנוּשִׁים יִשְׁתּוּ בֵּית אֱלֹהֵיהֶם:

(ב, ח)

הנביא מוכיח את עובדי ה׳, הבאים להשתחוות (בלשון הנביא: יַטּוּ) לפני המזבח ולנסך לפניו יין, שאת שאריתו הם שותים. עבודת ה׳ המתוארת כאן באה על חשבונם של החייבים האומללים, שבגדיהם נחבלו, עוקלו בחובם, ועתה מרפדים בהם הנושים את הקרקע, כאשר הם משתחווים לה׳ לפני המזבח. היין שהמַלְווים מביאים למקדש הוא יין שנלקח מן העניים כעונש וקנס (וכנראה גם ריבית), לאחר שלא שילמו את חובם. נביאים רבים התריעו על עבודת ה׳ הבאה על חשבון מצוות הצדקה והמשפט, וקבעו נחרצות שהיא פסולה בעיני ה׳. כך הכריזו ישעיהו (א, י-יז), ירמיהו (ז, ה-יא), הושע (ד, א-ג) ומיכה (ו, ט-טו), וכאן מצטרף אליהם גם עמוס.

ה. עוד על מסחר העבדים — בין יואל לעמוס

בספרם של תרי עשר נביאים שובץ ספר עמוס לאחר ספר יואל. שיבוץ זה אינו מקרי, שהרי עמוס פותח במה שסיים יואל:

וַה׳ מִצִּיּוֹן יִשְׁאָג, וּמִירוּשָׁלַ͏ִם יִתֵּן קוֹלוֹ, וְרָעֲשׁוּ שָׁמַיִם וָאָרֶץ, וַה׳ מַחֲסֶה לְעַמּוֹ, וּמָעוֹז לִבְנֵי יִשְׂרָאֵל:

(יואל ד, טז)

7. עיינו בפירושו בראשית לז, כח.

דִּבְרֵי עָמוֹס אֲשֶׁר הָיָה בַנֹּקְדִים מִתְּקוֹעַ, אֲשֶׁר חָזָה עַל יִשְׂרָאֵל בִּימֵי עֻזִּיָּה מֶלֶךְ יְהוּדָה וּבִימֵי יָרָבְעָם בֶּן יוֹאָשׁ מֶלֶךְ יִשְׂרָאֵל, שְׁנָתַיִם לִפְנֵי הָרָעַשׁ: וַיֹּאמַר, ה׳ מִצִּיּוֹן יִשְׁאָג, וּמִירוּשָׁלַםִ יִתֵּן קוֹלוֹ, וְאָבְלוּ נְאוֹת הָרֹעִים, וְיָבֵשׁ רֹאשׁ הַכַּרְמֶל:
(א, א-ב)

בפרק האחרון של ספרו מדבר הנביא יואל בהרחבה על פלישת הגויים השוכנים בדרום ועל לקיחת בני ירושלים ומכירתם לעבדים בשוקי המזרח התיכון.[8] על פי הנבואה, ה׳ יוריד אותם אל עמק יהושפט, ישפוט אותם, וייקח מהם את נקמתו על סחר עבדים בזוי זה. עמוס, כפי שראינו כאן, הופך את מידת הישועה שיואל דיבר עליה (וַה׳ מַחֲסֶה לְעַמּוֹ, וּמָעוֹז לִבְנֵי יִשְׂרָאֵל) למידת דין קשה על ישראל בגלל חטאיהם (וְאָבְלוּ נְאוֹת הָרֹעִים, וְיָבֵשׁ רֹאשׁ הַכַּרְמֶל). בנבואת יואל הגויים ייענשו בגלל מכירת יהודים לעבדים, ובנבואת עמוס בני ישראל עצמם, העוסקים במכירת אחיהם לעבדים, ייענשו בעונש כפול ומכופל.

נציין עוד, שכמעט כל נבואתו של עמוס עוסקת בפגמים הקשורים להעדר צדקה ומשפט בממלכת שומרון, והנביא כמעט אינו מזכיר עוונות הקשורים לעבודת ה׳ הלקויה בממלכה החטאה.

ו. רַק אֶתְכֶם יָדַעְתִּי

לעיל הבאנו את הפסוק רַק אֶתְכֶם יָדַעְתִּי מִכֹּל מִשְׁפְּחוֹת הָאֲדָמָה, עַל כֵּן אֶפְקֹד עֲלֵיכֶם אֵת כָּל עֲוֹנֹתֵיכֶם (ג, ב), כדי להסביר מדוע עמוס מונה לכל העמים חטא אחד בלבד, ואילו לישראל הוא מונה את כל שבעת חטאיהם. יש בפסוק זה אמירה עמוקה וחשובה, שיש להבינה לאור מצבה של ממלכת ישראל בתקופתו של עמוס. עמוס ניבא את נבואתו (כנראה במשך שנתיים – עד בואו של הרעש המוזכר בפסוק הראשון של הספר) בשומרון ובבית אל בימי ירבעם בן יואש (המכונה ׳ירבעם השני׳), שעליו אומר הכתוב:

בִּשְׁנַת חֲמֵשׁ עֶשְׂרֵה שָׁנָה לַאֲמַצְיָהוּ בֶן יוֹאָשׁ מֶלֶךְ יְהוּדָה מָלַךְ יָרָבְעָם בֶּן יוֹאָשׁ מֶלֶךְ יִשְׂרָאֵל בְּשֹׁמְרוֹן אַרְבָּעִים וְאַחַת שָׁנָה: וַיַּעַשׂ הָרַע בְּעֵינֵי ה׳, לֹא סָר מִכָּל חַטֹּאות יָרָבְעָם בֶּן נְבָט, אֲשֶׁר הֶחֱטִיא אֶת יִשְׂרָאֵל: הוּא הֵשִׁיב אֶת גְּבוּל יִשְׂרָאֵל מִלְּבוֹא חֲמָת עַד יָם הָעֲרָבָה, כִּדְבַר ה׳ אֱלֹהֵי יִשְׂרָאֵל אֲשֶׁר דִּבֶּר בְּיַד עַבְדּוֹ יוֹנָה בֶן אֲמִתַּי, הַנָּבִיא אֲשֶׁר מִגַּת הַחֵפֶר: כִּי רָאָה ה׳ אֶת עֳנִי יִשְׂרָאֵל מֹרֶה מְאֹד, וְאֶפֶס עָצוּר וְאֶפֶס עָזוּב, וְאֵין עֹזֵר לְיִשְׂרָאֵל: וְלֹא דִבֶּר ה׳ לִמְחוֹת אֶת שֵׁם יִשְׂרָאֵל מִתַּחַת הַשָּׁמָיִם,

8. עסקנו בכך בהרחבה בדברינו להפטרת וישלח.

וַיּוֹשִׁיעֵם בְּיַד יָרָבְעָם בֶּן יוֹאָשׁ: וְיֶתֶר דִּבְרֵי יָרָבְעָם וְכָל אֲשֶׁר עָשָׂה, וּגְבוּרָתוֹ אֲשֶׁר נִלְחָם, וַאֲשֶׁר הֵשִׁיב אֶת דַּמֶּשֶׂק וְאֶת חֲמָת לִיהוּדָה בְּיִשְׂרָאֵל, הֲלֹא הֵם כְּתוּבִים עַל סֵפֶר דִּבְרֵי הַיָּמִים לְמַלְכֵי יִשְׂרָאֵל:

(מל"ב יד, כג-כח)

תקצר היריעה כאן מלבאר היטב את יישוב הסתירה הפנימית בדברים הכתובים כאן: מצד אחד נאמר שירבעם עשה הרע בעיני ה', והכוונה להמשך עבודת העגלים ולהעדפתם על פני המקדש בירושלים, ומצד שני ה' עזר לו מכוח רחמיו על ישראל. ירבעם הביא את ממלכת ישראל לעוצמה שמעולם לא הייתה לה, וגבולותיה התפשטו עד מעבר לדמשק וחמת. לא ייפלא, שהתחושה הייתה, שה' מרחם על עַם בחירתו, ונותן בידם את הניצחון ואת העוצמה גם ללא קשר למעשיהם, אם טובים הם ואם רעים. בימי השפע, העושר והשלום של ירבעם בן יואש איש לא ראה את הסכנה שמעבר לפינה. כאמור, איש לא ראה זאת, פרט לנביא עמוס.

נבואה אחר נבואה נאבק עמוס באשליה ש'עַם הבחירה' נהנה מחסינות לפשעיו בשל היותו עַם סגולה שה' אוהב אותו:

הוֹי הַשַּׁאֲנַנִּים בְּצִיּוֹן וְהַבֹּטְחִים בְּהַר שֹׁמְרוֹן, נְקֻבֵי רֵאשִׁית הַגּוֹיִם, וּבָאוּ לָהֶם בֵּית יִשְׂרָאֵל: עִבְרוּ כַלְנֵה וּרְאוּ, וּלְכוּ מִשָּׁם חֲמַת רַבָּה, וּרְדוּ גַת פְּלִשְׁתִּים – הֲטוֹבִים מִן הַמַּמְלָכוֹת הָאֵלֶּה, אִם רַב גְּבוּלָם מִגְּבֻלְכֶם:

(ו, א-ב)

עם ישראל שאנן ובוטח על שמו הנקוב – רֵאשִׁית הַגּוֹיִם, עם סגולה. הנביא שולח אותם להתבונן בארם ובפלשתים, שממלכותיהם חרבו, ואומר שגורל ישראל לא יהיה טוב משלהן:

הֲלוֹא כִבְנֵי כֻשִׁיִּים אַתֶּם לִי, בְּנֵי יִשְׂרָאֵל, נְאֻם ה', הֲלוֹא אֶת יִשְׂרָאֵל הֶעֱלֵיתִי מֵאֶרֶץ מִצְרַיִם, וּפְלִשְׁתִּיִּים מִכַּפְתּוֹר וַאֲרָם מִקִּיר:

(ט, ז)

בתקופת יציאת מצרים ועלייתם של ישראל ארצה הביא ה' ארצה גם את הארמים ואת הפלשתים, את אנשי האִי כפתור (כרתים).[9] הנביא מבהיר, כי גם ממלכת ישראל עלולה להיחרב בדומה לממלכות אלו, ואין לישראל כל סיבה לבטוח בבחירתם.

9. ראו גם דברים ב, כג.

בהפטרתנו עמוס אומר זאת בדרך שונה: אכן, עם ישראל הוא עם סגולה, אך סגולתו אינה מעניקה לו חסינות מפני הפורענות, אלא אדרבה, בחירתו מביאה להקפדה יתרה ולתביעה חמורה יותר.

אכן, שנים לא רבות אחרי נבואת עמוס קרס בית יהוא, שירבעם בן יואש היה המלך הרביעי בו,[10] וממלכת אשור השתלטה על המזרח התיכון ועל ממלכת ישראל. כעבור זמן לא רב חרבה שומרון, ויושביה גלו לקצה ממלכת אשור.

ז. שבע שאלות ותשובה אחת

ההפטרה, שפתחה בשבעת העמים הנידונים יחד עם ישראל, בשבעת חטאי ישראל ובשבעת עונשיהם, מסתיימת בשבע שאלות:

1. הֲיֵלְכוּ שְׁנַיִם יַחְדָּו, בִּלְתִּי אִם נוֹעָדוּ:
2. הֲיִשְׁאַג אַרְיֵה בַּיַּעַר, וְטֶרֶף אֵין לוֹ,
3. הֲיִתֵּן כְּפִיר קוֹלוֹ מִמְּעֹנָתוֹ, בִּלְתִּי אִם לָכָד:
4. הֲתִפֹּל צִפּוֹר עַל פַּח הָאָרֶץ, וּמוֹקֵשׁ אֵין לָהּ,
5. הֲיַעֲלֶה פַּח מִן הָאֲדָמָה, וְלָכוֹד לֹא יִלְכּוֹד:
6. אִם יִתָּקַע שׁוֹפָר בְּעִיר, וְעָם לֹא יֶחֱרָדוּ
7. אִם תִּהְיֶה רָעָה בְּעִיר, וַה׳ לֹא עָשָׂה:

(ג, ג–ו)

לכל השאלות משמעות אחת: דברים אינם מתרחשים ׳במקרה׳, ללא סיבה וללא תוצאה. לחטא הכבד תהיינה תוצאות, וה׳ לא יותיר אותו ללא גמול מתאים – התמוטטות בית המלוכה וחורבן שומרון וגלותה. אך הנביא מוסיף את הפסוקים המסיימים את הפטרתנו:

כִּי לֹא יַעֲשֶׂה אֲדֹנָי ה׳ דָּבָר, כִּי אִם גָּלָה סוֹדוֹ אֶל עֲבָדָיו הַנְּבִיאִים: אַרְיֵה שָׁאָג –
מִי לֹא יִירָא, אֲדֹנָי ה׳ דִּבֶּר – מִי לֹא יִנָּבֵא:

(שם ז–ח)

אין ה׳ בא בטרוניה עם עַמו, אין הוא מבקש להעניש, אדרבה, הוא מודיע לנביאים את תכנית הפורענות. הנביאים מזהירים את העם מפני הפורענות, ומאפשרים לו

10. השוו לדברינו לעיל על הדור הרביעי בנבואת ׳שלושה וארבעה׳.

לתקן את מעשיו. סודו של ה׳ – הפורענות הקשה העתידה לבוא – מפחיד כשאגת האריה, ועל העם להקשיב לדברי הנביאים ולנקוט את כל האמצעים כדי למנוע את הפורענות באמצעות תיקון חטאיו.

הפטרת מקץ[1]

ג טו וַיִּקַץ שְׁלֹמֹה וְהִנֵּה חֲלוֹם וַיָּבוֹא יְרוּשָׁלַ͏ִם וַיַּעֲמֹד לִפְנֵי אֲרוֹן בְּרִית־אֲדֹנָי וַיַּעַל מלכים א׳
טז עֹלוֹת וַיַּעַשׂ שְׁלָמִים וַיַּעַשׂ מִשְׁתֶּה לְכָל־עֲבָדָיו: אָז תָּבֹאנָה שְׁתַּיִם
יז נָשִׁים זֹנוֹת אֶל־הַמֶּלֶךְ וַתַּעֲמֹדְנָה לְפָנָיו: וַתֹּאמֶר הָאִשָּׁה הָאַחַת בִּי אֲדֹנִי אֲנִי
יח וְהָאִשָּׁה הַזֹּאת יֹשְׁבֹת בְּבַיִת אֶחָד וָאֵלֵד עִמָּהּ בַּבָּיִת: וַיְהִי בַּיּוֹם הַשְּׁלִישִׁי
לְלִדְתִּי וַתֵּלֶד גַּם־הָאִשָּׁה הַזֹּאת וַאֲנַחְנוּ יַחְדָּו אֵין־זָר אִתָּנוּ בַּבַּיִת זוּלָתִי שְׁתַּיִם־
יט כ אֲנַחְנוּ בַּבָּיִת: וַיָּמָת בֶּן־הָאִשָּׁה הַזֹּאת לָיְלָה אֲשֶׁר שָׁכְבָה עָלָיו: וַתָּקָם בְּתוֹךְ
הַלַּיְלָה וַתִּקַּח אֶת־בְּנִי מֵאֶצְלִי וַאֲמָתְךָ יְשֵׁנָה וַתַּשְׁכִּיבֵהוּ בְּחֵיקָהּ וְאֶת־בְּנָהּ הַמֵּת
כא הִשְׁכִּיבָה בְחֵיקִי: וָאָקֻם בַּבֹּקֶר לְהֵינִיק אֶת־בְּנִי וְהִנֵּה־מֵת וָאֶתְבּוֹנֵן אֵלָיו בַּבֹּקֶר
כב וְהִנֵּה לֹא־הָיָה בְנִי אֲשֶׁר יָלָדְתִּי: וַתֹּאמֶר הָאִשָּׁה הָאַחֶרֶת לֹא כִי בְּנִי הַחַי וּבְנֵךְ
כג הַמֵּת וְזֹאת אֹמֶרֶת לֹא כִי בְּנֵךְ הַמֵּת וּבְנִי הֶחָי וַתְּדַבֵּרְנָה לִפְנֵי הַמֶּלֶךְ: וַיֹּאמֶר
הַמֶּלֶךְ זֹאת אֹמֶרֶת זֶה־בְּנִי הַחַי וּבְנֵךְ הַמֵּת וְזֹאת אֹמֶרֶת לֹא כִי בְּנֵךְ הַמֵּת וּבְנִי
כד כה הֶחָי: וַיֹּאמֶר הַמֶּלֶךְ קְחוּ לִי־חָרֶב וַיָּבִאוּ הַחֶרֶב לִפְנֵי הַמֶּלֶךְ: וַיֹּאמֶר
הַמֶּלֶךְ גִּזְרוּ אֶת־הַיֶּלֶד הַחַי לִשְׁנָיִם וּתְנוּ אֶת־הַחֲצִי לְאַחַת וְאֶת־הַחֲצִי לְאֶחָת:
כו וַתֹּאמֶר הָאִשָּׁה אֲשֶׁר־בְּנָהּ הַחַי אֶל־הַמֶּלֶךְ כִּי־נִכְמְרוּ רַחֲמֶיהָ עַל־בְּנָהּ וַתֹּאמֶר
בִּי אֲדֹנִי תְּנוּ־לָהּ אֶת־הַיָּלוּד הַחַי וְהָמֵת אַל־תְּמִיתֻהוּ וְזֹאת אֹמֶרֶת גַּם־לִי גַּם־לָךְ
כז לֹא יִהְיֶה גְּזֹרוּ: וַיַּעַן הַמֶּלֶךְ וַיֹּאמֶר תְּנוּ־לָהּ אֶת־הַיָּלוּד הַחַי וְהָמֵת לֹא תְמִיתֻהוּ
כח הִיא אִמּוֹ: וַיִּשְׁמְעוּ כָל־יִשְׂרָאֵל אֶת־הַמִּשְׁפָּט אֲשֶׁר שָׁפַט הַמֶּלֶךְ וַיִּרְאוּ מִפְּנֵי
ד א הַמֶּלֶךְ כִּי רָאוּ כִּי־חָכְמַת אֱלֹהִים בְּקִרְבּוֹ לַעֲשׂוֹת מִשְׁפָּט: וַיְהִי הַמֶּלֶךְ שְׁלֹמֹה
מֶלֶךְ עַל־כָּל־יִשְׂרָאֵל:

1. ברוב השנים, נקראת פרשת מקץ בשבת שבתוך ימי חנוכה, והפטרתה בספר זכריה, כך שהפטרתנו נקראת לעיתים רחוקות בלבד (כאשר חל היום הראשון של ראש השנה בשבת, וחודש מרחשוון הוא בן כ"ט יום בלבד).

א. הקשר בין הפרשה להפטרה

הקשר לפרשה הוא בעיקר אסוציאטיבי בשל מילים זהות – בפרשתנו (בראשית מא, ז): וַיִּיקַץ פַּרְעֹה וְהִנֵּה חֲלוֹם, ובהפטרה: וַיִּקַץ שְׁלֹמֹה וְהִנֵּה חֲלוֹם (ג, טו).

הבדל בולט בין האירועים הוא, שבעקבות חלום שלמה נודעה חוכמתו של החולם (= שלמה) לעיני כל העם, ובעקבות חלום פרעה נודעה חוכמתו של פותר החלום (= יוסף) לעיני כל העם.

ב. תגובת שלמה לחלום בגבעון

מה עשה שלמה בעקבות החלום? ה׳ הבטיח לשלמה בחלום (בפִּסקה שלפני הפטרתנו) שלוש מתנות טובות: עושר, כבוד וחוכמה, אך הוא לא הבטיח לו אריכות ימים, במובן שנזכר בתורה: לְמַעַן יַאֲרִיךְ יָמִים עַל מַמְלַכְתּוֹ הוּא וּבָנָיו בְּקֶרֶב יִשְׂרָאֵל (דברים יז, כ), כלומר, המשך מלכותו בבניו שימלכו אחריו. הבטחה זו ניתנה לו ׳על תנאי׳ בלבד, ולא כמתנות האחרות, שניתנו בכל מצב. התנאי היה – שמירת דרכו של דוד בשמירת החוקים והמצוות:

> וְאִם תֵּלֵךְ בִּדְרָכַי לִשְׁמֹר חֻקַּי וּמִצְוֹתַי כַּאֲשֶׁר הָלַךְ דָּוִיד אָבִיךָ וְהַאֲרַכְתִּי אֶת יָמֶיךָ:
>
> (ג, יד)

נתבונן במסגרת ה׳עוטפת׳ את חלומו של שלמה:

> וַיֵּלֶךְ הַמֶּלֶךְ גִּבְעֹנָה לִזְבֹּחַ שָׁם, כִּי הִיא הַבָּמָה הַגְּדוֹלָה, אֶלֶף עֹלוֹת יַעֲלֶה שְׁלֹמֹה עַל הַמִּזְבֵּחַ הַהוּא: בְּגִבְעוֹן נִרְאָה ה׳ אֶל שְׁלֹמֹה בַּחֲלוֹם הַלָּיְלָה...
>
> (ג, ד-ה)

> וַיִּקַץ שְׁלֹמֹה וְהִנֵּה חֲלוֹם, וַיָּבוֹא יְרוּשָׁלַם, וַיַּעֲמֹד לִפְנֵי אֲרוֹן בְּרִית אֲדֹנָי, וַיַּעַל עֹלוֹת וַיַּעַשׂ שְׁלָמִים...
>
> (שם, טו)

מכוח התגלות ה׳ אל שלמה בחלום עזב שלמה את המזבח בבמה הגדולה בגבעון, ועבר בעקבות דוד אביו לזבוח בירושלים, עוד בטרם נבנה המקדש. זהו השלב הראשון של

הליכתו בעקבות דוד אביו. לדאבוננו, בהמשך הדרך כָּשל שלמה בחלק מן המקרים בהליכתו בעקבות דוד אביו.

בדוד נאמר:

בָּעֵת הַהִיא, בִּרְאוֹת דָּוִיד כִּי עָנָהוּ ה׳ בְּגֹרֶן אָרְנָן הַיְבוּסִי, וַיִּזְבַּח שָׁם: וּמִשְׁכַּן ה׳ אֲשֶׁר עָשָׂה מֹשֶׁה בַמִּדְבָּר וּמִזְבַּח הָעוֹלָה בָּעֵת הַהִיא בַּבָּמָה בְּגִבְעוֹן: וְלֹא יָכֹל דָּוִיד לָלֶכֶת לְפָנָיו לִדְרֹשׁ אֱלֹהִים, כִּי נִבְעַת מִפְּנֵי חֶרֶב מַלְאַךְ ה׳:
(דהי״א כא, כח-ל)

דוד חווה בעת המגפה חוויה מייסרת מאוד, שגבתה את חייהם של שבעים אלף איש, אך היא הייתה גם בּוֹנָה ומרוממת. המגפה נעצרה בעת שדוד זבח לפני ה׳ בגורן ארנן היבוסי – בהר המוריה. דוד, מכוח מה שקרה, הקפיד לזבוח רק בהר המוריה, במזבח שבנה בעת המגפה. שלמה שב לגבעון, למזבח הגדול שייצג את המשכן, אף שארון הברית היה בירושלים. עתה, בעקבות החלום, שב גם שלמה לזבוח רק לפני ארון ה׳. ניתן להניח שבעקבות ההתגלות ודרישת ה׳ שילך בחוקי התורה בעקבות דוד אביו, נהג שלמה כך גם בדברים נוספים.

ג. דין 'יחלוקו'

וַיֹּאמֶר הַמֶּלֶךְ, גִּזְרוּ אֶת הַיֶּלֶד הַחַי לִשְׁנָיִם, וּתְנוּ אֶת הַחֲצִי לְאַחַת וְאֶת הַחֲצִי לְאֶחָת:
(ג, כה)

ננסה (במאמץ לא קטן) להתעלם מפסק הדין ה'מופרך' של שלמה, המניח שאפשר לחלק ילד, כשם שאפשר לחלק שדה או טלית. פשוט לכולנו, שחלוקת ילד לשניים לא תיתן בידי כל אחת מהאימהות חצי ילד, אלא חצי גווייה. אם נתעלם לשעה קלה מפרכה זו, שלמה קבע דין חלוקה במקרה של ספק בין שני טוענים, כשאין כל דרך לבררו. פסק דין דומה קבע דוד, כאשר פסק לחלק את נחלת שאול בין ציבא, עבד שאול, לבין מפיבושת, בן יהונתן בן שאול. לדוד לא הייתה דרך לברר האם, כדברי ציבא, מפיבושת אכן בגד בו בזמן מרד אבשלום, או שציבא מעליל על מפיבושת שלא בצדק:

וַיֹּאמֶר לוֹ הַמֶּלֶךְ, לָמָּה תְּדַבֵּר עוֹד דְּבָרֶיךָ, אָמַרְתִּי, אַתָּה וְצִיבָא תַּחְלְקוּ אֶת הַשָּׂדֶה:
(שמ״ב יט, ל)

זהו פסק דין המבוסס על פשרה, כשלשופט אין דרך הגיונית להכריע.[2] נבהיר דין זה דרך סוגיה בש"ס:

> איתמר: שני שטרות היוצאים ביום אחד – רב אמר: חולקין, ושמואל אמר: שודא דדייני.

(כתובות צד ע"א)

נבאר בקצרה: אדם זיכה במתנה את שדהו ביום אחד לשני בני אדם בשני שטרות, ואין דרך לדעת, למי נמסר השטר בראשונה (שהרי מי שקיבל ראשון את השטר, הוא הזוכה במתנה). הדיינים מצויים בספק, שאין דרך לפותרו. רב מציע חלוקה, וזוהי הפשרה שדיברנו עליה בשדה שאול ובמשפט המופרך של שלמה. האמורא שמואל הציע הצעה שונה: הדיינים יחליטו על פי שיקול דעתם, גם אם אין להחלטתם גיבוי הגיוני או הלכתי. למעשה, נותן שמואל בידי הדיינים סמכויות ודינים של מלך, ששיקול דעתו הוא הקובע את הדין. ניתן לצמצם מאוד את מחלוקתם של רב ושמואל, משום שמסתבר מאוד, ששיקול דעתו של הדיין, ה'מלך' כביכול, יהיה, באין הכרעה הגיונית אחרת – יחלוקו.

ד. חוכמת אלוהים

> וַיִּשְׁמְעוּ כָל יִשְׂרָאֵל אֶת הַמִּשְׁפָּט, אֲשֶׁר שָׁפַט הַמֶּלֶךְ, וַיִּרְאוּ מִפְּנֵי הַמֶּלֶךְ, כִּי רָאוּ כִּי חָכְמַת אֱלֹהִים בְּקִרְבּוֹ לַעֲשׂוֹת מִשְׁפָּט:

(ג, כח)

מהדין העקרוני בסוגיית 'יחלוקו' כדין של פשרה נשוב לענייננו, כאשר לפנינו תינוק חי, שלא יעלה על הדעת לחלקו לשניים. מבט מציאותי על בית דינו של שלמה מעלה כמה שאלות:

2. בסוגיה המפורסמת שבה נאמר דין 'יחלוקו' בטלית ששניים אוחזים בה, לדעת רבנו תם, החלוקה נובעת מדיני 'המוציא מחברו עליו הראיה' וחזקת 'כל מה שתחת ידו של אדם שלו', שהרי כל אחד מן השניים נחשב כמוחזק במחציתה. דעת ריב"א, מבעלי התוספות, שהחלוקה מבוססת על פשרה, הדומה לדין שהזכרנו בדוד (ראו בבא בתרא לד ע"ב, תוד"ה 'ההוא ארבא').

א. האומנם האמין מאן דהו מגורמי המשפט או מקהל הצופים, ששלמה מתכוון ברצינות לחתוך את הילד כדי לעשות 'צדק' בין שתי הנשים?!

ב. איך נפלה האֵם המשקרת במלכודת כה פשוטה וצפויה, בעת שאמרה: גַּם לִי גַם לָךְ לֹא יִהְיֶה, גְּזֹרוּ?! כיצד לא הבינה, שלמעשה היא מצהירה לעיני כל הצופים, שהיא איננה אימו של הילד?!

ג. אם אכן הייתה האֵם המשקרת אישה כה פתיה, ושלמה פסק שיריבתה היא האֵם האמיתית – איך נוכחו כל ישראל לדעת, שחָכְמַת אֱלֹהִים בְּקִרְבּוֹ לַעֲשׂוֹת מִשְׁפָּט? והרי אין פתרון פשוט מכך! האומנם כל חוכמתו הייתה במלכודת הפשוטה שטמן לה, ושהוא הימר שתצליח?!

אפשר שנוכל להניח, שהמקרא סיפר לנו רק את המסקנה מן המעשה, ולא את הדרמה שהתרחשה שם. אפשר, ששלמה פתח בנאום קשה על הילד, שכנראה נולד בטעות, כתוצאה מזנותה של אימו.[3] אביו לא היה ידוע, ולא היו כלים לדעת מי אימו האמיתית. הוא עתיד לגדול כנער מופקר ופושע, שיהיה נֵטל על החברה, ואולי עדיף להיפטר ממנו כבר כעת. משהו מעין זה מוכר לנו מספרטה העתיקה, והיפטרות מילדים לא רצויים הייתה נהוגה גם במדינות אחרות בעולם העתיק, ונמשכה עד ימינו בארצות מסוימות, בעיקר בילדים שנולדו עם מום קשה. שלמה סיים את נאומו בלעג, שאחרי שהילד יומת, הוא אכן יחולק בין שתי האימהות.[4]

הצופים במשפט היו מזועזעים, וחמלו על התינוק הרך. הם ודאי לא אהבו את משפטו של שלמה, המחדיר לירושלים את תרבות הגויים, אך הם שתקו וקיבלו את הדין, משום שכאמור, דין שכזה כלפי ילד בלתי רצוי היה מוכר בעולם. האֵם האמיתית הייתה נחושה להציל את ילדהּ מגזר הדין הדרקוני, והודתה בפה מלא ששיקרה, ושהילד שייך ליריבתה, לאֵם המשקרת. היא עשתה זאת כדי להצילו, והקהל נשם לרווחה, כאשר בעקבות הודאתה הילד ניצל, וניתן לאימו ה'אמיתית', כביכול. שלמה פזל קלות אל עבר האֵם השנייה, ששתקה, והבחין בחיוך הקל בשפתיה בעת שהכריז על הריגת התינוק; איש לא הבחין בכך מלבד שלמה. כאמור, הקהל ציפה שהילד יינתן לאֵם המשקרת, אך שלמה הפך את הקערה על פיה, ומסר את הילד

3. בשערי אשקלון מצאו בית קברות עתיק, שטמונים בו כמאה ועשרים ילדים, שהומתו כשהם בני יומם ליד שוק הזונות העתיק של העיר. וד"ל.

4. מבחינה למדנית, אם נשוב לסוגיית 'שניים אוחזים בטלית' שעסקנו בה קודם, הפסק שהציע שלמה מקביל לפסק שהגמרא מציעה, שהטלית תהיה מונחת עד שיבוא אליהו, כלומר, איש לא יזכה בה, כדי שאנשים לא ילמדו לשקר. גם כאן על פי פסקו הראשון של שלמה, אף לא אחת מן האימהות תזכה בילד.

לאֵם שהודתה ששיקרה, כביכול. הקהל הבין, והריע למלך הצעיר, שחָכְמַת אֱלֹהִים בְּקִרְבּוֹ לַעֲשׂוֹת מִשְׁפָּט.

ה. שיטת הראי"ה קוק

הראי"ה הבין את המעשה שלפנינו בדרך לא שגרתית, והיא ראויה לתשומת לב רבה. הראי"ה לא בא לפרש את המקרה שלפנינו, אך הוא השתמש במסקנה העולה ממנו לראייתו הציבורית הרחבה. נביא את דבריו בקצרה, ונסמוך על המְעיין:

> ... אלה הכתות[5] יחדיו הִנן בזה במדרגת שתים נשים זונות שבאו אל שלמה... גַּם לִי גַּם לָךְ לֹא יִהְיֶה, גְּזֹרוּ. והאֵם הרחמניה, אֵם האמת, אומרת: תְּנוּ לָהּ אֶת הַיָּלוּד הַחַי, וְהָמֵת אַל תְּמִיתֻהוּ. ורוח הקודש צווחת ואומרת: תְּנוּ לָהּ אֶת הַיָּלוּד הַחַי... הִיא אִמּוֹ.

מההקשר הכללי של דבריו עולה ביקורת קשה גם על 'אֵם האמת', שאינה אלא זונה, שבנה נולד לה בטעות, והיא מסתפקת בחמלתה הטבעית על התינוק ועל חייו, ומוכנה לשם כך להפקיר את עתידו ואת ייעודו. האם האמיתית, המיוצגת במשל על ידי רוח הקודש, אילו הייתה נוכחת במעשה, הייתה מזנקת בכל כוחה הדל, נוטלת בכוח את בנה, מסוככת עליו בשארית כוחותיה, ומכריזה שהוא בְּנה ורק היא תגדל אותו.[6]

5. הראי"ה דן (מבלי לנקוב בשמן) בתנועת 'אגודת ישראל' ובתנועת 'המזרחי' וביחסן לתנועות הציבוריות החילוניות, שפעלו לא מעט להשכיח את תורת ישראל ואת קיומה. לדבריו, התינוק הוא עם ישראל השלם. 'אגודת ישראל', האם הראויה להידחות, כלשונו, צועקת 'גזורו', כלומר, יש לפלג בשם התורה וכבודה את עם ישראל לשניים: לנאמנים לתורת ישראל ולירִיביהם. 'אם האמת' שילדה את התינוק, 'המזרחי', חומלת על חיי התינוק, ולמען השלום והמשך קיומו של עם ישראל כעם אחד, מוכנה בדיעבד להשלים עם הנהגתו של העם בידי החילונים, עוקרי התורה. הראי"ה מתנגד לשתי התנועות, וסמוך להצהרת בלפור הקים את תנועת 'דגל ירושלים', שאמורה הייתה לשאת את הרעיון שהוא דיבר בשמו – שלום עם כולם, אך מאבק ללא פשרות למען הופעת שם ה' על התנועה הציונית ורעיונותיה. התנועה לא החזיקה מעמד זמן רב.

6. ננסה להוסיף אפשרות זו לדיון המשפטי בסוגיית ספקות, שהבאנו לעיל (בבא מציעא דפים ב-ג ובבא בתרא דפים לד-לה). עסקנו ב'יחלוקו', ב'שודא דדייני' וב'יהא מונח עד שיבוא אליהו'. מדברי הראי"ה עולה אפשרות רביעית להכרעה מצד האם האמיתית: לחטוף את הילד ולגונן עליו – 'כל דאלים גבר'. הרא"ש אכן מבאר פסק זה, שחכמים סמכו על מי שהחפץ שלו, שימסור נפשו עליו ולא יוותר, 'עד טיפת הדם האחרונה'. נוכל לסכם ולומר, שכל האפשרויות בסוגיית ספיקות כבר עלו במעשה שתי הנשים אצל המלך שלמה.

במעשה שלפנינו שלמה ייצג את האֵם האמיתית, ולא אימו הביולוגית, שהייתה מוכנה בדיעבד לוותר עליו, ובלבד שיחיה.[7]

7. לא אכלא עֵטי מִדָּבר נאה נוסף ששמעתי מאלופי ומיודעי הרב אהרון פרידמן יצ"ו. כך אומר המדרש על הפטרתנו: "שנאמר: 'אז תבאנה שתים נשים זונות' – רב אמר: רוחות היו, ואידמי (= נדמו) לנשי, ושמואל אמר: זונות ממש היו. ר' בנימין בשם ר' יהודה אמר: יבמות היו, ובאו לפניו לדין" (מדרש תהלים עב, וכמוהו בחילופי שמות בעלי הדעות בשיר השירים רבה ובקהלת רבה).

נראה, ששלוש הדעות שבמדרש על טיבן של הנשים קשורות בלשון החריגה בתחילת הפטרתנו: שְׁתַּיִם נָשִׁים (ולא: שתי נשים). ביטוי זה נזכר במקרא שלוש פעמים. הפעם האחת בפרקנו – ומשמעותו הפשוטה: שתי זונות (כדברי שמואל); הפעם השנייה ביחזקאל (כג, ב): בֶּן אָדָם שְׁתַּיִם נָשִׁים בְּנוֹת אֵם אַחַת הָיוּ, ומשמעותו הפשוטה: קרובות משפחה (כר' בנימין), ושתי הנשים רומזות לרחל וללאה אימותיהן של השבטים; אהלה – אם עשרת השבטים, ואהליבה – אימו של שבט יהודה (ובנימין): וּשְׁמוֹתָן אָהֳלָה הַגְּדוֹלָה וְאָהֳלִיבָה אֲחוֹתָהּ (שם, ד) [ושמא רמז בחלוקת התינוק לשנים להתפלגות הממלכה העתידה להתרחש אחרי שלמה]; הפעם השלישית בזכריה (ה, ט): וָאֶשָּׂא עֵינַי וָאֵרֶא, וְהִנֵּה שְׁתַּיִם נָשִׁים יוֹצְאוֹת, וְרוּחַ בְּכַנְפֵיהֶם, וְלָהֵנָּה כְנָפַיִם כְּכַנְפֵי הַחֲסִידָה, וַתִּשֶּׂאנָה אֶת הָאֵיפָה בֵּין הָאָרֶץ וּבֵין הַשָּׁמָיִם, ומשמעותו הפשוטה: רוחות (כדברי רב).

הפטרת ויגש

לז טו טז וַיְהִי דְבַר־יהוה אֵלַי לֵאמֹר: וְאַתָּה בֶן־אָדָם קַח־לְךָ עֵץ אֶחָד וּכְתֹב עָלָיו לִיהוּדָה יחזק
וְלִבְנֵי יִשְׂרָאֵל חֲבֵרָו וּלְקַח עֵץ אֶחָד וּכְתוֹב עָלָיו לְיוֹסֵף עֵץ אֶפְרַיִם וְכָל־בֵּית
יז יִשְׂרָאֵל חֲבֵרָו: וְקָרַב אֹתָם אֶחָד אֶל־אֶחָד לְךָ לְעֵץ אֶחָד וְהָיוּ לַאֲחָדִים בְּיָדֶךָ:
יח יט וְכַאֲשֶׁר יֹאמְרוּ אֵלֶיךָ בְּנֵי עַמְּךָ לֵאמֹר הֲלוֹא־תַגִּיד לָנוּ מָה־אֵלֶּה לָּךְ: דַּבֵּר אֲלֵהֶם
כֹּה־אָמַר אֲדֹנָי יֱהֹוִה הִנֵּה אֲנִי לֹקֵחַ אֶת־עֵץ יוֹסֵף אֲשֶׁר בְּיַד־אֶפְרַיִם וְשִׁבְטֵי
יִשְׂרָאֵל חֲבֵרָו וְנָתַתִּי אוֹתָם עָלָיו אֶת־עֵץ יְהוּדָה וַעֲשִׂיתִם לְעֵץ אֶחָד וְהָיוּ אֶחָד
כ כא בְּיָדִי: וְהָיוּ הָעֵצִים אֲשֶׁר־תִּכְתֹּב עֲלֵיהֶם בְּיָדְךָ לְעֵינֵיהֶם: וְדַבֵּר אֲלֵיהֶם כֹּה־אָמַר
אֲדֹנָי יֱהֹוִה הִנֵּה אֲנִי לֹקֵחַ אֶת־בְּנֵי יִשְׂרָאֵל מִבֵּין הַגּוֹיִם אֲשֶׁר הָלְכוּ־שָׁם וְקִבַּצְתִּי
כב אֹתָם מִסָּבִיב וְהֵבֵאתִי אוֹתָם אֶל־אַדְמָתָם: וְעָשִׂיתִי אֹתָם לְגוֹי אֶחָד בָּאָרֶץ
בְּהָרֵי יִשְׂרָאֵל וּמֶלֶךְ אֶחָד יִהְיֶה לְכֻלָּם לְמֶלֶךְ וְלֹא יִהְיוּ־עוֹד לִשְׁנֵי גוֹיִם וְלֹא
כג יֵחָצוּ עוֹד לִשְׁתֵּי מַמְלָכוֹת עוֹד: וְלֹא יִטַּמְּאוּ עוֹד בְּגִלּוּלֵיהֶם וּבְשִׁקּוּצֵיהֶם וּבְכֹל
פִּשְׁעֵיהֶם וְהוֹשַׁעְתִּי אֹתָם מִכֹּל מוֹשְׁבֹתֵיהֶם אֲשֶׁר חָטְאוּ בָהֶם וְטִהַרְתִּי אוֹתָם
כד וְהָיוּ־לִי לְעָם וַאֲנִי אֶהְיֶה לָהֶם לֵאלֹהִים: וְעַבְדִּי דָוִד מֶלֶךְ עֲלֵיהֶם וְרוֹעֶה אֶחָד
כה יִהְיֶה לְכֻלָּם וּבְמִשְׁפָּטַי יֵלֵכוּ וְחֻקּוֹתַי יִשְׁמְרוּ וְעָשׂוּ אוֹתָם: וְיָשְׁבוּ עַל־הָאָרֶץ אֲשֶׁר
נָתַתִּי לְעַבְדִּי לְיַעֲקֹב אֲשֶׁר יָשְׁבוּ־בָהּ אֲבוֹתֵיכֶם וְיָשְׁבוּ עָלֶיהָ הֵמָּה וּבְנֵיהֶם וּבְנֵי
כו בְנֵיהֶם עַד־עוֹלָם וְדָוִד עַבְדִּי נָשִׂיא לָהֶם לְעוֹלָם: וְכָרַתִּי לָהֶם בְּרִית שָׁלוֹם בְּרִית
עוֹלָם יִהְיֶה אוֹתָם וּנְתַתִּים וְהִרְבֵּיתִי אוֹתָם וְנָתַתִּי אֶת־מִקְדָּשִׁי בְּתוֹכָם לְעוֹלָם:
כז כח וְהָיָה מִשְׁכָּנִי עֲלֵיהֶם וְהָיִיתִי לָהֶם לֵאלֹהִים וְהֵמָּה יִהְיוּ־לִי לְעָם: וְיָדְעוּ הַגּוֹיִם כִּי
אֲנִי יהוה מְקַדֵּשׁ אֶת־יִשְׂרָאֵל בִּהְיוֹת מִקְדָּשִׁי בְּתוֹכָם לְעוֹלָם:

א. רקע

חציו הראשון של ספר יחזקאל (עד פרק כד) מכיל נבואות חורבן קשות, העוסקות בהידרדרות הדתית והמוסרית של ממלכת יהודה בימי צדקיהו, המלך האחרון, ובחורבן העתיד לבוא עליה. החלק הבא של ספר יחזקאל (פרקים כה-לב) מכיל נבואות זעם על העמים השכנים – מצרים, צור וצידון, עמון ומואב, אדום ופלשתים – ששמחו לאידם של ישראל בעת חורבנם, ולא עמדו בהבטחתם להושיט להם עזרה. בפרק לג מתבשר הנביא על חורבנה של ירושלים, ובפרק לד, דווקא בעת החורבן הנורא, פותח יחזקאל בנבואות גאולה, העוסקות בבניין ירושלים והמקדש, והן נמשכות עד סוף הספר. בתחילת פרקנו (לז) מופיעה נבואת העצמות היבשות – העצמות הפזורות על פני הבקעה, קמו בחזון הנביא והיו לאנשים, וביטאו בכך את תחיית המתים שתזכה לה האומה הקמה מעפרה, ומתקבצת מן הגלות אל ארץ ייעודה, ארץ ה׳.

מייד אחרי נבואת העצמות היבשות באה נבואתנו – חיבור עץ יוסף לעץ יהודה. סמיכות זו מרמזת על כך, שהעצמות היבשות הן כנראה עשרת שבטי ממלכת ישראל, שגלו קרוב למאה וחמישים שנה לפני חורבן ירושלים, ובימי יחזקאל אכן היו הן כעצמות היבשות והפזורות.[1] הגולים בימי יהויכין, שגלו בָּבֶלָה אחת עשרה שנה קודם חורבן ירושלים, הקימו קהילות יהודיות מסודרות (בעיקר בעיר נהרדעא), שם הם יכלו להמשיך את מורשת התורה ומורשת האומה, ולְצַפּוֹת יחדיו לשיבת ציון שהובטחה על ידי הנביאים. לעומתם, גולי עשרת השבטים, כנראה, התקשו להקים קהילות בעלות תודעת ציפייה לשיבת ציון, והם התערו בגויים. הגמרא דנה בשאלה, אם יש לחשוש שמא הגויים המצויים בערים שעשרת השבטים גלו אליהן, הם צאצאי יהודים. ואומרים על כך האמוראים:

דאמר רבי אבא בר כהנא: [וַיֶּגֶל מֶלֶךְ אַשּׁוּר אֶת יִשְׂרָאֵל אַשּׁוּרָה] וַיַּנְחֵם בַּחְלַח וּבְחָבוֹר נְהַר גּוֹזָן וְעָרֵי מָדָי (מל״ב יח, יא) – חֲלַח זה חלזון, וְחָבוֹר זו חדייב, נְהַר גּוֹזָן זו גינזק, וְעָרֵי מָדָי זו חמדן וחברותיה... גמירי דבנתא דההוא דרא איצטרויי אצטרו. איכא דאמרי: כי אמריתה קמיה דשמואל,[2] אמר לי: לא זזו משם עד שעשאום עובדי כוכבים גמורים, שנאמר (הושע ה, ז): בַּה׳ בָּגָדוּ, כִּי בָנִים זָרִים יָלָדוּ.

(יבמות טז ע״ב – יז ע״א)

1. סברה זו למדתי ממו״ר הרב יואל בן נון.
2. תרגום חופשי: למדנו שבנות אותו הדור, נבקע רחמן ולא ילדו. יש אומרים, כשאמרתי זאת לפני שמואל...

מן התלמוד עולה המסקנה, שבני עשרת השבטים אינם יהודים כלל: הבנים היהודים נשאו נשים נוכריות, ובניהם גויים, והבנות היהודיות נעקרו ולא ילדו, וגם אם ילדו – כבר לא הייתה לבניהן כל תודעה יהודית, ודינם כגויים גמורים. למרות זאת מבשר יחזקאל, שאותם שרידי יהודים עתידים לשוב ליהדותם ולארצם, ובכך יתקיים הפלא הגדול, פלא של תחיית המתים, של גולים נידחים, השבים לעמם ולארצם.

ב. הנבואה שבהפטרתנו

נבואתנו מתארת את שבטי ישראל, המקובצים תחת דגל יוֹסֵף עֵץ אֶפְרַיִם וְכָל בֵּית יִשְׂרָאֵל חֲבֵרָו, ואת חיבורם בעת הגאולה עם שבט יהודה וההולכים עימו: בנימין, שמעון, עיקר שבט לוי ורבים אחרים, שנטשו את ממלכת אפרים ועברו לירושלים לפני חורבן שומרון.

החיבור בין חלקי העם בא לידי ביטוי בחיבורם של שני העצים, שהנביא מחזיק בידו. מעשה הנביא עשוי להתפרש כמעשה נַגָּר, המחבר שני קרשים בדבק, במסמרים, בקשירה או בדרך אחרת. אנו נעדיף לומר, שהנביא עשה כמעשה נוטע עצים, המרכיב יחדיו שני עצים, כַּנָּה ורוֹכֵב, המתמזגים בצמיחה חיה לעץ אחד.[3] הרכבת עצים מוכרת לנו מהלכות כלאיים, עורלה ועוד, והיא נעשית באמצעות נקיבת חור בגזע כָּרוּת של עץ חזק וחסון ו'שתילת' ענף רך של עץ עדין יותר בחוֹר שבגזע הכרות. הענף העדין מכה שורשים בגזע העב והחסון. התוצאה המתקבלת היא עץ המשלב את יתרונותיהם של שני מרכיביו: הוא חסון ועמיד בפני פגעי הטבע, ופירותיו יפים, עדינים, רכים וטעימים כענפי הענף הרך ש'נשתל' בגזע החסון.

הגזע העבה והכָּרוּת, בעל עוצמת החיים אך נטול הפירות, הוא מָשל לממלכת ישראל. היא נקראה בנביאים על שם אפרים, שהיה השבט החזק והעקשן בין השבטים, ובדרך כלל הוא שהחזיק בשלטון בממלכת שומרון. ממלכת ישראל הייתה ברוב התקופה הממלכה החזקה יותר, אך בעקבות ריחוקה מירושלים ומהמקדש היא הייתה רחוקה יותר מקדושה, מתורה וממצוות. הענף העדין הוא ממלכת יהודה, שבימיה הטובים הניבה פירות יפים בזכות הקשר לירושלים ולמקדש, אך שורשיה היו דלים בשל מיעוט שבטיה.

בדורותינו מקובל לקשור משל זה לשיבת ציון שבימינו, ול'הרכבה' בין הציונות החילונית, שהתבססה במידה מסוימת על 'יהדות השרידים' העיקשת והאמיצה, ובין יהדות התורה והמסורת, שהייתה בתחילתה עדינה יותר, חלשה ואפילו מפוחדת, אך

3. כך פירש בהרחבה גם מו"ר חנן פורת נ"ע (בספרו 'מעט מן האור – בראשית' [ישראל תשס"ח], עמ' 375–377), ודברי פי חכם חן.

בעלת תכנים ברורים של קדושה וקשר לה' אלוהי אבותינו ולתורתו. על בסיס רעיון דומה, כנראה, כתב הראי"ה קוק את מאמרו 'המספד בירושלים' – הספד על מותו של בנימין זאב הרצל. הוא ראה בהרצל מעין 'משיח בן יוסף' חילוני (דוגמת אחאב), הנטוע באדמת הקודש, ועל גביו צריך לעלות משיח בן דוד (דוגמת יאשיהו), שראשו מגיע השמיימה והוא עוסק בתורה, בקדושה ובזיקה לאבינו שבשמיים.[4]

חיבור נוסף בין יוסף ליהודה בנבואתנו הוא הביטוי הכפול ביחס למקום השכינה (כו-כז):

> ... וְנָתַתִּי אֶת מִקְדָּשִׁי בְּתוֹכָם לְעוֹלָם: וְהָיָה מִשְׁכָּנִי עֲלֵיהֶם, וְהָיִיתִי לָהֶם לֵאלֹהִים, וְהֵמָּה יִהְיוּ לִי לְעָם:

המשכן שכן בנחלת יוסף, בשילה, והוא מבטא את בכורתו של יוסף, ואילו המקדש מבטא את יהודה ובנימין ואת העיר שחיברה אותם – ירושלים.

ג. הקשר בין הפרשה להפטרה

פרשתנו פותחת בעימות הקשה בין יוסף ליהודה, שהחל עוד ביוזמת יהודה למכור את יוסף לעבד. בפרשתנו, בוויכוח על גורלו של בנימין, נראה שידו של יוסף, המשנה למלך, על העליונה. אולם חז"ל ראו זאת בצורה שונה, והציגו את הוויכוח כעימות חריף בין שני בעלי עוצמה, ולא כעימות בין שליט רב עוצמה לגֵר העומד מולו חסר אונים:

> אמר לו יהודה: אני צובע כל שוקים שבמצרים בדם. אמר לו יוסף: צבעים הייתם מימיכם, שצבעתם כתונת יוסף אחיכם בדם.

(מדרש ילמדנו בראשית קעו)

העימות מסתיים בפיוס ובהתוודעות יוסף אל אחיו. גם ממסירות נפשו של יהודה על בנימין וגם מהתוודעות יוסף אל אחיו עולה, שדמותו של האב הזקן מרחפת מעל הפיוס:

> ... וְהוֹרִידוּ עֲבָדֶיךָ אֶת שֵׂיבַת עַבְדְּךָ אָבִינוּ בְּיָגוֹן שְׁאֹלָה: כִּי עַבְדְּךָ עָרַב אֶת הַנַּעַר מֵעִם אָבִי לֵאמֹר, אִם לֹא אֲבִיאֶנּוּ אֵלֶיךָ, וְחָטָאתִי לְאָבִי כָּל הַיָּמִים... כִּי אֵיךְ אֶעֱלֶה

4. בימינו אלו ממש המושגים 'יהדות' מול 'ישראליות' מקבילים לדברינו כאן על 'יהודה' ו'ישראל'.

אֶל אָבִי, וְהַנַּעַר אֵינֶנּוּ אִתִּי, פֶּן אֶרְאֶה בָרָע, אֲשֶׁר יִמְצָא אֶת אָבִי: וַיֹּאמֶר יוֹסֵף אֶל אֶחָיו, אֲנִי יוֹסֵף, הַעוֹד אָבִי חָי...

(בראשית מד, לא-לד; מה, ג)

נביאים רבים ראו בפילוג הממלכה בין יוסף ליהודה בימי ירבעם ורחבעם את שורש הרע והחורבן לאורך ימים. בדור ההתפלגות, בימי ירבעם, נפלו במלחמה בין השבטים כחצי מיליון איש (דהי"ב יג). בעקבות הפילוג נחלשו שתי הממלכות, גבולותיהן הצטמצמו, והן הפכו לגרורות של מעצמות זרות שצמחו באזור. הנביאים תיארו את הגאולה, מעֵבר לשיבה לציון, גם כאיחוד מחודש של שבטי ישראל:

אֶפְרַיִם לֹא יְקַנֵּא אֶת יְהוּדָה, וִיהוּדָה לֹא יָצֹר אֶת אֶפְרָיִם:

(ישעיהו יא, יג)

וְנִקְבְּצוּ בְּנֵי יְהוּדָה וּבְנֵי יִשְׂרָאֵל יַחְדָּו, וְשָׂמוּ לָהֶם רֹאשׁ אֶחָד וְעָלוּ מִן הָאָרֶץ, כִּי גָדוֹל יוֹם יִזְרְעֶאל:

(הושע ב, ב)

בַּיָּמִים הָהֵמָּה יֵלְכוּ בֵית יְהוּדָה עַל בֵּית יִשְׂרָאֵל, וְיָבֹאוּ יַחְדָּו מֵאֶרֶץ צָפוֹן, עַל הָאָרֶץ אֲשֶׁר הִנְחַלְתִּי אֶת אֲבוֹתֵיכֶם:

(ירמיהו ד, יח)

כך רואה זאת גם יחזקאל בהפטרתנו, וכך יהיה סדר הגאולה לפי נבואתו: אחרי קיבוץ הגלויות ושיבת ציון תכוֹנן מלכות ישראל, שעיקרה איחוד שבטי ישראל אל תחת מלך אחד. רק אחר כך יבואו הטהרה, ביעור העבודה הזרה, קבלת אלוהותו של ה' יתברך וקיום חוקיו ומשפטיו. אחר כך יזכו ישראל לישיבה נצחית בארץ, ברית עם הקב"ה ובניין המקדש, וכך יתקדש שמו של ה' לעיני כל הגויים בראותם את ישראל עמו ואת מקדשו השוכן בתוכם.

הפטרת ויחי

מלכים א׳

ב א ב וַיִּקְרְבוּ יְמֵי־דָוִד לָמוּת וַיְצַו אֶת־שְׁלֹמֹה בְנוֹ לֵאמֹר׃ אָנֹכִי הֹלֵךְ בְּדֶרֶךְ כָּל־הָאָרֶץ
ג וְחָזַקְתָּ וְהָיִיתָ לְאִישׁ׃ וְשָׁמַרְתָּ אֶת־מִשְׁמֶרֶת יהוה אֱלֹהֶיךָ לָלֶכֶת בִּדְרָכָיו לִשְׁמֹר
חֻקֹּתָיו מִצְוֺתָיו וּמִשְׁפָּטָיו וְעֵדְוֺתָיו כַּכָּתוּב בְּתוֹרַת מֹשֶׁה לְמַעַן תַּשְׂכִּיל אֵת כָּל־
ד אֲשֶׁר תַּעֲשֶׂה וְאֵת כָּל־אֲשֶׁר תִּפְנֶה שָׁם׃ לְמַעַן יָקִים יהוה אֶת־דְּבָרוֹ אֲשֶׁר דִּבֶּר
עָלַי לֵאמֹר אִם־יִשְׁמְרוּ בָנֶיךָ אֶת־דַּרְכָּם לָלֶכֶת לְפָנַי בֶּאֱמֶת בְּכָל־לְבָבָם וּבְכָל־
ה נַפְשָׁם לֵאמֹר לֹא־יִכָּרֵת לְךָ אִישׁ מֵעַל כִּסֵּא יִשְׂרָאֵל׃ וְגַם אַתָּה יָדַעְתָּ אֵת אֲשֶׁר־
עָשָׂה לִי יוֹאָב בֶּן־צְרוּיָה אֲשֶׁר עָשָׂה לִשְׁנֵי־שָׂרֵי צִבְאוֹת יִשְׂרָאֵל לְאַבְנֵר בֶּן־נֵר
וְלַעֲמָשָׂא בֶן־יֶתֶר וַיַּהַרְגֵם וַיָּשֶׂם דְּמֵי־מִלְחָמָה בְּשָׁלֹם וַיִּתֵּן דְּמֵי מִלְחָמָה בַּחֲגֹרָתוֹ
ו אֲשֶׁר בְּמָתְנָיו וּבְנַעֲלוֹ אֲשֶׁר בְּרַגְלָיו׃ וְעָשִׂיתָ כְּחָכְמָתֶךָ וְלֹא־תוֹרֵד שֵׂיבָתוֹ בְּשָׁלֹם
ז שְׁאֹל׃ וְלִבְנֵי בַרְזִלַּי הַגִּלְעָדִי תַּעֲשֶׂה־חֶסֶד וְהָיוּ בְּאֹכְלֵי שֻׁלְחָנֶךָ כִּי־כֵן
ח קָרְבוּ אֵלַי בְּבָרְחִי מִפְּנֵי אַבְשָׁלוֹם אָחִיךָ׃ וְהִנֵּה עִמְּךָ שִׁמְעִי בֶן־גֵּרָא בֶן־הַיְמִינִי
מִבַּחֻרִים וְהוּא קִלְלַנִי קְלָלָה נִמְרֶצֶת בְּיוֹם לֶכְתִּי מַחֲנָיִם וְהוּא־יָרַד לִקְרָאתִי
ט הַיַּרְדֵּן וָאֶשָּׁבַע לוֹ בַיהוה לֵאמֹר אִם־אֲמִיתְךָ בֶּחָרֶב׃ וְעַתָּה אַל־תְּנַקֵּהוּ כִּי
אִישׁ חָכָם אָתָּה וְיָדַעְתָּ אֵת אֲשֶׁר תַּעֲשֶׂה־לּוֹ וְהוֹרַדְתָּ אֶת־שֵׂיבָתוֹ בְּדָם שְׁאוֹל׃
י יא וַיִּשְׁכַּב דָּוִד עִם־אֲבֹתָיו וַיִּקָּבֵר בְּעִיר דָּוִד׃ וְהַיָּמִים אֲשֶׁר מָלַךְ דָּוִד
עַל־יִשְׂרָאֵל אַרְבָּעִים שָׁנָה בְּחֶבְרוֹן מָלַךְ שֶׁבַע שָׁנִים וּבִירוּשָׁלַםִ מָלַךְ שְׁלֹשִׁים
יב וְשָׁלֹשׁ שָׁנִים׃ וּשְׁלֹמֹה יָשַׁב עַל־כִּסֵּא דָּוִד אָבִיו וַתִּכֹּן מַלְכֻתוֹ מְאֹד׃

א. הקשר בין הפרשה להפטרה

לעתים ההפטרה קשורה לפרשה בקשר מילולי צורני בלבד, אף שאין בו קשר תוכני של ממש, כפי שנראה גם כשנעסוק בהפטרת פרשת שמות בע"ה.[1] הפטרתנו פותחת במילים וַיִּקְרְבוּ יְמֵי דָוִד לָמוּת, כפתיחת הפרשה – וַיִּקְרְבוּ יְמֵי יִשְׂרָאֵל לָמוּת, אך קיים גם קשר תוכני – צוואתו של יעקב לבניו ערב מותו, ומולה צוואתו של דוד לשלמה בנו ערב מותו. הצוואות כוללות את קריאת שם ה' על הבן היורש: בפרשה – על אפרים ומנשה בני יוסף, ובהפטרה – על שלמה, בתנאי שישמור את מצוות ה'. הן כוללות גם גמול טוב וגמול פחות טוב לאישים שונים: הגמול ליהודה וליוסף על מעשיהם הטובים בצוואת יעקב, והגמול לבני ברזִלַּי הגלעדי בצוואת דוד. ומנגד – הגמול לראובן, שמעון ולוי בצוואת יעקב, והגמול ליואב ולשמעי בן גרא בצוואת דוד. ההפטרה מסיימת במות דוד ובמספר שנות מלכותו, כדרך שהפרשה מספרת על מות יעקב ומספר שנותיו.

ב. האם מלכות בית דוד תלויה במעשיהם הטובים של המלכים?

במקומות לא מעטים נזכר, שדוד מחנך את שלמה בנו ליראת ה' ולקיום מצוותיו, כדי שיהיה ראוי לבנות את מקדש ה'.[2] נביא דוגמה:

> וְאַתָּה שְׁלֹמֹה בְנִי, דַּע אֶת אֱלֹהֵי אָבִיךָ וְעָבְדֵהוּ בְּלֵב שָׁלֵם וּבְנֶפֶשׁ חֲפֵצָה, כִּי כָל לְבָבוֹת דּוֹרֵשׁ ה', וְכָל יֵצֶר מַחֲשָׁבוֹת מֵבִין, אִם תִּדְרְשֶׁנּוּ יִמָּצֵא לָךְ, וְאִם תַּעַזְבֶנּוּ יַזְנִיחֲךָ לָעַד: רְאֵה עַתָּה, כִּי ה' בָּחַר בְּךָ לִבְנוֹת בַּיִת לַמִּקְדָּשׁ, חֲזַק וַעֲשֵׂה:
> (דהי"א כח, ט-י)

אולם מפרקנו עולה, שעל שלמה לשמור את מצוות ה' גם כדי שה' יקים את דברו על המשכת מלכות בית דוד, ונראה, שאם שלמה יסור מדרך ה' – המלוכה עלולה להיפסק מזרעו של דוד. דבר זה נוגד, לכאורה, את נבואת נתן:

> כִּי יִמְלְאוּ יָמֶיךָ, וְשָׁכַבְתָּ אֶת אֲבֹתֶיךָ, וַהֲקִימֹתִי אֶת זַרְעֲךָ אַחֲרֶיךָ אֲשֶׁר יֵצֵא מִמֵּעֶיךָ,

1. כידוע, מנהגנו לסיים את כל התורה במשך שנה אחת (בשמיני עצרת) הוא מנהג בבל. מנהג ארץ ישראל היה שונה, והם סיימו את התורה פעמיים בשבע שנים (וראו רמב"ם הלכות תפילה יג, א). מרשימת ההפטרות של בני ארץ ישראל שהגיעו לידינו עולה, שבחירת ההפטרות על פי מנהג זה התמקדה בעיקר על לשונות דומים, ולאו דווקא על קשר תוכני.
2. עסקנו בכך בדברינו על הפטרת חיי שרה.

וַהֲכִינֹתִי אֶת מַמְלַכְתּוֹ: הוּא יִבְנֶה בַּיִת לִשְׁמִי, וְכֹנַנְתִּי אֶת כִּסֵּא מַמְלַכְתּוֹ עַד עוֹלָם: אֲנִי אֶהְיֶה לּוֹ לְאָב, וְהוּא יִהְיֶה לִּי לְבֵן, אֲשֶׁר בְּהַעֲוֺתוֹ וְהֹכַחְתִּיו בְּשֵׁבֶט אֲנָשִׁים וּבְנִגְעֵי בְּנֵי אָדָם: וְחַסְדִּי לֹא יָסוּר מִמֶּנּוּ, כַּאֲשֶׁר הֲסִרֹתִי מֵעִם שָׁאוּל, אֲשֶׁר הֲסִרֹתִי מִלְּפָנֶיךָ: וְנֶאְמַן בֵּיתְךָ וּמַמְלַכְתְּךָ עַד עוֹלָם לְפָנֶיךָ, כִּסְאֲךָ יִהְיֶה נָכוֹן עַד עוֹלָם:
(שמ"ב ז, יב-טז)

מנבואת נתן משתמע, שהמשך מלכות בית דוד אינו מותנה במעשיהם של המלכים, אף שייענשו על מעשיהם הרעים. כך עולה גם מנבואת ירמיהו ומשירת איתן האזרחי בתהלים:

כֹּה אָמַר ה', אִם תָּפֵרוּ אֶת בְּרִיתִי הַיּוֹם וְאֶת בְּרִיתִי הַלָּיְלָה וּלְבִלְתִּי הֱיוֹת יוֹמָם וָלַיְלָה בְּעִתָּם: גַּם בְּרִיתִי תֻפַר אֶת דָּוִד עַבְדִּי, מִהְיוֹת לוֹ בֵן מֹלֵךְ עַל כִּסְאוֹ, וְאֶת הַלְוִיִּם הַכֹּהֲנִים מְשָׁרְתָי... כֹּה אָמַר ה', אִם לֹא בְרִיתִי יוֹמָם וָלָיְלָה, חֻקּוֹת שָׁמַיִם וָאָרֶץ לֹא שָׂמְתִּי: גַּם זֶרַע יַעֲקוֹב וְדָוִד עַבְדִּי אֶמְאַס מִקַּחַת מִזַּרְעוֹ מֹשְׁלִים אֶל זֶרַע אַבְרָהָם יִשְׂחָק וְיַעֲקֹב...
(ירמיהו לג, כ-כו)

מָצָאתִי דָּוִד עַבְדִּי בְּשֶׁמֶן קָדְשִׁי מְשַׁחְתִּיו... לְעוֹלָם אֶשְׁמוֹר לוֹ חַסְדִּי, וּבְרִיתִי נֶאֱמֶנֶת לוֹ: וְשַׂמְתִּי לָעַד זַרְעוֹ, וְכִסְאוֹ כִּימֵי שָׁמָיִם: אִם יַעַזְבוּ בָנָיו תּוֹרָתִי, וּבְמִשְׁפָּטַי לֹא יֵלֵכוּן: אִם חֻקֹּתַי יְחַלֵּלוּ, וּמִצְוֺתַי לֹא יִשְׁמֹרוּ: וּפָקַדְתִּי בְשֵׁבֶט פִּשְׁעָם וּבִנְגָעִים עֲוֺנָם: וְחַסְדִּי לֹא אָפִיר מֵעִמּוֹ, וְלֹא אֲשַׁקֵּר בֶּאֱמוּנָתִי: לֹא אֲחַלֵּל בְּרִיתִי, וּמוֹצָא שְׂפָתַי לֹא אֲשַׁנֶּה: אַחַת נִשְׁבַּעְתִּי בְקָדְשִׁי, אִם לְדָוִד אֲכַזֵּב: זַרְעוֹ לְעוֹלָם יִהְיֶה, וְכִסְאוֹ כַשֶּׁמֶשׁ נֶגְדִּי: כְּיָרֵחַ יִכּוֹן עוֹלָם, וְעֵד בַּשַּׁחַק נֶאֱמָן, סֶלָה:
(תהלים פט, כ-לח)

אולם ממקומות אחרים משמע, כעולה מהפטרתנו, שהבטחה זו מותנית במעשי בניו של דוד:

וְעַתָּה ה' אֱלֹהֵי יִשְׂרָאֵל, שְׁמֹר לְעַבְדְּךָ דָוִד אָבִי אֵת אֲשֶׁר דִּבַּרְתָּ לּוֹ, לֵאמֹר לֹא יִכָּרֵת לְךָ אִישׁ מִלְּפָנַי יֹשֵׁב עַל כִּסֵּא יִשְׂרָאֵל, רַק אִם יִשְׁמְרוּ בָנֶיךָ אֶת דַּרְכָּם לָלֶכֶת לְפָנַי, כַּאֲשֶׁר הָלַכְתָּ לְפָנָי:
(ח, כה)

וְאַתָּה, אִם תֵּלֵךְ לְפָנַי, כַּאֲשֶׁר הָלַךְ דָּוִד אָבִיךָ בְּתָם לֵבָב וּבְיֹשֶׁר, לַעֲשׂוֹת

כְּכֹל אֲשֶׁר צִוִּיתִיךָ, חֻקַּי וּמִשְׁפָּטַי תִּשְׁמֹר: וַהֲקִמֹתִי אֶת כִּסֵּא מַמְלַכְתְּךָ עַל יִשְׂרָאֵל לְעֹלָם, כַּאֲשֶׁר דִּבַּרְתִּי עַל דָּוִד אָבִיךָ, לֵאמֹר לֹא יִכָּרֵת לְךָ אִישׁ מֵעַל כִּסֵּא יִשְׂרָאֵל:

(ט, ד-ה)

נִשְׁבַּע ה׳ לְדָוִד, אֱמֶת לֹא יָשׁוּב מִמֶּנָּה, מִפְּרִי בִטְנְךָ אָשִׁית לְכִסֵּא לָךְ: אִם יִשְׁמְרוּ בָנֶיךָ בְּרִיתִי, וְעֵדֹתִי זוֹ אֲלַמְּדֵם, גַּם בְּנֵיהֶם עֲדֵי עַד יֵשְׁבוּ לְכִסֵּא לָךְ:

(תהלים קלב, יא-יב)

נציע שני פתרונות לסתירה שהעלינו. הראשון הוא פתרונו של הרמב״ם:

וכל מי שאין בו יראת שמים, אף על פי שחכמתו מרובה, אין ממנין אותו למינוי מן המינויין שבישראל. כיון שנמשח דוד, זכה בכתר מלכות, והרי המלכות לו ולבניו הזכרים עד עולם, שנאמר (שמ״ב ז, יב-טז): כִּסְאֲךָ יִהְיֶה נָכוֹן עַד עוֹלָם, ולא זכה אלא לכשרים, שנאמר: אִם יִשְׁמְרוּ בָנֶיךָ בְּרִיתִי. אף על פי שלא זכה אלא לכשרים, לא תכָּרת המלוכה מזרע דוד לעולם, הקדוש ברוך הוא הבטיחו בכך, שנאמר: וּפָקַדְתִּי בְשֵׁבֶט פִּשְׁעָם וּבִנְגָעִים עֲוֹנָם: וְחַסְדִּי לֹא אָפִיר מֵעִמּוֹ.

(הלכות מלכים ומלחמותיהם א, ז)

הרמב״ם מבחין בין ההבטחה לרציפות המלכות להבטחה על עתידה הרחוק. ה׳ לא הבטיח את רציפות המלכות ללא תנאי, ודוד לא זכה במלוכה אלא לכשרים בלבד. אם בניו לא יהיו כשרים, חלילה, המלכות עלולה לעבור לשושלת אחרת, או אף למלכי גויים שישלטו בישראל. אך ה׳ הבטיח לדוד, שמלכותו לא תחדל לנצח, וגם אם תיפסק, היא תשוב לקדמותה ביום מן הימים, שלא כשאול, שמלכותו פסקה לנצח. כך אנו רואים גם את גאולת עם ישראל בארצו: חטאים כבדים עלולים למנוע את קיום הבטחת ה׳ לאבות לתת לבניהם את הארץ, והיא אכן עברה לרשות גויים, אך גאולת ישראל תחזור לבסוף למקומה, ועם ישראל ישוב לשמור את הברית עם ה׳ יתברך.

פתרון שני לסתירה עולה מדבריו של הנביא אחיה השילוני, שקרע את הממלכה בצו ה׳ בעקבות מעשיו הרעים של שלמה, שליבו נטה אחר נשיו הנוכריות. פתרון זה מזכיר במידה רבה את דרך הלימוד במידותיו של רבי ישמעאל – ׳שני כתובים המכחישים זה את זה עד שיבוא הכתוב השלישי ויכריע ביניהם׳:

כִּי כֹה אָמַר ה׳ אֱלֹהֵי יִשְׂרָאֵל, הִנְנִי קֹרֵעַ אֶת הַמַּמְלָכָה מִיַּד שְׁלֹמֹה, וְנָתַתִּי לְךָ אֵת עֲשָׂרָה הַשְּׁבָטִים: וְהַשֵּׁבֶט הָאֶחָד יִהְיֶה לּוֹ לְמַעַן עַבְדִּי דָוִד, וּלְמַעַן יְרוּשָׁלִַם הָעִיר

אֲשֶׁר בָּחַרְתִּי בָהּ מִכֹּל שִׁבְטֵי יִשְׂרָאֵל: יַעַן אֲשֶׁר עֲזָבוּנִי, וַיִּשְׁתַּחֲווּ לְעַשְׁתֹּרֶת אֱלֹהֵי צִדֹנִין, לִכְמוֹשׁ אֱלֹהֵי מוֹאָב וּלְמִלְכֹּם אֱלֹהֵי בְנֵי עַמּוֹן, וְלֹא הָלְכוּ בִדְרָכַי לַעֲשׂוֹת הַיָּשָׁר בְּעֵינַי וְחֻקֹּתַי וּמִשְׁפָּטַי כְּדָוִד אָבִיו: וְלֹא אֶקַּח אֶת כָּל הַמַּמְלָכָה מִיָּדוֹ, כִּי נָשִׂיא אֲשִׁתֶנּוּ כֹּל יְמֵי חַיָּיו, לְמַעַן דָּוִד עַבְדִּי אֲשֶׁר בָּחַרְתִּי אֹתוֹ, אֲשֶׁר שָׁמַר מִצְוֹתַי וְחֻקֹּתָי: וְלָקַחְתִּי הַמְּלוּכָה מִיַּד בְּנוֹ, וּנְתַתִּיהָ לְּךָ אֵת עֲשֶׂרֶת הַשְּׁבָטִים: וְלִבְנוֹ אֶתֵּן שֵׁבֶט אֶחָד, לְמַעַן הֱיוֹת נִיר לְדָוִיד עַבְדִּי כָּל הַיָּמִים לְפָנַי בִּירוּשָׁלִַם, הָעִיר אֲשֶׁר בָּחַרְתִּי לִי לָשׂוּם שְׁמִי שָׁם:

(יא, לא-לו)

מנבואת אחיה עולה, שה׳ ישמור את הרצף שהבטיח לדוד, אך רצף זה יתקיים בממלכה קטנה ככל האפשר, בירושלים ובסביבותיה בלבד, בשבטי יהודה ובנימין. בממלכה זו יהיה זרע דוד ׳נשיא׳ בלבד, וזה יהיה ה׳ניר׳ לדוד. הממלכה במלוא עוצמתה, בין נהר מצרים לנהר פרת, תועבר מזרע דוד בגלל חטאיו.

בנוסף לכך, על פי אחיה, יתקיים דבר ה׳ אל נתן, בכך שבנו הישיר של דוד ימלוך עד סוף ימיו, שהרי זה נאמר לדוד במפורש בנבואת נתן. בדור שאחרי שלמה, שעליו לא דיבר נתן במפורש, כבר תקוצץ המלכות, כפי שכתבנו. בדרך זו מתקיימים (בדוחק) שני הכתובים המכחישים זה את זה.

ג. עונשו של יואב

עונשו של יואב בצוואתו של דוד מעלה שלוש שאלות:

א. יואב היה שר הצבא של דוד בימיו הקשים ביותר: בעת שברח משאול, לאחר שהפלשתים ניצחו את צבא שאול בגלבוע, והשתלטו על חלקים גדולים בארץ, בעת שאבנר פילג את הממלכה, והמליך את איש בֹּשֶׁת בן שאול ובעת שבני עמון שכרו את כל צבאות המזרח (אדום, מואב, טוב, מעכה, ארם נהרים, ארם צובא וארם דמשק) להילחם בו. הוא גם השיב את המלוכה לדוד בעת מרד אבשלום. האומנם ייזכרו לו בשעה זו דווקא שני עוונותיו הבודדים, הריגת אבנר והריגת עמשא, על אף שהיו לו סיבות מנומקות להורגם?!

ב. אם היה צורך להרוג את יואב על עבירות אלו – מדוע לא עשה זאת דוד בעיתו ובזמנו, והוא מטיל עתה את המשימה על שלמה בנו?

ג. מה מביא את דוד לעסוק ערב מותו בעיקר בנקמה, כמעט יותר מבכל נושא אחר?

על השאלה הראשונה יש להשיב, שאכן דוד, כל עם ישראל וגם אנחנו חייבים להכיר

טובה ליואב על מפעליו החשובים לכיבוש ירושלים ולתקומת מלכות ישראל תחת שלטונו של דוד מלכנו. ברבים ממדרשיהם מתארים חז"ל את יואב באופן חיובי וטוב. אולם על דבר דומה ניבא יחזקאל:

וּבְשׁוּב צַדִּיק מִצִּדְקָתוֹ וְעָשָׂה עָוֶל, כְּכֹל הַתּוֹעֵבוֹת אֲשֶׁר עָשָׂה הָרָשָׁע יַעֲשֶׂה וָחָי, כָּל צִדְקֹתָו אֲשֶׁר עָשָׂה לֹא תִזָּכַרְנָה, בְּמַעֲלוֹ אֲשֶׁר מָעַל וּבְחַטָּאתוֹ אֲשֶׁר חָטָא, בָּם יָמוּת:[3]
(יחזקאל יח, כד)

יואב הצדיק מסר נפשו על ישועת ישראל, וזכויותיו תעמודנה לו לקבל עליהן את שכרו בעולם הזה ובעולם הבא, אך על חטאיו הוא ייתן את הדין כפשוטי העם וככל האדם.

הנביא (שמ"ב ג, כב-ל) מותיר אותנו, הקוראים, בספק: האם הריגת אבנר הייתה פשע, ונבעה מרצונו של יואב לשמור על תפקידו כשר צבא דוד ולמנוע את העברת התפקיד לאבנר כחלק מהסכם פוליטי בינו ובין דוד, או שמא מדובר בגאולת דם לגיטימית על הריגת עשהאל אחיו במלחמה ללא צורך?[4]

במקום נוסף (שם כ, א-יג) מותיר אותנו הנביא בספק דומה, אף ששם הוא קרוב להכרעה נגד יואב: האם יואב הרג את עמשא (שהיה עד לפני זמן קצר יריבו המר, כשפיקד על צבא המורדים של אבשלום), משום שעמשא נחשד כתומך עקיף במרד שבע בן בכרי, או שמא משום שעמשא החליף אותו בפיקוד על צבא דוד (כנראה בעקבות הריגת אבשלום על ידי יואב, למרות הוראתו המפורשת של דוד), והריגתו הייתה צפויה להשיב את יואב לראש הצבא (כפי שאכן קרה)?

שימוש בעקרון 'התער של אוקאם'[5] יוביל למסקנה, שבשני האירועים עירב יואב בשיקוליו את רצונו האישי להמשיך לעמוד בראש הצבא, ובשני המקרים שיקול זה מוליך להאשמת יואב בשפיכות דמים, וכדברי דוד בצוואתו.

3. לעניות דעתי, פשוטו של מקרא אינו עוסק באדם התוהה על הראשונות, ומתחרט על מעשיו הטובים, כדרשת חז"ל (קידושין מ ע"ב), אלא בצדיק המלא זכויות כרימון, שחטא יום אחד. בחשבון העבירות והמצוות ובמשקלן הסופי ודאי תעלינה זכויותיו, ולא תמחקנה חלילה, אך גם הוא, כמו הרשע, יצטרך לתת את מלוא הדין על חטאיו, ואלו לא ייסלחו לו אוטומטית בגלל דרך חייו כצדיק.

4. עיינו בגמרא (סנהדרין מט ע"א) שדנה בכך.

5. עיקרון המיוחס לנזיר פרנציסקני אנגלי בן המאה ה־14, ולפיו פתרון אחד המספק מענה לשתי שאלות כאחת עדיף על שני פתרונות שונים לשתי השאלות. במקרה שלנו – האפשרות שיואב הרג את אבנר ואת עמשא משום שהם סיכנו את מעמדו כראש הצבא, עדיף מפתרון אחד ביחס לאבנר – גאולת דם עשהאל, ופתרון אחר ביחס לעמשא – החשד שלא גייס את הצבא, משום שתמך בעקיפין בשבע בן בכרי.

בשאלה השנייה, מדוע המתין דוד עד סמוך למותו, ולא העניש את יואב לאלתר, עסקנו גם בדברינו להפטרת חיי שרה. נאמר את עיקרי הדברים. כבר לאחר שיואב ואבישי הרגו את אבנר, ביקש דוד להענישם, אך הוא ידע שאין בכוחו לעשות זאת, משום שכוחם של בני צרויה בצבא היה גדול משלו:

> וַיֹּאמֶר הַמֶּלֶךְ אֶל עֲבָדָיו, הֲלוֹא תֵדְעוּ כִּי שַׂר וְגָדוֹל נָפַל הַיּוֹם הַזֶּה בְּיִשְׂרָאֵל: וְאָנֹכִי הַיּוֹם רַךְ וּמָשׁוּחַ מֶלֶךְ, וְהָאֲנָשִׁים הָאֵלֶּה, בְּנֵי צְרוּיָה, קָשִׁים מִמֶּנִּי, יְשַׁלֵּם ה' לְעֹשֵׂה הָרָעָה כְּרָעָתוֹ:
>
> (שמ"ב ג, לח-לט)

במלחמת יער אפרים מול צבא אבשלום הזהיר דוד את אנשיו שלא לפגוע באבשלום, אך יואב הרגו (על ידי נעריו) למרות הציווי. נראה לי, ששיקוליו היו נכונים, אך לא נימלט מלהכניס אל שיקוליו גם את רצונו לנקום בעבדי אבשלום, שהציתו ברשעות את שדהו (שם יד, ל). כשדוד התאבל על אבשלום המת, אומר לו יואב:

> וְהַמֶּלֶךְ לָאַט אֶת פָּנָיו, וַיִּזְעַק הַמֶּלֶךְ קוֹל גָּדוֹל, בְּנִי אַבְשָׁלוֹם, אַבְשָׁלוֹם, בְּנִי בְנִי: וַיָּבֹא יוֹאָב אֶל הַמֶּלֶךְ הַבָּיִת, וַיֹּאמֶר הֹבַשְׁתָּ הַיּוֹם אֶת פְּנֵי כָל עֲבָדֶיךָ הַמְמַלְּטִים אֶת נַפְשְׁךָ הַיּוֹם, וְאֵת נֶפֶשׁ בָּנֶיךָ וּבְנֹתֶיךָ וְנֶפֶשׁ נָשֶׁיךָ וְנֶפֶשׁ פִּלַגְשֶׁיךָ: לְאַהֲבָה אֶת שֹׂנְאֶיךָ וְלִשְׂנֹא אֶת אֹהֲבֶיךָ, כִּי הִגַּדְתָּ הַיּוֹם, כִּי אֵין לְךָ שָׂרִים וַעֲבָדִים, כִּי יָדַעְתִּי הַיּוֹם, כִּי לֹא לוּ אַבְשָׁלוֹם חַי וְכֻלָּנוּ הַיּוֹם מֵתִים, כִּי אָז יָשָׁר בְּעֵינֶיךָ: וְעַתָּה קוּם צֵא וְדַבֵּר עַל לֵב עֲבָדֶיךָ, כִּי בַה' נִשְׁבַּעְתִּי, כִּי אֵינְךָ יוֹצֵא אִם יָלִין אִישׁ אִתְּךָ הַלַּיְלָה, וְרָעָה לְךָ זֹאת מִכָּל הָרָעָה אֲשֶׁר בָּאָה עָלֶיךָ מִנְּעֻרֶיךָ עַד עָתָּה: וַיָּקָם הַמֶּלֶךְ וַיֵּשֶׁב בַּשָּׁעַר, וּלְכָל הָעָם הִגִּידוּ לֵאמֹר, הִנֵּה הַמֶּלֶךְ יוֹשֵׁב בַּשַּׁעַר, וַיָּבֹא כָל הָעָם לִפְנֵי הַמֶּלֶךְ:
>
> (שם יט, ה-ט)

במצב שכזה דוד אינו יכול לדון את יואב על מעשיו, אף שהצליח להדיח אותו (זמנית בלבד!) מראשות הצבא.

במרד שבע בן בכרי (שמ"ב כ) שלח דוד את אבישי בראש צבא הגיבורים. יואב השתלט על הנהגת צבא הגיבורים, ובסופו של התהליך הוא מנהל משא ומתן על הסגרת שבע בן בכרי באבל בית מעכה, ומכריז – על דעת עצמו – על סיום המלחמה.

דוד רצה לדון את יואב, אך לא היה לו כוח פוליטי וצבאי לעשות זאת. עתה, כשמעמדו של יואב נחלש בגלל גילו המבוגר, בגלל עלייתו של גיבור חדש, בניהו

בן יהוידע ובגלל נפילתו של אדוניהו, שיואב תמך בו, יכול היה שלמה לדון אותו, וזה מה שדרש ממנו דוד.

שאלתנו השלישית הייתה, מדוע היה חשוב לדוד ערב מותו לעסוק דווקא בנקמה, בצורך להרוג את יואב. תשובת שאלה זו טמונה בדברי שלמה אחרי מות דוד, כששלח את בניהו בן יהוידע להמית את יואב:

> וַיֹּאמֶר לוֹ הַמֶּלֶךְ, עֲשֵׂה כַּאֲשֶׁר דִּבֶּר, וּפְגַע בּוֹ וּקְבַרְתּוֹ, וַהֲסִירֹתָ דְּמֵי חִנָּם אֲשֶׁר שָׁפַךְ יוֹאָב מֵעָלַי וּמֵעַל בֵּית אָבִי: וְהֵשִׁיב ה׳ אֶת דָּמוֹ עַל רֹאשׁוֹ, אֲשֶׁר פָּגַע בִּשְׁנֵי אֲנָשִׁים צַדִּקִים וְטֹבִים מִמֶּנּוּ וַיַּהַרְגֵם בַּחֶרֶב, וְאָבִי דָוִד לֹא יָדָע אֶת אַבְנֵר בֶּן נֵר שַׂר צְבָא יִשְׂרָאֵל וְאֶת עֲמָשָׂא בֶן יֶתֶר שַׂר צְבָא יְהוּדָה: וְשָׁבוּ דְמֵיהֶם בְּרֹאשׁ יוֹאָב וּבְרֹאשׁ זַרְעוֹ לְעֹלָם, וּלְדָוִד וּלְזַרְעוֹ וּלְבֵיתוֹ וּלְכִסְאוֹ יִהְיֶה שָׁלוֹם עַד עוֹלָם מֵעִם ה׳:

(ב, לא-לג)

מן המקראות עולה שכל עוד דוד לא העניש את יואב על שפיכות הדמים, הדם היה תלוי בדוד עצמו, בביתו ובמשפחתו. עיקרון זה עולה גם מפשטי המקראות בפרשת עגלה ערופה:

> וְכֹל זִקְנֵי הָעִיר הַהִוא הַקְּרֹבִים אֶל הֶחָלָל, יִרְחֲצוּ אֶת יְדֵיהֶם עַל הָעֶגְלָה הָעֲרוּפָה בַנָּחַל: וְעָנוּ וְאָמְרוּ, יָדֵינוּ לֹא שָׁפְכוּ אֶת הַדָּם הַזֶּה וְעֵינֵינוּ לֹא רָאוּ: כַּפֵּר לְעַמְּךָ יִשְׂרָאֵל אֲשֶׁר פָּדִיתָ, ה׳, וְאַל תִּתֵּן דָּם נָקִי בְּקֶרֶב עַמְּךָ יִשְׂרָאֵל, וְנִכַּפֵּר לָהֶם הַדָּם: וְאַתָּה תְּבַעֵר הַדָּם הַנָּקִי מִקִּרְבֶּךָ, כִּי תַעֲשֶׂה הַיָּשָׁר בְּעֵינֵי ה׳:

(דברים כא, ו-ט)

זקני בית הדין ודאי אינם חשודים שהם אלה שרצחו, אך הם חשודים שהעלימו עיניהם מן הרוצח ולא שפטוהו, אם משום שהוא בן עירם ואם בגלל חולשתם. התורה מכריזה: כל עוד לא תבער את הדם הנקי מקרבך – אתה עצמך חייב, ואינך יכול לרחוץ את ידיך בנחל, משום שהן אינן נקיות מדמו של הנרצח. דוד חייב להעניש את יואב כדי שהדם יתכפר לו עצמו.

שמא זו הסיבה לכך שדוד לא זכה לבנות את בית ה׳, כפי שאמר בעצמו:

> וַיֹּאמֶר דָּוִיד לִשְׁלֹמֹה, בְּנִי, אֲנִי הָיָה עִם לְבָבִי לִבְנוֹת בַּיִת לְשֵׁם ה׳ אֱלֹהָי: וַיְהִי עָלַי

> דְּבַר ה׳ לֵאמֹר, דָּם לָרֹב שָׁפַכְתָּ, וּמִלְחָמוֹת גְּדֹלוֹת עָשִׂיתָ, לֹא תִבְנֶה בַיִת לִשְׁמִי, כִּי דָּמִים רַבִּים שָׁפַכְתָּ אַרְצָה לְפָנָי:

(דהי״א כב, ז-ח)

המפרשים הבינו בפשטות, שדוד נפסל מלבנות את הבית, בגלל דמי אויבי ישראל ששפך במלחמותיו. אך אפשר, שהדברים מכוונים גם לדמי אוריה החתי ולדמיהם של אבנר ועמשא, שיואב הרגם, ודוד לא ביקש את דמם מידיו. בצוואתו מבקש דוד לכפר על כך.

*

נציין דבר נוסף הקשור לדברי שלמה לבניהו, כשציווהו לפגוע ביואב. כזכור נָס יואב והחזיק בקרנות המזבח, וסירב לבקשת בניהו לצאת מהמקום. לאחר שסיפר בניהו לדוד על תגובת יואב, אמר לו המלך:

> וַיֹּאמֶר לוֹ הַמֶּלֶךְ, עֲשֵׂה כַּאֲשֶׁר דִּבֶּר, וּפְגַע בּוֹ וּקְבַרְתּוֹ, וַהֲסִירֹתָ דְּמֵי חִנָּם, אֲשֶׁר שָׁפַךְ יוֹאָב, מֵעָלַי וּמֵעַל בֵּית אָבִי:

(ב, לא)

שלמה היה יכול להרוג את יואב כמשתף פעולה עם אדוניה, לאחר שהובהר סופית שאדוניה נחשב מורד במלכות, והוא עצמו נהרג. לוּ נהג שלמה כך, הוא היה הורג את יואב כמורד במלכות, אך הוא העדיף להורגו, על פי צוואת אביו, כמי ששפך דמיהם של אבנר ועמשא. נזכיר: אוהל ה׳, אליו נס יואב, עשוי להוות מקלט למורד במלכות,[6] אך לא לרוצח החייב מיתה, עליו קובעת התורה (שמות כא, יד): וְכִי יָזִד אִישׁ עַל רֵעֵהוּ לְהָרְגוֹ בְעָרְמָה, מֵעִם מִזְבְּחִי תִּקָּחֶנּוּ לָמוּת. לכן בניהו הרג את יואב במצוות שלמה בדיני רצח ולא בדיני מלכות.

6. וכך נפסק ברמב״ם: ״אבל מי שפחד מן המלך שלא יהרגנו בדין המלכות, או מבית דין שלא יהרגוהו בהוראת שעה, וברח למזבח ונסמך לו, ואפילו היה זר, הרי זה ניצל, ואין לוקחין אותו מעל המזבח למות לעולם, אלא אם כן נתחייב מיתת בית דין בעדות גמורה והתראה כשאר כל הרוגי בית דין תמיד״ (רוצח ושמירת נפש ה, יד).

ד. שכרו של ברזִלי הגלעדי

ברזִלי הגלעדי היה אחד משלושת תומכיו הגדולים של דוד, בעת שישב במחניים שבעבר הירדן המזרחי, על נחל יבוק, לאחר שברח מירושלים מחמת אבשלום בנו:

וַיְהִי כְּבוֹא דָוִד מַחֲנָיְמָה וְשֹׁבִי בֶן נָחָשׁ מֵרַבַּת בְּנֵי עַמּוֹן וּמָכִיר בֶּן עַמִּיאֵל מִלֹּא דְבָר וּבַרְזִלַּי הַגִּלְעָדִי מֵרֹגְלִים: מִשְׁכָּב וְסַפּוֹת וּכְלִי יוֹצֵר וְחִטִּים וּשְׂעֹרִים וְקֶמַח וְקָלִי וּפוֹל וַעֲדָשִׁים וְקָלִי: וּדְבַשׁ וְחֶמְאָה וְצֹאן וּשְׁפוֹת בָּקָר הִגִּישׁוּ לְדָוִד וְלָעָם אֲשֶׁר אִתּוֹ לֶאֱכוֹל, כִּי אָמְרוּ, הָעָם רָעֵב וְעָיֵף וְצָמֵא בַּמִּדְבָּר:

(שמ"ב יז, כז-כט)

עוד נאמר בו:

וּבַרְזִלַּי זָקֵן מְאֹד בֶּן שְׁמֹנִים שָׁנָה, וְהוּא כִלְכַּל אֶת הַמֶּלֶךְ בְּשִׁיבָתוֹ בְמַחֲנַיִם, כִּי אִישׁ גָּדוֹל הוּא מְאֹד:

(שם יט, לג)

כששב המלך לירושלים, לא רצה ברזִלי להצטרף אליו, משום שרצה להבטיח את קבורתו בקבר אביו ואימו, וביקש שבנו כִּמְהָם יעבור עם המלך תחתיו:

יָשָׁב נָא עַבְדְּךָ, וְאָמֻת בְּעִירִי עִם קֶבֶר אָבִי וְאִמִּי,[7] וְהִנֵּה עַבְדְּךָ כִמְהָם יַעֲבֹר עִם אֲדֹנִי הַמֶּלֶךְ, וַעֲשֵׂה לוֹ אֵת אֲשֶׁר טוֹב בְּעֵינֶיךָ:

(שם, לח)

כִּמְהָם אכן קיבל נחלה בבית לחם, עיר מולדתו של דוד ועירה של משפחתו. נחלתו נזכרת במקרא בקשר לאירוע קשה, כשיושבי הארץ ששרדו את החורבן, החליטו בהנהגתו של יוחנן בן קָרח, לברוח למצרים מפחד מלך בבל בעקבות רצח גדליה בן אחיקם. תחנתם האחרונה בדרכם למצרים הייתה בנחלה שקיבל כִּמְהָם בן ברזִלי הגלעדי:

וַיִּקַּח יוֹחָנָן בֶּן קָרֵחַ וְכָל שָׂרֵי הַחֲיָלִים אֲשֶׁר אִתּוֹ אֵת כָּל שְׁאֵרִית הָעָם, אֲשֶׁר הֵשִׁיב

7. לא שמענו על עוד איש במקרא שחשוב לו להיקבר גם בקבר אימו. חידושו של ברזילי בכך מרענן וטוב!

מֵאֵת יִשְׁמָעֵאל בֶּן נְתַנְיָה מִן הַמִּצְפָּה, אַחַר הִכָּה אֶת גְּדַלְיָה בֶּן אֲחִיקָם, גְּבָרִים אַנְשֵׁי הַמִּלְחָמָה וְנָשִׁים וְטַף וְסָרִסִים אֲשֶׁר הֵשִׁיב מִגִּבְעוֹן: וַיֵּלְכוּ וַיֵּשְׁבוּ בְּגֵרוּת כִּמְהָם אֲשֶׁר אֵצֶל בֵּית לָחֶם לָלֶכֶת לָבוֹא מִצְרָיִם:

(ירמיהו מא, טז-יז)

ה. עונשו של שמעי בן גרא

שמעי בן גרא הוא האיש השני שדוד ציווה את שלמה להמיתו, כעונש על כך שקילל את דוד כשברח מירושלים מפני אבשלום:

וּבָא הַמֶּלֶךְ דָּוִד עַד בַּחוּרִים, וְהִנֵּה מִשָּׁם אִישׁ יוֹצֵא מִמִּשְׁפַּחַת בֵּית שָׁאוּל וּשְׁמוֹ שִׁמְעִי בֶּן גֵּרָא, יֹצֵא יָצוֹא וּמְקַלֵּל: וַיְסַקֵּל בָּאֲבָנִים אֶת דָּוִד וְאֶת כָּל עַבְדֵי הַמֶּלֶךְ דָּוִד וְכָל הָעָם וְכָל הַגִּבֹּרִים מִימִינוֹ וּמִשְּׂמֹאלוֹ: וְכֹה אָמַר שִׁמְעִי בְּקַלְלוֹ, צֵא צֵא אִישׁ הַדָּמִים וְאִישׁ הַבְּלִיָּעַל: הֵשִׁיב עָלֶיךָ ה׳ כָּל דְּמֵי בֵית שָׁאוּל, אֲשֶׁר מָלַכְתָּ תַּחְתָּו, וַיִּתֵּן ה׳ אֶת הַמְּלוּכָה בְּיַד אַבְשָׁלוֹם בְּנֶךָ, וְהִנְּךָ בְּרָעָתֶךָ כִּי אִישׁ דָּמִים אָתָּה: וַיֹּאמֶר אֲבִישַׁי בֶּן צְרוּיָה אֶל הַמֶּלֶךְ, לָמָּה יְקַלֵּל הַכֶּלֶב הַמֵּת הַזֶּה אֶת אֲדֹנִי הַמֶּלֶךְ, אֶעְבְּרָה נָּא וְאָסִירָה אֶת רֹאשׁוֹ: וַיֹּאמֶר הַמֶּלֶךְ מַה לִּי וְלָכֶם בְּנֵי צְרֻיָה, כֹּה יְקַלֵּל, כִּי ה׳ אָמַר לוֹ קַלֵּל אֶת דָּוִד, וּמִי יֹאמַר מַדּוּעַ עָשִׂיתָה כֵּן: וַיֹּאמֶר דָּוִד אֶל אֲבִישַׁי וְאֶל כָּל עֲבָדָיו, הִנֵּה בְנִי אֲשֶׁר יָצָא מִמֵּעַי מְבַקֵּשׁ אֶת נַפְשִׁי, וְאַף כִּי עַתָּה בֶּן הַיְמִינִי, הַנִּחוּ לוֹ וִיקַלֵּל, כִּי אָמַר לוֹ ה׳: אוּלַי יִרְאֶה ה׳ בְּעֵינִי, וְהֵשִׁיב ה׳ לִי טוֹבָה תַּחַת קִלְלָתוֹ הַיּוֹם הַזֶּה: וַיֵּלֶךְ דָּוִד וַאֲנָשָׁיו בַּדָּרֶךְ, וְשִׁמְעִי הֹלֵךְ בְּצֵלַע הָהָר לְעֻמָּתוֹ הָלוֹךְ וַיְקַלֵּל, וַיְסַקֵּל בָּאֲבָנִים לְעֻמָּתוֹ, וְעִפַּר בֶּעָפָר:

(שמ"ב טז, ה-יג)

גם על צוואתו של דוד בעניין שמעי עולות מספר שאלות:

א. מה פשר השנאה העמוקה שמגלה שמעי כלפי דוד בעת בריחתו מירושלים?
ב. בשעת מעשה קיבל עליו דוד דין שמיים בביזיון שביזה אותו שמעי, ואמר לאבישי: הַנִּחוּ לוֹ וִיקַלֵּל, כִּי אָמַר לוֹ ה׳. האומנם ראוי לנקום בשמעי אחרי שנים, כשבאותה שעה ראה דוד בדבריו דין שמיים מוצדק על חטאו בבת שבע ואוריה?
ג. שמעי חזר בו מקללתו, וביקש את סליחתו של דוד, בעת ששב ממחניים לירושלים, ודוד אכן נשבע שלא יענישנו וכעס על בני צרויה שביקשו לנקום בו:

וַיְמַהֵר שִׁמְעִי בֶן גֵּרָא בֶּן הַיְמִינִי אֲשֶׁר מִבַּחוּרִים, וַיֵּרֶד עִם אִישׁ יְהוּדָה לִקְרַאת

הַמֶּלֶךְ דָּוִד: וְאֶלֶף אִישׁ עִמּוֹ מִבִּנְיָמִן וְצִיבָא נַעַר בֵּית שָׁאוּל וַחֲמֵשֶׁת עָשָׂר בָּנָיו וְעֶשְׂרִים עֲבָדָיו אִתּוֹ, וְצָלְחוּ הַיַּרְדֵּן לִפְנֵי הַמֶּלֶךְ: וְעָבְרָה הָעֲבָרָה לַעֲבִיר אֶת בֵּית הַמֶּלֶךְ וְלַעֲשׂוֹת הַטּוֹב בְּעֵינָו, וְשִׁמְעִי בֶן גֵּרָא נָפַל לִפְנֵי הַמֶּלֶךְ בְּעָבְרוֹ בַּיַּרְדֵּן: וַיֹּאמֶר אֶל הַמֶּלֶךְ, אַל יַחֲשָׁב לִי אֲדֹנִי עָוֹן, וְאַל תִּזְכֹּר אֵת אֲשֶׁר הֶעֱוָה עַבְדְּךָ, בַּיּוֹם אֲשֶׁר יָצָא אֲדֹנִי הַמֶּלֶךְ מִירוּשָׁלָם לָשׂוּם הַמֶּלֶךְ אֶל לִבּוֹ: כִּי יָדַע עַבְדְּךָ, כִּי אֲנִי חָטָאתִי, וְהִנֵּה בָאתִי הַיּוֹם רִאשׁוֹן לְכָל בֵּית יוֹסֵף לָרֶדֶת לִקְרַאת אֲדֹנִי הַמֶּלֶךְ: וַיַּעַן אֲבִישַׁי בֶּן צְרוּיָה וַיֹּאמֶר, הֲתַחַת זֹאת לֹא יוּמַת שִׁמְעִי, כִּי קִלֵּל אֶת מְשִׁיחַ ה׳: וַיֹּאמֶר דָּוִד, מַה לִּי וְלָכֶם בְּנֵי צְרוּיָה, כִּי תִהְיוּ לִי הַיּוֹם לְשָׂטָן הַיּוֹם יוּמַת אִישׁ בְּיִשְׂרָאֵל, כִּי הֲלוֹא יָדַעְתִּי, כִּי הַיּוֹם אֲנִי מֶלֶךְ עַל יִשְׂרָאֵל: וַיֹּאמֶר הַמֶּלֶךְ אֶל שִׁמְעִי, לֹא תָמוּת, וַיִּשָּׁבַע לוֹ הַמֶּלֶךְ:

(שם יט, יז-כד)

מהי ההצדקה של דוד לשנות בצוואתו לשלמה את הבטחתו? האם לא הייתה בכך הפרה של שבועתו לשמעי?

ד. מה פשר דברי דוד לשלמה: וְעַתָּה אַל תְּנַקֵּהוּ, כִּי אִישׁ חָכָם אָתָּה, וְיָדַעְתָּ אֵת אֲשֶׁר תַּעֲשֶׂה לּוֹ, וְהוֹרַדְתָּ אֶת שֵׂיבָתוֹ בְּדָם שְׁאוֹל (ט) – מה חוכמה צריך המלך כדי להרוג את שמעי?

ה. ושוב נשאל כפי ששאלנו ביחס ליואב: מה טיבה של נקמה זו ערב מותו של דוד, ומדוע לא מצא דברים אחרים לעסוק בהם ולצוות עליהם?

תשובותינו:

א. שמעי היה משבט בנימין וממשפחת שאול, כפי שעולה ממגילת היוחסין של מרדכי היהודי (אסתר ב, ה): מָרְדֳּכַי בֶּן יָאִיר בֶּן שִׁמְעִי בֶּן קִישׁ אִישׁ יְמִינִי. שאול, בשל הפחד שהשתלט עליו בעת שרוח ה׳ סרה מעימו, חשד בדוד שהוא חותר תחתיו ורצה להשמיד אותו ואת משפחתו. כשדוד יצא עם צבא אכיש מלך פלשתים למלחמה בצבאו של שאול בגלבוע (שמ״א כט, ב), ניתן היה להתייחס אליו (שלא בצדק, שהרי עשה זאת בעל כורחו) כבוגד בעמו ובמלכו. כשבתחילת ימי מלכותו מסר דוד (בעל כורחו) את שבעת בני שאול לגבעונים, ואלו הוקיעום והותירו אותם תלויים על עצים לחסדם של עוף השמיים וחיית הארץ בלא לקוברם (שמ״ב כא), וכשדוד הסיר את מיכל בת שאול מלהיות גבירה בביתו, ניתן היה לחשוב שדוד נוקם ללא פשרות בבית שאול, לאחר שירש את מלכותו. דוד היה איש צדיק, והחשדות הללו לא היו נכונים, אך שמעי חשב כך, וראה במרד אבשלום גמול ראוי לדוד, אחרי שמרד, כביכול, בשאול חותנו, אבי אשתו מיכל.

ב. דוד קיבל עליו דין שמיים על חטאו באוריה ובבת שבע, וראה בביזיונו מידי שמעי עונש על כך, כפי שגזר עליו נתן הנביא. לאחר שברח מירושלים, והשיב את ארון ה׳ אל העיר, רשאי היה דוד למחול על כבודו, כשפועל כבר לא היה מלך. נראה, שדוד לא היה יכול למחול על חרפתו לנצח, משום ששתיקתו הייתה עלולה להתפרש כהודאה, שהוא אכן בגד בשאול וסייע להשמיד את שמו ממשפחתו ומבית אביו (כפי שנהגו מלכים רבים ביחס לקודמיהם). את זה דוד לא יכול להרשות לעצמו; עד יומו האחרון הוא כפר לחלוטין באשמה על נפילתו הכואבת של שאול.

ג. שמעי חזר בו מקללתו בעת שדוד עבר את הירדן ושב לירושלים, אך מדבריו עולה, שעשה זאת מחמת פחדו מפני העונש שצפוי לו. דוד ראה ביום שיבתו למערב הירדן יום של פיוס עִם העַם, ולא רצה לחלל פיוס זה. הוא אף נשבע לשמעי שלא ימיתנו, ולא יכול לחלל את שבועתו, ולכן לא הרג את שמעי. נראה, שגם צוואתו של דוד לשלמה להרוג את שמעי אחרי מותו היא חילול השבועה, לפחות בעקיפין, וגם זאת דוד לא הרשה לעצמו. מאידך, הצורך ששתיקתו ומחילתו לא יתפרשו כהודאה לשמעי שהוא, דוד, אשם במות בית שאול, נראה לו גדול ודחוף. הוא סומך על חוכמתו של שלמה, ומבקש ממנו לפתור בעיה זו.

ד. שלמה לא הרג את שמעי מייד. הוא השביע אותו שלא יצא מירושלים, ושמעי נשבע לו על כך. כעבור שלוש שנים, בעת ששמעי הפר את שבועתו שלו, ויצא מירושלים לבקש את עבדיו,[8] ראה שלמה בהפרת השבועה של שמעי פתח להפר את שבועתו של דוד לשמעי והרגו.

ה. האומנם הייתה נקמה זו בשמעי, שחזר בו, כה הכרחית?! נדמה, שמדברי חז״ל, שהבינו ששמעי היה רבו של שלמה,[9] משתמעת נימה של ביקורת על כך:

> ואמר רבי חייא בר אמי משמיה דעולא: לעולם ידור אדם במקום רבו, שכל זמן ששמעי בן גרא קיים לא נשא שלמה את בת פרעה.
>
> (ברכות ח ע״א)

אכן, אני חש שהשאלות על מעשיו אלו של דוד לא נפתרו עד תומן, והן דורשות מן הקוראים וממני עמל נוסף.

8. תמוה בעיניי, שהרי עיקר השבועה הייתה שלא יעבור את נחל קדרון מזרחה, ואילו שמעי יצא מערבה, לכיוון גת. אומנם נאמר לו שלא ייצא אָנֶה וָאָנָה (ב, לו), ועדיין הדבר תמוה במקצת.

9. נראה שחז״ל הבינו, ששמעי היה מנאמני שלמה בעת מרד אדוניה, כפי שנראה מן הפסוק: וְצָדוֹק הַכֹּהֵן וּבְנָיָהוּ בֶּן יְהוֹיָדָע וְנָתָן הַנָּבִיא וְשִׁמְעִי וְרֵעִי וְהַגִּבּוֹרִים אֲשֶׁר לְדָוִד לֹא הָיוּ עִם אֲדֹנִיָּהוּ (א, ח).

הפטרת שמות (למנהג האשכנזים)[1]

כז ו ז הַבָּאִים יַשְׁרֵשׁ יַעֲקֹב יָצִיץ וּפָרַח יִשְׂרָאֵל וּמָלְאוּ פְנֵי־תֵבֵל תְּנוּבָה: הַכְּמַכַּת ישע
ח מַכֵּהוּ הִכָּהוּ אִם־כְּהֶרֶג הֲרֻגָיו הֹרָג: בְּסַאסְּאָה בְּשַׁלְחָהּ תְּרִיבֶנָּה הָגָה בְּרוּחוֹ
ט הַקָּשָׁה בְּיוֹם קָדִים: לָכֵן בְּזֹאת יְכֻפַּר עֲוֹן־יַעֲקֹב וְזֶה כָּל־פְּרִי הָסִר חַטָּאתוֹ בְּשׂוּמוֹ
י כָּל־אַבְנֵי מִזְבֵּחַ כְּאַבְנֵי־גִר מְנֻפָּצוֹת לֹא־יָקֻמוּ אֲשֵׁרִים וְחַמָּנִים: כִּי עִיר בְּצוּרָה
יא בָּדָד נָוֶה מְשֻׁלָּח וְנֶעֱזָב כַּמִּדְבָּר שָׁם יִרְעֶה עֵגֶל וְשָׁם יִרְבָּץ וְכִלָּה סְעִפֶיהָ: בִּיבֹשׁ
קְצִירָהּ תִּשָּׁבַרְנָה נָשִׁים בָּאוֹת מְאִירוֹת אוֹתָהּ כִּי לֹא עַם־בִּינוֹת הוּא עַל־כֵּן לֹא־
יב יְרַחֲמֶנּוּ עֹשֵׂהוּ וְיֹצְרוֹ לֹא יְחֻנֶּנּוּ: וְהָיָה בַּיּוֹם הַהוּא יַחְבֹּט יהוה מִשִּׁבֹּלֶת הַנָּהָר
יג עַד־נַחַל מִצְרָיִם וְאַתֶּם תְּלֻקְּטוּ לְאַחַד אֶחָד בְּנֵי יִשְׂרָאֵל: וְהָיָה בַּיּוֹם הַהוּא יִתָּקַע
בְּשׁוֹפָר גָּדוֹל וּבָאוּ הָאֹבְדִים בְּאֶרֶץ אַשּׁוּר וְהַנִּדָּחִים בְּאֶרֶץ מִצְרָיִם וְהִשְׁתַּחֲווּ
כח לַיהוה בְּהַר הַקֹּדֶשׁ בִּירוּשָׁלִָם: הוֹי עֲטֶרֶת גֵּאוּת שִׁכֹּרֵי אֶפְרַיִם וְצִיץ נֹבֵל
ב צְבִי תִפְאַרְתּוֹ אֲשֶׁר עַל־רֹאשׁ גֵּיא־שְׁמָנִים הֲלוּמֵי יָיִן: הִנֵּה חָזָק וְאַמִּץ לַאדֹנָי
ג כְּזֶרֶם בָּרָד שַׂעַר קָטֶב כְּזֶרֶם מַיִם כַּבִּירִים שֹׁטְפִים הִנִּיחַ לָאָרֶץ בְּיָד: בְּרַגְלַיִם
ד תֵּרָמַסְנָה עֲטֶרֶת גֵּאוּת שִׁכּוֹרֵי אֶפְרָיִם: וְהָיְתָה צִיצַת נֹבֵל צְבִי תִפְאַרְתּוֹ אֲשֶׁר
עַל־רֹאשׁ גֵּיא שְׁמָנִים כְּבִכּוּרָהּ בְּטֶרֶם קַיִץ אֲשֶׁר יִרְאֶה הָרֹאֶה אוֹתָהּ בְּעוֹדָהּ בְּכַפּוֹ
ה יִבְלָעֶנָּה: בַּיּוֹם הַהוּא יִהְיֶה יהוה צְבָאוֹת לַעֲטֶרֶת צְבִי וְלִצְפִירַת תִּפְאָרָה
ו לִשְׁאָר עַמּוֹ: וּלְרוּחַ מִשְׁפָּט לַיּוֹשֵׁב עַל־הַמִּשְׁפָּט וְלִגְבוּרָה מְשִׁיבֵי מִלְחָמָה
ז שָׁעְרָה: וְגַם־אֵלֶּה בַּיַּיִן שָׁגוּ וּבַשֵּׁכָר תָּעוּ כֹּהֵן וְנָבִיא שָׁגוּ בַשֵּׁכָר נִבְלְעוּ מִן־הַיַּיִן
ח תָּעוּ מִן־הַשֵּׁכָר שָׁגוּ בָּרֹאֶה פָּקוּ פְּלִילִיָּה: כִּי כָּל־שֻׁלְחָנוֹת מָלְאוּ קִיא צֹאָה בְּלִי
ט מָקוֹם: אֶת־מִי יוֹרֶה דֵעָה וְאֶת־מִי יָבִין שְׁמוּעָה גְּמוּלֵי מֵחָלָב עַתִּיקֵי
יא מִשָּׁדָיִם: כִּי צַו לָצָו צַו לָצָו קַו לָקָו קַו לָקָו זְעֵיר שָׁם זְעֵיר שָׁם: כִּי בְּלַעֲגֵי שָׂפָה

1. חלוקת ההפטרה לפסקאות מכוונת בידנו, ואינה תואמת באופן מלא את החלוקה לפרשיות במסורה.

יב וּבְלָשׁוֹן אַחֶרֶת יְדַבֵּר אֶל־הָעָם הַזֶּה: אֲשֶׁר אָמַר אֲלֵיהֶם זֹאת הַמְּנוּחָה הָנִיחוּ
יג לֶעָיֵף וְזֹאת הַמַּרְגֵּעָה וְלֹא אָבוּא שְׁמוֹעַ: וְהָיָה לָהֶם דְּבַר־יהוה צַו לָצָו צַו לָצָו קַו
לָקָו קַו לָקָו זְעֵיר שָׁם זְעֵיר שָׁם לְמַעַן יֵלְכוּ וְכָשְׁלוּ אָחוֹר וְנִשְׁבָּרוּ וְנוֹקְשׁוּ וְנִלְכָּדוּ:

כט כב לָכֵן כֹּה־אָמַר יהוה אֶל־בֵּית יַעֲקֹב אֲשֶׁר פָּדָה אֶת־אַבְרָהָם לֹא־עַתָּה יֵבוֹשׁ
כג יַעֲקֹב וְלֹא עַתָּה פָּנָיו יֶחֱוָרוּ: כִּי בִרְאֹתוֹ יְלָדָיו מַעֲשֵׂה יָדַי בְּקִרְבּוֹ יַקְדִּישׁוּ שְׁמִי
וְהִקְדִּישׁוּ אֶת־קְדוֹשׁ יַעֲקֹב וְאֶת־אֱלֹהֵי יִשְׂרָאֵל יַעֲרִיצוּ:

א. הקשר בין הפרשה להפטרה

מקובל לומר, שדי בקשר מילולי־צורני בין תחילת הפרשה: הַבָּאִים מִצְרָיְמָה אֵת יַעֲקֹב (שמות א, א), לבין תחילת ההפטרה: הַבָּאִים יַשְׁרֵשׁ יַעֲקֹב, אך אין בכך כדי לספק את הנפש, ונזכיר גם קשר מהותי יותר:

> וְהָיָה בַּיּוֹם הַהוּא יַחְבֹּט ה׳ מִשִּׁבֹּלֶת הַנָּהָר עַד נַחַל מִצְרָיִם, וְאַתֶּם תְּלֻקְּטוּ לְאַחַד אֶחָד בְּנֵי יִשְׂרָאֵל: וְהָיָה בַּיּוֹם הַהוּא יִתָּקַע בְּשׁוֹפָר גָּדוֹל, וּבָאוּ הָאֹבְדִים בְּאֶרֶץ אַשּׁוּר, וְהַנִּדָּחִים בְּאֶרֶץ מִצְרָיִם, וְהִשְׁתַּחֲווּ לַה׳ בְּהַר הַקֹּדֶשׁ בִּירוּשָׁלָם:
> (כז, יב–יג)

פסוקים אלו מביעים את התקווה והציפייה לצאת מן הגלות אל הגאולה בארץ ה׳, וגם על ליקוטם של בני ישראל ממקומות מושבותם לשם כך. אלו הם גם הגעגועים בפרשתנו, העוסקת בשעבוד מצרים ובבשורת הגאולה במעמד הסנה. לצורך קשר גדול יותר ניזקק להלן להפטרה במנהג הספרדים ולהפטרה במנהג התימנים.

ב. הפורענות הצפויה וההיחלצות ממנה (הפִּסקה הראשונה)

נבואות ישעיהו הן בעלות לשון קשה יחסית, והנבואה שלנו (בפִּסקה הראשונה, עד סוף פרק כז) היא מן הקשות שבהן. הקושי הפרשני העיקרי טמון במעבר המהיר והתכוף מפסוקי נחמה לפסוקי פורענות ולהפך. המפרשים הלכו בדרכים שונות, ואנו ננסה להציע את דרכנו.

ההפטרה מתחילה באמצע נבואה, העוסקת בפורענות גדולה שה׳ עתיד להביא על העולם, כשיפקוד את עוון הארץ. הנבואה רואה את עם ישראל ככרם יין, שה׳ ישמרנו מן הפורענות. בפסוק הראשון בהפטרה (ו) מתואר עם ישראל כגפן, המכה

שורשים בכרם, ומוציאה ציץ ופרח. בפסוק הבא (ז) מבטיח הקב"ה, גם ביחס לעבר וגם ביחס לעתיד, שכל מכה וכל הרג שעם ישראל סופג הם קטנים יחסית למכות שקיבלו ושיקבלו מכיהם והורגיהם. בפסוק הבא (ח) הוא מסביר את טיב המכות שספג כרמו, עם ישראל, מכות שהן 'סאה בסאה' (= בְּסַאסְּאָה), כלומר, מידה כנגד מידה על חטאיו, ואף זה רק בימים שמידת הדין הייתה מתוחה עליהם, או על פי המשל שבדברי הנביא: בְּיוֹם קָדִים, בעת רוח מזרחית קשה, המייבשת והורסת, ואינה מביאה עימה גשמי ברכה.

בפסוק ט מציע הנביא לעם ישראל פתרון במידת הרחמים, שבו תחדלנה גם המכות המצומצמות יחסית – לנפץ את מזבחותיהם של האשרים והחמנים (מזבחות לשמש כאלוה). אם ילך עם ישראל בדרך המוצעת, תחדל הקללה של עיר בצורה היושבת בדד ושל נווה פורח הנעזב כמדבר, של קציר יבש, שיבולים ללא תבואה, שיבולים הנשברות ביובש רוח הקדים הנזכרת, ונשים מלקטות אותן מן ההפקר, כשהן אינן ראויות אלא להיות חומר דלק דל לצורך תאורה זמנית. עם ישראל בצילם של האשרים והחמנים (קודם שנופצו) הוא עם ללא תבונה, עם שיוצרו אינו מרחם עליו, אך בעת שהאשרים והחמנים ינופצו, תגיע השעה הגדולה, כאשר ה' ילקט אותם אחד אחד לציון, להשתחוות במקדשו.[2]

ג. דור החורבן בממלכת שומרון – החטא ועונשו (הפִסקה השנייה)

פקח בן רמליהו, מלך ישראל בימי אחז מלך יהודה, היה מלך חזק, בעיקר בעקבות

2. א. אפשר שיש להשוות (השוואה ניגודית) את הנשים העניות האוספות את השיבולים השבורות והבודדות אחת לאחת, לה' האוסף את בניו אחד אחד מ'שיבולת הנהר'.
ב. לפני כשלושים שנה (סיון תשנ"א, 1991) חווינו כולנו את 'מבצע שלמה', שבמהלכו הועלו ארצה מאדיס אבבה שבאתיופיה במבצע צבאי, שנמשך יום וחצי בלבד, כחמישה עשר אלף יהודי 'ביתא ישראל', שעה קלה לפני שאתיופיה נפלה למלחמת אזרחים, רעב ופורענויות קשות אחרות. סח לי אז מו"ר הרב יואל בן נון: 'הנביא מדבר על שופר גדול שייתקע בעת קיבוץ הגלויות, ולבשורתו ישובו הגולים ארצה. שופר עשוי להיות ברבות הימים גם מסך טלוויזיה, שכל העולם צופה בו ורואה את קידוש השם הגדול, איך אחים שנעלמו לנו לפני אלפי שנים חוברים אלינו בזכותה של מדינת ישראל, אירוע שאין לו אח ורע בתולדות האומות'. הרב יואל בן נון לא אמר זאת על השופר שבהפטרתנו, אלא על שופר אחר שישעיהו ניבא עליו, והוא קרוב יותר לאתיופיה: הוֹי אֶרֶץ צִלְצַל כְּנָפָיִם אֲשֶׁר מֵעֵבֶר לְנַהֲרֵי כוּשׁ: הַשֹּׁלֵחַ בַּיָּם צִירִים וּבִכְלֵי גֹמֶא עַל פְּנֵי מַיִם, לְכוּ מַלְאָכִים קַלִּים אֶל גּוֹי מְמֻשָּׁךְ וּמוֹרָט, אֶל עַם נוֹרָא מִן הוּא וָהָלְאָה גּוֹי קַו קָו וּמְבוּסָה, אֲשֶׁר בָּזְאוּ נְהָרִים אַרְצוֹ: כָּל יֹשְׁבֵי תֵבֵל וְשֹׁכְנֵי אָרֶץ, כִּנְשֹׂא נֵס הָרִים תִּרְאוּ וְכִתְקֹעַ שׁוֹפָר תִּשְׁמָעוּ (יח, א–ג): הבאתי את דבריו גם על השופר בהפטרתנו, שעשוי להיות מחר מסך של כל מכשיר טלפון מודרני וכדומה.

בריתו עם רצין מלך ארם, אך הוא היה רשע, מושחת ועובד עבודה זרה. לקראת סוף מלכותו הוגלה חלק גדול מממלכת שומרון בידי תגלת פלאסר מלך אשור. פקח עצמו הוכה בידי הושע בן אלה שקשר עליו, והעיר שומרון וסביבותיה נותרו כממלכה שהייתה תלויה בחסדיה של ממלכת אשור, ולעיתים גם בחסדיו של סוא מלך מצרים.

בכל הקשור לחטאי עבודה זרה היה הושע בן אלה, המלך האחרון בשומרון, עדיף מקודמיו, אך הוא לא הצליח (או שלא רצה) להשתלט על ההפקרות שפשתה בממלכה (והמתוארת בעיקר על ידי נביא החורבן של שומרון, הושע בן בארי). האווירה בשומרון הייתה של ביקוש תענוגות של הרגע האחרון, אווירה של ייאוש. הנביא, ועימו חזקיהו מלך יהודה, קראו ליושבי שומרון להצטרף אליהם לעבודת ה׳, לבוא למקדש בירושלים ולחדש את ברית הפסח, אך שליחיו של חזקיהו נקלעו למערכת תגובות, שבעיקרה הייתה צינית ושדופה:

> וַיֵּלְכוּ הָרָצִים בָּאִגְּרוֹת מִיַּד הַמֶּלֶךְ וְשָׂרָיו בְּכָל יִשְׂרָאֵל וִיהוּדָה, וּכְמִצְוַת הַמֶּלֶךְ לֵאמֹר, בְּנֵי יִשְׂרָאֵל, שׁוּבוּ אֶל ה׳ אֱלֹהֵי אַבְרָהָם יִצְחָק וְיִשְׂרָאֵל, וְיָשֹׁב אֶל הַפְּלֵיטָה הַנִּשְׁאֶרֶת לָכֶם מִכַּף מַלְכֵי אַשּׁוּר... כִּי בְשׁוּבְכֶם עַל ה׳ אֲחֵיכֶם וּבְנֵיכֶם לְרַחֲמִים לִפְנֵי שׁוֹבֵיהֶם וְלָשׁוּב לָאָרֶץ הַזֹּאת, כִּי חַנּוּן וְרַחוּם ה׳ אֱלֹהֵיכֶם, וְלֹא יָסִיר פָּנִים מִכֶּם, אִם תָּשׁוּבוּ אֵלָיו: וַיִּהְיוּ הָרָצִים עֹבְרִים מֵעִיר לָעִיר בְּאֶרֶץ אֶפְרַיִם וּמְנַשֶּׁה וְעַד זְבֻלוּן, וַיִּהְיוּ מַשְׂחִיקִים עֲלֵיהֶם וּמַלְעִגִים בָּם:

(דהי״ב ל, ו-י)

בפרקנו מתאר הנביא את שִׁכֹּרֵי אֶפְרָיִם, המנהלים את הממלכה. עם מותו של פקח הייתה תחושה כלשהי של פריחה מחודשת תחת שלטונו של הושע בן אלה, אך הנביא רואה בה (פעמיים!) צִיץ נֹבֵל, שעתיד לקמול ולהוביל את כל הממלכה אל התהום. גם אם יצמח ממנה פרי, הוא יהיה כתאנה בודדת לפני שהגיע הקיץ, הוא ייבלע במהירות, ולא ייוותר ממנו זכר. ואכן, זה מה שקרה לממלכתו של הושע בן אלה, שומרון חרבה ולא קמה עוד.

ד. הישועה שתצמח ליושבי ירושלים למרות חטאם (הפִּסקה השלישית)

בפִּסקה השלישית הנביא מבטיח, שגם כאשר מידת הדין תכריע את שומרון, ה׳ יגן על שאר עמו, שהם מלכות יהודה, ובעיקר על יושבי ירושלים. הנביא מתאר אותם

כאנשי משפט וצדק וכגיבורים, הלוחמים על שערי ירושלים. עם זאת, הוא מייד מסתייג משבָחיו על אנשי ירושלים, שגם הם שתויי יין, הכושלים במשפט (פָּקוּ פְּלִילִיָּה) ומקיאים את אוכלם.

סתירה זו אומרת דורשני, ודומני, שנתקשה להסביר אותה מבלי להניח את קיומן של שתי סיעות בירושלים, ובלשון חז"ל (סנהדרין כו ע"א): סיעת חזקיהו המלך וסיעת שבנא אשר על הבית, ראש השרים של חזקיהו בימי הכיבוש האשורי ומצור סנחריב.

נבאר. אחרי המצור על שומרון וחורבנה בידי סרגון מלך אשור, עלה סנחריב מלך אשור, גם הוא על ירושלים, לכד את עריה, וכמעט הביא על ממלכת יהודה חורבן גמור. ירושלים שרדה, לאחר שהייתה קרוב לשלוש שנים במצור קשה של אשור. באותם ימים גילה חזקיהו נאמנות לדרכו של ישעיהו הנביא. הוא טיהר את המקדש, והזמין אל כל יהודה וישראל לעשות עימו את הפסח ולכרות מחדש ברית עם ה׳, אחרי שביער מירושלים את העבודה הזרה מימי אביו אחז. חזקיהו היה איש ישר ושופט צדק, אך ירושלים נהתה ברובה אחרי שבנא, שהיה אחראי לשחיתותם של שרי ירושלים, ולהעדפות הבלתי צודקות שקיבלו השרים ואנשי שלומם. ישעיהו מתאר אותם בדרך דומה לזו שהם מתוארים בפסוקי הפטרתנו:

> וַיִּקְרָא אֲדֹנָי ה׳ צְבָאוֹת בַּיּוֹם הַהוּא לִבְכִי וּלְמִסְפֵּד וּלְקָרְחָה וְלַחֲגֹר שָׂק: וְהִנֵּה שָׂשׂוֹן וְשִׂמְחָה, הָרֹג בָּקָר וְשָׁחֹט צֹאן, אָכֹל בָּשָׂר וְשָׁתוֹת יָיִן, אָכוֹל וְשָׁתוֹ כִּי מָחָר נָמוּת:
> (כב, יב–יג)

הנביא מתאר אווירה של ייאוש, יין ושכר, חוסר משפט וצדק. בסופו של דבר גברה ברגע האחרון ידה של סיעת חזקיהו, ה׳ היה לַעֲטֶרֶת צְבִי וְלִצְפִירַת תִּפְאָרָה לִשְׁאָר עַמּוֹ, וירושלים ניצלה בנס חג הפסח, כשה׳ הכה את מחנה אשור וגאל את ירושלים.

ה. מעמדו של הנביא בקרב סיעת שבנא, אנשי הלצון של ירושלים

> לָכֵן שִׁמְעוּ דְבַר ה׳, אַנְשֵׁי לָצוֹן, מֹשְׁלֵי הָעָם הַזֶּה אֲשֶׁר בִּירוּשָׁלָם:
> (כח, יד, הפסוק הממשיך את הפטרתנו)

לאנשי הסיעה הנזכרת היו ׳נביאים׳ משלהם, ויחד עם כוהניהם נִבְלְעוּ מִן הַיַּיִן, תָּעוּ מִן הַשֵּׁכָר, שָׁגוּ בָּרֹאֶה (כח, ז), כלומר, בראייה נכונה של הנבואה. את ישעיהו הנביא, שהלך יחד עם חזקיהו הם ראו בזלזול כמלמד דרדקי בלתי חשוב, המצרף אותיות ותנועות לילדים בני שלוש כדי ללמדם קרוא וכתוב. יש אמת בדבריהם! הנביא

ישעיהו פרש מנבואתו הציבורית בעת שהמלך אחז, אביו של חזקיהו, לא הקשיב אליו. וכך ניבא אז ישעיהו:

> צוֹר תְּעוּדָה, חֲתוֹם תּוֹרָה בְּלִמֻּדָי: וְחִכִּיתִי לַה׳, הַמַּסְתִּיר פָּנָיו מִבֵּית יַעֲקֹב, וְקִוֵּיתִי לוֹ: הִנֵּה אָנֹכִי וְהַיְלָדִים אֲשֶׁר נָתַן לִי ה׳ לְאֹתוֹת וּלְמוֹפְתִים בְּיִשְׂרָאֵל, מֵעִם ה׳ צְבָאוֹת הַשֹּׁכֵן בְּהַר צִיּוֹן:

(ח, טז–יח)

הנביא נוצֵר את עדותו וחדל מלומר אותה (= צוֹר תְּעוּדָה), הוא מלמד את התורה אך ורק לתלמידיו (׳לימודיו׳ בלשון הנביא). תלמידים אלו (= הַיְלָדִים אֲשֶׁר נָתַן לִי ה׳) הם שיאירו את דרכו של העם אל ה׳ בדור שאחרי אחז. דבר זה עתיד לבוא לידי ביטוי גם בפסוק הסיום, הנספח אל הפטרתנו:

> כִּי בִרְאֹתוֹ יְלָדָיו מַעֲשֵׂה יָדַי בְּקִרְבּוֹ יַקְדִּישׁוּ שְׁמִי, וְהִקְדִּישׁוּ אֶת קְדוֹשׁ יַעֲקֹב, וְאֶת אֱלֹהֵי יִשְׂרָאֵל יַעֲרִיצוּ.

(כט, כג)

מכל מקום, מושלי העם המתייחסים לישעיהו כמלמד תינוקות, אינם מוכנים לשמוע לו. הם מחקים אותו בלעג בביטויי צַו לָצָו, קַו לָקָו (כח, י), שהוא עוסק בהם עם תלמידיו הצעירים, ומעדיפים את נביאיהם, שתעו בשכר.

ו. יַעֲקֹב אֲשֶׁר פָּדָה אֶת אַבְרָהָם

הפסוק הפותח את נספח הסיום להפטרתנו[3] הוא:

> לָכֵן כֹּה אָמַר ה׳ אֶל בֵּית יַעֲקֹב, אֲשֶׁר פָּדָה אֶת אַבְרָהָם, לֹא עַתָּה יֵבוֹשׁ יַעֲקֹב, וְלֹא עַתָּה פָּנָיו יֶחֱוָרוּ:

(כט, כב)

אף שעל פי ההבנה הפשוטה, הפסוק קובע, שה׳ הוא שפדה את יעקב, הרי שסדר

3. נספח הסיום כאן הם שני הפסוקים האחרונים, שאינם רצופים להפטרה, אלא מן הנבואה הבאה, ונועדו לסיים את ההפטרה בטוב ובתקווה ולא בפסוקי תוכחה.

המילים בפסוק, מאפשר גם הבנה שיעקב הוא שפדה את אברהם. חז״ל ׳מנצלים׳ את האפשרות הזאת, ודורשים שאכן יעקב אבינו, כביכול, פדה את אברהם, אבי אביו:

> לָכֵן כֹּה אָמַר ה׳ אֶל בֵּית יַעֲקֹב, אֲשֶׁר פָּדָה אֶת אַבְרָהָם – וכי היכן מצינו ביעקב שפדאו לאברהם? אמר רב יהודה: שפדאו מצער גידול בנים.

(סנהדרין יט ע״ב)

בצורה מפורשת יותר מופיעים הדברים בתנחומא ובמדרשים נוספים:

> אברהם נתעטר בזכות יעקב, כשהשליך אותו נמרוד לתוך הכבשן, ירד הקדוש ברוך הוא להצילו, אמרו מלאכי השרת: ריבונו של עולם, לזה אתה מציל? כמה רשעים עתידין לעמוד ממנו! אמר להן הקדוש ברוך הוא: בשביל יעקב בן בנו שעתיד לעמוד ממנו אני מצילו. מִנַּיִן? אמר ר׳ ברכיה: שכך כתיב, לָכֵן כֹּה אָמַר ה׳ אֶל בֵּית יַעֲקֹב, אֲשֶׁר פָּדָה אֶת אַבְרָהָם – פדאו מן הכבשן.

(תנחומא תולדות ד)

מאליה עולה השאלה כלשונו של ר״מ אלשיך:

> כי כל רואה דברי מאמר זה... באמת יתחמץ לבבו... המבלי אין זכות לאברהם, אוהבו יתברך, להיות מוצל משרפה אותו תלה בזכות יעקב?

(אלשיך דניאל ג, טו)

בתורת המקובלים מצאנו, שעל מידת האמת שנתעטר בה יעקב היה לתקן את מידת החסד שבאברהם, כדי שהחסד לא יתפשט למקומות שלא ראוי שישכון בהם. על האמת לרסן את החסד כדי לשבצו במקום הראוי לו בעבודת ה׳, ולכן היה אברהם זקוק ליעקב העתיד לצאת ממנו. תורות שלֵמות בנויות על כך וקצרה יריעתנו.

הפטרת שמות (למנהג הספרדים)

א א ב דִּבְרֵי יִרְמְיָהוּ בֶּן־חִלְקִיָּהוּ מִן־הַכֹּהֲנִים אֲשֶׁר בַּעֲנָתוֹת בְּאֶרֶץ בִּנְיָמִן: אֲשֶׁר ירמיה
הָיָה דְבַר־יהוה אֵלָיו בִּימֵי יֹאשִׁיָּהוּ בֶן־אָמוֹן מֶלֶךְ יְהוּדָה בִּשְׁלֹשׁ־עֶשְׂרֵה
ג שָׁנָה לְמָלְכוֹ: וַיְהִי בִּימֵי יְהוֹיָקִים בֶּן־יֹאשִׁיָּהוּ מֶלֶךְ יְהוּדָה עַד־תֹּם עַשְׁתֵּי־
עֶשְׂרֵה שָׁנָה לְצִדְקִיָּהוּ בֶן־יֹאשִׁיָּהוּ מֶלֶךְ יְהוּדָה עַד־גְּלוֹת יְרוּשָׁלַ͏ִם בַּחֹדֶשׁ
ד ה הַחֲמִישִׁי: וַיְהִי דְבַר־יהוה אֵלַי לֵאמֹר: בְּטֶרֶם אֶצָּרְךָ בַבֶּטֶן יְדַעְתִּיךָ
ו וּבְטֶרֶם תֵּצֵא מֵרֶחֶם הִקְדַּשְׁתִּיךָ נָבִיא לַגּוֹיִם נְתַתִּיךָ: וָאֹמַר אֲהָהּ אֲדֹנָי יֱהֹוִה
ז הִנֵּה לֹא־יָדַעְתִּי דַּבֵּר כִּי־נַעַר אָנֹכִי: וַיֹּאמֶר יהוה אֵלַי אַל־תֹּאמַר נַעַר אָנֹכִי כִּי
ח עַל־כָּל־אֲשֶׁר אֶשְׁלָחֲךָ תֵּלֵךְ וְאֵת כָּל־אֲשֶׁר אֲצַוְּךָ תְּדַבֵּר: אַל־תִּירָא מִפְּנֵיהֶם
ט כִּי־אִתְּךָ אֲנִי לְהַצִּלֶךָ נְאֻם־יהוה: וַיִּשְׁלַח יהוה אֶת־יָדוֹ וַיַּגַּע עַל־פִּי וַיֹּאמֶר
י יהוה אֵלַי הִנֵּה נָתַתִּי דְבָרַי בְּפִיךָ: רְאֵה הִפְקַדְתִּיךָ הַיּוֹם הַזֶּה עַל־הַגּוֹיִם וְעַל־
יא הַמַּמְלָכוֹת לִנְתוֹשׁ וְלִנְתוֹץ וּלְהַאֲבִיד וְלַהֲרוֹס לִבְנוֹת וְלִנְטוֹעַ: וַיְהִי
דְבַר־יהוה אֵלַי לֵאמֹר מָה־אַתָּה רֹאֶה יִרְמְיָהוּ וָאֹמַר מַקֵּל שָׁקֵד אֲנִי רֹאֶה:
יב יג וַיֹּאמֶר יהוה אֵלַי הֵיטַבְתָּ לִרְאוֹת כִּי־שֹׁקֵד אֲנִי עַל־דְּבָרִי לַעֲשֹׂתוֹ: וַיְהִי
דְבַר־יהוה אֵלַי שֵׁנִית לֵאמֹר מָה אַתָּה רֹאֶה וָאֹמַר סִיר נָפוּחַ אֲנִי רֹאֶה וּפָנָיו
יד טו מִפְּנֵי צָפוֹנָה: וַיֹּאמֶר יהוה אֵלָי מִצָּפוֹן תִּפָּתַח הָרָעָה עַל כָּל־יֹשְׁבֵי הָאָרֶץ: כִּי
הִנְנִי קֹרֵא לְכָל־מִשְׁפְּחוֹת מַמְלְכוֹת צָפוֹנָה נְאֻם־יהוה וּבָאוּ וְנָתְנוּ אִישׁ כִּסְאוֹ
טז פֶּתַח שַׁעֲרֵי יְרוּשָׁלַ͏ִם וְעַל כָּל־חוֹמֹתֶיהָ סָבִיב וְעַל כָּל־עָרֵי יְהוּדָה: וְדִבַּרְתִּי
מִשְׁפָּטַי אוֹתָם עַל כָּל־רָעָתָם אֲשֶׁר עֲזָבוּנִי וַיְקַטְּרוּ לֵאלֹהִים אֲחֵרִים וַיִּשְׁתַּחֲווּ
יז לְמַעֲשֵׂי יְדֵיהֶם: וְאַתָּה תֶּאְזֹר מָתְנֶיךָ וְקַמְתָּ וְדִבַּרְתָּ אֲלֵיהֶם אֵת כָּל־אֲשֶׁר אָנֹכִי
יח אֲצַוֶּךָּ אַל־תֵּחַת מִפְּנֵיהֶם פֶּן־אֲחִתְּךָ לִפְנֵיהֶם: וַאֲנִי הִנֵּה נְתַתִּיךָ הַיּוֹם לְעִיר
מִבְצָר וּלְעַמּוּד בַּרְזֶל וּלְחֹמוֹת נְחֹשֶׁת עַל־כָּל־הָאָרֶץ לְמַלְכֵי יְהוּדָה לְשָׂרֶיהָ
יט לְכֹהֲנֶיהָ וּלְעַם הָאָרֶץ: וְנִלְחֲמוּ אֵלֶיךָ וְלֹא־יוּכְלוּ לָךְ כִּי־אִתְּךָ אֲנִי נְאֻם־יהוה
ב א ב לְהַצִּילֶךָ: וַיְהִי דְבַר־יהוה אֵלַי לֵאמֹר: הָלֹךְ וְקָרָאתָ בְאָזְנֵי יְרוּשָׁלַ͏ִם
לֵאמֹר כֹּה אָמַר יהוה זָכַרְתִּי לָךְ חֶסֶד נְעוּרַיִךְ אַהֲבַת כְּלוּלֹתָיִךְ לֶכְתֵּךְ אַחֲרַי
ג בַּמִּדְבָּר בְּאֶרֶץ לֹא זְרוּעָה: קֹדֶשׁ יִשְׂרָאֵל לַיהוה רֵאשִׁית תְּבוּאָתֹה כָּל־אֹכְלָיו
יֶאְשָׁמוּ רָעָה תָּבֹא אֲלֵיהֶם נְאֻם־יהוה:

הספרדים נוהגים להפטיר בפרשת שמות בנבואה הראשונה בירמיהו, ואכן, הקשר בינה לבין פרשתנו הדוק יותר ומובן יותר. בע"ה נעסוק בנבואה זו בהרחבה בין הפטרות ימי בין המְצָרים, שהרי נבואת דִּבְרֵי יִרְמְיָהוּ (א) היא גם הפטרת השבת הראשונה בין הפטרות 'תלתא דפורענותא'. בשלב זה נדון בחטף רק בקשר בין הפרשה להפטרה, בין הקדשת משה להיות שליח ה' ערב הגאולה, במעמד הסנה, לבין הקדשת ירמיהו להיות נביא ה' ושליחו ערב החורבן.

הנביא ירמיהו הוקדש כבר טרם יצירתו ולידתו להיות נביא לה':

> בְּטֶרֶם אצורך אֶצָּרְךָ בַבֶּטֶן יְדַעְתִּיךָ, וּבְטֶרֶם תֵּצֵא מֵרֶחֶם הִקְדַּשְׁתִּיךָ, נָבִיא לַגּוֹיִם נְתַתִּיךָ:
>
> (א, ה)

באגדות חז"ל רבות גם משה נועד מראש לגדולות:

> פּוּעָה – זו מרים, ולמה נקרא שמה פועה? ... שהיתה פועה ברוח הקודש, ואומרת: עתידה אמי שתלד בן, שמושיע את ישראל...
>
> וַתֵּרֶא אֹתוֹ כִּי טוֹב הוּא... רבי נחמיה אומר: הגון לנביאות; אחרים אומרים: נולד כשהוא מהול; וחכמים אומרים: בשעה שנולד משה – נתמלא הבית כולו אור.
>
> (סוטה יא ע"ב – יב ע"א)

ירמיהו מוחה ומנסה לחמוק משליחותו:

> וָאֹמַר, אֲהָהּ, אֲדֹנָי ה', הִנֵּה לֹא יָדַעְתִּי דַּבֵּר, כִּי נַעַר אָנֹכִי:
>
> (א, ו)

כך נהג גם משה:

> וַיֹּאמֶר מֹשֶׁה אֶל ה', בִּי אֲדֹנָי, לֹא אִישׁ דְּבָרִים אָנֹכִי גַּם מִתְּמוֹל גַּם מִשִּׁלְשֹׁם גַּם מֵאָז דַּבֶּרְךָ אֶל עַבְדֶּךָ, כִּי כְבַד פֶּה וּכְבַד לָשׁוֹן אָנֹכִי:
>
> (שמות ד, י)

ה' דחה את טענות שניהם. וכך כתב הר"י אברבנאל בהקדמתו לספר ירמיהו: "והנה הדברים אשר ראיתי, שבהם נתדמה ירמיהו לאדון הנביאים, הם אלה שאזכור לך

אחד לאחד", והוא מפרט ארבעה עשר דברים דומים בין ירמיהו למשה.[4] דמיונות אלו חשובים מאוד דווקא בגלל הניגוד בין משה לירמיהו – משה כנביא הגאולה, וירמיהו כנביא החורבן.

הפטרת שמות (למנהג התימנים)

יחזקאל

טז א ב וַיְהִי דְבַר־יְהוָה אֵלַי לֵאמֹר: בֶּן־אָדָם הוֹדַע אֶת־יְרוּשָׁלִַם אֶת־תּוֹעֲבֹתֶיהָ:
ג וְאָמַרְתָּ כֹּה־אָמַר אֲדֹנָי יֱהוִה לִירוּשָׁלִַם מְכֹרֹתַיִךְ וּמֹלְדֹתַיִךְ מֵאֶרֶץ הַכְּנַעֲנִי אָבִיךְ
ד הָאֱמֹרִי וְאִמֵּךְ חִתִּית: וּמוֹלְדוֹתַיִךְ בְּיוֹם הוּלֶּדֶת אוֹתָךְ לֹא־כָרַּת שָׁרֵּךְ וּבְמַיִם לֹא־
ה רֻחַצְתְּ לְמִשְׁעִי וְהָמְלֵחַ לֹא הֻמְלַחַתְּ וְהָחְתֵּל לֹא חֻתָּלְתְּ: לֹא־חָסָה עָלַיִךְ עַיִן
לַעֲשׂוֹת לָךְ אַחַת מֵאֵלֶּה לְחֻמְלָה עָלָיִךְ וַתֻּשְׁלְכִי אֶל־פְּנֵי הַשָּׂדֶה בְּגֹעַל נַפְשֵׁךְ
ו בְּיוֹם הֻלֶּדֶת אֹתָךְ: וָאֶעֱבֹר עָלַיִךְ וָאֶרְאֵךְ מִתְבּוֹסֶסֶת בְּדָמָיִךְ וָאֹמַר לָךְ בְּדָמַיִךְ
ז חֲיִי וָאֹמַר לָךְ בְּדָמַיִךְ חֲיִי: רְבָבָה כְּצֶמַח הַשָּׂדֶה נְתַתִּיךְ וַתִּרְבִּי וַתִּגְדְּלִי וַתָּבֹאִי
ח בַּעֲדִי עֲדָיִים שָׁדַיִם נָכֹנוּ וּשְׂעָרֵךְ צִמֵּחַ וְאַתְּ עֵרֹם וְעֶרְיָה: וָאֶעֱבֹר עָלַיִךְ וָאֶרְאֵךְ
וְהִנֵּה עִתֵּךְ עֵת דֹּדִים וָאֶפְרֹשׂ כְּנָפִי עָלַיִךְ וָאֲכַסֶּה עֶרְוָתֵךְ וָאֶשָּׁבַע לָךְ וָאָבוֹא
ט בִבְרִית אֹתָךְ נְאֻם אֲדֹנָי יֱהוִה וַתִּהְיִי־לִי: וָאֶרְחָצֵךְ בַּמַּיִם וָאֶשְׁטֹף דָּמַיִךְ מֵעָלָיִךְ
י וָאֲסֻכֵךְ בַּשָּׁמֶן: וָאַלְבִּישֵׁךְ רִקְמָה וָאֶנְעֲלֵךְ תָּחַשׁ וָאֶחְבְּשֵׁךְ בַּשֵּׁשׁ וַאֲכַסֵּךְ מֶשִׁי:
יא יב וָאֶעְדֵּךְ עֶדִי וָאֶתְּנָה צְמִידִים עַל־יָדַיִךְ וְרָבִיד עַל־גְּרוֹנֵךְ: וָאֶתֵּן נֶזֶם עַל־אַפֵּךְ
יג וַעֲגִילִים עַל־אָזְנָיִךְ וַעֲטֶרֶת תִּפְאֶרֶת בְּרֹאשֵׁךְ: וַתַּעְדִּי זָהָב וָכֶסֶף וּמַלְבּוּשֵׁךְ
שֵׁשׁ וָמֶשִׁי וְרִקְמָה סֹלֶת וּדְבַשׁ וָשֶׁמֶן אָכָלְתְּ וַתִּיפִי בִּמְאֹד מְאֹד וַתִּצְלְחִי לִמְלוּכָה:
יד וַיֵּצֵא לָךְ שֵׁם בַּגּוֹיִם בְּיָפְיֵךְ כִּי כָּלִיל הוּא בַּהֲדָרִי אֲשֶׁר־שַׂמְתִּי עָלַיִךְ נְאֻם אֲדֹנָי
יֱהוִה:

4. א. לא כל הדברים הדומים התיישבו על לבי. הדמיון החמישי שהוא מציין הוא, שקרוביו של משה השליכוהו ליאור, וקרוביו של ירמיהו השליכוהו לבור. ההבדל בין המקרים מדבר בעד עצמו. אך הרי"א מנה גם דמיונות חשובים מאוד.
ב. הרי"א לא מנה דמיון חשוב, שלענ"ד הוא מפתח הדמיון בין האישים, ונדון בו בע"ה בהפטרת השבת הראשונה שבין המצרים.

קהילות תימן נהגו, בעקבות הרמב"ם, לקרוא את הנבואה מספר יחזקאל. קהילות אחרות שינו מדרכו של הרמב"ם והסתמכו על דברי הגמרא:

> הוֹדַע אֶת יְרוּשָׁלַם אֶת תּוֹעֲבֹתֶיהָ – נקרא ומְתַרגם. פשיטא! לאפוקי (= להוציא) מדרבי אליעזר, דתניא: מעשה באדם אחד שהיה קורא למעלה מרבי אליעזר הוֹדַע אֶת יְרוּשָׁלַם אֶת תּוֹעֲבֹתֶיהָ, אמר לו (= ר' אליעזר): עד שאתה בודק בתועבות ירושלים – צא ובדוק בתועבות אמך. בדקו אחריו, ומצאו בו שמץ פסול.

(מגילה כה ע"ב)

הקהילות חששו לקרות הפטרה זו, שיש בה גנות בוטה על ירושלים, בגלל 'שמץ הפסול' שנמצא מכוחו של רבי אליעזר, אף שאין הלכה כמוהו.[5] מאידך גיסא, חשיבות גדולה יש לנבואה זו להבנת עניין מרכזי בפרשתנו.

הנבואה פותחת בפנייה אל ירושלים העיר:

> וְאָמַרְתָּ, כֹּה אָמַר אֲדֹנָי ה' לִירוּשָׁלַם, מְכֹרֹתַיִךְ וּמֹלְדֹתַיִךְ מֵאֶרֶץ הַכְּנַעֲנִי, אָבִיךְ הָאֱמֹרִי וְאִמֵּךְ חִתִּית:

(ג)

כדי להבין את דברי הנביא, יש לזכור את מיקומה של ירושלים, השוכנת באמצע גב ההר המרכזי בארץ ישראל המערבית, כפי שמשתקף בדברי המרגלים:

> עֲמָלֵק יוֹשֵׁב בְּאֶרֶץ הַנֶּגֶב, וְהַחִתִּי וְהַיְבוּסִי וְהָאֱמֹרִי יוֹשֵׁב בָּהָר, וְהַכְּנַעֲנִי יוֹשֵׁב עַל הַיָּם וְעַל יַד הַיַּרְדֵּן:

(במדבר יג, כט)

בירושלים עצמה גר היבוסי, כמסופר בכיבושה על ידי דוד (שמ"ב ה). היבוסי היה עם קטן יחסית, והקיפוהו עמים גדולים יותר: האמורי מצפון והחתי מדרום, והם מעין 'אביה' ו'אימה' של ירושלים. אם אביה של ירושלים אמורי ואימה חתית, אז

5. אחד מיקירי ירושלים בדורותינו, רבי שמואל הכהן וינגרטן (אביו של רבי ידעיה הכהן ז"ל, שהיה מנהל ישיבתנו למעלה מיובל שנים) העיד, שיקירי ירושלים נהגו סלסול שלא לקרוא גם את הפטרת אחרי מות (או קדושים), העוסקת בחובתה של ירושלים בסגנון דומה: הֲתִשְׁפֹּט הֲתִשְׁפֹּט אֶת עִיר הַדָּמִים וְהוֹדַעְתָּהּ אֵת כָּל תּוֹעֲבוֹתֶיהָ (יחזקאל כב). נעסוק בכך בע"ה בפתיחה להפטרת אחרי מות.

ירושלים עצמה היא מעין 'ממזרת', כיוון שנישואין בין בני שני עמים יכלו להיחשב כבלתי חוקיים. ה'ממזרת', שלידתה ביישה את אימה הנואפת, הושלכה מייד אחרי לידתה אל פני השדה כדי לחפות על הניאוף עם האמורי. היא הושלכה ללא הטיפול הנצרך לתינוק שאך עתה בא לעולם, כשהיא מטונפת בדם הלידה ובצואתה שלה, ועתידה להיות טרף לחיות השדה.

וּמוֹלְדוֹתַיִךְ בְּיוֹם הוּלֶּדֶת אֹתָךְ לֹא כָרַּת שָׁרֵּךְ, וּבְמַיִם לֹא רֻחַצְתְּ לְמִשְׁעִי, וְהָמְלֵחַ לֹא הֻמְלַחַתְּ, וְהָחְתֵּל לֹא חֻתָּלְתְּ: לֹא חָסָה עָלַיִךְ עַיִן לַעֲשׂוֹת לָךְ אַחַת מֵאֵלֶּה לְחֻמְלָה עָלָיִךְ, וַתֻּשְׁלְכִי אֶל פְּנֵי הַשָּׂדֶה בְּגֹעַל נַפְשֵׁךְ בְּיוֹם הֻלֶּדֶת אֹתָךְ:

(ד-ה)

יחזקאל פונה אל ירושלים ואנשיה ערב החורבן, כשמצבם הרוחני והלאומי בכי רע. הוא פותח בלידת ישראל ובהיותם עבדים בארץ מצרים, בנושא שבו עוסקת פרשתנו, פרשת שמות.

האומנם כך נראו התינוקות היהודים, כאשר פרעה גזר להשליכם ליאור? אפשר שכן! התורה מציירת לנו תמונה של תינוק אחד, משה בן עמרם, כשהוא חבוי בסוף שעל שפת היאור, ללא אוכל היכול לבוא אל פיו, ומה ששומר עליו מתניני היאור ומחיות הבר שעל שפתו הן תיבת גומא קטנה ואחותו הצעירה, מרים.

האומנם היה משה התינוק היחיד שאימו ומשפחתו עשו הכול כדי להצילו מגזרת פרעה? מסתבר שהיו תחבולות הצלה רבות לילדים רבים שנולדו בשנות הגזרה, ומספר התחבולות היה כמספר האימהות הדואגות ובני משפחותיהן. הילדים לא יכלו לגדול בבית, והיה צורך להחביא אותם בין קני הסוף, במערות ובבורות ובמקומות מסתור שונים בצמחייה ועל פני השדה. האוכל הובא לפיהם במחתרת, בהסתר ובסכנת נפשות גדולה. מן הסתם היו מקרים שהמהלך נכשל והילד מת, נטרף או התגלה בידי המצרים, והיו מקרים שהמהלך הצליח והילד ניצל. הנביא מתאר זאת בהפטרתנו בכך שהקב"ה בכבודו ובעצמו ירד להצילם ולגדלם (ע"י שליחיו הרבים, חיות או בני אדם). כך מתאר זאת המדרש:

דרש רב עוירא: בשכר נשים צדקניות שהיו באותו הדור, נגאלו ישראל ממצרים... וכיון שמגיע זמן מולדיהן, הולכות ויולדות בשדה תחת התפוח, שנאמר (שה"ש ח, ה): תַּחַת הַתַּפּוּחַ עוֹרַרְתִּיךָ, והקב"ה שולח משמי מרום מי שמנקיר ומשפיר אותן, כחיה זו שמשפרת את הולד, שנאמר: וּמוֹלְדוֹתַיִךְ בְּיוֹם הוּלֶּדֶת אֹתָךְ לֹא כָרַּת שָׁרֵּךְ, וּבְמַיִם לֹא רֻחַצְתְּ לְמִשְׁעִי, וְהָמְלֵחַ לֹא הֻמְלַחַתְּ וגו'... וכיון שמכירין בהן מצרים באין להורגן, ונעשה להם נס ונבלעין בקרקע, ומביאין שוורים

> וחורשין על גבן, שנאמר (תהלים קכט, ג): עַל גַּבִּי חָרְשׁוּ חֹרְשִׁים וגו׳, לאחר שהולכין היו מבצבצין ויוצאין כעשב השדה, שנאמר (טז ז): רְבָבָה כְּצֶמַח הַשָּׂדֶה נְתַתִּיךְ; וכיון שמתגדלין באין עדרים עדרים לבתיהן... וכשנגלה הקדוש ברוך הוא על הים, הם הכירוהו תחלה, שנאמר (שמות טו ב): זֶה אֵלִי וְאַנְוֵהוּ [רש״י: ׳הם הכירוהו׳ – שראו שכינתו כבר; זֶה אֵלִי – שראיתי כבר].

(סוטה יא ע״ב)

אנו מכירים נשים צדקניות בודדות בפרשתנו: יוכבד, אימו של משה, ששמה אותו בתיבה, מרים אחותו שהשגיחה עליו והביאתו לאימו, בת פרעה שמשתָה אותו מן הסוף (ויותר מאוחר ציפורה שהצילה אותו מן המלאך). אך המדרש, על פי פסוקי הפטרתנו, מתאר לנו נשים צדקניות רבות מִספור, שחירפו את נפשן להצלת ילדיהן מגזרת פרעה, וגידלו אותן אֶל פְּנֵי הַשָּׂדֶה בעזרת בעלי חיים שטיפלו בילדים, ונשים מצריות, כבת פרעה, שמצאו אותם וגידלו אותם. יחזקאל הנביא מתאר זאת בצבעוניות בהפטרתנו (כמנהג בני תימן), ושופך בפרשתנו אור נגוהות של גבורה, של מסירות נפש ושל נס משמיים על ימי תחילתו של עם ישראל במצרים.

הפטרת וארא

כח כה כֹּה־אָמַר אֲדֹנָי יֱהֹוִה בְּקַבְּצִי אֶת־בֵּית יִשְׂרָאֵל מִן־הָעַמִּים אֲשֶׁר נָפֹצוּ בָם יחזקאל
וְנִקְדַּשְׁתִּי בָם לְעֵינֵי הַגּוֹיִם וְיָשְׁבוּ עַל־אַדְמָתָם אֲשֶׁר נָתַתִּי לְעַבְדִּי לְיַעֲקֹב:
כו וְיָשְׁבוּ עָלֶיהָ לָבֶטַח וּבָנוּ בָתִּים וְנָטְעוּ כְרָמִים וְיָשְׁבוּ לָבֶטַח בַּעֲשׂוֹתִי שְׁפָטִים
כט א בְּכֹל הַשָּׁאטִים אֹתָם מִסְּבִיבוֹתָם וְיָדְעוּ כִּי אֲנִי יהוה אֱלֹהֵיהֶם: בַּשָּׁנָה
ב הָעֲשִׂרִית בָּעֲשִׂרִי בִּשְׁנֵים עָשָׂר לַחֹדֶשׁ הָיָה דְבַר־יהוה אֵלַי לֵאמֹר: בֶּן־אָדָם
ג שִׂים פָּנֶיךָ עַל־פַּרְעֹה מֶלֶךְ מִצְרָיִם וְהִנָּבֵא עָלָיו וְעַל־מִצְרַיִם כֻּלָּהּ: דַּבֵּר וְאָמַרְתָּ
כֹּה־אָמַר אֲדֹנָי יֱהֹוִה הִנְנִי עָלֶיךָ פַּרְעֹה מֶלֶךְ־מִצְרַיִם הַתַּנִּים הַגָּדוֹל הָרֹבֵץ בְּתוֹךְ
ד יְאֹרָיו אֲשֶׁר אָמַר לִי יְאֹרִי וַאֲנִי עֲשִׂיתִנִי: וְנָתַתִּי חַחִים בִּלְחָיֶיךָ וְהִדְבַּקְתִּי דְגַת־
יְאֹרֶיךָ בְּקַשְׂקְשֹׂתֶיךָ וְהַעֲלִיתִיךָ מִתּוֹךְ יְאֹרֶיךָ וְאֵת כָּל־דְּגַת יְאֹרֶיךָ בְּקַשְׂקְשֹׂתֶיךָ
ה תִּדְבָּק: וּנְטַשְׁתִּיךָ הַמִּדְבָּרָה אוֹתְךָ וְאֵת כָּל־דְּגַת יְאֹרֶיךָ עַל־פְּנֵי הַשָּׂדֶה תִּפּוֹל
ו לֹא תֵאָסֵף וְלֹא תִקָּבֵץ לְחַיַּת הָאָרֶץ וּלְעוֹף הַשָּׁמַיִם נְתַתִּיךָ לְאָכְלָה: וְיָדְעוּ כָּל־
ז יֹשְׁבֵי מִצְרַיִם כִּי אֲנִי יהוה יַעַן הֱיוֹתָם מִשְׁעֶנֶת קָנֶה לְבֵית יִשְׂרָאֵל: בְּתָפְשָׂם
בְּךָ בַכַּף תֵּרוֹץ וּבָקַעְתָּ לָהֶם כָּל־כָּתֵף וּבְהִשָּׁעֲנָם עָלֶיךָ תִּשָּׁבֵר וְהַעֲמַדְתָּ לָהֶם
ח כָּל־מָתְנָיִם: לָכֵן כֹּה אָמַר אֲדֹנָי יֱהֹוִה הִנְנִי מֵבִיא עָלַיִךְ חָרֶב וְהִכְרַתִּי
ט מִמֵּךְ אָדָם וּבְהֵמָה: וְהָיְתָה אֶרֶץ־מִצְרַיִם לִשְׁמָמָה וְחָרְבָּה וְיָדְעוּ כִּי־אֲנִי יהוה יַעַן
י אָמַר יְאֹר לִי וַאֲנִי עָשִׂיתִי: לָכֵן הִנְנִי אֵלֶיךָ וְאֶל־יְאֹרֶיךָ וְנָתַתִּי אֶת־אֶרֶץ מִצְרַיִם
יא לְחָרְבוֹת חֹרֶב שְׁמָמָה מִמִּגְדֹּל סְוֵנֵה וְעַד־גְּבוּל כּוּשׁ: לֹא תַעֲבָר־בָּהּ רֶגֶל אָדָם
יב וְרֶגֶל בְּהֵמָה לֹא תַעֲבָר־בָּהּ וְלֹא תֵשֵׁב אַרְבָּעִים שָׁנָה: וְנָתַתִּי אֶת־אֶרֶץ מִצְרַיִם
שְׁמָמָה בְּתוֹךְ אֲרָצוֹת נְשַׁמּוֹת וְעָרֶיהָ בְּתוֹךְ עָרִים מָחֳרָבוֹת תִּהְיֶיןָ שְׁמָמָה
יג אַרְבָּעִים שָׁנָה וַהֲפִצֹתִי אֶת־מִצְרַיִם בַּגּוֹיִם וְזֵרִיתִים בָּאֲרָצוֹת: כִּי כֹה
אָמַר אֲדֹנָי יֱהֹוִה מִקֵּץ אַרְבָּעִים שָׁנָה אֲקַבֵּץ אֶת־מִצְרַיִם מִן־הָעַמִּים אֲשֶׁר־
יד נָפֹצוּ שָׁמָּה: וְשַׁבְתִּי אֶת־שְׁבוּת מִצְרַיִם וַהֲשִׁבֹתִי אֹתָם אֶרֶץ פַּתְרוֹס עַל־אֶרֶץ

טו מְכוּרָתָם וְהָיוּ שָׁם מַמְלָכָה שְׁפָלָה: מִן־הַמַּמְלָכוֹת תִּהְיֶה שְׁפָלָה וְלֹא־תִתְנַשֵּׂא
טז עוֹד עַל־הַגּוֹיִם וְהִמְעַטְתִּים לְבִלְתִּי רְדוֹת בַּגּוֹיִם: וְלֹא יִהְיֶה־עוֹד לְבֵית יִשְׂרָאֵל
יז לְמִבְטָח מַזְכִּיר עָוֹן בִּפְנוֹתָם אַחֲרֵיהֶם וְיָדְעוּ כִּי אֲנִי אֲדֹנָי יֱהֹוִה: וַיְהִי
בְּעֶשְׂרִים וָשֶׁבַע שָׁנָה בָּרִאשׁוֹן בְּאֶחָד לַחֹדֶשׁ הָיָה דְבַר־יהוה אֵלַי לֵאמֹר:
יח בֶּן־אָדָם נְבוּכַדְרֶאצַּר מֶלֶךְ־בָּבֶל הֶעֱבִיד אֶת־חֵילוֹ עֲבֹדָה גְדוֹלָה אֶל־צֹר כָּל־
רֹאשׁ מֻקְרָח וְכָל־כָּתֵף מְרוּטָה וְשָׂכָר לֹא־הָיָה לוֹ וּלְחֵילוֹ מִצֹּר עַל־הָעֲבֹדָה
יט אֲשֶׁר־עָבַד עָלֶיהָ: לָכֵן כֹּה אָמַר אֲדֹנָי יֱהֹוִה הִנְנִי נֹתֵן לִנְבוּכַדְרֶאצַּר
מֶלֶךְ־בָּבֶל אֶת־אֶרֶץ מִצְרָיִם וְנָשָׂא הֲמֹנָהּ וְשָׁלַל שְׁלָלָהּ וּבָזַז בִּזָּהּ וְהָיְתָה שָׂכָר
כ לְחֵילוֹ: פְּעֻלָּתוֹ אֲשֶׁר־עָבַד בָּהּ נָתַתִּי לוֹ אֶת־אֶרֶץ מִצְרָיִם אֲשֶׁר עָשׂוּ לִי נְאֻם
כא אֲדֹנָי יֱהֹוִה: בַּיּוֹם הַהוּא אַצְמִיחַ קֶרֶן לְבֵית יִשְׂרָאֵל וּלְךָ אֶתֵּן פִּתְחוֹן־פֶּה בְּתוֹכָם
וְיָדְעוּ כִּי־אֲנִי יהוה:

א. הקשר בין הפרשה להפטרה

פרשתנו עוסקת ברובה במכות שניתנו למצרים כעונש על השעבוד הקשה שנהגו בעם ישראל, ללמד אותם את גדלות ה' ולשכנע אותם לשלח את ישראל לעבוד את ה'. הנבואה שבהפטרה עוסקת אף היא ב'מכות מצרים' סמוך לחורבן בית המקדש הראשון. אנו רואים דמיון חשוב גם בתוכני המכות, ונפרט בו מעט.

בספרנו על החומש הארכנו לטעון,[1] שמכת דם לא הייתה בהכרח ריאקציה כימית, ששינתה את מבנה מולקולות המים שביאור לדם. היא הייתה, לדעתנו, תוצר של מכת מטהו של אהרן ביאור, מכה חזקה שהופעלה בעוצמת ידו החזקה וזרועו הנטויה של משלחו של אהרן, הקב"ה. המכה יצרה ביאור גלי הדף אדירים, שביקעו את תניני היאור הרבים, וכך הוצפו מימי היאור בדם. כך נטל ה' את נקמתו גם מאלוהי מצרים – תניני היאור הגדולים. תנינים אלו טרפו באכזריות את ילדי היהודים, שהושלכו ליאור בגזרת פרעה, עוד לפני שהללו הספיקו לטבוע במים, והם באו על עונשם במכת דם.

הפטרתנו עוסקת אף היא בעיקר בנקמת ה' בַּתַּנִּים (= תנין) הַגָּדוֹל הָרֹבֵץ בְּתוֹךְ יְאֹרָיו (כט, ג), וכפי שנקם ה' בתנינים ערב יציאת מצרים, אך בהבדל חשוב: התנינים במצרים הוכו (לעניות דעתנו) בגלי ההדף מחמת מכת המטה, ותנין היאור בנבואתנו ימות בעת שהיאור המצרי יתייבש, ויהפוך את מצרים כולה למדבר שממה.

1. 'כי קרוב אליך – שמות' (ישראל 2014), עמ' 102-103.

ב. הכעס על מצרים

סיבה אחת לכעס על מצרים, ׳הסיבה הדתית׳, נזכרת פעמיים בנבואה – התייחסותו של מלך מצרים אל עצמו כבורא היאור, וכמי שברא את עצמו:

... אֲשֶׁר אָמַר, לִי יְאֹרִי וַאֲנִי עֲשִׂיתִנִי: ... יַעַן אָמַר, יְאֹר לִי וַאֲנִי עָשִׂיתִי:
(כט, ג; ט)

אנו נעסוק בעיקר בסיבה השנייה:

וְיָדְעוּ כָּל יֹשְׁבֵי מִצְרַיִם, כִּי אֲנִי ה׳, יַעַן הֱיוֹתָם מִשְׁעֶנֶת קָנֶה לְבֵית יִשְׂרָאֵל: בְּתָפְשָׂם בְּךָ בַכַּף תֵּרוֹץ, וּבָקַעְתָּ לָהֶם כָּל כָּתֵף, וּבְהִשָּׁעֲנָם עָלֶיךָ תִּשָּׁבֵר, וְהַעֲמַדְתָּ לָהֶם כָּל מָתְנָיִם:
(שם, ו-ז)

בראש הנבואה (כט, א) מופיע המועד שהיא נאמרה בו: בַּשָּׁנָה הָעֲשִׂירִית בָּעֲשִׂרִי בִּשְׁנֵים עָשָׂר לַחֹדֶשׁ – בי״ב בטבת בשנה העשירית, חצי שנה לפני הבקעת חומות ירושלים ביום ט׳ בתמוז בשנה האחת עשרה. המצור על ירושלים החל שנה לפני שנאמרה הנבואה שלנו – בי׳ בטבת בשנה התשיעית לצדקיהו (ירמיהו נב, ד-ו).

נבוכדנאצר החליט להחריב את ירושלים בעקבות הֲפֵרַת השבועה של המלך צדקיהו להיות נאמן לנבוכדנאצר, ובגלל ששיתף פעולה עם מדינות האזור (אדום, מואב, עמון, צור וצידון) בברית עם מצרים כדי למרוד בנבוכדנאצר (ירמיהו כז). ירמיהו ויחזקאל הזהירו את צדקיהו מתוצאות המרד, שהייתה בו בגידה בנאמנות לנבוכדנאצר, ובשבועה שניתנה לו בשם ה׳. היה בצעד זה גם ניסיון לעקוף את גזרת ה׳ שנאמרה מפי ירמיהו, לעבוד את מלך בבל במשך שבעים שנה, בלא שירושלים והמקדש ייחרבו, ובלא שאנשי שארית הפליטה ימותו או יגלו מארצם (ירמיהו כה, יא-יב). צדקיהו הלך שולל אחרי המלכים, ששליחיהם באו אל ביתו כדי לפתותו להצטרף לברית נגד נבוכדנאצר, ובסופו של דבר כולם בגדו בו ובממלכת יהודה.

הבגידה שהייתה הקשה מכולם לאנשי ירושלים הייתה של מצרים, שהבטיחה את עזרתה ביום שנבוכדנאצר יופיע. היא ועזרתה התבררו כ׳משענת קנה רצוץ׳, כמו שהייתה מצרים ליהודה בעת שחזקיהו מלך יהודה מרד בסנחריב מלך אשור כמאה ושלושים שנה לפני החורבן ולפני נבואתנו. כך אמר אז, ובצדק, רבשקה, שליחו של מלך אשור לירושלים בעת המצור הנורא בימי חזקיהו:

עַתָּה הִנֵּה בָטַחְתָּ לְּךָ עַל מִשְׁעֶנֶת הַקָּנֶה הָרָצוּץ הַזֶּה עַל מִצְרַיִם, אֲשֶׁר יִסָּמֵךְ אִישׁ עָלָיו, וּבָא בְכַפּוֹ וּנְקָבָהּ, כֵּן פַּרְעֹה מֶלֶךְ מִצְרַיִם לְכָל הַבֹּטְחִים עָלָיו:
(מל"ב יח, כא)

יחזקאל בנבואתנו משתמש בדימוי זה (כט, ו), שנאמר על ידי רבשקה, בעת שההיסטוריה שבה על עצמה. צדקיהו סמך על מלך מצרים, כמו שחזקיהו סמך עליו מאה ושלושים שנה קודם, ובשני המקרים עזרתה של מצרים לא הייתה עזרה.

נעיין מעט ב'עזרה' המצרית לירושלים בעת מצור סנחריב:

וְחֵיל פַּרְעֹה יָצָא מִמִּצְרָיִם, וַיִּשְׁמְעוּ הַכַּשְׂדִּים הַצָּרִים עַל יְרוּשָׁלַם אֶת שִׁמְעָם, וַיֵּעָלוּ מֵעַל יְרוּשָׁלָם: וַיְהִי דְּבַר ה' אֶל יִרְמְיָהוּ הַנָּבִיא לֵאמֹר: כֹּה אָמַר ה' אֱלֹהֵי יִשְׂרָאֵל, כֹּה תֹאמְרוּ אֶל מֶלֶךְ יְהוּדָה, הַשֹּׁלֵחַ אֶתְכֶם אֵלַי לְדָרְשֵׁנִי, הִנֵּה חֵיל פַּרְעֹה הַיֹּצֵא לָכֶם לְעֶזְרָה, שָׁב לְאַרְצוֹ מִצְרָיִם: וְשָׁבוּ הַכַּשְׂדִּים, וְנִלְחֲמוּ עַל הָעִיר הַזֹּאת וּלְכָדֻהָ, וּשְׂרָפֻהָ בָאֵשׁ:
(ירמיהו לז, ה-ח)

ואכן, כך קרה! המצור של נבוכדנאצר על ירושלים ארך שנה וחצי, מעשרה בטבת בשנה התשיעית למלכות צדקיהו עד לתשעה בתמוז בשנה האחת עשרה, ובו ביום הובקעה החומה, והחל החורבן.

מה שמתואר בדברי ירמיהו הוא, שבמצור שארך כאמור שנה וחצי, הייתה הפוגה בת ימים ספורים (איננו יודעים כמה), ובמהלכה נעלה חיל הכשדים מעל ירושלים כדי לבלום את פרעה. פרעה לא לחם בכשדים, וכשראה אותם באים מולו, סב על עקביו ושב עם צבאו למצרים. בימי ההפוגה ניסה ירמיהו לצאת מירושלים אל שדהו שבענתות, אך נתפס ונכלא. בימי ההפוגה הפר העם בירושלים את בריתו לשחרר את העבדים (נדון בכך בע"ה בהרחבה בהפטרת פרשת משפטים). הכשדים שבו כעבור זמן קצר, וחידשו את המצור על ירושלים לחצי שנה נוספת עד להבקעת העיר ולחורבן. האווירה בירושלים בחלקו השני של המצור השתנתה לחלוטין, ותקוות ההצלה בזכות המצרים פינתה את מקומה לייאוש גדול, שהצטרף אל הרעב ואל החולשה שהיו בירושלים.

תאריך נבואתנו מצביע על כך, שהמצרים באו לסייע ליהודה ונסוגו במהירות, כנראה, בתחילת טבת בשנה העשירית, כלומר, כשנה אחרי תחילת המצור, או מעט קודם. הנביא מביע בנבואתנו את הכעס הגדול על המצרים, שלא עשו דבר לטובת ממלכת יהודה, שהייתה בת בריתה, ולא היו לה אלא ל'משענת קנה רצוץ', ובשל כך ניבא יחזקאל, שמצרים תהפוך למדבר שממה.

ג. הדגים הדבוקים בקשקשת

הנבואה מדגישה את גורלם של הדגים הדבוקים בקשקשת התנין הגדול:

... וְהִדְבַּקְתִּי דְגַת יְאֹרֶיךָ בְּקַשְׂקְשֹׂתֶיךָ, וְהַעֲלִיתִיךָ מִתּוֹךְ יְאֹרֶיךָ, וְאֵת כָּל דְּגַת יְאֹרֶיךָ בְּקַשְׂקְשֹׂתֶיךָ תִּדְבָּק: וּנְטַשְׁתִּיךָ הַמִּדְבָּרָה, אוֹתְךָ וְאֵת כָּל דְּגַת יְאֹרֶיךָ...

(כט, ד-ה)

אפשר שהדגים ההדוקים לקשקשת הם המצרים, התלויים במלכם. אך ייתכן, שהדגים הדבוקים הם העמים הקטנים (שהוזכרו לעיל), שדבקו מרצונם בהבטחה המצרית להגן עליהם מפני חיל הכשדים, ובסופו של דבר כולם ישלמו את מחיר המרידה בבבל. ירמיהו הזהיר את כל העמים שלא לשתף פעולה עם מצרים נגד נבוכדנאצר, אך הם שיתפו פעולה עם מלך מצרים, והם עתידים ללקות בעת חורבנו:

כֹּה אָמַר ה׳ אֵלַי, עֲשֵׂה לְךָ מוֹסֵרוֹת וּמֹטוֹת, וּנְתַתָּם עַל צַוָּארֶךָ: וְשִׁלַּחְתָּם אֶל מֶלֶךְ אֱדוֹם וְאֶל מֶלֶךְ מוֹאָב וְאֶל מֶלֶךְ בְּנֵי עַמּוֹן וְאֶל מֶלֶךְ צֹר וְאֶל מֶלֶךְ צִידוֹן בְּיַד מַלְאָכִים הַבָּאִים יְרוּשָׁלַ‍ִם אֶל צִדְקִיָּהוּ מֶלֶךְ יְהוּדָה: וְצִוִּיתָ אֹתָם אֶל אֲדֹנֵיהֶם לֵאמֹר, כֹּה אָמַר ה׳ צְבָאוֹת אֱלֹהֵי יִשְׂרָאֵל, כֹּה תֹאמְרוּ אֶל אֲדֹנֵיכֶם: אָנֹכִי עָשִׂיתִי אֶת הָאָרֶץ אֶת הָאָדָם וְאֶת הַבְּהֵמָה אֲשֶׁר עַל פְּנֵי הָאָרֶץ בְּכֹחִי הַגָּדוֹל וּבִזְרוֹעִי הַנְּטוּיָה, וּנְתַתִּיהָ לַאֲשֶׁר יָשַׁר בְּעֵינָי: וְעַתָּה אָנֹכִי נָתַתִּי אֶת כָּל הָאֲרָצוֹת הָאֵלֶּה בְּיַד נְבוּכַדְנֶאצַּר מֶלֶךְ בָּבֶל עַבְדִּי, וְגַם אֶת חַיַּת הַשָּׂדֶה נָתַתִּי לוֹ לְעָבְדוֹ: וְעָבְדוּ אֹתוֹ כָּל הַגּוֹיִם וְאֶת בְּנוֹ וְאֶת בֶּן בְּנוֹ, עַד בֹּא עֵת אַרְצוֹ גַּם הוּא, וְעָבְדוּ בוֹ גּוֹיִם רַבִּים וּמְלָכִים גְּדֹלִים: וְהָיָה הַגּוֹי וְהַמַּמְלָכָה אֲשֶׁר לֹא יַעַבְדוּ אֹתוֹ אֶת נְבוּכַדְנֶאצַּר מֶלֶךְ בָּבֶל, וְאֵת אֲשֶׁר לֹא יִתֵּן אֶת צַוָּארוֹ בְּעֹל מֶלֶךְ בָּבֶל, בַּחֶרֶב וּבָרָעָב וּבַדֶּבֶר אֶפְקֹד עַל הַגּוֹי הַהוּא, נְאֻם ה׳, עַד תֻּמִּי אֹתָם בְּיָדוֹ: וְאַתֶּם, אַל תִּשְׁמְעוּ אֶל נְבִיאֵיכֶם וְאֶל קֹסְמֵיכֶם וְאֶל חֲלֹמֹתֵיכֶם וְאֶל עֹנְנֵיכֶם וְאֶל כַּשָּׁפֵיכֶם, אֲשֶׁר הֵם אֹמְרִים אֲלֵיכֶם לֵאמֹר, לֹא תַעַבְדוּ אֶת מֶלֶךְ בָּבֶל: כִּי שֶׁקֶר הֵם נִבְּאִים לָכֶם, לְמַעַן הַרְחִיק אֶתְכֶם מֵעַל אַדְמַתְכֶם, וְהִדַּחְתִּי אֶתְכֶם וַאֲבַדְתֶּם: וְהַגּוֹי אֲשֶׁר יָבִיא אֶת צַוָּארוֹ בְּעֹל מֶלֶךְ בָּבֶל וַעֲבָדוֹ, וְהִנַּחְתִּיו עַל אַדְמָתוֹ, נְאֻם ה׳, וַעֲבָדָהּ וְיָשַׁב בָּהּ:

(ירמיהו כז, ב-יא)

איננו יודעים בבירור אם מצרים אכן נכבשה על ידי נבוכדנאצר (בשנת עשרים ושבע למלכותו, שמונה שנים אחרי חורבן בית המקדש, או בעשרים ושבע לגלותנו, שש עשרה שנים אחר חורבן המקדש). ידוע על מסע בבלי למצרים כעשרים שנה אחרי

חורבן הבית הראשון. ההיסטוריונים המקובלים טוענים, שמצרים נכבשה רק על ידי כנבוזי מלך פרס, כששים שנה אחרי חורבן ירושלים והמקדש.[2] בשנים שלאחר חורבן ירושלים הכה מלך בבל גם את עמון, מואב ואדום וכן את צור וצידון. הנביא יחזקאל ראה זאת כנקם על בגידתם בממלכת יהודה ביום צרתה. אומות אלו עשו עצמן ידידות של ירושלים וצדקיהו. נבוכדנאצר עלה בראשונה על ירושלים, וכולן שמחו לאידה, כמתואר בקובץ נבואות העמים של יחזקאל (כה-לב) וכן באיכה בידי ירמיהו:

> קָרָאתִי לַמְאַהֲבַי הֵמָּה רִמּוּנִי... שָׁמְעוּ כִּי נֶאֱנָחָה אָנִי, אֵין מְנַחֵם לִי, כָּל אֹיְבַי שָׁמְעוּ רָעָתִי שָׂשׂוּ, כִּי אַתָּה עָשִׂיתָ, הֵבֵאתָ יוֹם קָרָאתָ וְיִהְיוּ כָמוֹנִי:

(איכה א, יט-כא)

*

הנבואה מדברת על שנות השממה במצרים, ושיבתה וגאולתה כעבור ארבעים שנה. בידיעות ההיסטוריות המעטות שיש בידינו, לא ברור לאיזה אירוע כיוון הנביא, והאם אכן התקיים.

ד. פסוקי הסיום

> בֶּן אָדָם, נְבוּכַדְרֶאצַּר מֶלֶךְ בָּבֶל הֶעֱבִיד אֶת חֵילוֹ עֲבֹדָה גְדֹלָה אֶל צֹר, כָּל רֹאשׁ מֻקְרָח וְכָל כָּתֵף מְרוּטָה, וְשָׂכָר לֹא הָיָה לוֹ וּלְחֵילוֹ מִצֹּר, עַל הָעֲבֹדָה אֲשֶׁר עָבַד עָלֶיהָ:

(כט, יח)

בפסוקים אלו מתוארת המערכה על צור, שהתנהלה במשך שלוש עשרה שנה, החל מן השנה שאחרי חורבן ירושלים. צור הייתה אי, שלא היה רחוק מן החוף, אך כדי לכובשה היה על נבוכדנאצר להעמיד סוללה, שתחבר אותה אל היבשה. נראה, שנבוכדנאצר לא הצליח לעשות זאת, ואפשר שכבש רק את חלק העיר שעל החוף.[3] הפסוקים בהפטרה מתארים את העבודה על בניית הסוללה מן החוף אל צור. העבודה

2. מנבואת ירמיהו (מד; מו) עולה בפשטות, שנבוכדנאצר הכה את ארץ מצרים. ראו גם ח' חפץ, "מלכות פרס ומדי בתקופת בית שני ולפניה – עיון מחודש", **מגדים** יד (תשנ"א), עמ' 83 ואילך. בין ההיסטוריונים רבו הסתירות בתקופה זו, ולא נכריע כאן ביניהם. האפֵלה ההיסטורית בתקופה זו לא נפתרה עד תומה.
3. מי שהצליח לחבר את האי של צור אל היבשה ולכובשה היה אלכסדר מוקדון.

הקשה, המתישה והקטלנית נעשתה בידי שבויים בפיקוח כַּשדי. השבויים מכונים בידי הנביא כָּל רֹאשׁ מֻקְרָח וְכָל כָּתֵף מְרוּטָה. השבויים היו גלוחי ראש, ובשרוולם הקרוע בכתפם היה סימן לעבדותם, כדי שלא יוכלו לברוח. האמירה שלא היה לו וחילו שכר על כך עשויה להתפרש, שלא הצליח לכבוש את העיר הימית. הנביא מבטיחו, ששכרו יהיה בכיבוש מצרים, מושא נקמתו של הנביא בנבואה זו. כאמור, לא ברור שנבואה זו על מצרים התגשמה בעיתה ובזמנה.

הפטרת בא

ירמיה מו יג הַדָּבָר אֲשֶׁר דִּבֶּר יהוה אֶל־יִרְמְיָהוּ הַנָּבִיא לָבוֹא נְבוּכַדְרֶאצַּר מֶלֶךְ בָּבֶל
יד לְהַכּוֹת אֶת־אֶרֶץ מִצְרָיִם׃ הַגִּידוּ בְמִצְרַיִם וְהַשְׁמִיעוּ בְמִגְדּוֹל וְהַשְׁמִיעוּ בְנֹף
טו וּבְתַחְפַּנְחֵס אִמְרוּ הִתְיַצֵּב וְהָכֵן לָךְ כִּי־אָכְלָה חֶרֶב סְבִיבֶיךָ׃ מַדּוּעַ נִסְחַף אַבִּירֶיךָ
טז לֹא עָמַד כִּי יהוה הֲדָפוֹ׃ הִרְבָּה כּוֹשֵׁל גַּם־נָפַל אִישׁ אֶל־רֵעֵהוּ וַיֹּאמְרוּ קוּמָה
יז וְנָשֻׁבָה אֶל־עַמֵּנוּ וְאֶל־אֶרֶץ מוֹלַדְתֵּנוּ מִפְּנֵי חֶרֶב הַיּוֹנָה׃ קָרְאוּ שָׁם פַּרְעֹה
יח מֶלֶךְ־מִצְרַיִם שָׁאוֹן הֶעֱבִיר הַמּוֹעֵד׃ חַי־אָנִי נְאֻם־הַמֶּלֶךְ יהוה צְבָאוֹת שְׁמוֹ כִּי
יט כְּתָבוֹר בֶּהָרִים וּכְכַרְמֶל בַּיָּם יָבוֹא׃ כְּלֵי גוֹלָה עֲשִׂי לָךְ יוֹשֶׁבֶת בַּת־מִצְרָיִם כִּי־
כ נֹף לְשַׁמָּה תִהְיֶה וְנִצְּתָה מֵאֵין יוֹשֵׁב׃ עֶגְלָה יְפֵה־פִיָּה מִצְרָיִם קֶרֶץ
כא מִצָּפוֹן בָּא בָא׃ גַּם־שְׂכִרֶיהָ בְקִרְבָּהּ כְּעֶגְלֵי מַרְבֵּק כִּי־גַם־הֵמָּה הִפְנוּ נָסוּ יַחְדָּיו
כב לֹא עָמָדוּ כִּי יוֹם אֵידָם בָּא עֲלֵיהֶם עֵת פְּקֻדָּתָם׃ קוֹלָהּ כַּנָּחָשׁ יֵלֵךְ כִּי־בְחַיִל
כג יֵלֵכוּ וּבְקַרְדֻּמּוֹת בָּאוּ לָהּ כְּחֹטְבֵי עֵצִים׃ כָּרְתוּ יַעְרָהּ נְאֻם־יהוה כִּי לֹא יֵחָקֵר כִּי
כד כה רַבּוּ מֵאַרְבֶּה וְאֵין לָהֶם מִסְפָּר׃ הֹבִישָׁה בַּת־מִצְרָיִם נִתְּנָה בְּיַד עַם־צָפוֹן׃ אָמַר
יהוה צְבָאוֹת אֱלֹהֵי יִשְׂרָאֵל הִנְנִי פוֹקֵד אֶל־אָמוֹן מִנֹּא וְעַל־פַּרְעֹה וְעַל־מִצְרַיִם
כו וְעַל־אֱלֹהֶיהָ וְעַל־מְלָכֶיהָ וְעַל־פַּרְעֹה וְעַל הַבֹּטְחִים בּוֹ׃ וּנְתַתִּים בְּיַד מְבַקְשֵׁי
נַפְשָׁם וּבְיַד נְבוּכַדְרֶאצַּר מֶלֶךְ־בָּבֶל וּבְיַד עֲבָדָיו וְאַחֲרֵי־כֵן תִּשְׁכֹּן כִּימֵי־קֶדֶם
כז נְאֻם־יהוה׃ וְאַתָּה אַל־תִּירָא עַבְדִּי יַעֲקֹב וְאַל־תֵּחַת יִשְׂרָאֵל כִּי הִנְנִי
מוֹשִׁעֲךָ מֵרָחוֹק וְאֶת־זַרְעֲךָ מֵאֶרֶץ שִׁבְיָם וְשָׁב יַעֲקוֹב וְשָׁקַט וְשַׁאֲנַן וְאֵין מַחֲרִיד׃
כח אַתָּה אַל־תִּירָא עַבְדִּי יַעֲקֹב נְאֻם־יהוה כִּי אִתְּךָ אָנִי כִּי אֶעֱשֶׂה כָלָה בְּכָל־הַגּוֹיִם
אֲשֶׁר הִדַּחְתִּיךָ שָׁמָּה וְאֹתְךָ לֹא־אֶעֱשֶׂה כָלָה וְיִסַּרְתִּיךָ לַמִּשְׁפָּט וְנַקֵּה לֹא אֲנַקֶּךָּ׃

א. הקשר בין הפרשה להפטרה

הפטרתנו ממשיכה את הקו של הפטרת וארא – נבואת פורענות על ארץ מצרים בעקבות המכות המתוארות בפרשה. קצת תימה בעיניי, מדוע לא נבחרה נבואה העוסקת בקורבן פסח או נבואה המזכירה לשבח את יציאת מצרים, ורבות הנה! אומנם, גם פסוקי הסיום בהפטרתנו עשויים לרמוז על הגאולה בעקבות מכות מצרים:

> וְאַתָּה אַל תִּירָא עַבְדִּי יַעֲקֹב, וְאַל תֵּחַת יִשְׂרָאֵל, כִּי הִנְנִי מוֹשִׁעֲךָ מֵרָחוֹק וְאֶת זַרְעֲךָ מֵאֶרֶץ שִׁבְיָם, וְשָׁב יַעֲקוֹב, וְשָׁקַט וְשַׁאֲנַן וְאֵין מַחֲרִיד:

(כז)

ב. הרקע הנבואי לנבואתנו

ספר ירמיהו מחולק למספר חלקי משנה, והאחרון שבהם הוא נבואות ירמיהו אל הגויים (מו-נא). פרקנו פותח נבואות אלו, וכותרתו:

> אֲשֶׁר הָיָה דְבַר ה׳ אֶל יִרְמְיָהוּ הַנָּבִיא עַל הַגּוֹיִם:

(מו, א)

בחלק אחר של הספר אף ישנה הפניה לספר זה, מה שמלמד על עריכה מוקפדת של ספר ירמיהו, אולי על ידי ברוך בן נריה, תלמידו של ירמיהו:

> וְהֵבֵאיתִי עַל הָאָרֶץ הַהִיא, אֶת כָּל דְּבָרַי אֲשֶׁר דִּבַּרְתִּי עָלֶיהָ, אֵת כָּל הַכָּתוּב בַּסֵּפֶר הַזֶּה, אֲשֶׁר נִבָּא יִרְמְיָהוּ עַל כָּל הַגּוֹיִם:

(כה, יג)

בפרק כה מופיע גם הסבר לצורך הנבואי לכתוב ספר על פורענות הגויים, ומדוע ירמיהו עוסק בה. הנבואה היא נבואת כוס יין החמה, היין המשכר שאיננו טעים, ואותו ירמיהו מצטווה להשקות את כל הגויים:

> הִנְנִי שֹׁלֵחַ, וְלָקַחְתִּי אֶת כָּל מִשְׁפְּחוֹת צָפוֹן, נְאֻם ה׳, וְאֶל נְבוּכַדְרֶאצַּר מֶלֶךְ בָּבֶל עַבְדִּי, וַהֲבִאֹתִים עַל הָאָרֶץ הַזֹּאת וְעַל יֹשְׁבֶיהָ וְעַל כָּל הַגּוֹיִם הָאֵלֶּה סָבִיב, וְהַחֲרַמְתִּים, וְשַׂמְתִּים לְשַׁמָּה וְלִשְׁרֵקָה וּלְחָרְבוֹת עוֹלָם: וְהַאֲבַדְתִּי מֵהֶם קוֹל שָׂשׂוֹן וְקוֹל שִׂמְחָה קוֹל חָתָן וְקוֹל כַּלָּה קוֹל רֵחַיִם וְאוֹר נֵר: וְהָיְתָה כָּל הָאָרֶץ הַזֹּאת

לְחָרְבָּה לְשַׁמָּה, וְעָבְדוּ הַגּוֹיִם הָאֵלֶּה אֶת מֶלֶךְ בָּבֶל שִׁבְעִים שָׁנָה: וְהָיָה כִמְלֹאות שִׁבְעִים שָׁנָה אֶפְקֹד עַל מֶלֶךְ בָּבֶל וְעַל הַגּוֹי הַהוּא, נְאֻם ה׳, אֶת עֲוֹנָם וְעַל אֶרֶץ כַּשְׂדִּים, וְשַׂמְתִּי אֹתוֹ לְשִׁמְמוֹת עוֹלָם:
(כה, ט-יב)

ירמיהו משקה בכוס יין החמה לא פחות מעשרים ושישה גויים(!), העתידים ליפול בידי נבוכדנאצר (ולמעשה הרבה יותר), ובראשם את יהודה ואת מצרים, נשואי הפטרתנו. וכך הוא מנמק את פורענותם:

וְהָיָה כִּי יְמָאֲנוּ לָקַחַת הַכּוֹס מִיָּדְךָ לִשְׁתּוֹת, וְאָמַרְתָּ אֲלֵיהֶם, כֹּה אָמַר ה׳ צְבָאוֹת, שָׁתוֹ תִשְׁתּוּ: כִּי הִנֵּה בָעִיר אֲשֶׁר נִקְרָא שְׁמִי עָלֶיהָ אָנֹכִי מֵחֵל לְהָרַע, וְאַתֶּם הִנָּקֵה תִנָּקוּ, לֹא תִנָּקוּ, כִּי חֶרֶב אֲנִי קֹרֵא עַל כָּל יֹשְׁבֵי הָאָרֶץ, נְאֻם ה׳ צְבָאוֹת:
(שם, כח-כט)

מנקודת ההשקפה הנבואית נבוכדנאצר קם כדי להכניע את ממלכת יהודה הסוררת ולהביא עליה את עונשה. אך יש בכך חוסר צדק בולט: עד כמה שעַם ישראל גרוע, גויי הסביבה גרועים ממנו. אם רק עַם ישראל ייענש, וכולם ימשיכו לשבת בשלווה, נמצאת מידת הדין לוקה, וחילול השם שנגרם, כאשר עַמו של ה׳ בלבד לוקה, עלול להכתים את הבריאה כולה. לכן, ברגע שה׳ יורד לפקוד את עוון עמו, הוא פוקד את עוון כולם, והפורענות עתידה לבוא עליהם בעיקר מכוחו של נבוכדנאצר, שכונה לצורך זה ׳עבד ה׳׳.

ג. הרקע ההיסטורי לנבואתנו

הרקע לנבואת הפורענות על מצרים נזכר בתחילת פרקנו, קודם תחילת ההפטרה:

לְמִצְרַיִם, עַל חֵיל פַּרְעֹה נְכוֹ מֶלֶךְ מִצְרַיִם, אֲשֶׁר הָיָה עַל נְהַר פְּרָת בְּכַרְכְּמִשׁ, אֲשֶׁר הִכָּה נְבוּכַדְרֶאצַּר מֶלֶךְ בָּבֶל בִּשְׁנַת הָרְבִיעִית לִיהוֹיָקִים בֶּן יֹאשִׁיָּהוּ מֶלֶךְ יְהוּדָה.
(מו, ב)

בשנת שלושים ואחת ליאשיהו מלך יהודה, השנה האחרונה למולכו, יצא פרעה נכו מלך מצרים עם צבאו לסייע לאשור אובליט, מלך אשור, בעימות שהחל להתפתח בינו לבין בבל ומדי, שתי המעצמות החדשות שעלו במזרח. בעימותים אלו נפלו

העיר אשור (בשנת עשרים וחמש ליאשיהו), נינווה (בשנת עשרים ושבע ליאשיהו) וחרן (בשנת שלושים ליאשיהו) בידי הבבלים־הכשדים. בקרב בחרן הובסו בעיקר חילות מצרים של פרעה פסמתיך, והם נסוגו מחרן לגדה המערבית של נהר הפרת מפני חילו של נבופלאסר מלך בבל.

החל משנת עשרים ושלוש ליאשיהו מצרים החישה תגבורות כדי להגן על ממלכת אשור המתפוררת, וכאן אנחנו בשנת שלושים ואחת ליאשיהו, במסע הנזכר של פרעה נכו, שעלה לשלטון במצרים באותה שנה. במסעו צפונה הרג פרעה נכו את יאשיהו, שיצא לבלום אותו במגידו. הוא הגיע עם צבאו עד חרן, שהייתה בירתה החדשה של אשור לאחר חורבן נינווה. עיקר צבאו חנה בכרכמיש, במרחק ניכר ממערב לחרן, ופרעה נכו שב למפקדתו בִרִבְלָה שבסוריה.

כעבור כארבע שנים התנהל בכרכמיש הקרב המכריע בין צבא פרעה נכו לבין צבא בבל בפיקודו של נבוכדנאצר, שפעל בשליחות אביו, נבופלאסר, מלך בבל. נבוכדנאצר הכה את צבא מצרים מכה אנושה, ופרעה נכו שב עם שרידי צבאו מצרימה. כל הארצות שהיו תחת שלטונו מנחל מצרים עד נהר פרת, וממלכת יהודה בתוכָן, עברו לחסות בבלית, והיו כפופות לנבוכדנאצר. זה קרה בשנה הרביעית ליהויקים, שמונה עשרה שנה לפני חורבן ירושלים. באותה עת ניבא ירמיהו את הנבואה שבהפטרתנו, על כך שנבוכדנאצר יכה גם את מצרים עצמה.

ואכן, כארבע שנים אחר כך, בשנת שמונה ליהויקים, עמד נבוכדנאצר בראש מסע צבאי גדול למצרים, ואפשר שלמסע זה כיוון הנביא ירמיהו בפרקנו. על פי הידוע לנו ממקורות חיצוניים, המסע הבבלי הזה לא הצליח לגמרי. גם למצרים וגם לבבלים נגרמו אבדות כבדות, וצבא נבוכדנאצר שב על עקביו לבבל כדי להתארגן מחדש. נפילתה של מצרים התעכבה למשך שנים לא מעטות.

ד. 'פירורי' פרשנות בנבואתנו

הנבואה עוסקת במפלתן של ערי מצרים. נזכרות בה:

מִגְדּוֹל – השוכנת סמוך לצפון מפרץ סואץ מדרום לאגם המר, על גבול סיני;
נֹף – השוכנת מערבה ממגדול, על גדות הנילוס מעט מדרום להתפצלות הדלתא;
תַחְפַּנְחֵס – השוכנת קרוב לחוף הים התיכון במפגשו עם מזרח הדלתא;
נֹא אָמוֹן – השוכנת גם היא על גדות הנילוס בדרום מצרים (מצרים העליונה), ומצויה במרחק רב מערי הצפון. היא נזכרת רק בסוף הנבואה, ומחדשת שמלך בבל יגיע גם אליה.

הִרְבָּה כּוֹשֵׁל, גַּם נָפַל אִישׁ אֶל רֵעֵהוּ, וַיֹּאמְרוּ, קוּמָה וְנָשֻׁבָה אֶל עַמֵּנוּ וְאֶל אֶרֶץ מוֹלַדְתֵּנוּ מִפְּנֵי חֶרֶב הַיּוֹנָה:
(טז)

הפסוק מתאר את צבא מצרים כשהוא נס מן המערכה בצפון בדרכו חזרה אל מצרים. במהירות המנוסה הם נתקלים ונופלים איש על רעהו. חֶרֶב הַיּוֹנָה היא החרב המשמידה, חרב הכשדים.

קָרְאוּ שָׁם, פַּרְעֹה מֶלֶךְ מִצְרַיִם שָׁאוֹן, הֶעֱבִיר הַמּוֹעֵד:
(יז)

הפסוק בנוי בצלעות, ושיעורו לענ"ד: החיילים יקראו בשאון, שפרעה איחר את המועד לשוב ולהתבצר מחדש במצרים, וחרבם של הכשדים תמשיך ותרדוף אותו בתוך מצרים.

עֶגְלָה יְפֵה פִיָּה מִצְרָיִם, קֶרֶץ מִצָּפוֹן בָּא בָא: גַּם שְׂכִרֶיהָ בְקִרְבָּהּ כְּעֶגְלֵי מַרְבֵּק, כִּי גַם הֵמָּה הִפְנוּ נָסוּ יַחְדָּיו, לֹא עָמָדוּ, כִּי יוֹם אֵידָם בָּא עֲלֵיהֶם, עֵת פְּקֻדָּתָם:
(כ–כא)

למצרים העשירה היה צבא שכירים גדול מאוד (בעיקר של לוחמים יווניים), והנביא אומר, שגם הם ייטבחו בידי הכשדים. מצרים כעגלה יפה ושכיריה כעגלי מרבק יובלו לבית המטבחיים ויישָׁחטו. השחיטה (= הקֶרֶץ) תבוא מצפון, מבבל.

קוֹלָהּ כַּנָּחָשׁ יֵלֵךְ, כִּי בְחַיִל יֵלֵכוּ, וּבְקַרְדֻּמּוֹת בָּאוּ לָהּ כְּחֹטְבֵי עֵצִים: כָּרְתוּ יַעְרָהּ, נְאֻם ה', כִּי לֹא יֵחָקֵר, כִּי רַבּוּ מֵאַרְבֶּה, וְאֵין לָהֶם מִסְפָּר:
(כב–כג)

קולה הרם של מצרים (לעיל, יז: קָרְאוּ שָׁם... שָׁאוֹן) יישמע עתה כלחישת נחש, אויביה (= בבל) ידמו לחוטבי עצים, הכורתים את היער המצרי, שהוא חילה הגדול. לחיילי הכשדים שיעלו עליה אין מספר, והם רבים מארבה. 'מכת הארבה' שהם עתידים להמיט על מצרים, מחזירה אותנו לאירוע הראשון בפרשתנו.

הפטרת בשלח[1]

שופטים

האשכנזים מתחילים כאן

ד ד וּדְבוֹרָה אִשָּׁה נְבִיאָה אֵשֶׁת לַפִּידוֹת הִיא שֹׁפְטָה אֶת־יִשְׂרָאֵל בָּעֵת הַהִיא׃
ה וְהִיא יוֹשֶׁבֶת תַּחַת־תֹּמֶר דְּבוֹרָה בֵּין הָרָמָה וּבֵין בֵּית־אֵל בְּהַר אֶפְרָיִם וַיַּעֲלוּ
ו אֵלֶיהָ בְּנֵי יִשְׂרָאֵל לַמִּשְׁפָּט׃ וַתִּשְׁלַח וַתִּקְרָא לְבָרָק בֶּן־אֲבִינֹעַם מִקֶּדֶשׁ נַפְתָּלִי
וַתֹּאמֶר אֵלָיו הֲלֹא־צִוָּה יהוה אֱלֹהֵי־יִשְׂרָאֵל לֵךְ וּמָשַׁכְתָּ בְּהַר תָּבוֹר וְלָקַחְתָּ
ז עִמְּךָ עֲשֶׂרֶת אֲלָפִים אִישׁ מִבְּנֵי נַפְתָּלִי וּמִבְּנֵי זְבֻלוּן׃ וּמָשַׁכְתִּי אֵלֶיךָ אֶל־נַחַל
קִישׁוֹן אֶת־סִיסְרָא שַׂר־צְבָא יָבִין וְאֶת־רִכְבּוֹ וְאֶת־הֲמוֹנוֹ וּנְתַתִּיהוּ בְּיָדֶךָ׃
ח ט וַיֹּאמֶר אֵלֶיהָ בָּרָק אִם־תֵּלְכִי עִמִּי וְהָלָכְתִּי וְאִם־לֹא תֵלְכִי עִמִּי לֹא אֵלֵךְ׃ וַתֹּאמֶר
הָלֹךְ אֵלֵךְ עִמָּךְ אֶפֶס כִּי לֹא תִהְיֶה תִּפְאַרְתְּךָ עַל־הַדֶּרֶךְ אֲשֶׁר אַתָּה הוֹלֵךְ כִּי
י בְיַד־אִשָּׁה יִמְכֹּר יהוה אֶת־סִיסְרָא וַתָּקָם דְּבוֹרָה וַתֵּלֶךְ עִם־בָּרָק קֶדְשָׁה׃ וַיַּזְעֵק
בָּרָק אֶת־זְבוּלֻן וְאֶת־נַפְתָּלִי קֶדְשָׁה וַיַּעַל בְּרַגְלָיו עֲשֶׂרֶת אַלְפֵי אִישׁ וַתַּעַל עִמּוֹ
יא דְּבוֹרָה׃ וְחֶבֶר הַקֵּינִי נִפְרָד מִקַּיִן מִבְּנֵי חֹבָב חֹתֵן מֹשֶׁה וַיֵּט אָהֳלוֹ עַד־אֵלוֹן
יב בְּצַעֲנַנִּים אֲשֶׁר אֶת־קֶדֶשׁ׃ וַיַּגִּדוּ לְסִיסְרָא כִּי עָלָה בָּרָק בֶּן־אֲבִינֹעַם הַר־תָּבוֹר׃
יג וַיַּזְעֵק סִיסְרָא אֶת־כָּל־רִכְבּוֹ תְּשַׁע מֵאוֹת רֶכֶב בַּרְזֶל וְאֶת־כָּל־הָעָם אֲשֶׁר אִתּוֹ
יד מֵחֲרֹשֶׁת הַגּוֹיִם אֶל־נַחַל קִישׁוֹן׃ וַתֹּאמֶר דְּבֹרָה אֶל־בָּרָק קוּם כִּי זֶה הַיּוֹם אֲשֶׁר
נָתַן יהוה אֶת־סִיסְרָא בְּיָדֶךָ הֲלֹא יהוה יָצָא לְפָנֶיךָ וַיֵּרֶד בָּרָק מֵהַר תָּבוֹר וַעֲשֶׂרֶת
טו אֲלָפִים אִישׁ אַחֲרָיו׃ וַיָּהָם יהוה אֶת־סִיסְרָא וְאֶת־כָּל־הָרֶכֶב וְאֶת־כָּל־הַמַּחֲנֶה
טז לְפִי־חֶרֶב לִפְנֵי בָרָק וַיֵּרֶד סִיסְרָא מֵעַל הַמֶּרְכָּבָה וַיָּנָס בְּרַגְלָיו׃ וּבָרָק רָדַף אַחֲרֵי
הָרֶכֶב וְאַחֲרֵי הַמַּחֲנֶה עַד חֲרֹשֶׁת הַגּוֹיִם וַיִּפֹּל כָּל־מַחֲנֵה סִיסְרָא לְפִי־חֶרֶב לֹא
יז נִשְׁאַר עַד־אֶחָד׃ וְסִיסְרָא נָס בְּרַגְלָיו אֶל־אֹהֶל יָעֵל אֵשֶׁת חֶבֶר הַקֵּינִי כִּי שָׁלוֹם

1. הפטרתנו (בנוסח האשכנזים) היא ההפטרה הארוכה מכולן, ובהתאם לכך (ויותר מכך) תתארך גם כתיבתנו על הפטרה זו. דברינו מחולקים לפרקים רבים, ונמליץ לפני הקורא לקרוא חלק מן הפרקים בשנה אחת, ולהותיר את שאריתם לשנים הבאות.

יח בֵּין יָבִין מֶלֶךְ־חָצוֹר וּבֵין בֵּית חֶבֶר הַקֵּינִי: וַתֵּצֵא יָעֵל לִקְרַאת סִיסְרָא וַתֹּאמֶר
אֵלָיו סוּרָה אֲדֹנִי סוּרָה אֵלַי אַל־תִּירָא וַיָּסַר אֵלֶיהָ הָאֹהֱלָה וַתְּכַסֵּהוּ בַּשְּׂמִיכָה:
יט וַיֹּאמֶר אֵלֶיהָ הַשְׁקִינִי־נָא מְעַט־מַיִם כִּי צָמֵתִי וַתִּפְתַּח אֶת־נֹאוד הֶחָלָב וַתַּשְׁקֵהוּ
כ וַתְּכַסֵּהוּ: וַיֹּאמֶר אֵלֶיהָ עֲמֹד פֶּתַח הָאֹהֶל וְהָיָה אִם־אִישׁ יָבֹא וּשְׁאֵלֵךְ וְאָמַר
כא הֲיֵשׁ־פֹּה אִישׁ וְאָמַרְתְּ אָיִן: וַתִּקַּח יָעֵל אֵשֶׁת־חֶבֶר אֶת־יְתַד הָאֹהֶל וַתָּשֶׂם אֶת־
הַמַּקֶּבֶת בְּיָדָהּ וַתָּבוֹא אֵלָיו בַּלָּאט וַתִּתְקַע אֶת־הַיָּתֵד בְּרַקָּתוֹ וַתִּצְנַח בָּאָרֶץ
כב וְהוּא־נִרְדָּם וַיָּעַף וַיָּמֹת: וְהִנֵּה בָרָק רֹדֵף אֶת־סִיסְרָא וַתֵּצֵא יָעֵל לִקְרָאתוֹ
וַתֹּאמֶר לוֹ לֵךְ וְאַרְאֶךָּ אֶת־הָאִישׁ אֲשֶׁר־אַתָּה מְבַקֵּשׁ וַיָּבֹא אֵלֶיהָ וְהִנֵּה סִיסְרָא
כג נֹפֵל מֵת וְהַיָּתֵד בְּרַקָּתוֹ: וַיַּכְנַע אֱלֹהִים בַּיּוֹם הַהוּא אֵת יָבִין מֶלֶךְ־כְּנָעַן לִפְנֵי
כד בְּנֵי יִשְׂרָאֵל: וַתֵּלֶךְ יַד בְּנֵי־יִשְׂרָאֵל הָלוֹךְ וְקָשָׁה עַל יָבִין מֶלֶךְ־כְּנָעַן עַד אֲשֶׁר
הִכְרִיתוּ אֵת יָבִין מֶלֶךְ־כְּנָעַן:

ה א וַתָּשַׁר דְּבוֹרָה וּבָרָק בֶּן־אֲבִינֹעַם בַּיּוֹם הַהוּא (הספרדים מתחילים)
ב לֵאמֹר: בִּפְרֹעַ פְּרָעוֹת בְּיִשְׂרָאֵל בְּהִתְנַדֵּב
ג עָם בָּרְכוּ יהוה: שִׁמְעוּ מְלָכִים הַאֲזִינוּ
רֹזְנִים אָנֹכִי לַיהוה אָנֹכִי אָשִׁירָה אֲזַמֵּר
ד לַיהוה אֱלֹהֵי יִשְׂרָאֵל: יהוה בְּצֵאתְךָ
מִשֵּׂעִיר בְּצַעְדְּךָ מִשְּׂדֵה אֱדוֹם אֶרֶץ
רָעָשָׁה גַּם־שָׁמַיִם נָטָפוּ גַּם־עָבִים נָטְפוּ
ה מָיִם: הָרִים נָזְלוּ מִפְּנֵי יהוה זֶה
ו סִינַי מִפְּנֵי יהוה אֱלֹהֵי יִשְׂרָאֵל: בִּימֵי שַׁמְגַּר בֶּן־
עֲנָת בִּימֵי יָעֵל חָדְלוּ אֳרָחוֹת וְהֹלְכֵי
ז נְתִיבוֹת יֵלְכוּ אֳרָחוֹת עֲקַלְקַלּוֹת: חָדְלוּ פְרָזוֹן בְּיִשְׂרָאֵל
חָדֵלּוּ עַד שַׁקַּמְתִּי דְּבוֹרָה שַׁקַּמְתִּי
ח אֵם בְּיִשְׂרָאֵל: יִבְחַר אֱלֹהִים
חֲדָשִׁים אָז לָחֶם שְׁעָרִים מָגֵן
אִם־יֵרָאֶה וָרֹמַח בְּאַרְבָּעִים אֶלֶף
ט בְּיִשְׂרָאֵל: לִבִּי לְחוֹקְקֵי יִשְׂרָאֵל הַמִּתְנַדְּבִים
י בָּעָם בָּרְכוּ יהוה: רֹכְבֵי אֲתֹנוֹת
צְחֹרוֹת יֹשְׁבֵי עַל־מִדִּין וְהֹלְכֵי
יא עַל־דֶּרֶךְ שִׂיחוּ: מִקּוֹל מְחַצְצִים בֵּין

מְשַׁאֲבִים   שָׁם יְתַנּוּ צִדְקוֹת יהוה   צִדְקֹת
פִּרְזוֹנוֹ בְּיִשְׂרָאֵל   אָז יָרְדוּ לַשְּׁעָרִים עַם־
יב יהוה: עוּרִי עוּרִי דְּבוֹרָה   עוּרִי
עוּרִי דַּבְּרִי־שִׁיר   קוּם בָּרָק וּשֲׁבֵה שֶׁבְיְךָ בֶּן־
יג אֲבִינֹעַם: אָז יְרַד שָׂרִיד לְאַדִּירִים עָם   יהוה
יד יְרַד־לִי בַּגִּבּוֹרִים: מִנִּי אֶפְרַיִם שָׁרְשָׁם
בַּעֲמָלֵק   אַחֲרֶיךָ בִנְיָמִין בַּעֲמָמֶיךָ   מִנִּי
מָכִיר יָרְדוּ מְחֹקְקִים   וּמִזְּבוּלֻן מֹשְׁכִים בְּשֵׁבֶט
טו סֹפֵר: וְשָׂרַי בְּיִשָּׂשכָר עִם־דְּבֹרָה   וְיִשָּׂשכָר
כֵּן בָּרָק   בָּעֵמֶק שֻׁלַּח
בְּרַגְלָיו   בִּפְלַגּוֹת רְאוּבֵן   גְּדֹלִים
טז חִקְקֵי־לֵב: לָמָּה יָשַׁבְתָּ בֵּין
הַמִּשְׁפְּתַיִם   לִשְׁמֹעַ שְׁרִקוֹת עֲדָרִים   לִפְלַגּוֹת
יז רְאוּבֵן גְּדוֹלִים חִקְרֵי־לֵב: גִּלְעָד בְּעֵבֶר הַיַּרְדֵּן
שָׁכֵן   וְדָן לָמָּה יָגוּר אֳנִיּוֹת   אָשֵׁר
יָשַׁב לְחוֹף יַמִּים   וְעַל מִפְרָצָיו
יח יִשְׁכּוֹן: זְבֻלוּן עַם חֵרֵף נַפְשׁוֹ לָמוּת   וְנַפְתָּלִי
יט עַל מְרוֹמֵי שָׂדֶה: בָּאוּ מְלָכִים
נִלְחָמוּ   אָז נִלְחֲמוּ מַלְכֵי כְנַעַן   בְּתַעְנַךְ
עַל־מֵי מְגִדּוֹ   בֶּצַע כֶּסֶף לֹא
כ לָקָחוּ:   מִן־שָׁמַיִם נִלְחָמוּ   הַכּוֹכָבִים
כא מִמְּסִלּוֹתָם נִלְחֲמוּ עִם סִיסְרָא: נַחַל קִישׁוֹן
גְּרָפָם   נַחַל קְדוּמִים נַחַל קִישׁוֹן   תִּדְרְכִי
כב נַפְשִׁי עֹז: אָז הָלְמוּ עִקְּבֵי־
כג סוּס   מִדַּהֲרוֹת דַּהֲרוֹת אַבִּירָיו: אוֹרוּ
מֵרוֹז אָמַר מַלְאַךְ יהוה   אֹרוּ אָרוֹר
יֹשְׁבֶיהָ   כִּי לֹא־בָאוּ לְעֶזְרַת יהוה   לְעֶזְרַת
כד יהוה בַּגִּבּוֹרִים: תְּבֹרַךְ מִנָּשִׁים
יָעֵל   אֵשֶׁת חֶבֶר הַקֵּינִי   מִנָּשִׁים
כה בָּאֹהֶל תְּבֹרָךְ:   מַיִם שָׁאַל חָלָב
כו נָתָנָה   בְּסֵפֶל אַדִּירִים הִקְרִיבָה חֶמְאָה: יָדָהּ

לְיָתֵד תִּשְׁלַחְנָה   וִימִינָהּ לְהַלְמוּת
עֲמֵלִים   וְהָלְמָה סִיסְרָא מָחֲקָה רֹאשׁוֹ   וּמָחֲצָה
כז וְחָלְפָה רַקָּתוֹ:   בֵּין רַגְלֶיהָ כָּרַע נָפַל
שָׁכָב   בֵּין רַגְלֶיהָ כָּרַע נָפָל   בַּאֲשֶׁר
כח כָּרַע שָׁם נָפַל שָׁדוּד: בְּעַד הַחַלּוֹן נִשְׁקְפָה
וַתְּיַבֵּב   אֵם סִיסְרָא בְּעַד הָאֶשְׁנָב   מַדּוּעַ
בֹּשֵׁשׁ רִכְבּוֹ לָבוֹא   מַדּוּעַ אֶחֱרוּ פַּעֲמֵי
כט מַרְכְּבוֹתָיו: חַכְמוֹת שָׂרוֹתֶיהָ תַּעֲנֶינָּה   אַף־
ל הִיא תָּשִׁיב אֲמָרֶיהָ לָהּ:   הֲלֹא יִמְצְאוּ יְחַלְּקוּ
שָׁלָל   רַחַם רַחֲמָתַיִם לְרֹאשׁ גֶּבֶר   שְׁלַל
צְבָעִים לְסִיסְרָא   שְׁלַל צְבָעִים
לא רִקְמָה   צֶבַע רִקְמָתַיִם לְצַוְּארֵי שָׁלָל: כֵּן
יֹאבְדוּ כָל־אוֹיְבֶיךָ יהוה   וְאֹהֲבָיו כְּצֵאת הַשֶּׁמֶשׁ
בִּגְבֻרָתוֹ   וַתִּשְׁקֹט הָאָרֶץ   אַרְבָּעִים שָׁנָה:

חלק ראשון

סיפור המעשה (פרק ד)[2]

א. הקשר בין הפרשה להפטרה

הקשר ברור, ומדבר בעד עצמו. בהפטרתנו ה׳ הושיע את ישראל בהתערבות משמיים, שגרמה לנחל קישון לסחוף את צבא סיסרא אל כיליונו, כדרך שעשה ים סוף בגזרת ה׳, לחיל פרעה שרדף אחרי בני ישראל. בני ישראל יצאו מעבדות ליבין מלך חצור,[3] שלחץ אותם עשרים שנה, לחירות, ומכל מחנהו לֹא נִשְׁאַר עַד אֶחָד (ד, טז), כפי שקרה לחיל פרעה על ים סוף.

עם תום המלחמה נאמרה שירה לשם ה׳, שירה המזכירה את שירת הים. העובדה

2. חלק זה נוהגים לקורוא בקהילות האשכנזים בלבד. אנו פירשנו בו גם חלקים מן השירה. בחלק ב׳, שאותו קוראים גם הספרדים, נדון בחלקי השירה שלא נתייחס אליהם בחלק זה.
3. יבין היה, כנראה, שם קבוע למלכי חצור, כמו פרעה מלך מצרים.

שהשירה נאמרה מפי דבורה הנביאה, מזכירה את מרים הנביאה, שיצאה עם כל הנשים אחריה בתופים ובמחולות בעת שירת הים.

נוסיף הערה חשובה בעניין זה: כל השירות שבמקרא הן שירות מלחמה, ובהן תהילה למנצח. השירה הראשונה היא שירת למך לנשיו בעקבות ניצחונו במלחמה ונקמתו באויביו (בראשית ד, כג-כד): כִּי אִישׁ הָרַגְתִּי לְפִצְעִי וְיֶלֶד לְחַבֻּרָתִי. כִּי שִׁבְעָתַיִם יֻקַּם קָיִן וְלֶמֶךְ שִׁבְעִים וְשִׁבְעָה. שירת הים לא נאמרה על נס קריעת ים סוף, אלא על מלחמתו המוצלחת של ה׳ בפרעה ובכל חילו. שירת הבאר (במדבר כא, יז-כ) נאמרה על מלחמת נחלי ארנון, המלחמה הניסית מול צבאו של סיחון.[4] שירת ׳האזינו׳ (דברים לב) חותמת במלחמת ה׳ באויביו, ובנקם שהוא עתיד להשיב להם. כך גם שירת מלכי כנען (יהושע יב), שירת דוד (שמ״ב כב) שירת עשרת בני המן (אסתר ט)[5] ועוד.

ב. רקע

הפסוקים המקדימים את הפטרתנו הם:

> וַיֹּסִפוּ בְּנֵי יִשְׂרָאֵל לַעֲשׂוֹת הָרַע בְּעֵינֵי ה׳, וְאֵהוּד מֵת: וַיִּמְכְּרֵם ה׳ בְּיַד יָבִין מֶלֶךְ כְּנַעַן, אֲשֶׁר מָלַךְ בְּחָצוֹר, וְשַׂר צְבָאוֹ סִיסְרָא, וְהוּא יוֹשֵׁב בַּחֲרֹשֶׁת הַגּוֹיִם: וַיִּצְעֲקוּ בְנֵי יִשְׂרָאֵל אֶל ה׳, כִּי תְּשַׁע מֵאוֹת רֶכֶב בַּרְזֶל לוֹ, וְהוּא לָחַץ אֶת בְּנֵי יִשְׂרָאֵל בְּחָזְקָה עֶשְׂרִים שָׁנָה:
>
> (ד, א-ג)

חצור הייתה עיר גדולה ומבוצרת בגליל העליון,[6] ויבין מלך חצור עמד בראש ברית מלכי הצפון שלחמה ביהושע (יהושע יא, א-ה). יהושע כבש את עירו ושרפה באש, ולימים הקים אותה מחדש שלמה המלך כאחת מערי הרכב שלו (מל״א ט, טו). בתקופה שאנו דנים בה העיר אינה קיימת. יבין אינו ׳מלך חצור׳, אלא אֲשֶׁר מָלַךְ בְּחָצוֹר, והוא יושב בחרושת הגויים. מקומה של חרושת הגויים אינו ידוע בבירור, ונאמרו בעניין זה השערות שונות.

ההשערה החדשה מכולן היא של חוקר נחלת מנשה, אדם זרטל. הוא קבע את מקומה בעמק עירון, בתל אל אחוואט, שנמצא היום מדרום מערב לאום אל פחם, ליד היישוב קציר. אם השערתו נכונה, יש היגיון רב בכך שהמאבק הצבאי שמתואר

4. ראו ברכות נד ע״א-ע״ב.
5. ראו מגילה טז ע״ב.
6. תל חצור נמצא היום מצפון לעיירה חצור הגלילית, הסמוכה למושבה ראש פינה.

בהפטרתנו הוא על עמק יזרעאל, שהוא דרך הרכב והשריון (מרכבות הברזל) המקשרת את עמק עירון אל הצפון כולו, וגם אל עבר הירדן המזרחי. שליטה של ברק בהר תבור מסכנת את שליטת יבין וסיסרא בעמק יזרעאל בפרט ובצפון בכלל. מסתבר, שהלחץ העיקרי של יבין וסיסרא היה על שבטי הצפון.

ג. אישה כשופטת ומנהיגה

איש אינו שואל על מעמדה של דבורה כאישה נביאה, שהרי מצאנו את מרים הנביאה, ואנו מקובלים, שגם אימותינו הקדושות נביאות היו. אולם עד דבורה לא מצאנו אישה שופטת, לא שופטת בדיני התורה ולא שופטת כמנהיגה. בתלמודים משמע, שאין למנות אישה לתפקידי משפט על פי התורה וגם לא למנהיגות. הראשונים דנו במעמדה של דבורה על פי ההלכה, ונביא את דברי בעלי התוספות על כך:

ודבורה לא היתה דנה, אלא מלמדת להן שידונו; אי נמי על פי הדיבור שאני.
(יבמות מה ע"ב תוד"ה 'מי לא טבלה')

ומדכתיב 'והיא שפטה את ישראל' בדבורה, אין להביא ראיה דאשה כשירה לדון, דשמא היו מקבלין אותה עליהם משום שכינה.
(ב"ק טו ע"א תוד"ה 'אשר תשים')

שלושת ההסברים שהביאו בעלי התוספות (גם במקומות נוספים) הם: א. הייתה כאן 'הוראת שעה' בנבואה מאת ה', שאפשרה לדבורה לשפוט את העם. ב. היא לא שפטה על פי דין תורה, אלא לימדה את הדיינים תורה, והנחתה אותם בדרכם. ג. בני ישראל הסכימו עליהם לקבל אותה כשופטת, משום ששרתה עליה השכינה, ולכן היא יכלה לשפוט אותם.

נמשיך את הדיון בעיקר על פי הדרך השלישית שהבאנו. לפי דרך זו מסתבר, שדבורה לא דנה דווקא על פי דיני התורה, אלא על פי דיני המלכות והמנהיגות, לאחר שקיבלו אותה כמנהיגה. בדיני מלכות יכלה דבורה לשפוט את בני ישראל גם על פי שיקול דעתה, ועל פי הוראות שעה שנקבעה לפי צורכי השעה. לדרך זו, אין חיסרון באישה כמנהיגה בעת שבני ישראל מקבלים אותה, וכפי שנהגו חכמי ישראל כבוד ונתנו סמכות בימי הבית השני לשלומציון המלכה, אלמנת ינאי המלך, שהייתה אישה יראת שמיים והלכה בדרך התורה.

עוד עמדו חז"ל (מגילה יד ע"א) על ההדגשה בפסוק, שדבורה ישבה תַּחַת תֹּמֶר (ה). כיוון שקיבלה אנשים לדון וללמדם תורה, לא עשתה זאת בחדר סגור,

כדי שלא להתייחד עם איש זר, ולכן שפטה אותם ולימדה תורה במקום פתוח – תַּחַת תֹּמֶר.

ד. ברק בן אבינועם

בפסוק הקודם להפטרתנו (הובא לעיל) נזכר, שבני ישראל צעקו אל ה'. ה' הגיב לצעקתם, והוא הנחה את דבורה למרוד ביבין ובשר צבאו, וה' מבטיח את ישועתו במלחמה זו. כאמור לעיל, השבטים הראויים ליטול חלק במלחמה זו היו שבטי הצפון, שנמצאו בחיכוך מתמיד עם יבין וצבאו. דבורה, שישבה בהר אפרים, שלחה לקרוא למצביא משבטי הצפון, מקדש נפתלי.[7] הוא מצטווה לגייס את שבטי הצפון: זבולון, שישב במרכז הגליל התחתון, ונפתלי, שישב ממזרח ומצפון לזבולון. להלן נראה, שגם שבט יששכר, שישב בעמק יזרעאל, היה שותף מרכזי במלחמה זו.

מדבריה של דבורה עולה, למרות שלא נאמר במפורש, שעל ברק לעלות עם צבאו להר תבור, שהרי לדבריה צבאו אמור 'למשוך' את צבא סיסרא אל נחל קישון, שעובר למרגלות התבור. צבא הרכב הגדול (והמסורבל מעט) של סיסרא לא יעלה להר המיוער, אלא ימתין לצבא ברק באפיק הקישון. מהבטחת ה', שצבא זה יינתן ביד ברק, ניתן לכאורה לנחש, שעל פי הנבואה, צפוי שיטפון פתאומי בנחל הקישון, שיביס את צבא המרכבות של סיסרא.

תגובתו של ברק לדברי הנביאה אינה מבטאת הסכמה חד־משמעית לדרישתה:

וַיֹּאמֶר אֵלֶיהָ בָּרָק, אִם תֵּלְכִי עִמִּי וְהָלָכְתִּי, וְאִם לֹא תֵלְכִי עִמִּי, לֹא אֵלֵךְ:
(ח)

ברק התנה את הסכמתו בהליכתה של הנביאה עימו. בימינו יהיו שילעגו לברק, 'הנאחז בשמלתה של אישה' כתנאי להסכמתו לצאת למלחמה. זוהי פרשנות מוטעית לאמירתו.

ברק, כמצביא, בחן את יכולתם ואת סיכויי ההצלחה של עשרת אלפים החיילים שנצטווה לגייס מול סיסרא וכל חילו, שהיו מצוידים גם בתשע מאות רכב ברזל. הוא הגיע למסקנה צבאית, שנוכל להגדירה כ'חילונית', שלחילותיו אין יכולת לגבור על

7. הזיהוי המקובל של קדש נפתלי נמצא בחירבת קדיש, סמוך וממזרח לפוריה הישנה, כקילומטר אחד ממערב לחלק הדרומי של הכינרת. להבדיל מקדש נפתלי של ימינו, המזוהה ממערב לצומת ישע, בהרי נפתלי באצבע הגליל. אומנם באטלס דעת מקרא (ירושלים תשנ"ח, עמ' 178) ובפירושו של פרופ' י' אליצור לספר שופטים (בסדרת 'דעת מקרא') זוהתה קדש נפתלי של הפטרתנו ליד צומת ישע.

צבא סיסרא, ויציאה לקרב מול סיסרא וחייליו היא הליכה לקראת השמדה. ברק לא סירב לדרישת דבורה; הוא תבע ממנה לבוא עימו, לא כמנהיגה צבאית אלא כנביאה, היכולה להבטיח בנוכחותה, שהשכינה תהיה עם חייליו וכך תתאפשר התערבות אלוהית, התערבות של נס גלוי במלחמה, התערבות שתכריע את גורל המערכה, ותביא לניצחון ישראלי. במושגים צבאיים 'חילוניים' שלנו היינו יכולים לדמות את ברק למפקד זרוע יבשה, התובע חיפוי אווירי לצבאו התוקף את האויב בכלי טיס המגיחים מן השמיים ועוטים על חילות האויב.

מתגובתה של דבורה נראה, שהיא הייתה מוכנה לקבל את דרישתו האולטימטיבית של ברק רק בדיעבד, ולכתחילה הייתה רוצה לסרב לה. היא קוצבת לברק את המחיר בתמורה לדרישתו, וכפי שיבואר להלן.

נראה, שדבורה לא הייתה בהכרח מעוניינת בנס גלוי משמיים (שלעיתים יש לו מחירים משלו), ו'הסתפקה' בהבטחת סייעתא דשמיא של 'נס נסתר', שבו ייתן ה' כוח וגבורה ללוחמים עצמם, מחד גיסא, ורפיון ותחושת זלזול לחיילי סיסרא, מאידך גיסא, ועוד כהנה על זו הדרך. אך ברק לא סמך על כך, ותבע התערבות ניסית גלויה, וזו תבוא בכוחה של הנביאה שתהיה עימו.

ה. כִּי בְיַד אִשָּׁה

וַתֹּאמֶר, הָלֹךְ אֵלֵךְ עִמָּךְ, אֶפֶס, כִּי לֹא תִהְיֶה תִּפְאַרְתְּךָ עַל הַדֶּרֶךְ אֲשֶׁר אַתָּה הוֹלֵךְ,
כִּי בְיַד אִשָּׁה יִמְכֹּר ה' אֶת סִיסְרָא, וַתָּקָם דְּבוֹרָה וַתֵּלֶךְ עִם בָּרָק קֶדְשָׁה:

(ט)

סיסרא, גיבור הצבא הכנעני, עתיד להימסר בדרך לא שגרתית בידי אישה, יעל. מה משמעות נבואה זו? נראה, שיש לה שתי משמעויות. האחת נוגעת לסיסרא – השפלתו של גיבור מלחמה, למות בידי אישה. מאבימלך בן גדעון, שאף הוא נהרג בידי אישה, למדנו, שדבר שכזה נחשב השפלה:

וַתַּשְׁלֵךְ אִשָּׁה אַחַת פֶּלַח רֶכֶב עַל רֹאשׁ אֲבִימֶלֶךְ, וַתָּרִץ אֶת גֻּלְגָּלְתּוֹ: וַיִּקְרָא מְהֵרָה
אֶל הַנַּעַר נֹשֵׂא כֵלָיו, וַיֹּאמֶר לוֹ, שְׁלֹף חַרְבְּךָ וּמוֹתְתֵנִי, פֶּן יֹאמְרוּ לִי, אִשָּׁה הֲרָגָתְהוּ,
וַיִּדְקְרֵהוּ נַעֲרוֹ וַיָּמֹת:

(ט, נג–נד)

ההשפלה של סיסרא תבוא לידי ביטוי בשירת דבורה:

בֵּין רַגְלֶיהָ כָּרַע נָפַל שָׁכָב, בֵּין רַגְלֶיהָ כָּרַע נָפָל, בַּאֲשֶׁר כָּרַע, שָׁם נָפַל שָׁדוּד:
(ה, כז)

אך יש גם משמעות שנייה לנפילת סיסרא ביד אישה, ובפרקנו זו המשמעות העיקרית – כלפי ברק. הניצחון במלחמה ייזקף לזכותה של יעל, שעתידה להרוג את המצביא, ולהביא בכך למנוסת צבאו. העובדה שהניצחון לא נזקף לזכות גבורתו של ברק במלחמה הביאה לכך, שברק הוא המנצח היחיד במלחמות ספר שופטים, שלא התמנה בזכות ניצחונו לשופט. עתניאל, אהוד, גדעון, תולע בן פואה, יפתח ושמשון ניצחו את אויביהם, הושיעו את ישראל, והתמנו בעקבות כך למנהיגים. גם שאול התמנה מחדש למנהיג ברצון העם בעקבות ניצחונו על נחש מלך בני עמון. ברק נותר אלמוני אחרי ניצחונו, וזה המחיר ששילם על תביעתו להליכת הנביאה עימו – על תביעתו לנס גלוי.

נבהיר מעט נקודה זו. אפשר להשוות בין ברק ויעל במלחמה מול סיסרא לשאול ודוד במלחמה מול הפלשתים בעמק האלה. שאול הנהיג את הצבא; הוא הנהיג את המרדף המכריע אחרי פלשתים לאחר מות גליָת, את כיבוש עריהם ואת סילוקם מנחלת ישראל. מן הסתם נהרגו פלשתים רבים במלחמה זו של שאול. דוד הרג רק את גיבורם של הפלשתים, את גלית. נראה לי, ששאול היה זכאי לעיקר השבח והתהילה על ניצחונו במלחמה, וכך הבין גם שאול בעצמו, אך הנשים המשחקות שיבחו דווקא את דוד:

וַתַּעֲנֶינָה הַנָּשִׁים הַמְשַׂחֲקוֹת וַתֹּאמַרְןָ, הִכָּה שָׁאוּל בַּאֲלָפָו וְדָוִד בְּרִבְבֹתָיו: וַיִּחַר לְשָׁאוּל מְאֹד, וַיֵּרַע בְּעֵינָיו הַדָּבָר הַזֶּה, וַיֹּאמֶר נָתְנוּ לְדָוִד רְבָבוֹת, וְלִי נָתְנוּ הָאֲלָפִים, וְעוֹד לוֹ אַךְ הַמְּלוּכָה: וַיְהִי שָׁאוּל עוֹיֵן אֶת דָּוִד מֵהַיּוֹם הַהוּא וָהָלְאָה:
(שמ"א יח, ז-ט)

גם בניצחונו של ברק על הצבא הכנעני של יבין היה ברק זכאי לקבל את עיקר השבח והתהילה, אך עיון בשירת דבורה מראה, שאת השבח העיקרי קיבלה יעל, שהרגה את סיסרא, ולא ברק, שהכה את כל הצבא.

נבהיר עוד: ברק לא היה ראוי ל'עונש' על תביעתו מדבורה. להבנתנו, משמעות נבואתה היא, שנס גלוי אמור לתת את תהילת הניצחון לה'. משמעות ניצחונה של אישה בעולם המקראי היא, שהניצחון היה למעשה ניסי, ניצחון בידי ה'.

ו. חבר הקיני

וְחֶבֶר הַקֵּינִי נִפְרָד מִקַּיִן מִבְּנֵי חֹבָב חֹתֵן מֹשֶׁה, וַיֵּט אָהֳלוֹ עַד אֵלוֹן בְּצַעֲנַנִּים אֲשֶׁר אֶת קֶדֶשׁ:

(יא)

פסוק זה נכתב כדי שנבין, כיצד נָס סיסרא לאוהל יעל אשת חבר הקיני, שהיה קרוב לקדש הנזכרת. הפסוק מלמד אותנו, שחבר (ואשתו יעל) היה ממשפחת הקיני, כלומר, מבני חובב, שלדעת רוב המפרשים, היה אחִיהָ של ציפורה, בנו של יתרו חותן משה, ונקרא גם הוא חותן משה.[8] מה לאיש ממשפחת חובב, שבאה ממדבר סיני או מהנגב, ולנחלת נפתלי ממערב לכינרת?

לאחר שיתרו פרש וחזר לארצו, למדיָן, משה ביקש מחובב, שילווה את בני ישראל בדרך לארצם. בתמורה הבטיח לו משה:

וְהָיָה כִּי תֵלֵךְ עִמָּנוּ, וְהָיָה הַטּוֹב הַהוּא אֲשֶׁר יֵיטִיב ה׳ עִמָּנוּ, וְהֵטַבְנוּ לָךְ:

(במדבר י, לב)

חובב, משפחתו וזרעו אכן קיבלו נחלה בארץ, נחלה מן הטובות ביותר, את יריחו, המשופעת בשמש ובמים כל השנה:

והלא כבר נאמר (במדבר י, כט): לְכָה אִתָּנוּ וְהֵטַבְנוּ לָךְ, ומה תלמוד לומר (שם): כִּי ה׳ דִּבֶּר טוֹב עַל יִשְׂרָאֵל? זו דושנה של יריחו, שהיו אוכלים אותה בני בניו של יתרו.

(ספרי דברים שנב).

אך נחלה טובה זו נלקחה בכוח מבני קיני חותן משה על ידי עגלון מלך מואב:

וַיֹּסִפוּ בְּנֵי יִשְׂרָאֵל לַעֲשׂוֹת הָרַע בְּעֵינֵי ה׳, וַיְחַזֵּק ה׳ אֶת עֶגְלוֹן מֶלֶךְ מוֹאָב עַל יִשְׂרָאֵל, עַל כִּי עָשׂוּ אֶת הָרַע בְּעֵינֵי ה׳: וַיֶּאֱסֹף אֵלָיו אֶת בְּנֵי עַמּוֹן וַעֲמָלֵק, וַיֵּלֶךְ וַיַּךְ אֶת יִשְׂרָאֵל, וַיִּירְשׁוּ אֶת עִיר הַתְּמָרִים:

(ג, יב–יג)

8. במדבר י, כט ובמפרשים על אתר.

עיר התמרים, היא יריחו. ומה עשו בני קיני שנושלו מנחלתם?

וּבְנֵי קֵינִי חֹתֵן מֹשֶׁה עָלוּ מֵעִיר הַתְּמָרִים אֶת בְּנֵי יְהוּדָה מִדְבַּר יְהוּדָה אֲשֶׁר בְּנֶגֶב עֲרָד, וַיֵּלֶךְ וַיֵּשֶׁב אֶת הָעָם:

(א, טז)

בני קיני שבו לנגב, ולמדבר יהודה, אל מקום קרוב יותר ודומה יותר לצור מחצבתם במדבר, אל נגב ערד. אך חבר הקיני נפרד מכל חבריו שפנו דרומה, והוא עלה צפונה והתיישב ליד קדש, הסמוכה לבקעת יבנאל. כמשפחה או כבית אב בודד הוא נזקק לעורף ולהגנה, ועל כן כרת ברית עם יבין מלך חצור ואנשיו, וכנאמר בהמשך ההפטרה:

כִּי שָׁלוֹם בֵּין יָבִין מֶלֶךְ חָצוֹר וּבֵין בֵּית חֶבֶר הַקֵּינִי:

(יז)

גם בני הקיני שישבו בנגב כרתו, ככל הנראה, ברית עם שבטי עמלק, ושאול דרש מהם ערב מלחמתו בעמלק לסור ולהיפרד מן העמלקי. על פי הפסיקתא, גם ליתרו הייתה ברית עם עמלק, ויחד עימם הוא לחם בישראל ברפידים, אך בשעת ההכרעה, בעת ניצחון ישראל, עשה עימם שלום. גם הקיני בזמן שאול צייתו להוראתו ונפרדו מעמלק בשעת ההכרעה, וכך עשתה גם יעל אשת חבר במלחמה שאנו דנים בה, ועברה לצד הישראלי.[9]

ז. היערכות הצבאות

וַיַּזְעֵק בָּרָק אֶת זְבוּלֻן וְאֶת נַפְתָּלִי קֶדְשָׁה, וַיַּעַל בְּרַגְלָיו עֲשֶׂרֶת אַלְפֵי אִישׁ, וַתַּעַל עִמּוֹ דְּבוֹרָה:

(י)

מִנִּי אֶפְרַיִם שָׁרְשָׁם בַּעֲמָלֵק אַחֲרֶיךָ בִנְיָמִין בַּעֲמָמֶיךָ מִנִּי מָכִיר יָרְדוּ מְחֹקְקִים וּמִזְּבוּלֻן מֹשְׁכִים בְּשֵׁבֶט סֹפֵר: וְשָׂרַי בְּיִשָּׂשכָר עִם דְּבֹרָה וְיִשָּׂשכָר כֵּן בָּרָק בָּעֵמֶק שֻׁלַּח בְּרַגְלָיו...

(ה, יד-טו)

9. דבר דומה קרה לדרוזים במלחמת העצמאות, שאחרי הקרב על רמת יוחנן שמצפון לחיפה, הם עברו לצד הישראלי. כידוע, הם מייחסים את עצמם ליתרו.

זְבֻלוּן עַם חֵרֵף נַפְשׁוֹ לָמוּת וְנַפְתָּלִי עַל מְרוֹמֵי שָׂדֶה:

(שם, יח)

הפסוק הראשון הוא מסיפור המעשה (פרק ד), והפסוקים האחרים הם משירת דבורה. הפסוקים מציינים את השבטים שמהם באו הלוחמים, ונראה מהם, שאנשי זבולון ונפתלי עמדו בחזית הלחימה בשל קרבתם להר תבור ולנחל קישון, ששם הייתה חזית הלחימה. מסתבר שקדש, שאליה הוזעקו זבולון ונפתלי היא קדש נפתלי שליד הכינרת, עירו של ברק.[10]

את שבט יששכר אי אפשר היה לגייס, וגם לא היה צורך לגייסו. יששכר ישב בעמק יזרעאל ובאפיק הקישון, וצבא סיסרא התיישב 'עליו' למרגלות התבור בנחל קישון. כוחו של שבט יששכר היה רב רק אחרי שהמלחמה החלה, ולצבאות סיסרא לא היה פנאי לעסוק בו. אז יכלו בני השבט, שהיו סמוכים לחילות סיסרא לפעול בדרך של כוחות גרילה, כשהם מסתתרים בבתיהם, בשדותיהם ובמקומות מסתור המוכָּרים להם.

עם שלושת השבטים הנזכרים באו גם שבטי רחל: אפרים, בני מכיר (משבט מנשה) ובנימין. כיוון שהם לא היו חלק מן ההסתערות הראשונה של זבולון ונפתלי, עלינו להבהיר מה היה תפקידם.

לסיסרא שר צבא יבין היו, מלבד רכב הברזל שהיה חילו החזק, גם בעלי ברית סמוך לחזית:

בָּאוּ מְלָכִים נִלְחָמוּ, אָז נִלְחֲמוּ מַלְכֵי כְנַעַן בְּתַעְנַךְ עַל מֵי מְגִדּוֹ, בֶּצַע כֶּסֶף לֹא לָקָחוּ:

(ה, יט)

מלכי הערים הכנעניות, תענך ומגידו, שבדרום עמק יזרעאל, בצפון נחלת מנשה, היו בעלי בריתו של סיסרא הכנעני. השתתפותם במלחמה שאינה נוגעת להם הייתה, כנראה, עבור בצע כסף, שהובטח להם בידי יבין וסיסרא, וכן עבור השלל שהם עתידים ליטול משבטי ישראל אחרי ניצחונם. נבהיר את מעמדם הפוליטי והצבאי:

וְלֹא הוֹרִישׁ מְנַשֶּׁה אֶת בֵּית שְׁאָן וְאֶת בְּנוֹתֶיהָ וְאֶת תַּעְנַךְ וְאֶת בְּנֹתֶיהָ וְאֶת יֹשְׁבֵ

10. לכאורה אפשר שמדובר על קדש שונה, הסמוכה יותר לתבור, קדש עיר הלוויים שבנחלת יששכר (ראו דהי"א ו, נז) המזוהה בתל אבו קודיס, ומסומנת במפות היום כתל קדש, קילומטר ממזרח לגבעת עוז שמדרום לצומת מגידו. אך מהנחתנו לעיל על מקומה של חרושת הגויים, עירם של יבין מלך כנען וסיסרא שר צבאו, לא מסתבר שברק ערך את צבאו סמוך לעירם. לכן כתבנו בפנים את הבנתנו, שהצבא נערך בקדש נפתלי, ליד הכינרת.

דוֹר וְאֶת בְּנוֹתֶיהָ וְאֶת יוֹשְׁבֵי יִבְלְעָם וְאֶת בְּנֹתֶיהָ וְאֶת יוֹשְׁבֵי מְגִדּוֹ וְאֶת בְּנוֹתֶיהָ, וַיּוֹאֶל הַכְּנַעֲנִי לָשֶׁבֶת בָּאָרֶץ הַזֹּאת: וַיְהִי כִּי חָזַק יִשְׂרָאֵל, וַיָּשֶׂם אֶת הַכְּנַעֲנִי לָמַס, וְהוֹרֵישׁ לֹא הוֹרִישׁוֹ:
(א, כז-כח)

חמש הערים המבוצרות שבני מנשה לא הורישו נמצאות על קו רצוף שמזרחו סמוך לנהר הירדן (בית שאן) ומערבו בים התיכון (דור). חמש הערים הכנעניות עם הסמוך והנראה להן עלולות היו לנתק את צפון ארץ ישראל ממרכזה, ובעקבות בריתן עם יבין מלך חצור, בעת שישראל נמסרו בידו, כנראה, עשו זאת, כפי שמתארת דבורה בשירתה:

בִּימֵי שַׁמְגַּר בֶּן עֲנָת בִּימֵי יָעֵל חָדְלוּ אֳרָחוֹת, וְהֹלְכֵי נְתִיבוֹת יֵלְכוּ אֳרָחוֹת עֲקַלְקַלּוֹת:
(ה, ו)

כלומר, הדרכים היו חסומות, ומי שרצה לעבור מצפון לדרום, היה עליו לעשות זאת בהסתר, דרך אורחות עקלקלות, בתקווה שלא ייעצר בידי הכנענים, ולכן המערכה הייתה בעיקר של שבטי הצפון המנותקים. הנאמר (א, כח): וַיְהִי כִּי חָזַק יִשְׂרָאֵל, וַיָּשֶׂם אֶת הַכְּנַעֲנִי לָמַס, מתייחס, כנראה, לניצחון של דבורה וברק על סיסרא ועל בעלי בריתו בתענך ומגידו. גם אחרי הניצחון לא חדרו ישראל לערים הכנעניות, אך שעבדו אותן ושמו אותן למס.

כתבנו לעיל, ששבטי רחל (מנשה, אפרים ובנימין) התגייסו למערכה, אך לא היו בצבאו של ברק בן אבינועם. צבאו של ברק (שבטי נפתלי וזבולון) הסתער ישירות מול צבא סיסרא, ויששכר הצטרף אליהם אחרי שהמערכה נפתחה. אפשר, שלשבטי רחל מינתה דבורה מנהיג נוסף. הם באו מדרום, ואפשר שתפקידם היה לנתק את צבאות תענך ומגידו, ואולי גם של הערים הכנעניות האחרות שהזכרנו, מצבא סיסרא, ולא לתת להם לצאת מעריהם ולסייע לסיסרא. עוד מסתבר, שדבורה שלחה שליחים לשבטים נוספים לבוא למלחמה, אך לא כל השבטים נענו לקריאתה, וכפי שיבואר להלן.

ח. השבטים שלא התגייסו למלחמה

דבורה מגַנָּה בשירתה ארבעה שבטים:

... בִּפְלַגּוֹת רְאוּבֵן גְּדֹלִים חִקְקֵי לֵב: לָמָּה יָשַׁבְתָּ בֵּין הַמִּשְׁפְּתַיִם לִשְׁמֹעַ שְׁרִקוֹת

עֲדָרִים, לִפְלַגּוֹת רְאוּבֵן גְּדוֹלִים חִקְרֵי לֵב: גִּלְעָד בְּעֵבֶר הַיַּרְדֵּן שָׁכֵן, וְדָן לָמָּה יָגוּר אֳנִיּוֹת, אָשֵׁר יָשַׁב לְחוֹף יַמִּים וְעַל מִפְרָצָיו יִשְׁכּוֹן:

(ה, טו-יז)

א. **ראובן** – דבורה מגנה את ראובן, בעל המקנה הרב (במדבר לב, א), שהתפשט אל עבר המדבר המזרחי, ובשלב מסוים, מאוחר יותר, הגיע עד נהר פרת (דהי"א ה, יח-כב). משפחותיו היו 'פְּלַגּוֹת', כלומר, שכנו קבוצות קבוצות במרחקים גדולים אלו מאלו במדבר הרחב, כשכל משפחה מחפשת לה מקור מים ונווה מדבר משלה. צורכי הפרנסה והעדרים ניתקו את שבט ראובן מאֶחָיו, הביאו להחלשת התחושה הלאומית בקרבו, וממילא גם לאדישות לנוכח צרתם של שבטי הצפון, שניצבו מול סיסרא. אפשר, שדבורה ציפתה, שבני ראובן עם בני הגלעד (להלן) יבואו ויחסמו את בית שאן המבוצרת, שחייליה עלולים לסייע לסיסרא וצבאו, ושמא יוכלו לעשות כך גם ליבלעם.

ב. **גלעד** – מסתבר שדבורה התכוונה לשבט גד, שישב בגלעד הדרומי, שהרי בגלעד הצפוני ישבו בעיקר בני מכיר בן מנשה, שבאו והצטרפו למלחמה, ואף צוינו לשבח בשירה. שבט גד היה מאז ומעולם שבט של גיבורי מלחמה, וסיועם יכול היה להיות בעל משקל רב בכל אחת מן החזיתות.

ג. **דן** – לא לגמרי ברור, אם שבט דן כבר נדד צפונה בתקופה זו (שופטים יח). מסתבר, שכאן מדובר על יושבי הנחלה הדרומית של השבט, ליד 'גוש דן' של ימינו. נראה, שרבים מהם התפרנסו מסַפָּנוּת בנמל יפו או בנמלים אחרים. הם היו רחוקים ממקום האירוע בתבור, ודבורה שואלת עליהם: וְדָן לָמָּה יָגוּר אֳנִיּוֹת.

ד. **אשר** – שבט אשר ישב בגליל המערבי ובאזור שמצפון לעמק זבולון, וגם צפונה משם (מקומות שנמצאים היום בלבנון). על פי תוכניתה של דבורה היה אמור שבט זה לגַבּות ולעַבּות את שבטי זבולון ונפתלי, אך הוא שכן לאורך מפרציו, ולא הצטרף למלחמה.

דבורה אינה מגנה את שבטי יהודה ושמעון שלא באו למלחמה, ואפשר, שבגלל מרחקם מן הזירה לא ציפו מהם להצטרף אליה. עוד אפשר, ששבט יהודה היה נבדל מכל שבטי ישראל, ופעמים רבות לא נמנה עימהם. נזכיר, שבמלחמה של שאול בבני עמון נמנה שבט יהודה בנפרד משאר השבטים (שמ"א יא, ח), וכך גם במלחמה עם עמלק (שם טו, ד). שבט יהודה נבדל משאר השבטים גם בהמלכת דוד (שמ"ב ב, ד) ובהמשך בהתפלגות הממלכה (מל"א יא-יב), וישנן דוגמות נוספות לכך.

עוד אפשר, ששבט יהודה נמנע מלבוא בגלל מערכה שניהל באותו זמן מול

הפלשתים בהנהגתו של שמגר בן ענת. מסקנה זו עשויה לעלות מפסוק הסמוך אלינו ומפסוק בהפטרתנו, שמזכיר את שמגר בן ענת:

> וְאַחֲרָיו הָיָה שַׁמְגַּר בֶּן עֲנָת, וַיַּךְ אֶת פְּלִשְׁתִּים שֵׁשׁ מֵאוֹת אִישׁ בְּמַלְמַד הַבָּקָר, וַיֹּשַׁע גַּם הוּא אֶת יִשְׂרָאֵל:
> (ג, לא)

> בִּימֵי שַׁמְגַּר בֶּן עֲנָת בִּימֵי יָעֵל חָדְלוּ אֳרָחוֹת, וְהֹלְכֵי נְתִיבוֹת יֵלְכוּ אֳרָחוֹת עֲקַלְקַלּוֹת:
> (ה, ו)

מעבר לגנותו של כל שבט שלא הצטרף למלחמה בפני עצמו, גנאי גדול היה בכך לעם ישראל, שבְּעֵת מלחמה עם אויב כה מסוכן השבטים אינם מסוגלים להתלכד לאומה אחת, והם מתנהגים כאומות נפרדות. זה קורה במהלך ספר שופטים מספר פעמים, והדבר מסביר את יתרונו של שלטון מלוכני המולך על העם כולו. על דבר דומה למה שקרה במלחמה זו הוכיח משה את ראובן וגד (שכשלו גם כאן):

> וַיֹּאמֶר מֹשֶׁה לִבְנֵי גָד וְלִבְנֵי רְאוּבֵן, הַאַחֵיכֶם יָבֹאוּ לַמִּלְחָמָה וְאַתֶּם תֵּשְׁבוּ פֹה?
> (במדבר לב, ו)

ט. שלב ההסתערות

ברק עלה עם צבאות זבולון ונפתלי להר תבור, החולש על עמק יזרעאל. לעיל ביארנו את חשיבותו האסטרטגית של העמק ליבין ולשר צבאו סיסרא. סיסרא הזעיק את חילו אל אפיק הקישון (כנראה בימים שלא היה צפוי בהם גשם), והמתין לרגע שברק ייאלץ לרדת מן ההר. הזירה הנוחה לסיסרא היא העמק, ששם פועל רכב הברזל בחופשיות. הר תלול ומיוער כהר תבור אינו זירה נוחה לצבא שמבוסס על רכב ברזל. ברק שהה עם דבורה הנביאה בראש ההר, והמתין להוראתה על עיתוי הסתערותו על צבא סיסרא:

> וַתֹּאמֶר דְּבֹרָה אֶל בָּרָק, קוּם, כִּי זֶה הַיּוֹם אֲשֶׁר נָתַן ה׳ אֶת סִיסְרָא בְּיָדֶךָ, הֲלֹא ה׳ יָצָא לְפָנֶיךָ, וַיֵּרֶד בָּרָק מֵהַר תָּבוֹר וַעֲשֶׂרֶת אֲלָפִים אִישׁ אַחֲרָיו:
> (יד)

מעשהו של ברק אינו פשוט, וכלל אינו מובן מאליו. ברק יורד מראש ההר בראש רבבת לוחמים היישר אל ׳לוע הארי׳, ירידה שנראית לעיני המביט בה מבחוץ כהתאבדות

המונית. ללוחמיו של ברק לא היו כלים להתמודד עם תשע מאות רכב ברזל, ולא עם הצבא הכנעני החזק שליווה אותם. אלא שירידה זו צריכה להתפרש, לא רק כמעשה של גבורה והקרבה מאין כמותו, אלא בראש ובראשונה כמעשה המבטא אמונה גמורה בהוראתה של הנביאה מפי ה׳, ובביטחון מלא שהישועה מאת ה׳ תבוא בדרך כלשהי. ברק נתבע כאן למבחן אמונה כה גדול בגלל דרישתו שהנביאה תלווה אותו, כלומר, דרישתו ל'נס צמוד' משמיים.

נשוב מעט לפרשתנו, לקריעת ים סוף. חז״ל מתארים לנו את מעשה הגבורה של נחשון בן עמינדב ובני שבטו, אף שבפסוקים עצמם אין רמז לדבר:

> באי זו זכות זכה יהודה למלכות? אמר להם: כשעמדו שבטים על הים – זה אומר איני יורד תחִלָּה, וזה אומר איני יורד תחלה, שנאמר (הושע יב, א): סְבָבֻנִי בְכַחַשׁ אֶפְרַיִם, וּבְמִרְמָה בֵּית יִשְׂרָאֵל. מתוך שהיו נוטלין עצה אלו ואלו, קפץ נחשון בן עמינדב ושבטו אחריו לתוך גלי הים, לפיכך זכה למלכות.

(מכילתא דר״י בשלח, מסכתא דויהי, ה)

אפשר שמקורם של דברי חז״ל על נחשון ובני שבטו מצוי בפסוקי הפטרתנו על ברק ובני שבטו (נפתלי), הרצים לכאורה אל האבדון, אל לוע הארי של צבא סיסרא החונה למרגלות התבור. כך קפצו נחשון ובני שבטו לתוך גלי הים עוד לפני שה׳ בקע את הים בידו החזקה. סגנון פסוקי וַיָּהָם ה׳ בהפטרתנו מקביל לסגנונם בקריעת ים סוף: וַיָּהָם אֵת מַחֲנֵה מִצְרָיִם (שמות יד, כד), ומצדיק את ההשוואה המדרשית בין נחשון לברק בן אבינועם.[11] הרמז בפרשה לדרך זו הוא הנאמר:

> וַיֹּאמֶר ה׳ אֶל מֹשֶׁה, מַה תִּצְעַק אֵלָי, דַּבֵּר אֶל בְּנֵי יִשְׂרָאֵל וְיִסָּעוּ: וְאַתָּה הָרֵם אֶת מַטְּךָ, וּנְטֵה אֶת יָדְךָ עַל הַיָּם וּבְקָעֵהוּ...

(שמות יד, טו-טז)

11. לחיזוק דברינו נביא דוגמה נוספת לדרשה כזו: "וַיָּשֻׁבוּ הַמַּיִם, וַיְכַסּוּ אֶת הָרֶכֶב וְאֶת הַפָּרָשִׁים, לְכֹל חֵיל פַּרְעֹה הַבָּאִים אַחֲרֵיהֶם בַּיָּם, לֹא נִשְׁאַר בָּהֶם עַד אֶחָד (שמות יד, כח). על שפת הים כולם נכנסו בים וכיסום המים ונִנערו. ר׳ נחמיה אומר חוץ מפרעה, ועליו הוא אומר (שם ט, טז): וְאוּלָם בַּעֲבוּר זֹאת הֶעֱמַדְתִּיךָ" (מדרש שכל טוב בשלח כח). המדרש מאריך שם בפרעה, ששרד את השיטפון ששטף הים את צבאו. אפשר, שלמד זאת מהפטרתנו והקבלתה לקריעת ים סוף: וַיָּהָם ה׳ אֶת סִיסְרָא וְאֶת כָּל הָרֶכֶב וְאֶת כָּל הַמַּחֲנֶה... וַיִּפֹּל כָּל מַחֲנֵה סִיסְרָא לְפִי חֶרֶב, לֹא נִשְׁאַר עַד אֶחָד: וְסִיסְרָא נָס בְּרַגְלָיו אֶל אֹהֶל יָעֵל אֵשֶׁת חֶבֶר הַקֵּינִי... (טו-יז).
משמע: לא נשאר עד אחד, אבל האחד נשאר – פרעה מכאן וסיסרא מכאן.

ודוק: הנסיעה של ישראל אל תוך הים והאמונה הגדולה שלהם קודמים לנס בקיעת הים.

ברגע שהגיעו ברק ולוחמיו לתחתית ההר, הרים ה׳ את ידו החזקה ואת זרועו הנטויה. כנראה, שבר ענן אדיר וגשם זלעפות פתאומי שטפו את העמק, המים התנקזו לאפיק נחל הקישון, שעלה על גדותיו, ושטף את חיל סיסרא ואת מרכבותיו:

נַחַל קִישׁוֹן גְּרָפָם, נַחַל קְדוּמִים נַחַל קִישׁוֹן, תִּדְרְכִי נַפְשִׁי עֹז:

(ה, כא)

מרכבות שלא נסחפו בזרם ולא טבעו, שקעו בבוץ ולא יכלו להועיל למלחמה. ברק וחילות הרגלים שלו, שהיו רטובים עד לשד עצמותיהם, הסתערו על המרכבות והשמידו את רוכביהן. הם רדפו אחרי החיילים ההמומים שנמלטו מן המקום, והשמידו גם אותם:

וּבָרָק רָדַף אַחֲרֵי הָרֶכֶב וְאַחֲרֵי הַמַּחֲנֶה עַד חֲרֹשֶׁת הַגּוֹיִם, וַיִּפֹּל כָּל מַחֲנֵה סִיסְרָא לְפִי חֶרֶב, לֹא נִשְׁאַר עַד אֶחָד:

(טז)

למחזות הלילה הסוער נוספה ׳מפולת׳ של כוכבי שביט, שהרתיעה את סוסי המרכבות, שלא היו מורגלים בכוכבי שביט, וביטלה כל שריד של משמַעת שהיו בסוסים כלפי רוכביהם:

מִן שָׁמַיִם נִלְחָמוּ, הַכּוֹכָבִים מִמְּסִלּוֹתָם נִלְחֲמוּ עִם סִיסְרָא:

(ה, כ)

הירידה המוקדמת של ברק ולוחמיו בריצה מן התבור, עוד בטרם החלה הסערה, לא הייתה רק גילוי של אמונה גדולה ואומץ לב נדיר; היא הביאה לכך שכאשר החלה סערת הגשמים, היה ברק עם חייליו סמוך למרכבות, ולמרות קשיי ההתקדמות בשל הגשם הוא היה יכול להסתער מייד על המרכבות, בלא לתת לרוכבים זמן להתאושש מן המכה. לו היה מתחיל לרדת מן ההר לאחר שהחלה סערת הגשמים, לא היה ניצחונו גדול באותה מידה.

*

נסכם את הסיבות העיקריות לתבוסת הצבא הכנעני: השיטפון בנחל קישון והבוץ הכבד שנגרם מחמתו הקשו מאוד על המרכבות, תנועתם החריגה של כוכבי השמיים (כוכבי השביט) הבהילה מאוד את הסוסים, נחישותם ואמונתם של ברק ולוחמיו שירדו בשעה הנכונה, על פי הוראת הנביאה, ולחמו היטב באויביהם בעת סערת הגשמים.

נוסיף לכך סיבה, על פי השערתנו והבנתנו את סדרם של הפסוקים (סיבה זו עדיין אינה יוצאת מגדר השערה). הפסוקים על מנוסת סיסרא לאוהל יעל, כתובים אומנם אחרי תיאור הניצחון, אך הם התרחשו בפועל בעת שהקרב היה עדיין בעיצומו. סיסרא נטש את צבאו המוכֶּה, שנס כצפוי לכיוון דרום מערב, אל חרושת הגויים, והוא עצמו נס מזרחה אל בית חבר הקיני. מנוסתו ומותו המשפיל השפיעו השפעה רבה על מורל לוחמיו, כשם שמות גליָת בידי דוד, הנער עם אבני הקלע, השפיע על לוחמי הפלשתים, והם נסו מערבה אל עריהם.[12] זה מה שהפך את דוד לגיבור הקרב על חשבונו של שאול, וזה מה שהפך את יעל לגיבורה בשירת דבורה על חשבונו של ברק, וכפי שכתבנו לעיל.

י. סיסרא באוהל יעל

נשווה את האירועים באוהל יעל כפי שהם מתוארים בסיפור המעשה (פרק ד) לעומת תיאורם בשירת דבורה (פרק ה).

וְסִיסְרָא נָס בְּרַגְלָיו אֶל אֹהֶל יָעֵל אֵשֶׁת חֶבֶר הַקֵּינִי, כִּי שָׁלוֹם בֵּין יָבִין מֶלֶךְ חָצוֹר וּבֵין בֵּית חֶבֶר הַקֵּינִי: וַתֵּצֵא יָעֵל לִקְרַאת סִיסְרָא, וַתֹּאמֶר אֵלָיו, סוּרָה אֲדֹנִי, סוּרָה אֵלַי אַל תִּירָא, וַיָּסַר אֵלֶיהָ הָאֹהֱלָה, וַתְּכַסֵּהוּ בַּשְּׂמִיכָה: וַיֹּאמֶר אֵלֶיהָ, הַשְׁקִינִי נָא מְעַט מַיִם כִּי צָמֵאתִי, וַתִּפְתַּח אֶת נֹאוד הֶחָלָב, וַתַּשְׁקֵהוּ וַתְּכַסֵּהוּ: וַיֹּאמֶר אֵלֶיהָ, עֲמֹד פֶּתַח הָאֹהֶל, וְהָיָה אִם אִישׁ יָבוֹא, וּשְׁאֵלֵךְ וְאָמַר הֲיֵשׁ פֹּה אִישׁ, וְאָמַרְתְּ אָיִן: וַתִּקַּח יָעֵל אֵשֶׁת חֶבֶר אֶת יְתַד הָאֹהֶל, וַתָּשֶׂם אֶת הַמַּקֶּבֶת בְּיָדָהּ, וַתָּבוֹא אֵלָיו בַּלָּאט, וַתִּתְקַע אֶת הַיָּתֵד בְּרַקָּתוֹ, וַתִּצְנַח בָּאָרֶץ, וְהוּא נִרְדָּם וַיָּעַף וַיָּמֹת:

(ד, יז-כא)

תְּבֹרַךְ מִנָּשִׁים יָעֵל אֵשֶׁת חֶבֶר הַקֵּינִי, מִנָּשִׁים בָּאֹהֶל תְּבֹרָךְ: מַיִם שָׁאַל, חָלָב נָתָנָה, בְּסֵפֶל אַדִּירִים הִקְרִיבָה חֶמְאָה: יָדָהּ לַיָּתֵד תִּשְׁלַחְנָה, וִימִינָהּ לְהַלְמוּת עֲמֵלִים,

12. קרב שהוכרע ככל הנראה בעקבות בריחת המפקד היה קרב סן סימון בירושלים, בשביעי של פסח תש"ח. מפקד הכוח הערבי, איברהים אבו דיה, נפצע קל, ופינה את עצמו לבית החולים, ואז נסוגו לוחמיו.

וְהָלְמָה סִיסְרָא, מָחֲקָה רֹאשׁוֹ, וּמָחֲצָה וְחָלְפָה רַקָּתוֹ: בֵּין רַגְלֶיהָ כָּרַע נָפַל שָׁכָב, בֵּין רַגְלֶיהָ כָּרַע נָפָל, בַּאֲשֶׁר כָּרַע שָׁם נָפַל שָׁדוּד:

(ה, כד-כז)

סיסרא נס דווקא לאוהל יעל, ולא לאוהלו של חֶבר בעלה, כי שיער, שמחבוא ללוחם באוהל אישה בטוח יותר, משום שאין דרכם של לוחמי ברק להיכנס לאוהלי נשים. אך מסתבר לנו לומר, שסיסרא נס לאוהל יעל, משום שחֶבר וכל הגברים בביתו היו מגויסים למלחמה. על פי המתואר כאן, היה חֶבר בעל בריתו של יבין מלך חצור, וממילא היה חייל או מפקד בצבא סיסרא. מדוע יצאה יעל לקראתו? האם התכוונה להגן עליו כבעל הברית של משפחתם? או שמא הערימה עליו מראש כדי להורגו ולהביא בכך לניצחונו של ברק? בין כך ובין כך, האם היה ראוי לה לבגוד בברית בין בית חֶבר ובין יבין מלך חצור? מהו ה'כיסוי' המוסרי להכנסת אורחים מאירת פנים לאדם הנס על נפשו, שהופכת להריגתו בעת שהוא בוטח בה והולך לישון?

אפשר, שהתשובות לשאלות נוקבות אלו תלויות בפירושיהם של רבי יוחנן ושל ריש לקיש, לדברים שאירעו באוהל:

אמר רבי יוחנן: שבע בעילות בעל אותו רשע באותה שעה, שנאמר (ה, כז): בֵּין רַגְלֶיהָ כָּרַע נָפַל שָׁכָב וגו'.

(נזיר כג ע"ב)

וַתְּכַסֵּהוּ בַּשְּׂמִיכָה (ד, יח) – מהו בשמיכה... אמר ריש לקיש: חזרנו על כל המקרא, ולא מצינו כלי ששמו שמיכה, ומהו שמיכה... שמי כה, שמי מעיד עליה, שלא נגע בה אותו רשע:

(ויקרא רבה כג)

נבאר: הפסוק בֵּין רַגְלֶיהָ כָּרַע נָפַל שָׁכָב שבשירה עשוי להתפרש כמרמז למגע מיני,[13] ומכיוון שיש בפסוק שבעה פעלים, הסיק רבי יוחנן שהיו שם שבע בעילות. אך הביטוי עשוי להתפרש גם כשכיבתו של סיסרא העייף לישון, ודבורה מתארת זאת באופן נלעג, כדי להדגיש את חולשתו של סיסרא אל מול האישה הניצבת על רגליה מעליו. נראה, שכך למד זאת ריש לקיש.

אם נניח שלא היה כל מגע מיני בין סיסרא לבין יעל, שבות ועולות שאלותינו

13. הפועל 'שכב' הוא הפועל העיקרי במקרא למגע מיני. אך מגע זה מתואר גם בפועל 'כרע' (איוב לא, י) וגם בפועל 'נפל' (אסתר ז, ח).

על הפרת הברית בין חֶבר ליָבין. המלבי"ם מניח, שיעל הייתה אישה ישראלית, וגם אִם הייתה בת שבט הקיני, הרי ששבט הקיני הצטרף לקראת הכניסה לארץ אל עם ישראל, וממילא הייתה יעל מחויבת יותר לישראל מאשר לברית בין חֶבר בעלה ליבין מלך חצור וגם יותר מאשר להגינות הבסיסית בהכנסת אורחים:

> ... אולם לא הוצרכנו לכל זה, אחרי היו בית חֶבר מבני ישראל, ואיך לא יריבו ריב עַמם ואלהיהם?

(מלבי"ם, שופטים ד, יז)

על פי הנחתנו, שחֶבר התגייס למלחמה בצבאותיו של סיסרא, אפשר שהנימוק להתנהגותה שונה. יעל ראתה בסיסרא שר הצבא הבורח מן המערכה, את האשם במפלת צבאו, וכנראה גם במותו, או במותו הצפוי, של בעלה, והחליטה לנקום בו. נוכל לצרף לכך גם שיקול שלה לעבור לצד הישראלי כדי לשרוד, לאחר שהייתה עד כה בצידו של יבין מלך כנען.

רבי יוחנן קושר את מה שקרה למגע המיני בין סיסרא ליעל. ההסבר המקובל (והנכון יותר בסוגיה במסכת נזיר, שם) הוא, שיעל פיתתה את סיסרא למגע מיני עימה, והתמסרה אליו כדי שייחלש גופו בעקבות 'שבע הבעילות', ושנתו תהיה עמוקה יותר. כך הבטיחה את יכולתה לתקוע את היתד ברקתו מבלי שיתעורר.

נציע כאן הסבר שונה לדברי רבי יוחנן, ולהלן אף נוכיח אותו: יעל אירחה את סיסרא באוהלה בחמלתה עליו, ומכוח הברית בין חֶבר בעלה ויבין מלך חצור. היא התכוונה לתת לו לנוח ולהסתיר אותו מרודפיו. סיסרא, אחרי ששתה את החלב ונח מעט, ניצל את היותו לבדו עם האישה ואנס אותה (ואולי אף עשה זאת שבע פעמים). לאחר מכן גברה עליו העייפות והוא נרדם. יעל ניצלה את שנתו כדי לנקום בו על מעשי האונס ועל החרפה שהמיט עליה, והרגה אותו. אז עברה לצד השני, ויצאה לקראת ברק שרדף אחריו.[14]

כך נראה לנו גם מפירושם של בעלי התוספות והרא"ש לסוגיה בנזיר. הגמרא שם מסיקה להלכה מדבריו של רבי יוחנן לעיל:

> אמר רב נחמן בר יצחק: גדולה עבירה לשמה... כמצוה שלא לשמה, דכתיב (ה, כד): תְּבֹרַךְ מִנָּשִׁים יָעֵל אֵשֶׁת חֶבֶר הַקֵּינִי, מִנָּשִׁים בָּאֹהֶל תְּבֹרָךְ – מאן נשים שבאהל? שרה, רבקה, רחל ולאה... והא קא מתהניא מבעילה דיליה (= והרי

14. וכאן יש מקום לשאלה, מה עניין נקמתה הפרטית של יעל לשירת דבורה על הניצחון במלחמה. נענה על כך בע"ה בהרחבה בדיוננו בשירה.

> נהנתה מבעילה שלו)! אמר רבי יוחנן: כל טובתן של רשעים (= בעילת סיסרא הרשע) אינה אלא רעה אצל צדיקים (= אצל יעל הצדקת).

(נזיר כג ע"ב)

על פי הפירוש המקובל, ב'עבירה לשמה' מכוונת הגמרא להסכמתה של יעל להיבעל לסיסרא כדי להתיש את כוחו, כך שתוכל להורגו. אך לא כך התפרשה הגמרא על ידי בעלי התוספות והרא"ש:

> ונהי נמי דלא קשה לו תֵּהָרג ולא תעבור, כדאמרינן שילהי פרק בן סורר ומורה, דאסתר קרקע עולם היתה, מכל מקום למה משבחָהּ הכתוב, והלא היא נהנית מן העבירה!

(שם תוד"ה 'והא מתהניא')

בעלי התוספות מניחים, שיעל הייתה ישראלית גמורה והייתה גם אשת איש, והיה עליה (על פי שאלתם)[15] ליהרג ולא לעבור על איסור ניאוף. אילו הייתה הבעילה ביוזמתה של יעל ומכוח פיתויה, אין כל מקום לשאלה זאת. לאידך גיסא, גם אם סיסרא אנס אותה בכוח ובחזקת יד, אין מקום לאפשרות שתיהרג ולא תעבור. נראה, שבעלי התוספות מניחים, שהוא אנס אותה בהפחדה ובאיום להורגה ולא בחזקת יד, ולדעתם, היה עליה לסרב למרות איום המיתה.[16] התוספות מיישבים מדוע לא התנגדה לבעילתו בעת שאיים עליה – משום שהייתה 'קרקע עולם', והייתה פטורה ממסירות נפש ומלמוֹת על התנגדותה לבעילתו. אך גם אם נאנסה באיומי מיתה ולא בכוח זרועו, יש לראות את מה שעשתה לו בעת שישן, כנקמה מוצדקת על כבודה המחולל. על כך שיבחה אותה דבורה מול אֵם סיסרא ודבריה, בנוסף לשבחה שהרגה את אויבם של ישראל.

*

נסיים את הדיון בתיאור האירועים בהערה נוספת: ייחודה של הישועה מיבין מלך חצור מן הישועות האחרות בספר שופטים היא בנס הגלוי שאירע בה, בהשתתפות הנביאה בה ובשירה שנאמרה עליה. הגורם המחבר את שלושת הדברים הוא, שמלחמה

15. זו אינה קושיה של בעלי התוספות על הגמרא, אלא הסבר מדוע הגמרא לא שאלה זאת, ונקצר בכך.
16. ראיה נוספת לאפשרות זו נביא להלן.

זו הייתה מול אויב כנעני, והייתה המשך למצוות כיבוש הארץ, שיהושע החל בה. שכינת ה׳ מלווה אותה במעשה (הנס) ובדיבור (הנבואה). השירה היא על סיום מלחמות כיבוש הארץ מידי הכנענים.

חלק שני:

שירת דבורה (פרק ה)

בנושאים רבים מן השירה עסקנו במסגרת הדיון בפרק ד; נשלים כאן ארבע נקודות.

א. מי שר ומדוע?

וַתָּשַׁר דְּבוֹרָה וּבָרָק בֶּן אֲבִינֹעַם בַּיּוֹם הַהוּא לֵאמֹר:

(א)

המסורת היהודית כינתה שירה זו – ׳שירת דבורה׳.[17] אומנם במקראות נזכר ששרו אותה דבורה וברק יחד, אך המשך השירה מעיד שדבורה לבדה שרה אותה:

... עַד שַׁקַּמְתִּי דְּבוֹרָה, שַׁקַּמְתִּי אֵם בְּיִשְׂרָאֵל:

(ז)

עוּרִי עוּרִי דְּבוֹרָה, עוּרִי עוּרִי[18] דַּבְּרִי שִׁיר...

(יב)

בתורה יש לנו פסוק, המקביל במבנהו לפסוק הראשון בשירה:

וַתְּדַבֵּר מִרְיָם וְאַהֲרֹן בְּמֹשֶׁה, עַל אֹדוֹת הָאִשָּׁה הַכֻּשִׁית אֲשֶׁר לָקָח, כִּי אִשָּׁה כֻשִׁית לָקָח: וַיֹּאמְרוּ, הֲרַק אַךְ בְּמֹשֶׁה דִּבֶּר ה׳, הֲלֹא גַּם בָּנוּ דִבֵּר...
(במדבר יב, א–ב).

17. מסכת סופרים יב, ירושלמי מגילה פ״ג, ה״ז ועוד.
18. בעלי הקריאה, שימו לב: המילים עוּרִי עוּרִי מוטעמות בפעם הראשונה במלרע, ובשנייה מלעיל.

את השוואת נבואתם לנבואת למשה עשו מרים ואהרן יחד, ועל כן חרה אף ה׳ בשניהם, ושניהם ננזפו באוהל מועד. אך נראה, שעל האישה הכושית דיברה רק מרים, ולכן רק היא נענשה בצרעת. משמעות וַתְּדַבֵּר מִרְיָם וְאַהֲרֹן היא, שמרים דיברה, ואהרן עמד לידה, שמע והסכים. גם בשירתנו – דבורה שרה, וברק עמד לידה והסכים לדברי השירה. אך מדוע עמד שם?!

נראה שדבורה הזמינה את ברק לעלות ל׳במה׳ כמנצח במערכה. אומנם התבקש שהיא תשיר לכבודו ותשבח אותו, כמו הנשים ששרו לדוד ולשאול אחרי הניצחון במערכה בעמק האלה על גלית וצבאו:

> וַיְהִי בְּבוֹאָם, בְּשׁוּב דָּוִד מֵהַכּוֹת אֶת הַפְּלִשְׁתִּי, וַתֵּצֶאנָה הַנָּשִׁים מִכָּל עָרֵי יִשְׂרָאֵל לָשִׁיר וְהַמְּחֹלוֹת לִקְרַאת שָׁאוּל הַמֶּלֶךְ בְּתֻפִּים בְּשִׂמְחָה וּבְשָׁלִשִׁים: וַתַּעֲנֶינָה הַנָּשִׁים הַמְשַׂחֲקוֹת וַתֹּאמַרְןָ, הִכָּה שָׁאוּל בַּאֲלָפָו וְדָוִד בְּרִבְבֹתָיו:

(שמ״א יח, ו-ז)

כך יצאה גם בת יפתח לקראת אביה אחרי ניצחונו על בני עמון:

> וַיָּבֹא יִפְתָּח הַמִּצְפָּה אֶל בֵּיתוֹ, וְהִנֵּה בִתּוֹ יֹצֵאת לִקְרָאתוֹ בְּתֻפִּים וּבִמְחֹלוֹת...

(יא, לד)

בשונה מהן, דבורה הזמינה את ברק, אך הפכה את פניה, פנתה לה׳ ושיבחה אותו על הניצחון, שעיקרו היה סערת הגשם הפתאומית, וכוכבי השמיים ש׳פעלו׳ בדרכם. השומעים, שלפחות חלקם היו לוחמים ששבו מהמלחמה רטובים ועייפים, לוחמים שֶׁרָצו אחרי מנהיגם האמיץ, ברק, הביעו אכזבה כלשהי משירתה ה׳דתית׳ של דבורה הנביאה. קולם של אלה מיוצג בקריאת ביניים:

> עוּרִי עוּרִי דְּבוֹרָה, עוּרִי עוּרִי דַּבְּרִי שִׁיר, קוּם בָּרָק וּשֲׁבֵה שֶׁבְיְךָ בֶּן אֲבִינֹעַם:

(יב)

דבורה עתידה להקשיב לדרישתם ולהוסיף לשירתה את שבחו של ברק ואת שבח לוחמיו, ונראה זאת בע״ה להלן.

ב. בין הר תבור להר סיני

ה׳, בְּצֵאתְךָ מִשֵּׂעִיר בְּצַעְדְּךָ מִשְּׂדֵה אֱדוֹם, אֶרֶץ רָעָשָׁה, גַּם שָׁמַיִם נָטָפוּ, גַּם עָבִים נָטְפוּ מָיִם: הָרִים נָזְלוּ מִפְּנֵי ה׳, זֶה סִינַי מִפְּנֵי ה׳ אֱלֹהֵי יִשְׂרָאֵל:

(ד)

ההרים הנוזלים מפני ה׳, מכוונים, כנראה, להר תבור, שלמרגלותיו התרחש הנס – נס הגשמים העזים שגרפו את מרכבות הברזל לעבר אפיק נחל קישון. תיאור ה׳ היוצא משעיר ומשדה אדום מדרום מערב לארץ ישראל, מזכיר את מעמד הר סיני, וכתיאורו במשנה תורה:

וַיֹּאמַר, ה׳ מִסִּינַי בָּא, וְזָרַח מִשֵּׂעִיר לָמוֹ, הוֹפִיעַ מֵהַר פָּארָן, וְאָתָה מֵרִבְבֹת קֹדֶשׁ, מִימִינוֹ אֵשׁ דָּת לָמוֹ: אַף חֹבֵב עַמִּים כָּל קְדֹשָׁיו בְּיָדֶךָ, וְהֵם תֻּכּוּ לְרַגְלֶךָ, יִשָּׂא מִדַּבְּרֹתֶיךָ: תּוֹרָה צִוָּה לָנוּ מֹשֶׁה, מוֹרָשָׁה קְהִלַּת יַעֲקֹב:

(דברים לג, ב–ד)

מתן תורה ועשרת הדיברות מתגלים מסיני יחד עם הר שעיר. שני המקומות מופיעים סמוכים זה לזה גם בתחילת ספר דברים (א, ב): אַחַד עָשָׂר יוֹם מֵחֹרֵב דֶּרֶךְ הַר שֵׂעִיר. התיאור שמשלב את הר תבור והר סיני מביע את הדמיון בין התגלות ה׳ לשֵׁם מתן תורה ועשרת הדיברות בהר סיני להתגלותו בהר תבור, למלחמה באויבי ישראל. שילוב דומה עתיד להופיע בדברי דוד, משורר תהלים, בין הר סיני לבין הר חרמון ורמת הגולן במלחמה בעיר חילם[19] בצבאות ארם, שנשכרו בידי בני עמון להילחם בישראל:[20]

אֱלֹהִים בְּצֵאתְךָ לִפְנֵי עַמֶּךָ, בְּצַעְדְּךָ בִישִׁימוֹן סֶלָה: אֶרֶץ רָעָשָׁה, אַף שָׁמַיִם נָטְפוּ מִפְּנֵי אֱלֹהִים זֶה סִינַי, מִפְּנֵי אֱלֹהִים אֱלֹהֵי יִשְׂרָאֵל: ... הַר אֱלֹהִים, הַר בָּשָׁן, הַר גַּבְנֻנִּים, הַר בָּשָׁן: לָמָּה תְּרַצְּדוּן הָרִים גַּבְנֻנִּים, הָהָר חָמַד אֱלֹהִים לְשִׁבְתּוֹ, אַף ה׳ יִשְׁכֹּן לָנֶצַח: רֶכֶב אֱלֹהִים רִבֹּתַיִם אַלְפֵי שִׁנְאָן, אֲדֹנָי בָם סִינַי בַּקֹּדֶשׁ:

(תהלים סח, ח–ט; טז–יח)

דמיון שני הפסוקים הראשונים לשירת דבורה מדבר בעד עצמו. בשלושת הפסוקים

19. אולי העיר חאלב שבסוריה. אך אין לה זיהוי ודאי.
20. שמ״ב פרקים ח; י, ודהי״א יח.

האחרונים מתאר המשורר את הבשן, את התגלות 'רכב אלהים' ושוב את הר סיני (וחלק ממדרשי חז"ל על מתן תורה). יש בעירוב בין הר סיני לתבור בשירתנו ולהר בשן בתהלים, שבהם התגלה ה' במלחמה, כדי לבאר את מאמר חז"ל:

רבי אלעזר המודעי אומר: ספר וסייף ירדו כרוכים מן השמים, אמר להם, אם עשיתם את התורה הכתובה בזה, הרי אתם ניצולים מזה, ואם לאו, הרי אתם לוקים בו.

(ספרי דברים מ)

התגלות ה' עשויה לבוא ב'ספר', כלומר, במתן תורה, והיא עלולה לבוא גם בסַיִף, בחרב לאויבי ה' – אם אֵלו, חלילה, ישראל, כשאינם מקיימים את התורה, ואם אֵלו אומות העולם, שסירבו לקבל את התורה, כשהקב"ה הציע אותה להם. לעיתים באה החרב לאומות העולם כישועה לישראל, וכפי שקרה בשירתנו (וגם בתהלים).
במדרש נוסף נאמר:

כשעמד הקדוש ברוך הוא ואמר אָנֹכִי ה' אֱלֹהֶיךָ (שמות כ, ב), היו ההרים מתרעשים, והגבעות מתמוטטות, ובא תבור מבית אלים וכרמל מאספמיא.
(מכילתא דר"י יתרו, מסכתא דבחדש, ה)

מדרש זה ואחרים מתארים את 'מריבת' ההרים, על מי תינתן התורה. שני המועמדים הראשונים היו התבור והכרמל. כאן עסקנו בקשר בין הר תבור להר סיני במתן תורה, ובהפטרת כי תשא נעסוק בע"ה בקשר המקביל בין הכרמל להר סיני.

ג. הספר והסַיִף – 'חָרוּת' והחירות

לקשר בין הספר לסַיִף ניתן לתת פירוש נוסף, לאור הנאמר בשירה. לצורך זה נעיין במאמר חז"ל נוסף:

וְהַלֻּחֹת מַעֲשֵׂה אֱלֹהִים הֵמָּה, וְהַמִּכְתָּב מִכְתַּב אֱלֹהִים הוּא, חָרוּת עַל הַלֻּחֹת (שמות לב, טז) – אל תקרא חרות אלא חירות, שאין לך בן חורין אלא מי שעוסק בתלמוד תורה.

(אבות ו, ב)

ביציאת מצרים התברר הקשר בין חָרוּת (= התורה והכתוב בה) ל'חירות' (= חופש

מהשתעבדות לעמים). משה לא תבע מפרעה חירות, אלא רשות לקיים את המצווה, שה׳ ציווה את עמו – לעבוד אותו על הר, הנמצא דרך שלושת ימים ממצרים. משסירב פרעה לכך, התפתח עימות כולל, שהביא ליציאת בני ישראל מעבדות לחירות. כך היה לימים גם בעימות בין בית חשמונאי לבין היוונים הסלווקים, אנשיו של אנטיוכוס. מתתיהו תבע את הזכות והחובה ללכת בדרך ה׳, ולא אחרי אלילים נוכרים. משסירבו הסלווקים להיענות לכך, התפתח עימות כולל, שהביא למלכות יהודית בת חורין בירושלים ובמקומות נוספים. המלחמה על החירות החלה ממלחמה על עבודת ה׳, ועובדי ה׳ המסורים היו חייליה. כך היה גם בימי בר כוכבא בעקבות הגזרות על ברית המילה.

גם דבורה מתארת בשירה את הקשר בין הדבקים בדרך ה׳ לבין הנכונות להילחם ולמסור את הנפש על מלחמת החירות של עם ישראל ממשעבדיו.

יִבְחַר אֱלֹהִים חֲדָשִׁים אָז לָחֶם שְׁעָרִים מָגֵן אִם יֵרָאֶה וָרֹמַח בְּאַרְבָּעִים אֶלֶף בְּיִשְׂרָאֵל: לִבִּי לְחוֹקְקֵי יִשְׂרָאֵל הַמִּתְנַדְּבִים בָּעָם בָּרְכוּ ה׳: רֹכְבֵי אֲתֹנוֹת צְחֹרוֹת יֹשְׁבֵי עַל מִדִּין וְהֹלְכֵי עַל דֶּרֶךְ שִׂיחוּ: מִקּוֹל מְחַצְצִים בֵּין מַשְׁאַבִּים שָׁם יְתַנּוּ צִדְקוֹת ה׳ צִדְקֹת פִּרְזֹנוֹ בְּיִשְׂרָאֵל אָז יָרְדוּ לַשְּׁעָרִים עַם ה׳: ... מִנִּי מָכִיר יָרְדוּ מְחֹקְקִים וּמִזְּבוּלֻן מֹשְׁכִים בְּשֵׁבֶט סֹפֵר:

(ח-יא; יד)

בחירת אֱלֹהִים חֲדָשִׁים, כלומר, נטישת עבודת ה׳ לטובת עבודה זרה הביאה גם להחלשת המוטיבציה להרים מגן ורומח ולהילחם על חירות ישראל. בסופו של דבר, המתנדבים העיקריים בעם למלחמת החירות היו ׳חוקקי ישראל׳ ו׳יושבי על מדין׳, ׳עם ה׳, ׳מחוקקים׳ ו׳מושכים בשבט סופר׳.

הקשר בין הספר והתורה, לסַיִף ומלחמת החירות בא לידי ביטוי גם בכך שמוסרי הנפש על המצוות ועל התורה מסרו את נפשם גם על חירות ישראל.

לעומת ברכות אלו של דבורה, קילל מלאך ה׳[21] את מרוז,[22] שלמרות קרבתם לקו החזית נותרו אדישים נוכח המלחמה שהתנהלה בקרבתם, ולא באו לעזרה, או לחילופין על כך ששיתפו פעולה עם האויב, עם סיסרא, בעת שצר על הר תבור.

21. על פי חז״ל (מועד קטן טז ע״א) הוא ברק בן אבינועם.
22. עיר המזוהה (בהשערה בלבד) כשניים וחצי ק״מ מדרום-מזרח להר תבור.

ד. אם סיסרא

בְּעַד הַחַלּוֹן נִשְׁקְפָה וַתְּיַבֵּב אֵם סִיסְרָא בְּעַד הָאֶשְׁנָב, מַדּוּעַ בֹּשֵׁשׁ רִכְבּוֹ לָבוֹא, מַדּוּעַ אֶחֱרוּ פַּעֲמֵי מַרְכְּבוֹתָיו: חַכְמוֹת שָׂרוֹתֶיהָ תַּעֲנֶינָּה, אַף הִיא תָּשִׁיב אֲמָרֶיהָ לָהּ: הֲלֹא יִמְצְאוּ יְחַלְּקוּ שָׁלָל רַחַם רַחֲמָתַיִם לְרֹאשׁ גֶּבֶר, שְׁלַל צְבָעִים לְסִיסְרָא, שְׁלַל צְבָעִים רִקְמָה, צֶבַע רִקְמָתַיִם לְצַוְּארֵי שָׁלָל: כֵּן יֹאבְדוּ כָל אוֹיְבֶיךָ, ה', וְאֹהֲבָיו כְּצֵאת הַשֶּׁמֶשׁ בִּגְבֻרָתוֹ...

(כח-לא)

דבורה אינה אוהדת, ובצדק, את סיסרא ואת אימו. אך הלעג לאם השכולה הבוכה על מות בנה, גם כשמדובר באויב, נראה בעינינו כבלתי ראוי. מדוע נצרכה דבורה ללעג זה?!

בשיחה עם חַכְמוֹת שָׂרוֹתֶיהָ מוסבר, כביכול, עיכובם של סיסרא ושל אנשיו ביישובי ישראל ה'כבושים'. סיסרא ואנשיו מחלקים ביניהם את בנות ישראל, המוגדרות בדבריהן על פי אברי מינן בלבד (= רַחַם רַחֲמָתַיִם) לסיפוק תאוותם. הם בוחרים להם את הנשים על פי צבעי בגדיהן ורקמתם. אכן, סיסרא ניסה לנהוג כך ביעל (עיינו לעיל בפרק על סיסרא באוהל יעל), אך הוא שילם על כך, ובצדק, את מלוא המחיר, באמצעות המקבת והיתד של יעל. דבורה בשירתה רואה כאן חטא ועונשו מכוח יד ה', עונש לסיסרא המחלל את כבודן של בנות ישראל, ועונש לאימו המעודדת והשמחה על כך.

מכאן לפסוק החותם את השירה: סיסרא ואויבי ה' אבדו. אוהבי ה' ולוחמי צבאו המתינו רטובים ורועדים מִקור מכוח סערת הגשמים הקשה עד לבוקר שבתום הקרב. השמש יצאה בגבורתה ובעוצמתה, חיממה את גופם וייבשה את בגדיהם, וסייעה להם לשמוח בישועתם.

האם מתקשר פסוק זה לשיחת הנשים בביתה של אם סיסרא? אפשר שכן! הגשם הרב שירד בלילה ההוא, והשמש החזקה שזרחה על המים בבוקר, יצרו בדרך הטבע קשתות חזקות מרובות צבעים. הקשתות, שבישרו את הפסקת הגשם הכבד, נראו בעיני הנביאה המשוררת כבגדים הצבעוניים של בנות ישראל, המתוארים בשיר הזימה של שרותיה של אם סיסרא. אם סיסרא ראתה את שלל הצבעים בבגדי בנות ישראל שנמסרו בידי סיסרא, לוחמי החירות של העם ראו את שלל הצבעים בקשת שזרחה על המים, כקשת הניצחון על האויב הכנעני.

הפטרת יתרו

ו א בִּשְׁנַת־מוֹת הַמֶּלֶךְ עֻזִּיָּהוּ וָאֶרְאֶה אֶת־אֲדֹנָי יֹשֵׁב עַל־כִּסֵּא רָם וְנִשָּׂא וְשׁוּלָיו ישעי
ב מְלֵאִים אֶת־הַהֵיכָל׃ שְׂרָפִים עֹמְדִים מִמַּעַל לוֹ שֵׁשׁ כְּנָפַיִם שֵׁשׁ כְּנָפַיִם לְאֶחָד
ג בִּשְׁתַּיִם יְכַסֶּה פָנָיו וּבִשְׁתַּיִם יְכַסֶּה רַגְלָיו וּבִשְׁתַּיִם יְעוֹפֵף׃ וְקָרָא זֶה אֶל־זֶה
ד וְאָמַר קָדוֹשׁ קָדוֹשׁ קָדוֹשׁ יהוה צְבָאוֹת מְלֹא כָל־הָאָרֶץ כְּבוֹדוֹ׃ וַיָּנֻעוּ אַמּוֹת
ה הַסִּפִּים מִקּוֹל הַקּוֹרֵא וְהַבַּיִת יִמָּלֵא עָשָׁן׃ וָאֹמַר אוֹי־לִי כִי־נִדְמֵיתִי כִּי אִישׁ
טְמֵא־שְׂפָתַיִם אָנֹכִי וּבְתוֹךְ עַם־טְמֵא שְׂפָתַיִם אָנֹכִי יֹשֵׁב כִּי אֶת־הַמֶּלֶךְ יהוה
ו צְבָאוֹת רָאוּ עֵינָי׃ וַיָּעָף אֵלַי אֶחָד מִן־הַשְּׂרָפִים וּבְיָדוֹ רִצְפָּה בְּמֶלְקַחַיִם לָקַח
ז מֵעַל הַמִּזְבֵּחַ׃ וַיַּגַּע עַל־פִּי וַיֹּאמֶר הִנֵּה נָגַע זֶה עַל־שְׂפָתֶיךָ וְסָר עֲוֺנֶךָ וְחַטָּאתְךָ
ח תְּכֻפָּר׃ וָאֶשְׁמַע אֶת־קוֹל אֲדֹנָי אֹמֵר אֶת־מִי אֶשְׁלַח וּמִי יֵלֶךְ־לָנוּ וָאֹמַר הִנְנִי
ט שְׁלָחֵנִי׃ וַיֹּאמֶר לֵךְ וְאָמַרְתָּ לָעָם הַזֶּה שִׁמְעוּ שָׁמוֹעַ וְאַל־תָּבִינוּ וּרְאוּ רָאוֹ וְאַל־
י תֵּדָעוּ׃ הַשְׁמֵן לֵב־הָעָם הַזֶּה וְאָזְנָיו הַכְבֵּד וְעֵינָיו הָשַׁע פֶּן־יִרְאֶה בְעֵינָיו וּבְאָזְנָיו
יא יִשְׁמָע וּלְבָבוֹ יָבִין וָשָׁב וְרָפָא לוֹ׃ וָאֹמַר עַד־מָתַי אֲדֹנָי וַיֹּאמֶר עַד אֲשֶׁר אִם־שָׁאוּ
יב עָרִים מֵאֵין יוֹשֵׁב וּבָתִּים מֵאֵין אָדָם וְהָאֲדָמָה תִּשָּׁאֶה שְׁמָמָה׃ וְרִחַק יהוה אֶת־
יג הָאָדָם וְרַבָּה הָעֲזוּבָה בְּקֶרֶב הָאָרֶץ׃ וְעוֹד בָּהּ עֲשִׂרִיָּה וְשָׁבָה וְהָיְתָה לְבָעֵר
ז א כָּאֵלָה וְכָאַלּוֹן אֲשֶׁר בְּשַׁלֶּכֶת מַצֶּבֶת בָּם זֶרַע קֹדֶשׁ מַצַּבְתָּהּ׃ וַיְהִי הספר מסיימ
בִּימֵי אָחָז בֶּן־יוֹתָם בֶּן־עֻזִּיָּהוּ מֶלֶךְ יְהוּדָה עָלָה רְצִין מֶלֶךְ־אֲרָם וּפֶקַח בֶּן־
ב רְמַלְיָהוּ מֶלֶךְ־יִשְׂרָאֵל יְרוּשָׁלַםִ לַמִּלְחָמָה עָלֶיהָ וְלֹא יָכֹל לְהִלָּחֵם עָלֶיהָ׃ וַיֻּגַּד
לְבֵית דָּוִד לֵאמֹר נָחָה אֲרָם עַל־אֶפְרָיִם וַיָּנַע לְבָבוֹ וּלְבַב עַמּוֹ כְּנוֹעַ עֲצֵי־יַעַר
ג מִפְּנֵי־רוּחַ׃ וַיֹּאמֶר יהוה אֶל־יְשַׁעְיָהוּ צֵא־נָא לִקְרַאת אָחָז אַתָּה
וּשְׁאָר יָשׁוּב בְּנֶךָ אֶל־קְצֵה תְּעָלַת הַבְּרֵכָה הָעֶלְיוֹנָה אֶל־מְסִלַּת שְׂדֵה כוֹבֵס׃
ד וְאָמַרְתָּ אֵלָיו הִשָּׁמֵר וְהַשְׁקֵט אַל־תִּירָא וּלְבָבְךָ אַל־יֵרַךְ מִשְּׁנֵי זַנְבוֹת הָאוּדִים
ה הָעֲשֵׁנִים הָאֵלֶּה בָּחֳרִי־אַף רְצִין וַאֲרָם וּבֶן־רְמַלְיָהוּ׃ יַעַן כִּי־יָעַץ עָלֶיךָ אֲרָם רָעָה

ו אֶפְרַיִם וּבֶן־רְמַלְיָהוּ לֵאמֹר: נַעֲלֶה בִיהוּדָה וּנְקִיצֶנָּה וְנַבְקִעֶנָּה אֵלֵינוּ וְנַמְלִיךְ
מֶלֶךְ בְּתוֹכָהּ אֵת בֶּן־טָבְאַל:

ט ה כִּי־יֶלֶד יֻלַּד־לָנוּ בֵּן נִתַּן־לָנוּ וַתְּהִי הַמִּשְׂרָה עַל־שִׁכְמוֹ וַיִּקְרָא שְׁמוֹ פֶּלֶא יוֹעֵץ
ו אֵל גִּבּוֹר אֲבִי־עַד שַׂר־שָׁלוֹם: לְמַרְבֵּה הַמִּשְׂרָה וּלְשָׁלוֹם אֵין־קֵץ עַל־כִּסֵּא
דָוִד וְעַל־מַמְלַכְתּוֹ לְהָכִין אֹתָהּ וּלְסַעֲדָהּ בְּמִשְׁפָּט וּבִצְדָקָה מֵעַתָּה וְעַד־עוֹלָם
קִנְאַת יהוה צְבָאוֹת תַּעֲשֶׂה־זֹּאת:

א. הקשר בין הפרשה להפטרה

פרק ו מכונה בפי חז"ל 'מעשה מרכבה'[1] בשל התיאור של מלאכי ה' המלווים את השכינה. מסַדרי ההפטרות ראו שפִסְקה זו ראויה להצטרף כהפטרה לפרשת התגלות ה' בהר סיני. מן התיאור בספר דברים (ד) אכן עולה במרומז, שכבוד ה' התגלה בהר סיני ועימו דמויות רבות של חיות הקודש, והתורה מזהירה, שלא לעשות פסלים בצלמן ודמותן. חז"ל[2] כינו בצורה מפורשת יותר את הפרק הראשון בספר יחזקאל כ'מעשה מרכבה', והוא נבחר להיות הפטרה לחג השבועות, שקוראים בו בתורה את תיאור מעמד ההתגלות בהר סיני מפרשתנו (יט-כ). ההשוואה בין שני 'מעשי מרכבה' אלו התפרשה במסכת חגיגה:[3]

> אמר רבא: כל שראה יחזקאל, ראה ישעיה. לְמה יחזקאל דומה – לבן כפר שראה את המלך, ולְמה ישעיה דומה – לבן כרך שראה את המלך.
>
> (חגיגה יג ע"ב)

הדמיון בין 'מעשה המרכבה' בישעיהו ויחזקאל למעמד הר סיני שבפרשתנו הוא דמיון שיש בו ניגוד חריף. מעמד הר סיני היה מעמד של גילוי שכינה לעם ישראל, ו'מעשה המרכבה' בנביאים הוא מעמד של סילוק שכינה מעם ישראל.[4]

1. רש"י (בשם המדרש) ישעיהו ו, ג ועוד.
2. ילקוט שמעוני יחזקאל שמ"ו, שיר השירים תתקפ"ב.
3. יש להוסיף לשני אלו את 'מעשה המרכבה' שראה הנביא מיכיהו בן ימלה (מל"א כב, יט).
4. בהפטרות לא מעטות מהווה הנבואה ניגוד לנאמר בפרשה. דוגמות: א. פרשת צו עוסקת בשבח הקורבנות, הפטרתה (ירמיהו ז) אומרת: עֹלוֹתֵיכֶם סְפוּ עַל זִבְחֵיכֶם וְאִכְלוּ בָשָׂר: כִּי לֹא דִבַּרְתִּי אֶת אֲבוֹתֵיכֶם וְלֹא צִוִּיתִים בְּיוֹם הוֹצִיאִ אוֹתָם מֵאֶרֶץ מִצְרָיִם עַל דִּבְרֵי עוֹלָה וָזָבַח: ב. פרשת קדושים

ב. רקע היסטורי

חז"ל דורשים, שִׁשְׁנַת מוֹת הַמֶּלֶךְ עֻזִּיָּהוּ אינה השנה שבה הוא מת, אלא השנה שבה חלה בצרעת, ומצורע חשוב כמת.

ארבעה הם חיים, וקראם הכתוב מתים, ואלו הן: האביון והמצורע והעיוור ומי שאין לו בנים. המצורע – מִנַּיִן? שנאמר: בִּשְׁנַת מוֹת הַמֶּלֶךְ עֻזִּיָּהוּ, ולמה כִּנָּהוּ הכתוב מת? אלא שנצטרע, שנאמר: בִּשְׁנַת מוֹת הַמֶּלֶךְ עֻזִּיָּהוּ – כשנצטרע.[5]
(תנחומא פרשת צו יג ועוד)

המעשה שבעקבותיו נצטרע עוזיהו מפורט בדברי הימים:

וּכְחֶזְקָתוֹ גָּבַהּ לִבּוֹ עַד לְהַשְׁחִית, וַיִּמְעַל בַּה' אֱלֹהָיו, וַיָּבֹא אֶל הֵיכַל ה' לְהַקְטִיר עַל מִזְבַּח הַקְּטֹרֶת: וַיָּבֹא אַחֲרָיו עֲזַרְיָהוּ הַכֹּהֵן וְעִמּוֹ כֹּהֲנִים לַה' שְׁמוֹנִים בְּנֵי חָיִל: וַיַּעַמְדוּ עַל עֻזִּיָּהוּ הַמֶּלֶךְ, וַיֹּאמְרוּ לוֹ, לֹא לְךָ עֻזִּיָּהוּ לְהַקְטִיר לַה', כִּי לַכֹּהֲנִים בְּנֵי אַהֲרֹן הַמְקֻדָּשִׁים לְהַקְטִיר, צֵא מִן הַמִּקְדָּשׁ, כִּי מָעַלְתָּ, וְלֹא לְךָ לְכָבוֹד מֵה' אֱלֹהִים: וַיִּזְעַף עֻזִּיָּהוּ וּבְיָדוֹ מִקְטֶרֶת לְהַקְטִיר, וּבְזַעְפּוֹ עִם הַכֹּהֲנִים וְהַצָּרַעַת זָרְחָה בְמִצְחוֹ לִפְנֵי הַכֹּהֲנִים בְּבֵית ה' מֵעַל לְמִזְבַּח הַקְּטֹרֶת: וַיִּפֶן אֵלָיו עֲזַרְיָהוּ כֹהֵן הָרֹאשׁ וְכָל הַכֹּהֲנִים, וְהִנֵּה הוּא מְצֹרָע בְּמִצְחוֹ, וַיַּבְהִלוּהוּ מִשָּׁם, וְגַם הוּא נִדְחַף לָצֵאת, כִּי נִגְּעוֹ ה': וַיְהִי עֻזִּיָּהוּ הַמֶּלֶךְ מְצֹרָע עַד יוֹם מוֹתוֹ, וַיֵּשֶׁב בֵּית הַחָפְשִׁית מְצֹרָע, כִּי נִגְזַר מִבֵּית ה', וְיוֹתָם בְּנוֹ עַל בֵּית הַמֶּלֶךְ שׁוֹפֵט אֶת עַם הָאָרֶץ:
(דהי"ב כו, טז-כא)

חז"ל מבינים, שדבר זה קרה בשנת עשרים ושבע לעוזיהו (שמלך 52 שנה). הם דורשים זאת על הפסוק הבא:[6]

עוסקת בהבדלת ישראל מן העמים. הפטרתה (למנהג אשכנז, עמוס ט) אומרת, שכביכול, אין הבדל בין ישראל לעמים: הֲלוֹא כִבְנֵי כֻשִׁיִּים אַתֶּם לִי, בְּנֵי יִשְׂרָאֵל, נְאֻם ה', הֲלוֹא אֶת יִשְׂרָאֵל הֶעֱלֵיתִי מֵאֶרֶץ מִצְרַיִם, וּפְלִשְׁתִּיִּים מִכַּפְתּוֹר וַאֲרָם מִקִּיר: ג. פרשת במדבר עוסקת בהרחבה בפקודי בני ישראל ובמספריהם, והפטרתה (הושע ב) אומרת: וְהָיָה מִסְפַּר בְּנֵי יִשְׂרָאֵל כְּחוֹל הַיָּם, אֲשֶׁר לֹא יִמַּד וְלֹא יִסָּפֵר.

5. כך גם תרגם יהונתן כאן: בִּשְׁתָּא דְאִתְנְגַע בָּהּ מַלְכָּא עֻזִּיָּה...
6. נזכיר, שעזריה המוזכר בספר מלכים הוא עוזיה (או עוזיהו) הנזכר בספר ישעיהו ובדברי הימים.

בִּשְׁנַת עֶשְׂרִים וָשֶׁבַע שָׁנָה לְיָרָבְעָם מֶלֶךְ יִשְׂרָאֵל,[7] מָלַךְ עֲזַרְיָה בֶן אֲמַצְיָה מֶלֶךְ יְהוּדָה:
(מל"ב טו, א)

ב'סדר עולם' נאמר על פסוק זה:

עזיהו וירבעם מלכו כאחת, אלא שירבעם מלך בימי אביו (= יואש) שנה אחת, שנאמר (מל"ב יג, יג): וַיִּשְׁכַּב יוֹאָשׁ עִם אֲבֹתָיו, וְיָרָבְעָם יָשַׁב עַל כִּסְאוֹ.

בִּשְׁנַת עֶשְׂרִים וָשֶׁבַע שָׁנָה לְיָרָבְעָם מֶלֶךְ יִשְׂרָאֵל מָלַךְ עֲזַרְיָה בֶן אֲמַצְיָה מֶלֶךְ יְהוּדָה (שם טו, א). אפשר לומר כן? והלא שניהם מלכו כאחת! אלא שמלך מלכות מנוגעת.
(סדר עולם רבה יט)

על פי חישוב שנות המלכים בספר מלכים, מלכו עוזיהו מלך יהודה וירבעם בן יואש מלך ישראל בזמן אחד (בהפרש קטן), וקביעת זמן מלכותו של עוזיה בשנת עשרים ושבע לירבעם אינה אפשרית. גם הקביעה של 'סדר עולם' שהמקרא מציין את שנת עשרים ושבע, כי עוזיהו 'מלך מלכות מנוגעת', אינה עולה היטב עם פשוטו של מקרא, ודורשת הסבר. ישנם במקרא רמזים לא מעטים, שבימי עוזיהו מלך יהודה וירבעם מלך ישראל התאחדו שתי הממלכות במידה רבה תחת שרביטו של עוזיהו, והגיעו יחד לעוצמה גדולה מאוד ולממלכה רחבה מאוד, שהשתרעה קרוב מאוד לגבולות ההבטחה – בין נהר מצרים לנהר פרת. נביא רמז אחד לאיחוד זה:

וְיֶתֶר דִּבְרֵי יָרָבְעָם וְכָל אֲשֶׁר עָשָׂה, וּגְבוּרָתוֹ אֲשֶׁר נִלְחָם, וַאֲשֶׁר הֵשִׁיב אֶת דַּמֶּשֶׂק וְאֶת חֲמָת לִיהוּדָה בְּיִשְׂרָאֵל, הֲלֹא הֵם כְּתוּבִים עַל סֵפֶר דִּבְרֵי הַיָּמִים לְמַלְכֵי יִשְׂרָאֵל:
(מל"ב יד, כח)

המקרא מתאר את כיבוש דמשק וחמת על ידי ירבעם, אך הוא משיב אותן ליהודה, ולא למלכות שומרון.

מסתבר, שאיחוד זה היה בשנת עשרים ושבע לירבעם (ולעוזיהו), והפסוק שאומר, שעוזיהו מלך בשנת עשרים ושבע לירבעם, מתכוון לומר, שבשנה זו הומלך עוזיהו מחדש על הממלכה המאוחדת של יהודה וישראל יחדיו. כנראה, באותה שנה

7. מדובר על ירבעם בן יואש (המכונה תדיר: 'ירבעם השני'), המלך הרביעי מבית יהוא.

גבה ליבו על עוצמתו הרבה, ואז נכנס למקדש להקטיר קטורת, ולקה בצרעת שעל מצחו. לכך התכוון ׳סדר עולם׳, שמָלך מלכות מנוגעת. גובה הלב שהביא עליו את הצרעת, לא היה אירוע מקרי, אלא תהליך ארוך, וכפי שנפרט בע״ה להלן.

*

הצרעת שזרחה במצחו של עוזיהו לא הייתה האסון היחיד שפקד את ירושלים בעקבות כניסתו האסורה של עוזיהו עם הקטורת למקדש. אפשר, שאז פקדה את ירושלים רעידת אדמה קשה, שהרסה חלק גדול מן העיר. רעידת אדמה זו מוזכרת פעמיים בנביאים:

> דִּבְרֵי עָמוֹס אֲשֶׁר הָיָה בַנֹּקְדִים מִתְּקוֹעַ, אֲשֶׁר חָזָה עַל יִשְׂרָאֵל בִּימֵי עֻזִּיָּה מֶלֶךְ יְהוּדָה וּבִימֵי יָרָבְעָם בֶּן יוֹאָשׁ מֶלֶךְ יִשְׂרָאֵל, שְׁנָתַיִם לִפְנֵי הָרָעַשׁ:

(עמוס א, א)

> וְנִבְקַע הַר הַזֵּיתִים מֵחֶצְיוֹ מִזְרָחָה וָיָמָּה גֵּיא גְּדוֹלָה מְאֹד, וּמָשׁ חֲצִי הָהָר צָפוֹנָה וְחֶצְיוֹ נֶגְבָּה: וְנַסְתֶּם גֵּיא הָרַי, כִּי יַגִּיעַ גֵּי הָרִים אֶל אָצַל, וְנַסְתֶּם, כַּאֲשֶׁר נַסְתֶּם מִפְּנֵי הָרַעַשׁ בִּימֵי עֻזִּיָּה מֶלֶךְ יְהוּדָה:

(זכריה יד, ד-ה)

רעידת אדמה זו נרמזת גם בהפטרתנו, בה נאמר, שיסודות המקדש נעו, כנראה, מחמת רעש האדמה:

> וַיָּנֻעוּ אַמּוֹת הַסִּפִּים מִקּוֹל הַקּוֹרֵא, וְהַבַּיִת יִמָּלֵא עָשָׁן:

(ו, ד)

ג. האם הפטרתנו היא נבואת ההקדשה של ישעיהו?

רוב מדרשי חז״ל הבינו, שהנבואה בהפטרתנו היא נבואת ההקדשה של ישעיהו, למרות שהיא כתובה בפרק ו. לדעתם, מבחינת סדר הזמנים, פרקנו הוא פתיחת ספר ישעיהו:

> ... כיוצא בו: בִּשְׁנַת מוֹת הַמֶּלֶךְ עֻזִּיָּהוּ – זה היה תחילת הפרשה, ולמה נכתב כאן – לפי שאין מוקדם ומאוחר בתורה.

(מכילתא דר״י בשלח, מסכתא דשירה, ז).

כך כתב גם רש״י:

> סימן זה – תחילת הספר ותחילת נבואת ישעיה, וחמשה סימנים (= הפרקים) הקודמים נאמרו אחר זה הסימן, אלא שאין מוקדם ומאוחר בתורה.
> (רש״י ו, א).

הנימוק העיקרי לראות בהפטרתנו נבואת הקדשה הוא הפסוק הרומז על תחילת השליחות:

> וָאֶשְׁמַע אֶת קוֹל אֲדֹנָי אֹמֵר, אֶת מִי אֶשְׁלַח וּמִי יֵלֶךְ לָנוּ, וָאֹמַר הִנְנִי שְׁלָחֵנִי:
> (ו, ח)

גם ההקבלה ל׳מעשה המרכבה׳ ביחזקאל (א) מצביעה על אפשרות שזוהי נבואת הקדשה, שהרי גם יחזקאל פותח את נבואתו בתיאור ׳מרכבה׳. אך לא כל המפרשים הסכימו להנחה שנבואתנו היא אכן נבואת ההקדשה של ישעיהו. כך כתב כאן ר״י אברבנאל:

> בִּשְׁנַת מוֹת הַמֶּלֶךְ עֻזִּיָּהוּ – הנה פשט הכתובים מורה, שלא היתה זאת הנבואה הראשונה אשר ראה ישעיהו, כיון שלא נכתבה בתחילת הספר... והוא (= דבר אחר) ממה שיוכיח, שאין הנבואה הזאת אליו הראשונה, ושבאו הפרשיות כסדרן.

אנו נאמץ את דבריו של הר״י אברבנאל, שפִּרקנו אינו נבואת הקדשה. להבנתנו, לא רק שאינו נבואת הקדשה, אלא היא נבואה המצביעה על סילוק נבואתו של ישעיהו, סילוק – שאף שאינו סופי, יש בו הפסקת נבואתו של ישעיהו למשך עשרות שנים, משנת עשרים ושבע לעוזיהו ועד לנבואה בימי אחז בן יותם שבפרק ז, שנקראת בהמשך הפטרתנו (למנהג האשכנזים בלבד). הבה נעיין בנבואתנו:

> וַיֹּאמֶר, לֵךְ וְאָמַרְתָּ לָעָם הַזֶּה, שִׁמְעוּ שָׁמוֹעַ וְאַל תָּבִינוּ, וּרְאוּ רָאוֹ וְאַל תֵּדָעוּ:
> הַשְׁמֵן לֵב הָעָם הַזֶּה, וְאָזְנָיו הַכְבֵּד וְעֵינָיו הָשַׁע, פֶּן יִרְאֶה בְעֵינָיו וּבְאָזְנָיו יִשְׁמָע,
> וּלְבָבוֹ יָבִין, וָשָׁב וְרָפָא לוֹ: וָאֹמַר, עַד מָתַי אֲדֹנָי, וַיֹּאמֶר, עַד אֲשֶׁר אִם שָׁאוּ עָרִים
> מֵאֵין יוֹשֵׁב, וּבָתִּים מֵאֵין אָדָם, וְהָאֲדָמָה תִּשָּׁאֶה שְׁמָמָה:
> (ו, ט-יא)

ה׳ מצווה את הנביא לא לאפשר לעם להבין את הנבואה, כדי שלא ישוב בתשובה

בעקבות אמירתה. זהו סילוק נבואה בעקבות סילוק השכינה, שעוד נדון בו, לתקופה של ארבעים שנה ויותר.[8]

זאת ועוד: הזכרנו, שבהפטרתנו נרמז רעש האדמה שהיה בשנת עשרים ושבע: וַיָּנֻעוּ אַמּוֹת הַסִּפִּים מִקּוֹל הַקּוֹרֵא, וְהַבַּיִת יִמָּלֵא עָשָׁן. בנבואות הקודמות לנבואתנו רעש האדמה הוא עדיין חזון עתידי:

> בּוֹא בַצּוּר וְהִטָּמֵן בֶּעָפָר מִפְּנֵי פַּחַד ה׳ וּמֵהֲדַר גְּאֹנוֹ: עֵינֵי גַּבְהוּת אָדָם שָׁפֵל, וְשַׁח רוּם אֲנָשִׁים, וְנִשְׂגַּב ה׳ לְבַדּוֹ בַּיּוֹם הַהוּא: כִּי יוֹם לַה׳ צְבָאוֹת עַל כָּל גֵּאֶה וָרָם וְעַל כָּל נִשָּׂא וְשָׁפֵל: וְעַל כָּל אַרְזֵי הַלְּבָנוֹן הָרָמִים וְהַנִּשָּׂאִים וְעַל כָּל אַלּוֹנֵי הַבָּשָׁן: וְעַל כָּל הֶהָרִים הָרָמִים וְעַל כָּל הַגְּבָעוֹת הַנִּשָּׂאוֹת: וְעַל כָּל מִגְדָּל גָּבֹהַּ וְעַל כָּל חוֹמָה בְצוּרָה... וּבָאוּ בִּמְעָרוֹת צֻרִים וּבִמְחִלּוֹת עָפָר מִפְּנֵי פַּחַד ה׳ וּמֵהֲדַר גְּאוֹנוֹ בְּקוּמוֹ לַעֲרֹץ הָאָרֶץ... לָבוֹא בְּנִקְרוֹת הַצֻּרִים וּבִסְעִפֵי הַסְּלָעִים מִפְּנֵי פַּחַד ה׳ וּמֵהֲדַר גְּאוֹנוֹ בְּקוּמוֹ לַעֲרֹץ הָאָרֶץ:

(ב, י-כא)

החומות הבצורות והמגדלים הגבוהים העתידים ליפול (מחמת רעש האדמה) רומזים למפעלי הבנייה של עוזיהו:

> וַיִּבֶן עֻזִּיָּהוּ מִגְדָּלִים בִּירוּשָׁלַם עַל שַׁעַר הַפִּנָּה וְעַל שַׁעַר הַגַּיְא וְעַל הַמִּקְצוֹעַ, וַיְחַזְּקֵם:

(דהי״ב כו, ט)

דברים נוספים בפסוקים שהבאנו רומזים לתופעת טבע קשה מנשוא, תופעה שהיא למעלה משליטתו של האדם, ואפשר לפרש שהם מתייחסים לרעש האדמה. כך גם הפסוקים הבאים, שכולם קודמים לנבואת הפטרתנו:

> וְהָיָה הַנִּשְׁאָר בְּצִיּוֹן וְהַנּוֹתָר בִּירוּשָׁלַם, קָדוֹשׁ יֵאָמֶר לוֹ, כָּל הַכָּתוּב לַחַיִּים בִּירוּשָׁלָם:

(ד, ג)

> וְסֻכָּה תִּהְיֶה לְצֵל יוֹמָם מֵחֹרֶב, וּלְמַחְסֶה וּלְמִסְתּוֹר מִזֶּרֶם וּמִמָּטָר:

(שם, ו)

8. לעוזיהו נותרו משנת עשרים ושבע עוד עשרים וחמש שנים, ויש להוסיף להן שש עשרה שנים ליותם בנו וראשית ימי אחז.

לָכֵן הִרְחִיבָה שְּׁאוֹל נַפְשָׁהּ, וּפָעֲרָה פִיהָ לִבְלִי חֹק, וְיָרַד הֲדָרָהּ וַהֲמוֹנָהּ, וּשְׁאוֹנָהּ וְעָלֵז בָּהּ:

(ה, יד)

עַל כֵּן חָרָה אַף ה׳ בְּעַמּוֹ, וַיֵּט יָדוֹ עָלָיו וַיַּכֵּהוּ, וַיִּרְגְּזוּ הֶהָרִים, וַתְּהִי נִבְלָתָם כַּסּוּחָה בְּקֶרֶב חוּצוֹת...

(שם, כה)

וְיִנְהֹם עָלָיו בַּיּוֹם הַהוּא כְּנַהֲמַת יָם, וְנִבַּט לָאָרֶץ וְהִנֵּה חֹשֶׁךְ צַר וָאוֹר חָשַׁךְ בַּעֲרִיפֶיהָ:

(שם, ל)

לעניות הבנתנו, נבואת ישעיהו הראשונה היא הנבואה שבפרק ב.[9] בפרקים ב-ה מתאר ישעיהו את גבהות הלב של המלך ושל עשירי ירושלים ואת דיכוי העניים. פרק ו, שהוא עיקר הפטרתנו, מתאר את סילוק השכינה ואת רעש האדמה בירושלים, שהם פרק הסיום והחתימה למחזה הכואב.

במקביל לנבואות ישעיהו בירושלים, נִבָּא הנביא עמוס בבית אל ובשומרון במלכות ירבעם בן יואש. נראה, שנבואתו נמשכה שנתיים בלבד – החל משנתיים לפני הרעש (שהורגש היטב גם בערי החוף, ולא רק בירושלים) ועד לרעש עצמו. עמוס עוסק גם הוא באותה בעיה – חטאי החמס והעושק של עשירי שומרון, וגם הוא מסיים ברעש האדמה הנזכר בישעיהו:

רָאִיתִי אֶת אֲדֹנָי נִצָּב עַל הַמִּזְבֵּחַ, וַיֹּאמֶר הַךְ הַכַּפְתּוֹר וְיִרְעֲשׁוּ הַסִּפִּים...

(עמוס ט, א)

וַאדֹנָי ה׳ הַצְּבָאוֹת הַנּוֹגֵעַ בָּאָרֶץ וַתָּמוֹג, וְאָבְלוּ כָּל יוֹשְׁבֵי בָהּ, וְעָלְתָה כַיְאֹר כֻּלָּהּ, וְשָׁקְעָה כִּיאֹר מִצְרָיִם: הַבּוֹנֶה בַשָּׁמַיִם מַעֲלוֹתָו, וַאֲגֻדָּתוֹ עַל אֶרֶץ יְסָדָהּ, הַקֹּרֵא לְמֵי הַיָּם, וַיִּשְׁפְּכֵם עַל פְּנֵי הָאָרֶץ, ה׳ שְׁמוֹ:

(שם, ה-ו)

9. יש לה פתיחה ברורה: הַדָּבָר אֲשֶׁר חָזָה יְשַׁעְיָהוּ בֶּן אָמוֹץ עַל יְהוּדָה וִירוּשָׁלָם. קשה לומר שהנבואה שבפרק א היא הראשונה בנבואות ישעיהו, משום שהיא מתארת את מצור סנחריב על ירושלים בימי חזקיהו, שלושה דורות אחרי עוזיהו, וכפי שכתב רש"י.

ד. 'מעשה המרכבה' בפרקנו ומשמעו

את תפקידו של 'מעשה המרכבה' בנבואה נוכל ללמוד היטב מ'מעשה המרכבה' המפורט ביחזקאל (פרקים א; ט-יא). יחזקאל מתאר את שכינת ה' העוזבת את המקדש בירושלים, ונעה בָּבֶלָה כדי להיות שם עם גולי יהויכין.[10] בסיום תיאור מסעות השכינה ביחזקאל נאמר:

> וַיִּשְׂאוּ הַכְּרוּבִים אֶת כַּנְפֵיהֶם וְהָאוֹפַנִּים לְעֻמָּתָם, וּכְבוֹד אֱלֹהֵי יִשְׂרָאֵל עֲלֵיהֶם מִלְמָעְלָה: וַיַּעַל כְּבוֹד ה' מֵעַל תּוֹךְ הָעִיר, וַיַּעֲמֹד עַל הָהָר אֲשֶׁר מִקֶּדֶם לָעִיר: וְרוּחַ נְשָׂאַתְנִי, וַתְּבִיאֵנִי כַשְׂדִּימָה אֶל הַגּוֹלָה בַּמַּרְאֶה בְּרוּחַ אֱלֹהִים, וַיַּעַל מֵעָלַי הַמַּרְאֶה אֲשֶׁר רָאִיתִי:

(יחזקאל יא, כב-כד)

גם ב'מעשה המרכבה' בהפטרתנו ישעיהו מתאר את סילוק השכינה מן המקדש בשל חטאי גבהות הלב גם כלפי ה' וגם כלפי האנשים החלשים. אך בתיאור של ישעיהו השכינה אינה נוסעת מזרחה לבבל, אלא עולה השמיימה, ולכן אין ב'מרכבה' שמתוארת בישעיהו אופַנּים, אלא בעיקר כנפיים:

> שְׂרָפִים עֹמְדִים מִמַּעַל לוֹ, שֵׁשׁ כְּנָפַיִם שֵׁשׁ כְּנָפַיִם לְאֶחָד, בִּשְׁתַּיִם יְכַסֶּה פָנָיו וּבִשְׁתַּיִם יְכַסֶּה רַגְלָיו וּבִשְׁתַּיִם יְעוֹפֵף:

(ו, ב)

הכרובים שרואה ישעיהו הם הכרובים שעל ארון הברית בקודש הקודשים:

> וְהָיוּ הַכְּרֻבִים פֹּרְשֵׂי כְנָפַיִם לְמַעְלָה, סֹכְכִים בְּכַנְפֵיהֶם עַל הַכַּפֹּרֶת, וּפְנֵיהֶם אִישׁ אֶל אָחִיו...

(שמות כה, כ)

בניגוד לכרובים שבמשכן, שנאמר עליהם: וּפְנֵיהֶם אִישׁ אֶל אָחִיו, כנפיהם של הכרובים בישעיהו מכסים את פניהם, כיוון שכרובים אלו מבטאים את הסתרת פני השכינה ואת הסילוק בעקבות החטא. הכרובים בישעיהו מכסים גם את רגליהם, ומבטלים בכך

10. כך גם ב'מעשה המרכבה' שהזכרנו (לעיל, הערה 3) בנבואת מיכיהו בן ימלה לאחאב. ולא נאריך.

את עמידתם במקדש בירושלים (בדומה לקיפול גלגלי מטוס הממריא אל השמיים, ואינו זקוק בשלב זה לגלגלים). בעזרת הזוג השלישי של כנפיהם הכרובים מעופפים, ונוטלים את השכינה ממקומה במקדש ה׳ בירושלים אל מקומה האלטרנטיבי בשמיים, שלא בקרב בני אנוש.

*

הנביא רואה את ה׳ יושב על כיסא רם ונישא:

> וָאֶרְאֶה אֶת אֲדֹנָי יֹשֵׁב עַל כִּסֵּא רָם וְנִשָּׂא, וְשׁוּלָיו מְלֵאִים אֶת הַהֵיכָל:
> (ו, א)

חז״ל התחבטו בשאלה על מי נאמר רָם וְנִשָּׂא – על ה׳ או על כסאו:

> כיוצא בו אתה אומר, וָאֶרְאֶה אֶת אֲדֹנָי יֹשֵׁב עַל כִּסֵּא רָם וְנִשָּׂא, ואין אנו יודעין, אם הכִּסא רם ונשא, ואם המקום, תלמוד לומר (נז, טו): כִּי כֹה אָמַר רָם וְנִשָּׂא.[11]
> (מדרש תנאים לדברים יד)

אפשר, שנכריע בשאלה זו שתי הכרעות סותרות. בפשטי המקראות נראה לנו לצעוד בעקבות הכרעת חז״ל במדרש. זוהי גם הכרעת בעלי הטעמים, שה׳ הוא רם ונישא (כפועַל בבינוני ולא כשם תואר), ופירוש הפסוק: ה׳, שעד עתה ישב על כסאו, מתרומם ומתנשא מעל כסאו שבבית המקדש ועולה השמיימה – שכינתו מסתלקת מן המקדש.

נראה, שמתקני נוסח התפילה שינו בכוונה את המשמעות, וכוונתם הייתה לחבר את רָם וְנִשָּׂא כתואר לכיסאו של ה׳ יתברך. שהרי לא באו בנוסח התפילה (בסוף פסוקי דזמרה בשבת וביו״ט) לדון בסילוק השכינה, אלא בשבחו של הקב״ה השוכן בינינו.

*

המלאכים מכריזים בקול:

> וְקָרָא זֶה אֶל זֶה וְאָמַר, קָדוֹשׁ קָדוֹשׁ קָדוֹשׁ ה׳ צְבָאוֹת, מְלֹא כָל הָאָרֶץ כְּבוֹדוֹ:
> (ו, ג)

11. אלו שתי ההופעות היחידות במקרא של הצירוף רָם וְנִשָּׂא.

קדוש משמעו מובדל,[12] וקריאת המלאכים קובעת, שה׳ מבדיל עצמו מ׳חֶבְרַת׳ בני האדם, והשכינה עוזבת אותם. מעתה כבודו (המעומעם) של ה׳ מָלא את כל הארץ, ואינו ממוקד עוד במקדש. נבואה זו דומה לנבואה האחרונה של ישעיהו:

כֹּה אָמַר ה׳, הַשָּׁמַיִם כִּסְאִי, וְהָאָרֶץ הֲדֹם רַגְלָי, אֵי זֶה בַיִת אֲשֶׁר תִּבְנוּ לִי, וְאֵי זֶה מָקוֹם מְנוּחָתִי:

(סו, א)

גם בנבואה זו השכינה מסתלקת מן המקדש ועוברת לשמיים ולכל הארץ בגלל החטאים המופיעים בהמשך:

שׁוֹחֵט הַשּׁוֹר, מַכֵּה אִישׁ, זוֹבֵחַ הַשֶּׂה, עֹרֵף כֶּלֶב, מַעֲלֵה מִנְחָה דַּם חֲזִיר, מַזְכִּיר לְבֹנָה, מְבָרֵךְ אָוֶן, גַּם הֵמָּה בָּחֲרוּ בְּדַרְכֵיהֶם, וּבְשִׁקּוּצֵיהֶם נַפְשָׁם חָפֵצָה:

(שם, ג)

לעתיד לבוא, בעת שהשכינה תשוב למקדש, ייאמר שוב:

יִמְלֹךְ ה׳ לְעוֹלָם, אֱלֹהַיִךְ צִיּוֹן לְדֹר וָדֹר, הַלְלוּ יָהּ:

(תהלים קמו, י)

ה. טיהורו של הנביא מן החטא והעונש על העם

אין להתעלם מכך, שבדברי המלאכים ובקדושתם יש גם דברי שבח לה׳, וכך גם בדבריהם: קָדוֹשׁ קָדוֹשׁ ה׳ וכו׳. הנביא השומע זאת בחזונו רוצה להצטרף לדברי קדושתם, וכדברינו שלנו בתפילה: ׳נקדישך ונעריצך כנועם שיח סוד שרפי קדש׳. אך שפתיו אינן נשמעות לו, והן דוממות. הנביא מאשים בכך את עצמו ואת עמו, בהיותם טמאי שפתיים. אז קרב אליו מלאך־שרף ובידו גחל אש (= רִצְפָּה) מן המזבח, והוא ׳מלַבֵּן׳ את שפתיו מן הטומאה שהוא אחוז בה כבשר ודם:

וָאֹמַר, אוֹי לִי כִי נִדְמֵיתִי, כִּי אִישׁ טְמֵא שְׂפָתַיִם אָנֹכִי, וּבְתוֹךְ עַם טְמֵא שְׂפָתַיִם אָנֹכִי יוֹשֵׁב, כִּי אֶת הַמֶּלֶךְ ה׳ צְבָאוֹת רָאוּ עֵינָי: וַיָּעָף אֵלַי אֶחָד מִן הַשְּׂרָפִים וּבְיָדוֹ

12. השווה: וִהְיִיתֶם לִי קְדֹשִׁים, כִּי קָדוֹשׁ אֲנִי ה׳, וָאַבְדִּל אֶתְכֶם מִן הָעַמִּים לִהְיוֹת לִי (ויקרא כ, כו).

רִצְפָּה, בְּמֶלְקַחַיִם לָקַח מֵעַל הַמִּזְבֵּחַ: וַיַּגַּע עַל פִּי, וַיֹּאמֶר, הִנֵּה נָגַע זֶה עַל שְׂפָתֶיךָ, וְסָר עֲוֹנֶךָ, וְחַטָּאתְךָ תְּכֻפָּר:[13]
(ו, ה-ז)

עתה יוכל ישעיהו לומר קדושה עם המלאכים, אך ה׳ שולח אותו (לאחר שהתנדב להישלח) לשליחות שונה, לשליחות אל העם, לשליחות הסילוק:

וָאֶשְׁמַע אֶת קוֹל אֲדֹנָי אֹמֵר, אֶת מִי אֶשְׁלַח וּמִי יֵלֶךְ לָנוּ, וָאֹמַר, הִנְנִי שְׁלָחֵנִי:
וַיֹּאמֶר, לֵךְ וְאָמַרְתָּ לָעָם הַזֶּה, שִׁמְעוּ שָׁמוֹעַ וְאַל תָּבִינוּ, וּרְאוּ רָאוֹ וְאַל תֵּדָעוּ:
(שם, ח-ט)

הסילוק יהיה עד יום הפורענות העתידה, שאחריה יישארו רק כעשירית מן העם (יהודה, אחרי גלות שומרון), ואף בהם תפגע הפורענות בימי סנחריב:

וָאֹמַר, עַד מָתַי אֲדֹנָי, וַיֹּאמֶר, עַד אֲשֶׁר אִם שָׁאוּ עָרִים מֵאֵין יוֹשֵׁב, וּבָתִּים מֵאֵין אָדָם, וְהָאֲדָמָה תִּשָּׁאֶה שְׁמָמָה: וְרִחַק ה׳ אֶת הָאָדָם, וְרַבָּה הָעֲזוּבָה בְּקֶרֶב הָאָרֶץ: וְעוֹד בָּהּ עֲשִׂרִיָּה, וְשָׁבָה וְהָיְתָה לְבָעֵר, כָּאֵלָה וְכָאַלּוֹן אֲשֶׁר בְּשַׁלֶּכֶת מַצֶּבֶת בָּם...
(שם, יא-יג)

ו. הנבואה שנאמרה לאחז

המנהג האשכנזי מוסיף להפטרתנו שישה פסוקים מימי אחז (ועוד שני פסוקי נחמה מפרק ט שמשלימים את מניין הפסוקים בהפטרה לעשרים ואחד פסוקים, כפי שצריכה להיות הפטרה מדינא).[14]

13. אין להתעלם משתי דרכים שונות לפרש פסוקים אלו:
א. בעקבות ההנחה הפרשנית שהזכרנו לעיל, שלפנינו נבואת הקדשה, הרצפה ה׳מלבנת׳ את טומאת שפתיו של ישעיהו לקראת נבואתו, עשויה להזכיר את האגדה על משה רבנו בילדותו, שגבריאל המלאך דחף את ידו ליטול גחל אש (במקום מטבע זהב מיד פרעה), לשים בפיו, ולהפוך בכך לעֲרַל שְׂפָתָיִם (ראו שמות רבה א, כו). ה׳ שם את ידו גם על פיו של ירמיהו בעת הקדשתו (ירמיהו א, ט), וירמיהו עתיד לומר על דברו זה: הֲלוֹא כֹה דְבָרִי כָּאֵשׁ נְאֻם ה׳ (שם כג, כט).
ב. חז״ל ראו בדבריו של ישעיהו על עם ה׳ חטא לשון הרע. הרצפה הלוהטת שהושמה בפיו של הנביא נועדה לכפר על חטא זה (יבמות מט ע״ב ושיר השירים רבה א).
14. המנהג האשכנזי תמוה בעיניי משתי סיבות:
א. ששת הפסוקים מימי אחז אינם מתקשרים לפרשתנו וגם לא לעיקר ההפטרה – לנבואה שבפרק ו. ששת הפסוקים הם חלק מנבואה שנאמרה כאמור, כעבור למעלה מארבעים שנה

אחז היה מלך רשע וחלש. הוא ייסד לראשונה את במות התופת בגיא בן הינם שליד ירושלים, במות שבהן העבירו ילדים באש לעבודת המולך. הוא עצמו העביר (או הבעיר) את בנו באש למולך.[15] מאוחר יותר ציווה אחז להכניס את המזבח של מלך אשור למקדש, והביא לסגירת היכל ה׳ למשך זמן ממושך. רצין מלך ארם ופקח בן רמליהו מלך שומרון רצו לצרף את אחז ואת ממלכת יהודה למרד במי שראה את עצמו מלך המלכים באזור, תגלת פלאסר מלך אשור. אחז פחד להצטרף למרידה במלך אשור, והעדיף להשתעבד לו ולשתף עימו פעולה. רצין ופקח החליטו לעלות ולהשתלט על ירושלים ולהמליך בתוכה במקום אחז, את בן טבאל, ששיתף עימם פעולה.

השניים היכו את ממלכת יהודה של אחז מכות אנושות:

> וַיִּתְּנֵהוּ ה׳ אֱלֹהָיו בְּיַד מֶלֶךְ אֲרָם, וַיַּכּוּ בוֹ, וַיִּשְׁבּוּ מִמֶּנּוּ שִׁבְיָה גְדוֹלָה, וַיָּבִיאוּ דַּרְמָשֶׂק, וְגַם בְּיַד מֶלֶךְ יִשְׂרָאֵל נִתָּן, וַיַּךְ בּוֹ מַכָּה גְדוֹלָה: וַיַּהֲרֹג פֶּקַח בֶּן רְמַלְיָהוּ בִּיהוּדָה מֵאָה וְעֶשְׂרִים אֶלֶף בְּיוֹם אֶחָד, הַכֹּל בְּנֵי חָיִל, בְּעָזְבָם אֶת ה׳ אֱלֹהֵי אֲבוֹתָם: וַיַּהֲרֹג זִכְרִי גִּבּוֹר אֶפְרַיִם אֶת מַעֲשֵׂיָהוּ בֶּן הַמֶּלֶךְ וְאֶת עַזְרִיקָם נְגִיד הַבָּיִת וְאֶת אֶלְקָנָה מִשְׁנֵה הַמֶּלֶךְ: וַיִּשְׁבּוּ בְנֵי יִשְׂרָאֵל מֵאֲחֵיהֶם מָאתַיִם אֶלֶף נָשִׁים בָּנִים וּבָנוֹת, וְגַם שָׁלָל רָב בָּזְזוּ מֵהֶם, וַיָּבִיאוּ אֶת הַשָּׁלָל לְשֹׁמְרוֹן:

(דהי״ב כח, ה-ח)

פקח ורצין שאפו, כאמור, לכבוש ירושלים ולהדיח את אחז ובית דוד ולמנות מלך כרצונם. האפשרות היחידה שנותרה, כביכול, לאחז, לאחר שצבאו חרב, הייתה לבקש עזרה ממלך אשור. המחיר הרוחני והלאומי של אפשרות זו היה נורא,[16] ובהשקפת הנביא – בלתי נסבל. ה׳ שלח את הנביא להציע לאחז דרך שונה:

ובהקשר היסטורי שונה לגמרי. הדרישה למלא עשרים ואחד פסוקים אינה מתמלאת בהפטרות רבות, וחלקן קצרות משלושה עשר פסוקי הפטרתנו על פי הספרדים, המסתיימת בסוף פרק ו.
ב. ששת הפסוקים נחתכים באמצע עניין, ואפילו באמצע משפט. המשפט האחרון, הפותח במילים יַעַן כִּי יָעַץ עָלֶיךָ אֲרָם רָעָה... (ז, ו) מסתיים בפסוק שאינו נקרא בהפטרה, והוא חצי משפט שמקדים את הקביעה: כֹּה אָמַר אֲדֹנָי ה׳, לֹא תָקוּם וְלֹא תִהְיֶה (שם, ז). זוהי הנחמה האומרת שירושלים לא תיפול כמזימת רצין ובן רמליהו. מסדרי ההפטרה חתכו משפט זה, ובמקומו הכניסו פסוקי נחמה מתקופה מאוחרת ומפרק שלישי.

15. השווה מל״ב טז, ג לדהי״ב כח, ג.

16. א. כאמור, אחז החליף את מזבח ה׳ שבבית המקדש במזבחו של מלך אשור. זו דוגמה אחת למחירים ששילם בתחום העבודה הזרה, ולא נדע את כולם.
ב. אפשר במידה מסוימת להשוות לבשאר אסאד נשיא סוריה, שבצר לו מאויביו פנה לרוסים ולאיראנים לבקש עזרה. בכך איבד (לטובתם) כל שליטה בעמו ובארצו.

וַיֹּאמֶר ה׳ אֶל יְשַׁעְיָהוּ, צֵא נָא לִקְרַאת אָחָז אַתָּה וּשְׁאָר יָשׁוּב בְּנֶךָ אֶל קְצֵה תְּעָלַת הַבְּרֵכָה הָעֶלְיוֹנָה, אֶל מְסִלַּת שְׂדֵה כוֹבֵס: וְאָמַרְתָּ אֵלָיו, הִשָּׁמֵר וְהַשְׁקֵט אַל תִּירָא, וּלְבָבְךָ אַל יֵרַךְ מִשְּׁנֵי זַנְבוֹת הָאוּדִים הָעֲשֵׁנִים הָאֵלֶּה בָּחֳרִי אַף רְצִין וַאֲרָם וּבֶן רְמַלְיָהוּ

(ז, ד)

ישעיהו יצא מחומת ירושלים, שהייתה מסוגרת מפחד הצבא של רצין ופקח, אל הבריכה שבה כיבסו תושבי ירושלים את בגדיהם, כביכול, כדי לכבס את בגדיו. השומרים המבועתים קראו לו לשוב מייד אל תוך העיר, אך הנביא לעג להם ולפחדם ונותר לכבס את בגדיו, באומרו שרצין, פקח וצבאותיהם אינם אלא ׳זנבות אודים עשנים׳, העתידים לקרוס בעוד ימים ספורים. מטרתו של הנביא הייתה למנוע מאחז את הכניעה המחפירה למלך אשור, ולהציע לו להתפלל אל ה׳ ולשוב ולשמור את מצוותיו. בתמורה לכך מבטיח הנביא ניצחון ניסי, כנראה, מסוג הניצחון שהתחולל בשערי ירושלים כעבור שנים ספורות, בימי חזקיהו בן אחז, כשמלאך ה׳ הכה את חיילי סנחריב מלך אשור. הנביא מבטיח, שמזימתם של רצין ופקח לא תקום ולא תהיה:

יַעַן כִּי יָעַץ עָלֶיךָ אֲרָם רָעָה, אֶפְרַיִם וּבֶן רְמַלְיָהוּ לֵאמֹר: נַעֲלֶה בִיהוּדָה וּנְקִיצֶנָּה, וְנַבְקִעֶנָּה אֵלֵינוּ, וְנַמְלִיךְ מֶלֶךְ בְּתוֹכָהּ אֵת בֶּן טָבְאַל: כֹּה אָמַר אֲדֹנָי ה׳, לֹא תָקוּם וְלֹא תִהְיֶה:

(שם, ה-ז)

ז. הנבואה על חזקיהו

מן הפסוקים הבאים, שאינם נקראים בהפטרתנו, עולה, שאחז מיאן לשמוע בקול הנביא. הוא פנה למלך אשור, ושילם את מלוא המחיר הרוחני והלאומי. ישעיהו עזב את אחז אחרי פרקנו (והמשכו בפרק ח), ופנה לדבֵּר עם הדור הבא, כדי להציל לפחות אותו.

כִּי יֶלֶד יֻלַּד לָנוּ, בֵּן נִתַּן לָנוּ, וַתְּהִי הַמִּשְׂרָה עַל שִׁכְמוֹ, וַיִּקְרָא שְׁמוֹ פֶּלֶא יוֹעֵץ, אֵל גִּבּוֹר, אֲבִיעַד שַׂר שָׁלוֹם: לְמַרְבֵּה הַמִּשְׂרָה וּלְשָׁלוֹם אֵין קֵץ, עַל כִּסֵּא דָוִד וְעַל מַמְלַכְתּוֹ, לְהָכִין אֹתָהּ וּלְסַעֲדָהּ בְּמִשְׁפָּט וּבִצְדָקָה, מֵעַתָּה וְעַד עוֹלָם קִנְאַת ה׳ צְבָאוֹת תַּעֲשֶׂה זֹּאת:

(ט, ה-ו)

ה׳ילד׳ הוא חזקיהו, שכבר נולד לאחז בזמן שהנבואה נאמרה, וישעיהו מייעד אותו ליום שיקבל את הַ׳מִּשְׂרָה׳, דהיינו: את המלכות אחרי אחז. זו תהיה מלכות של משפט וצדקה, מלכות שתאמין בה׳ ותעבוד אותו. ישעיהו עצמו היה מבית המלכות,[17] הוא חינך את חזקיהו, והכין אותו למהפכה הדתית הגדולה, שהחלה מייד עם מותו של אחז בטיהור המקדש וירושלים מכל העבודה הזרה שהייתה בהם.

17. ראו מגילה י ע״ב וכן בסוטה י ע״ב ובעיקר בפסיקתא דרב כהנא יד. אמוץ אביו של ישעיהו היה אחיו של אמציה, אביו של עוזיהו.

הפטרת משפטים[1]

לד ח הַדָּבָר אֲשֶׁר־הָיָה אֶל־יִרְמְיָהוּ מֵאֵת יהוה אַחֲרֵי כְּרֹת הַמֶּלֶךְ צִדְקִיָּהוּ בְּרִית ירמיה
ט אֶת־כָּל־הָעָם אֲשֶׁר בִּירוּשָׁלַ͏ִם לִקְרֹא לָהֶם דְּרוֹר: לְשַׁלַּח אִישׁ אֶת־עַבְדּוֹ וְאִישׁ
אֶת־שִׁפְחָתוֹ הָעִבְרִי וְהָעִבְרִיָּה חָפְשִׁים לְבִלְתִּי עֲבָד־בָּם בִּיהוּדִי אָחִיהוּ אִישׁ:
י וַיִּשְׁמְעוּ כָל־הַשָּׂרִים וְכָל־הָעָם אֲשֶׁר־בָּאוּ בַבְּרִית לְשַׁלַּח אִישׁ אֶת־עַבְדּוֹ
יא וְאִישׁ אֶת־שִׁפְחָתוֹ חָפְשִׁים לְבִלְתִּי עֲבָד־בָּם עוֹד וַיִּשְׁמְעוּ וַיְשַׁלֵּחוּ: וַיָּשׁוּבוּ
אַחֲרֵי־כֵן וַיָּשִׁבוּ אֶת־הָעֲבָדִים וְאֶת־הַשְּׁפָחוֹת אֲשֶׁר שִׁלְּחוּ חָפְשִׁים וַיִּכְבְּשׁוּם
יב לַעֲבָדִים וְלִשְׁפָחוֹת: וַיְהִי דְבַר־יהוה אֶל־יִרְמְיָהוּ מֵאֵת יהוה לֵאמֹר:
יג כֹּה־אָמַר יהוה אֱלֹהֵי יִשְׂרָאֵל אָנֹכִי כָּרַתִּי בְרִית אֶת־אֲבוֹתֵיכֶם בְּיוֹם הוֹצִאִי
יד אוֹתָם מֵאֶרֶץ מִצְרַיִם מִבֵּית עֲבָדִים לֵאמֹר: מִקֵּץ שֶׁבַע שָׁנִים תְּשַׁלְּחוּ אִישׁ
אֶת־אָחִיו הָעִבְרִי אֲשֶׁר־יִמָּכֵר לְךָ וַעֲבָדְךָ שֵׁשׁ שָׁנִים וְשִׁלַּחְתּוֹ חָפְשִׁי מֵעִמָּךְ
טו וְלֹא־שָׁמְעוּ אֲבוֹתֵיכֶם אֵלַי וְלֹא הִטּוּ אֶת־אָזְנָם: וַתָּשֻׁבוּ אַתֶּם הַיּוֹם וַתַּעֲשׂוּ
אֶת־הַיָּשָׁר בְּעֵינַי לִקְרֹא דְרוֹר אִישׁ לְרֵעֵהוּ וַתִּכְרְתוּ בְרִית לְפָנַי בַּבַּיִת אֲשֶׁר־
טז נִקְרָא שְׁמִי עָלָיו: וַתָּשֻׁבוּ וַתְּחַלְּלוּ אֶת־שְׁמִי וַתָּשִׁבוּ אִישׁ אֶת־עַבְדּוֹ וְאִישׁ אֶת־
שִׁפְחָתוֹ אֲשֶׁר־שִׁלַּחְתֶּם חָפְשִׁים לְנַפְשָׁם וַתִּכְבְּשׁוּ אֹתָם לִהְיוֹת לָכֶם לַעֲבָדִים
יז וְלִשְׁפָחוֹת: לָכֵן כֹּה־אָמַר יהוה אַתֶּם לֹא־שְׁמַעְתֶּם אֵלַי לִקְרֹא דְּרוֹר
אִישׁ לְאָחִיו וְאִישׁ לְרֵעֵהוּ הִנְנִי קֹרֵא לָכֶם דְּרוֹר נְאֻם־יהוה אֶל־הַחֶרֶב אֶל־
יח הַדֶּבֶר וְאֶל־הָרָעָב וְנָתַתִּי אֶתְכֶם לְזַעֲוָה לְכֹל מַמְלְכוֹת הָאָרֶץ: וְנָתַתִּי אֶת־
הָאֲנָשִׁים הָעֹבְרִים אֶת־בְּרִתִי אֲשֶׁר לֹא־הֵקִימוּ אֶת־דִּבְרֵי הַבְּרִית אֲשֶׁר כָּרְתוּ
יט לְפָנָי הָעֵגֶל אֲשֶׁר כָּרְתוּ לִשְׁנַיִם וַיַּעַבְרוּ בֵּין בְּתָרָיו: שָׂרֵי יְהוּדָה וְשָׂרֵי יְרוּשָׁלַ͏ִם

1. בשנים פשוטות נדחית הפטרה זו מפני הפטרת שקלים, וגם בשנים מעוברות נדחית ההפטרה (לעיתים רחוקות) מפני הפטרת ראש חודש או מחר חודש.

כ הַסָּרִסִים וְהַכֹּהֲנִים וְכֹל עַם הָאָרֶץ הָעֹבְרִים בֵּין בִּתְרֵי הָעֵגֶל: וְנָתַתִּי אוֹתָם בְּיַד
אֹיְבֵיהֶם וּבְיַד מְבַקְשֵׁי נַפְשָׁם וְהָיְתָה נִבְלָתָם לְמַאֲכָל לְעוֹף הַשָּׁמַיִם וּלְבֶהֱמַת
כא הָאָרֶץ: וְאֶת־צִדְקִיָּהוּ מֶלֶךְ־יְהוּדָה וְאֶת־שָׂרָיו אֶתֵּן בְּיַד אֹיְבֵיהֶם וּבְיַד מְבַקְשֵׁי
כב נַפְשָׁם וּבְיַד חֵיל מֶלֶךְ בָּבֶל הָעֹלִים מֵעֲלֵיכֶם: הִנְנִי מְצַוֶּה נְאֻם־יהוה וַהֲשִׁבֹתִים
אֶל־הָעִיר הַזֹּאת וְנִלְחֲמוּ עָלֶיהָ וּלְכָדוּהָ וּשְׂרָפֻהָ בָאֵשׁ וְאֶת־עָרֵי יְהוּדָה אֶתֵּן
שְׁמָמָה מֵאֵין יֹשֵׁב:

לג כה כו כֹּה אָמַר יהוה אִם־לֹא בְרִיתִי יוֹמָם וָלָיְלָה חֻקּוֹת שָׁמַיִם וָאָרֶץ לֹא־שָׂמְתִּי: גַּם־
זֶרַע יַעֲקוֹב וְדָוִד עַבְדִּי אֶמְאַס מִקַּחַת מִזַּרְעוֹ מֹשְׁלִים אֶל־זֶרַע אַבְרָהָם יִשְׂחָק
וְיַעֲקֹב כִּי־אָשִׁיב אֶת־שְׁבוּתָם וְרִחַמְתִּים:

א. הקשר בין הפרשה להפטרה

הקשר מדבר בעד עצמו. הפרשה פותחת במצוות שחרור העבדים העבריים לאחר שש שנות עבודה (המצווה נזכרת גם בדברים טו), וההפטרה מתייחסת למידת הקיום של מצווה יקרה זו לאורך הדורות. הנביא מְחַדש לנו, שה׳ כרת עם אבותינו ברית בעת יציאת מצרים על מצווה זו, והתחייבות אבותינו לשחרר את העבדים הייתה תנאי לשחרורנו מבית עבדים. עוד מְחַדש הנביא, שבמשך הדורות עם ישראל הפר ברית זו עד לימי צדקיהו, המלך האחרון ביהודה, שקיים את המצווה בשנה העשירית למלכותו, שנה לפני חורבן ירושלים. לאחר שהוקמה הברית, שָׁבוּ בני ירושלים וחיללוה, וכבשו שוב את העבדים והשפחות, ועל כך יבוא עונשם בחורבן.

ב. רקע היסטורי

צדקיהו, המלך האחרון ביהודה, מלך אחת עשרה שנים אחרי גלות יהויכין וחשובי ירושלים, ׳החרש והמסגר׳. בשנותיו הראשונות עבד צדקיהו את ה׳, הוא ועַמו, וזכה על כך לשבחים מפי הנביא. בשנתו הרביעית הלך צדקיהו שולל, בניגוד להוראת הנביאים, והצטרף לברית מדינות בחסות מצרים, שהתאגדו נגד נבוכדנאצר מלך בבל. מאותה שנה הורעו היחסים בינו לבין שני נביאי הדור, ירמיהו ויחזקאל, וירושלים כולה הידרדרה לנטישת המצוות, לעבודה זרה ולשחיתות חברתית קשה.

בשנתו התשיעית של צדקיהו בחודש טבת עלה מלך בבל עם צבאו על ירושלים וצר עליה. ירושלים החזיקה מעמד שנה שלֵמה במצור הקשה, ובכל הזמן הזה ייחלה הנהגת ירושלים לעזרתה המובטחת של מצרים. לקראת תום השנה הראשונה של

המצור המצב בעיר החמיר, ואולי זו הייתה הסיבה לשחרור העבדים, שהרי ברמת החיים הנמוכה שהייתה בירושלים בימי הרעב, לא היה צורך בעבדים, ולבעלי העבדים לא היו אמצעים לפרנס אותם. עם זאת, שחרור העבדים נעשה בירושלים כחלק מניסיון לחדש את הברית עם ה׳ ולבקש את עזרתו. כך נשמעו אז הקולות בירושלים:

> הַדָּבָר אֲשֶׁר הָיָה אֶל יִרְמְיָהוּ מֵאֵת ה׳, בִּשְׁלֹחַ אֵלָיו הַמֶּלֶךְ צִדְקִיָּהוּ אֶת פַּשְׁחוּר בֶּן מַלְכִּיָּה וְאֶת צְפַנְיָה בֶן מַעֲשֵׂיָה הַכֹּהֵן, לֵאמֹר: דְּרָשׁ נָא בַעֲדֵנוּ אֶת ה׳, כִּי נְבוּכַדְרֶאצַּר מֶלֶךְ בָּבֶל נִלְחָם עָלֵינוּ, אוּלַי יַעֲשֶׂה ה׳ אוֹתָנוּ כְּכָל נִפְלְאֹתָיו, וְיַעֲלֶה מֵעָלֵינוּ:
>
> (כא, א–ב)

כברית דתית נערך בירושלים טקס שחרור עבדים כברית בין הבתרים, שבה הבטיח ה׳ לאברהם לשחרר את זרעו מעבדותם בְּאֶרֶץ לֹא לָהֶם (בראשית טו, יג), כלומר, במצרים. כך מתואר טקס שחרור העבדים בהפטרתנו:

> וְנָתַתִּי אֶת הָאֲנָשִׁים הָעֹבְרִים אֶת בְּרִתִי, אֲשֶׁר לֹא הֵקִימוּ אֶת דִּבְרֵי הַבְּרִית אֲשֶׁר כָּרְתוּ לְפָנָי, הָעֵגֶל אֲשֶׁר כָּרְתוּ לִשְׁנַיִם, וַיַּעַבְרוּ בֵּין בְּתָרָיו:
>
> (לד, יח)

ירמיהו ראה את חידוש הברית במעשה כריתת הבתרים באור חיובי, ונתן סיכוי להצלתה של ירושלים מכיליונה בידי נבוכדנאצר:

> וַתָּשֻׁבוּ אַתֶּם הַיּוֹם, וַתַּעֲשׂוּ אֶת הַיָּשָׁר בְּעֵינַי לִקְרֹא דְרוֹר אִישׁ לְרֵעֵהוּ, וַתִּכְרְתוּ בְרִית לְפָנַי, בַּבַּיִת אֲשֶׁר נִקְרָא שְׁמִי עָלָיו:
>
> (שם, טו)

אך הנה מתברר בהפטרתנו, שמייד אחרי כריתת הברית ושחרור העבדים, שָׁבוּ בני ירושלים וכבשו שוב את העבדים. מנקודת מבטם של בני ירושלים, מה משמעה של ברית שמופרת מייד אחרי כריתתה?! התשובה רמוזה היטב בסוף נבואתנו:

> וְאֶת צִדְקִיָּהוּ מֶלֶךְ יְהוּדָה וְאֶת שָׂרָיו אֶתֵּן בְּיַד אֹיְבֵיהֶם וּבְיַד מְבַקְשֵׁי נַפְשָׁם וּבְיַד חֵיל מֶלֶךְ בָּבֶל, הָעֹלִים מֵעֲלֵיכֶם:
>
> (שם, כא)

בסיומה של שנת המצור הראשונה החל הצבא המצרי לנוע לעבר ירושלים כדי לסייע

לה, כמתחייב מן הברית שכרת צדקיהו עם פרעה. תנועה זו גרמה לצבא בבל לחדול מן המצור על ירושלים, ולהיערך מול הכוח המצרי שעלה לקראתם מדרום מערב. ימי הפסקת המצור היו 'סם חיים' עבור תושבי ירושלים. הם יכלו לצאת מהעיר, להצטייד במזון ובמים ולהתחיל מחדש את שגרת חייהם. כשראו 'כי טוב', השיבו אל בתיהם בכוח את עבדיהם המשוחררים, וכפו עליהם לעשות את עבודתם בבית ובכל עבודה בשדה. ברגע זה נשכחה הברית עם ה', והייתה כלא הייתה.

ירמיהו ניבא, שהפרת ברית שחרור העבדים לא תימָחל לעם, צבא בבל יחזור לָצור על ירושלים, ובסופו של דבר היא תיפול בידו, וכך אכן קרה. כשצבא בבל ניצב מול הצבא המצרי, הצבא המצרי 'מצמץ ראשון', ושב לארצו מבלי להילחם. צבא נבוכדנאצר שב לָצור על ירושלים במשך חצי שנה נוספת עד לנפילתה. במחצית השנה של המצור השני לא היה עוד לעם לְמַה לקוות. פרעה ומצרים הפרו את הברית עימם, והם, תושבי ירושלים, הפרו בבוטות את הברית עם ה'. הייאוש אכל בעם לא פחות מן הרעב, בחודש הרביעי (תמוז) בשנה האחת עשרה לצדקיהו הובקעה העיר, ובחודש שלאחר מכן נשרפו ירושלים והמקדש.

ג. משמעות נוספת להפרת ברית שחרור העבדים

כיבושם המחודש של העבדים לאחר ששוחררו, מזכיר את תגובתם הראשונה של מצרים ושל פרעה ליציאת מצרים:

> ... וַיֵּהָפֵךְ לְבַב פַּרְעֹה וַעֲבָדָיו אֶל הָעָם, וַיֹּאמְרוּ מַה זֹּאת עָשִׂינוּ, כִּי שִׁלַּחְנוּ אֶת יִשְׂרָאֵל מֵעָבְדֵנוּ... וַיְחַזֵּק ה' אֶת לֵב פַּרְעֹה מֶלֶךְ מִצְרַיִם, וַיִּרְדֹּף אַחֲרֵי בְּנֵי יִשְׂרָאֵל...
> (שמות יד, ה-ח)

כאמור, הפרת הברית שכרתו בני ירושלים עם ה' על שחרור העבדים, בא בעקבות קיומה, כביכול, של הברית שצדקיהו כרת עם פרעה ועם מצרים. הנביאים הזהירו שוב ושוב לא לכרות ברית עם מצרים, והם אף ראו בברית את האיסור וְלֹא יָשִׁיב אֶת הָעָם מִצְרַיְמָה (דברים יז, טז), שהוזהר עליו המלך. גם בימי חזקיהו קיבלה עליה ירושלים את חסותה הביטחונית של מצרים, וגם אז ישעיהו הנביא הזהיר מפני חסות זו:

> הוֹי הַיֹּרְדִים מִצְרַיִם לְעֶזְרָה, עַל סוּסִים יִשָּׁעֵנוּ, וַיִּבְטְחוּ עַל רֶכֶב כִּי רָב, וְעַל פָּרָשִׁים כִּי עָצְמוּ מְאֹד, וְלֹא שָׁעוּ עַל קְדוֹשׁ יִשְׂרָאֵל, וְאֶת ה' לֹא דָרָשׁוּ: ... וּמִצְרַיִם אָדָם וְלֹא אֵל, וְסוּסֵיהֶם בָּשָׂר וְלֹא רוּחַ...
> (ישעיהו לא, א-ג)

ה׳ הוציא את ישראל ממצרים ביד חזקה, וזכירת דבר זה היא הדיבר הראשון שבעשרת הדיברות. על ים סוף נוכח עם ישראל, שהביטחון בה׳ עדיף מהביטחון בפרעה, כשראה את מרכבותיו וחילו טובעים בים. באותה עת גם נאמר לבני ישראל (שמות יד, יג): אֲשֶׁר רְאִיתֶם אֶת מִצְרַיִם הַיּוֹם, לֹא תֹסִפוּ לִרְאֹתָם עוֹד עַד עוֹלָם, וזהו שורש המצווה שמופנית למלך, שלא להשיב את העם מצרימה לצורכי ביטחון וצבא, ולסמוך על ה׳:

רַק לֹא יַרְבֶּה לּוֹ סוּסִים, וְלֹא יָשִׁיב אֶת הָעָם מִצְרַיְמָה לְמַעַן הַרְבּוֹת סוּס, וַה׳ אָמַר לָכֶם, לֹא תֹסִפוּן לָשׁוּב בַּדֶּרֶךְ הַזֶּה עוֹד:

(דברים יז, טז)

ההישענות של צדקיהו על צבא מצרים, דרדרה את העם אל עומק שפלותה של התרבות המצרית, אל תרבות כיבוש העבדים ואי שחרורם לעולם.

ד. על עבדות ושחרור עבדים בתורה ובהפטרה – בין ישראל לעמים

בפשטות נראה, שהתורה מחלקת בין שני סוגי עבדים:[2] האחד – המוכֵר עצמו לעבד, כאשר אין לו מקור פרנסה טוב יותר, והוא העבד הנזכר בספר ויקרא (כה, לט): וְכִי יָמוּךְ אָחִיךָ עִמָּךְ וְנִמְכַּר לָךְ; והשני – הנמכר לעבדות על ידי בית הדין, כאשר אין לו ממה לשלם את הגנֵבה שגנב, והוא הנזכר בפרשתנו.[3] על העבד המוכר את עצמו בעוניו הזהירה התורה (שם, מ): כְּשָׂכִיר כְּתוֹשָׁב יִהְיֶה עִמָּךְ. נראה, שהנמכר לאחר שגנב, שוקע יותר בעבדותו, הוא אף מותר בשפחה כנענית כדי להוליד ממנה עבדים כנענים (המתייחסים אחרי אימם) שיהיו רכוש אדוניו, והם נותרים עבדים, גם אחרי שהוא עצמו ישתחרר כעבור שש שנים.

בשום פנים אין בתורה היתר לכבוש אדם לעבד כדי שישלם בעבדותו את חובותיו, אם הם אינם ׳תוצר׳ של גנֵבתו. התורה קובעת, שהגונב נפש מאחיו דינו מיתה:

2. נקטנו בדברינו כשיטת חכמים (קידושין יד ע״ב), שקל לנו יותר לבארה בפשוטו של מקרא. רבי אלעזר נוטה להשוות את דיניהם של שני העבדים.

3. בספרנו ׳כי קרוב אליך׳ על פרשה זו כתבנו (עמ׳ 381), שלעניות דעתנו, פשט הפרשה מורה על מכירתו של גנב רק אם טבח או מכר את הבהמה שגנב במחתרת ובחשש שיהרוג את בעל הבהמה אם יעמוד נגדו, כלומר, רק בגנב ׳מקצועי׳, שאין לו במה לשלם את הגנבה. גנב שאינו ׳מקצועי׳ לא יימכר, אם לא יוכל לשלם את הקנס, את הכפל או את הארבעה וחמישה.

לֹא יַחֲבֹל רֵחַיִם וָרָכֶב, כִּי נֶפֶשׁ הוּא חֹבֵל: כִּי יִמָּצֵא אִישׁ גֹּנֵב נֶפֶשׁ מֵאֶחָיו מִבְּנֵי יִשְׂרָאֵל, וְהִתְעַמֶּר בּוֹ וּמְכָרוֹ, וּמֵת הַגַּנָּב הַהוּא וּבִעַרְתָּ הָרָע מִקִּרְבֶּךָ: ... כִּי תַשֶּׁה בְרֵעֲךָ מַשַּׁאת מְאוּמָה, לֹא תָבֹא אֶל בֵּיתוֹ לַעֲבֹט עֲבֹטוֹ: בַּחוּץ תַּעֲמֹד, וְהָאִישׁ אֲשֶׁר אַתָּה נֹשֶׁה בוֹ, יוֹצִיא אֵלֶיךָ אֶת הַעֲבוֹט הַחוּצָה: וְאִם אִישׁ עָנִי הוּא, לֹא תִשְׁכַּב בַּעֲבֹטוֹ: הָשֵׁב תָּשִׁיב לוֹ אֶת הַעֲבוֹט כְּבוֹא הַשֶּׁמֶשׁ, וְשָׁכַב בְּשַׂלְמָתוֹ וּבֵרְכֶךָּ, וּלְךָ תִּהְיֶה צְדָקָה לִפְנֵי ה' אֱלֹהֶיךָ:

(דברים כד, ו–יג)

אזהרתו של הכובש אדם לעֶבד מופיעה בתורה בין הנחיות נוספות שמתייחסות לאלה שגובים את חובם מן הלווה: הם הצטוו לא לקחת את הכלי שהלווה מכין בו לחם, לא לקחת את לבושו האחרון ולא להיכנס לביתו לצורך גביית החוב. החמור מכולם – הלוקחו לעבד או המוכרו לעבד כדי לפרוע בכך את חובו.

אך בחוקי אומות העולם, ובעוונותינו זה היה המנהג גם בישראל, נגד דיני התורה, אנשים כבשו את הלווים שלא שילמו – לעבדים, או שלקחו את בניהם תחתם. יש במקרא עדויות לכך:

וְאִשָּׁה אַחַת מִנְּשֵׁי בְנֵי הַנְּבִיאִים צָעֲקָה אֶל אֱלִישָׁע לֵאמֹר... וְהַנֹּשֶׁה בָּא לָקַחַת אֶת שְׁנֵי יְלָדַי לוֹ לַעֲבָדִים:

(מל"ב ד, א)

וְיֵשׁ אֲשֶׁר אֹמְרִים, לָוִינוּ כֶסֶף לְמִדַּת הַמֶּלֶךְ שְׂדֹתֵינוּ וּכְרָמֵינוּ: וְעַתָּה כִּבְשַׂר אַחֵינוּ בְּשָׂרֵנוּ, כִּבְנֵיהֶם בָּנֵינוּ, וְהִנֵּה אֲנַחְנוּ כֹבְשִׁים אֶת בָּנֵינוּ וְאֶת בְּנֹתֵינוּ לַעֲבָדִים, וְיֵשׁ מִבְּנֹתֵינוּ נִכְבָּשׁוֹת, וְאֵין לְאֵל יָדֵנוּ...

(נחמיה ה, ד–ה)

מסתבר, שגם הנבואה שבהפטרתנו מתייחסת למציאות דומה, וכל העבדים שנכבשו היו גנבים שלא שילמו את גנבתם.

גם ביוון העתיקה אלה שלא שילמו את חובם נכבשו לעבדים. בשנת 594 לפנסה"נ נתמנה סולון לארכון לשליט אתונה. הוא התמנה בעת משבר חברתי וכלכלי, ובמסגרת התיקונים שערך, הוא ביטל את העבדות, שחרר את כל העבדים, קרא לשמיטת חובות, וקבע בחוק, שהלוואות לא תשאנה עוד שעבוד גוף והפיכת הלווה לעבד. זה היה, כנראה, בשנה הראשונה למינויו. באמצעות רפורמות אלו הציל סולון את אתונה ממשבר חברתי, שהיה עלול למוטט אותה. כעבור כמה שנים, בשנת

587 לפנסה"נ על פי התיארוך המקובל,[4] כרת צדקיהו את הברית לשלח את העבדים בירושלים. כמסופר בהפטרתנו, צדקיהו ואנשיו הפרו מייד את הברית, בעוד סולון ואנשי אתונה שמרו את החוקים שביטלו את העבדות. כעבור זמן לא רב הפכה אתונה למרכז העולם המשכיל, וצבאותיה ותרבותה שלטו בעולם. ממלכת יהודה חרבה, וגם כשקמה מחדש, היא קמה כממלכה קטנה, וברבות הימים השתעבדה לעמים שאימצו את התרבות היוונית. האם היה זה עונש על כיבוש העבדים בימי צדקיהו?![5]

ה. פסוקי הנחמה

שני הפסוקים הנקראים בחתימת ההפטרה מחזירים אותנו אל פרק לג שהוא חלק ממגילת נבואות הנחמה של ירמיהו. הנביא משווה בהם את קיומה הנצחי של מלכות בית דוד לקיומם של השמש והירח בעולמנו:

4. מקובל שחורבן הבית היה בשנת 586 לפנסה"נ.
5. את האמור בפסקה זו למדתי ממו"ר, הרב יואל בן נון. אחרי שכתבתי את הדברים במהדורה הראשונה (באתר 'תורת הר עציון' של ישיבת הר עציון), ראיתי שמו"ר כתבם בפירוט רב בחיבורו על העבדות (בתוך 'מקראות – פרשת משפטים' [ישראל 2018], עמ' 90-109) ומומלץ לקורא לעיין שם. אך בפרט אחד בדבריו שם חלקתי עליו כאן. לדבריו, ההפטרה שלנו נאמרה בשנה השלישית לצדקיהו, בימים שצדקיהו עדיין עשה הישר בעיני ה', והברית שכרת לשילוח העבדים הייתה במסגרת רצונו לתקן את מערכת היחסים בין ה' ובין ירושלים. אני מתקשה לקבל זאת, בגלל שתגובתו של ירמיהו לחילול הברית וכיבוש העבדים מחדש היא חריפה ביותר, ונראית כניתוק גמור של היחסים בין ה' ונביאו לעם ולכובשי העבדים מחללי הברית (לד, יז-כב). לדבריו, הבקשה של ירמיהו בשנה הרביעית מהשלטון ומהעם שלא למרוד בנבוכדנאצר (כז-כח), והבטחתו שאם יעשו כך, ה' יניחם על אדמתם וכלי המקדש הנותרים לא יגלו, הייתה אחרי הדברים החריפים הללו.
זאת ועוד: בהפטרתנו מתואר חיל מלך בבל שעלה מעל העיר, והנביא אומר, שה' ישיב אותם אל העיר. כלומר, הנבואה נאמרה בשנה העשירית בעת שחיל מלך בבל נסוגו מהמצור על ירושלים כדי להקדם את פני הצבא המצרי שבא לקראתם.
לכן, לדעתנו (וכדעתו של פרופ' יהודה אליצור), הברית לשחרור העבדים נכרתה בשנה העשירית לצדקיהו בעת המצור הבבלי על ירושלים, ולפחות חלק ממניעיה היו רצונם של האדונים לא לפרנס עבדיהם בעת מצוקת הרעב, והפחתת הצורך בעבדים בשעה שהשדות מחוץ לירושלים כבר לא היו בידם מחמת המצור. היה גם צורך בעבדים למלחמה על החומות נגד הכשדים שבחוץ. בעת שהכשדים נסוגו מירושלים כדי לקדם את הצבא המצרי שעלה לקראתם, הוסר המצור, ואז נכבשו העבדים מחדש. בהתאם לנבואתו הקשה של ירמיהו בהפטרתנו נסוג הצבא המצרי, והכשדים חידשו את המצור על ירושלים ביתר שאת, והביאו לחורבנה כעבור חצי שנה.

> כֹּה אָמַר ה׳, אִם לֹא בְרִיתִי יוֹמָם וָלָיְלָה, חֻקּוֹת שָׁמַיִם וָאָרֶץ לֹא שָׂמְתִּי: גַּם זֶרַע יַעֲקוֹב וְדָוִד עַבְדִּי אֶמְאַס...

(לג, כה-כו)

כך גם בפסוקים הקודמים לפסוקי חתימת הפטרתנו:

> כֹּה אָמַר ה׳, אִם תָּפֵרוּ אֶת בְּרִיתִי הַיּוֹם וְאֶת בְּרִיתִי הַלָּיְלָה, וּלְבִלְתִּי הֱיוֹת יוֹמָם וָלַיְלָה בְּעִתָּם: גַּם בְּרִיתִי תֻפַר אֶת דָּוִד עַבְדִּי, מִהְיוֹת לוֹ בֵן מֹלֵךְ עַל כִּסְאוֹ וְאֶת הַלְוִיִּם הַכֹּהֲנִים מְשָׁרְתָי:

(שם, כ-כא)

למדנו מפסוקים אלו גם את יסודה של ברכת הלבנה בהתגלותה מחדש בתחילת כל חודש. היעלמות הלבנה בסוף החודש עלולה לעורר תחושה, שה׳ הפר את בריתו עם צבא השמיים, והלבנה נעלמה ואיננה עוד, ואם כך – הקב״ה עלול להפר את בריתו גם עם דוד מלכנו ועם מלכות ישראל שבאה מכוחו. בעת שהלבנה מתחדשת, אנו נוכחים לדעת, שה׳ לא הפר את בריתו עם צבא השמיים, וממילא גם בריתו עם דוד שרירה וקיימת לעולם. על כן אנו עומדים ומכריזים מול הלבנה המתחדשת: ׳דוד מלך ישראל חי וקיים׳.

הפטרת תרומה

ה כו וַיהוה נָתַן חָכְמָה לִשְׁלֹמֹה כַּאֲשֶׁר דִּבֶּר־לוֹ וַיְהִי שָׁלֹם בֵּין חִירָם וּבֵין שְׁלֹמֹה וַיִּכְרְתוּ מלכים א׳
כז בְּרִית שְׁנֵיהֶם: וַיַּעַל הַמֶּלֶךְ שְׁלֹמֹה מַס מִכָּל־יִשְׂרָאֵל וַיְהִי הַמַּס שְׁלֹשִׁים אֶלֶף
כח אִישׁ: וַיִּשְׁלָחֵם לְבָנוֹנָה עֲשֶׂרֶת אֲלָפִים בַּחֹדֶשׁ חֲלִיפוֹת חֹדֶשׁ יִהְיוּ בַלְּבָנוֹן שְׁנַיִם
כט חֳדָשִׁים בְּבֵיתוֹ וַאֲדֹנִירָם עַל־הַמַּס: וַיְהִי לִשְׁלֹמֹה שִׁבְעִים אֶלֶף נֹשֵׂא
ל סַבָּל וּשְׁמֹנִים אֶלֶף חֹצֵב בָּהָר: לְבַד מִשָּׂרֵי הַנִּצָּבִים לִשְׁלֹמֹה אֲשֶׁר עַל־הַמְּלָאכָה
לא שְׁלֹשֶׁת אֲלָפִים וּשְׁלֹשׁ מֵאוֹת הָרֹדִים בָּעָם הָעֹשִׂים בַּמְּלָאכָה: וַיְצַו הַמֶּלֶךְ וַיַּסִּעוּ
לב אֲבָנִים גְּדֹלוֹת אֲבָנִים יְקָרוֹת לְיַסֵּד הַבָּיִת אַבְנֵי גָזִית: וַיִּפְסְלוּ בֹּנֵי שְׁלֹמֹה וּבֹנֵי
ו א חִירוֹם וְהַגִּבְלִים וַיָּכִינוּ הָעֵצִים וְהָאֲבָנִים לִבְנוֹת הַבָּיִת: וַיְהִי בִשְׁמוֹנִים
שָׁנָה וְאַרְבַּע מֵאוֹת שָׁנָה לְצֵאת בְּנֵי־יִשְׂרָאֵל מֵאֶרֶץ־מִצְרַיִם בַּשָּׁנָה הָרְבִיעִית
ב בְּחֹדֶשׁ זִו הוּא הַחֹדֶשׁ הַשֵּׁנִי לִמְלֹךְ שְׁלֹמֹה עַל־יִשְׂרָאֵל וַיִּבֶן הַבַּיִת לַיהוה: וְהַבַּיִת
אֲשֶׁר בָּנָה הַמֶּלֶךְ שְׁלֹמֹה לַיהוה שִׁשִּׁים־אַמָּה אָרְכּוֹ וְעֶשְׂרִים רָחְבּוֹ וּשְׁלֹשִׁים
ג אַמָּה קוֹמָתוֹ: וְהָאוּלָם עַל־פְּנֵי הֵיכַל הַבַּיִת עֶשְׂרִים אַמָּה אָרְכּוֹ עַל־פְּנֵי רֹחַב
ד הַבָּיִת עֶשֶׂר בָּאַמָּה רָחְבּוֹ עַל־פְּנֵי הַבָּיִת: וַיַּעַשׂ לַבָּיִת חַלּוֹנֵי שְׁקֻפִים אֲטֻמִים:
ה וַיִּבֶן עַל־קִיר הַבַּיִת יָצִיעַ סָבִיב אֶת־קִירוֹת הַבַּיִת סָבִיב לַהֵיכָל וְלַדְּבִיר וַיַּעַשׂ
ו צְלָעוֹת סָבִיב: הַיָּצִיעַ הַתַּחְתֹּנָה חָמֵשׁ בָּאַמָּה רָחְבָּהּ וְהַתִּיכֹנָה שֵׁשׁ בָּאַמָּה
רָחְבָּהּ וְהַשְּׁלִישִׁית שֶׁבַע בָּאַמָּה רָחְבָּהּ כִּי מִגְרָעוֹת נָתַן לַבַּיִת סָבִיב חוּצָה
ז לְבִלְתִּי אֲחֹז בְּקִירוֹת הַבָּיִת: וְהַבַּיִת בְּהִבָּנֹתוֹ אֶבֶן־שְׁלֵמָה מַסָּע נִבְנָה וּמַקָּבוֹת
ח וְהַגַּרְזֶן כָּל־כְּלִי בַרְזֶל לֹא־נִשְׁמַע בַּבַּיִת בְּהִבָּנֹתוֹ: פֶּתַח הַצֵּלָע הַתִּיכֹנָה אֶל־
כֶּתֶף הַבַּיִת הַיְמָנִית וּבְלוּלִּים יַעֲלוּ עַל־הַתִּיכֹנָה וּמִן־הַתִּיכֹנָה אֶל־הַשְּׁלִשִׁים:
ט י וַיִּבֶן אֶת־הַבַּיִת וַיְכַלֵּהוּ וַיִּסְפֹּן אֶת־הַבַּיִת גֵּבִים וּשְׂדֵרֹת בָּאֲרָזִים: וַיִּבֶן אֶת־הַיָּצִיעַ
יא עַל־כָּל־הַבַּיִת חָמֵשׁ אַמּוֹת קוֹמָתוֹ וַיֶּאֱחֹז אֶת־הַבַּיִת בַּעֲצֵי אֲרָזִים: וַיְהִי
יב דְּבַר־יהוה אֶל־שְׁלֹמֹה לֵאמֹר: הַבַּיִת הַזֶּה אֲשֶׁר־אַתָּה בֹנֶה אִם־תֵּלֵךְ בְּחֻקֹּתַי

וְאֶת־מִשְׁפָּטַי תַּעֲשֶׂה וְשָׁמַרְתָּ אֶת־כָּל־מִצְוֺתַי לָלֶכֶת בָּהֶם וַהֲקִמֹתִי אֶת־דְּבָרִי
יג אִתָּךְ אֲשֶׁר דִּבַּרְתִּי אֶל־דָּוִד אָבִיךָ: וְשָׁכַנְתִּי בְּתוֹךְ בְּנֵי יִשְׂרָאֵל וְלֹא אֶעֱזֹב אֶת־
עַמִּי יִשְׂרָאֵל:

א. הקשר בין הפרשה להפטרה

הקשר מדבר בעד עצמו. פרשת תרומה עוסקת בציווי לבניית המשכן על כל פרטיו; ההפטרה עוסקת בתחילת בניין המקדש בירושלים, מקדש שהחליף את המשכן שהיה במדבר, ועמד במשך מאות שנים בשילה.

ב. חכמת שלמה

וַה׳ נָתַן חָכְמָה לִשְׁלֹמֹה כַּאֲשֶׁר דִּבֶּר לוֹ...

(ה, כו)

בחלומו בגבעון ה׳ הבטיח לשלמה חוכמה, כפי שביקש, וכפי שלא ניתנה לאיש מעולם:

הִנֵּה עָשִׂיתִי כִּדְבָרֶיךָ, הִנֵּה נָתַתִּי לְךָ לֵב חָכָם וְנָבוֹן, אֲשֶׁר כָּמוֹךָ לֹא הָיָה לְפָנֶיךָ, וְאַחֲרֶיךָ לֹא יָקוּם כָּמוֹךָ:

(ג, יב)

שלמה משתמש בחוכמתו לצורך בניין המקדש, מלאכה שאכן דרשה חוכמה רבה. אך יש לזכור, שאת הוראות הבנייה המדויקות קיבל שלמה מדוד אביו:

וְאַתָּה שְׁלֹמֹה בְנִי, דַּע אֶת אֱלֹהֵי אָבִיךָ, וְעָבְדֵהוּ בְּלֵב שָׁלֵם וּבְנֶפֶשׁ חֲפֵצָה, כִּי כָל לְבָבוֹת דּוֹרֵשׁ ה׳, וְכָל יֵצֶר מַחֲשָׁבוֹת מֵבִין, אִם תִּדְרְשֶׁנּוּ יִמָּצֵא לָךְ, וְאִם תַּעַזְבֶנּוּ יַזְנִיחֲךָ לָעַד: רְאֵה עַתָּה, כִּי ה׳ בָּחַר בְּךָ לִבְנוֹת בַּיִת לַמִּקְדָּשׁ, חֲזַק וַעֲשֵׂה: וַיִּתֵּן לִשְׁלֹמֹה בְנוֹ אֶת תַּבְנִית הָאוּלָם וְאֶת בָּתָּיו וְגַנְזַכָּיו וַעֲלִיֹּתָיו וַחֲדָרָיו הַפְּנִימִים וּבֵית הַכַּפֹּרֶת: וְתַבְנִית כֹּל אֲשֶׁר הָיָה בָרוּחַ עִמּוֹ, לְחַצְרוֹת בֵּית ה׳ וּלְכָל הַלְּשָׁכוֹת סָבִיב, לְאֹצְרוֹת בֵּית הָאֱלֹהִים וּלְאֹצְרוֹת הַקֳּדָשִׁים: וּלְמַחְלְקוֹת הַכֹּהֲנִים וְהַלְוִיִּם, וּלְכָל מְלֶאכֶת עֲבוֹדַת בֵּית ה׳, וּלְכָל כְּלֵי עֲבוֹדַת בֵּית ה׳: לַזָּהָב בַּמִּשְׁקָל לַזָּהָב, לְכָל כְּלֵי עֲבוֹדָה וַעֲבוֹדָה, לְכֹל כְּלֵי הַכֶּסֶף בְּמִשְׁקָל, לְכָל כְּלֵי עֲבוֹדָה וַעֲבוֹדָה: וּמִשְׁקָל

לַמְּנֹרוֹת הַזָּהָב וְנֵרֹתֵיהֶם זָהָב בְּמִשְׁקַל, מְנוֹרָה וּמְנוֹרָה וְנֵרֹתֶיהָ, וְלִמְנֹרוֹת הַכֶּסֶף בְּמִשְׁקָל לִמְנוֹרָה וְנֵרֹתֶיהָ, כַּעֲבוֹדַת מְנוֹרָה וּמְנוֹרָה: וְאֶת הַזָּהָב מִשְׁקָל לְשֻׁלְחֲנוֹת הַמַּעֲרֶכֶת לְשֻׁלְחַן וְשֻׁלְחָן, וְכֶסֶף לְשֻׁלְחֲנוֹת הַכָּסֶף: וְהַמִּזְלָגוֹת וְהַמִּזְרָקוֹת וְהַקְּשָׂוֹת זָהָב טָהוֹר, וְלִכְפוֹרֵי הַזָּהָב בְּמִשְׁקָל לִכְפוֹר וּכְפוֹר, וְלִכְפוֹרֵי הַכֶּסֶף בְּמִשְׁקָל לִכְפוֹר וּכְפוֹר: וּלְמִזְבַּח הַקְּטֹרֶת זָהָב מְזֻקָּק בַּמִּשְׁקָל, וּלְתַבְנִית הַמֶּרְכָּבָה הַכְּרֻבִים זָהָב לְפֹרְשִׂים, וְסֹכְכִים עַל אֲרוֹן בְּרִית ה׳: הַכֹּל בִּכְתָב מִיַּד ה׳ עָלַי הִשְׂכִּיל, כֹּל מַלְאֲכוֹת הַתַּבְנִית: וַיֹּאמֶר דָּוִיד לִשְׁלֹמֹה בְנוֹ, חֲזַק וֶאֱמַץ וַעֲשֵׂה, אַל תִּירָא וְאַל תֵּחָת, כִּי ה׳ אֱלֹהִים אֱלֹהַי עִמָּךְ, לֹא יַרְפְּךָ וְלֹא יַעַזְבֶךָּ, עַד לִכְלוֹת כָּל מְלֶאכֶת עֲבוֹדַת בֵּית ה׳: וְהִנֵּה מַחְלְקוֹת הַכֹּהֲנִים וְהַלְוִיִּם לְכָל עֲבוֹדַת בֵּית הָאֱלֹהִים, וְעִמְּךָ בְכָל מְלָאכָה לְכָל נָדִיב בַּחָכְמָה לְכָל עֲבוֹדָה, וְהַשָּׂרִים וְכָל הָעָם לְכָל דְּבָרֶיךָ:

(דהי״א כח, ט-כא)

נבהיר את חלקו של דוד בבניין המתוכנן, על פי המקורות שלפנינו:

א. דוד קושר בתחילת דבריו את ההצלחה במשימת הבניין בעבודת ה׳ של שלמה. בחתימת דבריו הוא מדגיש את חשיבות עזרת ה׳ בבניין.

ב. מסוף דבריו עולה, שדוד גייס עוד בחייו צוות גדול של יועצים ומומחים, שיסייעו לשלמה בעבודתו.

ג. בתווך נותן דוד לשלמה בנו הנחיות מפורטות ומדויקות עד לפרטי פרטים של כל דבר במקדש. דוד לא ידע זאת בחוכמתו, אלא מיד ה׳ שהשכילה עליו, בנבואה וברוח הקודש. חז״ל מספרים לנו (זבחים נד ע״ב), שהוא ידע את מקום המקדש מלימודו עם שמואל הנביא בנבואתו וברוח קדשו. אפשר, ששם למדו יחד גם את פרטי בניין המקדש וכליו. נדגיש את המובן מאליו: המקדש היה גדול מן המשכן, וממילא היו בו יותר כלים – מנורות, שולחנות וכיורים. הכיורים היו שונים מאוד מן הכיור שהיה במשכן. גם כרובי קודש הקודשים היו שונים מאוד מכרובי המשכן – כל אלו זקקו לא רק חוכמה, אלא גם נבואה ורוח הקודש.

ג. הברית עם חירם

וַיְהִי שָׁלֹם בֵּין חִירָם וּבֵין שְׁלֹמֹה, וַיִּכְרְתוּ בְרִית שְׁנֵיהֶם:

(ה, כו)

צור הייתה מדינת סחר עשירה, ובגלל ששכנה על אי הסמוך ליבשה, היו אנשיה יורדי ים ואנשי ספינות מומחים. שלטונה היה גם ביבשה, והעיר צידון הייתה חלק

ממלכותה. הרי הלבנון התברכו בעצים רבים, ארזים וברושים, והצידונים התמחו בכריתתם ובהובלתם ביבשה ובים. מצפון לצידון שכנה גְבָל,[1] שהייתה ידועה בחכמיה (יחזקאל כז, ט), ואנשיה התמחו באומנויות שונות, וכנראה גם בחציבת אבנים, בפיסול ובבנייה. צור לא הייתה חזקה מבחינה צבאית, ומן הסתם לטשו שכניה את עיניהם אליה. חירם כרת בעבר ברית עם דוד, כדי שדוד וישראל יפרסו על ארצו חסות הגנה, וכך עשה בהמשך מול שלמה. בתמורה להגנה ובתמורה לקשר בין צור לים סוף ולארצות העשירות שסביבו וסביב המפרץ הפרסי שילם חירם ביד נדיבה בכסף ובזהב, בנכונות לשותפות עם שלמה במסחר ימי, וגם בנכונות לשלוח עצי ארזים וברושים מן הלבנון לצורך בניית המקדש ובניית ארמונותיו של שלמה. העצים נשלחו כדוברות על הים לנמל יפו, ומשם הועלו לירושלים.[2] על פי המקראות כאן, גם חלק מחציבת האבנים הגדולות הייתה בלבנון, בהשתתפות אנשי גבל, כנאמר בהפטרתנו (ה, לב): וַיִּפְסְלוּ בֹּנֵי שְׁלֹמֹה וּבֹנֵי חִירוֹם וְהַגִּבְלִים, וַיָּכִינוּ הָעֵצִים וְהָאֲבָנִים לִבְנוֹת הַבָּיִת.

ד. 'כוח האדם' לעבודות ההכנה למקדש

וַיַּעַל הַמֶּלֶךְ שְׁלֹמֹה מַס מִכָּל יִשְׂרָאֵל, וַיְהִי הַמַּס שְׁלֹשִׁים אֶלֶף אִישׁ: וַיִּשְׁלָחֵם לְבָנוֹנָה עֲשֶׂרֶת אֲלָפִים בַּחֹדֶשׁ חֲלִיפוֹת חֹדֶשׁ, יִהְיוּ בַלְּבָנוֹן שְׁנַיִם חֳדָשִׁים בְּבֵיתוֹ, וַאֲדֹנִירָם עַל הַמַּס:

(ה, כז-כח)

ה'מס' במקרא אינו כסף הנגבה מן התושבים עבור צורכי הממלכה, אלא 'כוח אדם' המגויס לצרכים אלו. האנשים גויסו לצורך העבודות למשך ארבעה חודשים בשנה, כמתואר כאן. שלמה המשיך להחזיק בהם גם אחרי שנבנה המקדש לצורך בניית בתיו, בניית הבית לבת פרעה ודברים נוספים. מפעלי הבנייה הגדולים עוררו בעם התמרמרות קשה, וכששלח רחבעם בן שלמה את אדֹנירם (שהיה מופקד על גיוס האנשים: וַאֲדֹנִירָם עַל הַמַּס), רגמו אותו העם באבנים (יב, יח). כך החל המרד, שהביא בסופו של דבר לפרישת עשרת השבטים מממלכת בית דוד ולפילוג המלוכה.

מלבד רבבת המגויסים שהוזכרה לעיל, היו לשלמה עובדים קבועים לעבודות הקשות:

1. העיירה ג'בייל, כ־40 ק"מ מצפון לביירות, היא מן הערים העתיקות בעולם, מן התקופה הניאוליתית, תקופת האבן.
2. המקראות העיקריים שהסתמכנו עליהם בתיאור הברית בין שלמה לבין חירם הם: שמ"ב ה, יא; מל"א ה, טו-כה (הסמוכים לפני הפטרתנו); ט, יא-יד וכן כו-כח; י, כב; דהי"א כב, ד; דהי"ב ב, ב-טו.

וַיְהִי לִשְׁלֹמֹה שִׁבְעִים אֶלֶף נֹשֵׂא סַבָּל וּשְׁמֹנִים אֶלֶף חֹצֵב בָּהָר: לְבַד מִשָּׂרֵי הַנִּצָּבִים לִשְׁלֹמֹה אֲשֶׁר עַל הַמְּלָאכָה, שְׁלֹשֶׁת אֲלָפִים וּשְׁלֹשׁ מֵאוֹת, הָרֹדִים בָּעָם, הָעֹשִׂים בַּמְּלָאכָה:

(שם, כט-ל)

אנשים אלו באו מקרב הגרים. נבאר:

וַיִּסְפֹּר שְׁלֹמֹה כָּל הָאֲנָשִׁים הַגֵּירִים אֲשֶׁר בְּאֶרֶץ יִשְׂרָאֵל, אַחֲרֵי הַסְּפָר אֲשֶׁר סְפָרָם דָּוִיד אָבִיו, וַיִּמָּצְאוּ מֵאָה וַחֲמִשִּׁים אֶלֶף וּשְׁלֹשֶׁת אֲלָפִים וְשֵׁשׁ מֵאוֹת: וַיַּעַשׂ מֵהֶם שִׁבְעִים אֶלֶף סַבָּל, וּשְׁמֹנִים אֶלֶף חֹצֵב בָּהָר, וּשְׁלֹשֶׁת אֲלָפִים וְשֵׁשׁ מֵאוֹת מְנַצְּחִים לְהַעֲבִיד אֶת הָעָם:

(דהי"ב ב, טז-יז)

דוד ספר את ה׳גֵרים׳. אין מדובר כאן בגֵרי צדק; סתם ׳גֵרים׳ במקרא הם זָרים, שאין להם נחלות בארץ ישראל. נראה, שכאן מדובר, בעיקר, בכנענים ששרדו את הצו (דברים כ, טז): לֹא תְחַיֶּה כָּל נְשָׁמָה, והמשיכו לחיות בארץ, גם לאחר שהארץ נחלקה לשבטים ולנחלות בתי אב ומשפחות. הם חיו, כנראה, בערים, ועבדו בעבודות עירוניות, בתי מלאכה וכדומה או כשכירים בשדות החקלאיים. ספירתם נעשתה בעיקר כדי לאפשר את גיוסם, וכמניין הפקודים, אנשי הצבא. ניתן להניח, שפעמים רבות הם התגייסו מרצון, בגלל שביקשו פרנסה, ולא היו להם נחלות משל עצמם.

בימי דוד, כנראה, כבר לא היה טעם להורגם מדין לֹא תְחַיֶּה כָּל נְשָׁמָה. אחרי שבימי שמואל הנביא הוסרו מן הארץ כל הבעלים והעשתרות (שמ"א ז, ג-ד), גם הכנענים שנותרו בארץ איבדו את דבקותם באליליהם. הם לא שרפו את בניהם באש למולך, ולא היה חשש שיגררו את ישראל לעבודה הזרה הכנענית, ודי היה בעקירתם מנחלותיהם, ובכך הם גם איבדו את השפעתם החברתית התרבותית. כאמור, נספרו 153,600 איש, והם גויסו (תמורת שכר) לעבודות החציבה, לעבודות הנשיאה והסבָּלות של העצים והאבנים למקדש יחד עם אנשיו של חירם והגבלים.

הרמב"ם מזכיר אותם בהלכותיו:

... והמס שיקבלו – שיהיו מוכנים לעבודת המלך בגופם וממונם, כגון בנין החומות וחוזק המצודות ובנְיַן ארמון המלך וכיוצא בו, שנאמר (ט, טו-כב): וְזֶה דְבַר הַמַּס אֲשֶׁר הֶעֱלָה הַמֶּלֶךְ שְׁלֹמֹה לִבְנוֹת אֶת בֵּית ה׳ וְאֶת בֵּיתוֹ וְאֶת הַמִּלּוֹא וְאֵת חוֹמַת יְרוּשָׁלָם... וְאֵת כָּל עָרֵי הַמִּסְכְּנוֹת אֲשֶׁר הָיוּ לִשְׁלֹמֹה... כָּל הָעָם הַנּוֹתָר מִן

הָאֱמֹרִי... וַיַּעֲלֵם שְׁלֹמֹה לְמַס עֹבֵד עַד הַיּוֹם הַזֶּה. וּמִבְּנֵי יִשְׂרָאֵל לֹא נָתַן שְׁלֹמֹה עָבֶד כִּי הֵם אַנְשֵׁי הַמִּלְחָמָה וַעֲבָדָיו וְשָׂרָיו וְשָׁלִשָׁיו וְשָׂרֵי רִכְבּוֹ וּפָרָשָׁיו.
(הלכות מלכים ומלחמותיהם ו, א)

ה. תאריך תחילת הבנייה

וַיְהִי בִשְׁמוֹנִים שָׁנָה וְאַרְבַּע מֵאוֹת שָׁנָה לְצֵאת בְּנֵי יִשְׂרָאֵל מֵאֶרֶץ מִצְרַיִם בַּשָּׁנָה הָרְבִיעִית, בְּחֹדֶשׁ זִו הוּא הַחֹדֶשׁ הַשֵּׁנִי, לִמְלֹךְ שְׁלֹמֹה עַל יִשְׂרָאֵל, וַיִּבֶן הַבַּיִת לַה׳:
(ו, א)

השנים בתאריך תחילת בניין הבית נספרות גם ליציאת מצרים (פעם יחידה במקרא!) וגם למלכותו של שלמה (השנה הרביעית) כמו תאריכים רבים בספר מלכים, שנמנים לשנות המלכים. מניין לבריאת העולם, כמו שאנו מונים היום, איננו מוכר לנו ממקורות קדומים, פרט לברייתא של 'סדר עולם', עד אמצע ימי הביניים (במאה ה־11). אפשר, שהתאריך המשולב מביע את מה שקרה בבניין הבית. שלמה בנה באותה עת ובזה אחר זה את בית ה׳ ואת בתיו שלו, ורק אחרי שהוא סיים את בניית בתיו (כולל הבית שבנה לבת פרעה) הוא עסק בכלים, הכניס אותם למקדש וחנך את בית ה׳ (ואת ביתו). התאריך המשולב קשור, אפוא, למלכות ה׳, המתחילה ביציאת מצרים ובהכרזתם של בני ישראל, שקראו יחד בקול גדול בשירת הים (שמות טו, יח): ה׳ יִמְלֹךְ לְעֹלָם וָעֶד, אך התאריך קשור גם למלכות שלמה, שביתו נבנה בד בבד עם בית ה׳.

נקיבת הזמן לימי יציאת מצרים חורגת בחשיבותה מעצם הצורך לציין תאריך. עד ימי המלוכה ממעט המקרא להזכיר זמנים ותאריכים, ואת משך הזמן שחלף בין אירוע לאירוע, פרט לשנות החיים של הדורות הראשונים. לולא ידענו שמרחק הזמן בין יציאת מצרים לבין בניית המקדש הוא ארבע מאות ושמונים שנה, לא היינו יכולים למצוא את ידינו ורגלינו בשאלת סדרי הזמנים במקרא. אכן, בעל 'סדר עולם' מחשב את שנת יציאת מצרים לשנה 2448 מבריאת העולם, ואת שנת תחילת בניית המקדש לשנה 2928, כלומר, הפרש של ארבע מאות ושמונים שנה. בתוך מרחב הזמן הזה אנו מוצאים את דברי יפתח למלך בני עמון:

בְּשֶׁבֶת יִשְׂרָאֵל בְּחֶשְׁבּוֹן וּבִבְנוֹתֶיהָ וּבְעַרְעוֹר וּבִבְנוֹתֶיהָ וּבְכָל הֶעָרִים אֲשֶׁר עַל יְדֵי אַרְנוֹן שְׁלֹשׁ מֵאוֹת שָׁנָה...
(שופטים יא, כו)

אך לא כל המפרשים קיבלו את דבריו של יפתח כמדויקים, ולא ברור שהוא אכן ידע את סדר הזמנים הנכון. נוכל לצמצם את היקף המרחב המעורפל, אם נביא בחשבון, שבני ישראל נכנסו לארץ עם יהושע ארבעים שנה אחרי יציאת מצרים, וכשנחסר את ימי דוד ותחילת ימי שלמה מן החשבון. כך יעלה בידינו, שמיום כניסת ישראל לארץ ועד תחילת ימי דוד עברו שלוש מאות תשעים ושש שנים, ובמהלכן יש דרכים אחדות לשבץ את ספרי יהושע, שופטים ושמואל (א'), ולא נפרט במסגרת זו יותר ממה שכתבנו.

ו. הערות פרשניות לתיאור הבניין[3]

מידות הבית

וְהַבַּיִת אֲשֶׁר בָּנָה הַמֶּלֶךְ שְׁלֹמֹה לַה' שִׁשִּׁים אַמָּה אָרְכּוֹ וְעֶשְׂרִים רָחְבּוֹ וּשְׁלֹשִׁים אַמָּה קוֹמָתוֹ:

(ב)

אמה נמדדת במרחק שבין מרפקו של אדם בינוני לקצה אצבעו הארוכה בידו – ה'אמה'. גודלה תלוי במבנה גוף ממוצע, אך היא משתנה בתולדות האדם. האמה המקובלת היא בין 45 ס"מ ל־62 ס"מ.[4]

המקדש היה כפול מן המשכן באורכו וברוחבו, ופי שלושה ממנו בגובהו. אפשר, שהמשכן היה נמוך, יחסית, בגלל הקושי למצוא עצי שיטים ארוכים מעשר אמות או בגלל הקושי לשאתם. המשכן היה גבוה עשר אמות, כבית בן שתי קומות; המקדש היה גבוה שלושים אמה, כבית בן שש קומות. הבית השני, היה גבוה מאה אמה, כגובה בניין בן עשרים קומות.

3. נעזרתי כאן במפרשי המקרא המוכרים, ובפירושו המאלף של מורי ורבי ד"ר יהודה קיל בפירושו ב'דעת מקרא'. ציון פסוק בלבד בפרק זה הוא לפרק ו.

4. השיטה המצמצמת היא של הרב א' מלמד בספרו 'פניני הלכה' (שבת ל, א, ה"ש 1; כותב שורות אלו גבוה מעט מעל הממוצע – 182.5 ס"מ. אמָתי היא באורך 46 ס"מ, קרוב לדבריו) השיטה המרחיבה היא שיטת ה'חתם סופר' (כך עולה מדבריו באו"ח קפא). 'חזון איש' בחיבורו (או"ח לט, ה-ו) כתב, שהאמה היא 58 ס"מ. ביניהן קיימות שיטות נוספות.

האולם

וְהָאוּלָם עַל פְּנֵי הֵיכַל הַבַּיִת, עֶשְׂרִים אַמָּה אָרְכּוֹ עַל פְּנֵי רֹחַב הַבָּיִת, עֶשֶׂר בָּאַמָּה רָחְבּוֹ עַל פְּנֵי הַבָּיִת:

(ג)

במקדש שבנה שלמה היה אולם לפני הכניסה אל הקודש (ההיכל), ובמשכן לא היה אולם לפני הכניסה אל הקודש. המקרא סתם ולא פירש, מה היה תפקידו של האולם. מן המשנה (מנחות יא, ז) אנו יודעים, שעמדו בו שני שולחנות ללחם הפנים (מלבד שולחן לחם הפנים שעמד בהיכל, ושעליו היה הלחם במשך כל השבוע), על אחד הונח הלחם לפני הכנסתו להיכל, ועל השני הונח הלחם אחרי יציאתו. האולם שימש כמבואה להיכל עצמו. אולי נוכל ללמוד על תפקידו ממאמר חז"ל:

אמר רבי אחא ברבי חנינא: מאי קרא (משלי ח, לד): אַשְׁרֵי אָדָם שֹׁמֵעַ לִי, לִשְׁקֹד עַל דַּלְתֹתַי יוֹם יוֹם, לִשְׁמֹר מְזוּזֹת פְּתָחָי, וכתיב בתריה (= בפסוק שאחריו): כִּי מֹצְאִי מָצָא חַיִּים, וַיָּפֶק רָצוֹן מֵה'? אמר רב חסדא: לעולם יכנס אדם שני פתחים בבית הכנסת. שני פתחים סלקא דעתך (= עולה בדעתך)? אלא, אימא (= אמור): שיעור שני פתחים, ואחר כך יתפלל.

(ברכות ח ע"א)

רב חסדא הבין, שעל אדם להיכנס לבית הכנסת בפֶּתח לפנים מפֶּתח, וזה מצריך שלבית הכנסת תהיה מבואה, המתפלל ייכנס דרכה, ואז ימשיך אל תוך בית הכנסת. במציאות לא הייתה מבואה בבתי הכנסיות, ולכן ביארה הגמרא את דברי רב חסדא בדרך שונה מעט. את דינו לומד רב חסדא מן הפסוק במשלי, אך שמא עיקר הלימוד היה מבית המקדש, ומן הצורך להיכנס קודם למבואה. כניסה זו גורמת לנכנס להיכל לעשות זאת ביראה הראויה, וכך יוכל להבדיל בנפשו בין העמידה בחוץ לעמידתו בפנים.

המקראות בספר מלכים סתמו ולא פירשו את גובהו של האולם, אך גובהו התפרש בדברי הימים:

וְהָאוּלָם אֲשֶׁר עַל פְּנֵי הָאֹרֶךְ עַל פְּנֵי רֹחַב הַבַּיִת אַמּוֹת עֶשְׂרִים וְהַגֹּבַהּ מֵאָה וְעֶשְׂרִים, וַיְצַפֵּהוּ מִפְּנִימָה זָהָב טָהוֹר:

(דהי"ב ג, ב)

גובהו של האולם היה פי ארבעה מגובה ההיכל, כבניין בן עשרים וארבע קומות.

מבחינה אדריכלית, הצמדת אולם כה גבוה להיכל הנמוך ממנו במידה ניכרת הוא דבר תמוה. על פי הנאמר בתוכנית שנתן דוד לשלמה (הובאה לעיל) היו באולם גנזכים ועליות לצורך כלים מסוימים במקדש ולצורכי שירותו. הם היו, כנראה, בגובה האולם, אך האולם עצמו עמד ריק, ושימש כמבואה. כאמור, הוא היה מצופה כולו מבפנים בזהב טהור.

חַלּוֹנֵי שְׁקֻפִים אֲטֻמִים

וַיַּעַשׂ לַבָּיִת חַלּוֹנֵי שְׁקֻפִים אֲטֻמִים:

(ד)

רבו הפירושים בפסוק זה. אנו נלך בדרכו של הר"י אברבנאל, ועל פיו היו לבית חלונות מזכוכית, שאטמו את כניסת האוויר לבית, אך היו שקופים ואפשר היה לראות דרכם.

היציעים

וַיִּבֶן עַל קִיר הַבַּיִת יָצִיעַ סָבִיב, אֶת קִירוֹת הַבַּיִת סָבִיב לַהֵיכָל וְלַדְּבִיר, וַיַּעַשׂ צְלָעוֹת
סָבִיב: הַיָּצִיעַ הַתַּחְתֹּנָה חָמֵשׁ בָּאַמָּה רָחְבָּהּ, וְהַתִּיכֹנָה שֵׁשׁ בָּאַמָּה רָחְבָּהּ, וְהַשְּׁלִישִׁית
שֶׁבַע בָּאַמָּה רָחְבָּהּ כִּי מִגְרָעוֹת נָתַן לַבַּיִת סָבִיב חוּצָה לְבִלְתִּי אֲחֹז בְּקִירוֹת הַבָּיִת:
(ה-ו)

מסביב לקירות הבית מצפון, ממערב ומדרום (מן הצד המזרחי הייתה הכניסה למקדש) נבנה קיר נוסף שהיה מרוחק מקיר ההיכל חמש אמות. החלל שנוצר בין הקירות חולק לתאים לכל אורך קירות ההיכל, והם היו בשלוש קומות, כעולה מן הפסוקים. התאים שימשו כמקום אכסון לכלי המקדש ולתרומות שניתנו עבורו.

קירות ההיכל היו עבים מאוד (כנראה, שש אמות, על פי המתואר ביחזקאל). בימינו לא בונים קירות בעובי שכזה, כי הטכנולוגיה המודרנית של שילוב בטון יצוק וברזל מאפשרת לבנות קירות חזקים ויציבים לאורך שנים גם בעובי מועט. בטכנולוגיה של התקופה ההיא, בניית בית שנועד לעמוד לנצח דרשה קירות עבים יותר. בגובה חמש עד עשר אמות הפך כותל הבניין ל'דק' יותר – חמש אמות. כך נוצרה 'מדרגה' במעבר משש אמות לחמש אמות. בגובה עשר אמות הפך כותל הבניין לדק יותר, ארבע אמות, ושוב נוצרה מדרגה. כך גם מעל ליציע השלישית, ושם היה עובי הכותל שלוש אמות. על מדרגות אלו הונחו קורות, שהיו הבסיס לתקרת קומות

היציע השונות, וכך לא היה צורך לעשות 'חור' בכותל הבית לצורך הקורות. כך היה היציע התחתון הצר ביותר, חמש אמות רוחבו. ביציע שמעליו נוספה האמה שנגרעה מעובי כותל המקדש, וביציע שמעליו נוספה עוד אמה.

הפסוק הבא מתאר כיצד נכנסו לתאים וכיצד עלו ליציעים העליונים:

פֶּתַח הַצֵּלָע הַתִּיכֹנָה אֶל כֶּתֶף הַבַּיִת הַיְמָנִית, וּבְלוּלִּים יַעֲלוּ עַל הַתִּיכֹנָה וּמִן הַתִּיכֹנָה אֶל הַשְּׁלִשִׁים:

(ח)

הפתח לצלעות היה בקיר הצפוני של המבנה, מימינו של הנכנס לאולם. מן הצלע התחתונה עלו במדרגות לולייניות לקומות העליונות.

כלי ברזל

וְהַבַּיִת בְּהִבָּנֹתוֹ אֶבֶן שְׁלֵמָה מַסָּע נִבְנָה, וּמַקָּבוֹת וְהַגַּרְזֶן כָּל כְּלִי בַרְזֶל לֹא נִשְׁמַע בַּבַּיִת בְּהִבָּנֹתוֹ:

(ז)

דבר זה מזכיר לנו, את מה שנאמר בתורה על אבני המזבח:

וְאִם מִזְבַּח אֲבָנִים תַּעֲשֶׂה לִּי, לֹא תִבְנֶה אֶתְהֶן גָּזִית, כִּי חַרְבְּךָ הֵנַפְתָּ עָלֶיהָ וַתְּחַלְלֶהָ:
(שמות כ, כב)

אבן 'גזית' היא אבן ש'נגזזה' בכלי ברזל, ובלשוננו – אבן מסותתת. אומנם בתורה נזכר עניין זה רק לגבי אבני המזבח, ושלמה נהג כך גם באבני ההיכל והדביר, אך הוא הקפיד על כך רק במקום המקדש עצמו. האבנים נפסלו בכלי ברזל בטרם הגיעו להר הבית.

כָּל אֵלֶּה אֲבָנִים יְקָרֹת כְּמִדֹּת גָּזִית, מְגֹרָרוֹת בַּמְּגֵרָה מִבַּיִת וּמִחוּץ וּמִמַּסָּד עַד הַטְּפָחוֹת...

(ז, ט)

התקרה

> ... וַיִּסְפֹּן אֶת הַבַּיִת גֵּבִים, וּשְׂדֵרֹת בָּאֲרָזִים:

(ט)

ה'סיפון' הוא התקרה. היו לבית שתי תקרות: תקרה תחתונה מעוטרת (גֵּבִים), ומעליה הייתה תקרה חזקה ועמידה, שנבנתה מקורות ארזים.

ז. דברי ה' אל שלמה

> וַיְהִי דְּבַר ה' אֶל שְׁלֹמֹה לֵאמֹר: הַבַּיִת הַזֶּה אֲשֶׁר אַתָּה בֹנֶה, אִם תֵּלֵךְ בְּחֻקֹּתַי, וְאֶת מִשְׁפָּטַי תַּעֲשֶׂה, וְשָׁמַרְתָּ אֶת כָּל מִצְוֹתַי לָלֶכֶת בָּהֶם, וַהֲקִמֹתִי אֶת דְּבָרִי אִתָּךְ, אֲשֶׁר דִּבַּרְתִּי אֶל דָּוִד אָבִיךָ: וְשָׁכַנְתִּי בְּתוֹךְ בְּנֵי יִשְׂרָאֵל, וְלֹא אֶעֱזֹב אֶת עַמִּי יִשְׂרָאֵל:

(ו, יא-יג)

הבית נועד לשכינה שתשרה בקרב עם ישראל, וכפי שנאמר על המשכן (שמות כה, ח): וְעָשׂוּ לִי מִקְדָּשׁ, וְשָׁכַנְתִּי בְּתוֹכָם. אך בניגוד לנאמר במשכן, כאן ההבטחה מותנית בכך ששלמה ישמור את מצוות ה'. כאן לא נאמר 'התנאי הכפול', כלומר, מה יקרה אם שלמה ועם ישראל יסורו מדרך ה'; זה נאמר בדברי ה' אחרי חנוכת הבניין, כעבור עשרים שנה:

> אִם שׁוֹב תְּשֻׁבוּן אַתֶּם וּבְנֵיכֶם מֵאַחֲרַי, וְלֹא תִשְׁמְרוּ מִצְוֹתַי חֻקֹּתַי אֲשֶׁר נָתַתִּי לִפְנֵיכֶם, וַהֲלַכְתֶּם וַעֲבַדְתֶּם אֱלֹהִים אֲחֵרִים וְהִשְׁתַּחֲוִיתֶם לָהֶם... וְאֶת הַבַּיִת אֲשֶׁר הִקְדַּשְׁתִּי לִשְׁמִי, אֲשַׁלַּח מֵעַל פָּנָי:

(ט, ו-ז)

לעומת הפסוק בפרק ט, הפטרתנו מסיימת בתקווה הגדולה שנתן הבית – שכינה רצופה לנצח של ה' בינותינו.

הפטרת תצוה[1]

יחזק מג י אַתָּה בֶן־אָדָם הַגֵּד אֶת־בֵּית־יִשְׂרָאֵל אֶת־הַבַּיִת וְיִכָּלְמוּ מֵעֲוֺנוֹתֵיהֶם וּמָדְדוּ
יא אֶת־תָּכְנִית: וְאִם־נִכְלְמוּ מִכֹּל אֲשֶׁר־עָשׂוּ צוּרַת הַבַּיִת וּתְכוּנָתוֹ וּמוֹצָאָיו
וּמוֹבָאָיו וְכָל־צוּרֹתָו וְאֵת כָּל־חֻקֹּתָיו וְכָל־צוּרֹתָו וְכָל־תּוֹרֹתָו הוֹדַע אוֹתָם
יב וּכְתֹב לְעֵינֵיהֶם וְיִשְׁמְרוּ אֶת־כָּל־צוּרָתוֹ וְאֶת־כָּל־חֻקֹּתָיו וְעָשׂוּ אוֹתָם: זֹאת
תּוֹרַת הַבָּיִת עַל־רֹאשׁ הָהָר כָּל־גְּבֻלוֹ סָבִיב סָבִיב קֹדֶשׁ קָדָשִׁים הִנֵּה־זֹאת
תּוֹרַת הַבָּיִת:
יג וְאֵלֶּה מִדּוֹת הַמִּזְבֵּחַ בָּאַמּוֹת אַמָּה אַמָּה וָטֹפַח וְחֵיק הָאַמָּה וְאַמָּה־רֹחַב
יד וּגְבוּלָהּ אֶל־שְׂפָתָהּ סָבִיב זֶרֶת הָאֶחָד וְזֶה גַּב הַמִּזְבֵּחַ: וּמֵחֵיק הָאָרֶץ עַד־
הָעֲזָרָה הַתַּחְתּוֹנָה שְׁתַּיִם אַמּוֹת וְרֹחַב אַמָּה אֶחָת וּמֵהָעֲזָרָה הַקְּטַנָּה עַד־
טו הָעֲזָרָה הַגְּדוֹלָה אַרְבַּע אַמּוֹת וְרֹחַב הָאַמָּה: וְהַהַרְאֵל אַרְבַּע אַמּוֹת וּמֵהָאֲרִאֵיל
טז וּלְמַעְלָה הַקְּרָנוֹת אַרְבַּע: וְהָאֲרִאֵיל שְׁתֵּים עֶשְׂרֵה אֹרֶךְ בִּשְׁתֵּים עֶשְׂרֵה רֹחַב
יז רָבוּעַ אֶל אַרְבַּעַת רְבָעָיו: וְהָעֲזָרָה אַרְבַּע עֶשְׂרֵה אֹרֶךְ בְּאַרְבַּע עֶשְׂרֵה רֹחַב
אֶל אַרְבַּעַת רְבָעֶיהָ וְהַגְּבוּל סָבִיב אוֹתָהּ חֲצִי הָאַמָּה וְהַחֵיק־לָהּ אַמָּה סָבִיב
וּמַעֲלֹתֵהוּ פְּנוֹת קָדִים:
יח וַיֹּאמֶר אֵלַי בֶּן־אָדָם כֹּה אָמַר אֲדֹנָי יֱהוִֹה אֵלֶּה חֻקּוֹת הַמִּזְבֵּחַ בְּיוֹם הֵעָשׂוֹתוֹ
יט לְהַעֲלוֹת עָלָיו עוֹלָה וְלִזְרֹק עָלָיו דָּם: וְנָתַתָּה אֶל־הַכֹּהֲנִים הַלְוִיִּם אֲשֶׁר הֵם
מִזֶּרַע צָדוֹק הַקְּרֹבִים אֵלַי נְאֻם אֲדֹנָי יֱהוִֹה לְשָׁרְתֵנִי פַּר בֶּן־בָּקָר לְחַטָּאת:
כ וְלָקַחְתָּ מִדָּמוֹ וְנָתַתָּה עַל־אַרְבַּע קַרְנֹתָיו וְאֶל־אַרְבַּע פִּנּוֹת הָעֲזָרָה וְאֶל־
כא הַגְּבוּל סָבִיב וְחִטֵּאתָ אוֹתוֹ וְכִפַּרְתָּהוּ: וְלָקַחְתָּ אֵת הַפָּר הַחַטָּאת וּשְׂרָפוֹ

1. חילקנו את ההפטרה לשלוש פסקאות, על פי ביאורנו להלן. המסורה אינה מחלקת כך את פרשיותיה.

כב בְּמִפְקַד הַבַּיִת מִחוּץ לַמִּקְדָּשׁ: וּבַיּוֹם הַשֵּׁנִי תַּקְרִיב שְׂעִיר־עִזִּים תָּמִים לְחַטָּאת
כג וְחִטְּאוּ אֶת־הַמִּזְבֵּחַ כַּאֲשֶׁר חִטְּאוּ בַּפָּר: בְּכַלּוֹתְךָ מֵחַטֵּא תַּקְרִיב פַּר בֶּן־בָּקָר
כד תָּמִים וְאַיִל מִן־הַצֹּאן תָּמִים: וְהִקְרַבְתָּם לִפְנֵי יהוה וְהִשְׁלִיכוּ הַכֹּהֲנִים עֲלֵיהֶם
כה מֶלַח וְהֶעֱלוּ אוֹתָם עֹלָה לַיהוה: שִׁבְעַת יָמִים תַּעֲשֶׂה שְׂעִיר־חַטָּאת לַיּוֹם
כו וּפַר בֶּן־בָּקָר וְאַיִל מִן־הַצֹּאן תְּמִימִים יַעֲשׂוּ: שִׁבְעַת יָמִים יְכַפְּרוּ אֶת־הַמִּזְבֵּחַ
כז וְטִהֲרוּ אֹתוֹ וּמִלְאוּ יָדָו: וִיכַלּוּ אֶת־הַיָּמִים וְהָיָה בַיּוֹם הַשְּׁמִינִי וָהָלְאָה יַעֲשׂוּ
הַכֹּהֲנִים עַל־הַמִּזְבֵּחַ אֶת־עוֹלוֹתֵיכֶם וְאֶת־שַׁלְמֵיכֶם וְרָצָאתִי אֶתְכֶם נְאֻם
אֲדֹנָי יֱהֹוִה:

א. הנושאים שהפטרתנו עוסקת בהם
והקשר בין הפרשה להפטרה

הפטרתנו היא מן הקשות שבהפטרות, בגלל שהיא עוסקת בנתונים טכניים של בית המקדש, ומשום שבית המקדש בנבואת יחזקאל אינו דומה בכול לבית המקדש הראשון, וגם אינו דומה בכול לבית המקדש השני. גם בשאלה זו נעסוק להלן.

הפטרתנו עוסקת בשלושה נושאים:

א. חלקה הראשון (י-יב) הוא פסוקי סיום לפרקים הקודמים (מ-מג), פרקים העוסקים בהרחבה במידות הבית העתיד להיבנות בעקבות חורבן בית המקדש הראשון. בפשטות, הכוונה לבית השני, אף שהבית שנבנה בסופו של דבר לא תאם לגמרי את תוכניתו של יחזקאל בנבואתו.
ב. חלקה השני של ההפטרה (יג-יז) עוסק במידות המזבח החיצון ובצורתו.
ג. חלקה השלישי (יח-כז) עוסק בכפרת המזבח ובהכשרתו להקריב עליו קורבנות. פרשת תצוה עוסקת גם היא בכפרת המזבח ובהכשרתו להקריב עליו קורבנות (שמות כט, לו-מד), ובלשון חז"ל (מנחות נ ע"א) – 'חינוך המזבח' (מלשון חנוכה, כלומר, התחלה חדשה). כאמור, בזה עוסק גם החלק השלישי (והגדול) של הפטרתנו.

ב. החלק הראשון – סיום לפרקי מידות המקדש

אַתָּה בֶן אָדָם, הַגֵּד אֶת בֵּית יִשְׂרָאֵל אֶת הַבַּיִת, וְיִכָּלְמוּ מֵעֲוֺנוֹתֵיהֶם, וּמָדְדוּ אֶת תָּכְנִית: וְאִם נִכְלְמוּ מִכֹּל אֲשֶׁר עָשׂוּ... הוֹדַע אוֹתָם וּכְתֹב לְעֵינֵיהֶם, וְיִשְׁמְרוּ אֶת כָּל צוּרָתוֹ וְאֶת כָּל חֻקֹּתָיו וְעָשׂוּ אוֹתָם: זֹאת תּוֹרַת הַבָּיִת...

(י-יב)

א. פשטי המקראות מתייחסים, לכאורה, לעוון אי דרישת בית המקדש והלכותיו לקראת בניינו, בעת שיעלו ארצה אחרי גלות בבל, שעל פי נבואת ירמיהו נקבעה לשבעים שנה (ירמיהו כה, יא-יב). עליהם להיכלם ממעשיהם ולהתחיל ללמוד את התוכניות. הם קיבלו אַרְכָּה ללמוד על מידות המקדש, אך הם לא עשו זאת.

ב. המפרשים כולם ביארו בדרך שונה. יחזקאל, שהביא לפני העם את מידות המקדש, בא לומר להם, שהדרך סלולה לגאולה שתבוא, ותאפשר את בניינו, אך כל זה בתנאי שייכלמו מעוונותיהם, שהביאו לחורבן המקדש הראשון, וישובו אל ה׳. ה׳ עתיד לסלוח להם ולהביא לבניין מקדשו ולהשרות שכינתו בתוכם. נביא כדוגמה את דברי רש״י:

> בהראותי למו חסדי, שאיני מואסם בעונם.

(רש״י, י)

חיזוק לדרכם של המפרשים ניתן להביא מנבואה קודמת של יחזקאל:

> וִישַׁבְתֶּם בָּאָרֶץ אֲשֶׁר נָתַתִּי לַאֲבֹתֵיכֶם, וִהְיִיתֶם לִי לְעָם, וְאָנֹכִי אֶהְיֶה לָכֶם לֵאלֹהִים: וְהוֹשַׁעְתִּי אֶתְכֶם מִכֹּל טֻמְאוֹתֵיכֶם, וְקָרָאתִי אֶל הַדָּגָן וְהִרְבֵּיתִי אֹתוֹ, וְלֹא אֶתֵּן עֲלֵיכֶם רָעָב: וְהִרְבֵּיתִי אֶת פְּרִי הָעֵץ וּתְנוּבַת הַשָּׂדֶה, לְמַעַן אֲשֶׁר לֹא תִקְחוּ עוֹד חֶרְפַּת רָעָב בַּגּוֹיִם: וּזְכַרְתֶּם אֶת דַּרְכֵיכֶם הָרָעִים וּמַעַלְלֵיכֶם אֲשֶׁר לֹא טוֹבִים, וּנְקֹטֹתֶם בִּפְנֵיכֶם עַל עֲוֹנֹתֵיכֶם וְעַל תּוֹעֲבוֹתֵיכֶם: לֹא לְמַעַנְכֶם אֲנִי עֹשֶׂה, נְאֻם אֲדֹנָי ה׳, יִוָּדַע לָכֶם, בּוֹשׁוּ וְהִכָּלְמוּ מִדַּרְכֵיכֶם בֵּית יִשְׂרָאֵל:

(לו, כח-לב)

לגאולה שה׳ עתיד להביא תתלווה בושה וכלימה של עַם ישראל על חטאיו, שהביאו את החורבן והגלות. ההבדל הוא, שהגאולה בפרק לו אינה מותנית בכלימה, והכלימה תבוא אחריה. ואילו מנבואתנו נראה, שבניין הבית תלוי בכלימה, והיא תבוא לפניו.

ג. שמא העוון שעליהם להיכלם ממנו הוא התרמית, העוול והגזל האמורים בפרשת מידות ומשקלות בתורה, עוון שהוא תועבת ה׳:

> לֹא יִהְיֶה לְךָ בְּבֵיתְךָ אֵיפָה וְאֵיפָה גְּדוֹלָה וּקְטַנָּה: אֶבֶן שְׁלֵמָה וָצֶדֶק יִהְיֶה לָּךְ, אֵיפָה שְׁלֵמָה וָצֶדֶק יִהְיֶה לָּךְ, לְמַעַן יַאֲרִיכוּ יָמֶיךָ עַל הָאֲדָמָה, אֲשֶׁר ה׳ אֱלֹהֶיךָ נֹתֵן לָךְ: כִּי תוֹעֲבַת ה׳ אֱלֹהֶיךָ כָּל עֹשֵׂה אֵלֶּה, כֹּל עֹשֵׂה עָוֶל:

(דברים כה, יד-טז)

נראה, שיש קשר בין ההישמרות מעוון זה לבניין המקדש. התורה מקפידה מאוד על המידות המדויקות של המשכן, המזבח וכל כלי המשכן. מדבריו של יחזקאל נראה, שיש קשר בין ההקפדה על מידותיו המדויקות של המקדש להקפדה על מידות ומשקולות מדויקות במשא ומתן בשוק. הנביא מצמיד למידות המקדש את הפרשה הבאה:

> כֹּה אָמַר אֲדֹנָי ה׳, רַב לָכֶם נְשִׂיאֵי יִשְׂרָאֵל, חָמָס וָשֹׁד הָסִירוּ, וּמִשְׁפָּט וּצְדָקָה עֲשׂוּ, הָרִימוּ גְרֻשֹׁתֵיכֶם מֵעַל עַמִּי, נְאֻם אֲדֹנָי ה׳: מֹאזְנֵי צֶדֶק וְאֵיפַת צֶדֶק וּבַת צֶדֶק יְהִי לָכֶם: הָאֵיפָה וְהַבַּת תֹּכֶן אֶחָד יִהְיֶה... וְהַשֶּׁקֶל עֶשְׂרִים גֵּרָה, עֶשְׂרִים שְׁקָלִים חֲמִשָּׁה וְעֶשְׂרִים שְׁקָלִים עֲשָׂרָה וַחֲמִשָּׁה שֶׁקֶל, הַמָּנֶה יִהְיֶה לָכֶם:

(מה, ט-יב)

מכל מקום, הפסוק בהפטרתנו, זֹאת תּוֹרַת הַבָּיִת (יב), חותם את כל הפרקים שעסקו במידות הבית והחצר (מפרק מ ואילך).

המפרשים ביארו, שחזונו של יחזקאל, הנֶחתם במילים אלו, עוסק בבית העתיד להיבנות בעת הגאולה השלמה, המכונה אצלנו ׳הבית השלישי׳. הרמב״ם, למרות שהוא מבאר שנבואת יחזקאל מתייחסת לימות המשיח גם אומר שבוני הבית השני נטלו חלק מההוראות של יחזקאל לבניין הבית השני, ובעיקר את גובהו של הבית. הרמב״ם כתב מצד אחד:

> כל שיעורי הנסכים האמורין בספר יחזקאל, ומניָן אותן הקרבנות וסדרי העבודה הכתובים שם – כולם מִלּוּאים הן, ואין נוהגין לדורות, אלא הנביא צוה ופירש, כיצד יהיו מקריבין המִלּוּאין עם חנוכת המזבח בימי המלך המשיח, כשיִבָּנה בית שלישי.

(הלכות מעשה הקרבנות ב, יד)

ומצד שני כתב הרמב״ם:

> בניָן שבנה שלמה כבר מפורש במלכים, וכן בניָן העתיד להבנות, אף על פי שהוא כתוב ביחזקאל, אינו מפורש ומבואר, ואנשי בית שני כשבנו בימי עזרא, בנוהו כבנין שלמה, ומעין דברים המפורשים ביחזקאל.

(הלכות בית הבחירה א, ד)[2]

2. גם הגמרא (מנחות צז ע״ב) למדה מהפסוקים בהפטרתנו על מידות המזבח בבית שני.

אפשר, שהבית השני לא נבנה כולו על פי נבואת יחזקאל, משום שהיא אינה מתאימה למידות הר הבית, כפי שהוא היום, וכפי שהיה בעת בניין הבית השני. המקדש שיחזקאל מתאר גדול מאוד, והוא מתאים לעמוד על הר, כמתואר בנבואת יחזקאל:

וַיְנִיחֵנִי אֶל הַר גָּבֹהַּ מְאֹד, וְעָלָיו כְּמִבְנֵה עִיר מִנֶּגֶב:

(מ, ב)

הר המוריה במבנהו זה מזכיר את הנאמר גם בישעיהו:

וְהָיָה בְּאַחֲרִית הַיָּמִים, נָכוֹן יִהְיֶה הַר בֵּית ה׳ בְּרֹאשׁ הֶהָרִים, וְנִשָּׂא מִגְּבָעוֹת...
(ישעיהו ב, ב)

כך גם תיאורו בזכריה יד. עד שלא יגדל ההר לממדים אלו בדרך שיש בה התערבות אלוהית לא טבעית, אי אפשר יהיה לעמוד בכל פרטי המידות שביחזקאל.

ג. החלק השני – מידות המזבח[3]

וְאֵלֶּה מִדּוֹת הַמִּזְבֵּחַ בָּאַמּוֹת אַמָּה אַמָּה וָטֹפַח...

(יג)

הנביא מדבר על שתי מידות שונות לאמה: אמה קטנה בת חמישה טפחים, ו׳אַמָּה וָטֹפַח׳ שהיא אמה גדולה בת שישה טפחים. התנאים במשנה (כלים יז, י) נחלקו, באֵלו אמות מדדו את המקדש, את חלקיו השונים ואת כליו. חלק אחד של המזבח עצמו נמדד באמה קטנה, וחלק אחר באמה גדולה, ונחלקו הפוסקים בכך גם ביחס לחלקיו השונים של המזבח. את המשך הפסוקים נבאר יחד עם המבנה הכללי של המזבח.

בגובה המזבח, מהארץ עד לקרנותיו, שלושה חלקים:

א. החלק התחתון נקרא הָעֲזָרָה הַתַּחְתּוֹנָה, ובלשון חז״ל הוא ה׳יסוד׳. חלק זה הוא הגדול ביותר באורכו וברוחבו – שש עשרה אמה על שש עשרה אמה (מספר

3. בפירוש הפסוקים בחלק זה נעזרתי במפרשים המוכרים ובפירושו הטוב של י״צ מושקוביץ ב׳דעת מקרא׳.

זה לא נזכר כאן, ויתבאר בהמשך). גובהו של חלק זה – שתי אמות,[4] והוא גדול מהחלק שמעליו אמה לכל כיוון:

... וּמֵחֵיק הָאָרֶץ עַד הָעֲזָרָה הַתַּחְתּוֹנָה שְׁתַּיִם אַמּוֹת וְרֹחַב אַמָּה אֶחָת...

(יג)

ב. ה'עזרה הגדולה' היא ריבוע אבן המונח על הָעֲזָרָה הַתַּחְתּוֹנָה (או: הָעֲזָרָה הַקְּטַנָּה).[5] ריבוע אבן זה אורכו ורוחבו ארבע עשרה אמות:

וְהָעֲזָרָה אַרְבַּע עֶשְׂרֵה אֹרֶךְ בְּאַרְבַּע עֶשְׂרֵה רֹחַב אֶל אַרְבַּעַת רְבָעֶיהָ...

(יז)

כשריבוע זה מונח על הָעֲזָרָה הַקְּטַנָּה, שהיא, כאמור, שש עשרה אמה על שש עשרה אמה, בולטת העזרה התחתונה אמה לכל כיוון, וזהו רֹחַב הָאַמָּה, הנזכר בפסוק יד, וזהו גם וְהַחֵיק לָהּ אַמָּה סָבִיב (יז), הנזכרת גם בפסוק יג: וְחֵיק הָאַמָּה וְאַמָּה רֹחַב.
ריבוע זה, גובהו ארבע אמות, וגם הוא בלט ממה שיונח עליו אמה לכל כיוון:

... וּמֵהָעֲזָרָה הַקְּטַנָּה עַד הָעֲזָרָה הַגְּדוֹלָה אַרְבַּע אַמּוֹת וְרֹחַב הָאַמָּה:

(יד)

ג. על העזרה הגדולה מונח באמצעה ריבוע אבן של שתים עשרה אמה על שתים עשרה אמה, וגם הוא מותיר מהריבוע שמתחתיו אמה לכל כיוון, וכפי שכתבנו לעיל. גובהו של הריבוע כולל גובה הקרנות היה ארבע אמות (ללא הקרנות גובהו שלוש אמות בלבד). ריבוע זה הוא הנקרא בפסוקים הַהַרְאֵל או אֲרִיאֵל.[6]

וְהַהַרְאֵל אַרְבַּע אַמּוֹת, וּמֵהָאֲרִאֵיל וּלְמַעְלָה הַקְּרָנוֹת אַרְבַּע: וְהָאֲרִאֵיל שְׁתֵּים עֶשְׂרֵה אֹרֶךְ בִּשְׁתֵּים עֶשְׂרֵה רֹחַב רָבוּעַ אֶל אַרְבַּעַת רְבָעָיו:

(טו–טז)

4. בבית ראשון ובבית שני היה גובה היסוד אמה אחת ולא שתיים.
5. פירשנו על פי רש"י; הרד"ק ביאר שהוא על רצפת העזרה ממש.
6. בתנ"ך קורן וברויאר מנוקדת המילה אֲרִאֵיל, ללא ציון של קרי וכתיב.

אמת הרוחב הבולטת בין העזרה הגדולה לאריאל מכל צידֵי המזבח היא הנקראת בלשון חז"ל 'סובב'. זהו 'מַדְּף' שעליו הלכו הכוהנים, כשטיפלו בקורבנות ובאש המערכה, שהיו שלוש אמות מעל כפות רגליהם. 'מדף' זה צר מִדַּי, והיה חשש שיפלו ממנו, ולכן לכן הוא הורחב בחצי אמה נוספת, שהייתה כ'מרפסת' בולטת מקו הבניין, וממילא היה לכוהנים רוחב אמה וחצי להלך. 'מדף' זה נקרא כאן גְּבוּל.[7]

וְהָעֲזָרָה אַרְבַּע עֶשְׂרֵה אֹרֶךְ בְּאַרְבַּע עֶשְׂרֵה רֹחַב אֶל אַרְבַּעַת רְבָעֶיהָ, וְהַגְּבוּל סָבִיב אוֹתָהּ חֲצִי הָאַמָּה:

(יז)

ה'גבול' נזכר גם בפסוק הראשון שמתאר את מידות המזבח, ושם מכונה חצי האמה – זֶרֶת:[8]

... וּגְבוּלָהּ אֶל שְׂפָתָהּ סָבִיב זֶרֶת הָאֶחָד וְזֶה גַּב הַמִּזְבֵּחַ:

(יג)

בסוף המקראות מוזכר הכבש שעולים בו לראש המזבח (וּמַעֲלֹתֵהוּ), והוא עולה למזבח מדרום לצפון אל המקצוע הדרומי של המזבח, והוא משוך מעט מזרחה:[9]

... וּמַעֲלֹתֵהוּ פְּנוֹת קָדִים:

(יז)

ביארנו את המקראות כפי שנראה לנו פשטם. אך המשנה מבינה מן הנאמר אֶל אַרְבַּעַת רְבָעֶיהָ (יז) ואֶל אַרְבַּעַת רְבָעָיו (טז), שהמדידה נעשית מנקודת האמצע, המחלקת את ריבועי האבן לארבעה חלקים. על פי הבנה זו, מידות היסוד היו 32x32 אמות (ולא 16x16 כפי שכתבנו). בהתאם לכך, העזרה הגדולה עד הסובב הייתה 28x28 אמות (ולא 14x14), והאריאל היה 24x24 אמות (ולא 12x12):

7. יש אומרים, ש'גבול' זה של חצי אמה אינו המשך אופקי לאמה הסובבת את האריאל, אלא קיר מאונך בגובה חצי אמה, ששמר על הכוהנים שלא יפלו מהסובב הצר.
8. לדעת המלבי"ם היא בליטה שנועדה להבדיל בין הדמים הנזרקים למעלה על דופן המזבח לאלו הנזרקים למטה על דופן המזבח, מעין חוט הסיקרא שהיה בבית השני.
9. ואפשר, שהכבש במקדש שמתאר יחזקאל עולה ממזרח למערב ולא מדרום לצפון, ככבש המוכר לנו מן הבית שני.

המזבח היה שלשים ושתים על שלשים ושתים, עלה אמה וכנס אמה זה היסוד, נמצא שלשים על שלשים, עלה חמש וכנס אמה זה הסובב, נמצא עשרים ושמנה על עשרים ושמנה, מקום הקרנות אמה מזה ואמה מזה, נמצא עשרים ושש על עשרים ושש, מקום הילוך רגלי הכהנים אמה מזה ואמה מזה, נמצא עשרים וארבע על עשרים וארבע מקום מערכה.

(מידות ג, א)

ד. החלק השלישי – כפרת המזבח והכשרתו לקורבנות ('חינוך' המזבח)

הכהנים בני צדוק

וַיֹּאמֶר אֵלַי, בֶּן אָדָם, כֹּה אָמַר אֲדֹנָי ה׳, אֵלֶּה חֻקּוֹת הַמִּזְבֵּחַ בְּיוֹם הֵעָשׂוֹתוֹ לְהַעֲלוֹת עָלָיו עוֹלָה וְלִזְרֹק עָלָיו דָּם: וְנָתַתָּה אֶל הַכֹּהֲנִים הַלְוִיִּם, אֲשֶׁר הֵם מִזֶּרַע צָדוֹק הַקְּרֹבִים אֵלַי, נְאֻם אֲדֹנָי ה׳, לְשָׁרְתֵנִי פַּר בֶּן בָּקָר לְחַטָּאת:

(יח-יט)

הכוהנים היחידים שיעלו על המזבח להקריב יהיו בני צדוק, שהיה הכוהן הגדול בימי דוד ובימי שלמה. הם היחידים ששמרו את טהרת משפחתם ואת המצוות האחרות בסוף ימי הבית ובשנות החורבן. הנביא מזכיר מספר פעמים את ייחודם של בני צדוק כמשרתי ה׳ הקרובים. אנו נדון בכך בהרחבה בע"ה בהפטרת פרשת אמור.

מצווה לשעה ולדורות

... פַּר בֶּן בָּקָר לְחַטָּאת: וְלָקַחְתָּ מִדָּמוֹ, וְנָתַתָּה עַל אַרְבַּע קַרְנֹתָיו וְאֶל אַרְבַּע פִּנּוֹת הָעֲזָרָה וְאֶל הַגְּבוּל סָבִיב, וְחִטֵּאתָ אוֹתוֹ וְכִפַּרְתָּהוּ... שִׁבְעַת יָמִים יְכַפְּרוּ אֶת הַמִּזְבֵּחַ, וְטִהֲרוּ אֹתוֹ וּמִלְאוּ יָדָו:

(יט-כא)

יש להשוות פסוקים אלו לנאמר בתורה:

וּפַר חַטָּאת תַּעֲשֶׂה לַיּוֹם עַל הַכִּפֻּרִים, וְחִטֵּאתָ עַל הַמִּזְבֵּחַ בְּכַפֶּרְךָ עָלָיו, וּמָשַׁחְתָּ אֹתוֹ לְקַדְּשׁוֹ: שִׁבְעַת יָמִים תְּכַפֵּר עַל הַמִּזְבֵּחַ, וְקִדַּשְׁתָּ אֹתוֹ, וְהָיָה הַמִּזְבֵּחַ קֹדֶשׁ קָדָשִׁים, כָּל הַנֹּגֵעַ בַּמִּזְבֵּחַ יִקְדָּשׁ:

(שמות כט, לו-לז)

האם במדבר הייתה זאת הוראה לשעתה או מצווה לדורות, לכל פעם שיבנו מֵחָדש את המזבח במשכן או במקדש? מן הרמב"ם (השורש השלישי בהקדמה לספר המצוות) משמע, שחינוך המזבח הייתה מצווה לשעתה בלבד, ולכן לא מנאה במניין המצוות.[10] הרמב"ן בהשגותיו הלך בעקבות רס"ג, ומנאה כמצווה לדורות, ובהפטרתנו המצווה היא בעקבות מצוות התורה:

> ובוַדאי, חנוך המזבח הוא מצוה לדורות, כמו שכתוב בפרשת ואתה תצוה: וְזֶה אֲשֶׁר תַּעֲשֶׂה עַל הַמִּזְבֵּחַ – שהיא מצות החנוך... אבל היו שם מילואים עוד על המזבח להקדישו, דכתיב: וּפַר חַטָּאת תַּעֲשֶׂה לַיּוֹם עַל הַכִּפּוּרִים... וכתיב: שִׁבְעַת יָמִים תְּכַפֵּר עַל הַמִּזְבֵּחַ וְקִדַּשְׁתָּ אוֹתוֹ.

(השגות רמב"ן לספר המצוות שורש שלישי)

פר החטאת

> וְלָקַחְתָּ אֵת הַפָּר הַחַטָּאת, וּשְׂרָפוֹ בְּמִפְקַד הַבַּיִת מִחוּץ לַמִּקְדָּשׁ:

(כא)

מפסוק זה עולה, שפר החטאת הבא לכפר על המזבח דינו כחטאת פנימית (כמו פר של כוהן משיח ופר העלם דבר של ציבור), שדמה נכנס אל ההיכל ואל המזבח הפנימי. פר חטאת פנימית איננו נאכל לכוהנים ככל קורבן חטאת, אלא נשרף מחוץ למחנה.

'שהיו דבריו סותרין דברי תורה'

> וּבַיּוֹם הַשֵּׁנִי תַּקְרִיב שְׂעִיר עִזִּים תָּמִים לְחַטָּאת, וְחִטְּאוּ אֶת הַמִּזְבֵּחַ, כַּאֲשֶׁר חִטְּאוּ בַּפָּר... שִׁבְעַת יָמִים תַּעֲשֶׂה שְׂעִיר חַטָּאת לַיּוֹם וּפַר בֶּן בָּקָר וְאַיִל מִן הַצֹּאן תְּמִימִים יַעֲשׂוּ: שִׁבְעַת יָמִים יְכַפְּרוּ אֶת הַמִּזְבֵּחַ, וְטִהֲרוּ אֹתוֹ וּמִלְאוּ יָדוֹ:

(כב–כג)

בתורה נאמר, שדם הפר מכפר במשך שבעה ימים, וביחזקאל דם הפר מכפר ביום הראשון בלבד, ומהיום השני מכפר דם שעיר החטאת. בנוסף לשעיר החטאת יש להביא גם פר ואיל לעולה.

אפשר, שפרשתנו היא חלק מבעיה כללית הקיימת לגבי דיני המקדש, הכוהנים

10. וכן דעת רשב"ץ בזוהר הרקיע מצוות עשה נ.

והקורבנות שנכתבו בספר יחזקאל, שאינם תואמים את דין התורה, וכמעט הביאו לגניזתו של ספר יחזקאל, עד שנדרשו ופורשו בדרך הנכונה:

אמר רב יהודה אמר רב: ברם זכור אותו האיש לטוב, וחנניה בן חזקיה שמו, שאלמלא הוא נגנז ספר יחזקאל, שהיו דבריו סותרין דברי תורה. מה עשה? העלו לו שלש מאות גרבי שמן, וישב בעלייה, ודרשן.

(שבת יג ע"ב)

הפטרת כי תשא

יח א וַיְהִי֙ יָמִ֣ים רַבִּ֔ים וּדְבַר־יְהוָ֗ה הָיָה֙ אֶל־אֵ֣לִיָּ֔הוּ בַּשָּׁנָ֥ה הַשְּׁלִישִׁ֖ית לֵאמֹ֑ר לֵ֚ךְ הֵרָאֵ֣ה מלכ
ב אֶל־אַחְאָ֔ב וְאֶתְּנָ֥ה מָטָ֖ר עַל־פְּנֵ֥י הָאֲדָמָֽה׃ וַיֵּ֙לֶךְ֙ אֵֽלִיָּ֔הוּ לְהֵרָא֖וֹת אֶל־אַחְאָ֑ב האש מתח
ג וְהָרָעָ֖ב חָזָ֥ק בְּשֹׁמְרֽוֹן׃ וַיִּקְרָ֣א אַחְאָ֔ב אֶל־עֹֽבַדְיָ֖הוּ אֲשֶׁ֣ר עַל־הַבָּ֑יִת וְעֹֽבַדְיָ֗הוּ
ד הָיָ֛ה יָרֵ֥א אֶת־יְהוָ֖ה מְאֹֽד׃ וַיְהִ֗י בְּהַכְרִ֣ית אִיזֶ֔בֶל אֵ֖ת נְבִיאֵ֣י יְהוָ֑ה וַיִּקַּ֨ח עֹֽבַדְיָ֜הוּ
ה מֵאָ֣ה נְבִאִ֗ים וַֽיַּחְבִּיאֵ֞ם חֲמִשִּׁ֥ים אִישׁ֙ בַּמְּעָרָ֔ה וְכִלְכְּלָ֖ם לֶ֥חֶם וָמָֽיִם׃ וַיֹּ֤אמֶר אַחְאָב֙
אֶל־עֹ֣בַדְיָ֔הוּ לֵ֤ךְ בָּאָ֙רֶץ֙ אֶל־כָּל־מַעְיְנֵ֣י הַמַּ֔יִם וְאֶ֖ל כָּל־הַנְּחָלִ֑ים אוּלַ֣י ׀ נִמְצָ֣א חָצִ֗יר
ו וּנְחַיֶּה֙ ס֣וּס וָפֶ֔רֶד וְל֥וֹא נַכְרִ֖ית מֵהַבְּהֵמָֽה׃ וַיְחַלְּק֥וּ לָהֶ֛ם אֶת־הָאָ֖רֶץ לַֽעֲבָר־בָּ֑הּ
ז אַחְאָ֞ב הָלַ֨ךְ בְּדֶ֤רֶךְ אֶחָד֙ לְבַדּ֔וֹ וְעֹבַדְיָ֛הוּ הָלַ֥ךְ בְּדֶֽרֶךְ־אֶחָ֖ד לְבַדּֽוֹ׃ וַיְהִ֤י עֹֽבַדְיָ֙הוּ֙
בַּדֶּ֔רֶךְ וְהִנֵּ֥ה אֵלִיָּ֖הוּ לִקְרָאת֑וֹ וַיַּכִּרֵ֙הוּ֙ וַיִּפֹּ֣ל עַל־פָּנָ֔יו וַיֹּ֕אמֶר הַאַתָּ֥ה זֶ֖ה אֲדֹנִ֥י אֵלִיָּֽהוּ׃
ח ט וַיֹּ֥אמֶר ל֖וֹ אָ֑נִי לֵ֛ךְ אֱמֹ֥ר לַֽאדֹנֶ֖יךָ הִנֵּ֥ה אֵלִיָּֽהוּ׃ וַיֹּ֖אמֶר מֶ֣ה חָטָ֑אתִי כִּֽי־אַתָּ֞ה נֹתֵ֧ן
י אֶֽת־עַבְדְּךָ֛ בְּיַד־אַחְאָ֖ב לַהֲמִיתֵֽנִי׃ חַ֣י ׀ יְהוָ֣ה אֱלֹהֶ֗יךָ אִם־יֶשׁ־גּ֤וֹי וּמַמְלָכָה֙ אֲשֶׁ֨ר
לֹֽא־שָׁלַ֨ח אֲדֹנִ֥י שָׁם֙ לְבַקֶּשְׁךָ֔ וְאָמְר֖וּ אָ֑יִן וְהִשְׁבִּ֤יעַ אֶת־הַמַּמְלָכָה֙ וְאֶת־הַגּ֔וֹי כִּ֖י
יא יב לֹ֥א יִמְצָאֶֽכָּה׃ וְעַתָּ֣ה אַתָּ֣ה אֹמֵ֔ר לֵ֛ךְ אֱמֹ֥ר לַֽאדֹנֶ֖יךָ הִנֵּ֥ה אֵלִיָּֽהוּ׃ וְהָיָ֞ה אֲנִ֣י ׀ אֵלֵ֣ךְ
מֵֽאִתָּ֗ךְ וְר֨וּחַ יְהוָ֤ה ׀ יִשָּֽׂאֲךָ֙ עַ֣ל אֲשֶׁ֣ר לֹֽא־אֵדָ֔ע וּבָ֜אתִי לְהַגִּ֧יד לְאַחְאָ֛ב וְלֹ֥א יִמְצָאֲךָ֖
יג וַהֲרָגָ֑נִי וְעַבְדְּךָ֛ יָרֵ֥א אֶת־יְהוָ֖ה מִנְּעֻרָֽי׃ הֲלֹֽא־הֻגַּ֤ד לַֽאדֹנִי֙ אֵ֣ת אֲשֶׁר־עָשִׂ֔יתִי בַּהֲרֹ֣ג
אִיזֶ֔בֶל אֵ֖ת נְבִיאֵ֣י יְהוָ֑ה וָאַחְבִּא֩ מִנְּבִיאֵ֨י יְהוָ֜ה מֵאָ֣ה אִ֗ישׁ חֲמִשִּׁ֨ים חֲמִשִּׁ֥ים אִישׁ֙
יד בַּמְּעָרָ֔ה וָאֲכַלְכְּלֵ֖ם לֶ֥חֶם וָמָֽיִם׃ וְעַתָּה֙ אַתָּ֣ה אֹמֵ֔ר לֵ֛ךְ אֱמֹ֥ר לַֽאדֹנֶ֖יךָ הִנֵּ֣ה אֵלִיָּ֑הוּ
טו וַהֲרָגָֽנִי׃ וַיֹּ֙אמֶר֙ אֵֽלִיָּ֔הוּ חַ֚י יְהוָ֣ה צְבָא֔וֹת אֲשֶׁ֥ר עָמַ֖דְתִּי לְפָנָ֑יו כִּ֥י הַיּ֖וֹם אֵרָאֶ֥ה
טז יז אֵלָֽיו׃ וַיֵּ֧לֶךְ עֹבַדְיָ֛הוּ לִקְרַ֥את אַחְאָ֖ב וַיַּגֶּד־ל֑וֹ וַיֵּ֥לֶךְ אַחְאָ֖ב לִקְרַ֥את אֵלִיָּֽהוּ׃ וַיְהִ֛י
יח כִּרְא֥וֹת אַחְאָ֖ב אֶת־אֵלִיָּ֑הוּ וַיֹּ֤אמֶר אַחְאָב֙ אֵלָ֔יו הַאַתָּ֥ה זֶ֖ה עֹכֵ֥ר יִשְׂרָאֵֽל׃ וַיֹּ֗אמֶר
לֹ֤א עָכַ֙רְתִּי֙ אֶת־יִשְׂרָאֵ֔ל כִּ֥י אִם־אַתָּ֖ה וּבֵ֣ית אָבִ֑יךָ בַּעֲזָבְכֶם֙ אֶת־מִצְוֺ֣ת יְהוָ֔ה וַתֵּ֖לֶךְ
יט אַחֲרֵ֥י הַבְּעָלִֽים׃ וְעַתָּ֗ה שְׁלַ֨ח קְבֹ֥ץ אֵלַ֛י אֶת־כָּל־יִשְׂרָאֵ֖ל אֶל־הַ֣ר הַכַּרְמֶ֑ל וְאֶת־

נְבִיאֵי הַבַּעַל אַרְבַּע מֵאוֹת וַחֲמִשִּׁים וּנְבִיאֵי הָאֲשֵׁרָה אַרְבַּע מֵאוֹת אֹכְלֵי שֻׁלְחַן
כ אִיזָבֶל: וַיִּשְׁלַח אַחְאָב בְּכָל־בְּנֵי יִשְׂרָאֵל וַיִּקְבֹּץ אֶת־הַנְּבִיאִים אֶל־הַר הַכַּרְמֶל: הספרדים מתחילים כאן[1]
כא וַיִּגַּשׁ אֵלִיָּהוּ אֶל־כָּל־הָעָם וַיֹּאמֶר עַד־מָתַי אַתֶּם פֹּסְחִים עַל־שְׁתֵּי הַסְּעִפִּים אִם־
יהוה הָאֱלֹהִים לְכוּ אַחֲרָיו וְאִם־הַבַּעַל לְכוּ אַחֲרָיו וְלֹא־עָנוּ הָעָם אֹתוֹ דָּבָר:
כב וַיֹּאמֶר אֵלִיָּהוּ אֶל־הָעָם אֲנִי נוֹתַרְתִּי נָבִיא לַיהוה לְבַדִּי וּנְבִיאֵי הַבַּעַל אַרְבַּע־
כג מֵאוֹת וַחֲמִשִּׁים אִישׁ: וְיִתְּנוּ־לָנוּ שְׁנַיִם פָּרִים וְיִבְחֲרוּ לָהֶם הַפָּר הָאֶחָד וִינַתְּחֻהוּ
וְיָשִׂימוּ עַל־הָעֵצִים וְאֵשׁ לֹא יָשִׂימוּ וַאֲנִי אֶעֱשֶׂה אֶת־הַפָּר הָאֶחָד וְנָתַתִּי עַל־
כד הָעֵצִים וְאֵשׁ לֹא אָשִׂים: וּקְרָאתֶם בְּשֵׁם אֱלֹהֵיכֶם וַאֲנִי אֶקְרָא בְשֵׁם־יהוה וְהָיָה
הָאֱלֹהִים אֲשֶׁר־יַעֲנֶה בָאֵשׁ הוּא הָאֱלֹהִים וַיַּעַן כָּל־הָעָם וַיֹּאמְרוּ טוֹב הַדָּבָר:
כה וַיֹּאמֶר אֵלִיָּהוּ לִנְבִיאֵי הַבַּעַל בַּחֲרוּ לָכֶם הַפָּר הָאֶחָד וַעֲשׂוּ רִאשֹׁנָה כִּי אַתֶּם
כו הָרַבִּים וְקִרְאוּ בְּשֵׁם אֱלֹהֵיכֶם וְאֵשׁ לֹא תָשִׂימוּ: וַיִּקְחוּ אֶת־הַפָּר אֲשֶׁר־נָתַן לָהֶם
וַיַּעֲשׂוּ וַיִּקְרְאוּ בְשֵׁם־הַבַּעַל מֵהַבֹּקֶר וְעַד־הַצָּהֳרַיִם לֵאמֹר הַבַּעַל עֲנֵנוּ וְאֵין קוֹל
כז וְאֵין עֹנֶה וַיְפַסְּחוּ עַל־הַמִּזְבֵּחַ אֲשֶׁר עָשָׂה: וַיְהִי בַצָּהֳרַיִם וַיְהַתֵּל בָּהֶם אֵלִיָּהוּ
וַיֹּאמֶר קִרְאוּ בְקוֹל־גָּדוֹל כִּי־אֱלֹהִים הוּא כִּי־שִׂיחַ וְכִי־שִׂיג לוֹ וְכִי־דֶרֶךְ לוֹ אוּלַי
כח יָשֵׁן הוּא וְיִקָץ: וַיִּקְרְאוּ בְּקוֹל גָּדוֹל וַיִּתְגֹּדְדוּ כְּמִשְׁפָּטָם בַּחֲרָבוֹת וּבָרְמָחִים עַד־
כט שְׁפָךְ־דָּם עֲלֵיהֶם: וַיְהִי כַּעֲבֹר הַצָּהֳרַיִם וַיִּתְנַבְּאוּ עַד לַעֲלוֹת הַמִּנְחָה וְאֵין־קוֹל
ל וְאֵין־עֹנֶה וְאֵין קָשֶׁב: וַיֹּאמֶר אֵלִיָּהוּ לְכָל־הָעָם גְּשׁוּ אֵלַי וַיִּגְּשׁוּ כָל־הָעָם אֵלָיו
לא וַיְרַפֵּא אֶת־מִזְבַּח יהוה הֶהָרוּס: וַיִּקַּח אֵלִיָּהוּ שְׁתֵּים עֶשְׂרֵה אֲבָנִים כְּמִסְפַּר שִׁבְטֵי
לב בְנֵי־יַעֲקֹב אֲשֶׁר הָיָה דְבַר־יהוה אֵלָיו לֵאמֹר יִשְׂרָאֵל יִהְיֶה שְׁמֶךָ: וַיִּבְנֶה אֶת־
לג הָאֲבָנִים מִזְבֵּחַ בְּשֵׁם יהוה וַיַּעַשׂ תְּעָלָה כְּבֵית סָאתַיִם זֶרַע סָבִיב לַמִּזְבֵּחַ: וַיַּעֲרֹךְ
לד אֶת־הָעֵצִים וַיְנַתַּח אֶת־הַפָּר וַיָּשֶׂם עַל־הָעֵצִים: וַיֹּאמֶר מִלְאוּ אַרְבָּעָה כַדִּים
מַיִם וְיִצְקוּ עַל־הָעֹלָה וְעַל־הָעֵצִים וַיֹּאמֶר שְׁנוּ וַיִּשְׁנוּ וַיֹּאמֶר שַׁלֵּשׁוּ וַיְשַׁלֵּשׁוּ:
לה לו וַיֵּלְכוּ הַמַּיִם סָבִיב לַמִּזְבֵּחַ וְגַם אֶת־הַתְּעָלָה מִלֵּא־מָיִם: וַיְהִי בַּעֲלוֹת הַמִּנְחָה
וַיִּגַּשׁ אֵלִיָּהוּ הַנָּבִיא וַיֹּאמַר יהוה אֱלֹהֵי אַבְרָהָם יִצְחָק וְיִשְׂרָאֵל הַיּוֹם יִוָּדַע כִּי־
אַתָּה אֱלֹהִים בְּיִשְׂרָאֵל וַאֲנִי עַבְדֶּךָ וּבִדְבָרְךָ עָשִׂיתִי אֵת כָּל־הַדְּבָרִים הָאֵלֶּה:
לז עֲנֵנִי יהוה עֲנֵנִי וְיֵדְעוּ הָעָם הַזֶּה כִּי־אַתָּה יהוה הָאֱלֹהִים וְאַתָּה הֲסִבֹּתָ אֶת־
לח לִבָּם אֲחֹרַנִּית: וַתִּפֹּל אֵשׁ־יהוה וַתֹּאכַל אֶת־הָעֹלָה וְאֶת־הָעֵצִים וְאֶת־הָאֲבָנִים
לט וְאֶת־הֶעָפָר וְאֶת־הַמַּיִם אֲשֶׁר־בַּתְּעָלָה לִחֵכָה: וַיַּרְא כָּל־הָעָם וַיִּפְּלוּ עַל־פְּנֵיהֶם
וַיֹּאמְרוּ יהוה הוּא הָאֱלֹהִים יהוה הוּא הָאֱלֹהִים:

1. הספרדים, כדרכם פעמים רבות, מקצרים את ההפטרה.

א. הקשר בין הפרשה להפטרה

משה רבנו הוא רבן של כל הנביאים, וְלֹא קָם נָבִיא עוֹד בְּיִשְׂרָאֵל כְּמֹשֶׁה (דברים לד, י). עם זאת קיימים קווי דמיון לא מעטים בין אליהו למשה. אליהו ברח מאחאב והסתתר (מל"א יז), ומשה ברח מפרעה ונסתר מפניו (שמות ב); ה' דרש מאליהו להיראות אל אחאב (בהפטרתנו), ודרש ממשה להיראות אל פרעה (שמות ד). אחרי המסופר בהפטרתנו, עתיד אליהו ללכת להר חורב במשך ארבעים יום וארבעים לילה בלא לאכול ובלא לשתות, וה' נגלה אליו שם פעמיים, כאשר הוא נמצא במערה, בנקרת הצור שמשה שהה בה (שמות לג, כב). אליהו עלה השמיימה ממזרח לירדן, אולי סמוך למקום שבו משה מת ועלה לשמיים. הקשר בין שניהם עולה היטב גם בפסוקים המסיימים את ספרי הנבואה:

> זִכְרוּ תּוֹרַת מֹשֶׁה עַבְדִּי, אֲשֶׁר צִוִּיתִי אוֹתוֹ בְחֹרֵב עַל כָּל יִשְׂרָאֵל חֻקִּים וּמִשְׁפָּטִים:
> הִנֵּה אָנֹכִי שֹׁלֵחַ לָכֶם אֵת אֵלִיָּה הַנָּבִיא, לִפְנֵי בּוֹא יוֹם ה' הַגָּדוֹל וְהַנּוֹרָא:
> (מלאכי ג, כב–כג)

בפרשתנו מתמודד משה עם עובדי העגל למרגלות הר סיני, שה' נגלה עליו באש אוכלת לעיני כל ישראל. בהפטרה נאבק אליהו בעובדי הבעל בהר הכרמל, בעת שה' נגלה באש, על המזבח שבנה אליהו.

ב. רקע

על אחאב מלך ישראל נאמר:

> וַיַּעַשׂ אַחְאָב בֶּן עָמְרִי הָרַע בְּעֵינֵי ה', מִכֹּל אֲשֶׁר לְפָנָיו: וַיְהִי הֲנָקֵל לֶכְתּוֹ בְּחַטֹּאות יָרָבְעָם בֶּן נְבָט, וַיִּקַּח אִשָּׁה אֶת אִיזֶבֶל בַּת אֶתְבַּעַל מֶלֶךְ צִידֹנִים, וַיֵּלֶךְ וַיַּעֲבֹד אֶת הַבַּעַל וַיִּשְׁתַּחוּ לוֹ: וַיָּקֶם מִזְבֵּחַ לַבָּעַל, בֵּית הַבַּעַל אֲשֶׁר בָּנָה בְּשֹׁמְרוֹן: וַיַּעַשׂ אַחְאָב אֶת הָאֲשֵׁרָה, וַיּוֹסֶף אַחְאָב לַעֲשׂוֹת לְהַכְעִיס אֶת ה' אֱלֹהֵי יִשְׂרָאֵל, מִכֹּל מַלְכֵי יִשְׂרָאֵל אֲשֶׁר הָיוּ לְפָנָיו:
> (טז, ל–לג)

ריה"ל מבאר בספר הכוזרי (ד, יד) את ההבדל הגדול בין סיעת ירבעם לסיעת אחאב. סיעת ירבעם אומנם עבדה את העגלים, אך הם הכריזו עליהם: הִנֵּה אֱלֹהֶיךָ יִשְׂרָאֵל, אֲשֶׁר

הֶעֱלוּךָ מֵאֶרֶץ מִצְרָיִם (יב, כח); העגלים היו צלם ודמות לצבא מרום, אך לא היו אֵל אחר. סיעת אחאב עבדו את הבעל ואת האשרה, האלים הכנעניים, ובכך כפרו בייחודו של הקב"ה, וחתרו לטמיעה בתוך התרבות הכנענית, שהביאה לישראל איזבל בת אתבעל מלך צידון. בעקבות מעשי איזבל גזר אליהו גזֵרת רעב קשה ביותר על הארץ. בשנה השלישית לרעב הורה הקב"ה לאליהו, מחמת רחמיו על עמו, לבשר על ירידת גשמים, אך לא אמר לו, ולו ברמז, שעליו לסגת ממלחמתו הבלתי מתפשרת בעבודת הבעל.

ג. מעמדו של 'עובדיהו אשר על הבית' ומשמעותו

וַיִּקְרָא אַחְאָב אֶל עֹבַדְיָהוּ אֲשֶׁר עַל הַבָּיִת, וְעֹבַדְיָהוּ הָיָה יָרֵא אֶת ה' מְאֹד:
(ג)

תפקיד 'אשר על הבית' היה, כנראה, השני בחשיבותו אחרי המלך (והמשנה למלך). הוא מקביל לראש השרים, ובימינו הוא מקביל לראש ממשלה במשטר נשיאותי. פרעה שמינה את יוסף למשנה למלך ולמפקח על כל ממלכתו, אמר לו (בראשית מא, מ): אַתָּה תִּהְיֶה עַל בֵּיתִי, וְעַל פִּיךָ יִשַּׁק כָּל עַמִּי. שֶׁבְנָא אֲשֶׁר עַל הַבָּיִת (ישעיהו כב, טו) היה בעל עמדת כוח גדולה משל חזקיהו בירושלים (סנהדרין כו ע"א), וכך עולה גם מתיאורו של אליקים בן חלקיהו שהחליפו (ישעיהו כב, כ-כד).

מלבד יראתו הגדולה את ה', סיכן עובדיהו את נפשו באופן ממשי כדי להציל מאה מנביאי ה' מידיה של איזבל, והיה אחראי על פרנסתם במערות. בהפטרות קודמות 'פגשנו' את עובדיהו פעמיים:

א. בהפטרת וירא, כאשר האישה שצעקה אל אלישע, על הסכנה שעומדת בפני בניה בשל חובות בעלה, העידה על בעלה (מל"ב ד, א): עַבְדְּךָ הָיָה יָרֵא אֶת ה', ועל פי מדרש חז"ל היה זה עובדיהו אשר היה על בית אחאב. שם כתבנו, שעובדיהו לָווה כסף רב מיהורם בן אחאב כדי לפרנס באמצעותו את הנביאים, ולאחר מותו של עובדיהו בא יהורם לגבות את חובו, ולקחת את ילדיו לעבדים.

ב. בהפטרת וישלח קראנו את נבואת עובדיה, שניבא על חורבן אדום בגלל מה שעוללה לישראל. על פי מדרש חז"ל (שלא כמפרשים רבים), עובדיה הנביא הוא עובדיה שמוזכר אצל אחאב. נשים לב: בעוד במדרש על הפטרת וירא עובדיה הוא אחד מ'בני הנביאים', במדרש זה הוא נביא בעצמו.

וַיֹּאמֶר אַחְאָב אֶל עֹבַדְיָהוּ, לֵךְ בָּאָרֶץ אֶל כָּל מַעְיְנֵי הַמַּיִם וְאֶל כָּל הַנְּחָלִים, אוּלַי

נִמְצָא חָצִיר, וּנְחַיֶּה סוּס וָפֶרֶד, וְלוֹא נַכְרִית מֵהַבְּהֵמָה: וַיְחַלְּקוּ לָהֶם אֶת הָאָרֶץ לַעֲבָר בָּהּ, אַחְאָב הָלַךְ בְּדֶרֶךְ אֶחָד לְבַדּוֹ, וְעֹבַדְיָהוּ הָלַךְ בְּדֶרֶךְ אֶחָד לְבַדּוֹ:
(ה)

שני דברים נוכל ללמוד מן המעשה של חיפוש החציר שבתחילת הפטרתנו:

א. עם כל הכעס על אחאב, שהחדיר לישראל את עבודת הבעלים, לא נוכל שלא לשַׁבְּחו על שהוא עצמו עוזב את היכלו, והולך לחפש חציר לבעלי החיים (כנראה, סוסי המרכבות הרבות שהחזיק לצורכי הצבא), ושולח את ראש השרים לעשות כך בחלק אחר של הארץ. על תכונה זו של אחאב נרחיב בע״ה להלן.

ב. לאחאב היו שני יועצים רמי מעלה: האחת – אשתו, איזבל בת אתבעל מלך צידון, שהייתה יועצתו להרשיע ולהחדיר לארץ את עבודת הבעלים (בהמשך היא תייעץ לו עצה רעה גם בפרשת כרם נבות). השני – עובדיהו, שאותו מינה אחאב לראש שריו, ואיתו הוא מחלק כאן את האחריות על הממלכה. עובדיהו היה תלמידו של אליהו, והיה ירא את ה׳ עד מאוד, ואולי היה גם נביא ה׳. אחאב מיטלטל בין שני יועצים אלו, שהובילו אותו לכיוונים שונים ומנוגדים.[2] וכך יש להבין את מה שיאמר אליהו הנביא להלן:

... עַד מָתַי אַתֶּם פֹּסְחִים עַל שְׁתֵּי הַסְּעִפִּים, אִם ה׳ הָאֱלֹהִים לְכוּ אַחֲרָיו, וְאִם הַבַּעַל לְכוּ אַחֲרָיו...
(כא)

חז״ל מבינים, שהצלת מאה הנביאים, לא הייתה ידועה לאחאב, והוא שאמר עובדיה לאליהו: הֲלֹא הֻגַּד לַאדֹנִי, אֵת אֲשֶׁר עָשִׂיתִי בַּהֲרֹג אִיזֶבֶל אֵת נְבִיאֵי ה׳, וָאַחְבִּא מִנְּבִיאֵי ה׳... וָאֲכַלְכְּלֵם לֶחֶם וָמָיִם (יג). חז״ל משבחים את העם, שלא הודיעו למלך על הנביאים המוחבאים, ומעיר על כך המדרש:

וכל עמא ידעי ולא מפרסמי למלכא (= וכל העם יודע, ואינו מגלה למלך).
(במדבר רבה יט)

אך לעיל ראינו, שכנראה גם יהורם, בן המלך, ידע על נביאים אלו. האומנם רק המלך לא ידע?! ושמא אפשר לומר, שגם אחאב ידע זאת, אלא שבחר להעלים עיניו

2. הערה זו שמעתי בצעירותי ממו״ר הרב יואל בן נון.

ממעשהו של עובדיה, ולא סיפר על כך לאיזבל, שרדפה את נביאי ה'. אפשר, שדבר זה רמוז גם במדרש:

> וְהָעֹרְבִים מְבִיאִים לוֹ לֶחֶם וּבָשָׂר בַּבֹּקֶר וְלֶחֶם וּבָשָׂר בָּעָרֶב (יז, ו) – ואמר רב יהודה אמר רב: מבי טבחי דאחאב!
>
> (חולין ה ע"א)

לפי דברי רב יהודה, מזונו של אליהו הגיע ממטבחו של אחאב, ואפשר, שמשם בא גם מזונם של מאה הנביאים שהחביא עובדיהו, ואחאב העלים עיניו.[3]

ד. הִנֵּה אֵלִיָּהוּ

דמותו המסתורית של אליהו במסורת ישראל, הנביא שנמצא ואינו נמצא, הנעלם לפתע בהיסח הדעת, מבוססת על דברי עובדיהו בהפטרתנו. כשאליהו מורה לעובדיהו לומר לאחאב הִנֵּה אֵלִיָּהוּ (ח), נבהל עובדיהו ואומר:

> וְהָיָה אֲנִי אֵלֵךְ מֵאִתָּךְ, וְרוּחַ ה' יִשָּׂאֲךָ עַל אֲשֶׁר לֹא אֵדָע, וּבָאתִי לְהַגִּיד לְאַחְאָב וְלֹא יִמְצָאֲךָ, וַהֲרָגָנִי...
>
> (יב)

מדברים אחרים שאמר עובדיהו לאליהו, אפשר ללמוד על מעמדו הבכיר של אחאב בקרב מלכי האזור:

> חַי ה' אֱלֹהֶיךָ, אִם יֶשׁ גּוֹי וּמַמְלָכָה אֲשֶׁר לֹא שָׁלַח אֲדֹנִי שָׁם לְבַקֶּשְׁךָ, וְאָמְרוּ אָיִן, וְהִשְׁבִּיעַ אֶת הַמַּמְלָכָה וְאֶת הַגּוֹי, כִּי לֹא יִמְצָאֶכָּה:
>
> (י)

מכוחם פסוקים אלו אמרו חז"ל על אחאב, שהיה משלושה מלכים ש'מלכו בכיפה' (= מלכו על ארצות רבות):

> תנו רבנן: שלשה מלכו בכיפה, ואלו הן: אחאב, ואחשורוש, ונבוכדנצר. אחאב –

3. הסוגיה ההלכתית הכרוכה בכך היא סוגיית 'בשר שנתעלם מן העין' (חולין צה ע"א, וראה שם ה ע"א).

דכתיב: אִם יֶשׁ גּוֹי וּמַמְלָכָה אֲשֶׁר לֹא שָׁלַח אֲדֹנִי שָׁם לְבַקֶּשְׁךָ... וְהִשְׁבִּיעַ אֶת הַמַּמְלָכָה וְאֶת הַגּוֹי, כִּי לֹא יִמְצָאֶכָּה. ואי לא דהוה מליך עלייהו – היכי מצי משבע להו (= ואם לא מלך עליהם – כיצד יכול היה להשביע אותם)?

(מגילה יא ע"א)

מדרש זה מתאים למופיע בכתובת שלמנאסר השלישי על קרב קרקר, בה נאמר, שאחאב היה המלך החזק בברית שנים עשר המלכים, שלחמו במלך אשור.[4]

ה. מיהו עֹכֵר יִשְׂרָאֵל?

וַיְהִי כִּרְאוֹת אַחְאָב אֶת אֵלִיָּהוּ, וַיֹּאמֶר אַחְאָב אֵלָיו, הַאַתָּה זֶה עֹכֵר יִשְׂרָאֵל: וַיֹּאמֶר, לֹא עָכַרְתִּי אֶת יִשְׂרָאֵל, כִּי אִם אַתָּה וּבֵית אָבִיךָ, בַּעֲזָבְכֶם אֶת מִצְוֹת ה' וַתֵּלֶךְ אַחֲרֵי הַבְּעָלִים:

(יז–יח)

הקורא עלול להרים גבה ולתמוה על השאלה שהצבנו בכותרת. בוויכוח בין נביא ה' לבין המלך שמכעיס את ה', ודאי נאחז בשיפולי גלימתו של אליהו, ונאמר, שעוכר ישראל הוא אחאב, ולא אליהו. כמובן, תשובה זו תהיה גם מסקנתנו, אך הדרך להגיע אליה ארוכה ומורכבת.

כבר הערנו לעיל, שבכל הנוגע לאהבת ישראל ולדאגה לשלומם, אחאב ראוי לשֶׁבַח, על כך שיִּחֵד עם ראש שריו עזב את ארמונו, ויצא לנחלי הארץ לבקש חציר לבהמות. להלן נראה, שאחאב גם כופף את ראשו לפני אליהו, ומילא את דרישתו לִקְבּוֹץ את נביאי הבעל ואת נביאי האשרה להר הכרמל כדי להביא סיכוי לגשם. הוא גם קיבל את תוכחתו הקשה של אליהו על פרשת כרם נבות, שהייתה בעיקר באשמת איזבל אשתו; הוא לא העניש את אליהו, אלא קרע את בגדיו וצם (כא, כז). במלחמות מול בן הדד מלך ארם עמד אחאב בראש חייליו בחזית, וכשנפצע במלחמה השלישית, לא התפנה מן המערכה (כיהורם בנו), אלא המשיך לעמוד במרכבתו, כדי שלא להפיל את ליבם של ישראל, עד שמת מאובדן דם:

4. 'קרב קרקר' נערך ליד העיר קרקר (בצפון מערב סוריה של ימינו), ובו נלחמו שתים עשרה ממלכות אזוריות (ישראל, ארם, גבל, מצרים ועוד) בשלמנאסר מלך אשור, כדי לבלום את התפשטות ממלכת אשור, שאיימה להשתלט על המרחב כולו. בכתובת שנמצאה מפרט שלמנאסר את גודל הצבאות שעמדו מולו, וצבא אחאב מופיע כצבא הגדול ביותר – אלפיים מרכבות ועשרת אלפים רגלים.

וַתַּעֲלֶה הַמִּלְחָמָה בַּיּוֹם הַהוּא, וְהַמֶּלֶךְ הָיָה מָעֳמָד בַּמֶּרְכָּבָה נֹכַח אֲרָם, וַיָּמָת בָּעֶרֶב, וַיִּצֶק דַּם הַמַּכָּה אֶל חֵיק הָרָכֶב:

(כב, לה)

יש להניח, שכניעתו של אחאב לגחמות האליליות של איזבל אשתו נבעו מרצונו לשקם את צבא ישראל אחרי מלחמות אחים בלתי פוסקות מול יהודה ובתוך ממלכת שומרון ובהפיכות הרבות שהיו במלכות ישראל עד לימיו. צידון הייתה ממלכה עשירה, ובכוחה היה לעזור לממלכת ישראל לשקם את עצמה, אך איזבל ואביה החזיקו את ידם בחוזקה על ה'ברז' של הסיוע, ודרשו בתמורה כניעה לתרבות אלילי צידון. אכן, כפי שכבר ראינו, גם בדברי חז"ל וגם בתעודות אשוריות בנות התקופה, אחאב הביא את ממלכת שומרון להיות הממלכה החזקה באזור. בריתו עם יהושפט, מלך יהודה הַצַּדִּיק, מלמדת זכות כלשהי גם על אחאב. מי שראה את אחאב בצידו המאיר ובדאגתו לממלכת ישראל, היה הראי"ה קוק בהספדו על מות הרצל ('המספד בירושלים'),[5] שראה באחאב דמות בָּבוּאָה של משיח בן יוסף (ודימה אליו את בנימין זאב הרצל, חוזה המדינה, שלא שמר מצוות, אך דאג לעם ישראל).

האומנם יש בסיס גם ללימוד הזכות שלנו על נישואיו וכניעתו לאיזבל המושחתת שדבקה בתועבות אלילי כנען עד כלות? אפשר שיש בסיס! בסיומה של שנת הרעב הראשונה, ולאחר שיָּבַש נחל כרית ממנו שתה אליהו, אליהו הצטווה בציווי הבא:

וַיְהִי דְבַר ה' אֵלָיו לֵאמֹר: קוּם לֵךְ צָרְפַתָה אֲשֶׁר לְצִידוֹן, וְיָשַׁבְתָּ שָׁם, הִנֵּה צִוִּיתִי שָׁם אִשָּׁה אַלְמָנָה לְכַלְכְּלֶךָ:

(יז, ח–ט)

אליהו נשלח להתפרנס ממטבחה של אישה צידונית (על פי הסיפור, היא הייתה כנראה בת ישראל). אפשר, שיש כאן רמז שנועד לתת לו להבין, ולוּ במקצת, את אחאב ועַמו, המתפרנסים אף הם מ'מטבחה' של אישה צידונית – איזבל בת מלך צידון העשיר.

*

אפשר, שכך יש להבין את הביקורת החריפה של אחאב כלפי אליהו, שבשם הנאמנות לה' ולתורתו גזר (ביוזמתו!) רעב של כליה על עם ישראל כדי להשיבם לאלוהיהם. אכן, גם לחז"ל היה קורטוב של ביקורת כלפי אליהו:

5. מאמרי הראי"ה א (ירושלים התשד"ם), עמ' 94-99.

שלשה נביאים הם. אחד תבע כבוד האב, ולא תבע כבוד הבן; ואחד תבע כבוד הבן, ולא תבע כבוד האב; ואחד תבע כבוד הבן וכבוד האב. אליהו תבע כבוד האב, ולא תבע כבוד הבן, שנאמר (יט, יד): קַנֹּא קִנֵּאתִי לַה' אֱלֹהֵי צְבָאוֹת; יונה תבע כבוד הבן, ולא תבע כבוד האב... ירמיה תבע כבוד האב וכבוד הבן.

(אבות דרבי נתן [נו"ב] פרק מז)

מרוחו של המדרש נראה בפשטות, שירמיהו, שתבע כבוד האב וכבוד הבן, עדיף מאליהו, שתבע רק את כבוד האב, ומיונה, שתבע רק את כבוד הבן. נדמה, שגם למקרא עצמו יש ביקורת כלפי אליהו, והיא מופיעה בפרשת האישה הצרפית, בה מצטייר אליהו, כמי שמפזר בסביבתו את מידת הדין ופקידת כל עוון (יז, יח).

מסקנת המקראות, ובצדק, היא, שאליהו צדק יותר מאחאב. כשאליהו נאלץ להסתלק בעקבות קנאותו, ולהותיר את אלישע תחתיו, פקדו את הארץ משבר רעב ומשבר מדיני וביטחוני, שהיו קשים שבעתיים מן הרעב שגזר אליהו כדי להשיב את העם אל אלוהיו. אך באותה שעה, שעת הוויכוח בין אחאב לאליהו, קשה היה למי שאינו נביא לראות זאת.

ו. הר הכרמל

וְעַתָּה שְׁלַח קְבֹץ אֵלַי אֶת כָּל יִשְׂרָאֵל אֶל הַר הַכַּרְמֶל וְאֶת נְבִיאֵי הַבַּעַל אַרְבַּע מֵאוֹת וַחֲמִשִּׁים וּנְבִיאֵי הָאֲשֵׁרָה אַרְבַּע מֵאוֹת, אֹכְלֵי שֻׁלְחַן אִיזָבֶל: וַיִּשְׁלַח אַחְאָב בְּכָל בְּנֵי יִשְׂרָאֵל, וַיִּקְבֹּץ אֶת הַנְּבִיאִים אֶל הַר הַכַּרְמֶל:

(יט-כ)

אליהו קבע, שההתמודדות מול נביאי הבעל תהיה בהר הכרמל. מן הכתובים עולה, שבעבר היה בְּמָקום מזבח לה', אולי מתקופת הֶתר הבמות. מזבח זה נהרס בידי נביאי הבעל, ובהפטרתנו אליהו הנביא בונה אותו מחדש, כנאמר: וַיְרַפֵּא אֶת מִזְבַּח ה' הֶהָרוּס (ל).[6]

6. כמה עלינו להודות לקב"ה, שזיכנו לגדול כאן, בארץ ה', וללמוד בה את תורתו! רש"י (ובעקבותיו הר"י אברבנאל) מביא מדרש (שלא הצלחתי לאתר אותו), שמזבח ה' ההרוס הוא המזבח שהקים שאול בכרמל אחרי ניצחונו על עמלק: "מדרשו שמעתי, ששאול בנה מזבח בהר הכרמל, וזהו שאמר (שמ"א טו, יב): בָּא שָׁאוּל הַכַּרְמֶלָה, וְהִנֵּה מַצִּיב לוֹ יָד... ומלכי ישראל הרסו כל המזבחות והבמות שבארצם שנעשה לשם שמים, ובנה אליהו מזבח זה של שאול, שהיה הרוס" (רש"י יח, ל). רש"י לא זכה לעלות לארץ ישראל, וכתב כפי שכתב. אנו, החיים כאן, יודעים להבדיל בין כרמל שבדרך לנגב, מקום מושבו של עמלק (כנראה ליד ח' כרמיל, סמוך למושב כרמל שבדרום

יש, לכאורה, מקום לתמוה על אליהו, שהקים מזבח מחוץ למקדש ה׳ שעמד באותה עת בירושלים, ונדון בכך להלן. עתה נציין, שהר הכרמל היה, כנראה, מרכז לעבודת הבעל בימי אליהו ואחאב. הכרמל הוא הר פורה ועשיר בצמחייה רבה,[7] הוא יפה ונישא וחודר לים. המפרץ למרגלותיו התאים מאוד לקשר ימי עם צידון ואתבעל מלכה, והוא התאים מאוד לפולחן הבעל, אל הפריון הכנעני. נראה, שאליהו בחר בכוונה את הזירה הנוחה ליריב ולתעלולי פולחנו, כדי להוכיח את חדלונו מול ה׳ אלוהי ישראל. הוא עשה זאת כשלוש שנים קודם, כשגזר על הגשם מלרדת, כדי להוכיח את חדלונו של הבעל, אל הפריון והגשמים, והוא עשה זאת שוב עתה, כשבחר בהר הכרמל.

חז״ל במדרשם ראו את הר הכרמל, כהר שבא להתחרות בהר סיני בשאלה על איזה הר תינתן התורה:

> כשעמד הקדוש ברוך הוא, ואמר: אָנֹכִי ה׳ אֱלֹהֶיךָ (שמות כ, ב), היו ההרים מתרעשים והגבעות מתמוטטות, ובא תבור מבית אלים, וכרמל מאספמיא.
>
> (מכילתא דר״י יתרו, מסכתא דבחֹדש, ה)

נראה, שמועמדותו של הר הכרמל להיות המקום שעליו תינתן התורה לקוחה מהתגלות ה׳ שבפרקנו, שבעקבותיה קיבלו כל ישראל עול מלכות שמיים, וקראו: ה׳ הוּא הָאֱלֹהִים, ה׳ הוּא הָאֱלֹהִים.

ז. הפסיחה על שתי הסעִפּים

> וַיִּגַּשׁ אֵלִיָּהוּ אֶל כָּל הָעָם וַיֹּאמֶר, עַד מָתַי אַתֶּם פֹּסְחִים עַל שְׁתֵּי הַסְּעִפִּים, אִם ה׳ הָאֱלֹהִים לְכוּ אַחֲרָיו, וְאִם הַבַּעַל לְכוּ אַחֲרָיו, וְלֹא עָנוּ הָעָם אֹתוֹ דָּבָר:
>
> (כא)

סְעִפִּים הם ענפי עץ, המסתעפים ממנו. על כל סעיף ניתן לבנות קן ציפור. בסעיפים שבמשל ישנם שני קינים – קן אחד בכל סעיף. האֵלים, אֱלי העמים, מעופפים בשמי שמיים ודומים לציפורים המגִנות על קיניהן. כך תיאר זאת מלך אשור, שכבש והכריע

מזרח הר חברון), ששם הציב שאול יד, לבין הר הכרמל שבצפון הארץ, ושממנו נשקף הים, כעולה מהמשך המעשה שבהפטרתנו.

7. יורם טהרלב ז״ל כתב על הר הכרמל את שירו ׳ההר הירוק תמיד׳, והפזמון החוזר של השיר מדבר על ההר שירוק במשך כל ימות השנה.

את כל מלכי הארץ, ומאוחר יותר זמם לעשות כך גם לירושלים (בימי חזקיהו, ימים רבים אחרי אליהו ואחאב):

כִּי אָמַר, בְּכֹחַ יָדִי עָשִׂיתִי וּבְחָכְמָתִי כִּי נְבֻנוֹתִי... וַתִּמְצָא כַקֵּן יָדִי לְחֵיל הָעַמִּים, וְכֶאֱסֹף בֵּיצִים עֲזֻבוֹת כָּל הָאָרֶץ אֲנִי אָסָפְתִּי, וְלֹא הָיָה נֹדֵד כָּנָף וּפֹצֶה פֶה וּמְצַפְצֵף:
(ישעיהו י, יג-יד)

ישעיהו לועג לאלוהי העמים, ואוסף את ביציהם מהקן, והם, 'הציפורים', אינם מעִזּים למחות בו. אך שונה מהם הקב"ה:

כְּצִפֳּרִים עָפוֹת כֵּן יָגֵן ה' צְבָאוֹת עַל יְרוּשָׁלָם, גָּנוֹן וְהִצִּיל, פָּסֹחַ וְהִמְלִיט:
(שם לא, ה)

אליהו מוחה בעם שאינו מחליט על איזה סעיף לחנות, ובאיזה קן לבחור את הגנתו – בקִנו של ה', או בקִנו של הבעל.

*

הפוסח על שתי הסעיפים, מרקד על שני הענפים. עם ישראל עובד את ה', אך עובד גם את הבעל, ואינו חש בסתירה שבדבר. לעיל תיארנו כך את אחאב, המובל על ידי איזבל, שהביאה לישראל את פולחן הבעל, אך ליבו נתון גם לעובדיהו, ראש שריו, שהיה ירא את ה' מאוד. אליהו דרש מן העם להחליט, כיוון ששתי הנאמנויות סותרות זו את זו.

כדבר הלמד מעניינו למדנו, שפסיחה עַל אינה פסיחה מֵעַל.[8] לפסוח מֵעַל משמעו לדלג מעל הענף. לפסוח עַל משמעו להיות על הענף. כך גם בפסיחת ה' על פתחי ישראל בעת מכת בכורות במצרים. ההבנה המקובלת היא, שה' הכה את הבכורות בבתי מצרים, ודילג מֵעַל בתי ישראל ולא הכה בהם. הפסיחה בהפטרתנו מלמדת, שה' נמצא עַל בתי ישראל, שבהם מקריבים את קורבנו, והוא שומר עליהם מהמשחית, המכה בבתי מצרים:

... וּפָסַח ה' עַל הַפֶּתַח, וְלֹא יִתֵּן הַמַּשְׁחִית לָבֹא אֶל בָּתֵּיכֶם לִנְגֹּף:
(שמות יב, כג)

8. הראי"ה קוק, מדבר שור, הדרוש השישה עשר.

ח. המזבח שהקים אליהו

שתים עשרה אבנים

וַיִּקַּח אֵלִיָּהוּ שְׁתֵּים עֶשְׂרֵה אֲבָנִים כְּמִסְפַּר שִׁבְטֵי בְנֵי יַעֲקֹב, אֲשֶׁר הָיָה דְבַר ה׳ אֵלָיו לֵאמֹר, יִשְׂרָאֵל יִהְיֶה שְׁמֶךָ:
(לא)

שתים עשרה אבנים כמספר השבטים היו גם במעמד הר סיני (בהר סיני היו האבנים נפרדות מן המזבח, וכאן הן עצמן היוו את המזבח):

וַיַּשְׁכֵּם בַּבֹּקֶר, וַיִּבֶן מִזְבֵּחַ תַּחַת הָהָר, וּשְׁתֵּים עֶשְׂרֵה מַצֵּבָה לִשְׁנֵים עָשָׂר שִׁבְטֵי יִשְׂרָאֵל:
(שמות כד, ד)

שתים עשרה אבנים למספר השבטים היו גם בחושן שהיה על הכוהן הגדול:

וְהָאֲבָנִים תִּהְיֶיןָ עַל שְׁמֹת בְּנֵי יִשְׂרָאֵל, שְׁתֵּים עֶשְׂרֵה עַל שְׁמֹתָם, פִּתּוּחֵי חוֹתָם אִישׁ עַל שְׁמוֹ תִּהְיֶיןָ לִשְׁנֵי עָשָׂר שָׁבֶט:
(שם כח, כא)

שתים עשרה אבנים היו גם בעת חציית הירדן:

וַיַּעֲשׂוּ כֵן בְּנֵי יִשְׂרָאֵל... וַיִּשְׂאוּ שְׁתֵּי עֶשְׂרֵה אֲבָנִים מִתּוֹךְ הַיַּרְדֵּן... לְמִסְפַּר שִׁבְטֵי בְנֵי יִשְׂרָאֵל... וּשְׁתֵּים עֶשְׂרֵה אֲבָנִים הֵקִים יְהוֹשֻׁעַ בְּתוֹךְ הַיַּרְדֵּן, תַּחַת מַצַּב רַגְלֵי הַכֹּהֲנִים נֹשְׂאֵי אֲרוֹן הַבְּרִית, וַיִּהְיוּ שָׁם עַד הַיּוֹם הַזֶּה:
וְאֵת שְׁתֵּים עֶשְׂרֵה הָאֲבָנִים הָאֵלֶּה אֲשֶׁר לָקְחוּ מִן הַיַּרְדֵּן, הֵקִים יְהוֹשֻׁעַ בַּגִּלְגָּל:
(יהושע ד, ח-ט; כ)

על פי מסורת חז״ל (תוספתא סוטה ח), אבנים אלו היו גם בהר עיבל. מן המקראות שהבאנו כאן נראה, כמדרש חז״ל, שגם אצל יעקב בבית אל היו שתים עשרה אבנים, שהתחברו לאבן אחת (בראשית כח, יא; יח).

המכנה המשותף העיקרי לכל המקומות הנזכרים הוא כריתת ברית בין ה׳ ובין ישראל והתגלות של ה׳ עליהם. אפשר, שאליהו התכוון לכרות בהר

הכרמל ברית חדשה בין ישראל לבין ה׳, אחרי שחוללה על ידי אחאב והמזבחות שבנה לבעל.

לכאורה, היה אליהו צריך לבנות את המזבח בהר הכרמל מעשר אבנים בלבד, כמספר שבטי ממלכת שומרון, שהרי יהודה ובנימין לא היו שייכים למעמד זה; הם עבדו את ה׳ בהר המוריה שבירושלים. אך למרות זאת, אליהו בנה את המזבח משתים עשרה אבנים, בהדגשה על שנים עשר השבטים שהיו בעת שיעקב נקרא בשם ישראל. התגלות של ה׳ לא תתרחש על עשרה שבטים, אלא רק כאשר הנוכחים מייצגים שנים עשר שבטים. נראה, שהשכינה עברה לשעה אחת מהר המוריה להר הכרמל, ובכך נדון בע״ה להלן.

בית סאתיים

וַיִּבְנֶה אֶת הָאֲבָנִים מִזְבֵּחַ בְּשֵׁם ה׳, וַיַּעַשׂ תְּעָלָה כְּבֵית סָאתַיִם זֶרַע סָבִיב לַמִּזְבֵּחַ:
(לב)

בית סאתיים מסביב למזבח הם חמישים אמה על מאה אמה כחצר המשכן:

אֹרֶךְ הֶחָצֵר מֵאָה בָאַמָּה וְרֹחַב חֲמִשִּׁים בַּחֲמִשִּׁים...
(שמות כז, יח)

וכמה שיעור סאתים – כחצר המשכן. מנא הני מילי? אמר רב יהודה, דאמר קרא: אֹרֶךְ הֶחָצֵר מֵאָה בָאַמָּה וְרֹחַב חֲמִשִּׁים בַּחֲמִשִּׁים.
(עירובין כג ע״ב)

אליהו הקפיד לבנות את המזבח כדמותו במשכן, בעת שעמד בחצרו. הַתְּעלה שהוא חפר הייתה ארוכה מאוד, ואפשר, שהעומדים שם סייעו לו לחופרה.

שפיכת המים

וַיֹּאמֶר, מִלְאוּ אַרְבָּעָה כַדִּים מַיִם, וְיִצְקוּ עַל הָעֹלָה וְעַל הָעֵצִים, וַיֹּאמֶר שְׁנוּ, וַיִּשְׁנוּ, וַיֹּאמֶר שַׁלֵּשׁוּ, וַיְשַׁלֵּשׁוּ: וַיֵּלְכוּ הַמַּיִם סָבִיב לַמִּזְבֵּחַ, וְגַם אֶת הַתְּעָלָה מִלֵּא מָיִם:
(לד-לה)

המים שנשפכו מסביב למזבח ולתעלה הובאו בשנים עשר כדים, ואכן, הם נראים

כקורבן שהובא בשם שבטי ישראל. נוכל לתאר לעצמנו מה חשב והרגיש העם על נשיו וטפו, שעמדו כולם שעות רבות בגרון ניחר ויבש, כשהם מצפים למעט מים להרטיב את גרונם, כשהם ראו שנים עשר כדי מים, שנשפכים ללא סיבה ברורה מסביב למזבח הגדול. מה חשו הצופים, כששמעו את בכי התינוקות, שביקשו את המים לעצמם?!

קיים דמיון בין המעמד בהר הכרמל לבין שעת ניסוך המים במקדש בחג הסוכות. חג הסוכות חל בסוף הקיץ, כשבארות ובורות המים כמעט יבשים, והכול מצפים לגשמי השנה החדשה שימלאו אותם. המים בימי חג סוכות הם הדלוחים ביותר, מן הקרקעית, אך הם גם היקרים ביותר, כיוון שימי סוף הקיץ הם ימי מחסור במים. בימים אלו של חג הסוכות מנסכים במקדש את המים לשם ה׳, ואומרים לו בזה, שאנו מקריבים לפניו את המים היקרים לנו ביותר והנחוצים לנו ביותר, במקום לשתות אותם, ומבקשים ממנו, שיברך לנו את גשמי השנה החדשה. כך נהג אליהו, כשנטל את המים האחרונים שהיו, הקריב אותם לה׳, וביקש את ירידת הגשמים.

ונוסיף לפרק זה את הפסוק שאומר אליהו אחרי הקמת המזבח והכנתו:

עֲנֵנִי ה׳ עֲנֵנִי, וְיֵדְעוּ הָעָם הַזֶּה, כִּי אַתָּה ה׳ הָאֱלֹהִים, וְאַתָּה הֲסִבֹּתָ אֶת לִבָּם אֲחֹרַנִּית:
(לז)

הדרך הפשוטה להבין את דברי אליהו על ה׳, המֵסב את ליבם של בני ישראל אחורנית, היא כפירוש הרס״ג (והר״י אברבנאל), שברגע שה׳ יענה את אליהו, הוא יסב בכך את לב בני ישראל מנהייתם אחרי הבעל לשוב אל ה׳.

נביא גם את פירושו של ריש לקיש:

אמר רבי שמעון בן לקיש: שלשה כפרו בנבואתן מפני פונרייה (= לפַנות את הלב ממחשבות כפירה ולהחזיק את אמונת ה׳). ואילו הן: משה ואליהו ומיכה. משה אמר (במדבר טז, כט): אִם כְּמוֹת כָּל הָאָדָם יְמֻתוּן אֵלֶּה... לֹא ה׳ שְׁלָחָנִי, אליהו אמר: עֲנֵנִי ה׳ עֲנֵנִי, וְיֵדְעוּ הָעָם הַזֶּה, כִּי אַתָּה ה׳ הָאֱלֹהִים, ואם לאו – וְאַתָּה הֲסִבֹּתָ אֶת לִבָּם אֲחֹרַנִּית, מיכה אמר (כב, כח): [וַיֹּאמֶר מִיכָיְהוּ] אִם שׁוֹב תָּשׁוּב בְּשָׁלוֹם, לֹא דִבֶּר ה׳ בִּי.

(ירושלמי סנהדרין פ״י, ה״א)

וכך מפרש ריש לקיש את דברי אליהו: אם לא תענני – אתה, ה׳, גורם, שליבם יוסב אחורנית ממך אל עבודת הבעל.[9]

9. התלמוד הבבלי (ברכות לא ע״ב) הביא פירוש חשוב נוסף, אך עת לקצר.

ויהי בעלות המנחה

> וַיְהִי בַּעֲלוֹת הַמִּנְחָה, וַיִּגַּשׁ אֵלִיָּהוּ הַנָּבִיא וַיֹּאמַר, ה׳ אֱלֹהֵי אַבְרָהָם יִצְחָק וְיִשְׂרָאֵל, הַיּוֹם יִוָּדַע כִּי אַתָּה אֱלֹהִים בְּיִשְׂרָאֵל, וַאֲנִי עַבְדֶּךָ...

(לו)

ההסבר המקובל למילים בַּעֲלוֹת הַמִּנְחָה הוא, שאליהו הקריב את מנחתו במקביל לקורבן מנחת הערב בבית המקדש.[10] ממו״ר הרב יואל בן נון למדתי פירוש שונה, ואני מזדהה עימו. אליהו הקריב רק לאחר שעלתה המנחה בבית המקדש, ואולי אף משננעלו שערי ההיכל בירושלים. השכינה לא יכלה לשרות על מזבחו של אליהו בהר הכרמל, בטרם נסתיימה העבודה במקדש בירושלים, וכל עוד השכינה שרתה שם. ה׳ אחד ושמו אחד, וגם שכינתו אינה שורה אלא במקום אחד.

ט. מידת חירותו של הנביא לפעול בשם ה׳

> ... וַאֲנִי אֶקְרָא בְשֵׁם ה׳, וְהָיָה הָאֱלֹהִים אֲשֶׁר יַעֲנֶה בָאֵשׁ, הוּא הָאֱלֹהִים, וַיַּעַן כָּל הָעָם וַיֹּאמְרוּ, טוֹב הַדָּבָר:

(כד)

ארבע שאלות עולות על עצמאותו של אליהו במאבק על החזרת עם ישראל מעבודת הבעל אל חיק עבודת ה׳ – שלוש מהן בהפטרתנו ואחת לְיָדָה:

א. אליהו גזר בצורת קשה בעקבות מעשי אחאב. לפי פשטי המקראות, הוא לא נצטווה על כך במפורש מפי ה׳:

> וַיֹּאמֶר אֵלִיָּהוּ הַתִּשְׁבִּי מִתֹּשָׁבֵי גִלְעָד אֶל אַחְאָב, חַי ה׳ אֱלֹהֵי יִשְׂרָאֵל אֲשֶׁר עָמַדְתִּי לְפָנָיו, אִם יִהְיֶה הַשָּׁנִים הָאֵלֶּה טַל וּמָטָר, כִּי אִם לְפִי דְבָרִי:

(יז, א)

האומנם רשאי היה אליהו ליטול מן הקב״ה את ׳מפתח הגשמים׳,[11] ו׳לכפות׳ עליו לעצור את המטר?

10. ראו מצודת דוד ופירוש ׳דעת מקרא׳ כאן.
11. ראו תנחומא ויצא טז ומדרש תהלים עח.

ב. ה׳ שלח את אליהו אל אחאב כדי לבשר לו, שהוא עומד לתת מטר על הארץ. אליהו לא עשה זאת, ובמקום זאת שולח את אחאב לכנוס את נביאי הבעל לכרמל, ויחד איתם את כל ישראל. בסופו של דבר הוא מביא את ה׳ להוריד גשם רק אחרי שחיטת כל נביאי הבעל ונביאי האשרה. האם היה רשאי לנהוג כך?

ג. אליהו בנה מזבח והקריב בהר הכרמל, למרות שהתורה אסרה להקריב לה׳ מחוץ למקום אשר יבחר ה׳, כלומר: בהר המוריה בירושלים. מה פשר מעשהו?

ד. לכאורה, אליהו ׳מכתיב׳ לקב״ה להוריד על מזבחו אש מן השמיים, כתנאי לכך שעם ישראל יאמין בו. האומנם הוא היה רשאי לעשות זאת?!

ננסה להציע תשובות לשאלותינו.

א. גזרת הבצורת

בתחילת דברינו בהפטרה זו השווינו בין משה לאליהו. נדון כאן על אחד מרגעי ה׳חירות׳ הגדולים, שבהם הרשה משה לעצמו לעבור על דברי תורה (כהוראת שעה), ואפילו לומר זאת בשם ה׳. נשוב למעשה העגל:

וַיַּעֲמֹד מֹשֶׁה בְּשַׁעַר הַמַּחֲנֶה, וַיֹּאמֶר, מִי לַה׳ אֵלָי, וַיֵּאָסְפוּ אֵלָיו כָּל בְּנֵי לֵוִי: וַיֹּאמֶר לָהֶם, כֹּה אָמַר ה׳ אֱלֹהֵי יִשְׂרָאֵל, שִׂימוּ אִישׁ חַרְבּוֹ עַל יְרֵכוֹ, עִבְרוּ וָשׁוּבוּ מִשַּׁעַר לָשַׁעַר בַּמַּחֲנֶה וְהִרְגוּ אִישׁ אֶת אָחִיו וְאִישׁ אֶת רֵעֵהוּ וְאִישׁ אֶת קְרֹבוֹ:
(שמות לב, כו-כז)

והקורא תמה: מעולם לא שמענו, שה׳ ציווה את משה לצוות על המתנדבים לחגור חרב ולהרוג את קרוביהם שחטאו בעגל. האומנם אמר משה בשם ה׳, דברים שלא שמע מה׳?!

להבנתנו, משה פירש כך את תוצאות הוויכוח שלו עם ה׳ על כיליון בני ישראל. ה׳ רצה לכלותם, אך ׳ביקש את רשותו׳ של משה לעשות זאת, באומרו (שם כט): וְעַתָּה הַנִּיחָה לִּי, וְיִחַר אַפִּי בָהֶם, וַאֲכַלֵּם. משה ביקש ארכָּה כדי לתקן את החטא ולהביא לביטול הגזֵרה. הוא קיבל ארכה (מוגבלת), ומיהר לתקן את החטא. הוא הבין היטב, שה׳ מצפה זאת ממנו, כדי שחלילה לא יכלה עַם ה׳ בחטאו. כדי לתקן את החטא הוא היה זקוק למתנדבים, בני שבט לוי, שיהרגו מייד מספר ניכר מן העובדים לעגל, וכפי שעשה לימים פינחס לזמרי בן סלוא בחטא בעל פעור, ורק אחר כך יתאפשר להכניס את עם ישראל למסגרת של משמעת ולתקן את החטא הנורא. ציפייה זו של ה׳ ממנו הביאה אותו לפתוח את דבריו לבני לוי במילים: כֹּה אָמַר ה׳ אֱלֹהֵי יִשְׂרָאֵל.

אפשר, שה׳ גלה גם את אוזנו של אליהו, שבדעתו להשמיד את ישראל, הנוהים אחרי הבעל, או להגלותם מארצם. אליהו הבין ובצדק, שה׳ גלה את אוזנו בדבר זה, כדי שיפעל ככל יכולתו לתקן את חטא הבעל ולהשיב את ישראל אל אביהם שבשמיים. הוא גזר על בצורת מיידית כדי שעם ישראל יבין את הצורך לשנות מייד את דרכו.

ב. הריגת נביאי הבעל

המשכה של הבצורת בשנה השלישית, והמוות הרב שנגרם בעקבותיה,[12] לא ישרו בעיני ה׳, והוא שלח את אליהו לבשר לאחאב על המטר שעומד לרדת. אליהו הבין, שהציווי להיראות לאחאב אינו רק כדי לבשר לו בשורות טובות. ה׳ יכול לתת מטר על הארץ גם ללא בשורה מוקדמת מפי נביא. אליהו הבין, שה׳ נותן לו חופש פעולה כלשהו, כדי להביא בבשורה זו גם תיקון לחטא העבודה לבעל, והוא החליט לעשות זאת באמצעות התגלות ה׳ על המזבח ו׳ניצחון׳ על כוהני הבעל.

ג. שחוטי חוץ

חז״ל דנו בשאלה זו, ומסקנתם היא שיש בכוח נביא לצוות על הוראת שעה בניגוד לדיני תורה כדי לתקן דבר החמור שבעתיים. הגמרא דנה באפשרות שחכמים יורו לבטל מצווה מן התורה, ובמהלך הדיון מובאת המסקנה: ״שב ואל תעשה – שאני״, ופירושה: יש בכוח חכמים להורות להימנע מקיום מצווה, אך אין זה אומר, שביכולתם להורות על עשיית מעשה שאסור מן התורה. בשלב זה מביאה הגמרא את מעשהו של אליהו בהר הכרמל, ממנו עולה, לכאורה, שיש כוח ביד נביא להורות על עשיית מעשה של איסור. ומביאה הגמרא את מדרש ההלכה:

> אֵלָיו תִּשְׁמָעוּן (דברים יח, טו) – אפילו אומר לך, עבור על אחת מכל מצות שבתורה, כגון אליהו בהר הכרמל, הכל לפי שעה – שמע לו!

(יבמות צ ע״ב)

ומסבירה הגמרא, שלאליהו אכן היה מותר להורות על איסור, בגלל הפסוק שנאמר

12. עיינו במעשה האישה הצרפית בימי הרעב (יז, יב): וַתֹּאמֶר, חַי ה׳ אֱלֹהֶיךָ, אִם יֶשׁ לִי מָעוֹג, כִּי אִם מְלֹא כַף קֶמַח בַּכַּד וּמְעַט שֶׁמֶן בַּצַּפָּחַת, וְהִנְנִי מְקֹשֶׁשֶׁת שְׁנַיִם עֵצִים, וּבָאתִי וַעֲשִׂיתִיהוּ לִי וְלִבְנִי, וַאֲכַלְנֻהוּ וָמָתְנוּ.

בנביא: אֵלָיו תִּשְׁמָעוּן, אך אין ללמוד ממנו על מקרים אחרים, כי אצל אליהו היה מדובר בניסיון לגדור פִּרצה חמורה, ולכן זה היה מותר:

מיגדר מילתא (= צורך לגדור גדר ולהציל את עם ישראל מחטא) – שאני.

לעניות הבנתנו, אין כאן רק איסור 'שחוטי חוץ' של הקרבה מחוץ למקדש. אליהו, כאמור לעיל, בנה מזבח והקריב לה' בהר הכרמל, שהיה מקום מובהק לעבודה זרה של עבודת הבעלים. הוא נטל על עצמו אחריות כבדה מאוד, אך לצורך תיקון החטא הנזכר, היה מותר לו לעשות זאת. בלשון הפוסקים נקראת הוראתו 'הוראת שעה', שהרי אסור לנביא לשנות מדברי התורה באופן מוחלט. אומנם 'הוראת שעה' מותרת לכל דבר, אך לא לעבוד עבודה זרה.

ד. 'צדיק גוזר'

הבאנו לעיל את דברי ריש לקיש בתלמוד הירושלמי, שהשווה את אליהו במעמד הכרמל למשה במעשה דתן ואבירם, כשאמר (במדבר טז, כט): אִם כְּמוֹת כָּל הָאָדָם יְמֻתוּן אֵלֶּה... לֹא ה' שְׁלָחָנִי. אליהו האמין באמונה שלֵמה, שאין רצונו של הקב"ה לכלות את בניו, אלא להורות להם דרך תיקון. הוא ראה את עצמו מוסמך לקבוע, מכוח 'לא בשמים היא', שללא התגלות ניסית של ה' אין סיכוי להביא את העם בעת הזאת לדרך תיקון, ולכן האמין, שהוא עושה את הדבר הנכון והכריז: וְהָיָה הָאֱלֹהִים אֲשֶׁר יַעֲנֶה בָאֵשׁ, הוּא הָאֱלֹהִים, והסכים ה' על ידו.

הפטרת ויקהל (ופקודי למנהג הספרדים)[1]

ז יג יד וַיִּשְׁלַח הַמֶּלֶךְ שְׁלֹמֹה וַיִּקַּח אֶת־חִירָם מִצֹּר׃ בֶּן־אִשָּׁה אַלְמָנָה הוּא מִמַּטֵּה
נַפְתָּלִי וְאָבִיו אִישׁ־צֹרִי חֹרֵשׁ נְחֹשֶׁת וַיִּמָּלֵא אֶת־הַחָכְמָה וְאֶת־הַתְּבוּנָה וְאֶת־
הַדַּעַת לַעֲשׂוֹת כָּל־מְלָאכָה בַּנְּחֹשֶׁת וַיָּבוֹא אֶל־הַמֶּלֶךְ שְׁלֹמֹה וַיַּעַשׂ אֶת־כָּל־
טו מְלַאכְתּוֹ׃ וַיָּצַר אֶת־שְׁנֵי הָעַמּוּדִים נְחֹשֶׁת שְׁמֹנֶה עֶשְׂרֵה אַמָּה קוֹמַת הָעַמּוּד
טז הָאֶחָד וְחוּט שְׁתֵּים־עֶשְׂרֵה אַמָּה יָסֹב אֶת־הָעַמּוּד הַשֵּׁנִי׃ וּשְׁתֵּי כֹתָרֹת עָשָׂה
לָתֵת עַל־רָאשֵׁי הָעַמּוּדִים מֻצַק נְחֹשֶׁת חָמֵשׁ אַמּוֹת קוֹמַת הַכֹּתֶרֶת הָאֶחָת
יז וְחָמֵשׁ אַמּוֹת קוֹמַת הַכֹּתֶרֶת הַשֵּׁנִית׃ שְׂבָכִים מַעֲשֵׂה שְׂבָכָה גְּדִלִים מַעֲשֵׂה
שַׁרְשְׁרוֹת לַכֹּתָרֹת אֲשֶׁר עַל־רֹאשׁ הָעַמּוּדִים שִׁבְעָה לַכֹּתֶרֶת הָאֶחָת וְשִׁבְעָה
יח לַכֹּתֶרֶת הַשֵּׁנִית׃ וַיַּעַשׂ אֶת־הָעַמּוּדִים וּשְׁנֵי טוּרִים סָבִיב עַל־הַשְּׂבָכָה הָאֶחָת
יט לְכַסּוֹת אֶת־הַכֹּתָרֹת אֲשֶׁר עַל־רֹאשׁ הָרִמֹּנִים וְכֵן עָשָׂה לַכֹּתֶרֶת הַשֵּׁנִית׃ וְכֹתָרֹת
כ אֲשֶׁר עַל־רֹאשׁ הָעַמּוּדִים מַעֲשֵׂה שׁוּשַׁן בָּאוּלָם אַרְבַּע אַמּוֹת׃ וְכֹתָרֹת עַל־שְׁנֵי
הָעַמּוּדִים גַּם־מִמַּעַל מִלְּעֻמַּת הַבֶּטֶן אֲשֶׁר לְעֵבֶר הַשְּׂבָכָה וְהָרִמּוֹנִים מָאתַיִם
כא טֻרִים סָבִיב עַל הַכֹּתֶרֶת הַשֵּׁנִית׃ וַיָּקֶם אֶת־הָעַמֻּדִים לְאֻלָם הַהֵיכָל וַיָּקֶם
אֶת־הָעַמּוּד הַיְמָנִי וַיִּקְרָא אֶת־שְׁמוֹ יָכִין וַיָּקֶם אֶת־הָעַמּוּד הַשְּׂמָאלִי וַיִּקְרָא
כב אֶת־שְׁמוֹ בֹּעַז׃ וְעַל רֹאשׁ הָעַמּוּדִים מַעֲשֵׂה שׁוֹשָׁן וַתִּתֹּם מְלֶאכֶת
כג הָעַמּוּדִים׃ וַיַּעַשׂ אֶת־הַיָּם מוּצָק עֶשֶׂר בָּאַמָּה מִשְּׂפָתוֹ עַד־שְׂפָתוֹ

1. א. ההפטרות של פרשיות ויקהל ופקודי לקוחות מתיאור בניין המקדש של שלמה ומתיאור חנוכתו (מל"א ז–ח). ברוב השנים שאינן מעוברות הפרשיות מחוברות, וקוראים בהן את פרשת פרה או את פרשת החודש, ומפטירין בהן. בשנים מעוברות פרשיות ויקהל ופקודי נפרדות, ובאחת מהן קוראים את פרשת שקלים ומפטירין בה.
ב. ההפטרה הספרדית והאשכנזית לפרשת ויקהל אינן רצופות (מפסיקים ביניהן 13 פסוקים המתארים את הכיורות ומכונותיהם), ואף על פי כן בחרנו לכתוב על שתיהן יחד, בגלל הדברים המשותפים להן.

כד עָגֹל סָבִיב וְחָמֵשׁ בָּאַמָּה קוֹמָתוֹ וְקָו שְׁלֹשִׁים בָּאַמָּה יָסֹב אֹתוֹ סָבִיב: וּפְקָעִים
מִתַּחַת לִשְׂפָתוֹ סָבִיב סֹבְבִים אֹתוֹ עֶשֶׂר בָּאַמָּה מַקִּפִים אֶת־הַיָּם סָבִיב שְׁנֵי
כה טוּרִים הַפְּקָעִים יְצֻקִים בִּיצֻקָתוֹ: עֹמֵד עַל־שְׁנֵי עָשָׂר בָּקָר שְׁלֹשָׁה פֹנִים צָפוֹנָה
וּשְׁלֹשָׁה פֹנִים יָמָּה וּשְׁלֹשָׁה פֹּנִים נֶגְבָּה וּשְׁלֹשָׁה פֹּנִים מִזְרָחָה וְהַיָּם עֲלֵיהֶם
כו מִלְמָעְלָה וְכָל־אֲחֹרֵיהֶם בָּיְתָה: וְעָבְיוֹ טֶפַח וּשְׂפָתוֹ כְּמַעֲשֵׂה שְׂפַת־כּוֹס פֶּרַח
שׁוֹשָׁן אַלְפַּיִם בַּת יָכִיל:

מ וַיַּעַשׂ חִירוֹם אֶת־הַכִּיֹּרוֹת וְאֶת־הַיָּעִים וְאֶת־הַמִּזְרָקוֹת וַיְכַל חִירָם לַעֲשׂוֹת ויקהל לאשכנזים
מא אֶת־כָּל־הַמְּלָאכָה אֲשֶׁר עָשָׂה לַמֶּלֶךְ שְׁלֹמֹה בֵּית יהוה: עַמֻּדִים שְׁנַיִם וְגֻלֹּת פקודי לספרדים[2]
הַכֹּתָרֹת אֲשֶׁר־עַל־רֹאשׁ הָעַמֻּדִים שְׁתָּיִם וְהַשְּׂבָכוֹת שְׁתַּיִם לְכַסּוֹת אֶת־שְׁתֵּי
מב גֻּלֹּת הַכֹּתָרֹת אֲשֶׁר עַל־רֹאשׁ הָעַמּוּדִים: וְאֶת־הָרִמֹּנִים אַרְבַּע מֵאוֹת לִשְׁתֵּי
הַשְּׂבָכוֹת שְׁנֵי־טוּרִים רִמֹּנִים לַשְּׂבָכָה הָאֶחָת לְכַסּוֹת אֶת־שְׁתֵּי גֻּלֹּת הַכֹּתָרֹת
מג אֲשֶׁר עַל־פְּנֵי הָעַמּוּדִים: וְאֶת־הַמְּכֹנוֹת עָשֶׂר וְאֶת־הַכִּיֹּרֹת עֲשָׂרָה עַל־הַמְּכֹנוֹת:
מד מה וְאֶת־הַיָּם הָאֶחָד וְאֶת־הַבָּקָר שְׁנֵים־עָשָׂר תַּחַת הַיָּם: וְאֶת־הַסִּירוֹת וְאֶת־הַיָּעִים
וְאֶת־הַמִּזְרָקוֹת וְאֵת כָּל־הַכֵּלִים הָאֵלֶּה אֲשֶׁר עָשָׂה חִירָם לַמֶּלֶךְ שְׁלֹמֹה בֵּית
מו יהוה נְחֹשֶׁת מְמֹרָט: בְּכִכַּר הַיַּרְדֵּן יְצָקָם הַמֶּלֶךְ בְּמַעֲבֵה הָאֲדָמָה בֵּין סֻכּוֹת
מז וּבֵין צָרְתָן: וַיַּנַּח שְׁלֹמֹה אֶת־כָּל־הַכֵּלִים מֵרֹב מְאֹד מְאֹד לֹא נֶחְקַר מִשְׁקַל
מח הַנְּחֹשֶׁת: וַיַּעַשׂ שְׁלֹמֹה אֵת כָּל־הַכֵּלִים אֲשֶׁר בֵּית יהוה אֵת מִזְבַּח הַזָּהָב וְאֶת־
מט הַשֻּׁלְחָן אֲשֶׁר עָלָיו לֶחֶם הַפָּנִים זָהָב: וְאֶת־הַמְּנֹרוֹת חָמֵשׁ מִיָּמִין וְחָמֵשׁ מִשְּׂמֹאול
נ לִפְנֵי הַדְּבִיר זָהָב סָגוּר וְהַפֶּרַח וְהַנֵּרֹת וְהַמֶּלְקַחַיִם זָהָב: וְהַסִּפּוֹת וְהַמְזַמְּרוֹת
וְהַמִּזְרָקוֹת וְהַכַּפּוֹת וְהַמַּחְתּוֹת זָהָב סָגוּר וְהַפֹּתוֹת לְדַלְתוֹת הַבַּיִת הַפְּנִימִי
לְקֹדֶשׁ הַקֳּדָשִׁים לְדַלְתֵי הַבַּיִת לַהֵיכָל זָהָב:

2. הפטרת וַיַּעַשׂ חִירוֹם נקראת בארבע דרכים: א. זו ההפטרה האשכנזית לפרשת ויקהל; ב. זו ההפטרה הספרדית לפרשת פקודי; ג. יש הנוהגים לקוראה יחד עם הפטרת פקודי ("וַתִּשְׁלַם כל הַמְּלָאכָה"), כשויקהל ופקודי מחוברות; ד. יש המוסיפים אותה להפטרת פקודי, אם בשבת פרשת ויקהל נקראה פרשת שקלים (והפטירו במל"ב יב).

א. הקשר בין הפרשה להפטרה

הקשר מדבר בעד עצמו. הפרשה עוסקת במעשי בצלאל בבניין המשכן וכליו, וההפטרה עוסקת בבניית חלק מכלי המקדש שבנה שלמה ובהצבתם של הכלים במקדש.

ב. שלמה וחירם

> וַיִּשְׁלַח הַמֶּלֶךְ שְׁלֹמֹה וַיִּקַּח אֶת חִירָם מִצֹּר: בֶּן אִשָּׁה אַלְמָנָה הוּא מִמַּטֵּה נַפְתָּלִי וְאָבִיו אִישׁ צֹרִי חֹרֵשׁ נְחֹשֶׁת וַיִּמָּלֵא אֶת הַחָכְמָה וְאֶת הַתְּבוּנָה וְאֶת הַדַּעַת לַעֲשׂוֹת כָּל מְלָאכָה בַּנְּחֹשֶׁת וַיָּבוֹא אֶל הַמֶּלֶךְ שְׁלֹמֹה וַיַּעַשׂ אֶת כָּל מְלַאכְתּוֹ:

(יג-יד)

חירם היה אומן צורי, חורש נחושת בן חורש נחושת. הוא היה בן לאישה ישראלית ממטה נפתלי (או ממטה דן, על פי הנאמר בספר דברי הימים,[3] והכוונה לפלג הצפוני של שבט דן, שנדד לתל דן שבצפון[4]).

בפשטות נראה, שאביו היה נוכרי מצור, ולכן התייחס בשבטו אל משפחת אימו. אפשר, שאביו התגייר כדי לשאת את אימו, ואפשר ששבט נפתלי (וגם הפלג הצפוני של שבט דן) סבל מנישואי תערובת, בשל היותו מרוחק ממרכז ההוויה הישראלית ותרבותה. המקרא לא נקב בשמותם ובמוצאם של אומני הזהב ואומני האבן של שלמה. אפשר, שחירם הצטיין במיוחד, שהרי מלאכת הנחושת הייתה קשה ומסובכת, בעיקר בכותרות שני העמודים, יכין ובועז (טז-כ). עוד אפשר, שהמקרא רצה להקביל את השותפות של שלמה, שהיה משבט יהודה המיוחס, לבין חירם משבט נפתלי (או משבט דן), שישב בשולי ארץ ישראל, ואולי גם בשולי החברה הישראלית, לשותפות בין אומן המשכן, בצלאל בן אורי בן חור מן המשפחות המיוחסות שביהודה, לאהליאב בן אחיסמך ממטה דן, שנמצא בשוליים, כדי להצביע על כך שהמשכן והמקדש הם נחלת כלל האומה:

> רְאֵה קָרָאתִי בְשֵׁם בְּצַלְאֵל בֶּן אוּרִי בֶן חוּר לְמַטֵּה יְהוּדָה... וַאֲנִי הִנֵּה נָתַתִּי אִתּוֹ אֵת אָהֳלִיאָב בֶּן אֲחִיסָמָךְ לְמַטֵּה דָן...

(שמות לא, ב-ו)

3. דהי"ב ב, יג.
4. שופטים יח.

במעגל רחב יותר, אפשר שייחוסו של חירם אל אביו הצורי[5] מזכיר גם את השותפות בבניית המקדש[6] בין שלמה, מלך ישראל, לחירם מלך צור, שסיפק את העצים ואת האבנים לבניית הבית. שותפות זו יכולה לבשר את חזון אחרית הימים ואת כמיהתם של הגויים ואת שייכותם לבניין בית ה':

> וְהָלְכוּ עַמִּים רַבִּים וְאָמְרוּ, לְכוּ וְנַעֲלֶה אֶל הַר ה' אֶל בֵּית אֱלֹהֵי יַעֲקֹב...
>
> (ישעיהו ב, ג)

הנביא ישעיהו (פרק ס) מתאר בהרחבה את השתתפות הגויים בבניין המקדש, וכך היה גם בבניין הבית השני, כאשר דריווש וארתחשסתא, מלכי פרס, הורו לסייע בבניין המקדש ובהקרבת קורבנותיו.

עבודת כלי המקדש כללה עבודה על כלי הזהב, שהיו בתוך ההיכל ובקודש הקודשים, וזו מיוחסת לשלמה עצמו,[7] ועבודה על כלי הנחושת, שאפיינו את העזרה ואת חצר המקדש, וזו מיוחסת לחירם.

ג. עמודי העזרה הסמוכים לאולם — יכין ובועז

> וַיָּצַר אֶת שְׁנֵי הָעַמּוּדִים נְחֹשֶׁת, שְׁמֹנֶה עֶשְׂרֵה אַמָּה קוֹמַת הָעַמּוּד הָאֶחָד, וְחוּט שְׁתֵּים עֶשְׂרֵה אַמָּה יָסֹב אֶת הָעַמּוּד הַשֵּׁנִי: וּשְׁתֵּי כֹתָרֹת עָשָׂה לָתֵת עַל רָאשֵׁי הָעַמּוּדִים מֻצַק נְחֹשֶׁת, חָמֵשׁ אַמּוֹת קוֹמַת הַכֹּתֶרֶת הָאֶחָת, וְחָמֵשׁ אַמּוֹת קוֹמַת הַכֹּתֶרֶת הַשֵּׁנִית:
>
> (טו–טז)

העמודים[8] פיארו את הכניסה לאולם. הם היו זהים (אומנם מידותיהם ותיאוריהם נכתבו בצורה מעט פיוטית, שלכאורה, מבדילה ביניהם): גובהם היה שמונה עשרה אמות, וקוטרם היה ארבע אמות.[9] לעמודים היה 'ראש' עגול ככדור גדול, וכך תיאורו:

5. נזכיר שמבחינה הלכתית טהורה בן לאם יהודייה אינו מתייחס כלל אחרי אביו.
6. ראו הפטרת תרומה.
7. גם בהפטרתנו, פסוקים מח–נ.
8. עמודי הנחושת האדומה־חומה הגבוהים והמרשימים הזכירו כנראה למאן דהו את עמודי הגרניט האדירים בעמק תמנע מצפון לאילת, ושמם נקבע 'עמודי שלמה', כנראה זכר לעמודים אלו. יש להזכיר גם את מכרות הנחושת הסמוכים להם.
9. לכן החוט המקיף אותם הוא שתים עשרה אמה. המקרא לא דקדק במידות אלו מעבר למה שהיה מקובל. בחשבונות שלנו החוט המקיף היה מעט יותר משתים עשרה וחצי אמות.

וּשְׁתֵּי כֹתָרֹת עָשָׂה לָתֵת עַל רָאשֵׁי הָעַמּוּדִים מֻצַק נְחֹשֶׁת, חָמֵשׁ אַמּוֹת קוֹמַת הַכֹּתֶרֶת הָאֶחָת, וְחָמֵשׁ אַמּוֹת קוֹמַת הַכֹּתֶרֶת הַשֵּׁנִית: שְׂבָכִים מַעֲשֵׂה שְׂבָכָה, גְּדִלִים מַעֲשֵׂה שַׁרְשְׁרוֹת לַכֹּתָרֹת אֲשֶׁר עַל רֹאשׁ הָעַמּוּדִים, שִׁבְעָה לַכֹּתֶרֶת הָאֶחָת, וְשִׁבְעָה לַכֹּתֶרֶת הַשֵּׁנִית: וַיַּעַשׂ אֶת הָעַמּוּדִים, וּשְׁנֵי טוּרִים סָבִיב עַל הַשְּׂבָכָה הָאֶחָת, לְכַסּוֹת אֶת הַכֹּתָרֹת אֲשֶׁר עַל רֹאשׁ הָרִמֹּנִים, וְכֵן עָשָׂה לַכֹּתֶרֶת הַשֵּׁנִית: וְכֹתָרֹת אֲשֶׁר עַל רֹאשׁ הָעַמּוּדִים מַעֲשֵׂה שׁוּשַׁן בָּאוּלָם אַרְבַּע אַמּוֹת: וְכֹתָרֹת עַל שְׁנֵי הָעַמּוּדִים גַּם מִמַּעַל מִלְּעֻמַּת הַבֶּטֶן אֲשֶׁר לְעֵבֶר הַשְּׂבָכָה, וְהָרִמּוֹנִים מָאתַיִם טֻרִים סָבִיב עַל הַכֹּתֶרֶת הַשֵּׁנִית:

(טז-כ)

הכותרות ניצבו על ראשי העמודים, והוסיפו לגובהם חמש אמות, וגובהם הכולל של העמודים היה כגובה בניין בן ארבע קומות. הראש היה עשוי מעין 'צינורות' (לא חלולים) נחושת גמישים, שהתפתלו זה סביב זה ויצרו מקלעות (מעין צמות). שבעה זוגות (או שלשות) של 'צינורות' יצרו שבעה גדילים עבים, שהיו קלועים זה בזה בשרשראות, הסתבכו זה בזה ב'שְׂבָכִים', ויצרו את הכדור הגדול שניצב על ראש העמוד. עליהם היו טורים של מאתיים רימוני נחושת על כותרותיהם. על ראש ה'כדורים' הייתה כותרת כפרח השושן (כב). נציין, שהרימונים והשושנה נזכרו בשיר השירים כחלק מביטויי האהבה של הדוד לרעיה.

ד. הים

וַיַּעַשׂ אֶת הַיָּם מוּצָק, עֶשֶׂר בָּאַמָּה מִשְּׂפָתוֹ עַד שְׂפָתוֹ, עָגֹל סָבִיב וְחָמֵשׁ בָּאַמָּה קוֹמָתוֹ, וְקָו שְׁלֹשִׁים בָּאַמָּה יָסֹב אֹתוֹ סָבִיב: וּפְקָעִים מִתַּחַת לִשְׂפָתוֹ סָבִיב סֹבְבִים אֹתוֹ, עֶשֶׂר בָּאַמָּה מַקִּפִים אֶת הַיָּם סָבִיב, שְׁנֵי טוּרִים הַפְּקָעִים יְצֻקִים בִּיצֻקָתוֹ:
(כג-כד)

הים היה מקווה מים,[10] ועל פי הנאמר בדברי הימים, הוא נועד לטבילת הכוהנים ולטהרתם לפני לבישת בגדי הכהונה. לידו עמדו הכיורים, שהכוהנים היו מקדשים מהם את ידיהם ואת רגליהם. הים הכיל אלפיים בת, כלומר, ששת אלפים סאה, כמות

10. ולא המים עצמם (השווה לבראשית א, י: וּלְמִקְוֵה הַמַּיִם קָרָא יַמִּים). כך יש לפרש את הפסוק (ישעיהו יא, ט): כִּי מָלְאָה הָאָרֶץ דֵּעָה אֶת ה', כַּמַּיִם לַיָּם מְכַסִּים – המים אינם הים, הים הוא הכלי, וכשהוא מתמלא במים, הוא מכוסה על ידם. גם הים – כלי האבן הגדול, שאליו דורכים את הזיתים מתחת הממל – דומה למקווה נוזלים.

של מאה וחמישים מקוואות.[11] קוטרו היה עשר אמות, ובהתאם לכך היה החוט הסובב אותו שלושים אמה.[12]

הים עמד על שנים עשר בקר:[13]

עֹמֵד עַל שְׁנֵי עָשָׂר בָּקָר, שְׁלֹשָׁה פֹנִים צָפוֹנָה, וּשְׁלֹשָׁה פֹנִים יָמָּה, וּשְׁלֹשָׁה פֹּנִים נֶגְבָּה, וּשְׁלֹשָׁה פֹּנִים מִזְרָחָה, וְהַיָּם עֲלֵיהֶם מִלְמָעְלָה, וְכָל אֲחֹרֵיהֶם בָּיְתָה: וְעָבְיוֹ טֶפַח, וּשְׂפָתוֹ כְּמַעֲשֵׂה שְׂפַת כּוֹס פֶּרַח שׁוֹשָׁן, אַלְפַּיִם בַּת יָכִיל:
(כה-כו)

ה. כלי הנחושת שעשה חירם בעזרה

וַיַּעַשׂ חִירוֹם אֶת הַכִּיֹּרוֹת וְאֶת הַיָּעִים וְאֶת הַמִּזְרָקוֹת...
(מ)

הכיורות, על פי הנאמר בפסוק המקביל בדברי הימים (ב׳ ד, יא: וַיַּעַשׂ חוּרָם אֶת הַסִּירוֹת וְאֶת הַיָּעִים וְאֶת הַמִּזְרָקוֹת), הם סירות (= סירי) נחושת, שאל תוכם אספו את הדשן (= אפר הקורבנות) כדי לנקות ולפנות את המזבח, וכנאמר במעשה המשכן בתורה:

וְעָשִׂיתָ סִּירֹתָיו לְדַשְּׁנוֹ וְיָעָיו וּמִזְרְקֹתָיו וּמִזְלְגֹתָיו וּמַחְתֹּתָיו, לְכָל כֵּלָיו תַּעֲשֶׂה נְחֹשֶׁת:
(שמות כז, ג)

היעים הם כלים לגריפת הדשן מעל המזבח, והמזרקות הם כלים לזריקת דם הקורבנות על המזבח. העמודים וכותרותיהם התפרשו לעיל.

*

וְאֶת הַמְּכֹנוֹת עֶשֶׂר וְאֶת הַכִּיֹּרֹת עֲשָׂרָה עַל הַמְּכֹנוֹת: וְאֶת הַיָּם הָאֶחָד וְאֶת הַבָּקָר שְׁנֵים עָשָׂר תַּחַת הַיָּם:

11. אפשר שלכך כיוונו חז״ל בדבריהם על הצורך של תלמיד חכם לטהר את השרץ בק״ן טעמים (סנהדרין יז ע״א), כים הנחושת שטיהר במעין מאה וחמישים מנות טהרה.
12. על פי העולה מן הגמרא (עירובין יד), שלוש אמותיו התחתונות היו רבועות, ושתי אמותיו העליונות עגולות. כך הכיל ששת אלפים סאה.
13. הדבר יבואר בהמשך דברינו.

(מג-מד)

במשכן עמד כיור אחד על כַּן אחד. תפקידו היה לקדש ממנו את ידיהם ורגליהם של הכוהנים:

וְעָשִׂיתָ כִּיּוֹר נְחֹשֶׁת וְכַנּוֹ נְחֹשֶׁת לְרָחְצָה, וְנָתַתָּ אֹתוֹ בֵּין אֹהֶל מוֹעֵד וּבֵין הַמִּזְבֵּחַ, וְנָתַתָּ שָׁמָּה מָיִם:

(שמות ל, יח)

במקדש, שהיה גדול יותר מן המשכן, ועבדו בו כוהנים רבים, היה צורך בעשרה כיורות ומכונותיהן. המכונה היא הכן.[14] מעשיהם המפורטים כתובים בפרקנו בין פסוקי ההפטרה כמנהג הספרדים לפסוקי ההפטרה כמנהג האשכנזים (כז-לט).

אך במכונות והכנים שהיו במקדש, היו חידושים חשובים ביחס למה שהיה במשכן.

א. על המכונות שמתחת הכיורות היו מעוצבים (בידי חירם) אופנים, כמעשה אופן המרכבה, ודמויות המרכבה העליונה של חיות הקודש, שראה יחזקאל בחזונו:

וְעַל הַמִּסְגְּרוֹת אֲשֶׁר בֵּין הַשְׁלַבִּים אֲרָיוֹת בָּקָר וּכְרוּבִים... וּמַעֲשֵׂה הָאוֹפַנִּים כְּמַעֲשֵׂה אוֹפַן הַמֶּרְכָּבָה... וַיְפַתַּח עַל הַלֻּחֹת יְדֹתֶיהָ וְעַל מִסְגְּרֹתֶיהָ כְּרוּבִים אֲרָיוֹת וְתִמֹרֹת.

(כט-לו)

ב. בנוסף לעשרת הכיורות היה לידם בבית המקדש גם 'יָם' – מקווה ענק, שהכיל, כאמור, פי מאה וחמישים מַיִם מן הדרוש למקווה טהרה. הים עמד על שנים עשר

14. המילה 'מכונה' בלשוננו החדשה עוסקת בתרכובת חלקי מתכת עם גלגלים, המניעה זרועות או גורמים אחרים לצורך עבודה מסוימת. היא איבדה את משמעותה היסודית כַּן, בסיס להעמיד עליו דבר מה. זה קרה מחמת האופנים (= גלגלים) שהיו במכונה שתחת הכיור, כמבואר להלן, והם כמעשה אופן המרכבה העליונה. הדמיון למרכבה, כפי שאנו מכירים, הוליד את המשמעות החדשה. אך הדמיון במקראות הוא דווקא למרכבה העליונה, ולא למה שאנו מכירים מן המוסך. מי שֶׂמחה על השוואה לשונית זו בדרכו היה הג"ר משה פיינשטיין בספרו 'אגרות משה'. הספר כתוב בעברית עשירה ומדויקת, אך את המילה 'מכונה' הוא סירב לתרגם לעברית החדשה, והותירה בספרו 'מאשין' (machine). כך לא תרגם גם את המילה 'מכונית', והותירה באנגלית: 'קאר'.

פרים, שפנו לארבע רוחות השמיים, שלושה לכל כיוון, והם הזכירו את מחנה ישראל במדבר – שנים עשר שבטים, שחולקו לארבעה דגלים, שלושה לכל כיוון.

ניתן להאריך בביאור הקשר העולה מפסוקים אלה בין מרכבת השכינה של מלאכי עליון לבין המים. לא נעשה זאת כאן, ורק נרמוז מכוחם של פסוקים בודדים, העוסקים במקדש ובכיסא ה' הנמצא בו, והקשר בינם לבין מים ולבין הים:

נָכוֹן כִּסְאֲךָ מֵאָז, מֵעוֹלָם אָתָּה: נָשְׂאוּ נְהָרוֹת ה', נָשְׂאוּ נְהָרוֹת קוֹלָם, יִשְׂאוּ נְהָרוֹת דָּכְיָם: מִקֹּלוֹת מַיִם רַבִּים אַדִּירִים מִשְׁבְּרֵי יָם אַדִּיר בַּמָּרוֹם ה': עֵדֹתֶיךָ נֶאֶמְנוּ מְאֹד, לְבֵיתְךָ נַאֲוָה קֹדֶשׁ, ה' לְאֹרֶךְ יָמִים:

(תהלים צג, ב-ה)

ו. כלי הזהב

מזבח הזהב

וַיַּעַשׂ שְׁלֹמֹה אֵת כָּל הַכֵּלִים אֲשֶׁר בֵּית ה' אֵת מִזְבַּח הַזָּהָב...

(מח)

לא ברור מדוע עשה שלמה מזבח זהב חדש, ולא שם במקדש את מזבח הזהב שהיה במשכן מימי משה. 'אור החיים' הקדוש (שמות כה, ט) אומר, ששלמה גנז את מזבח הזהב של משה, ועשה במקומו מזבח אחר. לדבריו, התורה מרמזת לדבר זה, כאשר היא מפרידה את הציווי על מזבח הזהב (שמות ל) מן הציווי על שאר הכלים (שם כה).[15] גם רש"י (ו, כ) הבין, שהמזבח של משה נגנז, ורש"י תמה על כך.[16] מדברי הגר"א (אדרת אליהו שם) עולה, שהמזבח של משה נגנז בתוך המזבח של שלמה. שלמה הגדיל את מזבח הקטורת כך שיתאים לגודלו של ההיכל, והכפיל את גודלו, על ידי שבנה עליו מסגרת ארז, שהרחיבה אותו לכיוונים שונים, וציפה את המסגרת הזו בזהב.

15. "וצריך לדעת למה גנז של משה. ונראה, כי התורה רמזה הדבר, במה שעקרה סדר מצות מזבח הזהב, ממקום שהיה ראוי לצוות עליו".
16. "ויצף מזבח ארז – הוא מזבח הקטרת, ותמיה אני ושל משה למה נגנז".

השולחן והמנורה

... וְאֶת הַשֻּׁלְחָן אֲשֶׁר עָלָיו לֶחֶם הַפָּנִים זָהָב: וְאֶת הַמְּנֹרוֹת חָמֵשׁ מִיָּמִין וְחָמֵשׁ מִשְּׂמֹאול לִפְנֵי הַדְּבִיר זָהָב סָגוּר...

(מח-מט)

בהפטרתנו מדובר על שולחן אחד בלבד ועל עשר מנורות, אך בדברי הימים נאמר:

וַיַּעַשׂ שֻׁלְחָנוֹת עֲשָׂרָה, וַיַּנַּח בַּהֵיכָל חֲמִשָּׁה מִיָּמִין וַחֲמִשָּׁה מִשְּׂמֹאול...

(דהי"ב ד, ח)

הגמרא מפרשת (מנחות צח ע"ב), שעשרת השולחנות ועשר המנורות היו תוספת לשולחן האחד שעשה משה ולמנורה האחת שעשה.

הסיפות

וְהַסִּפּוֹת וְהַמְזַמְּרוֹת וְהַמִּזְרָקוֹת וְהַכַּפּוֹת וְהַמַּחְתּוֹת זָהָב סָגוּר, וְהַפֹּתוֹת לְדַלְתוֹת הַבַּיִת הַפְּנִימִי לְקֹדֶשׁ הַקֳּדָשִׁים לְדַלְתֵי הַבַּיִת לַהֵיכָל זָהָב:

(נ)

לא ברור מהם הסיפות. יש מפרשים, שהם כלֵי קיבול, ואפשר להביא סיוע לפירושם מן הפסוק בפסח מצרים (שמות יב, כב): וּלְקַחְתֶּם אֲגֻדַּת אֵזוֹב, וּטְבַלְתֶּם בַּדָּם אֲשֶׁר בַּסַּף, וְהִגַּעְתֶּם אֶל הַמַּשְׁקוֹף וְאֶל שְׁתֵּי הַמְּזוּזֹת מִן הַדָּם אֲשֶׁר בַּסָּף (לפירוש זה, דם הפסח היה בתוך כלי, שנקרא סף).[17] רש"י מבאר, שהסיפות הם כלי זמר, כמו המְזַמְּרוֹת שכתובים מייד אחר כך (בנפרד מהמזרקות, הכפות והמחתות, שכתובים בהמשך, שהם כלי קיבול). המִזְרָקוֹת הם כלים שמהם זורקים את הדם על המזבח. לעיל (פס' מה) נאמר, שהמזרקות נעשו מנחושת לצורך זריקת דם על מזבח הנחושת שבעזרה, וכאן נאמר, שהמזרקות עשויות זהב לצורך הזאת דם החטאות הפנימיות על מזבח הזהב שבהיכל. הפותות הן צירי הדלתות או כלים אחרים הקשורים לצירי הדלתות.

17. כך משתמע גם מתרגום אונקלוס ומדברי רש"י ורשב"ם בשמות. ועיין עוד במל"ב יב, יד ובמפרשים שם.

הפטרת פקודי (למנהג האשכנזים)[1]

מלכים א׳

ז נא וַתִּשְׁלַם כָּל־הַמְּלָאכָה אֲשֶׁר עָשָׂה הַמֶּלֶךְ שְׁלֹמֹה בֵּית יהוה וַיָּבֵא שְׁלֹמֹה
אֶת־קָדְשֵׁי דָּוִד אָבִיו אֶת־הַכֶּסֶף וְאֶת־הַזָּהָב וְאֶת־הַכֵּלִים נָתַן בְּאֹצְרוֹת בֵּית
ח א יהוה: אָז יַקְהֵל שְׁלֹמֹה אֶת־זִקְנֵי יִשְׂרָאֵל אֶת־כָּל־רָאשֵׁי הַמַּטּוֹת נְשִׂיאֵי
הָאָבוֹת לִבְנֵי יִשְׂרָאֵל אֶל־הַמֶּלֶךְ שְׁלֹמֹה יְרוּשָׁלִָם לְהַעֲלוֹת אֶת־אֲרוֹן בְּרִית־יהוה
ב מֵעִיר דָּוִד הִיא צִיּוֹן: וַיִּקָּהֲלוּ אֶל־הַמֶּלֶךְ שְׁלֹמֹה כָּל־אִישׁ יִשְׂרָאֵל בְּיֶרַח הָאֵתָנִים
ג בֶּחָג הוּא הַחֹדֶשׁ הַשְּׁבִיעִי: וַיָּבֹאוּ כֹּל זִקְנֵי יִשְׂרָאֵל וַיִּשְׂאוּ הַכֹּהֲנִים אֶת־הָאָרוֹן:
ד וַיַּעֲלוּ אֶת־אֲרוֹן יהוה וְאֶת־אֹהֶל מוֹעֵד וְאֶת־כָּל־כְּלֵי הַקֹּדֶשׁ אֲשֶׁר בָּאֹהֶל וַיַּעֲלוּ
ה אֹתָם הַכֹּהֲנִים וְהַלְוִיִּם: וְהַמֶּלֶךְ שְׁלֹמֹה וְכָל־עֲדַת יִשְׂרָאֵל הַנּוֹעָדִים עָלָיו אִתּוֹ
ו לִפְנֵי הָאָרוֹן מְזַבְּחִים צֹאן וּבָקָר אֲשֶׁר לֹא־יִסָּפְרוּ וְלֹא יִמָּנוּ מֵרֹב: וַיָּבִאוּ הַכֹּהֲנִים
אֶת־אֲרוֹן בְּרִית־יהוה אֶל־מְקוֹמוֹ אֶל־דְּבִיר הַבַּיִת אֶל־קֹדֶשׁ הַקֳּדָשִׁים אֶל־תַּחַת
ז כַּנְפֵי הַכְּרוּבִים: כִּי הַכְּרוּבִים פֹּרְשִׂים כְּנָפַיִם אֶל־מְקוֹם הָאָרוֹן וַיָּסֹכּוּ הַכְּרֻבִים
ח עַל־הָאָרוֹן וְעַל־בַּדָּיו מִלְמָעְלָה: וַיַּאֲרִכוּ הַבַּדִּים וַיֵּרָאוּ רָאשֵׁי הַבַּדִּים מִן־הַקֹּדֶשׁ
ט עַל־פְּנֵי הַדְּבִיר וְלֹא יֵרָאוּ הַחוּצָה וַיִּהְיוּ שָׁם עַד הַיּוֹם הַזֶּה: אֵין בָּאָרוֹן רַק שְׁנֵי
לֻחוֹת הָאֲבָנִים אֲשֶׁר הִנִּחַ שָׁם מֹשֶׁה בְּחֹרֵב אֲשֶׁר כָּרַת יהוה עִם־בְּנֵי יִשְׂרָאֵל
י בְּצֵאתָם מֵאֶרֶץ מִצְרָיִם: וַיְהִי בְּצֵאת הַכֹּהֲנִים מִן־הַקֹּדֶשׁ וְהֶעָנָן מָלֵא אֶת־בֵּית
יא יהוה: וְלֹא־יָכְלוּ הַכֹּהֲנִים לַעֲמֹד לְשָׁרֵת מִפְּנֵי הֶעָנָן כִּי־מָלֵא כְבוֹד־יהוה אֶת־
יב יג בֵּית יהוה: אָז אָמַר שְׁלֹמֹה יהוה אָמַר לִשְׁכֹּן בָּעֲרָפֶל: בָּנֹה בָנִיתִי
יד בֵּית זְבֻל לָךְ מָכוֹן לְשִׁבְתְּךָ עוֹלָמִים: וַיַּסֵּב הַמֶּלֶךְ אֶת־פָּנָיו וַיְבָרֶךְ אֵת כָּל־קְהַל
טו יִשְׂרָאֵל וְכָל־קְהַל יִשְׂרָאֵל עֹמֵד: וַיֹּאמֶר בָּרוּךְ יהוה אֱלֹהֵי יִשְׂרָאֵל אֲשֶׁר דִּבֶּר

1. הפטרת פרשת פקודי למנהג הספרדים היא הפטרת פרשת ויקהל למנהג האשכנזים, וכתבנו עליה בדברינו על פרשת ויקהל. את דברינו על הפטרת פרשת פקודי אנו מייחדים להפטרה הנקראת למנהג האשכנזים.

טז בְּפִיו אֵת דָּוִד אָבִי וּבְיָדוֹ מִלֵּא לֵאמֹר׃ מִן־הַיּוֹם אֲשֶׁר הוֹצֵאתִי אֶת־עַמִּי אֶת־
יִשְׂרָאֵל מִמִּצְרַיִם לֹא־בָחַרְתִּי בְעִיר מִכֹּל שִׁבְטֵי יִשְׂרָאֵל לִבְנוֹת בַּיִת לִהְיוֹת שְׁמִי
יז שָׁם וָאֶבְחַר בְּדָוִד לִהְיוֹת עַל־עַמִּי יִשְׂרָאֵל׃ וַיְהִי עִם־לְבַב דָּוִד אָבִי לִבְנוֹת בַּיִת
יח לְשֵׁם יהוה אֱלֹהֵי יִשְׂרָאֵל׃ וַיֹּאמֶר יהוה אֶל־דָּוִד אָבִי יַעַן אֲשֶׁר הָיָה עִם־לְבָבְךָ
יט לִבְנוֹת בַּיִת לִשְׁמִי הֱטִיבֹתָ כִּי הָיָה עִם־לְבָבֶךָ׃ רַק אַתָּה לֹא תִבְנֶה הַבָּיִת כִּי
כ אִם־בִּנְךָ הַיֹּצֵא מֵחֲלָצֶיךָ הוּא־יִבְנֶה הַבַּיִת לִשְׁמִי׃ וַיָּקֶם יהוה אֶת־דְּבָרוֹ אֲשֶׁר
דִּבֵּר וָאָקֻם תַּחַת דָּוִד אָבִי וָאֵשֵׁב עַל־כִּסֵּא יִשְׂרָאֵל כַּאֲשֶׁר דִּבֶּר יהוה וָאֶבְנֶה
כא הַבַּיִת לְשֵׁם יהוה אֱלֹהֵי יִשְׂרָאֵל׃ וָאָשִׂם שָׁם מָקוֹם לָאָרוֹן אֲשֶׁר־שָׁם בְּרִית יהוה
אֲשֶׁר כָּרַת עִם־אֲבֹתֵינוּ בְּהוֹצִיאוֹ אֹתָם מֵאֶרֶץ מִצְרָיִם׃

א. אוצרות דוד ואוצרות שלמה

וַתִּשְׁלַם כָּל הַמְּלָאכָה אֲשֶׁר עָשָׂה הַמֶּלֶךְ שְׁלֹמֹה בֵּית ה׳, וַיָּבֵא שְׁלֹמֹה אֶת קָדְשֵׁי דָּוִד אָבִיו, אֶת הַכֶּסֶף וְאֶת הַזָּהָב וְאֶת הַכֵּלִים, נָתַן בְּאֹצְרוֹת בֵּית ה׳:

(ז, נא)

מפסוק זה למדנו, ששלמה בחר לבנות את הבית מאוצרותיו שלו, אוצרות שהשיג ממסחרו הענף, מן התיירות הרבה וממתנות הגויים שהתפעלו מחוכמתו וממלכותו. נביא מקרא אחד על אוצרותיו:

וַתִּתֵּן לַמֶּלֶךְ מֵאָה וְעֶשְׂרִים כִּכַּר זָהָב וּבְשָׂמִים הַרְבֵּה מְאֹד וְאֶבֶן יְקָרָה, לֹא בָא כַבֹּשֶׂם הַהוּא עוֹד לָרֹב, אֲשֶׁר נָתְנָה מַלְכַּת שְׁבָא לַמֶּלֶךְ שְׁלֹמֹה: וְגַם אֳנִי חִירָם אֲשֶׁר נָשָׂא זָהָב מֵאוֹפִיר, הֵבִיא מֵאֹפִיר עֲצֵי אַלְמֻגִּים הַרְבֵּה מְאֹד וְאֶבֶן יְקָרָה: וַיַּעַשׂ הַמֶּלֶךְ אֶת עֲצֵי הָאַלְמֻגִּים מִסְעָד לְבֵית ה׳ וּלְבֵית הַמֶּלֶךְ וְכִנֹּרוֹת וּנְבָלִים לַשָּׁרִים, לֹא בָא כֵן עֲצֵי אַלְמֻגִּים וְלֹא נִרְאָה עַד הַיּוֹם הַזֶּה: ... וַיְהִי מִשְׁקַל הַזָּהָב אֲשֶׁר בָּא לִשְׁלֹמֹה בְּשָׁנָה אֶחָת שֵׁשׁ מֵאוֹת שִׁשִּׁים וָשֵׁשׁ כִּכַּר זָהָב: לְבַד מֵאַנְשֵׁי הַתָּרִים וּמִסְחַר הָרֹכְלִים וְכָל מַלְכֵי הָעֶרֶב וּפַחוֹת הָאָרֶץ:

(י, י–יב; יד–טו)

אוצרות דוד נועדו לבניין המקדש, אך שלמה העדיף לשים את רובם באוצרות בית

ה׳, שהיו בלשכות הרבות שנבנו מסביב לקירות ההיכל[2] לצורכי המקדש וקודשיו בעתיד, ולא לבנות מהם את הבית. אומנם, בחלק מאוצרות דוד אביו השתמש שלמה לבניין הבית:

וּמִטִּבְחַת וּמִכּוּן עָרֵי הֲדַדְעֶזֶר לָקַח דָּוִיד נְחֹשֶׁת רַבָּה מְאֹד, בָּהּ עָשָׂה שְׁלֹמֹה אֶת יָם הַנְּחֹשֶׁת וְאֶת הָעַמּוּדִים וְאֵת כְּלֵי הַנְּחֹשֶׁת:

(דהי״א יח, ח)

נעיין מעט באוצרותיו של דוד, שרובם, כאמור, נגנזו בשלב זה:

וַיִּקַּח דָּוִד אֵת שִׁלְטֵי הַזָּהָב אֲשֶׁר הָיוּ אֶל עַבְדֵי הֲדַדְעָזֶר, וַיְבִיאֵם יְרוּשָׁלָם: וּמִבֶּטַח וּמִבֵּרֹתַי עָרֵי הֲדַדְעָזֶר לָקַח הַמֶּלֶךְ דָּוִד נְחֹשֶׁת הַרְבֵּה מְאֹד: וַיִּשְׁמַע תֹּעִי מֶלֶךְ חֲמָת, כִּי הִכָּה דָוִד אֵת כָּל חֵיל הֲדַדְעָזֶר: וַיִּשְׁלַח תֹּעִי אֶת יוֹרָם בְּנוֹ אֶל הַמֶּלֶךְ דָּוִד... וּבְיָדוֹ הָיוּ כְּלֵי כֶסֶף וּכְלֵי זָהָב וּכְלֵי נְחֹשֶׁת: גַּם אֹתָם הִקְדִּישׁ הַמֶּלֶךְ דָּוִד לַה׳, עִם הַכֶּסֶף וְהַזָּהָב אֲשֶׁר הִקְדִּישׁ מִכָּל הַגּוֹיִם אֲשֶׁר כִּבֵּשׁ:

(שמ״ב ח, ז-יא)

וַיֹּאמֶר דָּוִיד לִכְנוֹס אֶת הַגֵּרִים אֲשֶׁר בְּאֶרֶץ יִשְׂרָאֵל, וַיַּעֲמֵד חֹצְבִים לַחְצוֹב אַבְנֵי גָזִית לִבְנוֹת בֵּית הָאֱלֹהִים: וּבַרְזֶל לָרֹב לַמִּסְמְרִים לְדַלְתוֹת הַשְּׁעָרִים וְלַמְחַבְּרוֹת הֵכִין דָּוִיד, וּנְחֹשֶׁת לָרֹב אֵין מִשְׁקָל: וַעֲצֵי אֲרָזִים לְאֵין מִסְפָּר, כִּי הֵבִיאוּ הַצִּידֹנִים וְהַצֹּרִים עֲצֵי אֲרָזִים לָרֹב לְדָוִיד: וַיֹּאמֶר דָּוִיד, שְׁלֹמֹה בְנִי נַעַר וָרָךְ, וְהַבַּיִת לִבְנוֹת לַה׳ לְהַגְדִּיל לְמַעְלָה לְשֵׁם וּלְתִפְאֶרֶת לְכָל הָאֲרָצוֹת, אָכִינָה נָּא לוֹ, וַיָּכֶן דָּוִיד לָרֹב לִפְנֵי מוֹתוֹ:

(דהי״א כב, ב-ה)

הוּא שְׁלֹמוֹת וְאֶחָיו עַל כָּל אֹצְרוֹת הַקֳּדָשִׁים, אֲשֶׁר הִקְדִּישׁ דָּוִיד הַמֶּלֶךְ וְרָאשֵׁי הָאָבוֹת לְשָׂרֵי הָאֲלָפִים וְהַמֵּאוֹת וְשָׂרֵי הַצָּבָא: מִן הַמִּלְחָמוֹת וּמִן הַשָּׁלָל הִקְדִּישׁוּ לְחַזֵּק לְבֵית ה׳: וְכֹל הַהִקְדִּישׁ שְׁמוּאֵל הָרֹאֶה וְשָׁאוּל בֶּן קִישׁ וְאַבְנֵר בֶּן נֵר וְיוֹאָב בֶּן צְרוּיָה כֹּל הַמַּקְדִּישׁ עַל יַד שְׁלֹמִית וְאֶחָיו:

(שם כו, כו-כח)

2. ראו בהרחבה בהפטרת תרומה.

וּכְכָל כֹּחִי הֲכִינוֹתִי לְבֵית אֱלֹהַי, הַזָּהָב לַזָּהָב וְהַכֶּסֶף לַכֶּסֶף וְהַנְּחֹשֶׁת לַנְּחֹשֶׁת הַבַּרְזֶל לַבַּרְזֶל וְהָעֵצִים לָעֵצִים אַבְנֵי שֹׁהַם וּמִלּוּאִים אַבְנֵי פוּךְ וְרִקְמָה וְכֹל אֶבֶן יְקָרָה וְאַבְנֵי שַׁיִשׁ לָרֹב: וְעוֹד בִּרְצוֹתִי בְּבֵית אֱלֹהַי יֶשׁ לִי סְגֻלָּה זָהָב וָכָסֶף, נָתַתִּי לְבֵית אֱלֹהַי לְמַעְלָה, מִכָּל הֲכִינוֹתִי לְבֵית הַקֹּדֶשׁ: שְׁלֹשֶׁת אֲלָפִים כִּכְּרֵי זָהָב מִזְּהַב אוֹפִיר וְשִׁבְעַת אֲלָפִים כִּכַּר כֶּסֶף מְזֻקָּק לָטוּחַ קִירוֹת הַבָּתִּים: לַזָּהָב לַזָּהָב וְלַכֶּסֶף לַכֶּסֶף וּלְכָל מְלָאכָה בְּיַד חָרָשִׁים, וּמִי מִתְנַדֵּב לְמַלֹּאות יָדוֹ הַיּוֹם לַה׳: וַיִּתְנַדְּבוּ שָׂרֵי הָאָבוֹת וְשָׂרֵי שִׁבְטֵי יִשְׂרָאֵל וְשָׂרֵי הָאֲלָפִים וְהַמֵּאוֹת וּלְשָׂרֵי מְלֶאכֶת הַמֶּלֶךְ: וַיִּתְּנוּ לַעֲבוֹדַת בֵּית הָאֱלֹהִים זָהָב כִּכָּרִים חֲמֵשֶׁת אֲלָפִים וַאֲדַרְכֹנִים רִבּוֹ וְכֶסֶף כִּכָּרִים עֲשֶׂרֶת אֲלָפִים וּנְחֹשֶׁת רִבּוֹ וּשְׁמוֹנַת אֲלָפִים כִּכָּרִים וּבַרְזֶל מֵאָה אֶלֶף כִּכָּרִים: וְהַנִּמְצָא אִתּוֹ אֲבָנִים נָתְנוּ לְאוֹצַר בֵּית ה׳ עַל יַד יְחִיאֵל הַגֵּרְשֻׁנִּי: וַיִּשְׂמְחוּ הָעָם עַל הִתְנַדְּבָם, כִּי בְּלֵב שָׁלֵם הִתְנַדְּבוּ לַה׳, וְגַם דָּוִיד הַמֶּלֶךְ שָׂמַח שִׂמְחָה גְדוֹלָה:

(שם כט, ב–ט)

ניתן לראות, שרוב אוצרותיו של דוד היו משלל המלחמות, ואותו הקדיש לבניין בית ה׳ ולא הביאו אל ביתו. דוד מאוד רצה לבנות בית לה׳. ה׳ מנע זאת ממנו:

וַיֹּאמֶר דָּוִיד לִשְׁלֹמֹה, בְּנִי, אֲנִי הָיָה עִם לְבָבִי לִבְנוֹת בַּיִת לְשֵׁם ה׳ אֱלֹהָי: וַיְהִי עָלַי דְּבַר ה׳ לֵאמֹר, דָּם לָרֹב שָׁפַכְתָּ וּמִלְחָמוֹת גְּדֹלוֹת עָשִׂיתָ, לֹא תִבְנֶה בַיִת לִשְׁמִי, כִּי דָמִים רַבִּים שָׁפַכְתָּ אַרְצָה לְפָנָי: הִנֵּה בֵן נוֹלָד לָךְ, הוּא יִהְיֶה אִישׁ מְנוּחָה, וַהֲנִחוֹתִי לוֹ מִכָּל אוֹיְבָיו מִסָּבִיב, כִּי שְׁלֹמֹה יִהְיֶה שְׁמוֹ, וְשָׁלוֹם וָשֶׁקֶט אֶתֵּן עַל יִשְׂרָאֵל בְּיָמָיו: הוּא יִבְנֶה בַיִת לִשְׁמִי...

(שם כב, ז–י)

דוד תרם את חלקו לבית הנבנה בקניית גורן ארנן בהר המוריה, הוא המקום שבו נבנה הבית, בהכנת התוכניות הרבות לבניין[3] ובהקדשת שלל המלחמות לצורך הבניין.

בחז״ל ובמפרשים נאמרו סיבות שונות לכך, ששלמה מיעט להשתמש בקודשי דוד לבניית המקדש. בחרנו בפירושם של רלב״ג ור״י אברבנאל לפסוקנו: כשם שה׳ לא רצה שדוד, ששפך דמים רבים, יבנה את הבית, כך לא רצה ה׳, שהבית ייבנה משלל המלחמות, אותו נטל דוד מאויביו, אלא מאוצרותיו, שהיו אוצרות של שלום.

הייתה בכך ׳אמירה׳ בעלת משקל, ורמזנו עליה בדברינו להפטרת פרשת ויקהל (כמנהג הספרדים), על שיתוף חירם בבניית הבית: הבית שהולך ונבנה, וכמוהו גם

3. עיינו גם בדברינו בהפטרת חיי שרה.

הבית השני וגם הבית העתידי, על פי נבואות ישעיהו,[4] הוא מפעל של העולם כולו, ולא רק של עם ישראל. ה׳ עתיד להשרות דרכו את שכינתו עבור העולם כולו. דבר זה בא לידי ביטוי גם בתפילתו של שלמה בעת חנוכת הבית:

> וְגַם אֶל הַנָּכְרִי, אֲשֶׁר לֹא מֵעַמְּךָ יִשְׂרָאֵל הוּא, וּבָא מֵאֶרֶץ רְחוֹקָה לְמַעַן שְׁמֶךָ: כִּי יִשְׁמְעוּן אֶת שִׁמְךָ הַגָּדוֹל וְאֶת יָדְךָ הַחֲזָקָה וּזְרֹעֲךָ הַנְּטוּיָה, וּבָא וְהִתְפַּלֵּל אֶל הַבַּיִת הַזֶּה: אַתָּה תִּשְׁמַע הַשָּׁמַיִם מְכוֹן שִׁבְתֶּךָ, וְעָשִׂיתָ כְּכֹל אֲשֶׁר יִקְרָא אֵלֶיךָ הַנָּכְרִי, לְמַעַן יֵדְעוּן כָּל עַמֵּי הָאָרֶץ אֶת שְׁמֶךָ לְיִרְאָה אֹתְךָ כְּעַמְּךָ יִשְׂרָאֵל, וְלָדַעַת כִּי שִׁמְךָ נִקְרָא עַל הַבַּיִת הַזֶּה אֲשֶׁר בָּנִיתִי:
>
> (ח, מא-מג)

כאמור, גם בחזון הנביאים על אחרית הימים מופיע עניין זה:

> ... וְנָהֲרוּ אֵלָיו כָּל הַגּוֹיִם: וְהָלְכוּ עַמִּים רַבִּים וְאָמְרוּ, לְכוּ וְנַעֲלֶה אֶל הַר ה׳, אֶל בֵּית אֱלֹהֵי יַעֲקֹב, וְיֹרֵנוּ מִדְּרָכָיו וְנֵלְכָה בְּאֹרְחֹתָיו, כִּי מִצִּיּוֹן תֵּצֵא תוֹרָה וּדְבַר ה׳ מִירוּשָׁלָם:
>
> (ישעיהו ב, ב-ג)

אילו היה הבית נבנה מכוחו של דוד, הוא היה משדר תוכן חשוב, שהיה דומה לתוכנו של חג הפסח, שבו גאל ה׳ את ישראל ביד חזקה ובזרוע נטויה, לחם את מלחמתם, וגאל את דמם השפוך ואת חרפתם. אולם שלמה חנך את הבית בחג הסוכות, ולא בחג הפסח. חג הסוכות על שבעים פרי העולה (כפרה על שבעים אומות העולם), על בקשת הגשמים שבו, קשור לגאולת העולם כולו ולהצלת האדם מפגעי הטבע, ולא לגאולת ישראל מהצרות שבאו עליו מאומות העולם.[5]

המקדש נבנה כאמור, בעיקר מאוצרותיו של שלמה. לדאבוננו, אוצרות דוד נלקחו לימים, על ידי שישק מלך מצרים, כאשר עלה על ירושלים בימי רחבעם בן שלמה (יד, כה-כח).

4. לא נעסוק במסגרת זו בשאלה החשובה, האם ישעיהו דיבר על הבית השני או על הבית העתידי.
5. גם ההפטרה שאנו קוראים ביום ראשון של סוכות (זכריה יד), עוסקת בקשר של אומות העולם לחג הסוכות, למקדש ולירושלים.

ב. הקהל

אָז יַקְהֵל שְׁלֹמֹה אֶת זִקְנֵי יִשְׂרָאֵל אֶת כָּל רָאשֵׁי הַמַּטּוֹת נְשִׂיאֵי הָאָבוֹת לִבְנֵי יִשְׂרָאֵל אֶל הַמֶּלֶךְ שְׁלֹמֹה יְרוּשָׁלָם לְהַעֲלוֹת אֶת אֲרוֹן בְּרִית ה׳ מֵעִיר דָּוִד הִיא צִיּוֹן: וַיִּקָּהֲלוּ אֶל הַמֶּלֶךְ שְׁלֹמֹה כָּל אִישׁ יִשְׂרָאֵל בְּיֶרַח הָאֵתָנִים בֶּחָג, הוּא הַחֹדֶשׁ הַשְּׁבִיעִי: וַיָּבֹאוּ כֹּל זִקְנֵי יִשְׂרָאֵל, וַיִּשְׂאוּ הַכֹּהֲנִים אֶת הָאָרוֹן:

(ח, א-ג)

אפשר, שלא במקרה בחר הנביא במילים יַקְהֵל, וַיִּקָּהֲלוּ, ולהלן (יד) פעמיים בצירוף קְהַל יִשְׂרָאֵל ושיבץ אותן בתיאור העלאת ארון ה׳ אל המקדש. נשווה למצווה שנאמרה בלשון זו:

וַיִּכְתֹּב מֹשֶׁה אֶת הַתּוֹרָה הַזֹּאת, וַיִּתְּנָהּ אֶל הַכֹּהֲנִים בְּנֵי לֵוִי, הַנֹּשְׂאִים אֶת אֲרוֹן בְּרִית ה׳, וְאֶל כָּל זִקְנֵי יִשְׂרָאֵל: וַיְצַו מֹשֶׁה אוֹתָם לֵאמֹר, מִקֵּץ שֶׁבַע שָׁנִים בְּמֹעֵד שְׁנַת הַשְּׁמִטָּה בְּחַג הַסֻּכּוֹת: בְּבוֹא כָל יִשְׂרָאֵל לֵרָאוֹת אֶת פְּנֵי ה׳ אֱלֹהֶיךָ בַּמָּקוֹם אֲשֶׁר יִבְחָר, תִּקְרָא אֶת הַתּוֹרָה הַזֹּאת נֶגֶד כָּל יִשְׂרָאֵל בְּאָזְנֵיהֶם: הַקְהֵל אֶת הָעָם, הָאֲנָשִׁים וְהַנָּשִׁים וְהַטַּף, וְגֵרְךָ אֲשֶׁר בִּשְׁעָרֶיךָ, לְמַעַן יִשְׁמְעוּ וּלְמַעַן יִלְמְדוּ, וְיָרְאוּ אֶת ה׳ אֱלֹהֵיכֶם, וְשָׁמְרוּ לַעֲשׂוֹת אֶת כָּל דִּבְרֵי הַתּוֹרָה הַזֹּאת:

(דברים לא, ט-יב)

פסוקי מצוות הַקְהֵל מבוססים על הפסוקים שמתארים את מעמד הר סיני:

רַק הִשָּׁמֶר לְךָ וּשְׁמֹר נַפְשְׁךָ מְאֹד, פֶּן תִּשְׁכַּח אֶת הַדְּבָרִים אֲשֶׁר רָאוּ עֵינֶיךָ, וּפֶן יָסוּרוּ מִלְּבָבְךָ כֹּל יְמֵי חַיֶּיךָ, וְהוֹדַעְתָּם לְבָנֶיךָ וְלִבְנֵי בָנֶיךָ: יוֹם אֲשֶׁר עָמַדְתָּ לִפְנֵי ה׳ אֱלֹהֶיךָ בְּחֹרֵב, בֶּאֱמֹר ה׳ אֵלַי הַקְהֶל לִי אֶת הָעָם וְאַשְׁמִעֵם אֶת דְּבָרָי, אֲשֶׁר יִלְמְדוּן לְיִרְאָה אֹתִי, כָּל הַיָּמִים אֲשֶׁר הֵם חַיִּים עַל הָאֲדָמָה, וְאֶת בְּנֵיהֶם יְלַמֵּדוּן:

(שם ד, ט-י)

ה׳חג׳ המצוין בהעלאת הארון בהפטרתנו הוא חג הסוכות, אף שהארון הועלה לבית ה׳ ימים ספורים לפני חג הסוכות. חג הסוכות הוא החג שבו מתקיימת על פי התורה מצוות ׳הקהל׳, שעניינה – הקהלת כל עם ישראל אל המקום אשר יבחר ה׳, כפי שהיה במעמד הר סיני, כדי לשמוע את התורה ולקבל אותה מחדש. מצווה זו מתקיימת, על פי התורה, במוצאי שנת השמיטה, ברגעי השיא של סיום שנת הקודש השביעית, שנה שעם ישראל מקיים בה במסירות נפש את קדושת האדמה, את החלוקה השוויונית

לעניים (ולחיית השדה), ובסיומה הוא מקבל מחדש את התורה, הנקראת במקום אשר יבחר ה׳, וזוכה מחדש בארצו ובנחלתו לשש שנים נוספות.

אין הוכחה שחג הסוכות שבו נחנך המקדש, היה במוצאי השנה השביעית. אך נראה (גם ממקומות נוספים במקרא), שניתן היה לקיים את מצוות ׳הקהל׳ לא רק במוצאי השנה השביעית, כי אם גם בשנים שבהן הזדמן אירוע בעל משקל וחשיבות מיוחדים, שהתקשר לקבלת התורה ולקבלת עול מלכות שמיים בידי כל האומה יחדיו. הכנסת ארון ברית ה׳ אל מקומו הקבוע במקדש הייתה אירוע שכזה, שהיה בו משהו מרוחו של מעמד הר סיני, שבו נקהלו כל ישראל, ואמרו יחדיו: כֹּל אֲשֶׁר דִּבֶּר ה׳ נַעֲשֶׂה וְנִשְׁמָע (שמות כד, ז). מצוות ׳הקהל׳ בחג זה התבטאה בזביחת קורבנות, אשר לא ייספרו מרוב, אך בעיקר בתפילת שלמה ובכוונת כל ישראל אליה, תפילה שיש בה הודאה לה׳ שהביאנו עד הלום, והשוטחת את בקשותינו מלפניו לדורות עולם.[6]

ג. אוהל מועד

וַיַּעֲלוּ אֶת אֲרוֹן ה׳ וְאֶת אֹהֶל מוֹעֵד וְאֶת כָּל כְּלֵי הַקֹּדֶשׁ אֲשֶׁר בָּאֹהֶל, וַיַּעֲלוּ אֹתָם הַכֹּהֲנִים וְהַלְוִיִּם:

(ח, ד)

יחד עם ארון הברית העלו הכוהנים את אוהל מועד ואת כליו. אוהל מועד היה אוהל המשכן, שמסוף ימי שאול (מיום חורבן נוב, עיר הכוהנים, שהמשכן היה בה) היה בעיר גבעון:[7]

וַיֵּלְכוּ שְׁלֹמֹה וְכָל הַקָּהָל עִמּוֹ לַבָּמָה אֲשֶׁר בְּגִבְעוֹן, כִּי שָׁם הָיָה אֹהֶל מוֹעֵד הָאֱלֹהִים, אֲשֶׁר עָשָׂה מֹשֶׁה עֶבֶד ה׳ בַּמִּדְבָּר:

וּמִזְבַּח הַנְּחֹשֶׁת, אֲשֶׁר עָשָׂה בְּצַלְאֵל בֶּן אוּרִי בֶן חוּר, שָׂם לִפְנֵי מִשְׁכַּן ה׳, וַיִּדְרְשֵׁהוּ שְׁלֹמֹה וְהַקָּהָל:

(דהי״ב א, ג; ה)

הכלים היו אלו שעשו בצלאל ואהליאב למשכן שבנה משה, והם נצרכו גם לבית

6. שמא בחג זה נכתב גם ספר ׳קהלת׳. עיינו בספר ׳אני קהלת׳ (הרב יואל בן נון ויעקב מדן [ישראל תשע״ז], עמ׳ 178–185), וכדבריו של הרמב״ן שם, שהיו דבריו נאמרים בהקהל.

7. היום מצפון לנבי סמואל, שמצפון־מערב לירושלים.

המקדש. האוהל עצמו, היריעות והקרשים, הועלו להר הבית ונגנזו שם, ולא היה בהם צורך אחרי שנבנה המקדש.

ד. הכרובים

וַיָּבִאוּ הַכֹּהֲנִים אֶת אֲרוֹן בְּרִית ה' אֶל מְקוֹמוֹ, אֶל דְּבִיר הַבַּיִת אֶל קֹדֶשׁ הַקֳּדָשִׁים, אֶל תַּחַת כַּנְפֵי הַכְּרוּבִים: כִּי הַכְּרוּבִים פֹּרְשִׂים כְּנָפַיִם אֶל מְקוֹם הָאָרוֹן, וַיָּסֹכּוּ הַכְּרֻבִים עַל הָאָרוֹן וְעַל בַּדָּיו מִלְמָעְלָה: וַיַּאֲרִכוּ הַבַּדִּים, וַיֵּרָאוּ רָאשֵׁי הַבַּדִּים מִן הַקֹּדֶשׁ עַל פְּנֵי הַדְּבִיר, וְלֹא יֵרָאוּ הַחוּצָה, וַיִּהְיוּ שָׁם עַד הַיּוֹם הַזֶּה:

(ח, ו–ח)

מן המקראות עולה, שכאשר העלו את ארון ה' אל המקדש, ובעקבותיו גם את הכלים האחרים, הכרובים שעשה שלמה כבר היו בבית, ו'המתינו' לארון שישוכן תחתם. אכן, קריאת המקראות בפרק ז כסדרם מלמדת, שכרובי שלמה לא היו ככרובי משה במשכן. במשכן היו הכרובים חלק מן הכפורת, שכיסתה את הארון, ולא הייתה כל הפרדה בין הכרובים לבין הארון ולוחות העדות שבתוכו, כיוון שהכפורת שימשה כ'מכסה' לארון.

לעומתם, כרובי שלמה לא היו חלק מן הארון, אלא חלק מן הבניין. הם עמדו על הרצפה, כנפיהם נמתחו מקיר לקיר, הם היו עשויים עץ מצופה זהב כקירות המקדש (ולא זהב טהור ככרובי משה במשכן), פניהם לא היו אִישׁ אֶל אָחִיו (שמות כה, כ), אלא 'ופניהם לבית' (דהי"ב ג, יב), והם נעשו יחד עם בניית הבית עצמו בשבע (וחצי) שנות הבניין. אחרי שבע שנות הבניין של המקדש בנה שלמה במשך שלוש עשרה שנה את ביתו, את אולם המשפט ואת ביתה של בת פרעה, ואחר כך החל לבנות את כלי המקדש. רק כעבור עשרים שנה מתחילת הבניין, לאחר שנבנה ה'קמפוס' כולו, כולל המקדש ובנייני שלמה, נחנך המקדש כמתואר בהפטרתנו. על פי זה, הכרובים שבנה שלמה 'המתינו' שלוש עשרה שנים ויותר לארון שיבוא ויוצב תחתם.

בכרובים שבנה שלמה רבה הסכנה! הם לא היו פֹּרְשֵׂי כְנָפַיִם (שמות כה, כ) ככרובי משה, המאיימים בכל עת ובכל שעה, שאם עם ישראל לא יעשה, חלילה, את רצונו של מקום, הם עלולים לעוף מן המשכן ועימם כבוד השכינה. כרובי שלמה, שפניהם אל הבית, פורשים את כנפיהם לא כלפי מעלה, אלא לצדדים, מקיר אל קיר, בתנועה של ירידה ונחיתה ולא של עלייה, כאומרים, כביכול, שהם יישארו שם לעולם, ולא ימישו את השכינה מבין כנפיהם, גם אם יחטא העם; הם חלק מן הבניין, שאמור להישאר במקומו לנצח. ה' מתגלה לשלמה אחרי תפילתו ומזהיר אותו, שהבניין והשכינה לא יישארו לנצח בירושלים, אם זו תַּמְרֶה, חלילה, את פי ה' (ט, א–ט).

מכל מקום, הארון הוכנס אל תחת כנפי הכרובים. בפשטות, היו עתה ארבעה כרובים בקודש הקודשים. שני כרובים על הכפורת מימות משה, ושני כרובים על הרצפה, שהם חידושו של שלמה. כך כתב הר"י אברבנאל במפורש:

והכרובים אשר עשה משה, היו בשני קצות הכפורת על הארון, והיו אם כן למטה מכנפות הכרובים הגדולים אשר עשה שלמה.[8]

ה. ספר התורה ושברי הלוחות

אֵין בָּאָרוֹן, רַק שְׁנֵי לֻחוֹת הָאֲבָנִים אֲשֶׁר הִנִּחַ שָׁם מֹשֶׁה בְּחֹרֵב, אֲשֶׁר כָּרַת ה׳ עִם בְּנֵי יִשְׂרָאֵל בְּצֵאתָם מֵאֶרֶץ מִצְרָיִם:

(ח, ט)

בקודש הקודשים אכן היה הארון ובתוכו לוחות העדות, שקיבל משה אחרי שעלה להר בשנית אחרי מעשה העגל,[9] ועדיין יש לברר, היכן היו גנוזים שברי הלוחות הראשונים. בקודש הקודשים היה מונח גם ספר התורה שכתב משה:[10]

8. כך כתב במפורש ובהרחבה 'אור החיים' הקדוש (בשמות כה, ט), וכך נראה בפשטות גם מסתימתם של רש"י ורד"ק. ויש להקשות על כך מן המכילתא דר"י: "לפי שהוא אומר וְעָשִׂיתָ שְׁנַיִם כְּרֻבִים זָהָב (שמות כה, יח), אמר: הריני עושה ארבעה – תלמוד לומר: [לֹא תַעֲשׂוּן אִתִּי] אֱלֹהֵי כֶסֶף, וֵאלֹהֵי זָהָב [לֹא תַעֲשׂוּ לָכֶם] (שם כ, יט), אם הוספת על שנים, הרי הם כאלהי זהב" (יתרו, מסכתא דבחדש, י). אם נניח, שהכפורת עם כרובי משה נגנזה, היו במקדש שלמה שני כרובים בלבד. אך אם הכפורת הייתה על הארון, הרי שהיו ארבעה כרובים! הר"י אברבנאל מיישב, שהדבר הותר מכוח הנבואה, אך נבואה אינה יכולה לעקור בקביעות איסור מן התורה. לכן נראה לנו לשיטה זו, שכרובי שלמה אינם נספרים, משום שהיו חלק מן הבניין, והם ככרובים שנזכרו במשכן שהיו רקומים על היריעות: וְאֶת הַמִּשְׁכָּן תַּעֲשֶׂה עֶשֶׂר יְרִיעֹת שֵׁשׁ מָשְׁזָר וּתְכֵלֶת וְאַרְגָּמָן וְתֹלַעַת שָׁנִי כְּרֻבִים, מַעֲשֵׂה חֹשֵׁב תַּעֲשֶׂה אֹתָם (שמות כו, א), וכן במקדש שלמה: וְאֵת כָּל קִירוֹת הַבַּיִת מֵסַב קָלַע פִּתּוּחֵי מִקְלְעוֹת כְּרוּבִים (ו, כט). ועדיין יש להקשות מן הגמרא (בבא בתרא צט ע"א), המציגה סתירה בין כרובי משה, שנאמר בהם: 'ופניהם איש אל אחיו', לבין כרובי שלמה שנאמר בהם: 'ופניהם לבית'. אם אכן היו ארבעה כרובים, בטלה הקושיה, ואין צורך בתירוץ של הגמרא שם. הכרובים של משה היו חלק מן הכפורת 'ופניהם איש אל אחיו', וכרובי שלמה עמדו על הרצפה, 'ופניהם לבית'. לכאורה, היה מקום לומר, שהכפורת וכרובי משה נגנזו, ולא היו על הארון במקדש, ושם היו רק כרובי שלמה, ועליהם שאלה הגמרא מדוע אין פניהם איש אל אחיו ככרובי משה, אך לא מצאתי מי שיאמר זאת.

9. שמות לד, א; ד; כז-כט.

10. איננו דנים כאן בצנצנת המן שהייתה בקודש הקודשים, וכן בארגז הכפרה שהביאו הפלשתים עם עכברי הזהב וטחורי הזהב (שמ"א ו, ה; יא). אלו בוודאי עמדו מחוץ לארון. דיוננו מתמקד בשברי הלוחות ובספר התורה שכתב משה.

וַיְהִי כְּכַלּוֹת מֹשֶׁה לִכְתֹּב אֶת דִּבְרֵי הַתּוֹרָה הַזֹּאת עַל סֵפֶר עַד תֻּמָּם: וַיְצַו מֹשֶׁה אֶת הַלְוִיִּם, נֹשְׂאֵי אֲרוֹן בְּרִית ה׳, לֵאמֹר: לָקֹחַ אֵת סֵפֶר הַתּוֹרָה הַזֶּה, וְשַׂמְתֶּם אֹתוֹ מִצַּד אֲרוֹן בְּרִית ה׳ אֱלֹהֵיכֶם, וְהָיָה שָׁם בְּךָ לְעֵד:

(דברים לא, כד-כו)

מן הפסוק בהפטרתנו עולה בפשטות, שבארון הברית היו רק לוחות העדות, כך מבאר גם הרד״ק בפירושו. לדעתו, שברי הלוחות וספר התורה היו באוצרות המקדש, ולכן בימי יאשיהו, כשמצאו את ספר התורה, לא ידעו מהו, כי הוא לא היה בבית קודשי הקודשים, אלא באוצר נסתר:

זה ראייה, כי לא היו בארון, לא שברי לוחות ולא ספר תורה. וארון שבו ספר תורה, נראה כי נתנוהו באוצרות בית ה׳ עם אהל מועד ועם הכלים, וכן נראה מדברי חלקיהו הכהן (מל״ב כב, ח): סֵפֶר הַתּוֹרָה מָצָאתִי בְּבֵית ה׳, נראה, כי לא היה במקום שהיו רגילים בו, ולא היו יודעים אותו שם באותו הדור.

(רד״ק ח, ט)

שיטתו מתאימה לדעתו של רבי יהודה בן לקיש בתלמוד הירושלמי במסכת שקלים (פ״ו, ה״א; וגם רש״י בדברים י, א), הסובר (על סמך המקראות), שהיו במדבר שני ארונות. בארון העץ היו שברי הלוחות, ואולי שם היה גם ספר התורה, וארון זה לא הוכנס על ידי שלמה לקודש הקודשים. הר״י אברבנאל חולק עליו באריכות, והוא סובר כשיטת חכמים בירושלמי (והרמב״ן בדברים י, א), שהיה רק ארון אחד. הוא סובר כדעה (בבא בתרא יד ע״א) שבארון היו הלוחות השניים יחד עם שברי הלוחות הראשונים, שהם כולם נכללים בפסוקנו שבהפטרה, ויחד עם ספר התורה, שעמד על מדף חיצוני לארון, ואף הוא נכלל בפסוקנו, שהרי התורה כולה היא פירושם ופירוטם.

ו. ירידת השכינה למקדש

וַיְהִי בְּצֵאת הַכֹּהֲנִים מִן הַקֹּדֶשׁ, וְהֶעָנָן מָלֵא אֶת בֵּית ה׳: וְלֹא יָכְלוּ הַכֹּהֲנִים לַעֲמֹד לְשָׁרֵת מִפְּנֵי הֶעָנָן, כִּי מָלֵא כְבוֹד ה׳ אֶת בֵּית ה׳:

(ח, י-יא)

פסוקי השראת שכינת ה׳ בענן במקדש מזכירים את הפסוקים במעמד הר סיני:

וַיִּשְׁכֹּן כְּבוֹד ה׳ עַל הַר סִינַי וַיְכַסֵּהוּ הֶעָנָן שֵׁשֶׁת יָמִים וַיִּקְרָא אֶל מֹשֶׁה בַּיּוֹם הַשְּׁבִיעִי מִתּוֹךְ הֶעָנָן:
(שמות כד, טז)

כך היה גם בהשראת שכינת ה׳ במשכן:

וַיְכַס הֶעָנָן אֶת אֹהֶל מוֹעֵד, וּכְבוֹד ה׳ מָלֵא אֶת הַמִּשְׁכָּן: וְלֹא יָכֹל מֹשֶׁה לָבוֹא אֶל אֹהֶל מוֹעֵד, כִּי שָׁכַן עָלָיו הֶעָנָן, וּכְבוֹד ה׳ מָלֵא אֶת הַמִּשְׁכָּן: [... וַיִּקְרָא אֶל מֹשֶׁה...]
(שם מ, לד-לה [ויקרא א, א])

בדברי הימים מתוארת לאחרי תפילת שלמה גם ירידת האש מן השמיים לעיני בני ישראל, כפי שהיה בחנוכת המשכן:

וּכְכַלּוֹת שְׁלֹמֹה לְהִתְפַּלֵּל, וְהָאֵשׁ יָרְדָה מֵהַשָּׁמַיִם, וַתֹּאכַל הָעֹלָה וְהַזְּבָחִים, וּכְבוֹד ה׳ מָלֵא אֶת הַבָּיִת: וְלֹא יָכְלוּ הַכֹּהֲנִים לָבוֹא אֶל בֵּית ה׳, כִּי מָלֵא כְבוֹד ה׳ אֶת בֵּית ה׳: וְכֹל בְּנֵי יִשְׂרָאֵל רֹאִים בְּרֶדֶת הָאֵשׁ וּכְבוֹד ה׳ עַל הַבָּיִת:
(דהי״ב ז, א-ג)

ז. תכלית הבית

הפטרתנו מסתיימת בדברי הפתיחה של תפילת שלמה (ח, יב-כא). רוב התפילה הארוכה (שם, כב-סא), על שבחו של ה׳ ועל התחינות הרבות שבה – אינה נכללת בהפטרתנו. הפסוקים שבהפטרתנו מדגישים, שהבית לא נועד לשַכֵּן את ה׳, שהרי השמיים ושמי השמיים לא יכלכלוהו, אלא הוא נועד לשַכֵּן את שמו של ה׳ ואת הדרך לפנות אליו בתפילה, וכפי שמפורט בהמשך תפילת שלמה (אחרי הפטרתנו), וכנאמר בתורה על המקום אשר יבחר ה׳ לשכן שמו. וכה נאמר בהפטרתנו:

... לֹא בָחַרְתִּי בְעִיר מִכֹּל שִׁבְטֵי יִשְׂרָאֵל לִבְנוֹת בַּיִת לִהְיוֹת שְׁמִי שָׁם...
וַיְהִי עִם לְבַב דָּוִד אָבִי לִבְנוֹת בַּיִת לְשֵׁם ה׳ אֱלֹהֵי יִשְׂרָאֵל:
... יַעַן אֲשֶׁר הָיָה עִם לְבָבְךָ לִבְנוֹת בַּיִת לִשְׁמִי...
... כִּי אִם בִּנְךָ הַיֹּצֵא מֵחֲלָצֶיךָ הוּא יִבְנֶה הַבַּיִת לִשְׁמִי:
... וָאֶבְנֶה הַבַּיִת לְשֵׁם ה׳ אֱלֹהֵי יִשְׂרָאֵל:

(שם, טו-כ)

ח. האומנם יש צורך לקבוע מקום לשכינה?

מִן הַיּוֹם אֲשֶׁר הוֹצֵאתִי אֶת עַמִּי אֶת יִשְׂרָאֵל מִמִּצְרַיִם, לֹא בָחַרְתִּי בְעִיר מִכֹּל שִׁבְטֵי יִשְׂרָאֵל לִבְנוֹת בַּיִת לִהְיוֹת שְׁמִי שָׁם, וָאֶבְחַר בְּדָוִד לִהְיוֹת עַל עַמִּי יִשְׂרָאֵל: וַיְהִי עִם לְבַב דָּוִד אָבִי לִבְנוֹת בַּיִת לְשֵׁם ה׳ אֱלֹהֵי יִשְׂרָאֵל: וַיֹּאמֶר ה׳ אֶל דָּוִד אָבִי, יַעַן אֲשֶׁר הָיָה עִם לְבָבְךָ לִבְנוֹת בַּיִת לִשְׁמִי, הֱטִיבֹתָ כִּי הָיָה עִם לְבָבֶךָ:

(ח, טז-יח)

21 פעמים הזכירה התורה בספר דברים (ועוד פעם אחת בספר יהושע) את הַמָּקוֹם אֲשֶׁר יִבְחַר ה׳, אך לא פירשה מהו. אפשר, שהתורה לא קבעה את שם המקום, כיוון שאין מקום קבע לשכינה בעולם הזה, שהרי הקב״ה הוא מקומו של עולמו, ואין עולמו מקומו (ראו בראשית רבה סח).[11]

כך עולה, לעניות דעתנו, מנבואות רבות, וכך עולה מדברי שלמה בהפטרתנו. ה׳ לא בחר בעיר אלא באדם, בדוד. ההחלטה לבנות בית קבע לה׳ במקום מוגדר הייתה של דוד – ׳אתערותא דלתתא׳ (= התעוררות מלמטה, מצד האדם) בלשון הזוה״ק, וה׳ הסכים עם רצונו של דוד. אפשר, שזהו גם פשר האמירה לאברהם לקראת העקדה (בראשית כב, ב): עַל אַחַד הֶהָרִים אֲשֶׁר אֹמַר אֵלֶיךָ – המקום לא נקבע. ה׳ התגלה במקום לא קבוע, ואברהם בדבריו (שם, יד) ה׳ יִרְאֶה הוא שהפך אותו למקום קבע, אֲשֶׁר יֵאָמֵר הַיּוֹם בְּהַר ה׳ יֵרָאֶה.[12]

11. הרמב״ם (מורה הנבוכים ג, מה) מבאר את הסיבות שבעטיין הסתירה התורה את שם המקום.
12. וכך אפשר לבאר גם בנדרו של יעקב בבית אל, שהוא זה שקבע, שהמקום יהיה בֵּית אֱלֹהִים (בראשית כח, יז).

הפטרת ויקרא

מג כא כב עַם־זוּ יָצַרְתִּי לִי תְּהִלָּתִי יְסַפֵּרוּ׃ וְלֹא־אֹתִי קָרָאתָ יַעֲקֹב כִּי־יָגַעְתָּ בִּי יִשְׂרָאֵל׃
כג לֹא־הֵבֵיאתָ לִּי שֵׂה עֹלֹתֶיךָ וּזְבָחֶיךָ לֹא כִבַּדְתָּנִי לֹא הֶעֱבַדְתִּיךָ בְּמִנְחָה וְלֹא
כד הוֹגַעְתִּיךָ בִּלְבוֹנָה׃ לֹא־קָנִיתָ לִּי בַכֶּסֶף קָנֶה וְחֵלֶב זְבָחֶיךָ לֹא הִרְוִיתָנִי אַךְ
כה הֶעֱבַדְתַּנִי בְּחַטֹּאותֶיךָ הוֹגַעְתַּנִי בַּעֲוֺנֹתֶיךָ׃ אָנֹכִי אָנֹכִי הוּא מֹחֶה פְשָׁעֶיךָ לְמַעֲנִי
כו כז וְחַטֹּאתֶיךָ לֹא אֶזְכֹּר׃ הַזְכִּירֵנִי נִשָּׁפְטָה יָחַד סַפֵּר אַתָּה לְמַעַן תִּצְדָּק׃ אָבִיךָ
כח הָרִאשׁוֹן חָטָא וּמְלִיצֶיךָ פָּשְׁעוּ בִי׃ וַאֲחַלֵּל שָׂרֵי קֹדֶשׁ וְאֶתְּנָה לַחֵרֶם יַעֲקֹב
מד א וְיִשְׂרָאֵל לְגִדּוּפִים׃ וְעַתָּה שְׁמַע יַעֲקֹב עַבְדִּי וְיִשְׂרָאֵל בָּחַרְתִּי בוֹ׃
ב כֹּה־אָמַר יהוה עֹשֶׂךָ וְיֹצֶרְךָ מִבֶּטֶן יַעְזְרֶךָּ אַל־תִּירָא עַבְדִּי יַעֲקֹב וִישֻׁרוּן בָּחַרְתִּי
ג בוֹ׃ כִּי אֶצָּק־מַיִם עַל־צָמֵא וְנֹזְלִים עַל־יַבָּשָׁה אֶצֹּק רוּחִי עַל־זַרְעֶךָ וּבִרְכָתִי עַל־
ד ה צֶאֱצָאֶיךָ׃ וְצָמְחוּ בְּבֵין חָצִיר כַּעֲרָבִים עַל־יִבְלֵי־מָיִם׃ זֶה יֹאמַר לַיהוה אָנִי וְזֶה
ו יִקְרָא בְשֵׁם־יַעֲקֹב וְזֶה יִכְתֹּב יָדוֹ לַיהוה וּבְשֵׁם יִשְׂרָאֵל יְכַנֶּה׃ כֹּה־אָמַר
יהוה מֶלֶךְ־יִשְׂרָאֵל וְגֹאֲלוֹ יהוה צְבָאוֹת אֲנִי רִאשׁוֹן וַאֲנִי אַחֲרוֹן וּמִבַּלְעָדַי אֵין
ז אֱלֹהִים׃ וּמִי־כָמוֹנִי יִקְרָא וְיַגִּידֶהָ וְיַעְרְכֶהָ לִי מִשּׂוּמִי עַם־עוֹלָם וְאֹתִיּוֹת וַאֲשֶׁר
ח תָּבֹאנָה יַגִּידוּ לָמוֹ׃ אַל־תִּפְחֲדוּ וְאַל־תִּרְהוּ הֲלֹא מֵאָז הִשְׁמַעְתִּיךָ וְהִגַּדְתִּי וְאַתֶּם
ט עֵדָי הֲיֵשׁ אֱלוֹהַּ מִבַּלְעָדַי וְאֵין צוּר בַּל־יָדָעְתִּי׃ יֹצְרֵי־פֶסֶל כֻּלָּם תֹּהוּ וַחֲמוּדֵיהֶם
י בַּל־יוֹעִילוּ וְעֵדֵיהֶם הֵמָּה בַּל־יִרְאוּ וּבַל־יֵדְעוּ לְמַעַן יֵבֹשׁוּ׃ מִי־יָצַר אֵל וּפֶסֶל נָסָךְ
יא לְבִלְתִּי הוֹעִיל׃ הֵן כָּל־חֲבֵרָיו יֵבֹשׁוּ וְחָרָשִׁים הֵמָּה מֵאָדָם יִתְקַבְּצוּ כֻלָּם יַעֲמֹדוּ
יב יִפְחֲדוּ יֵבֹשׁוּ יָחַד׃ חָרַשׁ בַּרְזֶל מַעֲצָד וּפָעַל בַּפֶּחָם וּבַמַּקָּבוֹת יִצְּרֵהוּ וַיִּפְעָלֵהוּ
יג בִּזְרוֹעַ כֹּחוֹ גַּם־רָעֵב וְאֵין כֹּחַ לֹא־שָׁתָה מַיִם וַיִּיעָף׃ חָרַשׁ עֵצִים נָטָה קָו יְתָאֲרֵהוּ
בַשֶּׂרֶד יַעֲשֵׂהוּ בַּמַּקְצֻעוֹת וּבַמְּחוּגָה יְתָאֳרֵהוּ וַיַּעֲשֵׂהוּ כְּתַבְנִית אִישׁ כְּתִפְאֶרֶת
יד אָדָם לָשֶׁבֶת בָּיִת׃ לִכְרָת־לוֹ אֲרָזִים וַיִּקַּח תִּרְזָה וְאַלּוֹן וַיְאַמֶּץ־לוֹ בַּעֲצֵי־יָעַר נָטַע
טו אֹרֶן וְגֶשֶׁם יְגַדֵּל׃ וְהָיָה לְאָדָם לְבָעֵר וַיִּקַּח מֵהֶם וַיָּחָם אַף־יַשִּׂיק וְאָפָה לָחֶם אַף־

טז יִפְעַל־אֵל וַיִּשְׁתָּחוּ עָשָׂהוּ פֶסֶל וַיִּסְגָּד־לָמוֹ׃ חֶצְיוֹ שָׂרַף בְּמוֹ־אֵשׁ עַל־חֶצְיוֹ בָּשָׂר
יז יֹאכֵל יִצְלֶה צָלִי וְיִשְׂבָּע אַף־יָחֹם וְיֹאמַר הֶאָח חַמּוֹתִי רָאִיתִי אוּר׃ וּשְׁאֵרִיתוֹ
לְאֵל עָשָׂה לְפִסְלוֹ יִסְגָּד־לוֹ וְיִשְׁתַּחוּ וְיִתְפַּלֵּל אֵלָיו וְיֹאמַר הַצִּילֵנִי כִּי אֵלִי אָתָּה׃
יח יט לֹא יָדְעוּ וְלֹא יָבִינוּ כִּי טַח מֵרְאוֹת עֵינֵיהֶם מֵהַשְׂכִּיל לִבֹּתָם׃ וְלֹא־יָשִׁיב אֶל־לִבּוֹ
וְלֹא דַעַת וְלֹא־תְבוּנָה לֵאמֹר חֶצְיוֹ שָׂרַפְתִּי בְמוֹ־אֵשׁ וְאַף אָפִיתִי עַל־גֶּחָלָיו לֶחֶם
כ אֶצְלֶה בָשָׂר וְאֹכֵל וְיִתְרוֹ לְתוֹעֵבָה אֶעֱשֶׂה לְבוּל עֵץ אֶסְגּוֹד׃ רֹעֶה אֵפֶר לֵב הוּתַל
כא הִטָּהוּ וְלֹא־יַצִּיל אֶת־נַפְשׁוֹ וְלֹא יֹאמַר הֲלוֹא שֶׁקֶר בִּימִינִי׃ זְכָר־אֵלֶּה
כב יַעֲקֹב וְיִשְׂרָאֵל כִּי עַבְדִּי־אָתָּה יְצַרְתִּיךָ עֶבֶד־לִי אַתָּה יִשְׂרָאֵל לֹא תִנָּשֵׁנִי׃ מָחִיתִי
כג כָעָב פְּשָׁעֶיךָ וְכֶעָנָן חַטֹּאותֶיךָ שׁוּבָה אֵלַי כִּי גְאַלְתִּיךָ׃ רָנּוּ שָׁמַיִם כִּי־עָשָׂה יהוה
הָרִיעוּ תַּחְתִּיּוֹת אָרֶץ פִּצְחוּ הָרִים רִנָּה יַעַר וְכָל־עֵץ בּוֹ כִּי־גָאַל יהוה יַעֲקֹב
וּבְיִשְׂרָאֵל יִתְפָּאָר׃

א. הקשר בין הפרשה להפטרה

הקשר בין פרשת ויקרא להפטרתה הוא, כמו במספר מקומות אחרים, קשר ניגודי.[1] חציה השני (והגדול!) של פרשתנו עוסק בקורבנות חטאת ואשם לסוגיהם, ובתפקידם של הקורבנות הללו לכפר על חטאי היחיד וחטאי הציבור לפני ה'. שפיכת נפשה (= דמה) של הבהמה יחד עם שפיכת נפשו של החוטא לפני ה' (= תשובה ותפילה) והחלטתו לתקן את חטאו באים לכפר על החטא, ולהביא למחילת ה' עליו. מלבד הקורבנות שמכפרים על החוטא, מצאנו בתורה כפרה באמצעות עונש, ובאמצעות דבר נוסף:

וְהָיָה כִי יָבֹאוּ עָלֶיךָ כָּל הַדְּבָרִים הָאֵלֶּה, הַבְּרָכָה וְהַקְּלָלָה אֲשֶׁר נָתַתִּי לְפָנֶיךָ, וַהֲשֵׁבֹתָ אֶל לְבָבֶךָ, בְּכָל הַגּוֹיִם אֲשֶׁר הִדִּיחֲךָ ה' אֱלֹהֶיךָ שָׁמָּה: וְשַׁבְתָּ עַד ה' אֱלֹהֶיךָ, וְשָׁמַעְתָּ בְקֹלוֹ, כְּכֹל אֲשֶׁר אָנֹכִי מְצַוְּךָ הַיּוֹם, אַתָּה וּבָנֶיךָ בְּכָל לְבָבְךָ וּבְכָל נַפְשֶׁךָ: וְשָׁב ה' אֱלֹהֶיךָ אֶת שְׁבוּתְךָ וְרִחֲמֶךָ, וְשָׁב וְקִבֶּצְךָ מִכָּל הָעַמִּים, אֲשֶׁר הֱפִיצְךָ ה' אֱלֹהֶיךָ שָׁמָּה... וְאַתָּה תָשׁוּב, וְשָׁמַעְתָּ בְּקוֹל ה', וְעָשִׂיתָ אֶת כָּל מִצְוֹתָיו, אֲשֶׁר אָנֹכִי מְצַוְּךָ הַיּוֹם:

(דברים ל, א-ג; ח)

1. להלן בהפטרת צו נרחיב בע"ה על הקשר הניגודי בהפטרות.

המקראות במשנֵה תורה מדברים על תשובת עם ישראל בגלות, במקום שאין בו זבח ומנחה, וממילא, התיקון היחיד הוא באמצעות תשובה.

דרך נוספת לכפרה על חטא מצויה בהפטרתנו:

> לֹא הֵבֵיאתָ לִּי שֵׂה עֹלֹתֶיךָ, וּזְבָחֶיךָ לֹא כִבַּדְתָּנִי, לֹא הֶעֱבַדְתִּיךָ בְּמִנְחָה, וְלֹא הוֹגַעְתִּיךָ בִּלְבוֹנָה: לֹא קָנִיתָ לִּי בַכֶּסֶף קָנֶה, וְחֵלֶב זְבָחֶיךָ לֹא הִרְוִיתָנִי, אַךְ הֶעֱבַדְתַּנִי בְּחַטֹּאותֶיךָ, הוֹגַעְתַּנִי בַּעֲוֹנֹתֶיךָ: אָנֹכִי אָנֹכִי הוּא מֹחֶה פְשָׁעֶיךָ לְמַעֲנִי, וְחַטֹּאתֶיךָ לֹא אֶזְכֹּר:

(מג, כג-כה)

הנביא מזכיר במפורש, שעַם ישראל לא הביא קורבנות, מנחה וקטורת כדי לכפר על עוונותיו, ולא מופיעה כאן חזרה בתשובה, כמו שמצאנו במשנֵה תורה. הנביא מחדש, שה׳ מוחה את פשעינו למענו!

הדבר מזכיר לנו את סדר תפילתנו ביום שבו מתכפרים חטאינו – ביום הכיפורים. התורה כותבת בפירוט את סדר עבודת יום הכיפורים על כל קורבנותיו ואת סדר העבודה במקדש ביום זה. אנו מזכירים בהרחבה בתפילתנו את סדר עבודת הכוהן הגדול ביום הכיפורים, אך כיום, בחטאינו, אנו חסרים את המקדש, שייבנה במהרה בימינו, ואת קורבנותיו, ואנו חותמים את תפילתנו בפסוקים מהפטרתנו:

> אלוהינו ואלוהי אבותינו, מחל לעוונותינו ביום הכיפורים הזה, מחה והעבר פשענו וחטאותינו מנגד עיניך, כאמור (מג, כה): אָנֹכִי אָנֹכִי הוּא מֹחֶה פְשָׁעֶיךָ לְמַעֲנִי, וְחַטֹּאתֶיךָ לֹא אֶזְכֹּר; ונאמר (מד, כב): מָחִיתִי כָעָב פְּשָׁעֶיךָ וְכֶעָנָן חַטֹּאותֶיךָ, שׁוּבָה אֵלַי כִּי גְאַלְתִּיךָ:

הנביא יחזקאל (וכן התורה בשירת ׳האזינו׳)[2] דן בהרחבה בגאולה, שתבוא מבלי שישראל יעשו תשובה, גאולה שתבוא רק כדי שלא יתחלל שמו של הקב״ה בגויים, כשישראל גולים מארצם:

> לָכֵן אֱמֹר לְבֵית יִשְׂרָאֵל, כֹּה אָמַר אֲדֹנָי ה׳, לֹא לְמַעַנְכֶם אֲנִי עֹשֶׂה בֵּית יִשְׂרָאֵל, כִּי אִם לְשֵׁם קָדְשִׁי אֲשֶׁר חִלַּלְתֶּם, בַּגּוֹיִם אֲשֶׁר בָּאתֶם שָׁם:

(יחזקאל לו, כב)

2. ראו על כך בהרחבה בהפטרת פרשת פרה.

יָתֵר ישעיהו בהפטרתנו על יחזקאל, שמדבר לא רק על גאולה מחמת חילול השם, אלא גם על מחילת העוונות לְמַעֲנִי, כלומר מחמת חשש לחילול שמו של הקב"ה בגויים. גאולה מחמת חילול השם על פי נבואת יחזקאל היא גאולה 'גשמית' של השבת בני ישראל לארצם ולמלכותם. מחילת עוונות למען שמו יתברך על פי נבואת ישעיהו, היא מהלך רוחני עמוק שגם אנו מתקשים בהבנתו. האפשרות המוזכרת בהפטרתנו למחיית העוונות ללא קורבנות, משלימה את מה שחסר בפרשתנו.

ב. הפתיחה להפטרה

עַם זוּ יָצַרְתִּי לִי, תְּהִלָּתִי יְסַפֵּרוּ:

(מג, כא)

פסוק זה נראה שייך לנבואה הקודמת, שלא נכללה בהפטרתנו:

הִנְנִי עֹשֶׂה חֲדָשָׁה עַתָּה תִצְמָח, הֲלוֹא תֵדָעוּהָ, אַף אָשִׂים בַּמִּדְבָּר דֶּרֶךְ, בִּישִׁמוֹן נְהָרוֹת: תְּכַבְּדֵנִי חַיַּת הַשָּׂדֶה, תַּנִּים וּבְנוֹת יַעֲנָה, כִּי נָתַתִּי בַמִּדְבָּר מַיִם, נְהָרוֹת בִּישִׁימֹן, לְהַשְׁקוֹת עַמִּי בְחִירִי: עַם זוּ יָצַרְתִּי לִי, תְּהִלָּתִי יְסַפֵּרוּ:

(שם, יט-כא)

לקראת גאולת עם ישראל מגלותו (להלן) ייתן ה' מים רבים בישימון, שבני ישראל אמורים לעבור בו בדרכם מגלותם לארץ ישראל (במדבר הסורי או במדבר העירקי), כשם שסיפק לעם ישראל מים במדבר סיני. חיות המדבר יודו לה', על המים המחיים אותם, אך עיקר תהילתו תבוא מֵעַם ישראל, שעבורו ייבקעו המים. אפשר, שעַם ישראל ישיר שוב את שירת הבאר[3] על המים הרבים.

ג. רקע היסטורי

לֹא הֵבֵיאתָ לִּי שֵׂה עֹלֹתֶיךָ, וּזְבָחֶיךָ לֹא כִבַּדְתָּנִי, לֹא הֶעֱבַדְתִּיךָ בְּמִנְחָה, וְלֹא הוֹגַעְתִּיךָ בִּלְבוֹנָה: לֹא קָנִיתָ לִּי בַכֶּסֶף קָנֶה, וְחֵלֶב זְבָחֶיךָ לֹא הִרְוִיתָנִי, אַךְ הֶעֱבַדְתַּנִי בְּחַטֹּאותֶיךָ, הוֹגַעְתַּנִי בַּעֲוֹנֹתֶיךָ:

(מג, כג-כד)

3. ראו במדבר כא, יז-כ. בשירה זו רמז ברור למשלי בלעם, וגם הוא שיבח את ה' על המים הרבים שנתן לישראל.

מקריאה פשוטה של הפסוקים משתמע, שהנביא אומר דברים אלו בנזיפה ובהאשמה כלפי עם ישראל. ומתי נמנע עַם ישראל מלהביא קורבנות לכפר על חטאיו? בשאלה זו רבו הפירושים. רד"ק ור"י אברבנאל פירשו את הדברים על ימי אחז, שבהם הוחלף המזבח שבעזרה במזבחו של מלך אשור (מל"ב טז, י–טז). אומנם, קשה להקדים את נבואתנו, שכתובה בפרק מג בישעיהו, לנבואות שבפרקים ז–ח, שנאמרו על אחז. ראב"ע פירש את הפסוקים על ימי גלות בבל, שבהם, לאחר שחרב הבית, לא הובאו קורבנות, אך גלות בבל התרחשה זמן רב אחרי ישעיהו. המלבי"ם פירש, שאכן הביאו קורבנות במקדש בימי ישעיהו, אך הקב"ה אינו זקוק לקורבנותיהם, והקורבנות אינם חשובים כשמירת המצוות. ננסה לפלס את דרכנו בין שולי גלימותיהם של המפרשים.

בהקדמה לנבואות מספר ישעיהו הערכנו, שהנבואות מפרק מ ואילך הן מימי מנשה בן חזקיהו מלך יהודה. הן לא נזכרו על שמו של מנשה, משום שמנשה הרג את הנביאים. הן נאמרו בלשון שלא נאמרה בחוצות העיר, אלא בבית מדרש מחתרתי לפני תלמידים מעטים לקראת עתיד נעלם, שעדיין לא נראה באופק.[4] השערתנו היא, שנבואתנו נאמרה לעשרת השבטים, שבימי אחז ובראשית ימי חזקיהו כבר גלו לאשור. עתה, בימי מנשה, ניבא ישעיהו על גאולתם העתידה, ועל הצורך שיתקנו את דרכיהם כשיבואו ארצה. בסופו של דבר חזרו חלק מעשרת השבטים בשנת שמונה עשרה ליאשיהו, שמלך מייד אחרי מנשה ואמון.[5]

לדברינו, הנביא אכן נוזף בעשרת השבטים, שמעולם לא הקריבו לה' קורבנות לכפרה, שהרי נמנעו מלבוא לירושלים, ועבדו את העגלים (את הקורבנות לה' שהקריבו לפני העגלים, אין הנביא מחשיב כקורבנות כפרה). הנביא אומר בהפטרתנו, שלמרות שלא הקריבו קורבנות ולמרות חטאיהם הכבדים בימים שבהם היו בארץ ובימי גלותם באשור הרחוקה, ה' ימחה את פשעיהם ויקבלם בתשובה. הוא יעשה זאת בעת שיבואו אל מקדשו בימי יאשיהו, שכמוהו לֹא הָיָה לְפָנָיו מֶלֶךְ, אֲשֶׁר שָׁב אֶל ה' בְּכָל לְבָבוֹ וּבְכָל נַפְשׁוֹ וּבְכָל מְאֹדוֹ, כְּכֹל תּוֹרַת מֹשֶׁה (מל"ב כג, כה).

ד. ה'משפט' בין ה' ובין העם

הַזְכִּירֵנִי נִשָּׁפְטָה יָחַד, סַפֵּר אַתָּה לְמַעַן תִּצְדָּק: אָבִיךָ הָרִאשׁוֹן חָטָא, וּמְלִיצֶיךָ פָּשְׁעוּ בִי: וַאֲחַלֵּל שָׂרֵי קֹדֶשׁ, וְאֶתְּנָה לַחֵרֶם יַעֲקֹב, וְיִשְׂרָאֵל לְגִדּוּפִים:

(מג, כג–כה)

4. מלבד בהקדמה זו עיינו גם בדברינו להפטרת שבת וראש חודש ולהפטרות השנייה והשישית משבע הפטרות הנחמה.

5. נרחיב על כך, ברצות ה', בהפטרת יום שני של ראש השנה.

הנביא מציע לעַם בשם ה׳ לעמוד עימו יחד למשפט. גם איוב ביקש מה׳, שיעמוד עימו למשפט, ואיוב יטען בו את טענותיו על הקב״ה. אליהוא בין ברכאל הבוזי היה מזועזע מהצעתו של איוב:

> וַיַּעַן אֱלִיהוּ וַיֹּאמַר: הֲזֹאת חָשַׁבְתָּ לְמִשְׁפָּט, אָמַרְתָּ צִדְקִי מֵאֵל... הַבֵּט שָׁמַיִם וּרְאֵה, וְשׁוּר שְׁחָקִים גָּבְהוּ מִמֶּךָּ: אִם חָטָאתָ מַה תִּפְעָל בּוֹ, וְרַבּוּ פְשָׁעֶיךָ מַה תַּעֲשֶׂה לּוֹ: אִם צָדַקְתָּ מַה תִּתֶּן לוֹ, אוֹ מַה מִיָּדְךָ יִקָּח: לְאִישׁ כָּמוֹךָ רִשְׁעֶךָ, וּלְבֶן אָדָם צִדְקָתֶךָ:

(איוב לה, א–ח)

וכי יכול אדם (או עַם) לעמוד למשפט מול הקב״ה, ולחשוב שהוא צודק מאלוהיו?! למרות זאת, ישעיהו מציע לעם לעמוד למשפט מול הקב״ה ולטעון את טענותיו. הוא מציע לו לטעון ראשון את טענותיו: נִשָּׁפְטָה יָחַד, סַפֵּר אַתָּה לְמַעַן תִּצְדָּק. הוא מזכיר את חטאי ישראל מאז ומעולם (ושמא אָבִיךָ הָרִאשׁוֹן הוא מייסד מלכות עשרת השבטים, ירבעם בן נבט, שבנה את העגלים). הנביא ממשיך ומצדיק את ה׳, שנתן את ישראל לחרם ולגידופים בעת גלותם הרחוקה.

ה. הפיוס שהנביא מציע

> וְעַתָּה, שְׁמַע יַעֲקֹב עַבְדִּי, וְיִשְׂרָאֵל בָּחַרְתִּי בוֹ: כֹּה אָמַר ה׳ עֹשֶׂךָ, וְיֹצֶרְךָ מִבֶּטֶן יַעְזְרֶךָּ, אַל תִּירָא עַבְדִּי יַעֲקֹב, וִישֻׁרוּן בָּחַרְתִּי בוֹ: כִּי אֶצָּק מַיִם עַל צָמֵא, וְנֹזְלִים עַל יַבָּשָׁה, אֶצֹּק רוּחִי עַל זַרְעֶךָ, וּבִרְכָתִי עַל צֶאֱצָאֶיךָ: וְצָמְחוּ בְּבֵין חָצִיר, כַּעֲרָבִים עַל יִבְלֵי מָיִם: זֶה יֹאמַר לַה׳ אָנִי, וְזֶה יִקְרָא בְשֵׁם יַעֲקֹב, וְזֶה יִכְתֹּב יָדוֹ לַה׳, וּבְשֵׁם יִשְׂרָאֵל יְכַנֶּה: כֹּה אָמַר ה׳, מֶלֶךְ יִשְׂרָאֵל וְגֹאֲלוֹ, ה׳ צְבָאוֹת, אֲנִי רִאשׁוֹן וַאֲנִי אַחֲרוֹן, וּמִבַּלְעָדַי אֵין אֱלֹהִים:

(מד, א–ו)

באופן חריג עם ישראל מכונה בפסוקים אלה בשלושה שמות: יעקב, ישראל וישורון. ואפשר, שחטאם של עשרת השבטים בא לידי ביטוי, לא רק בשכחת שם ה׳ ובאִיציות למצוותיו, אלא גם בשכחת שמם שלהם כבני ישראל ובטמיעתם בגויים. הנביא רואה בחזונו, שה׳ מוכן להתפייס, לא רק עם מי שיאמר לה׳ אני, או עם זה שיכתוב ידו לה׳, אלא גם עם מי ש׳יקרא בשם יעקב׳ או יכונה בשם ישראל, כלומר, ששיזכור שהוא יהודי, גם אם אינו זוכר את ה׳. מדבריו משמע, שבגלות (עשרת השבטים) הם התכחשו לקשר הקיים בינם לבין עם ישראל.

ה׳ מוגדר בנבואה כראשון (= ביציאת מצרים), כאחרון (= בגאולה העתידה הקרובה, שהנביא מדבר עליה), וקובע, שאין עוד אלוהים שיגאל את ישראל.

וּמִי כָמוֹנִי יִקְרָא, וְיַגִּידֶהָ וְיַעְרְכֶהָ לִי, מִשּׂוּמִי עַם עוֹלָם וְאֹתִיּוֹת וַאֲשֶׁר תָּבֹאנָה, יַגִּידוּ לָמוֹ: אַל תִּפְחֲדוּ וְאַל תִּרְהוּ, הֲלֹא מֵאָז הִשְׁמַעְתִּיךָ וְהִגַּדְתִּי, וְאַתֶּם עֵדָי, הֲיֵשׁ אֱלוֹהַ מִבַּלְעָדַי, וְאֵין צוּר בַּל יָדָעְתִּי:

(שם, ז-ח)

ה׳ מודיע, שאין שום אל ואין שום אדם שיוכל לקרוא, להגיד ולערוך טענות כנגדו, על כך שהחליט להשיב למקומו את עַם עוֹלָם, העם שלא כלה בגלותו, ואין שום אל ואין שום אדם שיוכל לומר את העתיד לבוא (וְאֹתִיּוֹת וַאֲשֶׁר תָּבֹאנָה), כפי שה׳ אומר מפיו של הנביא. הוא קורא לעם לא לפחוד ולא לירוא (תִּרְהוּ = תיראו) מלהיות עדיו של ה׳, שהוא האלוה היחיד והצור (= הגואל החזק) היחיד.

ו. הלעג לעבודת האלילים

יֹצְרֵי פֶסֶל כֻּלָּם תֹּהוּ, וַחֲמוּדֵיהֶם בַּל יוֹעִילוּ, וְעֵדֵיהֶם הֵמָּה בַּל יִרְאוּ וּבַל יֵדְעוּ, לְמַעַן יֵבֹשׁוּ: מִי יָצַר אֵל וּפֶסֶל נָסָךְ, לְבִלְתִּי הוֹעִיל: הֵן כָּל חֲבֵרָיו יֵבֹשׁוּ, וְחָרָשִׁים הֵמָּה מֵאָדָם, יִתְקַבְּצוּ כֻלָּם יַעֲמֹדוּ, יִפְחֲדוּ יֵבֹשׁוּ יָחַד: חָרַשׁ בַּרְזֶל מַעֲצָד, וּפָעַל בַּפֶּחָם, וּבַמַּקָּבוֹת יִצְּרֵהוּ, וַיִּפְעָלֵהוּ בִּזְרוֹעַ כֹּחוֹ, גַּם רָעֵב וְאֵין כֹּחַ, לֹא שָׁתָה מַיִם וַיִּיעָף: חָרַשׁ עֵצִים נָטָה קָו, יְתָאֲרֵהוּ בַשֶּׂרֶד, יַעֲשֵׂהוּ בַּמַּקְצֻעוֹת, וּבַמְּחוּגָה יְתָאֳרֵהוּ, וַיַּעֲשֵׂהוּ כְּתַבְנִית אִישׁ, כְּתִפְאֶרֶת אָדָם לָשֶׁבֶת בָּיִת: לִכְרָת לוֹ אֲרָזִים, וַיִּקַּח תִּרְזָה וְאַלּוֹן, וַיְאַמֶּץ לוֹ בַּעֲצֵי יָעַר, נָטַע אֹרֶן וְגֶשֶׁם יְגַדֵּל: וְהָיָה לְאָדָם לְבָעֵר, וַיִּקַּח מֵהֶם וַיָּחָם, אַף יַשִּׂיק וְאָפָה לָחֶם, אַף יִפְעַל אֵל וַיִּשְׁתָּחוּ, עָשָׂהוּ פֶסֶל וַיִּסְגָּד לָמוֹ: חֶצְיוֹ שָׂרַף בְּמוֹ אֵשׁ, עַל חֶצְיוֹ בָּשָׂר יֹאכֵל, יִצְלֶה צָלִי וְיִשְׂבָּע, אַף יָחֹם וְיֹאמַר הֶאָח, חַמּוֹתִי רָאִיתִי אוּר: וּשְׁאֵרִיתוֹ לְאֵל עָשָׂה לְפִסְלוֹ...

(מד, ט-יז)

לעגו של הנביא לפסלים מביא אותו לתאר את הפסל מבלי לתאר את ה׳מקדש׳ שהוא ניצב בו, אלא את הנגרייה שבה הוא מיוצר. אפשר, שהוא מדבר על העבודה הזרה של מנשה בן חזקיהו או על אליליהם של שבטי ישראל שבגלות אשור. הוא מתאר בהרחבה את כל שלבי ייצור הפסל, מנטיעת העץ ביער ועד להבאתו לנגרייה, שרטוטו ועיבודו בכל אחד מן השלבים. מסתבר, שגם עובדי האלילים לא האמינו בעץ המפוסל כשלעצמו, אלא ראו בו ביטוי לכוח רוחני המלווה אותו. הנביא מתייחס גם

להבנה זו, ולועג לעץ המפוסל, המהֻוה ביטוי לכוחו של ה'אל', כביכול, כשחלקים אחרים מאותו עץ משמשים להסקה ולבישול. הנביא קורא בכך לעם לשוב לעבודת ה' הנכונה במקדשו בירושלים.

ז. פסוקי הסיום

זְכָר אֵלֶּה יַעֲקֹב, וְיִשְׂרָאֵל כִּי עַבְדִּי אָתָּה, יְצַרְתִּיךָ עֶבֶד לִי אַתָּה, יִשְׂרָאֵל לֹא תִנָּשֵׁנִי: מָחִיתִי כָעָב פְּשָׁעֶיךָ וְכֶעָנָן חַטֹּאותֶיךָ, שׁוּבָה אֵלַי כִּי גְאַלְתִּיךָ: רָנּוּ שָׁמַיִם כִּי עָשָׂה ה', הָרִיעוּ תַּחְתִּיּוֹת אָרֶץ, פִּצְחוּ הָרִים רִנָּה, יַעַר וְכָל עֵץ בּוֹ, כִּי גָאַל ה' יַעֲקֹב, וּבְיִשְׂרָאֵל יִתְפָּאָר:

(מד, כא-כג)

הנביא מזכיר שוב את מחיית הפשעים, וקובע את תפקידו של עץ היער, ששימש לעיל לעשיית פסל. עצי היער ירננו על גאולת ישראל בידי אלוהיו.

הפטרת צו

ז כא כֹּה אָמַר יהוה צְבָאוֹת אֱלֹהֵי יִשְׂרָאֵל עֹלוֹתֵיכֶם סְפוּ עַל־זִבְחֵיכֶם וְאִכְלוּ בָשָׂר׃ ירמיה
כב כִּי לֹא־דִבַּרְתִּי אֶת־אֲבוֹתֵיכֶם וְלֹא צִוִּיתִים בְּיוֹם הוֹצִיאִ אוֹתָם מֵאֶרֶץ מִצְרָיִם עַל־
כג דִּבְרֵי עוֹלָה וָזָבַח׃ כִּי אִם־אֶת־הַדָּבָר הַזֶּה צִוִּיתִי אוֹתָם לֵאמֹר שִׁמְעוּ בְקוֹלִי וְהָיִיתִי
לָכֶם לֵאלֹהִים וְאַתֶּם תִּהְיוּ־לִי לְעָם וַהֲלַכְתֶּם בְּכָל־הַדֶּרֶךְ אֲשֶׁר אֲצַוֶּה אֶתְכֶם
כד לְמַעַן יִיטַב לָכֶם׃ וְלֹא שָׁמְעוּ וְלֹא־הִטּוּ אֶת־אָזְנָם וַיֵּלְכוּ בְּמֹעֵצוֹת בִּשְׁרִרוּת לִבָּם
כה הָרָע וַיִּהְיוּ לְאָחוֹר וְלֹא לְפָנִים׃ לְמִן־הַיּוֹם אֲשֶׁר יָצְאוּ אֲבוֹתֵיכֶם מֵאֶרֶץ מִצְרַיִם
כו עַד הַיּוֹם הַזֶּה וָאֶשְׁלַח אֲלֵיכֶם אֶת־כָּל־עֲבָדַי הַנְּבִיאִים יוֹם הַשְׁכֵּם וְשָׁלֹחַ׃ וְלוֹא
כז שָׁמְעוּ אֵלַי וְלֹא הִטּוּ אֶת־אָזְנָם וַיַּקְשׁוּ אֶת־עָרְפָּם הֵרֵעוּ מֵאֲבוֹתָם׃ וְדִבַּרְתָּ
אֲלֵיהֶם אֶת־כָּל־הַדְּבָרִים הָאֵלֶּה וְלֹא יִשְׁמְעוּ אֵלֶיךָ וְקָרָאתָ אֲלֵיהֶם וְלֹא יַעֲנוּכָה׃
כח וְאָמַרְתָּ אֲלֵיהֶם זֶה הַגּוֹי אֲשֶׁר לוֹא־שָׁמְעוּ בְּקוֹל יהוה אֱלֹהָיו וְלֹא לָקְחוּ מוּסָר
כט אָבְדָה הָאֱמוּנָה וְנִכְרְתָה מִפִּיהֶם׃ גָּזִּי נִזְרֵךְ וְהַשְׁלִיכִי וּשְׂאִי עַל־שְׁפָיִם
ל קִינָה כִּי מָאַס יהוה וַיִּטֹּשׁ אֶת־דּוֹר עֶבְרָתוֹ׃ כִּי־עָשׂוּ בְנֵי־יְהוּדָה הָרַע בְּעֵינַי
לא נְאֻם־יהוה שָׂמוּ שִׁקּוּצֵיהֶם בַּבַּיִת אֲשֶׁר־נִקְרָא־שְׁמִי עָלָיו לְטַמְּאוֹ׃ וּבָנוּ בָּמוֹת
הַתֹּפֶת אֲשֶׁר בְּגֵיא בֶן־הִנֹּם לִשְׂרֹף אֶת־בְּנֵיהֶם וְאֶת־בְּנֹתֵיהֶם בָּאֵשׁ אֲשֶׁר לֹא
לב צִוִּיתִי וְלֹא עָלְתָה עַל־לִבִּי׃ לָכֵן הִנֵּה יָמִים בָּאִים נְאֻם־יהוה וְלֹא־יֵאָמֵר
לג עוֹד הַתֹּפֶת וְגֵיא בֶן־הִנֹּם כִּי אִם־גֵּיא הַהֲרֵגָה וְקָבְרוּ בְתֹפֶת מֵאֵין מָקוֹם׃ וְהָיְתָה
לד נִבְלַת הָעָם הַזֶּה לְמַאֲכָל לְעוֹף הַשָּׁמַיִם וּלְבֶהֱמַת הָאָרֶץ וְאֵין מַחֲרִיד׃ וְהִשְׁבַּתִּי
מֵעָרֵי יְהוּדָה וּמֵחֻצוֹת יְרוּשָׁלִַם קוֹל שָׂשׂוֹן וְקוֹל שִׂמְחָה קוֹל חָתָן וְקוֹל כַּלָּה כִּי
ח א לְחָרְבָּה תִּהְיֶה הָאָרֶץ׃ בָּעֵת הַהִיא נְאֻם־יהוה יוֹצִיאוּ אֶת־עַצְמוֹת מַלְכֵי־יְהוּדָה
וְאֶת־עַצְמוֹת שָׂרָיו וְאֶת־עַצְמוֹת הַכֹּהֲנִים וְאֵת עַצְמוֹת הַנְּבִיאִים וְאֵת עַצְמוֹת
ב יוֹשְׁבֵי־יְרוּשָׁלִָם מִקִּבְרֵיהֶם׃ וּשְׁטָחוּם לַשֶּׁמֶשׁ וְלַיָּרֵחַ וּלְכֹל צְבָא הַשָּׁמַיִם אֲשֶׁר
אֲהֵבוּם וַאֲשֶׁר עֲבָדוּם וַאֲשֶׁר הָלְכוּ אַחֲרֵיהֶם וַאֲשֶׁר דְּרָשׁוּם וַאֲשֶׁר הִשְׁתַּחֲווּ

ג לָהֶם לֹא יֵאָסְפוּ וְלֹא יִקָּבֵרוּ לְדֹמֶן עַל־פְּנֵי הָאֲדָמָה יִהְיוּ: וְנִבְחַר מָוֶת מֵחַיִּים
לְכֹל הַשְּׁאֵרִית הַנִּשְׁאָרִים מִן־הַמִּשְׁפָּחָה הָרָעָה הַזֹּאת בְּכָל־הַמְּקֹמוֹת הַנִּשְׁאָרִים
אֲשֶׁר הִדַּחְתִּים שָׁם נְאֻם יהוה צְבָאוֹת:

ט כב כֹּה אָמַר יהוה אַל־יִתְהַלֵּל חָכָם בְּחָכְמָתוֹ וְאַל־יִתְהַלֵּל הַגִּבּוֹר בִּגְבוּרָתוֹ אַל־
כג יִתְהַלֵּל עָשִׁיר בְּעָשְׁרוֹ: כִּי אִם־בְּזֹאת יִתְהַלֵּל הַמִּתְהַלֵּל הַשְׂכֵּל וְיָדֹעַ אוֹתִי כִּי
אֲנִי יהוה עֹשֶׂה חֶסֶד מִשְׁפָּט וּצְדָקָה בָּאָרֶץ כִּי־בְאֵלֶּה חָפַצְתִּי נְאֻם־יהוה:

הפטרתנו נקראת לעיתים רחוקות מאוד. בשנה שאינה מעוברת הפטרת פרשת צו היא הפטרת שבת הגדול שלפני הפסח. בשנים מעוברות – ברוב גדול של המקרים הפטרת צו היא הפטרת שבת זכור.[1] בהפטרה ניבא ירמיהו הנביא על פורענות קשה ביותר, ורק שני פסוקיה האחרונים, התלושים בהפטרתנו ממקומם, עשויים לסיים ב׳טעם טוב׳ (בפסוקים אלה אנו מסיימים גם את הפטרת תשעה באב). אחת מן הסיבות שנזכרו בראשונים לקביעת הפטרה מיוחדת לשבת הגדול (למרות שאין קוראים בה בתורה ׳מפטיר׳ מיוחד) היא הדברים הקשים שמשמיע ירמיהו בהפטרתנו על הקורבנות. בערב פסח חביבים עלינו הקורבנות במיוחד בגלל טעמו המיוחד של קורבן הפסח, ולכן תיקנו לנו לקרוא: וְעָרְבָה לַה׳ מִנְחַת יְהוּדָה וִירוּשָׁלָ͏ִם (מלאכי א, ד – פתיחת הפטרת שבת הגדול), במקום: עֹלוֹתֵיכֶם סְפוּ עַל זִבְחֵיכֶם, וְאִכְלוּ בָשָׂר.[2]

א. הקשר בין הפרשה להפטרה

הפטרת צו היא מן ההפטרות הבודדות, שבה האמירה של הנביא סותרת את האמירה

1. שנת תשפ״ב הייתה שנה מעוברת, ובה נקראה פרשת ויקרא בשבת הסמוכה לפורים. פרשת צו נקראה אחרי פורים, והפטרתה נקראה בציבור (כך היה בשנת תשס״ח, תשע״ו, תשע״ט, וכך יהיה שוב בשנת תת״ג). ברוב השנים המעוברות בשבת שאחרי פרשת זכור נקראת פרשת פרה, והפטרת צו נדחית, מפני הפטרת פרה.
2. ספר אור זרוע חלק ב – הלכות קריאת ארבע פרשיות ומועדים סימן שצג: ״וראיתי סימן: ׳צו את אהרן׳ גבי ׳עולותיכם׳, ועוד סימן: ׳צו את אהרן׳ גבי ׳וערבה לה׳״, ולכך כיוַנתי האמת לומר, שפעמים מפטירין ל׳צו את אהרן׳ ב׳עולותיכם׳, ופעמים ב׳וערבה׳, ותנאי בדבר זה: אם שנה פשוטה היא, וחל ׳צו את אהרן׳ בשבת הגדול שלפני הפסח, יפטירו ב׳וערבה׳, וכל שכן כשחל ערב הפסח בשבת. ואם שנה מעוברת היא, וחל ׳צו את אהרן׳ באחד משבתות של אדר השני, ושבת הגדול יהיה ב׳אחרי מות׳, אז יפטירו ב׳עולותיכם׳ ל׳צו את אהרן׳, אם לא תהיה אחת מארבע פרשיות באותה שבת. ולפי שאין רגילות נוהג כן בכל שנה ושנה מפני שנת העיבור, לפיכך נשמט מפי הסדרנים, ונהגו תמיד להפטיר ב׳עולותיכם׳ לפי שהוא תדיר.״

העיקרית של הפרשה. הפרשה עוסקת בתורת הקורבנות ובהיותם קֹדֶשׁ קָדָשִׁים, אִשֵּׁי ה' וְרֵיחַ נִיחוֹחַ לה', ואילו ההפטרה מואסת בהם, וקוראת שלא להביאם לה'. דבר דומה מוצאים אנו גם בהפטרות נוספות:

א. הפטרת פרשת וישלח עוסקת בגנותם של האדומים ובנקמת ה' בהם. הפרשה דווקא רואה בעין טובה את עשו, שבסופו של דבר קיבל את הגזרה שהעניקה ליעקב את הברכה העיקרית.

ב. הפטרת יתרו מדברת על הסתלקות כבוד ה' מן המקדש ומבני ישראל, ועל כך שה' אינו חפץ שישמעו את דבריו. הפרשה מספרת לנו על התגלות ה' לעיני העם ועל השמעת דבריו אל העם במתן תורה.

ג. הפטרת שבת קדושים (ולמנהגים אחרים אחרי מות) אומרת, שבני ישראל הם כִּבְנֵי כֻשִׁיִּים (עמוס ט, ז), ומזכירה שה' העלה גם עמים אחרים מארצותיהם לארץ ישראל. הפרשה מדברת על ייחודו של עם ישראל כעם קדוש לה'.

ד. הפטרת שבת במדבר פותחת במילים: וְהָיָה מִסְפַּר בְּנֵי יִשְׂרָאֵל כְּחוֹל הַיָּם, אֲשֶׁר לֹא יִמַּד וְלֹא יִסָּפֵר (הושע ב, א), בעוד הפרשה עוסקת בהרחבה במספרם של בני ישראל.

ה. הפטרת יום הכיפורים ממעטת בחשיבותו של הצום, שעליו מצווה הקריאה בתורה, לעומת מעשי היושר והצדק.

ב. לֹא דִבַּרְתִּי אֶת אֲבוֹתֵיכֶם

כִּי לֹא דִבַּרְתִּי אֶת אֲבוֹתֵיכֶם וְלֹא צִוִּיתִים בְּיוֹם הוֹצִיאִ אוֹתָם מֵאֶרֶץ מִצְרָיִם עַל דִּבְרֵי עוֹלָה וָזָבַח: כִּי אִם אֶת הַדָּבָר הַזֶּה צִוִּיתִי אוֹתָם לֵאמֹר, שִׁמְעוּ בְקוֹלִי, וְהָיִיתִי לָכֶם לֵאלֹהִים, וְאַתֶּם תִּהְיוּ לִי לְעָם, וַהֲלַכְתֶּם בְּכָל הַדֶּרֶךְ אֲשֶׁר אֲצַוֶּה אֶתְכֶם, לְמַעַן יִיטַב לָכֶם:

(ז, כב-כג)

המפרשים התחבטו מאוד בפסוקים אלו, שהרי ביום יציאת מצרים ציווה ה' את העם להקריב לו את קורבן הפסח במצרים וגם לדורות. גם במעמד הר סיני נצטוו בני ישראל להקריב עולות ושלמים (שמות כד), וקיבלו את מצוות הקורבנות שבפרשתנו:

זֹאת הַתּוֹרָה לָעֹלָה לַמִּנְחָה וְלַחַטָּאת וְלָאָשָׁם וְלַמִּלּוּאִים וּלְזֶבַח הַשְּׁלָמִים: אֲשֶׁר צִוָּה ה' אֶת מֹשֶׁה בְּהַר סִינָי...

(ויקרא ז, לז-לח).

הרמב"ם נתן שתי תשובות לשאלה זו:

א. כוונת ה' הראשונה הייתה להשיגו ולעובדו מבלי להקריב לו קורבנות. הקורבנות נועדו רק כדי למחות שם עבודה זרה מקרבם, ואינם בעלי ערך עצמי.
ב. יום הוצאתם ממצרים בדברי הנביא הוא היום שנצטוו במרה על מצוותיו, ושם לא נאמרו מצוות הקורבנות.

> ואמר ירמיה, כִּי לֹא דִבַּרְתִּי אֶת אֲבוֹתֵיכֶם וְלֹא צִוִּיתִים בְּיוֹם הוֹצִיאִ אוֹתָם מֵאֶרֶץ מִצְרָיִם עַל דִּבְרֵי עוֹלָה וָזָבַח... וכבר הוקשה זה המאמר בעיני כל מי שראיתי דבריו או שמעתים, ואמר: איך יאמר ירמיה על השם, שלא צִוָּנו בדברי עולה וזבח, ורוב המצות באו בזה? אמנם כוונת זה המאמר הוא, מה שבֵּארתי לך, וזה שהוא אמר, שהכונה הראשונה אמנם היא שתשיגוני ולא תעבדו זולתי וְהָיִיתִי לָכֶם לֵאלֹהִים, וְאַתֶּם תִּהְיוּ לִי לְעָם... ולזה התנה בזה הפסוק, ואמר: בְּיוֹם הוֹצִיאִ אוֹתָם מֵאֶרֶץ מִצְרָיִם, כי תחִלת צִווי שבא אחר יציאת מצרים הוא מה שנצטוונו בו במרה.

(מורה הנבוכים ג, לב)

הרד"ק השיב כדברי הרמב"ם, והוסיף, שאמירתו של ירמיהו נועדה לכל יחיד, והיחידים לא נצטוו בקורבנות אלא כדבר רשות או כדי לכפר על חטא. גם דברי רש"י, ר"י אברבנאל ומלבי"ם קרובים לפירושים אלו.

לעניות דעתנו, יש לקרוא את הפסוקים בדרך שונה:

> כִּי לֹא דִבַּרְתִּי אֶת אֲבוֹתֵיכֶם וְלֹא צִוִּיתִים בְּיוֹם הוֹצִיאִ אוֹתָם מֵאֶרֶץ מִצְרָיִם [רק] עַל דִּבְרֵי עוֹלָה וָזָבַח: כִּי אִם [גם] אֶת הַדָּבָר הַזֶּה צִוִּיתִי אוֹתָם לֵאמֹר, שִׁמְעוּ בְקוֹלִי...

כך למדו חכמים פסוקים רבים, וניתן דוגמה:

> לָכֵן הִנֵּה יָמִים בָּאִים, נְאֻם ה', וְלֹא יֹאמְרוּ עוֹד, חַי ה' אֲשֶׁר הֶעֱלָה אֶת בְּנֵי יִשְׂרָאֵל מֵאֶרֶץ מִצְרָיִם: כִּי אִם חַי ה', אֲשֶׁר הֶעֱלָה וַאֲשֶׁר הֵבִיא אֶת זֶרַע בֵּית יִשְׂרָאֵל מֵאֶרֶץ צָפוֹנָה...

(כג, ז-ח)

בן זומא (ברכות יב ע"ב) אכן הוכיח ממקראות אלו, שאין מזכירים יציאת מצרים לימות המשיח. חכמים חלקו עליו, והם קראו את הפסוקים באופן הבא:

לָכֵן הִנֵּה יָמִים בָּאִים, נְאֻם ה׳, וְלֹא יֹאמְרוּ עוֹד [רק] חַי ה׳ אֲשֶׁר הֶעֱלָה אֶת בְּנֵי יִשְׂרָאֵל מֵאֶרֶץ מִצְרָיִם: כִּי אִם [גם] חַי ה׳, אֲשֶׁר הֶעֱלָה וַאֲשֶׁר הֵבִיא אֶת זֶרַע בֵּית יִשְׂרָאֵל מֵאֶרֶץ צָפוֹנָה...

כך יש, לדעתנו, לקרוא גם את הפסוק הבא:

זֶה דְּבַר ה׳ אֶל זְרֻבָּבֶל לֵאמֹר, לֹא [רק] בְחַיִל וְלֹא [רק] בְכֹחַ, כִּי אִם [גם] בְּרוּחִי, אָמַר ה׳ צְבָאוֹת:

(זכריה ד, ו)

כך יש, לדעתנו, לקרוא גם את המשנה בברכות (ה, ג): "האומר על קן צפור יגיעו רחמיך... משתקין אותו", ואת ההסבר שמובא בגמרא (לג ע"ב): "... וחד אמר, מפני שעושה מדותיו של הקדוש ברוך הוא רחמים, ואינן אלא גזרות".

האמירה כפשוטה תמוהה, שהרי הקב"ה הוא אל מלך מלא רחמים, ואנו נוהגים להזכיר בתפילותינו את שלוש עשרה מידות רחמיו. להבנתנו, ההסבר הוא: 'מפני שעושה מידותיו של הקדוש ברוך הוא [רק] רחמים, ואינן אלא [= והרי הן גם] גזרות'.

כלומר, הנבואה בהפטרתנו אומרת, שה׳ אכן ציווה ביום הוציאו את ישראל ממצרים (כולל במעמד הר סיני) על הקורבנות, אך לא רק על הקורבנות. הוא ציווה מצוות רבות נוספות, והקורבנות אינם יכולים בשום אופן לעמוד כערך בפני עצמו בלא המצוות האחרות. הקורבנות חביבים לפני המקום, אך בתנאי שהם מלווים בשמיעה בקול ה׳ לכל מצוותיו. אם העם רוצה להפריד את התורה לשתיים: ל'תורת המקדש' על קורבנותיה שבה ידבקו, ולשמיעה בקול ה׳ בשוק, ברחוב ובבית שאותה ינטשו, עדיף שלא יקיימו גם את 'תורת המקדש'. לתורת הקורבנות אין משמעות כשהיא לבדה.

נתבונן בהמשך הנבואה שבהפטרתנו:

כִּי אִם אֶת הַדָּבָר הַזֶּה צִוִּיתִי אוֹתָם לֵאמֹר, שִׁמְעוּ בְקוֹלִי, וְהָיִיתִי לָכֶם לֵאלֹהִים, וְאַתֶּם תִּהְיוּ לִי לְעָם, וַהֲלַכְתֶּם בְּכָל הַדֶּרֶךְ אֲשֶׁר אֲצַוֶּה אֶתְכֶם, לְמַעַן יִיטַב לָכֶם: וְלֹא שָׁמְעוּ, וְלֹא הִטּוּ אֶת אָזְנָם, וַיֵּלְכוּ בְּמֹעֵצוֹת בִּשְׁרִרוּת לִבָּם הָרָע, וַיִּהְיוּ לְאָחוֹר וְלֹא לְפָנִים: לְמִן הַיּוֹם אֲשֶׁר יָצְאוּ אֲבוֹתֵיכֶם מֵאֶרֶץ מִצְרַיִם עַד הַיּוֹם הַזֶּה, וָאֶשְׁלַח אֲלֵיכֶם אֶת כָּל עֲבָדַי הַנְּבִיאִים יוֹם הַשְׁכֵּם וְשָׁלֹחַ: וְלוֹא שָׁמְעוּ אֵלַי, וְלֹא הִטּוּ אֶת אָזְנָם, וַיַּקְשׁוּ אֶת עָרְפָּם, הֵרֵעוּ מֵאֲבוֹתָם: וְדִבַּרְתָּ אֲלֵיהֶם אֶת כָּל הַדְּבָרִים הָאֵלֶּה, וְלֹא יִשְׁמְעוּ אֵלֶיךָ, וְקָרָאתָ אֲלֵיהֶם, וְלֹא יַעֲנוּכָה: וְאָמַרְתָּ אֲלֵיהֶם, זֶה הַגּוֹי אֲשֶׁר לוֹא שָׁמְעוּ בְּקוֹל ה׳ אֱלֹהָיו, וְלֹא לָקְחוּ מוּסָר, אָבְדָה הָאֱמוּנָה, וְנִכְרְתָה מִפִּיהֶם:

(ז, כג-כח)

המילה המַנחה היא השמיעה בקול ה׳. על כך אמר שמואל הנביא (בהפטרה שנקראת בשבת זכור):

וַיֹּאמֶר שְׁמוּאֵל, הַחֵפֶץ לַה׳ בְּעֹלוֹת וּזְבָחִים כִּשְׁמֹעַ בְּקוֹל ה׳, הִנֵּה שְׁמֹעַ מִזֶּבַח טוֹב, לְהַקְשִׁיב מֵחֵלֶב אֵילִים:

(שמ״א טו, כב)

אמירה חריפה זו של ירמיהו דווקא בראשית ימי יהויקים באה על רקע ההשוואה בינו לבין אבי אביו זקנו, מנשה. מנשה סגר את המקדש, עבד עבודה זרה, ושפך דם רב מאוד. על פי מדרש חז״ל, הוא חטא גם בגילוי עריות. יהויקים בן יאשיהו בחר ללכת בדרכו של מנשה, ובנבואה קיימות השוואות בין יהויקים למנשה. אך יהויקים היה משוכנע, שלמרות שפיכות הדמים הרבה שעסק בה, ולמרות במות התופת למולך, שחידש בגיא בן הנם, הוא עדיף ממנשה, ודרכו לא תביא לחורבנה של ירושלים. מנשה סגר את המקדש, ובימי יהויקים המקדש היה פתוח, והקורבנות הוקרבו בו במתכונת מלאה. ירמיהו מתרה בו ובעמו, שהבדל זה בינו לבין מנשה לא יציל את ירושלים ואת המקדש מחורבן.

ג. גיא בן הנֹּם

וּבָנוּ בָּמוֹת הַתֹּפֶת אֲשֶׁר בְּגֵיא בֶן הִנֹּם לִשְׂרֹף אֶת בְּנֵיהֶם וְאֶת בְּנֹתֵיהֶם בָּאֵשׁ, אֲשֶׁר לֹא צִוִּיתִי, וְלֹא עָלְתָה עַל לִבִּי:

(ז, לא)

הגיא מזוהה היום בוואדי שיורד מאזור ׳שער יפו׳ אל ׳בריכת הסולטן׳ וה׳סינמטק׳, ומשם לכיוון דרום־מזרח, לנחל קדרון, הזורם בסופו אל ים המלח. אם מטפסים צפונה מהמשך הוואדי, אל החלק המזרחי של הר ציון (סמוך לבית הקברות היהודי ׳סמבוסקי׳), אפשר מנקודה אחת לצפות ימינה – אל הר המוריה ואל (מקום) המקדש, ושמאלה – לגיא בן הנם, מקומן של במות התופת. את במות התופת יסד לראשונה אחז בן יותם מלך יהודה, ולאחר שחזקיהו הרס אותן, הן שבו לפעול בשנית בימי מנשה ואמון. יאשיהו בן אמון שב והרס את הבמות, אך הן הוקמו בשלישית בידי יהויקים בן יאשיהו.

בית המקדש משול בנביאים (למשל: יחזקאל כח) לגן העדן. למי שעומד במקום שהזכרנו, נגלים יחד, בסקירה אחת, גן העדן וגיהנם. האם יש קשר בין גיהנם, שהוא בחז״ל (ראש השנה טז ע״ב – יז ע״א) מקומם של הרשעים בעקבות הדין אחרי

המוות, ובין גי בן הנם בנבואתנו? מסתבר שכן! גם הגיהנם העתידי מתואר כמקום שבוערת בו אש תופת, והוא מלא מזעקות הנשרפים בו, כגיא בן הנם שבנחל קדרון, שנשמעות בו זעקותיהם של המועברים בו באש בפולחן המולך. כ'חוט השערה' של הר ציון (בשמו היום) מבדיל בין גן עדן לגיהנם, בין מקום עבודת ה' בקדושה ובטהרה לבין עבודת המולך הטמאה והמאוסה.

ד. אֲשֶׁר לֹא צִוִּיתִי, וְלֹא עָלְתָה עַל לִבִּי

הנביא מדגיש, עד כמה רחוקה דרך עבודת המולך מרצונו של ה', גם אם תיעשה לשם ה'. דבר זה נאמר כבר בתורת משה:

> הִשָּׁמֶר לְךָ, פֶּן תִּנָּקֵשׁ אַחֲרֵיהֶם אַחֲרֵי הִשָּׁמְדָם מִפָּנֶיךָ, וּפֶן תִּדְרֹשׁ לֵאלֹהֵיהֶם לֵאמֹר, אֵיכָה יַעַבְדוּ הַגּוֹיִם הָאֵלֶּה אֶת אֱלֹהֵיהֶם, וְאֶעֱשֶׂה כֵּן גַּם אָנִי: לֹא תַעֲשֶׂה כֵן לַה' אֱלֹהֶיךָ, כִּי כָל תּוֹעֲבַת ה' אֲשֶׁר שָׂנֵא, עָשׂוּ לֵאלֹהֵיהֶם, כִּי גַם אֶת בְּנֵיהֶם וְאֶת בְּנֹתֵיהֶם יִשְׂרְפוּ בָאֵשׁ לֵאלֹהֵיהֶם:
> (דברים יב, ל-לא)

בהפטרתנו הנביא שולל זאת בשני פעלים: אֲשֶׁר **לֹא** צִוִּיתִי, **וְלֹא** עָלְתָה עַל לִבִּי (ז, לא). במקום אחר הוא שולל זאת בשלושה פעלים: וּבָנוּ אֶת בָּמוֹת הַבַּעַל לִשְׂרֹף אֶת בְּנֵיהֶם בָּאֵשׁ עֹלוֹת לַבָּעַל, אֲשֶׁר **לֹא** צִוִּיתִי, **וְלֹא** דִבַּרְתִּי, **וְלֹא** עָלְתָה עַל לִבִּי (יט, ה). את הפסוק השני דרשה הגמרא כנגד שלושה אישים, שרצו לעבוד את ה' בהקרבת בניהם – מישע מלך מואב, יפתח (בנדרו ובהקרבת בתו) ואברהם (בעקדת יצחק):

> וכתיב: אֲשֶׁר לֹא צִוִּיתִי, וְלֹא דִבַּרְתִּי, וְלֹא עָלְתָה עַל לִבִּי. אֲשֶׁר לֹא צִוִּיתִי – זה בנו של מישע מלך מואב, שנאמר (מל"ב ג, כז): וַיִּקַּח אֶת בְּנוֹ הַבְּכוֹר... וַיַּעֲלֵהוּ עֹלָה; וְלֹא דִבַּרְתִּי – זה יפתח; וְלֹא עָלְתָה עַל לִבִּי – זה יצחק בן אברהם.
> (תענית ד ע"א)

אך (הפירוש המיוחס ל)רש"י מביא גִרסה נוספת, ועל פיה למדה זאת הגמרא מן הפסוק בהפטרתנו, שבו נשלל קורבן אדם בשני פעלים בלבד. בגִרסה זו נתמעטו מעשיהם של מישע מלך מואב ושל יפתח, אך לא מעשהו של אברהם, שהרי אברהם עשה את מעשהו בעקבות צו ה'. אפשר, שנחלקו המדרשים בשאלה, האם הציווי על עקדת יצחק לא היה אלא לנסות את אברהם, או שה' אכן ציווה להקריב את

יצחק,[3] אך חזר בו בשל מידת הרחמים והורהו לבסוף להוריד את המאכלת מצווארו של יצחק.

ה. גֵּיא הַהֲרֵגָה

לָכֵן הִנֵּה יָמִים בָּאִים, נְאֻם ה׳, וְלֹא יֵאָמֵר עוֹד הַתֹּפֶת וְגֵיא בֶן הִנֹּם, כִּי אִם גֵּיא הַהֲרֵגָה, וְקָבְרוּ בְתֹפֶת מֵאֵין מָקוֹם: וְהָיְתָה נִבְלַת הָעָם הַזֶּה לְמַאֲכָל לְעוֹף הַשָּׁמַיִם וּלְבֶהֱמַת הָאָרֶץ, וְאֵין מַחֲרִיד: וְהִשְׁבַּתִּי מֵעָרֵי יְהוּדָה וּמֵחֻצוֹת יְרוּשָׁלַםִ קוֹל שָׂשׂוֹן וְקוֹל שִׂמְחָה קוֹל חָתָן וְקוֹל כַּלָּה, כִּי לְחָרְבָּה תִּהְיֶה הָאָרֶץ: בָּעֵת הַהִיא, נְאֻם ה׳, יוֹצִיאוּ אֶת עַצְמוֹת מַלְכֵי יְהוּדָה וְאֶת עַצְמוֹת שָׂרָיו וְאֶת עַצְמוֹת הַכֹּהֲנִים וְאֵת עַצְמוֹת הַנְּבִיאִים וְאֵת עַצְמוֹת יוֹשְׁבֵי יְרוּשָׁלִָם מִקִּבְרֵיהֶם: וּשְׁטָחוּם לַשֶּׁמֶשׁ וְלַיָּרֵחַ וּלְכֹל צְבָא הַשָּׁמַיִם, אֲשֶׁר אֲהֵבוּם, וַאֲשֶׁר עֲבָדוּם, וַאֲשֶׁר הָלְכוּ אַחֲרֵיהֶם, וַאֲשֶׁר דְּרָשׁוּם, וַאֲשֶׁר הִשְׁתַּחֲווּ לָהֶם, לֹא יֵאָסְפוּ וְלֹא יִקָּבֵרוּ, לְדֹמֶן עַל פְּנֵי הָאֲדָמָה יִהְיוּ:

(ז, לב – ח, ב)

מהיכן שאוב תיאור נבואי נורא זה?! פעמים רבות עורך ירמיהו השוואה ניגודית בין ימי יאשיהו, שעשה הישר בעיני ה׳, ושב אליו בכל לבבו, לבין יהויקים בנו, שעשה הרע בעיני ה׳, והביא את ירושלים עד סף חורבנה בימי נבוכדנאצר, ושבימיו נאמרה נבואתנו.

התיאור הנבואי הנורא שבהפטרתנו על הוצאת מתים מקבריהם אל העבודה הזרה שעסקו בה, לקוח ממעשיו של יאשיהו בעת המהפכה הדתית שחולל בארץ ישראל נגד העבודה הזרה:

וְשִׁבַּר אֶת הַמַּצֵּבוֹת, וַיִּכְרֹת אֶת הָאֲשֵׁרִים, וַיְמַלֵּא אֶת מְקוֹמָם עַצְמוֹת אָדָם: וְגַם אֶת הַמִּזְבֵּחַ אֲשֶׁר בְּבֵית אֵל, הַבָּמָה אֲשֶׁר עָשָׂה יָרָבְעָם בֶּן נְבָט, אֲשֶׁר הֶחֱטִיא אֶת יִשְׂרָאֵל, גַּם אֶת הַמִּזְבֵּחַ הַהוּא וְאֶת הַבָּמָה נָתָץ, וַיִּשְׂרֹף אֶת הַבָּמָה הֵדַק לְעָפָר, וְשָׂרַף אֲשֵׁרָה: וַיִּפֶן יֹאשִׁיָּהוּ, וַיַּרְא אֶת הַקְּבָרִים אֲשֶׁר שָׁם בָּהָר, וַיִּשְׁלַח וַיִּקַּח אֶת הָעֲצָמוֹת מִן הַקְּבָרִים, וַיִּשְׂרֹף עַל הַמִּזְבֵּחַ, וַיְטַמְּאֵהוּ כִּדְבַר ה׳ אֲשֶׁר קָרָא אִישׁ הָאֱלֹהִים, אֲשֶׁר קָרָא אֶת הַדְּבָרִים הָאֵלֶּה:
וַיִּזְבַּח אֶת כָּל כֹּהֲנֵי הַבָּמוֹת אֲשֶׁר שָׁם עַל הַמִּזְבְּחוֹת, וַיִּשְׂרֹף אֶת עַצְמוֹת אָדָם עֲלֵיהֶם, וַיָּשָׁב יְרוּשָׁלִָם:

(מל״ב כג, יד-טז; כ)

3. ראו למשל פירוש הרשב״ם לבראשית כב, א.

יאשיהו רצה להציל את עם ישראל ברגע האחרון מן החורבן הקָרֵב, ועל כן הוא הָרַס את כל המזבחות והבמות של האלילים, וטימא אותם בעצמות אדם, כדי שלא יתאפשר לחדש אותם ביום מן הימים. בדרך כלל, הקבורים ליד המזבחות היו כוהני הבמות, והוא לקח עצמות מן הקברים ההם כדי לטמא בהם את המזבחות. מסתבר, שהמראה היה מזעזע, אך הוא נצרך כדי להביא את מהפכת יאשיהו אל תכליתה המלאה.

בהפטרתנו הנביא מתאר את העצמות שיוצאו מן הקברים בימי יהויקים. הפעם הן לא יושמו על מזבחות האלילים כדי לטמאם, אלא יופקרו על האדמה מול צבא השמיים: השמש, הירח והכוכבים, שאף הם שימשו בימי יהויקים את בני ירושלים לעבודה זרה. המחזות הקשים מימי יאשיהו ישובו, אך הפעם לא ייעשה הדבר בידי מלך יהודה, שרוצה לטהר את הארץ מן האלילים, אלא בידי אויב אכזר, שלא יסתפק בהרג, אלא ירצה לבזות את העם ולהודיעו, שזו אינה ארצו וגם לא מקום קברי אבותיו.

> וְהָיְתָה נִבְלַת הָעָם הַזֶּה לְמַאֲכָל לְעוֹף הַשָּׁמַיִם וּלְבֶהֱמַת הָאָרֶץ, וְאֵין מַחֲרִיד:
>
> (ז, לג)

> וְנִבְחַר מָוֶת מֵחַיִּים לְכֹל הַשְּׁאֵרִית הַנִּשְׁאָרִים מִן הַמִּשְׁפָּחָה הָרָעָה הַזֹּאת...
>
> (ח, ג)

במקרא כולו, טוב היה בעיני האנשים מוות שבעקבותיו תבוא קבורה ראויה, מחיים שבעקבותיהם יבוא מוות ללא קבורה, כשבשר המת נתון למאכל החיות והעופות, כשהם הופכים לחלק מ'שרשרת המזון' העולמית.

ו. פסוקי הסיום של ההפטרה

כדי לא לסיים בפורענות מובאים פסוקי הסיום של הפטרתנו בדילוג:

> כֹּה אָמַר ה', אַל יִתְהַלֵּל חָכָם בְּחָכְמָתוֹ, וְאַל יִתְהַלֵּל הַגִּבּוֹר בִּגְבוּרָתוֹ, אַל יִתְהַלֵּל עָשִׁיר בְּעָשְׁרוֹ: כִּי אִם בְּזֹאת יִתְהַלֵּל הַמִּתְהַלֵּל הַשְׂכֵּל וְיָדֹעַ אוֹתִי, כִּי אֲנִי ה' עֹשֶׂה חֶסֶד מִשְׁפָּט וּצְדָקָה בָּאָרֶץ, כִּי בְאֵלֶּה חָפַצְתִּי, נְאֻם ה':
>
> (ט, כב-כג)

מפסוקים אלו למדנו מהי ידיעת ה' במושגיו של הנביא. הרמב"ם מרבה לדבר (במורה הנבוכים ובהלכות יסודי התורה) על ידיעת ה'. בדברי הרמב"ם ידיעה זו היא ידיעת 'אמיתת הימצאו', אחדותו, אינסופיותו וקיומו ללא גוף וללא צורה:

> מהו זה שביקש משה רבנו להשיג, כשאמר (שמות לג, יח): הַרְאֵנִי נָא אֶת כְּבֹדֶךָ – ביקש לידע אמיתת הִמָּצאו של הקדוש ב"ה, עד שיהיה ידוע בלבו כמו ידיעת אחד מן האנשים, שראה פניו ונחקקה צורתו בלבו, שנמצא אותו האיש נפרד בדעתו משאר האנשים. כך ביקש משה רבנו להיות מציאות הקדוש ברוך הוא נפרדת בלבו משאר הנמצאים, עד שידע אמִתַּת הִמָּצאו כאשר היא...

(הלכות יסודי התורה א, י)

לעומת דברי הרמב"ם, בדברי הנביא ידיעת ה' היא 'רק' הכרה בהיותו עֹשֶׂה חֶסֶד מִשְׁפָּט וּצְדָקָה. ידיעת ה' היא ההזדהות עם מעשיו אלו, והרצון לדבוק בחסד, במשפט ובצדקה, שהן דרכו של ה'. כך יאמר הנביא בנבואה נוספת ליהויקים כשהוא מזכיר את יאשיהו, אביו:

> ... וְעָשָׂה מִשְׁפָּט וּצְדָקָה, אָז טוֹב לוֹ: דָּן דִּין עָנִי וְאֶבְיוֹן, אָז טוֹב, הֲלוֹא הִיא הַדַּעַת אֹתִי, נְאֻם ה':

(כב, טו-טז)

הפטרת שמיני

ו א ב וַיֹּסֶף עוֹד דָּוִד אֶת־כָּל־בָּחוּר בְּיִשְׂרָאֵל שְׁלֹשִׁים אָלֶף׃ וַיָּקָם וַיֵּלֶךְ דָּוִד וְכָל־הָעָם שמואל ב׳
אֲשֶׁר אִתּוֹ מִבַּעֲלֵי יְהוּדָה לְהַעֲלוֹת מִשָּׁם אֵת אֲרוֹן הָאֱלֹהִים אֲשֶׁר־נִקְרָא שֵׁם
ג שֵׁם יהוה צְבָאוֹת יֹשֵׁב הַכְּרֻבִים עָלָיו׃ וַיַּרְכִּבוּ אֶת־אֲרוֹן הָאֱלֹהִים אֶל־עֲגָלָה
חֲדָשָׁה וַיִּשָּׂאֻהוּ מִבֵּית אֲבִינָדָב אֲשֶׁר בַּגִּבְעָה וְעֻזָּא וְאַחְיוֹ בְּנֵי אֲבִינָדָב נֹהֲגִים
ד אֶת־הָעֲגָלָה חֲדָשָׁה׃ וַיִּשָּׂאֻהוּ מִבֵּית אֲבִינָדָב אֲשֶׁר בַּגִּבְעָה עִם אֲרוֹן הָאֱלֹהִים
ה וְאַחְיוֹ הֹלֵךְ לִפְנֵי הָאָרוֹן׃ וְדָוִד וְכָל־בֵּית יִשְׂרָאֵל מְשַׂחֲקִים לִפְנֵי יהוה בְּכֹל עֲצֵי
ו בְרוֹשִׁים וּבְכִנֹּרוֹת וּבִנְבָלִים וּבְתֻפִּים וּבִמְנַעַנְעִים וּבְצֶלְצֶלִים׃ וַיָּבֹאוּ עַד־גֹּרֶן
ז נָכוֹן וַיִּשְׁלַח עֻזָּה אֶל־אֲרוֹן הָאֱלֹהִים וַיֹּאחֶז בּוֹ כִּי שָׁמְטוּ הַבָּקָר׃ וַיִּחַר־אַף יהוה
ח בְּעֻזָּה וַיַּכֵּהוּ שָׁם הָאֱלֹהִים עַל־הַשַּׁל וַיָּמָת שָׁם עִם אֲרוֹן הָאֱלֹהִים׃ וַיִּחַר לְדָוִד
עַל אֲשֶׁר פָּרַץ יהוה פֶּרֶץ בְּעֻזָּה וַיִּקְרָא לַמָּקוֹם הַהוּא פֶּרֶץ עֻזָּה עַד הַיּוֹם הַזֶּה׃
ט י וַיִּרָא דָוִד אֶת־יהוה בַּיּוֹם הַהוּא וַיֹּאמֶר אֵיךְ יָבוֹא אֵלַי אֲרוֹן יהוה׃ וְלֹא־אָבָה
דָוִד לְהָסִיר אֵלָיו אֶת־אֲרוֹן יהוה עַל־עִיר דָּוִד וַיַּטֵּהוּ דָוִד בֵּית עֹבֵד־אֱדֹם הַגִּתִּי׃
יא וַיֵּשֶׁב אֲרוֹן יהוה בֵּית עֹבֵד אֱדֹם הַגִּתִּי שְׁלֹשָׁה חֳדָשִׁים וַיְבָרֶךְ יהוה אֶת־עֹבֵד אֱדֹם
יב וְאֶת־כָּל־בֵּיתוֹ׃ וַיֻּגַּד לַמֶּלֶךְ דָּוִד לֵאמֹר בֵּרַךְ יהוה אֶת־בֵּית עֹבֵד אֱדֹם וְאֶת־כָּל־
אֲשֶׁר־לוֹ בַּעֲבוּר אֲרוֹן הָאֱלֹהִים וַיֵּלֶךְ דָּוִד וַיַּעַל אֶת־אֲרוֹן הָאֱלֹהִים מִבֵּית עֹבֵד
יג אֱדֹם עִיר דָּוִד בְּשִׂמְחָה׃ וַיְהִי כִּי צָעֲדוּ נֹשְׂאֵי אֲרוֹן־יהוה שִׁשָּׁה צְעָדִים וַיִּזְבַּח
יד טו שׁוֹר וּמְרִיא׃ וְדָוִד מְכַרְכֵּר בְּכָל־עֹז לִפְנֵי יהוה וְדָוִד חָגוּר אֵפוֹד בָּד׃ וְדָוִד וְכָל־
טז בֵּית יִשְׂרָאֵל מַעֲלִים אֶת־אֲרוֹן יהוה בִּתְרוּעָה וּבְקוֹל שׁוֹפָר׃ וְהָיָה אֲרוֹן יהוה
בָּא עִיר דָּוִד וּמִיכַל בַּת־שָׁאוּל נִשְׁקְפָה בְּעַד הַחַלּוֹן וַתֵּרֶא אֶת־הַמֶּלֶךְ דָּוִד מְפַזֵּז
יז וּמְכַרְכֵּר לִפְנֵי יהוה וַתִּבֶז לוֹ בְּלִבָּהּ׃ וַיָּבִאוּ אֶת־אֲרוֹן יהוה וַיַּצִּגוּ אֹתוֹ בִּמְקוֹמוֹ
יח בְּתוֹךְ הָאֹהֶל אֲשֶׁר נָטָה־לוֹ דָּוִד וַיַּעַל דָּוִד עֹלוֹת לִפְנֵי יהוה וּשְׁלָמִים׃ וַיְכַל דָּוִד
יט מֵהַעֲלוֹת הָעוֹלָה וְהַשְּׁלָמִים וַיְבָרֶךְ אֶת־הָעָם בְּשֵׁם יהוה צְבָאוֹת׃ וַיְחַלֵּק לְכָל־

הָעָם לְכָל־הֲמוֹן יִשְׂרָאֵל לְמֵאִישׁ וְעַד־אִשָּׁה לְאִישׁ חַלַּת לֶחֶם אַחַת וְאֶשְׁפָּר
כ אֶחָד וַאֲשִׁישָׁה אֶחָת וַיֵּלֶךְ כָּל־הָעָם אִישׁ לְבֵיתוֹ: וַיָּשָׁב דָּוִד לְבָרֵךְ אֶת־בֵּיתוֹ הספר מסיים
וַתֵּצֵא מִיכַל בַּת־שָׁאוּל לִקְרַאת דָּוִד וַתֹּאמֶר מַה־נִּכְבַּד הַיּוֹם מֶלֶךְ יִשְׂרָאֵל
כא אֲשֶׁר נִגְלָה הַיּוֹם לְעֵינֵי אַמְהוֹת עֲבָדָיו כְּהִגָּלוֹת נִגְלוֹת אַחַד הָרֵקִים: וַיֹּאמֶר דָּוִד
אֶל־מִיכַל לִפְנֵי יהוה אֲשֶׁר בָּחַר־בִּי מֵאָבִיךְ וּמִכָּל־בֵּיתוֹ לְצַוֺּת אֹתִי נָגִיד עַל־עַם
כב יהוה עַל־יִשְׂרָאֵל וְשִׂחַקְתִּי לִפְנֵי יהוה: וּנְקַלֹּתִי עוֹד מִזֹּאת וְהָיִיתִי שָׁפָל בְּעֵינָי
כג וְעִם־הָאֲמָהוֹת אֲשֶׁר אָמַרְתְּ עִמָּם אִכָּבֵדָה: וּלְמִיכַל בַּת־שָׁאוּל לֹא־הָיָה לָהּ יָלֶד
ז א עַד יוֹם מוֹתָהּ: וַיְהִי כִּי־יָשַׁב הַמֶּלֶךְ בְּבֵיתוֹ וַיהוה הֵנִיחַ־לוֹ מִסָּבִיב
ב מִכָּל־אֹיְבָיו: וַיֹּאמֶר הַמֶּלֶךְ אֶל־נָתָן הַנָּבִיא רְאֵה נָא אָנֹכִי יוֹשֵׁב בְּבֵית אֲרָזִים
ג וַאֲרוֹן הָאֱלֹהִים יֹשֵׁב בְּתוֹךְ הַיְרִיעָה: וַיֹּאמֶר נָתָן אֶל־הַמֶּלֶךְ כֹּל אֲשֶׁר בִּלְבָבְךָ
ד לֵךְ עֲשֵׂה כִּי יהוה עִמָּךְ: וַיְהִי בַּלַּיְלָה הַהוּא וַיְהִי דְּבַר־יהוה
ה אֶל־נָתָן לֵאמֹר: לֵךְ וְאָמַרְתָּ אֶל־עַבְדִּי אֶל־דָּוִד כֹּה אָמַר יהוה הַאַתָּה תִּבְנֶה־
ו לִּי בַיִת לְשִׁבְתִּי: כִּי לֹא יָשַׁבְתִּי בְּבַיִת לְמִיּוֹם הַעֲלֹתִי אֶת־בְּנֵי יִשְׂרָאֵל מִמִּצְרַיִם
ז וְעַד הַיּוֹם הַזֶּה וָאֶהְיֶה מִתְהַלֵּךְ בְּאֹהֶל וּבְמִשְׁכָּן: בְּכֹל אֲשֶׁר־הִתְהַלַּכְתִּי בְּכָל־בְּנֵי
יִשְׂרָאֵל הֲדָבָר דִּבַּרְתִּי אֶת־אַחַד שִׁבְטֵי יִשְׂרָאֵל אֲשֶׁר צִוִּיתִי לִרְעוֹת אֶת־עַמִּי
ח אֶת־יִשְׂרָאֵל לֵאמֹר לָמָּה לֹא־בְנִיתֶם לִי בֵּית אֲרָזִים: וְעַתָּה כֹּה־תֹאמַר לְעַבְדִּי
לְדָוִד כֹּה אָמַר יהוה צְבָאוֹת אֲנִי לְקַחְתִּיךָ מִן־הַנָּוֶה מֵאַחַר הַצֹּאן לִהְיוֹת נָגִיד
ט עַל־עַמִּי עַל־יִשְׂרָאֵל: וָאֶהְיֶה עִמְּךָ בְּכֹל אֲשֶׁר הָלַכְתָּ וָאַכְרִתָה אֶת־כָּל־אֹיְבֶיךָ
י מִפָּנֶיךָ וְעָשִׂתִי לְךָ שֵׁם גָּדוֹל כְּשֵׁם הַגְּדֹלִים אֲשֶׁר בָּאָרֶץ: וְשַׂמְתִּי מָקוֹם לְעַמִּי
לְיִשְׂרָאֵל וּנְטַעְתִּיו וְשָׁכַן תַּחְתָּיו וְלֹא יִרְגַּז עוֹד וְלֹא־יֹסִיפוּ בְנֵי־עַוְלָה לְעַנּוֹתוֹ
יא כַּאֲשֶׁר בָּרִאשׁוֹנָה: וּלְמִן־הַיּוֹם אֲשֶׁר צִוִּיתִי שֹׁפְטִים עַל־עַמִּי יִשְׂרָאֵל וַהֲנִיחֹתִי לְךָ
יב מִכָּל־אֹיְבֶיךָ וְהִגִּיד לְךָ יהוה כִּי־בַיִת יַעֲשֶׂה־לְּךָ יהוה: כִּי יִמְלְאוּ יָמֶיךָ וְשָׁכַבְתָּ אֶת־
אֲבֹתֶיךָ וַהֲקִימֹתִי אֶת־זַרְעֲךָ אַחֲרֶיךָ אֲשֶׁר יֵצֵא מִמֵּעֶיךָ וַהֲכִינֹתִי אֶת־מַמְלַכְתּוֹ:
יג יד הוּא יִבְנֶה־בַּיִת לִשְׁמִי וְכֹנַנְתִּי אֶת־כִּסֵּא מַמְלַכְתּוֹ עַד־עוֹלָם: אֲנִי אֶהְיֶה־לּוֹ לְאָב
וְהוּא יִהְיֶה־לִּי לְבֵן אֲשֶׁר בְּהַעֲוֺתוֹ וְהֹכַחְתִּיו בְּשֵׁבֶט אֲנָשִׁים וּבְנִגְעֵי בְּנֵי אָדָם:
טו טז וְחַסְדִּי לֹא־יָסוּר מִמֶּנּוּ כַּאֲשֶׁר הֲסִרֹתִי מֵעִם שָׁאוּל אֲשֶׁר הֲסִרֹתִי מִלְּפָנֶיךָ: וְנֶאְמַן
יז בֵּיתְךָ וּמַמְלַכְתְּךָ עַד־עוֹלָם לְפָנֶיךָ כִּסְאֲךָ יִהְיֶה נָכוֹן עַד־עוֹלָם: כְּכֹל הַדְּבָרִים
הָאֵלֶּה וּכְכֹל הַחִזָּיוֹן הַזֶּה כֵּן דִּבֶּר נָתָן אֶל־דָּוִד:

א. הקשר בין הפרשה להפטרה

הפרשה מספרת על שמחת חנוכת המשכן, שהופרה עם מותם של נדב ואביהוא בני אהרן. הפטרתנו מספרת על שמחה דומה בעת העלאת הארון מקריית יערים לירושלים. בדרך[1] הארון כמעט ונשמט מן העגלה, ומה שקרה שם, הביא למותו של עוזא בן אבינדב, האיש ששמר על ארון ה׳ במשך עשרים שנה, ושניתן לשוקלו לאהרן הכוהן בפרשתנו. השמחה הושבתה, והעלאת הארון למקומו נדחתה בשלושה חודשים.

שמחת העלאת הארון לירושלים מתוארת בפרטות, ויש דמיון בינה לבין שמחת חנוכת המשכן. השמחה בירושלים הייתה אחרי האסון. השמחה במשכן הייתה במקביל לאסון, אלא שהאסון בעת חנוכת המשכן נודע רק אחרי השמחה, ורק אחריה נאמר, שבית ישראל יבכו את השריפה של מות נדב ואביהוא.

ב. רקע היסטורי

המשכן הוקם בשילה עוד בימי יהושע, ועל פי דברי חז״ל, הוא הוקם שם בתום ארבע עשרה שנות מלחמה לכיבוש הארץ:

> וַיִּקָּהֲלוּ כָּל עֲדַת בְּנֵי יִשְׂרָאֵל שִׁלֹה, וַיַּשְׁכִּינוּ שָׁם אֶת אֹהֶל מוֹעֵד, וְהָאָרֶץ נִכְבְּשָׁה לִפְנֵיהֶם (יהושע יח, א). אמור מעתה, ארבעה עשר שנה שעשו ישראל בגלגל, הן שבע שכבשו, ושבע שחילקו, ואחר כך וַיִּקָּהֲלוּ כָּל עֲדַת בְּנֵי יִשְׂרָאֵל שִׁלֹה... ועשו בו ישראל שלש מאות וששים ותשע שנה, וחרב.
>
> (סדר עולם רבה יא)

כאמור, שלוש מאות שישים ותשע שנים לאחר שהוקם בשילה, בסוף ימי עלי, חרב המשכן, והארון נשבה אל ארץ פלשתים. המשכן עצמו הוקם מחדש בנוב, שמצפון־מזרח לירושלים (כנראה בהר הצופים),[2] והוא חרב בשליחות שאול בידי דואג האדומי, והוקם מחדש בגבעון, מצפון־מערב לירושלים. שם היה המשכן בעת שדוד העלה את הארון לירושלים, כמתואר בהפטרתנו. אומנם את הארון העלה דוד לירושלים, אך המשכן נשאר בגבעון, כפי שמתואר בספר דברי הימים:

1. יש משערים, שהדבר אירע ליד היישוב מוצא.
2. לא נזכר במפורש שהמשכן היה בנוב, אך נזכר שהייתה עיר כוהנים (שמ״א כב, יט), וששם היה לחם הפנים (שם כא, ז), כלומר, השולחן ועימו כל כלי המשכן, וכך עולה גם מן המשנה (זבחים יד, ז).

וַיֵּלְכוּ שְׁלֹמֹה וְכָל הַקָּהָל עִמּוֹ לַבָּמָה אֲשֶׁר בְּגִבְעוֹן, כִּי שָׁם הָיָה אֹהֶל מוֹעֵד הָאֱלֹהִים, אֲשֶׁר עָשָׂה מֹשֶׁה עֶבֶד ה׳ בַּמִּדְבָּר: אֲבָל אֲרוֹן הָאֱלֹהִים הֶעֱלָה דָוִיד מִקִּרְיַת יְעָרִים בַּהֵכִין לוֹ דָּוִיד, כִּי נָטָה לוֹ אֹהֶל בִּירוּשָׁלָם: וּמִזְבַּח הַנְּחֹשֶׁת אֲשֶׁר עָשָׂה בְּצַלְאֵל בֶּן אוּרִי בֶן חוּר, שָׂם לִפְנֵי מִשְׁכַּן ה׳, וַיִּדְרְשֵׁהוּ שְׁלֹמֹה וְהַקָּהָל:

(דהי״ב א, ג-ה)

אחרי חורבן שילה נפרדה דרכו של הארון ממשכן ה׳, ומשכן ה׳ היה כבימי הבית השני, כשקודש הקודשים היה ריק, בלא ארון, בלא לוחות הברית ובלא ספר התורה שכתב משה. הארון נשבה, כאמור, לארץ פלשתים, והוא נדד שם מעיר לעיר, ובכל מקום שאליו הגיע הארון, פרצה מגפה קשה (שמ״א ה). לבסוף שילחוהו הפלשתים לגבול ישראל, לבית שמש. גם בבית שמש פרצה מגפה, והארון הועלה לקריית יערים, אל בית אבינדב (שם ו). הארון היה שם לפחות עשרים שנה,[3] ועתה החליט דוד להעלותו לירושלים.

נוסיף שני פרטים, שיסייעו לנו בהמשך עיוננו:

א. בפרק הקודם להפטרתנו נאמר, שדוד בחר לשבת בירושלים, לאחר שכבש אותה מן היבוסי. לא נאמר מדוע בחר דוד בירושלים, ואין הכרח לומר, שהוא פעל מכוחה של מסורת עתיקה אודות הר המוריה, שעליו הייתה עקדת יצחק, ושבעקבותיה קרא אברהם למקום ה׳ יִרְאֶה (בראשית כב, יד), הרומז שהוא עתיד להיות המקום שבני ישראל אליו יעלו לרֶגל להיראות בו לפני ה׳. דוד עזב את חברון, שהייתה בירת מלכותו בעת שמלך על שבט יהודה בלבד (ב, א-ד), ועבר לירושלים.

אפשר, שדוד בחר בירושלים להיות עיר הבירה בעת שהחל למלוך על כל ישראל, משום שהייתה עיר גבול בין יהודה לבנימין, שני השבטים שטענו לזכותם על המלכות: נאמני דוד משבט יהודה, מחד גיסא, ונאמני בית שאול משבט בנימין, מאידך גיסא. בירושלים, עיר הביניים, רצה דוד להשכין שלום בין יהודה לבנימין, ועל ידי כך להשכין שלום בכל ישראל.

ב. אחרי הניצחונות הראשונים של דוד על הפלשתים בסביבי ירושלים, בנה לו חירם מלך צור בית מלכות בירושלים:

וַיִּשְׁלַח חִירָם מֶלֶךְ צֹר מַלְאָכִים אֶל דָּוִד וַעֲצֵי אֲרָזִים וְחָרָשֵׁי עֵץ וְחָרָשֵׁי אֶבֶן קִיר,

3. ראו רלב״ג ז, ב.

וַיִּבְנוּ בַיִת לְדָוִד: וַיֵּדַע דָּוִד, כִּי הֱכִינוֹ ה׳ לְמֶלֶךְ עַל יִשְׂרָאֵל, וְכִי נִשֵּׂא מַמְלַכְתּוֹ בַּעֲבוּר עַמּוֹ יִשְׂרָאֵל:

(ה, יא-יב)

אפשר, שגם לעניין זה היה חלק בשיקוליו של דוד כאשר החליט להעביר את בירתו בירושלים, ולהעלות אליה את ארון ה׳.

ג. הרכבת ארון ה׳ על עֲגָלָה

וַיָּקָם וַיֵּלֶךְ דָּוִד וְכָל הָעָם אֲשֶׁר אִתּוֹ מִבַּעֲלֵי יְהוּדָה לְהַעֲלוֹת מִשָּׁם אֵת אֲרוֹן הָאֱלֹהִים, אֲשֶׁר נִקְרָא שֵׁם שֵׁם ה׳ צְבָאוֹת יֹשֵׁב הַכְּרֻבִים עָלָיו: וַיַּרְכִּבוּ אֶת אֲרוֹן הָאֱלֹהִים אֶל עֲגָלָה חֲדָשָׁה, וַיִּשָּׂאֻהוּ מִבֵּית אֲבִינָדָב אֲשֶׁר בַּגִּבְעָה, וְעֻזָּא וְאַחְיוֹ בְּנֵי אֲבִינָדָב נֹהֲגִים אֶת הָעֲגָלָה חֲדָשָׁה: וַיִּשָּׂאֻהוּ מִבֵּית אֲבִינָדָב אֲשֶׁר בַּגִּבְעָה עִם אֲרוֹן הָאֱלֹהִים, וְאַחְיוֹ הֹלֵךְ לִפְנֵי הָאָרוֹן: וְדָוִד וְכָל בֵּית יִשְׂרָאֵל מְשַׂחֲקִים לִפְנֵי ה׳ בְּכֹל עֲצֵי בְרוֹשִׁים וּבְכִנֹּרוֹת וּבִנְבָלִים וּבְתֻפִּים וּבִמְנַעַנְעִים וּבְצֶלְצֶלִים:

(ו, ב-ה)

דוד הלך עם אנשיו ל׳בעלי יהודה׳, היא קריַת יערים, שנקראה גם קריַת בעל,[4] שֶׁשָּׁם היה הארון עם הכפורת והכרובים שעליה. כאשר נשאו את כלי המשכן במדבר, הייתה הוראה מפורשת לבני קהת לשאת אותם בכתפיהם ולא בעגלות:

אֵת שְׁתֵּי הָעֲגָלוֹת וְאֵת אַרְבַּעַת הַבָּקָר נָתַן לִבְנֵי גֵרְשׁוֹן... וְאֵת אַרְבַּע הָעֲגָלֹת וְאֵת שְׁמֹנַת הַבָּקָר נָתַן לִבְנֵי מְרָרִי... וְלִבְנֵי קְהָת לֹא נָתָן, כִּי עֲבֹדַת הַקֹּדֶשׁ עֲלֵהֶם, בַּכָּתֵף יִשָּׂאוּ:[5]

(במדבר ז, ו-ט)

בהפטרתנו נישא הארון בעגלה רתומה לבקר, כמו שהגיע מארץ פלשתים אל בית שמש, על עגלה רתומה לפָרות (ו, י). טעות זו גרמה לכך, שהארון כמעט ונשמט מן העגלה עם הלוחות וספר התורה שהיו בו. אחרי מות עוזא הבין דוד את טעותו, ובפעם השנייה הורה לכוהנים לשאת את הארון בכתף:

4. ככתוב בספר יהושע (טו, ס): קִרְיַת בַּעַל, הִיא קִרְיַת יְעָרִים, וראו גם ברש״י ורד״ק (ו, ב).
5. וכך משתמע גם מתיאור נשיאת הארון בעת מעבר הירדן ובהקפת יריחו (יהושע פרקים ג-ד; ו).

וַיִּקְרָא דָוִיד לְצָדוֹק וּלְאֶבְיָתָר הַכֹּהֲנִים... וַיֹּאמֶר לָהֶם, אַתֶּם רָאשֵׁי הָאָבוֹת לַלְוִיִּם, הִתְקַדְּשׁוּ אַתֶּם וַאֲחֵיכֶם, וְהַעֲלִיתֶם אֵת אֲרוֹן ה׳ אֱלֹהֵי יִשְׂרָאֵל, אֶל הֲכִינוֹתִי לוֹ: כִּי לְמַבָּרִאשׁוֹנָה לֹא אַתֶּם, פָּרַץ ה׳ אֱלֹהֵינוּ בָּנוּ, כִּי לֹא דְרַשְׁנֻהוּ כַּמִּשְׁפָּט: ... וַיִּשְׂאוּ בְּנֵי הַלְוִיִּם אֵת אֲרוֹן הָאֱלֹהִים כַּאֲשֶׁר צִוָּה מֹשֶׁה כִּדְבַר ה׳ בִּכְתֵפָם בַּמֹּטוֹת עֲלֵיהֶם:
(דהי״א טו, יא-יג; טו)

ד. טעותו של עוזא

וַיָּבֹאוּ עַד גֹּרֶן נָכוֹן, וַיִּשְׁלַח עֻזָּא אֶל אֲרוֹן הָאֱלֹהִים וַיֹּאחֶז בּוֹ, כִּי שָׁמְטוּ הַבָּקָר:
וַיִּחַר אַף ה׳ בְּעֻזָּה, וַיַּכֵּהוּ שָׁם הָאֱלֹהִים עַל הַשַּׁל, וַיָּמָת שָׁם עִם אֲרוֹן הָאֱלֹהִים:
(ו, ו-ז)

עסקנו לעיל בטעותם של דוד וכלל הכוהנים, שהסכימו להעלות את הארון על העגלה. אולם, האם טעה עוזא טעות אישית בכך שאחז את הארון כדי שלא ייפול? וכי מה היה עליו לעשות, בעת שראה את הארון נשמט מן העגלה?! רש״י ורד״ק מפרשים, על פי חז״ל, שהיה עליו לדעת, שהארון נושא את נושאיו, כפי שהיה בעת מעבר הירדן,[6] והיה עליו לדעת, שבכוח הארון לייצב את עצמו בדרך לא טבעית. האומנם נשפט את עוזא על כך שלא סמך על הנס, וניסה להציל את הארון?!

אפשר, שהייתה דרך נוספת להציל את הארון מבלי לאחוז בו, ועוזא לא נקט בה. כדי להציל את הארון מנפילה, היה יכול עוזא לאחוז בבדיו, במוטות הנשיאה שלו, ולא בגוף הארון. מדוע לא נהג כך עוזא? מן המסופר מסתבר, שהארון היה על העגלה ללא בדיו, ועל כן לא יכול היה עוזא לאחוז בהם. על פי זה, הארון עמד שלא כדין גם בבית אבינדב בקרית יערים, שהרי נאמר (שמות כה, טו): בְּטַבְּעֹת הָאָרֹן יִהְיוּ הַבַּדִּים לֹא יָסֻרוּ מִמֶּנּוּ.

מדוע היה הארון ללא בדים – לא נדע. אפשר, שהחדר היה קטן מכדי להניח בו את הארון עם בדיו הארוכים, ושמא סברו אבינדב ובניו, שהארון יישאר בביתם לעולם, ולכן אין עוד צורך בבדים. בגלל שלא היו בדים לארון, הוא הועלה על עגלה, ועוזא נאלץ לאחוז בגוף הארון, בשעה שעמד להישמט. העובדה שלא היו בדים לארון, הייתה מחדל של משפחת אבינדב, והיא שילמה את המחיר הנורא.

6. סוטה לה ע״ב.

ה. עובד אדום

וְלֹא אָבָה דָוִד לְהָסִיר אֵלָיו אֶת אֲרוֹן ה׳ עַל עִיר דָּוִד, וַיַּטֵּהוּ דָוִד בֵּית עֹבֵד אֱדוֹם הַגִּתִּי: וַיֵּשֶׁב אֲרוֹן ה׳ בֵּית עֹבֵד אֱדֹם הַגִּתִּי שְׁלֹשָׁה חֳדָשִׁים, וַיְבָרֶךְ ה׳ אֶת עֹבֵד אֱדֹם וְאֶת כָּל בֵּיתוֹ: וַיֻּגַּד לַמֶּלֶךְ דָּוִד לֵאמֹר, בֵּרַךְ ה׳ אֶת בֵּית עֹבֵד אֱדֹם וְאֶת כָּל אֲשֶׁר לוֹ בַּעֲבוּר אֲרוֹן הָאֱלֹהִים, וַיֵּלֶךְ דָּוִד, וַיַּעַל אֶת אֲרוֹן הָאֱלֹהִים מִבֵּית עֹבֵד אֱדֹם עִיר דָּוִד בְּשִׂמְחָה:

(ו, י-יב)

עובד אדום הוא שֵׁם (תמוה!) של משפחת לוויים גדולה וענפה של אנשי חיִל. חלקם היו משוררים וחלקם שוערים, ובשלב מסוים הפכו לממונים על אוצרות המקדש. בהפטרתנו היה להם האומץ להכניס את הארון אל ביתם, למרות האסון ש'נגרם' בעטיו. הם כיבדו אותו כראוי לו, וזכו על כך לברכה. נעיין במעט מן המסופר עליהם:

... וּמַעֲשֵׂיָהוּ וּמַתִּתְיָהוּ וֶאֱלִיפְלֵהוּ וּמִקְנֵיָהוּ וְעֹבֵד אֱדֹם וִיעִיאֵל הַשֹּׁעֲרִים:

(דהי"א טו, יח)

וּמַתִּתְיָהוּ וֶאֱלִיפְלֵהוּ וּמִקְנֵיָהוּ וְעֹבֵד אֱדֹם וִיעִיאֵל וַעֲזַזְיָהוּ בְּכִנֹּרוֹת עַל הַשְּׁמִינִית לְנַצֵּחַ:

(שם, כא)

וְעֹבֵד אֱדֹם וַאֲחֵיהֶם שִׁשִּׁים וּשְׁמוֹנָה...

(שם טז, לח)

כָּל אֵלֶּה מִבְּנֵי עֹבֵד אֱדֹם, הֵמָּה וּבְנֵיהֶם וַאֲחֵיהֶם, אִישׁ חַיִל בַּכֹּחַ לַעֲבֹדָה, שִׁשִּׁים וּשְׁנַיִם לְעֹבֵד אֱדֹם:

(שם כו, ח)

וְכָל הַזָּהָב וְהַכֶּסֶף וְאֵת כָּל הַכֵּלִים הַנִּמְצְאִים בְּבֵית הָאֱלֹהִים עִם עֹבֵד אֱדוֹם...

(דהי"ב כה, כד)

ו. הסכסוך בין דוד למיכל

וְהָיָה אֲרוֹן ה׳ בָּא עִיר דָּוִד, וּמִיכַל בַּת שָׁאוּל נִשְׁקְפָה בְּעַד הַחַלּוֹן, וַתֵּרֶא אֶת הַמֶּלֶךְ

דָּוִד מְפַזֵּז וּמְכַרְכֵּר לִפְנֵי ה׳, וַתִּבֶז לוֹ בְּלִבָּהּ: ... וַיָּשָׁב דָּוִד לְבָרֵךְ אֶת בֵּיתוֹ, וַתֵּצֵא מִיכַל בַּת שָׁאוּל לִקְרַאת דָּוִד, וַתֹּאמֶר, מַה נִּכְבַּד הַיּוֹם מֶלֶךְ יִשְׂרָאֵל, אֲשֶׁר נִגְלָה הַיּוֹם לְעֵינֵי אַמְהוֹת עֲבָדָיו כְּהִגָּלוֹת נִגְלוֹת אַחַד הָרֵקִים: וַיֹּאמֶר דָּוִד אֶל מִיכַל, לִפְנֵי ה׳ אֲשֶׁר בָּחַר בִּי מֵאָבִיךְ וּמִכָּל בֵּיתוֹ לְצַוֹּת אֹתִי נָגִיד עַל עַם ה׳ עַל יִשְׂרָאֵל, וְשִׂחַקְתִּי לִפְנֵי ה׳: וּנְקַלֹּתִי עוֹד מִזֹּאת, וְהָיִיתִי שָׁפָל בְּעֵינָי, וְעִם הָאֲמָהוֹת אֲשֶׁר אָמַרְתְּ, עִמָּם אִכָּבֵדָה: וּלְמִיכַל בַּת שָׁאוּל לֹא הָיָה לָהּ יָלֶד עַד יוֹם מוֹתָהּ:

(ו, טז; כ-כג)

נקודת המחלוקת הגלויה

דוד לא הופיע לפני הארון כמלך, אלא כאיש מן השורה, כאחד מרבים, והוא ביטא בכך את השוויון של כל בני ישראל בעומדם לפני ה׳, וכולם יחד מהווים מעין ׳חלקי פאזל׳, המרכיבים יחד את התמונה השלמה של כנסת ישראל. אף לא אחד מ׳חלקי הפאזל׳ הוא בעל משמעות וצורה בעומדו בפני עצמו. למלך בתפקידו המכובד כמנהיג יש משמעות, בעת שכבודו של הקב״ה נסתר בהיכלו, והוא מְפַנֶּה מקום למנהיג בשר ודם, שמופקד על הובלת העם לייעודו. במצב זה מופיע המנהיג בבגדיו ובתנועותיו כמכובד בעמו.

אפשר, שמיכל שניצבה מאחורי החלון, לא חשה בכבוד ה׳, המצוי באותה עת בקרב עַמו. אפשר שהבינה, שה׳ מְפַנֶּה מקום למנהיג בשר ודם, גם כאשר הוא מתגלה בקרב עמו בכבוד שכינתו, ואפשר, וכך מסתבר, שסברה, שעל מלך בשר ודם להופיע תמיד בפני בני עמו בצורה שמבליטה את כבודו ומעמדו. הופעה עממית בעת התגלות השכינה עלולה להמעיט מכבודו בעיני העם, ולכן עליו להימנע מהופעה עממית, ולו לשעה אחת.

מחלוקת מעין זו בין דוד למיכל היא מחלוקת לגיטימית וסבירה. היא אינה חייבת להוביל לסגנונה הבוטה של מיכל, וודאי לא לתשובתו החריפה עד כאב של דוד. נדמה, שהמחלוקת ביניהם משקפת משהו כואב שבעתיים, משהו שקשור למחלוקת בין בית שאול לדוד בכלל וליחסים עם מיכל בפרט.

הקרע הפנימי

מהפגנת השנאה של שמעי, שהיה מבית שאול, בזמן מרד אבשלום (טז, ז-ח) עולה, שאנשים רבים לא שכחו לדוד את מעשיו בזמן ההכנות למלחמה המכרעת בגלבוע, מלחמה שבה נהרגו שאול ושלושת בניו. באותה מלחמה עלה דוד עם צבא הפלשתים,

וסרני פלשתים הם שסילקו אותו, והוא שב לצקלג.[7] במקרא לא התפרש, כיצד היה דוד נוהג, אילו סרני פלשתים לא היו מסלקים אותו, ומְפָרשינו נחלקו בכך. אך כולם מסכימים, שבעת מבחן הוא לא היה משתף פעולה עם אויבי ישראל נגד עמו. אך לא נדע, מה חשבו בבית שאול על עלייתו של דוד עם צבא פלשתים בדרך למלחמה בגלבוע; לא נדע, מה חשבה על כך מיכל בת שאול, אחותם של יהונתן, ישְׁוי ומלכישוע, שגוויותיהם נתלו עם שאול בתום המלחמה בחומת בית שָׁן.

בהמשך ספר שמואל (שמ"ב כא) מסופר, שדוד לא טרח להעלות את עצמות שאול ובניו מיבש גלעד אל נחלת קיש אבי שאול עד אחרי תליית בני בניו של שאול בידי הגבעונים. מי שמסר את בני בניו של שאול לידי הגבעונים היה דוד. בפשטות, המעשה ההוא אירע בתחילת ימי מלכות דוד, אולי אף לפני העלאת הארון מקריית יערים. אפשר, שהעם ומשפחת שאול לא ידעו, שמסירתם לגבעונים הייתה על פי ה׳, ולא נקמה אישית של דוד בבית שאול. נביא לענייננו פסוק אחד שקשה לפרשו, ולא נפרשו, כי גדל הכאב עד מאוד:

> וַיִּקַּח הַמֶּלֶךְ אֶת שְׁנֵי בְּנֵי רִצְפָּה בַת אַיָּה, אֲשֶׁר יָלְדָה לְשָׁאוּל, אֶת אַרְמֹנִי וְאֶת מְפִבֹשֶׁת וְאֶת חֲמֵשֶׁת בְּנֵי מִיכַל בַּת שָׁאוּל אֲשֶׁר יָלְדָה לְעַדְרִיאֵל בֶּן בַּרְזִלַּי הַמְּחֹלָתִי: וַיִּתְּנֵם בְּיַד הַגִּבְעֹנִים, וַיֹּקִיעֻם בָּהָר לִפְנֵי ה׳...

(כא, ח-ט)

*

מיכל הצילה את דוד מידי שאול אביה (שמ"א יט), והורידה אותו בְּעַד הַחַלּוֹן (שם, יב).[8] כששאול שאל אותה לפשר מעשיה, היא ענתה, שדוד איים להורגה. היא לא פעלה כיהונתן, שהיה מוכן להסתכן במכת חניתו של שאול, והגן בחירוף נפש על דוד. שאול בתגובה ׳הפקיע׳ את קידושיה מדוד, ומסר אותה לאיש אחר, לפלטי בן ליש מגלים (שם כה, מד). מיכל נלקחה מפלטי והובאה חזרה אל דוד על ידי אבנר (ג, יג-טז), אך אפשר, שבנפשה נותרה אצל פלטי בן ליש, וחזרתה לדוד כבר הייתה ללא אהבה.

7. שמ"א כט.
8. לא ניתן להתעלם מן ההופעה הכפולה של הביטוי ׳בעד החלון׳: בשמ"א הצילה מיכל את דוד ׳בעד החלון׳, ובהפטרתנו היא הסתכסכה איתו.

עונשה של מיכל

נתעלם בכאב לב גדול מחמשת בני מיכל בת שאול, שנהרגו בידי הגבעונים, שאולי היו בניה המאומצים ובני אחותה מֵרַב. אין חובה לבאר, שמיכל נענשה בעקרות; אפשר, שלא היה לה ילד, כיוון שדוד ניתק את יחסי האישות עימה בעקבות מריבתם. מכל מקום, חז"ל אומרים (ירושלמי סוכה פ"ה, ה"ד), שיִתְרְעָם בן דוד היה בנה של מיכל, שנולד לה ביום מותה.[9]

ז. בְּבֵית אֲרָזִים וּבְתוֹךְ הַיְרִיעָה

וַיְהִי כִּי יָשַׁב הַמֶּלֶךְ בְּבֵיתוֹ, וַה' הֵנִיחַ לוֹ מִסָּבִיב מִכָּל אֹיְבָיו: וַיֹּאמֶר הַמֶּלֶךְ אֶל נָתָן הַנָּבִיא, רְאֵה נָא אָנֹכִי יוֹשֵׁב בְּבֵית אֲרָזִים, וַאֲרוֹן הָאֱלֹהִים יֹשֵׁב בְּתוֹךְ הַיְרִיעָה:

(ז, א–ב)

בהמשך הפרק יביא נתן הנביא את דבר ה' בשאלת בניית בית לארון או הישארותו בתוך היריעה. בשלב זה מובא הנימוק האנושי שהגה דוד: לא ייתכן, שהוא יֵשב בבית ארזים, שבנה לו חירם מלך צור, וארון ה' יהיה בתוך יריעה, הנראית פחותה מבית ארזים. לימים, בעת שיבת ציון, יעלה חגי הנביא את הנימוק של דוד מפי ה':

הַעֵת לָכֶם אַתֶּם לָשֶׁבֶת בְּבָתֵּיכֶם סְפוּנִים, וְהַבַּיִת הַזֶּה חָרֵב:
יַעַן מֶה, נְאֻם ה' צְבָאוֹת, יַעַן בֵּיתִי אֲשֶׁר הוּא חָרֵב, וְאַתֶּם רָצִים אִישׁ לְבֵיתוֹ:

(חגי א, ד; ט)

גם היום ישנה משמעות גדולה לתוכחה זו, אך מכל מקום נדגיש את דברי ה':

בְּכֹל אֲשֶׁר הִתְהַלַּכְתִּי בְּכָל בְּנֵי יִשְׂרָאֵל, הֲדָבָר דִּבַּרְתִּי אֶת אַחַד שִׁבְטֵי יִשְׂרָאֵל, אֲשֶׁר צִוִּיתִי לִרְעוֹת אֶת עַמִּי אֶת יִשְׂרָאֵל, לֵאמֹר, לָמָּה לֹא בְנִיתֶם לִי בֵּית אֲרָזִים?!

(ז, ז)

9. שמ"ב ג, ה וברש"י.

הבית לא היה אמור להיבנות בהוראה מלמעלה. כשמלך ישראל חש ברגשותיו האנושיים את הצורך בבניית בית ארזים לה׳ כדי שלא ייראה פחות מביתו שלו, ה׳ עשוי להסכים עימו, וכדברי נתן לדוד בפגישתם הראשונה המתוארת בפרקנו.

ח. בית לדוד ובית לה׳

> וַיֹּאמֶר נָתָן אֶל הַמֶּלֶךְ, כֹּל אֲשֶׁר בִּלְבָבְךָ לֵךְ עֲשֵׂה, כִּי ה׳ עִמָּךְ: וַיְהִי בַּלַּיְלָה הַהוּא, וַיְהִי דְּבַר ה׳ אֶל נָתָן לֵאמֹר: לֵךְ וְאָמַרְתָּ אֶל עַבְדִּי אֶל דָּוִד, כֹּה אָמַר ה׳, הַאַתָּה תִּבְנֶה לִּי בַיִת לְשִׁבְתִּי:

(ז, ג-ה)

ניתן להבין, שה׳ תיקן את טעותו של נתן נביאו, למרות שדוד התייעץ עם נתן מלכתחילה כנביא, המביא את דבר ה׳. לחילופין, ניתן להבין כי נתן כבר בתשובתו הראשונה דיבר כנביא, המוסר את דבר ה׳. לפי זה ניאלץ לומר, שה׳ אישר לדוד לבנות לו בית, וחזר בו. מדוע חזר בו ה׳ מן האישור שנתן לדוד לבנות בית? אפשר, שנוכל להניח, שבקשת דוד מנתן קדמה להעלאת הארון מקריית יערים. המלך ישב בביתו, וכנאמר בפרק הקודם:

> וַיִּשְׁלַח חִירָם מֶלֶךְ צֹר מַלְאָכִים אֶל דָּוִד וַעֲצֵי אֲרָזִים וְחָרָשֵׁי עֵץ וְחָרָשֵׁי אֶבֶן קִיר, וַיִּבְנוּ בַיִת לְדָוִד: וַיֵּדַע דָּוִד, כִּי הֱכִינוֹ ה׳ לְמֶלֶךְ עַל יִשְׂרָאֵל, וְכִי נִשֵּׂא מַמְלַכְתּוֹ בַּעֲבוּר עַמּוֹ יִשְׂרָאֵל:

(ה, יא-יב)

מייד כשישב דוד בביתו, הוא חש שלא ראוי לו לשבת בבית ארזים שעומד בעיר המלכות, וארון האלוהים מצוי ב׳גלות׳, במקום ארעי שהועבר אליו, אחרי שנשבה בידי הפלשתים. הוא ביקש רשות מהנביא להביא את הארון לירושלים, עיר מלכותו, ולבנות עבורו בית ארזים מפואר. נתן הנביא אישר לו את תוכניתו מפי ה׳, ודוד לקח את אנשיו כדי לממש את תוכניתו. מה שגרם לדחיית התוכנית לדור הבא היו חילופי הדברים החריפים עם מיכל, והחלטתו של דוד לנתק עימה את הקשר הזוגי. מכאן ואילך לא היה לדוד ׳בית׳, כלומר, אישה שיקים ממנה את מלכות ישראל. ׳ביתו׳ חרב בסכסוך הנזכר, והתהפוכות שאנו עתידים לעבור, עד שהנביא יכיר ב׳ביתו׳ החדש עם בת שבע אם שלמה, עדיין רחוקות מלהתגשם. מן הנבואה הבאה נראה, שה׳ מסרב שייבָּנה בית עבור שכינתו, לפני שלמלך ישראל יש בית משלו:

וּלְמִן הַיּוֹם אֲשֶׁר צִוִּיתִי שֹׁפְטִים עַל עַמִּי יִשְׂרָאֵל, וַהֲנִיחֹתִי לְךָ מִכָּל אֹיְבֶיךָ, וְהִגִּיד לְךָ ה׳, כִּי בַיִת יַעֲשֶׂה לְּךָ ה׳: כִּי יִמְלְאוּ יָמֶיךָ, וְשָׁכַבְתָּ אֶת אֲבֹתֶיךָ, וַהֲקִימֹתִי אֶת זַרְעֲךָ אַחֲרֶיךָ, אֲשֶׁר יֵצֵא מִמֵּעֶיךָ, וַהֲכִינֹתִי אֶת מַמְלַכְתּוֹ: הוּא יִבְנֶה בַּיִת לִשְׁמִי, וְכֹנַנְתִּי אֶת כִּסֵּא מַמְלַכְתּוֹ עַד עוֹלָם:

(יא–יג)

בתקופת השופטים לא היה לשליט הזמני ׳בית׳, לא צמחה שושלת מלוכה. כאן מבטיח ה׳ לראשונה לשליט, לדוד, שה׳ עתיד להצמיח ממנו שושלת מלוכה – ׳בית׳. כשתחל שושלת מלכותו של בן דוד, הוא יבנה בית לשם ה׳. היחס בין בית לה׳ ל׳בית׳ (= שושלת) למלך הבונה, בא לידי ביטוי בתהלים:

שִׁיר הַמַּעֲלוֹת, זְכוֹר ה׳ לְדָוִד אֵת כָּל עֻנּוֹתוֹ: אֲשֶׁר נִשְׁבַּע לַה׳, נָדַר לַאֲבִיר יַעֲקֹב:
אִם אָבֹא בְּאֹהֶל בֵּיתִי, אִם אֶעֱלֶה עַל עֶרֶשׂ יְצוּעָי: אִם אֶתֵּן שְׁנָת לְעֵינָי, לְעַפְעַפַּי תְּנוּמָה: עַד אֶמְצָא מָקוֹם לַה׳, מִשְׁכָּנוֹת לַאֲבִיר יַעֲקֹב:
נִשְׁבַּע ה׳ לְדָוִד, אֱמֶת לֹא יָשׁוּב מִמֶּנָּה, מִפְּרִי בִטְנְךָ אָשִׁית לְכִסֵּא לָךְ: אִם יִשְׁמְרוּ בָנֶיךָ בְּרִיתִי, וְעֵדֹתִי זוֹ אֲלַמְּדֵם, גַּם בְּנֵיהֶם עֲדֵי עַד יֵשְׁבוּ לְכִסֵּא לָךְ:
(תהלים קלב, א–ה; יא–יב)

כאן למדנו, שדוד אכן סירב לישון בביתו, עד שיימצא מקום לה׳.

ט. נימוק נוסף להמשך שכינת ה׳ בתוך היריעה

וְשַׂמְתִּי מָקוֹם לְעַמִּי לְיִשְׂרָאֵל, וּנְטַעְתִּיו, וְשָׁכַן תַּחְתָּיו, וְלֹא יִרְגַּז עוֹד, וְלֹא יֹסִיפוּ בְנֵי עַוְלָה לְעַנּוֹתוֹ כַּאֲשֶׁר בָּרִאשׁוֹנָה:

(ז, י)

הנביא אומר בשם ה׳, שהוא אינו מעוניין בבית קבע, כל עוד עַם ישראל חסר מנוחה מחמת אויביו. המשכן, כפי שהוא נראה מתוכו, הוא אוהל מלכותי, העשוי מיריעות של תכלת, ארגמן, תולעת שני וקרסי זהב. המשכן מבחוץ היה אוהל פשוט, שהיה עשוי מיריעות עזים שחורות וקרסי נחושת, והוא נראה כאוהל רועים גדול. ה׳ הרועה את עמו, מוביל אותם בתחילה בשבילי המדבר. אחרי שהגיעו ארצה, הוא ממשיך ללחום את מלחמותיהם, כרועה המגן על עדרו, ואינו יושב בשלווה בביתו, בעת שצאנו חשוף לְחַיּוֹת טרף בשדה. רק אחרי שעם ישראל ישכון לבטח, ולא יוסיפו בני עוולה לענותו, יתאפשר להעביר את כבוד שכינתו יתברך לבית קבע בעיר השלום,

וכל הגויים יעלו אליה לשם ה׳ וללמוד מדרכיו. שלמה בן דוד עתיד להגיע לשלום זה ולבנות את הבית. כשיכניס את הארון לבית יאמר:

שְׂאוּ שְׁעָרִים רָאשֵׁיכֶם, וְהִנָּשְׂאוּ פִּתְחֵי עוֹלָם, וְיָבוֹא מֶלֶךְ הַכָּבוֹד: מִי זֶה מֶלֶךְ הַכָּבוֹד, ה׳ עִזּוּז וְגִבּוֹר, ה׳ גִּבּוֹר מִלְחָמָה: שְׂאוּ שְׁעָרִים רָאשֵׁיכֶם, וּשְׂאוּ פִּתְחֵי עוֹלָם, וְיָבֹא מֶלֶךְ הַכָּבוֹד: מִי הוּא זֶה מֶלֶךְ הַכָּבוֹד, ה׳ צְבָאוֹת הוּא מֶלֶךְ הַכָּבוֹד, סֶלָה:
(תהלים כד, ז-י)

ה׳, גיבור המלחמה ומפקד הצבאות, ׳נכנס׳ אל בית הקבע, רק אחרי שנסתיימו מלחמותיו.

י. היחסים הצפויים בין ה׳ לבין מי שעתיד למלוך תחת דוד

כִּי יִמְלְאוּ יָמֶיךָ, וְשָׁכַבְתָּ אֶת אֲבֹתֶיךָ, וַהֲקִימֹתִי אֶת זַרְעֲךָ אַחֲרֶיךָ, אֲשֶׁר יֵצֵא מִמֵּעֶיךָ, וַהֲכִינֹתִי אֶת מַמְלַכְתּוֹ: הוּא יִבְנֶה בַּיִת לִשְׁמִי, וְכֹנַנְתִּי אֶת כִּסֵּא מַמְלַכְתּוֹ עַד עוֹלָם: אֲנִי אֶהְיֶה לּוֹ לְאָב, וְהוּא יִהְיֶה לִּי לְבֵן, אֲשֶׁר בְּהַעֲוֹתוֹ, וְהֹכַחְתִּיו בְּשֵׁבֶט אֲנָשִׁים וּבְנִגְעֵי בְּנֵי אָדָם: וְחַסְדִּי לֹא יָסוּר מִמֶּנּוּ, כַּאֲשֶׁר הֲסִרֹתִי מֵעִם שָׁאוּל, אֲשֶׁר הֲסִרֹתִי מִלְּפָנֶיךָ:
(ז, יב-טו)

יחסי אב ובן המתוארים כאן משמעם, שגם כאשר הבן חוטא כלפי אביו, הוא אינו חדל להיות בנו, ולעולם תהיה קיימת מצד שניהם כמיהה לשִׁיבה ולהתפייסות. כמיהה זו תתקיים, גם אם יתעורר לעיתים צורך של האב לייסר את בנו, כדי להשיבו לדרך טובה, שהרי חוֹשֵׂךְ שִׁבְטוֹ שׂוֹנֵא בְנוֹ וְאֹהֲבוֹ שִׁחֲרוֹ מוּסָר (משלי יג, כד). על פי הנבואה כאן, מלכות בית דוד לעולם לא תוסר, ולפחות לא תוסר בדרך קבע, וכך עולה ממקומות נוספים במקרא (למשל: ירמיהו לג, תהלים פט). במקומות אחרים במקרא מלכות בית דוד והמשכה מותנים בנאמנות לה׳ (למשל: מל״א פרקים ב; ח-ט, תהלים קלב ועוד). קצרה יריעתנו מלפרט את תירוצי סתירה זו, כתבנו עליה בהפטרת ויחי, ונסמוך על המעַיֵן.

הפטרת תזריע

ד מב וְאִישׁ בָּא מִבַּעַל שָׁלִשָׁה וַיָּבֵא לְאִישׁ הָאֱלֹהִים לֶחֶם בִּכּוּרִים עֶשְׂרִים־לֶחֶם מלכ
מג שְׂעֹרִים וְכַרְמֶל בְּצִקְלֹנוֹ וַיֹּאמֶר תֵּן לָעָם וְיֹאכֵלוּ׃ וַיֹּאמֶר מְשָׁרְתוֹ מָה אֶתֵּן זֶה
מד לִפְנֵי מֵאָה אִישׁ וַיֹּאמֶר תֵּן לָעָם וְיֹאכֵלוּ כִּי כֹה אָמַר יהוה אָכֹל וְהוֹתֵר׃ וַיִּתֵּן
ה א לִפְנֵיהֶם וַיֹּאכְלוּ וַיּוֹתִרוּ כִּדְבַר יהוה׃ וְנַעֲמָן שַׂר־צְבָא מֶלֶךְ־אֲרָם הָיָה
אִישׁ גָּדוֹל לִפְנֵי אֲדֹנָיו וּנְשֻׂא פָנִים כִּי־בוֹ נָתַן־יהוה תְּשׁוּעָה לַאֲרָם וְהָאִישׁ הָיָה
ב גִּבּוֹר חַיִל מְצֹרָע׃ וַאֲרָם יָצְאוּ גְדוּדִים וַיִּשְׁבּוּ מֵאֶרֶץ יִשְׂרָאֵל נַעֲרָה קְטַנָּה וַתְּהִי
ג לִפְנֵי אֵשֶׁת נַעֲמָן׃ וַתֹּאמֶר אֶל־גְּבִרְתָּהּ אַחֲלֵי אֲדֹנִי לִפְנֵי הַנָּבִיא אֲשֶׁר בְּשֹׁמְרוֹן
ד אָז יֶאֱסֹף אֹתוֹ מִצָּרַעְתּוֹ׃ וַיָּבֹא וַיַּגֵּד לַאדֹנָיו לֵאמֹר כָּזֹאת וְכָזֹאת דִּבְּרָה הַנַּעֲרָה
ה אֲשֶׁר מֵאֶרֶץ יִשְׂרָאֵל׃ וַיֹּאמֶר מֶלֶךְ־אֲרָם לֶךְ־בֹּא וְאֶשְׁלְחָה סֵפֶר אֶל־מֶלֶךְ
יִשְׂרָאֵל וַיֵּלֶךְ וַיִּקַּח בְּיָדוֹ עֶשֶׂר כִּכְּרֵי־כֶסֶף וְשֵׁשֶׁת אֲלָפִים זָהָב וְעֶשֶׂר חֲלִיפוֹת
ו בְּגָדִים׃ וַיָּבֵא הַסֵּפֶר אֶל־מֶלֶךְ יִשְׂרָאֵל לֵאמֹר וְעַתָּה כְּבוֹא הַסֵּפֶר הַזֶּה אֵלֶיךָ
ז הִנֵּה שָׁלַחְתִּי אֵלֶיךָ אֶת־נַעֲמָן עַבְדִּי וַאֲסַפְתּוֹ מִצָּרַעְתּוֹ׃ וַיְהִי כִּקְרֹא מֶלֶךְ־
יִשְׂרָאֵל אֶת־הַסֵּפֶר וַיִּקְרַע בְּגָדָיו וַיֹּאמֶר הַאֱלֹהִים אָנִי לְהָמִית וּלְהַחֲיוֹת כִּי־זֶה
ח שֹׁלֵחַ אֵלַי לֶאֱסֹף אִישׁ מִצָּרַעְתּוֹ כִּי אַךְ־דְּעוּ־נָא וּרְאוּ כִּי־מִתְאַנֶּה הוּא לִי׃ וַיְהִי
כִּשְׁמֹעַ אֱלִישָׁע אִישׁ־הָאֱלֹהִים כִּי־קָרַע מֶלֶךְ־יִשְׂרָאֵל אֶת־בְּגָדָיו וַיִּשְׁלַח אֶל־
הַמֶּלֶךְ לֵאמֹר לָמָּה קָרַעְתָּ בְּגָדֶיךָ יָבֹא־נָא אֵלַי וְיֵדַע כִּי יֵשׁ נָבִיא בְּיִשְׂרָאֵל׃
ט י וַיָּבֹא נַעֲמָן בְּסוּסָו וּבְרִכְבּוֹ וַיַּעֲמֹד פֶּתַח־הַבַּיִת לֶאֱלִישָׁע׃ וַיִּשְׁלַח אֵלָיו אֱלִישָׁע
מַלְאָךְ לֵאמֹר הָלוֹךְ וְרָחַצְתָּ שֶׁבַע־פְּעָמִים בַּיַּרְדֵּן וְיָשֹׁב בְּשָׂרְךָ לְךָ וּטְהָר׃
יא וַיִּקְצֹף נַעֲמָן וַיֵּלַךְ וַיֹּאמֶר הִנֵּה אָמַרְתִּי אֵלַי יֵצֵא יָצוֹא וְעָמַד וְקָרָא בְּשֵׁם־יהוה
יב אֱלֹהָיו וְהֵנִיף יָדוֹ אֶל־הַמָּקוֹם וְאָסַף הַמְּצֹרָע׃ הֲלֹא טוֹב אֲמָנָה וּפַרְפַּר נַהֲרוֹת
יג דַּמֶּשֶׂק מִכֹּל מֵימֵי יִשְׂרָאֵל הֲלֹא־אֶרְחַץ בָּהֶם וְטָהָרְתִּי וַיִּפֶן וַיֵּלֶךְ בְּחֵמָה׃ וַיִּגְּשׁוּ
עֲבָדָיו וַיְדַבְּרוּ אֵלָיו וַיֹּאמְרוּ אָבִי דָּבָר גָּדוֹל הַנָּבִיא דִּבֶּר אֵלֶיךָ הֲלוֹא תַעֲשֶׂה

יד וְאַף כִּי־אָמַר אֵלֶיךָ רְחַץ וּטְהָר: וַיֵּרֶד וַיִּטְבֹּל בַּיַּרְדֵּן שֶׁבַע פְּעָמִים כִּדְבַר אִישׁ
טו הָאֱלֹהִים וַיָּשָׁב בְּשָׂרוֹ כִּבְשַׂר נַעַר קָטֹן וַיִּטְהָר: וַיָּשָׁב אֶל־אִישׁ הָאֱלֹהִים הוּא
וְכָל־מַחֲנֵהוּ וַיָּבֹא וַיַּעֲמֹד לְפָנָיו וַיֹּאמֶר הִנֵּה־נָא יָדַעְתִּי כִּי אֵין אֱלֹהִים בְּכָל־
טז הָאָרֶץ כִּי אִם־בְּיִשְׂרָאֵל וְעַתָּה קַח־נָא בְרָכָה מֵאֵת עַבְדֶּךָ: וַיֹּאמֶר חַי־יהוה
יז אֲשֶׁר־עָמַדְתִּי לְפָנָיו אִם־אֶקָּח וַיִּפְצַר־בּוֹ לָקַחַת וַיְמָאֵן: וַיֹּאמֶר נַעֲמָן וָלֹא יֻתַּן־נָא
לְעַבְדְּךָ מַשָּׂא צֶמֶד־פְּרָדִים אֲדָמָה כִּי לוֹא־יַעֲשֶׂה עוֹד עַבְדְּךָ עֹלָה וָזֶבַח לֵאלֹהִים
יח אֲחֵרִים כִּי אִם־לַיהוה: לַדָּבָר הַזֶּה יִסְלַח יהוה לְעַבְדֶּךָ בְּבוֹא אֲדֹנִי בֵית־רִמּוֹן
לְהִשְׁתַּחֲוֺת שָׁמָּה וְהוּא ׀ נִשְׁעָן עַל־יָדִי וְהִשְׁתַּחֲוֵיתִי בֵּית רִמֹּן בְּהִשְׁתַּחֲוָיָתִי בֵּית
יט רִמֹּן יִסְלַח־נָא־יהוה לְעַבְדְּךָ בַּדָּבָר הַזֶּה: וַיֹּאמֶר לוֹ לֵךְ לְשָׁלוֹם וַיֵּלֶךְ מֵאִתּוֹ
כִּבְרַת אָרֶץ:

א. הקשר בין הפרשה להפטרה והרקע ההיסטורי

חלק גדול מפרשתנו עוסק בסוגים השונים של צרעת האדם, וההפטרה מספרת על נעמן, שר צבא מלך ארם, שנרפא מצרעתו, על פי נבואתו של אלישע.

במעשה העיקרי שבהפטרה נזכר מלך ישראל חמש פעמים, אך הוא לא נזכר בשמו. אנו יודעים, שאלישע החל להינבא בימי יהורם בן אחאב (מל"ב ג) והוא מת בימי יהואש בן יהואחז (שם יג). הוא ניבא, אפוא, כשבעים שנה בימיהם של ארבעה מלכים: בימי יהורם (12 שנים), בימי יהוא (28 שנים), בימי יהואחז בן יהוא (17 שנים) ובימי יהואש בנו (16 שנים), ואיננו יודעים, מי היה המלך כאשר התרחש סיפור נעמן. נעלה השערה, השערה בלבד!

ההפטרה מתארת מצב של שלטון משפיל וללא מְצָרים של ארם על ישראל. היא מספרת על גדודי ארם שפלשו לארץ ישראל, נטלו נערה בת חורין והפכוה לשפחת עולם בארץ זרה, בארם, ללא משפחה וללא קהילה יהודית. מסתבר, ששפחה צעירה זו מייצגת מאות, אלפים ואולי אף יותר, שנפלו בשבי הגדודים הארמיים, שפשטו על ארץ ישראל. כולם בני ישראל, בני חורין בעלי משפחות, שנמכרו להיות עבדי עולם בארצות רחוקות ללא קשר עם משפחתם וללא קשר לקהילה יהודית.

ההפטרה מספרת עוד, על פקודה נחרצת ששלח מלך ארם למלך ישראל לאסוף את נעמן מצרעתו, ומלך ישראל מצטווה למלא אותה מייד. מלך ישראל קרע את בגדיו, כשהבין שאינו מסוגל למלא את הפקודה. העולה מן הסיפור – מלך ארם שולט שליטה מוחלטת על ישראל. גם יכולתו של נעמן לבוא בסוסיו ורכבו אל ביתו של אלישע בשומרון, בלב ממלכת ישראל, בלא ליטול רשות מאיש, ממחישה עובדה זו.

פסוקים אלו מזכירים את שיתואר להלן על יהואחז בן יהוא מלך ישראל, ואנו נניח, שזה הרקע לסיפור שבהפטרה:

כִּי לֹא הִשְׁאִיר לִיהוֹאָחָז עָם, כִּי אִם חֲמִשִּׁים פָּרָשִׁים וַעֲשָׂרָה רֶכֶב וַעֲשֶׂרֶת אֲלָפִים רַגְלִי, כִּי אִבְּדָם מֶלֶךְ אֲרָם, וַיְשִׂמֵם כֶּעָפָר לָדֻשׁ:[1]

(יג, ז)

ב. מעשה הלחם שניתן לאלישע ולתלמידיו

ההפטרה פותחת בסיפור קצר על נס נוסף שנעשה בידי אלישע:[2]

וְאִישׁ בָּא מִבַּעַל שָׁלִשָׁה,[3] וַיָּבֵא לְאִישׁ הָאֱלֹהִים לֶחֶם בִּכּוּרִים, עֶשְׂרִים לֶחֶם שְׂעֹרִים וְכַרְמֶל בְּצִקְלֹנוֹ, וַיֹּאמֶר, תֵּן לָעָם וְיֹאכֵלוּ: וַיֹּאמֶר מְשָׁרְתוֹ, מָה אֶתֵּן זֶה לִפְנֵי מֵאָה אִישׁ, וַיֹּאמֶר, תֵּן לָעָם וְיֹאכֵלוּ, כִּי כֹה אָמַר ה׳, אָכֹל וְהוֹתֵר: וַיִּתֵּן לִפְנֵיהֶם, וַיֹּאכְלוּ וַיּוֹתִרוּ כִּדְבַר ה׳:

(ד, מב-מד)

נס זה הוא גם המשך למעשה הנס הקודם של אלישע:

וֶאֱלִישָׁע שָׁב הַגִּלְגָּלָה, וְהָרָעָב בָּאָרֶץ, וּבְנֵי הַנְּבִיאִים יֹשְׁבִים לְפָנָיו, וַיֹּאמֶר לְנַעֲרוֹ שְׁפֹת הַסִּיר הַגְּדוֹלָה, וּבַשֵּׁל נָזִיד לִבְנֵי הַנְּבִיאִים: וַיֵּצֵא אֶחָד אֶל הַשָּׂדֶה לְלַקֵּט אֹרֹת, וַיִּמְצָא גֶּפֶן שָׂדֶה, וַיְלַקֵּט מִמֶּנּוּ פַּקֻּעֹת שָׂדֶה מְלֹא בִגְדוֹ, וַיָּבֹא וַיְפַלַּח אֶל סִיר הַנָּזִיד, כִּי לֹא יָדָעוּ: וַיִּצְקוּ לַאֲנָשִׁים לֶאֱכוֹל, וַיְהִי כְּאָכְלָם מֵהַנָּזִיד, וְהֵמָּה צָעָקוּ, וַיֹּאמְרוּ

1. ישנה סיבה נוספת לומר שהמעשה היה בימי יהואחז בן יהוא. השוו מל״ב ו, לג בדברי מלך ישראל לאלישע ׳מָה אוֹחִיל לַה׳ עוֹד׳ למל״ב יג, ד ׳וַיְחַל יְהוֹאָחָז אֶת פְּנֵי ה׳ וַיִּשְׁמַע אֵלָיו ה׳׳. זאת ועוד: בימי יהורם בן אחאב (שרוב המפרשים שיבצו את הנבואה בימיו) היה גבול ברור בין ממלכות ארם וישראל – מעבר לרמות גלעד שבעבר הירדן המזרחי.
2. נראה, שפסקה זו, שאינה קשורה לסיפור על נעמן וצרעתו, נוספה להפטרה כדי להשלימה לעשרים ואחד פסוקים, שמעיקר הדין צריכים להיות בהפטרה (מעין שבע העליות לתורה – 3 פסוקים לכל עולה). בהפטרות רבות אין מקפידים על כך.
3. בעל שלישה מזוהה ליד עין סמיה, הנמצאת סמוך ל׳כביש אלון׳ מצפון ליישוב כוכב השחר. המקום אינו מאוד רחוק מאבל מחולה, שמשם בא אלישע (מל״א יט, טז). היה זה כנראה באחת התקופות שאלישע ישב עם תלמידיו, בני הנביאים, בערבות הירדן, וכנאמר במעשה גפן השדה, שהיה בגלגל (ד, לח).

מָוֶת בַּסִּיר, אִישׁ הָאֱלֹהִים, וְלֹא יָכְלוּ לֶאֱכֹל, וַיֹּאמֶר, וּקְחוּ קֶמַח, וַיַּשְׁלֵךְ אֶל הַסִּיר, וַיֹּאמֶר צַק לָעָם וְיֹאכֵלוּ, וְלֹא הָיָה דָּבָר רָע בַּסִּיר:
(שם, לח-מא)

נס הנזיד מזכיר את נס המים ביריחו:

וַיֹּאמְרוּ אַנְשֵׁי הָעִיר אֶל אֱלִישָׁע, הִנֵּה נָא מוֹשַׁב הָעִיר טוֹב, כַּאֲשֶׁר אֲדֹנִי רֹאֶה, וְהַמַּיִם רָעִים וְהָאָרֶץ מְשַׁכָּלֶת: וַיֹּאמֶר, קְחוּ לִי צְלֹחִית חֲדָשָׁה, וְשִׂימוּ שָׁם מֶלַח, וַיִּקְחוּ אֵלָיו: וַיֵּצֵא אֶל מוֹצָא הַמַּיִם, וַיַּשְׁלֶךְ שָׁם מֶלַח, וַיֹּאמֶר, כֹּה אָמַר ה', רִפִּאתִי לַמַּיִם הָאֵלֶּה, לֹא יִהְיֶה מִשָּׁם עוֹד מָוֶת וּמְשַׁכָּלֶת: וַיֵּרָפוּ הַמַּיִם עַד הַיּוֹם הַזֶּה, כִּדְבַר אֱלִישָׁע אֲשֶׁר דִּבֵּר:
(ב, יט-כב)

מֵעֵבר לעובדה שהשכינה שורה על אלישע הנביא, אנו לְמֵדים מניסים אלו שלאלישע היו לפחות מאה תלמידים, 'בני נביאים', שבמידה רבה היו סמוכים על שולחנו. עוד למדנו, שבְּעת שנעשו המעשים היה רעב בארץ, כפי שהיה פעם נוספת בסוף ימי אלישע. בפעם הראשונה הם נאלצו ללקט פקועות גפן שדה, צמח בר, שבימי שובע אדם לא יאכל ממנו. גם במעשה שבהפטרתנו, אילו לא הביא האיש כיכרות לחם, היו מאה איש נותרים ללא אוכל. במעשה נעמן נתוודע לצרה גדולה נוספת שעם ישראל היה שרוי בה בימי אלישע.

עוד למדנו מן הסיפור על חוסר האֵמון של מְשָׁרת אלישע בהוראת רבו, אלישע. מסתבר, שהמשרת האנונימי הוא גיחזי, שהיה משרתו של אלישע במעשה השונמית וגם במעשה נעמן.

ג. מעשה נעמן וריפויו מצרעתו

המעשה מדבר בעד עצמו, ונעמוד בו על פרטים בודדים.

וַיְהִי כִּשְׁמֹעַ אֱלִישָׁע אִישׁ הָאֱלֹהִים, כִּי קָרַע מֶלֶךְ יִשְׂרָאֵל אֶת בְּגָדָיו, וַיִּשְׁלַח אֶל הַמֶּלֶךְ לֵאמֹר, לָמָּה קָרַעְתָּ בְּגָדֶיךָ, יָבֹא נָא אֵלַי, וְיֵדַע כִּי יֵשׁ נָבִיא בְּיִשְׂרָאֵל:
(ה, ח)

כדי להבין את האירוע, נעיין בנבואת יחזקאל:

וַיָּבוֹא אֶל הַגּוֹיִם אֲשֶׁר בָּאוּ שָׁם, וַיְחַלְּלוּ אֶת שֵׁם קָדְשִׁי, בֶּאֱמֹר לָהֶם עַם ה׳ אֵלֶּה, וּמֵאַרְצוֹ יָצָאוּ: וָאֶחְמֹל עַל שֵׁם קָדְשִׁי, אֲשֶׁר חִלְּלוּהוּ בֵּית יִשְׂרָאֵל, בַּגּוֹיִם אֲשֶׁר בָּאוּ שָׁמָּה: לָכֵן אֱמֹר לְבֵית יִשְׂרָאֵל, כֹּה אָמַר אֲדֹנָי ה׳, לֹא לְמַעַנְכֶם אֲנִי עֹשֶׂה, בֵּית יִשְׂרָאֵל, כִּי אִם לְשֵׁם קָדְשִׁי אֲשֶׁר חִלַּלְתֶּם, בַּגּוֹיִם אֲשֶׁר בָּאתֶם שָׁם: וְקִדַּשְׁתִּי אֶת שְׁמִי הַגָּדוֹל הַמְחֻלָּל בַּגּוֹיִם, אֲשֶׁר חִלַּלְתֶּם בְּתוֹכָם, וְיָדְעוּ הַגּוֹיִם כִּי אֲנִי ה׳, נְאֻם אֲדֹנָי ה׳, בְּהִקָּדְשִׁי בָכֶם לְעֵינֵיהֶם:

(יחזקאל לו, כ-כג)

כשה׳ מעניש את ישראל על מעשיהם הרעים, ומשעבד אותם, הגויים המשעבדים אינם רואים את הקורה לישראל כגמול וכעונש, אלא מפרשים זאת כ׳חוסר כוחו׳ של ה׳ להושיע, או כטענה המוטעית שה׳ נטש את עמו לעולם. שתי האמירות הן חילול שם ה׳ לעיני הגויים. דבר דומה לזה מצאנו כבר בתורה:

אָמַרְתִּי אַפְאֵיהֶם, אַשְׁבִּיתָה מֵאֱנוֹשׁ זִכְרָם: לוּלֵי כַּעַס אוֹיֵב אָגוּר, פֶּן יְנַכְּרוּ צָרֵימוֹ, פֶּן יֹאמְרוּ יָדֵנוּ רָמָה, וְלֹא ה׳ פָּעַל כָּל זֹאת:

(דברים לב, כו-כז)

על הניצחונות הגדולים של ארם על ישראל בימי חזאל מלך ארם כבר ניבָּא אלישע, כאשר משח את חזאל למלך על ארם (ח, יא-יג). חזונו של הנביא נשכח, ועתה ארם בטוחים, שח״ו אין לישראל אל שיעזור להם, או שח״ו כוחו נחלש, ואלוהי ארם גובר עליו, כביכול. במצב כזה מתעורר צורך במופת, שיוכיח לארם שיֵּשׁ נָבִיא בְּיִשְׂרָאֵל, שה׳ לא עזבם, שכוחו עימו, והוא מביאו לידי ביטוי ביד נביאו. בהפטרתנו בא הדבר לידי ביטוי במידת הרחמים, בריפוי של שר הצבא שהכה את ישראל, שר הצבא שבּוֹ נָתַן ה׳ תְּשׁוּעָה לַאֲרָם. לימים יהיה מופת נוסף מסוג זה, מופת שלא בא להושיע את ישראל החוטאים, אלא להודיע לארם את יד ה׳ הטובה, ואת העובדה שיֵּשׁ נָבִיא בְּיִשְׂרָאֵל. היה זה בעת המצור על דותן, שבמהלכו רצה מלך ארם לקחת את אלישע בשבי, ונכשל. בסוף המעשה היה צבא ארם לכוד ביד צבא ישראל בעיר שומרון. נעיין במה שמסופר:

... וַיִּפְקַח ה׳ אֶת עֵינֵיהֶם, וַיִּרְאוּ וְהִנֵּה בְּתוֹךְ שֹׁמְרוֹן: וַיֹּאמֶר מֶלֶךְ יִשְׂרָאֵל אֶל אֱלִישָׁע כִּרְאֹתוֹ אוֹתָם, הַאַכֶּה אַכֶּה אָבִי: וַיֹּאמֶר, לֹא תַכֶּה, הַאֲשֶׁר שָׁבִיתָ בְּחַרְבְּךָ וּבְקַשְׁתְּךָ אַתָּה מַכֶּה, שִׂים לֶחֶם וָמַיִם לִפְנֵיהֶם וְיֹאכְלוּ וְיִשְׁתּוּ, וְיֵלְכוּ אֶל אֲדֹנֵיהֶם: וַיִּכְרֶה לָהֶם כֵּרָה גְדוֹלָה וַיֹּאכְלוּ וַיִּשְׁתּוּ, וַיְשַׁלְּחֵם וַיֵּלְכוּ אֶל אֲדֹנֵיהֶם, וְלֹא יָסְפוּ עוֹד גְּדוּדֵי אֲרָם לָבוֹא בְּאֶרֶץ יִשְׂרָאֵל:

(ו, כ-כג)

*

וַיִּשְׁלַח אֵלָיו אֱלִישָׁע מַלְאָךְ לֵאמֹר, הָלוֹךְ וְרָחַצְתָּ שֶׁבַע פְּעָמִים בַּיַּרְדֵּן, וְיָשֹׁב בְּשָׂרְךָ לְךָ, וּטְהָר: וַיִּקְצֹף נַעֲמָן, וַיֵּלַךְ וַיֹּאמֶר, הִנֵּה אָמַרְתִּי אֵלַי יֵצֵא יָצוֹא, וְעָמַד וְקָרָא בְּשֵׁם ה׳ אֱלֹהָיו, וְהֵנִיף יָדוֹ אֶל הַמָּקוֹם, וְאָסַף הַמְּצֹרָע:

(ה, י–יא)

אלישע לא יצא אל שר הצבא המכובד ומטיל המורא, ולא טרח לשמוע את דבריו. הוא שלח אליו שליח עם הוראות לפעולה, ותו לא. הנביא המחיש בכך שהוא אינו ירא משר הצבא המתעלל בישראל. הוא מראה, שיש נביא בישראל, הוא מוכיח שהשכינה שורה בישראל, והיא עוד עתידה להיפרע מארם על מעשיהם כלפי ישראל. התנהגותו של אלישע לא תאמה את ציפיותיו של שר הצבא, שנהג כשליט באלישע ובעמו, ואכזבתו הביאה אותו לידי כעס גדול.

*

הָלוֹךְ וְרָחַצְתָּ שֶׁבַע פְּעָמִים בַּיַּרְדֵּן, וְיָשֹׁב בְּשָׂרְךָ לְךָ וּטְהָר...

(ה, י)

הֲלֹא טוֹב אֲמָנָה וּפַרְפַּר נַהֲרוֹת דַּמֶּשֶׂק מִכֹּל מֵימֵי יִשְׂרָאֵל, הֲלֹא אֶרְחַץ בָּהֶם וְטָהָרְתִּי, וַיִּפֶן וַיֵּלֶךְ בְּחֵמָה:

(שם, יב)

מן העימות בין הנביא לשר צבא ארם עולה, שככל שהארץ טובה יותר, כך יכולת נהרותיה לרפא את המצורע גדולה יותר. על פי דברי הנביא, ארץ זו היא ארץ ישראל, ועל פי דברי שר צבא ארם, הארץ היא ארם על נהרותיה. נראה, שעל פי שניהם יש קשר בין טיב הארץ לטיב אלוהיה. נעמן מאמין ברמון אלוהי ארם, וממילא ארצו ונהרותיה טובים יותר. אלישע מאמין בה׳, וממילא ארץ ה׳ ונהרותיה טובים יותר.

מעבר לטיב הארץ ונהרותיה כפשוטו אנו נזכרים כאן בקשר בין צרעת לבין טומאה חמורה. ארץ ה׳, מלבד טיבה וטיב נהרותיה ומימיה, שלא נמיר אותם בנהרות ארץ זרה, חייבת לשמור על טהרתה, וזה אינו קיים בארצות הגויים ולכן טומאת הצרעת פוגעת בה, וזוקקת תיקון וטהרה.

ד. נעמן מתגייר

וַיָּשָׁב אֶל אִישׁ הָאֱלֹהִים הוּא וְכָל מַחֲנֵהוּ, וַיָּבֹא וַיַּעֲמֹד לְפָנָיו, וַיֹּאמֶר, הִנֵּה נָא יָדַעְתִּי, כִּי אֵין אֱלֹהִים בְּכָל הָאָרֶץ כִּי אִם בְּיִשְׂרָאֵל... וַיֹּאמֶר נַעֲמָן, וָלֹא, יֻתַּן נָא לְעַבְדְּךָ מַשָּׂא צֶמֶד פְּרָדִים אֲדָמָה, כִּי לוֹא יַעֲשֶׂה עוֹד עַבְדְּךָ עֹלָה וָזֶבַח לֵאלֹהִים אֲחֵרִים, כִּי אִם לַה׳: לַדָּבָר הַזֶּה יִסְלַח ה׳ לְעַבְדֶּךָ, בְּבוֹא אֲדֹנִי בֵית רִמּוֹן לְהִשְׁתַּחֲוֹת שָׁמָּה, וְהוּא נִשְׁעָן עַל יָדִי, וְהִשְׁתַּחֲוֵיתִי בֵּית רִמֹּן, בְּהִשְׁתַּחֲוָיָתִי בֵּית רִמֹּן יִסְלַח נא ה׳ לְעַבְדְּךָ בַּדָּבָר הַזֶּה:

(ה, טו-יח)

תנא: נעמן גר תושב היה; נבוזראדן גר צדק היה.

(גיטין נז ע״ב, סנהדרין צו ע״ב)

אין במקרא רמז שנבוזראדן נימול, צם ביום הכיפורים והחל לשמור שבת. חז״ל למדו על גיורו מן הדברים שאמר לירמיהו:

וַיִּקַּח רַב טַבָּחִים לְיִרְמְיָהוּ וַיֹּאמֶר אֵלָיו ה׳ אֱלֹהֶיךָ דִּבֶּר אֶת הָרָעָה הַזֹּאת אֶל הַמָּקוֹם הַזֶּה: וַיָּבֵא וַיַּעַשׂ ה׳ כַּאֲשֶׁר דִּבֵּר כִּי חֲטָאתֶם לַה׳ וְלֹא שְׁמַעְתֶּם בְּקוֹלוֹ...

(ירמיהו מ, ב-ג)

נבוזראדן הצהיר בדבריו על אמונתו העמוקה בה׳, ומכאן הסיקו חז״ל על גיורו. דבריו של נעמן בפסוקנו מביעים אמונה גדולה שבעתיים בה׳, אך למרות דבריו אלה, חז״ל ראוהו כגר תושב בלבד. נראה, שהשקפתם על גיורו המוגבל של נעמן נבעה משתי סיבות:

א. החלטתו להקריב לה׳ על מזבח שעמד בדמשק (אף שנבנה מאדמת ארץ ישראל), למרות האיסור על ׳שחוטי חוץ׳, שקובע שאין להקריב מחוץ לבית המקדש בירושלים.

ב. נעמן הצהיר, שישתחווה בעל כורחו לרמון, האל הארמי, בעת שאדוניו, מלך ארם, יישען עליו וישתחווה בעצמו לרמון. לגר גמור אסור לעשות זאת באיסור של ׳ייהרג ואל יעבור׳.

ה. הברכה שאלישע סירב לקחת

וַיֹּאמֶר מֶלֶךְ אֲרָם, לֶךְ בֹּא, וְאֶשְׁלְחָה סֵפֶר אֶל מֶלֶךְ יִשְׂרָאֵל, וַיֵּלֶךְ וַיִּקַּח בְּיָדוֹ עֶשֶׂר

כִּכְּרֵי כֶסֶף וְשֵׁשֶׁת אֲלָפִים זָהָב וְעֶשֶׂר חֲלִיפוֹת בְּגָדִים: ... וַיָּשָׁב אֶל אִישׁ הָאֱלֹהִים הוּא וְכָל מַחֲנֵהוּ, וַיָּבֹא וַיַּעֲמֹד לְפָנָיו, וַיֹּאמֶר, הִנֵּה נָא יָדַעְתִּי, כִּי אֵין אֱלֹהִים בְּכָל הָאָרֶץ כִּי אִם בְּיִשְׂרָאֵל, וְעַתָּה קַח נָא בְרָכָה מֵאֵת עַבְדֶּךָ: וַיֹּאמֶר, חַי ה׳ אֲשֶׁר עָמַדְתִּי לְפָנָיו, אִם אֶקָּח, וַיִּפְצַר בּוֹ לָקַחַת, וַיְמָאֵן:

(ה, ה; טו–טז)

נעמן לקח עימו לפגישתו עם איש האלוהים את מכתב הפקודה שכתב מלך ארם למלך ישראל, והוא לקח עימו גם כסף וזהב וחליפות בגדים כדי לתיתם לאיש האלוהים אחרי ריפויו. אלישע לא ביקש כסף, ולא רצה תמורה על הריפוי, שהרי מטרתו הייתה: וְיֵדַע כִּי יֵשׁ נָבִיא בְּיִשְׂרָאֵל. נעמן הפציר בו ליטול, אך אלישע נשבע לו בשם ה׳, שלא ייטול ממנו דבר. מדוע אלישע התעקש על כך, והרי חז״ל הסכימו עם אלישע, כאשר הסכים ליהנות מתפקידו כנביא, בעת שהאישה השונמית בנתה עבורו חדר מיוחד וריהטה אותו:

אמר אביי ואיתימא רבי יצחק: הרוצה לֵהָנוֹת – יהנה כאלישע, ושאינו רוצה להנות – אל יהנה כשמואל הרמתי.

(ברכות י ע״ב)

אפשר להעלות שלוש סיבות לסירובו המוחלט של אלישע ליהנות מכספו של נעמן (הכרעתנו האישית היא כסיבה השלישית):

א. קבלת כסף וטובת הנאה על ריפויו של נעמן הייתה מעמעמת ומצמצמת מאוד את עוצמת המסר הנבואי לארם: וְיֵדַע כִּי יֵשׁ נָבִיא בְּיִשְׂרָאֵל.
ב. הנביא הביע בסירובו את שנאתו לנעמן שר צבא ארם, שכישרונו הצבאי היה הגורם העיקרי לתיאור שהבאנו לעיל: כִּי לֹא הִשְׁאִיר לִיהוֹאָחָז עָם, כִּי אִם חֲמִשִּׁים פָּרָשִׁים וַעֲשָׂרָה רֶכֶב וַעֲשֶׂרֶת אֲלָפִים רַגְלִי, כִּי אִבְּדָם מֶלֶךְ אֲרָם, וַיְשִׂמֵם כֶּעָפָר לָדֻשׁ (יג, ז).
ג. יש להניח, שכשם שנעמן החזיק בביתו שפחה בת ישראל, שנלקחה בשבי בעת פלישתו לארץ ישראל, כך גם כספו הרב היה כסף שנגזל מבני ישראל, או שהתקבל בתמורה למכירתם לעבדות של אלה שלקח בשבי. על פי ההלכה ה׳יְבֵשָׁה׳, יכול היה אלישע לקבל את הכסף מנעמן, ו׳לקנות׳ אותו ב׳ייאוש ושינוי רשות׳, אך אלישע סירב לעשות זאת.

חשיבות שאלתנו והניסיונות להשיב עליה תעלה להלן בהמשך מעשה נעמן, בפסקה שהושמטה בכוונה תחילה מן ההפטרה, כי גדל הכאב!

וַיֹּאמֶר גֵּיחֲזִי, נַעַר אֱלִישָׁע, אִישׁ הָאֱלֹהִים, הִנֵּה חָשַׂךְ אֲדֹנִי אֶת נַעֲמָן הָאֲרַמִּי הַזֶּה מִקַּחַת מִיָּדוֹ אֵת אֲשֶׁר הֵבִיא, חַי ה׳, כִּי אִם רַצְתִּי אַחֲרָיו, וְלָקַחְתִּי מֵאִתּוֹ מְאוּמָה: וַיִּרְדֹּף גֵּיחֲזִי אַחֲרֵי נַעֲמָן, וַיִּרְאֶה נַעֲמָן רָץ אַחֲרָיו, וַיִּפֹּל מֵעַל הַמֶּרְכָּבָה לִקְרָאתוֹ, וַיֹּאמֶר, הֲשָׁלוֹם: וַיֹּאמֶר, שָׁלוֹם, אֲדֹנִי שְׁלָחַנִי לֵאמֹר, הִנֵּה עַתָּה זֶה בָּאוּ אֵלַי שְׁנֵי נְעָרִים מֵהַר אֶפְרַיִם מִבְּנֵי הַנְּבִיאִים, תְּנָה נָּא לָהֶם כִּכַּר כֶּסֶף וּשְׁתֵּי חֲלִפוֹת בְּגָדִים: וַיֹּאמֶר נַעֲמָן, הוֹאֵל קַח כִּכָּרָיִם, וַיִּפְרָץ בּוֹ, וַיָּצַר כִּכְּרַיִם כֶּסֶף בִּשְׁנֵי חֲרִטִים וּשְׁתֵּי חֲלִפוֹת בְּגָדִים, וַיִּתֵּן אֶל שְׁנֵי נְעָרָיו וַיִּשְׂאוּ לְפָנָיו: וַיָּבֹא אֶל הָעֹפֶל, וַיִּקַּח מִיָּדָם, וַיִּפְקֹד בַּבָּיִת, וַיְשַׁלַּח אֶת הָאֲנָשִׁים, וַיֵּלֵכוּ: וְהוּא בָא, וַיַּעֲמֹד אֶל אֲדֹנָיו, וַיֹּאמֶר אֵלָיו אֱלִישָׁע, מֵאַיִן גֵּחֲזִי, וַיֹּאמֶר, לֹא הָלַךְ עַבְדְּךָ אָנֶה וָאָנָה: וַיֹּאמֶר אֵלָיו, לֹא לִבִּי הָלַךְ כַּאֲשֶׁר הָפַךְ אִישׁ מֵעַל מֶרְכַּבְתּוֹ לִקְרָאתֶךָ, הַעֵת לָקַחַת אֶת הַכֶּסֶף וְלָקַחַת בְּגָדִים וְזֵיתִים וּכְרָמִים וְצֹאן וּבָקָר וַעֲבָדִים וּשְׁפָחוֹת: וְצָרַעַת נַעֲמָן תִּדְבַּק בְּךָ וּבְזַרְעֲךָ לְעוֹלָם, וַיֵּצֵא מִלְּפָנָיו מְצֹרָע כַּשָּׁלֶג:

(ה, כ–כז)

גיחזי חילל את השם ואת שבועת אלישע בתאוות הממון שגילה. הוא עצמו נשבע בשם ה׳ (ובסגנונו של רבו) שישיג את הכסף שהחמיץ רבו, והוא נענש בצרעת נעמן לו ולזרעו אחריו. חז״ל כרתוהו ברוח קודשם מן העולם הבא, ושמו אותו בחברתם של בלעם, דואג האדומי ואחיתופל (משנה סנהדרין י, ב).[4]

פרשה עגומה זו של צרעת גיחזי ובניו נמשכת בהפטרה הבאה, הפטרת פרשת מצורע. גם בה יעסקו דברינו באופיים של גיחזי ובניו, כפי שנתגלה כאן.

4. עיינו בדברינו בהפטרת וירא.

הפטרת מצורע

ז ג וְאַרְבָּעָה אֲנָשִׁים הָיוּ מְצֹרָעִים פֶּתַח הַשָּׁעַר וַיֹּאמְרוּ אִישׁ אֶל־רֵעֵהוּ מָה אֲנַחְנוּ
ד יֹשְׁבִים פֹּה עַד־מָתְנוּ׃ אִם־אָמַרְנוּ נָבוֹא הָעִיר וְהָרָעָב בָּעִיר וָמַתְנוּ שָׁם וְאִם־
יָשַׁבְנוּ פֹה וָמָתְנוּ וְעַתָּה לְכוּ וְנִפְּלָה אֶל־מַחֲנֵה אֲרָם אִם־יְחַיֻּנוּ נִחְיֶה וְאִם־
ה יְמִיתֻנוּ וָמָתְנוּ׃ וַיָּקֻמוּ בַנֶּשֶׁף לָבוֹא אֶל־מַחֲנֵה אֲרָם וַיָּבֹאוּ עַד־קְצֵה מַחֲנֵה
ו אֲרָם וְהִנֵּה אֵין־שָׁם אִישׁ׃ וַאדֹנָי הִשְׁמִיעַ אֶת־מַחֲנֵה אֲרָם קוֹל רֶכֶב קוֹל סוּס
קוֹל חַיִל גָּדוֹל וַיֹּאמְרוּ אִישׁ אֶל־אָחִיו הִנֵּה שָׂכַר־עָלֵינוּ מֶלֶךְ יִשְׂרָאֵל אֶת־
ז מַלְכֵי הַחִתִּים וְאֶת־מַלְכֵי מִצְרַיִם לָבוֹא עָלֵינוּ׃ וַיָּקוּמוּ וַיָּנוּסוּ בַנֶּשֶׁף וַיַּעַזְבוּ אֶת־
אָהֳלֵיהֶם וְאֶת־סוּסֵיהֶם וְאֶת־חֲמֹרֵיהֶם הַמַּחֲנֶה כַּאֲשֶׁר הִיא וַיָּנֻסוּ אֶל־נַפְשָׁם׃
ח וַיָּבֹאוּ הַמְצֹרָעִים הָאֵלֶּה עַד־קְצֵה הַמַּחֲנֶה וַיָּבֹאוּ אֶל־אֹהֶל אֶחָד וַיֹּאכְלוּ וַיִּשְׁתּוּ
וַיִּשְׂאוּ מִשָּׁם כֶּסֶף וְזָהָב וּבְגָדִים וַיֵּלְכוּ וַיַּטְמִנוּ וַיָּשֻׁבוּ וַיָּבֹאוּ אֶל־אֹהֶל אַחֵר וַיִּשְׂאוּ
ט מִשָּׁם וַיֵּלְכוּ וַיַּטְמִנוּ׃ וַיֹּאמְרוּ אִישׁ אֶל־רֵעֵהוּ לֹא־כֵן אֲנַחְנוּ עֹשִׂים הַיּוֹם הַזֶּה
יוֹם־בְּשֹׂרָה הוּא וַאֲנַחְנוּ מַחְשִׁים וְחִכִּינוּ עַד־אוֹר הַבֹּקֶר וּמְצָאָנוּ עָווֹן וְעַתָּה
י לְכוּ וְנָבֹאָה וְנַגִּידָה בֵּית הַמֶּלֶךְ׃ וַיָּבֹאוּ וַיִּקְרְאוּ אֶל־שֹׁעֵר הָעִיר וַיַּגִּידוּ לָהֶם
לֵאמֹר בָּאנוּ אֶל־מַחֲנֵה אֲרָם וְהִנֵּה אֵין־שָׁם אִישׁ וְקוֹל אָדָם כִּי אִם־הַסּוּס אָסוּר
יא וְהַחֲמוֹר אָסוּר וְאֹהָלִים כַּאֲשֶׁר הֵמָּה׃ וַיִּקְרָא הַשֹּׁעֲרִים וַיַּגִּידוּ בֵּית הַמֶּלֶךְ פְּנִימָה׃
יב וַיָּקָם הַמֶּלֶךְ לַיְלָה וַיֹּאמֶר אֶל־עֲבָדָיו אַגִּידָה־נָּא לָכֶם אֵת אֲשֶׁר־עָשׂוּ לָנוּ אֲרָם
יָדְעוּ כִּי־רְעֵבִים אֲנַחְנוּ וַיֵּצְאוּ מִן־הַמַּחֲנֶה לְהֵחָבֵה בַשָּׂדֶה לֵאמֹר כִּי־יֵצְאוּ מִן־
יג הָעִיר וְנִתְפְּשֵׂם חַיִּים וְאֶל־הָעִיר נָבֹא׃ וַיַּעַן אֶחָד מֵעֲבָדָיו וַיֹּאמֶר וְיִקְחוּ־נָא
חֲמִשָּׁה מִן־הַסּוּסִים הַנִּשְׁאָרִים אֲשֶׁר נִשְׁאֲרוּ־בָהּ הִנָּם כְּכָל־הֲמוֹן יִשְׂרָאֵל אֲשֶׁר
יד נִשְׁאֲרוּ־בָהּ הִנָּם כְּכָל־הֲמוֹן יִשְׂרָאֵל אֲשֶׁר־תָּמּוּ וְנִשְׁלְחָה וְנִרְאֶה׃ וַיִּקְחוּ שְׁנֵי רֶכֶב
טו סוּסִים וַיִּשְׁלַח הַמֶּלֶךְ אַחֲרֵי מַחֲנֵה־אֲרָם לֵאמֹר לְכוּ וּרְאוּ׃ וַיֵּלְכוּ אַחֲרֵיהֶם עַד־
הַיַּרְדֵּן וְהִנֵּה כָל־הַדֶּרֶךְ מְלֵאָה בְגָדִים וְכֵלִים אֲשֶׁר־הִשְׁלִיכוּ אֲרָם בְּחָפְזָם וַיָּשֻׁבוּ

טז הַמַּלְאָכִים וַיַּגִּדוּ לַמֶּלֶךְ׃ וַיֵּצֵא הָעָם וַיָּבֹזּוּ אֵת מַחֲנֵה אֲרָם וַיְהִי סְאָה־סֹלֶת בְּשֶׁקֶל
יז וְסָאתַיִם שְׂעֹרִים בְּשֶׁקֶל כִּדְבַר יהוה׃ וְהַמֶּלֶךְ הִפְקִיד אֶת־הַשָּׁלִישׁ אֲשֶׁר־נִשְׁעָן
עַל־יָדוֹ עַל־הַשַּׁעַר וַיִּרְמְסֻהוּ הָעָם בַּשַּׁעַר וַיָּמֹת כַּאֲשֶׁר דִּבֶּר אִישׁ הָאֱלֹהִים
יח אֲשֶׁר דִּבֶּר בְּרֶדֶת הַמֶּלֶךְ אֵלָיו׃ וַיְהִי כְּדַבֵּר אִישׁ הָאֱלֹהִים אֶל־הַמֶּלֶךְ לֵאמֹר
סָאתַיִם שְׂעֹרִים בְּשֶׁקֶל וּסְאָה־סֹלֶת בְּשֶׁקֶל יִהְיֶה כָּעֵת מָחָר בְּשַׁעַר שֹׁמְרוֹן׃
יט וַיַּעַן הַשָּׁלִישׁ אֶת־אִישׁ הָאֱלֹהִים וַיֹּאמַר וְהִנֵּה יהוה עֹשֶׂה אֲרֻבּוֹת בַּשָּׁמַיִם הֲיִהְיֶה
כ כַּדָּבָר הַזֶּה וַיֹּאמֶר הִנְּךָ רֹאֶה בְּעֵינֶיךָ וּמִשָּׁם לֹא תֹאכֵל׃ וַיְהִי־לוֹ כֵן וַיִּרְמְסוּ אֹתוֹ
הָעָם בַּשַּׁעַר וַיָּמֹת׃

א. הקשר בין הפרשה להפטרה והרקע ההיסטורי

ההפטרה מדברת על ארבעה מצורעים. על פי חז"ל (סוטה מז ע"א) היו הם גיחזי ושלושת בניו, שנזכרו מעט קודם, ולמדנו עליהם בהפטרת תזריע. כפי שנראה להלן, אכן מצויה במצורעים בהפטרתנו תכונת אופי, המזכירה את גיחזי.

בפרשה הקודמת (ויקרא יג, מו) נאמר דין המצורע בימי צרעתו, והוא מבואר במשנה, שסוקרת את עשר הקדושות הקיימות בעולם:

ארץ ישראל מקודשת מכל הארצות... עיירות המוקפות חומה מקודשות ממנה (= מכל ארץ ישראל), שמשלחים מתוכן את המצורעים.

(כלים א, ז)

בהפטרתנו המצורעים אכן יושבים מחוץ לשער שומרון ולחומתה, ואינם מורשים להיכנס אליה, למרות איומי האויב והמצור שהטיל על העיר.

בהפטרת תזריע, עסקנו במצבה העלוב והשפל של ממלכת ישראל בתקופת אלישע, בימי יהואחז בן יהוא מלך ישראל וחזאל ובן הדד (השני) מלכי ארם. מצב זה ניכר גם בשבויים מבני ישראל, שנמכרו לעבדי עולם בארם, בפקודה הנחרצת (והמוזרה) ששלח מלך ארם למלך ישראל, וּבְשַׂר צבא ארם המגיע לשומרון בסוסיו וברכבו בלא לשאול איש.

גם בהפטרתנו נמצאת שומרון, בירת שבטי ישראל, במצור. הרעב הקשה הביא לכך שאימהות אכלו את ילדיהן (המתים, אחרי שגוועו ברעב), ואנשים קנו בכסף רב צואת יונים, כדי לגרד ממנה זרעונים שאכלו היונים, ולא התעכלו בקיבתן (ו, כה). המצורעים היו מוכנים ליפול למחנה ארם גם במחיר הסיכון שיהרגום, ודבר דומה הציע אחד מעבדי מלך ישראל לעשות בעת המצור.

שָׁנים או חודשים לפני המצור על שומרון נלכדו חיילי ארם (בעת שצרו על דותן) בידי מלך ישראל, אחרי שהוכו בסנוורים בדבר אלישע הנביא (ו, יח). מלך ישראל יכול היה להורגם, ואולי לשפר בכך את מצבו, אך הנביא אסר עליו לעשות זאת, והורה לו לשלחם לארצם בשלום:

וַיֹּאמֶר מֶלֶךְ יִשְׂרָאֵל אֶל אֱלִישָׁע כִּרְאֹתוֹ אוֹתָם, הַאַכֶּה אַכֶּה אָבִי: וַיֹּאמֶר לֹא תַכֶּה, הַאֲשֶׁר שָׁבִיתָ בְּחַרְבְּךָ וּבְקַשְׁתְּךָ אַתָּה מַכֶּה, שִׂים לֶחֶם וָמַיִם לִפְנֵיהֶם, וְיֹאכְלוּ וְיִשְׁתּוּ, וְיֵלְכוּ אֶל אֲדֹנֵיהֶם: וַיִּכְרֶה לָהֶם כֵּרָה גְדוֹלָה, וַיֹּאכְלוּ וַיִּשְׁתּוּ, וַיְשַׁלְּחֵם וַיֵּלְכוּ אֶל אֲדֹנֵיהֶם:
(ו, כא-כג)

מהפסוקים הקודמים להפטרתנו עולה, שמלך ישראל האשים את הנביא במצבה הגרוע של שומרון, ואף נשבע להורגו:[1]

וַיֹּאמֶר, כֹּה יַעֲשֶׂה לִּי אֱלֹהִים וְכֹה יוֹסִף, אִם יַעֲמֹד רֹאשׁ אֱלִישָׁע בֶּן שָׁפָט עָלָיו הַיּוֹם:
(שם, לא)

המלך האשים את הנביא, אחרי שהורָה לו לשחרר את חיל ארם ולשלחם לארצם. עוד מסתבר, שהוא האשים אותו גם בעצם השלטון הארמי על ישראל בעקבות מהפכת יהוא, שהתחוללה על פי הוראת הנביא בעת המלחמה בארם ברמות גלעד, וככל הנראה הביאה להפסד באותה מלחמה. הוא גם האשים את הנביא, שיכול היה לבקש רחמים מה' על עמו, והוא לא עשה זאת (רש"י שם). לפורענות המצור יש להוסיף גם את עצירת הגשמים הקשה שהייתה בארץ. על עצירת גשמים זו למדנו מדברי שלישו של המלך:

1. המפרשים (רד"ק, רלב"ג, ר"י אברבנאל ועוד) הבינו, שהמעשה היה בימי יהורם בן אחאב. המלך שכּוּנה בפי אלישע (ו, לב) 'בן המרצח', ו'המרצח' הוא אחאב, שהיה אחראי להריגת הנביאים בידי איזבל ולהריגת נבות היזרעאלי. דרכם קשה, משום שהחזית מול ארם בימי יהורם הייתה ברמות גלעד שבמזרח הירדן ולא במרכז הארץ, בעיר שומרון. לכן כתבנו, שהמלך הוא יהואחז בן יהוא, שבימיו חדרה ארם לעומק ממלכת ישראל. 'המרצח' להבנתנו, וכך למדתי ממו"ר הרב יואל בן נון, הוא יהוא, ששפך דם רב, ואולי רב מדי, במהפכה שבה הומלך. על יהואחז נאמר, שבעת צרתו התפלל לה' (יג, ד), ואפשר, שזו כוונת דבריו לאלישע במצור שאנו עוסקים בו: וַיֹּאמֶר, הִנֵּה זֹאת הָרָעָה מֵאֵת ה', מָה אוֹחִיל לַה' עוֹד. (ו, לג)

כי קרוב אליך

וַיַּעַן הַשָּׁלִישׁ אֶת אִישׁ הָאֱלֹהִים, וַיֹּאמַר, וְהִנֵּה ה׳ עֹשֶׂה אֲרֻבּוֹת בַּשָּׁמַיִם, הֲיִהְיֶה כַּדָּבָר הַזֶּה.

(ז, יט)

באמצע הרעב הגדול, רעב שנבע גם מן המצור וגם מן הבצורת הקשה, בישר הנביא על ישועת שומרון:

וַיֹּאמֶר אֱלִישָׁע, שִׁמְעוּ דְּבַר ה׳, כֹּה אָמַר ה׳, כָּעֵת מָחָר סְאָה סֹלֶת בְּשֶׁקֶל וְסָאתַיִם שְׂעֹרִים בְּשֶׁקֶל בְּשַׁעַר שֹׁמְרוֹן:

(שם, א)

בהפטרתנו מתקיימת הבשורה של אלישע על סיום הרעב והמצוקה.

ב. נס הישועה

וַאדֹנָי הִשְׁמִיעַ אֶת מַחֲנֵה אֲרָם קוֹל רֶכֶב קוֹל סוּס קוֹל חַיִל גָּדוֹל, וַיֹּאמְרוּ אִישׁ אֶל אָחִיו, הִנֵּה שָׂכַר עָלֵינוּ מֶלֶךְ יִשְׂרָאֵל אֶת מַלְכֵי הַחִתִּים וְאֶת מַלְכֵי מִצְרַיִם לָבוֹא עָלֵינוּ: וַיָּקוּמוּ וַיָּנוּסוּ בַנֶּשֶׁף, וַיַּעַזְבוּ אֶת אָהֳלֵיהֶם וְאֶת סוּסֵיהֶם וְאֶת חֲמֹרֵיהֶם, הַמַּחֲנֶה כַּאֲשֶׁר הִיא, וַיָּנֻסוּ אֶל נַפְשָׁם:

(ו-ז)

מהו הקול ששמעו חיל ארם, ושמחמתו נסו? האומנם היה הקול טעות שה׳ השריש במוחם של חיילי ארם?

אנו נוטים לומר, שהקול היה קול אמיתי, קול צבא מרום, שבא להגן על ישראל בשומרון בעקבות תפילת אלישע. צבא זה, של סוסים ורכב אש, מופיע גם בפרק הקודם:

וַיִּשְׁלַח שָׁמָּה סוּסִים וְרֶכֶב וְחַיִל כָּבֵד, וַיָּבֹאוּ לַיְלָה, וַיַּקִּפוּ עַל הָעִיר: וַיַּשְׁכֵּם מְשָׁרֵת אִישׁ הָאֱלֹהִים לָקוּם, וַיֵּצֵא וְהִנֵּה חַיִל סוֹבֵב אֶת הָעִיר וְסוּס וָרָכֶב, וַיֹּאמֶר נַעֲרוֹ אֵלָיו, אֲהָהּ אֲדֹנִי, אֵיכָה נַעֲשֶׂה: וַיֹּאמֶר אַל תִּירָא, כִּי רַבִּים אֲשֶׁר אִתָּנוּ מֵאֲשֶׁר אוֹתָם: וַיִּתְפַּלֵּל אֱלִישָׁע וַיֹּאמַר, ה׳, פְּקַח נָא אֶת עֵינָיו וְיִרְאֶה, וַיִּפְקַח ה׳ אֶת עֵינֵי הַנַּעַר, וַיַּרְא וְהִנֵּה הָהָר מָלֵא סוּסִים וְרֶכֶב אֵשׁ סְבִיבֹת אֱלִישָׁע: וַיֵּרְדוּ אֵלָיו, וַיִּתְפַּלֵּל אֱלִישָׁע אֶל ה׳ וַיֹּאמַר, הַךְ נָא אֶת הַגּוֹי הַזֶּה בַּסַּנְוֵרִים, וַיַּכֵּם בַּסַּנְוֵרִים כִּדְבַר אֱלִישָׁע:

(ו, יד-יח)

על צבא זה, המלווה את אלישע, עתיד יהואש בן יהואחז לומר:

וֶאֱלִישָׁע חָלָה אֶת חָלְיוֹ אֲשֶׁר יָמוּת בּוֹ, וַיֵּרֶד אֵלָיו יוֹאָשׁ מֶלֶךְ יִשְׂרָאֵל, וַיֵּבְךְּ עַל פָּנָיו וַיֹּאמַר, אָבִי אָבִי רֶכֶב יִשְׂרָאֵל וּפָרָשָׁיו:

(יג, יד)

צבא ארם אומנם טעה בזיהוי קול הצבא שעמד מולו, אך המטרה הושגה, וצבא ארם נס על נפשו.

ג. המצורעים ובשורת הגאולה

וַיָּבֹאוּ הַמְצֹרָעִים הָאֵלֶּה עַד קְצֵה הַמַּחֲנֶה, וַיָּבֹאוּ אֶל אֹהֶל אֶחָד, וַיֹּאכְלוּ וַיִּשְׁתּוּ וַיִּשְׂאוּ מִשָּׁם כֶּסֶף וְזָהָב וּבְגָדִים, וַיֵּלְכוּ וַיַּטְמִנוּ, וַיָּשֻׁבוּ וַיָּבֹאוּ אֶל אֹהֶל אַחֵר, וַיִּשְׂאוּ מִשָּׁם, וַיֵּלְכוּ וַיַּטְמִנוּ: וַיֹּאמְרוּ אִישׁ אֶל רֵעֵהוּ, לֹא כֵן אֲנַחְנוּ עֹשִׂים, הַיּוֹם הַזֶּה יוֹם בְּשֹׂרָה הוּא, וַאֲנַחְנוּ מַחְשִׁים, וְחִכִּינוּ עַד אוֹר הַבֹּקֶר, וּמְצָאָנוּ עָווֹן, וְעַתָּה לְכוּ וְנָבֹאָה וְנַגִּידָה בֵּית הַמֶּלֶךְ:

(ח-ט)

בעיר שרר רעב של מוות, אך המצורעים בשלהם – הם בזזו לעצמם את מחנה ארם, והטמינו את אוצרותיו באוהלם. לא ייפלא שחז"ל הבינו, שהמצורעים הם גיחזי ושלושת בניו. חמדת הממון של גיחזי העבירה אותו על דעתו, על דעת רבו ועל דעת אלוהיו, גם בעת שרדף אחרי נעמן שר צבא ארם וביקש ממנו כסף לאחר שנרפא מהצרעת. בעקבות מעשהו, ענש אלישע אותו ואת זרעו בצרעת (ראה דברינו להפטרת תזריע).

מי שהבחינה היטב בקטנותם של המצורעים היא רחל המשוררת בשירהּ 'יום בשורה':

בְּשֶׁכְּבָר הַיָּמִים הָאוֹיֵב הַנּוֹרָא
אֶת שֹׁמְרוֹן הֵבִיא בְּמָצוֹר;
אַרְבָּעָה מְצֹרָעִים לָהּ בִּשְּׂרוּ בְּשׂוֹרָה,
לָהּ בִּשְּׂרוּ בְּשׂוֹרַת הַדְּרוֹר.

כְּשֹׁמְרוֹן בְּמָצוֹר – כָּל הָאָרֶץ כֻּלָּהּ,
וְכָבֵד הָרָעָב מִנְּשֹׂא,

אַךְ אֲנִי לֹא אֹבֶה בְּשׂוֹרַת גְּאֻלָּה,
אִם מִפִּי מְצֹרָע הִיא תָבוֹא.

הַטָּהוֹר יְבַשֵּׂר, וְגָאַל הַטָּהוֹר,
וְאִם יָדוֹ לֹא תִמְצָא לִגְאֹל -
אָז נִבְחַר לִי לִנְפֹּל מִמְּצוּקַת הַמָּצוֹר,
אוֹר לְיוֹם בְּשׂוֹרָה הַגָּדוֹל.

המשוררת, כמו הנביאים וחז"ל, מוצאת פגם מוסרי גדול במצורעים, והצרעת איננה מחלת עור אקראית. רחל קובעת את עמדתה גם ביחס לגאולה בדורותינו, לאחר שהתאכזבה מחבריה לדרך, שהיו מבשרי הגאולה של עם ישראל. דבריה הם הפך דרכו של אלישע הנביא, שבשורת הישועה שניבא עליה, באה מפי מצורעים.

לנו אין ספק בנכונות דרכו של אלישע הנביא במצור שומרון. התקופה הייתה תקופת כעס גדול של ה' על ישראל, והם לא היו ראויים לגאולה שתבוא מפי אדם טהור. לדברינו, הישועה שהייתה היא המתוארת להלן:

בִּשְׁנַת עֶשְׂרִים וְשָׁלֹשׁ שָׁנָה לְיוֹאָשׁ בֶּן אֲחַזְיָהוּ מֶלֶךְ יְהוּדָה מָלַךְ יְהוֹאָחָז בֶּן יֵהוּא עַל יִשְׂרָאֵל בְּשֹׁמְרוֹן שְׁבַע עֶשְׂרֵה שָׁנָה: וַיַּעַשׂ הָרַע בְּעֵינֵי ה', וַיֵּלֶךְ אַחַר חַטֹּאת יָרָבְעָם בֶּן נְבָט, אֲשֶׁר הֶחֱטִיא אֶת יִשְׂרָאֵל, לֹא סָר מִמֶּנָּה: וַיִּחַר אַף ה' בְּיִשְׂרָאֵל, וַיִּתְּנֵם בְּיַד חֲזָאֵל מֶלֶךְ אֲרָם וּבְיַד בֶּן הֲדַד בֶּן חֲזָאֵל כָּל הַיָּמִים: וַיְחַל יְהוֹאָחָז אֶת פְּנֵי ה', וַיִּשְׁמַע אֵלָיו ה', כִּי רָאָה אֶת לַחַץ יִשְׂרָאֵל, כִּי לָחַץ אֹתָם מֶלֶךְ אֲרָם: וַיִּתֵּן ה' לְיִשְׂרָאֵל מוֹשִׁיעַ, וַיֵּצְאוּ מִתַּחַת יַד אֲרָם, וַיֵּשְׁבוּ בְנֵי יִשְׂרָאֵל בְּאָהֳלֵיהֶם כִּתְמוֹל שִׁלְשׁוֹם: אַךְ לֹא סָרוּ מֵחַטֹּאות בֵּית יָרָבְעָם, אֲשֶׁר הֶחֱטִי אֶת יִשְׂרָאֵל, בָּהּ הָלָךְ, וְגַם הָאֲשֵׁרָה עָמְדָה בְּשֹׁמְרוֹן:

(יג, א-ו)

ה' שומע את תחנוניו של יהואחז, ובשל רחמיו הוא מושיע את ישראל למרות חטאיהם, אך הוא מושיע אותם דווקא בבשורת מצורעים טמאים. השאלה היא עקרונית גם לדורות: האם צדקה המשוררת בטענתה, שאין לקבל בשורת ישועה מפי מצורע וטמא?

אפשר, שבדברי חז"ל מצאנו מחלוקת עקרונית ביחס לגאולה העתידה להתגלות במהרה בימינו. חז"ל ראו את מבשרה כ'מצורע' או כדומה לו:

ר' יהושע בן לוי אשכח לאליהו... אמר ליה: אימת אתי משיח? אמר ליה: זיל

שייליה לדידיה. והיכא יתיב? אפיתחא דקרתא. ומאי סימניה? יתיב ביני עניי סובלי חלאים, וכולן שרו ואסירי בחד זימנא, איהו שרי חד ואסיר חד; אמר: דילמא מבעינא דלא איעכב.[2]

(סנהדרין צח ע״א)

מבשר הבשורה ישב, כמצורעים בהפטרתנו, בפתח שער העיר, וטיפל בפצעיו בדרך ייחודית. עוד מצאנו בגמרא שם:

אמר עולא: ייתי ולא איחמיניה, וכן אמר רבה: ייתי ולא איחמיניה... וכן אמר ר׳ יוחנן: ייתי ולא איחמיניה.

(שם ע״ב)

שלושה אמוראים, עולא, רבה ורבי יוחנן אמרו: יבוא המשיח, אך אני איני רוצה לראותו. ולעומתם:

רב יוסף אמר: ייתי, ואזכי דאיתיב בטולא דכופיתא דחמריה.[3]

(שם)

היש דמיון בין טענת האמוראים לדבריה של רחל המשוררת? ישפוט הקורא.

ד. השליש ועונשו

מעשה השליש נזכר גם בפסוקים שלפני הפטרתנו. השליש לעג לנבואתו של אלישע, וקיבל את עונשו. טענת השליש על שפע המזון שהבטיח אלישע הייתה:

וַיַּעַן הַשָּׁלִישׁ אֶת אִישׁ הָאֱלֹהִים, וַיֹּאמַר, וְהִנֵּה ה׳ עֹשֶׂה אֲרֻבּוֹת בַּשָּׁמַיִם, הֲיִהְיֶה כַּדָּבָר הַזֶּה:

(יט)

2. תרגום: רבי יהושע בן לוי מצא את אליהו... אמר לו: מתי יבוא המשיח? אמר לו: לך שאל אותו. והיכן יושב? בפתח העיר. ומה סימניו? יושב בין העניים סובלי החוליים. כולם מסירים את תחבושותיהם ומחזירים אותן אחר כך, והוא מסיר תחבושת פצעים אחת, מחזירה למקומה, ואז מסיר את הבאה אחריה. אמר: אם יבוא זמן הגאולה, שלא אעכב אותה לצורך שתי תחבושות.

3. תרגום: יבוא, ואזכה שאשב בצל גללי חמורו.

כפי שהזכרנו לעיל, מדבריו למדנו, שהרעב היה לא רק בגלל המצור, אלא גם בגלל עצירת גשמים מתמשכת, ולכן הציפייה לשפע מזון הייתה תלויה לכאורה גם בגשמים רבים שיירדו לפתע.

הפטרת אחרי מות

כב א ב וַיְהִי דְבַר־יהוה אֵלַי לֵאמֹר: וְאַתָּה בֶן־אָדָם הֲתִשְׁפֹּט הֲתִשְׁפֹּט אֶת־עִיר הַדָּמִים יחזקאל
ג וְהוֹדַעְתָּהּ אֵת כָּל־תּוֹעֲבוֹתֶיהָ: וְאָמַרְתָּ כֹּה אָמַר אֲדֹנָי יֱהוִֹה עִיר שֹׁפֶכֶת דָּם
ד בְּתוֹכָהּ לָבוֹא עִתָּהּ וְעָשְׂתָה גִלּוּלִים עָלֶיהָ לְטָמְאָה: בְּדָמֵךְ אֲשֶׁר־שָׁפַכְתְּ
אָשַׁמְתְּ וּבְגִלּוּלַיִךְ אֲשֶׁר־עָשִׂית טָמֵאת וַתַּקְרִיבִי יָמַיִךְ וַתָּבוֹא עַד־שְׁנוֹתָיִךְ
ה עַל־כֵּן נְתַתִּיךְ חֶרְפָּה לַגּוֹיִם וְקַלָּסָה לְכָל־הָאֲרָצוֹת: הַקְּרֹבוֹת וְהָרְחֹקוֹת מִמֵּךְ
ו יִתְקַלְּסוּ־בָךְ טְמֵאַת הַשֵּׁם רַבַּת הַמְּהוּמָה: הִנֵּה נְשִׂיאֵי יִשְׂרָאֵל אִישׁ לִזְרֹעוֹ הָיוּ
ז בָךְ לְמַעַן שְׁפָךְ־דָּם: אָב וָאֵם הֵקַלּוּ בָךְ לַגֵּר עָשׂוּ בַעֹשֶׁק בְּתוֹכֵךְ יָתוֹם וְאַלְמָנָה
ח ט הוֹנוּ בָךְ: קָדָשַׁי בָּזִית וְאֶת־שַׁבְּתֹתַי חִלָּלְתְּ: אַנְשֵׁי רָכִיל הָיוּ בָךְ לְמַעַן שְׁפָךְ־דָּם
י וְאֶל־הֶהָרִים אָכְלוּ בָךְ זִמָּה עָשׂוּ בְתוֹכֵךְ: עֶרְוַת־אָב גִּלָּה־בָךְ טְמֵאַת הַנִּדָּה עִנּוּ־
יא בָךְ: וְאִישׁ אֶת־אֵשֶׁת רֵעֵהוּ עָשָׂה תּוֹעֵבָה וְאִישׁ אֶת־כַּלָּתוֹ טִמֵּא בְזִמָּה וְאִישׁ
יב אֶת־אֲחֹתוֹ בַת־אָבִיו עִנָּה־בָךְ: שֹׁחַד לָקְחוּ־בָךְ לְמַעַן שְׁפָךְ־דָּם נֶשֶׁךְ וְתַרְבִּית
יג לָקַחַתְּ וַתְּבַצְּעִי רֵעַיִךְ בַּעֹשֶׁק וְאֹתִי שָׁכַחַתְּ נְאֻם אֲדֹנָי יֱהוִֹה: וְהִנֵּה הִכֵּיתִי כַפִּי
יד אֶל־בִּצְעֵךְ אֲשֶׁר עָשִׂית וְעַל־דָּמֵךְ אֲשֶׁר הָיוּ בְּתוֹכֵךְ: הֲיַעֲמֹד לִבֵּךְ אִם־תֶּחֱזַקְנָה
טו יָדַיִךְ לַיָּמִים אֲשֶׁר אֲנִי עֹשֶׂה אוֹתָךְ אֲנִי יהוה דִּבַּרְתִּי וְעָשִׂיתִי: וַהֲפִיצוֹתִי אוֹתָךְ
טז בַּגּוֹיִם וְזֵרִיתִיךְ בָּאֲרָצוֹת וַהֲתִמֹּתִי טֻמְאָתֵךְ מִמֵּךְ: וְנִחַלְתְּ בָּךְ לְעֵינֵי גוֹיִם וְיָדַעַתְּ
כִּי־אֲנִי יהוה:

א. מתי (והאם) קוראים הפטרה זו[1]

הפטרתנו נקראת לעיתים רחוקות, ולעיתים עוברים ימות דור בין השבתות שבהן היא נקראת. בשנה פשוטה פרשיות אחרי מות וקדושים מחוברות, ואז קוראים את הפטרת הֲלוֹא כִבְנֵי כֻשִׁיִּים (עמוס ט, ז), כדי לא לקרוא בתועבות ירושלים משום כבודה.[2] בשנה מעוברת שהפרשיות בָּהּ נפרדות – ברוב המקרים שבת קדושים היא שבת ראש חודש או שבת ערב ראש חודש, ואז ההפטרה היא מעניין ראש חודש: הַשָּׁמַיִם כִּסְאִי (ישעיהו סו) או מָחָר חֹדֶשׁ (שמ"א כ), ובפרשת אחרי מות מפטירים בנבואת עמוס. במקרים נדירים ביותר אנו זקוקים לשתי ההפטרות, להפטרתנו שביחזקאל ולהפטרה בעמוס. וכך כתב הרמ"א:

> וכשקורין ב' פרשיות, מפטירים באחרונה (= בהפטרת הפרשה השנייה), בלבד (= מלבד) באחרי מות וקדושים, דמפטירין הֲלוֹא כִבְנֵי כֻשִׁיִּים, שהיא הפטרת אחרי מות.

(אורח חיים סי' תכח סעי' ח)

הרי"מ טיקוצ'ינסקי ב'לוח ארץ ישראל' (תש"ג) קבע, שכשיש צורך לקרוא את שתי ההפטרות, יש לקרוא את הֲתִשְׁפֹּט הֲתִשְׁפּוֹט בשבת אחרי מות, ואת הֲלוֹא כִבְנֵי כֻשִׁיִּים בשבת קדושים, וכך נהגו תלמידי הגר"א שהגיעו לירושלים. אך מספר רבנים בירושלים פסקו לקרוא בפרשת אחרי מות הֲלוֹא כִבְנֵי כֻשִׁיִּים, ובפרשת קדושים לקרוא הֲתִשְׁפֹּט הֲתִשְׁפּוֹט, וכעולה מדברי המרדכי:

> ובמנהגים מצאתי, כל פרשיות הסמוכות (= מחוברות) מפטירין הפטרה של אחרונה (= הפרשה השנייה), חוץ מאחרי מות וקדושים, שאז מפטירין הֲלוֹא כִבְנֵי כֻשִׁיִּים, שהיא הפטרה של פרשה ראשונה, מפני שהפטרה של פרשה שניה מזכרת מתועבות ירושלים.

(מרדכי מגילה תתלא)

ר"ש הכהן וינגרטן מעיד על מנהג הרי"מ חרל"פ זצ"ל, ושכך נוהגים בבתי כנסת רבים

1. דבריי בפרק זה לקוחים משני קונטרסים ארוכים ומפורטים שכתב רבי שמואל הכהן וינגרטן (אביו של מנהל ישיבתנו, רבי ידעיה הכהן ז"ל) בשנים תש"ל ותשל"ג.
2. שלא כדעתו של בעל הלבושים (תכח), שיש לקרוא את הפטרת הפרשה השנייה, קדושים, והיא לדעתו 'התשפט התשפט', וכששתי הפרשיות מחוברות קוראים אותה.

בירושלים, לקרוא בשתי השבתות הֲלוֹא כִבְנֵי כֻשִׁיִּים, כדי שלא לגַנּוֹת את ירושלים בהפטרת הֲתִשְׁפֹּט הֲתִשְׁפֹּט אֶת עִיר הַדָּמִים, וכדי לחוש לדעת רבי אליעזר, שהתנגד לקריאת הפטרת הוֹדַע אֶת יְרוּשָׁלַם אֶת תּוֹעֲבֹתֶיהָ (יחזקאל טז) בפרשת שמות, כדי שלא לקרוא בתועבות ירושלים (משנה מגילה ד, י).[3] במקומות אחרים בארץ לא שמעתי על מנהג זה בפרשיות אחרי מות וקדושים.

ב. הקשר בין הפרשה להפטרה

הקשר בא לידי ביטוי בעיקר בפסוקים המתייחסים לחטאי גילוי עריות בתוכחתו של הנביא:

> עֶרְוַת אָב גִּלָּה בָךְ, טְמֵאַת הַנִּדָּה עִנּוּ בָךְ: וְאִישׁ אֶת אֵשֶׁת רֵעֵהוּ עָשָׂה תּוֹעֵבָה, וְאִישׁ אֶת כַּלָּתוֹ טִמֵּא בְזִמָּה, וְאִישׁ אֶת אֲחֹתוֹ בַת אָבִיו עִנָּה בָךְ:
>
> (י–יא)

כל אלו הם עריות שנזכרות בפרשת אחרי מות. קשר עקיף ניתן לראות בפסוק שבפרשתנו: דָּם יֵחָשֵׁב לָאִישׁ הַהוּא, דָּם שָׁפָךְ, וְנִכְרַת הָאִישׁ הַהוּא מִקֶּרֶב עַמּוֹ (ויקרא יז, ד). שפיכת דם נזכרת בהפטרתנו בפסוקים רבים: ג, ד, ו, ט, יב, יג. עוד נזכרת בהפטרה אשמת עבודה זרה כמו בזביחה לשעירים בפרשתנו (ויקרא יז, ז).

אם פרקנו נקרא גם כהפטרת פרשת קדושים, אפשר למצוא קֶשר באיסורים נוספים: הקלת כבודם של אב ואם והגר (ז), עושק (יב), קיפוח הגר וההונאה (ז), ביזוי הקודשים וחילול קדושת השבת (ח), רכילות המביאה לידי שפיכות דמים (ט), לקיחת שוחד וריבית (יב) – כל אלה איסורים נזכרים בפרשת קדושים.

ג. הרקע למצב הרוחני הירוד

הנביא מזכיר בנבואתו את נְשִׂיאֵי יִשְׂרָאֵל (ו), וכוונתו למלכי יהודה. הנביא יחזקאל נמנע פעמים רבות מלדבר על 'המלך'; הוא מכנה אותו 'נשיא', והוא משתמש בתואר זה גם בנבואות הגאולה (לדוגמה: וְעַבְדִּי דָוִד נָשִׂיא בְתוֹכָם – לד, כד). העובדה שהוא

3. נבהיר: רבי אליעזר התייחס לנבואת יחזקאל – הוֹדַע אֶת יְרוּשָׁלַם אֶת תּוֹעֲבֹתֶיהָ (יחזקאל טז), והיו מי שהשוו לה את הפטרתנו: הֲתִשְׁפֹּט הֲתִשְׁפֹּט אֶת עִיר הַדָּמִים, וְהוֹדַעְתָּהּ אֵת כָּל תּוֹעֲבוֹתֶיהָ. הגמרא (מגילה כה ע"ב) פוסקת שלא כרבי אליעזר, ועל פי הרמב"ם ומנהג התימנים, קוראים הוֹדַע אֶת יְרוּשָׁלַם בהפטרת שמות.

מדבר בלשון רבים (נְשִׂיאֵי יִשְׂרָאֵל), מעלה את האפשרות, שהחשבון הקשה שהוא עורך בנבואתנו עם ירושלים, אינו רק חשבון עם דור החורבן, שיחזקאל חי בו, אלא עם דורות רבים של חטא ושל עוול בירושלים, שעתה, כשהדור הנוכחי אוחז מעשי אבותיו בידיו, הקב"ה בא חשבון עם ירושלים לכל דורותיה.

אם נפרש כך, אין צורך למצוא את כל החטאים הנזכרים, והם רבים וקשים, דווקא בשנותיה האחרונות של ירושלים. החשבון הוא גם על ימי מנשה ואמון, על ימי אחז שלפניהם ועל ימיהם של מלכים נוספים, שבימי מלכותם נעשו התועבות הנזכרות.

נבואתנו כתובה בראשיתו של פרק כב, ואינני רואה סיבה להניח, שמגילת נבואות הפורענות של יחזקאל (פרקים א-כד) נכתבה שלא כסדרה. בפרק הקודם (כא) נזכר מסעו של נבוכדנאצר לאזור שלנו:

כִּי עָמַד מֶלֶךְ בָּבֶל אֶל אֵם הַדֶּרֶךְ בְּרֹאשׁ שְׁנֵי הַדְּרָכִים לִקְסָם קָסֶם... בִּימִינוֹ הָיָה הַקֶּסֶם יְרוּשָׁלִַם, לָשׂוּם כָּרִים לִפְתֹּחַ פֶּה בְּרֶצַח, לְהָרִים קוֹל בִּתְרוּעָה, לָשׂוּם כָּרִים עַל שְׁעָרִים, לִשְׁפֹּךְ סֹלְלָה לִבְנוֹת דָּיֵק:

(כא, כו-כז)

פרק כד נאמר בעשרה בטבת בשנה התשיעית לצדקיהו, ביום שבו החל המצור, שהביא כעבור שנה וחצי לחורבנה של ירושלים. נבואתנו הקשה נאמרה על סף תהום החורבן, וכאמור, היא באה חשבון עם ירושלים לדורותיה. נשלב במשפט קשה זה גם פסוק מִדְּבַר ה' אל ירמיהו ערב החורבן:

כִּי עַל אַפִּי וְעַל חֲמָתִי הָיְתָה לִּי הָעִיר הַזֹּאת, לְמִן הַיּוֹם אֲשֶׁר בָּנוּ אוֹתָהּ וְעַד הַיּוֹם הַזֶּה, לַהֲסִירָהּ מֵעַל פָּנָי: עַל כָּל רָעַת בְּנֵי יִשְׂרָאֵל וּבְנֵי יְהוּדָה אֲשֶׁר עָשׂוּ לְהַכְעִסֵנִי, הֵמָּה מַלְכֵיהֶם שָׂרֵיהֶם כֹּהֲנֵיהֶם וּנְבִיאֵיהֶם וְאִישׁ יְהוּדָה וְיֹשְׁבֵי יְרוּשָׁלָםִ:

(ירמיהו לב, לא-לב)

נחזור ונדגיש: הדברים שהם בבחינת פֹּקֵד עֲוֺן אָבֹת עַל בָּנִים (שמות כ, ה), לא היו נאמרים, לוּ הבנים, בני דורו של יחזקאל, לא היו אוחזים מעשי אבותם בידיהם, לפחות באופן חלקי.

בראשית שנות הנהגתו עשה צדקיהו הישר בעיני ה', אך הוא היה מלך צעיר וחלש,[4]

4. הוא הומלך בידי מלך בבל, שהגלה את קודמו, יהויכין, שמלך שלושה חודשים בלבד, כשהוא בן עשרים ואחת בלבד (מל"ב כד, טו-יח).

שריו היו מבוגרים ומנוסים, והם מונו על ידי יהויקים, שהִרְבָּה לעשות הרע בעיני ה׳. עדיין היו תקוות גדולות מצדקיהו בתחילת דרכו:

> הִנֵּה יָמִים בָּאִים, נְאֻם ה׳, וַהֲקִמֹתִי לְדָוִד צֶמַח צַדִּיק, וּמָלַךְ מֶלֶךְ וְהִשְׂכִּיל, וְעָשָׂה מִשְׁפָּט וּצְדָקָה בָּאָרֶץ: בְּיָמָיו תִּוָּשַׁע יְהוּדָה, וְיִשְׂרָאֵל יִשְׁכֹּן לָבֶטַח, וְזֶה שְּׁמוֹ אֲשֶׁר יִקְרְאוֹ, ה׳ צִדְקֵנוּ:

(ירמיהו כג, ה-ו)

מהקשרה של הנבואה עולה בבירור, ש׳ה׳ צִדְקֵנוּ׳ הוא צדקיהו. כך עולה גם מן הקינה עליו:

> רוּחַ אַפֵּינוּ מְשִׁיחַ ה׳ נִלְכַּד בִּשְׁחִיתוֹתָם, אֲשֶׁר אָמַרְנוּ, בְּצִלּוֹ נִחְיֶה בַגּוֹיִם:

(איכה ד, כ)

כל זה היה עד השנה הרביעית, עד הוויכוח עם נביאי השקר, וחנניה בן עזור בראשם (ירמיהו כז-כח), על הברית עם מצרים ושאר עמי האזור שניסו למרוד במלך בבל. ירמיהו התנגד לכך, אך צדקיהו בעצת שריו נגרר לברית הנזכרת ולמרד. צדקיהו נטש אז את ירמיהו ועצותיו גם בענייני ההנהגה הרוחנית, ונגרר אחרי עושי התועבות מימי קודמו, יהויקים. זמן קצר אחרי שצדקיהו הכריע לטובת חנניה בן עזור וחבריו, ראה יחזקאל בחזונו את מעשה המרכבה, שבישר את סילוק השכינה מן המקדש. מעקב אחרי דברי שני נביאי החורבן, ירמיהו ויחזקאל, מעלה, שהבעיות הלכו והחמירו גם בירושלים וגם במקדש, עד לשנה שיחזקאל ניבא בה את נבואתנו זו, כנראה, בעת שנבוכדנאצר כבר היה בדרכו לירושלים, להטיל עליה מצור בעקבות המרידה כנגדו.

ד. נחמה פורתא

> וַהֲפִיצוֹתִי אוֹתְךָ בַּגּוֹיִם, וְזֵרִיתִיךָ בָּאֲרָצוֹת, וַהֲתִמֹּתִי טֻמְאָתֵךְ מִמֵּךְ: וְנִחַלְתְּ בָּךְ לְעֵינֵי גוֹיִם, וְיָדַעַתְּ כִּי אֲנִי ה׳:

(טו-טז)

סיומה של ההפטרה תואם נבואות חורבן נוספות של יחזקאל, שבהן נאמר, שהגלות עתידה לטהר את ישראל מעוונותיהם ולהשיבם אל ה׳. כך למשל גם בנבואת החורבן ביום המצור:

> וְהַעֲמִידֶהָ עַל גֶּחָלֶיהָ רֵקָה, לְמַעַן תֵּחַם וְחָרָה נְחֻשְׁתָּהּ, וְנִתְּכָה בְתוֹכָהּ טֻמְאָתָהּ, תִּתֹּם חֶלְאָתָהּ: ... בְּטֻמְאָתֵךְ זִמָּה, יַעַן טִהַרְתִּיךְ וְלֹא טָהַרְתְּ, מִטֻּמְאָתֵךְ לֹא תִטְהֲרִי עוֹד, עַד הֲנִיחִי אֶת חֲמָתִי בָּךְ:

(כד, יא; יג)

גם ירמיהו ניבא נבואות נחמה על הגאולה העתידה, אך לא מצאנו בנבואותיו את הטענה, שעצם הגלות תְּטַהר את ישראל מחלאתם ומטומאתם. יחזקאל יצא לגלות עם יהויכין, והוא ראה את גולת ישראל בבבל משתקמת במידה לא מעטה מן החטא שאפף אותה בירושלים.

הפטרת קדושים (למנהג האשכנזים)[1]

ט ז הֲלוֹא כִבְנֵי כֻשִׁיִּים אַתֶּם לִי בְּנֵי יִשְׂרָאֵל נְאֻם־יהוה הֲלוֹא אֶת־יִשְׂרָאֵל הֶעֱלֵיתִי עמוס
ח מֵאֶרֶץ מִצְרַיִם וּפְלִשְׁתִּיִּים מִכַּפְתּוֹר וַאֲרָם מִקִּיר: הִנֵּה עֵינֵי אֲדֹנָי יֱהוִה בַּמַּמְלָכָה
הַחַטָּאָה וְהִשְׁמַדְתִּי אֹתָהּ מֵעַל פְּנֵי הָאֲדָמָה אֶפֶס כִּי לֹא הַשְׁמֵיד אַשְׁמִיד
ט אֶת־בֵּית יַעֲקֹב נְאֻם־יהוה: כִּי־הִנֵּה אָנֹכִי מְצַוֶּה וַהֲנִעוֹתִי בְכָל־הַגּוֹיִם אֶת־בֵּית
י יִשְׂרָאֵל כַּאֲשֶׁר יִנּוֹעַ בַּכְּבָרָה וְלֹא־יִפּוֹל צְרוֹר אָרֶץ: בַּחֶרֶב יָמוּתוּ כֹּל חַטָּאֵי עַמִּי
יא הָאֹמְרִים לֹא־תַגִּישׁ וְתַקְדִּים בַּעֲדֵינוּ הָרָעָה: בַּיּוֹם הַהוּא אָקִים אֶת־סֻכַּת
יב דָּוִיד הַנֹּפֶלֶת וְגָדַרְתִּי אֶת־פִּרְצֵיהֶן וַהֲרִסֹתָיו אָקִים וּבְנִיתִיהָ כִּימֵי עוֹלָם: לְמַעַן
יִירְשׁוּ אֶת־שְׁאֵרִית אֱדוֹם וְכָל־הַגּוֹיִם אֲשֶׁר־נִקְרָא שְׁמִי עֲלֵיהֶם נְאֻם־יהוה עֹשֶׂה
יג זֹּאת: הִנֵּה יָמִים בָּאִים נְאֻם־יהוה וְנִגַּשׁ חוֹרֵשׁ בַּקֹּצֵר וְדֹרֵךְ עֲנָבִים
יד בְּמֹשֵׁךְ הַזָּרַע וְהִטִּיפוּ הֶהָרִים עָסִיס וְכָל־הַגְּבָעוֹת תִּתְמוֹגַגְנָה: וְשַׁבְתִּי אֶת־שְׁבוּת
עַמִּי יִשְׂרָאֵל וּבָנוּ עָרִים נְשַׁמּוֹת וְיָשָׁבוּ וְנָטְעוּ כְרָמִים וְשָׁתוּ אֶת־יֵינָם וְעָשׂוּ גַנּוֹת
טו וְאָכְלוּ אֶת־פְּרִיהֶם: וּנְטַעְתִּים עַל־אַדְמָתָם וְלֹא יִנָּתְשׁוּ עוֹד מֵעַל אַדְמָתָם אֲשֶׁר
נָתַתִּי לָהֶם אָמַר יהוה אֱלֹהֶיךָ:

1. הפטרתנו היא הקצרה מכל הפטרות השנה, והבאנו אותה כאן כהפטרת קדושים, על פי מנהגם של תלמידי הגר"א, שעליו גדלתי בילדותי. לדעת פוסקים רבים, נבואה זו היא הפטרת אחרי מות. עסקנו בכך בדיוננו על ההפטרה הקודמת, הפטרת אחרי מות, וכל אחד ינהג על פי מקומו.

א. הקשר בין הפרשה להפטרה

הֲלוֹא כִבְנֵי כֻשִׁיִּים אַתֶּם לִי בְּנֵי יִשְׂרָאֵל, נְאֻם ה׳, הֲלוֹא אֶת יִשְׂרָאֵל הֶעֱלֵיתִי מֵאֶרֶץ מִצְרַיִם, וּפְלִשְׁתִּיִּים מִכַּפְתּוֹר וַאֲרָם מִקִּיר:

(ז)

בהנחה שהפטרה זו נקבעה לפרשת קדושים, נראה, שהקשר בין הפרשה להפטרה הוא קשר ניגודי.[2] בעוד הפרשה מתרכזת בתחילתה ובסופה בקדושת ישראל ובהבדלתם מן העמים, הנביא עמוס אומר לנו, שלכאורה, אין הבדל בין בְּנֵי כֻשִׁיִּים, בני חם אבי כנען, לבין עם ישראל. התורה והנבואה רואות את נִסֵּי יציאת מצרים כביטוי לייחודנו כעם ה׳. לעומתם, עמוס מתייחס ליציאת מצרים כפרט במסגרת נדידת עמים כללית שהתרחשה באותה תקופה, שהרי בדור יציאת מצרים הגיעו הפלשתים החדשים מכפתור אל חופי ארץ ישראל, ובאותו דור הגיעו לצפון מזרחה של ארץ ישראל הארמים מקיר. לנו, בני ישראל, אין, לכאורה, כל יתרון עליהם.

עמוס חוזר בדבריו על עיקרון, שכבר אמר לעיל:

הוֹי הַשַּׁאֲנַנִּים בְּצִיּוֹן וְהַבֹּטְחִים בְּהַר שֹׁמְרוֹן, נְקֻבֵי רֵאשִׁית הַגּוֹיִם, וּבָאוּ לָהֶם בֵּית יִשְׂרָאֵל: עִבְרוּ כַלְנֵה וּרְאוּ, וּלְכוּ מִשָּׁם חֲמַת רַבָּה, וּרְדוּ גַת פְּלִשְׁתִּים, הֲטוֹבִים מִן הַמַּמְלָכוֹת הָאֵלֶּה, אִם רַב גְּבוּלָם מִגְּבֻלְכֶם:

(ו, א–ב)

אין אנו טובים מן הארמים, השוכנים בחמת רבה שבסוריה, ומהפלשתים היושבים בגת, וכשם שבטלה מלכות ארם באותו דור, לאחר שנכבשה בידי ירבעם בן יואש, שעמוס ניבא בימיו (מל״ב יד, כה–כח), וכשם שהפלשתים איבדו באותו הדור את עצמאותם לעוזיהו מלך יהודה (דהי״ב כו, ו–ז), כך עלול לקרות גם לישראל.[3]

נפרט מעט: כפתור, שממנו באו הפלשתים, הוא האי כרתים. אנו יודעים על הר געש גדול שהתפרץ בו, וכילה לחלוטין את התרבות המינואית.[4] שרידי הפלשתים

2. הרחבנו על הפטרות מסוג זה בדבָרֵינו על הפטרת פרשת צו.
3. ההשוואה שעושה עמוס בינם לבין ישראל נכונה גם לאור המשך הנבואה בהפטרתנו, ונדון בכך להלן.
4. בספרנו ׳כי קרוב אליך – שמות׳ (ישראל 2014), עמ׳ 185 העלינו השערה, שענן האפר והפיח האדיר שעלה מהתפרצות זו הגיע אל מצרים, והכה אותה במכת החושך ערב יציאת מצרים. אכן, היה זה חושך שניתן היה ׳למשש׳ אותו כפירוש חז״ל. שם העלינו את האפשרות, שה׳ לא נחה את ישראל דרך ארץ פלשתים ׳פן ינחם העם בראותם מלחמה׳, שהיא מלחמת הכיבוש של

שנותרו באי, עלו על סירות וספינות והפליגו לבקש להם ארץ חדשה. רבים מהם הגיעו לחוף ימה של ארץ כנען, וניהלו כאן מלחמה עם הפלשתים הקדמונים, יושבי החוף. התורה מתארת מלחמה זו בקצרה:

וְהָעַוִּים הַיֹּשְׁבִים בַּחֲצֵרִים עַד עַזָּה, כַּפְתֹּרִים הַיֹּצְאִים מִכַּפְתֹּר הִשְׁמִידֻם, וַיֵּשְׁבוּ תַחְתָּם:
(דברים ב, כג)

הארמים באו מקיר, ולְשָׁם שָׁבוּ אחרי חורבן ממלכתם, וכפי שניבא עמוס:

וְשָׁבַרְתִּי בְּרִיחַ דַּמֶּשֶׂק, וְהִכְרַתִּי יוֹשֵׁב מִבִּקְעַת אָוֶן וְתוֹמֵךְ שֵׁבֶט מִבֵּית עֶדֶן, וְגָלוּ עַם אֲרָם קִירָה, אָמַר ה׳:
(א, ה)

כך קרה כעבור דור אחד:

וַיַּעַל מֶלֶךְ אַשּׁוּר אֶל דַּמֶּשֶׂק, וַיִּתְפְּשֶׂהָ, וַיַּגְלֶהָ קִירָה, וְאֶת רְצִין הֵמִית:
(מל״ב טז, ט)

מקומה של קיר לא נתבאר במחקר, עד למאמרו המקיף של פרופ׳ יואל אליצור,[5] ואנו נסתמך עליו. העיר מזוהה במקום שנקרא היום העיר הית, שנמצאת על גדתו הדרומית של נהר פרת, כמאה ותשעים ק״מ ממערב לבגדד, היושבת על החידקל, צפון־מערב מסורא, נהרדעא ופומבדיתא, היושבות על הפרת. לדבריו, כשהארמים ישבו באזור ההוא, הם היו שבטי רועים (כמו לבן הארמי) ללא ממלכה מסודרת. כשעברו מערבה, לאזור סוריה של היום, הם הקימו ממלכות וצבאות גדולים, ולפעמים שלטו גם בישראל. תגלת פלאסר הראשון, מלך אשור, הגלה אותם מזרחה, למקומם הראשון על הפרת (בעירק של היום), והם שבו להיות רועים, ואולי גם חקלאים, אך ללא ממלכה.

הנביא עמוס מכיר, בוודאי, בייחודה של יציאת מצרים ובקדושתו של עם ה׳, אך

הפלשתים החדשים נגד קודמיהם על חוף הים, שדרכו היו אמורים בני ישראל להגיע ארצה בדרך הקצרה והפשוטה.

5. מקום בפרשה (ישראל 2014), עמ׳ 234-243.

בנבואה זו הוא רואה את בחירת עם ישראל במידת הדין בלבד, כסיבה לפקידת כל עוונותיהם, ולא כסיבה למשוא פנים לטובה. ראייה זו משתמעת גם מן הנבואה הבאה:

> שִׁמְעוּ אֶת הַדָּבָר הַזֶּה, אֲשֶׁר דִּבֶּר ה׳ עֲלֵיכֶם בְּנֵי יִשְׂרָאֵל, עַל כָּל הַמִּשְׁפָּחָה אֲשֶׁר הֶעֱלֵיתִי מֵאֶרֶץ מִצְרַיִם, לֵאמֹר: רַק אֶתְכֶם יָדַעְתִּי מִכֹּל מִשְׁפְּחוֹת הָאֲדָמָה, עַל כֵּן אֶפְקֹד עֲלֵיכֶם אֵת כָּל עֲוֹנֹתֵיכֶם:

(ג, א-ב)

זו הסיבה שהנביא פונה לישראל, נְקֻבֵי רֵאשִׁית הַגּוֹיִם (ו, א), שעלולים לחשוב, שהם חסינים מעונש על פשעיהם, ואומר להם, שגורלם לא יהיה טוב מזה שצפוי לשאר העמים, שבאו עימם לארץ כנען – הפלשתיים מכפתור וארם מקיר.

*

במבט שני על הפטרתנו נוכל למצוא לא רק הנגדה בינה לבין הפרשה, הטוענת שישראל קדושים, אלא גם הקבלה והשלָמה למה שנאמר בפרשה:

> וּשְׁמַרְתֶּם אֶת כָּל חֻקֹּתַי וְאֶת כָּל מִשְׁפָּטַי, וַעֲשִׂיתֶם אֹתָם, וְלֹא תָקִיא אֶתְכֶם הָאָרֶץ, אֲשֶׁר אֲנִי מֵבִיא אֶתְכֶם שָׁמָּה לָשֶׁבֶת בָּהּ: וְלֹא תֵלְכוּ בְּחֻקֹּת הַגּוֹי, אֲשֶׁר אֲנִי מְשַׁלֵּחַ מִפְּנֵיכֶם, כִּי אֶת כָּל אֵלֶּה עָשׂוּ, וָאָקֻץ בָּם: וָאֹמַר לָכֶם, אַתֶּם תִּירְשׁוּ אֶת אַדְמָתָם, וַאֲנִי אֶתְּנֶנָּה לָכֶם לָרֶשֶׁת אֹתָהּ, אֶרֶץ זָבַת חָלָב וּדְבָשׁ, אֲנִי ה׳ אֱלֹהֵיכֶם, אֲשֶׁר הִבְדַּלְתִּי אֶתְכֶם מִן הָעַמִּים:

(ויקרא כ, כב-כד)

ובסוף הפרשה הקודמת, פרשת אחרי מות, התורה מרחיבה בעניין זה (והרי לרוב הפוסקים הפטרתנו היא הפטרת אחרי מות):

> אַל תִּטַּמְּאוּ בְּכָל אֵלֶּה, כִּי בְכָל אֵלֶּה נִטְמְאוּ הַגּוֹיִם, אֲשֶׁר אֲנִי מְשַׁלֵּחַ מִפְּנֵיכֶם: וַתִּטְמָא הָאָרֶץ, וָאֶפְקֹד עֲוֹנָהּ עָלֶיהָ, וַתָּקִא הָאָרֶץ אֶת יֹשְׁבֶיהָ... כִּי אֶת כָּל הַתּוֹעֵבֹת הָאֵל עָשׂוּ אַנְשֵׁי הָאָרֶץ אֲשֶׁר לִפְנֵיכֶם, וַתִּטְמָא הָאָרֶץ: וְלֹא תָקִיא הָאָרֶץ אֶתְכֶם בְּטַמַּאֲכֶם אֹתָהּ, כַּאֲשֶׁר קָאָה אֶת הַגּוֹי אֲשֶׁר לִפְנֵיכֶם:

(שם יח, כד-כח)

דברים אלה תואמים את דברי הנביא עמוס, שלמרות בחירת ה׳ בנו, גורלנו

עלול להיות כגורלם של הפלשתים והארמים, שהארץ הקיאה אותם בעקבות תועבותיהם.

ב. הפורענות ומקצת הנחמה

הִנֵּה עֵינֵי אֲדֹנָי ה׳ בַּמַּמְלָכָה הַחַטָּאָה, וְהִשְׁמַדְתִּי אֹתָהּ מֵעַל פְּנֵי הָאֲדָמָה, אֶפֶס, כִּי לֹא הַשְׁמֵיד אַשְׁמִיד אֶת בֵּית יַעֲקֹב, נְאֻם ה׳: כִּי הִנֵּה אָנֹכִי מְצַוֶּה, וַהֲנִעוֹתִי בְכָל הַגּוֹיִם אֶת בֵּית יִשְׂרָאֵל, כַּאֲשֶׁר יִנּוֹעַ בַּכְּבָרָה, וְלֹא יִפּוֹל צְרוֹר אָרֶץ: בַּחֶרֶב יָמוּתוּ כֹּל חַטָּאֵי עַמִּי, הָאֹמְרִים לֹא תַגִּישׁ וְתַקְדִּים בַּעֲדֵינוּ הָרָעָה:

(ח-י)

הנביא פותח: וְהִשְׁמַדְתִּי אֹתָהּ, וממשיך: אֶפֶס כִּי לֹא הַשְׁמֵיד אַשְׁמִיד אֶת בֵּית יַעֲקֹב. מה כוונת דבריו? נראה, שהממלכה כממלכה תושמד, דהיינו: ממלכת שומרון עומדת לסיים את תפקידה לנֶצַח, אך האנשים, בֵּית יַעֲקֹב, לא יושמדו. זה היה גם גורלה של ארם, כפי שתיארנו לעיל. הממלכה הארמית ששלטה באזור סוריה הושמדה, ואנשיה הוגלו למקור מוצאם בקיר, ושבו להיות רועים, ואולי גם חקלאים, ללא ממלכה. הנביא מתאר את שבטי ישראל, שינועו וינודו לאחר שיִגָלו משומרון, אך הם לא יִכָלו, רק הממלכה תיעלם.

בזמן שממלכת שומרון תִּכְלֶה, יעסוק ה׳ בהקמת סוכת דוד הנופלת:

בַּיּוֹם הַהוּא אָקִים אֶת סֻכַּת דָּוִיד הַנֹּפֶלֶת,[6] וְגָדַרְתִּי אֶת פִּרְצֵיהֶן, וַהֲרִסֹתָיו אָקִים, וּבְנִיתִיהָ כִּימֵי עוֹלָם: לְמַעַן יִירְשׁוּ אֶת שְׁאֵרִית אֱדוֹם וְכָל הַגּוֹיִם אֲשֶׁר נִקְרָא שְׁמִי עֲלֵיהֶם, נְאֻם ה׳ עֹשֶׂה זֹּאת:

(יא-יב)

שתי משמעויות עשויות להיות לכך. הראשונה – נזכרה גם בנביאים אחרים. ביום שנפלה ממלכת שומרון, בשנת שש לחזקיהו מלך יהודה, ריחפה הסכנה גם על ירושלים. סנחריב מלך אשור עלה על כל ערי יהודה הבצורות, והוא החריב ערים רבות בממלכת יהודה. נותרה רק ירושלים שהייתה במצור, וסֻכַּת דָּוִד נראתה כסוכה נופלת, כסוכה שעומדת לקרוס מחמת הרוח העזה. אך ה׳ הקים את הסוכה הנופלת,

6. יש לשים לב! האות פ״א של ׳הנפֶלת׳ מנוקדת בסגול ולא בקמץ. נראה, שכך יש לומר גם בברכת המזון בסוכות: ׳הרחמן הוא יקים לנו את סוכת דוד הנופֶלת׳. כך יש לומר גם בשיר המבוסס על תקווה זו ב׳הרחמן׳.

כשמלאָכו יצא והכה במחנה אשור, המצור נכשל, וירושלים בראשות חזקיהו צמחה ועלתה לעיני כל הגויים.

המשמעות השנייה היא, שכאשר ישובו שבטי ממלכת שומרון ארצה, הם עתידים להצטרף אל סֻכַּת דָּוִד, אל הממלכה המשותפת, שמרכזה ירושלים, והם לא יקימו שוב לעצמם ממלכה משלהם. דבר זה קרה בזעיר אנפין בימי יאשיהו, כששבטי שומרון חזרו במיעוטם ארצה, והצטרפו אל ממלכת יאשיהו. לדאבוננו, רובם נותרו בגלות, עד שעוד חלק מהם שב ארצה בעת שיבת ציון, בימי זרובבל ויהושע בן יהוצדק.

ג. דברי הפרֵדה של עמוס מממלכת שומרון

הִנֵּה יָמִים בָּאִים, נְאֻם ה׳, וְנִגַּשׁ חוֹרֵשׁ בַּקֹּצֵר, וְדֹרֵךְ עֲנָבִים בְּמֹשֵׁךְ הַזָּרַע, וְהִטִּיפוּ הֶהָרִים עָסִיס, וְכָל הַגְּבָעוֹת תִּתְמוֹגַגְנָה: וְשַׁבְתִּי אֶת שְׁבוּת עַמִּי יִשְׂרָאֵל, וּבָנוּ עָרִים נְשַׁמּוֹת וְיָשָׁבוּ, וְנָטְעוּ כְרָמִים וְשָׁתוּ אֶת יֵינָם, וְעָשׂוּ גַנּוֹת וְאָכְלוּ אֶת פְּרִיהֶם: וּנְטַעְתִּים עַל אַדְמָתָם, וְלֹא יִנָּתְשׁוּ עוֹד, מֵעַל אַדְמָתָם אֲשֶׁר נָתַתִּי לָהֶם, אָמַר ה׳ אֱלֹהֶיךָ:

(יג–טו)

אלו הם הפסוקים האחרונים של נבואות עמוס. עמוס לא היה תושב קבע בממלכת שומרון. הוא בא מתקוע שבממלכת יהודה (א, א), וה׳ שלחו להינבא על שומרון ועריה. אמציה כוהן בית אל לא אהב את עמוס, את תוכחותיו ואת נבואתו, והורה לו לשוב לארץ יהודה:

וַיֹּאמֶר אֲמַצְיָה אֶל עָמוֹס, חֹזֶה לֵךְ בְּרַח לְךָ אֶל אֶרֶץ יְהוּדָה, וֶאֱכָל שָׁם לֶחֶם, וְשָׁם תִּנָּבֵא: וּבֵית אֵל לֹא תוֹסִיף עוֹד לְהִנָּבֵא, כִּי מִקְדַּשׁ מֶלֶךְ הוּא, וּבֵית מַמְלָכָה הוּא:

(ז, יב–יג)

עמוס נאלץ לעשות כדבריו, ולפני שובו אל ארץ יהודה הוא משמיע נבואות פורענות, ונוקב במחיר הנורא שיהיה לעזיבתו (ז, יד – ט, יב). כל נבואתו על שבטי ישראל לא ארכה אלא שנתיים, עד הרעש הגדול בימי עוזיה מלך יהודה, רעש שפגע גם בערי שומרון, ובעיקר בערי החוף:

וַאדֹנָי ה׳ הַצְּבָאוֹת הַנּוֹגֵעַ בָּאָרֶץ וַתָּמוֹג, וְאָבְלוּ כָּל יוֹשְׁבֵי בָהּ, וְעָלְתָה כַיְאֹר כֻּלָּהּ, וְשָׁקְעָה כִּיאֹר מִצְרָיִם: ... הַקֹּרֵא לְמֵי הַיָּם וַיִּשְׁפְּכֵם עַל פְּנֵי הָאָרֶץ, ה׳ שְׁמוֹ:

(ט, ה–ו)

אך גם כאשר עמוס נפרד מעַם ישראל ומשמיע את נבואותיו הקשות, הוא אינו נמנע מלסיים בנחמה, בשיבת העם אל ארצו, ובחזרת הארץ לתת את ברכתה הרבה לישראל, והוא מסיים: וְלֹא יִנָּתְשׁוּ עוֹד, מֵעַל אַדְמָתָם אֲשֶׁר נָתַתִּי לָהֶם, אָמַר ה׳ אֱלֹהֶיךָ!

הפטרת קדושים (למנהג הספרדים)[7]

כ ב ג וַיְהִי דְבַר־יהוה אֵלַי לֵאמֹר: בֶּן־אָדָם דַּבֵּר אֶת־זִקְנֵי יִשְׂרָאֵל וְאָמַרְתָּ אֲלֵהֶם יחזקאל
כֹּה אָמַר אֲדֹנָי יֱהֹוִה הֲלִדְרֹשׁ אֹתִי אַתֶּם בָּאִים חַי־אָנִי אִם־אִדָּרֵשׁ לָכֶם נְאֻם
ד אֲדֹנָי יֱהֹוִה: הֲתִשְׁפֹּט אֹתָם הֲתִשְׁפּוֹט בֶּן־אָדָם אֶת־תּוֹעֲבֹת אֲבוֹתָם הוֹדִיעֵם:
ה וְאָמַרְתָּ אֲלֵיהֶם כֹּה־אָמַר אֲדֹנָי יֱהֹוִה בְּיוֹם בָּחֳרִי בְיִשְׂרָאֵל וָאֶשָּׂא יָדִי לְזֶרַע בֵּית
יַעֲקֹב וָאִוָּדַע לָהֶם בְּאֶרֶץ מִצְרָיִם וָאֶשָּׂא יָדִי לָהֶם לֵאמֹר אֲנִי יהוה אֱלֹהֵיכֶם:
ו בַּיּוֹם הַהוּא נָשָׂאתִי יָדִי לָהֶם לְהוֹצִיאָם מֵאֶרֶץ מִצְרָיִם אֶל־אֶרֶץ אֲשֶׁר־תַּרְתִּי
ז לָהֶם זָבַת חָלָב וּדְבַשׁ צְבִי הִיא לְכָל־הָאֲרָצוֹת: וָאֹמַר אֲלֵהֶם אִישׁ שִׁקּוּצֵי עֵינָיו
ח הַשְׁלִיכוּ וּבְגִלּוּלֵי מִצְרַיִם אַל־תִּטַּמָּאוּ אֲנִי יהוה אֱלֹהֵיכֶם: וַיַּמְרוּ־בִי וְלֹא אָבוּ
לִשְׁמֹעַ אֵלַי אִישׁ אֶת־שִׁקּוּצֵי עֵינֵיהֶם לֹא הִשְׁלִיכוּ וְאֶת־גִּלּוּלֵי מִצְרַיִם לֹא עָזָבוּ
ט וָאֹמַר לִשְׁפֹּךְ חֲמָתִי עֲלֵיהֶם לְכַלּוֹת אַפִּי בָּהֶם בְּתוֹךְ אֶרֶץ מִצְרָיִם: וָאַעַשׂ לְמַעַן
שְׁמִי לְבִלְתִּי הֵחֵל לְעֵינֵי הַגּוֹיִם אֲשֶׁר־הֵמָּה בְתוֹכָם אֲשֶׁר נוֹדַעְתִּי אֲלֵיהֶם לְעֵינֵיהֶם
י יא לְהוֹצִיאָם מֵאֶרֶץ מִצְרָיִם: וָאוֹצִיאֵם מֵאֶרֶץ מִצְרָיִם וָאֲבִאֵם אֶל־הַמִּדְבָּר: וָאֶתֵּן
לָהֶם אֶת־חֻקּוֹתַי וְאֶת־מִשְׁפָּטַי הוֹדַעְתִּי אוֹתָם אֲשֶׁר יַעֲשֶׂה אוֹתָם הָאָדָם וָחַי
יב בָּהֶם: וְגַם אֶת־שַׁבְּתוֹתַי נָתַתִּי לָהֶם לִהְיוֹת לְאוֹת בֵּינִי וּבֵינֵיהֶם לָדַעַת כִּי אֲנִי
יג יהוה מְקַדְּשָׁם: וַיַּמְרוּ־בִי בֵית־יִשְׂרָאֵל בַּמִּדְבָּר בְּחֻקּוֹתַי לֹא־הָלָכוּ וְאֶת־מִשְׁפָּטַי
מָאָסוּ אֲשֶׁר יַעֲשֶׂה אֹתָם הָאָדָם וָחַי בָּהֶם וְאֶת־שַׁבְּתֹתַי חִלְּלוּ מְאֹד וָאֹמַר לִשְׁפֹּךְ
יד חֲמָתִי עֲלֵיהֶם בַּמִּדְבָּר לְכַלּוֹתָם: וָאֶעֱשֶׂה לְמַעַן שְׁמִי לְבִלְתִּי הֵחֵל לְעֵינֵי הַגּוֹיִם
טו אֲשֶׁר הוֹצֵאתִים לְעֵינֵיהֶם: וְגַם־אֲנִי נָשָׂאתִי יָדִי לָהֶם בַּמִּדְבָּר לְבִלְתִּי הָבִיא אוֹתָם
טז אֶל־הָאָרֶץ אֲשֶׁר־נָתַתִּי זָבַת חָלָב וּדְבַשׁ צְבִי הִיא לְכָל־הָאֲרָצוֹת: יַעַן בְּמִשְׁפָּטַי
מָאָסוּ וְאֶת־חֻקּוֹתַי לֹא־הָלְכוּ בָהֶם וְאֶת־שַׁבְּתוֹתַי חִלֵּלוּ כִּי אַחֲרֵי גִלּוּלֵיהֶם לִבָּם
יז יח הֹלֵךְ: וַתָּחָס עֵינִי עֲלֵיהֶם מִשַּׁחֲתָם וְלֹא־עָשִׂיתִי אוֹתָם כָּלָה בַּמִּדְבָּר: וָאֹמַר
אֶל־בְּנֵיהֶם בַּמִּדְבָּר בְּחוּקֵּי אֲבוֹתֵיכֶם אַל־תֵּלֵכוּ וְאֶת־מִשְׁפְּטֵיהֶם אַל־תִּשְׁמֹרוּ

7. הספרדים נהגו כדברי הרמב״ם בסדר ההפטרות (בסוף ספר אהבה) לקרוא להפטרת פרשת קדושים ביחזקאל כ.

יט וּבְגִלּוּלֵיהֶם אַל־תִּטַּמָּאוּ: אֲנִי יהוה אֱלֹהֵיכֶם בְּחֻקּוֹתַי לֵכוּ וְאֶת־מִשְׁפָּטַי שִׁמְרוּ
כ וַעֲשׂוּ אוֹתָם: וְאֶת־שַׁבְּתוֹתַי קַדֵּשׁוּ וְהָיוּ לְאוֹת בֵּינִי וּבֵינֵיכֶם לָדַעַת כִּי אֲנִי יהוה אֱלֹהֵיכֶם:

א. הקשר בין הפרשה להפטרה

בפרשת אחרי מות נאמר:

> אֶת מִשְׁפָּטַי תַּעֲשׂוּ, וְאֶת חֻקֹּתַי תִּשְׁמְרוּ לָלֶכֶת בָּהֶם, אֲנִי ה׳ אֱלֹהֵיכֶם: וּשְׁמַרְתֶּם אֶת חֻקֹּתַי וְאֶת מִשְׁפָּטַי, אֲשֶׁר יַעֲשֶׂה אֹתָם הָאָדָם וָחַי בָּהֶם, אֲנִי ה׳:

(ויקרא יח, ד-ה)

ובהפטרתנו:

> וָאֶתֵּן לָהֶם אֶת חֻקּוֹתַי וְאֶת מִשְׁפָּטַי הוֹדַעְתִּי אוֹתָם אֲשֶׁר יַעֲשֶׂה אוֹתָם הָאָדָם וָחַי בָּהֶם ... אֲנִי ה׳ אֱלֹהֵיכֶם בְּחֻקּוֹתַי לֵכוּ וְאֶת מִשְׁפָּטַי שִׁמְרוּ וַעֲשׂוּ אוֹתָם: ... בְּחֻקּוֹתַי לֹא הָלָכוּ וְאֶת מִשְׁפָּטַי לֹא שָׁמְרוּ לַעֲשׂוֹת אוֹתָם אֲשֶׁר יַעֲשֶׂה אוֹתָם הָאָדָם וָחַי בָּהֶם...

(יא; יט; כא)

אומנם לפי זה, הייתה ההפטרה מתאימה יותר לפרשת אחרי מות, אך פעמים רבות שתי הפרשיות מחוברות. זאת ועוד – הפטרתנו אומרת: לָדַעַת כִּי אֲנִי ה׳ מְקַדְּשָׁם (יב), כלשון פרשת קדושים:

> וְהִתְקַדִּשְׁתֶּם וִהְיִיתֶם קְדֹשִׁים, כִּי אֲנִי ה׳ אֱלֹהֵיכֶם: וּשְׁמַרְתֶּם אֶת חֻקֹּתַי וַעֲשִׂיתֶם אֹתָם, אֲנִי ה׳ מְקַדִּשְׁכֶם:

(ויקרא כ, ז-ח)

בפרשתנו מופיעה גם השבת (יט, ג; ל), הנזכרת פעמים רבות בהפטרה, ובשתיהן ירושת הארץ מותנית בקיום מצוות ה׳.

ב. ההתגלות במצרים

וְאָמַרְתָּ אֲלֵיהֶם, כֹּה אָמַר אֲדֹנָי ה׳, בְּיוֹם בָּחֳרִי בְיִשְׂרָאֵל וָאֶשָּׂא יָדִי לְזֶרַע בֵּית יַעֲקֹב, וָאִוָּדַע לָהֶם בְּאֶרֶץ מִצְרָיִם, וָאֶשָּׂא יָדִי לָהֶם לֵאמֹר, אֲנִי ה׳ אֱלֹהֵיכֶם: בַּיּוֹם הַהוּא נָשָׂאתִי יָדִי לָהֶם לְהוֹצִיאָם מֵאֶרֶץ מִצְרָיִם, אֶל אֶרֶץ אֲשֶׁר תַּרְתִּי לָהֶם זָבַת חָלָב וּדְבַשׁ, צְבִי הִיא לְכָל הָאֲרָצוֹת:

(ה-ו)

ההתגלות, על פי סגנונה, היא דברי ה׳ אל משה בחמש[8] לשונות הגאולה:

לָכֵן אֱמֹר לִבְנֵי יִשְׂרָאֵל, אֲנִי ה׳, וְהוֹצֵאתִי אֶתְכֶם מִתַּחַת סִבְלֹת מִצְרַיִם, וְהִצַּלְתִּי אֶתְכֶם מֵעֲבֹדָתָם, וְגָאַלְתִּי אֶתְכֶם בִּזְרוֹעַ נְטוּיָה וּבִשְׁפָטִים גְּדֹלִים: וְלָקַחְתִּי אֶתְכֶם לִי לְעָם, וְהָיִיתִי לָכֶם לֵאלֹהִים, וִידַעְתֶּם כִּי אֲנִי ה׳ אֱלֹהֵיכֶם, הַמּוֹצִיא אֶתְכֶם מִתַּחַת סִבְלוֹת מִצְרָיִם: וְהֵבֵאתִי אֶתְכֶם אֶל הָאָרֶץ, אֲשֶׁר נָשָׂאתִי אֶת יָדִי לָתֵת אֹתָהּ לְאַבְרָהָם לְיִצְחָק וּלְיַעֲקֹב, וְנָתַתִּי אֹתָהּ לָכֶם מוֹרָשָׁה, אֲנִי ה׳:

(שמות ו, ו-ח)

אך יחזקאל מגלה לנו, שיחד עם בשורת הגאולה הופנתה גם תביעה אל עם ישראל:

וָאֹמַר אֲלֵהֶם, אִישׁ שִׁקּוּצֵי עֵינָיו הַשְׁלִיכוּ, וּבְגִלּוּלֵי מִצְרַיִם אַל תִּטַּמָּאוּ, אֲנִי ה׳ אֱלֹהֵיכֶם:

(ז)

אפשר, שתביעה זו רמוזה גם בנאמר בפסוקים שהבאנו מספר שמות: וְהָיִיתִי לָכֶם לֵאלֹהִים, וִידַעְתֶּם כִּי אֲנִי ה׳ אֱלֹהֵיכֶם, כשהמשמעות המיידית של דבר זה הייתה דרישה להשליך את אלילי המצרים. כלומר, הגאולה לא תבוא, ללא מילוי דרישות ברורות מן העם בתחום עבודת ה׳ אל מול העבודה הזרה.

יחזקאל ממשיך ואומר:

8. רגילים אנו לדבר על ארבע לשונות גאולה (על פי דברי הירושלמי על מצוות ארבע כוסות), אך יש לשון חמישית בפרשה (וְהֵבֵאתִי אֶתְכֶם אֶל הָאָרֶץ), שהמדרש עליה איננו מופיע בהגדה.

וַיַּמְרוּ בִי, וְלֹא אָבוּ לִשְׁמֹעַ אֵלַי, אִישׁ אֶת שִׁקּוּצֵי עֵינֵיהֶם לֹא הִשְׁלִיכוּ, וְאֶת גִּלּוּלֵי מִצְרַיִם לֹא עָזָבוּ, וָאֹמַר לִשְׁפֹּךְ חֲמָתִי עֲלֵיהֶם, לְכַלּוֹת אַפִּי בָּהֶם בְּתוֹךְ אֶרֶץ מִצְרָיִם:
(ח)

אפשר, שגם דבר זה נזכר בתורה, שהרי אחרי שמשה אומר להם את דברי ה׳ שהזכרנו, נאמר:

וַיְדַבֵּר מֹשֶׁה כֵּן אֶל בְּנֵי יִשְׂרָאֵל, וְלֹא שָׁמְעוּ אֶל מֹשֶׁה מִקֹּצֶר רוּחַ וּמֵעֲבֹדָה קָשָׁה:
(שמות ו, ט)

וכך מפרש המדרש:

אם כן, למה נאמר, וְלֹא שָׁמְעוּ אֶל מֹשֶׁה – אלא שהיה קשה בעיניהם לפרוש מעבודה זרה, שנאמר: וָאֹמַר אֲלֵהֶם, אִישׁ שִׁקּוּצֵי עֵינָיו הַשְׁלִיכוּ, וּבְגִלּוּלֵי מִצְרַיִם אַל תִּטַּמָּאוּ, ואומֵר: וַיַּמְרוּ בִי, וְלֹא אָבוּ לִשְׁמֹעַ אֵלַי.
(מכילתא דר״י בא, מסכתא דפסחא, ה).

הנביא מוסיף, שכשסירבו ישראל לפרוש מן העבודה הזרה, ה׳ בכעסו רצה להשמידם, אך הוא הוציאם ממצרים למען שמו:

וָאַעַשׂ לְמַעַן שְׁמִי, לְבִלְתִּי הֵחֵל לְעֵינֵי הַגּוֹיִם אֲשֶׁר הֵמָּה בְתוֹכָם, אֲשֶׁר נוֹדַעְתִּי אֲלֵיהֶם לְעֵינֵיהֶם לְהוֹצִיאָם מֵאֶרֶץ מִצְרָיִם: וָאוֹצִיאֵם מֵאֶרֶץ מִצְרָיִם, וָאֲבִאֵם אֶל הַמִּדְבָּר:
(ט-י)

ג. חילול השם מול איסור עבודה זרה

למדנו מכאן, שמניעת חילול השם הייתה חשובה בעיני הקב״ה יותר מאיסור עבודה זרה. כך היה גם כשה׳ רצה לכלותם בעגל, ומשה התפלל לפני ה׳ וביקש לבטל את הגזרה, כדי שמצרים לא יאמרו, שהוציאם להרוג אותם בהרים ולכלותם מעל פני האדמה (שמות לב, יב). אפשר, שעיקרון זה הפך לימים גם לעיקרון הלכתי, שנובע מן הפסוקים בהפטרתנו:

רבי נתן אומר: בתחילה הלכו אצל יחזקאל, שנאמר (כ, א): בָּאוּ אֲנָשִׁים מִזִּקְנֵי

> יִשְׂרָאֵל לִדְרֹשׁ אֶת ה׳, וַיֵּשְׁבוּ לְפָנָי. מי הן הללו – אלו חנניה מישאל ועזריה, שבאו לימָלך ביחזקאל. אמרו לו: גָּזרה עלינו מלכות הרשעה לעבוד עבודה זרה, מה תאמר – נעבוד או לא נעבוד? אמר להם: אֲשֶׁר יַעֲשֶׂה אוֹתָם הָאָדָם, וָחַי בָּהֶם – ולא שימות בהם. אמרו לו... מוטב שנמות על קידוש שמו של הקב״ה, ואל נעבוד עבודה זרה. התחיל יחזקאל מטפח על פניו, ואומר (ירמיהו מ, טו): וְאָבְדָה שְׁאֵרִית יְהוּדָה.
>
> (מדרש הגדול שמות ט, ח)

על פי המדרש, זקני ישראל שיחזקאל דיבר אליהם, היו חנניה, מישאל ועזריה. הוא דרש מהם להישמע לנבוכדנאצר ולהשתחוות לצלמו, שנאמר: אֲשֶׁר יַעֲשֶׂה אוֹתָם הָאָדָם, וָחַי בָּהֶם.[9] מן המדרש נראה, לכאורה, שיחזקאל, שמזכיר בנבואתנו שלוש פעמים את האמירה, אֲשֶׁר יַעֲשֶׂה אוֹתָם הָאָדָם, וָחַי בָּהֶם (יא; יג; כא), מבאר לַשלושה, שאין למסור את הנפש גם על איסור עבודה זרה. אך מהמשך הדברים עולה סיבה אחרת להוראתו להשתחוות לצלם. הוא אומר: וְאָבְדָה שְׁאֵרִית יְהוּדָה. יחזקאל חשש, שאם חנניה מישאל ועזריה ימרו את פי נבוכדנאצר, הוא יתנקם בכל עם ישראל, וישמיד אותו. לחששו של יחזקאל היה בסיס מוצק, שהרי לימים, כאשר ציווה המן להשתחוות לו, ומרדכי סירב, הוא גזר מיתה על כל היהודים. החשש מאובדן כל עם ישראל היה בעיני יחזקאל סיבה מספקת להשתחוות לצלם, וכעולה גם מנבואתנו. אין לך חילול השם גדול מאובדן כל עם ישראל, עם ה׳. חילול השם הזה חמור מאיסור עבודה זרה, ולכן לא כילה ה׳ את ישראל בעקבות מעשה העגל, וגם במצרים, כשסירבו להישמע למשה ולנטוש את העבודה הזרה, עשה ה׳ למען שמו והותיר אותם בחיים.

אומנם לענ״ד מסתבר, שגם אם ה׳ לא כילה אותם למען שמו, לא היה טעם שיגאל אותם ממצרים, כשהם מסרבים לנטוש את העבודה הזרה. נראה, שכמו שלאחר מעשה המרגלים, ה׳ לא כילה את ישראל למען שמו, אך ה׳ גם לא הכניסם לארץ, ודחה בדור שלם את הכניסה לארץ, כך גם במצרים, ה׳ לא גאל את הסרבנים עובדי העבודה הזרה, אלא המתין דור שלם עד שקם דור שמשך את ידו מעבודה זרה, והקריב במקומה את קורבן הפסח לה׳. לכן בהמשך (שמות ו) מתחיל מחדש תהליך מינוּיָם של משה ושל אהרן כנביאי ה׳, ואפשר, שזה קרה כעבור דור שלם. בינתיים שב משה ליתרו חותנו במדיין, וכשחזר שוב למצרים, הוא השאיר במדיין את אשתו ואת בניו. נראה, שכך עולה גם מדברי רמב״ן שם, הלומד זאת מפסוקי הפטרתנו:

9. דרשה זו מזכירה את דרשתו של רבי ישמעאל (סנהדרין עד ע״א ועוד), שהתיר לעבוד עבודה זרה כדי לא ליהרג על קידוש השם. אומנם הגמרא טענה, שבפרהסיה מודה רבי ישמעאל שייהרג ואל יעבור. במדרש כאן, למרות הפרהסיא, הורה להם יחזקאל להשתחוות לצלם.

ומן הידוע, שהיו ישראל במצרים רעים וחטאים מאד, ובִטלו גם המילה, דכתיב (כ, ח): וַיַּמְרוּ בִי, וְלֹא אָבוּ לִשְׁמֹעַ אֵלַי, אִישׁ אֶת שִׁקּוּצֵי עֵינֵיהֶם לֹא הִשְׁלִיכוּ, וְאֶת גִּלּוּלֵי מִצְרַיִם לֹא עָזָבוּ, וָאֹמַר לִשְׁפֹּךְ חֲמָתִי עֲלֵיהֶם לְכַלּוֹת אַפִּי בָּהֶם בְּתוֹךְ אֶרֶץ מִצְרָיִם, וכתיב (יהושע כד, יד): וְהָסִירוּ אֶת אֱלֹהִים, אֲשֶׁר עָבְדוּ אֲבוֹתֵיכֶם בְּעֵבֶר הַנָּהָר וּבְמִצְרַיִם, וְעִבְדוּ אֶת ה׳, ועל כן ארך גלותם שלשים שנה (= יותר מן הארבע מאות שנגזרו עליהם).

(רמב"ן שמות יב, מב)

ד. השבת

השבת נזכרת בהפטרתנו חמש פעמים (יב; יג; טז; כ; כא). נראה, שהיא הייתה עיקר הנבואה ועיקר התוכחה לזקני ישראל, שבאו אל יחזקאל לדרוש את ה׳.[10] השבת היא האות, המלמדת שה׳ הוא אלוהינו והוא המְקַדש אותנו. לא שמענו בתורה על חילול שבת במדבר, מלבד אלה שיצאו ללקוט מן בשבת הראשונה (שמות טז, כז), והמקושש בעקבות חטא המרגלים (במדבר טו, לב). אך מדברי יחזקאל משתמע, שהיו חילולי שבת רבים. כאמור, אפשר, שגם בקֶרב הגולים לבבל בימי יחזקאל לא נשמרה השבת היטב, ולכן יחזקאל אינו מוכן לדרוש את ה׳, כבקשת הזקנים. מכל מקום למדנו מדבריו, עד כמה השבת עומדת בתשתית המצוות כולן, ועד כמה היא שקולה כנגד כל המצוות:

בתורה ובנביאים ובכתובים מצינו, שהשבת שקולה כנגד כל המצות שבתורה... בנביאים דכתיב (כא): וַיַּמְרוּ בִי הַבָּנִים, בְּחֻקּוֹתַי לֹא הָלָכוּ, וְאֶת מִשְׁפָּטַי לֹא שָׁמְרוּ לַעֲשׂוֹת אוֹתָם, וכתיב (יג): וְאֶת שַׁבְּתֹתַי חִלְּלוּ מְאֹד.

(ירושלמי נדרים פ"ג, ה"ט)

וכך מסיים הרמב"ם את הלכות שבת (ל, טו):

השבת ועבודה זרה – כל אחת משתיהן שקולה כנגד שאר כל מצות התורה, והשבת היא האות שבין הקדוש ברוך הוא ובינינו לעולם, לפיכך, כל העובר על שאר המצות, הרי הוא בכלל רשעי ישראל, אבל מחלל שבת בפרהסיא, הרי הוא כעובד עבודה זרה, ושניהם כגוים לכל דבריהם. לפיכך משבח הנביא ואומר (ישעיהו נו, ב): אַשְׁרֵי אֱנוֹשׁ יַעֲשֶׂה זֹּאת, וּבֶן אָדָם יַחֲזִיק בָּהּ, שֹׁמֵר שַׁבָּת

10. שלא על פי מדרש הגדול שהבאנו לעיל.

מְחַלְלוֹ. וכל השומר את השבת כהלכתה, ומכבדה ומענגה כפי כחו, כבר מפורש בקבלה שכרו בעולם הזה, יתר על השכר הצפון לעולם הבא, שנאמר (ישעיהו נח, יד): אָז תִּתְעַנַּג עַל ה׳, וְהִרְכַּבְתִּיךָ עַל במותי בָּמֳתֵי אָרֶץ, וְהַאֲכַלְתִּיךָ נַחֲלַת יַעֲקֹב אָבִיךָ, כִּי פִּי ה׳ דִּבֵּר.

ה. דברי יחזקאל על ארבעים שנות המדבר

מלבד המראת פי ה׳ במצרים ואי נטישת האלילים אחרי שמשה ואהרן הגיעו למצרים בראשונה, מדַבֵּר יחזקאל על שתי המראות נוספות את פי ה׳ במדבר. האחת קשורה, כנראה, לחטא המרגלים ולהחלטת ה׳ שלא להכניס את דור יוצאי מצרים לארץ:

וַיַּמְרוּ בִי בֵית יִשְׂרָאֵל בַּמִּדְבָּר, בְּחֻקּוֹתַי לֹא הָלָכוּ, וְאֶת מִשְׁפָּטַי מָאָסוּ, אֲשֶׁר יַעֲשֶׂה אֹתָם הָאָדָם וָחַי בָּהֶם, וְאֶת שַׁבְּתֹתַי חִלְּלוּ מְאֹד, וָאֹמַר לִשְׁפֹּךְ חֲמָתִי עֲלֵיהֶם בַּמִּדְבָּר לְכַלּוֹתָם: וָאֶעֱשֶׂה לְמַעַן שְׁמִי, לְבִלְתִּי הֵחֵל לְעֵינֵי הַגּוֹיִם, אֲשֶׁר הוֹצֵאתִים לְעֵינֵיהֶם: וְגַם אֲנִי נָשָׂאתִי יָדִי לָהֶם בַּמִּדְבָּר, לְבִלְתִּי הָבִיא אוֹתָם אֶל הָאָרֶץ אֲשֶׁר נָתַתִּי זָבַת חָלָב וּדְבַשׁ, צְבִי הִיא לְכָל הָאֲרָצוֹת: יַעַן בְּמִשְׁפָּטַי מָאָסוּ, וְאֶת חֻקּוֹתַי לֹא הָלְכוּ בָהֶם, וְאֶת שַׁבְּתוֹתַי חִלֵּלוּ, כִּי אַחֲרֵי גִלּוּלֵיהֶם לִבָּם הֹלֵךְ:

(יג-טז)

בתורה שמענו על סירובם של בני דור המדבר להמשיך את דרכם לארץ ישראל, אחרי מה שאמרו להם הנשיאים, שהלכו לתור את הארץ (במדבר יד). שמענו גם על מרידתה של עדת קורח (שם טז), ובתווך, בין חטא המרגלים למרידת קורח, מופיע חילול השבת של המקושש (שם טו, לב-לו). נדמה, שחילול שבת זה חושף, אליבא דיחזקאל, ייאוש גמור של אנשים רבים משמירת התורה והמצוות לאחר ששמעו ממשה רבֵּנו, שהם עתידים למות במדבר, ושהבטחת ה׳ להכניס את העם לארץ לא תתקיים בהם. בני ישראל, שנהרו אחרי קורח ועדתו לראות ידו של מי תגבר בוויכוח בין משה לדתן ואבירם, גם חדלו במידת מה לקיים מצוות, משום שלא האמינו עוד למשה, עד שה׳ ברא בריאה, והאדמה פצתה את פיה ובלעה אותם.

דבר דומה אירע גם עם דור הבנים, דור באי הארץ:

וַיַּמְרוּ בִי הַבָּנִים, בְּחֻקּוֹתַי לֹא הָלָכוּ, וְאֶת מִשְׁפָּטַי לֹא שָׁמְרוּ לַעֲשׂוֹת אוֹתָם, אֲשֶׁר יַעֲשֶׂה אוֹתָם הָאָדָם וָחַי בָּהֶם, אֶת שַׁבְּתוֹתַי חִלֵּלוּ, וָאֹמַר לִשְׁפֹּךְ חֲמָתִי עֲלֵיהֶם לְכַלּוֹת אַפִּי בָּם בַּמִּדְבָּר:

(כא)

קשה לדעת, אם התרופפות זו בשמירת התורה והמצוות הייתה בעת שסבבו את ארץ אדום, ונפשם קצרה בדרך (במדבר כא, ד), ורק בעקבות הנחשים השרפים ותפילת משה הם חזרו לשמור את התורה ומצוותיה, או שמא הייתה זו התרופפות מרוב טובה, בעת שישבו בשיטים והחלו לזנות עם בנות מואב, ותשובתם הייתה בעקבות המגפה הקשה, שמתו בה עשרים וארבעה אלף (שם כה, א–ט). כך או כך – יחזקאל חושף לנו בפסוקים אלה פרשנות מקרא, שאינה מוכרת לנו ממקום אחר, שיש ביכולתה להסביר היטב את כעס ה׳ על ישראל, ואת המחיר הגבוה שבני ישראל שילמו באותם אירועים, עד שזכו לעבור את הירדן עם יהושע כ׳דור דעה׳, ששמע בקול ה׳ כל ימיו.

הפטרת אמור

מד טו וְהַכֹּהֲנִים הַלְוִיִּם בְּנֵי צָדוֹק אֲשֶׁר שָׁמְרוּ אֶת־מִשְׁמֶרֶת מִקְדָּשִׁי בִּתְעוֹת בְּנֵי־ יחזקאל
יִשְׂרָאֵל מֵעָלַי הֵמָּה יִקְרְבוּ אֵלַי לְשָׁרְתֵנִי וְעָמְדוּ לְפָנַי לְהַקְרִיב לִי חֵלֶב וָדָם
טז נְאֻם אֲדֹנָי יֱהֹוִה: הֵמָּה יָבֹאוּ אֶל־מִקְדָּשִׁי וְהֵמָּה יִקְרְבוּ אֶל־שֻׁלְחָנִי לְשָׁרְתֵנִי
יז וְשָׁמְרוּ אֶת־מִשְׁמַרְתִּי: וְהָיָה בְּבוֹאָם אֶל־שַׁעֲרֵי הֶחָצֵר הַפְּנִימִית בִּגְדֵי פִשְׁתִּים
יִלְבָּשׁוּ וְלֹא־יַעֲלֶה עֲלֵיהֶם צֶמֶר בְּשָׁרְתָם בְּשַׁעֲרֵי הֶחָצֵר הַפְּנִימִית וָבָיְתָה:
יח פַּאֲרֵי פִשְׁתִּים יִהְיוּ עַל־רֹאשָׁם וּמִכְנְסֵי פִשְׁתִּים יִהְיוּ עַל־מָתְנֵיהֶם לֹא יַחְגְּרוּ
יט בַּיָּזַע: וּבְצֵאתָם אֶל־הֶחָצֵר הַחִיצוֹנָה אֶל־הֶחָצֵר הַחִיצוֹנָה אֶל־הָעָם יִפְשְׁטוּ
אֶת־בִּגְדֵיהֶם אֲשֶׁר־הֵמָּה מְשָׁרְתִם בָּם וְהִנִּיחוּ אוֹתָם בְּלִשְׁכֹת הַקֹּדֶשׁ וְלָבְשׁוּ
כ בְּגָדִים אֲחֵרִים וְלֹא־יְקַדְּשׁוּ אֶת־הָעָם בְּבִגְדֵיהֶם: וְרֹאשָׁם לֹא יְגַלֵּחוּ וּפֶרַע לֹא
כא יְשַׁלֵּחוּ כָּסוֹם יִכְסְמוּ אֶת־רָאשֵׁיהֶם: וְיַיִן לֹא־יִשְׁתּוּ כָּל־כֹּהֵן בְּבוֹאָם אֶל־הֶחָצֵר
כב הַפְּנִימִית: וְאַלְמָנָה וּגְרוּשָׁה לֹא־יִקְחוּ לָהֶם לְנָשִׁים כִּי אִם־בְּתוּלֹת מִזֶּרַע בֵּית
כג יִשְׂרָאֵל וְהָאַלְמָנָה אֲשֶׁר־תִּהְיֶה אַלְמָנָה מִכֹּהֵן יִקָּחוּ: וְאֶת־עַמִּי יוֹרוּ בֵּין קֹדֶשׁ
כד לְחֹל וּבֵין־טָמֵא לְטָהוֹר יוֹדִעֻם: וְעַל־רִיב הֵמָּה יַעַמְדוּ לְמִשְׁפָּט בְּמִשְׁפָּטַי
יִשְׁפְּטֻהוּ וְאֶת־תּוֹרֹתַי וְאֶת־חֻקֹּתַי בְּכָל־מוֹעֲדַי יִשְׁמֹרוּ וְאֶת־שַׁבְּתוֹתַי יְקַדֵּשׁוּ:
כה וְאֶל־מֵת אָדָם לֹא יָבוֹא לְטָמְאָה כִּי אִם־לְאָב וּלְאֵם וּלְבֵן וּלְבַת לְאָח וּלְאָחוֹת
כו כז אֲשֶׁר־לֹא־הָיְתָה לְאִישׁ יִטַּמָּאוּ: וְאַחֲרֵי טָהֳרָתוֹ שִׁבְעַת יָמִים יִסְפְּרוּ־לוֹ: וּבְיוֹם
בֹּאוֹ אֶל־הַקֹּדֶשׁ אֶל־הֶחָצֵר הַפְּנִימִית לְשָׁרֵת בַּקֹּדֶשׁ יַקְרִיב חַטָּאתוֹ נְאֻם אֲדֹנָי
כח יֱהֹוִה: וְהָיְתָה לָהֶם לְנַחֲלָה אֲנִי נַחֲלָתָם וַאֲחֻזָּה לֹא־תִתְּנוּ לָהֶם בְּיִשְׂרָאֵל אֲנִי
כט אֲחֻזָּתָם: הַמִּנְחָה וְהַחַטָּאת וְהָאָשָׁם הֵמָּה יֹאכְלוּם וְכָל־חֵרֶם בְּיִשְׂרָאֵל לָהֶם
ל יִהְיֶה: וְרֵאשִׁית כָּל־בִּכּוּרֵי כֹל וְכָל־תְּרוּמַת כֹּל מִכֹּל תְּרוּמוֹתֵיכֶם לַכֹּהֲנִים יִהְיֶה
לא וְרֵאשִׁית עֲרִסוֹתֵיכֶם תִּתְּנוּ לַכֹּהֵן לְהָנִיחַ בְּרָכָה אֶל־בֵּיתֶךָ: כָּל־נְבֵלָה וּטְרֵפָה
מִן־הָעוֹף וּמִן־הַבְּהֵמָה לֹא יֹאכְלוּ הַכֹּהֲנִים:

א. הקשר בין הפרשה להפטרה

הנביא יחזקאל עוסק בנבואה זו בהלכות הכוהנים במקדש, והוא ממשיך את הלכות הכוהנים במקדש, שנאמרו בפרשתנו. ההלכות העיקריות הזהות (או השונות במשהו) בהפטרתנו למצוות שבפרשה הן איסור פריעת הראש, איסור הנישואין עם אלמנה (בפרשתנו נאמרו רק לכוהן הגדול), איסור נישואין עם גרושה, האיסור להיטמא למת, חוץ מקרובים מדרגה ראשונה והאיסור להיטמא באכילת נבלה וטריפה. יש בהפטרה הלכות נוספות, שנזכרו בפרשות אחרות בתורה.

ב. ייחודם של הכוהנים בני צדוק

> וְהַכֹּהֲנִים הַלְוִיִּם בְּנֵי צָדוֹק, אֲשֶׁר שָׁמְרוּ אֶת מִשְׁמֶרֶת מִקְדָּשִׁי בִּתְעוֹת בְּנֵי יִשְׂרָאֵל מֵעָלַי, הֵמָּה יִקְרְבוּ אֵלַי לְשָׁרְתֵנִי, וְעָמְדוּ לְפָנַי לְהַקְרִיב לִי חֵלֶב וָדָם, נְאֻם אֲדֹנָי ה׳: הֵמָּה יָבֹאוּ אֶל מִקְדָּשִׁי, וְהֵמָּה יִקְרְבוּ אֶל שֻׁלְחָנִי לְשָׁרְתֵנִי, וְשָׁמְרוּ אֶת מִשְׁמַרְתִּי:
>
> (טו-טז)

צדוק היה מן הכוהנים של שושלת פינחס בן אלעזר בן אהרן, והוא היה כוהן גדול בימי דוד לצידו של אביָתר בן אחימלך מבני איתמר. בשלב מסוים, כנראה אחרי מרד אבשלום, כיהן לבדו ככוהן גדול. בסוף ימי דוד תמך אביתר באדוניהו, שראה עצמו ראוי למלוך אחרי דוד, וצדוק תמך בשלמה, שדוד ייעד אותו למלוכה כבר מילדותו. שלמה הדיח את אביתר, וצדוק המשיך בכהונתו גם בימי שלמה. משושלתו יצאו הכוהנים הגדולים כל ימי הבית הראשון:

> וּבְנֵי עַמְרָם אַהֲרֹן וּמֹשֶׁה וּמִרְיָם, וּבְנֵי אַהֲרֹן נָדָב וַאֲבִיהוּא אֶלְעָזָר וְאִיתָמָר: אֶלְעָזָר הוֹלִיד אֶת פִּינְחָס, פִּינְחָס הֹלִיד אֶת אֲבִישׁוּעַ: וַאֲבִישׁוּעַ הוֹלִיד אֶת בֻּקִּי, וּבֻקִּי הוֹלִיד אֶת עֻזִּי: וְעֻזִּי הוֹלִיד אֶת זְרַחְיָה, וּזְרַחְיָה הוֹלִיד אֶת מְרָיוֹת: מְרָיוֹת הוֹלִיד אֶת אֲמַרְיָה, וַאֲמַרְיָה הוֹלִיד אֶת אֲחִיטוּב: וַאֲחִיטוּב הוֹלִיד אֶת צָדוֹק, וְצָדוֹק הוֹלִיד אֶת אֲחִימָעַץ: וַאֲחִימַעַץ הוֹלִיד אֶת עֲזַרְיָה, וַעֲזַרְיָה הוֹלִיד אֶת יוֹחָנָן: וְיוֹחָנָן הוֹלִיד אֶת עֲזַרְיָה, הוּא אֲשֶׁר כִּהֵן בַּבַּיִת אֲשֶׁר בָּנָה שְׁלֹמֹה בִּירוּשָׁלִָם: וַיּוֹלֶד עֲזַרְיָה אֶת אֲמַרְיָה, וַאֲמַרְיָה הוֹלִיד אֶת אֲחִיטוּב: וַאֲחִיטוּב הוֹלִיד אֶת צָדוֹק, וְצָדוֹק הוֹלִיד אֶת שַׁלּוּם: וְשַׁלּוּם הוֹלִיד אֶת חִלְקִיָּה, וְחִלְקִיָּה הוֹלִיד אֶת עֲזַרְיָה: וַעֲזַרְיָה הוֹלִיד אֶת שְׂרָיָה, וּשְׂרָיָה הוֹלִיד אֶת יְהוֹצָדָק: וִיהוֹצָדָק הָלַךְ בְּהַגְלוֹת ה׳ אֶת יְהוּדָה וִירוּשָׁלִָם בְּיַד נְבֻכַדְנֶאצַּר:

(דהי"א ה, כט-מא)

בתחילה כיהנו בכהונה הגדולה אלעזר ופינחס בנו. אחריהם עברה הכהונה הגדולה לבני איתמר עד לנפילת בית עלי. צדוק השיב את הכהונה הגדולה לזרעו של אלעזר.

בימי גלות בבל שמרו הכוהנים בני צדוק את מסורת פינחס אביהם, שקינא לאלוהיו, ומנע את נישואי התערובת עם בנות מדיָן, ועצר בכך את המגפה (במדבר כה). כאמור, בני צדוק הקפידו על טהרת נישואיהם גם בגלות, וגם על נאמנותם לאלוהיהם. להבנת עניין זה יש לקרוא את הפסוק הראשון בהפטרתנו יחד עם קודמיו:

> וְאָמַרְתָּ אֶל מֶרִי אֶל בֵּית יִשְׂרָאֵל, כֹּה אָמַר אֲדֹנָי ה׳, רַב לָכֶם מִכָּל תּוֹעֲבוֹתֵיכֶם, בֵּית יִשְׂרָאֵל: בַּהֲבִיאֲכֶם בְּנֵי נֵכָר עַרְלֵי לֵב וְעַרְלֵי בָשָׂר לִהְיוֹת בְּמִקְדָּשִׁי, לְחַלְּלוֹ אֶת בֵּיתִי בְּהַקְרִיבְכֶם אֶת לַחְמִי חֵלֶב וָדָם, וַיָּפֵרוּ אֶת בְּרִיתִי אֶל כָּל תּוֹעֲבוֹתֵיכֶם: וְלֹא שְׁמַרְתֶּם מִשְׁמֶרֶת קָדָשָׁי, וַתְּשִׂימוּן לְשֹׁמְרֵי מִשְׁמַרְתִּי בְּמִקְדָּשִׁי לָכֶם: כֹּה אָמַר אֲדֹנָי ה׳, כָּל בֶּן נֵכָר עֶרֶל לֵב וְעֶרֶל בָּשָׂר לֹא יָבוֹא אֶל מִקְדָּשִׁי לְכָל בֶּן נֵכָר אֲשֶׁר בְּתוֹךְ בְּנֵי יִשְׂרָאֵל: כִּי אִם הַלְוִיִּם אֲשֶׁר רָחֲקוּ מֵעָלַי, בִּתְעוֹת יִשְׂרָאֵל אֲשֶׁר תָּעוּ מֵעָלַי אַחֲרֵי גִּלּוּלֵיהֶם, וְנָשְׂאוּ עֲוֹנָם: וְהָיוּ בְמִקְדָּשִׁי מְשָׁרְתִים פְּקֻדּוֹת אֶל שַׁעֲרֵי הַבַּיִת, וּמְשָׁרְתִים אֶת הַבָּיִת, הֵמָּה יִשְׁחֲטוּ אֶת הָעֹלָה וְאֶת הַזֶּבַח לָעָם, וְהֵמָּה יַעַמְדוּ לִפְנֵיהֶם לְשָׁרְתָם: יַעַן אֲשֶׁר יְשָׁרְתוּ אוֹתָם לִפְנֵי גִלּוּלֵיהֶם, וְהָיוּ לְבֵית יִשְׂרָאֵל לְמִכְשׁוֹל עָוֹן, עַל כֵּן נָשָׂאתִי יָדִי עֲלֵיהֶם, נְאֻם אֲדֹנָי ה׳, וְנָשְׂאוּ עֲוֹנָם: וְלֹא יִגְּשׁוּ אֵלַי לְכַהֵן לִי וְלָגֶשֶׁת עַל כָּל קָדָשַׁי אֶל קָדְשֵׁי הַקְּדָשִׁים, וְנָשְׂאוּ כְּלִמָּתָם וְתוֹעֲבוֹתָם אֲשֶׁר עָשׂוּ: וְנָתַתִּי אוֹתָם שֹׁמְרֵי מִשְׁמֶרֶת הַבָּיִת לְכֹל עֲבֹדָתוֹ, וּלְכֹל אֲשֶׁר יֵעָשֶׂה בּוֹ: וְהַכֹּהֲנִים הַלְוִיִּם בְּנֵי צָדוֹק אֲשֶׁר שָׁמְרוּ אֶת מִשְׁמֶרֶת מִקְדָּשִׁי בִּתְעוֹת בְּנֵי יִשְׂרָאֵל מֵעָלַי, הֵמָּה יִקְרְבוּ אֵלַי לְשָׁרְתֵנִי, וְעָמְדוּ לְפָנַי לְהַקְרִיב לִי חֵלֶב וָדָם, נְאֻם אֲדֹנָי ה׳:

(מד, ו-טו)

יחזקאל מוכיח את העם שמינה כוהנים עַרְלֵי לֵב וְעַרְלֵי בָשָׂר, כלומר, גויים על פי ההלכה. מסתבר, שאבותיהם היו כוהנים, אך אימותיהם היו נוכריות או גֵרות שעברו תהליך גיור קל ולא מחייב, והנביא מחשיבן כגויות. אכן, בימי שיבת ציון ואחריה נשאו כוהנים רבים נשים מבנות הנֵכר כאן בארץ. הנביא מלאכי (ב, יא) מוכיח אותם, וגם בספר נחמיה נזכרת תופעה זו. נזכיר פסוקים בודדים:

> זָכְרָה לָהֶם, אֱלֹהָי, עַל גָּאֳלֵי הַכְּהֻנָּה וּבְרִית הַכְּהֻנָּה וְהַלְוִיִּם: וְטִהַרְתִּים מִכָּל נֵכָר, וָאַעֲמִידָה מִשְׁמָרוֹת לַכֹּהֲנִים וְלַלְוִיִּם אִישׁ בִּמְלַאכְתּוֹ:

(נחמיה יג, כט-ל)

הנביא קובע, שכוהנים אלו וזרעם ישמשו כלוויים, כשומרי ההיכל וחצרו וגם כשוחטי

הזבחים, שהיא עבודה שכְּשרה גם בזר. כל עבודות הקורבן מקַבָּלת הדם ואילך ושאר עבודות הכהונה יהיו רק בידי בני צדוק, שהקפידו על נישואיהם, והיו נאמנים לתורה.

עוד ניבא יחזקאל:

> וַיְדַבֵּר אֵלָי, זֹה הַלִּשְׁכָּה אֲשֶׁר פָּנֶיהָ דֶּרֶךְ הַדָּרוֹם, לַכֹּהֲנִים שֹׁמְרֵי מִשְׁמֶרֶת הַבָּיִת: וְהַלִּשְׁכָּה אֲשֶׁר פָּנֶיהָ דֶּרֶךְ הַצָּפוֹן, לַכֹּהֲנִים שֹׁמְרֵי מִשְׁמֶרֶת הַמִּזְבֵּחַ, הֵמָּה בְנֵי צָדוֹק, הַקְּרֵבִים מִבְּנֵי לֵוִי אֶל ה׳ לְשָׁרְתוֹ:

(מ, מה-מו)

בני צדוק בגלות בבל מזכירים את מה שאומר הרמב״ם על שבט הלוי בגלות מצרים:

> עד שארכו הימים לישראל במצרים, וחזרו ללמוד מעשיהן ולעבוד כוכבים כמותן, חוץ משבט לוי שעמד במצות אבות, ומעולם לא עבד שבט לוי עבודת כוכבים.

(הלכות עבודה זרה א, ג)

> שכולם ביטלו ברית מילה במצרים חוץ משבט לוי ועל זה נאמר ובריתך ינצורו.

(הלכות איסורי ביאה יג, ב)

ברית המילה מבטאת גם את השמירה על קדושת זרע ישראל, ובני לוי הקפידו עליה.

מכוח מקראות אלו ביחזקאל ניתן לפרש מחדש את הברית שכרת ה׳ עם פינחס:

> וַיְדַבֵּר ה׳ אֶל מֹשֶׁה לֵּאמֹר: פִּינְחָס בֶּן אֶלְעָזָר בֶּן אַהֲרֹן הַכֹּהֵן הֵשִׁיב אֶת חֲמָתִי מֵעַל בְּנֵי יִשְׂרָאֵל בְּקַנְאוֹ אֶת קִנְאָתִי בְּתוֹכָם, וְלֹא כִלִּיתִי אֶת בְּנֵי יִשְׂרָאֵל בְּקִנְאָתִי: לָכֵן אֱמֹר, הִנְנִי נֹתֵן לוֹ אֶת בְּרִיתִי שָׁלוֹם: וְהָיְתָה לּוֹ וּלְזַרְעוֹ אַחֲרָיו בְּרִית כְּהֻנַּת עוֹלָם, תַּחַת אֲשֶׁר קִנֵּא לֵאלֹהָיו, וַיְכַפֵּר עַל בְּנֵי יִשְׂרָאֵל:

(במדבר כה, י-יג)

מה חידש ה׳ לפינחס, שהיה ממשפחת הכוהנים? והרי לכל בני אהרן ניתנה כהונת עולם![1] מדברי יחזקאל אנו רואים, שהברית לאהרן אינה לעולם, אלא דווקא לפינחס, שממנו יצא צדוק, וממנו נמשכת כהונת העולם.

יש להעיר, שלַיָמים אפשר שהפכה מעלתם של בני צדוק לחיסרון. הצדוקים,

1. הגמרא בזבחים קא ע״ב תירצה שאלה זו בדרכה; אנו בחרנו כאן דרך נוספת.

שגרעינם היה הכוהנים המיוחסים, ראו את עצמם במעלה נבדלת מההמון העם, וכך ראו גם את מעלת הכהונה. חכמי הפרושים, שאנו רואים את עצמנו כתלמידיהם, התנגדו לנבדלוּת זו על כל רָעותיה. תקצר היריעה מלהכיל את יסודות הפולמוס עם הכוהנים הצדוקים, ונסתפק במה שהערנו על כך.

ג. בגדי הכוהנים, תספורתם ואיסורם ביין

וְהָיָה בְּבוֹאָם אֶל שַׁעֲרֵי הֶחָצֵר הַפְּנִימִית בִּגְדֵי פִשְׁתִּים יִלְבָּשׁוּ, וְלֹא יַעֲלֶה עֲלֵיהֶם צֶמֶר בְּשָׁרְתָם בְּשַׁעֲרֵי הֶחָצֵר הַפְּנִימִית וָבָיְתָה: פַּאֲרֵי פִשְׁתִּים יִהְיוּ עַל רֹאשָׁם, וּמִכְנְסֵי פִשְׁתִּים יִהְיוּ עַל מָתְנֵיהֶם, לֹא יַחְגְּרוּ בַּיָּזַע:
(יז-יח)

בגדי הכוהנים הרגילים בתורה הם אכן מפשתן בלבד:

וְשִׁבַּצְתָּ הַכְּתֹנֶת שֵׁשׁ, וְעָשִׂיתָ מִצְנֶפֶת שֵׁשׁ, וְאַבְנֵט תַּעֲשֶׂה מַעֲשֵׂה רֹקֵם: וְלִבְנֵי אַהֲרֹן תַּעֲשֶׂה כֻתֳּנֹת, וְעָשִׂיתָ לָהֶם אַבְנֵטִים, וּמִגְבָּעוֹת תַּעֲשֶׂה לָהֶם לְכָבוֹד וּלְתִפְאָרֶת:
(שמות כח, לט-מ)

שש הוא פשתן. אומנם האבנט היה מַעֲשֵׂה רֹקֵם, והיה בו צמר, וכך פסק גם הרמב"ם:

בגדי כהן הדיוט הם ארבעה כלים: כתנת ומכנסים ומגבעות ואבנט, וארבעתן של פשתן, לבָנים וחוטן כפול ששה, והאבנט לבדו רקום בצמר.
(הלכות כלי המקדש ח, א)

הרמב"ם פסק כשיטתו של רבי (יומא יב ע"ב), והיא אכן קרובה יותר לפשוטו של מקרא:

וַיַּעֲשׂוּ אֶת הַכָּתְנֹת שֵׁשׁ מַעֲשֵׂה אֹרֵג לְאַהֲרֹן וּלְבָנָיו: וְאֵת הַמִּצְנֶפֶת שֵׁשׁ וְאֶת פַּאֲרֵי הַמִּגְבָּעֹת שֵׁשׁ וְאֶת מִכְנְסֵי הַבָּד שֵׁשׁ מָשְׁזָר: וְאֶת הָאַבְנֵט שֵׁשׁ מָשְׁזָר וּתְכֵלֶת וְאַרְגָּמָן וְתוֹלַעַת שָׁנִי מַעֲשֵׂה רֹקֵם:
(שמות לט, כז-כט)

בפשטות נראה, שהמקראות מדברים גם על אבנט של כוהנים רגילים ולא רק של הכוהן הגדול. מדברי יחזקאל בנבואתנו עולה, שכוהנים רגילים נאסרו בבגדים שיש

בהם צמר (תכלת וארגמן ותולעת שני), ואבנטו של כוהן פשוט עשוי, אפוא, מפשתן ('שש' בלשון המקרא, 'בּוּץ' בלשון חז"ל) בלבד. זוהי שיטת רבי אלעזר ברבי שמעון, החולק על רבי בגמרא שם.

עוד חידש יחזקאל על בגדי הכהונה:

וּבְצֵאתָם אֶל הֶחָצֵר הַחִיצוֹנָה, אֶל הֶחָצֵר הַחִיצוֹנָה אֶל הָעָם, יִפְשְׁטוּ אֶת בִּגְדֵיהֶם אֲשֶׁר הֵמָּה מְשָׁרְתִם בָּם, וְהִנִּיחוּ אוֹתָם בְּלִשְׁכֹת הַקֹּדֶשׁ, וְלָבְשׁוּ בְּגָדִים אֲחֵרִים, וְלֹא יְקַדְּשׁוּ אֶת הָעָם בְּבִגְדֵיהֶם:

(יט)

יציאתם מעזרת כוהנים (= הֶחָצֵר הַפְּנִימִית) לעזרת ישראל (= הֶחָצֵר הַחִיצוֹנָה) מחייבת שינוי בגדים, כי הנוגע בבגדים מתקדש. הלכה זו שנתחדשה כאן ביחזקאל, מזכירה מעט את הנאמר בתורה על הוצאת הדשן אל מחוץ למחנה:

וּפָשַׁט אֶת בְּגָדָיו, וְלָבַשׁ בְּגָדִים אֲחֵרִים, וְהוֹצִיא אֶת הַדֶּשֶׁן אֶל מִחוּץ לַמַּחֲנֶה, אֶל מָקוֹם טָהוֹר:

(ויקרא ו, ד)

מן האמור בתורה נראה, שאין זה כבוד הבגדים שבהם עובד הכוהן במקדש, שייצאו בהם אל מחוץ למחנה אל שפך הדשן. בהפטרתנו נראה, שהמטרה היא להבדיל את בגדי הקודש מן העם.

*

וְרֹאשָׁם לֹא יְגַלֵּחוּ, וּפֶרַע לֹא יְשַׁלֵּחוּ, כָּסוֹם יִכְסְמוּ אֶת רָאשֵׁיהֶם:

(כ)

הכוהנים בני צדוק נצטוו על ידי יחזקאל לנהוג ככוהנים בתורה, שנאמר בהם (ויקרא י, ו): רָאשֵׁיכֶם אַל תִּפְרָעוּ. הייתה להם תספורת מיוחדת, קצרה ונאה, ועל פי הגמרא (סנהדרין כב ע"ב) היא הייתה כתספורתו של כוהן גדול.

יחזקאל מחמיר על הכוהנים גם בשתיית יין:

וְיַיִן לֹא יִשְׁתּוּ כָּל כֹּהֵן בְּבוֹאָם אֶל הֶחָצֵר הַפְּנִימִית:

(כא)

בתורה נאסרו הכוהנים הנכנסים לאוהל מועד בשתיית יין (ויקרא י, ט). בדברי חז"ל הם אסורים ביין גם בהימצאם בין האולם למזבח (משנה כלים א, ט). בנבואת יחזקאל הם נאסרו ביין בכל החצר הפנימית, המקבילה לעזרת כוהנים.

ד. מצוות הנישואין

וְאַלְמָנָה וּגְרוּשָׁה לֹא יִקְחוּ לָהֶם לְנָשִׁים, כִּי אִם בְּתוּלֹת מִזֶּרַע בֵּית יִשְׂרָאֵל, וְהָאַלְמָנָה אֲשֶׁר תִּהְיֶה אַלְמָנָה, מִכֹּהֵן יִקָּחוּ: (כב)

יחזקאל מחמיר מן התורה גם במצוות הנישואין. התורה מתירה לכוהן (שאינו כוהן גדול) לשאת אלמנה ואוסרת לו לקחת גרושה. יחזקאל אוסר לכוהן גם אלמנה, פרט לאלמנה מכוהן. שמא נוכל להניח, שיחזקאל אסר עליהם אלמנות, מחשש שהאלמנות הנוכחיות היו גרושות בנישואין הראשונים ואלמנות בנישואיהן השניים, ואם כוהן ייקח אישה כזו בנישואיה השלישיים, נמצא שנשא גרושה. אך אם היא אלמנה מכוהן, חזקה עליה שלא הייתה גרושה לפני כן. חללה וזונה ודאי אסורות להם מן התורה, אך יחזקאל לא פירשן, כיוון שמפורש איסורן בתורה.

ה. הוראת התורה, המשפט והשבת

וְאֶת עַמִּי יוֹרוּ בֵּין קֹדֶשׁ לְחֹל, וּבֵין טָמֵא לְטָהוֹר יוֹדִעֻם:

(כג)

מתפקידי הכוהנים החשובים הוא להורות את התורה לעם וללמדם את המצוות, ככתוב בברכת משה רבנו:

יוֹרוּ מִשְׁפָּטֶיךָ לְיַעֲקֹב וְתוֹרָתְךָ לְיִשְׂרָאֵל, יָשִׂימוּ קְטוֹרָה בְּאַפֶּךָ וְכָלִיל עַל מִזְבְּחֶךָ:
(דברים לג, י)

כך נהג בפועל המלך יהושפט:

וּבִשְׁנַת שָׁלוֹשׁ לְמָלְכוֹ שָׁלַח לְשָׂרָיו... וְעִמָּהֶם הַלְוִיִּם שְׁמַעְיָהוּ וּנְתַנְיָהוּ... וְעִמָּהֶם אֱלִישָׁמָע וִיהוֹרָם הַכֹּהֲנִים: וַיְלַמְּדוּ בִּיהוּדָה, וְעִמָּהֶם סֵפֶר תּוֹרַת ה', וַיָּסֹבּוּ בְּכָל עָרֵי יְהוּדָה, וַיְלַמְּדוּ בָּעָם:
(דהי"ב יז, ז-ט)

הכוהנים אמורים לעסוק הרבה בתורה גם בשל תפקידיהם, ולכן גם תפקיד המשפט מוטל עליהם:

> וְעַל רִיב הֵמָּה יַעַמְדוּ לְמִשְׁפָּט, בְּמִשְׁפָּטַי יִשְׁפְּטוּהוּ...

(כד)

גם התורה מעדיפה את הכוהן כשופט, אך העדפתה זו היא לכתחילה בלבד, ולא לעיכובא:

> כִּי יִפָּלֵא מִמְּךָ דָבָר לַמִּשְׁפָּט, בֵּין דָּם לְדָם בֵּין דִּין לְדִין וּבֵין נֶגַע לָנֶגַע, דִּבְרֵי רִיבֹת בִּשְׁעָרֶיךָ, וְקַמְתָּ וְעָלִיתָ אֶל הַמָּקוֹם, אֲשֶׁר יִבְחַר ה׳ אֱלֹהֶיךָ בּוֹ: וּבָאתָ אֶל הַכֹּהֲנִים הַלְוִיִּם, וְאֶל הַשֹּׁפֵט אֲשֶׁר יִהְיֶה בַּיָּמִים הָהֵם, וְדָרַשְׁתָּ וְהִגִּידוּ לְךָ אֵת דְּבַר הַמִּשְׁפָּט:

(דברים יז, ח–ט)

הכוהנים כקדושי ה׳ וכעובדי מקדשו אחראים יותר מכל אדם גם על שמירת חוקות המועדים וקדושת השבת:

> ... וְאֶת תּוֹרֹתַי וְאֶת חֻקֹּתַי בְּכָל מוֹעֲדַי יִשְׁמֹרוּ, וְאֶת שַׁבְּתוֹתַי יְקַדֵּשׁוּ:

(כד)

בכך קושר יחזקאל את כל חלקי עבודת ה׳ לעבודת המקדש, ורואה בכוהן את המעיין המרכזי לעבודת ה׳ בכלל. כך להלן גם לגבי איסורם המיוחד באכילת נבלה וטרפה (לא), למרות שאלו אסורות לכל ישראל.

ו. דיני טומאת מת לכוהן

ההיתר לכוהן להיטמא לקרוביו מדרגה ראשונה דומה לנאמר בתורה, אך הנביא מחדש שבעה ימים אחרי שבעת הימים שנטהר בהם, שבהם עדיין אינו נכנס למקדש לשרת בקודש. הוא מעין ׳מחוסר כיפורים׳, שמותר בעבודה רק אחרי שיביא קורבן חטאת על ימי טומאתו:

> וְאֶל מֵת אָדָם לֹא יָבוֹא לְטָמְאָה, כִּי אִם לְאָב וּלְאֵם וּלְבֵן וּלְבַת לְאָח, וּלְאָחוֹת אֲשֶׁר

לֹא הָיְתָה לְאִישׁ, יִטַּמָּאוּ: וְאַחֲרֵי טָהֳרָתוֹ שִׁבְעַת יָמִים יִסְפְּרוּ לוֹ: וּבְיוֹם בֹּאוֹ אֶל הַקֹּדֶשׁ אֶל הֶחָצֵר הַפְּנִימִית לְשָׁרֵת בַּקֹּדֶשׁ יַקְרִיב חַטָּאתוֹ, נְאֻם אֲדֹנָי ה׳:
(כה–כז)

הנביא אינו מזכיר בין הקרובים שהכוהן מיטמא להם את אשתו. מדרש ההלכה למד זאת מן הפסוקים עצמם:

כִּי אִם לִשְׁאֵרוֹ הַקָּרֹב אֵלָיו (ויקרא כא, ב) – אין שארו אלא אשתו, שנאמר (שם יח, יב): שְׁאֵר אָבִיךָ הִוא.
(ספרא אמור א, עד)

אך הרמב"ם למד את ההיתר והחיוב להיטמאות כוהן לאשתו בדרך שונה:

אשתו של כהן מתטמא לה על כרחו, ואינו מטמא לה אלא מדברי סופרים, עשאוה כמת מצוה, כיון שאין לה יורש, אלא הוא, לא תמצא מי שיתעסק בה.
(הלכות אבל ב, ז)

דרך זו של הרמב"ם נראית מתאימה יותר ליחזקאל, שלא מנה את אשתו בין הקרובים שהכוהן נטמא להם.

הפטרת בהר

לב ו ז וַיֹּ֖אמֶר יִרְמְיָ֑הוּ הָיָ֥ה דְבַר־יהוה אֵלַ֖י לֵאמֹֽר׃ הִנֵּ֣ה חֲנַמְאֵ֗ל בֶּן־שַׁלֻּם֙ דֹּֽדְךָ֔ בָּ֥א ירמיה
אֵלֶ֖יךָ לֵאמֹ֑ר קְנֵ֣ה לְךָ֗ אֶת־שָׂדִי֙ אֲשֶׁ֣ר בַּעֲנָת֔וֹת כִּ֥י לְךָ֛ מִשְׁפַּ֥ט הַגְּאֻלָּ֖ה לִקְנֽוֹת׃
ח וַיָּבֹ֣א אֵ֠לַי חֲנַמְאֵ֨ל בֶּן־דֹּדִ֜י כִּדְבַ֣ר יהוה אֶל־חֲצַ֣ר הַמַּטָּרָה֮ וַיֹּ֣אמֶר אֵלַי֒ קְנֵ֣ה נָ֗א
אֶת־שָׂדִ֞י אֲשֶׁר־בַּעֲנָת֜וֹת אֲשֶׁ֣ר ׀ בְּאֶ֣רֶץ בִּנְיָמִ֗ין כִּֽי־לְךָ֞ מִשְׁפַּ֧ט הַיְרֻשָּׁ֛ה וּלְךָ֥ הַגְּאֻלָּ֖ה
ט קְנֵה־לָ֑ךְ וָאֵדַ֕ע כִּ֥י דְבַר־יהוה הֽוּא׃ וָֽאֶקְנֶה֙ אֶת־הַשָּׂדֶ֔ה מֵאֵ֛ת חֲנַמְאֵ֥ל בֶּן־דֹּדִ֖י
י אֲשֶׁ֣ר בַּעֲנָת֑וֹת וָאֶשְׁקֲלָה־לּוֹ֙ אֶת־הַכֶּ֔סֶף שִׁבְעָ֥ה שְׁקָלִ֖ים וַעֲשָׂרָ֥ה הַכָּֽסֶף׃ וָאֶכְתֹּ֤ב
יא בַּסֵּ֙פֶר֙ וָֽאֶחְתֹּ֔ם וָאָעֵ֖ד עֵדִ֑ים וָאֶשְׁקֹ֥ל הַכֶּ֖סֶף בְּמֹאזְנָֽיִם׃ וָאֶקַּ֖ח אֶת־סֵ֣פֶר הַמִּקְנָ֑ה
יב אֶת־הֶחָת֛וּם הַמִּצְוָ֥ה וְהַחֻקִּ֖ים וְאֶת־הַגָּלֽוּי׃ וָאֶתֵּ֞ן אֶת־הַסֵּ֣פֶר הַמִּקְנָה֮ אֶל־בָּר֣וּךְ
בֶּן־נֵרִיָּה֮ בֶּן־מַחְסֵיָה֒ לְעֵינֵי֙ חֲנַמְאֵ֣ל דֹּדִ֔י וּלְעֵינֵי֙ הָֽעֵדִ֔ים הַכֹּתְבִ֖ים בְּסֵ֣פֶר הַמִּקְנָ֑ה
יג לְעֵינֵי֙ כָּל־הַיְּהוּדִ֔ים הַיֹּשְׁבִ֖ים בַּחֲצַ֥ר הַמַּטָּרָֽה׃ וָאֲצַוֶּה֙ אֶת־בָּר֔וּךְ לְעֵינֵיהֶ֖ם לֵאמֹֽר׃
יד כֹּה־אָמַר֩ יהוה צְבָא֜וֹת אֱלֹהֵ֣י יִשְׂרָאֵ֗ל לָק֣וֹחַ אֶת־הַסְּפָרִ֪ים הָאֵ֟לֶּה אֵ֣ת סֵפֶר֩
הַמִּקְנָ֨ה הַזֶּ֜ה וְאֵ֣ת הֶחָת֗וּם וְאֵ֨ת סֵ֤פֶר הַגָּלוּי֙ הַזֶּ֔ה וּנְתַתָּ֖ם בִּכְלִי־חָ֑רֶשׂ לְמַ֖עַן
טו יַעַמְד֥וּ יָמִ֖ים רַבִּֽים׃ כִּ֥י כֹ֛ה אָמַ֛ר יהוה צְבָא֖וֹת אֱלֹהֵ֣י יִשְׂרָאֵ֑ל ע֠וֹד
טז יִקָּנ֥וּ בָתִּ֛ים וְשָׂד֥וֹת וּכְרָמִ֖ים בָּאָ֥רֶץ הַזֹּֽאת׃ וָֽאֶתְפַּלֵּ֖ל אֶל־יהוה אַחֲרֵ֣י
יז תִתִּ֗י אֶת־סֵ֣פֶר הַמִּקְנָ֔ה אֶל־בָּר֥וּךְ בֶּן־נֵרִיָּ֖ה לֵאמֹֽר׃ אֲהָהּ֮ אֲדֹנָ֣י יֱהֹוִה֒ הִנֵּ֣ה ׀ אַתָּ֣ה
עָשִׂ֗יתָ אֶת־הַשָּׁמַ֙יִם֙ וְאֶת־הָאָ֔רֶץ בְּכֹחֲךָ֙ הַגָּד֔וֹל וּבִזְרֹעֲךָ֖ הַנְּטוּיָ֑ה לֹֽא־יִפָּלֵ֥א מִמְּךָ֖
יח כָּל־דָּבָֽר׃ עֹ֤שֶׂה חֶ֙סֶד֙ לַאֲלָפִ֔ים וּמְשַׁלֵּם֙ עֲוֺ֣ן אָב֔וֹת אֶל־חֵ֥יק בְּנֵיהֶ֖ם אַחֲרֵיהֶ֑ם הָאֵ֤ל
יט הַגָּדוֹל֙ הַגִּבּ֔וֹר יהוה צְבָא֖וֹת שְׁמֽוֹ׃ גְּדֹל֙ הָֽעֵצָ֔ה וְרַ֖ב הָעֲלִֽילִיָּ֑ה אֲשֶׁר־עֵינֶ֣יךָ פְקֻח֗וֹת
כ עַל־כָּל־דַּרְכֵי֙ בְּנֵ֣י אָדָ֔ם לָתֵ֤ת לְאִישׁ֙ כִּדְרָכָ֔יו וְכִפְרִ֖י מַעֲלָלָֽיו׃ אֲשֶׁר־שַׂ֠מְתָּ אֹת֨וֹת
וּמֹפְתִ֤ים בְּאֶרֶץ־מִצְרַ֙יִם֙ עַד־הַיּ֣וֹם הַזֶּ֔ה וּבְיִשְׂרָאֵ֖ל וּבָאָדָ֑ם וַתַּֽעֲשֶׂה־לְּךָ֥ שֵׁ֖ם כַּיּ֥וֹם
כא הַזֶּֽה׃ וַתֹּצֵ֛א אֶת־עַמְּךָ֥ אֶת־יִשְׂרָאֵ֖ל מֵאֶ֣רֶץ מִצְרָ֑יִם בְּאֹת֣וֹת וּבְמוֹפְתִ֗ים וּבְיָ֤ד חֲזָקָה֙
כב וּבְאֶזְר֣וֹעַ נְטוּיָ֔ה וּבְמוֹרָ֖א גָּדֽוֹל׃ וַתִּתֵּ֤ן לָהֶם֙ אֶת־הָאָ֣רֶץ הַזֹּ֔את אֲשֶׁר־נִשְׁבַּ֥עְתָּ

כג לַאֲבוֹתָם לָתֵת לָהֶם אֶרֶץ זָבַת חָלָב וּדְבָשׁ: וַיָּבֹאוּ וַיִּרְשׁוּ אֹתָהּ וְלֹא־שָׁמְעוּ
בְקוֹלֶךָ וּבְתוֹרָתְךָ לֹא־הָלָכוּ אֵת כָּל־אֲשֶׁר צִוִּיתָה לָהֶם לַעֲשׂוֹת לֹא עָשׂוּ וַתַּקְרֵא
כד אֹתָם אֵת כָּל־הָרָעָה הַזֹּאת: הִנֵּה הַסֹּלְלוֹת בָּאוּ הָעִיר לְלָכְדָהּ וְהָעִיר נִתְּנָה בְּיַד
הַכַּשְׂדִּים הַנִּלְחָמִים עָלֶיהָ מִפְּנֵי הַחֶרֶב וְהָרָעָב וְהַדָּבֶר וַאֲשֶׁר דִּבַּרְתָּ הָיָה וְהִנְּךָ
כה רֹאֶה: וְאַתָּה אָמַרְתָּ אֵלַי אֲדֹנָי יֱהֹוִה קְנֵה־לְךָ הַשָּׂדֶה בַּכֶּסֶף וְהָעֵד עֵדִים וְהָעִיר
כו כז נִתְּנָה בְּיַד הַכַּשְׂדִּים: וַיְהִי דְּבַר־יהוה אֶל־יִרְמְיָהוּ לֵאמֹר: הִנֵּה אֲנִי
יהוה אֱלֹהֵי כָּל־בָּשָׂר הֲמִמֶּנִּי יִפָּלֵא כָּל־דָּבָר:

א. הקשר בין הפרשה להפטרה

פרשתנו דנה בממכר שדה אחוזה, כלומר, במכירת שדה שאדם ירש מאבותיו ומאבות אבותיו, והייתה בחזקת משפחתו מאז שחולקו הנחלות בארץ בימי יהושע בן נון.[1] וכך נאמר בפרשה:

כִּי יָמוּךְ אָחִיךָ, וּמָכַר מֵאֲחֻזָּתוֹ, וּבָא גֹאֲלוֹ הַקָּרֹב אֵלָיו, וְגָאַל אֵת מִמְכַּר אָחִיו: (ויקרא כה, כה)

כיוצא בו, מצאנו בפרשה פסוקים על המוכר את עצמו לעבד ועל החובה של גואלו, קרובו, לפדות אותו. גם מעשה רות ובועז מבוסס על קניית השדה של משפחת אלימלך על ידי קרובו – 'פלוני אלמוני' או בועז. התורה מקפידה, שלכתחילה יהיה השדה ביד קרוב מן המשפחה המורחבת, כיוון שהשדה הוא חלק מנחלת המשפחה מימים ימימה, ועל השדה יקום שם בעליו בתוך המשפחה. בהפטרתנו מתבקש ירמיהו לגאול את שדה קרובו, חנמאל, העומד למכירה:

וַיָּבֹא אֵלַי חֲנַמְאֵל בֶּן דֹּדִי כִּדְבַר ה' אֶל חֲצַר הַמַּטָּרָה, וַיֹּאמֶר אֵלַי, קְנֵה נָא אֶת שָׂדִי אֲשֶׁר בַּעֲנָתוֹת אֲשֶׁר בְּאֶרֶץ בִּנְיָמִין, כִּי לְךָ מִשְׁפַּט הַיְרֻשָּׁה וּלְךָ הַגְּאֻלָּה קְנֵה לָךְ... (ח)

1. ירמיהו היה כוהן, ומשפחתו לא נחלה שדות. אפשר, שבשדה שקנה ירמיהו היו אימהות מעורבות בירושה שירשו מאבותיהן, ושמא חנמאל היה קרוב אליו דרך אימו. אך לאור העובדה שהשדה היה בענתות, שהייתה עיר כוהנים, מסתבר, שחנמאל אכן היה קרוב לירמיהו דרך אביו, ואף הוא עצמו היה כוהן, והמשפחה ירשה את השדה דרך אחת מאימהות המשפחה.

ב. רקע כרונולוגי והיסטורי

זמנה של נבואתנו נקוב בפסוקים הקודמים לתחילת ההפטרה. שם גם נתבאר, מדוע נערך הקניין בַּחֲצַר הַמַּטָּרָה, שאינה אלא מחנה מעצר,[2] כנראה מצפון לירושלים שבין החומות:

הַדָּבָר אֲשֶׁר הָיָה אֶל יִרְמְיָהוּ מֵאֵת ה׳ בַּשָּׁנָה הָעֲשִׂרִית לְצִדְקִיָּהוּ מֶלֶךְ יְהוּדָה, הִיא הַשָּׁנָה שְׁמֹנֶה עֶשְׂרֵה שָׁנָה לִנְבוּכַדְרֶאצַּר: וְאָז חֵיל מֶלֶךְ בָּבֶל צָרִים עַל יְרוּשָׁלָםִ, וְיִרְמְיָהוּ הַנָּבִיא הָיָה כָלוּא בַּחֲצַר הַמַּטָּרָה, אֲשֶׁר בֵּית מֶלֶךְ יְהוּדָה: אֲשֶׁר כְּלָאוֹ צִדְקִיָּהוּ מֶלֶךְ יְהוּדָה, לֵאמֹר, מַדּוּעַ אַתָּה נִבָּא לֵאמֹר, כֹּה אָמַר ה׳, הִנְנִי נֹתֵן אֶת הָעִיר הַזֹּאת בְּיַד מֶלֶךְ בָּבֶל, וּלְכָדָהּ: וְצִדְקִיָּהוּ מֶלֶךְ יְהוּדָה לֹא יִמָּלֵט מִיַּד הַכַּשְׂדִּים, כִּי הִנָּתֹן יִנָּתֵן בְּיַד מֶלֶךְ בָּבֶל, וְדִבֶּר פִּיו עִם פִּיו, וְעֵינָיו אֶת עֵינָו תִּרְאֶינָה: וּבָבֶל יוֹלִךְ אֶת צִדְקִיָּהוּ, וְשָׁם יִהְיֶה עַד פָּקְדִי אֹתוֹ, נְאֻם ה׳, כִּי תִלָּחֲמוּ אֶת הַכַּשְׂדִּים, לֹא תַצְלִיחוּ:

(לב, א-ה)

הרקע הנזכר אינו נותן תשובה לשאלה מתי בשנה העשירית הייתה הנבואה. נעסוק בשאלה זו כאן באופן עצמאי.

אנו מצויים בזמן המצור האחרון על ירושלים, בשנה העשירית לצדקיהו, לפני חורבנה בשנת אחת עשרה לצדקיהו. המצור על ירושלים ארך שנה וחצי (בדיוק!): מהשנה התשיעית לצדקיהו בעשרה לחודש העשירי (עשרה בטבת) ועד לתשעה לחודש הרביעי (ט בתמוז) בשנה האחת עשרה. ביום זה הובקעה חומת העיר, והצבא הבבלי נכנס אליה.[3] למצור היו שני חלקים, וביניהם הפסיק חיל מלך בבל את המצור על ירושלים כדי לקדם את פני הצבא המצרי, שבא, כביכול, לעזרת ירושלים. המצור פסק לזמן קצר, וניתן היה לצאת מירושלים.

וְחֵיל פַּרְעֹה יָצָא מִמִּצְרָיִם, וַיִּשְׁמְעוּ הַכַּשְׂדִּים הַצָּרִים עַל יְרוּשָׁלַםִ אֶת שִׁמְעָם, וַיֵּעָלוּ מֵעַל יְרוּשָׁלָםִ:

(לז, ה)

2. המילה מַטָּרָה נגזרת מן השורש נט״ר – חצר שמורה (כמו המילה מַפָּלָה מן השורש נפ״ל).
3. וַיְהִי בַשָּׁנָה הַתְּשִׁעִית לְמָלְכוֹ בַּחֹדֶשׁ הָעֲשִׂירִי בֶּעָשׂוֹר לַחֹדֶשׁ, בָּא נְבוּכַדְרֶאצַּר מֶלֶךְ בָּבֶל הוּא וְכָל חֵילוֹ עַל יְרוּשָׁלַםִ, וַיַּחֲנוּ עָלֶיהָ, וַיִּבְנוּ עָלֶיהָ דָּיֵק סָבִיב: וַתָּבֹא הָעִיר בַּמָּצוֹר עַד עַשְׁתֵּי עֶשְׂרֵה שָׁנָה לַמֶּלֶךְ צִדְקִיָּהוּ: בַּחֹדֶשׁ הָרְבִיעִי בְּתִשְׁעָה לַחֹדֶשׁ וַיֶּחֱזַק הָרָעָב בָּעִיר, וְלֹא הָיָה לֶחֶם לְעַם הָאָרֶץ: (נב, ד-ו, וכן הוא גם במל״ב כה, א-ב)

מנבואת יחזקאל עולה, שהפסקת המצור הייתה קרוב לעשרה בטבת של השנה העשירית לצדקיהו,[4] כלומר, כשנה אחרי תחילתו של המצור. חלקו השני של המצור נמשך, אפוא, כחצי שנה, עד שהובקעה העיר בט׳ בתמוז.

בתקופה זו נחבש ירמיהו בכלא בבית יהונתן הסופר (לז, טו). זה היה כלא חמור ובתנאים גרועים מאוד, וירמיהו הוצא משם לחצר המטרה. הוא נחבש שוב בכלא חמור יותר, בבור מלכיהו בן המלך, ושוב הוצא משם לחצר המטרה. אז אמר לצדקיהו שלא יימלט מיד הכשדים כפי שנאמר בתחילת נבואתנו,[5] בפסוקים שהבאנו הקודמים להפטרה.[6]

העולה מדברינו: העִסקה של ירמיהו וחנמאל הייתה בחצר המטרה, לאחר שירמיהו הוצא מבור מלכיהו בן המלך, וזה אירע בסוף השנה העשירית, בין טבת לאדר (שבו מסתיימת השנה למניין המלכים), חודשים בודדים לפני שהובקעה העיר.

ג. קניין השדה

וָאֶקְנֶה אֶת הַשָּׂדֶה מֵאֵת חֲנַמְאֵל בֶּן דֹּדִי אֲשֶׁר בַּעֲנָתוֹת, וָאֶשְׁקֲלָה לּוֹ אֶת הַכֶּסֶף שִׁבְעָה שְׁקָלִים וַעֲשָׂרָה הַכָּסֶף: וָאֶכְתֹּב בַּסֵּפֶר וָאֶחְתֹּם, וָאָעֵד עֵדִים, וָאֶשְׁקֹל הַכֶּסֶף בְּמֹאזְנָיִם: וָאֶקַּח אֶת סֵפֶר הַמִּקְנָה, אֶת הֶחָתוּם הַמִּצְוָה וְהַחֻקִּים וְאֶת הַגָּלוּי:

(ט-יא)

כִּי כֹה אָמַר ה׳ צְבָאוֹת אֱלֹהֵי יִשְׂרָאֵל, עוֹד יִקָּנוּ בָתִּים וְשָׂדוֹת וּכְרָמִים בָּאָרֶץ הַזֹּאת:

(טו)

4. וכך נאמר ביחזקאל (כט, א-ב; ו-ז): בַּשָּׁנָה הָעֲשִׂירִית בָּעֲשִׂרִי בִּשְׁנֵים עָשָׂר לַחֹדֶשׁ הָיָה דְבַר ה׳ אֵלַי
לֵאמֹר: בֶּן אָדָם, שִׂים פָּנֶיךָ עַל פַּרְעֹה מֶלֶךְ מִצְרָיִם, וְהִנָּבֵא עָלָיו וְעַל מִצְרַיִם כֻּלָּהּ... וְיָדְעוּ כָּל יֹשְׁבֵי מִצְרַיִם כִּי אֲנִי ה׳, יַעַן הֱיוֹתָם מִשְׁעֶנֶת קָנֶה לְבֵית יִשְׂרָאֵל: בְּתָפְשָׂם בְּךָ בַכַּף תֵּרוֹץ, וּבָקַעְתָּ לָהֶם כָּל כָּתֵף, וּבְהִשָּׁעֲנָם עָלֶיךָ תִּשָּׁבֵר, וְהַעֲמַדְתָּ לָהֶם כָּל מָתְנָיִם. הנבואה חוזה את חורבן מצרים בגלל האכזבה מבוגדנותם ומבריחתם חזרה לארצם מפני חיל הכשדים שיצאו נגדם. בשובם לארצם הם הפרו את הבטחת הברית שנתנו לצדקיהו לבוא לעזור לו מפני חילו של נבוכדנאצר. הנבואה נאמרה בי״ב בטבת של השנה העשירית, משמע, ההפסקה הזמנית של המצור הייתה בסביבות עשרה בטבת של השנה העשירית. על דרך ניתוח כרונולוגית זו עמד בקצרה בעל ׳סדר עולם׳ בפרק כו, והביאו הרמב״ן בחידושיו לבבא בתרא (כח ע״ב ד״ה ׳הכי גרסינן׳). לדעתו, הגמרא שם חולקת עליו.

5. כנראה, בגלל הפרת ברית שחרור העבדים (פרק לד) וכיבושם מחדש לעבדות.

6. לאור דברינו, הקורא עשוי לתמוה, מדוע הפרקים אינם כסדרם, והתשובה: פרקי ירמיהו אינם כסדרם הכרונולוגי מתחילת הספר ועד סופו. הספר מחולק לחמש מגילות שונות, ופרקנו הוא ממגילת נבואות הנחמה. הדברים שהבאנו כרקע (פרקים לז-לח) הם ממגילת החורבן.

הנביא מדגיש, שקניין השדה נעשה על פי כל החוקים, ושהיה זה קניין אמיתי ולא טקס חיצוני. בעת ביצוע הקניין הכריז ירמיהו: עוֹד יִקָּנוּ בָתִּים וְשָׂדוֹת וּכְרָמִים בָּאָרֶץ הַזֹּאת. הקניין נעשה בכסף שירמיהו שילם, ובשטר שנחתם על ידי עדים. במכירה רגילה, שטר המכירה כלל הצהרה של המוכר, שהוא מעביר את הבעלות על השדה לרשותו של הקונה, וחתימת המוכר על הדברים שבשטר היא שמעניקה לו את תוקפו. שלא כמקובל, על השטר הזה חתם גם הקונה, ירמיהו, אף שדבר זה אינו חלק מהלכות שטרות. ושמא, ירמיהו צירף לחתימתו את דברי הנבואה: עוֹד יִקָּנוּ בָתִּים וְשָׂדוֹת וּכְרָמִים בָּאָרֶץ הַזֹּאת. משפט זה איננו חלק משטר הקניין, אך הוא מעניינה של הנבואה שנאמרה סביב השטר.

סֵפֶר הַמִּקְנָה כלל את הֶחָתוּם – הוא חלק אחד של השטר (הנקרא בגמרא 'תורף', והוא נתפר ונחתם לאחר כתיבתו), ובו עיקר השטר: שמות המוכר והקונה, עצם הקניין, הסכום ששולם, זמן המכירה וגבולות השדה. יחד עימו נכתבו בנספח לשטר, בְּגָּלוּי (הנקרא בלשון הגמרא 'טופס'), עיקרי תוכנו של השטר, שאותו אפשר להראות לכל אדם ולכל מערער על קניין השדה, גם בלא לפתוח את החלק החתום, שהוא עיקר השטר. כפי שכתבנו לעיל, נראה, שבחלק 'הגלוי' של השטר המיוחד שלנו נכתבה גם מצוות גאולת השדה שבפרשתנו (הוזכרה בפס' ה), המצדיקה את קניין השדה על ידי ירמיהו, שהוא קרובו וגואלו של חנמאל, מוכר השדה, וכן הצהרת ירמיהו על מטרת קנייתו של השדה – עוֹד יִקָּנוּ בָתִּים וְשָׂדוֹת וּכְרָמִים בָּאָרֶץ הַזֹּאת.

ד. שמירת השטר

וָאֲצַוֶּה אֶת בָּרוּךְ לְעֵינֵיהֶם לֵאמֹר: כֹּה אָמַר ה' צְבָאוֹת, אֱלֹהֵי יִשְׂרָאֵל לָקוֹחַ אֶת הַסְּפָרִים הָאֵלֶּה, אֵת סֵפֶר הַמִּקְנָה הַזֶּה וְאֵת הֶחָתוּם וְאֵת סֵפֶר הַגָּלוּי הַזֶּה, וּנְתַתָּם בִּכְלִי חָרֶשׂ, לְמַעַן יַעַמְדוּ יָמִים רַבִּים:

(יג–יד)

ברוך בן נריה, עוזרו של ירמיהו, נצטווה לטמון את ספר המקנה במקום בטוח, שהרי ירמיהו לא היה יכול לצאת ממאסרו בחצר המטרה. יש צורך בשטר שיישמר ימים ארוכים, שהרי בשלב הביניים, עד לאחר החורבן, לא יוכל ירמיהו להחזיק בשדה ולעבוד בו. הגמרא (בבא בתרא כח ע"ב) למדה מן השמירה הקפדנית של השטר לימים ארוכים, שאי אפשר היה להחזיק בשדה שלוש שנים מיום קנייתו ועד החורבן,

שכאמור, היה סמוך ליום קנייתו, ולכן היה צורך לשמור את השטר. ככלל, חלק חשוב מדיני קנייני שטר נלמדים מהפטרתנו.[7]

ה. תיאור המצור בתפילת ירמיהו (טז–כה)

נעמוד כאן על שלושה פרטים מתפילת ירמיהו, המדברת בעד עצמה:

'איה נוראותיו?'

ירמיהו אומר בתפילתו:

> עֹשֶׂה חֶסֶד לַאֲלָפִים, וּמְשַׁלֵּם עֲוֹן אָבוֹת אֶל חֵיק בְּנֵיהֶם אַחֲרֵיהֶם, הָאֵל הַגָּדוֹל הַגִּבּוֹר, ה' צְבָאוֹת שְׁמוֹ:
>
> (יח)

חז"ל עמדו על כך, שירמיהו לא אמר כמשה (דברים י, יז): הָאֵל הַגָּדֹל הַגִּבֹּר וְהַנּוֹרָא, והשמיט את המילה 'נורא'. וכך אמרו משמו (יומא סט ע"ב): "אתא (= בא) משה, אמר: הָאֵל הַגָּדֹל הַגִּבֹּר וְהַנּוֹרָא, אתא ירמיה, ואמר: נכרים מקרקרין בהיכלו, איה נוראותיו? לא אמר 'נורא'".

הגמרא מתלבטת, כיצד יכול היה ירמיהו להחסיר מילה מניסוחו ומתפילתו של משה רבנו, והיא עונה (שם): "אמר רבי אלעזר, מתוך שיודעין בהקדוש ברוך הוא שאמִתִּי הוא, לפיכך לא כיזבו בו".

הַסֹּלְלוֹת

> הִנֵּה הַסֹּלְלוֹת בָּאוּ הָעִיר לְלָכְדָהּ...
>
> (כד)

חיל מלך בבל הצליח לבנות סוללות עפר, שאפשרו לחייליו לעלות באמצעותן אל ראש החומה. הקושי הגדול לבנות סוללה סביב לעיר נצורה הוא הצורך להתקרב אל

7. קידושין ט ע"א, כו ע"א, בבא בתרא קס ע"ב. ירושלמי בבא בתרא פ"י, ה"א.

החומה בעת הבנייה, בעוד הנצורים על החומה מיידים אבנים כבדות על הנמצאים תחתיה, ושופכים עליהם מים ושמן רותחים וזפת כדי למנוע מהם את מלאכת הבניין. צבאות גדולים פתרו בעיה זו, כשהטילו על שבוייהם, בני העם הנצור (ובמקרה שלנו אלו שבויים שנלקחו משתי הערים הגדולות שנכבשו זה עתה – לכיש ועזקה), לעבוד תחת החומה ולהניח את יסודות הסוללה. הם הניחו, שהלוחמים העומדים על החומה לא יהרגו את בני עמם, הנמצאים תחת החומה, וגם אם יעשו כן, היו לצבא הכשדים שבויים נוספים שיכלו לשולחם, עד שתסתיים מלאכת בניית הסוללות.[8] לא היה כל חשש שלנבוכדנאצר יחסרו שבויים כדי לעבוד מתחת לחומת העיר הנצורה, וכעולה במקרא הבא, שנאמר עוד לפני שנפלו לכיש ועזקה (לד, א): וּנְבוּכַדְרֶאצַּר מֶלֶךְ בָּבֶל וְכָל חֵילוֹ וְכָל מַמְלְכוֹת אֶרֶץ מֶמְשֶׁלֶת יָדוֹ וְכָל הָעַמִּים נִלְחָמִים עַל יְרוּשָׁלַם וְעַל כָּל עָרֶיהָ לֵאמֹר. כאמור, מַמְלְכוֹת אֶרֶץ מֶמְשֶׁלֶת יָדוֹ יכלו לספק לו עבדים שיעבדו מתחת החומה.

הדֶבר

... וְהָעִיר נִתְּנָה בְּיַד הַכַּשְׂדִּים הַנִּלְחָמִים עָלֶיהָ מִפְּנֵי הַחֶרֶב וְהָרָעָב וְהַדָּבֶר (כד)

החרב והרעב שהיו בירושלים ידועים לנו היטב, אלא שכאן מתברר, שירושלים הנצורה לקתה גם בדֶבר, מחלה מידבקת מאוד, קשה וקטלנית. הדבר היה בעיקר תוצאה של היגיינה לקויה, שנבעה ממחסור חמור במים בעיר הנצורה, ושל מכרסמים, כחולדות ועכברים, שיצאו ממחבואם לחפש אוכל.

ו. תשובת ה' לירמיהו

וַיְהִי דְּבַר ה' אֶל יִרְמְיָהוּ לֵאמֹר: הִנֵּה אֲנִי ה' אֱלֹהֵי כָּל בָּשָׂר, הֲמִמֶּנִּי יִפָּלֵא כָּל דָּבָר: (כו-כז)

תשובת ה' בהפטרתנו נראית סתומה וטעונה הסבר. היא מהדהדת באוזנינו את תשובת ה' לספקנותה של שרה על בשורת הבן שתלד:

8. כל זה נכון גם לגבי הצבא הרומאי, שצר על ערי ישראל בסוף ימי הבית השני.

הֲיִפָּלֵא מֵה' דָּבָר, לַמּוֹעֵד אָשׁוּב אֵלֶיךָ כָּעֵת חַיָּה, וּלְשָׂרָה בֵן:
(בראשית יח, יד)[9]

עד שלא נעמוד על תשובת ה', נשאל על טענתו של ירמיהו: כלום פקפק בבשורת הגאולה? והרי הוא עצמו אמר בתפילתו (יז): לֹא יִפָּלֵא מִמְּךָ כָּל דָּבָר; והרי הוא עצמו אמר לעם:

כִּי כֹה אָמַר ה', כִּי לְפִי מְלֹאת לְבָבֶל שִׁבְעִים שָׁנָה אֶפְקֹד אֶתְכֶם, וַהֲקִמֹתִי עֲלֵיכֶם אֶת דְּבָרִי הַטּוֹב לְהָשִׁיב אֶתְכֶם אֶל הַמָּקוֹם הַזֶּה:
(כט, י)

כדי לענות על שאלה זו נבחן את תשובת ה' לירמיהו. על פי הפירושים המקובלים, תשובת ה' לירמיהו עסקה בבשורת הגאולה, שתבוא עם תום שבעים שנה למלכות בבל הגדולה (כלומר, הצהרת כורש, שניתנה חמישים ושתיים שנה אחר נבואתנו, אחרי שכבש כורש את בבל).

הפטרתנו מביאה את הפסוק הראשון של התשובה בלבד, אולם תשובת ה' לירמיהו ארוכה. היא פותחת בתיאור החורבן שיבוא על יושבי ירושלים בעקבות חטאיהם הכבדים (כח-לה), ומסתיימת בבשורת גאולה:

וְעַתָּה לָכֵן כֹּה אָמַר ה' אֱלֹהֵי יִשְׂרָאֵל אֶל הָעִיר הַזֹּאת, אֲשֶׁר אַתֶּם אֹמְרִים נִתְּנָה בְּיַד מֶלֶךְ בָּבֶל בַּחֶרֶב וּבָרָעָב וּבַדָּבֶר: הִנְנִי מְקַבְּצָם מִכָּל הָאֲרָצוֹת, אֲשֶׁר הִדַּחְתִּים שָׁם בְּאַפִּי וּבַחֲמָתִי וּבְקֶצֶף גָּדוֹל, וַהֲשִׁבֹתִים אֶל הַמָּקוֹם הַזֶּה, וְהֹשַׁבְתִּים לָבֶטַח: וְהָיוּ לִי לְעָם, וַאֲנִי אֶהְיֶה לָהֶם לֵאלֹהִים: וְנָתַתִּי לָהֶם לֵב אֶחָד וְדֶרֶךְ אֶחָד לְיִרְאָה אוֹתִי כָּל הַיָּמִים, לְטוֹב לָהֶם וְלִבְנֵיהֶם אַחֲרֵיהֶם: וְכָרַתִּי לָהֶם בְּרִית עוֹלָם, אֲשֶׁר לֹא אָשׁוּב מֵאַחֲרֵיהֶם לְהֵיטִיבִי אוֹתָם, וְאֶת יִרְאָתִי אֶתֵּן בִּלְבָבָם לְבִלְתִּי סוּר מֵעָלָי: וְשַׂשְׂתִּי עֲלֵיהֶם לְהֵטִיב אוֹתָם, וּנְטַעְתִּים בָּאָרֶץ הַזֹּאת בֶּאֱמֶת בְּכָל לִבִּי וּבְכָל נַפְשִׁי: כִּי כֹה אָמַר ה', כַּאֲשֶׁר הֵבֵאתִי אֶל הָעָם הַזֶּה אֵת כָּל הָרָעָה הַגְּדוֹלָה הַזֹּאת, כֵּן אָנֹכִי מֵבִיא עֲלֵיהֶם אֶת כָּל הַטּוֹבָה, אֲשֶׁר אָנֹכִי דֹּבֵר עֲלֵיהֶם: וְנִקְנָה הַשָּׂדֶה בָּאָרֶץ הַזֹּאת, אֲשֶׁר אַתֶּם אֹמְרִים שְׁמָמָה הִיא מֵאֵין אָדָם וּבְהֵמָה, נִתְּנָה בְּיַד הַכַּשְׂדִּים: שָׂדוֹת בַּכֶּסֶף

9. לידת יצחק בבשורת המלאך קורית אחרי חורבן סדום ועריה. גאולת השדות בסביבי ירושלים, שנעמוד עליה להלן, קורית אחרי חורבן ירושלים הנורא, ומביאה גם היא בכנפיה לידי ביטוי את מידת הרחמים של ה' אחרי מידת הדין הקשה.

יִקְנוּ, וְכָתוֹב בַּסֵּפֶר וְחָתוֹם וְהָעֵד עֵדִים בְּאֶרֶץ בִּנְיָמִן וּבִסְבִיבֵי יְרוּשָׁלַם וּבְעָרֵי יְהוּדָה וּבְעָרֵי הָהָר וּבְעָרֵי הַשְּׁפֵלָה וּבְעָרֵי הַנֶּגֶב, כִּי אָשִׁיב אֶת שְׁבוּתָם נְאֻם ה׳:

(לב, לו-מד)

ה׳ מבשר בתשובתו על הגאולה שתבוא אחרי חורבן ירושלים. האומנם מכוונת הנבואה לגאולה שתבוא בתום שבעים שנה? האם ירמיהו, שכאשר נאמרו הדברים כבר ניבא ארבעים שנה, יזכה ליהנות מפירות שדהו אחרי שיבת ציון? ומי יירש את שדה קניינו, באין לו בנים?! והרי השדה תשוב לגואליו הרחוקים – בני חנמאל בן שלום. ואם כך, מה תרם קניין השדה לבשורת הגאולה, והרי היה קניין שווא!

אחד מן הדברים הקשים ביותר שאומר ה׳ בתשובתו לירמיהו הוא יחסו לעיר ירושלים, מיום שבְּנָאָהּ שלמה והכניס אליה את נשיו הנוכריות ואת העבודה הזרה שהיו מורגלות בה:

כִּי עַל אַפִּי וְעַל חֲמָתִי הָיְתָה לִּי הָעִיר הַזֹּאת, לְמִן הַיּוֹם אֲשֶׁר בָּנוּ אוֹתָהּ וְעַד הַיּוֹם הַזֶּה, לַהֲסִירָהּ מֵעַל פָּנָי:

(שם, לא)

מנבואה זו עולה, שכעסו של ה׳ הוא על ירושלים ויושביה, ולא על כל עם ישראל, שאינו גר בירושלים, וכבר התפזר בארצות הסמוכות.

נראה לנו לומר, שהגאולה שה׳ מבשר לירמיהו בנבואתנו, איננה שיבת ציון העתידה בימי כורש, אלא גאולת כל השדות שבסביבות ירושלים מייד אחרי החורבן. הנבואה מדברת על השדות בְּאֶרֶץ בִּנְיָמִן וּבִסְבִיבֵי יְרוּשָׁלַם וּבְעָרֵי יְהוּדָה וּבְעָרֵי הָהָר וּבְעָרֵי הַשְּׁפֵלָה וּבְעָרֵי הַנֶּגֶב. תשובת ה׳ איננה מדברת על קיבוץ נידחי ישראל מבבל, אלא מִכָּל הָאֲרָצוֹת אֲשֶׁר הִדַּחְתִּים שָׁם בְּאַפִּי. הכוונה, להבנתנו, היא לכל היהודים שברחו בשנות המלחמה ובשנות הרעב לארצות השכנות, אל עמון, מואב, אדום וארצות אחרות, וישבו בהן כגֵרים וכפליטים. מייד אחרי שיחריב מלך בבל את ירושלים והמקדש, ה׳ ישוב מחרון אפו, ויטה חסד לארץ ולפליטיה, וגם נבוכדנאצר לא ישוב עוד לרודפם אחרי חורבן ירושלים. גאולה זו הייתה אמורה להפריח מחדש את השדות בסביבי ירושלים תחת הנהגת גדליה בן אחיקם, שהתמנה על ידי מלך בבל לעמוד בראש שארית הפלֵטה. וכך נאמר על תוכנית זו:

וְגַם כָּל הַיְּהוּדִים, אֲשֶׁר בְּמוֹאָב וּבִבְנֵי עַמּוֹן וּבֶאֱדוֹם וַאֲשֶׁר בְּכָל הָאֲרָצוֹת, שָׁמְעוּ כִּי נָתַן מֶלֶךְ בָּבֶל שְׁאֵרִית לִיהוּדָה, וְכִי הִפְקִיד עֲלֵיהֶם אֶת גְּדַלְיָהוּ בֶּן אֲחִיקָם בֶּן

שָׁפָן: וַיָּשֻׁבוּ כָל הַיְּהוּדִים מִכָּל הַמְּקֹמוֹת אֲשֶׁר נִדְּחוּ שָׁם, וַיָּבֹאוּ אֶרֶץ יְהוּדָה אֶל גְּדַלְיָהוּ הַמִּצְפָּתָה, וַיַּאַסְפוּ יַיִן וָקַיִץ הַרְבֵּה מְאֹד:

(מ, יא-יב)

מייד אחרי חורבן ירושלים התקיימה נבואת עוֹד יִקָּנוּ בָתִּים וְשָׂדוֹת וּכְרָמִים בָּאָרֶץ הַזֹּאת (טו). הייתה דרך לשקם את החורבן ולהיאחז בארץ, עד שלא באו גויים פליטים ונאחזו באדמות הארץ, והעמידו את שבי ציון בימי כורש בפני עובדות גמורות. כל הטובה הזאת יכלה לקרות, לולא גרמו עוונות, וגדליה בן אחיקם נהרג במאבק על השלטון בארץ החֲרֵבָה, ושארית הפלֵטה ירדו למצרים וכלו שם (פרק מא). על החמצה גדולה זו אנו צמים בצום גדליה, ומצפים עד היום שה׳ יגאלנו, יגאל את ארצנו מן הנוכרים היושבים בה, ויגאלנו גם משנאת החינם ומהמריבה המיותרת על השלטון.

הפטרת בחוקותי

טז יט יהוה עֻזִּי וּמָעֻזִּי וּמְנוּסִי בְּיוֹם צָרָה אֵלֶיךָ גּוֹיִם יָבֹאוּ מֵאַפְסֵי־אָרֶץ וְיֹאמְרוּ אַךְ־ ירמ׳
כ שֶׁקֶר נָחֲלוּ אֲבוֹתֵינוּ הֶבֶל וְאֵין־בָּם מוֹעִיל: הֲיַעֲשֶׂה־לּוֹ אָדָם אֱלֹהִים וְהֵמָּה לֹא
כא אֱלֹהִים: לָכֵן הִנְנִי מוֹדִיעָם בַּפַּעַם הַזֹּאת אוֹדִיעֵם אֶת־יָדִי וְאֶת־גְּבוּרָתִי וְיָדְעוּ
יז א כִּי־שְׁמִי יהוה: חַטַּאת יְהוּדָה כְּתוּבָה בְּעֵט בַּרְזֶל בְּצִפֹּרֶן שָׁמִיר
ב חֲרוּשָׁה עַל־לוּחַ לִבָּם וּלְקַרְנוֹת מִזְבְּחוֹתֵיכֶם: כִּזְכֹּר בְּנֵיהֶם מִזְבְּחוֹתָם וַאֲשֵׁרֵיהֶם
ג עַל־עֵץ רַעֲנָן עַל גְּבָעוֹת הַגְּבֹהוֹת: הֲרָרִי בַּשָּׂדֶה חֵילְךָ כָל־אוֹצְרוֹתֶיךָ לָבַז אֶתֵּן
ד בָּמֹתֶיךָ בְּחַטָּאת בְּכָל־גְּבוּלֶיךָ: וְשָׁמַטְתָּה וּבְךָ מִנַּחֲלָתְךָ אֲשֶׁר נָתַתִּי לָךְ
וְהַעֲבַדְתִּיךָ אֶת־אֹיְבֶיךָ בָּאָרֶץ אֲשֶׁר לֹא־יָדָעְתָּ כִּי־אֵשׁ קְדַחְתֶּם בְּאַפִּי עַד־
ה עוֹלָם תּוּקָד: כֹּה אָמַר יהוה אָרוּר הַגֶּבֶר אֲשֶׁר יִבְטַח בָּאָדָם וְשָׂם
ו בָּשָׂר זְרֹעוֹ וּמִן־יהוה יָסוּר לִבּוֹ: וְהָיָה כְּעַרְעָר בָּעֲרָבָה וְלֹא יִרְאֶה כִּי־יָבוֹא טוֹב
ז וְשָׁכַן חֲרֵרִים בַּמִּדְבָּר אֶרֶץ מְלֵחָה וְלֹא תֵשֵׁב: בָּרוּךְ הַגֶּבֶר אֲשֶׁר
ח יִבְטַח בַּיהוה וְהָיָה יהוה מִבְטַחוֹ: וְהָיָה כְּעֵץ שָׁתוּל עַל־מַיִם וְעַל־יוּבַל יְשַׁלַּח
שָׁרָשָׁיו וְלֹא יִרְאֶ כִּי־יָבֹא חֹם וְהָיָה עָלֵהוּ רַעֲנָן וּבִשְׁנַת בַּצֹּרֶת לֹא יִדְאָג וְלֹא
ט י יָמִישׁ מֵעֲשׂוֹת פֶּרִי: עָקֹב הַלֵּב מִכֹּל וְאָנֻשׁ הוּא מִי יֵדָעֶנּוּ: אֲנִי יהוה חֹקֵר לֵב בֹּחֵן
יא כְּלָיוֹת וְלָתֵת לְאִישׁ כִּדְרָכָו כִּפְרִי מַעֲלָלָיו: קֹרֵא דָגַר וְלֹא יָלָד עֹשֶׂה
יב עֹשֶׁר וְלֹא בְמִשְׁפָּט בַּחֲצִי יָמָו יַעַזְבֶנּוּ וּבְאַחֲרִיתוֹ יִהְיֶה נָבָל: כִּסֵּא כָבוֹד מָרוֹם
יג מֵרִאשׁוֹן מְקוֹם מִקְדָּשֵׁנוּ: מִקְוֵה יִשְׂרָאֵל יהוה כָּל־עֹזְבֶיךָ יֵבֹשׁוּ וְסוּרַי בָּאָרֶץ
יד יִכָּתֵבוּ כִּי עָזְבוּ מְקוֹר מַיִם־חַיִּים אֶת־יהוה: רְפָאֵנִי יהוה וְאֵרָפֵא
הוֹשִׁיעֵנִי וְאִוָּשֵׁעָה כִּי תְהִלָּתִי אָתָּה:

א. הקשר בין הפרשה להפטרה

הפסוק אָרוּר הַגֶּבֶר אֲשֶׁר יִבְטַח בָּאָדָם (יז, ה) והעונש שבצידו, ולאידך גיסא, בָּרוּךְ הַגֶּבֶר אֲשֶׁר יִבְטַח בַּה׳ (שם, ז) ושכרו שבצידו, מקבילים לשכר בפרשתנו – אִם בְּחֻקֹּתַי תֵּלֵכוּ, ולנתינת העונש – וְאִם בְּחֻקֹּתַי תִּמְאָסוּ. נבואתנו היא חלק ממגילת התוכחות שניבא ירמיהו בימי יהויקים, וגם בכך היא מתאימה לתוכחה בפרשתנו.[1]

ב. נבואת הפורענות

ה׳ עֻזִּי וּמָעֻזִּי וּמְנוּסִי בְּיוֹם צָרָה, אֵלֶיךָ גּוֹיִם יָבֹאוּ מֵאַפְסֵי אָרֶץ, וְיֹאמְרוּ אַךְ שֶׁקֶר נָחֲלוּ אֲבוֹתֵינוּ, הֶבֶל וְאֵין בָּם מוֹעִיל: הֲיַעֲשֶׂה לּוֹ אָדָם אֱלֹהִים, וְהֵמָּה לֹא אֱלֹהִים: לָכֵן הִנְנִי מוֹדִיעָם, בַּפַּעַם הַזֹּאת אוֹדִיעֵם אֶת יָדִי וְאֶת גְּבוּרָתִי, וְיָדְעוּ כִּי שְׁמִי ה׳: חַטַּאת יְהוּדָה כְּתוּבָה בְּעֵט בַּרְזֶל בְּצִפֹּרֶן שָׁמִיר, חֲרוּשָׁה עַל לוּחַ לִבָּם וּלְקַרְנוֹת מִזְבְּחוֹתֵיכֶם: כִּזְכֹּר בְּנֵיהֶם מִזְבְּחוֹתָם וַאֲשֵׁרֵיהֶם עַל עֵץ רַעֲנָן עַל גְּבָעוֹת הַגְּבֹהוֹת: הֲרָרִי בַּשָּׂדֶה חֵילְךָ כָּל אוֹצְרוֹתֶיךָ לָבַז אֶתֵּן, בָּמֹתֶיךָ בְּחַטָּאת בְּכָל גְּבוּלֶיךָ: וְשָׁמַטְתָּה וּבְךָ מִנַּחֲלָתְךָ אֲשֶׁר נָתַתִּי לָךְ, וְהַעֲבַדְתִּיךָ אֶת אֹיְבֶיךָ בָּאָרֶץ אֲשֶׁר לֹא יָדָעְתָּ, כִּי אֵשׁ קְדַחְתֶּם בְּאַפִּי, עַד עוֹלָם תּוּקָד:

(טז, יט – יז, ד)

הנבואה היא מימי יהויקים בן יאשיהו, שעשה הרע בעיני ה׳, ושב אל חטאי מנשה ואמון, אבותיו הזקנים. הוא חידש גם את במות התופת לעבודת המולך בגיא בן הינם, בנה מזבחות לבעלים, נהג בעריצות ובחוסר יושר בבני עמו ושפך את דמיהם של רבים מהם, ובתוכם גם נביא ה׳ (מל״ב כג, לו ואילך).

ירמיהו פותח בשבחו של ה׳, שהוא המגן עלינו ביום צרה, וכל הגויים עתידים להודות בגדולתו ובאלוהותו על כל העמים. לכן שואל הנביא את בני עמו, מדוע הם נמשכים דווקא אחרי אלוהי העמים, העתידים להיבטל מן העולם. הוא מאשים את בני עמו, שהם זוכרים את מזבחותיהם, כדרך שאנשים זוכרים את בניהם. זה אינו רק דימוי ספרותי; הם אפילו מעדיפים את המזבחות על הבנים, וזובחים את בניהם על המזבחות. העונש שהוא מבטיח להם מדבר בעד עצמו.

1. ממגילת תוכחות זו ישנן הפטרות נוספות, בהפטרת צו והפטרת תשעה באב.

ג. הגבר הארור והגבר הברוך

כֹּה אָמַר ה׳, אָרוּר הַגֶּבֶר אֲשֶׁר יִבְטַח בָּאָדָם, וְשָׂם בָּשָׂר זְרֹעוֹ, וּמִן ה׳ יָסוּר לִבּוֹ: וְהָיָה כְּעַרְעָר בָּעֲרָבָה, וְלֹא יִרְאֶה כִּי יָבוֹא טוֹב, וְשָׁכַן חֲרֵרִים בַּמִּדְבָּר, אֶרֶץ מְלֵחָה וְלֹא תֵשֵׁב:
בָּרוּךְ הַגֶּבֶר אֲשֶׁר יִבְטַח בַּה׳, וְהָיָה ה׳ מִבְטַחוֹ: וְהָיָה כְּעֵץ שָׁתוּל עַל מַיִם, וְעַל יוּבַל יְשַׁלַּח שָׁרָשָׁיו, וְלֹא יִרְאֶ כִּי יָבֹא חֹם, וְהָיָה עָלֵהוּ רַעֲנָן, וּבִשְׁנַת בַּצֹּרֶת לֹא יִדְאָג, וְלֹא יָמִישׁ מֵעֲשׂוֹת פֶּרִי:
(יז, ה–ח)

הנביא מדמה את הבוטח בה׳ לעץ שתול על מים. גם משורר תהלים השתמש בדימוי זה כלפי העוסק בתורה:

אַשְׁרֵי הָאִישׁ אֲשֶׁר לֹא הָלַךְ בַּעֲצַת רְשָׁעִים, וּבְדֶרֶךְ חַטָּאִים לֹא עָמָד, וּבְמוֹשַׁב לֵצִים לֹא יָשָׁב: כִּי אִם בְּתוֹרַת ה׳ חֶפְצוֹ, וּבְתוֹרָתוֹ יֶהְגֶּה יוֹמָם וָלָיְלָה: וְהָיָה כְּעֵץ שָׁתוּל עַל פַּלְגֵי מָיִם, אֲשֶׁר פִּרְיוֹ יִתֵּן בְּעִתּוֹ, וְעָלֵהוּ לֹא יִבּוֹל, וְכֹל אֲשֶׁר יַעֲשֶׂה יַצְלִיחַ:
(תהלים א, א–ג)

האם קיים קשר בין העוסק בתורה, שעליו מדבר משורר תהלים, לבין הַגֶּבֶר אֲשֶׁר יִבְטַח בַּה׳? ננסה לענות על כך באמצעות מקום שלישי, שבו מופיע עץ בתיאור דומה:

וְעַל הַנַּחַל יַעֲלֶה עַל שְׂפָתוֹ מִזֶּה וּמִזֶּה כָּל עֵץ מַאֲכָל, לֹא יִבּוֹל עָלֵהוּ, וְלֹא יִתֹּם פִּרְיוֹ, לָחֳדָשָׁיו יְבַכֵּר, כִּי מֵימָיו מִן הַמִּקְדָּשׁ הֵמָּה יוֹצְאִים:
(יחזקאל מז, יב)

הנביא יחזקאל מתאר עץ המושקה במים שיוצאים מן המקדש, ולכן פריחתו ופריו מתמידים. בקודש הקודשים מצויים שני דברים: לוחות העדות וספר התורה, ויחד עימם צנצנת המן. אדם שבתורת ה׳ חפצו, והוא הוגה בה יום ולילה, שותה ממימי המקדש דרך לוחות העדות וספר התורה. הגבר הבוטח בה׳ שותה ממימי המקדש דרך צנצנת המן, המבטאת את תלותו של האדם במזון מן השמיים, וגם את ביטחונו בה׳, בכך שאינו לוקט ככל יכולתו, אלא את מזונותיו ומזונות בני ביתו הסמוכים על שולחנו ליום אחד בלבד.[2]

2. נשים לב: שתי ברכות בלבד נתחייבנו מן התורה – ברכת התורה וברכת המזון.

להבנתנו, לא מדובר בפסוקים אלו על דמות תיאורטית, על האדם השלם, אלא על יאשיהו, אביו של יהויקים, שבימיו נאמרה הנבואה.[3] לא היה מלך כיאשיהו בביטחונו הגדול בה׳.

> וְכָמֹהוּ לֹא הָיָה לְפָנָיו מֶלֶךְ אֲשֶׁר שָׁב אֶל ה׳ בְּכָל לְבָבוֹ וּבְכָל נַפְשׁוֹ וּבְכָל מְאֹדוֹ כְּכֹל תּוֹרַת מֹשֶׁה, וְאַחֲרָיו לֹא קָם כָּמֹהוּ:
>
> (מל״ב כג, כה)

לעומתו – המילים אָרוּר הַגֶּבֶר אֲשֶׁר יִבְטַח בָּאָדָם מתייחסות ליהויקים בנו, שבטח בתחילה בפרעה נכו, מלך מצרים שהרג את אביו, והמליך אותו במקום אחיו יהואחז. יהויקים הבטיח לפרעה נכו כספים רבים מירושלים כדי שפרעה יסכים להמליך אותו.

ירמיהו נוהג בנבואות רבות ליצור השוואה ניגודית בין יאשיהו הצדיק ליהויקים בנו, שלא הלך בדרכו. לדוגמה:

> הוֹי בֹּנֶה בֵיתוֹ בְּלֹא צֶדֶק וַעֲלִיּוֹתָיו בְּלֹא מִשְׁפָּט, בְּרֵעֵהוּ יַעֲבֹד חִנָּם, וּפֹעֲלוֹ לֹא יִתֶּן לוֹ... אָבִיךָ הֲלוֹא אָכַל וְשָׁתָה, וְעָשָׂה מִשְׁפָּט וּצְדָקָה, אָז טוֹב לוֹ: דָּן דִּין עָנִי וְאֶבְיוֹן, אָז טוֹב, הֲלוֹא הִיא הַדַּעַת אֹתִי, נְאֻם ה׳:
>
> (כב, יג-טז)

הציפייה שיהויקים ילך בדרך יאשיהו אביו, באה לידי ביטוי גם בנבואת הפורענות שדיברנו בה לעיל. עזיבת הקב״ה, שהוא אל האמת היחיד, לטובת הבלי הגויים מצויה גם בנבואה שנאמרה בראשית ימי יאשיהו. נשווה:

> ה׳ עֻזִּי וּמָעֻזִּי וּמְנוּסִי בְּיוֹם צָרָה, אֵלֶיךָ גּוֹיִם יָבֹאוּ מֵאַפְסֵי אָרֶץ, וְיֹאמְרוּ אַךְ שֶׁקֶר נָחֲלוּ אֲבוֹתֵינוּ, הֶבֶל וְאֵין בָּם מוֹעִיל: הֲיַעֲשֶׂה לּוֹ אָדָם אֱלֹהִים, וְהֵמָּה לֹא אֱלֹהִים: ... מִקְוֵה יִשְׂרָאֵל ה׳, כָּל עֹזְבֶיךָ יֵבֹשׁוּ, וְסוּרַי בָּאָרֶץ יִכָּתֵבוּ, כִּי עָזְבוּ מְקוֹר מַיִם חַיִּים אֶת ה׳:
>
> (טז, יט-כ; יז, יג)

3. אם אכן נאמרה הנבואה על יאשיהו, יש בה דבר האומר דורשני, שהרי הנביא יודע, שיאשיהו לא האריך ימים, ונהרג בדמי ימיו (בן שלושים ותשע) בידי פרעה נכו וצבאו במגידו (מל״ב כב, א; כג, כט). אפשר, שנוכל ללמוד מדברי הנביא אמונה בעולם הבא ובשכרו הטוב של יאשיהו שם.

בראשית ימי יאשיהו, בתחילת המהפכה הדתית שביצע, ועוד לפני שצברה תנופה, אמר הנביא:

> הַהֵימִיר גּוֹי אֱלֹהִים, וְהֵמָּה לֹא אֱלֹהִים, וְעַמִּי הֵמִיר כְּבוֹדוֹ בְּלוֹא יוֹעִיל: ... כִּי שְׁתַּיִם רָעוֹת עָשָׂה עַמִּי, אֹתִי עָזְבוּ מְקוֹר מַיִם חַיִּים לַחְצֹב לָהֶם בֹּארוֹת, בֹּארֹת נִשְׁבָּרִים, אֲשֶׁר לֹא יָכִלוּ הַמָּיִם:

(ב, יא-יג)

יאשיהו שמע בקול הנביא, והעמיק את המהפכה הדתית ואת השיבה אל ה׳, ויהויקים עשה את ההיפך הגמור.

ד. עונשו של יהויקים

> קֹרֵא דָגַר וְלֹא יָלָד, עֹשֶׂה עֹשֶׁר וְלֹא בְמִשְׁפָּט, בַּחֲצִי יָמָו יַעַזְבֶנּוּ, וּבְאַחֲרִיתוֹ יִהְיֶה נָבָל:

(יז, יא)

הקורא (= ציפור גדולה) דוגר על ביצים, שלא הוא הטיל, ובכך גוזל את בניו של עוף אחר, וגם עליו אפשר לומר: עֹשֶׂה עֹשֶׁר וְלֹא בְמִשְׁפָּט. גם כאן נראה, שהנביא מכוון את דבריו ליהויקים, שבימיו נאמרת תוכחה זו, שחידש בתפארת את ארמונו על חשבון מצוקת העם:

> הוֹי בֹּנֶה בֵיתוֹ בְּלֹא צֶדֶק, וַעֲלִיּוֹתָיו בְּלֹא מִשְׁפָּט, בְּרֵעֵהוּ יַעֲבֹד חִנָּם, וּפֹעֲלוֹ לֹא יִתֶּן לוֹ: הָאֹמֵר, אֶבְנֶה לִּי בֵּית מִדּוֹת וַעֲלִיּוֹת מְרֻוָּחִים, וְקָרַע לוֹ חַלּוֹנָי, וְסָפוּן בָּאָרֶז, וּמָשׁוֹחַ בַּשָּׁשַׁר: הֲתִמְלֹךְ, כִּי אַתָּה מְתַחֲרֶה בָאָרֶז... כִּי אֵין עֵינֶיךָ וְלִבְּךָ כִּי אִם עַל בִּצְעֶךָ וְעַל דַּם הַנָּקִי לִשְׁפּוֹךְ וְעַל הָעֹשֶׁק וְעַל הַמְּרוּצָה לַעֲשׂוֹת:

(כב, יג-יז)

הנביא אומר לו: בַּחֲצִי יָמָו יַעַזְבֶנּוּ, ואכן, יהויקים מת בן שלושים וחמש,[4] מחצית מספר שנות חיי האדם – יְמֵי שְׁנוֹתֵינוּ בָהֶם שִׁבְעִים שָׁנָה (תהלים צ, י),[5] מספר שנותיו של דוד מלכנו (שמ״ב ה, ד).

4. בֶּן עֶשְׂרִים וְחָמֵשׁ שָׁנָה יְהוֹיָקִים בְּמָלְכוֹ, וְאַחַת עֶשְׂרֵה שָׁנָה מָלַךְ בִּירוּשָׁלָם (מל״ב כג, לו).
5. דומה לכך דרשו חז״ל: ״ואמר רבי יוחנן: דואג ואחיתופל לא חצו ימיהם. תניא נמי הכי: אַנְשֵׁי

עוד אומר לו הנביא: וּבְאַחֲרִיתוֹ יִהְיֶה נָבָל. אולי יש לפרש את משמעות הדברים – ׳ובאחריתו יהיה נבלה׳, כלומר, גופה מושלכת ללא קובר, כאמור בנבואה שהבאנו:

לָכֵן כֹּה אָמַר ה׳ אֶל יְהוֹיָקִים בֶּן יֹאשִׁיָּהוּ מֶלֶךְ יְהוּדָה, לֹא יִסְפְּדוּ לוֹ הוֹי אָחִי וְהוֹי אָחוֹת, לֹא יִסְפְּדוּ לוֹ הוֹי אָדוֹן וְהוֹי הֹדֹה: קְבוּרַת חֲמוֹר יִקָּבֵר, סָחוֹב וְהַשְׁלֵךְ מֵהָלְאָה לְשַׁעֲרֵי יְרוּשָׁלָם:[6]

(שם, יח-יט)

ה. מקוה ישראל ה׳

מִקְוֵה יִשְׂרָאֵל ה׳ כָּל עֹזְבֶיךָ יֵבֹשׁוּ... כִּי עָזְבוּ מְקוֹר מַיִם חַיִּים אֶת ה׳:

(יז, יג)

המילה מִקְוֵה מתפרשת, על פי הפשט, כמקור של תקווה, וממילא עוזב ה׳ יבוש – מלשון אכזבה (הקרובה ללשון בושה). במשל ׳מקוה׳ הוא מקור מים חיים, ועוזב ה׳ יבוש – מלשון התייבשות מחמת חוסר מים.

כך דרש רבי עקיבא פסוק זה במשנתו (שלא כדברי רבי אלעזר בן עזריה):

עברות שבין אדם למקום יום הכפורים מכפר, עברות שבין אדם לחברו אין יום הכפורים מכפר, עד שירצה חברו.

את זו דרש רבי אלעזר בן עזריה: מכל חטאתיכם לפני ה׳ תטהרו – עברות שבין אדם למקום יום הכפורים מכפר, עברות שבין אדם לחברו אין יום הכפורים מכפר, עד שירצה את חברו.

אמר רבי עקיבא: אשריכם ישראל, לפני מי אתם מיטהרין, מי מטהר אתכם, אביכם שבשמים, שנאמר (יחזקאל לו, כה):

וְזָרַקְתִּי עֲלֵיכֶם מַיִם טְהוֹרִים וּטְהַרְתֶּם, ואומר: מִקְוֵה יִשְׂרָאֵל ה׳ – מה מקוה מטהר את הטמאים, אף הקדוש ברוך הוא מטהר את ישראל.

(יומא ח, ט)

דָּמִים וּמִרְמָה לֹא יֶחֱצוּ יְמֵיהֶם (תהלים נה, כד) – כל שנותיו של דואג לא היו אלא שלשים וארבע, ושל אחיתופל אינן אלא שלשים ושלש״ (סנהדרין קו ע״ב). עליהם נאמר: לֹא יֶחֱצוּ יְמֵיהֶם. בנבואתנו נאמר: בַּחֲצִי יָמָו יַעַזְבֶנּוּ, והם, כאמור, שלושים וחמש שנים.

6. וכן הוא בחז״ל: ״זקנו דרבי פרידא אשכח ההוא גולגלתא, דהות שדיא (= שהייתה מושלכת) בשערי ירושלים... אמר: האי גולגלתא של יהויקים, דכתיב ביה: קְבוּרַת חֲמוֹר יִקָּבֵר סָחוֹב וְהַשְׁלֵךְ מֵהָלְאָה לְשַׁעֲרֵי יְרוּשָׁלָם״ (סנהדרין פב ע״א).

כמו בהפטרתנו, גם בדברי רבי עקיבא ה׳ נמשל למקווה מים, אך לא כזה המשמש לשתייה, אלא כמקום ההיטהרות לפני ה׳ ביום הכיפורים. רבי עקיבא ורבי אלעזר בן עזריה נחלקו בפיסוקו הפרשני של הפסוק (ויקרא טז, ל): כִּי בַיּוֹם הַזֶּה יְכַפֵּר עֲלֵיכֶם לְטַהֵר אֶתְכֶם מִכֹּל חַטֹּאתֵיכֶם לִפְנֵי ה׳ תִּטְהָרוּ.

רבי אלעזר בן עזריה פיסק: כִּי בַיּוֹם הַזֶּה יְכַפֵּר עֲלֵיכֶם לְטַהֵר אֶתְכֶם, מִכֹּל חַטֹּאתֵיכֶם לִפְנֵי ה׳ – תִּטְהָרוּ, משמע, היום הזה יכפר על חטאותיכם שלפני ה׳, חטאים שבין אדם למקום, אך לא על חטאותיכם שלפני חבריכם (עד שירַצֶּה את חברו). לשיטתו, המילה תִּטְהָרוּ עומדת בפני עצמה. חלוקה זו מזכירה[7] את חלוקת הפסוק בסדר העבודה בתפילת מוסף של יום הכיפורים:

> וכך היה אומר, אנא השם, עוו פשעו חטאו לפניך עמך בית ישראל, אנא בשם, כפר נא לעונות ולפשעים ולחטאים שעוו ושפשעו ושחטאו לפניך עמך בית ישראל, ככתוב בתורת משה עבדך לאמר: כִּי בַיּוֹם הַזֶּה יְכַפֵּר עֲלֵיכֶם לְטַהֵר אֶתְכֶם מִכֹּל חַטֹּאתֵיכֶם לִפְנֵי ה׳.
>
> והכהנים והעם העומדים בעזרה, כשהיו שומעים שם המפורש, שהוא יוצא מפי כהן גדול, היו כורעים ומשתחוים ונופלים על פניהם, ואומרים, ברוך שם כבוד מלכותו לעולם ועד.
>
> ואף הוא היה מתכוון לגמור את השם כנגד המברכים, ואומר להם – תִּטְהָרוּ.

רבי עקיבא מפסק את הפסוק כבעלי הטעמים:[8] כִּי בַיּוֹם הַזֶּה יְכַפֵּר עֲלֵיכֶם לְטַהֵר אֶתְכֶם, מִכֹּל חַטֹּאתֵיכֶם – לִפְנֵי ה׳ תִּטְהָרוּ. עם ישראל נטהר מכל חטאיו לפני ה׳, וה׳ הוא ׳מקווה המטהר את הטמאים׳, על פי הנאמר בהפטרתנו: מִקְוֵה יִשְׂרָאֵל ה׳.

7. לא בהכרח, ראו ראב״ן יומא לז ע״א.
8. המילה חַטֹּאתֵיכֶם מוטעמת בזקף, שהוא מפסיק גדול יותר מן המפסיק שנמצא במילה ה׳ (טיפחא). לפירושו של ר׳ אלעזר בן עזריה הייתה מילה חַטֹּאתֵיכֶם צריכה להיות מוטעמת בתביר.

הפטרת במדבר[1]

ב א וְהָיָה מִסְפַּר בְּנֵי־יִשְׂרָאֵל כְּחוֹל הַיָּם אֲשֶׁר לֹא־יִמַּד וְלֹא יִסָּפֵר וְהָיָה בִּמְקוֹם הושע
ב אֲשֶׁר־יֵאָמֵר לָהֶם לֹא־עַמִּי אַתֶּם יֵאָמֵר לָהֶם בְּנֵי אֵל־חָי: וְנִקְבְּצוּ בְּנֵי־יְהוּדָה
וּבְנֵי־יִשְׂרָאֵל יַחְדָּו וְשָׂמוּ לָהֶם רֹאשׁ אֶחָד וְעָלוּ מִן־הָאָרֶץ כִּי גָדוֹל יוֹם יִזְרְעֶאל:
ג ד אִמְרוּ לַאֲחֵיכֶם עַמִּי וְלַאֲחוֹתֵיכֶם רֻחָמָה: רִיבוּ בְאִמְּכֶם רִיבוּ כִּי־הִיא לֹא אִשְׁתִּי
ה וְאָנֹכִי לֹא אִישָׁהּ וְתָסֵר זְנוּנֶיהָ מִפָּנֶיהָ וְנַאֲפוּפֶיהָ מִבֵּין שָׁדֶיהָ: פֶּן־אַפְשִׁיטֶנָּה עֲרֻמָּה
וְהִצַּגְתִּיהָ כְּיוֹם הִוָּלְדָהּ וְשַׂמְתִּיהָ כַמִּדְבָּר וְשַׁתִּהָ כְּאֶרֶץ צִיָּה וַהֲמִתִּיהָ בַּצָּמָא:
ו ז וְאֶת־בָּנֶיהָ לֹא אֲרַחֵם כִּי־בְנֵי זְנוּנִים הֵמָּה: כִּי זָנְתָה אִמָּם הֹבִישָׁה הוֹרָתָם כִּי
ח אָמְרָה אֵלְכָה אַחֲרֵי מְאַהֲבַי נֹתְנֵי לַחְמִי וּמֵימַי צַמְרִי וּפִשְׁתִּי שַׁמְנִי וְשִׁקּוּיָי: לָכֵן
ט הִנְנִי־שָׂךְ אֶת־דַּרְכֵּךְ בַּסִּירִים וְגָדַרְתִּי אֶת־גְּדֵרָהּ וּנְתִיבוֹתֶיהָ לֹא תִמְצָא: וְרִדְּפָה
אֶת־מְאַהֲבֶיהָ וְלֹא־תַשִּׂיג אֹתָם וּבִקְשָׁתַם וְלֹא תִמְצָא וְאָמְרָה אֵלְכָה וְאָשׁוּבָה
י אֶל־אִישִׁי הָרִאשׁוֹן כִּי טוֹב לִי אָז מֵעָתָּה: וְהִיא לֹא יָדְעָה כִּי אָנֹכִי נָתַתִּי לָהּ הַדָּגָן
יא וְהַתִּירוֹשׁ וְהַיִּצְהָר וְכֶסֶף הִרְבֵּיתִי לָהּ וְזָהָב עָשׂוּ לַבָּעַל: לָכֵן אָשׁוּב וְלָקַחְתִּי דְגָנִי
יב בְּעִתּוֹ וְתִירוֹשִׁי בְּמוֹעֲדוֹ וְהִצַּלְתִּי צַמְרִי וּפִשְׁתִּי לְכַסּוֹת אֶת־עֶרְוָתָהּ: וְעַתָּה אֲגַלֶּה
יג אֶת־נַבְלֻתָהּ לְעֵינֵי מְאַהֲבֶיהָ וְאִישׁ לֹא־יַצִּילֶנָּה מִיָּדִי: וְהִשְׁבַּתִּי כָּל־מְשׂוֹשָׂהּ חַגָּהּ
יד חָדְשָׁהּ וְשַׁבַּתָּהּ וְכֹל מוֹעֲדָהּ: וַהֲשִׁמֹּתִי גַּפְנָהּ וּתְאֵנָתָהּ אֲשֶׁר אָמְרָה אֶתְנָה הֵמָּה
טו לִי אֲשֶׁר נָתְנוּ־לִי מְאַהֲבָי וְשַׂמְתִּים לְיַעַר וַאֲכָלָתַם חַיַּת הַשָּׂדֶה: וּפָקַדְתִּי עָלֶיהָ
אֶת־יְמֵי הַבְּעָלִים אֲשֶׁר תַּקְטִיר לָהֶם וַתַּעַד נִזְמָהּ וְחֶלְיָתָהּ וַתֵּלֶךְ אַחֲרֵי מְאַהֲבֶיהָ
טז וְאֹתִי שָׁכְחָה נְאֻם־יהוה: לָכֵן הִנֵּה אָנֹכִי מְפַתֶּיהָ וְהֹלַכְתִּיהָ הַמִּדְבָּר
יז וְדִבַּרְתִּי עַל־לִבָּהּ: וְנָתַתִּי לָהּ אֶת־כְּרָמֶיהָ מִשָּׁם וְאֶת־עֵמֶק עָכוֹר לְפֶתַח תִּקְוָה

1. א. דברינו בהפטרה זו ארוכים, כבדים וקשים, ובאים לחדש תובנות לא שגרתיות במוסר הנביאים. על הקורא לשקול לדלג על דברינו בהפטרה זו.
ב. דברים חשובים בהפטרה זו למדתי ממו"ר הרב יואל בן נון.

יח וְעָנְתָה שָׁמָּה כִּימֵי נְעוּרֶיהָ וּכְיוֹם עֲלוֹתָהּ מֵאֶרֶץ־מִצְרָיִם: וְהָיָה בַיּוֹם־
יט הַהוּא נְאֻם־יהוה תִּקְרְאִי אִישִׁי וְלֹא־תִקְרְאִי־לִי עוֹד בַּעְלִי: וַהֲסִרֹתִי אֶת־שְׁמוֹת
כ הַבְּעָלִים מִפִּיהָ וְלֹא־יִזָּכְרוּ עוֹד בִּשְׁמָם: וְכָרַתִּי לָהֶם בְּרִית בַּיּוֹם הַהוּא עִם־חַיַּת
הַשָּׂדֶה וְעִם־עוֹף הַשָּׁמַיִם וְרֶמֶשׂ הָאֲדָמָה וְקֶשֶׁת וְחֶרֶב וּמִלְחָמָה אֶשְׁבּוֹר מִן־
כא הָאָרֶץ וְהִשְׁכַּבְתִּים לָבֶטַח: וְאֵרַשְׂתִּיךְ לִי לְעוֹלָם וְאֵרַשְׂתִּיךְ לִי בְּצֶדֶק וּבְמִשְׁפָּט
כב וּבְחֶסֶד וּבְרַחֲמִים: וְאֵרַשְׂתִּיךְ לִי בֶּאֱמוּנָה וְיָדַעַתְּ אֶת־יהוה:

א. הקשר בין הפרשה להפטרה

בפשטות, הקשר הוא ניגודי (כמו שהעלינו בהפטרת צו). בפרשתנו נמנים בני ישראל, ומספרם ניקב בפסוקים, ואילו בנבואת הושע לעתיד לא יהיה ניתן לסופרם. נבאר מעט: בני ישראל נמשלו במספרם פעמים רבות לכוכבי השמיים (הנראים לנו). אולם, לכוכבי השמיים יש מספר, וכנאמר בנבואה: "הַמּוֹצִיא בְמִסְפָּר צְבָאָם" (ישעיהו מ, כו). את מספרם נלמד בתורה:

ה׳ אֱלֹהֵיכֶם הִרְבָּה אֶתְכֶם, וְהִנְּכֶם הַיּוֹם כְּכוֹכְבֵי הַשָּׁמַיִם לָרֹב:
(דברים א, י)

בני ישראל היו שישים ריבוא בעת שמשה דיבר אליהם. הדימוי לכוכבים נזכר גם בברית בין הבתרים בעת שה׳ אמר לאברהם שזרעו יהיה גר... בְּאֶרֶץ לֹא לָהֶם וַעֲבָדוּם וְעִנּוּ אֹתָם (בראשית טו, יג) לפני שישובו לארץ, כלומר, ביציאת מצרים ובביאתם לארץ. מספר הכוכבים הנראים הוא אפוא על פי התורה שישים ריבוא.

הושע אומר שמספרם יהיה כְּחוֹל הַיָּם, אֲשֶׁר לֹא יִמַּד וְלֹא יִסָּפֵר, מה שאולי מקביל להמשך דברי משה בערבות מואב:

ה׳ אֱלֹהֵי אֲבוֹתֵכֶם יֹסֵף עֲלֵיכֶם כָּכֶם אֶלֶף פְּעָמִים, וִיבָרֵךְ אֶתְכֶם כַּאֲשֶׁר דִּבֶּר לָכֶם:
(שם, יא)

שתי הברכות נזכרו בעקדת יצחק:

כִּי בָרֵךְ אֲבָרֶכְךָ, וְהַרְבָּה אַרְבֶּה אֶת זַרְעֲךָ כְּכוֹכְבֵי הַשָּׁמַיִם, וְכַחוֹל אֲשֶׁר עַל שְׂפַת הַיָּם:
(בראשית כב, יז)

ברכת הושע בתחילת הפטרתנו משלימה את דברי התורה בפרשתנו, ומעבירה את מספר בני ישראל משישים ריבוא לכמות חול הים "אֲשֶׁר לֹא יִמַּד וְלֹא יִסָּפֵר".

קשר נוסף בין פרשתנו להפטרה ניתן לראות בסוף ההפטרה. הפרשה פותחת את חומש במדבר ואת הליכת בני ישראל במשך ארבעים שנה במדבר. ההפטרה מסיימת בהזכרת העלייה ממצרים:

לָכֵן הִנֵּה אָנֹכִי מְפַתֶּיהָ וְהֹלַכְתִּיהָ הַמִּדְבָּר, וְדִבַּרְתִּי עַל לִבָּהּ: וְנָתַתִּי לָהּ אֶת כְּרָמֶיהָ מִשָּׁם, וְאֶת עֵמֶק עָכוֹר לְפֶתַח תִּקְוָה, וְעָנְתָה שָׁמָּה כִּימֵי נְעוּרֶיהָ וּכְיוֹם עֲלֹתָהּ מֵאֶרֶץ מִצְרָיִם:

(טז-יז)

ב. פסוקי הנחמה הראשונים - יזרעאל, רוחמה, עמי

וְהָיָה מִסְפַּר בְּנֵי יִשְׂרָאֵל כְּחוֹל הַיָּם, אֲשֶׁר לֹא יִמַּד וְלֹא יִסָּפֵר, וְהָיָה בִּמְקוֹם אֲשֶׁר יֵאָמֵר לָהֶם, לֹא עַמִּי אַתֶּם, יֵאָמֵר לָהֶם, בְּנֵי אֵל חָי: וְנִקְבְּצוּ בְּנֵי יְהוּדָה וּבְנֵי יִשְׂרָאֵל יַחְדָּו, וְשָׂמוּ לָהֶם רֹאשׁ אֶחָד וְעָלוּ מִן הָאָרֶץ, כִּי גָדוֹל יוֹם יִזְרְעֶאל: אִמְרוּ לַאֲחֵיכֶם, עַמִּי, וְלַאֲחוֹתֵיכֶם, רֻחָמָה:

(א-ג)

ממבט ראשון פסוקים אלו אינם נשזרים היטב בנבואה כולה, העוסקת בעיקר בתוכחה קשה. אולם הם נשזרים היטב במסגרת הנבואה ובפסוקים הבאים מייד אחרי סיום הפטרתנו:

וְהָיָה בַּיּוֹם הַהוּא אֶעֱנֶה נְאֻם ה׳, אֶעֱנֶה אֶת הַשָּׁמָיִם, וְהֵם יַעֲנוּ אֶת הָאָרֶץ: וְהָאָרֶץ תַּעֲנֶה אֶת הַדָּגָן וְאֶת הַתִּירוֹשׁ וְאֶת הַיִּצְהָר, וְהֵם יַעֲנוּ אֶת יִזְרְעֶאל: וּזְרַעְתִּיהָ לִּי בָּאָרֶץ, וְרִחַמְתִּי אֶת לֹא רֻחָמָה, וְאָמַרְתִּי לְלֹא עַמִּי: עַמִּי אַתָּה, וְהוּא יֹאמַר: אֱלֹהָי:

(ב, כג-כה)

סיומה של הנחמה כולל את שלוש מילות המפתח של פתיחתה בראשית הפטרתנו: יִזְרְעֶאל (וכן וּזְרַעְתִּיהָ לִּי), רֻחָמָה (או וְרִחַמְתִּי) ועַמִּי. הרקע להבנת שלוש מילים אלו נמצא בפתיחה לספר הושע, בפרק הקודם:

תְּחִלַּת דִּבֶּר ה׳ בְּהוֹשֵׁעַ, וַיֹּאמֶר ה׳ אֶל הוֹשֵׁעַ, לֵךְ קַח לְךָ אֵשֶׁת זְנוּנִים וְיַלְדֵי זְנוּנִים, כִּי זָנֹה תִזְנֶה הָאָרֶץ מֵאַחֲרֵי ה׳: וַיֵּלֶךְ וַיִּקַּח אֶת גֹּמֶר בַּת דִּבְלָיִם, וַתַּהַר וַתֵּלֶד לוֹ

בֵּן: וַיֹּאמֶר ה' אֵלָיו, קְרָא שְׁמוֹ יִזְרְעֶאל, כִּי עוֹד מְעַט וּפָקַדְתִּי אֶת דְּמֵי יִזְרְעֶאל עַל בֵּית יֵהוּא, וְהִשְׁבַּתִּי מַמְלְכוּת בֵּית יִשְׂרָאֵל: וְהָיָה בַּיּוֹם הַהוּא, וְשָׁבַרְתִּי אֶת קֶשֶׁת יִשְׂרָאֵל בְּעֵמֶק יִזְרְעֶאל: וַתַּהַר עוֹד וַתֵּלֶד בַּת, וַיֹּאמֶר לוֹ, קְרָא שְׁמָהּ לֹא רֻחָמָה, כִּי לֹא אוֹסִיף עוֹד אֲרַחֵם אֶת בֵּית יִשְׂרָאֵל, כִּי נָשֹׂא אֶשָּׂא לָהֶם: וְאֶת בֵּית יְהוּדָה אֲרַחֵם וְהוֹשַׁעְתִּים בַּה' אֱלֹהֵיהֶם, וְלֹא אוֹשִׁיעֵם בְּקֶשֶׁת וּבְחֶרֶב וּבְמִלְחָמָה בְּסוּסִים וּבְפָרָשִׁים: וַתִּגְמֹל אֶת לֹא רֻחָמָה, וַתַּהַר וַתֵּלֶד בֵּן: וַיֹּאמֶר, קְרָא שְׁמוֹ לֹא עַמִּי, כִּי אַתֶּם לֹא עַמִּי וְאָנֹכִי לֹא אֶהְיֶה לָכֶם:

(א, ב-ט)

הנביא מצטווה לשאת אשת זנונים. על בנה הראשון נאמר: וַתַּהַר וַתֵּלֶד לוֹ. הוא בנו של הושע, והושע מעניק לו בצו ה' שם נאה, יזרעאל. עם זאת, השם מתפרש בנבואה לפורענות:

וּפָקַדְתִּי אֶת דְּמֵי יִזְרְעֶאל עַל בֵּית יֵהוּא...
וְשָׁבַרְתִּי אֶת קֶשֶׁת יִשְׂרָאֵל בְּעֵמֶק יִזְרְעֶאל:

בילדה שנולדה אחרי יזרעאל נאמר: וַתַּהַר עוֹד וַתֵּלֶד בַּת, ולא נאמר כמו בבן הראשון: וַתֵּלֶד לוֹ. כיוון שהאישה הייתה אשת זנונים, אפשר שבת זו הייתה מגבר אחר שנאפה עימו. הבת היא אפוא בת זנונים, וכמו שנאמר בתחילת הנבואה, והושע קורא לה: לֹא רֻחָמָה. הוא אינו אוהב אותה. כך גם הילד השלישי, לא נאמר בו וַתֵּלֶד לוֹ, ושמו הוא לֹא עַמִּי, כלומר – לא בן משפחתי. גם שני הילדים האחרונים מבטאים בשמותיהם פורענות שה' עתיד להביא על ישראל.

פסוקי הנחמה שבתחילת הפטרתנו מבטאים שינוי. השם יִזְרְעֶאל מתפרש כפשוטו, בכיוון הגאולה. השמות לֹא רֻחָמָה ולֹא עַמִּי הופכים לְרֻחָמָה ועַמִּי.

ג. רקע היסטורי

לב נבואת הפטרתנו נראית לא מתאימה לזמנה. כדי לבאר משפט זה ניתן רקע היסטורי מפורט לנבואתנו.

שני בתי המלוכה הראשונים בממלכת ישראל, לאחר שזו התפלגה מבית דוד, מירושלים ומיהודה, היו בית ירבעם ובית בעשא (שמלכו יחד כחמישים שנה). חטאם העיקרי היה עבודת העגלים, שבבית אל ובדן שבצפון, וחסימת הדרכים העולות

לירושלים ולמקדש בפני העם. העגלים[2] היו חטא כבד של עשיית צלם ודמות לה׳, אך עבודתם הכירה בכך, שה׳ העלנו מארץ מצרים.

בית המלוכה השלישי, בית עומרי ואחאב (שמלך קרוב לחמישים שנה), הידרדר בעקבות קשרי חיתון עם אתבעל מלך צידון דרך איזבל בתו, אל העבודה הזרה הכנענית, שנדרשנו בתורה למחות את עקבותיה מכול וכול – עבודת הבעלים והעשתרות. פולחן זה היה עלול להטמיע את עם ישראל בעמי האזור בקשרי תרבות ובקשרי חיתון, והיה נגוע גם בזנות רבה ובשריפת הילדים לבעל ולאלים אחרים. אחרי אחאב מלכו שני בניו, אחזיהו ויהורם. בימי אפלה אלו פעל אליהו הנביא וניסה למנוע את ההידרדרות; הוא לא הצליח.

אלישע תלמידו שלח את אחד מנעריו (על פי חז״ל היה זה יונה הנביא בצעירותו) למשוח את יהוא למלך, ולהורות לו להשמיד את בית אחאב, ולמחות את זכר הבעל מישראל. יהוא עשה זאת, והשמיד את הבעל מישראל, אך לא הלך בדרך ה׳. הוא חידש את עבודת העגלים במקום לחדש את העלייה למקדש בירושלים.

בית יהוא מלך למעלה ממאה שנה. המלך הרביעי בשושלת היה ירבעם בן יואש, שמלך זמן רב, כבש את כל ארם וחיזק מאוד את ממלכת ישראל. עבודת בעלים לא הייתה בימיו, ויש סיבות להניח שבימיו הותרה העלייה לירושלים. אולם בימיו, בגלל העושר הגדול, עלה מאוד מפלס השחיתות החברתית. המתריע העיקרי על כך היה עמוס הנביא. בימים אלו החל גם הושע להינבא. הוא ניבא עד חורבן שומרון, למעלה מארבעים שנה אחרי שבית יהוא סיים את מלכותו הארוכה.

פתחנו פרק זה באמירה שלב נבואתנו אינו מתאים לזמנו, לימי ירבעם בן יואש הפותחים את נבואות הושע. נפרט בפרק להלן.

ד. חטאי בית אחאב והפיוס עם עליית בית יהוא

כאמור, האישה, גֹּמֶר בַּת דִּבְלָיִם, היא אשת זנונים. בן אחד (יזרעאל) מבשר בשמו תקווה, אך נאמרת עליו נבואת פורענות. בת ובן נוספים מכונים בשמות חסרי תקווה. שמא הקמת המשפחה באה כמשל חי לאחאב מלך ישראל, אשתו ושלושת בניו. באחאב היו גם דברים טובים (עסקנו בהם בהפטרת כי תשא); אך אשתו, איזבל הצידונית, הייתה רעה מיסודה. המקרא מתייחס אליה בלשון דומה ללשונו על אשת הושע:

2. פירשנו בעיקר על פי דרכו של רבי יהודה הלוי בספר הכוזרי (ד, יד) ומפרשים אחרים בעקבותיו.

וַיֹּאמֶר ה׳ אֶל הוֹשֵׁעַ לֵךְ קַח לְךָ אֵשֶׁת זְנוּנִים... וַיֵּלֶךְ וַיִּקַּח אֶת גֹּמֶר בַּת דִּבְלָיִם:
(א, ב-ג)

וַיֹּאמֶר מָה הַשָּׁלוֹם עַד זְנוּנֵי אִיזֶבֶל אִמְּךָ וּכְשָׁפֶיהָ הָרַבִּים:

(מל״ב ט, כב)

שלושת ילדיה של איזבל הם יהורם, שהמקרא מתייחס אליו בתקוות מה, תקווה שנכזבה ברבות הימים:

וַיַּעֲשֶׂה הָרַע בְּעֵינֵי ה׳ רַק לֹא כְאָבִיו וּכְאִמּוֹ וַיָּסַר אֶת מַצְּבַת הַבַּעַל אֲשֶׁר עָשָׂה אָבִיו:
(שם ג, ב)

בתה של איזבל היא עתליה המרשעת, שנישאה ליהורם בן יהושפט, ועשתה שמות בירושלים ברשעתה עד שנהרגה בידי יהוידע הכוהן הגדול, והיא כלא רְחָמָה. בנה הנוסף הוא אחזיהו, שכל ימיו היה רשע. דמיונו לאימו בא לידי ביטוי גם בחלון שממנו נפל (או הופל):

וַיִּפֹּל אֲחַזְיָה בְּעַד הַשְּׂבָכָה בַּעֲלִיָּתוֹ אֲשֶׁר בְּשֹׁמְרוֹן:

(שם א, ב)

וְאִיזֶבֶל שָׁמְעָה וַתָּשֶׂם בַּפּוּךְ עֵינֶיהָ וַתֵּיטֶב אֶת רֹאשָׁהּ וַתַּשְׁקֵף בְּעַד הַחַלּוֹן: ... וַיֹּאמֶר שִׁמְטוּהָ וַיִּשְׁמְטוּהָ וַיִּז מִדָּמָהּ אֶל הַקִּיר וְאֶל הַסּוּסִים וַיִּרְמְסֶנָּה:
(שם ט, ל-לג)

גם ליבה של הפטרתנו, התוכחה הקשה המושמעת בה, מתאימה דווקא לימי בית אחאב, ולא לימי בית יהוא, שהושע ניבא בסופו. בנבואתנו, מתאר הנביא בשם ה׳ במילים קשות את ׳בת זוגו׳, כנסת ישראל, שזנתה תחתיו:

רִיבוּ בְאִמְּכֶם רִיבוּ, כִּי הִיא לֹא אִשְׁתִּי וְאָנֹכִי לֹא אִישָׁהּ, וְתָסֵר זְנוּנֶיהָ מִפָּנֶיהָ וְנַאֲפוּפֶיהָ מִבֵּין שָׁדֶיהָ:
וְאֶת בָּנֶיהָ לֹא אֲרַחֵם, כִּי בְנֵי זְנוּנִים הֵמָּה: כִּי זָנְתָה אִמָּם הֹבִישָׁה הוֹרָתָם, כִּי אָמְרָה אֵלְכָה אַחֲרֵי מְאַהֲבַי:
וְעַתָּה אֲגַלֶּה אֶת נַבְלֻתָהּ לְעֵינֵי מְאַהֲבֶיהָ, וְאִישׁ לֹא יַצִּילֶנָּה מִיָּדִי:

וּפָקַדְתִּי עָלֶיהָ אֶת יְמֵי הַבְּעָלִים, אֲשֶׁר תַּקְטִיר לָהֶם וַתַּעַד נִזְמָהּ וְחֶלְיָתָהּ וַתֵּלֶךְ אַחֲרֵי מְאַהֲבֶיהָ, וְאֹתִי שָׁכְחָה נְאֻם ה׳:

(ד; ו–ז; יב; טו)

תיאור זנותה של האם וִימֵי הַבְּעָלִים מחייב, שהנבואה הקשה נאמרת בזמן שבני ישראל עובדים לאל הבעל הכנעני ושותפיו – זמן בית אחאב. גם בית יהוא חטא בחטאים כבדים, בעבודת העגלים ובאחריות לחברה המשחיתה את דרכה, אך הוא לא חטא בעבודה לבעל הכנעני.[3]

אינני רואה מנוס מן ההשערה שמדובר בחלק זה של הפטרתנו בנבואה הקדומה לזמנו של הושע (מסוף ימי בית יהוא),[4] והושע מביא אותה כרקע לנבואת הנחמה הנאמרת בתחילת הפטרתנו ובפסוקיה האחרונים ואחריהם. נבואת נחמה זו, על הפיכת לֹא רֻחָמָה לְרֻחָמָה ועל הפיכת לֹא עַמִּי לְעַמִּי; על אירוסין חדשים בין הקב״ה ל׳בת זוגו׳ – עם ישראל, המבשרת את ההתפייסות עם ה׳ – מתאימה לימי השמדת הבעל מישראל בתחילת ימי יהוא.

ה. לֹא עַמִּי אַתֶּם

... וְהָיָה בִּמְקוֹם אֲשֶׁר יֵאָמֵר לָהֶם, לֹא עַמִּי אַתֶּם...

(א)

הביטוי הנזכר בראשית הפטרתנו (הממשיך את קודמו: כִּי אַתֶּם לֹא עַמִּי – א, ט) קשה מאוד, וחריג גם בנביאים. נרכך אותו מעט במה שנזכר עוד בנבואה זו:

וְאֶת בֵּית יְהוּדָה אֲרַחֵם וְהוֹשַׁעְתִּים בַּה׳ אֱלֹהֵיהֶם...

(א, ז)

האמירה לֹא עַמִּי אינה נאמרת לכל עם ישראל, אלא לממלכת שומרון לבדה, עד שתחבור לממלכת יהודה בתחילת הפטרתנו:

3. מלבד תיאור המקרא לגבי יהואחז בן יהוא שבימיו הָאֲשֵׁרָה עָמְדָה בְּשֹׁמְרוֹן (מל״ב יג, ו). מסתבר שאף שלא עבדוה – לא ביערו אותה.

4. פסוק אחד משבש את ההבנה שמדובר בנבואה על בית אחאב, ונדון בו להלן בע״ה.

וְנִקְבְּצוּ בְּנֵי יְהוּדָה וּבְנֵי יִשְׂרָאֵל יַחְדָּו וְשָׂמוּ לָהֶם רֹאשׁ אֶחָד וְעָלוּ מִן הָאָרֶץ כִּי גָדוֹל יוֹם יִזְרְעֶאל:

(ב)

מצאנו בין התנאים מי שהלכו בדרך דומה לאמירה הקשה של הושע – רבי יהודה ורבי ישמעאל:

בָּנִים אַתֶּם לַה׳ אֱלֹהֵיכֶם (דברים יד, א), רבי יהודה אומר: אם נוהגים אתם מנהג בנים – הרי אתם בנים, ואם לאו – אי אתם בנים.
רבי מאיר אומר: בין כך ובין כך בנים אתם לה׳ אלהיכם, וכן הוא אומר: וְהָיָה מִסְפַּר בְּנֵי יִשְׂרָאֵל וגו׳.

(ספרי דברים צו)[5]

רבי יהודה סובר, שאם בני ישראל אינם מקיימים את מצוות ה׳ – הם חדלים להיות בניו. מחלוקתם של התנאים על ראשית הפטרתנו נראית כתלויה בשאלה האם גם נבואת ׳לֹא עַמִּי׳ קיימת בתנאיה, או שהושע חוזר בו ממנה לגמרי.
כיוצא בו במחלוקת תנאים נוספת:

וְאַנְשֵׁי קֹדֶשׁ תִּהְיוּן לִי (שמות כב, ל). רבי ישמעאל אומר, כשאתם קדושים, הרי אתם שלי.
איסי בן יהודה אומר, כשהמקום מחדש מצוה על ישראל, הוא מוסיף להם קדושה.

(מכילתא דר״י משפטים, מסכתא דכספא, כ)

איסי בן יהודה מבין שמדובר בתוספת קדושה. רבי ישמעאל רואה גם את הקדושה היסודית של עם ישראל כקדושה התלויה בקיום המצוות בפועל. אם אינם מקיימים אותן – הם מאבדים את קדושתם.

עדיין אין להתעלם מההבדל בין מצב שישראל אינם קרויים בָּנִים או אַנְשֵׁי קֹדֶשׁ, למצב שאַתֶּם לֹא עַמִּי כנבואת הושע, הנראה כגט כריתות גמור ולא כמצב זמני. חז״ל עמדו על כך, והמשיכו את נבואת ׳לֹא עַמִּי׳ אל פסוקי הנחמה שבראש הפטרתנו:

5. אי אפשר לנתק את דעתו של רבי מאיר מיחסו החם לרבו, אלישע בן אבויה, ׳אחר׳, שיצא לתרבות רעה. עיינו קהלת רבה ז, ח ובמקומות נוספים.

אמר לו הקדוש ברוך הוא להושע: בניך חטאו. והיה לו לומר: בניך הם, בני חנוניך הם, בני אברהם יצחק ויעקב, גלגל רחמיך עליהן. לא דיו שלא אמר כך, אלא אמר לפניו: רבונו של עולם, כל העולם שלך הוא – העבירם באומה אחרת.[6]

אמר הקדוש ברוך הוא: מה אעשה לזקן זה? אומר לו: לך וקח אשה זונה והוליד לך בנים זנונים, ואחר כך אומר לו שלחה מעל פניך. אם הוא יכול לשלוח – אף אני אשלח את ישראל. שנאמר: וַיֹּאמֶר ה׳ אֶל הוֹשֵׁעַ לֵךְ קַח לְךָ אֵשֶׁת זְנוּנִים וְיַלְדֵי זְנוּנִים... אמר לו הקדוש ברוך הוא להושע... אף אתה בדול עצמך ממנה. אמר לו: ריבונו של עולם, יש לי בנים ממנה ואין אני יכול להוציאה ולא לגרשה!

אמר ליה הקדוש ברוך הוא: ומה אתה, שאשתך זונה ובניך בני זנונים, ואין אתה יודע אם שלך הן אם של אחרים הן – כך. ישראל, שהן בני, בני בחוני, בני אברהם יצחק ויעקב, אחד מארבעה קנינין שקניתי בעולמי... ואתה אמרת העבירם באומה אחרת...

עמד ובקש רחמים ובטל גזירה, והתחיל לברכן, שנאמר: וְהָיָה מִסְפַּר בְּנֵי יִשְׂרָאֵל כְּחוֹל הַיָּם וגו׳ וְהָיָה בִּמְקוֹם אֲשֶׁר יֵאָמֵר לָהֶם לֹא עַמִּי אַתֶּם יֵאָמֵר לָהֶם בְּנֵי אֵל חָי וְנִקְבְּצוּ בְּנֵי יְהוּדָה וּבְנֵי יִשְׂרָאֵל יַחְדָּו וגו׳ וּזְרַעְתִּיהָ לִּי בָּאָרֶץ וְרִחַמְתִּי אֶת לֹא רֻחָמָה וְאָמַרְתִּי לְלֹא עַמִּי עַמִּי אַתָּה.

(פסחים פז ע״א–ע״ב)

ו. חזרת הנבואה על ימי בית יהוא האחרונים, על ירבעם בן יואש

מה שכתבנו, כולל הפיוס המתואר בנבואה עדיין קודם לנבואת הושע עצמו. פסוק אחד בפרק א מסגיר את חיבור נבואה זו להושע:

וַיֹּאמֶר ה׳ אֵלָיו, קְרָא שְׁמוֹ יִזְרְעֶאל, כִּי עוֹד מְעַט וּפָקַדְתִּי אֶת דְּמֵי יִזְרְעֶאל עַל בֵּית יֵהוּא, וְהִשְׁבַּתִּי מַמְלְכוּת בֵּית יִשְׂרָאֵל:

(א, ד)

6. שמא רמזו חז״ל באגדה זו למי ששמו דומה לשמו של הנביא הושע. בסוף ימי הבית השני, בימי חטא כבדים של עם ישראל ומלכותו (בית הורדוס), ׳אותו האיש׳ האמין והטיף לכך שהקב״ה נטש את עמו סופית (חלילה!) ובחר לו ׳עם׳ אחר – את תלמידיו של ׳אותו האיש׳ וגרוריהם. ׳אותו האיש׳ לא חזר לבקש רחמים על עם ישראל, כמו שהושע הנביא חזר, וסופו שהפך בידי תלמידיו לעבודה זרה גמורה.

דְּמֵי יִזְרְעֶאל הם בפשטות דמו השפוך של נבות היזרעאלי, שנהרג בעלילת שווא של איזבל, כדי לאפשר לאחאב ולאיזבל לגזול ממנו את כרמו, נחלת אבותיו.[7] אולם, על פי זה הייתה הנבואה צריכה לומר: 'וּפָקַדְתִּי אֶת דְּמֵי יִזְרְעֶאל עַל בֵּית אחאב', ולא עַל בֵּית יֵהוּא. דומה שמוסר הנביאים מלמד אותנו כאן עיקרון: ירושת המלוכה היא עסקת חבילה. כשה' זיכה את יהוא במלכות ישראל למשך ארבעה וחמישה דורות, יהוא ירש לא רק את בית המלכות, את הממלכה, את עושרה ואת כוחה, אלא גם את עוונותיה, ועליו לתקנם. יהוא תיקן את חטא עבודת הבעלים, אך הוא וביתו לא תיקנו את חטא כרם נבות. כשירש את הממלכה מיהורם בן אחאב יהוא הכריז שהוא יורש את המלכות כתשלום על דמי נבות:

> וַיֹּאמֶר אֶל בִּדְקַר שָׁלִשֹׁה שָׂא הַשְׁלִכֵהוּ בְּחֶלְקַת שְׂדֵה נָבוֹת הַיִּזְרְעֵאלִי כִּי זְכֹר אֲנִי וָאַתָּה אֶת רֹכְבִים צְמָדִים אַחֲרֵי אַחְאָב אָבִיו וַה' נָשָׂא עָלָיו אֶת הַמַּשָּׂא הַזֶּה: אִם לֹא אֶת דְּמֵי נָבוֹת וְאֶת דְּמֵי בָנָיו רָאִיתִי אֶמֶשׁ נְאֻם ה' וְשִׁלַּמְתִּי לְךָ בַּחֶלְקָה הַזֹּאת נְאֻם ה' וְעַתָּה שָׂא הַשְׁלִכֵהוּ בַּחֶלְקָה כִּדְבַר ה':

(מל"ב ט, כה-כו)

אולם ימי ירבעם בן יואש, המלך הרביעי בשושלת יהוא, בלטו בשחיתות החברתית שבהם ובניצול החלשים, וכעולה מנבואות עמוס. על כן ייפקד חטא כרם נבות, דְּמֵי יִזְרְעֶאל, על יורשיו של בית אחאב, על בית יהוא ועל ירבעם בן יואש ועמו.

כאן יתפרשו נישואי הנביא הושע עם הזונה גומר בת דבלים על זמנו שלו. לשון אחרת: הושע נצמד לנבואה קדומה שנאמרה בימי בית אחאב על סופו של בית אחאב, ואמר אותה עכשיו על סופו של בית יהוא. שוב הופכת האומה לדמוית זונה, שוב הופך שם התקווה (יִזְרְעֶאל) לשם פורענות ושוב הופך העם ללֹא רֻחָמָה וללֹא עַמִּי, ולא בגלל עבודת בעל כמו בימי בית אחאב, אלא בגלל חטאי השחיתות החברתית. עתה הפתרון אינו פיוס בעת הפיכה נגד בית המלכות, כיוון שהבעיה היא של כלל העם. עתה הפתרון מסובך יותר, והוא ייתנן להלן בפרק ג.

7. הפירוש המקובל לדְמֵי יִזְרְעֶאל שנפקדו על בית יהוא, הוא הדמים הרבים ששפך יהוא ביזרעאל בעת השמדת בית אחאב. המפרשים מטפלים בקושי שבפירושם: מדוע ייענש יהוא על שקיים את מצוות הנביא בהשמדת בית אחאב. ניתנו לכך שתי תשובות שונות טובות, אך קצרה יריעתנו, והבוחר יבחר.

ז. סיכום קצר

המהלך שתיארנו מפותל ומסובך, ונסכם בקצרה את עקרונותיו: נבואת הפטרתנו היא נבואה קדומה לימי הושע, נבואה מסוף ימי בית אחאב. העם הכיר כבר את המשלת מלכות ישראל לאשת זנונים בימי בית אחאב, בדמות איזבל ושלושת ילדיה. העם הכיר גם את הדרישה הנבואית לפקוד את דְּמֵי יִזְרְעֶאל, דמי נבות היזרעאלי, על בית אחאב. העם הכיר את נבואת הפיוס והתקווה לפיוס עם ה׳ עם החלפת בית המלוכה של אחאב בבית יהוא. אכן, כשישים שנותיו האחרונות של בית יהוא היו שנות התעצמות והתעשרות.

עתה בא הושע, לוקח אישה זונה, מגדל ילדי זנונים ואומר לעם: הכול נכשל; הפורענות שוב בפתח. הפעם לא מדובר בפורענות שתבוא על בית המלכות, אלא על הממלכה כולה. חטא השחיתות החברתית החליף את חטאי עבודת הבעל, אך הוא אינו טוב מהם. הפיוס המקווה יהיה הפעם שונה וקשה יותר, וקצרה יריעתנו מלכותבו.

ח. התוכחה על עבודת הבעל ופרשת 'והיה אם שמוע'

נבואת התוכחה על עבודת הבעל כתובה כאן בסגנונה של פרשת 'וְהָיָה אִם שָׁמֹעַ', שבאה להזהיר את העם מעבודה זרה, וכנראה דווקא מעבודת הבעלים. הפרשה עוסקת בעיקר בתנאים לירידת הגשמים בעיתם, גשמים שיצמיחו את יבולה של הארץ. הלאווים ברשימת תנאים זו עוסקים בעבודת אלוהים אחרים, ועל פי ההקשר הכולל – כנראה אלוהי כנען. הבעל היה ראש האלים הכנענים, והוא אל הפריון, האחראי (בהשקפה הכנענית) גם על הגשמים והצמחת יבול השדות. החקלאי הישראלי עלול להימשך אחריו בבקשת הגשמים. התורה מזהירה, שהנטייה מעבודת ה׳ לעבודת הבעל לצורך פולחן הגשמים – תביא דווקא לעצירת המטר ולחורבן יבול הארץ:

הִשָּׁמְרוּ לָכֶם פֶּן יִפְתֶּה לְבַבְכֶם, וְסַרְתֶּם וַעֲבַדְתֶּם אֱלֹהִים אֲחֵרִים וְהִשְׁתַּחֲוִיתֶם לָהֶם:
וְחָרָה אַף ה׳ בָּכֶם, וְעָצַר אֶת הַשָּׁמַיִם וְלֹא יִהְיֶה מָטָר, וְהָאֲדָמָה לֹא תִתֵּן אֶת יְבוּלָהּ:
(דברים יא, טז-יז)

נבואת הפטרתנו מזכירה את פרשת 'והיה אם שמוע', ובעיקר פסוק אחד בה:

... וְאָסַפְתָּ דְגָנֶךָ וְתִירֹשְׁךָ וְיִצְהָרֶךָ:

(שם, יד)

כי קרוב אליך

ובהפטרתנו:

וְהִיא לֹא יָדְעָה, כִּי אָנֹכִי נָתַתִּי לָהּ הַדָּגָן וְהַתִּירוֹשׁ וְהַיִּצְהָר... לָכֵן אָשׁוּב וְלָקַחְתִּי דְגָנִי בְּעִתּוֹ וְתִירוֹשִׁי בְּמוֹעֲדוֹ:

(י-יא)

ט. המדבר ועמק עכור

לָכֵן הִנֵּה אָנֹכִי מְפַתֶּיהָ, וְהֹלַכְתִּיהָ הַמִּדְבָּר וְדִבַּרְתִּי עַל לִבָּהּ: וְנָתַתִּי לָהּ אֶת כְּרָמֶיהָ מִשָּׁם, וְאֶת עֵמֶק עָכוֹר לְפֶתַח תִּקְוָה, וְעָנְתָה שָּׁמָּה כִּימֵי נְעוּרֶיהָ וּכְיוֹם עֲלֹתָהּ מֵאֶרֶץ מִצְרָיִם:

(טז-יז)

בפסוק עולה הקשר בין המדבר ובין הדיבור של ה' עימנו. זאת, כי השיבה למדבר (ולהר סיני) מבטאת את השיבה לתלות הברורה בקב"ה ובמזונות שסיפק לנו במדבר: המן (השליו) והמים. במדבר אין מקום לעבודת הבעל, אל הפריון והגשמים. אין במדבר כל אפשרות לניתוק הקשר עם ה', וכעולה היטב מארבעים שנות המדבר ומה שקרה בהן.

אולם הנביא ממשיך לימי יהושע והכניסה לארץ, אל בגידתם הראשונה של ישראל במעשה עכן ביריחו, שעל שמו נקרא המקום עֵמֶק עָכוֹר.[8] ביום הפיוס בנבואת הושע יהפוך עֵמֶק עָכוֹר לְפֶתַח תִּקְוָה.[9] להבנת עניין זה נתבונן בשלושה נביאים בעלי שם דומה: יהושע, אלישע והושע.

א. יהושע

יהושע שרף את יריחו, וקילל את מי שישוב ויבנה אותה:

וְהָעִיר שָׂרְפוּ בָאֵשׁ וְכָל אֲשֶׁר בָּהּ... וַיַּשְׁבַּע יְהוֹשֻׁעַ בָּעֵת הַהִיא לֵאמֹר, אָרוּר הָאִישׁ

8. ככתוב בספר יהושע (ז, כה-כו): וַיֹּאמֶר יְהוֹשֻׁעַ מֶה עֲכַרְתָּנוּ יַעְכָּרְךָ ה' בַּיּוֹם הַזֶּה וַיִּרְגְּמוּ אֹתוֹ כָל יִשְׂרָאֵל אֶבֶן וַיִּשְׂרְפוּ אֹתָם בָּאֵשׁ וַיִּסְקְלוּ אֹתָם בָּאֲבָנִים: וַיָּקִימוּ עָלָיו גַּל אֲבָנִים גָּדוֹל עַד הַיּוֹם הַזֶּה וַיָּשָׁב ה' מֵחֲרוֹן אַפּוֹ עַל כֵּן קָרָא שֵׁם הַמָּקוֹם הַהוּא עֵמֶק עָכוֹר עַד הַיּוֹם הַזֶּה:

9. המושבה 'פתח תקווה', שהפכה אחר כך לעיר גדולה, הייתה מתוכננת בזמנו לעלות לאדמות יריחו, 'עֵמֶק עָכוֹר', שאותן ניסו המתיישבים לרכוש בשנת תרל"ב. הרכישה לא עלתה יפה, והם התיישבו תחת אותו שם בגוש דן, בפתח תקווה של היום.

לִפְנֵי ה׳, אֲשֶׁר יָקוּם וּבָנָה אֶת הָעִיר הַזֹּאת אֶת יְרִיחוֹ, בִּבְכֹרוֹ יְיַסְּדֶנָּה וּבִצְעִירוֹ יַצִּיב דְּלָתֶיהָ:
(יהושע ו, כד-כו)

קללתו התקיימה בימי אחאב בחיאל שבנה אותה, כנראה בתמיכת אחאב:

בְּיָמָיו בָּנָה חִיאֵל בֵּית הָאֱלִי אֶת יְרִיחֹה בַּאֲבִירָם בְּכֹרוֹ יִסְּדָהּ וּבִשְׂגוּב צְעִירוֹ הִצִּיב דְּלָתֶיהָ כִּדְבַר ה׳ אֲשֶׁר דִּבֶּר בְּיַד יְהוֹשֻׁעַ בִּן נוּן:
(מל״א טז, לד)

המעבר של חיאל מבית אל ליריחו ביטא את המעבר הדתי של אחאב: מעבודת העגל שבבית אל, לעבודת הבעל של אלוהי כנען, במה שהיה פעם מרכז הפולחן הדתי של כנען – יריחו, ובגללו הקפיד יהושע להופכה לתל עולם, כעיר הנידחת.

ב. אלישע

אלישע ביטל את קללת הנצח של יהושע ביריחו:

וַיָּשֻׁבוּ אֵלָיו וְהוּא יֹשֵׁב בִּירִיחוֹ... וַיֹּאמְרוּ אַנְשֵׁי הָעִיר אֶל אֱלִישָׁע, הִנֵּה נָא מוֹשַׁב הָעִיר טוֹב כַּאֲשֶׁר אֲדֹנִי רֹאֶה, וְהַמַּיִם רָעִים וְהָאָרֶץ מְשַׁכָּלֶת: וַיֹּאמֶר, קְחוּ לִי צְלֹחִית חֲדָשָׁה וְשִׂימוּ שָׁם מֶלַח, וַיִּקְחוּ אֵלָיו: וַיֵּצֵא אֶל מוֹצָא הַמַּיִם וַיַּשְׁלֶךְ שָׁם מֶלַח, וַיֹּאמֶר, כֹּה אָמַר ה׳ רִפִּאתִי לַמַּיִם הָאֵלֶּה, לֹא יִהְיֶה מִשָּׁם עוֹד מָוֶת וּמְשַׁכָּלֶת: וַיֵּרָפוּ הַמַּיִם עַד הַיּוֹם הַזֶּה, כִּדְבַר אֱלִישָׁע אֲשֶׁר דִּבֵּר:
(מל״ב ב, יח-כב)

ניתן להניח שהוא עשה זאת רק אחרי שיהוא השמיד וביער את עבודת הבעל מישראל, ואז בטלה הסיבה לקללת יריחו.

ג. הושע

בהפטרתנו הושע מציב את יריחו בין קללת יהושע לברכת אלישע. הנבואה שבה על הברכה של הפיכת עמק עכור שביריחו לפתח תקווה, אך רק בכפוף להסרת שמות הבעלים מפיה של כנסת ישראל ולאחר שה׳ ידבר על ליבה.

י. הסרת שם הבעל והאירוסין המחודשים

וְהָיָה בַיּוֹם הַהוּא נְאֻם ה' תִּקְרְאִי אִישִׁי וְלֹא תִקְרְאִי לִי עוֹד בַּעְלִי: וַהֲסִרֹתִי אֶת שְׁמוֹת הַבְּעָלִים מִפִּיהָ, וְלֹא יִזָּכְרוּ עוֹד בִּשְׁמָם: ...
וְאֵרַשְׂתִּיךְ לִי לְעוֹלָם, וְאֵרַשְׂתִּיךְ לִי בְּצֶדֶק וּבְמִשְׁפָּט וּבְחֶסֶד וּבְרַחֲמִים: וְאֵרַשְׂתִּיךְ לִי בֶּאֱמוּנָה, וְיָדַעַתְּ אֶת ה': (יח-יט; כא)

המילה 'בַּעַל' מקבילה במידה רבה למילה 'אָדוֹן'. זה נכון גם לגבי רכוש ועבדים וגם ככינוי לבן זוגה של האישה. שרה אמרה על אברהם: וַאדֹנִי זָקֵן (בראשית יח, יב), ובלשוננו: 'ובעלי זקן'. אנחנו מכנים את הקב"ה בתואר 'אֲדֹנָי', ולא ייפלא שבעבר כינוהו גם בתואר 'בַּעַל'. שם בנו של שאול היה אֶשְׁבָּעַל (דהי"א ח, לג), ושם בנו של יהונתן היה מְרִיב בָּעַל (שם, לד).[10] שניהם היו עובדי ה', וחלילה להם מלהזכיר את שמות הבעלים. הנביא בהפטרתנו מסיר את שם הבעל מה', ומחליפו בשם אחר, בגלל מה שקרה בבית אחאב בהחלפת הקב"ה בבעלים. אין אנו קוראים לה' 'אִישִׁי'. במילה אִישִׁי כוונת הנביא לקריאה לה' בשמו ולא בתוארו; כלומר, השם 'בַּעַל' וכן 'אָדוֹן' יוחלפו בשמו הפרטי של הקב"ה – שם הוי"ה.[11]

ה'זיווג' מחדש בין כנסת ישראל לה' יבוא לידי ביטוי בנבואתנו באירוסין, ולא בנישואין. רוח החסד השורה על פסוקי הנחמה בסיום הפטרתנו מבליטה את הצד היפה שבכך. הנישואין כרוכים ב'בעילה'; באירוסין יש אהבה מופשטת ורוחנית. זוהי אהבה תמימה בימים שבני הזוג אינם מרשים לעצמם לריב איש עם רעותו. החיבור בימי האירוסין נראה שלם יותר, נקי יותר. הוא מזכיר את המפגשים הקצרים והאקראיים בין הדוד לרעיה בשיר השירים. עם זאת, אירוסין שאין בעקבותיהם נישואין הם זיווג חסר. בפרק הבא, פרק ג, תתברר דרישתו הקשה של החתן מכלתו, הזונה ששבה אליו אחרי גירושיה:

וָאֹמַר אֵלֶיהָ, יָמִים רַבִּים תֵּשְׁבִי לִי. לֹא תִזְנִי וְלֹא תִהְיִי לְאִישׁ, וְגַם אֲנִי אֵלָיִךְ: (ג, ג)

את משמעות דרישה זו למעשה קצרה יריעתנו בהפטרה זו מלבאר.

10. לימים, כשהשם 'בַּעַל' הפך לשם מובהק לעבודה זרה, המקרא החליף את השם אֶשְׁבָּעַל לאִישׁ בֹּשֶׁת ואת מְרִיב בָּעַל למְפִיבֹשֶׁת, כדי למחות ולגנות שם עבודה זרה. גם יְרֻבַּעַל הפך ליְרֻבֶּשֶׁת (שמ"ב יא, כא).

11. כך גם נוהגות היום הנשים. הן אינן קוראות לבן זוגן 'אִישִׁי', אלא בשמו הפרטי: יוסף, שמעון וכד'.

הפטרת נשוא

יג ב וַיְהִי אִישׁ אֶחָד מִצָּרְעָה מִמִּשְׁפַּחַת הַדָּנִי וּשְׁמוֹ מָנוֹחַ וְאִשְׁתּוֹ עֲקָרָה וְלֹא יָלָדָה׃ שופטים
ג וַיֵּרָא מַלְאַךְ־יהוה אֶל־הָאִשָּׁה וַיֹּאמֶר אֵלֶיהָ הִנֵּה־נָא אַתְּ־עֲקָרָה וְלֹא יָלַדְתְּ וְהָרִית
ד ה וְיָלַדְתְּ בֵּן׃ וְעַתָּה הִשָּׁמְרִי נָא וְאַל־תִּשְׁתִּי יַיִן וְשֵׁכָר וְאַל־תֹּאכְלִי כָּל־טָמֵא׃ כִּי
הִנָּךְ הָרָה וְיֹלַדְתְּ בֵּן וּמוֹרָה לֹא־יַעֲלֶה עַל־רֹאשׁוֹ כִּי־נְזִיר אֱלֹהִים יִהְיֶה הַנַּעַר
ו מִן־הַבָּטֶן וְהוּא יָחֵל לְהוֹשִׁיעַ אֶת־יִשְׂרָאֵל מִיַּד פְּלִשְׁתִּים׃ וַתָּבֹא הָאִשָּׁה וַתֹּאמֶר
לְאִישָׁהּ לֵאמֹר אִישׁ הָאֱלֹהִים בָּא אֵלַי וּמַרְאֵהוּ כְּמַרְאֵה מַלְאַךְ הָאֱלֹהִים נוֹרָא
ז מְאֹד וְלֹא שְׁאִלְתִּיהוּ אֵי־מִזֶּה הוּא וְאֶת־שְׁמוֹ לֹא־הִגִּיד לִי׃ וַיֹּאמֶר לִי הִנָּךְ הָרָה
וְיֹלַדְתְּ בֵּן וְעַתָּה אַל־תִּשְׁתִּי יַיִן וְשֵׁכָר וְאַל־תֹּאכְלִי כָּל־טֻמְאָה כִּי־נְזִיר אֱלֹהִים
יִהְיֶה הַנַּעַר מִן־הַבֶּטֶן עַד־יוֹם מוֹתוֹ׃
ח וַיֶּעְתַּר מָנוֹחַ אֶל־יהוה וַיֹּאמַר בִּי אֲדוֹנָי אִישׁ הָאֱלֹהִים אֲשֶׁר שָׁלַחְתָּ יָבוֹא־נָא
ט עוֹד אֵלֵינוּ וְיוֹרֵנוּ מַה־נַּעֲשֶׂה לַנַּעַר הַיּוּלָּד׃ וַיִּשְׁמַע הָאֱלֹהִים בְּקוֹל מָנוֹחַ וַיָּבֹא
מַלְאַךְ הָאֱלֹהִים עוֹד אֶל־הָאִשָּׁה וְהִיא יוֹשֶׁבֶת בַּשָּׂדֶה וּמָנוֹחַ אִישָׁהּ אֵין עִמָּהּ׃
י וַתְּמַהֵר הָאִשָּׁה וַתָּרָץ וַתַּגֵּד לְאִישָׁהּ וַתֹּאמֶר אֵלָיו הִנֵּה נִרְאָה אֵלַי הָאִישׁ אֲשֶׁר־
יא בָּא בַיּוֹם אֵלָי׃ וַיָּקָם וַיֵּלֶךְ מָנוֹחַ אַחֲרֵי אִשְׁתּוֹ וַיָּבֹא אֶל־הָאִישׁ וַיֹּאמֶר לוֹ הַאַתָּה
יב הָאִישׁ אֲשֶׁר־דִּבַּרְתָּ אֶל־הָאִשָּׁה וַיֹּאמֶר אָנִי׃ וַיֹּאמֶר מָנוֹחַ עַתָּה יָבֹא דְבָרֶיךָ
יג מַה־יִּהְיֶה מִשְׁפַּט־הַנַּעַר וּמַעֲשֵׂהוּ׃ וַיֹּאמֶר מַלְאַךְ יהוה אֶל־מָנוֹחַ מִכֹּל אֲשֶׁר־
יד אָמַרְתִּי אֶל־הָאִשָּׁה תִּשָּׁמֵר׃ מִכֹּל אֲשֶׁר־יֵצֵא מִגֶּפֶן הַיַּיִן לֹא תֹאכַל וְיַיִן וְשֵׁכָר
טו אַל־תֵּשְׁתְּ וְכָל־טֻמְאָה אַל־תֹּאכַל כֹּל אֲשֶׁר־צִוִּיתִיהָ תִּשְׁמֹר׃ וַיֹּאמֶר מָנוֹחַ
טז אֶל־מַלְאַךְ יהוה נַעְצְרָה־נָּא אוֹתָךְ וְנַעֲשֶׂה לְפָנֶיךָ גְּדִי עִזִּים׃ וַיֹּאמֶר מַלְאַךְ יהוה
אֶל־מָנוֹחַ אִם־תַּעְצְרֵנִי לֹא־אֹכַל בְּלַחְמֶךָ וְאִם־תַּעֲשֶׂה עֹלָה לַיהוה תַּעֲלֶנָּה כִּי
יז לֹא־יָדַע מָנוֹחַ כִּי־מַלְאַךְ יהוה הוּא׃ וַיֹּאמֶר מָנוֹחַ אֶל־מַלְאַךְ יהוה מִי שְׁמֶךָ
יח כִּי־יָבֹא דְבָרְךָ וְכִבַּדְנוּךָ׃ וַיֹּאמֶר לוֹ מַלְאַךְ יהוה לָמָּה זֶּה תִּשְׁאַל לִשְׁמִי וְהוּא־

יט פֶּלֶא: וַיִּקַּח מָנוֹחַ אֶת־גְּדִי הָעִזִּים וְאֶת־הַמִּנְחָה וַיַּעַל עַל־הַצּוּר לַיהוה וּמַפְלִא
כ לַעֲשׂוֹת וּמָנוֹחַ וְאִשְׁתּוֹ רֹאִים: וַיְהִי בַעֲלוֹת הַלַּהַב מֵעַל הַמִּזְבֵּחַ הַשָּׁמַיְמָה
וַיַּעַל מַלְאַךְ־יהוה בְּלַהַב הַמִּזְבֵּחַ וּמָנוֹחַ וְאִשְׁתּוֹ רֹאִים וַיִּפְּלוּ עַל־פְּנֵיהֶם אָרְצָה:
כא וְלֹא־יָסַף עוֹד מַלְאַךְ יהוה לְהֵרָאֹה אֶל־מָנוֹחַ וְאֶל־אִשְׁתּוֹ אָז יָדַע מָנוֹחַ כִּי־
כב כג מַלְאַךְ יהוה הוּא: וַיֹּאמֶר מָנוֹחַ אֶל־אִשְׁתּוֹ מוֹת נָמוּת כִּי אֱלֹהִים רָאִינוּ: וַתֹּאמֶר
לוֹ אִשְׁתּוֹ לוּ חָפֵץ יהוה לַהֲמִיתֵנוּ לֹא־לָקַח מִיָּדֵנוּ עֹלָה וּמִנְחָה וְלֹא הֶרְאָנוּ
כד אֶת־כָּל־אֵלֶּה וְכָעֵת לֹא הִשְׁמִיעָנוּ כָּזֹאת: וַתֵּלֶד הָאִשָּׁה בֵּן וַתִּקְרָא אֶת־שְׁמוֹ
כה שִׁמְשׁוֹן וַיִּגְדַּל הַנַּעַר וַיְבָרְכֵהוּ יהוה: וַתָּחֶל רוּחַ יהוה לְפַעֲמוֹ בְּמַחֲנֵה־דָן בֵּין
צָרְעָה וּבֵין אֶשְׁתָּאֹל:

הקשר לפרשתנו ברור – בקריאת התורה נמצאת גם פרשת נזיר. ההפטרה עוסקת ב'נזירותה' של אם שמשון, ובצו על שמשון להיות נזיר כל ימי חייו.

א. מִשְׁפַּחַת הַדָּנִי

שמשון, המושיע את ישראל מיד פלשתים, נולד בסוף הפטרתנו והוא משבט דן. נראה, שיעקב אבינו חזה מעין דמותו של שמשון בברכתו לשבט דן:[1]

דָּן יָדִין עַמּוֹ כְּאַחַד שִׁבְטֵי יִשְׂרָאֵל: יְהִי דָן נָחָשׁ עֲלֵי דֶרֶךְ, שְׁפִיפֹן עֲלֵי אֹרַח, הַנֹּשֵׁךְ עִקְּבֵי סוּס, וַיִּפֹּל רֹכְבוֹ אָחוֹר: לִישׁוּעָתְךָ קִוִּיתִי ה':

(בראשית מט, טז-יח)

שבט דן קיבל את נחלתו בשפלה הפלשתית. בשל אופייה הטופוגרפי של נחלתם יכלו הפלשתים להצטייד במרכבות ברזל בצבאם. לבני ישראל לא היו כלים להתמודד

1. דברינו כאן הם שיטת ביניים במחלוקתם החריפה של רש"י ורשב"ם. רש"י מפרש ש"על שמשון נבא נבואה זו", ועל כך כתב הרשב"ם: "המפרשו על שמשון לא ידע בעומק פשוטו של מקרא כלל. וכי יעקב בא להתנבאות על אדם אחד שנפל ביד פלשתים וינקרו את עיניו ומת עם פלשתים בעניין רע? חלילה חלילה".
בדברינו אנו מסכימים עם טענתו העקרונית של הרשב"ם, שאין בדברי יעקב נבואה על איש אחד, איש מסוים, וודאי לא על העניין הרע שקרה לו. אולם לעניות דעתנו יעקב דן על נחלת דן והצפוי בה מחמת אופייה, ובסופו של דבר דבריו התקיימו בשמשון, וכפי שביארנו בפנים. כוונת רש"י לעניות דעתנו, שהמושיע משבט דן יהיה זקוק לתפילת יעקב לישועתו בגלל האתגר הקשה והמסוכן העומד לפניו, ולא בהכרח שיעקב ראה בחזונו כל פרט, ובכלל זה שינקרו פלשתים את עיניו.

עם מרכבות אלו, וספרי יהושע ושופטים מציינים זאת מספר פעמים.[2] אכן, שבט דן לא כבש את נחלתו, ונרחיב על כך להלן. יעקב מציע לשבט לנקוט במלחמת גרילה של יחידים אמיצים, המסוגלים לזחול בחשאי ובהסתר כנחש, להכיש את עקב הסוס, ולבטל בכך את כוח מרכבת הברזל שהוא מוביל. לשון אחרת: בעזרת מלחמת גרילה של גיבורים היוצאים מן הכלל יוכל דן לנצח את אויביו.[3]

כך נהג לימים שמשון, וניצח את הפלשתים פעם אחר פעם. אולם, לניצחון במלחמת גרילה לא די בגבורת היחיד, כשכל התנאים נגדו, אלא יש צורך בעזרת ה׳. עזרה זו הייתה מובטחת לשמשון מכוח היותו נזיר, או באמצעות תפילה. יעקב מתפלל עליו: לִישׁוּעָתְךָ קִוִּיתִי ה׳, וגם שמשון התפלל על עצמו (פעמיים[4]), וכפי שמביא רש״י.

ב. מנוח ואשתו

הקורא את מעשה הבשורה על הולדת שמשון עשוי להרים גבה לנוכח מה שנראה ממבט ראשון כטפלותו של מנוח אצל אשתו, שלא כמקובל במשפחות המקרא. רושם זה מתקבל מצירוף כמה נקודות:

א. מלאך ה׳ נראה תחילה אל האישה לבשר לה על הבן שתלד.[5]

ב. האישה לבדה מצווה במצוות קדושה לקראת לידת בנה – שלא לשתות יין ושכר,[6] ושלא לאכול כל טומאה.

ג. לאישה לבדה אומר המלאך שהבן יהיה נזיר המצווה שמוֹרָה לֹא יַעֲלֶה עַל רֹאשׁוֹ,

2. ראו למשל: יהושע יז, טז; שופטים א, יט.

3. שתי הערות על כך:
א. משה כינה את דן בברכתו (דברים לג, כב): גּוּר אַרְיֵה. האריה הוא הפכו של הנחש. הוא מלך, הלוחם באויביו בגלוי, ולא בזחילה על הקרקע. משה ממשיך בדבריו לדן: יְזַנֵּק מִן הַבָּשָׁן. הוא מעניק לדן את נחלתו השנייה, ליד תל דן שבצפון, ששם לחם דן בבני המקום פנים אל פנים, וכבש מהם את נחלתו.
ב. ברכה דומה לברכת דן נתן יעקב גם לגד: גָּד גְּדוּד יְגוּדֶנּוּ וְהוּא יָגֻד עָקֵב (בראשית מט, יט): כלומר, ינשוך את העקב כנחש. גם גד קיבל ממשה נחלה בעבר הירדן המזרחי, וניצח את אויביו במלחמת פנים אל פנים.

4. טו, יח; טז, כח.

5. נשווה לבשורת הבן לאברהם: ה׳ בישר לאברהם על הולדת בנו יצחק בעת המילה (בראשית יז, טז). המלאכים בישרו זאת לשרה רק כעבור שלושה ימים בהתארחם באוהל אברהם (שם יח, י).

6. בהתגלות השנייה של המלאך למנוח עצמו, נאמר: מִכֹּל אֲשֶׁר יֵצֵא מִגֶּפֶן הַיַּיִן לֹא תֹאכַל, מוסף על אשתו שנאמר לה רק: אַל תִּשְׁתִּי יַיִן וְשֵׁכָר. הרמח״ל במסילת ישרים (פרק יא) מבחין בין עיקר האיסור שהוא שתיית יין, לסייג מדאורייתא שהוא איסור אכילת כל אשר יצא מגפן היין. הוא אינו מזכיר את הפסוקים שלנו.

ואילו מנוח עתיד לדעת ממנו רק על איסורי הגפן ואכילת הטומאה. על הנזירות, שתהפוך לימים למרכז עלילתו של שמשון, מנוח ישמע רק מאשתו.

ד. היא לבדה יודעת שבנה נועד להחל להושיע את ישראל מיד פלשתים. מנוח אינו יודע על כך דבר.

ה. אף אחרי שמנוח מתפלל אל ה׳ בבקשה שהמלאך יתראה אליו – המלאך נראה בשנית קודם אל האישה, והיא שקוראת למנוח לבוא ולפגוש אותו יחד עימה.

ו. המלאך מסרב למנוח פעמיים: הוא אינו אוכל ממה שמנוח מציע לו, והוא אינו אומר למנוח את שמו.

ז. מנוח מגלה פחד בעת עליית מלאך ה׳ בלהב המזבח, בניגוד לאשתו המגלה בעת זו אומץ ותקווה:

> וַיֹּאמֶר מָנוֹחַ אֶל אִשְׁתּוֹ, מוֹת נָמוּת, כִּי אֱלֹהִים רָאִינוּ: וַתֹּאמֶר לוֹ אִשְׁתּוֹ, לוּ חָפֵץ ה׳ לַהֲמִיתֵנוּ, לֹא לָקַח מִיָּדֵנוּ עֹלָה וּמִנְחָה, וְלֹא הֶרְאָנוּ אֶת כָּל אֵלֶּה, וְכָעֵת לֹא הִשְׁמִיעָנוּ כָּזֹאת:

(כב-כג)

ח. האישה היא שנותנת לבן את שמו – שמשון.

תופעה זו ביחס בין מנוח לאשתו אומרת דורשני, ונדרוש אותה בארבעה פנים.

א. טפלות מחמת פער הגילים בין בני הזוג

נוכל לבאר את טפלותו של מנוח אצל אשתו אם ננסה לשער את גילם של בני הזוג. במקרא, וגם בימי חז״ל ואחריהם, מצוי היה מאוד, שהבעל היה מבוגר מאשתו בימי דור שלם ויותר. חז״ל דרשו על זיווגם של איש ואשתו את המדרש הבא:

> בָּעֲטָרָה שֶׁעִטְּרָה לּוֹ אִמּוֹ (שה״ש ג, יא)... למלך שהיה לו בת והיה אוהבה יותר מדאי, לא זז מחבבה עד שקראה אחותי, לא זז מחבבה עד שקראה אמי. כך בתחלה חיבב הקדוש ברוך הוא את ישראל וקראן בתי... לא זז מחבבה עד שקרא אותן אחותי... לא זז מחבבה עד שקרא אותן אמי.

(פסיקתא דרב כהנא א)

כדוגמה לכך נביא את זיווגם של יצחק ורבקה. יצחק נשא את רבקה כשהיה בן ארבעים (בראשית כה, כ). רבקה הייתה באותו פרק בת שלוש (על פי המדרש) או

בת ארבע עשרה,[7] ומכל מקום הייתה צעירה מיצחק בשנות דור. בעת נישואיהם – כינוי החיבה העשוי להתאים לה מפי יצחק היה 'בִּתי', כיוון שהוא טיפל בה וגידל אותה. כעבור עשרות שנים אחדות, רבקה הייתה כבר אישה בפריחתה, ויצחק היה על סף זקנותו וירידתו. אז הם היו שווים בכוחם, והכינוי המתאים לה היה 'אחותי'. כשעברו עוד עשרות שנים היה יצחק בעומק זקנותו, עיוור ובמידה רבה חסר ישע וחסר עצמאות. רבקה, שעדיין הייתה צעירה יחסית, ניהלה אותו במידה רבה כאם המנהלת את בנה (כפי שעולה מפרשת הברכות בבראשית כז). כינוי החיבה המתאים לה אז היה 'אִמי'.

אפשר שמנוח כבר היה זקן, לעומת אשתו שהייתה צעירה דיה בכדי ללדת בן ולגדל אותו. מערכת היחסים ביניהם נוהלה בהתאם, והיא משתקפת בהפטרתנו.

ב. טפלות מחמת פער המעמדות

נוכל לבאר את טפלותו של מנוח אצל אשתו כשנתבונן במוצאם. מנוח היה ממשפחת הדני, ועם זאת התגורר עם אשתו בצרעה, עיר הנמצאת בנחלת יהודה.[8] מדוע גר בנחלת יהודה ולא בנחלת שבטו דן? נתבונן בשני המקראות הבאים:

> וַיִּלְחֲצוּ הָאֱמֹרִי אֶת בְּנֵי דָן הָהָרָה, כִּי לֹא נְתָנוֹ לָרֶדֶת לָעֵמֶק: וַיּוֹאֶל הָאֱמֹרִי לָשֶׁבֶת בְּהַר חֶרֶס בְּאַיָּלוֹן וּבְשַׁעַלְבִים:
>
> (א, לד-לה)

> בַּיָּמִים הָהֵם אֵין מֶלֶךְ בְּיִשְׂרָאֵל, וּבַיָּמִים הָהֵם שֵׁבֶט הַדָּנִי מְבַקֶּשׁ לוֹ נַחֲלָה לָשֶׁבֶת, כִּי לֹא נָפְלָה לּוֹ עַד הַיּוֹם הַהוּא בְּתוֹךְ שִׁבְטֵי יִשְׂרָאֵל בְּנַחֲלָה:
>
> (יח, א)

שבט דן לא הצליח לנחול את נחלתו בשפלה (ב'גוש דן'), ובסופו עלו חלק גדול ממשפחותיו צפונה, לאזור תל דן (היום ליד קיבוץ דן). בני השבט נלחצו כאמור, לכיוון הר יהודה, ושם חיו כפליטים ואורחים. בסוף הפטרתנו נזכר מקומו של שמשון: מַחֲנֵה דָן; משמע, כפר זמני ומגורים ארעיים בתוך נחלת שבט יהודה.

על פי דברי חז"ל (בבא בתרא צא ע"א) היה שם אימו של שמשון "צללפונית". כוונתם לנאמר: וְאֵלֶּה אֲבִי עֵיטָם יִזְרְעֶאל וְיִשְׁמָא וְיִדְבָּשׁ וְשֵׁם אֲחוֹתָם הַצְלֶלְפּוֹנִי (דהי"א

7. על פי התוספות ביבמות סא ע"ב ד"ה וכן הוא.
8. ראו למשל יהושע טו, לג.

ד, ג). היא הייתה בת שבט יהודה, כנראה מאזור צרעה, ואפשר שמנוח מצא מקום ארעי בנחלת אביה, והיה פועל שכיר באדמותיו. ה׳גביר׳, בעל האדמות, השיא את בתו ל׳פועל׳ שעבד אצלו; ההיירכיה במשפחה נקבעה בהתאם, ומנוח ׳נגרר׳ אחרי אשתו.

ג. מעורבותה של אשת מנוח לבדה

לאידך גיסא ניתן לתאר שלמנוח הייתה אישה נוספת והיו לו ילדים ממנה. אפשר שלקח אישה נוספת לצורך הולדת בנים, משום שאשתו, שלימים הייתה אם שמשון – הייתה עקרה. בדרך זו נוכל לתאר את יחסי מנוח ואשתו כיחסי אלקנה ואשתו חנה. אלקנה היה איש נכבד, וכיוון שחנה אשתו הייתה עקרה הוא לקח אישה נוספת, את פנינה, שילדה לו ילדים. חנה נותרה אשתו העיקרית, שאותה אהב, וגם ניסה לפצותה באהבתו אותה על מצוקתה כאישה עקרה. הרושם המתעורר מפרקם המשותף (שמו״א א) הוא, שאלקנה לא יצא מכליו להתפלל על חנה שתלד, משום שהיו לו ילדים מפנינה. חנה במצוקתה לא ויתרה, והתפללה ברתחת ליבה לפני ה׳, ובמקביל לקורה בהפטרתנו הבטיחה שבנה יגדל כנזיר (וּמוֹרָה לֹא יַעֲלֶה עַל רֹאשׁוֹ – שמ״א א, יא), ואף ניבאה שיושיע את ישראל מיד פלשתים. הפרק מציג את אלקנה כטפל לחנה אשתו במעשה הלידה ונדר הנזירות, משום שהיא התפללה במצוקתה, ואלקנה היה ללא מצוקה, ואולי גם לא התפלל על הבן.

כיוצא בו מסתבר גם בהפטרתנו. אשת מנוח התפללה ברתחת ליבה על עקרותה ועל הבן שרצתה בו, ואילו מנוח לא נזקק לכך. המלאך נראה אל האישה, הבטיח לה בן, וגם את בשורת הישועה.

בשורת הישועה מידי פלשתים, שנאמרה רק לאשת מנוח, מסבירה את ההבדל ביניהם בחרדתו של מנוח ממותם בעקבות ראיית המלאך. אשתו, שנתבשרה את בשורת הישועה: וְהוּא יָחֵל לְהוֹשִׁיעַ אֶת יִשְׂרָאֵל מִיַּד פְּלִשְׁתִּים, הקרינה בדין ודברים ביניהם אומץ, אמונה ותקווה.

ג. אָז יָדַע מָנוֹחַ

הנראה לנו עיקר זו הבנתנו הרביעית, השונה משלוש קודמותיה, השמה דווקא את מנוח במרכז הפטרתנו.

סקרנו את מעלותיה של אשת מנוח בפרקים הקודמים. נציין בפרק זה מעלה של מנוח על אשתו. אשת מנוח לא זיהתה את הדובר אליה כמלאך ה׳. היא ראתה לפניה אדם מעלה, איש אלוהים מרשים במיוחד, אך לא מלאך:

וַתָּבֹא הָאִשָּׁה וַתֹּאמֶר לְאִישָׁהּ לֵאמֹר, אִישׁ הָאֱלֹהִים בָּא אֵלַי, וּמַרְאֵהוּ כְּמַרְאֵה מַלְאַךְ הָאֱלֹהִים נוֹרָא מְאֹד...
וַתְּמַהֵר הָאִשָּׁה, וַתָּרָץ וַתַּגֵּד לְאִישָׁהּ וַתֹּאמֶר אֵלָיו, הִנֵּה נִרְאָה אֵלַי הָאִישׁ, אֲשֶׁר בָּא בַיּוֹם אֵלָי:
(ו; י)

בעקבות דבריה מתפלל מנוח אל ה':

אִישׁ הָאֱלֹהִים אֲשֶׁר שָׁלַחְתָּ יָבוֹא נָא עוֹד אֵלֵינוּ, וְיוֹרֵנוּ מַה נַּעֲשֶׂה לַנַּעַר הַיּוּלָּד:
(ח)

בהמשך המעשה מותיר המלאך רמזים על היותו מלאך. סירוב המלאך לאכול מזכיר את תגובת המלאך שנגלה אל גדעון למנחה (ו, כ-כב), ועל מנוח היה לדעת זאת ולהבין מתוך כך לפני מי הוא עומד. כך גם סירוב המלאך לגלות לו את שמו, המזכיר את סירוב המלאך, שנאבק ביעקב אבינו, לגלות את שמו (בראשית לב, ל). על מנוח היה לדעת גם את זאת. אולם מנוח ואשתו אינם מעלים על הדעת שמלאך ה' דובר אליהם, עד לסוף המעשה:

וַיְהִי בַעֲלוֹת הַלַּהַב מֵעַל הַמִּזְבֵּחַ הַשָּׁמַיְמָה, וַיַּעַל מַלְאַךְ ה' בְּלַהַב הַמִּזְבֵּחַ, וּמָנוֹחַ וְאִשְׁתּוֹ רֹאִים וַיִּפְּלוּ עַל פְּנֵיהֶם אָרְצָה: וְלֹא יָסַף עוֹד מַלְאַךְ ה' לְהֵרָאֹה אֶל מָנוֹחַ וְאֶל אִשְׁתּוֹ, אָז יָדַע מָנוֹחַ כִּי מַלְאַךְ ה' הוּא:
(כ-כא)

מסתבר שמדובר כאן בהשגה מעין נבואית, ולא רק במסקנה שכלית. מכל מקום, מנוח הוא המבין שהמפגש היה עם מלאך ה' ולא עם איש אלוהים. גם ההשגה השכלית והרמזים על האיש חסר השם שאיננו אוכל, ושהאוכל המובא אליו ראוי לקורבן לה' – נאמרו למנוח.

דבר זה נותן לנו הסבר נוסף לשאלה, מדוע נתקף דווקא מנוח חרדה גדולה מכך שהשיג ברוחו את מלאך ה', אף שלא ראה את עצמו ראוי לכך. אשתו כנראה לא השיגה את הופעת המלאך אלא את הופעת ה'איש', והייתה לה תשובה טובה מדוע לא ימותו. האם צדקה?!

עוד נציין, שהמלאך בהופעתו השנייה לא חידש דבר על שאמר בהופעתו הראשונה. כל מטרת ביאתו לא הייתה אלא היעתרות ה' לתפילתו של מנוח. גם עובדה זו אומרת דורשני.

*

נאמר עוד מילה נוספת על השגת מלאך ה׳:

... וַיַּעַל מַלְאַךְ ה׳ בְּלַהַב הַמִּזְבֵּחַ וּמָנוֹחַ וְאִשְׁתּוֹ רֹאִים וַיִּפְּלוּ עַל פְּנֵיהֶם אָרְצָה: וְלֹא יָסַף עוֹד מַלְאַךְ ה׳ לְהֵרָאֹה אֶל מָנוֹחַ וְאֶל אִשְׁתּוֹ אָז יָדַע מָנוֹחַ כִּי מַלְאַךְ ה׳ הוּא:
(כ-כא)

הסיפור מדגיש את העובדה שמנוח ואשתו ראו, ובשלב מסוים חדלו לראות. מעשה דומה היה בין אליהו הנביא-המלאך לאלישע תלמידו:

... וַיֹּאמֶר אֱלִישָׁע וִיהִי נָא פִּי שְׁנַיִם בְּרוּחֲךָ אֵלָי: וַיֹּאמֶר הִקְשִׁיתָ לִשְׁאוֹל אִם תִּרְאֶה אֹתִי לֻקָּח מֵאִתָּךְ יְהִי לְךָ כֵן וְאִם אַיִן לֹא יִהְיֶה: וַיְהִי הֵמָּה הֹלְכִים הָלוֹךְ וְדַבֵּר וְהִנֵּה רֶכֶב אֵשׁ וְסוּסֵי אֵשׁ וַיַּפְרִדוּ בֵּין שְׁנֵיהֶם וַיַּעַל אֵלִיָּהוּ בַּסְּעָרָה הַשָּׁמָיִם: וֶאֱלִישָׁע רֹאֶה וְהוּא מְצַעֵק אָבִי אָבִי רֶכֶב יִשְׂרָאֵל וּפָרָשָׁיו וְלֹא רָאָהוּ עוֹד...
(מל״ב ב, ט-יב)

אלישע ראה, ובהמשך לא ראה. אז הפך רבו אליהו הנביא למלאך ה׳.

ד. פשר תפקידו של מנוח במעשה של בשורת הולדת הבן

למרות מעלתו של מנוח שזיהה את המבשר כמלאך, תרומתו לפרק לוטה בערפל. אפשר שנעמוד על טיבה כשנתבונן במה שאירע לשמשון בנו.

מעשה שמשון נחלק לפרקים יד, טו ותחילת טז, ולעיקר פרק טז. שני הפרקים הראשונים מלאים את עלילות גבורתו וניצחונותיו על הפלשתים. בפרק טז עולה, שכוחו הרב טמון בשערותיו, שערות הנזיר, נזר אלוהיו שעל ראשו. נזכיר שוב כי הצו שמוֹרָה לֹא יַעֲלֶה עַל רֹאשׁוֹ נאמר רק לאם שמשון, והיא לא סיפרה זאת למנוח. בפרקים אלו שמשון הוא בנה של אימו. בחלק השני של פרק טז דלילה גילחה את שערותיו, והוא נותר בלא שערותיו וללא כוחו. עיניו נוקרו, הוא טחן בבית האסורים ונלקח למקדש דגון, בית אלוהיהם, כדי שכולם יוכלו ללעוג למשבתו.

דווקא שם, בשיא שפלותו, התגלה בו כוח אדיר ועל־טבעי בעליל, כוח למוטט את עמודי הבית ולהכות את הפלשתים ואת אלוהיהם יותר מכל מה שעשה להם עד לאותו יום:

וַיִּהְיוּ הַמֵּתִים אֲשֶׁר הֵמִית בְּמוֹתוֹ רַבִּים מֵאֲשֶׁר הֵמִית בְּחַיָּיו:
(טז, ל)

כוח זה לא היה כוח שערותיו או כוחה של אימו שהיה נטוע בו, אלא כוח תפילתו:

וַיִּקְרָא שִׁמְשׁוֹן אֶל ה׳ וַיֹּאמַר, אֲדֹנָי ה׳ זָכְרֵנִי נָא וְחַזְּקֵנִי נָא, אַךְ הַפַּעַם הַזֶּה הָאֱלֹהִים:
(שם, כח)

הייתה כאן תפילה והיעתרות ה׳ לתפילתו; היה כאן נס על־טבעי והיה כאן גם מותו של שמשון, שזכה בנס שלא היה ראוי לו. התפילה והיעתרות ה׳ אליה עשויה להזכיר את תפילתו של מנוח ואת היעתרות ה׳ לתפילתו, כששלח שוב את המלאך. הנס העל־טבעי עשוי להזכיר את התגלות המלאך כמלאך ולא כאיש, ואת עלייתו השמימה בלהב המזבח. המוות על הנס ששמשון ביקש וקיבל, אף שלא היה ראוי לכך, עשוי להיות המשך לחששו של מנוח ממותם, כשראו מלאך ולא היו ראויים לכך. חששו של מנוח לא היה חשש שווא, גם אם התקיים בבנו ולא בו ובאשתו.

הפטרת בהעלותך

ב יד טו רָנִּי וְשִׂמְחִי בַּת־צִיּוֹן כִּי הִנְנִי־בָא וְשָׁכַנְתִּי בְתוֹכֵךְ נְאֻם־יהוה׃ וְנִלְווּ גוֹיִם רַבִּים אֶל־ זכר
יהוה בַּיּוֹם הַהוּא וְהָיוּ לִי לְעָם וְשָׁכַנְתִּי בְתוֹכֵךְ וְיָדַעַתְּ כִּי־יהוה צְבָאוֹת שְׁלָחַנִי
טז אֵלָיִךְ׃ וְנָחַל יהוה אֶת־יְהוּדָה חֶלְקוֹ עַל אַדְמַת הַקֹּדֶשׁ וּבָחַר עוֹד בִּירוּשָׁלִָם׃
ג יז א הַס כָּל־בָּשָׂר מִפְּנֵי יהוה כִּי נֵעוֹר מִמְּעוֹן קָדְשׁוֹ׃ וַיַּרְאֵנִי אֶת־יְהוֹשֻׁעַ
ב הַכֹּהֵן הַגָּדוֹל עֹמֵד לִפְנֵי מַלְאַךְ יהוה וְהַשָּׂטָן עֹמֵד עַל־יְמִינוֹ לְשִׂטְנוֹ׃ וַיֹּאמֶר
יהוה אֶל־הַשָּׂטָן יִגְעַר יהוה בְּךָ הַשָּׂטָן וְיִגְעַר יהוה בְּךָ הַבֹּחֵר בִּירוּשָׁלִָם הֲלוֹא
ג ד זֶה אוּד מֻצָּל מֵאֵשׁ׃ וִיהוֹשֻׁעַ הָיָה לָבֻשׁ בְּגָדִים צוֹאִים וְעֹמֵד לִפְנֵי הַמַּלְאָךְ׃ וַיַּעַן
וַיֹּאמֶר אֶל־הָעֹמְדִים לְפָנָיו לֵאמֹר הָסִירוּ הַבְּגָדִים הַצֹּאִים מֵעָלָיו וַיֹּאמֶר אֵלָיו
ה רְאֵה הֶעֱבַרְתִּי מֵעָלֶיךָ עֲוֺנֶךָ וְהַלְבֵּשׁ אֹתְךָ מַחֲלָצוֹת׃ וָאֹמַר יָשִׂימוּ צָנִיף טָהוֹר
עַל־רֹאשׁוֹ וַיָּשִׂימוּ הַצָּנִיף הַטָּהוֹר עַל־רֹאשׁוֹ וַיַּלְבִּשֻׁהוּ בְּגָדִים וּמַלְאַךְ יהוה
ו ז עֹמֵד׃ וַיָּעַד מַלְאַךְ יהוה בִּיהוֹשֻׁעַ לֵאמֹר׃ כֹּה־אָמַר יהוה צְבָאוֹת אִם־בִּדְרָכַי
תֵּלֵךְ וְאִם אֶת־מִשְׁמַרְתִּי תִשְׁמֹר וְגַם־אַתָּה תָּדִין אֶת־בֵּיתִי וְגַם תִּשְׁמֹר אֶת־
ח חֲצֵרָי וְנָתַתִּי לְךָ מַהְלְכִים בֵּין הָעֹמְדִים הָאֵלֶּה׃ שְׁמַע־נָא יְהוֹשֻׁעַ הַכֹּהֵן הַגָּדוֹל
אַתָּה וְרֵעֶיךָ הַיֹּשְׁבִים לְפָנֶיךָ כִּי־אַנְשֵׁי מוֹפֵת הֵמָּה כִּי־הִנְנִי מֵבִיא אֶת־עַבְדִּי
ט צֶמַח׃ כִּי הִנֵּה הָאֶבֶן אֲשֶׁר נָתַתִּי לִפְנֵי יְהוֹשֻׁעַ עַל־אֶבֶן אַחַת שִׁבְעָה עֵינָיִם הִנְנִי
מְפַתֵּחַ פִּתֻּחָהּ נְאֻם יהוה צְבָאוֹת וּמַשְׁתִּי אֶת־עֲוֺן הָאָרֶץ־הַהִיא בְּיוֹם אֶחָד׃
י בַּיּוֹם הַהוּא נְאֻם יהוה צְבָאוֹת תִּקְרְאוּ אִישׁ לְרֵעֵהוּ אֶל־תַּחַת גֶּפֶן וְאֶל־תַּחַת
ד א תְּאֵנָה׃ וַיָּשָׁב הַמַּלְאָךְ הַדֹּבֵר בִּי וַיְעִירֵנִי כְּאִישׁ אֲשֶׁר־יֵעוֹר מִשְּׁנָתוֹ׃
ב וַיֹּאמֶר אֵלַי מָה אַתָּה רֹאֶה וָאֹמַר רָאִיתִי וְהִנֵּה מְנוֹרַת זָהָב כֻּלָּהּ וְגֻלָּהּ עַל־
רֹאשָׁהּ וְשִׁבְעָה נֵרֹתֶיהָ עָלֶיהָ שִׁבְעָה וְשִׁבְעָה מוּצָקוֹת לַנֵּרוֹת אֲשֶׁר עַל־רֹאשָׁהּ׃
ג ד וּשְׁנַיִם זֵיתִים עָלֶיהָ אֶחָד מִימִין הַגֻּלָּה וְאֶחָד עַל־שְׂמֹאלָהּ׃ וָאַעַן וָאֹמַר אֶל־
ה הַמַּלְאָךְ הַדֹּבֵר בִּי לֵאמֹר מָה־אֵלֶּה אֲדֹנִי׃ וַיַּעַן הַמַּלְאָךְ הַדֹּבֵר בִּי וַיֹּאמֶר

ו אֵלַי הֲלוֹא יָדַעְתָּ מָה־הֵמָּה אֵלֶּה וָאֹמַר לֹא אֲדֹנִי: וַיַּעַן וַיֹּאמֶר אֵלַי לֵאמֹר זֶה
דְּבַר־יהוה אֶל־זְרֻבָּבֶל לֵאמֹר לֹא בְחַיִל וְלֹא בְכֹחַ כִּי אִם־בְּרוּחִי אָמַר יהוה
ז צְבָאוֹת: מִי־אַתָּה הַר־הַגָּדוֹל לִפְנֵי זְרֻבָּבֶל לְמִישֹׁר וְהוֹצִיא אֶת־הָאֶבֶן הָרֹאשָׁה
תְּשֻׁאוֹת חֵן חֵן לָהּ:

א. הקשר בין ההפטרה לפרשתנו ולשבת חנוכה

הפסקה השלישית (פרק ד) עוסקת במנורת הזהב בעלת שבעת הקנים, המבשרת על המקדש (השני) העתיד להיבנות. פרשת המנורה ונרותיה פותחת גם את פרשתנו, ולאידך גיסא היא הפטרת שבת (ראשונה של) חנוכה, בשל מצוות העלאת נרות חנוכה, המזכירה את חנוכת המקדש, והעלאת הנרות בו. חנוכת המקדש בימי בית חשמונאי הייתה בהדלקת המנורה (עקב אילוציהם, היא לא הייתה מזהב) ובנס פך השמן שאירע בה, ששמן טהור מועט, שנתגלה במקדש בדרך לא שגרתית, הספיק להדלקת המנורה במשך שמונה ימים, עד להכנת שמן חדש.

הפטרתנו היא חלק משמונת המראות הרצופים בנבואת זכריה, וכוללת את סופו של המראה השלישי, את המראה הרביעי, ואת המראה החמישי ותחילת פירושו. המראה השלישי עוסק בבניית ירושלים ובהתפתחותה, וארבעת פסוקיו האחרונים הם תחילת הפטרתנו.

ב. המנורה ונס החנוכה[1]

האם קיים קשר בין הפטרתנו גם לנס פך השמן של החנוכה? אפשר שכן! הפסוקים המתארים את מעשה המנורה בהפטרתנו קשים להבנה, אך נראה בבירור שמנורת שבעת הקנים המתוארת בהם שונה מן המנורה שנצטווה עליה משה בהקמת המשכן:

1. פרק זה קשור כמובן 'רק' לשבת החנוכה.
אפשר שיש מעט טעם של החמצה בכך שלא נזכרו בהפטרה פסוקים בודדים מהמשך הנבואה: וַיְהִי דְבַר ה׳ אֵלַי לֵאמֹר: יְדֵי זְרֻבָּבֶל יִסְּדוּ הַבַּיִת הַזֶּה וְיָדָיו תְּבַצַּעְנָה, וְיָדַעְתָּ כִּי ה׳ צְבָאוֹת שְׁלָחַנִי אֲלֵיכֶם: (ד, ח–ט). פסוקים אלו קושרים את הדלקת המנורה לחנוכת המקדש, וזה ממש מה שקרה בימי בית חשמונאי – המקדש נחנך מחדש בהדלקת המנורה. גם המשך הנבואה, העוסק בשני הזיתים המקיפים את המנורה – והם הכהונה והמלכות, מתקשר בעקיפין לבית חשמונאי, ש"העמידו מלך מן הכהנים וחזרה מלכות לישראל" (על פי רמב"ם הלכות חנוכה ג, א). התימנים אכן דייקו יותר והם מוסיפים לסיום ההפטרה את פסוקים ח–ט.

> ... רָאִיתִי, וְהִנֵּה מְנוֹרַת זָהָב כֻּלָּהּ, וְגֻלָּהּ עַל רֹאשָׁהּ, וְשִׁבְעָה נֵרֹתֶיהָ עָלֶיהָ, שִׁבְעָה וְשִׁבְעָה מוּצָקוֹת לַנֵּרוֹת אֲשֶׁר עַל רֹאשָׁהּ: וּשְׁנַיִם זֵיתִים עָלֶיהָ, אֶחָד מִימִין הַגֻּלָּה וְאֶחָד עַל שְׂמֹאלָהּ:

(ד, ב-ג)

מהי ה׳גולה׳ שעל ראש המנורה? מהם שבעת ה׳מוצקות׳? מה טיבם של שני הזיתים האופפים את הגולה? רבו הפירושים בפסוקים סתומים אלו. נלך כאן בעקבות מורי ורבי חנן פורת ז״ל,[2] ונסלול בעקבות דבריו היפים משעול נוסף.

ה׳גולה׳ על ראש המנורה היא קערית מלאה בשמן; ה׳מוצקות׳ הם צינורות ליציקת השמן מן הגולה אל כל אחד מן הנרות – בתי הקיבול לפתילה הדולקת, ולשמן המזין אותה. כשאנו מדמיינים לעצמנו ׳מוצקות׳ אלו, אנו עשויים להיזכר בנס פך השמן שחולל אלישע הנביא לאישה האלמנה ולבניה:

> וַתֵּלֶךְ מֵאִתּוֹ וַתִּסְגֹּר הַדֶּלֶת בַּעֲדָהּ וּבְעַד בָּנֶיהָ, הֵם מַגִּשִׁים אֵלֶיהָ – וְהִיא מוֹצָקֶת:

(מל״ב ד, ה)

במנורת זכריה נראה לכאורה שאין צורך במצוות הטבת הנרות – מילוי השמן בנרות על ידי הכוהן לצורך הדלקתם למשך לילה נוסף. השמן זורם מעצמו מן הגולה אל הנרות, והם ממשיכים לדלוק. בעת שיאזל השמן מן הגולה, יטפטפו הזיתים הסובבים את הגולה את השמן אליה, וכך לא יִכְלֶה השמן. זוהי תמצית נס פך השמן שהתקיים בבני חשמונאי בעת חנוכת המקדש, לאחר גירוש היוונים הסלווקים ממנו.

הלומד תמה, מדוע יחזה זכריה בנבואתו, שלפני הקמת בית המקדש השני, את הנס העתידי הרחוק מימי בית חשמונאי? כלום יש ממש בפרשנות זו, מלבד דרש רחוק ותלוש?! אפשר שכן! לצורך הסבר נעמיק מעט בהבנת חשיבותו של נס פך השמן בחנוכה, מעבר ליכולת הטכנית להקדים את הדלקת הנרות בשבעה ימים – הזמן הנדרש לספק שמן טהור חדש.

> מִחוּץ לְפָרֹכֶת הָעֵדֻת... יַעֲרֹךְ (ויקרא כד, ג). וכי לאורה הוא צריך? והלא כל ארבעים שנה שהלכו בני ישראל במדבר – לא הלכו אלא לאורו! אלא, עדות היא לבאי עולם, שהשכינה שורה בישראל.

(שבת כב ע״ב)

2. ׳מעט מן האור – במדבר׳ (ישראל 2012), עמ׳ 61-62, על פי חלק מן התרגומים וחלק מן הפרשנים.

הקב"ה אינו זקוק לא לאור המנורה, לא ללחם שעל השולחן, לא לקטורת ולא לקורבנות. נראה לנו שהברייתא המובאת כאן היא מבית דינו של חשמונאי, ובאה לבאר את משמעות נס פך השמן, שהיה בעת חנוכת המקדש. המקדש וכל אשר בו הוא מעשה ידי אדם. השפע האלוהי הזורם אליו בא לידי ביטוי במתרחש בקודש הקודשים מעל הכפורת:

> זֹאת חֲנֻכַּת הַמִּזְבֵּחַ אַחֲרֵי הִמָּשַׁח אֹתוֹ: וּבְבֹא מֹשֶׁה אֶל אֹהֶל מוֹעֵד לְדַבֵּר אִתּוֹ,
> וַיִּשְׁמַע אֶת הַקּוֹל מִדַּבֵּר אֵלָיו מֵעַל הַכַּפֹּרֶת אֲשֶׁר עַל אֲרֹן הָעֵדֻת מִבֵּין שְׁנֵי הַכְּרֻבִים,
> וַיְדַבֵּר אֵלָיו: (במדבר ז, פח–פט)

קול ה׳ הנשמע מבין שני הכרובים, מקום השכינה, הוא מקור הנבואה והוא הביטוי לשפע האלוהי היורד אל המקדש וממנו לעם ישראל. בסוף ימי הבית הראשון הארון נגנז (או נשבה), ובבית השני היה קודש הקודשים ריק, ובשל כך פסקה הנבואה כעבור זמן קצר. השכינה לא שרתה בבית שנבנה בחסות מלך פרס, גוי ערל ועובד עבודה זרה; היא לא נכנסה למקדש דרך שער שושן המזרחי, השער שנבנה להנציח את כבודה של המלכות הערלה.

האש שירדה מן השמיים למשכן ביומו הראשון, ולמקדש שלמה בעת חנוכתו, לא ירדה למקדש השני עד ליום שחזרה מלכות לישראל בימי בית חשמונאי, עם הניצחון בירושלים על היוונים הסלווקים. הארון הגנוז והנעלם לא נכנס למקדש, והשכינה התגלתה באש הניסית, שירדה מן השמיים לנרות המנורה שבהיכל. המנורה שבהיכל היא המשכה של הכפורת (שתיהן היחידות במשכן ובמקדש העשויות מקשה זהב טהור), ואורה הוא המשך אור התורה המוקרן מארון הברית ותכולתו: כִּי נֵר מִצְוָה וְתוֹרָה אוֹר (משלי ו, כג). ממילא, נס השפע האלוהי, שירד למקדש ביום חנוכתו בליווי מלכות ישראל ולאחר הסתלקות הנבואה, בא לידי ביטוי באור המנורה, במקום בדיבור מבין שני הכרובים.

אין לנו רמזים לכך שזכריה הנביא חזה את פרטי מלכות בית חשמונאי ואת מלחמותיה, ולא שחזה את זמנה, אך הוא חזה בהפטרתנו את השראת השכינה באש שתרד מן השמיים למקדש, כמו במשכן ובמקדש הראשון. הוא חזה, כהתבטאותה של הברייתא החשמונאית שהבאנו, שהמנורה היא שתהיה לעדות על השכינה השורה בישראל, בעת שתחליף את ארון העדות שנגנז עם לוחות העדות, שהם העדות הנכונה לשכינה השורה בישראל. המנורה היא שתהיה (בהמשך ללשון הברייתא): ׳מנורת העדות׳, ובה יבוא לידי ביטוי השפע משמיים – הנס, נס פך השמן. זכריה הנביא חזה מנורה, שהשמן נוצק אל נרותיה שלא בידי אדם; הזיתים שברא ה׳ מטפטפים מעצמם אל הגולה, וממנה, דרך ה׳מוצקות׳, אל הנרות הדולקים.

כי קרוב אליך

ראויה המנורה וניסיה לכותרת הפטרתנו:

... כִּי הִנְנִי בָא וְשָׁכַנְתִּי בְתוֹכֵךְ נְאֻם ה׳... וְשָׁכַנְתִּי בְתוֹכֵךְ, וְיָדַעַתְּ כִּי ה׳ צְבָאוֹת שְׁלָחַנִי אֵלָיִךְ:

(ב, יד-טו)

ג. וְנִלְווּ גוֹיִם רַבִּים

וְנִלְווּ גוֹיִם רַבִּים אֶל ה׳ בַּיּוֹם הַהוּא, וְהָיוּ לִי לְעָם, וְשָׁכַנְתִּי בְתוֹכֵךְ, וְיָדַעַתְּ כִּי ה׳ צְבָאוֹת שְׁלָחַנִי אֵלָיִךְ:

(ב, טו)

החזון ה׳אוניברסלי׳ של זכריה בתחילת נבואתו אומר דורשני. מה לנביא בימי שיבת ציון, כשהעולים נאבקים בקושי על עצם קיומם, ולחזון תיקון העולם באחרית הימים, כשכל הגויים ינהרו לחזות בכבוד ה׳ במקום שכינתו?

נתוודע מעט לרקע ההיסטורי שהנביא זכריה פועל בתוכו. זכריה החל את נבואתו בשנת שתיים לדריווש מלך פרס, כשמונה עשרה שנה אחרי הצהרת כורש, ותחילת שיבת ציון בראשות זרובבל בן שאלתיאל (מבני בניו של יהויכין מלך יהודה) ויהושע בן יהוצדק (בן בנו של שריה כוהן הראש, הכוהן הגדול האחרון, שהוצא להורג בעת חורבן הבית הראשון).

הצהרת כורש, על עליית עם ישראל לארצו ועל בניין בית המקדש השני, כשלה במידה רבה. אחרי שנבנה המזבח, הוצא איסור מלכותי לבנות את המקדש בגלל מלשינותם של הגויים, שהחלו למלא את הארץ אחרי שישראל גלו ממנה בעת החורבן. חלק מן הגויים כאן היו אלו שהביא אסרחדון מלך אשור ארצה במקום תושבי שומרון שגלו בעת חורבן שומרון; חלקם היו אדומים, שנהרו לארץ העזובה מבניה, אחרי שהנבטים ושבטי ערבים אחרים התנחלו בארצם; וחלקם היו סתם גויי הסביבה, שלטשו עין על הארץ העזובה מבניה, והיגרו אליה.

עתה, חמישים ושתיים שנה אחרי חורבן ירושלים, החלו היהודים לשוב ארצה בעקבות הצהרת כורש, ולא בהמוניהם. כארבעים וארבעה אלף יהודים עלו מפרס ומבבל, ובדרך הטבע, מצאו כאן התנגדות עזה לתקומתם החדשה בארצם.

בשנת שתיים לדריווש, כאמור, שמונה עשרה שנים אחרי שהוקם המזבח ונבנו יסודותיו של היכל ה׳, והמשך בנייתו הופסקה, חברו שני נביאים בדבר ה׳. חגי וזכריה החלו לצוות על העם ועל מנהיגיו: זרובבל בן שאלתיאל, ויהושע בן יהוצדק, ולעודדם

להמשיך ולבנות את בית ה' עד לסיומו, אף שניטל מהם הרישיון לעשות זאת. איך יצליחו שבי ציון לבנות את הבית ללא רישיון, כשעינם הפקוחה של צריהם, גויי הסביבה, שומרת את צעדיהם, ואצה להלשין לשלטונות על מעשיהם?

לשאלה זו היו כנראה תשובות שונות לשני הנביאים, תשובות שאינן בהכרח סותרות, אלא בעיקר משלימות זו את זו. חגי הלך בדרך, שלימים היה מנהיג אחר, דוד בן גוריון, מכנה אותה: "לא חשוב מה יגידו הגויים, חשוב מה יעשו היהודים!". חגי בוחן רק את יחסי ישראל עם אביהם שבשמיים, שהוא כול יכול, והוא בלבד, על פי רצונו, יוכל להצליח את דרכם. לטעמו של חגי, הבצורת, העוני והרעב הם איתות של ביקורת מאת ה', על כך שלא בנו את ביתו:

> הַעֵת לָכֶם אַתֶּם לָשֶׁבֶת בְּבָתֵּיכֶם סְפוּנִים, וְהַבַּיִת הַזֶּה חָרֵב: וְעַתָּה כֹּה אָמַר ה' צְבָאוֹת, שִׂימוּ לְבַבְכֶם עַל דַּרְכֵיכֶם: זְרַעְתֶּם הַרְבֵּה – וְהָבֵא מְעָט, אָכוֹל – וְאֵין לְשָׂבְעָה, שָׁתוֹ – וְאֵין לְשָׁכְרָה, לָבוֹשׁ – וְאֵין לְחֹם לוֹ, וְהַמִּשְׂתַּכֵּר מִשְׂתַּכֵּר אֶל צְרוֹר נָקוּב... פָּנֹה אֶל הַרְבֵּה – וְהִנֵּה לִמְעָט, וַהֲבֵאתֶם הַבַּיִת וְנָפַחְתִּי בוֹ, יַעַן מֶה, נְאֻם ה' צְבָאוֹת, יַעַן בֵּיתִי אֲשֶׁר הוּא חָרֵב, וְאַתֶּם רָצִים אִישׁ לְבֵיתוֹ: עַל כֵּן, עֲלֵיכֶם כָּלְאוּ שָׁמַיִם מִטָּל וְהָאָרֶץ כָּלְאָה יְבוּלָהּ: וָאֶקְרָא חֹרֶב עַל הָאָרֶץ, וְעַל הֶהָרִים, וְעַל הַדָּגָן, וְעַל הַתִּירוֹשׁ, וְעַל הַיִּצְהָר, וְעַל אֲשֶׁר תּוֹצִיא הָאֲדָמָה, וְעַל הָאָדָם, וְעַל הַבְּהֵמָה וְעַל כָּל יְגִיעַ כַּפָּיִם:
>
> (חגי א, ד-יא)

לאחר שהחלו בבנייה, הנביא מעודד אותם שבכוחו של ה' יצליחו בבנייתם, והגויים יגיעו על כורחם להודות בבית ה', מכוח ידו החזקה של ה' וזרועו הנטויה:

> כִּי כֹה אָמַר ה' צְבָאוֹת, עוֹד אַחַת מְעַט הִיא, וַאֲנִי מַרְעִישׁ אֶת הַשָּׁמַיִם, וְאֶת הָאָרֶץ, וְאֶת הַיָּם וְאֶת הֶחָרָבָה: וְהִרְעַשְׁתִּי אֶת כָּל הַגּוֹיִם, וּבָאוּ חֶמְדַּת כָּל הַגּוֹיִם, וּמִלֵּאתִי אֶת הַבַּיִת הַזֶּה כָּבוֹד, אָמַר ה' צְבָאוֹת: לִי הַכֶּסֶף וְלִי הַזָּהָב, נְאֻם ה' צְבָאוֹת: גָּדוֹל יִהְיֶה כְּבוֹד הַבַּיִת הַזֶּה הָאַחֲרוֹן מִן הָרִאשׁוֹן, אָמַר ה' צְבָאוֹת, וּבַמָּקוֹם הַזֶּה אֶתֵּן שָׁלוֹם, נְאֻם ה' צְבָאוֹת:
>
> (שם ב, ו-ט)

חגי ממשיך בנבואתו כעבור חודשיים, ערב חג החנוכה(!), ואומר:

> אֱמֹר אֶל זְרֻבָּבֶל פַּחַת יְהוּדָה לֵאמֹר, אֲנִי מַרְעִישׁ אֶת הַשָּׁמַיִם וְאֶת הָאָרֶץ: וְהָפַכְתִּי

כִּסֵּא מַמְלָכוֹת וְהִשְׁמַדְתִּי חֹזֶק מַמְלְכוֹת הַגּוֹיִם, וְהָפַכְתִּי מֶרְכָּבָה וְרֹכְבֶיהָ, וְיָרְדוּ סוּסִים וְרֹכְבֵיהֶם אִישׁ בְּחֶרֶב אָחִיו: בַּיּוֹם הַהוּא, נְאֻם ה׳ צְבָאוֹת, אֶקָּחֲךָ זְרֻבָּבֶל בֶּן שְׁאַלְתִּיאֵל עַבְדִּי נְאֻם ה׳, וְשַׂמְתִּיךָ כַּחוֹתָם, כִּי בְךָ בָחַרְתִּי, נְאֻם ה׳ צְבָאוֹת:

(שם, כא-כג)

בנבואה המתחילה פסוקים בודדים לפני תחילת הפטרתנו, זכריה ממשיך את הקו של חגי על זעם ה׳ על הגויים, אך מוסיף לו גם קו פייסני יותר כלפיהם:

כִּי כֹה אָמַר ה׳ צְבָאוֹת, אַחַר כָּבוֹד שְׁלָחַנִי אֶל הַגּוֹיִם הַשֹּׁלְלִים אֶתְכֶם, כִּי הַנֹּגֵעַ בָּכֶם נֹגֵעַ בְּבָבַת עֵינוֹ: כִּי הִנְנִי מֵנִיף אֶת יָדִי עֲלֵיהֶם וְהָיוּ שָׁלָל לְעַבְדֵיהֶם, וִידַעְתֶּם כִּי ה׳ צְבָאוֹת שְׁלָחָנִי:
רָנִּי וְשִׂמְחִי בַּת צִיּוֹן, כִּי הִנְנִי בָא וְשָׁכַנְתִּי בְתוֹכֵךְ נְאֻם ה׳: וְנִלְווּ גוֹיִם רַבִּים אֶל ה׳ בַּיּוֹם הַהוּא, וְהָיוּ לִי לְעָם, וְשָׁכַנְתִּי בְתוֹכֵךְ, וְיָדַעַתְּ כִּי ה׳ צְבָאוֹת שְׁלָחַנִי אֵלָיִךְ:

(ב, יב-טו)

הביטוי כִּי ה׳ צְבָאוֹת שְׁלָחַנִי מדגיש את היחס בין שני חלקי הנבואה. בחלקה הראשון יבואו גויים אלו על עונשם. בחלקה השני, בהפטרתנו, הם עצמם יבואו למקדש, יודו בגדולת ה׳ שציווה לבניו לבנות את מקדשו, ויצטרפו אליהם בבניינו. זכריה עתיד להמשיך קו זה בנבואה נוספת על בניין המקדש:

כֹּה אָמַר ה׳ צְבָאוֹת, עֹד אֲשֶׁר יָבֹאוּ עַמִּים וְיֹשְׁבֵי עָרִים רַבּוֹת: וְהָלְכוּ יֹשְׁבֵי אַחַת אֶל אַחַת, לֵאמֹר: נֵלְכָה הָלוֹךְ לְחַלּוֹת אֶת פְּנֵי ה׳, וּלְבַקֵּשׁ אֶת ה׳ צְבָאוֹת, אֵלְכָה גַּם אָנִי: וּבָאוּ עַמִּים רַבִּים וְגוֹיִם עֲצוּמִים לְבַקֵּשׁ אֶת ה׳ צְבָאוֹת בִּירוּשָׁלִָם, וּלְחַלּוֹת אֶת פְּנֵי ה׳: כֹּה אָמַר ה׳ צְבָאוֹת, בַּיָּמִים הָהֵמָּה, אֲשֶׁר יַחֲזִיקוּ עֲשָׂרָה אֲנָשִׁים מִכֹּל לְשֹׁנוֹת הַגּוֹיִם, וְהֶחֱזִיקוּ בִּכְנַף אִישׁ יְהוּדִי לֵאמֹר, נֵלְכָה עִמָּכֶם, כִּי שָׁמַעְנוּ אֱלֹהִים עִמָּכֶם:

(ח, כ-כג)

ד. הַס כָּל בָּשָׂר

הַס כָּל בָּשָׂר מִפְּנֵי ה׳, כִּי נֵעוֹר מִמְּעוֹן קָדְשׁוֹ:

(ב, יז)

הנביא משתמש בביטוי ומשל כלפי כבוד השכינה, העלול לצרום באוזננו, אף שהוא

רק משל. כביכול עתה, כשהגויים מצרים לישראל, הקב"ה יָשֵׁן, ויש להמתין שיתעורר. כך לעג אליהו לעובדי הבעל בהר הכרמל:

> וַיְהִי בַצָּהֳרַיִם, וַיְהַתֵּל בָּהֶם אֵלִיָּהוּ וַיֹּאמֶר, קִרְאוּ בְקוֹל גָּדוֹל כִּי אֱלֹהִים הוּא, כִּי שִׂיחַ וְכִי שִׂיג לוֹ וְכִי דֶרֶךְ לוֹ, אוּלַי יָשֵׁן הוּא וְיִקָץ:

(מל"א יח, כז)

נראה, ששירת 'האזינו' באה להעיד על ה' בעת פורענות, שהוא מסתיר את פניו בגלל חטאי ישראל, ולא מפני שהוא יָשֵׁן כביכול, ואינו רואה בצרתם של בניו (דברים לב).

אומנם, מצאנו ביטויים כאלה גם אצל המשורר בתהלים:

> עוּרָה, לָמָּה תִישַׁן אֲדֹנָי? הָקִיצָה, אַל תִּזְנַח לָנֶצַח:

(תהלים מד, כד)

> וַיִּקַץ כְּיָשֵׁן אֲדֹנָי, כְּגִבּוֹר מִתְרוֹנֵן מִיָּיִן: וַיַּךְ צָרָיו אָחוֹר, חֶרְפַּת עוֹלָם נָתַן לָמוֹ:

(שם עח, סה-סו)

הנביאים ומשורר תהלים ודאי ידעו את גבולותיהם במשלי ההאנשה, שנהגו בהם כלפי ה'. אנו לא נעז פנינו במשלים מעין אלו.

גם הביטוי הַס כָּל בָּשָׂר מִפְּנֵי ה' אומר דורשני. אפשר שזכריה משיב בנבואתו לדבריו הקשים של חבקוק הנביא, שניבא בימי מנשה מלך יהודה על עליית הכשדים (הבבלים), מחריבי ירושלים. לבבו נחמץ, והוא הטיח דברים קשים כלפי מעלה:

> עַד אָנָה ה' שִׁוַּעְתִּי וְלֹא תִשְׁמָע, אֶזְעַק אֵלֶיךָ חָמָס וְלֹא תוֹשִׁיעַ: לָמָּה תַרְאֵנִי אָוֶן וְעָמָל תַּבִּיט... עַל כֵּן תָּפוּג תּוֹרָה, וְלֹא יֵצֵא לָנֶצַח מִשְׁפָּט, כִּי רָשָׁע מַכְתִּיר אֶת הַצַּדִּיק, עַל כֵּן יֵצֵא מִשְׁפָּט מְעֻקָּל:

(חבקוק א, ב-ד)

כשה' פקח את עיניו, לפני שהחל בתפילתו (בפרק ג), חתם הנביא את נבואתו בַּמשפט:

> וַה' בְּהֵיכַל קָדְשׁוֹ הַס מִפָּנָיו כָּל הָאָרֶץ:

(שם ב, כ)

שנים נקפו, ירושלים ומקדש ה' חרבו, ועם ה' נפל בחרב ובשבי. עתה, בשיבת

ציון, רגע לפני הקמת הבית השני, ממשיך זכריה את נבואת הַס מִפָּנָיו כָּל הָאָרֶץ בנבואת הַס כָּל בָּשָׂר מִפְּנֵי ה׳, ובאמירה שהנה ה׳ שב אל מקדשו ושב לקומם את עמו מעפרו.

ה. המראה הרביעי – חטאו של יהושע הכוהן הגדול

וַיַּרְאֵנִי אֶת יְהוֹשֻׁעַ הַכֹּהֵן הַגָּדוֹל עֹמֵד לִפְנֵי מַלְאַךְ ה׳ וְהַשָּׂטָן עֹמֵד עַל יְמִינוֹ לְשִׂטְנוֹ... וִיהוֹשֻׁעַ הָיָה לָבֻשׁ בְּגָדִים צוֹאִים וְעֹמֵד לִפְנֵי הַמַּלְאָךְ:

(ג, א; ג)

יהושע בן יהוצדק היה בן בנו של שריה כוהן הראש, הכוהן הגדול האחרון בבית הראשון, שהוצא להורג בידי נבוזראדן. יהושע הוא כאמור, אחד משני המנהיגים שעלו בעקבות הצהרת כורש לבנות את המקדש בירושלים. בחזונו של זכריה יהושע עומד לדין, בגדיו צואים והשטן משטין אותו.

לא התפרש בנבואה מהו חטאו של יהושע. המפרשים נטו, לאור המסופר בנחמיה (ובעקבות הגמרא בסנהדרין צג ע״א), להאשימו בכך, שבני בניו נשאו נשים נכריות מבנות הארץ. חטא זה לא התפרש כאן, וספק אם בשנת שתיים לדריווש, זמן רב לפני עזרא ונחמיה, כבר היו בגדיו של יהושע צואים מחמת חטא זה. אפשר שהחטא נרמז להלן בהתראה שמתרה מלאך ה׳ ביהושע:

שְׁמַע נָא יְהוֹשֻׁעַ הַכֹּהֵן הַגָּדוֹל, אַתָּה וְרֵעֶיךָ הַיֹּשְׁבִים לְפָנֶיךָ, כִּי אַנְשֵׁי מוֹפֵת הֵמָּה, כִּי הִנְנִי מֵבִיא אֶת עַבְדִּי צֶמַח... בַּיּוֹם הַהוּא, נְאֻם ה׳ צְבָאוֹת, תִּקְרְאוּ אִישׁ לְרֵעֵהוּ אֶל תַּחַת גֶּפֶן וְאֶל תַּחַת תְּאֵנָה:

(שם, ח; י)

ההתראה עוסקת בעבד ה׳, צמח, ובתפקידו בהנהגת העם. אפשר שיש כאן רמז למחלוקת קשה, שהתגלעה בין יהושע ונאמניו ובין זרובבל בן שאלתיאל ונאמניו, בשאלת ההנהגה. זרובבל היה מזרע המלוכה; יהושע היה מזרעם של הכוהנים הגדולים. מי בראש? הנביא מזהיר את יהושע לשמור על כבודו ועל סמכותו של צֶמַח, שם הנועד לבן דוד שיגאל את העם:

הִנֵּה יָמִים בָּאִים נְאֻם ה׳, וַהֲקִמֹתִי לְדָוִד צֶמַח צַדִּיק, וּמָלַךְ מֶלֶךְ וְהִשְׂכִּיל, וְעָשָׂה מִשְׁפָּט וּצְדָקָה בָּאָרֶץ: בְּיָמָיו תִּוָּשַׁע יְהוּדָה וְיִשְׂרָאֵל יִשְׁכֹּן לָבֶטַח...

(ירמיהו כג, ה-ו)

הרמז לזרובבל נאמר בזכריה במפורש:

וְלָקַחְתָּ כֶסֶף וְזָהָב וְעָשִׂיתָ עֲטָרוֹת, וְשַׂמְתָּ בְּרֹאשׁ יְהוֹשֻׁעַ בֶּן יְהוֹצָדָק הַכֹּהֵן הַגָּדוֹל: וְאָמַרְתָּ אֵלָיו לֵאמֹר, כֹּה אָמַר ה׳ צְבָאוֹת לֵאמֹר, הִנֵּה אִישׁ, צֶמַח שְׁמוֹ וּמִתַּחְתָּיו יִצְמָח, וּבָנָה אֶת הֵיכַל ה׳: וְהוּא יִבְנֶה אֶת הֵיכַל ה׳ וְהוּא יִשָּׂא הוֹד, וְיָשַׁב וּמָשַׁל עַל כִּסְאוֹ, וְהָיָה כֹהֵן עַל כִּסְאוֹ, וַעֲצַת שָׁלוֹם תִּהְיֶה בֵּין שְׁנֵיהֶם:

(ו, יא–יג)

זכריה ניבא שם על עֲצַת שָׁלוֹם בֵּין שְׁנֵיהֶם. זה אומר, שעתה לא הייתה ביניהם אלא מריבה. על צֶמַח, זרובבל, מוטל לבנות את היכל ה׳ ולמשול. עצת השלום העתידה להיות ביניהם רמוזה גם בנבואתנו במילים: תִּקְרְאוּ אִישׁ לְרֵעֵהוּ אֶל תַּחַת גֶּפֶן וְאֶל תַּחַת תְּאֵנָה.

אכן, כבר בתחילת הבנייה, בעת שעלו לארץ, נרמז קיום המחלוקת:

וַיָּקָם יֵשׁוּעַ בֶּן יוֹצָדָק וְאֶחָיו הַכֹּהֲנִים, וּזְרֻבָּבֶל בֶּן שְׁאַלְתִּיאֵל וְאֶחָיו, וַיִּבְנוּ אֶת מִזְבַּח אֱלֹהֵי יִשְׂרָאֵל:

(עזרא ג, ב)

משמע קצת שבנו כשתי קבוצות. אחר כך הכתוב מדגיש שאכן התלכדו:

וַיַּעֲמֹד יֵשׁוּעַ בָּנָיו וְאֶחָיו קַדְמִיאֵל וּבָנָיו בְּנֵי יְהוּדָה כְּאֶחָד:

(שם, ט)

ניתן לשער, שהזרים, שרצו להצטרף, ניצלו את המחלוקת הפנימית כדי להתערב בה:

וַיִּשְׁמְעוּ צָרֵי יְהוּדָה וּבִנְיָמִן, כִּי בְנֵי הַגּוֹלָה בּוֹנִים הֵיכָל לַה׳ אֱלֹהֵי יִשְׂרָאֵל: וַיִּגְּשׁוּ אֶל זְרֻבָּבֶל וְאֶל רָאשֵׁי הָאָבוֹת וַיֹּאמְרוּ לָהֶם, נִבְנֶה עִמָּכֶם, כִּי כָכֶם נִדְרוֹשׁ לֵאלֹהֵיכֶם, וְלוֹ אֲנַחְנוּ זֹבְחִים מִימֵי אֵסַר חַדֹּן מֶלֶךְ אַשּׁוּר, הַמַּעֲלֶה אֹתָנוּ פֹּה: וַיֹּאמֶר לָהֶם זְרֻבָּבֶל וְיֵשׁוּעַ וּשְׁאָר רָאשֵׁי הָאָבוֹת לְיִשְׂרָאֵל, לֹא לָכֶם וָלָנוּ לִבְנוֹת בַּיִת לֵאלֹהֵינוּ, כִּי אֲנַחְנוּ יַחַד נִבְנֶה:

(שם ד, א–ג)

זרובבל ויהושע מבטיחים להם, שהם יכולים לעבוד יחד, ואינם זקוקים לתיווכם או לעזרתם של הזרים.

ו. דבר הסנגור

> וַיֹּאמֶר ה׳ אֶל הַשָּׂטָן, יִגְעַר ה׳ בְּךָ הַשָּׂטָן, וְיִגְעַר ה׳ בְּךָ הַבֹּחֵר בִּירוּשָׁלָם, הֲלוֹא זֶה אוּד מֻצָּל מֵאֵשׁ: ... וַיַּעַן וַיֹּאמֶר אֶל הָעֹמְדִים לְפָנָיו לֵאמֹר, הָסִירוּ הַבְּגָדִים הַצֹּאִים מֵעָלָיו, וַיֹּאמֶר אֵלָיו, רְאֵה הֶעֱבַרְתִּי מֵעָלֶיךָ עֲוֺנֶךָ, וְהַלְבֵּשׁ אֹתְךָ מַחֲלָצוֹת: וָאֹמַר, יָשִׂימוּ צָנִיף טָהוֹר עַל רֹאשׁוֹ, וַיָּשִׂימוּ הַצָּנִיף הַטָּהוֹר עַל רֹאשׁוֹ וַיַּלְבִּשֻׁהוּ בְּגָדִים, וּמַלְאַךְ ה׳ עֹמֵד:

(ג, ב–ה)

שתי טענות עולות לזכותו של יהושע במשפטו. הטענה הראשונה היא: הֲלוֹא זֶה אוּד מֻצָּל מֵאֵשׁ. על פי פשטי המקראות, יהושע הוא שריד למשפחת כוהנים מפוארת, שכנראה רבים מהם מתו בחורבן הבית הראשון ברעב, במלחמה ובהוצאות להורג. יהוצדק אבי יהושע שרד את החורבן, גלה לבבל והוליד את יהושע. מידת הרחמים עומדת לימינו, כדי שלא יכלה חלילה, כל בית הכוהנים הגדולים.[3]

הטענה השנייה היא הצורך בהתראה לפני ענישה, והתקווה שאכן יהושע יקבל את ההתראה ויפעל לפיה:

> וַיָּעַד מַלְאַךְ ה׳ בִּיהוֹשֻׁעַ לֵאמֹר: כֹּה אָמַר ה׳ צְבָאוֹת, אִם בִּדְרָכַי תֵּלֵךְ וְאִם אֶת מִשְׁמַרְתִּי תִשְׁמֹר, וְגַם אַתָּה תָּדִין אֶת בֵּיתִי וְגַם תִּשְׁמֹר אֶת חֲצֵרָי, וְנָתַתִּי לְךָ מַהְלְכִים בֵּין הָעֹמְדִים הָאֵלֶּה: (שם, ו–ז)

3. א. טַעֲנָה מסוג זה טָעֲנָה כלפי דוד האישה החכמה מתקוע על רצון המשפחה להיפרע מבנה, שרצח את אחיו (נזכיר, שסיפורה לא היה ולא נברא אלא משל היה): וְהִנֵּה קָמָה כָל הַמִּשְׁפָּחָה עַל שִׁפְחָתֶךָ, וַיֹּאמְרוּ: תְּנִי אֶת מַכֵּה אָחִיו, וּנְמִתֵהוּ בְּנֶפֶשׁ אָחִיו אֲשֶׁר הָרָג, וְנַשְׁמִידָה גַּם אֶת הַיּוֹרֵשׁ, וְכִבּוּ אֶת גַּחַלְתִּי אֲשֶׁר נִשְׁאָרָה, לְבִלְתִּי שִׂים לְאִישִׁי שֵׁם וּשְׁאֵרִית עַל פְּנֵי הָאֲדָמָה (שמ״ב יד, ז).
ב. התלמוד הירושלמי (תענית פ״ד, ה״ה) טוען טענה קרובה לדברינו, על היות יהושע אוד מוצל מאש חורבן הבית הראשון: ״אמר רבי יוחנן שמונים אלף פירחי כהנה ברחו להם לתוך קלתותים של בית המקדש, וכולהם נשרפו. ומכולם לא נשתייר אלא יהושע בן יהוצדק הכהן הגדול, שנאמר: הֲלוֹא זֶה אוּד מֻצָּל מֵאֵשׁ״.
מדרש אחר קושר את יהושע בן יהוצדק בשני נביאי שקר נואפים בגלות בבל, שנבוכדנאצר שרפם באש, כפי שניסה לשרוף את חנניה מישאל ועזריה. הם ביקשו, שיהושע בן יהוצדק ייכנס עימם לכבשן האש. הם נשרפו והוא ניצל בצדקתו מאש הכבשן: ״אחאב בן קוליה וצדקיה בן מעשיה נביאי שקר היו והיו מנאפים את נשי רעיהם... אמר (= נבוכדנאצר) איפשר כן, אלוה של אומה זו שונא זנות הוא. אלא הריני בודקן כשם שבדקתי לחנניה מישאל ועזריה. אם נוצלו הרי יפה ואם לאו לאו נביאי שקר הם... וכיון שראו צרתם צרה, שיתפו ליהושע בן יהוצדק הכהן הגדול עמהן... מה עשה להם הקדוש ברוך הוא, הם נשרפו והוא ניצול, הֲלוֹא זֶה אוּד מֻצָּל מֵאֵשׁ״ (פסיקתא דרב כהנא כד).

לא עסקנו באבן בעלת שבע העיניים, המתוארת במראה זה. נעסוק בה להלן, ברצות ה'.

ז. המראה החמישי – המנורה

וַיָּשָׁב הַמַּלְאָךְ הַדֹּבֵר בִּי, וַיְעִירֵנִי כְּאִישׁ אֲשֶׁר יֵעוֹר מִשְּׁנָתוֹ: וַיֹּאמֶר אֵלַי, מָה אַתָּה רֹאֶה, וָאֹמַר, רָאִיתִי וְהִנֵּה מְנוֹרַת זָהָב כֻּלָּהּ, וְגֻלָּהּ עַל רֹאשָׁהּ, וְשִׁבְעָה נֵרֹתֶיהָ עָלֶיהָ, שִׁבְעָה וְשִׁבְעָה מוּצָקוֹת לַנֵּרוֹת אֲשֶׁר עַל רֹאשָׁהּ: וּשְׁנַיִם זֵיתִים עָלֶיהָ, אֶחָד מִימִין הַגֻּלָּה וְאֶחָד עַל שְׂמֹאלָהּ:

(ד, א-ג)

חלק מהפרשנים קושרים את מראה המנורה לנס פך השמן, שנעשה ליהודה המקבי ואחיו הכוהנים בעת חנוכת המקדש אחרי טיהורו מטומאת היוונים. בעיוננו בפרשת בהעלותך, די שנביט דרך החיזיון שראה זכריה, על מנורת שבעת הקנים שהייתה במשכן ובמקדש. יתרה המנורה שחזה זכריה על מנורת המקדש בגולה, שעל ראשה גולה המטפטפת שמן אל קני המנורה, ומעליה שני זיתים הנותנים לה את שמנם. נראה, ששינוי זה בא לבטא את הנס של נר התמיד, שעד ימי שמעון הצדיק מעולם לא כבה:

כל זמן שהיה שמעון הצדיק קיים, היה נר מערבי תדיר. משמת, הלכו ומצאוהו שכבה. מיכן ואילך, מוצאין אותו פעמים כבה פעמים דולק.

(תוספתא סוטה יג, ז)

מה בא מראה נבואי זה לבטא? נשוב לתקופה ולרקע ההיסטורי. כאמור לעיל, חגי וזכריה תמכו ועודדו את העם להמשיך לבנות את בית ה' (המקדש השני), למרות שלילת הרישיון לבנותו, ולמרות עיניהם הפקוחות ופיהם המלשין של צרי יהודה.

אכן, למקום הגיעו האחשדרפן (הממונה מטעם דריווש מלך פרס על ארץ ישראל וסביבותיה) ועוזרו, ותבעו הסבר להמשך הבנייה. הבונים, בראשות זרובבל ויהושע, הראו להם את הרישיון שנתן כורש, והתעלמו מצו הפסקת הבנייה. האחשדרפן ועוזרו שלחו אל מלך פרס כדי לברר את שאלת הרישיון, ורשמו את שמות ראשי הבונים, כדי להענישם אם יתברר שבנו ללא רישיון.[4]

אז החלו לעלות ספקות, האם נטילת הסיכון של בנייה ללא רישיון תקף הייתה צעד נכון. בלשון כללית יותר: האם עולי שיבת ציון נמצאים בתהליך גאולה, המבטיח

4. ראו עזרא פרק ה.

להם את עזרת ה׳ בצרתם, או שמא תהליך הגאולה בטל, משום שבאו מספר כה מועט של עולים, ואף הם לבושים בבְּגָדִים צוֹאִים, והם נכנסו להרפתקה לא מוצדקת מול שלטונות פרס.

אפשר, ששאלה זו עלתה בערב תשעה באב. השאלה המעשית הייתה האם לצום בתשעה באב, כיוון שתהליך החורבן עדיין נמשך, או שמא אנו בתהליך גאולה, ויש להפוך את צום החמישי ליום שמחה:

> לֵאמֹר אֶל הַכֹּהֲנִים אֲשֶׁר לְבֵית ה׳ צְבָאוֹת וְאֶל הַנְּבִיאִים לֵאמֹר הַאֶבְכֶּה בַּחֹדֶשׁ הַחֲמִשִׁי הִנָּזֵר כַּאֲשֶׁר עָשִׂיתִי זֶה כַּמֶּה שָׁנִים:

(ז, ג)

אם כנים דברינו, אפשר שנבואת מראה המנורה באה להעיד, שלמרות התקלה עם האחשדרפן הפרסי – המקדש ייבנה, והמנורה תדלק. אכן, זכריה עונה לשאלתם בנבואת נחמה על בניין ירושלים והמקדש. אכן, למרות התקלה עם האחשדרפן הפרסי, דריווש אישר את המשך הבנייה, עודד אותה ותמך בה כספית.

כך היה לימים גם בימי בית חשמונאי: המקדש נחנך מחדש בהדלקתה של המנורה. מדוע דווקא מנורה מביעה את המשך הבנייה ואת חנוכתו הקרובה של הבית? התשובה לכך מסתתרת בברייתא עתיקה:

> מִחוּץ לְפָרֹכֶת הָעֵדֻת... יַעֲרֹךְ (ויקרא כד, ג). וכי לאורה הוא צריך? והלא כל ארבעים שנה שהלכו בני ישראל במדבר, לא הלכו אלא לאורו; אלא עדות היא לבאי עולם שהשכינה שורה בישראל.

(שבת כב ע״ב)

על פי הברייתא, המנורה מהווה עדות להשראת השכינה. במצב ראוי, העדות להשראת השכינה במקדש היא ארון העדות, שבתוכו מונחים לוחות העדות, שנכתבו באצבע אלוהים. אולם, בבית שני לא היה ארון ולא היו לוחות, וקודש הקודשים היה ריק. העדות להשראת השכינה עברה אל המנורה, המבטאת באורה את אור התורה, שהיה אמור להיות מוקרן אלינו מקודש הקודשים, מארון הברית. זכריה הנביא רואה את המנורה כחזון השלמת בניין הבית.

הקשר בין מראה המנורה הדולקת לתקווה שהבית אכן ייבנה הוא כה הגיוני, שעולה שאלה לאידך גיסא: מדוע זכריה הנביא לא הבין אותו מעצמו, ונזקק לשאול לפשר המראה? גם מלאך ה׳ העלה תמיהה זו:

וָאַעַן וָאֹמַר אֶל הַמַּלְאָךְ הַדֹּבֵר בִּי לֵאמֹר, מָה אֵלֶּה אֲדֹנִי: וַיַּעַן הַמַּלְאָךְ הַדֹּבֵר בִּי, וַיֹּאמֶר אֵלַי, הֲלוֹא יָדַעְתָּ מָה הֵמָּה אֵלֶּה, וָאֹמַר, לֹא אֲדֹנִי:
(ד, ד-ה)

אכן, זכריה ראה את המראה הנבואי, ולאור הספק הפוליטי בעקבות האירועים שהזכרנו פירוש המראה פשוט ומובן. זכריה היה יכול לבשר לעם הנבוך, שיד ה׳ תסייע להם בהמשך בנין המקדש. אולם זהו פירוש שכלי־פוליטי למראה נבואי. זכריה דרש מן המלאך הבנה נבואית, ולא מסקנה הגיונית. הוא לא הרפה מן המלאך עד ששמע בהתגלות:

יְדֵי זְרֻבָּבֶל יִסְּדוּ הַבַּיִת הַזֶּה וְיָדָיו תְּבַצַּעְנָה, וְיָדַעְתָּ כִּי ה׳ צְבָאוֹת שְׁלָחַנִי אֲלֵיכֶם:
(ד, ט)

בכך נבדל נביא האמת מנביאי השקר, המסיקים מסקנות פוליטיות הגיוניות מ׳נבואותיהם׳, ומביאים אותן לעם כדבר ה׳.[5]

ח. המנורה והאבן

בשני המראות האחרונים היו לנו אבן ומנורה. נזכיר שוב את מראה האבן:

... כִּי הִנְנִי מֵבִיא אֶת עַבְדִּי צֶמַח: כִּי הִנֵּה הָאֶבֶן, אֲשֶׁר נָתַתִּי לִפְנֵי יְהוֹשֻׁעַ, עַל אֶבֶן אַחַת שִׁבְעָה עֵינָיִם, הִנְנִי מְפַתֵּחַ פִּתֻּחָהּ, נְאֻם ה׳ צְבָאוֹת, וּמַשְׁתִּי אֶת עֲוֹן הָאָרֶץ הַהִיא בְּיוֹם אֶחָד:
(ג, ח-ט)

מראות סמוכים של אבן ומנורה עשויים להזכיר לנו את דברי המשנה:

ואבן היתה לפני המנורה ובה שלש מעלות שעליה הכהן עומד ומטיב את הנרות.
(תמיד ג, ט)[6]

5. לנבואת נביא שקר בשם מלאך, ראו למשל נבואת הנביא מבית אל במל״א יג, יח.
6. מראה מנורת המקדש הפך לסמל המדינה. המנורה הועתקה לתפקידה זה מהכתובת בשער טיטוס ברומא, כתובת שהביעה את ניצחונם של הרומאים על הצבאות היהודים ועל הרוח היהודית,

האבן שלפני המנורה מבטאת את הופעתו של צמח, עבד ה׳, הוא זרובבל מזרע יהויכין, שנועד להיות המלך הראשון ליהודה בעת שיבת ציון. האבן מבטאת חוסן וכוח, האמורים לאפיין את מלכות ישראל. על האבן שבע עיניים, כלומר, פתחי מעיינות נובעים, המעניקים שפע של מים. האבן היא הקומה הראשונה שיש לעלות בה, עד שלא יגיע הכוהן אל המנורה עצמה.

העיניים מתוארות בהמשך הנבואה כעיניים הרואות ומביטות:

וְרָאוּ אֶת הָאֶבֶן הַבְּדִיל בְּיַד זְרֻבָּבֶל, שִׁבְעָה אֵלֶּה עֵינֵי ה׳ הֵמָּה, מְשׁוֹטְטִים בְּכָל הָאָרֶץ:

(ד, י)

האם יש קשר בין עין כמעיין נובע, ובין עין המביטה ורואה? הקשר לרוב הוא דרך דמעותיה של העין, העשויות להתגבר כמעיין נובע. כאן נצביע על קשר שונה, העולה מן המקראות:

וְהָאָרֶץ, אֲשֶׁר אַתֶּם עֹבְרִים שָׁמָּה לְרִשְׁתָּהּ, אֶרֶץ הָרִים וּבְקָעֹת, לִמְטַר הַשָּׁמַיִם תִּשְׁתֶּה מָּיִם: אֶרֶץ אֲשֶׁר ה׳ אֱלֹהֶיךָ דֹּרֵשׁ אֹתָהּ, תָּמִיד עֵינֵי ה׳ אֱלֹהֶיךָ בָּהּ, מֵרֵשִׁית הַשָּׁנָה וְעַד אַחֲרִית שָׁנָה:

(דברים יא, יא-יב)

׳עיני׳ ה׳, הדורשות את ארץ ה׳, דואגות להמטיר עליה מים, ולרוותה על פי מעשיהם הטובים של ישראל. כך הופכת ארץ ה׳ להיות אֶרֶץ נַחֲלֵי מָיִם, עֲיָנֹת וּתְהֹמֹת יֹצְאִים בַּבִּקְעָה וּבָהָר (שם ח, ז).

נסכם: האבן (הראשה), שלפני יהושע ושביד זרובבל, משגיחה על עם ה׳ ומעניקה טוב לארצו. אלו הם תפקידי המלך. המנורה מאירה מעליה באור ה׳ ובאור עדותו על השכינה השורה בישראל. אור זה מאפשר לשבע עיני האבן להביט לאורם של שבעת נרות המנורה בראייה טובה על עם ישראל.

הבא לידי ביטוי במקדש שחרב. בתבליט נראים החיילים המנצחים נושאים את מנורת המקדש (ופריטים נוספים) כשלל הניצחון של טיטוס. ׳חזרת׳ תמונת המנורה לבית נשיא מדינת ישראל ולמוסדותיה באה לבטא את תקומת ישראל מחדש אחרי החורבן ההוא, ותשובתנו לרומאים, שניצחונם עלינו היה זמני בלבד. במנורה, על פי העתקתה משם, יש שלוש מעלות בבסיסה, וזה נגד מסורתנו על מנורת המקדש, שניצבת על שלוש רגליים. הנבואה שבהפטרתנו, והמשנה במסכת תמיד, מאפשרות לנו להבין, שאנו משקיפים בתבליט ובתמונה על המנורה, כשלפניה האבן בת שלוש המעלות. תפקיד האבן אינו רק טכני, אלא מהותי, וכפי שנבאר להלן.

ט. הכהונה והמלוכה

שתי הרשויות המנהיגות את העם, כמשה ואהרן ביציאת מצרים ובמדבר הן המלכות והכהונה. צריכה להיות הפרדת רשויות, ורק הקב"ה עומד מעל שתי הרשויות. המלך עוסק בעיקר ב'כאן ועכשיו', בנכון לאור המציאות המתהווה חדשים לבקרים, בהנהגה המעשית. הכוהן עסוק בנצח, בשורשי היחסים בין הקב"ה לעמו. במקום זה נמצא המקדש. משה בנה את המשכן ועל זרובבל להנהיג את בניית בית המקדש בניווט נכון בין שליטי פרס לבין צרי יהודה. אהרן שימש במשכן, וזה אמור להיות תפקידו של יהושע בן יהוצדק במקדש. המראה הרביעי מזהיר את יהושע, לאחר שהוא לובש מחלצות וחובש צניף טהור על ראשו, על תפקידו של עבד ה', צמח, על האבן העומדת לפני המנורה, על המלך, על זרובבל. המראה החמישי נועד על פי המשכו להזהיר את זרובבל על שמירת הכהונה, על המנורה המאירה את דרכה של האבן ועיניה:

וַיַּעַן וַיֹּאמֶר אֵלַי לֵאמֹר, זֶה דְּבַר ה' אֶל זְרֻבָּבֶל לֵאמֹר, לֹא בְחַיִל וְלֹא בְכֹחַ, כִּי
אִם בְּרוּחִי, אָמַר ה' צְבָאוֹת: מִי אַתָּה הַר הַגָּדוֹל לִפְנֵי זְרֻבָּבֶל לְמִישֹׁר, וְהוֹצִיא אֶת
הָאֶבֶן הָרֹאשָׁה, תְּשֻׁאוֹת חֵן חֵן לָהּ:

(ד, ו-ז)

להבנתנו, יש לקרוא פסוק זה (כפסוקים רבים אחרים במקרא): לֹא (רק) בְחַיִל וְלֹא (רק) בְכֹחַ, כִּי אִם (גם) בְּרוּחִי אָמַר ה'. דרכו של מלך בחיל ובכוח; והכהונה והמקדש באו להוסיף את הרוח, רוח ה' לכל הנעשה במלכות. יש להקשיב לכהונה, ולשתף אותה במהלכי הגאולה. ידי זרובבל יבנו את הבית, כעולה מן המקראות לעיל, אך שְׁנֵי בְנֵי הַיִּצְהָר, השניים המשוחים בשמן המשחה, יעבדו יחד, ויורידו את המתח הטבעי העולה בין הכהונה למלכות:

וַיֹּאמֶר אֵלֶּה שְׁנֵי בְנֵי הַיִּצְהָר הָעֹמְדִים עַל אֲדוֹן כָּל הָאָרֶץ:

(ד, יד)

הפטרת שלח

ב א וַיִּשְׁלַח יְהוֹשֻׁעַ בִּן־נוּן מִן־הַשִּׁטִּים שְׁנַיִם אֲנָשִׁים מְרַגְּלִים חֶרֶשׁ לֵאמֹר לְכוּ רְאוּ יהוש
אֶת־הָאָרֶץ וְאֶת־יְרִיחוֹ וַיֵּלְכוּ וַיָּבֹאוּ בֵּית אִשָּׁה זוֹנָה וּשְׁמָהּ רָחָב וַיִּשְׁכְּבוּ־שָׁמָּה׃
ב וַיֵּאָמַר לְמֶלֶךְ יְרִיחוֹ לֵאמֹר הִנֵּה אֲנָשִׁים בָּאוּ הֵנָּה הַלַּיְלָה מִבְּנֵי יִשְׂרָאֵל לַחְפֹּר
ג אֶת־הָאָרֶץ׃ וַיִּשְׁלַח מֶלֶךְ יְרִיחוֹ אֶל־רָחָב לֵאמֹר הוֹצִיאִי הָאֲנָשִׁים הַבָּאִים
ד אֵלַיִךְ אֲשֶׁר־בָּאוּ לְבֵיתֵךְ כִּי לַחְפֹּר אֶת־כָּל־הָאָרֶץ בָּאוּ׃ וַתִּקַּח הָאִשָּׁה אֶת־שְׁנֵי
ה הָאֲנָשִׁים וַתִּצְפְּנוֹ וַתֹּאמֶר כֵּן בָּאוּ אֵלַי הָאֲנָשִׁים וְלֹא יָדַעְתִּי מֵאַיִן הֵמָּה׃ וַיְהִי
הַשַּׁעַר לִסְגּוֹר בַּחֹשֶׁךְ וְהָאֲנָשִׁים יָצָאוּ לֹא יָדַעְתִּי אָנָה הָלְכוּ הָאֲנָשִׁים רִדְפוּ מַהֵר
ו אַחֲרֵיהֶם כִּי תַשִּׂיגוּם׃ וְהִיא הֶעֱלָתַם הַגָּגָה וַתִּטְמְנֵם בְּפִשְׁתֵּי הָעֵץ הָעֲרֻכוֹת לָהּ
ז עַל־הַגָּג׃ וְהָאֲנָשִׁים רָדְפוּ אַחֲרֵיהֶם דֶּרֶךְ הַיַּרְדֵּן עַל הַמַּעְבְּרוֹת וְהַשַּׁעַר סָגָרוּ
ח אַחֲרֵי כַּאֲשֶׁר יָצְאוּ הָרֹדְפִים אַחֲרֵיהֶם׃ וְהֵמָּה טֶרֶם יִשְׁכָּבוּן וְהִיא עָלְתָה עֲלֵיהֶם
ט עַל־הַגָּג׃ וַתֹּאמֶר אֶל־הָאֲנָשִׁים יָדַעְתִּי כִּי־נָתַן יהוה לָכֶם אֶת־הָאָרֶץ וְכִי־נָפְלָה
י אֵימַתְכֶם עָלֵינוּ וְכִי נָמֹגוּ כָּל־יֹשְׁבֵי הָאָרֶץ מִפְּנֵיכֶם׃ כִּי שָׁמַעְנוּ אֵת אֲשֶׁר־הוֹבִישׁ
יהוה אֶת־מֵי יַם־סוּף מִפְּנֵיכֶם בְּצֵאתְכֶם מִמִּצְרָיִם וַאֲשֶׁר עֲשִׂיתֶם לִשְׁנֵי מַלְכֵי
יא הָאֱמֹרִי אֲשֶׁר בְּעֵבֶר הַיַּרְדֵּן לְסִיחֹן וּלְעוֹג אֲשֶׁר הֶחֱרַמְתֶּם אוֹתָם׃ וַנִּשְׁמַע וַיִּמַּס
לְבָבֵנוּ וְלֹא־קָמָה עוֹד רוּחַ בְּאִישׁ מִפְּנֵיכֶם כִּי יהוה אֱלֹהֵיכֶם הוּא אֱלֹהִים בַּשָּׁמַיִם
יב מִמַּעַל וְעַל־הָאָרֶץ מִתָּחַת׃ וְעַתָּה הִשָּׁבְעוּ־נָא לִי בַּיהוה כִּי־עָשִׂיתִי עִמָּכֶם חָסֶד
יג וַעֲשִׂיתֶם גַּם־אַתֶּם עִם־בֵּית אָבִי חֶסֶד וּנְתַתֶּם לִי אוֹת אֱמֶת׃ וְהַחֲיִתֶם אֶת־אָבִי
וְאֶת־אִמִּי וְאֶת־אַחַי וְאֶת־אַחְיוֹתַי וְאֵת כָּל־אֲשֶׁר לָהֶם וְהִצַּלְתֶּם אֶת־נַפְשֹׁתֵינוּ
יד מִמָּוֶת׃ וַיֹּאמְרוּ לָהּ הָאֲנָשִׁים נַפְשֵׁנוּ תַחְתֵּיכֶם לָמוּת אִם לֹא תַגִּידוּ אֶת־דְּבָרֵנוּ
טו זֶה וְהָיָה בְּתֵת־יהוה לָנוּ אֶת־הָאָרֶץ וְעָשִׂינוּ עִמָּךְ חֶסֶד וֶאֱמֶת׃ וַתּוֹרִדֵם בַּחֶבֶל
טז בְּעַד הַחַלּוֹן כִּי בֵיתָהּ בְּקִיר הַחוֹמָה וּבַחוֹמָה הִיא יוֹשָׁבֶת׃ וַתֹּאמֶר לָהֶם הָהָרָה
לֵכוּ פֶּן־יִפְגְּעוּ בָכֶם הָרֹדְפִים וְנַחְבֵּתֶם שָׁמָּה שְׁלֹשֶׁת יָמִים עַד שׁוֹב הָרֹדְפִים

יז וְאַחַר תֵּלְכוּ לְדַרְכְּכֶם: וַיֹּאמְרוּ אֵלֶיהָ הָאֲנָשִׁים נְקִיִּם אֲנַחְנוּ מִשְּׁבֻעָתֵךְ הַזֶּה אֲשֶׁר
יח הִשְׁבַּעְתָּנוּ: הִנֵּה אֲנַחְנוּ בָאִים בָּאָרֶץ אֶת־תִּקְוַת חוּט הַשָּׁנִי הַזֶּה תִּקְשְׁרִי בַּחַלּוֹן
אֲשֶׁר הוֹרַדְתֵּנוּ בוֹ וְאֶת־אָבִיךְ וְאֶת־אִמֵּךְ וְאֶת־אַחַיִךְ וְאֵת כָּל־בֵּית אָבִיךְ תַּאַסְפִי
יט אֵלַיִךְ הַבָּיְתָה: וְהָיָה כֹּל אֲשֶׁר־יֵצֵא מִדַּלְתֵי בֵיתֵךְ הַחוּצָה דָּמוֹ בְרֹאשׁוֹ וַאֲנַחְנוּ
כ נְקִיִּם וְכֹל אֲשֶׁר יִהְיֶה אִתָּךְ בַּבַּיִת דָּמוֹ בְרֹאשֵׁנוּ אִם־יָד תִּהְיֶה־בּוֹ: וְאִם־תַּגִּידִי
כא אֶת־דְּבָרֵנוּ זֶה וְהָיִינוּ נְקִיִּם מִשְּׁבֻעָתֵךְ אֲשֶׁר הִשְׁבַּעְתָּנוּ: וַתֹּאמֶר כְּדִבְרֵיכֶם כֶּן־
כב הוּא וַתְּשַׁלְּחֵם וַיֵּלֵכוּ וַתִּקְשֹׁר אֶת־תִּקְוַת הַשָּׁנִי בַּחַלּוֹן: וַיֵּלְכוּ וַיָּבֹאוּ הָהָרָה וַיֵּשְׁבוּ
שָׁם שְׁלֹשֶׁת יָמִים עַד־שָׁבוּ הָרֹדְפִים וַיְבַקְשׁוּ הָרֹדְפִים בְּכָל־הַדֶּרֶךְ וְלֹא מָצָאוּ:
כג וַיָּשֻׁבוּ שְׁנֵי הָאֲנָשִׁים וַיֵּרְדוּ מֵהָהָר וַיַּעַבְרוּ וַיָּבֹאוּ אֶל־יְהוֹשֻׁעַ בִּן־נוּן וַיְסַפְּרוּ־לוֹ
כד אֵת כָּל־הַמֹּצְאוֹת אוֹתָם: וַיֹּאמְרוּ אֶל־יְהוֹשֻׁעַ כִּי־נָתַן יהוה בְּיָדֵנוּ אֶת־כָּל־הָאָרֶץ
וְגַם־נָמֹגוּ כָּל־יֹשְׁבֵי הָאָרֶץ מִפָּנֵינוּ:

א. הקשר בין הפרשה להפטרה

ההפטרה דנה במרגלים ששלח יהושע לארץ, בהקבלה לתיירים ששלח משה לארץ (הם לא נקראו מרגלים בפרשה):[1]

א. מרגלי יהושע שבו אליו עם בשורת ביטחון בה' לקראת מלחמת כיבוש הארץ. רוב שליחיו של משה שבו עם בשורה הפוכה, של אי־יכולת לכבוש את הארץ.

ב. מרגלי יהושע נשלחו לַחְפֹּר אֶת הָאָרֶץ, כפי שמלך יריחו מגדיר את שליחותם, וכך גם הגדירו בני ישראל את משימתם של שליחי משה: וַתֹּאמְרוּ נִשְׁלְחָה אֲנָשִׁים לְפָנֵינוּ וְיַחְפְּרוּ לָנוּ אֶת הָאָרֶץ (דברים א, כב).

ג. משה מנסה לשכנע את העם שלא לשמוע לבשורת הייאוש של המרגלים: ה' אֱלֹהֵיכֶם הַהֹלֵךְ לִפְנֵיכֶם הוּא יִלָּחֵם לָכֶם כְּכֹל אֲשֶׁר עָשָׂה אִתְּכֶם בְּמִצְרַיִם לְעֵינֵיכֶם (שם, ל). בהפטרתנו אומרת רחב הזונה למרגלים דברים דומים על פי מה שקרה בים סוף.

ב. רקע

פרק א ביהושע מתאר את דברי ה' ליהושע, שנאמרו לו מייד אחרי מותו של משה. על פי חשבונם של חז"ל, יהושע מצווה את העם, הנמצא בערבות מואב מול יריחו,

1. קיים גם קשר מילולי בין המילים הפותחות את ההפטרה והפרשה: 'וַיִּשְׁלַח' ו'שְׁלַח'.

להתכונן למסע אל מעבר לירדן מייד עם תום שלושים ימי אבלו של משה. לחשבונם, משה מת בז׳ באדר, ובז׳ בניסן מצווה יהושע את העם להכין להם צידה, ומדריך את שבטי ראובן, גד וחצי המנשה בתפקידם כחלוצים. לפי אורך הזמן שהמרגלים שהו בשליחותם, מסתבר שהם נשלחו עוד בימי אבלו של משה. מטרת שליחותם הייתה למצוא את הדרך הטובה ביותר להיכנס ליריחו, העיר הראשונה שהם עתידים לפגוש אחרי מעבר הירדן. דרך זו היא אולי דרך ׳עיר המים׳ שלה, כלומר, מבוא העיר הנסתר, המוביל למקור המים שלה, שממנו ילכו בדרך נסתרת, לרוב מתחת האדמה, אל תוך העיר. בגלל חיפוש הדרך התת־קרקעית להיכנס לעיר, נקראת השליחות לַחְפֹּר.

המקרא אינו מוסר דבר על זהותם של המרגלים. הם נראים אנשים צדיקים ויראי שמיים. חז״ל זיהו אותם כפינחס וכלב:

> וַיִּשְׁלַח יְהוֹשֻׁעַ בִּן נוּן מִן הַשִּׁטִּים שְׁנַיִם. מי היו? שנו רבותינו: אלו פנחס וכלב, והלכו ונתנו נפשם והצליחו בשליחותן.

(במדבר רבה טז)

קיים קושי כלשהו בזיהוי זה, כי המרגלים נקראו להלן הַנְּעָרִים הַמְרַגְּלִים (ו, כג). נזכיר, שכלב היה בעת הכניסה לארץ בן שבעים ושמונה. גם פינחס, שהיה מנהיג ומשוח מלחמה במלחמת מדיין, כנראה כבר לא היה נער.

ג. האם הצליחה שליחות המרגלים?

הקורא תמה מן הסתם על שאלתנו בכותרת, שהרי המעשה מדבר בעד עצמו, וכדברי חז״ל במדרש שהבאנו, שהצליחו בשליחותם. האומנם? הבה נבחן!

א. המקרא מתאר את הליכת המרגלים במילים: וַיֵּלְכוּ וַיָּבֹאוּ בֵּית אִשָּׁה זוֹנָה וּשְׁמָהּ
רָחָב, וַיִּשְׁכְּבוּ שָׁמָּה. איש מאיתנו לא יחשוד בפינחס וכלב, ששכיבתם בביתה של זונה נגעה במעשי ערווה. אולם העובדה שהמקרא בחר להציג את המעשה שעשו בדרך זו, הנראית מגונה, אומרת דורשני.

ב. ׳הריגול הנגדי׳ של מלך יריחו חשף מייד את שליחות הריגול של מרגלי יהושע. מתברר שהיה כאן כישלון מודיעיני של יהושע ושליחיו. בגלל חשיפה זו לא יכלו המרגלים להשלים את משימתם; הם לא גילו את דרכי הסתר לעיר, ונאלצו להימלט על נפשם. ניתן אפוא לומר, ששליחותם נכשלה!

ג. המרגלים נכנסו מייד לביתה של רחב הזונה, שהיה בקיר החומה, וממנו הם השתלשלו בחבל אל מחוץ לעיר. הבה נבחן אם הניסיון שרכשו בעיר הקל על

צבא יהושע את החדירה לעיר: חומותיה של יריחו נפלו לפני הכניסה לעיר, והעם נכנסו לעיר מכל כיוון אפשרי. המקום היחיד שהיה חסום בפני העם מלהיכנס בו היה חלק החומה שבו היה ביתה של רחב, במסלול שבו עברו המרגלים, שהרי חלק זה בחומה לא נפל.

ד. המרגלים הצילו את נפשם בתמורה להבטחה לרחב הזונה, הכנענית, להציל את כָּל מִשְׁפְּחוֹתֶיהָ! המקרא להלן (ו, כג) מתאר כיצד אֶת כָּל מִשְׁפְּחוֹתֶיהָ הוֹצִיאוּ, וַיַּנִּיחוּם מִחוּץ לְמַחֲנֵה יִשְׂרָאֵל. כמה כנענים היו כָּל מִשְׁפְּחוֹתֶיהָ? האם לא היה מחיר כבד להכנסת כנענים כה רבים למחנה ישראל?![2]

ה. ההפטרה מעוררת את הרושם, שהמרגלים למדו אצל רחב הזונה, שה׳ הוביש את מי ים סוף מפני בני ישראל ומסר בידם את שני מלכי האמורי, סיחון ועוג, וזה המידע שהחזירו ליהושע. חרדת העמים מפני בני ישראל בעקבות הובשת מי ים סוף כבר נכתבה בשירת הים. עוד למדו אצלה המרגלים, שה׳ הוא האלוהים בשמיים ממעל ועל הארץ מתחת. כלום אין כאן נימת ביקורת על כך שהמרגלים למדו זאת אצל רחב, במקום ללמוד זאת במחנה ישראל?

האם אין המקרא רומז לנו בדרך עיצוב הסיפור, ובתועלת הצבאית שהפיקו משליחות זו, שהשליחות לא הייתה במקומה?

ד. פשר הטעות בשליחת המרגלים

ניתן לדון בהרחבה בצורך לשלוח תיירים לראות את טיב הארץ, וכפי שנשלחו הנשיאים בפרשתנו.[3] לכאורה, אין ספק בחיוניות שליחת מרגלים למשימה הצבאית של מציאת דרכי כניסה נסתרות לעיר שרוצים לכבוש אותה. כך נהג גם משה:

2. בירושלמי (ברכות ד, ד) משער רבי שמעון בן יוחאי, שהצילה כמאתיים כנענים ממשפחתה. אכן, המדרש מבקר את הצלת בני משפחתה הכנענים של רחב: ״רבי שמואל בר נחמן פתח: וְאִם לֹא תוֹרִישׁוּ אֶת יֹשְׁבֵי הָאָרֶץ מִפְּנֵיכֶם (במדבר לג, נה). אמר ה׳ לישראל: אני אמרתי לכם: כִּי הַחֲרֵם תַּחֲרִימֵם הַחִתִּי וְהָאֱמֹרִי (דברים כ, יז), ואתם לא עשיתם כן, אלא וְאֶת רָחָב הַזּוֹנָה וְאֶת בֵּית אָבִיהָ וְאֶת כָּל אֲשֶׁר לָהּ הֶחֱיָה יְהוֹשֻׁעַ (ו, כה). הרי ירמיה בא מבני בניה של רחב הזונה, ועושה לכם דברים של סיכים בעיניכם ולצנינים בצידכם״ (פסיקתא דרב כהנא יג).
לפי דרכנו למדנו, שירמיהו הוא מבני בניה של רחב. הגמרא (מגילה יד ע״ב) מרחיבה על זרעה של רחב: ״שמונה נביאים והם כהנים יצאו מרחב הזונה, ואלו הן: נריה, ברוך, ושריה, מחסיה, ירמיה, חלקיה, חנמאל, ושלום. רבי יהודה אומר: אף חולדה הנביאה מבני בניה של רחב הזונה היתה״.

3. עסקנו בכך בהרחבה רבה בספרנו ׳כי קרוב אליך – במדבר׳ (ישראל 2021), עמ׳ 222-235.

וַיִּשְׁלַח מֹשֶׁה לְרַגֵּל אֶת יַעְזֵר וַיִּלְכְּדוּ בְּנֹתֶיהָ:

(במדבר כא, לב)

רבנו בחיי למד גם את שליחות המרגלים בפרשתנו כשליחות צבאית ובצו ה' לעשות אותה. כך אמר עליה:

סוס מוּכָן לְיוֹם מִלְחָמָה ולה' הַתְּשׁוּעָה (משלי כא, לא). שלמה המלך ע"ה יזהיר כל אדם בכתוב הזה, שיעשה כל דבר שיצטרך לעשות, ובדרך הטבע כל מה שבכוחו, ושימסור השאר בידי שמים, כי הנס אינו חל אלא בחסרון הטבע, ועיקר יצירת האדם בנוי על מדת הטבע... כמי שרוצה ללכת למלחמה על אויביו, שראוי לו שיכין כלי זיין וסוסים ומרכבות ליום מלחמה, שאם אינו מכין ויסמוך על הנס ימסר ביד אויביו... ואחר שעשה לו כל יכלתו והשתדל בכל כחו ועשה בדרך הטבע כל הכנותיו, אין ראוי לו לבטוח שיגיע אל רצונו רק בשם יתעלה לא בהכנות האלה... ולכך תצוה התורה לישראל להשתדל בהכנות האלה, שיצאו חלוצים בעלותם למלחמה על אויביהם, ושישימו אורב ושישלחו מרגלים בערי האויבים... כי התורה לא תסמוך על הנס לעולם... והוא הטעם בעצמו במרגלים ששלח משה רבנו ע"ה במדבר פארן, שהקב"ה צוה בכך.

(רבנו בחיי במדבר יג, ב)

מדוע אפוא, נבקר את שליחת מרגלי יהושע ליריחו? אפשר שהתשובה טמונה בהמשך מעשה כיבוש יריחו. יהושע כרגע לא ידע אותה, והבין אותה רק מכוח סיפורם של המרגלים:

וַיְהִי בִּהְיוֹת יְהוֹשֻׁעַ בִּירִיחוֹ, וַיִּשָּׂא עֵינָיו וַיַּרְא וְהִנֵּה אִישׁ עֹמֵד לְנֶגְדּוֹ וְחַרְבּוֹ שְׁלוּפָה בְּיָדוֹ, וַיֵּלֶךְ יְהוֹשֻׁעַ אֵלָיו וַיֹּאמֶר לוֹ, הֲלָנוּ אַתָּה אִם לְצָרֵינוּ: וַיֹּאמֶר, לֹא כִּי אֲנִי שַׂר צְבָא ה', עַתָּה בָאתִי, וַיִּפֹּל יְהוֹשֻׁעַ אֶל פָּנָיו אַרְצָה וַיִּשְׁתָּחוּ, וַיֹּאמֶר לוֹ, מָה אֲדֹנִי מְדַבֵּר אֶל עַבְדּוֹ: וַיֹּאמֶר שַׂר צְבָא ה' אֶל יְהוֹשֻׁעַ, שַׁל נַעַלְךָ מֵעַל רַגְלֶךָ, כִּי הַמָּקוֹם אֲשֶׁר אַתָּה עֹמֵד עָלָיו קֹדֶשׁ הוּא, וַיַּעַשׂ יְהוֹשֻׁעַ כֵּן:

(ה, יג-טו)

יהושע, כשר צבא, ערוך היטב עם חילו למלחמת כיבוש יריחו. כשהוא רואה את שר הצבא העומד מולו, הוא הולך אליו, כשהוא נעול בנעליו הצבאיות, ומן הסתם כשחרבו חגורה עליו בנכונות להתמודד עם אויב. שר הצבא שבפתח העיר מציג את עצמו כשר צבא ה', ודורש מיהושע לחלוץ את נעליו. משמעות דבריו היא, שאת

מלחמת יריחו, העיר הראשונה לכיבוש, ינהל הקב"ה באמצעות צבא מלאכיו, ולא באמצעות צבא ישראל. יהושע נדרש לחלוץ את נעליו הצבאיות, ומשמעות האמירה היא, שהעיר לא תימסר בידו להכרעתה אלא בידי שר צבא ה'.

חז"ל 'מאשימים' את יהושע בכך שביטל את העם מתורה לצורך הכנות למלחמה:

> וַיְהִי בִּהְיוֹת יְהוֹשֻׁעַ בִּירִיחוֹ, וַיִּשָּׂא עֵינָיו וַיַּרְא וְהִנֵּה אִישׁ עֹמֵד לְנֶגְדּוֹ... אמר לו: אמש בטלתם תמיד של בין הערבים, ועכשיו בטלתם תלמוד תורה! ... מיד וילן יהושע בלילה ההוא בתוך העמק. אמר רבי יוחנן: מלמד שלן בעומקה של הלכה.
> (מגילה ג ע"א-ע"ב)

הרד"ק (ה, יד) מקשה על מדרש זה, "כי אין שעת המלחמה שעת תלמוד תורה". אולם נראה שאת זה באו חז"ל ללמדנו: שהשעה לא הייתה שעת מלחמה, אלא שעת תלמוד תורה. את המלחמה ניהלו ה' ומלאכיו, והיא הוכרעה בנפילתן הניסית של חומות יריחו.

ממילא גם לא היה מקום לריגול הצבאי ולצורך לבקש מקום נסתר לחדור בו אל העיר, שנפלה בקול רעש גדול. כאמור, ליהושע עדיין לא היו כלים כדי לדעת זאת.

ה. רחב

כניסתם של שני אנשים מכובדים לביתה של זונה לא נראתה לרש"י, והוא פירש על פי התרגום:

> אִשָּׁה זוֹנָה – תירגם יהונתן פונדקיתא, מוכרת מיני מזונות:

הרד"ק חיבר בין התרגום לפשט התואר 'זונה'. מי שמחזיקה פונדק כנעני בשערי העיר, ואנשים באים שמה לאכול ולשתות, מספקת להם פעמים רבות גם שירותי זנות. מקום שיש בו שתיית יין ושירותי זנות הוא מקום שסודות רבים מתגלים בו, וגם סודות צבאיים. לשם הלכו המרגלים כדי לשאוב מידע על העיר.

*

לעיל (בהערה 2) ראינו את דברי חז"ל על גדולי עולם שיצאו מרחב. הגמרא (מגילה יד ע"ב) טורחת לספר לנו שיהושע נשאה לאישה אחרי שהתגיירה. נראה, שמדרש זה בא להשוות את רחב הגיורת ליתרו כוהן מדיין:

רבי אליעזר אומר: קריעת ים סוף שמע (= יתרו) ובא, שנאמר: וַיְהִי כִשְׁמֹעַ כָּל מַלְכֵי הָאֱמֹרִי (ה, א), ואף רחב הזונה אמרה לשלוחי יהושע: כִּי שָׁמַעְנוּ אֵת אֲשֶׁר הוֹבִישׁ ה' אֶת מֵי יַם סוּף (ב, י).

(זבחים קטז ע"א)

יתרו בפרשתו ורחב בהפטרתנו שיבחו את הקב"ה על גבורותיו, ועל הטובות שעשה עם ישראל. משה רבנו התחתן עם יתרו, ונשא את ציפורה בִתו. אפשר שחז"ל הקישו מכאן על יהושע תלמידו, שנשא את רחב.

לא נוכל להתעלם מן האמירה של חז"ל בשבחם של גרים, הבאים מעמים זרים ואף פסולים, המכירים את שם ה' ואת חסדו עם ישראל, ובאים לדבוק בו ובעמו.[4]

*

ישנה השוואה בפרטים רבים בין מעשה רחב והמרגלים למה שקרה עם מרגלי דוד, בעת שהיה בדרכו לחצות את הירדן. המרגלים היו יונתן בן אביתר ואחימעץ בן צדוק, שהלכו להביא מידע על החלטתו של אבשלום לרדוף אחרי דוד. מרגלים אלו נתגלו לאבשלום, ואבשלום שלח את עבדיו לתופסם בעת שהגיעו לבחורים, שמצפון מזרח לירושלים. אישה (אולי מיכל בת שאול?) הצילה אותם בדרך דומה. כך מסופר שם:

וַיַּרְא אֹתָם נַעַר וַיַּגֵּד לְאַבְשָׁלֹם וַיֵּלְכוּ שְׁנֵיהֶם מְהֵרָה וַיָּבֹאוּ אֶל בֵּית אִישׁ בְּבַחוּרִים וְלוֹ בְאֵר בַּחֲצֵרוֹ וַיֵּרְדוּ שָׁם: וַתִּקַּח הָאִשָּׁה וַתִּפְרֹשׂ אֶת הַמָּסָךְ עַל פְּנֵי הַבְּאֵר וַתִּשְׁטַח עָלָיו הָרִפוֹת וְלֹא נוֹדַע דָּבָר: וַיָּבֹאוּ עַבְדֵי אַבְשָׁלוֹם אֶל הָאִשָּׁה הַבַּיְתָה וַיֹּאמְרוּ אַיֵּה אֲחִימַעַץ וִיהוֹנָתָן וַתֹּאמֶר לָהֶם הָאִשָּׁה עָבְרוּ מִיכַל הַמָּיִם וַיְבַקְשׁוּ וְלֹא מָצָאוּ וַיָּשֻׁבוּ יְרוּשָׁלָם: וַיְהִי אַחֲרֵי לֶכְתָּם וַיַּעֲלוּ מֵהַבְּאֵר וַיֵּלְכוּ וַיַּגִּדוּ לַמֶּלֶךְ דָּוִד:

(שמ"ב יז, יח-כא)

*

אפשר שלא היה בסמכותם של המרגלים להבטיח הצלה לרחב, מפני שרצון ה' היה להשמיד את הכנענים, וכנאמר:

4. דומני, שלא נוכל להתעלם גם מהשוואה בין תופעות כה שונות, כמו זו של יתרו ורחב, לצעירות גרמניות, שבאו בזמננו לדבוק בעם ישראל דווקא בשל הזעזוע הקשה, שחוו ממה שעולל עַמָּן ליהודים בהשמדה באירופה.

כִּי מֵאֵת ה' הָיְתָה, לְחַזֵּק אֶת לִבָּם לִקְרַאת הַמִּלְחָמָה אֶת יִשְׂרָאֵל, לְמַעַן הַחֲרִימָם,
לְבִלְתִּי הֱיוֹת לָהֶם תְּחִנָּה, כִּי לְמַעַן הַשְׁמִידָם כַּאֲשֶׁר צִוָּה ה' אֶת מֹשֶׁה:
(יא, כ)

גם אם לא היה בסמכותם להבטיח לה, הואיל ונשבעו בשם ה' – היה צורך לקיים את שבועתם. ניתן להוכיח שה' הסכים עם שבועתם של המרגלים מכך שביתה של רחב שרד את נפילת החומה. מכך נוכל ללמוד את המשקל הגדול שה' עצמו נותן לשבועה של בני ישראל לגויים, בשמו, גם כשהשבועה עלולה להיות על דבר שאינו לרצונו. חז"ל דיברו על כך בעיקר בחטאו של שאול שהפר את שבועת בני ישראל לגבעונים, שלא הייתה לרצון ה' (עיינו יבמות עט ע"א).

*

על פי החשבון העולה מן המקראות, יריחו נלכדה בפסח. תקוות חוט השני שבחלונה של רחב מזכירה במשהו את הדם שעל פתחי בני ישראל במצרים, שכשה' רואה אותו הוא מגן על הבית, והפורענות פוסחת עליו. זה מה שקרה גם לביתה של רחב.

הפטרת קורח

יא יד טו וַיֹּאמֶר שְׁמוּאֵל אֶל־הָעָם לְכוּ וְנֵלְכָה הַגִּלְגָּל וּנְחַדֵּשׁ שָׁם הַמְּלוּכָה: וַיֵּלְכוּ כָל־ שמו
הָעָם הַגִּלְגָּל וַיַּמְלִכוּ שָׁם אֶת־שָׁאוּל לִפְנֵי יהוה בַּגִּלְגָּל וַיִּזְבְּחוּ־שָׁם זְבָחִים שְׁלָמִים
יב א לִפְנֵי יהוה וַיִּשְׂמַח שָׁם שָׁאוּל וְכָל־אַנְשֵׁי יִשְׂרָאֵל עַד־מְאֹד: וַיֹּאמֶר
שְׁמוּאֵל אֶל־כָּל־יִשְׂרָאֵל הִנֵּה שָׁמַעְתִּי בְקֹלְכֶם לְכֹל אֲשֶׁר־אֲמַרְתֶּם לִי וָאַמְלִיךְ
ב עֲלֵיכֶם מֶלֶךְ: וְעַתָּה הִנֵּה הַמֶּלֶךְ מִתְהַלֵּךְ לִפְנֵיכֶם וַאֲנִי זָקַנְתִּי וָשַׂבְתִּי וּבָנַי הִנָּם
ג אִתְּכֶם וַאֲנִי הִתְהַלַּכְתִּי לִפְנֵיכֶם מִנְּעֻרַי עַד־הַיּוֹם הַזֶּה: הִנְנִי עֲנוּ בִי נֶגֶד יהוה
וְנֶגֶד מְשִׁיחוֹ אֶת־שׁוֹר מִי לָקַחְתִּי וַחֲמוֹר מִי לָקַחְתִּי וְאֶת־מִי עָשַׁקְתִּי אֶת־מִי
ד רַצּוֹתִי וּמִיַּד־מִי לָקַחְתִּי כֹפֶר וְאַעְלִים עֵינַי בּוֹ וְאָשִׁיב לָכֶם: וַיֹּאמְרוּ לֹא עֲשַׁקְתָּנוּ
ה וְלֹא רַצּוֹתָנוּ וְלֹא־לָקַחְתָּ מִיַּד־אִישׁ מְאוּמָה: וַיֹּאמֶר אֲלֵיהֶם עֵד יהוה בָּכֶם וְעֵד
ו מְשִׁיחוֹ הַיּוֹם הַזֶּה כִּי לֹא מְצָאתֶם בְּיָדִי מְאוּמָה וַיֹּאמֶר עֵד: וַיֹּאמֶר
שְׁמוּאֵל אֶל־הָעָם יהוה אֲשֶׁר עָשָׂה אֶת־מֹשֶׁה וְאֶת־אַהֲרֹן וַאֲשֶׁר הֶעֱלָה אֶת־
ז אֲבוֹתֵיכֶם מֵאֶרֶץ מִצְרָיִם: וְעַתָּה הִתְיַצְּבוּ וְאִשָּׁפְטָה אִתְּכֶם לִפְנֵי יהוה אֵת כָּל־
ח צִדְקוֹת יהוה אֲשֶׁר־עָשָׂה אִתְּכֶם וְאֶת־אֲבוֹתֵיכֶם: כַּאֲשֶׁר־בָּא יַעֲקֹב מִצְרָיִם
וַיִּזְעֲקוּ אֲבוֹתֵיכֶם אֶל־יהוה וַיִּשְׁלַח יהוה אֶת־מֹשֶׁה וְאֶת־אַהֲרֹן וַיּוֹצִיאוּ אֶת־
ט אֲבוֹתֵיכֶם מִמִּצְרַיִם וַיֹּשִׁבוּם בַּמָּקוֹם הַזֶּה: וַיִּשְׁכְּחוּ אֶת־יהוה אֱלֹהֵיהֶם וַיִּמְכֹּר
אֹתָם בְּיַד סִיסְרָא שַׂר־צְבָא חָצוֹר וּבְיַד־פְּלִשְׁתִּים וּבְיַד מֶלֶךְ מוֹאָב וַיִּלָּחֲמוּ בָּם:
י וַיִּזְעֲקוּ אֶל־יהוה וַיֹּאמְרוּ חָטָאנוּ כִּי עָזַבְנוּ אֶת־יהוה וַנַּעֲבֹד אֶת־הַבְּעָלִים וְאֶת־
יא הָעַשְׁתָּרוֹת וְעַתָּה הַצִּילֵנוּ מִיַּד אֹיְבֵינוּ וְנַעַבְדֶךָּ: וַיִּשְׁלַח יהוה אֶת־יְרֻבַּעַל וְאֶת־
בְּדָן וְאֶת־יִפְתָּח וְאֶת־שְׁמוּאֵל וַיַּצֵּל אֶתְכֶם מִיַּד אֹיְבֵיכֶם מִסָּבִיב וַתֵּשְׁבוּ בֶּטַח:
יב וַתִּרְאוּ כִּי נָחָשׁ מֶלֶךְ בְּנֵי־עַמּוֹן בָּא עֲלֵיכֶם וַתֹּאמְרוּ לִי לֹא כִּי־מֶלֶךְ יִמְלֹךְ עָלֵינוּ
יג וַיהוה אֱלֹהֵיכֶם מַלְכְּכֶם: וְעַתָּה הִנֵּה הַמֶּלֶךְ אֲשֶׁר בְּחַרְתֶּם אֲשֶׁר שְׁאֶלְתֶּם וְהִנֵּה
יד נָתַן יהוה עֲלֵיכֶם מֶלֶךְ: אִם־תִּירְאוּ אֶת־יהוה וַעֲבַדְתֶּם אֹתוֹ וּשְׁמַעְתֶּם בְּקוֹלוֹ

וְלֹא תַמְרוּ אֶת־פִּי יהוה וִהְיִתֶם גַּם־אַתֶּם וְגַם־הַמֶּלֶךְ אֲשֶׁר מָלַךְ עֲלֵיכֶם אַחַר
טו יהוה אֱלֹהֵיכֶם: וְאִם־לֹא תִשְׁמְעוּ בְּקוֹל יהוה וּמְרִיתֶם אֶת־פִּי יהוה וְהָיְתָה
טז יַד־יהוה בָּכֶם וּבַאֲבֹתֵיכֶם: גַּם־עַתָּה הִתְיַצְּבוּ וּרְאוּ אֶת־הַדָּבָר הַגָּדוֹל הַזֶּה
יז אֲשֶׁר יהוה עֹשֶׂה לְעֵינֵיכֶם: הֲלוֹא קְצִיר־חִטִּים הַיּוֹם אֶקְרָא אֶל־יהוה וְיִתֵּן
קֹלוֹת וּמָטָר וּדְעוּ וּרְאוּ כִּי־רָעַתְכֶם רַבָּה אֲשֶׁר עֲשִׂיתֶם בְּעֵינֵי יהוה לִשְׁאוֹל לָכֶם
יח מֶלֶךְ: וַיִּקְרָא שְׁמוּאֵל אֶל־יהוה וַיִּתֵּן יהוה קֹלֹת וּמָטָר בַּיּוֹם הַהוּא
יט וַיִּירָא כָל־הָעָם מְאֹד אֶת־יהוה וְאֶת־שְׁמוּאֵל: וַיֹּאמְרוּ כָל־הָעָם אֶל־שְׁמוּאֵל
הִתְפַּלֵּל בְּעַד־עֲבָדֶיךָ אֶל־יהוה אֱלֹהֶיךָ וְאַל־נָמוּת כִּי־יָסַפְנוּ עַל־כָּל־חַטֹּאתֵינוּ
כ רָעָה לִשְׁאֹל לָנוּ מֶלֶךְ: וַיֹּאמֶר שְׁמוּאֵל אֶל־הָעָם אַל־תִּירָאוּ אַתֶּם
עֲשִׂיתֶם אֵת כָּל־הָרָעָה הַזֹּאת אַךְ אַל־תָּסוּרוּ מֵאַחֲרֵי יהוה וַעֲבַדְתֶּם אֶת־יהוה
כא בְּכָל־לְבַבְכֶם: וְלֹא תָּסוּרוּ כִּי אַחֲרֵי הַתֹּהוּ אֲשֶׁר לֹא־יוֹעִילוּ וְלֹא יַצִּילוּ כִּי־תֹהוּ
כב הֵמָּה: כִּי לֹא־יִטֹּשׁ יהוה אֶת־עַמּוֹ בַּעֲבוּר שְׁמוֹ הַגָּדוֹל כִּי הוֹאִיל יהוה לַעֲשׂוֹת
אֶתְכֶם לוֹ לְעָם:

א. הקשר בין הפרשה להפטרה

קיים דמיון נקודתי בין טענת משה על עדת קורח: לֹא חֲמוֹר אֶחָד מֵהֶם נָשָׂאתִי (במדבר טז, טו) לבין דברי שמואל אל העם וַחֲמוֹר מִי לָקַחְתִּי, אך הדמיון גדול יותר. שאול התמנה למלך בעקבות הבעת חוסר אמון בהמשך מנהיגותו של שמואל:

וַיִּתְקַבְּצוּ כֹּל זִקְנֵי יִשְׂרָאֵל וַיָּבֹאוּ אֶל שְׁמוּאֵל הָרָמָתָה: וַיֹּאמְרוּ אֵלָיו הִנֵּה אַתָּה זָקַנְתָּ וּבָנֶיךָ לֹא הָלְכוּ בִּדְרָכֶיךָ עַתָּה שִׂימָה לָּנוּ מֶלֶךְ לְשָׁפְטֵנוּ כְּכָל הַגּוֹיִם: וַיֵּרַע הַדָּבָר בְּעֵינֵי שְׁמוּאֵל כַּאֲשֶׁר אָמְרוּ תְּנָה לָּנוּ מֶלֶךְ לְשָׁפְטֵנוּ וַיִּתְפַּלֵּל שְׁמוּאֵל אֶל ה׳:

(ח, ד-ו)

חוסר אמון זה מזכיר במשהו את חוסר האמון שגילו קורח ועדתו, ובמידה רבה כל העדה שבאה בעקבותיהם, למנהיגותם של משה ואהרן, שלא הצליחו לבטל את גזרת ארבעים שנות המדבר שגזר ה׳ על עמו. הקולות והמטר שנתן ה׳ בסוף הפטרתנו כעונש על כך, מזכירים את רעש האדמה שפגע בעדת קורח: וְכָל יִשְׂרָאֵל... נָסוּ לְקֹלָם (במדבר טז, לד).

ב. רקע

שמואל כבר המליך את שאול, גם בביתו ברמה וגם במצפה לעיני כל העם:

> וַיִּקַּח שְׁמוּאֵל אֶת פַּךְ הַשֶּׁמֶן וַיִּצֹק עַל רֹאשׁוֹ וַיִּשָּׁקֵהוּ וַיֹּאמֶר הֲלוֹא כִּי מְשָׁחֲךָ ה׳ עַל נַחֲלָתוֹ לְנָגִיד:

(י, א)

> וַיַּצְעֵק שְׁמוּאֵל אֶת הָעָם אֶל ה׳ הַמִּצְפָּה... וַיַּקְרֵב אֶת שֵׁבֶט בִּנְיָמִן לְמִשְׁפְּחֹתָו, וַתִּלָּכֵד מִשְׁפַּחַת הַמַּטְרִי, וַיִּלָּכֵד שָׁאוּל בֶּן קִישׁ... וַיָּרֻצוּ וַיִּקָּחֻהוּ מִשָּׁם, וַיִּתְיַצֵּב בְּתוֹךְ הָעָם, וַיִּגְבַּהּ מִכָּל הָעָם מִשִּׁכְמוֹ וָמָעְלָה: וַיֹּאמֶר שְׁמוּאֵל אֶל כָּל הָעָם, הַרְּאִיתֶם אֲשֶׁר בָּחַר בּוֹ ה׳, כִּי אֵין כָּמֹהוּ בְּכָל הָעָם, וַיָּרִעוּ כָל הָעָם וַיֹּאמְרוּ, יְחִי הַמֶּלֶךְ:

(שם, יז; כא; כג-כד)

מדוע היה צורך בהמלכה שלישית בגלגל? התשובה המקובלת היא של רש״י, שהיה צורך בהמלכה נוספת בגלל המערערים על מלוכת שאול אחרי הפעמיים הראשונות:

> וּבְנֵי בְלִיַּעַל אָמְרוּ, מַה יֹּשִׁעֵנוּ זֶה, וַיִּבְזֻהוּ וְלֹא הֵבִיאוּ לוֹ מִנְחָה, וַיְהִי כְּמַחֲרִישׁ:

(שם, כז)

אחרי ניצחונו הגדול על בני עמון (פרק יא) כבר לא נותרו מערערים על מלכותו, וניתן היה לחדש את המלוכה בהסכמת כולם.[1] לחידוש המלוכה נבחר הגלגל, מעט מזרחה מיריחו,[2] המקום שאליו עלו בני ישראל בעת חציית הירדן עם יהושע. כנראה נבחר מקום זה, משום שהיה בדרך השיבה ממלחמת בני עמון במזרח הירדן לארץ בנימין, מקום מגוריו של שאול.[3]

1. לעניות דעתנו התשובה שונה, ונרמוז עליה בלא להביא לה ראיות, בגלל קוצר היריעה. לדעתנו, המלחמה בבני עמון (פרק יא), שהייתה מלחמה אזורית מקיפה וגדולה, הייתה אחרי מלחמת מלחמת שאול בפלשתים במכמש (פרקים יג-יד). במלחמת מכמש, בגלל חטאו וטעותו, הודח שאול מן המלוכה, וכך אמר לו שמואל: וְעַתָּה מַמְלַכְתְּךָ לֹא תָקוּם, בִּקֵּשׁ ה׳ לוֹ אִישׁ כִּלְבָבוֹ וַיְצַוֵּהוּ ה׳ לְנָגִיד עַל עַמּוֹ, כִּי לֹא שָׁמַרְתָּ אֵת אֲשֶׁר צִוְּךָ ה׳, (יג, יד). את המלחמה בבני עמון לא ניהל שאול כמלך, אלא כמנהיג מזדמן דוגמת השופטים, וכעולה לדעתנו מן המקראות בפרק יא. עתה, אחרי הצלחתו הגדולה במלחמה זו, היה צורך לחדש את המלוכה.
2. עיינו בהרחבה י׳ אליצור, מקום בפרשה (ישראל 2014), עמ׳ 182-185.
3. י׳ קיל, דעת מקרא כאן.

*

המקראות לעיל בפרק ח הם הרקע העיקרי לנאומו של שמואל בהפטרתנו. שם מסופר, שזקני ישראל טענו כלפי שמואל שהוא כבר זקן ובניו אינם הולכים בדרכיו, ולכן ביקשו מלך. הבעת חוסר האמון בו הייתה רעה בעיני שמואל, וה׳ אמר לו, שיש ברצון למלך שיושיעם במלחמותיהם גם הבעת חוסר אמון כלפי ה׳, המגן על עמו.

הפטרתנו חותמת למעשה את תקופת השופטים, ופותחת את תקופת המלכים. שמואל הוא אחרון השופטים, ושאול הוא המלך הראשון.

ג. תוכחתו של שמואל על מאיסתו כשופט

וַיֹּאמֶר שְׁמוּאֵל אֶל כָּל יִשְׂרָאֵל, הִנֵּה שָׁמַעְתִּי בְקֹלְכֶם לְכֹל אֲשֶׁר אֲמַרְתֶּם לִי, וָאַמְלִיךְ עֲלֵיכֶם מֶלֶךְ: וְעַתָּה הִנֵּה הַמֶּלֶךְ מִתְהַלֵּךְ לִפְנֵיכֶם, וַאֲנִי זָקַנְתִּי וָשַׂבְתִּי וּבָנַי הִנָּם אִתְּכֶם, וַאֲנִי הִתְהַלַּכְתִּי לִפְנֵיכֶם מִנְּעֻרַי עַד הַיּוֹם הַזֶּה: הִנְנִי עֲנוּ בִי נֶגֶד ה׳ וְנֶגֶד מְשִׁיחוֹ, אֶת שׁוֹר מִי לָקַחְתִּי וַחֲמוֹר מִי לָקַחְתִּי, וְאֶת מִי עָשַׁקְתִּי אֶת מִי רַצּוֹתִי, וּמִיַּד מִי לָקַחְתִּי כֹפֶר וְאַעְלִים עֵינַי בּוֹ, וְאָשִׁיב לָכֶם: וַיֹּאמְרוּ, לֹא עֲשַׁקְתָּנוּ, וְלֹא רַצּוֹתָנוּ וְלֹא לָקַחְתָּ מִיַּד אִישׁ מְאוּמָה: וַיֹּאמֶר אֲלֵיהֶם, עֵד ה׳ בָּכֶם וְעֵד מְשִׁיחוֹ הַיּוֹם הַזֶּה, כִּי לֹא מְצָאתֶם בְּיָדִי מְאוּמָה, וַיֹּאמֶר, עֵד:

(יב, א-ה)

מדבריו של שמואל נראה, שהוא מודה שזקנתו אינה מאפשרת לו להמשיך ולהנהיג את העם, אך הוא טוען נגדם, שבניו ממשיכיו מסוגלים לעשות זאת במקומו. כחיזוק לטענתו הוא מזכיר את יושרו שלו בהנהגתו את העם.

נשווה אמירה זו לדברי זקני ישראל שבאו אל שמואל לדרוש מלך:

וַיִּתְקַבְּצוּ כֹּל זִקְנֵי יִשְׂרָאֵל, וַיָּבֹאוּ אֶל שְׁמוּאֵל הָרָמָתָה: וַיֹּאמְרוּ אֵלָיו, הִנֵּה אַתָּה זָקַנְתָּ וּבָנֶיךָ לֹא הָלְכוּ בִּדְרָכֶיךָ, עַתָּה שִׂימָה לָּנוּ מֶלֶךְ לְשָׁפְטֵנוּ כְּכָל הַגּוֹיִם:

(ח, ד-ה)

כאן מקום לתמיהה, שהרי המקרא מעיד, שזקני ישראל צדקו, לכאורה, ולא שמואל:

וַיְהִי כַּאֲשֶׁר זָקֵן שְׁמוּאֵל, וַיָּשֶׂם אֶת בָּנָיו שֹׁפְטִים לְיִשְׂרָאֵל: וַיְהִי שֶׁם בְּנוֹ הַבְּכוֹר

> יוֹאֵל וְשֵׁם מִשְׁנֵהוּ אֲבִיָּה, שֹׁפְטִים בִּבְאֵר שָׁבַע: וְלֹא הָלְכוּ בָנָיו בִּדְרָכָו וַיִּטּוּ אַחֲרֵי הַבָּצַע, וַיִּקְחוּ שֹׁחַד וַיַּטּוּ מִשְׁפָּט:

(שם, א-ג)

אם נאמר, ששמואל לא הכיר בחסרון בניו, מדוע העם לא ענו אותו על תוכחתו? דומה, שאין מנוס מדברי רבי שמואל בר נחמני בשם רבי יונתן על חטאיהם של בני שמואל:

> אמר רבי שמואל בר נחמני אמר רבי יונתן: כל האומר בני שמואל חטאו – אינו אלא טועה, שנאמר: וַיְהִי כַּאֲשֶׁר זָקֵן שְׁמוּאֵל... וְלֹא הָלְכוּ בָנָיו בִּדְרָכָו (ח, א; ג), בדרכיו הוא דלא הלכו – מיחטא נמי לא חטאו. אלא מה אני מקיים וַיִּטּוּ אַחֲרֵי הַבָּצַע (שם, ג) – שלא עשו כמעשה אביהם, שהיה שמואל הצדיק מחזר בכל מקומות ישראל ודן אותם בעריהם, שנאמר: וְהָלַךְ מִדֵּי שָׁנָה בְּשָׁנָה וְסָבַב בֵּית אֵל וְהַגִּלְגָּל וְהַמִּצְפָּה וְשָׁפַט אֶת יִשְׂרָאֵל (ז, טז). והם לא עשו כן, אלא ישבו בעריהם כדי להרבות שכר לחזניהן ולסופריהן. כתנאי; וַיִּטּוּ אַחֲרֵי הַבָּצַע, רבי מאיר אומר: חלקם שאלו בפיהם, רבי יהודה אומר: מלאי הטילו על בעלי בתים, רבי עקיבא אומר: קופה יתירה של מעשר נטלו בזרוע. רבי יוסי אומר: מתנות נטלו בזרוע.

(שבת נה ע"ב – נו ע"א)

לדבריו של רבי שמואל בר נחמני, שני הבנים עדיין התאימו להמשיך את שמואל אביהם ולשפוט את העם. זאת על אף שלא הלכו ממש בדרכו, והקימו מנגנון שלטוני בירוקרטי לצורך הנהגתם, ואף דרשו לקבל מעשרות (המגיעים להם בזכות היותם לוויים) בתמורה להנהגתם. הדרישה להדחתם, כמוה כדרישה להדחה מביישת של שמואל עצמו, למרות הישועה הגדולה שהביא לישראל במלחמה השנייה באבן העזר בפלשתים, ולמרות עמלו הרב בהליכה לשפוט אותם ובמהלכים הרוחניים הגדולים שהוביל.

עדיין יש מקום לתמוה על כך, ששמואל יוצא מהנחה המובנת מאליה לדבריו, שהבנים צריכים לרשת את משרת ההנהגה של אביהם. זו הייתה גם הנחתו של עלי לגבי בניו, ואיש האלוהים ביקר אותו על כך בחריפות (בפרק ב). בתקופת השופטים מצאנו את גדעון, שהעם הציע לו את השלטון גם כירושה לבניו והוא סירב:

> וַיֹּאמְרוּ אִישׁ יִשְׂרָאֵל אֶל גִּדְעוֹן, מְשָׁל בָּנוּ גַּם אַתָּה גַּם בִּנְךָ גַּם בֶּן בְּנֶךָ, כִּי הוֹשַׁעְתָּנוּ מִיַּד מִדְיָן: וַיֹּאמֶר אֲלֵהֶם גִּדְעוֹן, לֹא אֶמְשֹׁל אֲנִי בָּכֶם וְלֹא יִמְשֹׁל בְּנִי בָּכֶם, ה' יִמְשֹׁל בָּכֶם:

(שופטים ח, כב-כג)

אולם, מצאנו ניצני ירושה גם בספר שופטים, מלבד אבימלך שהחליף את גדעון אביו בדרך לא ישרה:[4]

וַיָּקָם אַחֲרָיו יָאִיר הַגִּלְעָדִי וַיִּשְׁפֹּט אֶת יִשְׂרָאֵל עֶשְׂרִים וּשְׁתַּיִם שָׁנָה: וַיְהִי לוֹ שְׁלֹשִׁים בָּנִים רֹכְבִים עַל שְׁלֹשִׁים עֲיָרִים וּשְׁלֹשִׁים עֲיָרִים לָהֶם:

(שם י, ג-ד)

וַיִּשְׁפֹּט אַחֲרָיו אֶת יִשְׂרָאֵל עַבְדּוֹן בֶּן הִלֵּל הַפִּרְעָתוֹנִי: וַיְהִי לוֹ אַרְבָּעִים בָּנִים וּשְׁלֹשִׁים בְּנֵי בָנִים רֹכְבִים עַל שִׁבְעִים עֲיָרִם:

(שם יב, יג-יד)

הרכיבה על עיירים היא רכיבה על 'רכב שרד' של אנשי שלטון.

ד. תוכחתו של שמואל על מאיסת ה' כמנהיג

וַיֹּאמֶר שְׁמוּאֵל אֶל הָעָם, ה' אֲשֶׁר עָשָׂה אֶת מֹשֶׁה וְאֶת אַהֲרֹן, וַאֲשֶׁר הֶעֱלָה אֶת אֲבֹתֵיכֶם מֵאֶרֶץ מִצְרָיִם: וְעַתָּה הִתְיַצְּבוּ וְאִשָּׁפְטָה אִתְּכֶם לִפְנֵי ה', אֵת כָּל צִדְקוֹת ה' אֲשֶׁר עָשָׂה אִתְּכֶם וְאֶת אֲבוֹתֵיכֶם: כַּאֲשֶׁר בָּא יַעֲקֹב מִצְרָיִם וַיִּזְעֲקוּ אֲבוֹתֵיכֶם אֶל ה', וַיִּשְׁלַח ה' אֶת מֹשֶׁה וְאֶת אַהֲרֹן וַיּוֹצִיאוּ אֶת אֲבֹתֵיכֶם מִמִּצְרַיִם, וַיֹּשִׁבוּם בַּמָּקוֹם הַזֶּה: וַיִּשְׁכְּחוּ אֶת ה' אֱלֹהֵיהֶם, וַיִּמְכֹּר אֹתָם בְּיַד סִיסְרָא שַׂר צְבָא חָצוֹר וּבְיַד פְּלִשְׁתִּים וּבְיַד מֶלֶךְ מוֹאָב, וַיִּלָּחֲמוּ בָּם: וַיִּזְעֲקוּ אֶל ה' וַיֹּאמְרֻ חָטָאנוּ, כִּי עָזַבְנוּ אֶת ה' וַנַּעֲבֹד אֶת הַבְּעָלִים וְאֶת הָעַשְׁתָּרוֹת, וְעַתָּה הַצִּילֵנוּ מִיַּד אֹיְבֵינוּ וְנַעַבְדֶךָּ: וַיִּשְׁלַח ה' אֶת יְרֻבַּעַל וְאֶת בְּדָן וְאֶת יִפְתָּח וְאֶת שְׁמוּאֵל. וַיַּצֵּל אֶתְכֶם מִיַּד אֹיְבֵיכֶם מִסָּבִיב וַתֵּשְׁבוּ בֶּטַח: וַתִּרְאוּ כִּי נָחָשׁ מֶלֶךְ בְּנֵי עַמּוֹן בָּא עֲלֵיכֶם, וַתֹּאמְרוּ לִי לֹא כִּי מֶלֶךְ יִמְלֹךְ עָלֵינוּ, וַה' אֱלֹהֵיכֶם מַלְכְּכֶם:

(יב, ו-יב)

הסגנון בפסוקים אלו, בעיקר בשניים הראשונים, נראה לא לגמרי מהוקצע. דומה, שדבריו של שמואל נאמרו בלב שבור, ואולי אף בבכי; במצב כזה אין הנואם, גם בטקס המלכה, בורר את מילותיו, ואינו מקציע את משפטיו. הנביא החליט בעת כתיבת הספר להביא לנו את דבריו כמות שהם, כדי להביע באמצעות הסגנון את ליבו השבור.

4. לצערי עליי להודות, שכל הסבריי בפרק זה אינם עוקרים לחלוטין מתוך הלב את התמיהה על טענתו של שמואל. הדברים טעונים יישוב נוסף.

בדבריו, הנביא רואה את ההתאמה בין הזעקה אל ה׳, וההבטחה לתקן את המעשים ולעובדו, ובין הישועות שה׳ הושיע את ישראל בידי מנהיגיהם, שלא היו מלכים. ממילא מתפרשת דרישתם למלך, בעת הסכנה מנחש מלך בני עמון, כאי־נכונות להמשיך ולזעוק אל ה׳ ולתקן את מעשיהם, וכאי־נכונות לקבל את העונש, המגיע להם אם יעבדו חלילה, את הבעלים ואת העשתרות.

דברים אלו דורשים ביאור והרחבה: צבאותיהם של השופטים היו קטנים, כנראה גם משום שסמכותם הייתה מצומצמת. דבורה הנביאה מוכיחה את השבטים, שלא התגייסו למלחמת ברק בסיסרא. גם קודם שה׳ דרש מגדעון להישאר עם שלוש מאות חיילים בלבד, לא היו בצבאו הרבה מאוד חיילים; בני אפרים התגייסו למלחמתו במדיינים רק אחרי שהכה את אויביו מכה ניצחת. סוכות ופנואל לא שיתפו עימו פעולה כשרדף את אויביו.

העם רצה מלך, וכעולה מנאומו של שמואל על משפט המלך (פרק ח), למלך זה הסכימו העם לתת סמכויות כמעט בלתי מוגבלות בגיוס העם למלחמה או לצורכי הממלכה. אכן, שאול הוציא למלחמה עם בני עמון שלוש מאות ושלושים אלף איש, וניצח ניצחון גדול. גם למלחמת עמלק הוציא שאול עם רב. העם היה מוכן לשלם מחיר כבד ביותר של השתעבדות למלך בשר ודם, ובלבד שיובטח ניצחונם על אויב מכוח הצבא הגדול שהמלך יקים.

לעומתם, שמואל, במשפט המלך שביאר לעם, רואה היטב את המחיר החברתי הגבוה במינוי מלך ובהשתעבדות אליו. בנאומו לעם בהפטרתנו הוא גם רואה את המחיר הרוחני הגבוה בניתוק שהעם רצה, ממידת קיום מצוות ה׳ על ידי העם ויכולתם לנצח את אויביהם. שמואל טען, שאם יעבדו את ה׳ ויסירו את אלוהי הנכר, ה׳ ייתן להם ניצחונות במלחמה גם באמצעות שופט הקם לשעתו, והמגייס צבא קטן יחסית. להלן יאמר, שגם לאחר שקיבלו עליהם מלך, אם לא ישמעו בקול ה׳, יספגו פורענויות במלחמותיהם או באסונות אחרים, והמלך לא יוכל לסייע להם.

נראה, שטענתו של שמואל מתבססת בראש ובראשונה על האירוע המרכזי שהיה בימים שהוא הנהיג את ישראל:

וַיֹּאמֶר שְׁמוּאֵל אֶל כָּל בֵּית יִשְׂרָאֵל לֵאמֹר, אִם בְּכָל לְבַבְכֶם אַתֶּם שָׁבִים אֶל ה׳, הָסִירוּ אֶת אֱלֹהֵי הַנֵּכָר מִתּוֹכְכֶם וְהָעַשְׁתָּרוֹת, וְהָכִינוּ לְבַבְכֶם אֶל ה׳ וְעִבְדֻהוּ לְבַדּוֹ, וְיַצֵּל אֶתְכֶם מִיַּד פְּלִשְׁתִּים: וַיָּסִירוּ בְּנֵי יִשְׂרָאֵל אֶת הַבְּעָלִים וְאֶת הָעַשְׁתָּרֹת, וַיַּעַבְדוּ אֶת ה׳ לְבַדּוֹ: וַיֹּאמֶר שְׁמוּאֵל, קִבְצוּ אֶת כָּל יִשְׂרָאֵל הַמִּצְפָּתָה, וְאֶתְפַּלֵּל בַּעַדְכֶם אֶל ה׳: וַיִּקָּבְצוּ הַמִּצְפָּתָה, וַיִּשְׁאֲבוּ מַיִם וַיִּשְׁפְּכוּ לִפְנֵי ה׳ וַיָּצוּמוּ בַּיּוֹם הַהוּא, וַיֹּאמְרוּ שָׁם חָטָאנוּ לַה׳, וַיִּשְׁפֹּט שְׁמוּאֵל אֶת בְּנֵי יִשְׂרָאֵל בַּמִּצְפָּה: וַיִּשְׁמְעוּ פְלִשְׁתִּים כִּי הִתְקַבְּצוּ בְנֵי יִשְׂרָאֵל הַמִּצְפָּתָה, וַיַּעֲלוּ סַרְנֵי פְלִשְׁתִּים אֶל יִשְׂרָאֵל, וַיִּשְׁמְעוּ בְּנֵי

יִשְׂרָאֵל וַיִּרְאוּ מִפְּנֵי פְלִשְׁתִּים: וַיֹּאמְרוּ בְנֵי יִשְׂרָאֵל אֶל שְׁמוּאֵל, אַל תַּחֲרֵשׁ מִמֶּנּוּ מִזְּעֹק אֶל ה' אֱלֹהֵינוּ, וְיֹשִׁעֵנוּ מִיַּד פְּלִשְׁתִּים: וַיִּקַּח שְׁמוּאֵל טְלֵה חָלָב אֶחָד וַיַּעֲלֶה עוֹלָה כָּלִיל לַה', וַיִּזְעַק שְׁמוּאֵל אֶל ה' בְּעַד יִשְׂרָאֵל, וַיַּעֲנֵהוּ ה': וַיְהִי שְׁמוּאֵל מַעֲלֶה הָעוֹלָה, וּפְלִשְׁתִּים נִגְּשׁוּ לַמִּלְחָמָה בְּיִשְׂרָאֵל, וַיַּרְעֵם ה' בְּקוֹל גָּדוֹל בַּיּוֹם הַהוּא עַל פְּלִשְׁתִּים וַיְהֻמֵּם, וַיִּנָּגְפוּ לִפְנֵי יִשְׂרָאֵל:

(ז, ג–י)

הניצחון הגדול על הפלשתים לא היה בשל יכולת הגיוס המלכותית של שמואל, אלא בעקבות יכולתו להחזיר את העם אל אלוהיהם, ולהסיר את הבעלים ואת העשתרות.

ה. בין תוכחתו של שמואל לכלל שאין סומכין על הנס

טענתנו בפרק הקודם, על הצורך בהסתמכות על ה' ועל קיום מצוותיו ולא על צבא גדול, מעלה את שאלת ההסתמכות על נס, המוחזקת בהשקפתנו כבלתי רצויה.[5] בהפטרה הקודמת הבאנו את דברי רבנו בחיי, ודומה שאין מנוס מלשוב כאן על דבריו:

סוס מוּכָן לְיוֹם מִלְחָמָה ולה' הַתְּשׁוּעָה (משלי כא, לא). שלמה המלך ע"ה יזהיר כל אדם בכתוב הזה, שיעשה כל דבר שיצטרך לעשות, ובדרך הטבע כל מה שבכוחו, ושימסור השאר בידי שמים, כי הנס אינו חל אלא בחסרון הטבע, ועיקר יצירת האדם בנוי על מדת הטבע... כמי שרוצה ללכת למלחמה על אויביו, שראוי לו שיכין כלי זיין וסוסים ומרכבות ליום מלחמה, שאם אינו מכין ויסמוך על הנס ימסר ביד אויביו... ואחר שעשה לו כל יכלתו והשתדל בכל כחו ועשה בדרך הטבע כל הכנותיו, אין ראוי לו לבטוח שיגיע אל רצונו רק בשם יתעלה לא בהכנות האלה.

(רבנו בחיי במדבר יג, ב)

יתר על כן: ה' עצמו מבאר לשמואל את הצורך בשאול, שיושיע את ישראל בגלל האתגרים הצבאיים:

וַה' גָּלָה אֶת אֹזֶן שְׁמוּאֵל, יוֹם אֶחָד לִפְנֵי בוֹא שָׁאוּל לֵאמֹר: כָּעֵת מָחָר אֶשְׁלַח

5. קיים לדעתנו דמיון רב בין דברי שמואל ושאלותינו לוויכוח הקיים היום בין הציונות הדתית לחרדים.

אֵלֶיךָ אִישׁ מֵאֶרֶץ בִּנְיָמִן, וּמְשַׁחְתּוֹ לְנָגִיד עַל עַמִּי יִשְׂרָאֵל, וְהוֹשִׁיעַ אֶת עַמִּי מִיַּד פְּלִשְׁתִּים, כִּי רָאִיתִי אֶת עַמִּי כִּי בָּאָה צַעֲקָתוֹ אֵלָי:

(ט, טו-טז)

תשובת שאלה זו ארוכה מארץ מידה וקצרה יריעתנו. בתשובתנו נרמוז על שני פרטים:

א. ה' הורה למשוח את שאול לנגיד, ולא למלך. אכן, כך נהג שמואל:

וַיִּקַּח שְׁמוּאֵל אֶת פַּךְ הַשֶּׁמֶן וַיִּצֹק עַל רֹאשׁוֹ וַיִּשָּׁקֵהוּ, וַיֹּאמֶר, הֲלוֹא כִּי מְשָׁחֲךָ ה' עַל נַחֲלָתוֹ לְנָגִיד:

(י, א)

לנגיד כוח כפייה גדול משל שופט, ודי בנגידות כדי לעמוד באתגרי הגיוס הצבאיים. הפטרתנו פותחת בחידוש המלוכה, כרצון העם, ולא בנגידות. המלוכה כוללת בתוכה פרטים נוספים שאין בנגידות.[6]

ב. אכן, המלחמה בפלשתים דרשה צבא קבע למלחמה ארוכה ומתמדת.[7] צבא קבע דורש מנהיג קבוע, הגובה מיסים קבועים בכוח אדם ובממון, ולא די בשופט לשעתו בלבד, הקם לעת צרה. בני עמון היו אויב חיצוני, והמלחמה בהם, שהעם דרש בגללה מלך, הייתה אירוע חד־פעמי, שדי בו במינוי מנהיג לשעתו, כשופט בעל סמכויות גיוס נרחבות. לעיל כתבנו (בהערה 1), ששאול ניהל אותה כשופט, הקם לשעתו, ולא כשליט קבוע.

ו. גשם בימי קציר חטים

גַּם עַתָּה הִתְיַצְּבוּ וּרְאוּ אֶת הַדָּבָר הַגָּדוֹל הַזֶּה, אֲשֶׁר ה' עֹשֶׂה לְעֵינֵיכֶם: הֲלוֹא קְצִיר חִטִּים הַיּוֹם, אֶקְרָא אֶל ה' וְיִתֵּן קֹלוֹת וּמָטָר, וּדְעוּ וּרְאוּ כִּי רָעַתְכֶם רַבָּה אֲשֶׁר עֲשִׂיתֶם בְּעֵינֵי ה', לִשְׁאוֹל לָכֶם מֶלֶךְ: וַיִּקְרָא שְׁמוּאֵל אֶל ה', וַיִּתֵּן ה' קֹלֹת וּמָטָר בַּיּוֹם הַהוּא, וַיִּירָא כָל הָעָם מְאֹד אֶת ה' וְאֶת שְׁמוּאֵל, וַיֹּאמְרוּ כָל הָעָם אֶל שְׁמוּאֵל, הִתְפַּלֵּל בְּעַד עֲבָדֶיךָ אֶל ה' אֱלֹהֶיךָ וְאַל נָמוּת, כִּי יָסַפְנוּ עַל כָּל חַטֹּאתֵינוּ רָעָה לִשְׁאֹל לָנוּ מֶלֶךְ:

(יב, טז-יט)

6. רמז קיצוני מעט: עיינו אסתר א.
7. כך לדעתנו גם מלחמת עמלק, ואכמ"ל.

גשם חזק בעת הקציר הוא מטרד קשה, ויש בו גם הפסד ממון, אך הוא אינו אסון נורא שאין לעמוד בו, כפי שעולה מדברי שמואל ומתגובת העם המפוחדת: וְאַל נָמוּת.

נראה, שקריאתו של שמואל אל ה׳ והקולות והמטר בעקבותיה באו להזכיר לעם אירוע דומה שהעם עבר, אך בכיוון ההפוך:

וַיִּזְעַק שְׁמוּאֵל אֶל ה׳ בְּעַד יִשְׂרָאֵל, וַיַּעֲנֵהוּ ה׳: וַיְהִי שְׁמוּאֵל מַעֲלֶה הָעוֹלָה, וּפְלִשְׁתִּים נִגְּשׁוּ לַמִּלְחָמָה בְּיִשְׂרָאֵל, וַיַּרְעֵם ה׳ בְּקוֹל גָּדוֹל בַּיּוֹם הַהוּא עַל פְּלִשְׁתִּים וַיְהֻמֵּם, וַיִּנָּגְפוּ לִפְנֵי יִשְׂרָאֵל: וַיֵּצְאוּ אַנְשֵׁי יִשְׂרָאֵל מִן הַמִּצְפָּה וַיִּרְדְּפוּ אֶת פְּלִשְׁתִּים, וַיַּכּוּם עַד מִתַּחַת לְבֵית כָּר: וַיִּקַּח שְׁמוּאֵל אֶבֶן אַחַת, וַיָּשֶׂם בֵּין הַמִּצְפָּה וּבֵין הַשֵּׁן, וַיִּקְרָא אֶת שְׁמָהּ אֶבֶן הָעָזֶר, וַיֹּאמַר, עַד הֵנָּה עֲזָרָנוּ ה׳: וַיִּכָּנְעוּ הַפְּלִשְׁתִּים, וְלֹא יָסְפוּ עוֹד לָבוֹא בִּגְבוּל יִשְׂרָאֵל, וַתְּהִי יַד ה׳ בַּפְּלִשְׁתִּים כֹּל יְמֵי שְׁמוּאֵל: וַתָּשֹׁבְנָה הֶעָרִים אֲשֶׁר לָקְחוּ פְלִשְׁתִּים מֵאֵת יִשְׂרָאֵל לְיִשְׂרָאֵל, מֵעֶקְרוֹן וְעַד גַּת וְאֶת גְּבוּלָן הִצִּיל יִשְׂרָאֵל מִיַּד פְּלִשְׁתִּים, וַיְהִי שָׁלוֹם בֵּין יִשְׂרָאֵל וּבֵין הָאֱמֹרִי:

(ז, ט–יד)

המילים וַיַּרְעֵם ה׳... וַיְהֻמֵּם מורות על קולות רעמים רמים ועוצמתיים מן השמיים, שהיממו את הסוסים שהובילו את מרכבות הפלשתים לקרב, וההללו איבדו את הכיוון. בעקבות רעמים בא לרוב גשם שוטף. הבוץ שבעקבותיו מכשיל את צבא המרכבות, ומבטל את הנחיתות שיש לצבא רגלים לפניו. הניצחון הישראלי בעימות עם הפלשתים, בעקבות ביעור הבעלים והעשתרות בהנחיית שמואל, היה גדול וחשוב. בשני המקומות באו הרעמים והגשם בזמן לא צפוי, בעקבות קריאתו של שמואל אל ה׳. העם נוכח במשקלה של הקריאה אל ה׳ בעקבות תהליך גדול של תיקון ותשובה, אלא שעתה בא תהליך זה בעקבות קריאתו של שמואל אל ה׳, כולל הקולות מטילי האימה, במידת הדין וכעונש לעם. כאמור, היה כאן לא רק עונש; היה כאן לימוד לקח בשאלה מה עתיד להכריע את המלחמה בין ישראל לאויביהם – סמכות הגיוס של המלך, או קריאת הנביא אל ה׳ בעקבות מעשה תשובה ותיקון, והצום והתפילה שאחריו.

לא אכלא קולמוסי מלכתוב דבר, ששמעתי בצעירותי ממורי ורבי חנן פורת: הגשם הוא ברכה גדולה. כשהוא יורד שלא בעיתו, אלא בימי קציר, הוא קללה. מלכות ישראל היא ברכה גדולה. כשהיא באה שלא בעיתה, אין בה ברכה. בשעה ששמואל מוכיח את העם עדיין לא הגיעה שעתה של מלכות הברכה, מלכותו של דוד משיח צדקנו.

נסיים במשפט על שמואל נביאנו:

אלא ששמואל שקול כנגד משה ואהרן, שנאמר: מֹשֶׁה וְאַהֲרֹן בְּכֹהֲנָיו וּשְׁמוּאֵל בְּקֹרְאֵי שְׁמוֹ (תהלים צט, ו).

(פסיקתא רבתי מג ודומה לו בתענית ה ע"ב)

ודאי לא קם נביא בישראל כמשה. נראה ששמואל שקול כנגד משה ואהרן יחדיו בתפילתו, וכנאמר בהמשך הפסוק המובא במדרש:

מֹשֶׁה וְאַהֲרֹן בְּכֹהֲנָיו וּשְׁמוּאֵל בְּקֹרְאֵי שְׁמוֹ קֹרְאִים אֶל ה' וְהוּא יַעֲנֵם:

(תהלים צט, ו)

אכן, מצינו בשתי התפילות הנזכרות של שמואל, גם מול הפלשתים במצפה וגם בהפטרתנו, שה' עונה מייד לקריאתו.

הפטרת חוקת[1]

שופטים

יא א וְיִפְתָּח הַגִּלְעָדִי הָיָה גִּבּוֹר חַיִל וְהוּא בֶּן־אִשָּׁה זוֹנָה וַיּוֹלֶד גִּלְעָד אֶת־יִפְתָּח:
ב וַתֵּלֶד אֵשֶׁת־גִּלְעָד לוֹ בָּנִים וַיִּגְדְּלוּ בְנֵי־הָאִשָּׁה וַיְגָרְשׁוּ אֶת־יִפְתָּח וַיֹּאמְרוּ
ג לוֹ לֹא־תִנְחַל בְּבֵית־אָבִינוּ כִּי בֶּן־אִשָּׁה אַחֶרֶת אָתָּה: וַיִּבְרַח יִפְתָּח מִפְּנֵי
אֶחָיו וַיֵּשֶׁב בְּאֶרֶץ טוֹב וַיִּתְלַקְּטוּ אֶל־יִפְתָּח אֲנָשִׁים רֵיקִים וַיֵּצְאוּ
ד ה עִמּוֹ: וַיְהִי מִיָּמִים וַיִּלָּחֲמוּ בְנֵי־עַמּוֹן עִם־יִשְׂרָאֵל: וַיְהִי כַּאֲשֶׁר־נִלְחֲמוּ
ו בְנֵי־עַמּוֹן עִם־יִשְׂרָאֵל וַיֵּלְכוּ זִקְנֵי גִלְעָד לָקַחַת אֶת־יִפְתָּח מֵאֶרֶץ טוֹב: וַיֹּאמְרוּ
ז לְיִפְתָּח לְכָה וְהָיִיתָה לָּנוּ לְקָצִין וְנִלָּחֲמָה בִּבְנֵי עַמּוֹן: וַיֹּאמֶר יִפְתָּח לְזִקְנֵי גִלְעָד
הֲלֹא אַתֶּם שְׂנֵאתֶם אוֹתִי וַתְּגָרְשׁוּנִי מִבֵּית אָבִי וּמַדּוּעַ בָּאתֶם אֵלַי עַתָּה כַּאֲשֶׁר
ח צַר לָכֶם: וַיֹּאמְרוּ זִקְנֵי גִלְעָד אֶל־יִפְתָּח לָכֵן עַתָּה שַׁבְנוּ אֵלֶיךָ וְהָלַכְתָּ עִמָּנוּ
ט וְנִלְחַמְתָּ בִּבְנֵי עַמּוֹן וְהָיִיתָ לָּנוּ לְרֹאשׁ לְכֹל יֹשְׁבֵי גִלְעָד: וַיֹּאמֶר יִפְתָּח אֶל־זִקְנֵי
גִלְעָד אִם־מְשִׁיבִים אַתֶּם אוֹתִי לְהִלָּחֵם בִּבְנֵי עַמּוֹן וְנָתַן יהוה אוֹתָם לְפָנָי אָנֹכִי
י אֶהְיֶה לָכֶם לְרֹאשׁ: וַיֹּאמְרוּ זִקְנֵי־גִלְעָד אֶל־יִפְתָּח יהוה יִהְיֶה שֹׁמֵעַ בֵּינוֹתֵינוּ
יא אִם־לֹא כִדְבָרְךָ כֵּן נַעֲשֶׂה: וַיֵּלֶךְ יִפְתָּח עִם־זִקְנֵי גִלְעָד וַיָּשִׂימוּ הָעָם אוֹתוֹ עֲלֵיהֶם
יב לְרֹאשׁ וּלְקָצִין וַיְדַבֵּר יִפְתָּח אֶת־כָּל־דְּבָרָיו לִפְנֵי יהוה בַּמִּצְפָּה: וַיִּשְׁלַח
יִפְתָּח מַלְאָכִים אֶל־מֶלֶךְ בְּנֵי־עַמּוֹן לֵאמֹר מַה־לִּי וָלָךְ כִּי־בָאתָ אֵלַי לְהִלָּחֵם
יג בְּאַרְצִי: וַיֹּאמֶר מֶלֶךְ בְּנֵי־עַמּוֹן אֶל־מַלְאֲכֵי יִפְתָּח כִּי־לָקַח יִשְׂרָאֵל אֶת־אַרְצִי
בַּעֲלוֹתוֹ מִמִּצְרַיִם מֵאַרְנוֹן וְעַד־הַיַּבֹּק וְעַד־הַיַּרְדֵּן וְעַתָּה הָשִׁיבָה אֶתְהֶן בְּשָׁלוֹם:
יד טו וַיּוֹסֶף עוֹד יִפְתָּח וַיִּשְׁלַח מַלְאָכִים אֶל־מֶלֶךְ בְּנֵי עַמּוֹן: וַיֹּאמֶר לוֹ כֹּה אָמַר יִפְתָּח
טז לֹא־לָקַח יִשְׂרָאֵל אֶת־אֶרֶץ מוֹאָב וְאֶת־אֶרֶץ בְּנֵי עַמּוֹן: כִּי בַּעֲלוֹתָם מִמִּצְרַיִם

1. דברינו בהפטרה זו ארוכים מאוד, ונמליץ לקורא לחלק את העיון בדברינו לשתיים או שלוש שנים בשבת זו.

יז וַיֵּלֶךְ יִשְׂרָאֵל בַּמִּדְבָּר עַד־יַם־סוּף וַיָּבֹא קָדֵשָׁה: וַיִּשְׁלַח יִשְׂרָאֵל מַלְאָכִים אֶל־
מֶלֶךְ אֱדוֹם לֵאמֹר אֶעְבְּרָה־נָּא בְאַרְצֶךָ וְלֹא שָׁמַע מֶלֶךְ אֱדוֹם וְגַם אֶל־מֶלֶךְ
יח מוֹאָב שָׁלַח וְלֹא אָבָה וַיֵּשֶׁב יִשְׂרָאֵל בְּקָדֵשׁ: וַיֵּלֶךְ בַּמִּדְבָּר וַיָּסָב אֶת־אֶרֶץ אֱדוֹם
וְאֶת־אֶרֶץ מוֹאָב וַיָּבֹא מִמִּזְרַח־שֶׁמֶשׁ לְאֶרֶץ מוֹאָב וַיַּחֲנוּן בְּעֵבֶר אַרְנוֹן וְלֹא־
יט בָאוּ בִּגְבוּל מוֹאָב כִּי אַרְנוֹן גְּבוּל מוֹאָב: וַיִּשְׁלַח יִשְׂרָאֵל מַלְאָכִים אֶל־סִיחוֹן
מֶלֶךְ־הָאֱמֹרִי מֶלֶךְ חֶשְׁבּוֹן וַיֹּאמֶר לוֹ יִשְׂרָאֵל נַעְבְּרָה־נָּא בְאַרְצְךָ עַד־מְקוֹמִי:
כ וְלֹא־הֶאֱמִין סִיחוֹן אֶת־יִשְׂרָאֵל עֲבֹר בִּגְבֻלוֹ וַיֶּאֱסֹף סִיחוֹן אֶת־כָּל־עַמּוֹ וַיַּחֲנוּ
כא בְּיָהְצָה וַיִּלָּחֶם עִם־יִשְׂרָאֵל: וַיִּתֵּן יהוה אֱלֹהֵי־יִשְׂרָאֵל אֶת־סִיחוֹן וְאֶת־כָּל־עַמּוֹ
בְּיַד יִשְׂרָאֵל וַיַּכּוּם וַיִּירַשׁ יִשְׂרָאֵל אֵת כָּל־אֶרֶץ הָאֱמֹרִי יוֹשֵׁב הָאָרֶץ הַהִיא:
כב וַיִּירְשׁוּ אֵת כָּל־גְּבוּל הָאֱמֹרִי מֵאַרְנוֹן וְעַד־הַיַּבֹּק וּמִן־הַמִּדְבָּר וְעַד־הַיַּרְדֵּן:
כג וְעַתָּה יהוה אֱלֹהֵי יִשְׂרָאֵל הוֹרִישׁ אֶת־הָאֱמֹרִי מִפְּנֵי עַמּוֹ יִשְׂרָאֵל וְאַתָּה תִּירָשֶׁנּוּ:
כד הֲלֹא אֵת אֲשֶׁר יוֹרִישְׁךָ כְּמוֹשׁ אֱלֹהֶיךָ אוֹתוֹ תִירָשׁ וְאֵת כָּל־אֲשֶׁר הוֹרִישׁ יהוה
כה אֱלֹהֵינוּ מִפָּנֵינוּ אוֹתוֹ נִירָשׁ: וְעַתָּה הֲטוֹב טוֹב אַתָּה מִבָּלָק בֶּן־צִפּוֹר מֶלֶךְ מוֹאָב
כו הֲרוֹב רָב עִם־יִשְׂרָאֵל אִם־נִלְחֹם נִלְחַם בָּם: בְּשֶׁבֶת יִשְׂרָאֵל בְּחֶשְׁבּוֹן וּבִבְנוֹתֶיהָ
וּבְעַרְעוֹר וּבִבְנוֹתֶיהָ וּבְכָל־הֶעָרִים אֲשֶׁר עַל־יְדֵי אַרְנוֹן שְׁלֹשׁ מֵאוֹת שָׁנָה וּמַדּוּעַ
כז לֹא־הִצַּלְתֶּם בָּעֵת הַהִיא: וְאָנֹכִי לֹא־חָטָאתִי לָךְ וְאַתָּה עֹשֶׂה אִתִּי רָעָה לְהִלָּחֶם
כח בִּי יִשְׁפֹּט יהוה הַשֹּׁפֵט הַיּוֹם בֵּין בְּנֵי יִשְׂרָאֵל וּבֵין בְּנֵי עַמּוֹן: וְלֹא שָׁמַע מֶלֶךְ בְּנֵי
כט עַמּוֹן אֶל־דִּבְרֵי יִפְתָּח אֲשֶׁר שָׁלַח אֵלָיו: וַתְּהִי עַל־יִפְתָּח רוּחַ יהוה
וַיַּעֲבֹר אֶת־הַגִּלְעָד וְאֶת־מְנַשֶּׁה וַיַּעֲבֹר אֶת־מִצְפֵּה גִלְעָד וּמִמִּצְפֵּה גִלְעָד עָבַר
ל בְּנֵי עַמּוֹן: וַיִּדַּר יִפְתָּח נֶדֶר לַיהוה וַיֹּאמַר אִם־נָתוֹן תִּתֵּן אֶת־בְּנֵי עַמּוֹן בְּיָדִי:
לא וְהָיָה הַיּוֹצֵא אֲשֶׁר יֵצֵא מִדַּלְתֵי בֵיתִי לִקְרָאתִי בְּשׁוּבִי בְשָׁלוֹם מִבְּנֵי עַמּוֹן וְהָיָה
לַיהוה וְהַעֲלִיתִיהוּ עוֹלָה:
לב לג וַיַּעֲבֹר יִפְתָּח אֶל־בְּנֵי עַמּוֹן לְהִלָּחֶם בָּם וַיִּתְּנֵם יהוה בְּיָדוֹ: וַיַּכֵּם מֵעֲרוֹעֵר וְעַד־
בֹּאֲךָ מִנִּית עֶשְׂרִים עִיר וְעַד אָבֵל כְּרָמִים מַכָּה גְּדוֹלָה מְאֹד וַיִּכָּנְעוּ בְּנֵי עַמּוֹן
מִפְּנֵי בְּנֵי יִשְׂרָאֵל:

א. הקשר בין הפרשה להפטרה

בהפטרתנו סוקר יפתח לפני מלך בני עמון את מסעם של ישראל במדבר: מקדש מדבר צין, עד לכיבוש מזרח הירדן מידי סיחון. פרשתנו עוסקת בכך בהרחבה, ועל גביה מחדש יפתח בדבריו שלושה פרטים חשובים:

א. ישראל ביקשו לעבור צפונה לא רק ממלך אדום, אלא גם ממלך מואב, וגם הוא לא אבה לתת להם לעבור.

ב. מיום כיבוש בני ישראל את ארץ האמורי עד ימי יפתח עברו שלוש מאות שנה. גם לכך אין לנו מקור אחר, ועובדה זו מהווה בסיס לחישוב סדרי הזמנים בימי השופטים.[2]

ג. יפתח הוא הראשון הקובע את הכלל המשפטי: "עמון ומואב טהרו בסיחון", שלימים יאמר אותו רב פפא (גיטין לח ע"א). משמעו: בני ישראל נאסרו בכיבוש ארצות עמון ומואב, כי ה' נתנן לבני לוט. אולם, את מה שסיחון מלך האמורי כבש מהם, הותר לבני ישראל לכבוש ממנו. דבר זה נרמז בפרשה, בהרחבה שהתורה מרחיבה על כיבושי סיחון בארץ מואב, אך הוא נאמר במפורש לראשונה על ידי יפתח. נדון בו בע"ה להלן.

ב. רקע

אחרי תקופת השופטים הגדולים (עתניאל, אהוד, דבורה וגדעון) הייתה ירידה רוחנית, והיא הגיעה לשיאה בימי יפתח, ימי השעבוד העמוני:

וַיֹּסִפוּ בְּנֵי יִשְׂרָאֵל לַעֲשׂוֹת הָרַע בְּעֵינֵי ה', וַיַּעַבְדוּ אֶת הַבְּעָלִים, וְאֶת הָעַשְׁתָּרוֹת, וְאֶת אֱלֹהֵי אֲרָם, וְאֶת אֱלֹהֵי צִידוֹן, וְאֵת אֱלֹהֵי מוֹאָב, וְאֵת אֱלֹהֵי בְנֵי עַמּוֹן וְאֵת אֱלֹהֵי פְלִשְׁתִּים, וַיַּעַזְבוּ אֶת ה' וְלֹא עֲבָדוּהוּ:

(י, ו)

אין לנו תיאור כה קשה של עבודת אלילים בשאר ספר שופטים – שבעה סוגי עבודה זרה שונים. יתר על כן, הם אינם נעבדים בנוסף לעבודת ה', שכן מפורש בפסוק שה' נעזב ולא עבדוהו עוד. ודאי לא עבד כל אחד מישראל שבעה סוגי עבודה זרה שונים. נראה, שבכל מחוז בארץ עבדו את האל הקרוב: בצפון־מערב עבדו את אלוהי צידון; בצפון־מזרח את אלוהי ארם; במזרח את אלוהי עמון; בדרום־מזרח את אלוהי מואב ובדרום־מערב את אלוהי פלשתים. דבר זה מעיד על פילוג מדאיג, העלול להתנקם ביום פקודה, וכאן בשעבוד העמוני. בני עמון היו עם קטן, ולא הייתה כל סיבה שיצליחו לשעבד את ישראל ולהילחם גם בשבטי מערב הירדן, כפי שקרה כאן:

2. לא נעסוק כאן בפרטי חישוב זה. נפנה את הקורא המעוניין בכך למאמרנו "יפתח בדורו" בתוך ספרנו: 'המקראות המתחדשים' (אלון שבות תשע"ה), עמודים 69–70.

וַיַּעַבְרוּ בְנֵי עַמּוֹן אֶת הַיַּרְדֵּן לְהִלָּחֵם גַּם בִּיהוּדָה וּבְבִנְיָמִין וּבְבֵית אֶפְרָיִם וַתֵּצֶר לְיִשְׂרָאֵל מְאֹד:

(י, ט)

השעבוד הפלשתי, שהיה במקביל לשעבוד העמוני, והפילוג הגדול בתוך שבטי ישראל הם הגורמים לכניעה המחפירה לפני מלך בני עמון, שלא היה אמור להיות חזק במיוחד.

לעומת הפילוג בשבטי ישראל, היה איחוד שבטים בין בני עמון לארץ מואב. מלך בני עמון בהפטרתנו מולך גם על ארץ מואב,[3] כמוכח מתביעתו לקבל את כל הארץ מהארנון וצפונה. חלק זה הוא ארץ מואב ולא ארץ בני עמון, וכעולה גם מפרשתנו:

כִּי חֶשְׁבּוֹן עִיר סִיחֹן מֶלֶךְ הָאֱמֹרִי הִוא וְהוּא נִלְחַם בְּמֶלֶךְ מוֹאָב הָרִאשׁוֹן וַיִּקַּח אֶת כָּל אַרְצוֹ מִיָּדוֹ עַד אַרְנֹן:

(במדבר כא, כו)

להלן יזכיר יפתח את חשבון ואת ערעור (= ערוער), שהן ערים מואביות ביסודן. בהמשך דבריו משווה יפתח את מלך בני עמון לבלק בן צפור מלך מואב, ומכנה את אלוהי מלך בני עמון כְּמוֹשׁ. כמוש היה אלוהי מואב, בניגוד לאלוהי עמון שהיה מולך או מלכום:

אָז יִבְנֶה שְׁלֹמֹה בָּמָה לִכְמוֹשׁ שִׁקֻּץ מוֹאָב בָּהָר אֲשֶׁר עַל פְּנֵי יְרוּשָׁלָםִ וּלְמֹלֶךְ שִׁקֻּץ בְּנֵי עַמּוֹן:

(מל"א יא, ז)

יַעַן אֲשֶׁר עֲזָבוּנִי וַיִּשְׁתַּחֲווּ לְעַשְׁתֹּרֶת אֱלֹהֵי צִדֹנִין לִכְמוֹשׁ אֱלֹהֵי מוֹאָב וּלְמִלְכֹּם אֱלֹהֵי בְנֵי עַמּוֹן:

(שם, לג)

3. גם בימי עגלון מלך מואב היו שבטים אלו מאוחדים, אך תחת עגלון מלך מואב: וַיְחַזֵּק ה' אֶת עֶגְלוֹן מֶלֶךְ מוֹאָב עַל יִשְׂרָאֵל... וַיֶּאֱסֹף אֵלָיו אֶת בְּנֵי עַמּוֹן וַעֲמָלֵק וַיֵּלֶךְ וַיַּךְ אֶת יִשְׂרָאֵל (ג, יב-יג). בנבואת עמוס (א-ב) נזכר, שלבני עמון יש מלך, ואילו לארץ מואב יש שופט בלבד. משמע, מלך בני עמון מלך גם על מואב.

*

בפרק הקודם להפטרתנו מסופר כאמור, שבני עמון עברו, לאחר ששעבדו במשך שמונה עשרה שנה את בני מזרח הירדן, להילחם עם שבטי אפרים, בנימין ויהודה במערב הירדן. אכזריותם מוכרת לנו מן השעבוד שרצה נחש העמוני לשעבד את תושבי יבש גלעד בימי שאול, ולנקור את עינם הימנית של כל תושביה (שמ"א יא).

בני ישראל זעקו אל ה', אך ה' לא רצה לשמוע אליהם, אחרי ששבו כל פעם לעבוד עבודה זרה. בפעם השנייה הסירו ישראל את אלוהי הנכר מקרבם, וזעקו שנית אל ה'. הם קיבלו על עצמם כל עונש שישית ה' עליהם, ובלבד שיצילם מבני עמון. כאן נזכר ביטוי חריג על הקב"ה:

> וַתִּקְצַר נַפְשׁוֹ בַּעֲמַל יִשְׂרָאֵל:

(י, טז)

ועדיין לא נמצא מנהיג, שיסכים להוביל את עם ישראל למלחמה בבני עמון. בשלב זה מתחילה הפטרתנו.

ג. יפתח

> וְיִפְתָּח הַגִּלְעָדִי הָיָה גִּבּוֹר חַיִל, וְהוּא בֶּן אִשָּׁה זוֹנָה, וַיּוֹלֶד גִּלְעָד אֶת יִפְתָּח: וַתֵּלֶד אֵשֶׁת גִּלְעָד לוֹ בָּנִים, וַיִּגְדְּלוּ בְנֵי הָאִשָּׁה וַיְגָרְשׁוּ אֶת יִפְתָּח, וַיֹּאמְרוּ לוֹ, לֹא תִנְחַל בְּבֵית אָבִינוּ, כִּי בֶּן אִשָּׁה אַחֶרֶת אָתָּה: וַיִּבְרַח יִפְתָּח מִפְּנֵי אֶחָיו וַיֵּשֶׁב בְּאֶרֶץ טוֹב, וַיִּתְלַקְּטוּ אֶל יִפְתָּח אֲנָשִׁים רֵיקִים וַיֵּצְאוּ עִמּוֹ:

(א–ג)

הגלעד היה מחולק בין שבט גד לחצי שבט המנשה, ולא התפרש מאיזה שבט בא יפתח הגלעדי. ממלחמתו בבני אפרים בפרק יב נראה לכאורה, שיפתח היה מחצי שבט המנשה המזרחי. מערכת היחסים הבעייתית עם אחיו נובעת ממבנה המשפחה. עולה ממנה, שיפתח היה הבן הבכור, והוא היה בן של אישה אחרת מאֵשֶׁת גִּלְעָד, כלומר האישה העיקרית, גברת הבית. ניתן להניח, שגלעד נשא את אשתו העיקרית, אך היא הייתה שנים רבות עקרה, ואז הוליד גלעד בן מאישה זרה, שאולי שימשה כפילגשו לצורך הבאת בן.[4]

4. השערתנו, שהייתה פילגש, היא פשרת ביניים בין שני כינוייה בהפטרתנו: בין 'אִשָּׁה זוֹנָה' ל'אִשָּׁה אַחֶרֶת'. במפרשים עולות אפשרויות נוספות.

אחרי שנולד יפתח, ואולי מחמת לידתו,[5] הרתה גם אשת גלעד וילדה בנים נוספים; לא היה עוד צורך בפילגש, והיא כנראה גורשה מן הבית. כשגדלו בני האישה העיקרית, גירשו גם את יפתח בן הפילגש בעזרתם של זקני גלעד, השופטים והמחוקקים, וקיימו בו מעין גָּרֵשׁ הָאָמָה הַזֹּאת וְאֶת בְּנָהּ כִּי לֹא יִירַשׁ בֶּן הָאָמָה הַזֹּאת עִם בְּנִי (בראשית כא, י) וכמו שתבעה שרה מאברהם כשנולד יצחק בנה.[6]

התורה התייחסה במצוותיה למקרה דומה:

כִּי תִהְיֶיןָ לְאִישׁ שְׁתֵּי נָשִׁים, הָאַחַת אֲהוּבָה וְהָאַחַת שְׂנוּאָה, וְיָלְדוּ לוֹ בָנִים הָאֲהוּבָה וְהַשְּׂנוּאָה, וְהָיָה הַבֵּן הַבְּכֹר לַשְּׂנִיאָה: וְהָיָה בְּיוֹם הַנְחִילוֹ אֶת בָּנָיו אֵת אֲשֶׁר יִהְיֶה לוֹ, לֹא יוּכַל לְבַכֵּר אֶת בֶּן הָאֲהוּבָה עַל פְּנֵי בֶן הַשְּׂנוּאָה הַבְּכֹר: כִּי אֶת הַבְּכֹר בֶּן הַשְּׂנוּאָה יַכִּיר, לָתֶת לוֹ פִּי שְׁנַיִם בְּכֹל אֲשֶׁר יִמָּצֵא לוֹ, כִּי הוּא רֵאשִׁית אֹנוֹ, לוֹ מִשְׁפַּט הַבְּכֹרָה:

(דברים כא, טו-יז)

ניתן להניח שהמקרה המצוי הוא, שהאישה האהובה היא האישה הראשונה, וכיוון שלא ילדה בנים, נשא בעלה אישה נוספת כדי שתלד לו בן. האישה הנוספת, השנואה, זו שהבעל נשאה שלא מחמת אהבה אלא לצורך לידת הבן, ילדה את הבן הראשון, ומחמתו ילדה אחר כך גם האהובה בנים. התורה קובעת, שאין בכוח בני האהובה לקפח את זכות נחלתו של בן השנואה, ואת בכורתו. זקני גלעד ואחי יפתח נהגו שלא כתורה; בדור הספוג בעבודת אלילים כה רבה, אין לתמוה על כך.

יפתח נאלץ לברוח מפני אחיו לארץ טוב שבצפון, כנראה בסביבות תל סוסיתא שמעל מזרח הכינרת.[7] שם התלקטו אליו אֲנָשִׁים רֵיקִים, כלומר, חסרי נחלה, ויחד עימו הקימו גדוד לוחמים שיפתח עמד בראשו. הגדוד התפרנס מהגנה על יישובים שונים, ליווי שיירות או כגדוד שכיר במלחמות שונות. גדוד מעין זה התקבץ סביב דוד בבורחו מפני שאול:

5. תהליך הורמונלי אפשרי של יכולת אישה להיכנס להיריון מחמת מציאותו של תינוק בבית עשוי להיות רמוז בדברי רחל: וְתֵלֵד עַל בִּרְכַּי וְאִבָּנֶה גַם אָנֹכִי מִמֶּנָּה (בראשית ל, ג). כך מפרש רבי חיים פלטיאל (מבעלי התוספות) על דברי שרה: אוּלַי אִבָּנֶה מִמֶּנָּה (בראשית טז, ב): "שמתוך שמגדלת בנים נכנס בתוכה תאוה ויולדת".

6. לעניות דעתנו ניתן להצדיק את שרה, הדורשת לגרש את ישמעאל (עיין ספרנו 'כי קרוב אליך – בראשית' [ישראל 2014], עמ' 104-105), אך בשום פנים אין להצדיק את אחי יפתח המגרשים אותו.

7. עיינו ירושלמי שביעית פ"ו, ה"א. יש גם דעות אחרות.

וַיִּתְקַבְּצוּ אֵלָיו כָּל אִישׁ מָצוֹק, וְכָל אִישׁ אֲשֶׁר לוֹ נֹשֶׁא וְכָל אִישׁ מַר נֶפֶשׁ, וַיְהִי עֲלֵיהֶם לְשָׂר, וַיִּהְיוּ עִמּוֹ כְּאַרְבַּע מֵאוֹת אִישׁ:

(שמ"א כב, ב)

ד. מינוי יפתח לראש ולקצין ליושבי גלעד

וַיְהִי מִיָּמִים, וַיִּלָּחֲמוּ בְנֵי עַמּוֹן עִם יִשְׂרָאֵל: וַיְהִי כַּאֲשֶׁר נִלְחֲמוּ בְנֵי עַמּוֹן עִם יִשְׂרָאֵל, וַיֵּלְכוּ זִקְנֵי גִלְעָד לָקַחַת אֶת יִפְתָּח מֵאֶרֶץ טוֹב: וַיֹּאמְרוּ לְיִפְתָּח, לְכָה וְהָיִיתָה לָּנוּ לְקָצִין, וְנִלָּחֲמָה בִּבְנֵי עַמּוֹן: וַיֹּאמֶר יִפְתָּח לְזִקְנֵי גִלְעָד, הֲלֹא אַתֶּם שְׂנֵאתֶם אוֹתִי וַתְּגָרְשׁוּנִי מִבֵּית אָבִי, וּמַדּוּעַ בָּאתֶם אֵלַי עַתָּה כַּאֲשֶׁר צַר לָכֶם:

(ד-ז)

התחושה הראשונית מקריאת פסקה זו עלולה להביא ללימוד חובה על יפתח. בשעה שבני עמו נמצאים בהווה במצוקה כה גדולה, הוא מוצא זמן לערוך עימם את חשבון העבר וכן את חשבון העתיד, שבו הוא דורש להיות ראש ליושבי גלעד לאחר ניצחונו.

לדעתנו יש לקרוא את הפרשה בדרך שונה, ונצביע על מספר נקודות:

א. זקני גלעד גירשו את יפתח מנחלתו, שלא כדין, שנים לפני מלחמת בני עמון.
עתה, לא רק שאינם שבים מחטאם, אלא ממשיכים לעמוד בו. הם עצמם הבטיחו
למי שיילחם בבני עמון שיהיה לראש: וַיֹּאמְרוּ הָעָם שָׂרֵי גִלְעָד אִישׁ אֶל רֵעֵהוּ: מִי הָאִישׁ אֲשֶׁר יָחֵל לְהִלָּחֵם בִּבְנֵי עַמּוֹן, יִהְיֶה לְרֹאשׁ לְכֹל יֹשְׁבֵי גִלְעָד (י, יח).
ליפתח, בגלל היותו בזוי בעיניהם, הם מציעים להיות קצין – מינוי זמני למלחמה בלבד: לְכָה וְהָיִיתָה לָּנוּ לְקָצִין וְנִלָּחֲמָה בִּבְנֵי עַמּוֹן, ואחרי הניצחון הם יוכלו לשלחו מאיתם, כדרך ששילחוהו במחלוקתו עם אחיו. יפתח מזכיר להם את שנאתם הקדומה רק בעקבות היחס המבזה שלהם עכשיו, למרות שבני עמון כבר נמצאים בשעריהם.

ב. קשה להתעלם מן הדמיון בין טענתו של יפתח לזקני גלעד: הֲלֹא אַתֶּם שְׂנֵאתֶם
אוֹתִי וַתְּגָרְשׁוּנִי מִבֵּית אָבִי וּמַדּוּעַ בָּאתֶם אֵלַי עַתָּה כַּאֲשֶׁר צַר לָכֶם?!, ובין טענתו של הקב"ה כלפיהם בעת שביקשו את עזרתו מול בני עמון, והוא מזכיר להם שבימים כתקנם הם בחרו לעוזבו:

וַיִּזְעֲקוּ בְּנֵי יִשְׂרָאֵל אֶל ה' לֵאמֹר, חָטָאנוּ לָךְ, וְכִי עָזַבְנוּ אֶת אֱלֹהֵינוּ וַנַּעֲבֹד אֶת הַבְּעָלִים: וַיֹּאמֶר ה' אֶל בְּנֵי יִשְׂרָאֵל, הֲלֹא מִמִּצְרַיִם וּמִן הָאֱמֹרִי, וּמִן בְּנֵי עַמּוֹן וּמִן פְּלִשְׁתִּים: וְצִידוֹנִים וַעֲמָלֵק וּמָעוֹן לָחֲצוּ אֶתְכֶם, וַתִּצְעֲקוּ אֵלַי וָאוֹשִׁיעָה אֶתְכֶם

מִיָּדָם: וְאַתֶּם עֲזַבְתֶּם אוֹתִי וַתַּעַבְדוּ אֱלֹהִים אֲחֵרִים, לָכֵן לֹא אוֹסִיף לְהוֹשִׁיעַ אֶתְכֶם: לְכוּ וְזַעֲקוּ אֶל הָאֱלֹהִים אֲשֶׁר בְּחַרְתֶּם בָּם, הֵמָּה יוֹשִׁיעוּ לָכֶם בְּעֵת צָרַתְכֶם:
(י, י–יד)

ג. לקראת המלחמה בבני עמון, היה יפתח זקוק לסמכויות גיוס נרחבות. כשמראש מתייחסים אליו כאל אדם בזוי, שפנו אליו בחוסר ברירה, יפתח לא יוכל להילחם בבני עמון, כיוון שלא מעניקים לו את סמכויות המנהיג. בעיה זו תבוא לידי ביטוי חריף מאוד בהמשך המעשה.

המשא ומתן בין יפתח לזקני גלעד ממשיך גם אחרי שיפתח דחאם:

וַיֹּאמְרוּ זִקְנֵי גִלְעָד אֶל יִפְתָּח, לָכֵן עַתָּה שַׁבְנוּ אֵלֶיךָ, וְהָלַכְתָּ עִמָּנוּ וְנִלְחַמְתָּ בִּבְנֵי עַמּוֹן, וְהָיִיתָ לָּנוּ לְרֹאשׁ לְכֹל יֹשְׁבֵי גִלְעָד: וַיֹּאמֶר יִפְתָּח אֶל זִקְנֵי גִלְעָד, אִם מְשִׁיבִים אַתֶּם אוֹתִי לְהִלָּחֵם בִּבְנֵי עַמּוֹן וְנָתַן ה׳ אוֹתָם לְפָנָי, אָנֹכִי אֶהְיֶה לָכֶם לְרֹאשׁ: וַיֹּאמְרוּ זִקְנֵי גִלְעָד אֶל יִפְתָּח, ה׳ יִהְיֶה שֹׁמֵעַ בֵּינוֹתֵינוּ, אִם לֹא כִדְבָרְךָ כֵּן נַעֲשֶׂה: וַיֵּלֶךְ יִפְתָּח עִם זִקְנֵי גִלְעָד, וַיָּשִׂימוּ הָעָם אוֹתוֹ עֲלֵיהֶם לְרֹאשׁ וּלְקָצִין, וַיְדַבֵּר יִפְתָּח אֶת כָּל דְּבָרָיו לִפְנֵי ה׳ בַּמִּצְפָּה:
(ח–יא)

בחוסר ברירה, מבטיחים זקני גלעד ליפתח, שהוא יהיה לראש ליושבי גלעד בעקבות ניצחונו. יפתח אינו משתכנע ושואל שוב: אָנֹכִי אֶהְיֶה לָכֶם לְרֹאשׁ? מדוע שאל פעם שנייה? מן המסופר נראה שלא האמין להבטחתם, ודרש מהם שבועה על דבריהם, וכן עשו לו. המקרא טורח להדגיש, שהמשא ומתן שב על עצמו גם במצפה, לפני ה׳.

כאן דוגמה מובהקת[8] לצורך שלנו להודות לה׳, שזיכנו ללמוד את המקרא בכלל, ואת פרקי ההפטרה בפרט, כשאנו חיים בארץ קודשו, ומכירים את נופיהם של אזורי ההתרחשות המקראית. כך פירשו הרד״ק ור״י אברבנאל מדוע דיבר יפתח במצפה:

כי היא המצפה שנועדו המלכים להלחם עם יהושע, ומפני התשועה הגדולה שהיתה שם היה המנהג בישראל להקבץ שם. והיה שם מזבח ובית תפלה, ולאותה מצפה הלכו אנשי גלעד עם יפתח לדבר שם דבריהם לפני ה׳ במצפה:
(רד״ק יא, יא)

8. ראו גם דברינו לעיל בפרשת כי תשא על זיהויו של הכרמל על פי רש״י, ועל פי ידיעותינו.

ונכון הוא מה שכתב רבי דוד קמחי, שבעבור שבמצפה עשה האל יתברך תשועה גדולה ליהושע נגד המלכים, אשר התקבצו נגדו, היה מנהג קדום ביניהם, שבעת הצורך היו מתפללים ומבקשים שם מהאל יתברך תשועה שיושיעם מאויביהם, כאשר עשה ליהושע באותו מקום. ולכן שמואל הנביא הוכיח את ישראל גם כן במצפה, והיה שם מזבח ובית תפלה. ולכן הלכו שרי גלעד שם לעשות חזוקיהם. ואמר לפני ה׳, כי שמה היתה דבקה ההשגחה האלהית תמיד.

(ר״י אברבנאל שם)

השם ׳מצפה׳ בארץ ישראל מתאים לכל מקום גבוה, שממנו ניתן לצפות היטב על סביבתו. הרד״ק שולח אותנו לארץ המצפה שתחת החרמון (יהושע יא, ג). הר״י אברבנאל מחזק את דבריו ומוסיף שבאותה מצפה שמואל הוכיח את ישראל; מצפה זו מזוהה כיום היטב בהר שמואל, נבי סמואל, שליד העיר גבעון מצפון לירושלים. אנו זכינו להכיר את ארץ ישראל ולדעת שאנשי גלעד לא יכלו ללכת שמה ערב המלחמה עם בני עמון. המצפה הנזכרת בפרקנו היא המצפה שעליה עמדו יעקב ולבן מעל היבוק, בגבול בין בני עמון ובין בני ישראל, וכרתו שם ברית אחרי שלבן רדף אחרי יעקב להר הגלעד:

וַיֹּאמֶר לָבָן הַגַּל הַזֶּה עֵד בֵּינִי וּבֵינְךָ הַיּוֹם עַל כֵּן קָרָא שְׁמוֹ גַּלְעֵד: וְהַמִּצְפָּה אֲשֶׁר אָמַר יִצֶף ה׳ בֵּינִי וּבֵינֶךָ כִּי נִסָּתֵר אִישׁ מֵרֵעֵהוּ:

(בראשית לא, מח-מט)

רמאותו של לבן כלפי יעקב והתייחסותו אליו כאל גר חסר זכויות, על אף שיעקב עמד על משמרתו יום ולילה בחירוף נפש להגן על צאנו של לבן, משתקפות היטב מאבן המצבה שהקים שם יעקב, אבן המצפה. ברמאות דומה לזו של לבן התייחסו זקני גלעד ליפתח, כאל גר חסר זכויות, שאין לו שום תפקיד מלבד לחרף את נפשו להגנתם. כשבועת לבן ליעקב נשבעו כאן זקני גלעד ליפתח ערב המלחמה; האם קיימו את שבועתם או שהמשיכו לרמותו? נדון בכך להלן.

ה. המשא ומתן עם מלך בני עמון

וַיִּשְׁלַח יִפְתָּח מַלְאָכִים אֶל מֶלֶךְ בְּנֵי עַמּוֹן לֵאמֹר, מַה לִּי וָלָךְ, כִּי בָאתָ אֵלַי לְהִלָּחֵם בְּאַרְצִי: וַיֹּאמֶר מֶלֶךְ בְּנֵי עַמּוֹן אֶל מַלְאֲכֵי יִפְתָּח, כִּי לָקַח יִשְׂרָאֵל אֶת אַרְצִי בַּעֲלוֹתוֹ מִמִּצְרַיִם מֵאַרְנוֹן וְעַד הַיַּבֹּק וְעַד הַיַּרְדֵּן, וְעַתָּה הָשִׁיבָה אֶתְהֶן בְּשָׁלוֹם:

(יב-יג)

יש לתמוה על כניסתו של יפתח למשא ומתן עם מלך בני עמון. ניתן להניח, שלזקני גלעד היו מועמדים ראויים יותר בעיניהם מיפתח לניהול משא ומתן. יפתח נבחר כגיבור חיל לנהל מלחמה, ולא לנהל משא ומתן, ודומה, שגם יפתח בא ממקומו החדש אל הגלעד במטרה לנהל מלחמה. אפשר, שתקלה חמורה שקרתה לו גרמה לו להגמיש את עמדתו המדינית, ולהעדיף משא ומתן; זאת גם במחיר שייאלץ לוותר במשא ומתן זה על נכסים ועקרונות, שזקני הגלעד היו מעדיפים לשמור לעצמם, ומן הסתם משא ומתן גם לא היה מעניק לו את העמידה בראש יושבי גלעד. אפשר שנלמד מהמשך המעשה מה הייתה תקלה זו:

וַיִּצָּעֵק אִישׁ אֶפְרַיִם וַיַּעֲבֹר צָפוֹנָה, וַיֹּאמְרוּ לְיִפְתָּח, מַדּוּעַ עָבַרְתָּ לְהִלָּחֵם בִּבְנֵי עַמּוֹן וְלָנוּ לֹא קָרָאתָ לָלֶכֶת עִמָּךְ, בֵּיתְךָ נִשְׂרֹף עָלֶיךָ בָּאֵשׁ: וַיֹּאמֶר יִפְתָּח אֲלֵיהֶם, אִישׁ רִיב הָיִיתִי אֲנִי וְעַמִּי וּבְנֵי עַמּוֹן מְאֹד, וָאֶזְעַק אֶתְכֶם וְלֹא הוֹשַׁעְתֶּם אוֹתִי מִיָּדָם: וָאֶרְאֶה כִּי אֵינְךָ מוֹשִׁיעַ, וָאָשִׂימָה נַפְשִׁי בְכַפִּי וָאֶעְבְּרָה אֶל בְּנֵי עַמּוֹן וַיִּתְּנֵם ה׳ בְּיָדִי, וְלָמָה עֲלִיתֶם אֵלַי הַיּוֹם הַזֶּה לְהִלָּחֶם בִּי:

(יב, א-ג)

מהמשך המעשה שם עולה, שמדובר בקבוצה גדולה מאוד של בני אפרים, שישבה בעבר הירדן המזרחי, בגלעד, אף ששבט אפרים קיבל את נחלתו במערב הירדן. בספר יהושע מסופר, שבני יוסף התלוננו על כך שנחלתם אינה מספיקה להם. זה עשוי להסביר את מעבר חלק מן השבט מזרחה, ואת השתלטותם על שטחים בנחלת מנשה המזרחית, ואולי גם בנחלת גד.

בני אפרים כועסים על יפתח, שיצא למלחמה בבני עמון מבלי לבקש את רשותם, ואינם מכירים בסמכותו. יפתח מזכיר להם את צרתו הגדולה ערב המלחמה, כשניצב בראש צבא קטן מול צבא גדול יותר, וביקש מהם להצטרף לצבאו, אך הם סירבו ולא עשו דבר. נשוב לשעה קלה למשא ומתן, שניהל יפתח עם זקני גלעד על סמכויותיו כמנהיג. הוא ביקש להיות ראש כדי לקבל סמכויות גיוס מול האויב העמוני, וזקני גלעד נשבעו לו על כך; אך בשעת המבחן, חלק גדול מתושבי הגלעד, בני אפרים, ואולי גם אחרים עימהם, לא נענו לזעקת הגיוס ולא יצאו עם יפתח למלחמה.

יפתח נותר מול מלך בני עמון בנחיתות כוחות בלתי אפשרית, והעדיף את המשא ומתן עם כל ההשפלה שהייתה בו. מלך בני עמון לא נכנס למשא ומתן על שטחים, ודרש לקבל את הכול. הוא ביקש להפוך את בני ישראל ממזרח לירדן לנתינים מסוג ב׳, או להופכם לפליטים חסרי בית ונחלה במערב הירדן, ולכך לא יכול היה יפתח להסכים. הוא שם נפשו בכפו, ויצא למלחמת מעטים נגד רבים, והכניע את בני עמון מכוח רוח ה׳ ששרתה עליו.

ו. טענות יפתח לזכות על כיבושי בני ישראל

הטענה הראשונה

וְלֹא הֶאֱמִין סִיחוֹן אֶת יִשְׂרָאֵל עֲבֹר בִּגְבֻלוֹ, וַיֶּאֱסֹף סִיחוֹן אֶת כָּל עַמּוֹ וַיַּחֲנוּ בְּיָהְצָה, וַיִּלָּחֶם עִם יִשְׂרָאֵל: וַיִּתֵּן ה' אֱלֹהֵי יִשְׂרָאֵל אֶת סִיחוֹן וְאֶת כָּל עַמּוֹ בְּיַד יִשְׂרָאֵל וַיַּכּוּם, וַיִּירַשׁ יִשְׂרָאֵל אֵת כָּל אֶרֶץ הָאֱמֹרִי יוֹשֵׁב הָאָרֶץ הַהִיא: וַיִּירְשׁוּ אֵת כָּל גְּבוּל הָאֱמֹרִי, מֵאַרְנוֹן וְעַד הַיַּבֹּק וּמִן הַמִּדְבָּר וְעַד הַיַּרְדֵּן:
(כ-כב)

ישראל לחמו בסיחון מלחמת הגנה; סיחון יצא נגדם למלחמה ביוזמתו (והתורה מוסיפה על כך, שמשה שלח לסיחון דברי שלום). סיחון הוכה במלחמה שהייתה באשמתו, ואין כל צורך ליטול מישראל את מה שירשו ממנו.

הטענה השנייה

וְעַתָּה ה' אֱלֹהֵי יִשְׂרָאֵל הוֹרִישׁ אֶת הָאֱמֹרִי מִפְּנֵי עַמּוֹ יִשְׂרָאֵל, וְאַתָּה תִּירָשֶׁנּוּ: הֲלֹא אֵת אֲשֶׁר יוֹרִישְׁךָ כְּמוֹשׁ אֱלֹהֶיךָ – אוֹתוֹ תִירָשׁ, וְאֵת כָּל אֲשֶׁר הוֹרִישׁ ה' אֱלֹהֵינוּ מִפָּנֵינוּ – אוֹתוֹ נִירָשׁ:
(כג-כד)

האל, בורא השמיים ורוקע הארץ, הוא המעניק ארצות לעמים. דבר זה אינו בסמכותו של בשר ודם. סיחון הוכה בדרך כה חד־משמעית בניסי נחל ארנון (שפורטו בספר מלחמות ה' – במדבר כא, יד-טז), ויד ה' ברורה במהלך זה. ה' נתן לישראל את ארצו של סיחון ולא לבני עמון ומואב. ה' מקבל בטענת יפתח את תפקיד אב בית הדין הבינלאומי, הקובע את גבולותיהם החוקיים של עמי העולם.[9]

הטענה השלישית

וְעַתָּה הֲטוֹב טוֹב אַתָּה מִבָּלָק בֶּן צִפּוֹר מֶלֶךְ מוֹאָב, הֲרוֹב רָב עִם יִשְׂרָאֵל אִם נִלְחֹם נִלְחַם בָּם:
(כה)

9. וכמתואר בשירת 'האזינו': בְּהַנְחֵל עֶלְיוֹן גּוֹיִם בְּהַפְרִידוֹ בְּנֵי אָדָם יַצֵּב גְּבֻלֹת עַמִּים לְמִסְפַּר בְּנֵי יִשְׂרָאֵל (דברים לב, ח).

בלק לא נלחם בישראל; הוא בחר להביא את בלעם, נביא הגויים, כדי שהוא ישלול את זכותם של ישראל על מה שכבשו מסיחון. אולם, בלעם, נביא הגויים, הכיר בזכותם של ישראל על כיבושיהם:

הֶן עָם כְּלָבִיא יָקוּם וְכַאֲרִי יִתְנַשָּׂא לֹא יִשְׁכַּב עַד יֹאכַל טֶרֶף וְדַם חֲלָלִים יִשְׁתֶּה:
(במדבר כג, כד)

אֵל מוֹצִיאוֹ מִמִּצְרַיִם כְּתוֹעֲפֹת רְאֵם לוֹ יֹאכַל גּוֹיִם צָרָיו וְעַצְמֹתֵיהֶם יְגָרֵם וְחִצָּיו יִמְחָץ: כָּרַע שָׁכַב כַּאֲרִי וּכְלָבִיא מִי יְקִימֶנּוּ:
(שם כד, ח-ט)

בכך הוכרע גורל ארצו של סיחון, שהיא של ישראל.

הטענה הרביעית

בְּשֶׁבֶת יִשְׂרָאֵל בְּחֶשְׁבּוֹן וּבִבְנוֹתֶיהָ וּבְעַרְעוֹר וּבִבְנוֹתֶיהָ וּבְכָל הֶעָרִים אֲשֶׁר עַל יְדֵי אַרְנוֹן שְׁלֹשׁ מֵאוֹת שָׁנָה, וּמַדּוּעַ לֹא הִצַּלְתֶּם בָּעֵת הַהִיא:
(כו)

לא ניתן לערער אחרי שנים כה רבות על התיישבותו של עם בארץ שנחל, ולדרוש ממנו לעקור את התיישבותו, את מפעליו ואת נופי ילדותו בגלל היסטוריה רחוקה, שמבחינה מדינית כבר הפכה לפרה־היסטוריה, שחדלה להיות רלוונטית.

הטענה הכוללת

מעל לכל טענותיו של יפתח מרחפת בדבריו הטענה הכוללת: ישראל לא כבשו מעמון ומואב אלא מסיחון, שכבש מהם. הם עצמם לא יכלו להוציא את ארצם מסיחון, וממילא ישראל לא גרמו להם כל עוול. טענה זו נקראה בפי חז"ל: "עמון ומואב טהרו בסיחון" (גיטין לח ע"א). כלומר, אף שנאסרה נחלת בני לוט לבני ישראל, חבלי ארץ אלו 'נטהרו' והותרו לכיבושם של ישראל אחרי שסיחון לקחם מעמון ומואב.

ננסה להבין טענה זו מן הבחינה המשפטית־ההלכתית, ומן הבחינה המוסרית. מן הבחינה המשפטית קובעים כללי התורה, ש"קרקע אינה נגזלת". הגזלן נוטל את החפץ הגזול אליו, אך הקרקע נותרת במקומה, ואין בכוח הגזלן להכניסה אליו. לכן בכל התורה הקרקע אינה נקנית בקנייני גזלה; גם לא בייאוש בעלים עם שינוי רשות

(העברתה לאדם שלישי). אולם הקרקע עוברת לבעלות הגזלן ב"חזקת מלחמה", שהיא בגדר ייאוש גמור, כחפץ שנפל לעומק הנהר ללא אפשרות סבירה להצילו. כשם שייאוש גמור[10] קונה גם במקום שקנייני ייאוש אינם קונים בדרך הטבע, כך קונה גם חזקת כיבוש מלחמה.

נעמוד גם על הבחינה המוסרית. האם מוסרי ליטול מעם חלק מארצו, על ידי כיבושה מעם אחר, שכבש מן העם בעל הקרקע הראשון? קיימת בכך סברה לכאן ולכאן. מצד אחד מהדהדת זעקת העשוק, העם הראשון שארצו נלקחה באלימות; ומצד שני, העם הלוקח את הארץ מן הכובש האלים לא גרם בכך כל עוול לעם הראשון, שהרי לא היה בידו להוציא את האדמה מידי כובשו האלים.

נראה, שבמצב כזה יש לבחון את התנהגותו של העם, שהאדמה נגזלה ממנו, כלפי הכובש האחרון, שכבש את הארץ מיד הכובש הראשון. במקרה דנן, היינו מכריעים מבחינה מוסרית את גורל ארץ סיחון, על פי התנהגותם של בני עמון כלפי בני משפחתם, עם ישראל, שעזב עתה חיי עבדות במצרים ונדודים ארוכים במדבר. בני עמון ומואב התנהגו לעם ישראל בכפיות טובה על כך ששחררו אותם מן השעבוד לסיחון מלך האמורי, ששחררו את בניהם הפליטים ובנותיהם השבויות מידו. הם לא קידמו אותם בלחם ובמים, ושכרו את בלעם לקללם. במצב זה, נכון היה לנהוג עימם במידת הדין ולא ברחמים, ולא להעניק להם את הארץ שנכבשה מסיחון.

הטענה האחרונה

וְאָנֹכִי לֹא חָטָאתִי לָךְ וְאַתָּה עֹשֶׂה אִתִּי רָעָה לְהִלָּחֶם בִּי, יִשְׁפֹּט ה' הַשֹּׁפֵט הַיּוֹם בֵּין בְּנֵי יִשְׂרָאֵל וּבֵין בְּנֵי עַמּוֹן:

(כז)

יפתח טוען, שאינו יכול לשאת עליו עתה את משא ההיסטוריה הכבד, משא בן שלוש מאות שנה. הסכמתו לתביעת מלך בני עמון משמעה עקירת רבבות אנשים מאדמת אבותיהם, והפיכתם לפליטים חסרי בית עם כל בני משפחותיהם. זו תביעה בלתי מוסרית, שתחייב את תושבי גלעד להלחם כשגבם אל הקיר, ומצביאם הוא 'גנרל אין ברירה'. ה' ישפוט את הכופים על אוכלוסיה שלווה ושוחרת שלום את המלחמה הזאת.

10. "זוטו של ים" ו"שלוליתו של נהר" (בבא מציעא כד ע"א), "האבודה ממנו ואינה מצויה אצל כל אדם" (שם כב ע"ב).

ז. הנדר

וַיִּדַּר יִפְתָּח נֶדֶר לַה׳ וַיֹּאמַר, אִם נָתוֹן תִּתֵּן אֶת בְּנֵי עַמּוֹן בְּיָדִי: וְהָיָה הַיּוֹצֵא אֲשֶׁר יֵצֵא מִדַּלְתֵי בֵיתִי לִקְרָאתִי, בְּשׁוּבִי בְשָׁלוֹם מִבְּנֵי עַמּוֹן, וְהָיָה לַה׳ וְהַעֲלִיתִהוּ עוֹלָה: (ל-לא)

בפרק זה נעסוק בנקודה הכאובה בפרשת יפתח – פרשת נדרו על בִּתו. יש צורך לחבר לפסוקים אלו את הנאמר בעקבות ההפטרה:[11]

וַיָּבֹא יִפְתָּח הַמִּצְפָּה אֶל בֵּיתוֹ, וְהִנֵּה בִתּוֹ יֹצֵאת לִקְרָאתוֹ בְּתֻפִּים וּבִמְחֹלוֹת, וְרַק הִיא יְחִידָה אֵין לוֹ מִמֶּנּוּ בֵּן אוֹ בַת: וַיְהִי כִרְאוֹתוֹ אוֹתָהּ וַיִּקְרַע אֶת בְּגָדָיו, וַיֹּאמֶר, אֲהָהּ בִּתִּי הַכְרֵעַ הִכְרַעְתִּנִי וְאַתְּ הָיִית בְּעֹכְרָי, וְאָנֹכִי פָּצִיתִי פִי אֶל ה׳ וְלֹא אוּכַל לָשׁוּב: וַתֹּאמֶר אֵלָיו, אָבִי פָּצִיתָה אֶת פִּיךָ אֶל ה׳, עֲשֵׂה לִי כַּאֲשֶׁר יָצָא מִפִּיךָ, אַחֲרֵי אֲשֶׁר עָשָׂה לְךָ ה׳ נְקָמוֹת מֵאֹיְבֶיךָ מִבְּנֵי עַמּוֹן: וַתֹּאמֶר אֶל אָבִיהָ, יֵעָשֶׂה לִּי הַדָּבָר הַזֶּה, הַרְפֵּה מִמֶּנִּי שְׁנַיִם חֳדָשִׁים וְאֵלְכָה וְיָרַדְתִּי עַל הֶהָרִים, וְאֶבְכֶּה עַל בְּתוּלַי אָנֹכִי וְרֵעוֹתָי: וַיֹּאמֶר, לֵכִי, וַיִּשְׁלַח אוֹתָהּ שְׁנֵי חֳדָשִׁים, וַתֵּלֶךְ הִיא וְרֵעוֹתֶיהָ וַתֵּבְךְּ עַל בְּתוּלֶיהָ עַל הֶהָרִים: וַיְהִי מִקֵּץ שְׁנַיִם חֳדָשִׁים וַתָּשָׁב אֶל אָבִיהָ, וַיַּעַשׂ לָהּ אֶת נִדְרוֹ אֲשֶׁר נָדָר, וְהִיא לֹא יָדְעָה אִישׁ וַתְּהִי חֹק בְּיִשְׂרָאֵל: מִיָּמִים יָמִימָה תֵּלַכְנָה בְּנוֹת יִשְׂרָאֵל לְתַנּוֹת לְבַת יִפְתָּח הַגִּלְעָדִי, אַרְבַּעַת יָמִים בַּשָּׁנָה:

(יא, לד-מ)

מה חשב יפתח כשנדר את נדרו? וכי מה היה סביר יותר מכך שבִּתו תצא לקראתו ותקביל את פניו?! מדוע הוא כה מופתע לרעה כשאכן, זה מה שקרה במציאות?

המדרש מעלה את האפשרות שכוונתו הייתה לבעל חיים:

וַיִּדַּר יִפְתָּח נֶדֶר לַה׳, וְהָיָה הַיּוֹצֵא וגו׳. באותה שעה כעס עליו הקדוש ברוך הוא, אמר הקדוש ברוך הוא: אילו יצא מביתו כלב, או חזיר או גמל – יקריב לפני? זימן לו הקדוש ברוך הוא בתו.

(תנחומא בחוקותי ז)

11. התימנים ממשיכים עד לסוף קטע זה.

אולם, יפתח לא דיבר על יציאה באקראי, אלא על יציאה לקבל את פניו, שזו יציאה של אדם ולא של בעל חיים. יתר על כן: חזיר או גמל לא יצא מדלתי ביתו, אלא ממגוריו בחצר.

נראה, שיפתח היה בטוח שכל בנות גלעד ימתינו לו בקבלת פנים חמה בפתח ביתו, כמו הנשים שיצאו לקראת דוד ושאול אחרי הניצחון על גלית. יפתח ראה את עצמו בוחר את היפה והטובה שבהן, ומביא אותה עולה לה׳. אולם במציאות – שום בת לא יצאה לקראתו אחרי ניצחונו; בני גלעד כפויי הטובה לא היו מעוניינים בו, וקיימו את הבטחתם לעשותו לראש, כאנוסים על פי שבועת הזקנים. היחידה שאהבה אותו ורצתה ביקרו הייתה בִתו, והיא יצאה לקראתו בתופים ובמחולות. אכזבתו של יפתח הייתה אפוא כפולה: הוא הבין שאנשי הגלעד אינם מעוניינים בו, והוא הבין שהוא מפסיד את בִתו, את היחידה שאהבה אותו.

*

מהנחה שהנדר נועד לאדם שייצא לקראתו, מה משמעות נדרו של יפתח, שהיוצא לקראתו יועלה לעולה? ניתן להבין את הנדר כדברי המדרש במעשה העקדה:

> אמר לו הקדוש ברוך הוא: אברהם! לֹא אֲחַלֵּל בְּרִיתִי... (תהלים פט, לה) – וְאֶת בְּרִיתִי אָקִים אֶת יִצְחָק (בראשית יז, כא), בשעה שאמרתי לך: קַח נָא אֶת בִּנְךָ (שם כב, ב) וגו׳. ... וּמוֹצָא שְׂפָתַי לֹא אֲשַׁנֶּה (תהלים שם) – כך אמרתי לך: שחטהו? לא! העלהו!
>
> (בראשית רבה נו)

בהמה המועלית לעולה – יש לשוחטה ולזרוק את דמה על המזבח; אדם המועלה לעולה – מוקדש לה׳ לצורך עבודתו. מבחינה זו, דומה נדרו של יפתח לנדרה של חנה, אימו של שמואל:

> וַתִּדֹּר נֶדֶר וַתֹּאמַר, ה׳ צְבָאוֹת, אִם רָאֹה תִרְאֶה בָּעֳנִי אֲמָתֶךָ וּזְכַרְתַּנִי וְלֹא תִשְׁכַּח אֶת אֲמָתֶךָ, וְנָתַתָּה לַאֲמָתְךָ זֶרַע אֲנָשִׁים, וּנְתַתִּיו לַה׳ כָּל יְמֵי חַיָּיו, וּמוֹרָה לֹא יַעֲלֶה עַל רֹאשׁוֹ:
>
> (שמ"א א, יא)

כך הבינו מספר מפרשים את פשר נדרו של יפתח, שנדר את בִּתו והקדישה לעבודת ה':

והנה היוצא מדלתי ביתו יהיה בהכרח בעל החיים, ואם היה ממין האדם – יהיה לה', ויהיה מיוחד לעבודת הש"י לבד. ואם יהיה זכר, לא יצטרך שיהיה פרוש מן האשה, כי כבר יהיה מיוחד לעבודת הש"י בזולת זה האופן, כמו שנמצא בכהנים ובלוים, ומצאנו ג"כ זה הלשון בשמואל, עם לקחו אשה והולידו בנים ממנה. ואמנם, אם היתה אשה יחוייב שתהיה פרושה מאיש, שאם היה לה בעל לא תהיה מיוחדת לעבודת הש"י... ולזה קרע יפתח את בגדיו בראותו בתו יוצאה לקראתו, כי זה הנדר יחייב שלא תהיה לאיש:
(רלב"ג יא, לא)[12]

אך דעת חז"ל, רש"י והרמב"ן, שיפתח הקריב את בִּתו ממש לקורבן, כבני עמון שכניו שהקריבו את בניהם למולך. הוא לא ידע שהתורה אוסרת זאת בתכלית האיסור.[13] חז"ל דרשו עליו:

וּבָנוּ אֶת בָּמוֹת הַבַּעַל לִשְׂרֹף אֶת בְּנֵיהֶם בָּאֵשׁ עֹלוֹת לַבָּעַל אֲשֶׁר לֹא צִוִּיתִי וְלֹא דִבַּרְתִּי וְלֹא עָלְתָה עַל לִבִּי (ירמיהו יט, ה). אשר לא צויתי – זה בנו של מישע מלך מואב... ולא דברתי – זה יפתח, ולא עלתה על לבי – זה יצחק.
(תענית ד ע"א)

*

חז"ל שאלו, מדוע לא התיר לו פינחס את נדרו:

והלא פנחס היה שם, והוא אמר לֹא אוּכַל לָשׁוּב? אלא, פנחס אמר: אני כהן גדול בן כהן גדל, אשפיל עצמי ואלך אצל עם הארץ? ויפתח אמר: אני ראש

12. כך פירש כאן גם הרד"ק בשם אביו, ונטה להסכים עימו. הרמב"ן מביא פירוש זה בשם ראב"ע בפירושו לויקרא כז, כט ודוחה אותו.

13. אפשר שיד המקרה בדבר ואפשר שהוא בעל משמעות: על פי חשבוני בתרגום לשנים הנוצריות, יפתח חי בתחילת המאה ה־12 לפני סה"נ. בשנים הראשונות של מאה זו הייתה גם מלחמת טרויה. על פי המסופר באיליאדה, הקריב מפקד צבאות היוונים האכאים, אגאממנון, את בתו איפיגניה לארטמיס, אלת הצייד לצורך הצלחתו במלחמה, והיא שיתפה עימו פעולה. בגרסה אחרת של המיתולוגיה, היא הוחלפה ברגע האחרון בצבי לצורך הקרבתו, ואז יש כאן השוואה מוזרה לעקדת יצחק, להבדיל!

שבטי ישראל, ראש הקצינים, אשפיל עצמי ואלך אצל הדיוט? מבין שניהם אבדה ההוא עלובה, ושניהם נתחייבו בדמיה.

(תנחומא בחוקותי ז)

סוגיה זו ארוכה מארץ מידה, ולא נעסוק בה כאן.[14]

14. נפנה את הקורא הרוצה לדון בכך למאמרנו "מה חרי האף הגדול הזה", בספרנו 'המקראות המתחדשים' (אלון שבות תשע"ה), עמ' 72–128. לענייננו עמ' 106–114.

הפטרת בלק

ה ו וְהָיָה שְׁאֵרִית יַעֲקֹב בְּקֶרֶב עַמִּים רַבִּים כְּטַל מֵאֵת יהוה כִּרְבִיבִים עֲלֵי־עֵשֶׂב מיכה
ז אֲשֶׁר לֹא־יְקַוֶּה לְאִישׁ וְלֹא יְיַחֵל לִבְנֵי אָדָם׃ וְהָיָה שְׁאֵרִית יַעֲקֹב בַּגּוֹיִם בְּקֶרֶב
עַמִּים רַבִּים כְּאַרְיֵה בְּבַהֲמוֹת יַעַר כִּכְפִיר בְּעֶדְרֵי־צֹאן אֲשֶׁר אִם עָבַר וְרָמַס
ח ט וְטָרַף וְאֵין מַצִּיל׃ תָּרֹם יָדְךָ עַל־צָרֶיךָ וְכָל־אֹיְבֶיךָ יִכָּרֵתוּ׃ וְהָיָה
י בַיּוֹם־הַהוּא נְאֻם־יהוה וְהִכְרַתִּי סוּסֶיךָ מִקִּרְבֶּךָ וְהַאֲבַדְתִּי מַרְכְּבֹתֶיךָ׃ וְהִכְרַתִּי
יא עָרֵי אַרְצֶךָ וְהָרַסְתִּי כָּל־מִבְצָרֶיךָ׃ וְהִכְרַתִּי כְשָׁפִים מִיָּדֶךָ וּמְעוֹנְנִים לֹא יִהְיוּ־לָךְ׃
יב יג וְהִכְרַתִּי פְסִילֶיךָ וּמַצֵּבוֹתֶיךָ מִקִּרְבֶּךָ וְלֹא־תִשְׁתַּחֲוֶה עוֹד לְמַעֲשֵׂה יָדֶיךָ׃ וְנָתַשְׁתִּי
יד אֲשֵׁירֶיךָ מִקִּרְבֶּךָ וְהִשְׁמַדְתִּי עָרֶיךָ׃ וְעָשִׂיתִי בְּאַף וּבְחֵמָה נָקָם אֶת־הַגּוֹיִם אֲשֶׁר
ו א לֹא שָׁמֵעוּ׃ שִׁמְעוּ־נָא אֵת אֲשֶׁר־יהוה אֹמֵר קוּם רִיב אֶת־הֶהָרִים
ב וְתִשְׁמַעְנָה הַגְּבָעוֹת קוֹלֶךָ׃ שִׁמְעוּ הָרִים אֶת־רִיב יהוה וְהָאֵתָנִים מֹסְדֵי אָרֶץ
ג כִּי רִיב לַיהוה עִם־עַמּוֹ וְעִם־יִשְׂרָאֵל יִתְוַכָּח׃ עַמִּי מֶה־עָשִׂיתִי לְךָ וּמָה הֶלְאֵתִיךָ
ד עֲנֵה בִי׃ כִּי הֶעֱלִתִיךָ מֵאֶרֶץ מִצְרַיִם וּמִבֵּית עֲבָדִים פְּדִיתִיךָ וָאֶשְׁלַח לְפָנֶיךָ אֶת־
ה מֹשֶׁה אַהֲרֹן וּמִרְיָם׃ עַמִּי זְכָר־נָא מַה־יָּעַץ בָּלָק מֶלֶךְ מוֹאָב וּמֶה־עָנָה אֹתוֹ בִּלְעָם
ו בֶּן־בְּעוֹר מִן־הַשִּׁטִּים עַד־הַגִּלְגָּל לְמַעַן דַּעַת צִדְקוֹת יהוה׃ בַּמָּה אֲקַדֵּם יהוה
ז אִכַּף לֵאלֹהֵי מָרוֹם הַאֲקַדְּמֶנּוּ בְעוֹלוֹת בַּעֲגָלִים בְּנֵי שָׁנָה׃ הֲיִרְצֶה יהוה בְּאַלְפֵי
ח אֵילִים בְּרִבְבוֹת נַחֲלֵי־שָׁמֶן הַאֶתֵּן בְּכוֹרִי פִּשְׁעִי פְּרִי בִטְנִי חַטַּאת נַפְשִׁי׃ הִגִּיד
לְךָ אָדָם מַה־טּוֹב וּמָה־יהוה דּוֹרֵשׁ מִמְּךָ כִּי אִם־עֲשׂוֹת מִשְׁפָּט וְאַהֲבַת חֶסֶד
וְהַצְנֵעַ לֶכֶת עִם־אֱלֹהֶיךָ׃

א. הקשר בין הפרשה להפטרה

הקשר מדבר בעד עצמו. הנביא מזכיר את צדקות ה׳, שלא אבה לשמוע אל בלעם ואל בלק שרצו לקלל את ישראל. להלן נדון בקשר מהותי ועמוק הרבה יותר בין ההפטרה לפרשה.

נתבונן גם בתחילת ההפטרה:

וְהָיָה שְׁאֵרִית יַעֲקֹב בְּקֶרֶב עַמִּים רַבִּים, כְּטַל מֵאֵת ה׳ כִּרְבִיבִים עֲלֵי עֵשֶׂב, אֲשֶׁר לֹא יְקַוֶּה לְאִישׁ וְלֹא יְיַחֵל לִבְנֵי אָדָם:[1]
וְהָיָה שְׁאֵרִית יַעֲקֹב בַּגּוֹיִם בְּקֶרֶב עַמִּים רַבִּים, כְּאַרְיֵה בְּבַהֲמוֹת יַעַר כִּכְפִיר בְּעֶדְרֵי צֹאן, אֲשֶׁר אִם עָבַר וְרָמַס וְטָרַף וְאֵין מַצִּיל:

(ה, ו-ז)

נשווה את הפסוק הראשון לדברי בלעם בפרשתנו במשלו הראשון: הֶן עָם לְבָדָד יִשְׁכֹּן וּבַגּוֹיִם לֹא יִתְחַשָּׁב (במדבר כג, ט). כוונת בלעם מתפרשת בפסוק זה, שעם ישראל לא יהיה תלוי בגויים ובטובותיהם, ויוכל לחיות היטב לבדו, כעשב השותה מן הטל, ואינו זקוק ליד אדם שתטפל בו באמצעות צינור מים או ממטרה. את הפסוק השני נשווה לדבריו במשליו השני ושלישי:

הֶן עָם כְּלָבִיא יָקוּם וְכַאֲרִי יִתְנַשָּׂא לֹא יִשְׁכַּב עַד יֹאכַל טֶרֶף וְדַם חֲלָלִים יִשְׁתֶּה:
(במדבר כג, כד)

אֵל מוֹצִיאוֹ מִמִּצְרַיִם כְּתוֹעֲפֹת רְאֵם לוֹ יֹאכַל גּוֹיִם צָרָיו וְעַצְמֹתֵיהֶם יְגָרֵם וְחִצָּיו יִמְחָץ: כָּרַע שָׁכַב כַּאֲרִי וּכְלָבִיא מִי יְקִימֶנּוּ:
(שם כד, ח-ט)

השוואה זו לפסוקי מיכה מדברת בעד עצמה.

1. רבנו, ראש הישיבה הרב יהודה עמיטל ז״ל, החליף, כשבא לארץ מן המחנות באירופה, את שם משפחתו מ״קליין״ ל״עמיטל״ בגלל הנאמר בפסוק זה.

ב. רקע

הנביא מיכה[2] משובץ בספרי תרי עשר בין יונה ובין נחום. המשותף בין יונה לנחום הוא, שכל נבואתם היא נבואת פורענות על העיר נינווה, בירת אשור, וממילא על אשור כולה. שניהם עוסקים בקשר לכך גם במידותיו של הקב"ה. פסוקיו של ספר יונה מוכרים; נביא מעט מדברי הנביא נחום:

> מַשָּׂא נִינְוֵה סֵפֶר חֲזוֹן נַחוּם הָאֶלְקֹשִׁי: אֵל קַנּוֹא וְנֹקֵם ה׳, נֹקֵם ה׳ וּבַעַל חֵמָה, נֹקֵם ה׳ לְצָרָיו וְנוֹטֵר הוּא לְאֹיְבָיו: ה׳ אֶרֶךְ אַפַּיִם וּגְדָל כֹּחַ, וְנַקֵּה לֹא יְנַקֶּה:

(נחום א, א-ג)

בין יונה לנחום עברו למעלה ממאה שנה. ההבדל הגדול ביניהם הוא, שבספר יונה ה׳ נעתר לתפילתם ולתשובתם של אנשי נינווה, ודחה את פורענותם, למגינת ליבו של הנביא יונה. משבו אל חטאיהם שב הנביא נחום אל נבואת פורענותם, והיא התקיימה כעבור זמן לא ארוך בפלישה המדית לנינווה, ובהשתלטות הבבלית על רוב הממלכה האשורית. חטאיהם של האשורים רבים, אך דומה שעיקר חטאם בין ימי יונה לימי נחום הוא החרבת שומרון וערי ממלכתה, הגליית עשרת השבטים והשמדת עשרות ערים בממלכת יהודה. מסעם זה הסתיים במצור הגדול על ירושלים, שבסיומו, בחג הפסח, הכה מלאך ה׳ את מחנה אשור שליד ירושלים, מאה ושמונים וחמישה אלף איש.

כאמור, בתווך, בין יונה לנחום ניבא מיכה, נביא הפטרתנו. מיכה ניבא בימי התעצמותה של אשור אחרי נבואת יונה, ועיקר נבואתו אחרי גלות שומרון וחורבן ערי יהודה, ובעת המצור הקשה על ירושלים. בנבואתו, מפרק ד ואילך, הוא מתאר את חזון תקומת ירושלים וממלכתה מן החורבן האשורי, ואת מכת הנגד שינחיתו מלכי יהודה על אשור לקראת מה שיתפרש בנחום כמכת חורבנה של אשור:

> וְעָמַד וְרָעָה בְּעֹז ה׳, בִּגְאוֹן שֵׁם ה׳ אֱלֹהָיו, וְיָשָׁבוּ, כִּי עַתָּה יִגְדַּל עַד אַפְסֵי אָרֶץ: וְהָיָה זֶה שָׁלוֹם, אַשּׁוּר כִּי יָבוֹא בְאַרְצֵנוּ וְכִי יִדְרֹךְ בְּאַרְמְנֹתֵינוּ, וַהֲקֵמֹנוּ עָלָיו שִׁבְעָה רֹעִים וּשְׁמֹנָה נְסִיכֵי אָדָם: וְרָעוּ אֶת אֶרֶץ אַשּׁוּר בַּחֶרֶב וְאֶת אֶרֶץ נִמְרֹד בִּפְתָחֶיהָ, וְהִצִּיל מֵאַשּׁוּר כִּי יָבוֹא בְאַרְצֵנוּ וְכִי יִדְרֹךְ בִּגְבוּלֵנוּ:

(ה, ג-ה)

2. מיכה הוא קיצור מהשם מיכיה או מיכיהו, שמשמעו כשם מיכאל, המבטא, בשאלה רטורית, שאין כמו האל. נביאנו מוזכר גם בירמיהו, ושם הכתיב של שמו הוא מיכיה (ירמיהו כו, יח).

הפטרתנו פותחת בפסוקים הבאים מייד אחרי פסוקים אלו.

ג. שארית יעקב

שתי בשורות גאולה בפי הנביא לִשְׁאֵרִית יַעֲקֹב:

א. לֹא יְקַוֶּה לְאִישׁ וְלֹא יְיַחֵל לִבְנֵי אָדָם (ה, ו). הרקע לבשורת גאולה זו הוא חטאו הכבד של חזקיהו מלך יהודה (שבימיו היה חורבנן הגדול של ערי יהודה), חטא ההישענות על פרעה מלך מצרים:

הוֹי הַיֹּרְדִים מִצְרַיִם לְעֶזְרָה, עַל סוּסִים יִשָּׁעֵנוּ וַיִּבְטְחוּ עַל רֶכֶב כִּי רָב וְעַל פָּרָשִׁים כִּי עָצְמוּ מְאֹד, וְלֹא שָׁעוּ עַל קְדוֹשׁ יִשְׂרָאֵל וְאֶת ה׳ לֹא דָרָשׁוּ... וּמִצְרַיִם אָדָם וְלֹא אֵל וְסוּסֵיהֶם בָּשָׂר וְלֹא רוּחַ, וַה׳ יַטֶּה יָדוֹ וְכָשַׁל עוֹזֵר וְנָפַל עָזֻר, וְיַחְדָּו כֻּלָּם יִכְלָיוּן:

(ישעיהו לא, א-ג)

וַיֹּאמֶר אֲלֵיהֶם רַבְשָׁקֵה אִמְרוּ נָא אֶל חִזְקִיָּהוּ... הִנֵּה בָטַחְתָּ עַל מִשְׁעֶנֶת הַקָּנֶה הָרָצוּץ הַזֶּה עַל מִצְרַיִם, אֲשֶׁר יִסָּמֵךְ אִישׁ עָלָיו וּבָא בְכַפּוֹ וּנְקָבָהּ, כֵּן פַּרְעֹה מֶלֶךְ מִצְרַיִם לְכָל הַבֹּטְחִים עָלָיו:

(שם לו, ד-ו)

הנביא מיכה מבשר על היום, שבו שארית יעקב תדע שתשועתה מה׳, ולא תקווה לתשועת אדם.

ב. אֲשֶׁר אִם עָבַר וְרָמַס וְטָרַף וְאֵין מַצִּיל (ה, ז). שארית יעקב יהיו כאריה וכפיר בין הבהמות, כלומר – שליטים חזקים, המדבירים את אויביהם תחתם.

ד. ביום ההוא

וְהָיָה בַיּוֹם הַהוּא נְאֻם ה׳, וְהִכְרַתִּי סוּסֶיךָ מִקִּרְבֶּךָ וְהַאֲבַדְתִּי מַרְכְּבֹתֶיךָ: וְהִכְרַתִּי עָרֵי אַרְצֶךָ, וְהָרַסְתִּי כָּל מִבְצָרֶיךָ: וְהִכְרַתִּי כְשָׁפִים מִיָּדֶךָ, וּמְעוֹנְנִים לֹא יִהְיוּ לָךְ: וְהִכְרַתִּי פְסִילֶיךָ וּמַצֵּבוֹתֶיךָ מִקִּרְבֶּךָ, וְלֹא תִשְׁתַּחֲוֶה עוֹד לְמַעֲשֵׂה יָדֶיךָ: וְנָתַשְׁתִּי אֲשֵׁירֶיךָ מִקִּרְבֶּךָ, וְהִשְׁמַדְתִּי עָרֶיךָ: וְעָשִׂיתִי בְּאַף וּבְחֵמָה נָקָם אֶת הַגּוֹיִם, אֲשֶׁר לֹא שָׁמֵעוּ:

(ה, ט-יד)

המפרשים נדחקו (לדעתנו) בביאור פסוקי פורענות אלו בלב נבואת נחמה וישועה. לעניות דעתנו, בפסוקים אלו פונה הנביא אל אשור, אויבתה של ישראל, ומדבר על הפורענות שתבוא עליה, וכך יעשה לכל הגוים אֲשֶׁר לֹא שָׁמֵעוּ. להלן ימשיך מיכה את נבואת הנחמה.

ה. רִיב אֶת הֶהָרִים

שִׁמְעוּ נָא אֵת אֲשֶׁר ה׳ אֹמֵר, קוּם רִיב אֶת הֶהָרִים וְתִשְׁמַעְנָה הַגְּבָעוֹת קוֹלֶךָ: שִׁמְעוּ הָרִים אֶת רִיב ה׳ וְהָאֵתָנִים מֹסְדֵי אָרֶץ, כִּי רִיב לַה׳ עִם עַמּוֹ וְעִם יִשְׂרָאֵל יִתְוַכָּח:

(ו, א-ב)

על מה הריב והוויכוח בין ה׳ לבין ישראל, ומי הם ההרים ה׳שופטים׳ בריב זה בין ה׳ לבין ישראל?

ניתן להניח, שהריב קשור בתוצאות הקשות של הפלישה האשורית ליהודה, ולחורבנן של עשרות הערים, ולכיש בראשן, על ידי סנחריב מלך אשור. פלישה זו הייתה דווקא בימי חזקיהו, שנאמר עליו:

וַיַּעַשׂ הַיָּשָׁר בְּעֵינֵי ה׳, כְּכֹל אֲשֶׁר עָשָׂה דָּוִד אָבִיו: הוּא הֵסִיר אֶת הַבָּמוֹת, וְשִׁבַּר אֶת הַמַּצֵּבֹת, וְכָרַת אֶת הָאֲשֵׁרָה, וְכִתַּת נְחַשׁ הַנְּחֹשֶׁת אֲשֶׁר עָשָׂה מֹשֶׁה, כִּי עַד הַיָּמִים הָהֵמָּה הָיוּ בְנֵי יִשְׂרָאֵל מְקַטְּרִים לוֹ, וַיִּקְרָא לוֹ נְחֻשְׁתָּן: בַּה׳ אֱלֹהֵי יִשְׂרָאֵל בָּטָח, וְאַחֲרָיו לֹא הָיָה כָמֹהוּ בְּכֹל מַלְכֵי יְהוּדָה וַאֲשֶׁר הָיוּ לְפָנָיו: וַיִּדְבַּק בַּה׳ לֹא סָר מֵאַחֲרָיו, וַיִּשְׁמֹר מִצְוֹתָיו אֲשֶׁר צִוָּה ה׳ אֶת מֹשֶׁה:

(מל״ב יח, ג-ו)

לנביאים ישעיהו ומיכה תשובה ארוכה לסיבת הפורענות הגדולה בימי חזקיהו, אך אפשר שלעם היה קשה לקבל זאת, והם טוענים כלפי ה׳ על חוסר הצדק שנעשה להם.

נראה, שההרים ה׳שופטים׳ בוויכוח זה הם ההרים שעליהם הלכו בלק ובלעם שיוזכרו להלן, בעת שניסו לקלל את ישראל מראשי ההרים: בָּמוֹת (בָּעַל), רֹאשׁ הַפִּסְגָּה בִּשְׂדֵה צֹפִים, ורֹאשׁ הַפְּעוֹר הַנִּשְׁקָף עַל פְּנֵי הַיְשִׁימֹן (במדבר כב, מא; כג, יד ו-כח, בהתאמה).

ו. משה, אהרן ומרים

> עַמִּי מֶה עָשִׂיתִי לְךָ, וּמָה הֶלְאֵתִיךָ עֲנֵה בִי: כִּי הֶעֱלִתִיךָ מֵאֶרֶץ מִצְרַיִם וּמִבֵּית עֲבָדִים פְּדִיתִיךָ, וָאֶשְׁלַח לְפָנֶיךָ אֶת מֹשֶׁה אַהֲרֹן וּמִרְיָם:
>
> (ו, ג-ד)

משה ואהרן ידועים לנו כמנהיגי עם ישראל עוד מלכתם יחד אל זקני ישראל בתחילת דרכם, מלכתם יחד אל פרעה, מן המכות שהכו שניהם את המצרים וממקומות רבים במדבר. משה היה המנהיג, ואהרן היה הכוהן הגדול. היכן באה לידי ביטוי מנהיגותה של מרים? מרים הייתה אישה נכבדה, שבתורה נזכרו מותה וקבורתה, והעם התעכב עד שתחלים מצרעתה בנסיעתו במדבר. אנו יודעים, שהיא הנהיגה את הנשים בשירת הים בתופים ובמחולות, וכן את רעיונה הפיקחי להשיב את משה, שנמצא ביאור על ידי בת פרעה, אל אימו. על מנהיגותה את עם ישראל לא שמענו, אף שהרמב״ם הבין זאת כדבר פשוט, לפחות לגבי גדלות נבואתה יחסית לכל הנביאים האחרים:

> ועל זה הענין רמזו החכמים במות משה אהרן ומרים, ששלשתם מתו בנשיקה, שאמרו וַיָּמָת שָׁם מֹשֶׁה עֶבֶד ה׳ בְּאֶרֶץ מוֹאָב עַל פִּי ה׳ (דברים לד, ה), מלמד שמת בנשיקה, וכן נאמר באהרן עַל פִּי ה׳ וַיָּמָת שָׁם (במדבר לג, לח), וכן במרים אמרו אף היא בנשיקה מתה... וזה המין מן המיתה אשר הוא המלט מן המות על דרך האמת, לא זכרו החכמים ז״ל שהגיעה רק למשה ואהרן ומרים, אבל שאר הנביאים והחסידים הם למטה מזה.
>
> (מורה הנבוכים ג, נא)

עצם גדלותם של שלושת האחים מצביעה על אהבה מיוחדת ומוצדקת של ה׳ לעמרם וליוכבד, שמכוחה זכו שלושת ילדיהם לגדלותם. על עמרם ועל יוכבד אנו יודעים מעט; חז״ל מספרים לנו על עמרם, שמעולם לא חטא, ושהיה גדול הדור במצרים.[3] דברי חז״ל על יוכבד ותרומתה לגאולה ידועים יותר. עם זאת, אפשר שמנהיגותה של מרים באה לידי ביטוי בבנה, חור.[4] חור עלה עם משה ואהרן לראש הגבעה במלחמת עמלק. כשמשה עלה להר סיני, הוא הפקיד את הנהגת העם בידי אהרן וחור:

3. ראו שבת נה ע״ב וסוטה יב ע״א.
4. המדרש (שמות רבה א, יז) אומר שחור הוא בנה של מרים.

וְאֶל הַזְּקֵנִים אָמַר, שְׁבוּ לָנוּ בָזֶה עַד אֲשֶׁר נָשׁוּב אֲלֵיכֶם, וְהִנֵּה אַהֲרֹן וְחוּר עִמָּכֶם – מִי בַעַל דְּבָרִים יִגַּשׁ אֲלֵהֶם:

(שמות כד, יד)

בהמשך הדרך לא שמענו דבר על חור. חז"ל מספרים לנו, שנהרג על ידי עובדי העגל כשמחה בידם.[5] כוחו כמנהיג היה מכוח אימו מרים, אחותם הנביאה של משה ואהרן.

ז. עצת בלק ומענה בלעם

עַמִּי זְכָר נָא מַה יָּעַץ בָּלָק מֶלֶךְ מוֹאָב וּמֶה עָנָה אֹתוֹ בִּלְעָם בֶּן בְּעוֹר, מִן הַשִּׁטִּים עַד הַגִּלְגָּל לְמַעַן דַּעַת צִדְקוֹת ה':

(ו, ה)

הנביא מיכה בא ללמד 'סנגוריה' על הקב"ה בריבו עם ישראל. מכל החסדים הגדולים, שעשה ה' עם ישראל, מצא מיכה דווקא את זה שה' הציל אותם מקללת בלעם. מדוע?[6]

נראה, שכאן טמון הקשר המהותי העמוק בין פרשתנו להפטרתה, לנבואת מיכה. התורה האריכה במעשה בלעם ובלק לכל פרטיו הרבה מעבר למה שהאריכה בישועות אחרות, הנראות גדולות ממנו. דומה שהתורה באה ללמדנו דבר נוסף:

הקורא עשוי לתמוה על בלעם. בלעם, שידע היטב, שאין ברצונו של הקב"ה לקלל את ישראל, וידע היטב, שה' ישים את הדברים בפיו, והוא לא יוכל לומר את מה שירצה. מה גרם לו אפוא ללכת אחרי עצת בלק ולהתבזות לעיני כול?

נראה בבירור מן המעשה, שבלעם האמין, כי אף שאין הקב"ה חפץ בקללתם של ישראל, הוא, בלעם, יצליח לשכנע את הקב"ה להסכים לקללתם, לפחות בדיעבד, אם יקבל בתמורה לכך קורבנות רבים ומהודרים. התורה מדגישה פעם אחר פעם את דרישת בלעם להקריב פר ואיל בכל אחד משבעת המזבחות, שנבנו בכל מקום ומקום, ובסך הכול ארבעים ושניים קורבנות.

הפרשה מרחיבה על כך כדי להבהיר לנו, שקורבנות, על כל חביבותם וככל שיהיו רבים, לא יביאו להסכמת הקב"ה לעשיית עוול, וקללת ישראל הייתה עוול. מיכה מזכיר דווקא זאת כדי לומר את המשך דבריו:

5. ראו שמות רבה מח, ג.
6. אכן, התורה רואה בהצלה זו ביטוי מיוחד של אהבת ה' לישראל, כאמור: וְלֹא אָבָה ה' אֱלֹהֶיךָ לִשְׁמֹעַ אֶל בִּלְעָם, וַיַּהֲפֹךְ ה' אֱלֹהֶיךָ לְּךָ אֶת הַקְּלָלָה לִבְרָכָה, כִּי אֲהֵבְךָ ה' אֱלֹהֶיךָ (דברים כג, ו). ועדיין שאלתנו לא באה על פתרונה.

בַּמָּה אֲקַדֵּם ה׳ אִכַּף לֵאלֹהֵי מָרוֹם, הַאֲקַדְּמֶנּוּ בְעוֹלוֹת בַּעֲגָלִים בְּנֵי שָׁנָה: הֲיִרְצֶה ה׳ בְּאַלְפֵי אֵילִים בְּרִבְבוֹת נַחֲלֵי שָׁמֶן, הַאֶתֵּן בְּכוֹרִי פִּשְׁעִי פְּרִי בִטְנִי חַטַּאת נַפְשִׁי: הִגִּיד לְךָ אָדָם מַה טּוֹב וּמָה ה׳ דּוֹרֵשׁ מִמְּךָ, כִּי אִם עֲשׂוֹת מִשְׁפָּט וְאַהֲבַת חֶסֶד וְהַצְנֵעַ לֶכֶת עִם אֱלֹהֶיךָ:

(שם, ו-ח)

הקורבנות, עם כל חביבותם, אינם תחליף לעשיית משפט, לאהבת חסד ולצניעות, בשום פנים. בערכים אלו יש להתרכז, לפני שמרצים אותו יתברך בקורבנות.

הפטרת פינחס

יח מו וְיַד־יהוה הָיְתָה אֶל־אֵלִיָּהוּ וַיְשַׁנֵּס מָתְנָיו וַיָּרׇץ לִפְנֵי אַחְאָב עַד־בֹּאֲכָה יִזְרְעֶאלָה׃ מלכ
יט א וַיַּגֵּד אַחְאָב לְאִיזֶבֶל אֵת כׇּל־אֲשֶׁר עָשָׂה אֵלִיָּהוּ וְאֵת כׇּל־אֲשֶׁר הָרַג אֶת־כׇּל־
ב הַנְּבִיאִים בֶּחָרֶב׃ וַתִּשְׁלַח אִיזֶבֶל מַלְאָךְ אֶל־אֵלִיָּהוּ לֵאמֹר כֹּה־יַעֲשׂוּן אֱלֹהִים
ג וְכֹה יוֹסִפוּן כִּי־כָעֵת מָחָר אָשִׂים אֶת־נַפְשְׁךָ כְּנֶפֶשׁ אַחַד מֵהֶם׃ וַיַּרְא וַיָּקׇם
ד וַיֵּלֶךְ אֶל־נַפְשׁוֹ וַיָּבֹא בְּאֵר שֶׁבַע אֲשֶׁר לִיהוּדָה וַיַּנַּח אֶת־נַעֲרוֹ שָׁם׃ וְהוּא־הָלַךְ
בַּמִּדְבָּר דֶּרֶךְ יוֹם וַיָּבֹא וַיֵּשֶׁב תַּחַת רֹתֶם אֶחָד וַיִּשְׁאַל אֶת־נַפְשׁוֹ לָמוּת וַיֹּאמֶר
ה רַב עַתָּה יהוה קַח נַפְשִׁי כִּי לֹא־טוֹב אָנֹכִי מֵאֲבֹתָי׃ וַיִּשְׁכַּב וַיִּישַׁן תַּחַת רֹתֶם
ו אֶחָד וְהִנֵּה־זֶה מַלְאָךְ נֹגֵעַ בּוֹ וַיֹּאמֶר לוֹ קוּם אֱכוֹל׃ וַיַּבֵּט וְהִנֵּה מְרַאֲשֹׁתָיו עֻגַת
ז רְצָפִים וְצַפַּחַת מָיִם וַיֹּאכַל וַיֵּשְׁתְּ וַיָּשׇׁב וַיִּשְׁכָּב׃ וַיָּשׇׁב מַלְאַךְ יהוה שֵׁנִית וַיִּגַּע־בּוֹ
ח וַיֹּאמֶר קוּם אֱכֹל כִּי רַב מִמְּךָ הַדָּרֶךְ׃ וַיָּקׇם וַיֹּאכַל וַיִּשְׁתֶּה וַיֵּלֶךְ בְּכֹחַ הָאֲכִילָה
ט הַהִיא אַרְבָּעִים יוֹם וְאַרְבָּעִים לַיְלָה עַד הַר הָאֱלֹהִים חֹרֵב׃ וַיָּבֹא־שָׁם אֶל־
י הַמְּעָרָה וַיָּלֶן שָׁם וְהִנֵּה דְבַר־יהוה אֵלָיו וַיֹּאמֶר לוֹ מַה־לְּךָ פֹה אֵלִיָּהוּ׃ וַיֹּאמֶר
קַנֹּא קִנֵּאתִי לַיהוה אֱלֹהֵי צְבָאוֹת כִּי־עָזְבוּ בְרִיתְךָ בְּנֵי יִשְׂרָאֵל אֶת־מִזְבְּחֹתֶיךָ
הָרָסוּ וְאֶת־נְבִיאֶיךָ הָרְגוּ בֶחָרֶב וָאִוָּתֵר אֲנִי לְבַדִּי וַיְבַקְשׁוּ אֶת־נַפְשִׁי לְקַחְתָּהּ׃
יא וַיֹּאמֶר צֵא וְעָמַדְתָּ בָהָר לִפְנֵי יהוה וְהִנֵּה יהוה עֹבֵר וְרוּחַ גְּדוֹלָה וְחָזָק מְפָרֵק
הָרִים וּמְשַׁבֵּר סְלָעִים לִפְנֵי יהוה לֹא בָרוּחַ יהוה וְאַחַר הָרוּחַ רַעַשׁ לֹא בָרַעַשׁ
יב יג יהוה׃ וְאַחַר הָרַעַשׁ אֵשׁ לֹא בָאֵשׁ יהוה וְאַחַר הָאֵשׁ קוֹל דְּמָמָה דַקָּה׃ וַיְהִי
כִּשְׁמֹעַ אֵלִיָּהוּ וַיָּלֶט פָּנָיו בְּאַדַּרְתּוֹ וַיֵּצֵא וַיַּעֲמֹד פֶּתַח הַמְּעָרָה וְהִנֵּה אֵלָיו קוֹל
יד וַיֹּאמֶר מַה־לְּךָ פֹה אֵלִיָּהוּ׃ וַיֹּאמֶר קַנֹּא קִנֵּאתִי לַיהוה אֱלֹהֵי צְבָאוֹת כִּי־עָזְבוּ
בְרִיתְךָ בְּנֵי יִשְׂרָאֵל אֶת־מִזְבְּחֹתֶיךָ הָרָסוּ וְאֶת־נְבִיאֶיךָ הָרְגוּ בֶחָרֶב וָאִוָּתֵר אֲנִי
טו לְבַדִּי וַיְבַקְשׁוּ אֶת־נַפְשִׁי לְקַחְתָּהּ׃ וַיֹּאמֶר יהוה אֵלָיו לֵךְ שׁוּב לְדַרְכְּךָ
טז מִדְבַּרָה דַמָּשֶׂק וּבָאתָ וּמָשַׁחְתָּ אֶת־חֲזָאֵל לְמֶלֶךְ עַל־אֲרָם׃ וְאֵת יֵהוּא בֶן־

נִמְשִׁי תִּמְשַׁח לְמֶלֶךְ עַל־יִשְׂרָאֵל וְאֶת־אֱלִישָׁע בֶּן־שָׁפָט מֵאָבֵל מְחוֹלָה תִּמְשַׁח
יז לְנָבִיא תַּחְתֶּיךָ: וְהָיָה הַנִּמְלָט מֵחֶרֶב חֲזָאֵל יָמִית יֵהוּא וְהַנִּמְלָט מֵחֶרֶב יֵהוּא
יח יָמִית אֱלִישָׁע: וְהִשְׁאַרְתִּי בְיִשְׂרָאֵל שִׁבְעַת אֲלָפִים כָּל־הַבִּרְכַּיִם אֲשֶׁר לֹא־כָרְעוּ
יט לַבַּעַל וְכָל־הַפֶּה אֲשֶׁר לֹא־נָשַׁק לוֹ: וַיֵּלֶךְ מִשָּׁם וַיִּמְצָא אֶת־אֱלִישָׁע בֶּן־שָׁפָט
וְהוּא חֹרֵשׁ שְׁנֵים־עָשָׂר צְמָדִים לְפָנָיו וְהוּא בִּשְׁנֵים הֶעָשָׂר וַיַּעֲבֹר אֵלִיָּהוּ אֵלָיו
כ וַיַּשְׁלֵךְ אַדַּרְתּוֹ אֵלָיו: וַיַּעֲזֹב אֶת־הַבָּקָר וַיָּרָץ אַחֲרֵי אֵלִיָּהוּ וַיֹּאמֶר אֶשְּׁקָה־נָּא
כא לְאָבִי וּלְאִמִּי וְאֵלְכָה אַחֲרֶיךָ וַיֹּאמֶר לוֹ לֵךְ שׁוּב כִּי מֶה־עָשִׂיתִי לָךְ: וַיָּשָׁב מֵאַחֲרָיו
וַיִּקַּח אֶת־צֶמֶד הַבָּקָר וַיִּזְבָּחֵהוּ וּבִכְלִי הַבָּקָר בִּשְּׁלָם הַבָּשָׂר וַיִּתֵּן לָעָם וַיֹּאכֵלוּ
וַיָּקָם וַיֵּלֶךְ אַחֲרֵי אֵלִיָּהוּ וַיְשָׁרְתֵהוּ:

הפטרה זו נדירה מאוד,[1] והיא נקראת רק כאשר פרשת פינחס אינה חלה בימי בין המצרים (ואף אם היא חלה בי"ז בתמוז, כיון שהצום וימי בין המצרים נדחים לי"ח בתמוז), ואז מפרידים את פרשיות מטות ומסעי, ואין קוראים בה מהפטרות שבתות הפורענות.

א. הקשר בין הפרשה להפטרה

יש לדמות בדברים רבים (ועל חלקם נעמוד) את קנאת אליהו לקנאת פינחס, שהתורה משבחת אותה בתחילת פרשתנו. קנאה זו היא בסיס הקשר בין הפרשה להפטרה.

פִּינְחָס בֶּן אֶלְעָזָר בֶּן אַהֲרֹן הַכֹּהֵן הֵשִׁיב אֶת חֲמָתִי מֵעַל בְּנֵי יִשְׂרָאֵל, בְּקַנְאוֹ אֶת קִנְאָתִי בְּתוֹכָם:

(במדבר כה, יא)

וַיֹּאמֶר קַנֹּא קִנֵּאתִי לַה' אֱלֹהֵי צְבָאוֹת...

(יט, יד)

יתר על כן מספר מדרשים (מאוחרים) מזהים מחמת קנאה זו את אליהו עם פינחס:

רבי אליעזר אומר קרא שמו של פנחס בשמו אליה, אליהו:

(פרקי דרבי אליעזר [היגר] מו)

1. לכן, למרות אורכם של דברינו, לא המלצנו לפני הקורא לחלק את קריאת דברינו לשנים שונות.

פנחס הוא אליהו.

(זוהר כי תשא קצ ע"א)

אליהו קום אפתח עמי בפקודין דאנת הוא עוזר לי בכל סטרא דהא עלך אתמר בקדמיתא פנחס בן אלעזר בן אהרן הכהן.[2]

(רעיא מהימנא נשוא קכד ע"א)

השוואות אלו מעלות דווקא את הניגוד, המשווע, בין שני האישים וקנאתם, ואת התמיהה על ניגוד זה. התורה משבחת את קנאת פינחס, ומציינת שהצילה את עם ישראל מכיליון:

פִּינְחָס בֶּן אֶלְעָזָר בֶּן אַהֲרֹן הַכֹּהֵן הֵשִׁיב אֶת חֲמָתִי מֵעַל בְּנֵי יִשְׂרָאֵל, בְּקַנְאוֹ אֶת קִנְאָתִי בְּתוֹכָם, וְלֹא כִלִּיתִי אֶת בְּנֵי יִשְׂרָאֵל בְּקִנְאָתִי:

(במדבר כה, יא)

ה׳ כורת עם פינחס ברית שלום, לו ולזרעו אחריו, מחמת קנאה זו. אצל אליהו לעומתו, נראה שהקנאה מקבלת ציון נמוך יותר:

וַיֹּאמֶר, קַנֹּא קִנֵּאתִי לַה׳ אֱלֹהֵי צְבָאוֹת, כִּי עָזְבוּ בְרִיתְךָ בְּנֵי יִשְׂרָאֵל; אֶת מִזְבְּחֹתֶיךָ הָרָסוּ, וְאֶת נְבִיאֶיךָ הָרְגוּ בֶחָרֶב, וָאִוָּתֵר אֲנִי לְבַדִּי – וַיְבַקְשׁוּ אֶת נַפְשִׁי לְקַחְתָּהּ: וַיֹּאמֶר ה׳ אֵלָיו, לֵךְ שׁוּב לְדַרְכְּךָ מִדְבַּרָה דַמָּשֶׂק, וּבָאתָ וּמָשַׁחְתָּ אֶת חֲזָאֵל לְמֶלֶךְ עַל אֲרָם: וְאֵת יֵהוּא בֶן נִמְשִׁי תִּמְשַׁח לְמֶלֶךְ עַל יִשְׂרָאֵל, וְאֶת אֱלִישָׁע בֶּן שָׁפָט מֵאָבֵל מְחוֹלָה תִּמְשַׁח לְנָבִיא תַּחְתֶּיךָ: וְהָיָה הַנִּמְלָט מֵחֶרֶב חֲזָאֵל – יָמִית יֵהוּא, וְהַנִּמְלָט מֵחֶרֶב יֵהוּא – יָמִית אֱלִישָׁע: וְהִשְׁאַרְתִּי בְיִשְׂרָאֵל שִׁבְעַת אֲלָפִים; כָּל הַבִּרְכַּיִם אֲשֶׁר לֹא כָרְעוּ לַבַּעַל, וְכָל הַפֶּה אֲשֶׁר לֹא נָשַׁק לוֹ:

(יט, יד-יח)

ה׳ עונה לאליהו בשתיים: א. קנאתו לא הצילה את ישראל, והפורענות הקשה תובא עליהם. ב. אליהו יועבר מתפקידו של נביא, והתפקיד יינתן לאלישע במקומו.

מדוע לא הועילה קנאתו של אליהו לעם ישראל, ומדוע לא שיבחו ה׳ עליה? תשובה לכך תעלה מדברינו להלן.

2. תרגום חופשי: אליהו! קום פתח עמי בצווים, שאתה עוזר לי בכל צד, שהרי עליך נאמר בעבר: פִּינְחָס בֶּן אֶלְעָזָר בֶּן אַהֲרֹן הַכֹּהֵן (במדבר כה, יא).

ב. רקע

נבואתנו היא מפרקי אליהו, העשויים להוות יחידה נבואית עצמאית בספר מלכים (מל"א יז-יט; כא ומל"ב א-ב1). בפרק יז גזר אליהו, בשבועה בשם ה', על רעב ובצורת קשה מאוד על הארץ, בגלל חטאי העבודה הזרה של אחאב ואנשיו, שהביאו את עבודת הבעל והאשרה לישראל. בפרק יח,[3] עם ההכנות להשיב את המטר על האדמה, תובע אליהו מאחאב לקבוץ את נביאי הבעל והאשרה להר הכרמל, ולהביא את כל ישראל למה שייקרא מאוחר יותר 'מעמד הר הכרמל'. במעמד זה מציע אליהו מבחן, באש שתרד מן השמיים לאכול את הקורבן, מבחן שיקבע מיהו האלוהים – ה' אלוהי ישראל או חלילה, הבעל הכנעני. ה' נענה לתפילת אליהו ומוריד אש מן השמיים לאכול את קורבנו של אליהו, והעם מקבל בתרועה את ה' לאלוהים. אליהו מוריד עם העם את כל נביאי הבעל לנחל קישון, ושוחט אותם שם. אחר כך הוא עולה ומתפלל לה' שישיב את הגשמים, וה' נענה לו. גשם עז מתחיל לרדת, ואחאב נוסע אל ביתו שביזרעאל מפני הגשם הגדול. כאן, בנסיעה זו ליזרעאל, פותחת הפטרתנו.

ג. חולקים כבוד למלכות

חז"ל למדו מאליהו המשנס מותניו ורץ לפני מרכבתו של אחאב, שחולקים כבוד למלכות:

> א"ר ינאי: לעולם תהא אימת מלכות עליך... רבי יוחנן אמר, מהכא: וְיַד ה' הָיְתָה אֶל אֵלִיָּהוּ וַיְשַׁנֵּס מָתְנָיו וַיָּרָץ לִפְנֵי אַחְאָב (יח, מו).
> (זבחים קב ע"א ומנחות צח ע"א,
> וכן מכילתא דר"י בא, מסכתא דפסחא, יג)

אכן, אליהו נראה כאן כאחד מנערי אבשלום או נערי אדוניה, הרצים לפני מרכבת אדוניהם.[4] ממקור זה, לכאורה ניתן ללמוד את הצורך לחלוק כבוד למלכות ללא קשר למעשיה, שהרי אחאב עשה הרע בעיני ה' מכל מלכי ישראל אשר היו לפניו,[5] ועם כל זה חלק לו אליהו כבוד. ולא היא!

אכן, על אחאב נאמרו דברים קשים מאוד, אך במעשה שלפנינו אחאב ציית

3. עסקנו בו בהרחבה בהפטרת כי תשא. עיי"ש.
4. ראו שמ"ב טו, א ומל"א א, ה.
5. ראו הפסוקים במל"א טז, ל-לג, המתארים את חטאות אחאב.

לדרישת אליהו לקבוץ את כל נביאי הבעל ונביאי האשרה להר הכרמל, והסכים להתמודדות בין אליהו ובינם לעיני כל העם בשאלה ׳מי האלוהים׳. יש להניח, שאחאב ענה יחד עם כל העם: ה׳ הוּא הָאֱלֹהִים. אחאב הסכים, לפחות בשתיקה, לקנאתו של אליהו, ששחט את כל נביאי הבעל אל נחל קישון.[6]

נראה, שריצתו של אליהו לפני מרכבתו של אחאב בגשם הכבד, מהכרמל עד יזרעאל, לא דמתה לריצתם של נערי אבשלום לפני מרכבת אדוניהם. אליהו מלווה את אחאב אל יזרעאל, כדי לתמוך בו בעת שאחאב ישלים את מלאכתו של אליהו, ששחט את נביאי הבעל, ויסלק את איזבל מארמונו. בכך הוא יאפשר למהפכה התודעתית שהעם עבר במעמד הר הכרמל לקרום עור וגידים, ולהשיב את העם לעבודת ה׳.

משתי סיבות אליהו אינו יכול לעשות זאת במקום אחאב, וכמו שעשה לנביאי הבעל בעזרת העם:

א. כנראה אין לו אפשרות מעשית להוציא את איזבל מארמונה, המבוצר ומאובטח בידי נאמניה.

ב. עיקר הדבר: סיום מלאכת ביעור הבעל ועובדיו לא יכול להיעשות על ידי נביא ה׳ ושליחו. הוא חייב להיעשות על ידי עם ישראל ונציגו, שהוא המלך. החוטא צריך לתקן את מעשיו, ולא שנביא ה׳ יעשה זאת במקומו. אליהו מלווה את אחאב, ומחזק אותו בנוכחותו להמשיך את המעשה הגדול, אך בחצר ביתו הוא נפרד ממנו. מכאן המלך יהיה לבדו במעשה הגדול, והנביא לא יוכל אלא להתפלל עליו מבחוץ.

אחאב כשל במשימה זו. בעת עומדו לפני איזבל, המלכה התַקיפה (שהחזיקה את

6. במדרש על הצורך לחלוק כבוד למלכות מובאות דוגמות נוספות לגדולי ישראל שחלקו כבוד למלכות, אך גם בביאורן נראה שחלקו כבוד למלכים מחמת היענותם לרצון ה׳: משה חלק כבוד לפרעה שעה קלה לפני מכת בכורות, משום שהתממשה ציפייתו מפרעה, שפרעה ישלח את בני ישראל עם צאנם ועם בקרם ועם כל כלי הכסף וכלי הזהב שישאלו מן המצרים לצורך הליכתם. יוסף חלק כבוד לפרעה בשעה שהלה מינה אותו לתפקידו הרם, מכוח הכבוד שנתן פרעה לרוח אלוהים הנמצאת ביוסף, ולאלוהים עצמו, שהודיע אותו את העתיד לקרות. יעקב חלק כבוד ליוסף, אחרי שנשבע לו שיעשה כדברו ויקברנו עם אבותיו. חנניה, מישאל ועזריה חלקו כבוד לנבוכדנאצר, כששב נבוכדנאצר מהתגרותו במלך עולמים, ושיבחו בעליל לפני כל האומות. גם דניאל חלק כבוד לדריווש, בעת שתיקן את המעשה המרושע של שריו ועבדיו בהשלכת דניאל לגוב האריות.
לא נתעלם מכך שרבי ינאי ורבי יוחנן קוראים בדבריהם לחלוק כבוד למלכות הרשע הרומאית. אנו משערים שזה נעשה מסיבות טקטיות, כדי שעם ישראל יינצל מעונשה.

אחאב, את צבאו ואת ממלכתו בכסף של אביה, אתבעל מלך צידון), הוא קיבל פיק ברכיים, עבר לצד שלה, וטען לפניה שאין לו חלק במעשה אליהו בנביאי הבעל:

וַיַּגֵּד אַחְאָב לְאִיזֶבֶל אֵת כָּל אֲשֶׁר עָשָׂה אֵלִיָּהוּ, וְאֵת כָּל אֲשֶׁר הָרַג אֶת כָּל הַנְּבִיאִים בֶּחָרֶב:

(יט, א)

איזבל הגיבה בהתאם:

וַתִּשְׁלַח אִיזֶבֶל מַלְאָךְ אֶל אֵלִיָּהוּ לֵאמֹר, כֹּה יַעֲשׂוּן אֱלֹהִים וְכֹה יוֹסִפוּן, כִּי כָעֵת מָחָר אָשִׂים אֶת נַפְשְׁךָ כְּנֶפֶשׁ אַחַד מֵהֶם:

(שם, ב)

ד. תחת הרותם

וַיַּרְא וַיָּקָם וַיֵּלֶךְ אֶל נַפְשׁוֹ, וַיָּבֹא בְּאֵר שֶׁבַע אֲשֶׁר לִיהוּדָה, וַיַּנַּח אֶת נַעֲרוֹ שָׁם:
וְהוּא הָלַךְ בַּמִּדְבָּר דֶּרֶךְ יוֹם, וַיָּבֹא וַיֵּשֶׁב תַּחַת רֹתֶם אֶחָד, וַיִּשְׁאַל אֶת נַפְשׁוֹ לָמוּת,
וַיֹּאמֶר: רַב עַתָּה ה׳ קַח נַפְשִׁי, כִּי לֹא טוֹב אָנֹכִי מֵאֲבֹתָי:

(יט, ג-ד)

לכאורה, בורח אליהו מאימתה של איזבל, שאיימה להורגו על כך ששחט את נביאיה בנחל קישון. אולם, אליהו מבקש מה׳ להמיתו, משמע – הוא לא פחד על חייו. אילו פחד על חייו, די היה במעברו לארץ יהודה, אל מלכותו של יהושפט הצדיק, שוודאי היה מגן עליו, אך הוא הולך למדבר. יציאתו למדבר, ישיבתו תחת רותם ובקשתו מאת ה׳: קַח נַפְשִׁי מזכירים את יונה הנביא, העתיד להינבא כשני דורות אחרי אליהו, כשיצא מנינווה למדבר, ישב תחת קיקיון ושאל את נפשו למות:

וְעַתָּה ה׳ קַח נָא אֶת נַפְשִׁי מִמֶּנִּי, כִּי טוֹב מוֹתִי מֵחַיָּי:
וַיִּשְׁאַל אֶת נַפְשׁוֹ לָמוּת, וַיֹּאמֶר, טוֹב מוֹתִי מֵחַיָּי:

(יונה ד, ג; ח)

חז״ל ראו קשר בין יונה לאליהו. במדרשים מופיעה הדעה, שיונה היה בן האישה הצרפית שאליהו החיה אותו:

וַיִּתְמֹדֵד עַל הַיֶּלֶד שָׁלֹשׁ פְּעָמִים, וַיִּקְרָא אֶל ה׳ וַיֹּאמַר, ה׳ אֱלֹהָי! תָּשָׁב נָא נֶפֶשׁ הַיֶּלֶד הַזֶּה עַל קִרְבּוֹ, וַיִּשְׁמַע ה׳ בְּקוֹל אֵלִיָּהוּ, וַתָּשָׁב נֶפֶשׁ הַיֶּלֶד עַל קִרְבּוֹ וַיֶּחִי: וַיִּקַּח אֵלִיָּהוּ אֶת הַיֶּלֶד, וַיֹּרִדֵהוּ מִן הָעֲלִיָּה הַבַּיְתָה, וַיִּתְּנֵהוּ לְאִמּוֹ וַיֹּאמֶר אֵלִיָּהוּ, רְאִי חַי בְּנֵךְ: וַתֹּאמֶר הָאִשָּׁה אֶל אֵלִיָּהוּ, עַתָּה זֶה יָדַעְתִּי כִּי אִישׁ אֱלֹהִים אָתָּה, וּדְבַר ה׳ בְּפִיךָ אֱמֶת:

(יז, כא-כד)

נביא מדרש מפורט בעניין זה מהזוהר:

ד״א מי עלה שמים דא אליהו, וירד דא יונה דנחת ליה נונא גו תהומי לעמקי ימא, יונה מחילא דאליהו קא אתא, אליהו סליק יונה נחית, דא שאיל נפשיה למימת ודא שאיל נפשיה למימת ובגין כך אקרי בן אמתי, וכתיב ודבר יי׳ בפיך אמת.[7]

(זוהר ויקהל קצז ע״א)

ההשוואה העיקרית בין שני הנביאים בפרשה זו היא תחושת הכישלון של שליחותם. יונה רצה לבשר לנינווה בירת אשור על חורבנה, וה׳ ניחם על חורבנה. אליהו רצה לתרגם את המהפכה התודעתית שהעם עבר – בוודאות נוכחות ה׳ בקרבם ובשקר שבבעל הכנעני – להשמדת עבודת הבעל מישראל, ופנייתם מחדש לעבודת ה׳. פיק הברכיים של אחאב מול איזבל הכשיל זאת, ואליהו ידע, שבהופעה אלוהית בעלת עוצמה כירידת אש ה׳ בהר הכרמל, אין הזדמנות שנייה.

כאן אנו תוהים בפליאה על ההבדל הגדול בין קנאתו של פינחס בפרשתנו, שהצליחה לכפר על בני ישראל, לקנאתו של אליהו בהפטרתנו, שכשלה בכך. מה היה סוד הצלחת קנאתו של פינחס? מדוע כשל אליהו במקום דומה?

נתבונן במסופר על פינחס:

וְהִנֵּה אִישׁ מִבְּנֵי יִשְׂרָאֵל בָּא, וַיַּקְרֵב אֶל אֶחָיו אֶת הַמִּדְיָנִית לְעֵינֵי מֹשֶׁה וּלְעֵינֵי כָּל עֲדַת בְּנֵי יִשְׂרָאֵל, וְהֵמָּה בֹכִים פֶּתַח אֹהֶל מוֹעֵד: וַיַּרְא פִּינְחָס בֶּן אֶלְעָזָר בֶּן אַהֲרֹן הַכֹּהֵן, וַיָּקָם מִתּוֹךְ הָעֵדָה וַיִּקַּח רֹמַח בְּיָדוֹ: וַיָּבֹא אַחַר אִישׁ יִשְׂרָאֵל אֶל הַקֻּבָּה,

7. תרגום חופשי: מִי עָלָה שָׁמַיִם (משלי ל, ד) – זה אליהו. וַיֵּרַד (שם) – זה יונה, שירד לו דג לתוך התהום לעמקי הים. יונה מכוחו של אליהו בא. אליהו עלה – יונה ירד. זה שאל את נפשו למות, וזה שאל את נפשו למות. בגלל זה נקרא בֶּן אֲמִתַּי, וכתוב באליהו: וּדְבַר ה׳ בְּפִיךָ אֱמֶת (מל״א יז, כד).

וַיִּדְקֹר אֶת שְׁנֵיהֶם; אֵת אִישׁ יִשְׂרָאֵל וְאֶת הָאִשָּׁה אֶל קֳבָתָהּ, וַתֵּעָצַר הַמַּגֵּפָה מֵעַל בְּנֵי יִשְׂרָאֵל:

(במדבר כה, ו-ח)

כאליהו, ההורג את נביאי הבעל, הרג פינחס את זמרי ואת כזבי. אולם, הייתכן שהריגת השניים תכפר על כל בני ישראל, הזונים עם בנות מדיין ומשתחווים לאלוהיהן, ותעצור את המגפה?!

מסתבר שסיפור המעשה מדלג על שלב, שאולי אמור להיות מובן מאליו: הריגת הנשיא מבני שמעון ובת נשיא מדיין ללא חוק וללא משפט הכניסו את ישראל להלם לשעה. מיעוטם התקוממו נגד מעשה פינחס:

ראיתם בן פוטי זה? בן שפיטם אבי אמו עגלים לעבודת כוכבים – יהרוג נשיא מישראל?!

(סוטה מג ע"א; בבא בתרא קט ע"ב; סנהדרין פב ע"ב)

אולם, רובם הגדול הבינו את חומרת מעשיהם, ונסוגו מבוישים לאוהליהם. מעשה פינחס קטע באבחה אחת את חטא בעל פעור, וכך כיפר על ישראל ועצר את המגפה.

לעיל הערנו, שמעשה אליהו בנביאי הבעל נעשה בהסכמתו, לפחות שבשתיקה, של אחאב. העם היה שותף למעשה כעמו של אחאב. כשאחאב חזר בו, ונסוג מפני איזבל אשתו, נסוג עימו גם העם, ואליהו נותר לבדו, כשהוא שואל את נפשו למות.

להלן נביא סיבה נוספת, וחשובה, לתסכולו של אליהו ולרצונו למות.

ה. המסע להר חורב

וַיִּשְׁכַּב וַיִּישַׁן תַּחַת רֹתֶם אֶחָד, וְהִנֵּה זֶה מַלְאָךְ נֹגֵעַ בּוֹ וַיֹּאמֶר לוֹ, קוּם אֱכוֹל: וַיַּבֵּט וְהִנֵּה מְרַאֲשֹׁתָיו עֻגַת רְצָפִים וְצַפַּחַת מָיִם, וַיֹּאכַל וַיֵּשְׁתְּ וַיָּשָׁב וַיִּשְׁכָּב: וַיָּשָׁב מַלְאַךְ ה' שֵׁנִית וַיִּגַּע בּוֹ וַיֹּאמֶר, קוּם אֱכֹל, כִּי רַב מִמְּךָ הַדָּרֶךְ: וַיָּקָם וַיֹּאכַל וַיִּשְׁתֶּה, וַיֵּלֶךְ בְּכֹחַ הָאֲכִילָה הַהִיא אַרְבָּעִים יוֹם וְאַרְבָּעִים לַיְלָה עַד הַר הָאֱלֹהִים חֹרֵב:

(יט, ה-ח)

אליהו יצא לדרכו למדבר ללא אוכל וללא מים, כנראה מחמת רצונו למות. המלאך, המביא לו עוגת רצפים (פת לחם שנאפתה על גבי גחלים; השוו ישעיהו ו, ו), מצווה עליו לאכול. אליהו כנראה אינו מבין את דבריו, וחושב שהמלאך ציווהו רק לחיות את נפשו. הוא אוכל ושותה רק חלק ממה שנתן לו המלאך, ונותר במקומו, ללא

תכלית או מטרה. המלאך מבהיר לו, שלא קיבל את האוכל ואת המים רק כדי לחיות את נפשו, אלא כדי לתת לו כוח להגיע עד להר חורב הרחוק, ולכן עליו לאכול עתה את הכול, ולא להותיר. חיוב זה מזכיר במידת מה את החיוב לאכול את קורבן הפסח, ולא להותיר ממנו דבר. בפסח מצרים, לא רק קדושת הקורבן מחייבת את אכילתו עד תום, ואת האיסור להותיר ממנו; האכילה נועדה לאפשר לאוכלים לצאת למסע הארוך להר חורב, כדי לעבוד שם את ה׳. אומנם, העם לא הלך מכוח האכילה ההיא ארבעים יום וארבעים לילה רצופים, אך אוכלו במדבר היה מצומצם, ואכילת קורבן הפסח השלם נועדה גם לתת לו כוחות למסע הארוך.

הליכתו במשך ארבעים יום וארבעים לילה להר חורב בלא לאכול ובלא לישון מזכירה את משה, שאף הוא לא אכל ולא שתה במשך ארבעים יום בהר חורב. יש בהליכה ארוכה זו כדי להתמיה, שהרי אליהו כבר היה כדרך יום מבאר שבע לכיוון המדבר, ויש להניח שהיה בקדש ברנע או סמוך לה. מקדש ברנע דרך הר שעיר לחורב הוא מהלך אחד עשר יום (ראו דברים א, ב), ולא מהלך ארבעים יום וארבעים לילה. ניתן לשער, שאליהו עובר בדרכו, הארוכה מן הרגיל, מקומות מרכזיים שבני ישראל עברו דרכם במהלכם לארץ ישראל, ושמא במקומות הפורענות שעברו בהם, כרפידים, חצרות וקברות התאווה, שהרי הנבואה כאן היא נבואת פורענות, כפי שניווכח להלן. עוד אפשר, שאליהו עבר במקומות שה׳ נגלה על בני ישראל במסעם מחורב, כהר שעיר והר פארן (ראו דברים לג, ב).[8]

ו. במערה בהר חורב

וַיָּבֹא שָׁם אֶל הַמְּעָרָה וַיָּלֶן שָׁם, וְהִנֵּה דְבַר ה׳ אֵלָיו וַיֹּאמֶר לוֹ, מַה לְּךָ פֹה אֵלִיָּהוּ:
(יט, ט)

בהר חורב אליהו מגיע ישירות אל המערה.[9] כדבר הלמד מעניינו יש להניח, שהיא נקרת הצור, שמשה היה בה בעלייתו השנייה להר בעת שכבוד ה׳ עבר על פניו:

8. א. שמא הר פארן הוא הר כרכום, שמצפון מערב לנחל פארן, שבו נמצאו ציורי אבן מעניינים ושתים עשרה אבני מצבה, העשויים לאשש את ההשערה להתגלות ה׳ עליו (לדעת פרופ׳ עמנואל ענתי שחפר שם, הוא הר סיני).
ב. המסלול שאליהו עושה להר חורב הפוך ממסלולם של ישראל מהר חורב לארץ ישראל. כך גם מסלול סילוקו (מל״ב ב): מבית אל ליריחו, ומשם לחציית הירדן ממערב – מזרחה, ולהסתלקותו השמימה במקום שלֹא יָדַע אִישׁ אֶת קְבֻרָתוֹ.

9. המערה נמצאת כאמור, בהר חורב. מסורת עממית ללא שורשים מורה על מערת אליהו במורדות המערביים של הכרמל.

> וַיֹּאמֶר, לֹא תוּכַל לִרְאֹת אֶת פָּנָי, כִּי לֹא יִרְאַנִי הָאָדָם וָחָי: וַיֹּאמֶר ה׳, הִנֵּה מָקוֹם אִתִּי, וְנִצַּבְתָּ עַל הַצּוּר: וְהָיָה בַּעֲבֹר כְּבֹדִי וְשַׂמְתִּיךָ בְּנִקְרַת הַצּוּר, וְשַׂכֹּתִי כַפִּי עָלֶיךָ עַד עָבְרִי: וַהֲסִרֹתִי אֶת כַּפִּי וְרָאִיתָ אֶת אֲחֹרָי, וּפָנַי לֹא יֵרָאוּ:
>
> (שמות לג, כ-כג)

מימי משה, המערה מבטאת את הירידה בדרגת ההתגלות של ה׳, בעקבות חטא העגל, והריגת חור ושאר חסידי ה׳ שניסו למנוע את החטא. לפני שהושם משה בנקרת הצור הייתה התגלות ה׳ אליו גלויה וישירה:

> וְדִבֶּר ה׳ אֶל מֹשֶׁה פָּנִים אֶל פָּנִים כַּאֲשֶׁר יְדַבֵּר אִישׁ אֶל רֵעֵהוּ:
>
> (שם, יא)

אחרי שימתו במערה ההתגלות היא במדרגת וְרָאִיתָ אֶת אֲחֹרָי, וּפָנַי לֹא יֵרָאוּ. זאת, כיוון שמשה התעקש להישאר עִם עַם ישראל בצרת חטאם, ולא להיבדל מהם.[10] אליהו, בעקבות חטא עבודת הבעל והריגת הנביאים, נמצא לכאורה במצב דומה למשה.

ה׳ שואל אותו: מַה לְּךָ פֹה אֵלִיָּהוּ. מה טיב שאלה זו, אחרי שאליהו הגיע להר חורב במצוות מלאך ה׳? נראה לי שמדובר בשאלה רטורית, שאלה המסתיימת בסימן קריאה ולא בסימן שאלה. בשאלה זו אומר לו ה׳, שאין לו מה לחפש בהר חורב כמשה בעלייה השנייה להר. למשה ניתנה הזדמנות שנייה ללוחות חדשים; לאליהו לא תינתן הזדמנות שנייה למעמד הר הכרמל או למעמד דומה לו.

ז. קַנֹּא קִנֵּאתִי

> וַיֹּאמֶר, קַנֹּא קִנֵּאתִי לַה׳ אֱלֹהֵי צְבָאוֹת, כִּי עָזְבוּ בְרִיתְךָ בְּנֵי יִשְׂרָאֵל; אֶת מִזְבְּחֹתֶיךָ הָרָסוּ, וְאֶת נְבִיאֶיךָ הָרְגוּ בֶחָרֶב, וָאִוָּתֵר אֲנִי לְבַדִּי – וַיְבַקְשׁוּ אֶת נַפְשִׁי לְקַחְתָּהּ:
>
> (יט, י)

המדרש ומפרשים נוספים ביקרו את אליהו על קנאתו, ועל קטרוגו על עם ישראל בחורב במקום לבקש עליו רחמים, וטענו שעל כך הודח משליחותו:

10. יש לעיקר דברינו כאן אסמכתאות בחז״ל. ראו למשל ברכות לב ע״א; ראש השנה טז ע״ב; מכילתא דר״י בא, מסכתא דפסחא, א ד״ה בארץ מצרים; ספרי דברים שדמ ועוד. אומנם עיינו ברכות סג ע״ב ושם דעת חז״ל שונה מדברינו, ואכמ״ל.

אמר לו הקדוש ברוך הוא לאליהו: מַה לְּךָ פֹה אֵלִיָּהוּ. היה לו שיאמר לפניו: רבונו של עולם, בניך הם, בני בחוניך הם, בני אברהם יצחק ויעקב שעשו לך רצונך בעולם! ולא עשה כן, אלא אמר לפניו: קַנֹּא קִנֵּאתִי לַה׳ אֱלֹהֵי צְבָאוֹת וגו׳. התחיל הקדוש ברוך הוא לדבר עמו דברי תנחומים, אמר לו: כשנגליתי ליתן להם תורה על הר סיני, לא נגלו עמי אלא מלאכי השרת שהן רוצין בטובתן, שנאמר: וַיֹּאמֶר צֵא וְעָמַדְתָּ בָהָר לִפְנֵי ה׳... המתין לו שלש שעות, ועדיין בדבריו הראשונים הוא עומד, קַנֹּא קִנֵּאתִי לַה׳ אֱלֹהֵי צְבָאוֹת. באותה שעה אמרה לו רוח הקודש לאליהו: לֵךְ שׁוּב לְדַרְכְּךָ מִדְבַּרָה דַמָּשֶׂק... וְאֶת אֱלִישָׁע בֶּן שָׁפָט... תִּמְשַׁח לְנָבִיא תַּחְתֶּיךָ, ומה שבדעתך איני יכול לעשות.

(תנא דבי אליהו זוטא ח)

אנו מתקשים לקבל ביקורת זו. משה רבנו אכן לימד זכות על ישראל ואף אמר לקב"ה: וְעַתָּה אִם תִּשָּׂא חַטָּאתָם, וְאִם אַיִן – מְחֵנִי נָא מִסִּפְרְךָ אֲשֶׁר כָּתָבְתָּ (שמות לב, לב), אך משה עשה זאת רק לאחר שתיקן את חטאם, שרף את העגל והרג את עובדיו. משה רבנו לא מנע את הגזרה הקשה בחטא המרגלים, ששם לא הצליח לתקן את חטאם. אליהו נכשל בתיקון החטא, ואיך ילמד זכות על ישראל? ה׳ כבר הבהיר לו שלא יקבל הזדמנות שנייה למעמד הר הכרמל. אמירתו קַנֹּא קִנֵּאתִי באה רק ללמד זכות על עצמו, ולהגן על עצמו מפחד מי שאמר באותו מקום כִּי לֹא יִרְאַנִי הָאָדָם וָחָי, בשעה שמידת הדין מתוחה על החטא הנורא.

ח. ההתגלות

וַיֹּאמֶר, צֵא וְעָמַדְתָּ בָהָר לִפְנֵי ה׳, וְהִנֵּה ה׳ עֹבֵר, וְרוּחַ גְּדוֹלָה וְחָזָק מְפָרֵק הָרִים וּמְשַׁבֵּר סְלָעִים לִפְנֵי ה׳ – לֹא בָרוּחַ ה׳, וְאַחַר הָרוּחַ רַעַשׁ – לֹא בָרַעַשׁ ה׳: וְאַחַר הָרַעַשׁ אֵשׁ – לֹא בָאֵשׁ ה׳, וְאַחַר הָאֵשׁ קוֹל דְּמָמָה דַקָּה: וַיְהִי כִּשְׁמֹעַ אֵלִיָּהוּ וַיָּלֶט פָּנָיו בְּאַדַּרְתּוֹ, וַיֵּצֵא וַיַּעֲמֹד פֶּתַח הַמְּעָרָה, וְהִנֵּה אֵלָיו קוֹל וַיֹּאמֶר, מַה לְּךָ פֹה אֵלִיָּהוּ: וַיֹּאמֶר, קַנֹּא קִנֵּאתִי לַה׳ אֱלֹהֵי צְבָאוֹת, כִּי עָזְבוּ בְרִיתְךָ בְּנֵי יִשְׂרָאֵל; אֶת מִזְבְּחֹתֶיךָ הָרָסוּ, וְאֶת נְבִיאֶיךָ הָרְגוּ בֶחָרֶב, וָאִוָּתֵר אֲנִי לְבַדִּי – וַיְבַקְשׁוּ אֶת נַפְשִׁי לְקַחְתָּהּ:

(יט, יא–יד)

אליהו מצטווה לצאת מן המערה, להר שעליו נגלתה השכינה ביום מעמד הר סיני. הוא חווה בהר שלושה ממראות גילוי השכינה: רוח, רעש ואש. כמוהו חווה אותם גם יחזקאל הנביא במעשה מרכבה, בתחילתו ובסיומו:

וָאֵרֶא וְהִנֵּה רוּחַ סְעָרָה בָּאָה מִן הַצָּפוֹן עָנָן גָּדוֹל וְאֵשׁ מִתְלַקַּחַת וְנֹגַהּ לוֹ סָבִיב
וּמִתּוֹכָהּ כְּעֵין הַחַשְׁמַל מִתּוֹךְ הָאֵשׁ:
וַתִּשָּׂאֵנִי רוּחַ וָאֶשְׁמַע אַחֲרַי קוֹל רַעַשׁ גָּדוֹל:

(יחזקאל א, ד; ג, יב)

אולם המראה של אליהו מורה את ההפך: לֹא בָרוּחַ ה׳, לֹא בָרַעַשׁ ה׳, לֹא בָאֵשׁ ה׳. קול ה׳ בא רק בקול דממה דקה, שהיא היפוכם של שלושת המראות הסוערים, המגלים את כל שפעת הטבע, המובילה להתגלותו יתברך הברורה ומטילת המורא. התגלות ה׳ בקול דממה דקה מבטאת סילוק, וכביכול הפקרת העולם לכוחות המקרה והרשע, לשלטון כל דאלים גבר.

המקרא סתם ולא פירש מתי נכנס אליהו שוב למערה, שהרי כששמע את קול הדממה הדקה יצא שוב אל פתח המערה. ניתן לשער, שאליהו נמלט מן ההר למערה מפחד הרוח, הרעש והאש. רק כששמע את קול הדממה הדקה העז לצאת אל פתחה כשהוא מכסה את פניו באדרתו, כמשה שהסתיר פניו במעמד הסנה, כי ירא מהביט אל האלוהים.

אליהו נשאל שוב מה הוא מבקש בהר חורב. כאן יש לעניות דעתנו לקרוא את השאלה מַה לְּךָ פֹה אֵלִיָּהוּ בסימן שאלה. כלומר, כיוון שהשכינה מסתלקת, מה יש לך לבקש במקום זה?! אליהו עונה שוב קַנֹּא קִנֵּאתִי. דומה שכאן אליהו כבר אינו מבקש רחמים על עצמו כמו בתשובתו הראשונה. כאן הוא מבקש שהשכינה לא תעזוב אותו בעת שהיא עוזבת את ממלכת ישראל, ושהוא אישית חפץ להמשיך ולדבוק בה. הוא עתיד להיענות ולקבל את בקשתו בעת מלכותו של אחזיהו בן אחאב, שדרש בבעל זבוב אלוהי עקרון, כשהשכינה תיטוש לחלוטין את בית אחאב, ואליהו יעלה בסערה השמימה.

נשוב ונדגיש: הפליאה הגדולה בפרקנו היא ללא ספק הכפילות בשאלת מַה לְּךָ פֹה אֵלִיָּהוּ, ובתשובתו של אליהו קַנֹּא קִנֵּאתִי. נבהיר את עניות פתרוננו (וראוי שהקורא ילמד גם פתרונות אחרים): השאלה הראשונה היא מפי ה׳, והיא בכעס ובמידת הדין. יש לפַסקה כאמור בסימן קריאה! פִשרה הוא שאין לאליהו מה לבקש במערה בהר חורב, כי לא יקבל שם הזדמנות שנייה ולא לוחות שניים כמו שקיבל משה. החטא כבד מנשוא, ואליהו נכשל בתיקונו. אליהו עונה קַנֹּא קִנֵּאתִי בבקשו רחמים על עצמו (בלבד!), מפני מידת הדין ומפני פגיעתה, ובהצהרתו על נאמנותו לה׳.

בשנייה, השאלה מַה לְּךָ פֹה אֵלִיָּהוּ היא במידת הרחמים, לאחר סילוק השכינה שברוח, ברעש ובאש. השאלה היא בקול דממה דקה ובסימן שאלה – מה אתה עדיין מבקש כאן? אליהו עונה שוב קַנֹּא קִנֵּאתִי, ומבקש שה׳ לא יעזבנו ולא יעלים את התגלותו מעל אליהו. אכן, בשעה שהשכינה עזבה לחלוטין את בית אחאב, בימי אחזיהו, ה׳ נטל עימו את אליהו ברכב אש ובסוסי אש השמימה.

ט. וָאִוָּתֵר אֲנִי לְבַדִּי

דברי אליהו אלו מזכירים את דבריו אל העם במעמד הר הכרמל:

> וַיֹּאמֶר אֵלִיָּהוּ אֶל הָעָם: אֲנִי נוֹתַרְתִּי נָבִיא לַה׳ לְבַדִּי:

(יח, כב)

חז״ל תמהים על כך, שהרי על פי דברי עובדיהו נותרו מאה נביאי ה׳ חיים בשתי מערות:

> וַיְהִי בְּהַכְרִית אִיזֶבֶל אֵת נְבִיאֵי ה׳, וַיִּקַּח עֹבַדְיָהוּ מֵאָה נְבִאִים וַיַּחְבִּיאֵם חֲמִשִּׁים אִישׁ בַּמְּעָרָה, וְכִלְכְּלָם לֶחֶם וָמָיִם:

(שם, ד)

תשובתם של חז״ל נוקבת עד התהום:

> אבל דורו של אחאב עובדי עבודה זרה היו, וע״י שלא היה להן דילטורין (=מלשינים) היו יורדים למלחמה ונוצחין. הוא שעובדיהו אמר לאליהו: הֲלֹא הֻגַּד לַאדֹנִי... אֲשֶׁר עָשִׂיתִי בַּהֲרֹג אִיזֶבֶל אֵת נְבִיאֵי ה׳ (יח, יג)... ואליהו מכריז בהר הכרמל: אֲנִי נוֹתַרְתִּי נָבִיא לַה׳ לְבַדִּי, וכל עמא ידעין ולא מפרסמין למלכא.

(ירושלמי פאה פ״א, ה״א)

מאה הנביאים חיים וקיימים, אך איש אינו מדבר עליהם, כדי שאיזבל לא תהרגם.

תשובה זו טובה בדברי אליהו אל אחאב ואל העם, אך איך יאמר זאת אליהו לה׳ בהר חורב: שהוא נותר לבדו וכל נביאי ה׳ נהרגו, כשהעם מציל את נביאי ה׳, את מאה הנביאים? על כורחנו נשוב לפסוקי ההפטרה הראשונים:

> וְיַד ה׳ הָיְתָה אֶל אֵלִיָּהוּ וַיְשַׁנֵּס מָתְנָיו, וַיָּרָץ לִפְנֵי אַחְאָב עַד בֹּאֲכָה יִזְרְעֶאלָה: וַיַּגֵּד אַחְאָב לְאִיזֶבֶל אֵת כָּל אֲשֶׁר עָשָׂה אֵלִיָּהוּ, וְאֵת כָּל אֲשֶׁר הָרַג אֶת כָּל הַנְּבִיאִים בֶּחָרֶב: וַתִּשְׁלַח אִיזֶבֶל מַלְאָךְ אֶל אֵלִיָּהוּ לֵאמֹר, כֹּה יַעֲשׂוּן אֱלֹהִים וְכֹה יוֹסִפוּן, כִּי כָעֵת מָחָר אָשִׂים אֶת נַפְשְׁךָ כְּנֶפֶשׁ אַחַד מֵהֶם:

(יח, מו - יט, ב)

הפסוק הראשון מקרין את אווירת הפיוס בין אליהו לאחאב, אחרי שהתגלה והוסכם

שה׳ הוא האלוהים, אחרי שנשחטו כל נביאי הבעל. ניתן לשער, שבאווירת פיוס זו יצאו הנביאים ממערותיהם החשוכות לאוויר ולאור, והכול הבינו, שמאיר על נביאי ה׳ יום חדש, יום מלא תקווה. כאן כשל אחאב ונסוג מפני תקיפותה של איזבל, והיא ניצלה את יציאתם של נביאי ה׳ מן המחתרת, הרגה אותם כנקמה על שחיטת נביאי הבעל, והבטיחה לעשות זאת גם לאליהו. עתה נותר אליהו נביא לה׳ לבדו, באמת. ייאושו מנפילתם של מאה חבריו־תלמידיו היה גדול מנשוא, והוא ברח למדבר באר שבע ושאל את נפשו למות. כשעמד מול ה׳ בהר חורב, אכן נותר לבדו.

י. השליחות

וַיֹּאמֶר ה׳ אֵלָיו, לֵךְ שׁוּב לְדַרְכְּךָ מִדְבַּרָה דַמָּשֶׂק, וּבָאתָ וּמָשַׁחְתָּ אֶת חֲזָאֵל לְמֶלֶךְ עַל אֲרָם: וְאֵת יֵהוּא בֶן נִמְשִׁי תִּמְשַׁח לְמֶלֶךְ עַל יִשְׂרָאֵל, וְאֶת אֱלִישָׁע בֶּן שָׁפָט מֵאָבֵל מְחוֹלָה תִּמְשַׁח לְנָבִיא תַּחְתֶּיךָ: וְהָיָה הַנִּמְלָט מֵחֶרֶב חֲזָאֵל – יָמִית יֵהוּא, וְהַנִּמְלָט מֵחֶרֶב יֵהוּא – יָמִית אֱלִישָׁע:

(יט, טו–יז)

אליהו מקבל סדרה של שלוש משימות. כפי שעתיד להתברר אחרי הפטרתנו, הסדר הנקוב כאן אינו הסדר הנדרש לביצוע המשימות, שהרי אליהו משח את אלישע בן שפט, ולא הלך אל חזאל ואל יהוא כדי למושחם. חזאל נמשח אחרי ימים רבים בידי אלישע, ויהוא נמשח על ידי נערו של אלישע כעבור שנים רבות. הסדר הנקוב כאן הוא הוא סדר הפורענויות שיבואו על העם. הנמלט מחרב חזאל הוא יהורם בן אחאב, והוא נהרג בידי יהוא בן נמשי:

וַיָּשָׁב יְהוֹרָם הַמֶּלֶךְ לְהִתְרַפֵּא בְיִזְרְעֶאל, מִן הַמַּכִּים אֲשֶׁר יַכֻּהוּ אֲרַמִּים בְּהִלָּחֲמוֹ אֶת חֲזָאֵל מֶלֶךְ אֲרָם... וְיֵהוּא מִלֵּא יָדוֹ בַקֶּשֶׁת, וַיַּךְ אֶת יְהוֹרָם בֵּין זְרֹעָיו, וַיֵּצֵא הַחֵצִי מִלִּבּוֹ וַיִּכְרַע בְּרִכְבּוֹ:

(מל״ב ט, טו; כד)

אלישע לא המית איש.[11] נראה שהמוות הגדול, שה׳ כורך בו בדבריו אל אליהו, קשור לרעב בן שבע השנים שהיה בימיו (ראו מל״ב ח, א), רעב שכנראה הפיל חללים רבים.

11. אומנם, ניתן לייחס אליו את מותם של ארבעים ושניים הנערים שקיללם (ראו מל״ב ב, כג–כד), ואת מותו של השליש של מלך ישראל בסיום מצור שומרון (שם ז, ב; יז–כ), אך לא נראה לנו שלכך כיוון ה׳ בדבריו בחורב.

וְהִשְׁאַרְתִּי בְיִשְׂרָאֵל שִׁבְעַת אֲלָפִים; כָּל הַבִּרְכַּיִם אֲשֶׁר לֹא כָרְעוּ לַבַּעַל, וְכָל הַפֶּה אֲשֶׁר לֹא נָשַׁק לוֹ:

(יט, יח)

לא שמענו על כך שבכל ממלכת ישראל הגדולה לא נותרו אלא שבעת אלפים איש. מסתבר שהנבואה התקיימה, כדברי רש"י, במלחמה הראשונה בארם, בגודלו של צבא אחאב שהציל את ישראל:

וְאַחֲרֵיהֶם פָּקַד אֶת כָּל הָעָם כָּל בְּנֵי יִשְׂרָאֵל שִׁבְעַת אֲלָפִים (רש"י – אומר אני: הם שאמר עליהם כָּל הַבִּרְכַּיִם אֲשֶׁר לֹא כָרְעוּ לַבַּעַל – שבעת אלפים):

(כ, טו)

הייתה זו פורענות שאין לזלזל בגודלה! בכתובת שלמנאסר השלישי, שנמצאה בכפר כורח ליד דיארבקיר בדרום מזרח טורקיה, מתואר צבאו של אחאב כגדול מכל צבאות ברית הדרום, שלחמה בשלמנאסר מלך אשור. צבאו של אחאב מנה אלפיים מרכבות – צבא ענק! למלחמה בארם הוציא אחאב שבעת אלפים חיילים בלבד. דבר זה רומז על פורענות גדולה מאוד, שקרתה לאחאב קודם למלחמה זו. היא שנרמזה כאן לאליהו בחורב.

יא. אלישע

וַיֵּלֶךְ מִשָּׁם וַיִּמְצָא אֶת אֱלִישָׁע בֶּן שָׁפָט, וְהוּא חֹרֵשׁ שְׁנֵים עָשָׂר צְמָדִים לְפָנָיו וְהוּא בִּשְׁנֵים הֶעָשָׂר, וַיַּעֲבֹר אֵלִיָּהוּ אֵלָיו וַיַּשְׁלֵךְ אַדַּרְתּוֹ אֵלָיו: וַיַּעֲזֹב אֶת הַבָּקָר וַיָּרָץ אַחֲרֵי אֵלִיָּהוּ, וַיֹּאמֶר, אֶשְּׁקָה נָּא לְאָבִי וּלְאִמִּי וְאֵלְכָה אַחֲרֶיךָ, וַיֹּאמֶר לוֹ, לֵךְ שׁוּב כִּי מֶה עָשִׂיתִי לָךְ: וַיָּשָׁב מֵאַחֲרָיו וַיִּקַּח אֶת צֶמֶד הַבָּקָר וַיִּזְבָּחֵהוּ, וּבִכְלִי הַבָּקָר בִּשְּׁלָם הַבָּשָׂר וַיִּתֵּן לָעָם וַיֹּאכֵלוּ, וַיָּקָם וַיֵּלֶךְ אַחֲרֵי אֵלִיָּהוּ וַיְשָׁרְתֵהוּ:

(יט, יט-כא)

אלישע מוצג כאן כאדם עשיר, שיש לו משרתים או עבדים, ושדות רחבים, הדורשים שנים עשר צמדי בקר. הוא נראה כמי שאינו מודע לצרה הרוחנית האופפת את העם, ולצרה הגדולה העתידה להתרגש על העם. השלכת אדרת אליהו עליו משנה לחלוטין את סדרי העדיפות שלו, והוא הולך אחרי אליהו לשרתו – אדון שהפך מרצונו למשרת, לעבד ה'.

אלישע עשוי להזכיר לנו את יהושע, והדמיון בשמם אינו מקרי כלל, ובדברים

רבים.[12] יהושע, ובשמו המקורי – הושע, היה מנשיאי שבט אפרים, ונשלח כנשיא עם אחד עשר חבריו לתור את הארץ (במה שהפך ל'חטא המרגלים'). הוא הופך, מרצונו הטוב, להיות משרתו של משה, עוד בימי יציאת מצרים ואולי אף לפני כן, בעת שהוא מכיר בכוחו הרוחני.

לא נדע מה ידע אלישע על אליהו בעת שהפך להיות משרתו. האדרת, היא שעשתה את העבודה, והיא תמשיך לעשותה בעת שתיפול מעל אליהו, שיעלה בסערה השמימה, ואלישע ילבשנה. קדושתו של איש האלוהים טמונה בה, והיא שימשה את אלישע בחציית הירדן מערבה, כתפקידו של ארון הברית בחציית בני ישראל את הירדן מערבה בימי יהושע. יש במעשה האדרת להזכיר את הכוהן הגדול ביום הכיפורים:

> וְכִפֶּר הַכֹּהֵן אֲשֶׁר יִמְשַׁח אֹתוֹ וַאֲשֶׁר יְמַלֵּא אֶת יָדוֹ לְכַהֵן תַּחַת אָבִיו, וְלָבַשׁ אֶת בִּגְדֵי הַבָּד בִּגְדֵי הַקֹּדֶשׁ: וְכִפֶּר אֶת מִקְדַּשׁ הַקֹּדֶשׁ וְאֶת אֹהֶל מוֹעֵד וְאֶת הַמִּזְבֵּחַ יְכַפֵּר, וְעַל הַכֹּהֲנִים וְעַל כָּל עַם הַקָּהָל יְכַפֵּר:

(ויקרא טז, לב-לג)

הבגד, הוא המקדש את הכוהן היורש, והנותן בידו את הכוח לכפר. אולי זה פשר הותרת הבגד באוהל מועד (על פי פשוטו של מקרא בלבד!), לצורך לקיחתו בידי הכוהן היורש:

> וּבָא אַהֲרֹן אֶל אֹהֶל מוֹעֵד, וּפָשַׁט אֶת בִּגְדֵי הַבָּד אֲשֶׁר לָבַשׁ בְּבֹאוֹ אֶל הַקֹּדֶשׁ, וְהִנִּיחָם שָׁם:

(שם, כג)

אלישע מוותר על פרידתו מאביו ומאימו. הוא עשוי להזכיר בכך את 'גזרת' זיווגו של אדם:

> עַל כֵּן יַעֲזָב אִישׁ אֶת אָבִיו וְאֶת אִמּוֹ, וְדָבַק בְּאִשְׁתּוֹ וְהָיוּ לְבָשָׂר אֶחָד:

(בראשית ב, כד)

אלישע דבק ברבו לא פחות מדבקותו של איש באשתו. הוא הולך לבנות, מכוח דבקות זו, את עם ישראל מחדש, כדרך שהאיש הדבק באשתו הולך לבנות את משפחתו החדשה.

12. על אחד מהם עמדנו בדברינו לעיל על הפטרת במדבר.

אולם, אלישע אינו מוותר, למרות דבקותו ברבו, על הצורך לתת לעם לאכול. הביטוי הנאמר כאן: וּבִכְלֵי הַבָּקָר בִּשְּׁלָם הַבָּשָׂר וַיִּתֵּן לָעָם וַיֹּאכֵלוּ – אינו יכול שלא להזכיר את את אחד מתפקידיו המרכזיים של אלישע בשבע שנות הרעב הקשות, פעם אחר פעם:

וְאִישׁ בָּא מִבַּעַל שָׁלִשָׁה, וַיָּבֵא לְאִישׁ הָאֱלֹהִים לֶחֶם בִּכּוּרִים עֶשְׂרִים לֶחֶם שְׂעֹרִים וְכַרְמֶל בְּצִקְלֹנוֹ, וַיֹּאמֶר, תֵּן לָעָם וְיֹאכֵלוּ: וַיֹּאמֶר מְשָׁרְתוֹ, מָה אֶתֵּן זֶה לִפְנֵי מֵאָה אִישׁ, וַיֹּאמֶר, תֵּן לָעָם וְיֹאכֵלוּ, כִּי כֹה אָמַר ה׳ אָכֹל וְהוֹתֵר: וַיִּתֵּן לִפְנֵיהֶם וַיֹּאכְלוּ וַיּוֹתִרוּ כִּדְבַר ה׳:

(מל״ב ד, מב-מד)

הפטרת השבת הראשונה של ימי בין המצרים (פינחס או מטות)

א א ב דִּבְרֵי יִרְמְיָהוּ בֶּן־חִלְקִיָּהוּ מִן־הַכֹּהֲנִים אֲשֶׁר בַּעֲנָתוֹת בְּאֶרֶץ בִּנְיָמִן: אֲשֶׁר הָיָה ירמיה
דְבַר־יהוה אֵלָיו בִּימֵי יֹאשִׁיָּהוּ בֶן־אָמוֹן מֶלֶךְ יְהוּדָה בִּשְׁלֹשׁ־עֶשְׂרֵה שָׁנָה לְמָלְכוֹ:
ג וַיְהִי בִּימֵי יְהוֹיָקִים בֶּן־יֹאשִׁיָּהוּ מֶלֶךְ יְהוּדָה עַד־תֹּם עַשְׁתֵּי־עֶשְׂרֵה שָׁנָה לְצִדְקִיָּהוּ
ד בֶן־יֹאשִׁיָּהוּ מֶלֶךְ יְהוּדָה עַד־גְּלוֹת יְרוּשָׁלַםִ בַּחֹדֶשׁ הַחֲמִישִׁי: וַיְהִי
ה דְבַר־יהוה אֵלַי לֵאמֹר: בְּטֶרֶם אֶצָּרְךָ בַבֶּטֶן יְדַעְתִּיךָ וּבְטֶרֶם תֵּצֵא מֵרֶחֶם
ו הִקְדַּשְׁתִּיךָ נָבִיא לַגּוֹיִם נְתַתִּיךָ: וָאֹמַר אֲהָהּ אֲדֹנָי יֱהֹוִה הִנֵּה לֹא־יָדַעְתִּי דַּבֵּר
ז כִּי־נַעַר אָנֹכִי: וַיֹּאמֶר יהוה אֵלַי אַל־תֹּאמַר נַעַר אָנֹכִי כִּי עַל־כָּל־אֲשֶׁר אֶשְׁלָחֲךָ
ח תֵּלֵךְ וְאֵת כָּל־אֲשֶׁר אֲצַוְּךָ תְּדַבֵּר: אַל־תִּירָא מִפְּנֵיהֶם כִּי־אִתְּךָ אֲנִי לְהַצִּלֶךָ נְאֻם־
ט יהוה: וַיִּשְׁלַח יהוה אֶת־יָדוֹ וַיַּגַּע עַל־פִּי וַיֹּאמֶר יהוה אֵלַי הִנֵּה נָתַתִּי דְבָרַי בְּפִיךָ:
י רְאֵה הִפְקַדְתִּיךָ הַיּוֹם הַזֶּה עַל־הַגּוֹיִם וְעַל־הַמַּמְלָכוֹת לִנְתוֹשׁ וְלִנְתוֹץ וּלְהַאֲבִיד
יא וְלַהֲרוֹס לִבְנוֹת וְלִנְטוֹעַ: וַיְהִי דְבַר־יהוה אֵלַי לֵאמֹר מָה־אַתָּה רֹאֶה
יב יִרְמְיָהוּ וָאֹמַר מַקֵּל שָׁקֵד אֲנִי רֹאֶה: וַיֹּאמֶר יהוה אֵלַי הֵיטַבְתָּ לִרְאוֹת כִּי־שֹׁקֵד
יג אֲנִי עַל־דְּבָרִי לַעֲשֹׂתוֹ: וַיְהִי דְבַר־יהוה אֵלַי שֵׁנִית לֵאמֹר מָה אַתָּה
יד רֹאֶה וָאֹמַר סִיר נָפוּחַ אֲנִי רֹאֶה וּפָנָיו מִפְּנֵי צָפוֹנָה: וַיֹּאמֶר יהוה אֵלָי מִצָּפוֹן תִּפָּתַח
טו הָרָעָה עַל כָּל־יֹשְׁבֵי הָאָרֶץ: כִּי הִנְנִי קֹרֵא לְכָל־מִשְׁפְּחוֹת מַמְלְכוֹת צָפוֹנָה נְאֻם־
יהוה וּבָאוּ וְנָתְנוּ אִישׁ כִּסְאוֹ פֶּתַח שַׁעֲרֵי יְרוּשָׁלַםִ וְעַל כָּל־חוֹמֹתֶיהָ סָבִיב וְעַל
טז כָּל־עָרֵי יְהוּדָה: וְדִבַּרְתִּי מִשְׁפָּטַי אוֹתָם עַל כָּל־רָעָתָם אֲשֶׁר עֲזָבוּנִי וַיְקַטְּרוּ
יז לֵאלֹהִים אֲחֵרִים וַיִּשְׁתַּחֲווּ לְמַעֲשֵׂי יְדֵיהֶם: וְאַתָּה תֶּאְזֹר מָתְנֶיךָ וְקַמְתָּ וְדִבַּרְתָּ
יח אֲלֵיהֶם אֵת כָּל־אֲשֶׁר אָנֹכִי אֲצַוֶּךָּ אַל־תֵּחַת מִפְּנֵיהֶם פֶּן־אֲחִתְּךָ לִפְנֵיהֶם: וַאֲנִי
הִנֵּה נְתַתִּיךָ הַיּוֹם לְעִיר מִבְצָר וּלְעַמּוּד בַּרְזֶל וּלְחֹמוֹת נְחֹשֶׁת עַל־כָּל־הָאָרֶץ

יט לְמַלְכֵי יְהוּדָה לְשָׂרֶיהָ לְכֹהֲנֶיהָ וּלְעַם הָאָרֶץ: וְנִלְחֲמוּ אֵלֶיךָ וְלֹא־יוּכְלוּ לָךְ כִּי־
ב א ב אִתְּךָ אֲנִי נְאֻם־יהוה לְהַצִּילֶךָ: וַיְהִי דְבַר־יהוה אֵלַי לֵאמֹר: הָלֹךְ
וְקָרָאתָ בְאָזְנֵי יְרוּשָׁלִַם לֵאמֹר כֹּה אָמַר יהוה זָכַרְתִּי לָךְ חֶסֶד נְעוּרַיִךְ אַהֲבַת
ג כְּלוּלֹתָיִךְ לֶכְתֵּךְ אַחֲרַי בַּמִּדְבָּר בְּאֶרֶץ לֹא זְרוּעָה: קֹדֶשׁ יִשְׂרָאֵל לַיהוה רֵאשִׁית
תְּבוּאָתֹה כָּל־אֹכְלָיו יֶאְשָׁמוּ רָעָה תָּבֹא אֲלֵיהֶם נְאֻם־יהוה:

א. הקשר בין ההפטרה לימי בין המצרים

נהגו לקרוא את שתי הנבואות הראשונות בירמיהו לשתי השבתות הראשונות של ימי בין המצרים, משום שירמיהו היה נביא החורבן בירושלים. הוא ראה את החורבן ותיאר אותו, וכתב גם את מגילת הקינות – מגילת איכה. לשבת השלישית של בין המצרים, 'שבת חזון', בחרו הפטרה מישעיהו בגלל שימושו בה במילה אֵיכָה. גם הפטרת תשעה באב לקוחה מירמיהו. נבואתנו היא הנבואה הראשונה בירמיהו, נבואת הקדשתו לנביא.

ב. סקירת שנות נבואתו של ירמיהו

אֲשֶׁר הָיָה דְבַר ה' אֵלָיו בִּימֵי יֹאשִׁיָּהוּ בֶן אָמוֹן מֶלֶךְ יְהוּדָה בִּשְׁלֹשׁ עֶשְׂרֵה שָׁנָה לְמָלְכוֹ: וַיְהִי בִּימֵי יְהוֹיָקִים בֶּן יֹאשִׁיָּהוּ מֶלֶךְ יְהוּדָה, עַד תֹּם עַשְׁתֵּי עֶשְׂרֵה שָׁנָה לְצִדְקִיָּהוּ בֶן יֹאשִׁיָּהוּ מֶלֶךְ יְהוּדָה, עַד גְּלוֹת יְרוּשָׁלַםִ בַּחֹדֶשׁ הַחֲמִישִׁי:

(א, ב-ג)

וָאֹמַר, אֲהָהּ אֲדֹנָי ה', הִנֵּה לֹא יָדַעְתִּי דַּבֵּר כִּי נַעַר אָנֹכִי: וַיֹּאמֶר ה' אֵלַי, אַל תֹּאמַר נַעַר אָנֹכִי, כִּי עַל כָּל אֲשֶׁר אֶשְׁלָחֲךָ תֵּלֵךְ וְאֵת כָּל אֲשֶׁר אֲצַוְּךָ תְּדַבֵּר:

(שם, ו-ז)

כנביאים אחרים (ישעיהו, הושע, מיכה ועוד), מתחילה נבואתו של ירמיהו בהזכרת המלכים שניבא להם ובימיהם. ירמיהו שונה מהם בפירוט ובדיוק במספר שנות נבואתו. כאן נמנים שלושת המלכים העיקריים שבימיהם ניבא: יאשיהו, יהויקים וצדקיהו. פסוקי הפתיחה דילגו על יהואחז, שמלך בין יאשיהו ליהויקים, ועל יהויכין, שמלך בין יהויקים לצדקיהו, אף שישנן נבואות מזמנם, משום שמלכו, כל אחד, שלושה חודשים בלבד. ירמיהו ניבא בשמונה עשרה השנים האחרונות של יאשיהו (שמלך שלושים ואחת שנה), באחת עשרה שנות יהויקים ובאחת עשרה שנות צדקיהו;

כארבעים שנה עד החורבן, בסך הכול. הר"י אברבנאל משווה אותו בכך למשה, שניבא במשך ארבעים שנה, אך יש לזכור, שירמיהו ניבא גם בשנים שאחרי החורבן, ואף לאחר ירידת שארית הפלטה מן החורבן למצרים (כשהוא עצמו ירד עימם).

ירמיהו גויס בידי ה' לנבואתו בעודו נער, וה' סירב להמתין לו עד שיגדל. היה לכך מחיר כבד, משום שהעם לא נטה להאזין לנער הצעיר הדובר בשם ה'. גם לאחר שגדל, העם לא שינה את יחסו המזלזל אליו, לאחר שכבר התרגלו שלא לשמוע אליו בעודו נער. מדוע היה כה דחוף לה' לגייסו בעודו נער? אפשר שהתשובה נתונה בפסוקינו, בעובדה שהחל את נבואתו בשנת שלוש עשרה ליאשיהו. תשובה נוספת נציע בדברינו להלן.

בשנת שתים עשרה ליאשיהו[1] מת אשורבניפל, גדול מלכי אשור בכל הזמנים, אחרי ארבעים ושתיים שנות מלכותו. יורשיו פוררו את הממלכה, ועם מותו החלה הספירה לאחור לנפילת הממלכה בידי בבל כעשרים ושתים שנה אחר כך. בימי אסרחדון, שקדם לאשורבניפל, ובימי אשורבניפל, רדתה ממלכת אשור בממלכת יהודה והפכה אותה כעפר לדוש. מלך יהודה העיקרי בימיהם של שני גדולי מלכי אשור היה מנשה; המצב הרוחני ודרישת ה' בימיו, שהיו לגמרי בתחתית, נגזרו מתלותה של ממלכת יהודה בממלכת אשור.

יאשיהו קיבל את הממלכה בעודו בן שמונה, לאחר שאמון אביו נרצח, ובהיותו בן שש עשרה החל לדרוש לה'. שנת שתים עשרה למולכו, שנת מות אשורבניפל, נתנה הזדמנות פז לממלכת יהודה להשתחרר מן הכבלים הרוחניים והאליליים, ששמה ממלכת אשור על ידיה.

בהיסטוריה, הקב"ה מזמן לנו הזדמנויות פז רבות, אך לא הייתי מגדיר אותן כ'נס'. עם זאת, אגדיר כ'נס גלוי' צירוף נדיר של שני ניסים הבאים יחדיו: הזדמנות פז פוליטית – מותו של גדול מלכי אשור, הבאה יחד עם עליית מנהיג כיאשיהו, היודע לנצל הזדמנות ולדבוק בה' בכל ליבו. היה זה שילוב מנצח, שהוליד את המהפכה הדתית של יאשיהו.

המהפכה הדתית של יאשיהו נכנסה למלוא עוצמתה בשנת שמונה עשרה ליאשיהו (ראו מל"ב כב), עם מציאת ספר התורה במקדש, אך היא החלה כבר בשנת שתים עשרה ליאשיהו, שנת מותו של המלך האשורי:

וּבִשְׁמוֹנֶה שָׁנִים לְמָלְכוֹ, וְהוּא עוֹדֶנּוּ נַעַר, הֵחֵל לִדְרוֹשׁ לֵאלֹהֵי דָּוִיד אָבִיו, וּבִשְׁתֵּים

1. היא השנה המכונה 627 לפנסה"נ. יש הטוענים שמת בשנת שמונה ליאשיהו (631), אך ההבדל לענייננו אינו גדול.

עֶשְׂרֵה שָׁנָה הֵחֵל לְטַהֵר אֶת יְהוּדָה וִירוּשָׁלַם, מִן הַבָּמוֹת וְהָאֲשֵׁרִים וְהַפְּסִלִים וְהַמַּסֵּכוֹת:

(דהי״ב לד, ג)

בשש השנים הראשונות התנהלה המהפכה הדתית לאט, ולא ביסודיות (נעמוד על כך בע״ה בהפטרת השבוע הבא). בתחילת המהפכה, בשלוש עשרה שנה ליאשיהו, שולח ה׳ בדחיפות את ירמיהו, למרות היותו נער (אולי בן גילו של יאשיהו), ומטיל אותו אל המערכה ללוות את המהפכה הדתית, ולהביא אותה אל העוצמה הראויה לה. זוהי תחילת נבואתו של ירמיהו בפרקנו.

ג. הקדשתו של ירמיהו לנביא ה׳

וַיְהִי דְבַר ה׳ אֵלַי לֵאמֹר: בְּטֶרֶם אֶצָּרְךָ בַבֶּטֶן יְדַעְתִּיךָ וּבְטֶרֶם תֵּצֵא מֵרֶחֶם הִקְדַּשְׁתִּיךָ, נָבִיא לַגּוֹיִם נְתַתִּיךָ:

(א, ד)

על פי הסברה, נביא ה׳ אמור להיות מי שנולד וחי בקדושה ובדבקות בה׳ ובתורתו. בזכות אלו יבחר בו ה׳ להיות שליחו ויתגלה אליו. מה ראה ה׳ להקדיש את ירמיהו לנביא עוד לפני שנוצר, לפני שנולד?[2]

אפשר, שתשובת שאלה זו מכוונת אותנו לאחת מנבואות המפתח של ירמיהו:

הַמְעָרַת פָּרִצִים הָיָה הַבַּיִת הַזֶּה, אֲשֶׁר נִקְרָא שְׁמִי עָלָיו, בְּעֵינֵיכֶם? גַּם אָנֹכִי הִנֵּה רָאִיתִי נְאֻם ה׳: כִּי לְכוּ נָא אֶל מְקוֹמִי אֲשֶׁר בְּשִׁילוֹ, אֲשֶׁר שִׁכַּנְתִּי שְׁמִי שָׁם בָּרִאשׁוֹנָה, וּרְאוּ אֵת אֲשֶׁר עָשִׂיתִי לוֹ מִפְּנֵי רָעַת עַמִּי יִשְׂרָאֵל... וְעָשִׂיתִי לַבַּיִת אֲשֶׁר נִקְרָא שְׁמִי עָלָיו, אֲשֶׁר אַתֶּם בֹּטְחִים בּוֹ, וְלַמָּקוֹם אֲשֶׁר נָתַתִּי לָכֶם וְלַאֲבוֹתֵיכֶם, כַּאֲשֶׁר עָשִׂיתִי לְשִׁלוֹ:

(ז, יא-יד)

העם והמנהיגים כעסו על ההשוואה לשילה יותר מכול, וביקשו להרוג את ירמיהו על כך:

2. הרד״ק כתב: ״אך יורה זה, שאביו ואמו נזהרו בקדושה וטהרה בעת ההריון, שיהיה הנביא מקודש״. אולם אין בכך הסבר מדוע בחר ה׳ דווקא בו בטרם נוצר.

וַיְהִי כְּכַלּוֹת יִרְמְיָהוּ לְדַבֵּר אֵת כָּל אֲשֶׁר צִוָּה ה׳ לְדַבֵּר אֶל כָּל הָעָם, וַיִּתְפְּשׂוּ אֹתוֹ הַכֹּהֲנִים וְהַנְּבִאִים וְכָל הָעָם לֵאמֹר, מוֹת תָּמוּת: מַדּוּעַ נִבֵּיתָ בְשֵׁם ה׳ לֵאמֹר, כְּשִׁלוֹ יִהְיֶה הַבַּיִת הַזֶּה, וְהָעִיר הַזֹּאת תֶּחֱרַב מֵאֵין יוֹשֵׁב? וַיִּקָּהֵל כָּל הָעָם אֶל יִרְמְיָהוּ בְּבֵית ה׳:

(כו, ח-ט)

בפתיחה להפטרתנו נזכר, שירמיהו היה מִן הַכֹּהֲנִים אֲשֶׁר בַּעֲנָתוֹת בְּאֶרֶץ בִּנְיָמִן. הכפרים חולקו למשפחות, והמשפחות הקבועות נותרו בכפרן מאות שנים בנחלת אבות המשפחה. אנו יודעים, שענתות הייתה כפרו של אביתר בן אחימלך, הכוהן הגדול:

וּלְאֶבְיָתָר הַכֹּהֵן אָמַר הַמֶּלֶךְ, עֲנָתֹת לֵךְ עַל שָׂדֶיךָ, כִּי אִישׁ מָוֶת אָתָּה, וּבַיּוֹם הַזֶּה לֹא אֲמִיתֶךָ, כִּי נָשָׂאתָ אֶת אֲרוֹן אֲדֹנָי ה׳ לִפְנֵי דָּוִד אָבִי, וְכִי הִתְעַנִּיתָ בְּכֹל אֲשֶׁר הִתְעַנָּה אָבִי: וַיְגָרֶשׁ שְׁלֹמֹה אֶת אֶבְיָתָר מִהְיוֹת כֹּהֵן לַה׳, לְמַלֵּא אֶת דְּבַר ה׳ אֲשֶׁר דִּבֶּר עַל בֵּית עֵלִי בְּשִׁלֹה:

(מל"א ב, כו-כז)

יש אפוא רגליים להנחה, שירמיהו הוא מזרעו של אביתר, כלומר, מזרעו של בית עלי. ירמיהו נושא אפוא, על מצחו, אות קין של קללת בית עלי וחורבן שילה, ההולכת ומתקיימת בבית עלי במשך דורות רבים[3] – קללת חורבן שילה. כישרמיהו אומר לעם, שמעשיהם הרעים יביאו גם את המקדש בירושלים לקללת שילה ובית עלי, כשהוא עצמו נרדף, בזוי ודל – אמירתו כְּשִׁלוֹ יִהְיֶה הַבַּיִת הַזֶּה (כו, ט) היא בעלת משקל גבוה. ה׳ בחר בירמיהו עוד טרם נולד, כיוון שהיה מבית עלי, וה׳ רצה שהוא זה שיתרה כך בעם.

ד. נבואת ההקדשה

אַל תִּירָא מִפְּנֵיהֶם, כִּי אִתְּךָ אֲנִי לְהַצִּלֶךָ נְאֻם ה׳: וַיִּשְׁלַח ה׳ אֶת יָדוֹ וַיַּגַּע עַל פִּי, וַיֹּאמֶר ה׳ אֵלַי, הִנֵּה נָתַתִּי דְבָרַי בְּפִיךָ: רְאֵה הִפְקַדְתִּיךָ הַיּוֹם הַזֶּה עַל הַגּוֹיִם וְעַל הַמַּמְלָכוֹת, לִנְתוֹשׁ וְלִנְתוֹץ וּלְהַאֲבִיד וְלַהֲרוֹס לִבְנוֹת וְלִנְטוֹעַ:

(א, ח-י)

שלושה דברים למדנו מפסוקי ההקדשה:

3. בגמרא הקללה מתקיימת גם באמוראים רבה ואביי, שהיו מבית עלי.

א. ה׳ מודיע לירמיהו שלא צפויים לו חיים קלים בנבואתו. יהיו מי שיתנגדו לו ואף ינסו להתנכל לו, אך ה׳ יצילנו מידם. אכן, כך היה! נביאי שקר והכוהנים התנכלו לירמיהו בימי יהויקים ובימי צדקיהו. נביאי השקר ׳חזו׳ דברים שונים, בעיקר מה שרצו יהויקים וצדקיהו לשמוע, ומה שחכמי הפוליטיקה האזורית צפו מבחינה מדינית ומבחינה צבאית. כל אלו לא עלו בקנה אחד עם נבואת ירמיהו מפי ה׳, שתלתה את ההתפתחויות במעשי המלך ובמעשי העם מבחינת ההזדהות עם אלוהי ישראל, ומבחינת הצדק החברתי הנכון. הכוהנים לא אהבו את ביקורתו של ירמיהו כלפי עבודת ה׳ במקדש, הסבורה לפתור את בעיית היחסים עם ה׳ בהתעלמות מוחלטת מהכשלים החברתיים וחטאי העבודה הזרה. המלך יהויקים רדף את ירמיהו כל ימיו, וכפי שרדף גם נביאי אמת אחרים, ואף הרגם (ראו בפרק כו על גורל אוריהו בן שמעיהו). שרי צדקיהו התנגדו בכל כוחם להשפעתו של ירמיהו על צדקיהו, בימים שבהם היה צריך לקבל את הדין על החטא, ולא למרוד בעולו של נבוכדנאצר. ירמיהו סבל מהתנכלויות לא מעטות; הן מתוארות בספר ירמיהו, אך בעיקר בפרק ג במגילת הקינות, איכה.

ב. ה׳ מכניס את דבריו לפיו של ירמיהו. האם יש לכך גם משמעות גופנית? אפשר שכן. ירמיהו עתיד לומר:

הֲלוֹא כֹה דְבָרִי כָּאֵשׁ נְאֻם ה׳ וּכְפַטִּישׁ יְפֹצֵץ סָלַע:

(כג, כט)

וְהָיָה בְלִבִּי כְּאֵשׁ בֹּעֶרֶת עָצֻר בְּעַצְמֹתָי, וְנִלְאֵיתִי כַּלְכֵל וְלֹא אוּכָל:

(כ, ט)

ה׳ מכניס את דבריו, שהם כאש לפי הנביא. כך נאמר גם בישעיהו:

וַיָּעָף אֵלַי אֶחָד מִן הַשְּׂרָפִים וּבְיָדוֹ רִצְפָּה בְּמֶלְקַחַיִם לָקַח מֵעַל הַמִּזְבֵּחַ: וַיַּגַּע עַל פִּי וַיֹּאמֶר הִנֵּה נָגַע זֶה עַל שְׂפָתֶיךָ וְסָר עֲוֹנֶךָ וְחַטָּאתְךָ תְּכֻפָּר:

(ישעיהו ו, ו-ז)

וכן באגדה על משה רבנו (שמות רבה א, כו).

ג. ירמיהו מופקד גם על עמים אחרים לבשר להם נבואת פורענות וגם נבואת נחמה. רוב ספרו של ירמיהו הוא נבואות פורענות על עם ישראל, אך יש בו גם מגילת

נבואות נחמה (פרקים כט-לג). אולם, מה עניינו של ירמיהו בנבואות על הגויים? מדוע לא יינבא רק על עמו?

מנבואתו בפרק כה, נבואת כוס יין החימה שבה הוא משקה את כל הגויים, עולה, שעלייתו של נבוכדנאצר מלך בבל, שהוא השוט שבאמצעותו מכה ה׳ את ישראל על חטאיהם, היא תהליך כלל עולמי (במושגי דורו של ירמיהו), והוא ישלוט על כל עמי האזור. הכאתו את עם ישראל תהיה חלק מתהליך גדול של שליטתו בכל המרחב, עד שיבוא גם יומו וחורבן ממלכתו מכוח יד ה׳. העמים כולם יסבלו מידו, וירמיהו, המתאר את עלייתו, מתאר את פורענות כל העמים.

יש בכך גם צדק, שהרי הם אינם טובים מעם ישראל, וכפי שהנביא עצמו אומר על כוס יין החימה:

וְהָיָה כִּי יְמָאֲנוּ לָקַחַת הַכּוֹס מִיָּדְךָ לִשְׁתּוֹת, וְאָמַרְתָּ אֲלֵיהֶם, כֹּה אָמַר ה׳ צְבָאוֹת שָׁתוֹ תִשְׁתּוּ: כִּי הִנֵּה בָעִיר אֲשֶׁר נִקְרָא שְׁמִי עָלֶיהָ אָנֹכִי מֵחֵל לְהָרַע, וְאַתֶּם הִנָּקֵה תִנָּקוּ? לֹא תִנָּקוּ! כִּי חֶרֶב אֲנִי קֹרֵא עַל כָּל יֹשְׁבֵי הָאָרֶץ, נְאֻם ה׳ צְבָאוֹת:

(כה, כח-כט)

יש לירמיהו בתוך ספרו ספר של נבואותיו על הגויים (מו-נא). בנבואות אלו מוזכרת גם הנחמה על תקומתם העתידה של הגויים, ובלשון נבואתנו: לִבְנוֹת וְלִנְטוֹעַ.

ה. המראה הראשון

וַיְהִי דְבַר ה׳ אֵלַי לֵאמֹר, מָה אַתָּה רֹאֶה יִרְמְיָהוּ, וָאֹמַר, מַקֵּל שָׁקֵד אֲנִי רֹאֶה: וַיֹּאמֶר ה׳ אֵלַי, הֵיטַבְתָּ לִרְאוֹת, כִּי שֹׁקֵד אֲנִי עַל דְּבָרִי לַעֲשֹׂתוֹ:

(א, יא-יב)

לא קל להבחין במקל מאיזה עץ הוא עשוי. ירמיהו מבחין ומיטיב לראות, שמדובר במקל שקד. חשיבות טיב המקל גדולה מן הלשון הנופל על לשון במילים שָׁקֵד ושֹׁקֵד. מקל שקד היה מטהו של משה, ומסתבר שאותו רואה ירמיהו.

מוצא מטהו של משה לא התפרש במקראות, אך עולה מהם, שמטהו הוא גם מטה אהרן. בידו של משה הוא הפך לנחש, ובידו של אהרן הוא הפך לתנין. נביא שתי ראיות לזהות בין המטות. הראשונה:

וַיֹּאמֶר ה׳ אֶל מֹשֶׁה, אֱמֹר אֶל אַהֲרֹן, קַח מַטְּךָ וּנְטֵה יָדְךָ עַל מֵימֵי מִצְרַיִם; עַל נַהֲרֹתָם, עַל יְאֹרֵיהֶם, וְעַל אַגְמֵיהֶם, וְעַל כָּל מִקְוֵה מֵימֵיהֶם – וְיִהְיוּ דָם, וְהָיָה דָם בְּכָל אֶרֶץ מִצְרַיִם וּבָעֵצִים וּבָאֲבָנִים: וַיַּעֲשׂוּ כֵן מֹשֶׁה וְאַהֲרֹן, כַּאֲשֶׁר צִוָּה ה׳, וַיָּרֶם בַּמַּטֶּה וַיַּךְ אֶת הַמַּיִם אֲשֶׁר בַּיְאֹר, לְעֵינֵי פַרְעֹה וּלְעֵינֵי עֲבָדָיו:

(שמות ז, יט-כ)

מן הפסוקים עולה, שאהרן הכה במטהו את היאור.

וַיֹּאמֶר ה׳ אֶל מֹשֶׁה, עֲבֹר לִפְנֵי הָעָם וְקַח אִתְּךָ מִזִּקְנֵי יִשְׂרָאֵל, וּמַטְּךָ אֲשֶׁר הִכִּיתָ בּוֹ אֶת הַיְאֹר קַח בְּיָדְךָ וְהָלָכְתָּ: הִנְנִי עֹמֵד לְפָנֶיךָ שָּׁם עַל הַצּוּר בְּחֹרֵב, וְהִכִּיתָ בַצּוּר וְיָצְאוּ מִמֶּנּוּ מַיִם – וְשָׁתָה הָעָם, וַיַּעַשׂ כֵּן מֹשֶׁה לְעֵינֵי זִקְנֵי יִשְׂרָאֵל:

(שם יז, ה-ו)

משה מכה במטהו בצור, והוא המטה שבו הכה את היאור – המטה שבו הכה אהרן את היאור.

ראיה נוספת:

וַיִּקַּח מֹשֶׁה אֶת הַמַּטֶּה מִלִּפְנֵי ה׳, כַּאֲשֶׁר צִוָּהוּ: וַיַּקְהִלוּ מֹשֶׁה וְאַהֲרֹן אֶת הַקָּהָל אֶל פְּנֵי הַסָּלַע, וַיֹּאמֶר לָהֶם, שִׁמְעוּ נָא הַמֹּרִים, הֲמִן הַסֶּלַע הַזֶּה נוֹצִיא לָכֶם מָיִם: וַיָּרֶם מֹשֶׁה אֶת יָדוֹ וַיַּךְ אֶת הַסֶּלַע בְּמַטֵּהוּ פַּעֲמָיִם:

(במדבר כ, ט-יא)

המטה שהיה לפני ה׳ היה מטה אהרן, שהוכנס לאוהל העדות (ראו במדבר יז, כה), ובסלע מי מריבה הוא מטהו של משה. מטה אהרן, שהוכנס לאוהל העדות, היה של מקל שקד. הוא הכה שרשים באוהל העדות ופרח:

וַיְהִי מִמָּחֳרָת, וַיָּבֹא מֹשֶׁה אֶל אֹהֶל הָעֵדוּת, וְהִנֵּה פָּרַח מַטֵּה אַהֲרֹן לְבֵית לֵוִי, וַיֹּצֵא פֶרַח וַיָּצֵץ צִיץ וַיִּגְמֹל שְׁקֵדִים:

(שם יז, כג)

ירמיהו ראה אפוא את מטהו של משה, שביטא, לאורך יציאת מצרים, את היד החזקה והזרוע הנטויה של ה׳ בידו של משה האוחז במטה. יד זו פעלה בחיפזון ובנחרצות ושינתה את ההיסטוריה. ירמיהו רואה את המטה, אך עתה הוא עתיד לפעול, אם לא יהיה תיקון מיידי, בכיוון ההפוך. במקום ניסי יציאת מצרים והמסע ארצה,

יבואו חלילה היציאה מן הארץ והחזרה למצרים, וכמו שקרה לשארית הפליטה בימי ירמיהו.

הר"י אברבנאל בהקדמתו לספר ירמיהו כותב:

> והנה הדברים אשר ראיתי שבהם נתדמה ירמיהו לאדון הנביאים, הם אלה שאזכור לך אחד לאחד.

הר"י אברבנאל מונה ארבעה עשר דברים דומים בין ירמיהו למשה.[4] דמיונות אלו חשובים מאוד, דווקא בגלל הניגוד בין משה לירמיהו: משה כנביא הגאולה, וירמיהו כנביא החורבן. אולם, הרי"א לא מנה את הדמיון הנראה לי חשוב מכולם, את המטה – מקל השקד.

ו. המראה השני

> וַיְהִי דְבַר ה׳ אֵלַי שֵׁנִית לֵאמֹר, מָה אַתָּה רֹאֶה, וָאֹמַר, סִיר נָפוּחַ אֲנִי רֹאֶה, וּפָנָיו מִפְּנֵי צָפוֹנָה: וַיֹּאמֶר ה׳ אֵלָי, מִצָּפוֹן תִּפָּתַח הָרָעָה עַל כָּל יֹשְׁבֵי הָאָרֶץ: כִּי הִנְנִי קֹרֵא לְכָל מִשְׁפְּחוֹת מַמְלְכוֹת צָפוֹנָה נְאֻם ה׳, וּבָאוּ וְנָתְנוּ אִישׁ כִּסְאוֹ, פֶּתַח שַׁעֲרֵי יְרוּשָׁלַםִ, וְעַל כָּל חוֹמֹתֶיהָ סָבִיב וְעַל כָּל עָרֵי יְהוּדָה:
> (א, יג-טו)

סיר נפוח הוא סיר רותח, שמנפחים תחתיו את האש. אדיו של הסיר שירמיהו רואה פונים מצפון לדרום. הם מעידים על רוח סערה הבאה מן הצפון (השוו יחזקאל א, ד), המתארת את הפורענות העתידה לבוא ארצה מכוח עמי הצפון. ירמיהו עדיין אינו מזכיר את בבל, שממנה עתידה הפורענות לבוא, כי האימפריה הבבלית הגדולה עדיין לא קמה בעת אמירת נבואה זו. הוא מזכיר עמים רבים, ולא רק מעצמה אחת. אכן, כך היה במצור האחרון:

> הַדָּבָר אֲשֶׁר הָיָה אֶל יִרְמְיָהוּ מֵאֵת ה׳, וּנְבוּכַדְרֶאצַּר מֶלֶךְ בָּבֶל וְכָל חֵילוֹ, וְכָל מַמְלְכוֹת אֶרֶץ מֶמְשֶׁלֶת יָדוֹ, וְכָל הָעַמִּים – נִלְחָמִים עַל יְרוּשָׁלַםִ וְעַל כָּל עָרֶיהָ, לֵאמֹר: (לד, א)

4. לא כולם התיישבו על ליבי. למשל, הדמיון החמישי שהוא דן בו, שקרוביו של משה השליכוהו ליאור וקרוביו של ירמיהו השליכוהו לבור – ההבדל בין המקרים מדבר בעד עצמו. אולם, הרי"א מנה גם דמיונות חשובים מאוד.

המצור אכן מזכיר סיר רותח העומד על האש. אין מדובר בלהבת גז כמו בימינו, המלחכת בצנעה את תחתית כלי הבישול. האש בוערת ומקיפה בלהבתה את כל הסיר, משחירה את פניו, ומייבשת את המים והנוזלים שבסיר. אם היא ממשיכה לבעור – התבשיל מצטמק ורע לו, מתייבש ונשרף בתוך הסיר, כאנשים הנמצאים במצור.[5]

אכן, כך נראה סופו של המצור על ירושלים – שרים היושבים על כסאותיהם פתח שער העיר:

וַיָּבֹאוּ כֹּל שָׂרֵי מֶלֶךְ בָּבֶל, וַיֵּשְׁבוּ בְּשַׁעַר הַתָּוֶךְ: נֵרְגַל שַׂרְאֶצֶר, סַמְגַּר נְבוּ, שַׂר סְכִים רַב סָרִיס, נֵרְגַל שַׂרְאֶצֶר רַב מָג, וְכָל שְׁאֵרִית שָׂרֵי מֶלֶךְ בָּבֶל:
(לט, ג)

ז. פשר המצור

וְדִבַּרְתִּי מִשְׁפָּטַי אוֹתָם עַל כָּל רָעָתָם אֲשֶׁר עֲזָבוּנִי, וַיְקַטְּרוּ לֵאלֹהִים אֲחֵרִים וַיִּשְׁתַּחֲווּ לְמַעֲשֵׂי יְדֵיהֶם: וְאַתָּה תֶּאְזֹר מָתְנֶיךָ, וְקַמְתָּ וְדִבַּרְתָּ אֲלֵיהֶם אֵת כָּל אֲשֶׁר אָנֹכִי אֲצַוֶּךָּ, אַל תֵּחַת מִפְּנֵיהֶם פֶּן אֲחִתְּךָ לִפְנֵיהֶם:
(א, טז–יז)

ירמיהו חוזה בנבואתנו מצור על ירושלים; הוא אינו חוזה חורבן! למצור יכולות להיות שתי תוצאות שונות: הוא עלול להסתיים בחורבן, וכפי שאכן היה במצור האחרון של נבוכדנאצר, אך הוא עשוי להסתיים גם בישועה גדולה, וכפי שהיה בימי חזקיהו וישעיהו הנביא במצור סנחריב:

כְּצִפֳּרִים עָפוֹת כֵּן יָגֵן ה׳ צְבָאוֹת עַל יְרוּשָׁלָם, גָּנוֹן וְהִצִּיל פָּסֹחַ וְהִמְלִיט:
(ישעיהו לא, ה)

וְגַנּוֹתִי עַל הָעִיר הַזֹּאת לְהוֹשִׁיעָהּ, לְמַעֲנִי וּלְמַעַן דָּוִד עַבְדִּי: וַיֵּצֵא מַלְאַךְ ה׳ וַיַּכֶּה בְּמַחֲנֵה אַשּׁוּר מֵאָה וּשְׁמֹנִים וַחֲמִשָּׁה אָלֶף, וַיַּשְׁכִּימוּ בַבֹּקֶר וְהִנֵּה כֻלָּם פְּגָרִים מֵתִים:
(שם לז, לה–לו)

ירמיהו מדבר בנבואתנו על כך, שימי המצור הקשים עתידים להיות ימי חשבון נפש לאומי על עזיבתם את ה׳ וההליכתם אחרי אלוהים אחרים, וכפי שהנביא עתיד להוכיחם

5. תיאור מפורט של תהליך כזה כתוב ביחזקאל כד על המצור, שהטיל נבוכדנאצר על ירושלים.

על כך. ימי המצור עשויים להיות ימי תיקון החטא ותשובה אל ה׳, וכמו שהיו בימי חזקיהו; אך אם חלילה לא ישמעו – המצור עלול להסתיים באסון. ירמיהו עתיד לספר לנו, מפי אנשים מזקני הארץ, את שאירע בימי חזקיהו:

מִיכָה הַמּוֹרַשְׁתִּי הָיָה נִבָּא בִּימֵי חִזְקִיָּהוּ מֶלֶךְ יְהוּדָה, וַיֹּאמֶר אֶל כָּל עַם יְהוּדָה לֵאמֹר: כֹּה אָמַר ה׳ צְבָאוֹת, צִיּוֹן שָׂדֶה תֵחָרֵשׁ, וִירוּשָׁלַיִם עִיִּים תִּהְיֶה, וְהַר הַבַּיִת לְבָמוֹת יָעַר: הֶהָמֵת הֱמִתֻהוּ חִזְקִיָּהוּ מֶלֶךְ יְהוּדָה וְכָל יְהוּדָה? הֲלֹא יָרֵא אֶת ה׳, וַיְחַל אֶת פְּנֵי ה׳, וַיִּנָּחֶם ה׳ אֶל הָרָעָה אֲשֶׁר דִּבֶּר עֲלֵיהֶם:
(כו, יח–יט)

הדוגמה של מיכה, שכמעט עמד לפני מיתה מחמת נבואותיו הקשות בימי מצור סנחריב, היא דוגמה העשויה להרתיע את ירמיהו. כנגד זה ה׳ מצווה עליו: אַל תֵּחַת מִפְּנֵיהֶם!

ח. המצור כמשל

וַאֲנִי הִנֵּה נְתַתִּיךָ הַיּוֹם לְעִיר מִבְצָר וּלְעַמּוּד בַּרְזֶל וּלְחֹמוֹת נְחֹשֶׁת עַל כָּל הָאָרֶץ, לְמַלְכֵי יְהוּדָה לְשָׂרֶיהָ לְכֹהֲנֶיהָ וּלְעַם הָאָרֶץ: וְנִלְחֲמוּ אֵלֶיךָ – וְלֹא יוּכְלוּ לָךְ, כִּי אִתְּךָ אֲנִי נְאֻם ה׳ לְהַצִּילֶךָ:
(א, יח–יט)

גורלו של ירמיהו האיש כגורלה של ירושלים. הוא עצמו נמשל לעיר במצור, לעיר מבצר בעלת עמודי ברזל וחומות נחושת. מלכי יהודה ושריה יילחמו בו וינסו ללוכדו, אך ה׳ מבטיח שיצילנו מידם. אולם, ההבטחה מוגבלת: ה׳ יצילנו מידם כמו שיציל את ירושלים, הנתונה במצור מיד עמי הצפון שיילחמו בה. הבטחה זו מותנה בתיקון שתעשה ירושלים ובתשובתה; אם חלילה לא תשוב ותתקן – היא תיפול. אז עלול ליפול גם ירמיהו, שהבטחת הגנתו היא כהבטחת הגנת העיר. אין לנו ידיעות מה היה סופו של ירמיהו. הוא נלקח, כנראה בעל כורחו, על ידי יוחנן בן קרח וחבריו למצרים, אחרי רצח גדליה בן אחיקם. שם הוא ניבא פורענות קשה ליהודים, שירדו מצרימה עם יוחנן. על פי מסורת לא מבוססת הוא נרגם שם באבנים למוות.

ט. חסד נעוריה של ירושלים

וַיְהִי דְבַר ה׳ אֵלַי לֵאמֹר: הָלֹךְ וְקָרָאתָ בְאָזְנֵי יְרוּשָׁלַם לֵאמֹר, כֹּה אָמַר ה׳, זָכַרְתִּי

לָךְ חֶסֶד נְעוּרַיִךְ אַהֲבַת כְּלוּלֹתָיִךְ, לֶכְתֵּךְ אַחֲרַי בַּמִּדְבָּר בְּאֶרֶץ לֹא זְרוּעָה: קֹדֶשׁ יִשְׂרָאֵל לַה׳ רֵאשִׁית תְּבוּאָתֹה, כָּל אֹכְלָיו יֶאְשָׁמוּ רָעָה, תָּבֹא אֲלֵיהֶם נְאֻם ה׳:
(ב, א-ג)

סיומה של הפטרתנו בשלושה פסוקי נחמה, אך הם משתייכים בתוכנם, להבנתנו, להפטרה של השבוע הבא, ושם נזכיר אותם. חסד נעוריה של כנסת ישראל מדבר בעד עצמו, ולא נכביר בו מילים. התורה מציירת לנו את דמותו של דור המדבר, דור יוצאי מצרים, בצבעים אפורים למדי, כדור שבגלל מעשיו הרעים לא זכה להיכנס לארץ. ירמיהו צובע את דור המדבר בצבעי חסד נעורים, אהבת כלולות ונאמנות לה׳ בהליכה אחרי ה׳ בַּמִּדְבָּר הַגָּדֹל וְהַנּוֹרָא, נָחָשׁ שָׂרָף וְעַקְרָב וְצִמָּאוֹן אֲשֶׁר אֵין מָיִם (דברים ח, טו).

הפטרת השבת השנייה של ימי בין המצרים (מסעי או מטות מסעי)

ירמיה

ב ד ה שִׁמְעוּ דְבַר־יהוה בֵּית יַעֲקֹב וְכָל־מִשְׁפְּחוֹת בֵּית יִשְׂרָאֵל: כֹּה אָמַר יהוה מַה־
ו מָּצְאוּ אֲבוֹתֵיכֶם בִּי עָוֶל כִּי רָחֲקוּ מֵעָלָי וַיֵּלְכוּ אַחֲרֵי הַהֶבֶל וַיֶּהְבָּלוּ: וְלֹא אָמְרוּ
אַיֵּה יהוה הַמַּעֲלֶה אֹתָנוּ מֵאֶרֶץ מִצְרָיִם הַמּוֹלִיךְ אֹתָנוּ בַּמִּדְבָּר בְּאֶרֶץ עֲרָבָה
וְשׁוּחָה בְּאֶרֶץ צִיָּה וְצַלְמָוֶת בְּאֶרֶץ לֹא־עָבַר בָּהּ אִישׁ וְלֹא־יָשַׁב אָדָם שָׁם:
ז וָאָבִיא אֶתְכֶם אֶל־אֶרֶץ הַכַּרְמֶל לֶאֱכֹל פִּרְיָהּ וְטוּבָהּ וַתָּבֹאוּ וַתְּטַמְּאוּ אֶת־
ח אַרְצִי וְנַחֲלָתִי שַׂמְתֶּם לְתוֹעֵבָה: הַכֹּהֲנִים לֹא אָמְרוּ אַיֵּה יהוה וְתֹפְשֵׂי הַתּוֹרָה
לֹא יְדָעוּנִי וְהָרֹעִים פָּשְׁעוּ בִי וְהַנְּבִאִים נִבְּאוּ בַבַּעַל וְאַחֲרֵי לֹא־יוֹעִלוּ הָלָכוּ:
ט י לָכֵן עֹד אָרִיב אִתְּכֶם נְאֻם־יהוה וְאֶת־בְּנֵי בְנֵיכֶם אָרִיב: כִּי עִבְרוּ אִיֵּי כִתִּיִּים
יא וּרְאוּ וְקֵדָר שִׁלְחוּ וְהִתְבּוֹנְנוּ מְאֹד וּרְאוּ הֵן הָיְתָה כָּזֹאת: הַהֵימִיר גּוֹי אֱלֹהִים
יב וְהֵמָּה לֹא אֱלֹהִים וְעַמִּי הֵמִיר כְּבוֹדוֹ בְּלוֹא יוֹעִיל: שֹׁמּוּ שָׁמַיִם עַל־זֹאת וְשַׂעֲרוּ
יג חָרְבוּ מְאֹד נְאֻם־יהוה: כִּי־שְׁתַּיִם רָעוֹת עָשָׂה עַמִּי אֹתִי עָזְבוּ מְקוֹר מַיִם חַיִּים
יד לַחְצֹב לָהֶם בֹּארוֹת בֹּארֹת נִשְׁבָּרִים אֲשֶׁר לֹא־יָכִלוּ הַמָּיִם: הַעֶבֶד יִשְׂרָאֵל אִם־
טו יְלִיד בַּיִת הוּא מַדּוּעַ הָיָה לָבַז: עָלָיו יִשְׁאֲגוּ כְפִרִים נָתְנוּ קוֹלָם וַיָּשִׁיתוּ אַרְצוֹ
טז יז לְשַׁמָּה עָרָיו נִצְּתוּ מִבְּלִי יֹשֵׁב: גַּם־בְּנֵי־נֹף וְתַחְפַּנְחֵס יִרְעוּךְ קָדְקֹד: הֲלוֹא־זֹאת
יח תַּעֲשֶׂה־לָּךְ עָזְבֵךְ אֶת־יהוה אֱלֹהַיִךְ בְּעֵת מוֹלִיכֵךְ בַּדָּרֶךְ: וְעַתָּה מַה־לָּךְ לְדֶרֶךְ
יט מִצְרַיִם לִשְׁתּוֹת מֵי שִׁחוֹר וּמַה־לָּךְ לְדֶרֶךְ אַשּׁוּר לִשְׁתּוֹת מֵי נָהָר: תְּיַסְּרֵךְ רָעָתֵךְ
וּמְשֻׁבוֹתַיִךְ תּוֹכִחֻךְ וּדְעִי וּרְאִי כִּי־רַע וָמָר עָזְבֵךְ אֶת־יהוה אֱלֹהָיִךְ וְלֹא פַחְדָּתִי
כ אֵלַיִךְ נְאֻם־אֲדֹנָי יֱהֹוִה צְבָאוֹת: כִּי מֵעוֹלָם שָׁבַרְתִּי עֻלֵּךְ נִתַּקְתִּי מוֹסְרוֹתַיִךְ
וַתֹּאמְרִי לֹא אֶעֱבוֹר כִּי עַל־כָּל־גִּבְעָה גְּבֹהָה וְתַחַת כָּל־עֵץ רַעֲנָן אַתְּ צֹעָה זֹנָה:
כא כב וְאָנֹכִי נְטַעְתִּיךְ שֹׂרֵק כֻּלֹּה זֶרַע אֱמֶת וְאֵיךְ נֶהְפַּכְתְּ לִי סוּרֵי הַגֶּפֶן נָכְרִיָּה: כִּי אִם־

כג תְּכַבְּסִי בַּנֶּתֶר וְתַרְבִּי־לָךְ בֹּרִית נִכְתָּם עֲוֺנֵךְ לְפָנַי נְאֻם אֲדֹנָי יֱהוִֹה: אֵיךְ תֹּאמְרִי
לֹא נִטְמֵאתִי אַחֲרֵי הַבְּעָלִים לֹא הָלַכְתִּי רְאִי דַרְכֵּךְ בַּגַּיְא דְּעִי מֶה עָשִׂית בִּכְרָה
כד קַלָּה מְשָׂרֶכֶת דְּרָכֶיהָ: פֶּרֶה לִמֻּד מִדְבָּר בְּאַוַּת נַפְשָׁהּ שָׁאֲפָה רוּחַ תַּאֲנָתָהּ מִי
כה יְשִׁיבֶנָּה כָּל־מְבַקְשֶׁיהָ לֹא יִיעָפוּ בְּחָדְשָׁהּ יִמְצָאוּנְהָ: מִנְעִי רַגְלֵךְ מִיָּחֵף וּגְרוֹנֵךְ
כו מִצִּמְאָה וַתֹּאמְרִי נוֹאָשׁ לוֹא כִּי־אָהַבְתִּי זָרִים וְאַחֲרֵיהֶם אֵלֵךְ: כְּבֹשֶׁת גַּנָּב כִּי
כז יִמָּצֵא כֵּן הֹבִישׁוּ בֵּית יִשְׂרָאֵל הֵמָּה מַלְכֵיהֶם שָׂרֵיהֶם וְכֹהֲנֵיהֶם וּנְבִיאֵיהֶם: אֹמְרִים
לָעֵץ אָבִי אַתָּה וְלָאֶבֶן אַתְּ יְלִדְתָּנוּ כִּי־פָנוּ אֵלַי עֹרֶף וְלֹא פָנִים וּבְעֵת רָעָתָם
כח יֹאמְרוּ קוּמָה וְהוֹשִׁיעֵנוּ: וְאַיֵּה אֱלֹהֶיךָ אֲשֶׁר עָשִׂיתָ לָּךְ יָקוּמוּ אִם־יוֹשִׁיעוּךָ בְּעֵת
רָעָתֶךָ כִּי מִסְפַּר עָרֶיךָ הָיוּ אֱלֹהֶיךָ יְהוּדָה:

ג ד הֲלוֹא מֵעַתָּה קָרָאת לִי אָבִי אַלּוּף נְעֻרַי אָתָּה: האשכנ מוסיפי

ד א אִם־תָּשׁוּב יִשְׂרָאֵל נְאֻם־יהוה אֵלַי תָּשׁוּב וְאִם־תָּסִיר שִׁקּוּצֶיךָ מִפָּנַי וְלֹא הספרד מוסיפי
ב תָנוּד: וְנִשְׁבַּעְתָּ חַי־יהוה בֶּאֱמֶת בְּמִשְׁפָּט וּבִצְדָקָה וְהִתְבָּרְכוּ בוֹ גּוֹיִם
וּבוֹ יִתְהַלָּלוּ:

א. הקשר בין ימי בין המצרים (והפרשה) להפטרה

לשתי השבתות הראשונות לימי בין המצרים נבחרו שתי הנבואות הראשונות של ירמיהו, שהיה נביא החורבן של ירושלים ובית המקדש וליווה את חורבנם (וראו דברינו בהפטרה הקודמת).

בדיעבד (בלבד!), ניתן למצוא קשר בעל משמעות גם בין פרשת מסעי להפטרתנו. פרשת מסעי סוקרת בתחילתה את כל המסעות, שעברו בני ישראל במדבר במשך ארבעים שנה. כך פירש זאת רש"י בשם המדרש:

> אֵלֶּה מַסְעֵי – למה נכתבו המסעות הללו? להודיע חסדיו של מקום, שאעפ"י שגזר עליהם לטלטלם ולהניעם במדבר, לא תאמר שהיו נעים ומטולטלים ממסע למסע כל ארבעים שנה ולא היתה להם מנוחה, שהרי אין כאן אלא ארבעים ושתים מסעות... נמצא, שכל שמנה ושלשים שנה לא נסעו אלא עשרים מסעות. זה מיסודו של רבי משה הדרשן. ורבי תנחומא דרש בו דרשה אחרת: משל למלך, שהיה בנו חולה והוליכו למקום רחוק לרפאותו. כיון שהיו חוזרין

התחיל אביו מונה כל המסעות: אמר לו כאן ישננו, כאן הוקרנו, כאן חששת את ראשך וכו׳:

(רש״י במדבר לג, א)

הפטרתנו מתארת בתחילתה את חסדי ה׳ עם ישראל, בעת שהוליכם במדבר ביציאת מצרים, וכפי שנרחיב בע״ה להלן.

ב. רקע

הפטרתנו היא כאמור, הנבואה השנייה במגילת התוכחות (פרקים א-כ), שהיא הספר העיקרי בירמיהו. ניתן להניח, שנאמרה בתחילת ימי נבואתו, סביב לשנת שלוש עשרה או ארבע עשרה ליאשיהו. היא ודאי שייכת ליחידת השנים שתים עשרה עד שמונה עשרה ליאשיהו, שנדון עליהן עתה.

אבי אביו של יאשיהו – מנשה, ואביו של יאשיהו – אמון, היו המלכים שדרדרו את ממלכת יהודה לתחתית יהודית ורוחנית, שלא הייתה כמותה:

וַיָּשָׁב (= מנשה) וַיִּבֶן אֶת הַבָּמוֹת אֲשֶׁר אִבַּד חִזְקִיָּהוּ אָבִיו, וַיָּקֶם מִזְבְּחֹת לַבַּעַל וַיַּעַשׂ אֲשֵׁרָה, כַּאֲשֶׁר עָשָׂה אַחְאָב מֶלֶךְ יִשְׂרָאֵל, וַיִּשְׁתַּחוּ לְכָל צְבָא הַשָּׁמַיִם וַיַּעֲבֹד אֹתָם: וּבָנָה מִזְבְּחֹת בְּבֵית ה׳, אֲשֶׁר אָמַר ה׳ בִּירוּשָׁלַם אָשִׂים אֶת שְׁמִי: וַיִּבֶן מִזְבְּחוֹת לְכָל צְבָא הַשָּׁמָיִם בִּשְׁתֵּי חַצְרוֹת בֵּית ה׳: וְהֶעֱבִיר אֶת בְּנוֹ בָּאֵשׁ, וְעוֹנֵן, וְנִחֵשׁ, וְעָשָׂה אוֹב וְיִדְּעֹנִים, הִרְבָּה לַעֲשׂוֹת הָרַע בְּעֵינֵי ה׳ לְהַכְעִיס: וַיָּשֶׂם אֶת פֶּסֶל הָאֲשֵׁרָה אֲשֶׁר עָשָׂה בַּבַּיִת, אֲשֶׁר אָמַר ה׳ אֶל דָּוִד וְאֶל שְׁלֹמֹה בְנוֹ, בַּבַּיִת הַזֶּה, וּבִירוּשָׁלַם אֲשֶׁר בָּחַרְתִּי מִכֹּל שִׁבְטֵי יִשְׂרָאֵל, אָשִׂים אֶת שְׁמִי לְעוֹלָם:
וְגַם דָּם נָקִי שָׁפַךְ מְנַשֶּׁה הַרְבֵּה מְאֹד, עַד אֲשֶׁר מִלֵּא אֶת יְרוּשָׁלַם פֶּה לָפֶה, לְבַד מֵחַטָּאתוֹ אֲשֶׁר הֶחֱטִיא אֶת יְהוּדָה לַעֲשׂוֹת הָרַע בְּעֵינֵי ה׳:
וַיֵּלֶךְ (= אמון) בְּכָל הַדֶּרֶךְ אֲשֶׁר הָלַךְ אָבִיו, וַיַּעֲבֹד אֶת הַגִּלֻּלִים אֲשֶׁר עָבַד אָבִיו וַיִּשְׁתַּחוּ לָהֶם:

(מל״ב כא, ג-ז; טז; כא)

כִּי הוּא אָמוֹן הִרְבָּה אַשְׁמָה:

(דהי״ב לג, כג)

נביאי ה׳ החלו בימי מנשה לדבר במפורש על חורבן המקדש ועל חורבן ירושלים:

> וַיְדַבֵּר ה' בְּיַד עֲבָדָיו הַנְּבִיאִים לֵאמֹר: יַעַן אֲשֶׁר עָשָׂה מְנַשֶּׁה מֶלֶךְ יְהוּדָה הַתֹּעֵבוֹת הָאֵלֶּה, הֵרַע מִכֹּל אֲשֶׁר עָשׂוּ הָאֱמֹרִי אֲשֶׁר לְפָנָיו, וַיַּחֲטִא גַם אֶת יְהוּדָה בְּגִלּוּלָיו:
> לָכֵן כֹּה אָמַר ה' אֱלֹהֵי יִשְׂרָאֵל... וּמָחִיתִי אֶת יְרוּשָׁלַם, כַּאֲשֶׁר יִמְחֶה אֶת הַצַּלַּחַת, מָחָה וְהָפַךְ עַל פָּנֶיהָ: וְנָטַשְׁתִּי אֵת שְׁאֵרִית נַחֲלָתִי וּנְתַתִּים בְּיַד אֹיְבֵיהֶם, וְהָיוּ לְבַז וְלִמְשִׁסָּה לְכָל אֹיְבֵיהֶם:

(מל"ב כא, י-יד)

אולם, אחרי מנשה ואמון קם יאשיהו הצדיק, והחל במהפכה דתית שמטרתה: לעקור את העבודה הזרה מן הארץ, לשפץ את המקדש ולהשיב אליו את עבודת ה'. בתיאור המהפכה הדתית של יאשיהו מצאנו במקראות ובחז"ל שתי סתירות חשובות:

הראשונה קשורה בזמנה של המהפכה הדתית – האם אירעה בשנת שתים עשרה ליאשיהו לפני שיפוץ המקדש, או בשנת שמונה עשרה למלכותו בעקבות שיפוץ המקדש ומציאת ספר התורה? המהפכה הדתית המתוארת בספר מלכים מתחילה במציאת ספר התורה בבית ה' בשנה השמונה עשרה:

> וַיְהִי בִּשְׁמֹנֶה עֶשְׂרֵה שָׁנָה לַמֶּלֶךְ יֹאשִׁיָּהוּ, שָׁלַח הַמֶּלֶךְ אֶת שָׁפָן בֶּן אֲצַלְיָהוּ בֶן מְשֻׁלָּם הַסֹּפֵר בֵּית ה', לֵאמֹר:
> וַיַּגֵּד שָׁפָן הַסֹּפֵר לַמֶּלֶךְ לֵאמֹר, סֵפֶר נָתַן לִי חִלְקִיָּה הַכֹּהֵן, וַיִּקְרָאֵהוּ שָׁפָן לִפְנֵי הַמֶּלֶךְ: וַיְהִי כִּשְׁמֹעַ הַמֶּלֶךְ אֶת דִּבְרֵי סֵפֶר הַתּוֹרָה – וַיִּקְרַע אֶת בְּגָדָיו:

(שם כב, ג; י-יא)

על פי המתואר בדברי הימים, החלה המהפכה הדתית שש שנים לפני שיפוץ בית המקדש ומציאת ספר התורה בתוכו, בשנת שתים עשרה שנה ליאשיהו:

> וּבִשְׁמוֹנֶה שָׁנִים לְמָלְכוֹ, וְהוּא עוֹדֶנּוּ נַעַר, הֵחֵל לִדְרוֹשׁ לֵאלֹהֵי דָּוִיד אָבִיו, וּבִשְׁתֵּים עֶשְׂרֵה שָׁנָה הֵחֵל לְטַהֵר אֶת יְהוּדָה וִירוּשָׁלַם מִן הַבָּמוֹת וְהָאֲשֵׁרִים וְהַפְּסִלִים וְהַמַּסֵּכוֹת: וַיְנַתְּצוּ לְפָנָיו אֵת מִזְבְּחוֹת הַבְּעָלִים, וְהַחַמָּנִים אֲשֶׁר לְמַעְלָה מֵעֲלֵיהֶם גִּדֵּעַ, וְהָאֲשֵׁרִים וְהַפְּסִלִים וְהַמַּסֵּכוֹת שִׁבַּר וְהֵדַק, וַיִּזְרֹק עַל פְּנֵי הַקְּבָרִים הַזֹּבְחִים לָהֶם:
> וּבִשְׁנַת שְׁמוֹנֶה עֶשְׂרֵה לְמָלְכוֹ לְטַהֵר הָאָרֶץ וְהַבָּיִת, שָׁלַח אֶת שָׁפָן בֶּן אֲצַלְיָהוּ, וְאֶת מַעֲשֵׂיָהוּ שַׂר הָעִיר וְאֵת יוֹאָח בֶּן יוֹאָחָז הַמַּזְכִּיר, לְחַזֵּק אֶת בֵּית ה' אֱלֹהָיו:

(דהי"ב לד, ג-ד; ח)

הסתירה השנייה קשורה לאיכות המהפכה הדתית של יאשיהו. ספר מלכים גומר את ההלל על תשובתו של יאשיהו ועל המהפכה הדתית שעשה:

> וְגַם אֶת הָאֹבוֹת וְאֶת הַיִּדְּעֹנִים וְאֶת הַתְּרָפִים וְאֶת הַגִּלֻּלִים וְאֵת כָּל הַשִּׁקֻּצִים, אֲשֶׁר נִרְאוּ בְּאֶרֶץ יְהוּדָה וּבִירוּשָׁלַם – בִּעֵר יֹאשִׁיָּהוּ, לְמַעַן הָקִים אֶת דִּבְרֵי הַתּוֹרָה, הַכְּתֻבִים עַל הַסֵּפֶר אֲשֶׁר מָצָא חִלְקִיָּהוּ הַכֹּהֵן בֵּית ה׳: וְכָמֹהוּ לֹא הָיָה לְפָנָיו מֶלֶךְ, אֲשֶׁר שָׁב אֶל ה׳ בְּכָל לְבָבוֹ, וּבְכָל נַפְשׁוֹ וּבְכָל מְאֹדוֹ, כְּכֹל תּוֹרַת מֹשֶׁה – וְאַחֲרָיו לֹא קָם כָּמֹהוּ:

(מל״ב כג, כד-כה)

לעומתו, מצאנו בחז״ל ובמפרשים ציון נמוך לאיכות המהפכה הדתית. חז״ל מתארים את דמות העבודה הזרה מצויירת על דלת הבית מבפנים ליד ציר הדלת, וכשהיו שליחי יאשיהו לבער את האלילים נכנסים הביתה, היו פותחים את הדלת, ודמות העבודה הזרה הייתה מתקפלת אל הקיר בעקבות פתיחת הדלת. לשון אחרת: העבודה הזרה המשיכה להתקיים, אך ירדה למחתרת:

> דורו של יאשיה – מראין עצמם שהם צדיקים, והם רשעים. היו צרים צורות של עכו״ם על דלתותיהם מבפנים, חציה על זו וחציה על זו, וכשהיו מבערי עכו״ם בודקים היה הדלת פתוח – ולא היו מכירין בה:

(רש״י ג, י על סמך איכה רבה א, נג)

על כורחנו, ניישב שתי סתירות אלו בתשובה אחת: המהפכה הדתית, משנת שתים עשרה עד שנת שמונה עשרה – התנהלה על מי מנוחות, ואנשים יכלו להטמין את העבודה הזרה, ולהמשיך לעובדה אחרי הבדיקה השטחית של שליחי יאשיהו לבערה. אחרי מציאת ספר התורה בשנת שמונה עשרה, ונבואת החורבן הקשה של חולדה בעקבותיה – החל יאשיהו את המהפכה מחדש וביסודיות. הוא כרת ברית בבית המקדש עם העם לעבוד את ה׳ בכל לבבם ובכל נפשם, וביער לחלוטין את העבודה הזרה מן הארץ. ספר דברי הימים, שהוא תולדות מלכי יהודה, מביא גם את המהפכה הדתית החלקית שמשנת שתים עשרה. ספר מלכים, שהוא ספר נבואי, אינו מכיר כלל במהפכה כושלת זו, ומביא רק את זו שהחלה בשנת שמונה עשרה, בעקבות מציאת ספר התורה.

כפי שביארנו לעיל, נבואת הפטרתנו היא בשנים שבין שנת שתים עשרה לשנת שמונה עשרה ליאשיהו, ועובדה זו משתקפת היטב בנבואה.

ג. ברית ה' וישראל במדבר

בהפטרת השבוע שעבר הזכרנו, ששלושת פסוקי הסיום של ההפטרה נראים לנו שייכים מבחינת תוכנם לנבואה שבהפטרתנו. נשוב אליהם:

> וַיְהִי דְבַר ה' אֵלַי לֵאמֹר: הָלֹךְ וְקָרָאתָ בְאָזְנֵי יְרוּשָׁלַם לֵאמֹר, כֹּה אָמַר ה', זָכַרְתִּי לָךְ חֶסֶד נְעוּרַיִךְ אַהֲבַת כְּלוּלֹתָיִךְ, לֶכְתֵּךְ אַחֲרַי בַּמִּדְבָּר בְּאֶרֶץ לֹא זְרוּעָה: קֹדֶשׁ יִשְׂרָאֵל לַה' רֵאשִׁית תְּבוּאָתֹה, כָּל אֹכְלָיו יֶאְשָׁמוּ רָעָה תָּבֹא אֲלֵיהֶם נְאֻם ה':

(ב, א-ג)

הנביא משבח את נאמנותם של ישראל לה' בארבעים שנות המדבר, כשהלכו אחר ה' באמונה תמימה, ככלה ההולכת אחרי ארוסה.[1] המדבר מתואר בתורה בצבעים קודרים, המגדילים את תוקפה של נאמנות זו:

> הַמּוֹלִיכֲךָ בַּמִּדְבָּר הַגָּדֹל וְהַנּוֹרָא, נָחָשׁ, שָׂרָף וְעַקְרָב, וְצִמָּאוֹן אֲשֶׁר אֵין מָיִם, הַמּוֹצִיא לְךָ מַיִם מִצּוּר הַחַלָּמִישׁ: הַמַּאֲכִלְךָ מָן בַּמִּדְבָּר, אֲשֶׁר לֹא יָדְעוּן אֲבֹתֶיךָ, לְמַעַן עַנֹּתְךָ וּלְמַעַן נַסֹּתֶךָ:

(דברים ח, טו-טז)

הנביא מדגיש, שה' זוכר נאמנות זו, ובזכותה הוא מגן על ישראל מכל אוכליהם. אולם, מולה הוא מציב בתחילת הפטרתנו את השאלה: מדוע ישראל אינם זוכרים לה' את נאמנותו להם, כשהוליכם במדבר והגן עליהם מצרות המדבר: שוסי המדבר (עמלק), החיות, הנחשים, הצימאון והרעב:

> כֹּה אָמַר ה', מַה מָּצְאוּ אֲבוֹתֵיכֶם בִּי עָוֶל, כִּי רָחֲקוּ מֵעָלָי, וַיֵּלְכוּ אַחֲרֵי הַהֶבֶל – וַיֶּהְבָּלוּ: וְלֹא אָמְרוּ אַיֵּה ה' הַמַּעֲלֶה אֹתָנוּ מֵאֶרֶץ מִצְרָיִם, הַמּוֹלִיךְ אֹתָנוּ בַּמִּדְבָּר בְּאֶרֶץ עֲרָבָה וְשׁוּחָה, בְּאֶרֶץ צִיָּה וְצַלְמָוֶת, בְּאֶרֶץ לֹא עָבַר בָּהּ אִישׁ וְלֹא יָשַׁב אָדָם שָׁם:

(ב, ה-ו)

1. ברית ההליכה במדבר לא זכתה לדגש גדול במקראות, אך לזכרה אנו חוגגים את חג הסוכות, כאמור: לְמַעַן יֵדְעוּ דֹרֹתֵיכֶם כִּי בַסֻּכּוֹת הוֹשַׁבְתִּי אֶת בְּנֵי יִשְׂרָאֵל בְּהוֹצִיאִי אוֹתָם מֵאֶרֶץ מִצְרָיִם אֲנִי ה' אֱלֹהֵיכֶם (ויקרא כג, מג).

על ברית ההליכה במדבר, מוסיף הנביא לחסדי ה' את הבאת בני ישראל לארץ ישראל:

> וָאָבִיא אֶתְכֶם אֶל אֶרֶץ הַכַּרְמֶל לֶאֱכֹל פִּרְיָהּ וְטוּבָהּ...
>
> (שם, ז)

בדרך כלל, בתוכחות הנביאים הוזכרו עונשים לממרים את פי ה', ולא חסדי ה' כנימוק לתיקון המעשים. אולם כאן הייתה שעת רצון גדולה, ומלך העובד את ה', והאכזבה מן העם, שאינו משתף עימו פעולה, גורמת לנביא להזכיר לעם את חסדי ה' כסיבה לשוב אליו. התנהגות העם והמנהיגות (פרט למלך עצמו) מבטאת תחושה של שני דורות, שה' עזב את הארץ ואת עמו הסורר, וקשה עתה להשיב את הגלגל:

> הַכֹּהֲנִים לֹא אָמְרוּ אַיֵּה ה', וְתֹפְשֵׂי הַתּוֹרָה לֹא יְדָעוּנִי, וְהָרֹעִים פָּשְׁעוּ בִי, וְהַנְּבִאִים נִבְּאוּ בַבַּעַל:
>
> (שם, ח)

ארבע שכבות במנהיגות: הכוהנים, הסנהדרין ותלמידי החכמים, המנהיגים הפוליטיים והנביאים. כולם אינם משתפים פעולה עם המהפכה של יאשיהו.

ד. חטאו המדיני של יאשיהו

> הַעֶבֶד יִשְׂרָאֵל, אִם יְלִיד בַּיִת הוּא – מַדּוּעַ הָיָה לָבַז: עָלָיו יִשְׁאֲגוּ כְפִרִים נָתְנוּ קוֹלָם, וַיָּשִׁיתוּ אַרְצוֹ לְשַׁמָּה עָרָיו נִצְּתָה מִבְּלִי יֹשֵׁב: גַּם בְּנֵי נֹף וְתַחְפַּנְחֵס יִרְעוּךְ קָדְקֹד: הֲלוֹא זֹאת תַּעֲשֶׂה לָּךְ – עָזְבֵךְ אֶת ה' אֱלֹהַיִךְ בְּעֵת מוֹלִיכֵךְ בַּדָּרֶךְ: וְעַתָּה מַה לָּךְ לְדֶרֶךְ מִצְרַיִם לִשְׁתּוֹת מֵי שִׁחוֹר, וּמַה לָּךְ לְדֶרֶךְ אַשּׁוּר לִשְׁתּוֹת מֵי נָהָר: תְּיַסְּרֵךְ רָעָתֵךְ וּמְשֻׁבוֹתַיִךְ תּוֹכִחֻךְ, וּדְעִי וּרְאִי כִּי רַע וָמָר עָזְבֵךְ אֶת ה' אֱלֹהָיִךְ, וְלֹא פַחְדָּתִי אֵלַיִךְ נְאֻם אֲדֹנָי ה' צְבָאוֹת:
>
> (ב, יד-יט)

המקראות שהבאנו מתארים סבל של אנשי יהודה מחמת אויב, ההופך את ארצו לשממה ומצית את עריו הריקות. תיאור זה ישוב ביתר שאת בפרק ד, ובסגנון הדומה לפסוקינו:

> שְׂאוּ נֵס צִיּוֹנָה, הָעִיזוּ אַל תַּעֲמֹדוּ, כִּי רָעָה אָנֹכִי מֵבִיא מִצָּפוֹן, וְשֶׁבֶר גָּדוֹל: עָלָה

אַרְיֵה מִסֻּבְּכוֹ וּמַשְׁחִית גּוֹיִם נָסַע, יָצָא מִמְּקֹמוֹ לָשׂוּם אַרְצֵךְ לְשַׁמָּה, עָרַיִךְ תִּצֶּינָה מֵאֵין יוֹשֵׁב:
הִנֵּה כַּעֲנָנִים יַעֲלֶה וְכַסּוּפָה מַרְכְּבוֹתָיו, קַלּוּ מִנְּשָׁרִים סוּסָיו, אוֹי לָנוּ כִּי שֻׁדָּדְנוּ:
שֶׁבֶר עַל שֶׁבֶר נִקְרָא כִּי שֻׁדְּדָה כָּל הָאָרֶץ, פִּתְאֹם שֻׁדְּדוּ אֹהָלַי רֶגַע יְרִיעֹתָי:
מִקּוֹל פָּרָשׁ וְרֹמֵה קֶשֶׁת בֹּרַחַת כָּל הָעִיר, בָּאוּ בֶּעָבִים וּבַכֵּפִים עָלוּ, כָּל הָעִיר עֲזוּבָה וְאֵין יוֹשֵׁב בָּהֵן אִישׁ:

(ד, ו-ז; יג; כ; כט)

לא ידוע לנו על אחת מן הארצות השכנות שעוללה לממלכתו של יאשיהו פורענות של בריחת תושבי הערים והתרוקנותן מפחד האויב. אולם, בתחילת ימי יאשיהו התחוללה בארץ הפלישה הסקיתית של עמים ברברים מן הצפון הרחוק (הים הכספי וסביבותיו), שפלשו גם לארצות נוספות במזרח התיכון, ונעלמו כעבור מספר שנים כלעומת שבאו. על פי העולה מירמיהו נראה, שכדי להגן על ארצו נעזר יאשיהו במלך מצרים, וכרת עימו ברית. ברית עם מצרים מעולם לא הייתה טובה בעיני הנביאים, והם ראו בה הפרת צו מפורש של האיסור להשיב את העם מצרימה.[2] החסות בצילו של פרעה נראתה בעיני הנביאים ככרסום בבשורה שה׳ הוציאנו מארץ מצרים מהיות להם עבדים, כדי שנהיה עבדי ה׳.

יאשיהו שילם על חטא זה, כשנאלץ להפר את הברית עם פרעה מלך מצרים בקרב מגידו ולחסום את דרכו צפונה, מחשש שפרעה ינצח במלחמתו בצפון, וכך יהפוך את כל הארצות שבין מצרים לבין נהר פרת לארצות חסות שלו, ושם נהרג יאשיהו.[3] בהפטרתנו, בפסוקים שהבאנו לעיל מבקר ירמיהו את כריתת הברית עם

2. נפרט מעט על איסור זה: התורה הזהירה שלוש פעמים (שמות יד, יג; דברים יז, טז; שם כח, סח) שלא להשיב את העם מצרימה. בעקבות דברים שלמדתי בצעירותי ממו״ר הרב יואל בן נון, אני מפרש איסורים אלו כאיסור להסתמך על כוחה הצבאי והפוליטי של מצרים מכוח ברית עימה, שתהפוך את עם ישראל לבני חסות של המצרים, כמו שהיינו בעת עבדותנו למצרים עד שלא הוציאנו ה׳ משם. עבדותנו לה׳ והסתמכותנו על כוחו להצילנו באו להחליף גם בדיבור הראשון מעשרת הדברים את עבדותנו למצרים, ואת היסמכותנו על כוחם להצילנו.

3. מסתבר שהברית שכרת יאשיהו עם מלך מצרים הייתה בשבועה. אפשר ששבועה זו רמוזה בדבריו של פרעה נכה ליאשיהו, בעת שיצא למלחמה בו: חֲדַל לְךָ מֵאֱלֹהִים אֲשֶׁר עִמִּי וְאַל יַשְׁחִיתֶךָ (דהי״ב לה, כא), ו׳אֱלֹהִים׳ הוא לשון שבועה (ראו שמות כב, ז). אם אכן הפר יאשיהו שבועה מפורשת – מסתבר על פי ההלכה שהלך להתיר את שבועתו אצל חכמים לצורך עם ישראל, ואז יש בכך דמיון לצדקיהו שהפר את שבועתו לנבוכדנאצר, והסתמך על התרת שבועתו בידי החכמים (ראו נדרים סה ע״א). למרות זאת, יש בנבואה ביקורת חריפה על צדקיהו שהפר את שבועתו (ראו דהי״ב לו, יג), ודבר זה יכול להסביר גם כאן את מותו של יאשיהו במלחמה בפרעה במגידו.

מצרים במילים קשות. כך לדעתנו גם להלן בפרק ד, כשהנביא מבקר, בימי יאשיהו, את ממלכת יהודה על דבר שנראה כחנופה לאויב או כברית עימו:

וְאַתְּ שָׁדוּד מַה תַּעֲשִׂי? כִּי תִלְבְּשִׁי שָׁנִי, כִּי תַעְדִּי עֲדִי זָהָב, כִּי תִקְרְעִי בַפּוּךְ עֵינַיִךְ – לַשָּׁוְא תִּתְיַפִּי, מָאֲסוּ בָךְ עֹגְבִים, נַפְשֵׁךְ יְבַקֵּשׁוּ:

(ד, ל)

ה. חסרונות המהפכה הדתית של יאשיהו

כִּי מֵעוֹלָם שָׁבַרְתִּי עֻלֵּךְ, נִתַּקְתִּי מוֹסְרֹתַיִךְ, וַתֹּאמְרִי לֹא אֶעֱבוֹר, כִּי עַל כָּל גִּבְעָה גְּבֹהָה וְתַחַת כָּל עֵץ רַעֲנָן אַתְּ צֹעָה זֹנָה... כִּי אִם תְּכַבְּסִי בַּנֶּתֶר וְתַרְבִּי לָךְ בֹּרִית, נִכְתָּם עֲוֹנֵךְ לְפָנַי נְאֻם אֲדֹנָי ה׳: אֵיךְ תֹּאמְרִי, לֹא נִטְמֵאתִי, אַחֲרֵי הַבְּעָלִים לֹא הָלַכְתִּי? רְאִי דַרְכֵּךְ בַּגַּיְא, דְּעִי מֶה עָשִׂית, בִּכְרָה קַלָּה מְשָׂרֶכֶת דְּרָכֶיהָ... כְּבֹשֶׁת גַּנָּב כִּי יִמָּצֵא כֵּן הֹבִישׁוּ בֵּית יִשְׂרָאֵל, הֵמָּה מַלְכֵיהֶם, שָׂרֵיהֶם, וְכֹהֲנֵיהֶם וּנְבִיאֵיהֶם:

(ב, כ-כו)

כאן אנו שבים למה שכתבנו בפרק הרקע על השנים הראשונות של נבואת ירמיהו בשנים השתים עשרה עד השמונה עשרה ליאשיהו, כשהמהפכה הדתית התנהלה, אך לא באמת ביערה את העבודה הזרה מיהודה. עֻלָּם של האשורים כבר נשבר, ומוסרותיהם נותקו עם מותו של אשורבניפל, והגיע הזמן לשוב אל ה׳. אולם, עם ישראל ממשיך בזנותו על כל גבעה ועל כל הר. יאשיהו מנסה לכבס את כתם העבודה הזרה ׳בנתר ובבורית׳, אך הכתם ממשיך לכער את האומה ולדבוק בה. עם ישראל בא אל הקב״ה בטענה שכבר אינו טמא, שהרי העבודה הזרה מתבערת והולכת, אך הנביא שולח את העם אל הגיא הנמוך, למקום הסתר, ומראה לו את חטאיו, הממשיכים והולכים גם אחרי תחילת המהפכה. גם אם החטא ירד למחתרת, הרי כְּבֹשֶׁת גַּנָּב כִּי יִמָּצֵא כֵּן הֹבִישׁוּ בֵּית יִשְׂרָאֵל, וחטאם נמצא בסתר בביתם, כגנבה בביתו של הגנב, המעמיד פנים של אדם ישר.

ירמיהו ימשיך בתיאורים אלו גם בפסוקים שבעקבות הפטרתנו:

לָמָּה תָרִיבוּ אֵלָי? כֻּלְּכֶם פְּשַׁעְתֶּם בִּי נְאֻם ה׳:
גַּם בִּכְנָפַיִךְ נִמְצְאוּ דַּם נַפְשׁוֹת אֶבְיוֹנִים נְקִיִּים, לֹא בַמַּחְתֶּרֶת מְצָאתִים, כִּי עַל כָּל אֵלֶּה: וַתֹּאמְרִי, כִּי נִקֵּיתִי, אַךְ שָׁב אַפּוֹ מִמֶּנִּי, הִנְנִי נִשְׁפָּט אוֹתָךְ עַל אָמְרֵךְ לֹא חָטָאתִי:

לֵאמֹר הֵן יְשַׁלַּח אִישׁ אֶת אִשְׁתּוֹ, וְהָלְכָה מֵאִתּוֹ וְהָיְתָה לְאִישׁ אַחֵר, הֲיָשׁוּב אֵלֶיהָ עוֹד? הֲלוֹא חָנוֹף תֶּחֱנַף הָאָרֶץ הַהִיא! – וְאַתְּ זָנִית רֵעִים רַבִּים, וְשׁוֹב אֵלַי נְאֻם ה׳:

(ב, כט; לד-לה; ג, א)

העם מעמיד פנים ששב אל ה׳, ורב עם ה׳ ודורש ממנו סיוע ופיוס, אך הנביא מטיח בו: כֻּלְּכֶם פְּשַׁעְתֶּם בִּי. ה׳ מצא את הפשעים לא במחתרת, שהרי אצלו הכול גלוי. העם טוען שכבר ניקה ושב אפו של ה׳ ממנו. ה׳ עוד ישפטם על כך שהם טוענים שהם חדלו לחטוא. המהפכה לכאורה מתנהלת ברמה, אך כפי שכתבנו לעיל, בשש השנים הראשונות שלה החטאים והעבודה הזרה המשיכו להתקיים.

בשיא טענתו אומר ירמיהו, שאולי כלל אין מקום לפיוס ולתשובה, כדין איש שגירש את אשתו, והיא כבר מסרה נאמנותה לאחר. הלקח שאומר ירמיהו בנבואות אלו עתיד להילמד בזעזוע, בעת שיימצא ספר התורה, וכשחולדה הנביאה תטען שהכול אבוד והחורבן בוא יבוא. אז עתיד ירמיהו בנבואת נחמה לתת סיכוי לתשובה העמוקה, שיאשיהו עתיד לעשות יחד עם העם בירושלים, וכפי שאמר בסוף ההפטרה הקודמת, הצמודה להפטרתנו:

וַיְהִי דְבַר ה׳ אֵלַי לֵאמֹר: הָלֹךְ וְקָרָאתָ בְאָזְנֵי יְרוּשָׁלַם לֵאמֹר, כֹּה אָמַר ה׳, זָכַרְתִּי לָךְ חֶסֶד נְעוּרַיִךְ אַהֲבַת כְּלוּלֹתָיִךְ, לֶכְתֵּךְ אַחֲרַי בַּמִּדְבָּר בְּאֶרֶץ לֹא זְרוּעָה: קֹדֶשׁ יִשְׂרָאֵל לַה׳ רֵאשִׁית תְּבוּאָתֹה, כָּל אֹכְלָיו יֶאְשָׁמוּ, רָעָה תָּבֹא אֲלֵיהֶם נְאֻם ה׳:

(ב, א-ג)

הַפְטָרַת הַשַּׁבָּת שֶׁלִּפְנֵי תִשְׁעָה בְּאָב (דברים)

א א חֲזוֹן יְשַׁעְיָהוּ בֶן־אָמוֹץ אֲשֶׁר חָזָה עַל־יְהוּדָה וִירוּשָׁלָ͏ִם בִּימֵי עֻזִּיָּהוּ יוֹתָם אָחָז ישעיה
ב יְחִזְקִיָּהוּ מַלְכֵי יְהוּדָה: שִׁמְעוּ שָׁמַיִם וְהַאֲזִינִי אֶרֶץ כִּי יהוה דִּבֵּר בָּנִים גִּדַּלְתִּי
ג וְרוֹמַמְתִּי וְהֵם פָּשְׁעוּ בִי: יָדַע שׁוֹר קֹנֵהוּ וַחֲמוֹר אֵבוּס בְּעָלָיו יִשְׂרָאֵל לֹא יָדַע
ד עַמִּי לֹא הִתְבּוֹנָן: הוֹי גּוֹי חֹטֵא עַם כֶּבֶד עָוֹן זֶרַע מְרֵעִים בָּנִים מַשְׁחִיתִים
ה עָזְבוּ אֶת־יהוה נִאֲצוּ אֶת־קְדוֹשׁ יִשְׂרָאֵל נָזֹרוּ אָחוֹר: עַל מֶה תֻכּוּ עוֹד תּוֹסִיפוּ
ו סָרָה כָּל־רֹאשׁ לָחֳלִי וְכָל־לֵבָב דַּוָּי: מִכַּף־רֶגֶל וְעַד־רֹאשׁ אֵין־בּוֹ מְתֹם פֶּצַע
ז וְחַבּוּרָה וּמַכָּה טְרִיָּה לֹא־זֹרוּ וְלֹא חֻבָּשׁוּ וְלֹא רֻכְּכָה בַּשָּׁמֶן: אַרְצְכֶם שְׁמָמָה
עָרֵיכֶם שְׂרֻפוֹת אֵשׁ אַדְמַתְכֶם לְנֶגְדְּכֶם זָרִים אֹכְלִים אֹתָהּ וּשְׁמָמָה כְּמַהְפֵּכַת
ח ט זָרִים: וְנוֹתְרָה בַת־צִיּוֹן כְּסֻכָּה בְכָרֶם כִּמְלוּנָה בְמִקְשָׁה כְּעִיר נְצוּרָה: לוּלֵי יהוה
י צְבָאוֹת הוֹתִיר לָנוּ שָׂרִיד כִּמְעָט כִּסְדֹם הָיִינוּ לַעֲמֹרָה דָּמִינוּ: שִׁמְעוּ
יא דְבַר־יהוה קְצִינֵי סְדֹם הַאֲזִינוּ תּוֹרַת אֱלֹהֵינוּ עַם עֲמֹרָה: לָמָּה לִּי רֹב־זִבְחֵיכֶם
יֹאמַר יהוה שָׂבַעְתִּי עֹלוֹת אֵילִים וְחֵלֶב מְרִיאִים וְדַם פָּרִים וּכְבָשִׂים וְעַתּוּדִים
יב יג לֹא חָפָצְתִּי: כִּי תָבֹאוּ לֵרָאוֹת פָּנָי מִי־בִקֵּשׁ זֹאת מִיֶּדְכֶם רְמֹס חֲצֵרָי: לֹא תוֹסִיפוּ
הָבִיא מִנְחַת־שָׁוְא קְטֹרֶת תּוֹעֵבָה הִיא לִי חֹדֶשׁ וְשַׁבָּת קְרֹא מִקְרָא לֹא־אוּכַל
יד אָוֶן וַעֲצָרָה: חָדְשֵׁיכֶם וּמוֹעֲדֵיכֶם שָׂנְאָה נַפְשִׁי הָיוּ עָלַי לָטֹרַח נִלְאֵיתִי נְשֹׂא:
טו וּבְפָרִשְׂכֶם כַּפֵּיכֶם אַעְלִים עֵינַי מִכֶּם גַּם כִּי־תַרְבּוּ תְפִלָּה אֵינֶנִּי שֹׁמֵעַ יְדֵיכֶם דָּמִים
טז יז מָלֵאוּ: רַחֲצוּ הִזַּכּוּ הָסִירוּ רֹעַ מַעַלְלֵיכֶם מִנֶּגֶד עֵינָי חִדְלוּ הָרֵעַ: לִמְדוּ הֵיטֵב
יח דִּרְשׁוּ מִשְׁפָּט אַשְּׁרוּ חָמוֹץ שִׁפְטוּ יָתוֹם רִיבוּ אַלְמָנָה: לְכוּ־נָא
וְנִוָּכְחָה יֹאמַר יהוה אִם־יִהְיוּ חֲטָאֵיכֶם כַּשָּׁנִים כַּשֶּׁלֶג יַלְבִּינוּ אִם־יַאְדִּימוּ כַתּוֹלָע
יט כ כַּצֶּמֶר יִהְיוּ: אִם־תֹּאבוּ וּשְׁמַעְתֶּם טוּב הָאָרֶץ תֹּאכֵלוּ: וְאִם־תְּמָאֲנוּ וּמְרִיתֶם
כא חֶרֶב תְּאֻכְּלוּ כִּי פִּי יהוה דִּבֵּר: אֵיכָה הָיְתָה לְזוֹנָה קִרְיָה נֶאֱמָנָה
כב מְלֵאֲתִי מִשְׁפָּט צֶדֶק יָלִין בָּהּ וְעַתָּה מְרַצְּחִים: כַּסְפֵּךְ הָיָה לְסִיגִים סָבְאֵךְ מָהוּל

כג בַּמָּיִם: שָׂרַיִךְ סוֹרְרִים וְחַבְרֵי גַּנָּבִים כֻּלּוֹ אֹהֵב שֹׁחַד וְרֹדֵף שַׁלְמֹנִים יָתוֹם לֹא
כד יִשְׁפֹּטוּ וְרִיב אַלְמָנָה לֹא־יָבוֹא אֲלֵיהֶם: לָכֵן נְאֻם הָאָדוֹן יהוה
כה צְבָאוֹת אֲבִיר יִשְׂרָאֵל הוֹי אֶנָּחֵם מִצָּרַי וְאִנָּקְמָה מֵאוֹיְבָי: וְאָשִׁיבָה יָדִי עָלַיִךְ
כו וְאֶצְרֹף כַּבֹּר סִיגָיִךְ וְאָסִירָה כָּל־בְּדִילָיִךְ: וְאָשִׁיבָה שֹׁפְטַיִךְ כְּבָרִאשֹׁנָה וְיֹעֲצַיִךְ
כז כְּבַתְּחִלָּה אַחֲרֵי־כֵן יִקָּרֵא לָךְ עִיר הַצֶּדֶק קִרְיָה נֶאֱמָנָה: צִיּוֹן בְּמִשְׁפָּט תִּפָּדֶה
וְשָׁבֶיהָ בִּצְדָקָה:

א. הקשר בין ההפטרה לתשעה באב

הגמרא דנה בהפטרת תשעה באב והסמוך לה:

> אמר רב הונא: ראש חדש אב שחל להיות בשבת מפטירין חָדְשֵׁיכֶם וּמוֹעֲדֵיכֶם שָׂנְאָה נַפְשִׁי הָיוּ עָלַי לָטֹרַח (א, יד)... בתשעה באב גופיה מאי מפטרינן? אמר רב: אֵיכָה הָיְתָה לְזוֹנָה (א, כא)... אמר אביי: האידנא נהוג עלמא למיקרי כִּי תוֹלִיד בָּנִים (דברים ד, כה-מ), ומפטירין אָסֹף אֲסִיפֵם (ירמיהו ח, יג – ט, כג).

(מגילה לא ע"א-ע"ב)

הגמרא אינה מזכירה את ההפטרה שבשבת שלפני תשעה באב, אך מזכירה שני פסוקים מהפטרתנו בראש חודש אב שחל בשבת ובתשעה באב עצמו. התוספות מביאים את מנהגנו:

> ראש חדש אב שחל להיות בשבת מפטירין חָדְשֵׁיכֶם וּמוֹעֲדֵיכֶם שָׂנְאָה נַפְשִׁי וגו' – ואין אנו עושין כן, אלא מפטיר בירמיה: שִׁמְעוּ דְבַר ה' (ירמיהו ב, ד), ובשבת שלפני ט"ב: חֲזוֹן יְשַׁעְיָהוּ. והטעם, לפי שאנו נוהגין על פי הפסיקתא[1] לומר ג' דפורענותא קודם תשעה באב, ואלו הן: דִּבְרֵי יִרְמְיָה; שִׁמְעוּ דְבַר ה'; חֲזוֹן יְשַׁעְיָהוּ.

(תוספות שם לא ע"ב ד"ה ראש חדש)

לדבריהם שם, רב סבר שאבלות תשעה באב מתחילה בראש חודש אב, אך אנו –

1. לא מצאתי בפסיקתא רבתי. אולי הכוונה לפסיקתא דרב כהנא פרקים יג-טו.

אומרים בעלי התוספות – נוהגים בה רק בשבוע שחל בו תשעה באב, ולכן רק בפתיחתו אנו מפטירים ב'חזון'.

*

שלשה נתנבאו בלשון איכה: משה, ישעיה וירמיה. משה אמר: אֵיכָה אֶשָּׂא לְבַדִּי וגו' (דברים א, יב); ישעיה אמר: אֵיכָה הָיְתָה לְזוֹנָה (א, כא); ירמיה אמר: אֵיכָה יָשְׁבָה בָדָד (איכה א, א).
א"ר לוי: משל למטרונה, שהיו לה שלשה שושבינין: אחד ראה אותה בשלותה, ואחד ראה אותה בפחזותה, ואחד ראה אותה בניוולה. כך – משה ראה את ישראל בכבודם ושלותם, ואמר: אֵיכָה אֶשָּׂא לְבַדִּי טָרְחֲכֶם; ישעיה ראה אותם בפחזותם, ואמר: אֵיכָה הָיְתָה לְזוֹנָה, ירמיה ראה אותם בניוולם, ואמר: אֵיכָה יָשְׁבָה.

(איכה רבה א)

פרשת דברים לעולם תהיה בשבת שלפני תשעה באב, ובה נאמר: אֵיכָה אֶשָּׂא לְבַדִּי טָרְחֲכֶם וּמַשַּׂאֲכֶם וְרִיבְכֶם. הפטרת 'חזון' (הפטרתנו) כוללת בתוכה את הפסוק שהובא לעיל (כא). מגילת איכה פותחת שלוש מקינותיה במילה אֵיכָה.

מלבד פסוק זה, ההפטרה היא תוכחה קשה לישראל בימים של כמעט חורבן (כפי שיתבאר להלן), תוכחה המביעה ספק בתועלתו של המקדש, שעליו אנו אבלים, בימים של חטאים כה קשים.

הנבואה נאמרה ביום צום של תשובה (כפי שיתבאר גם כן להלן), וגם בכך היא דומה לתשעה באב. להלן נדון על סיבה נוספת, ולדעתנו החשובה ביותר, לבחירת נבואה זו להפטרת שבוע שחל בו תשעה באב.

ב. זמנה של הנבואה

חֲזוֹן יְשַׁעְיָהוּ בֶן אָמוֹץ אֲשֶׁר חָזָה עַל יְהוּדָה וִירוּשָׁלָ‍ִם, בִּימֵי עֻזִּיָּהוּ יוֹתָם אָחָז יְחִזְקִיָּהוּ מַלְכֵי יְהוּדָה:

(א)

נבואתנו פותחת את ספר ישעיהו, אך היא אינה הנבואה הראשונה בו. לספר פתיחה נוספת בפרק ב, המחזירה אותנו לימי עוזיהו, ראשון המלכים שישעיהו ניבא בזמנם:

הַדָּבָר אֲשֶׁר חָזָה יְשַׁעְיָהוּ בֶּן אָמוֹץ, עַל יְהוּדָה וִירוּשָׁלָם:

(ב, א)[2]

נבואתנו מתפרשת על ימי חזקיהו, בזמן שכל הארץ כבושה בידי זרים (אשור), ורק ירושלים נותרה לפליטה:

אַרְצְכֶם שְׁמָמָה, עָרֵיכֶם שְׂרֻפוֹת אֵשׁ, אַדְמַתְכֶם לְנֶגְדְּכֶם זָרִים אֹכְלִים אֹתָהּ, וּשְׁמָמָה כְּמַהְפֵּכַת זָרִים: וְנוֹתְרָה בַת צִיּוֹן כְּסֻכָּה בְכָרֶם, כִּמְלוּנָה בְמִקְשָׁה כְּעִיר נְצוּרָה:

(ז-ח)

בימי עוזיהו ויותם אין מקום לתיאור זה; הוא עשוי להתאים לימי אחז[3] ולימי חזקיהו. להלן בהפטרתנו מתוארת עבודת המקדש בשיא תפארתה. זה אינו מתאים לימי אחז, שחידש את במות התופת בגיא בן הינום, ולימים שם את מזבחו של מלך אשור במקום מזבח הנחושת, וגם המקדש נסגר בזמנו.[4] לא נותרו לנו אלא ימי חזקיהו, בזמן שעבודת המקדש בתפארתה, אך ירושלים בודדת ונצורה בידי מלך אשור:

וּבְאַרְבַּע עֶשְׂרֵה שָׁנָה לַמֶּלֶךְ חִזְקִיָּה עָלָה סַנְחֵרִיב מֶלֶךְ אַשּׁוּר עַל כָּל עָרֵי יְהוּדָה הַבְּצֻרוֹת וַיִּתְפְּשֵׂם:

(מל״ב יח, יג)

ג. עבודת המקדש בתפארתה

לָמָּה לִּי רֹב זִבְחֵיכֶם יֹאמַר ה׳ שָׂבַעְתִּי עֹלוֹת אֵילִים וְחֵלֶב מְרִיאִים... כִּי תָבֹאוּ לֵרָאוֹת פָּנָי... מִנְחַת... קְטֹרֶת... חֹדֶשׁ וְשַׁבָּת קְרֹא מִקְרָא... וַעֲצָרָה: חָדְשֵׁיכֶם וּמוֹעֲדֵיכֶם... וּבְפָרִשְׂכֶם כַּפֵּיכֶם...

(יא-טו)

דילגנו על פסוקי מאיסת הקורבנות שאומר ה׳, והותרנו כאן רק את פסוקי תפקידו המרכזי של המקדש בתודעת העם כמקום קורבנות, מנחה וקטורת, מקום פרישת ידיים

2. בהפטרת פרשת יתרו (בפרק ג מדברינו שם) עסקנו במחלוקת הראשונים בשאלה האם פרקים ב-ה קדמו לפרק ו או שהוא הראשון. רמזנו כאן את עניות דעתנו.
3. למצור על ירושלים בימי אחז עיינו ז, א, וראו גם דהי״ב כח, ו-ח.
4. עיינו מל״ב טז.

בתפילה, קרוא מקרא, שבת, עצרת, חודשים ומועדים. כל זה מתאים לימי חזקיהו ולמהפכה הדתית שעשה, כשטיהר את המקדש מטומאות אחז אביו, פתח את שעריו והשיב את מזבח ה' אל מקומו (כל אלו בתיאור רחב בדהי"ב כט). חזקיהו כרת ברית עִם העָם בקורבן הפסח בשנתו הראשונה (שם ל), וביער גם את מזבחות העבודה הזרה וגם את המזבחות לה' שמחוץ למקדש. נביא פסוקים לדוגמה:

> כִּי חִזְקִיָּהוּ מֶלֶךְ יְהוּדָה הֵרִים לַקָּהָל אֶלֶף פָּרִים וְשִׁבְעַת אֲלָפִים צֹאן, וְהַשָּׂרִים הֵרִימוּ לַקָּהָל פָּרִים אֶלֶף וְצֹאן עֲשֶׂרֶת אֲלָפִים, וַיִּתְקַדְּשׁוּ כֹהֲנִים לָרֹב: וַיִּשְׂמְחוּ כָּל קְהַל יְהוּדָה וְהַכֹּהֲנִים וְהַלְוִיִּם וְכָל הַקָּהָל הַבָּאִים מִיִּשְׂרָאֵל, וְהַגֵּרִים הַבָּאִים מֵאֶרֶץ יִשְׂרָאֵל וְהַיּוֹשְׁבִים בִּיהוּדָה: וַתְּהִי שִׂמְחָה גְדוֹלָה בִּירוּשָׁלָם, כִּי מִימֵי שְׁלֹמֹה בֶן דָּוִיד מֶלֶךְ יִשְׂרָאֵל לֹא כָזֹאת בִּירוּשָׁלָם: וַיָּקֻמוּ הַכֹּהֲנִים הַלְוִיִּם וַיְבָרְכוּ אֶת הָעָם, וַיִּשָּׁמַע בְּקוֹלָם, וַתָּבוֹא תְפִלָּתָם לִמְעוֹן קָדְשׁוֹ לַשָּׁמָיִם:

(דהי"ב ל, כד-כז)

אכן, חזקיהו ועמו ראויים לשבח גדול על המהפכה הדתית, שבמרכזה כבוד המקדש והקורבנות, תפילת העם המשותפת, קריאת התורה וכבודם של השבת והמועדים. ספר מלכים, העוסק בעיקר בחטא העבודה הזרה ובהשבת כבוד המקדש אל מקומו לעומת חטא זה, אכן משבח את חזקיהו ואת עמו:

> וַיַּעַשׂ הַיָּשָׁר בְּעֵינֵי ה', כְּכֹל אֲשֶׁר עָשָׂה דָּוִד אָבִיו: הוּא הֵסִיר אֶת הַבָּמוֹת וְשִׁבַּר אֶת הַמַּצֵּבֹת וְכָרַת אֶת הָאֲשֵׁרָה, וְכִתַּת נְחַשׁ הַנְּחֹשֶׁת אֲשֶׁר עָשָׂה מֹשֶׁה, כִּי עַד הַיָּמִים הָהֵמָּה הָיוּ בְנֵי יִשְׂרָאֵל מְקַטְּרִים לוֹ, וַיִּקְרָא לוֹ נְחֻשְׁתָּן: בַּה' אֱלֹהֵי יִשְׂרָאֵל בָּטָח, וְאַחֲרָיו לֹא הָיָה כָמֹהוּ בְּכֹל מַלְכֵי יְהוּדָה, וַאֲשֶׁר הָיוּ לְפָנָיו: וַיִּדְבַּק בַּה' לֹא סָר מֵאַחֲרָיו, וַיִּשְׁמֹר מִצְוֹתָיו אֲשֶׁר צִוָּה ה' אֶת מֹשֶׁה:

(מל"ב יח, ג-ו)

לעומת זאת, ישעיהו הנביא בהפטרתנו אינו מזכה את חזקיהו ואת עמו במילה אחת של שבח על כך, ורואה הכול בעין ביקורתית קשה.

ד. החטא

ישעיהו מתאר בהפטרתנו חטא אחד בלבד – חטא עזיבת הצדקה והמשפט, בעיקר כלפי החלשים, ולו סעיפי משנה רבים בהפטרתנו. האידיאולוגיה שישעיהו מדבר בשמה מזכירה את דברי ה' על אברהם ערב הפיכת סדום ועמורה:

> כִּי יְדַעְתִּיו לְמַעַן אֲשֶׁר יְצַוֶּה אֶת בָּנָיו וְאֶת בֵּיתוֹ אַחֲרָיו, וְשָׁמְרוּ דֶּרֶךְ ה׳ לַעֲשׂוֹת צְדָקָה וּמִשְׁפָּט, לְמַעַן הָבִיא ה׳ עַל אַבְרָהָם אֵת אֲשֶׁר דִּבֶּר עָלָיו: וַיֹּאמֶר ה׳ זַעֲקַת סְדֹם וַעֲמֹרָה כִּי רָבָּה, וְחַטָּאתָם כִּי כָבְדָה מְאֹד:

(בראשית יח, יט-כ)

ואילו בימי חזקיהו, בהפטרתנו, נאמר:

> ... יְדֵיכֶם דָּמִים מָלֵאוּ:
> ... אַשְּׁרוּ חָמוֹץ (= אדם שנחמס), שִׁפְטוּ יָתוֹם, רִיבוּ אַלְמָנָה:
> ... צֶדֶק יָלִין בָּהּ, וְעַתָּה מְרַצְּחִים: כַּסְפֵּךְ הָיָה לְסִיגִים, סָבְאֵךְ מָהוּל בַּמָּיִם: שָׂרַיִךְ סוֹרְרִים וְחַבְרֵי גַּנָּבִים, כֻּלּוֹ אֹהֵב שֹׁחַד וְרֹדֵף שַׁלְמֹנִים, יָתוֹם לֹא יִשְׁפֹּטוּ וְרִיב אַלְמָנָה לֹא יָבוֹא אֲלֵיהֶם:

(טו; יז; כא-כג)

שפיכות דמים, חמס, גניבות, זיופים, שוחד והעלמת העיניים מריב האלמנה ומשפט היתום. החטאים אכן מזכירים את חטאי סדום ועמורה, כמו שביאר יחזקאל (וכמו שנרמז בדברי ה׳ אל אברהם בהצגת דרך הצדקה והמשפט כהפוכה לסדום):

> הִנֵּה זֶה הָיָה עֲוֹן סְדֹם אֲחוֹתֵךְ, גָּאוֹן שִׂבְעַת לֶחֶם וְשַׁלְוַת הַשְׁקֵט הָיָה לָהּ וְלִבְנוֹתֶיהָ, וְיַד עָנִי וְאֶבְיוֹן לֹא הֶחֱזִיקָה:

(יחזקאל טז, מט)

לכך מדמה ישעיהו בהפטרתנו את ירושלים של חזקיהו:

> ... כִּסְדֹם הָיִינוּ לַעֲמֹרָה דָּמִינוּ: שִׁמְעוּ דְבַר ה׳ קְצִינֵי סְדֹם, הַאֲזִינוּ תּוֹרַת אֱלֹהֵינוּ עַם עֲמֹרָה:

(ט-י)

נביא נוסף ניבא בירושלים בימי מצור סנחריב, ודבריו על ירושלים דומים:

> הוֹי חֹשְׁבֵי אָוֶן וּפֹעֲלֵי רָע עַל מִשְׁכְּבוֹתָם, בְּאוֹר הַבֹּקֶר יַעֲשׂוּהָ כִּי יֶשׁ לְאֵל יָדָם: וְחָמְדוּ שָׂדוֹת וְגָזָלוּ וּבָתִּים וְנָשָׂאוּ, וְעָשְׁקוּ גֶּבֶר וּבֵיתוֹ וְאִישׁ וְנַחֲלָתוֹ:

וְאֶתְמוּל עַמִּי לְאוֹיֵב יְקוֹמֵם מִמּוּל שַׂלְמָה אֶדֶר תַּפְשִׁטוּן, מֵעֹבְרִים בֶּטַח שׁוּבֵי מִלְחָמָה: נְשֵׁי עַמִּי תְּגָרְשׁוּן מִבֵּית תַּעֲנֻגֶיהָ, מֵעַל עֹלָלֶיהָ תִּקְחוּ הֲדָרִי לְעוֹלָם:
וָאֹמַר שִׁמְעוּ נָא רָאשֵׁי יַעֲקֹב וּקְצִינֵי בֵּית יִשְׂרָאֵל, הֲלוֹא לָכֶם לָדַעַת אֶת הַמִּשְׁפָּט: שֹׂנְאֵי טוֹב וְאֹהֲבֵי רָע, גֹּזְלֵי עוֹרָם מֵעֲלֵיהֶם וּשְׁאֵרָם מֵעַל עַצְמוֹתָם: וַאֲשֶׁר אָכְלוּ שְׁאֵר עַמִּי וְעוֹרָם מֵעֲלֵיהֶם הִפְשִׁיטוּ וְאֶת עַצְמֹתֵיהֶם פִּצֵּחוּ, וּפָרְשׂוּ כַּאֲשֶׁר בַּסִּיר וּכְבָשָׂר בְּתוֹךְ קַלָּחַת:
שִׁמְעוּ נָא זֹאת רָאשֵׁי בֵּית יַעֲקֹב וּקְצִינֵי בֵּית יִשְׂרָאֵל, הַמְתַעֲבִים מִשְׁפָּט וְאֵת כָּל הַיְשָׁרָה יְעַקֵּשׁוּ: בֹּנֶה צִיּוֹן בְּדָמִים, וִירוּשָׁלַ‍ִם בְּעַוְלָה: רָאשֶׁיהָ בְּשֹׁחַד יִשְׁפֹּטוּ וְכֹהֲנֶיהָ בִּמְחִיר יוֹרוּ וּנְבִיאֶיהָ בְּכֶסֶף יִקְסֹמוּ, וְעַל ה' יִשָּׁעֵנוּ לֵאמֹר: הֲלוֹא ה' בְּקִרְבֵּנוּ לֹא תָבוֹא עָלֵינוּ רָעָה: לָכֵן בִּגְלַלְכֶם צִיּוֹן שָׂדֶה תֵחָרֵשׁ, וִירוּשָׁלַ‍ִם עִיִּין תִּהְיֶה, וְהַר הַבַּיִת לְבָמוֹת יָעַר:

(מיכה ב, א–ב; ח–ט; ג, א–ג; ט–יב)

העובדה שהזכרנו לעיל, שישעיהו אינו מזכה את חזקיהו ועמו במילה אחת טובה על המהפכה הדתית ועבודת ה' במקדש, ואף קורא להם לחדול מהבאת הקורבנות, המנחה, הקטורת והתפילה – חורצת דין חד־משמעי על מבנה עבודת ה'. משמעותו, להבנתנו, שעבודת ה' מחולקת באופן ברור לשתי קומות – שתיהן יקרות וחיוניות מאין כמותן: הקומה הראשונה היא הצדקה והמשפט ונספחיהן, והקומה השנייה היא עבודת המקדש והתפילה בו. אין שום אפשרות להעמיד את הקומה השנייה בלא שהקומה הראשונה תעמוד תחתיה. גם אברהם נידון בתחילה על דרך ה' לעשות צדקה ומשפט, ורק אחר כך בניסיון לעלות אל הר המוריה. חז"ל ביטאו זאת גם בלשונם, שדרך ארץ קדמה לתורה:

לִשְׁמֹר אֶת דֶּרֶךְ... (בראשית ג, כד) – זו דרך ארץ, מלמד שדרך ארץ קדמה לכל. ... עֵץ הַחַיִּים (שם) – אין עץ חיים אלא תורה.

(תנא דבי אליהו רבה א)

ה. פשר הסתירה ויישובה

הקורא תמה איך ייתכן לקרוע בצורה כה קיצונית בין דיברות הלוח הראשון לדיברות הלוח השני, בין דרך ארץ לתורה. איך ייתכן שאנשים יעבדו את ה' בדבקות במקדשו ויתפללו אליו, ויחד עם זאת יהיו קציני סדום ועם עמורה בחטאי הצדקה והמשפט,

בהתעלמות מן היתום והאלמנה. זאת ועוד: הייתכן שחזקיהו, המוחזק בספר מלכים ובחז״ל כמלך צדיק, חטא בחטאי סדום ועמורה?! ננסה לתת לשאלה זו שתי תשובות שונות, העשויות להשלים זו את זו:

א. המצור

נניח שאכן ייתכן קרע כה גדול, בין מצוות המקדש וקודשיו למצוות הצדקה והמשפט. קרע זה הוא תוצאה של מצב כמעט בלתי־אפשרי כמצוקה הגדולה שהייתה בעת המצור בירושלים, בעת רעב ללא נשוא. כפי שמתאר שליחו של מלך אשור, רבשקה, בעת נאומו ליושבי ירושלים שבמצור:

> הָאֲנָשִׁים הַיֹּשְׁבִים עַל הַחֹמָה לֶאֱכֹל אֶת צוֹאָתָם וְלִשְׁתּוֹת אֶת מֵימֵי רַגְלֵיהֶם עִמָּכֶם:

(מל״ב יח, כז)

המצוקה הגדולה הביאה אנשים רבים לתגובה, שכולה מאבק הישרדות, שאין בו גדרי מוסר. הצדק, המשפט, היתום והאלמנה נעלמים, והאדם מופעל רק מכוח רצון ההישרדות שלו ושל בני ביתו. הוא אינו בהכרח אדם רע, ולכן הוא עובד את ה׳ במקדשו, אך במריבה על פת הלחם הבודדת, על קורת הבית שנותרה בין ההריסות – הוא יילחם על חייו, ועליהם בלבד.

המצוקה הייתה תוצאה של המרד באשור – מרד שישעיהו התנגד לו, אך חזקיהו תמך בו:

> כִּי כֹה אָמַר אֲדֹנָי ה׳ קְדוֹשׁ יִשְׂרָאֵל, בְּשׁוּבָה וָנַחַת תִּוָּשֵׁעוּן, בְּהַשְׁקֵט וּבְבִטְחָה תִּהְיֶה גְּבוּרַתְכֶם – וְלֹא אֲבִיתֶם: וַתֹּאמְרוּ, לֹא, כִּי עַל סוּס נָנוּס – עַל כֵּן תְּנוּסוּן, וְעַל קַל נִרְכָּב – עַל כֵּן יִקַּלּוּ רֹדְפֵיכֶם:

(ל, טו–טז)

לכן האחריות על מצב הביש, שהביא למלחמת הישרדות בלתי־מוסרית, מוטלת על חזקיהו ועל שריו.

ב. שבנא וסיעתו

נקבל את הנחתנו העקרונית הראשונה, שסתירה כזו בין מצוות ה׳ השונות היא בלתי־אפשרית. ממילא נצטרך להניח, שהמעשים הסותרים שהבאנו מדברים על שתי סיעות

שונות, המתמודדות על ההגמוניה בירושלים. האחת שולטת במקדש ובסביבתו ועושה הישר בעיני ה׳, והם חזקיהו וסיעתו. האחת שולטת ברחוב הירושלמי, המלא דמעות עשוקים, והיא סיעתו המושחתת של שבנא, אשר על הבית.

נרחיב מעט על סיעתו של שבנא, ונתחיל בדברי חז״ל:

מאי קשר רשעים? שבנא הוה דריש בתליסר רבוותא, חזקיה הוה דריש בחד סר רבוותא. כי אתא סנחריב וצר עלה דירושלים, כתב שבנא פתקא, שדא בגירא: שבנא וסיעתו – השלימו, חזקיה וסיעתו לא השלימו. שנאמר: כִּי הִנֵּה הָרְשָׁעִים יִדְרְכוּן קֶשֶׁת כּוֹנְנוּ חִצָּם עַל יֶתֶר (תהלים יא, ב). הוה קא מסתפי חזקיה, אמר: דילמא חס ושלום נטיה דעתיה דקודשא בריך הוא בתר רובא, כיון דרובא מימסרי – אינהו נמי מימסרי? בא נביא ואמר לו: לֹא תֹאמְרוּן קֶשֶׁר לְכֹל אֲשֶׁר יֹאמַר הָעָם הַזֶּה קָשֶׁר (ח, יב). כלומר: קשר רשעים הוא, וקשר רשעים אינו מן המנין.

(סנהדרין כו ע״א)[5]

שבנא נקרא בלשון הנביא בתפקידו – אֲשֶׁר עַל הַבָּיִת:

כֹּה אָמַר אֲדֹנָי ה׳ צְבָאוֹת, לֶךְ בֹּא אֶל הַסֹּכֵן הַזֶּה, עַל שֶׁבְנָא אֲשֶׁר עַל הַבָּיִת:

(כב, טו)

אֲשֶׁר עַל הַבָּיִת הוא ראש השרים, והתפקיד השני במעלתו אחרי המלך. כשפרעה ממנה את יוסף למשנה הוא אומר לו: אַתָּה תִּהְיֶה עַל בֵּיתִי (בראשית מא, מ). סיעתו של שבנא הייתה גדולה, וכנראה חזקה מסיעתו של חזקיהו, שהלך בשלב זה יחד עם ישעיהו הנביא. ישעיהו תוקף את סיעת שבנא במילים חריפות, אם כי בעיקר על רצונם למסור את ירושלים בידי מלך אשור ולהיכנע לו ועל בריתם עימו:

לָכֵן שִׁמְעוּ דְבַר ה׳ אַנְשֵׁי לָצוֹן, מֹשְׁלֵי הָעָם הַזֶּה אֲשֶׁר בִּירוּשָׁלָם: כִּי אֲמַרְתֶּם, כָּרַתְנוּ בְרִית אֶת מָוֶת, וְעִם שְׁאוֹל עָשִׂינוּ חֹזֶה:

(כח, יד-טו)

5. תרגום חופשי וביאור: שבנא היה דורש בפני שלושה עשר שרים חשובים (או בפני שלוש עשרה רבבות אנשים) וחזקיהו לפני אחד עשר בלבד. כשבא סנחריב וצר על ירושלים כתב שבנא פתק ושלח בחץ שהוא וסיעתו משלימים ונכנעים למלך אשור וחזקיהו וסיעתו אינם משלימים עימו וממשיכים במאבק. פחד חזקיה שמא ייטה הקב״ה אחרי הרוב, אנשי שבנא, ויגזור את דינה של ירושלים לכליה. בא ישעיהו הנביא וביטל את חששו.

ממקומות רבים עולה כמעט במפורש שהם היו אחראים על השחיתות בירושלים, ועל אורחות סדום ועמורה שהיו בה. אכן, ישעיהו דורש מחזקיהו להחליף את שבנא וסיעתו בשרים ישרים ויראי ה׳ בראשות אליקים בן חלקיהו:

> וְהָיָה בַּיּוֹם הַהוּא, וְקָרָאתִי לְעַבְדִּי לְאֶלְיָקִים בֶּן חִלְקִיָּהוּ: וְהִלְבַּשְׁתִּיו כֻּתָּנְתֶּךָ וְאַבְנֵטְךָ אֲחַזְּקֶנּוּ וּמֶמְשַׁלְתְּךָ אֶתֵּן בְּיָדוֹ, וְהָיָה לְאָב לְיוֹשֵׁב יְרוּשָׁלַםִ וּלְבֵית יְהוּדָה: וְנָתַתִּי מַפְתֵּחַ בֵּית דָּוִד עַל שִׁכְמוֹ, וּפָתַח וְאֵין סֹגֵר וְסָגַר וְאֵין פֹּתֵחַ:

(כב, כ-כב)

חזקיהו עושה זאת ומדיח את שבנא:

> וַיִּשְׁלַח אֶת אֶלְיָקִים אֲשֶׁר עַל הַבַּיִת... וְאֵת זִקְנֵי הַכֹּהֲנִים מִתְכַּסִּים בַּשַּׂקִּים אֶל יְשַׁעְיָהוּ הַנָּבִיא בֶּן אָמוֹץ:

(מל״ב יט, ב)

החלפת הממשלה הייתה כנראה הצעד בעל המשקל הגדול בשינוי גזרת ה׳ – ממידת הדין, המתוחה על העם בהפטרתנו ובדברי מיכה שהבאנו, למידת הרחמים:

> מִיכָה הַמּוֹרַשְׁתִּי הָיָה נִבָּא בִּימֵי חִזְקִיָּהוּ מֶלֶךְ יְהוּדָה, וַיֹּאמֶר אֶל כָּל עַם יְהוּדָה לֵאמֹר, כֹּה אָמַר ה׳ צְבָאוֹת, צִיּוֹן שָׂדֶה תֵחָרֵשׁ, וִירוּשָׁלַיִם עִיִּים תִּהְיֶה, וְהַר הַבַּיִת לְבָמוֹת יָעַר: הֶהָמֵת הֱמִתֻהוּ חִזְקִיָּהוּ מֶלֶךְ יְהוּדָה וְכָל יְהוּדָה? הֲלֹא יָרֵא אֶת ה׳ וַיְחַל אֶת פְּנֵי ה׳, וַיִּנָּחֶם ה׳ אֶל הָרָעָה אֲשֶׁר דִּבֶּר עֲלֵיהֶם:

(ירמיהו כו, יח-יט)

ממילא מתבקש, שאליקים בן חלקיהו ושריו תקנו גם את העוול החברתי והמשפטי של הממשל הקודם, ולכן ה׳ הושיעם. דומה שלכך כיוון גם ישעיהו בסוף הפטרתנו:

> וְאָשִׁיבָה שֹׁפְטַיִךְ כְּבָרִאשֹׁנָה וְיֹעֲצַיִךְ כְּבַתְּחִלָּה, אַחֲרֵי כֵן יִקָּרֵא לָךְ עִיר הַצֶּדֶק קִרְיָה נֶאֱמָנָה: צִיּוֹן בְּמִשְׁפָּט תִּפָּדֶה, וְשָׁבֶיהָ בִּצְדָקָה:

(כו-כז)

שתי תשובותינו עשויות להיות נכונות: בשעת המצוקה היו רוב שרי ירושלים עם שבנא במלחמת הישרדות, שהכתיבה גם כניעה למלך אשור; מעטים יותר שמרו על

מה שיכלו מן המוסר, הצדקה והמשפט, נשמו נשימה ארוכה, וציפו להתגשמות הבטחת הנביא לגאולה. הם היו חזקיהו וסיעתו, ובתוכה אליקים בן חלקיהו.

ו. תשעה באב ויום הכיפורים

וּבְפָרִשְׂכֶם כַּפֵּיכֶם אַעְלִים עֵינַי מִכֶּם גַּם כִּי תַרְבּוּ תְפִלָּה אֵינֶנִּי שֹׁמֵעַ, יְדֵיכֶם דָּמִים מָלֵאוּ: רַחֲצוּ, הִזַּכּוּ, הָסִירוּ רֹעַ מַעַלְלֵיכֶם מִנֶּגֶד עֵינָי, חִדְלוּ הָרֵעַ: לִמְדוּ הֵיטֵב, דִּרְשׁוּ מִשְׁפָּט, אַשְּׁרוּ חָמוֹץ, שִׁפְטוּ יָתוֹם, רִיבוּ אַלְמָנָה: לְכוּ נָא וְנִוָּכְחָה יֹאמַר ה׳, אִם יִהְיוּ חֲטָאֵיכֶם כַּשָּׁנִים כַּשֶּׁלֶג יַלְבִּינוּ, אִם יַאְדִּימוּ כַתּוֹלָע כַּצֶּמֶר יִהְיוּ:

(טו-יח)

אמר רבן שמעון בן גמליאל: לא היו ימים טובים לישראל כחמשה עשר באב וכיום הכפורים, שבהן בנות ירושלם יוצאות בכלי לבן שאולין, שלא לבייש את מי שאין לו... ובנות ירושלים יוצאות וחולות בכרמים.

(משנה תענית ד, ח)

ההשוואה בין ט״ו באב ליום הכיפורים טעונה ביסודות רבים.[6] הקשר בין הימים נוגע לסופו של יום הכיפורים, לשמחה שפרצה את כל הגבולות אחרי שהלשון של זהורית הלבינה. ממילא קיים קשר מקביל בין תשעה באב, שהוא הפכו של ט״ו באב, ליום הכיפורים – לפני שהלשון של זהורית הלבינה, או אחרי שהשעיר הושלך מראש הצוק – והלשון של זהורית לא הלבינה.

דומה שבכך עוסקת נבואתנו. הלשון של זהורית לא הלבינה ביום הכיפורים בגלל החטאים שהוזכרו, והייתה בכך אמירה מפורשת, שעבודת המקדש לא תכפר על חטאי הצדקה והמשפט, אם אלו לא יתוקנו לאלתר.

נראה שנבואה נוספת בישעיהו (כעבור שנים רבות) מתייחסת ללשון של זהורית, שלא הלבינה ביום הכיפורים. היה זה ביום הכיפורים של שנת היובל, והמתפללים לא שחררו את עבדיהם:[7]

לָמָּה צַּמְנוּ וְלֹא רָאִיתָ עִנִּינוּ נַפְשֵׁנוּ וְלֹא תֵדָע, הֵן בְּיוֹם צֹמְכֶם תִּמְצְאוּ חֵפֶץ וְכָל עַצְּבֵיכֶם תִּנְגֹּשׂוּ: הֵן לְרִיב וּמַצָּה תָּצוּמוּ וּלְהַכּוֹת בְּאֶגְרֹף רֶשַׁע, לֹא תָצוּמוּ כַיּוֹם

6. ראו ספרנו ׳המקראות המתחדשים׳ (אלון שבות תשע״ה), ״מה חרי האף הגדול הזה״, בעיקר עמ׳ 123-129.
7. ראו שם, ״חירות העבד ודאגה לעני – הפטרת יום הכיפורים״, עמ׳ 421-425.

> לְהַשְׁמִיעַ בַּמָּרוֹם קוֹלְכֶם: הֲכָזֶה יִהְיֶה צוֹם אֶבְחָרֵהוּ – יוֹם עַנּוֹת אָדָם נַפְשׁוֹ? הֲלָכֹף כְּאַגְמֹן רֹאשׁוֹ וְשַׂק וָאֵפֶר יַצִּיעַ? הֲלָזֶה תִּקְרָא צוֹם וְיוֹם רָצוֹן לַה׳: הֲלוֹא זֶה צוֹם אֶבְחָרֵהוּ – פַּתֵּחַ חַרְצֻבּוֹת רֶשַׁע, הַתֵּר אֲגֻדּוֹת מוֹטָה, וְשַׁלַּח רְצוּצִים חָפְשִׁים, וְכָל מוֹטָה תְּנַתֵּקוּ:

(נח, ג-ו)

ראיה נוספת, העשויה לכרוך (לא בהכרח) את הפטרתנו ביום הכיפורים ולפחות ביום תענית ציבור, שיש בו תפילת נעילה (שהיא ׳הרביית תפילה׳, שאינה כנגד קורבן), עולה בדברי הגמרא:

> מניין לנעילה? אמר ר׳ לוי: גַּם כִּי תַרְבּוּ תְפִלָּה וגו׳ (א, טו), מכאן שכל המרבה בתפלה – נענה.

(ירושלמי ברכות פ״ד, ה״א)

נשוב לדברינו בפתיחה, על הקשר בין ההפטרה להכנה לתשעה באב. יש משמעות גדולה להפטרתנו, האומרת דברים חמורים מנשוא, אך דבריה לא התקיימו וירושלים נושעה. תפקיד הנבואה אינו להתקיים, אלא למנוע את קיומה מכוח זה שהעם ישעה לאזהרתה ויתקן את דרכו, וכפי שקרה בימי חזקיהו. כל ׳תשעה באב׳ עשוי להפוך ליום ישועה אם נדע אנו לתקן את דרכינו.

הפטרה ראשונה משבע הנחמות (ואתחנן)

ישעיה

מ א ב נַחֲמוּ נַחֲמוּ עַמִּי יֹאמַר אֱלֹהֵיכֶם׃ דַּבְּרוּ עַל־לֵב יְרוּשָׁלִַם וְקִרְאוּ אֵלֶיהָ כִּי מָלְאָה
ג צְבָאָהּ כִּי נִרְצָה עֲוֺנָהּ כִּי לָקְחָה מִיַּד יהוה כִּפְלַיִם בְּכָל־חַטֹּאתֶיהָ׃ קוֹל
ד קוֹרֵא בַּמִּדְבָּר פַּנּוּ דֶּרֶךְ יהוה יַשְּׁרוּ בָּעֲרָבָה מְסִלָּה לֵאלֹהֵינוּ׃ כָּל־גֶּיא יִנָּשֵׂא
ה וְכָל־הַר וְגִבְעָה יִשְׁפָּלוּ וְהָיָה הֶעָקֹב לְמִישׁוֹר וְהָרְכָסִים לְבִקְעָה׃ וְנִגְלָה כְּבוֹד
ו יהוה וְרָאוּ כָל־בָּשָׂר יַחְדָּו כִּי פִּי יהוה דִּבֵּר׃ קוֹל אֹמֵר קְרָא וְאָמַר
ז מָה אֶקְרָא כָּל־הַבָּשָׂר חָצִיר וְכָל־חַסְדּוֹ כְּצִיץ הַשָּׂדֶה׃ יָבֵשׁ חָצִיר נָבֵל צִיץ כִּי
ח רוּחַ יהוה נָשְׁבָה בּוֹ אָכֵן חָצִיר הָעָם׃ יָבֵשׁ חָצִיר נָבֵל צִיץ וּדְבַר אֱלֹהֵינוּ יָקוּם
ט לְעוֹלָם׃ עַל הַר־גָּבֹהַּ עֲלִי־לָךְ מְבַשֶּׂרֶת צִיּוֹן הָרִימִי בַכֹּחַ קוֹלֵךְ
י מְבַשֶּׂרֶת יְרוּשָׁלִָם הָרִימִי אַל־תִּירָאִי אִמְרִי לְעָרֵי יְהוּדָה הִנֵּה אֱלֹהֵיכֶם׃ הִנֵּה
יא אֲדֹנָי יֱהֹוִה בְּחָזָק יָבוֹא וּזְרֹעוֹ מֹשְׁלָה לוֹ הִנֵּה שְׂכָרוֹ אִתּוֹ וּפְעֻלָּתוֹ לְפָנָיו׃ כְּרֹעֶה
יב עֶדְרוֹ יִרְעֶה בִּזְרֹעוֹ יְקַבֵּץ טְלָאִים וּבְחֵיקוֹ יִשָּׂא עָלוֹת יְנַהֵל׃ מִי־מָדַד
בְּשָׁעֳלוֹ מַיִם וְשָׁמַיִם בַּזֶּרֶת תִּכֵּן וְכָל בַּשָּׁלִשׁ עֲפַר הָאָרֶץ וְשָׁקַל בַּפֶּלֶס הָרִים
יג יד וּגְבָעוֹת בְּמֹאזְנָיִם׃ מִי־תִכֵּן אֶת־רוּחַ יהוה וְאִישׁ עֲצָתוֹ יוֹדִיעֶנּוּ׃ אֶת־מִי נוֹעָץ
טו וַיְבִינֵהוּ וַיְלַמְּדֵהוּ בְּאֹרַח מִשְׁפָּט וַיְלַמְּדֵהוּ דַעַת וְדֶרֶךְ תְּבוּנוֹת יוֹדִיעֶנּוּ׃ הֵן גּוֹיִם
טז כְּמַר מִדְּלִי וּכְשַׁחַק מֹאזְנַיִם נֶחְשָׁבוּ הֵן אִיִּים כַּדַּק יִטּוֹל׃ וּלְבָנוֹן אֵין דֵּי בָּעֵר
יז וְחַיָּתוֹ אֵין דֵּי עוֹלָה׃ כָּל־הַגּוֹיִם כְּאַיִן נֶגְדּוֹ מֵאֶפֶס וָתֹהוּ נֶחְשְׁבוּ־לוֹ׃
יח יט וְאֶל־מִי תְּדַמְּיוּן אֵל וּמַה־דְּמוּת תַּעַרְכוּ־לוֹ׃ הַפֶּסֶל נָסַךְ חָרָשׁ וְצֹרֵף בַּזָּהָב יְרַקְּעֶנּוּ
כ וּרְתֻקוֹת כֶּסֶף צוֹרֵף׃ הַמְסֻכָּן תְּרוּמָה עֵץ לֹא־יִרְקַב יִבְחָר חָרָשׁ חָכָם יְבַקֶּשׁ־לוֹ
כא לְהָכִין פֶּסֶל לֹא יִמּוֹט׃ הֲלוֹא תֵדְעוּ הֲלוֹא תִשְׁמָעוּ הֲלוֹא הֻגַּד מֵרֹאשׁ לָכֶם הֲלוֹא
כב הֲבִינֹתֶם מוֹסְדוֹת הָאָרֶץ׃ הַיֹּשֵׁב עַל־חוּג הָאָרֶץ וְיֹשְׁבֶיהָ כַּחֲגָבִים הַנּוֹטֶה כַדֹּק
כג כד שָׁמַיִם וַיִּמְתָּחֵם כָּאֹהֶל לָשָׁבֶת׃ הַנּוֹתֵן רוֹזְנִים לְאָיִן שֹׁפְטֵי אֶרֶץ כַּתֹּהוּ עָשָׂה׃ אַף
בַּל־נִטָּעוּ אַף בַּל־זֹרָעוּ אַף בַּל־שֹׁרֵשׁ בָּאָרֶץ גִּזְעָם וְגַם נָשַׁף בָּהֶם וַיִּבָשׁוּ וּסְעָרָה

כה כַּקַּשׁ תִּשָּׂאֵם: וְאֶל־מִי תְדַמְּיוּנִי וְאֶשְׁוֶה יֹאמַר קָדוֹשׁ: שְׂאוּ־מָרוֹם
כו עֵינֵיכֶם וּרְאוּ מִי־בָרָא אֵלֶּה הַמּוֹצִיא בְמִסְפָּר צְבָאָם לְכֻלָּם בְּשֵׁם יִקְרָא מֵרֹב
אוֹנִים וְאַמִּיץ כֹּחַ אִישׁ לֹא נֶעְדָּר:

א. הקשר בין ההפטרה לשבת שאחרי תשעה באב

הפטרה זו כהפטרת שבת שאחרי תשעה באב נזכרה בפסיקתא דרב כהנא (פסקה טז) במסגרת שבע הפטרות הנחמה אחרי תשעה באב, והביאוה הראשונים:

> והטעם, לפי שאנו נוהגין על פי הפסיקתא לומר ג׳ דפורענותא קודם תשעה באב, ואלו הן: דִּבְרֵי יִרְמְיָה; שִׁמְעוּ דְבַר ה׳; חֲזוֹן יְשַׁעְיָהוּ. ובתר תשעה באב שב דנחמתא ותרתי דתיובתא, ואלו הן: נַחֲמוּ נַחֲמוּ...
> (תוספות מגילה לא ע״ב ד״ה ראש חודש)

ייחודה בכפל לשון הנחמה (נַחֲמוּ נַחֲמוּ). כפל כזה קיים גם בהפטרות האחרות של הנחמה:

> ועוד שהיו נבואותיו נבואות כפולים: עוּרִי עוּרִי (נא, ט); הִתְעוֹרְרִי הִתְעוֹרְרִי (שם, יז); שׂוֹשׂ אָשִׂישׂ (סא, י); נַחֲמוּ נַחֲמוּ (מ, א); אָנֹכִי אָנֹכִי הוּא מְנַחֶמְכֶם (נא, יב).
> (פסיקתא רבתי לג)

כל אחת מחמש הכפילויות הנזכרות היא בסיס להפטרה משבע שבתות הנחמה.[1]

ב. האם הגאולה תלויה בתשובה?

> דַּבְּרוּ עַל לֵב יְרוּשָׁלַםִ וְקִרְאוּ אֵלֶיהָ, כִּי מָלְאָה צְבָאָהּ כִּי נִרְצָה עֲוֹנָהּ, כִּי לָקְחָה מִיַּד ה׳ כִּפְלַיִם בְּכָל חַטֹּאתֶיהָ:
> (ב)

1. נזכיר, שבמבוא להפטרות מספר ישעיהו עסקנו בהרחבה בייחודן של נבואות הנחמה מישעיהו מ ועד סופו ויש לעיין במה שכתבנו שם כרקע להבנת הפטרתנו.

ישעיהו מזכיר בדבריו רק את ריצוי עוונה של ירושלים, אך אינו מתייחס לתהליך תשובה המלווה גאולה זו. סוגיה זו – האם הגאולה תלויה בתשובה – ארוכה מארץ מדה.[2] כאן נעיר בקצרה רק על הנוגע להפטרתנו:

> אמר רב: כלו כל הקיצין, ואין הדבר תלוי אלא בתשובה ומעשים טובים. ושמואל אמר: דיו לאבל שיעמוד באבלו.
>
> (סנהדרין צז ע"ב)

רב תולה את קץ הישועה בתשובה ובמעשים טובים, שעם ישראל צריך לעשות כדי להיגאל; שמואל רואה בגאולה ובהשבת עם ישראל לארצו דבר המובן מאליו, גם ללא הזכויות של תשובה ומעשים טובים. לטעמו, הגלות היא עונש על המעשים הרעים, ולאחר שישראל קיבלו את עונשם, הם עתידים לשוב לארצם; כאסיר, הצפוי להשתחרר מכלאו לאחר שריצה את תקופת מאסרו המלאה, גם אם לא ישוב בתשובה. בנביאים מצאנו נבואות התומכות בכל אחד מן הצדדים במחלוקת. הכרעת ישעיהו בנבואתנו דומה לדברי שמואל, שדי בריצוי העונש כדי להגיע לגאולה, גם ללא תשובה ומעשים טובים.

ג. הקול הקורא

> קוֹל קוֹרֵא בַּמִּדְבָּר פַּנּוּ דֶּרֶךְ ה', יַשְּׁרוּ בָּעֲרָבָה מְסִלָּה לֵאלֹהֵינוּ: כָּל גֶּיא יִנָּשֵׂא וְכָל הַר וְגִבְעָה יִשְׁפָּלוּ, וְהָיָה הֶעָקֹב לְמִישׁוֹר וְהָרְכָסִים לְבִקְעָה:
>
> (ג–ד)

בעברית החדשה נטבע ביטוי על סמך פסוק זה: קוֹל קוֹרֵא בַּמִּדְבָּר – כלומר, קריאה חשובה שאין מי שיקשיב לה. אולם, בעלי הטעמים מפסקים: קוֹל קוֹרֵא: בַּמִּדְבָּר, פַּנּוּ דֶּרֶךְ ה'! כלומר – הקול קורא על כך שיש לפנות וליישר במדבר ובערבה מסילה לה', הצועד עם בני ישראל במסלול גאולתם.[3] מסתבר, שהמסלול 'המדברי' שאול ממסלול יציאת מצרים, שהיה במדבר סיני ובערבות הנגב. חז"ל במדרשם תיארו מסלול זה,

2. עסקנו בה בהרחבה בהפטרת שבת פרה.
3. במבוא שכתבנו להפטרות מחלקו השני של ספר ישעיהו העלינו את ההשערה שנבואות אלו הן מתקופת מנשה, ואינן עוסקות בגלות בבל בעת החורבן ובעלייה ממנה. על פי השערתנו, אפשר שהנבואה עוסקת בשיבת עשרת השבטים מגלותם באשור, וכפי שקרה בפועל (חלקית) בתחילת ימי יאשיהו, ועליה אומר הנביא כָּל גֶּיא יִנָּשֵׂא וְכָל הַר וְגִבְעָה יִשְׁפָּלוּ.

כנראה על סמך פסוקינו כאן, כמסלול שהריו ועמקיו אכן מתיישרים לפני העם הנגאל ההולך לארצו, כדי למנוע טורח מן ההולכים אל הגאולה (ובעיקר החלשים שבהם) בעליות ובירידות:

> וַה׳ הֹלֵךְ לִפְנֵיהֶם יוֹמָם (שמות יג, כא). נמצאת אומר שבעה עננים הם: וַה׳ הֹלֵךְ לִפְנֵיהֶם יוֹמָם בְּעַמּוּד עָנָן; וַעֲנָנְךָ עֹמֵד עֲלֵהֶם (במדבר יד, יד); וּבְעַמֻּד עָנָן (שם), וּבְהַאֲרִיךְ הֶעָנָן (שם ט, יט); וּבְהֵעָלוֹת הֶעָנָן (שמות מ, לו); וְאִם לֹא יֵעָלֶה הֶעָנָן (שם, לז); כִּי עֲנַן ה׳ עַל הַמִּשְׁכָּן (שם, לח), הא שבעה עננים: ארבעה – מארבע רוחותיהם, אחד למעלה, ואחד למטה, אחד שהיה מהלך לפניהם – כל הנמוך מגביהו, וכל הגבוה משפילו, שנאמר: כָּל גֶּיא יִנָּשֵׂא וְכָל הַר וְגִבְעָה יִשְׁפָּלוּ, וְהָיָה הֶעָקֹב לְמִישׁוֹר וְהָרְכָסִים לְבִקְעָה (מ, ד).
>
> (מכילתא דר״י בשלח, מסכתא דויהי, פתיחתא)

הקורא את הפסוקים כפשוטם, ואפשר שזו הייתה הכוונה הראשונית של הנביא באמירתם, מתאר לעצמו זעזוע ורעש אדמה פלאי, המנמיך את ההרים ומגביה את העמקים שבמסלול הגאולה לירושלים. הגאולה נראית פלאית כבית מקדש היורד מן השמיים:

> ואי קשיא דבלילה אינו נבנה (= המקדש)... הני מילי – בנין הבנוי בידי אדם, אבל מקדש העתיד שאנו מצפין בנוי ומשוכלל הוא יגלה ויבא משמים, שנאמר: מִקְּדָשׁ ה׳ כּוֹנְנוּ יָדֶיךָ.
>
> (רש״י סוכה מא ע״א ד״ה לא צריכא)[4]

אומנם, במהלך הדורות אנו זוכים לראות פירוש אחר לנבואה זו: בכניסה לירושלים – מכל ארבעת הכיוונים דרך גשרים ומנהרות, המנמיכים את ההרים, ומגביהים את העמקים בדרך הטבע, ומיישרים את הדרך אל מקום מקדשנו, ממש כפי שניבא ישעיהו בפסוקינו.

ד. דבר ה׳ ומעשה האדם

קוֹל אֹמֵר, קְרָא, וְאָמַר, מָה אֶקְרָא?! כָּל הַבָּשָׂר חָצִיר וְכָל חַסְדּוֹ כְּצִיץ הַשָּׂדֶה:

4. וראו: תנא דבי אליהו רבה כח ובראשית רבתי ויצא ד״ה אין זה.

יָבֵשׁ חָצִיר נָבֵל צִיץ, כִּי רוּחַ ה׳ נָשְׁבָה בּוֹ, אָכֵן חָצִיר הָעָם: יָבֵשׁ חָצִיר נָבֵל צִיץ, וּדְבַר אֱלֹהֵינוּ יָקוּם לְעוֹלָם:
(ו-ח)

ניתן לבאר פסוקים אלו על פי דברי הראשונים (רש״י, רד״ק ועוד), שהנביא מקבל הוראה לקרוא; הוא שואל מה לקרוא, ומקבל תשובה שעליו לקרוא: כָּל הַבָּשָׂר חָצִיר וגו׳.

אנו נעדיף כאן את הביאור העקרוני העולה באחרונים (אלשיך, מלבי״ם ואפשרות בר״י אברבנאל), אך בפרטיו נלך בדרכנו. הקול שהנביא שומע מצווה עליו לקרוא את בשורת הגאולה, שנתבארה לעיל. הנביא פורש את כפיו בייאוש כלפי הקול ואומר: לשם מָה אֶקְרָא?! הרי כָּל הַבָּשָׂר חָצִיר וְכָל חַסְדּוֹ כְּצִיץ הַשָּׂדֶה. כלומר, בשורת הגאולה מוצאת עם ללא הכנה לגאולה וללא רצון להיגאל; כולם כחציר וכציץ הפורח באופן זמני לפני קמילתו. נאמנותו של העם לבשורת גאולתו איננה עוד, והוא קרוב להתערות בארצות גלותו. הקול עונה ומבשר לנביא, שעל אף שחפצו של העם להיגאל יבש ונבל – הגאולה, שהיא דבר ה׳, תקום לעולם.[5]

כוחו הקטן והזמני של בשר ודם, הדומה לחציר ולציץ (= פרח), מול כוחו הגדול והנצחי של הקב״ה בא לידי ביטוי גם בכתבי הקודש (תהלים ואיוב. שמא משם לקח ישעיהו את הדימוי בהפטרתנו). נביא דוגמות לכך:

כִּי אֶלֶף שָׁנִים בְּעֵינֶיךָ, כְּיוֹם אֶתְמוֹל כִּי יַעֲבֹר, וְאַשְׁמוּרָה בַלָּיְלָה: זְרַמְתָּם שֵׁנָה יִהְיוּ, בַּבֹּקֶר כֶּחָצִיר יַחֲלֹף: בַּבֹּקֶר יָצִיץ וְחָלָף, לָעֶרֶב יְמוֹלֵל וְיָבֵשׁ:
(תהלים צ, ד-ו)

מזמור צ בתהלים, שבו כתוב הפסוק הנזכר, פותח במילים תְּפִלָּה לְמֹשֶׁה. מדברי משה במזמור כנראה עולה, שהוא נאמר בעקבות חטא העגל[6] (אולי בקבוצת ארבעים הימים השנייה, שמשה התפלל בהם לה׳ שיסלח לעמו, ראו דברים ט). הקב״ה תבע מן העם

5. בלשוננו מכונה גאולה כזו ׳גאולה באתערותא דלעילא׳. אם נניח שמדובר כאן על ימי מנשה, העם נמצא בייאוש מנבואות התקומה שהיו בימי חזקיהו, ועתה, כשבא הקב״ה לגואלם, אין בשפל של ימי מנשה מי שישמע לו, וְאָכֵן חָצִיר הָעָם. כאמור לעיל, קיימת אפשרות שהנבואה נאמרה לעשרת השבטים שגלו לאשור, כמעט נטמעו בארצות גלותם, ולא גילו חפץ גדול להיגאל.

6. השווה למשל: שׁוּבָה ה׳ עַד מָתָי וְהִנָּחֵם עַל עֲבָדֶיךָ במזמור זה (צ, יג), לדבריו של משה בתפילתו הנזכרת בעת חטא העגל: שׁוּב מֵחֲרוֹן אַפֶּךָ וְהִנָּחֵם עַל הָרָעָה לְעַמֶּךָ (שמות לב, יב), ועוד ראיות רבות לקשר זה.

מעשה תשובה על חטא העגל; משה מבקש במזמור זה שה׳ ישוב אל בניו (שׁוּבָה ה׳ עַד מָתָי – שם, יג) ולא יצפה שהם ישובו אליו, מפני ששנותיהם קצרות כציץ נובל ואילו למספר שנותיו – אין חקר.

ה׳ שמע לקול משה (בעת אמירת שלוש עשרה מידות של רחמים), והמשורר מודה לו על כך:

כִּי הוּא יָדַע יִצְרֵנוּ, זָכוּר כִּי עָפָר אֲנָחְנוּ: אֱנוֹשׁ כֶּחָצִיר יָמָיו, כְּצִיץ הַשָּׂדֶה כֵּן יָצִיץ:
כִּי רוּחַ עָבְרָה בּוֹ וְאֵינֶנּוּ, וְלֹא יַכִּירֶנּוּ עוֹד מְקוֹמוֹ: וְחֶסֶד ה׳ מֵעוֹלָם וְעַד עוֹלָם עַל יְרֵאָיו, וְצִדְקָתוֹ לִבְנֵי בָנִים: לְשֹׁמְרֵי בְרִיתוֹ, וּלְזֹכְרֵי פִקֻּדָיו לַעֲשׂוֹתָם:

(שם קג, יד-יח)

כך גם בגאולה העתידה המתוארת בפרקנו בישעיהו – היוזמה לגאולה תבוא מן הקב״ה בכבודו ובעצמו.

ה. המושל ביד חזקה ורועה הטלאים

הִנֵּה אֲדֹנָי ה׳ בְּחָזָק יָבוֹא וּזְרֹעוֹ מֹשְׁלָה לוֹ, הִנֵּה שְׂכָרוֹ אִתּוֹ וּפְעֻלָּתוֹ לְפָנָיו: כְּרֹעֶה עֶדְרוֹ יִרְעֶה בִּזְרֹעוֹ יְקַבֵּץ טְלָאִים, וּבְחֵיקוֹ יִשָּׂא עָלוֹת יְנַהֵל:

(י-יא)

הנביא מתאר את ה׳ כמושל חזק בעל זרוע מצד אחד, ומצד שני כרועה רחום זרוע וחיק. התיאור הראשון מתייחס לגויים שה׳ יפדה מהם את עם ישראל, וכפי שפעל ביד חזקה ובזרוע נטויה במצרים; התיאור השני מתייחס לעם ישראל, שאותו הוא ירעה בזרוע רחומה ובחיק רחום – בעדינות וברוך. גם המשכן במדבר דומה ביריעות האוהל, יריעות עיזים, לאוהל רועים. המשכן הוא אוהלו של הקב״ה, הרועה את עמו ברחמים ומקבץ אותם אל ארצם. גם ירמיהו ויחזקאל דימו את ה׳ לרועה צאן, שבניגוד לרועים בשר ודם – הוא חומל על צאנו ולא מנצלו לצרכיו:

אֶת הַחֵלֶב תֹּאכֵלוּ וְאֶת הַצֶּמֶר תִּלְבָּשׁוּ, הַבְּרִיאָה תִּזְבָּחוּ הַצֹּאן לֹא תִרְעוּ...
כְּבַקָּרַת רֹעֶה עֶדְרוֹ בְּיוֹם הֱיוֹתוֹ בְתוֹךְ צֹאנוֹ נִפְרָשׁוֹת, כֵּן אֲבַקֵּר אֶת צֹאנִי וְהִצַּלְתִּי אֶתְהֶם מִכָּל הַמְּקוֹמֹת אֲשֶׁר נָפֹצוּ שָׁם בְּיוֹם עָנָן וַעֲרָפֶל...
אֲנִי אֶרְעֶה צֹאנִי וַאֲנִי אַרְבִּיצֵם, נְאֻם אֲדֹנָי ה׳: אֶת הָאֹבֶדֶת אֲבַקֵּשׁ, וְאֶת הַנִּדַּחַת אָשִׁיב, וְלַנִּשְׁבֶּרֶת אֶחֱבֹשׁ, וְאֶת הַחוֹלָה אֲחַזֵּק:

(יחזקאל לד, ג; יב; טו-טז)

ו. כוחו של ה' בבריאה וכוחו בגאולה

מִי מָדַד בְּשָׁעֳלוֹ מַיִם וְשָׁמַיִם בַּזֶּרֶת תִּכֵּן, וְכָל בַּשָּׁלִשׁ עֲפַר הָאָרֶץ, וְשָׁקַל בַּפֶּלֶס הָרִים וּגְבָעוֹת בְּמֹאזְנָיִם:
שְׂאוּ מָרוֹם עֵינֵיכֶם וּרְאוּ מִי בָרָא אֵלֶּה הַמּוֹצִיא בְמִסְפָּר צְבָאָם, לְכֻלָּם בְּשֵׁם יִקְרָא מֵרֹב אוֹנִים וְאַמִּיץ כֹּחַ אִישׁ לֹא נֶעְדָּר:

(יב; כו)

השוואות רבות בפרשנות, בעיקר בחסידות, נערכו בין עשר המכות במצרים לעשרה מאמרות שבהם נברא העולם. הנביאים עסקו רבות בהשוואת כוח ה' (הבלתי מוגבל) בבריאה לכוחו בגאולת ישראל. לדוגמה:

עֹשֵׂה אֶרֶץ בְּכֹחוֹ, מֵכִין תֵּבֵל בְּחָכְמָתוֹ, וּבִתְבוּנָתוֹ נָטָה שָׁמָיִם: לְקוֹל תִּתּוֹ הֲמוֹן מַיִם בַּשָּׁמַיִם וַיַּעַל נְשִׂאִים מִקְצֵה אָרֶץ, בְּרָקִים לַמָּטָר עָשָׂה וַיֹּצֵא רוּחַ מֵאֹצְרֹתָיו... לֹא כְאֵלֶּה חֵלֶק יַעֲקוֹב, כִּי יוֹצֵר הַכֹּל הוּא וְשֵׁבֶט נַחֲלָתוֹ ה' צְבָאוֹת שְׁמוֹ: מַפֵּץ אַתָּה לִי כְּלֵי מִלְחָמָה, וְנִפַּצְתִּי בְךָ גּוֹיִם וְהִשְׁחַתִּי בְךָ מַמְלָכוֹת:

(ירמיהו נא, טו-כ)

נבואתנו עוסקת גם בכך, וכפי שייאמר להלן:

וְאֶל מִי תְּדַמְּיוּן אֵל, וּמַה דְּמוּת תַּעַרְכוּ לוֹ: הַפֶּסֶל נָסַךְ חָרָשׁ וְצֹרֵף בַּזָּהָב יְרַקְּעֶנּוּ, וּרְתֻקוֹת כֶּסֶף צוֹרֵף:

(יח-יט)

לשון אחרת: מידותיו של ה' בלתי מוגבלות, שלא כמידותיו של הפסל, ובהתאם לכך גם כוחו לגאול את ישראל. הנביא מחדש בפסוקינו את הדגש במעשה הבריאה על מידה ומניין מדויקים של גורמי הבריאה השונים – המים, השמיים, העפר, ההרים והגבעות, הכוכבים. דומה שכוונתו לומר, שהשקילה המדויקת של יסודות הבריאה דומה לשקילת חטאם של ישראל לעומת התשלום המר ששילמו בגלותם, והחלטת ה' לגואלם מגובה היטב בשקילה זו בעת שמלאה סאת עונשם והגיע זמן גאולתם.

ז. סיכום הנבואה

הגאולה בנבואה זו אינה תלויה בתשובה; עם ישראל בא על עונשו על חטאיו, ודי

בכך. מי שמדד בשעלו מים ומוציא את כוכביו במספר יודע גם למדוד את חומרת החטא ואת עונשו, ועל בסיס זה הוא נחרץ לגאול את העם.

הבעיה היא שהעם אינו מוכן לגאולה, ומתנהג כדורו של מנשה או כמי שנטמעו בגלות, ואינו עושה דבר כדי להיחלץ ממנה. למרות זאת הקב"ה נחוש לגואלו. כוחו ועוצמתו שהתגלו בבריאה מעידים היטב על יכולתו לגואלם ולדון את צריהם בזרועו הנטויה על מה שעוללו לישראל. יחד עימם עתידים להופיע גם עדינותו ורכותו; בעת שינהל אותם כרועה המנהל את טלאיו, ובעת שיסלול להם דרך ישרה נוחה אל הגאולה הנכספת.

הפטרה שנייה משבע הנחמות (עקב)

מט יד טו וַתֹּאמֶר צִיּוֹן עֲזָבַנִי יהוה וַאדֹנָי שְׁכֵחָנִי: הֲתִשְׁכַּח אִשָּׁה עוּלָהּ מֵרַחֵם בֶּן־בִּטְנָהּ ישעיה
טז גַּם־אֵלֶּה תִשְׁכַּחְנָה וְאָנֹכִי לֹא אֶשְׁכָּחֵךְ: הֵן עַל־כַּפַּיִם חַקֹּתִיךְ חוֹמֹתַיִךְ נֶגְדִּי
יז יח תָּמִיד: מִהֲרוּ בָּנָיִךְ מְהָרְסַיִךְ וּמַחֲרִבַיִךְ מִמֵּךְ יֵצֵאוּ: שְׂאִי־סָבִיב עֵינַיִךְ וּרְאִי כֻּלָּם
יט נִקְבְּצוּ בָאוּ־לָךְ חַי־אָנִי נְאֻם־יהוה כִּי כֻלָּם כָּעֲדִי תִלְבָּשִׁי וּתְקַשְּׁרִים כַּכַּלָּה: כִּי
כ חָרְבֹתַיִךְ וְשֹׁמְמֹתַיִךְ וְאֶרֶץ הֲרִסֻתֵךְ כִּי עַתָּה תֵּצְרִי מִיּוֹשֵׁב וְרָחֲקוּ מְבַלְּעָיִךְ: עוֹד
כא יֹאמְרוּ בְאָזְנַיִךְ בְּנֵי שִׁכֻּלָיִךְ צַר־לִי הַמָּקוֹם גְּשָׁה־לִּי וְאֵשֵׁבָה: וְאָמַרְתְּ בִּלְבָבֵךְ
מִי יָלַד־לִי אֶת־אֵלֶּה וַאֲנִי שְׁכוּלָה וְגַלְמוּדָה גֹּלָה וְסוּרָה וְאֵלֶּה מִי גִדֵּל הֵן אֲנִי
כב נִשְׁאַרְתִּי לְבַדִּי אֵלֶּה אֵיפֹה הֵם: כֹּה־אָמַר אֲדֹנָי יֱהוִֹה הִנֵּה אֶשָּׂא אֶל־
גּוֹיִם יָדִי וְאֶל־עַמִּים אָרִים נִסִּי וְהֵבִיאוּ בָנַיִךְ בְּחֹצֶן וּבְנֹתַיִךְ עַל־כָּתֵף תִּנָּשֶׂאנָה:
כג וְהָיוּ מְלָכִים אֹמְנַיִךְ וְשָׂרוֹתֵיהֶם מֵינִיקֹתַיִךְ אַפַּיִם אֶרֶץ יִשְׁתַּחֲווּ־לָךְ וַעֲפַר רַגְלַיִךְ
כד יְלַחֵכוּ וְיָדַעַתְּ כִּי־אֲנִי יהוה אֲשֶׁר לֹא־יֵבֹשׁוּ קֹוָי: הֲיֻקַּח מִגִּבּוֹר מַלְקוֹחַ
כה וְאִם־שְׁבִי צַדִּיק יִמָּלֵט: כִּי־כֹה אָמַר יהוה גַּם־שְׁבִי גִבּוֹר יֻקָּח וּמַלְקוֹחַ עָרִיץ
כו יִמָּלֵט וְאֶת־יְרִיבֵךְ אָנֹכִי אָרִיב וְאֶת־בָּנַיִךְ אָנֹכִי אוֹשִׁיעַ: וְהַאֲכַלְתִּי אֶת־מוֹנַיִךְ אֶת־
בְּשָׂרָם וְכֶעָסִיס דָּמָם יִשְׁכָּרוּן וְיָדְעוּ כָל־בָּשָׂר כִּי אֲנִי יהוה מוֹשִׁיעֵךְ וְגֹאֲלֵךְ אֲבִיר
נ א יַעֲקֹב: כֹּה אָמַר יהוה אֵי זֶה סֵפֶר כְּרִיתוּת אִמְּכֶם אֲשֶׁר שִׁלַּחְתִּיהָ
אוֹ מִי מִנּוֹשַׁי אֲשֶׁר־מָכַרְתִּי אֶתְכֶם לוֹ הֵן בַּעֲוֺנֹתֵיכֶם נִמְכַּרְתֶּם וּבְפִשְׁעֵיכֶם
ב שֻׁלְּחָה אִמְּכֶם: מַדּוּעַ בָּאתִי וְאֵין אִישׁ קָרָאתִי וְאֵין עוֹנֶה הֲקָצוֹר קָצְרָה יָדִי
מִפְּדוּת וְאִם־אֵין־בִּי כֹחַ לְהַצִּיל הֵן בְּגַעֲרָתִי אַחֲרִיב יָם אָשִׂים נְהָרוֹת מִדְבָּר
ג תִּבְאַשׁ דְּגָתָם מֵאֵין מַיִם וְתָמֹת בַּצָּמָא: אַלְבִּישׁ שָׁמַיִם קַדְרוּת וְשַׂק אָשִׂים
ד כְּסוּתָם: אֲדֹנָי יֱהוִֹה נָתַן לִי לְשׁוֹן לִמּוּדִים לָדַעַת לָעוּת אֶת־יָעֵף
ה דָּבָר יָעִיר בַּבֹּקֶר בַּבֹּקֶר יָעִיר לִי אֹזֶן לִשְׁמֹעַ כַּלִּמּוּדִים: אֲדֹנָי יֱהוִֹה פָּתַח־לִי אֹזֶן
ו וְאָנֹכִי לֹא מָרִיתִי אָחוֹר לֹא נְסוּגֹתִי: גֵּוִי נָתַתִּי לְמַכִּים וּלְחָיַי לְמֹרְטִים פָּנַי לֹא

ז הִסְתַּרְתִּי מִכְּלִמּוֹת וָרֹק: וַאדֹנָי יֱהוִֹה יַעֲזָר־לִי עַל־כֵּן לֹא נִכְלָמְתִּי עַל־כֵּן שַׂמְתִּי
ח פָנַי כַּחַלָּמִישׁ וָאֵדַע כִּי־לֹא אֵבוֹשׁ: קָרוֹב מַצְדִּיקִי מִי־יָרִיב אִתִּי נַעַמְדָה יָּחַד
ט מִי־בַעַל מִשְׁפָּטִי יִגַּשׁ אֵלָי: הֵן אֲדֹנָי יֱהוִֹה יַעֲזָר־לִי מִי־הוּא יַרְשִׁיעֵנִי הֵן כֻּלָּם
י כַּבֶּגֶד יִבְלוּ עָשׁ יֹאכְלֵם: מִי בָכֶם יְרֵא יהוה שֹׁמֵעַ בְּקוֹל עַבְדּוֹ אֲשֶׁר
יא הָלַךְ חֲשֵׁכִים וְאֵין נֹגַהּ לוֹ יִבְטַח בְּשֵׁם יהוה וְיִשָּׁעֵן בֵּאלֹהָיו: הֵן כֻּלְּכֶם קֹדְחֵי
אֵשׁ מְאַזְּרֵי זִיקוֹת לְכוּ בְּאוּר אֶשְׁכֶם וּבְזִיקוֹת בִּעַרְתֶּם מִיָּדִי הָיְתָה־זֹּאת לָכֶם
נא א לְמַעֲצֵבָה תִּשְׁכָּבוּן: שִׁמְעוּ אֵלַי רֹדְפֵי צֶדֶק מְבַקְשֵׁי יהוה הַבִּיטוּ
ב אֶל־צוּר חֻצַּבְתֶּם וְאֶל־מַקֶּבֶת בּוֹר נֻקַּרְתֶּם: הַבִּיטוּ אֶל־אַבְרָהָם אֲבִיכֶם וְאֶל־
ג שָׂרָה תְּחוֹלֶלְכֶם כִּי־אֶחָד קְרָאתִיו וַאֲבָרְכֵהוּ וְאַרְבֵּהוּ: כִּי־נִחַם יהוה צִיּוֹן נִחַם
כָּל־חָרְבֹתֶיהָ וַיָּשֶׂם מִדְבָּרָהּ כְּעֵדֶן וְעַרְבָתָהּ כְּגַן־יהוה שָׂשׂוֹן וְשִׂמְחָה יִמָּצֵא בָהּ
תּוֹדָה וְקוֹל זִמְרָה:

א. אי־הנכונות להיחלץ מן הגלות

ההפטרה עוסקת, לפחות בחלקה הראשון, בעלייה מן הגלות לציון ובהחייאת ארץ ישראל מחדש בְּבָנֶיהָ, בני ישראל. הנבואה מתחילה בפסוקים שלפני הפטרתנו, הצמודים לה, ובהם נזכרת הבשורה הגדולה, הדומה ליציאת מצרים ולהליכה במדבר:

כֹּה אָמַר ה׳, בְּעֵת רָצוֹן עֲנִיתִיךָ וּבְיוֹם יְשׁוּעָה עֲזַרְתִּיךָ, וְאֶצָּרְךָ וְאֶתֶּנְךָ לִבְרִית עָם לְהָקִים אֶרֶץ, לְהַנְחִיל נְחָלוֹת שֹׁמֵמוֹת: לֵאמֹר לַאֲסוּרִים – צֵאוּ, לַאֲשֶׁר בַּחֹשֶׁךְ – הִגָּלוּ, עַל דְּרָכִים יִרְעוּ וּבְכָל שְׁפָיִים מַרְעִיתָם: לֹא יִרְעָבוּ וְלֹא יִצְמָאוּ וְלֹא יַכֵּם שָׁרָב וָשָׁמֶשׁ, כִּי מְרַחֲמָם יְנַהֲגֵם וְעַל מַבּוּעֵי מַיִם יְנַהֲלֵם: וְשַׂמְתִּי כָל הָרַי לַדָּרֶךְ, וּמְסִלֹּתַי יְרֻמוּן: הִנֵּה אֵלֶּה מֵרָחוֹק יָבֹאוּ וְהִנֵּה אֵלֶּה מִצָּפוֹן וּמִיָּם, וְאֵלֶּה מֵאֶרֶץ סִינִים: רָנּוּ שָׁמַיִם וְגִילִי אָרֶץ וּפִצְחוּ הָרִים רִנָּה, כִּי נִחַם ה׳ עַמּוֹ וַעֲנִיָּו יְרַחֵם:

(מט, ח–יג)

הפטרתנו פותחת באכזבה הגדולה, מכך שבני ישראל אינם נענים לקריאה הגדולה של הנביא לקום ולעלות לארצם, ומעדיפים להמשיך ולבוסס במדמנת הגלות. הם אינם מאמינים עוד לקריאה הגדולה. הם חשים כמו כל עם שגלה מארצו, ואיבד בעקבות הגלות את לשד חייו. הוא מנסה להתערות בסביבתו החדשה, ולהתחיל

בה את חייו מחדש, בלא קשר מחייב לעברו. עם ישראל נבדל מן העמים האחרים במחויבותו לברית הנצחית עם ה', אך הוא מאשים את ה' בהפרת ברית זו בעת שנטש את עמו בגלות:

וַתֹּאמֶר צִיּוֹן עֲזָבַנִי ה', וַאדֹנָי שְׁכֵחָנִי:

(מט, יד)

ב. הפולמוס הנבואי עם טענתה של ציון

הֲתִשְׁכַּח אִשָּׁה עוּלָהּ מֵרַחֵם בֶּן בִּטְנָהּ? גַּם אֵלֶּה תִשְׁכַּחְנָה, וְאָנֹכִי לֹא אֶשְׁכָּחֵךְ: הֵן עַל כַּפַּיִם חַקֹּתִיךְ, חוֹמֹתַיִךְ נֶגְדִּי תָּמִיד:

(מט, טו-טז)

הנביא רואה כאן את יחסי הקב"ה ועמו בדרך לא שגרתית בנבואה – כיחסי אם ובתה (היחסים הרגילים בנבואה הם כיחסי איש ובת זוגו). יחסי אם ובנה המפורשים ביותר במקרא כיחסים אציליים הם יחסה של הגר לבנה בעת הליכתם יחד במדבר באר שבע, בעת שכלו המים מן החמת (בראשית כא, ט-כא). הגר דאגה לבנה בחום המדבר ככל שרק יכלה, אך גם היא התייאשה ברגע הקשה האחרון; השליכה את הילד, וישבה הרחק כמטחווי קשת (גַּם אֵלֶּה תִשְׁכַּחְנָה). ה' מבטיח שבכל מחיר לא יעזוב את ישראל במדבר העמים, בדרך לגאולתם. כאם הנושאת את בתה על כפיה, יישא גם הוא את בני ישראל 'על כפיו'.

קשה לפסוח בפסוק זה על מדרשם החביב של חז"ל:

... אמרה לפניו (= ציון, כנסת ישראל): רבונו של עולם, הואיל ואין שכחה לפני כסא כבודך שמא לא תשכח לי מעשה העגל? – אמר לה: גַּם אֵלֶּה תִשְׁכַּחְנָה. אמרה לפניו: רבונו של עולם, הואיל ויש שכחה לפני כסא כבודך שמא תשכח לי מעשה סיני? – אמר לה: וְאָנֹכִי לֹא אֶשְׁכָּחֵךְ. והיינו דאמר רבי אלעזר אמר רב אושעיא: מאי דכתיב גַּם אֵלֶּה תִשְׁכַּחְנָה – זה מעשה העגל, וְאָנֹכִי לֹא אֶשְׁכָּחֵךְ – זה מעשה סיני.

(ברכות לב ע"ב)

המדרש מזהה בפסוק גַּם אֵלֶּה תִשְׁכַּחְנָה, וְאָנֹכִי לֹא אֶשְׁכָּחֵךְ רמזים לחטא העגל (אֵלֶּה אֱלֹהֶיךָ יִשְׂרָאֵל – שמות לב, ד) ולמעמד הר סיני (אָנֹכִי ה' אֱלֹהֶיךָ – שם כ, ב). הוא

מבאר את יתרון הזכות של ההקשבה לעשרת הדברים, שהקב"ה יזכרנה, על החובה שבמעשה העגל, שהקב"ה עתיד 'לשכוח' אותו ולסלוח עליו.[1]

אפשר שהמדרש המתאר את ה' כזוכר רק את הטוב שבברית עם ישראל – את השמעת 'אָנֹכִי', ו'שוכח' את הרעה שעשו, מסתמך על הפסוק הבא:

אָנֹכִי אָנֹכִי הוּא מֹחֶה פְשָׁעֶיךָ לְמַעֲנִי וְחַטֹּאתֶיךָ לֹא אֶזְכֹּר:

(מג, כה)

תחת הבטחת 'אָנֹכִי', כמו בהפטרתנו וכמו בראש מעמד הר סיני, ה' מוחה את החטאים ואת זכרונם, וזוכר רק את המעמד הנשגב.

ג. תיאור הגאולה

מִהֲרוּ בָּנָיִךְ, מְהָרְסַיִךְ וּמַחֲרִבַיִךְ מִמֵּךְ יֵצֵאוּ: שְׂאִי סָבִיב עֵינַיִךְ וּרְאִי כֻּלָּם נִקְבְּצוּ בָאוּ לָךְ, חַי אָנִי נְאֻם ה' כִּי כֻלָּם כָּעֲדִי תִלְבָּשִׁי וּתְקַשְּׁרִים כַּכַּלָּה: כִּי חָרְבֹתַיִךְ וְשֹׁמְמֹתַיִךְ וְאֶרֶץ הֲרִסֻתֵךְ, כִּי עַתָּה תֵּצְרִי מִיּוֹשֵׁב וְרָחֲקוּ מְבַלְּעָיִךְ: עוֹד יֹאמְרוּ בְאָזְנַיִךְ בְּנֵי שִׁכֻּלָיִךְ, צַר לִי הַמָּקוֹם, גְּשָׁה לִּי וְאֵשֵׁבָה: וְאָמַרְתְּ בִּלְבָבֵךְ, מִי יָלַד לִי אֶת אֵלֶּה? וַאֲנִי שְׁכוּלָה וְגַלְמוּדָה, גֹּלָה וְסוּרָה, וְאֵלֶּה – מִי גִדֵּל? הֵן אֲנִי נִשְׁאַרְתִּי לְבַדִּי, אֵלֶּה אֵיפֹה הֵם:

(מט, יז-כא)

הנביא מבטיח לציון את יציאת אויביה מארצה ברגע שבניה ישובו שמה.[2] באבחת קולמוסו של הנביא הופכים בפסוק זה האם ובתה (או בנה) ממציינים את הקב"ה ועמו – למציינים את ארץ ישראל (האם) ובניה – בני ישראל, השבים אליה מן הגלות. הקב"ה הופך לחתנהּ של הכלה המתקשטת בבניה, המפריחים את שממותיה. היא שואלת על בניה אֵלֶּה אֵיפֹה הֵם? וכוונתה: מאיפה הם, מהיכן הגיעו אליה.

כֹּה אָמַר אֲדֹנָי ה', הִנֵּה אֶשָּׂא אֶל גּוֹיִם יָדִי וְאֶל עַמִּים אָרִים נִסִּי, וְהֵבִיאוּ בָנַיִךְ בְּחֹצֶן וּבְנֹתַיִךְ עַל כָּתֵף תִּנָּשֶׂאנָה: וְהָיוּ מְלָכִים אֹמְנַיִךְ וְשָׂרוֹתֵיהֶם מֵינִיקֹתַיִךְ, אַפַּיִם אֶרֶץ

1. עיינו על כך בעיקר בבאר הגולה למהר"ל, באר שלישי פרק ב.
2. יש לשים לב לביטוי הנזכר בפסוק, ומשמעותו הפוכה מן הביטוי העממי הנגזר ממנו (בטעות). בביטוי העממי המהרסים והמחריבים באים מקרב עם ישראל הנגאל; בפסוק – המהרסים הם האויבים, והם יסולקו ויצאו מן הארץ.

יִשְׁתַּחֲווּ לָךְ וַעֲפַר רַגְלַיִךְ יְלַחֵכוּ, וְיָדַעַתְּ כִּי אֲנִי ה' אֲשֶׁר לֹא יֵבֹשׁוּ קֹוָי: הֲיֻקַּח מִגִּבּוֹר מַלְקוֹחַ, וְאִם שְׁבִי צַדִּיק יִמָּלֵט: כִּי כֹה אָמַר ה', גַּם שְׁבִי גִבּוֹר יֻקָּח וּמַלְקוֹחַ עָרִיץ יִמָּלֵט, וְאֶת יְרִיבֵךְ אָנֹכִי אָרִיב וְאֶת בָּנַיִךְ אָנֹכִי אוֹשִׁיעַ: וְהַאֲכַלְתִּי אֶת מוֹנַיִךְ אֶת בְּשָׂרָם וְכֶעָסִיס דָּמָם יִשְׁכָּרוּן, וְיָדְעוּ כָל בָּשָׂר כִּי אֲנִי ה' מוֹשִׁיעֵךְ וְגֹאֲלֵךְ אֲבִיר יַעֲקֹב: (שם, כב-כו)

הנביא ממשיך ומתאר את היציאה מן הגלות כהפוכה מיציאת מצרים. היציאה ממצרים הייתה על אפם ועל חמתם של המצרים, ומכוח עשר המכות שספגו; היציאה מן הגלות שמתאר הנביא תהיה בעזרתם של הגויים, ובסיועם המלא. הנביא עתיד לשוב על פירוט הליך זה בהרחבה להלן בפרק ס (בהפטרת פרשת כי תבוא, השישית משבע הנחמות) וכך תתואר הגאולה גם להלן בהפטרת פרשת שופטים, הרביעית מהפטרות הנחמה. אכן, כך הייתה שיבת ציון בימי הבית השני. מלך המלכים הפרסי ויועציו יצאו מגדרם כדי לעזור לעזרא ולאנשיו לעלות, לשקם את בית ה' ולהשליט את חוק התורה בעם ישראל:

אַרְתַּחְשַׁסְתְּא מֶלֶךְ מַלְכַיָּא לְעֶזְרָא כָהֲנָא... מִנִּי שִׂים טְעֵם דִּי כָל מִתְנַדַּב בְּמַלְכוּתִי מִן עַמָּה יִשְׂרָאֵל וְכָהֲנוֹהִי וְלֵוָיֵא לִמְהָךְ לִירוּשְׁלֶם עִמָּךְ יְהָךְ: כָּל קֳבֵל דִּי מִן קֳדָם מַלְכָּא וְשִׁבְעַת יָעֲטֹהִי שְׁלִיחַ לְבַקָּרָא עַל יְהוּד וְלִירוּשְׁלֶם בְּדָת אֱלָהָךְ דִּי בִידָךְ: וּלְהֵיבָלָה כְּסַף וּדְהַב דִּי מַלְכָּא וְיָעֲטוֹהִי הִתְנַדַּבוּ לֶאֱלָהּ יִשְׂרָאֵל דִּי בִירוּשְׁלֶם מִשְׁכְּנֵהּ: וְכֹל כְּסַף וּדְהַב דִּי תְהַשְׁכַּח בְּכֹל מְדִינַת בָּבֶל עִם הִתְנַדָּבוּת עַמָּא וְכָהֲנַיָּא מִתְנַדְּבִין לְבֵית אֱלָהֲהֹם דִּי בִירוּשְׁלֶם: ... וּמָאנַיָּא דִּי מִתְיַהֲבִין לָךְ לְפָלְחָן בֵּית אֱלָהָךְ הַשְׁלֵם קֳדָם אֱלָהּ יְרוּשְׁלֶם: וּשְׁאָר חַשְׁחוּת בֵּית אֱלָהָךְ דִּי יִפֶּל לָךְ לְמִנְתַּן תִּנְתֵּן מִן בֵּית גִּנְזֵי מַלְכָּא: וּמִנִּי אֲנָה אַרְתַּחְשַׁסְתְּא מַלְכָּא שִׂים טְעֵם לְכֹל גִּזַּבְרַיָּא דִּי בַּעֲבַר נַהֲרָה דִּי כָל דִּי יִשְׁאֲלֶנְכוֹן עֶזְרָא כָהֲנָה סָפַר דָּתָא דִּי אֱלָהּ שְׁמַיָּא אָסְפַּרְנָא יִתְעֲבִד: ... כָּל דִּי מִן טַעַם אֱלָהּ שְׁמַיָּא יִתְעֲבֵד אַדְרַזְדָּא לְבֵית אֱלָהּ שְׁמַיָּא דִּי לְמָה לֶהֱוֵא קְצַף עַל מַלְכוּת מַלְכָּא וּבְנוֹהִי: וּלְכֹם מְהוֹדְעִין דִּי כָל כָּהֲנַיָּא וְלֵוָיֵא זַמָּרַיָּא תָרָעַיָּא נְתִינַיָּא וּפָלְחֵי בֵּית אֱלָהָא דְנָה מִנְדָּה בְלוֹ וַהֲלָךְ לָא שַׁלִּיט לְמִרְמֵא עֲלֵיהֹם: וְאַנְתְּ עֶזְרָא כְּחָכְמַת אֱלָהָךְ דִּי בִידָךְ מֶנִּי שָׁפְטִין וְדַיָּנִין דִּי לֶהֱוֹן דָּאְנִין לְכָל עַמָּה דִּי בַּעֲבַר נַהֲרָה לְכָל יָדְעֵי דָּתֵי אֱלָהָךְ וְדִי לָא יָדַע תְּהוֹדְעוּן: וְכָל דִּי לָא לֶהֱוֵא עָבֵד דָּתָא דִּי אֱלָהָךְ וְדָתָא דִּי מַלְכָּא אָסְפַּרְנָא דִּינָה לֶהֱוֵא מִתְעֲבֵד מִנֵּהּ הֵן לְמוֹת הֵן לִשְׁרֹשִׁי הֵן לַעֲנָשׁ נִכְסִין וְלֶאֱסוּרִין:[3]

3. א. תרגום חופשי: מארתחשסתא מלך המלכים לעזרא הכוהן: ממני ניתנת פקודה, שכל מתנדב במלכותי מעם ישראל והכוהנים והלוויים ללכת עמך לירושלים – ילך. שהרי (אתה) מלפני המלך

בָּרוּךְ ה׳ אֱלֹהֵי אֲבוֹתֵינוּ, אֲשֶׁר נָתַן כָּזֹאת בְּלֵב הַמֶּלֶךְ לְפָאֵר אֶת בֵּית ה׳ אֲשֶׁר בִּירוּשָׁלָם: וְעָלַי הִטָּה חֶסֶד לִפְנֵי הַמֶּלֶךְ וְיוֹעֲצָיו וּלְכָל שָׂרֵי הַמֶּלֶךְ הַגִּבֹּרִים, וַאֲנִי הִתְחַזַּקְתִּי כְּיַד ה׳ אֱלֹהַי עָלַי, וָאֶקְבְּצָה מִיִּשְׂרָאֵל רָאשִׁים לַעֲלוֹת עִמִּי:

(עזרא ז, יב-כח)

את האויבים שלא ילכו בדרך זו – ה׳ יאכילם את בשרם שלהם.

ד. המשך הפולמוס הנבואי עם טענתה של ציון

אנו שבים לתיאור ה׳ כאביהם של ישראל, וכבן זוגה של ציון, כנסת ישראל:

כֹּה אָמַר ה׳, אֵי זֶה סֵפֶר כְּרִיתוּת אִמְּכֶם אֲשֶׁר שִׁלַּחְתִּיהָ, אוֹ מִי מִנּוֹשַׁי אֲשֶׁר מָכַרְתִּי אֶתְכֶם לוֹ? הֵן בַּעֲוֹנֹתֵיכֶם נִמְכַּרְתֶּם, וּבְפִשְׁעֵיכֶם שֻׁלְּחָה אִמְּכֶם: מַדּוּעַ בָּאתִי – וְאֵין אִישׁ, קָרָאתִי – וְאֵין עוֹנֶה? הֲקָצוֹר קָצְרָה יָדִי מִפְּדוּת, וְאִם אֵין בִּי כֹחַ לְהַצִּיל? הֵן בְּגַעֲרָתִי אַחֲרִיב יָם, אָשִׂים נְהָרוֹת מִדְבָּר, תִּבְאַשׁ דְּגָתָם מֵאֵין מַיִם – וְתָמֹת בַּצָּמָא: אַלְבִּישׁ שָׁמַיִם קַדְרוּת, וְשַׂק אָשִׂים כְּסוּתָם:

(נ, א-ג)

פְּרֵדה קבועה בין בני זוג נעשית מכוח שני דברים – ספר כריתות ושילוחין:

ושבעת היועצים לבקר את יהודה וירושלים בדת אלוהיך שבידך. ולהוביל כסף וזהב שהמלך ויועציו התנדבו לאלוהי ישראל שבירושלים משכנו. וכל כסף וזהב שתמצא בכל מדינת בבל עם התנדבות עם וכוהנים מתנדבים לבית אלוהיהם שבירושלים... והכלים הניתנים לך לעבודת בית אלוהיך השלם לפני אלוהים שבירושלים. ושאר צורכי בית אלוהיך שייפול לך לתת, תיתן מבית גנזי המלך. וממני, אני ארתחשסתא המלך ניתנת פקודה לכל הגזברים שמעבר הנהר, שכל מה שישאל מכם עזרא הכוהן וסופר דת השמיים במהרה ייעשה... כל מה שמטעם אלוהי השמיים ייעשה במהירות, שהרי למה יהיה קצף על מלכות המלך ובניו. ולכם מודיעים, שכל הכוהנים, הלוויים הזמרים והשוערים, הנתינים ועובדי בית האלוהים הזה, שום סוג של מס לא יהא נשלט להטיל עליהם. ואתה עזרא כחוכמת אלוהיך שבידך מנה שופטים ודיינים שיהיו דנים לכל העם אשר בעבר הנהר לכל יודעי דתי אלוהיך, ומי שלא ידע – הודיעם. וכל שלא יעשה את דתי אלוהיך ואת דת המלך במהרה דינו ייעשה, הן למוות, הן לעקירתו (מביתו ומנחלתו) הן לעונש נכסים ולמאסר.

ב. במקום אחר כתבנו, שמסתבר לנו, שמרדכי ואסתר, שנותרו בצמרת השלטון עוד מימי אחשוורוש שקדם לארתחשסתא, הם שהשפיעו על התייחסותו לעם ישראל ולתורת ה׳, והם שהשפיעו על מכתב זה ועל תוכנו.

וְהָיָה אִם לֹא תִמְצָא חֵן בְּעֵינָיו, כִּי מָצָא בָהּ עֶרְוַת דָּבָר, וְכָתַב לָהּ סֵפֶר כְּרִיתֻת וְנָתַן בְּיָדָהּ, וְשִׁלְּחָהּ מִבֵּיתוֹ:

(דברים כד, א)

ציון אכן שולחה מבית ה׳, אך היא שולחה ללא ספר כריתות. היא כאישה עגונה, שבעלה עזבה זמנית, אך אינה גרושה לצמיתות. מהנחה שעם ישראל הם עבדים, ולא בנים – הם מעולם לא נמכרו רשמית לאדון אחר. הם נגזלו בכוח אחרי שה׳ חדל בעוונותיהם לשמור עליהם.

ניתן להמשיל את ה׳בית׳ – שציון שולחה ממנו – לארץ ישראל, ואת הברית הכתובה שלה עם ה׳ ניתן להמשיל לתורה. ציון שולחה מביתו של בן זוגה, אך הברית הכתובה לא נכרתה, באין כאן ספר כריתות. התורה ירדה עימם לבבל, והיא עתידה לעלות עימהם שוב לארץ ישראל, לביתה של ציון.

הנביא שב לטענתו הראשונה: ה׳ רוצה לגאול את ישראל. הוא מגיע, אך אין מי שקיבל את פניו. העם התייאש מן הגאולה, טען שה׳ עזבו ושכחו, ואינו מאמין שה׳ יבוא לגואלו. הנה הגיעה עת הרצון, אך עם ישראל אינו מוכן לגאולה. הקב״ה בא ואין איש; הוא קורא, ואין עונה!

ה. רקע היסטורי

במבוא להפטרות מספר ישעיהו עסקנו בהרחבה בשאלת זמנן של הנבואות בישעיהו מ ואילך (כולל הפטרתנו וכן כל הפטרות הנחמה הבאות עלינו לטובה). קיבלנו שתי אפשרויות בכך:

א. הנבואות הן על תקופת מנשה בן חזקיהו מלך יהודה. אם נקבל זאת כאן, מסתבר לנו שהגאולה שההפטרה עוסקת בה היא חזרת עשרת השבטים, שגלו בתחילת ימי חזקיהו (ושנים מספר לפניו) לצפון־מזרח אשור. הנביא קורא להם לשוב בתקופה הקרובה, וכפי שהיה בימי יאשיהו בן אמון בן מנשה, ששלח את ירמיהו להחזיר אותם ארצה.

ב. הנבואות מיועדות לגלות בבל העתידה לבוא, והשיבה ממנה היא שיבת ציון, שהחלה בימי כורש מלך פרס.

חשוב להדגיש שבשתי האפשרויות הנביא מקונן על כך, שהעם אינו נענה לבשורת הגאולה, ובוחר להישאר בגלות. כך גם בהפטרת ׳נחמו׳ בפרק מ, וגם בהפטרתנו

בפרקים מט-נ. שאלתו הבוטה של הנביא: מַדּוּעַ בָּאתִי – וְאֵין אִישׁ? מהדהדת גם באוזנינו, המצפים לגאולה האחרונה.

ו. סבלו של הנביא

ישעיהו, בעיקר בחלקו השני (מפרק מ ואילך), דן רבות במעמדו כנביא, וכנראה סבל מכך שהעם לא קיבל את נבואותיו, ופעמים רבות לא האמין בו. הנחנו מספר פעמים, שהנבואות מפרק מ ואילך הן מימי מנשה מלך יהודה. ישעיהו נאלץ לרדת בימי מנשה למחתרת, כי מנשה הרג את נביאי ה׳. על פי מסורת חז״ל, בסוף הרג מנשה גם את ישעיהו עצמו, סבו:

> תני, שמעון בן עזאי אומר: מצאתי מגלת יוחסין בירושלים... וכתוב בה: מנשה הרג את ישעיה.

(יבמות מט ע״ב)

קשייו של ישעיהו כנביא ותקוותו בה׳ כמשענתו נזכרים במספר מקומות; וכן בתחילת הנבואה שממנה עולה הפטרתנו, (מט, א–ז) וגם בהפטרתנו עצמה:

> אֲדֹנָי ה׳ נָתַן לִי לְשׁוֹן לִמּוּדִים לָדַעַת לָעוּת אֶת יָעֵף דָּבָר, יָעִיר בַּבֹּקֶר בַּבֹּקֶר יָעִיר לִי אֹזֶן לִשְׁמֹעַ כַּלִּמּוּדִים: אֲדֹנָי ה׳ פָּתַח לִי אֹזֶן וְאָנֹכִי לֹא מָרִיתִי, אָחוֹר לֹא נְסוּגֹתִי: גֵּוִי נָתַתִּי לְמַכִּים וּלְחָיַי לְמֹרְטִים, פָּנַי לֹא הִסְתַּרְתִּי מִכְּלִמּוֹת וָרֹק: וַאדֹנָי ה׳ יַעֲזָר לִי עַל כֵּן לֹא נִכְלָמְתִּי, עַל כֵּן שַׂמְתִּי פָנַי כַּחַלָּמִישׁ וָאֵדַע כִּי לֹא אֵבוֹשׁ: קָרוֹב מַצְדִּיקִי מִי יָרִיב אִתִּי נַעַמְדָה יָּחַד, מִי בַעַל מִשְׁפָּטִי יִגַּשׁ אֵלָי: הֵן אֲדֹנָי ה׳ יַעֲזָר לִי, מִי הוּא יַרְשִׁיעֵנִי? הֵן כֻּלָּם כַּבֶּגֶד יִבְלוּ עָשׁ יֹאכְלֵם: מִי בָכֶם יְרֵא ה׳ שֹׁמֵעַ בְּקוֹל עַבְדּוֹ, אֲשֶׁר הָלַךְ חֲשֵׁכִים וְאֵין נֹגַהּ לוֹ, יִבְטַח בְּשֵׁם ה׳ וְיִשָּׁעֵן בֵּאלֹהָיו:

(נ, ד–י)

ז. זכרונם של אברהם ושרה

> שִׁמְעוּ אֵלַי רֹדְפֵי צֶדֶק מְבַקְשֵׁי ה׳: הַבִּיטוּ אֶל צוּר חֻצַּבְתֶּם, וְאֶל מַקֶּבֶת בּוֹר נֻקַּרְתֶּם: הַבִּיטוּ אֶל אַבְרָהָם אֲבִיכֶם וְאֶל שָׂרָה תְּחוֹלֶלְכֶם, כִּי אֶחָד קְרָאתִיו וַאֲבָרְכֵהוּ וְאַרְבֵּהוּ: כִּי נִחַם ה׳ צִיּוֹן נִחַם כָּל חָרְבֹתֶיהָ וַיָּשֶׂם מִדְבָּרָהּ כְּעֵדֶן וְעַרְבָתָהּ כְּגַן ה׳, שָׂשׂוֹן וְשִׂמְחָה יִמָּצֵא בָהּ תּוֹדָה וְקוֹל זִמְרָה:

(נא, א–ג)

מה מבקש הנביא מהעם בהזכירו את אברהם ושרה?

אפשר שאנו שבים לוויכוח שלו עם הגולים – גולי אשור או גולי בבל. אברהם ושרה היו 'גולי בבל' הראשונים, בעת ישיבתם באור כשדים. ה' הוליך אותם לארץ כנען והם הלכו אחריו באמונה שלמה, ובלא שיוכלו לבחון את אמינותו של האל המביא אותם אל ארץ הבחירה. גם על זרעם, המביט בהם לעשות כמעשיהם, יש לעזוב את ארץ גלותם; לבוא בעקבות קריאת ה' אל ארץ כנען; לקבל שם את הברכה ולחזות בנחמתו את ציון ואת חורבותיה, ואת השבת גן העדן אליה.

הפטרה שלישית משבע הנחמות (ראה)

נד יא עֲנִיָּה סֹעֲרָה לֹא נֻחָמָה הִנֵּה אָנֹכִי מַרְבִּיץ בַּפּוּךְ אֲבָנַיִךְ וִיסַדְתִּיךְ בַּסַּפִּירִים: ישע
יב יג וְשַׂמְתִּי כַּדְכֹד שִׁמְשֹׁתַיִךְ וּשְׁעָרַיִךְ לְאַבְנֵי אֶקְדָּח וְכָל־גְּבוּלֵךְ לְאַבְנֵי־חֵפֶץ: וְכָל־
יד בָּנַיִךְ לִמּוּדֵי יהוה וְרַב שְׁלוֹם בָּנָיִךְ: בִּצְדָקָה תִּכּוֹנָנִי רַחֲקִי מֵעֹשֶׁק כִּי־לֹא תִירָאִי
טו וּמִמְּחִתָּה כִּי לֹא־תִקְרַב אֵלָיִךְ: הֵן גּוֹר יָגוּר אֶפֶס מֵאוֹתִי מִי־גָר אִתָּךְ עָלַיִךְ יִפּוֹל:
טז הִנֵּה אָנֹכִי בָּרָאתִי חָרָשׁ נֹפֵחַ בְּאֵשׁ פֶּחָם וּמוֹצִיא כְלִי לְמַעֲשֵׂהוּ וְאָנֹכִי בָּרָאתִי
יז מַשְׁחִית לְחַבֵּל: כָּל־כְּלִי יוּצַר עָלַיִךְ לֹא יִצְלָח וְכָל־לָשׁוֹן תָּקוּם־אִתָּךְ לַמִּשְׁפָּט
נה א תַּרְשִׁיעִי זֹאת נַחֲלַת עַבְדֵי יהוה וְצִדְקָתָם מֵאִתִּי נְאֻם־יהוה: הוֹי
כָּל־צָמֵא לְכוּ לַמַּיִם וַאֲשֶׁר אֵין־לוֹ כָּסֶף לְכוּ שִׁבְרוּ וֶאֱכֹלוּ וּלְכוּ שִׁבְרוּ בְּלוֹא־כֶסֶף
ב וּבְלוֹא מְחִיר יַיִן וְחָלָב: לָמָּה תִשְׁקְלוּ־כֶסֶף בְּלוֹא־לֶחֶם וִיגִיעֲכֶם בְּלוֹא לְשָׂבְעָה
ג שִׁמְעוּ שָׁמוֹעַ אֵלַי וְאִכְלוּ־טוֹב וְתִתְעַנַּג בַּדֶּשֶׁן נַפְשְׁכֶם: הַטּוּ אָזְנְכֶם וּלְכוּ אֵלַי
ד שִׁמְעוּ וּתְחִי נַפְשְׁכֶם וְאֶכְרְתָה לָכֶם בְּרִית עוֹלָם חַסְדֵי דָוִד הַנֶּאֱמָנִים: הֵן עֵד
ה לְאוּמִּים נְתַתִּיו נָגִיד וּמְצַוֵּה לְאֻמִּים: הֵן גּוֹי לֹא־תֵדַע תִּקְרָא וְגוֹי לֹא־יְדָעוּךָ
אֵלֶיךָ יָרוּצוּ לְמַעַן יהוה אֱלֹהֶיךָ וְלִקְדוֹשׁ יִשְׂרָאֵל כִּי פֵאֲרָךְ:

הפטרה זו, השלישית בין שבע הפטרות הנחמה מישעיהו, היא גם חלקה השני הפטרת פרשת נח, וכתבנו עליה בספר בראשית. נשוב כאן על עיקרי הדברים בלבד: בחלקה הראשון (שהוא להלן הפטרת פרשת כי תצא, ההפטרה החמישית מהפטרות הנחמה) מתואר ביתה של ציון המגורשת השבה אליו בדמות המשכן ואוהל מועד:

הַרְחִיבִי מְקוֹם אָהֳלֵךְ וִירִיעוֹת מִשְׁכְּנוֹתַיִךְ יַטּוּ – אַל תַּחְשֹׂכִי, הַאֲרִיכִי מֵיתָרַיִךְ וִיתֵדֹתַיִךְ חַזֵּקִי:

(שם נד, ב)

ציון בונה את משכנה בכוחות עצמה[1] לאישה הבא לדור עימה. בהפטרתנו הופך המשכן למקדש רצוף באבנים טובות בעיר מבוצרת, כמקדש ה׳ בירושלים:[2]

... הִנֵּה אָנֹכִי מַרְבִּיץ בַּפּוּךְ אֲבָנַיִךְ וִיסַדְתִּיךְ בַּסַּפִּירִים: וְשַׂמְתִּי כַּדְכֹד שִׁמְשֹׁתַיִךְ וּשְׁעָרַיִךְ לְאַבְנֵי אֶקְדָּח, וְכָל גְּבוּלֵךְ לְאַבְנֵי חֵפֶץ:

(נד, יא-יב)

את המקדש בונה הקב״ה עצמו לבת זוגו, ובניה עוזרים לידו:

וְכָל בָּנַיִךְ לִמּוּדֵי ה׳ וְרַב שְׁלוֹם בָּנָיִךְ:

(שם, יג)

אמר רבי אלעזר אמר רבי חנינא... אל תקרי בָּנָיִךְ אלא ׳בוניך׳.

(ברכות סד ע״א)[3]

הנביא תולה את בניין המקדש בירושלים בשיבת מלכות ישראל, שהיא מלכות בית דוד, למקומה:

הַטּוּ אָזְנְכֶם וּלְכוּ אֵלַי שִׁמְעוּ וּתְחִי נַפְשְׁכֶם, וְאֶכְרְתָה לָכֶם בְּרִית עוֹלָם חַסְדֵי דָוִד הַנֶּאֱמָנִים:

(נה, ג)

אכן, כך אמר נתן הנביא לדוד בעת שרצה להחליף את מקום השכינה מאוהל לבית:

וַיֹּאמֶר הַמֶּלֶךְ אֶל נָתָן הַנָּבִיא: רְאֵה נָא אָנֹכִי יוֹשֵׁב בְּבֵית אֲרָזִים, וַאֲרוֹן הָאֱלֹהִים יֹשֵׁב בְּתוֹךְ הַיְרִיעָה: ...

וַיְהִי דְּבַר ה׳ אֶל נָתָן לֵאמֹר: לֵךְ וְאָמַרְתָּ אֶל עַבְדִּי אֶל דָּוִד, כֹּה אָמַר ה׳, הַאַתָּה

1. כיעל אשת חבר (שופטים ד), שהחזיקה אצלה את יתדות האוהל ואת המקבת התוקעת אותם.
2. מבחינה זו (וכדרשנות בעלמא בלבד), הולמת ההפטרה גם את הפרשה, פרשת ראה, העוסקת במקום אשר יבחר ה׳ ובבניית המקדש לשמו שם.
3. החלפת בָּנָיִךְ בפסוק ב׳בונייך׳ בדרשה אינה רק מחמת דמיון המילים. בפשטות, הפסוק אכן מדבר על בונייך – בוני אבני הספיר, הכדכוד ואבני החפץ, הנזכרים בפסוק הקודם. הקשר המובא במדרש בין תלמידי חכמים לשלום בעולם אינו קשור בהכרח ללימוד זה; הוא נובע מכך שהבנים בנבואה הם לִמּוּדֵי ה׳, כלומר – לומדי התורה, תלמידי החכמים, ושלומם רב.

תִּבְנֶה לִּי בַיִת לְשִׁבְתִּי: כִּי לֹא יָשַׁבְתִּי בְּבַיִת לְמִיּוֹם הַעֲלֹתִי אֶת בְּנֵי יִשְׂרָאֵל מִמִּצְרַיִם וְעַד הַיּוֹם הַזֶּה, וָאֶהְיֶה מִתְהַלֵּךְ בְּאֹהֶל וּבְמִשְׁכָּן: ...
וְהִגִּיד לְךָ ה׳ כִּי בַיִת יַעֲשֶׂה לְּךָ ה׳: כִּי יִמְלְאוּ יָמֶיךָ וְשָׁכַבְתָּ אֶת אֲבֹתֶיךָ, וַהֲקִימֹתִי אֶת זַרְעֲךָ אַחֲרֶיךָ אֲשֶׁר יֵצֵא מִמֵּעֶיךָ, וַהֲכִינֹתִי אֶת מַמְלַכְתּוֹ: הוּא יִבְנֶה בַּיִת לִשְׁמִי, וְכֹנַנְתִּי אֶת כִּסֵּא מַמְלַכְתּוֹ עַד עוֹלָם:

(שמ״ב ז, ב; ד-ו; יא-יג)

הברית עם דוד תוקם בעת שישראל יחלו שוב לשמוע בקול ה׳ אלוהיהם:

... שִׁמְעוּ שָׁמוֹעַ אֵלַי וְאִכְלוּ טוֹב, וְתִתְעַנַּג בַּדֶּשֶׁן נַפְשְׁכֶם: הַטּוּ אָזְנְכֶם וּלְכוּ אֵלַי שִׁמְעוּ – וּתְחִי נַפְשְׁכֶם...

(נה, ב-ג)

עוד אומר הנביא על בן דוד העתיד למלוך בירושלים, עיר המקדש והגאולה, שהוא עתיד להיות נָגִיד וּמְצַוֵּה לְאֻמִּים, כלומר – למלוך על עמים רבים כדוד אביו, ששלט בכל העמים שסביבות ארץ ישראל. דוד הטיל את חיתיתו על העמים מסביב, שלא יעזו לתקוף את ישראל. בְּנוֹ ימשול בהם מסיבה אחרת:

הֵן עֵד לְאוּמִּים נְתַתִּיו, נָגִיד וּמְצַוֵּה לְאֻמִּים: הֵן גּוֹי לֹא תֵדַע תִּקְרָא וְגוֹי לֹא יְדָעוּךָ אֵלֶיךָ יָרוּצוּ, לְמַעַן ה׳ אֱלֹהֶיךָ וְלִקְדוֹשׁ יִשְׂרָאֵל כִּי פֵאֲרָךְ:

(נה, ד-ה)

הגויים ירוצו אל מלך ישראל לְמַעַן ה׳ אֱלֹהֶיךָ; כלומר – יבואו למקדש, כבחזון אחרית הימים, כדי ללמוד את דרכי ה׳ ואת אורחותיו, כִּי מִצִּיּוֹן תֵּצֵא תוֹרָה וּדְבַר ה׳ מִירוּשָׁלָם.

הפטרה רביעית משבע הנחמות (שופטים)

נא יב אָנֹכִי אָנֹכִי הוּא מְנַחֶמְכֶם מִי־אַתְּ וַתִּירְאִי מֵאֱנוֹשׁ יָמוּת וּמִבֶּן־אָדָם חָצִיר יִנָּתֵן׃ ישעיה
יג וַתִּשְׁכַּח יהוה עֹשֶׂךָ נוֹטֶה שָׁמַיִם וְיֹסֵד אָרֶץ וַתְּפַחֵד תָּמִיד כָּל־הַיּוֹם מִפְּנֵי חֲמַת
יד הַמֵּצִיק כַּאֲשֶׁר כּוֹנֵן לְהַשְׁחִית וְאַיֵּה חֲמַת הַמֵּצִיק׃ מִהַר צֹעֶה לְהִפָּתֵחַ וְלֹא־יָמוּת
טו לַשַּׁחַת וְלֹא יֶחְסַר לַחְמוֹ׃ וְאָנֹכִי יהוה אֱלֹהֶיךָ רֹגַע הַיָּם וַיֶּהֱמוּ גַּלָּיו יהוה צְבָאוֹת
טז שְׁמוֹ׃ וָאָשִׂם דְּבָרַי בְּפִיךָ וּבְצֵל יָדִי כִּסִּיתִיךָ לִנְטֹעַ שָׁמַיִם וְלִיסֹד אָרֶץ וְלֵאמֹר
יז לְצִיּוֹן עַמִּי־אָתָּה׃ הִתְעוֹרְרִי הִתְעוֹרְרִי קוּמִי יְרוּשָׁלַםִ אֲשֶׁר שָׁתִית
יח מִיַּד יהוה אֶת־כּוֹס חֲמָתוֹ אֶת־קֻבַּעַת כּוֹס הַתַּרְעֵלָה שָׁתִית מָצִית׃ אֵין־מְנַהֵל
יט לָהּ מִכָּל־בָּנִים יָלָדָה וְאֵין מַחֲזִיק בְּיָדָהּ מִכָּל־בָּנִים גִּדֵּלָה׃ שְׁתַּיִם הֵנָּה קֹרְאֹתַיִךְ
כ מִי יָנוּד לָךְ הַשֹּׁד וְהַשֶּׁבֶר וְהָרָעָב וְהַחֶרֶב מִי אֲנַחֲמֵךְ׃ בָּנַיִךְ עֻלְּפוּ שָׁכְבוּ בְּרֹאשׁ
כא כָּל־חוּצוֹת כְּתוֹא מִכְמָר הַמְלֵאִים חֲמַת־יהוה גַּעֲרַת אֱלֹהָיִךְ׃ לָכֵן שִׁמְעִי־נָא
כב זֹאת עֲנִיָּה וּשְׁכֻרַת וְלֹא מִיָּיִן׃ כֹּה־אָמַר אֲדֹנַיִךְ יהוה וֵאלֹהַיִךְ יָרִיב
עַמּוֹ הִנֵּה לָקַחְתִּי מִיָּדֵךְ אֶת־כּוֹס הַתַּרְעֵלָה אֶת־קֻבַּעַת כּוֹס חֲמָתִי לֹא־תוֹסִיפִי
כג לִשְׁתּוֹתָהּ עוֹד׃ וְשַׂמְתִּיהָ בְּיַד־מוֹגַיִךְ אֲשֶׁר־אָמְרוּ לְנַפְשֵׁךְ שְׁחִי וְנַעֲבֹרָה וַתָּשִׂימִי
נב א כָאָרֶץ גֵּוֵךְ וְכַחוּץ לַעֹבְרִים׃ עוּרִי עוּרִי לִבְשִׁי עֻזֵּךְ צִיּוֹן לִבְשִׁי בִּגְדֵי
ב תִפְאַרְתֵּךְ יְרוּשָׁלַםִ עִיר הַקֹּדֶשׁ כִּי לֹא יוֹסִיף יָבֹא־בָךְ עוֹד עָרֵל וְטָמֵא׃ הִתְנַעֲרִי
ג מֵעָפָר קוּמִי שְּׁבִי יְרוּשָׁלָםִ הִתְפַּתְּחִי מוֹסְרֵי צַוָּארֵךְ שְׁבִיָּה בַּת־צִיּוֹן׃ כִּי־
ד כֹה אָמַר יהוה חִנָּם נִמְכַּרְתֶּם וְלֹא בְכֶסֶף תִּגָּאֵלוּ׃ כִּי כֹה אָמַר אֲדֹנָי
ה יֱהוִֹה מִצְרַיִם יָרַד־עַמִּי בָרִאשֹׁנָה לָגוּר שָׁם וְאַשּׁוּר בְּאֶפֶס עֲשָׁקוֹ׃ וְעַתָּה מַה־
לִּי־פֹה נְאֻם־יהוה כִּי־לֻקַּח עַמִּי חִנָּם מֹשְׁלָו יְהֵילִילוּ נְאֻם־יהוה וְתָמִיד כָּל־
ו הַיּוֹם שְׁמִי מִנֹּאָץ׃ לָכֵן יֵדַע עַמִּי שְׁמִי לָכֵן בַּיּוֹם הַהוּא כִּי־אֲנִי־הוּא הַמְדַבֵּר
ז הִנֵּנִי׃ מַה־נָּאווּ עַל־הֶהָרִים רַגְלֵי מְבַשֵּׂר מַשְׁמִיעַ שָׁלוֹם מְבַשֵּׂר טוֹב
ח מַשְׁמִיעַ יְשׁוּעָה אֹמֵר לְצִיּוֹן מָלַךְ אֱלֹהָיִךְ׃ קוֹל צֹפַיִךְ נָשְׂאוּ קוֹל יַחְדָּו יְרַנֵּנוּ כִּי

ט עֵיִן בְּעַיִן יִרְאוּ בְּשׁוּב יהוה צִיּוֹן: פִּצְחוּ רַנְּנוּ יַחְדָּו חָרְבוֹת יְרוּשָׁלָ͏ִם כִּי־נִחַם יהוה
י עַמּוֹ גָּאַל יְרוּשָׁלָ͏ִם: חָשַׂף יהוה אֶת־זְרוֹעַ קָדְשׁוֹ לְעֵינֵי כָּל־הַגּוֹיִם וְרָאוּ כָּל־אַפְסֵי־
יא אָרֶץ אֵת יְשׁוּעַת אֱלֹהֵינוּ: סוּרוּ סוּרוּ צְאוּ מִשָּׁם טָמֵא אַל־תִּגָּעוּ צְאוּ
יב מִתּוֹכָהּ הִבָּרוּ נֹשְׂאֵי כְּלֵי יהוה: כִּי לֹא בְחִפָּזוֹן תֵּצֵאוּ וּבִמְנוּסָה לֹא תֵלֵכוּן כִּי־
הֹלֵךְ לִפְנֵיכֶם יהוה וּמְאַסִּפְכֶם אֱלֹהֵי יִשְׂרָאֵל:

א. אָנֹכִי אָנֹכִי

נבואת נחמה זו דומה לשתיים מקודמותיה (ואתחנן ועקב, הראשונה והשנייה משבע הנחמות) בכך שהיא מתרכזת בחוסר יכולתו של העם האבל על מצבו – להתרומם (בעקבות החורבן או בעקבות השעבוד האשורי הקשה בימי מנשה בן חזקיהו). הוא אינו מסוגל להתרומם לאמונה שה׳ מסוגל ומעוניין לגאול אותו אחרי שכבר ספג את עונשו.

נלך בביאור הפתיחה בעקבות מדרשו של ריש לקיש:

ר׳ אבון בשם ריש לקיש: (= משל) למלך שכעס על מטרונא וטרדה והוציאה מבית פלטין שלו. לאחר ימים ביקש להחזירה, אמרה: יכפול כתובתי – ואחר כך הוא מחזירני.

כך אמר הקדוש ברוך הוא לישראל: בניי, בסיני אמרתי לכם פעם אחת: אָנֹכִי ה׳ אֱלֹהֶיךָ (שמות כ, ב), ובירושלם לעתיד לבא אני אומר לכם שני פעמים: אָנֹכִי אָנֹכִי הוּא מְנַחֶמְכֶם.

(פסיקתא דרב כהנא יט, ה)[1]

אפשר שמדרש נפלא זה מסתמך על הפסוקים הבאים בהפטרתנו:

וְאָנֹכִי ה׳ אֱלֹהֶיךָ רֹגַע הַיָּם וַיֶּהֱמוּ גַּלָּיו...

(נא, טו)

הביטוי וְאָנֹכִי ה׳ אֱלֹהֶיךָ בפסוק זה מזכיר במפורש את הנאמר בהר סיני בראשית עשרת הדברים. אלא שבמקום לומר אֲשֶׁר הוֹצֵאתִיךָ מֵאֶרֶץ מִצְרַיִם מִבֵּית עֲבָדִים (שמות כ, ב)

1. הפרקים יג-כב בפסיקתא דרב כהנא עוסקים בשלוש הפטרות ימי בין המצרים (׳תלת דפורענותא׳), ובשבע הפטרות הנחמה שאחרי תשעה באב.

הוא אומר: רֹגַע הַיָּם וַיֶּהֱמוּ גַּלָּיו, ביטוי המזכיר במידה רבה את הישועה בעת קריעת ים סוף, כשהים נרגע בצו ה' עבור בני ישראל, ואחר כך המו גליו בעת שמצרים נסו לקראתו, וכפי שנראה גם בהמשך הנבואה. האמירה אָנֹכִי אָנֹכִי באה לתת תוקף כפול לישועה העתידה לבוא, ביחס לישועה בעת יציאת מצרים.

עוד אפשר, שמדרשו של ריש לקיש מסתמך גם על הפסוקים הבאים:

> אָנֹכִי אָנֹכִי ה', וְאֵין מִבַּלְעָדַי מוֹשִׁיעַ: אָנֹכִי הִגַּדְתִּי וְהוֹשַׁעְתִּי וְהִשְׁמַעְתִּי וְאֵין בָּכֶם זָר, וְאַתֶּם עֵדַי נְאֻם ה' – וַאֲנִי אֵל:
> (מג, יא-יב)

הכפל בביטוי אָנֹכִי, כמו בראשית הפטרתנו, מתייחס בנבואה זו להיגד הדומה למעמד הר סיני, לזיקה בין היותו של הקב"ה אֵל בעולמנו ובין עדותם של ישראל על אלהותו, כמו שהיה במעמד הר סיני, בעת שה' הראם את כבודו ואת גודלו.

> וְאַתֶּם עֵדַי נְאֻם ה' וַאֲנִי אֵל. כשאתם עדיי – אני אל, וכשאין אתם עדיי – כביכול איני אל.
> (ספרי דברים שמו)

ב. מורא שמיים ומורא בשר ודם

> ... מִי אַתְּ וַתִּירְאִי מֵאֱנוֹשׁ יָמוּת, וּמִבֶּן אָדָם חָצִיר יִנָּתֵן: וַתִּשְׁכַּח ה' עֹשֶׂךָ נוֹטֶה שָׁמַיִם וְיֹסֵד אָרֶץ, וַתְּפַחֵד תָּמִיד כָּל הַיּוֹם מִפְּנֵי חֲמַת הַמֵּצִיק, כַּאֲשֶׁר כּוֹנֵן לְהַשְׁחִית, וְאַיֵּה חֲמַת הַמֵּצִיק: מִהַר צֹעֶה לְהִפָּתֵחַ, וְלֹא יָמוּת לַשַּׁחַת וְלֹא יֶחְסַר לַחְמוֹ:
> (נא, יב-יד)

אפשר שהנבואה נאמרת על ימי מנשה, בעת שעם ישראל משועבד עד עפר לגדולי מלכי אשור (אסרחדון ואשורבניפל), ופחדו מהם גורם לו שלא לבטוח עוד בגאולה המובטחת מאת ה', ולא להתרומם לעבודת ה' במקום עבודת מלכי אשור. גם אפשר שהיא נאמרת על העם בעת גלותו (עשרת השבטים או יהודה בימי נבוכדנאצר מלך בבל), כשהוא פוחד לטוות את חלומות גאולתו מיד שוביו. מדברי הנביא עולה, שזעמו של המציק כבר נח, כלוחם[2] מציק הוא כבר מיהר לפתח מחרבו ומכלי נשקו

2. המילה צֹעֶה היא מילה קשה ונדירה, ורבו בה הפירושים. לטעמנו צֹעֶה הוא מריק, כלוחם המפתח

החגורים עליו, ועם ישראל השבוי בידיו, בארץ ישראל או בגלות, לֹא יָמוּת לַשַּׁחַת (= לחינם) וְלֹא יֶחְסַר לַחְמוֹ (= ולא ירעב), כלשון הנביא בפסוקינו.

ניתן דוגמה להמחשת מורא בשר ודם בגלות, העשויה להתחלף, כחזונו של הנביא, במורא שמיים: בעקבות מכת ערוב מציע פרעה למשה, שישראל לא ילכו למדבר, ויזבחו לאלוהיהם – לה׳, בארץ מצרים. משה משיב לפרעה:

> וַיֹּאמֶר מֹשֶׁה, לֹא נָכוֹן לַעֲשׂוֹת כֵּן, כִּי תּוֹעֲבַת מִצְרַיִם נִזְבַּח לַה׳ אֱלֹהֵינוּ, הֵן נִזְבַּח אֶת תּוֹעֲבַת מִצְרַיִם לְעֵינֵיהֶם – וְלֹא יִסְקְלֻנוּ?:

(שמות ח, כב)

משה משדר (כביכול?) פחד מפני חמת המציק – המצרים, ולכן ממאן לזבוח לה׳ בארץ מצרים. כעבור חמש מכות נוספות, ערב מכת בכורות, משה מורה לכל ישראל לקחת את השה ולזבוח אותו בארץ מצרים לעיני מצרים, על אפם ועל חמתם. הוא מבטא בכך שעם ישראל ירא רק מה׳ ולא מחֲמַת הַמֵּצִיק. בקורבן הפסח מתחילה להתפתח חירות עם ישראל ועצמאותו, בהסרת הפחד מהמצרים. גם בהפטרתנו יכול הנביא לראות בהסרת הפחד מן המציק מכוח ביטחון בה׳ גואל ישראל את תחילת החתירה לעצמאות מדינית ויהודית.

ג. קבלת שבת

> הִתְעוֹרְרִי הִתְעוֹרְרִי קוּמִי יְרוּשָׁלַםִ!...
> עוּרִי עוּרִי לִבְשִׁי עֻזֵּךְ צִיּוֹן! לִבְשִׁי בִּגְדֵי תִפְאַרְתֵּךְ...
> הִתְנַעֲרִי מֵעָפָר קוּמִי...

(נא, יז; נב, א–ב)

נראה שפייטן ׳לכה דודי׳, המקובל רבי שלמה אלקבץ (שחי במאה השש עשרה בצפת, בעת כיסופי הגאולה הגדולים שהיו שם), ראה לנגד עיניו את נבואת הנחמה של הפטרתנו בעת שכתב את פיוטו, השגור בפי כולנו.

שני הבתים הראשונים בפיוט (״שָׁמוֹר וְזָכוֹר״, ״לִקְרַאת שַׁבָּת״) עוסקים בשבת. שאר הבתים עוסקים בכיסופי גאולתה של ירושלים ושל כנסת ישראל. המשורר כורך את השבת בכיסופי גאולה אלו. בבית הרביעי שר הפייטן: ״הִתְנַעֲרִי מֵעָפָר קוּמִי לִבְשִׁי

את נשקו כששיים להילחם, ומרוקן אותו מעליו. לחלופין הצועה הוא הצועק, וכפירוש הר״י אברבנאל כאן, ואז תהיה הכוונה, לטעמנו, שזועק זעקות הקרב מתפתח מנשקו וחדל ממלחמתו.

בִּגְדֵי תִפְאַרְתֵּךְ עַמִּי". המשפט מבוסס על שני פסוקים בהפטרתנו. בבית החמישי הוא שר: "הִתְעוֹרְרִי הִתְעוֹרְרִי כִּי בָא אוֹרֵךְ קוּמִי אוֹרִי עוּרִי עוּרִי".[3]

ניתן ללמוד עוד על הנבואה עוּרִי עוּרִי לִבְשִׁי עֻזֵּךְ צִיּוֹן מן הפסוקים הצמודים להפטרתנו, לפניה:

> עוּרִי עוּרִי לִבְשִׁי עֹז זְרוֹעַ ה׳, עוּרִי כִּימֵי קֶדֶם דֹּרוֹת עוֹלָמִים, הֲלוֹא אַתְּ הִיא הַמַּחְצֶבֶת רַהַב מְחוֹלֶלֶת תַּנִּין:[4] הֲלוֹא אַתְּ הִיא הַמַּחֲרֶבֶת יָם מֵי תְּהוֹם רַבָּה, הַשָּׂמָה מַעֲמַקֵּי יָם דֶּרֶךְ לַעֲבֹר גְּאוּלִים: וּפְדוּיֵי ה׳ יְשׁוּבוּן וּבָאוּ צִיּוֹן בְּרִנָּה וְשִׂמְחַת עוֹלָם עַל רֹאשָׁם, שָׂשׂוֹן וְשִׂמְחָה יַשִּׂיגוּן נָסוּ יָגוֹן וַאֲנָחָה:

(נא, ט-יא)

בנבואה זו זרוע ה׳ היא המתעוררת ולובשת עוז, באירוע הזהה לקריעת ים סוף ולהעברת בני ישראל אל ארץ גאולתם. בהמשך הנבואה, בהפטרתנו – ציון היא המתעוררת ולובשת עוז, אך היא אינה לובשת בגדי מלחמה, כמו ה׳ שהוא איש מלחמה – היא לובשת את בגדי תפארתה. לעניות הבנתנו העוז שלובשת ציון בעת התעוררותה, העוז המקביל לזרוע ה׳ המתעוררת בעת 'קריעת ים סוף' העתידה, הוא העוז לומר שירה לפניו על קריעת הים העתידה והכרעת האויב. מבחינה זו, דומה קריאת עוּרִי עוּרִי לקריאה שנאמרה לדבורה הנביאה בעת שירתה לה׳ על נחל קישון, ששטף את סיסרא ואת צבאו והושיע את ישראל, כים סוף שעשה זאת לחיל מצרים:

> עוּרִי עוּרִי דְּבוֹרָה! עוּרִי עוּרִי דַּבְּרִי שִׁיר:

(שופטים ה, יב)

ד. סיבות הגאולה

הסיבה העיקרית לגאולה בתורה ובנביאים היא התשובה, שישראל עתידים לעשות בעת מצוקתם בגלות:

3. המילים היחידות במשפט זה שאינן מהפטרתנו הן "כִּי בָא אוֹרֵךְ" מן הפסוק הראשון בהפטרה השישית מהפטרות הנחמה – הפטרת כי תבוא. המקור לאמירת הפייטן "לֹא תֵבוֹשִׁי וְלֹא תִכָּלְמִי" בהפטרה הבאה, הפטרת כי תצא. ביטויים נוספים רבים שלו מנבואות נוספות בישעיהו.
4. שתי הצוללות הראשונות של חיל הים הישראלי נקראו על שם פסוק זה: הצוללות 'תנין' ו'רהב'.

וּבִקַּשְׁתֶּם מִשָּׁם אֶת ה׳ אֱלֹהֶיךָ – וּמָצָאתָ, כִּי תִדְרְשֶׁנּוּ בְּכָל לְבָבְךָ וּבְכָל נַפְשֶׁךָ:
בַּצַּר לְךָ וּמְצָאוּךָ כֹּל הַדְּבָרִים הָאֵלֶּה, בְּאַחֲרִית הַיָּמִים, וְשַׁבְתָּ עַד ה׳ אֱלֹהֶיךָ
וְשָׁמַעְתָּ בְּקֹלוֹ:
(דברים ד, כט-ל)

כך גם בנביאים פעמים רבות:

וּקְרָאתֶם אֹתִי וַהֲלַכְתֶּם וְהִתְפַּלַּלְתֶּם אֵלָי – וְשָׁמַעְתִּי אֲלֵיכֶם: וּבִקַּשְׁתֶּם אֹתִי –
וּמְצָאתֶם, כִּי תִדְרְשֻׁנִי בְּכָל לְבַבְכֶם: וְנִמְצֵאתִי לָכֶם נְאֻם ה׳, וְשַׁבְתִּי אֶת שְׁבוּתְכֶם:
(ירמיהו כט, יב-יד)

ישעיהו בנבואתנו אינו מזכיר זאת. הוא מדבר כפי שדיבר בהפטרת ׳נחמו׳:

דַּבְּרוּ עַל לֵב יְרוּשָׁלַם וְקִרְאוּ אֵלֶיהָ, כִּי מָלְאָה צְבָאָהּ כִּי נִרְצָה עֲוֺנָהּ, כִּי לָקְחָה
מִיַּד ה׳ כִּפְלַיִם בְּכָל חַטֹּאתֶיהָ:
(מ, ב)

כך, ובהדגשה יתֵרה, בנבואתנו:

הִתְעוֹרְרִי הִתְעוֹרְרִי קוּמִי יְרוּשָׁלַם! אֲשֶׁר שָׁתִית מִיַּד ה׳ אֶת כּוֹס חֲמָתוֹ, אֶת קֻבַּעַת
כּוֹס הַתַּרְעֵלָה שָׁתִית מָצִית:
בָּנַיִךְ עֻלְּפוּ שָׁכְבוּ בְּרֹאשׁ כָּל חוּצוֹת כְּתוֹא מִכְמָר, הַמְלֵאִים חֲמַת ה׳ גַּעֲרַת אֱלֹהָיִךְ:
לָכֵן שִׁמְעִי נָא זֹאת עֲנִיָּה, וּשְׁכֻרַת וְלֹא מִיָּיִן: כֹּה אָמַר אֲדֹנַיִךְ ה׳ וֵאלֹהַיִךְ יָרִיב
עַמּוֹ, הִנֵּה לָקַחְתִּי מִיָּדֵךְ אֶת כּוֹס הַתַּרְעֵלָה, אֶת קֻבַּעַת כּוֹס חֲמָתִי לֹא תוֹסִיפִי
לִשְׁתּוֹתָהּ עוֹד:
(נא, יז; כ-כב)

סיבה אחת לכך, כפי שהסברנו, היא מיצוי העונש. בלשון חז״ל, כדעתו של האמורא שמואל (סנהדרין צז ע״ב): ״דיו לאבל שיעמוד באבלו״. גם בלא תהליך תשובה (שהוא חיוני מאין כמותו), עם ישראל כבר ספג עונשים מלוא חטאו, ולכן הגיעה עת הגאולה.

הסיבה השנייה לגאולה מוצגת בפיו של הנביא בהפטרתנו:

וְעַתָּה מַה לִּי פֹה נְאֻם ה׳? כִּי לֻקַּח עַמִּי חִנָּם מֹשְׁלָו יְהֵילִילוּ נְאֻם ה׳, וְתָמִיד כָּל
הַיּוֹם שְׁמִי מִנֹּאָץ: לָכֵן יֵדַע עַמִּי שְׁמִי...

חָשַׂף ה׳ אֶת זְרוֹעַ קָדְשׁוֹ לְעֵינֵי כָּל הַגּוֹיִם, וְרָאוּ כָּל אַפְסֵי אָרֶץ אֵת יְשׁוּעַת אֱלֹהֵינוּ:
(נב, ה-ו; י)

הצורך בגאולה הוא לכפר על חילול השם הנורא בעת שישראל משועבדים בבושה לגויים, ויחד עימם משועבד כביכול גם שמו הגדול יתברך. זאת ועוד: שעבודם של ישראל עלול להעיד בטעות על חוסר כוחו של ה׳ לגאול את עמו.

התורה עוסקת בבעיה זו לא מעט. כך מנמק משה את בקשתו לה׳ לבטל את עונשם של ישראל על חטאיהם בעגל ובמרגלים, או לדחותו:

וְהֵמַתָּה אֶת הָעָם הַזֶּה כְּאִישׁ אֶחָד, וְאָמְרוּ הַגּוֹיִם אֲשֶׁר שָׁמְעוּ אֶת שִׁמְעֲךָ לֵאמֹר: מִבִּלְתִּי יְכֹלֶת ה׳ לְהָבִיא אֶת הָעָם הַזֶּה אֶל הָאָרֶץ אֲשֶׁר נִשְׁבַּע לָהֶם – וַיִּשְׁחָטֵם בַּמִּדְבָּר:
(במדבר יד, טו-טז)

על בסיס טענה זו עתידה לבוא הגאולה בשירת ׳האזינו׳:

אָמַרְתִּי אַפְאֵיהֶם, אַשְׁבִּיתָה מֵאֱנוֹשׁ זִכְרָם: לוּלֵי כַּעַס אוֹיֵב אָגוּר פֶּן יְנַכְּרוּ צָרֵימוֹ, פֶּן יֹאמְרוּ, יָדֵנוּ רָמָה, וְלֹא ה׳ פָּעַל כָּל זֹאת:
רְאוּ עַתָּה כִּי אֲנִי אֲנִי הוּא וְאֵין אֱלֹהִים עִמָּדִי, אֲנִי אָמִית – וַאֲחַיֶּה, מָחַצְתִּי – וַאֲנִי אֶרְפָּא, וְאֵין מִיָּדִי מַצִּיל:
(דברים לב, כו-כז; לט)

כך בהרחבה גם הגאולה ביחזקאל פרק לו.

ה. טומאת ארץ העמים, ההליכה בחיפזון וההליכה בלא חיפזון

סוּרוּ סוּרוּ צְאוּ מִשָּׁם, טָמֵא – אַל תִּגָּעוּ, צְאוּ מִתּוֹכָהּ הִבָּרוּ נֹשְׂאֵי כְּלֵי ה׳: כִּי לֹא בְחִפָּזוֹן תֵּצֵאוּ וּבִמְנוּסָה לֹא תֵלֵכוּן, כִּי הֹלֵךְ לִפְנֵיכֶם ה׳ וּמְאַסִּפְכֶם אֱלֹהֵי יִשְׂרָאֵל:
(נב, יא-יב)

בלשון חז״ל רגילים הביטויים על טומאת ארץ העמים וטהרתה של ארץ ישראל. גם במקרא ביטויים כאלה על ארץ העמים:

וְאַךְ אִם טְמֵאָה אֶרֶץ אֲחֻזַּתְכֶם – עִבְרוּ לָכֶם אֶל אֶרֶץ אֲחֻזַּת ה׳:
(יהושע כב, יט)

וְאַתָּה עַל אֲדָמָה טְמֵאָה תָּמוּת, וְיִשְׂרָאֵל גָּלֹה יִגְלֶה מֵעַל אַדְמָתוֹ:
(עמוס ז, יז)

גם כאן דורש הנביא מן העולים לציון לצאת מטומאת ארץ העמים, שהרי הם, בני ציון, נושאי כלי ה׳. עליהם להקפיד על טהרתם, ובארץ העמים לא ניתן לעשות זאת.

הנביא מדגיש, שהגאולה העתידה תהיה בלא חיפזון ולא במנוסה, שלא כגאולת מצרים שהייתה בחיפזון. כך מתוארת גאולת מצרים:

שִׁבְעַת יָמִים תֹּאכַל עָלָיו מַצּוֹת לֶחֶם עֹנִי, כִּי בְחִפָּזוֹן יָצָאתָ מֵאֶרֶץ מִצְרַיִם:
(דברים טז, ג)

בדרך דומה של חיפזון מתאר ירמיהו את היציאה מן הגלות אל שיבת ציון, אך מסיבות שונות מהחיפזון ביציאת מצרים, שנבע מכך שהמצרים גירשו את ישראל בשל פחדם ממכות נוספות. כך מתאר ירמיהו את שיבת ציון בעת חורבן בבל, ארץ גלותם:

קוֹל נָסִים וּפְלֵטִים מֵאֶרֶץ בָּבֶל, לְהַגִּיד בְּצִיּוֹן אֶת נִקְמַת ה׳ אֱלֹהֵינוּ נִקְמַת הֵיכָלוֹ:
נֻסוּ מִתּוֹךְ בָּבֶל וּמַלְּטוּ אִישׁ נַפְשׁוֹ אַל תִּדַּמּוּ בַּעֲוֹנָהּ, כִּי עֵת נְקָמָה הִיא לַה׳ גְּמוּל הוּא מְשַׁלֵּם לָהּ:
צְאוּ מִתּוֹכָהּ עַמִּי וּמַלְּטוּ אִישׁ אֶת נַפְשׁוֹ, מֵחֲרוֹן אַף ה׳:
(ירמיהו נ, כח; נא, ו; מה)

גורלה של בבל לדבריו, יהיה כגורלה של סדום. ממילא, גורלו של עם ישראל השרוי בתוכה יהיה כגורלו של לוט, שנאלץ לברוח במהירות מסדום, כל עוד נפשו בו.

כְּמַהְפֵּכַת אֱלֹהִים אֶת סְדֹם וְאֶת עֲמֹרָה וְאֶת שְׁכֵנֶיהָ נְאֻם ה׳, לֹא יֵשֵׁב שָׁם אִישׁ וְלֹא יָגוּר בָּהּ בֶּן אָדָם:
(שם נ, מ)

על פי ירמיהו זו לא תהיה גאולה שמחה, זו תהיה גאולה בבכי:

> בַּיָּמִים הָהֵמָּה וּבָעֵת הַהִיא נְאֻם ה׳, יָבֹאוּ בְנֵי יִשְׂרָאֵל הֵמָּה וּבְנֵי יְהוּדָה יַחְדָּו, הָלוֹךְ וּבָכוֹ יֵלֵכוּ וְאֶת ה׳ אֱלֹהֵיהֶם יְבַקֵּשׁוּ:

(שם, ד)

גאולה זו עשויה להזכיר את הרעב הגדול שהיה מנת חלקן של המדינות שהתפרקו מברית המועצות, רעב שהביא הנה את היהודים הפליטים במהירות. כך גם במלחמה הנוכחית באוקראינה, והיהודים הבאים משם כל עוד נפשם בם; כך היה גם ב׳מבצע שלמה׳ להעלאת שארית יהודי אתיופיה, בעת מלחמתה באריתריאה.

ישעיהו מתאר גאולה שלא בחיפזון; גאולה שהגויים תומכים בעם ישראל בדרך לארצו בבניין ארצו, וכפי שכתבנו לעיל בהפטרה השנייה של הנחמה (עקב) ולהלן בהפטרה השישית (כי תבוא). דברים אלו מתאימים לחזון אחרית הימים של ישעיהו:

> וְהָיָה בְּאַחֲרִית הַיָּמִים, נָכוֹן יִהְיֶה הַר בֵּית ה׳ בְּרֹאשׁ הֶהָרִים וְנִשָּׂא מִגְּבָעוֹת, וְנָהֲרוּ אֵלָיו כָּל הַגּוֹיִם: וְהָלְכוּ עַמִּים רַבִּים וְאָמְרוּ, לְכוּ וְנַעֲלֶה אֶל הַר ה׳ אֶל בֵּית אֱלֹהֵי יַעֲקֹב, וְיֹרֵנוּ מִדְּרָכָיו וְנֵלְכָה בְּאֹרְחֹתָיו, כִּי מִצִּיּוֹן תֵּצֵא תוֹרָה וּדְבַר ה׳ מִירוּשָׁלָם: וְשָׁפַט בֵּין הַגּוֹיִם וְהוֹכִיחַ לְעַמִּים רַבִּים, וְכִתְּתוּ חַרְבוֹתָם לְאִתִּים וַחֲנִיתוֹתֵיהֶם לְמַזְמֵרוֹת, לֹא יִשָּׂא גוֹי אֶל גּוֹי חֶרֶב וְלֹא יִלְמְדוּ עוֹד מִלְחָמָה:

(ב, ב-ד)

הפטרה חמישית משבע הנחמות (כי תצא)

נד א רָנִּי עֲקָרָה לֹא יָלָדָה פִּצְחִי רִנָּה וְצַהֲלִי לֹא־חָלָה כִּי־רַבִּים בְּנֵי־שׁוֹמֵמָה מִבְּנֵי ישעי
ב בְעוּלָה אָמַר יהוה: הַרְחִיבִי מְקוֹם אָהֳלֵךְ וִירִיעוֹת מִשְׁכְּנוֹתַיִךְ יַטּוּ אַל־תַּחְשֹׂכִי
ג הַאֲרִיכִי מֵיתָרַיִךְ וִיתֵדֹתַיִךְ חַזֵּקִי: כִּי־יָמִין וּשְׂמֹאול תִּפְרֹצִי וְזַרְעֵךְ גּוֹיִם יִירָשׁ
ד וְעָרִים נְשַׁמּוֹת יוֹשִׁיבוּ: אַל־תִּירְאִי כִּי־לֹא תֵבוֹשִׁי וְאַל־תִּכָּלְמִי כִּי לֹא תַחְפִּירִי
ה כִּי בֹשֶׁת עֲלוּמַיִךְ תִּשְׁכָּחִי וְחֶרְפַּת אַלְמְנוּתַיִךְ לֹא תִזְכְּרִי־עוֹד: כִּי בֹעֲלַיִךְ עֹשַׂיִךְ
ו יהוה צְבָאוֹת שְׁמוֹ וְגֹאֲלֵךְ קְדוֹשׁ יִשְׂרָאֵל אֱלֹהֵי כָל־הָאָרֶץ יִקָּרֵא: כִּי־כְאִשָּׁה
ז עֲזוּבָה וַעֲצוּבַת רוּחַ קְרָאָךְ יהוה וְאֵשֶׁת נְעוּרִים כִּי תִמָּאֵס אָמַר אֱלֹהָיִךְ: בְּרֶגַע
ח קָטֹן עֲזַבְתִּיךְ וּבְרַחֲמִים גְּדֹלִים אֲקַבְּצֵךְ: בְּשֶׁצֶף קֶצֶף הִסְתַּרְתִּי פָנַי רֶגַע מִמֵּךְ
ט וּבְחֶסֶד עוֹלָם רִחַמְתִּיךְ אָמַר גֹּאֲלֵךְ יהוה: כִּי־מֵי נֹחַ זֹאת לִי אֲשֶׁר
י נִשְׁבַּעְתִּי מֵעֲבֹר מֵי־נֹחַ עוֹד עַל־הָאָרֶץ כֵּן נִשְׁבַּעְתִּי מִקְּצֹף עָלַיִךְ וּמִגְּעָר־בָּךְ: כִּי
הֶהָרִים יָמוּשׁוּ וְהַגְּבָעוֹת תְּמוּטֶינָה וְחַסְדִּי מֵאִתֵּךְ לֹא־יָמוּשׁ וּבְרִית שְׁלוֹמִי לֹא
תָמוּט אָמַר מְרַחֲמֵךְ יהוה:

הפטרתנו היא גם חלקה הראשון של הפטרת נח (עמ' 11),[1] ובה הרחבנו על נושאיה.

1. ובשנים שחל ראש חודש אלול בשבת – קוראים בהפטרת ראה 'הַשָּׁמַיִם כִּסְאִי' (ישעיהו סו), ובכי תצא מוסיפים להפטרת השבת הכתובה כאן, גם את הפטרת ראה הצמודה אליה, שהיא חלקה השני של הפטרת נח – 'עֲנִיָּה סֹעֲרָה'.

הפטרה שישית משבע הנחמות (כי תבוא)

ס א ב קוּמִי אוֹרִי כִּי בָא אוֹרֵךְ וּכְבוֹד יהוה עָלַיִךְ זָרָח: כִּי־הִנֵּה הַחֹשֶׁךְ יְכַסֶּה־אֶרֶץ ישעיה
ג וַעֲרָפֶל לְאֻמִּים וְעָלַיִךְ יִזְרַח יהוה וּכְבוֹדוֹ עָלַיִךְ יֵרָאֶה: וְהָלְכוּ גוֹיִם לְאוֹרֵךְ וּמְלָכִים
ד לְנֹגַהּ זַרְחֵךְ: שְׂאִי־סָבִיב עֵינַיִךְ וּרְאִי כֻּלָּם נִקְבְּצוּ בָאוּ־לָךְ בָּנַיִךְ מֵרָחוֹק יָבֹאוּ
ה וּבְנֹתַיִךְ עַל־צַד תֵּאָמַנָה: אָז תִּרְאִי וְנָהַרְתְּ וּפָחַד וְרָחַב לְבָבֵךְ כִּי־יֵהָפֵךְ עָלַיִךְ הֲמוֹן
ו יָם חֵיל גּוֹיִם יָבֹאוּ לָךְ: שִׁפְעַת גְּמַלִּים תְּכַסֵּךְ בִּכְרֵי מִדְיָן וְעֵיפָה כֻּלָּם מִשְּׁבָא יָבֹאוּ
ז זָהָב וּלְבוֹנָה יִשָּׂאוּ וּתְהִלֹּת יהוה יְבַשֵּׂרוּ: כָּל־צֹאן קֵדָר יִקָּבְצוּ לָךְ אֵילֵי נְבָיוֹת
ח יְשָׁרְתוּנֶךְ יַעֲלוּ עַל־רָצוֹן מִזְבְּחִי וּבֵית תִּפְאַרְתִּי אֲפָאֵר: מִי־אֵלֶּה כָּעָב תְּעוּפֶינָה
ט וְכַיּוֹנִים אֶל־אֲרֻבֹּתֵיהֶם: כִּי־לִי אִיִּים יְקַוּוּ וָאֳנִיּוֹת תַּרְשִׁישׁ בָּרִאשֹׁנָה לְהָבִיא בָנַיִךְ
י מֵרָחוֹק כַּסְפָּם וּזְהָבָם אִתָּם לְשֵׁם יהוה אֱלֹהַיִךְ וְלִקְדוֹשׁ יִשְׂרָאֵל כִּי פֵאֲרָךְ: וּבָנוּ
יא בְנֵי־נֵכָר חֹמֹתַיִךְ וּמַלְכֵיהֶם יְשָׁרְתוּנֶךְ כִּי בְקִצְפִּי הִכִּיתִיךְ וּבִרְצוֹנִי רִחַמְתִּיךְ: וּפִתְּחוּ
שְׁעָרַיִךְ תָּמִיד יוֹמָם וָלַיְלָה לֹא יִסָּגֵרוּ לְהָבִיא אֵלַיִךְ חֵיל גּוֹיִם וּמַלְכֵיהֶם נְהוּגִים:
יב יג כִּי־הַגּוֹי וְהַמַּמְלָכָה אֲשֶׁר לֹא־יַעַבְדוּךְ יֹאבֵדוּ וְהַגּוֹיִם חָרֹב יֶחֱרָבוּ: כְּבוֹד הַלְּבָנוֹן
אֵלַיִךְ יָבוֹא בְּרוֹשׁ תִּדְהָר וּתְאַשּׁוּר יַחְדָּו לְפָאֵר מְקוֹם מִקְדָּשִׁי וּמְקוֹם רַגְלַי אֲכַבֵּד:
יד וְהָלְכוּ אֵלַיִךְ שְׁחוֹחַ בְּנֵי מְעַנַּיִךְ וְהִשְׁתַּחֲווּ עַל־כַּפּוֹת רַגְלַיִךְ כָּל־מְנַאֲצָיִךְ וְקָרְאוּ לָךְ
טו עִיר יהוה צִיּוֹן קְדוֹשׁ יִשְׂרָאֵל: תַּחַת הֱיוֹתֵךְ עֲזוּבָה וּשְׂנוּאָה וְאֵין עוֹבֵר וְשַׂמְתִּיךְ
טז לִגְאוֹן עוֹלָם מְשׂוֹשׂ דּוֹר וָדוֹר: וְיָנַקְתְּ חֲלֵב גּוֹיִם וְשֹׁד מְלָכִים תִּינָקִי וְיָדַעַתְּ כִּי אֲנִי
יז יהוה מוֹשִׁיעֵךְ וְגֹאֲלֵךְ אֲבִיר יַעֲקֹב: תַּחַת הַנְּחֹשֶׁת אָבִיא זָהָב וְתַחַת הַבַּרְזֶל
אָבִיא כֶסֶף וְתַחַת הָעֵצִים נְחֹשֶׁת וְתַחַת הָאֲבָנִים בַּרְזֶל וְשַׂמְתִּי פְקֻדָּתֵךְ שָׁלוֹם
יח וְנֹגְשַׂיִךְ צְדָקָה: לֹא־יִשָּׁמַע עוֹד חָמָס בְּאַרְצֵךְ שֹׁד וָשֶׁבֶר בִּגְבוּלָיִךְ וְקָרָאת יְשׁוּעָה
יט חוֹמֹתַיִךְ וּשְׁעָרַיִךְ תְּהִלָּה: לֹא־יִהְיֶה־לָּךְ עוֹד הַשֶּׁמֶשׁ לְאוֹר יוֹמָם וּלְנֹגַהּ הַיָּרֵחַ
כ לֹא־יָאִיר לָךְ וְהָיָה־לָךְ יהוה לְאוֹר עוֹלָם וֵאלֹהַיִךְ לְתִפְאַרְתֵּךְ: לֹא־יָבוֹא עוֹד
כא שִׁמְשֵׁךְ וִירֵחֵךְ לֹא יֵאָסֵף כִּי יהוה יִהְיֶה־לָּךְ לְאוֹר עוֹלָם וְשָׁלְמוּ יְמֵי אֶבְלֵךְ: וְעַמֵּךְ

כב כֻּלָּם צַדִּיקִים לְעוֹלָם יִירְשׁוּ אָרֶץ נֵצֶר מַטָּעַי מַעֲשֵׂה יָדַי לְהִתְפָּאֵר: הַקָּטֹן יִהְיֶה
לָאֶלֶף וְהַצָּעִיר לְגוֹי עָצוּם אֲנִי יהוה בְּעִתָּהּ אֲחִישֶׁנָּה:

הגאולה מנקודת מבטו של ישעיהו

כתבנו על כך בהפטרת עקב בארוכה ובהפטרת שופטים בקצרה. בשני המקומות ציינו שהמקום העיקרי בדיון על דרך הגאולה הוא בישעיהו ס, כלומר בהפטרתנו כאן. ישעיהו רואה את הגאולה כהפך גמור של גאולת ישראל ממצרים, שלוותה בעשר המכות, וכפיית גאולת ישראל על המצרים בעל כורחם; במלחמת נקם של ה׳ במצרים בים סוף; בפתיחת מלחמת נצח בעמלק; ובכיבושי מלחמה בארץ סיחון ובארץ עוג, ואחר כך בארץ כנען.

היחידים שהשלימו עם ישראל ותמכו בהם היו הגבעונים, וגם הברית עימם לוותה בהכרזה שדחתה אותם והפכה אותם לחוטבי עצים ושואבי מים. גם העמים בני אברהם – אדום, מואב ועמון, שנצטווינו שלא להתגרות בהם, סיימו איתנו את המסע לארץ ישראל בעימות קשה. יתרו ורחב הזונה מהווים נקודות אור בודדות של דרך שונה ושל הסכמת הגויים עִם עַם ישראל – שתי נקודות אור בודדות וקטנות. יציאת מצרים נערכה בחיפזון ובלחם עוני, והיא ניגוד גמור לשלום ולנחת שה׳ מבטיח לישראל אם ילכו בחוקותיו.

האומנם המלחמה מֻבְנָה בתוך הגאולה בדרך שאין בלתה?

שלמה המלך היה הראשון, ואולי היחיד, שניסה דרך שונה בחיבור בין היות עם ישראל עם ה׳ ובין מערכת יחסים של שלום ושל ידידות עם אומות עולם, מכוח רצון להשפיע עליהם את דרך ה׳. את לבטיו בדרך החדשה שניסה, ניסח היטב בשיר השירים. הצלחתו הייתה מוגבלת, וגררה גם כשלונות כבדים, שבאו לידי ביטוי בנשיו הנכריות, שהיו במידה רבה תוצר של בריתו עם עמים אחרים, והביאו לבניית בתי עבודה זרה בסביבות ירושלים. לא מצאנו לדרכו של שלמה המשך ברור בימי הבית הראשון.

ישעיהו הוא הנביא הגדול החוזה תיקון לדרכו של שלמה, דרך של שילוב הגויים בגאולת ישראל סביב בית ה׳, ומכוח השפעתו העתידה על כל האנושות:

הַדָּבָר אֲשֶׁר חָזָה יְשַׁעְיָהוּ בֶּן אָמוֹץ עַל יְהוּדָה וִירוּשָׁלָם: וְהָיָה בְּאַחֲרִית הַיָּמִים, נָכוֹן יִהְיֶה הַר בֵּית ה׳ בְּרֹאשׁ הֶהָרִים וְנִשָּׂא מִגְּבָעוֹת, וְנָהֲרוּ אֵלָיו כָּל הַגּוֹיִם: וְהָלְכוּ עַמִּים רַבִּים וְאָמְרוּ, לְכוּ וְנַעֲלֶה אֶל הַר ה׳ אֶל בֵּית אֱלֹהֵי יַעֲקֹב, וְיֹרֵנוּ מִדְּרָכָיו וְנֵלְכָה בְּאֹרְחֹתָיו, כִּי מִצִּיּוֹן תֵּצֵא תוֹרָה וּדְבַר ה׳ מִירוּשָׁלָם: וְשָׁפַט בֵּין הַגּוֹיִם וְהוֹכִיחַ

לְעַמִּים רַבִּים, וְכִתְּתוּ חַרְבוֹתָם לְאִתִּים וַחֲנִיתוֹתֵיהֶם לְמַזְמֵרוֹת, לֹא יִשָּׂא גוֹי אֶל גּוֹי חֶרֶב וְלֹא יִלְמְדוּ עוֹד מִלְחָמָה:
(ב, א-ד)[1]

דבר זה בא לידי ביטוי גם בחזונות הגאולה שלו, ובעיקר בפרקנו, וזאת אחרי שניבא (ראו לעיל בהפטרת שופטים) שהגאולה העתידה תבוא בניגוד גמור לגאולת מצרים, שהייתה בחיפזון:

כִּי לֹא בְחִפָּזוֹן תֵּצֵאוּ וּבִמְנוּסָה לֹא תֵלֵכוּן, כִּי הֹלֵךְ לִפְנֵיכֶם ה׳ וּמְאַסִּפְכֶם אֱלֹהֵי יִשְׂרָאֵל:
(נב, יב)

החיפזון בגאולת מצרים נבע במידה רבה ממצב המלחמה שהיה בין ה׳ לבין מצרים:

וַתֶּחֱזַק מִצְרַיִם עַל הָעָם לְמַהֵר לְשַׁלְּחָם מִן הָאָרֶץ, כִּי אָמְרוּ כֻּלָּנוּ מֵתִים: וַיִּשָּׂא הָעָם אֶת בְּצֵקוֹ טֶרֶם יֶחְמָץ...
(שמות יב, לג-לד)

גאולה שלא בחיפזון תבוא מכוח שלום עם האומות, ורצונן והסכמתן לסייע לעם ישראל בגאולתו בארץ ה׳, כמו בהפטרתנו.

נבואתנו פותחת בתיאור המזכיר את ערב גאולת מצרים, במכת שלושת ימי החושך, כשלכל בני ישראל היה אור במושבותם. כך מתוארת בנבואת הפטרתנו הגאולה העתידה בימי שיבת ציון:

כִּי הִנֵּה הַחֹשֶׁךְ יְכַסֶּה אֶרֶץ וַעֲרָפֶל לְאֻמִּים, וְעָלַיִךְ יִזְרַח ה׳ וּכְבוֹדוֹ עָלַיִךְ יֵרָאֶה:
(ב)

אכן, החושך במצרים גרם לפרעה להסכים ליציאת בני ישראל לעבוד את ה׳, אך פרעה דחה מכול וכול את האפשרות שהוא יתגייס לסייע לבני ישראל בהליכתם לעבוד את ה׳:

וַיֹּאמֶר מֹשֶׁה, גַּם אַתָּה תִּתֵּן בְּיָדֵנוּ זְבָחִים וְעֹלֹת, וְעָשִׂינוּ לַה׳ אֱלֹהֵינוּ: וְגַם מִקְנֵנוּ

1. גם למיכה (ד) נבואה דומה. השוו גם לזכריה יד.

יֵלֵךְ עִמָּנוּ לֹא תִשָּׁאֵר פַּרְסָה כִּי מִמֶּנּוּ נִקַּח לַעֲבֹד אֶת ה׳ אֱלֹהֵינוּ, וַאֲנַחְנוּ לֹא נֵדַע מַה נַּעֲבֹד אֶת ה׳ עַד בֹּאֵנוּ שָׁמָּה: וַיְחַזֵּק ה׳ אֶת לֵב פַּרְעֹה, וְלֹא אָבָה לְשַׁלְּחָם: וַיֹּאמֶר לוֹ פַרְעֹה, לֵךְ מֵעָלָי, הִשָּׁמֶר לְךָ! אַל תֹּסֶף רְאוֹת פָּנַי, כִּי בְּיוֹם רְאֹתְךָ פָנַי תָּמוּת:
(שמות י, כה-כח)

לעומת דחיית פרעה את האפשרות שיסייע ביד בני ישראל, אחרי ששעבד אותם שנים כה רבות, ישעיהו מתאר בנבואתנו את הגויים, שיסכימו ואף ירצו לסייע לבני ישראל בעת גאולתם. כפי שהערנו בהפטרת עקב, נבואה זו התקיימה במידה רבה בעת עליית עזרא בשיבת ציון:

אַרְתַּחְשַׁסְתְּא מֶלֶךְ מַלְכַיָּא לְעֶזְרָא כָהֲנָא... מִנִּי שִׂים טְעֵם, דִּי כָל מִתְנַדַּב בְּמַלְכוּתִי מִן עַמָּה יִשְׂרָאֵל וְכָהֲנוֹהִי וְלֵוָיֵא לִמְהָךְ לִירוּשְׁלֶם – עִמָּךְ יְהָךְ: כָּל קֳבֵל דִּי מִן קֳדָם מַלְכָּא וְשִׁבְעַת יָעֲטֹהִי שְׁלִיחַ לְבַקָּרָא עַל יְהוּד וְלִירוּשְׁלֶם בְּדָת אֱלָהָךְ דִּי בִידָךְ: וּלְהֵיבָלָה כְּסַף וּדְהַב, דִּי מַלְכָּא וְיָעֲטוֹהִי הִתְנַדַּבוּ לֶאֱלָהּ יִשְׂרָאֵל, דִּי בִירוּשְׁלֶם מִשְׁכְּנֵהּ: וְכֹל כְּסַף וּדְהַב דִּי תְהַשְׁכַּח בְּכֹל מְדִינַת בָּבֶל, עִם הִתְנַדָּבוּת עַמָּא וְכָהֲנַיָּא מִתְנַדְּבִין לְבֵית אֱלָהֲהֹם דִּי בִירוּשְׁלֶם: ... וּמָאנַיָּא דִּי מִתְיַהֲבִין לָךְ לְפָלְחָן בֵּית אֱלָהָךְ – הַשְׁלֵם קֳדָם אֱלָהּ יְרוּשְׁלֶם: וּשְׁאָר חַשְׁחוּת בֵּית אֱלָהָךְ דִּי יִפֶּל לָךְ לְמִנְתַּן – תִּנְתֵּן מִן בֵּית גִּנְזֵי מַלְכָּא: וּמִנִּי, אֲנָה אַרְתַּחְשַׁסְתְּא מַלְכָּא, שִׂים טְעֵם לְכֹל גִּזַּבְרַיָּא דִּי בַּעֲבַר נַהֲרָה, דִּי כָל דִּי יִשְׁאֲלֶנְכוֹן עֶזְרָא כָהֲנָה סָפַר דָּתָא דִּי אֱלָהּ שְׁמַיָּא אָסְפַּרְנָא – יִתְעֲבֵד: ... כָּל דִּי מִן טַעַם אֱלָהּ שְׁמַיָּא יִתְעֲבֵד אַדְרַזְדָּא לְבֵית אֱלָהּ שְׁמַיָּא, דִּי לְמָה לֶהֱוֵא קְצַף עַל מַלְכוּת מַלְכָּא וּבְנוֹהִי: וּלְכֹם מְהוֹדְעִין, דִּי כָל כָּהֲנַיָּא, וְלֵוָיֵא, זַמָּרַיָּא, תָרָעַיָּא, נְתִינַיָּא וּפָלְחֵי בֵּית אֱלָהָא דְנָה – מִנְדָּה בְלוֹ וַהֲלָךְ לָא שַׁלִּיט לְמִרְמֵא עֲלֵיהֹם: וְאַנְתְּ עֶזְרָא, כְּחָכְמַת אֱלָהָךְ דִּי בִידָךְ מֶנִּי שָׁפְטִין וְדַיָּנִין דִּי לֶהֱוֹן דָּאיְנִין לְכָל עַמָּה דִּי בַּעֲבַר נַהֲרָה, לְכָל יָדְעֵי דָּתֵי אֱלָהָךְ, וְדִי לָא יָדַע – תְּהוֹדְעוּן: וְכָל דִּי לָא לֶהֱוֵא עָבֵד דָּתָא דִּי אֱלָהָךְ וְדָתָא דִּי מַלְכָּא אָסְפַּרְנָא – דִּינָה לֶהֱוֵא מִתְעֲבֵד מִנֵּהּ: הֵן לְמוֹת, הֵן לִשְׁרֹשִׁי, הֵן לַעֲנָשׁ נִכְסִין וְלֶאֱסוּרִין:[2]
בָּרוּךְ ה׳ אֱלֹהֵי אֲבוֹתֵינוּ, אֲשֶׁר נָתַן כָּזֹאת בְּלֵב הַמֶּלֶךְ לְפָאֵר אֶת בֵּית ה׳ אֲשֶׁר בִּירוּשָׁלָם: וְעָלַי הִטָּה חֶסֶד לִפְנֵי הַמֶּלֶךְ וְיוֹעֲצָיו וּלְכָל שָׂרֵי הַמֶּלֶךְ הַגִּבֹּרִים, וַאֲנִי הִתְחַזַּקְתִּי כְּיַד ה׳ אֱלֹהַי עָלַי, וָאֶקְבְּצָה מִיִּשְׂרָאֵל רָאשִׁים לַעֲלוֹת עִמִּי:
(עזרא ז, יב-כח)

2. ראו תרגום והערתנו שם בהפטרת עקב, עמ׳ 487-488 הערה 3.

גם עליית נחמיה, כעבור שנים ספורות, לוותה בצו המלך ארתחשסתא לסוכני שלטונו לסייע לנחמיה. כל זה מצטרף להצהרת כורש, שהחלה את שיבת ציון עוד בימי זרובבל ויהושע בן יהוצדק:

> כֹּה אָמַר כֹּרֶשׁ מֶלֶךְ פָּרַס, כֹּל מַמְלְכוֹת הָאָרֶץ נָתַן לִי ה׳ אֱלֹהֵי הַשָּׁמָיִם, וְהוּא פָקַד עָלַי לִבְנוֹת לוֹ בַיִת בִּירוּשָׁלַם אֲשֶׁר בִּיהוּדָה: מִי בָכֶם מִכָּל עַמּוֹ – יְהִי אֱלֹהָיו עִמּוֹ וְיַעַל לִירוּשָׁלַם אֲשֶׁר בִּיהוּדָה, וְיִבֶן אֶת בֵּית ה׳ אֱלֹהֵי יִשְׂרָאֵל, הוּא הָאֱלֹהִים אֲשֶׁר בִּירוּשָׁלָם: וְכָל הַנִּשְׁאָר מִכָּל הַמְּקֹמוֹת, אֲשֶׁר הוּא גָר שָׁם – יְנַשְּׂאוּהוּ אַנְשֵׁי מְקֹמוֹ בְּכֶסֶף וּבְזָהָב וּבִרְכוּשׁ וּבִבְהֵמָה, עִם הַנְּדָבָה לְבֵית הָאֱלֹהִים אֲשֶׁר בִּירוּשָׁלָם... וְהַמֶּלֶךְ כּוֹרֶשׁ הוֹצִיא אֶת כְּלֵי בֵית ה׳, אֲשֶׁר הוֹצִיא נְבוּכַדְנֶצַּר מִירוּשָׁלַם וַיִּתְּנֵם בְּבֵית אֱלֹהָיו: וַיּוֹצִיאֵם כּוֹרֶשׁ מֶלֶךְ פָּרַס עַל יַד מִתְרְדָת הַגִּזְבָּר, וַיִּסְפְּרֵם לְשֵׁשְׁבַּצַּר הַנָּשִׂיא לִיהוּדָה:
>
> (שם א, ב-ט)

כמו בימי שיבת ציון, גם בנבואתנו השתדלותם של הגויים אינה רק לטובת עם ישראל השב לארצו, אלא גם לכבוד המקדש העתיד להיות אור לכל הגויים:

> כְּבוֹד הַלְּבָנוֹן אֵלַיִךְ יָבוֹא, בְּרוֹשׁ, תִּדְהָר וּתְאַשּׁוּר יַחְדָּו, לְפָאֵר מְקוֹם מִקְדָּשִׁי וּמְקוֹם רַגְלַי אֲכַבֵּד: (יג)

לא ברור בדברי הנבואה מה יגרום לגויים לכבד את ישראל, להעניק להם כל טוב ולחפוץ בגאולתם. ביציאת מצרים התורה מרבה להשתמש באמירה, שה׳ חיזק את לב מצרים ואת לב פרעה להתעקש שלא להסכים לשחרר את בני ישראל, ואף להילחם בהם אחרי שיצאו ממצרים. דברים דומים אומרים התורה והנביא גם על עמי כנען שלחמו בישראל עד לאובדנם בעת כיבושה:

> וְלֹא אָבָה סִיחֹן מֶלֶךְ חֶשְׁבּוֹן הַעֲבִרֵנוּ בּוֹ, כִּי הִקְשָׁה ה׳ אֱלֹהֶיךָ אֶת רוּחוֹ וְאִמֵּץ אֶת לְבָבוֹ, לְמַעַן תִּתּוֹ בְיָדְךָ כַּיּוֹם הַזֶּה:
>
> (דברים ב, ל)

> לֹא הָיְתָה עִיר אֲשֶׁר הִשְׁלִימָה אֶל בְּנֵי יִשְׂרָאֵל, בִּלְתִּי הַחִוִּי יֹשְׁבֵי גִבְעוֹן – אֶת הַכֹּל לָקְחוּ בַמִּלְחָמָה: כִּי מֵאֵת ה׳ הָיְתָה, לְחַזֵּק אֶת לִבָּם לִקְרַאת הַמִּלְחָמָה אֶת יִשְׂרָאֵל – לְמַעַן הַחֲרִימָם:
>
> (יהושע יא, יט-כ)

שמא על בסיס הבנה זו מבשר ישעיהו, שה׳, שיכול לחזק את ליבם של הגויים להילחם בישראל – יכול גם לתת בליבם אהבה לישראל ורצון לסייע בידם. שמא רמוזה בשורה זו במעשה בלעם, שבא לקלל את ישראל ולבסוף בירך אותם בפה מלא, ואולי גם בנפש חפצה.

יחד עם זאת, ניתן לנסות ולדמיין מציאות פוליטית ׳טבעית׳ שתביא את הגויים לסייע לישראל. נזכיר, שגם בצמרת השלטון הבבלי, שהחל כשלטון עויין מאוד לישראל, עלו לגדולה דניאל, חנניה מישאל ועזריה, שיכלו לדרוש טוב לעמם, ומן הסתם עשו זאת.

נשווה את מעשיהם הטובים ליהודי אחר, שעלה במעלות השלטון הרומאי בימי שלטונו כאן בארץ: טיבריוס יוליוס אלכסנדר, אחיינו של פילון האלכסנדרוני, שהיה נציב ביהודה כעשרים וארבע שנים לפני החורבן. הוא ממש לא סייע לבני עמו, ובהיותו ערב החורבן מושל מצרים טבח באכזריות כחמישים אלף מיהודיה, שהתקוממו נגד השלטון הרומאי.

כמה גדולה יכולה להיות השפעתו של יהודי על שלטון זר שגורל ישראל נתון בידיו, וכמה גדול כוחה של הבחירה האישית החופשית להטות את ליבו לשבט או לחסד.

בימינו, נזכיר את סר משה מונטיפיורי, ׳השריף של לונדון׳, שהשתמש בכוח שלטונו לטובת יהודי העולם בכלל, ולטובת יושבי ירושלים בפרט. עימו נזכיר את סר לואיס ברנדיס, שופט בית המשפט העליון בארה״ב וידידו האישי של נשיא ארה״ב אנדרו וילסון, שהשפיע עליו השפעה מכרעת לתמוך בהצהרת בלפור. לעומתם נזכיר את ליאון טרוצקי וחבריו היהודים מצמרת השלטון הסובייטי, שלא עשו דבר לטובת עמם.

*

הנבואה פותחת ומסיימת בדבר אחד: ה׳ יהיה לאור עולם לעמו ישראל. אור זה אינו מכשיר רק את כוח הראייה, אלא מהווה ישועה ונחמה לעם הדווי המסיים את שנות גלותו ועולה מחדש לארץ אבותיו.

הפטרה שביעית משבע
הנחמות (ניצבים או ניצבים וילך)

סא י שׂוֹשׂ אָשִׂישׂ בַּיהוה תָּגֵל נַפְשִׁי בֵּאלֹהַי כִּי הִלְבִּישַׁנִי בִּגְדֵי־יֶשַׁע מְעִיל צְדָקָה ישעיה
יא יְעָטָנִי כֶּחָתָן יְכַהֵן פְּאֵר וְכַכַּלָּה תַּעְדֶּה כֵלֶיהָ׃ כִּי כָאָרֶץ תּוֹצִיא צִמְחָהּ וּכְגַנָּה
סב א זֵרוּעֶיהָ תַצְמִיחַ כֵּן אֲדֹנָי יֱהֹוִה יַצְמִיחַ צְדָקָה וּתְהִלָּה נֶגֶד כָּל־הַגּוֹיִם׃ לְמַעַן
צִיּוֹן לֹא אֶחֱשֶׁה וּלְמַעַן יְרוּשָׁלַםִ לֹא אֶשְׁקוֹט עַד־יֵצֵא כַנֹּגַהּ צִדְקָהּ וִישׁוּעָתָהּ
ב כְּלַפִּיד יִבְעָר׃ וְרָאוּ גוֹיִם צִדְקֵךְ וְכָל־מְלָכִים כְּבוֹדֵךְ וְקֹרָא לָךְ שֵׁם חָדָשׁ אֲשֶׁר
ג פִּי יהוה יִקֳּבֶנּוּ׃ וְהָיִית עֲטֶרֶת תִּפְאֶרֶת בְּיַד־יהוה וּצְנִיף מְלוּכָה בְּכַף־אֱלֹהָיִךְ׃
ד לֹא־יֵאָמֵר לָךְ עוֹד עֲזוּבָה וּלְאַרְצֵךְ לֹא־יֵאָמֵר עוֹד שְׁמָמָה כִּי לָךְ יִקָּרֵא חֶפְצִי־
ה בָהּ וּלְאַרְצֵךְ בְּעוּלָה כִּי־חָפֵץ יהוה בָּךְ וְאַרְצֵךְ תִּבָּעֵל׃ כִּי־יִבְעַל בָּחוּר בְּתוּלָה
ו יִבְעָלוּךְ בָּנָיִךְ וּמְשׂוֹשׂ חָתָן עַל־כַּלָּה יָשִׂישׂ עָלַיִךְ אֱלֹהָיִךְ׃ עַל־חוֹמֹתַיִךְ יְרוּשָׁלַםִ
הִפְקַדְתִּי שֹׁמְרִים כָּל־הַיּוֹם וְכָל־הַלַּיְלָה תָּמִיד לֹא יֶחֱשׁוּ הַמַּזְכִּרִים אֶת־יהוה
ז אַל־דֳּמִי לָכֶם׃ וְאַל־תִּתְּנוּ דֳמִי לוֹ עַד־יְכוֹנֵן וְעַד־יָשִׂים אֶת־יְרוּשָׁלַםִ תְּהִלָּה
ח בָּאָרֶץ׃ נִשְׁבַּע יהוה בִּימִינוֹ וּבִזְרוֹעַ עֻזּוֹ אִם־אֶתֵּן אֶת־דְּגָנֵךְ עוֹד מַאֲכָל לְאֹיְבַיִךְ
ט וְאִם־יִשְׁתּוּ בְנֵי־נֵכָר תִּירוֹשֵׁךְ אֲשֶׁר יָגַעַתְּ בּוֹ׃ כִּי מְאַסְפָיו יֹאכְלֻהוּ וְהִלְלוּ אֶת־
י יהוה וּמְקַבְּצָיו יִשְׁתֻּהוּ בְּחַצְרוֹת קָדְשִׁי׃ עִבְרוּ עִבְרוּ בַּשְּׁעָרִים
יא פַּנּוּ דֶּרֶךְ הָעָם סֹלּוּ סֹלּוּ הַמְסִלָּה סַקְּלוּ מֵאֶבֶן הָרִימוּ נֵס עַל־הָעַמִּים׃ הִנֵּה
יהוה הִשְׁמִיעַ אֶל־קְצֵה הָאָרֶץ אִמְרוּ לְבַת־צִיּוֹן הִנֵּה יִשְׁעֵךְ בָּא הִנֵּה שְׂכָרוֹ
יב אִתּוֹ וּפְעֻלָּתוֹ לְפָנָיו׃ וְקָרְאוּ לָהֶם עַם־הַקֹּדֶשׁ גְּאוּלֵי יהוה וְלָךְ יִקָּרֵא דְרוּשָׁה
סג א עִיר לֹא נֶעֱזָבָה׃ מִי־זֶה בָּא מֵאֱדוֹם חֲמוּץ בְּגָדִים מִבָּצְרָה זֶה הָדוּר
ב בִּלְבוּשׁוֹ צֹעֶה בְּרֹב כֹּחוֹ אֲנִי מְדַבֵּר בִּצְדָקָה רַב לְהוֹשִׁיעַ׃ מַדּוּעַ אָדֹם לִלְבוּשֶׁךָ
ג וּבְגָדֶיךָ כְּדֹרֵךְ בְּגַת׃ פּוּרָה דָּרַכְתִּי לְבַדִּי וּמֵעַמִּים אֵין־אִישׁ אִתִּי וְאֶדְרְכֵם בְּאַפִּי

ד וְאֶרְמְסֵם בְּחֲמָתִי וְיֵז נִצְחָם עַל־בְּגָדַי וְכָל־מַלְבּוּשַׁי אֶגְאָלְתִּי: כִּי יוֹם נָקָם בְּלִבִּי
ה וּשְׁנַת גְּאוּלַי בָּאָה: וְאַבִּיט וְאֵין עֹזֵר וְאֶשְׁתּוֹמֵם וְאֵין סוֹמֵךְ וַתּוֹשַׁע לִי זְרֹעִי
ו וַחֲמָתִי הִיא סְמָכָתְנִי: וְאָבוּס עַמִּים בְּאַפִּי וַאֲשַׁכְּרֵם בַּחֲמָתִי וְאוֹרִיד לָאָרֶץ
ז נִצְחָם: חַסְדֵי יהוה אַזְכִּיר תְּהִלֹּת יהוה כְּעַל כֹּל אֲשֶׁר־גְּמָלָנוּ יהוה
ח וְרַב־טוּב לְבֵית יִשְׂרָאֵל אֲשֶׁר־גְּמָלָם כְּרַחֲמָיו וּכְרֹב חֲסָדָיו: וַיֹּאמֶר אַךְ־עַמִּי הֵמָּה
ט בָּנִים לֹא יְשַׁקֵּרוּ וַיְהִי לָהֶם לְמוֹשִׁיעַ: בְּכָל־צָרָתָם לוֹ צָר וּמַלְאַךְ פָּנָיו הוֹשִׁיעָם
בְּאַהֲבָתוֹ וּבְחֶמְלָתוֹ הוּא גְאָלָם וַיְנַטְּלֵם וַיְנַשְּׂאֵם כָּל־יְמֵי עוֹלָם:

א. כמשוש חתן על כלה

שׂוֹשׂ אָשִׂישׂ בַּה׳ תָּגֵל נַפְשִׁי בֵּאלֹהַי, כִּי הִלְבִּישַׁנִי בִּגְדֵי יֶשַׁע מְעִיל צְדָקָה יְעָטָנִי,
כֶּחָתָן יְכַהֵן פְּאֵר וְכַכַּלָּה תַּעְדֶּה כֵלֶיהָ:

(סא, י)

ההפטרה פותחת בשמחת הנישואין המחודשים בין הקב״ה לכנסת ישראל, המזכירה פסקאות משיר השירים. מלבד האהבה הגדולה שמביעה שמחת הנישואין, ושבה נמשלת אהבתו של הקב״ה לעמו, מביע קשר הנישואין את עומק הברית, שבה התחייב עם ישראל שלא להמיר את אלוהיו באל אחר, חלילה. בגידה בברית זו תביא לניתוק היחסים ולצורך של בת הזוג לצאת מביתו של בעלה אל ה׳גלות׳. ממילא שיבתה אל ארצה ואל גאולתה היא חידוש ברית הנישואין. כך גם להלן:

... וּמְשׂוֹשׂ חָתָן עַל כַּלָּה יָשִׂישׂ עָלַיִךְ אֱלֹהָיִךְ:

(סב, ה)

ב. עיר הצדק

... כֵּן אֲדֹנָי ה׳ יַצְמִיחַ צְדָקָה וּתְהִלָּה נֶגֶד כָּל הַגּוֹיִם: לְמַעַן צִיּוֹן לֹא אֶחֱשֶׁה וּלְמַעַן
יְרוּשָׁלַם לֹא אֶשְׁקוֹט, עַד יֵצֵא כַנֹּגַהּ צִדְקָהּ וִישׁוּעָתָהּ כְּלַפִּיד יִבְעָר: וְרָאוּ גוֹיִם
צִדְקֵךְ וְכָל מְלָכִים כְּבוֹדֵךְ, וְקֹרָא לָךְ שֵׁם חָדָשׁ אֲשֶׁר פִּי ה׳ יִקֳּבֶנּוּ:

(סא, יא - סב, ב)

שלוש פעמים נזכר בפסוקים אלו צדקה של ירושלים. ה׳ יצמיח אותו, הוא יצא כנוגה,

והגויים יראו אותו. הקשר בין ירושלים לצדק חורז פרשיות לא מעטות במקרא. מלך 'שלם', שחז"ל זיהו אותה כירושלים (על סמך הפסוק וַיְהִי בְשָׁלֵם סֻכּוֹ וּמְעוֹנָתוֹ בְצִיּוֹן – תהלים עו, ג) הוא מלכי צדק (בראשית יד, יח); מלך ירושלים בימי יהושע הוא אדני צדק (יהושע י, א). ישעיהו עצמו קורא לירושלים בשמה החדש:

וְאָשִׁיבָה שֹׁפְטַיִךְ כְּבָרִאשֹׁנָה וְיֹעֲצַיִךְ כְּבַתְּחִלָּה, אַחֲרֵי כֵן יִקָּרֵא לָךְ עִיר הַצֶּדֶק קִרְיָה נֶאֱמָנָה:
(א, כו)

ירמיהו קורא לה בשם דומה:

בַּיָּמִים הָהֵם וּבָעֵת הַהִיא אַצְמִיחַ לְדָוִד צֶמַח צְדָקָה, וְעָשָׂה מִשְׁפָּט וּצְדָקָה בָּאָרֶץ:
בַּיָּמִים הָהֵם תִּוָּשַׁע יְהוּדָה, וִירוּשָׁלַם תִּשְׁכּוֹן לָבֶטַח, וְזֶה אֲשֶׁר יִקְרָא לָהּ ה' צִדְקֵנוּ:
(ירמיהו לג, טו-טז)

מנבואות ישעיהו וירמיהו הנזכרות מסתבר, שהשם החדש שמזכירה הפטרתנו הוא עִיר הַצֶּדֶק, ואם נאמר שפי ה' יקובנו, אולי שמה החדש הוא ה' צִדְקֵנוּ.

מבחינה זו יש להבחין בין שני סוגי צדק, ושניהם חשובים. ישעיהו (א) וירמיהו מבשרים על הצדק שייעשה בירושלים בידי מלכה ושופטיה, שמילאו אותה בעבר בעוול. אחרי שהם ימלאו אותה בצדק יתאפשר לקרוא לה עִיר הַצֶּדֶק. בנבואת הפטרתנו נראה, שמדובר על הצדק שה' יעשה לירושלים בעת שיגאלנה. ירמיהו קונן באיכה על העונש הנורא, שירושלים קיבלה בעת החורבן. הוא עצמו אומר בנבואתו, שלגויים שסביבה מגיע עונש גדול יותר, כי הם השחיתו יותר ממנה:

כִּי הִנֵּה בָעִיר אֲשֶׁר נִקְרָא שְׁמִי עָלֶיהָ אָנֹכִי מֵחֵל לְהָרַע וְאַתֶּם הִנָּקֵה תִנָּקוּ לֹא תִנָּקוּ...
כִּי כֹה אָמַר ה' הִנֵּה אֲשֶׁר אֵין מִשְׁפָּטָם לִשְׁתּוֹת הַכּוֹס שָׁתוֹ יִשְׁתּוּ וְאַתָּה הוּא נָקֹה תִּנָּקֶה לֹא תִנָּקֶה...
(שם כה, כט; מט, יב)

דברים דומים אמר דניאל על חורבנה של ירושלים:

וַיָּקֶם אֶת דְּבָרוֹ, אֲשֶׁר דִּבֶּר עָלֵינוּ וְעַל שֹׁפְטֵינוּ אֲשֶׁר שְׁפָטוּנוּ – לְהָבִיא עָלֵינוּ רָעָה גְדֹלָה, אֲשֶׁר לֹא נֶעֶשְׂתָה תַּחַת כָּל הַשָּׁמַיִם, כַּאֲשֶׁר נֶעֶשְׂתָה בִּירוּשָׁלָם:
(דניאל ט, יב)

בשיבת השכינה לירושלים יחד עם עם ישראל הנגאל – ה׳ עושה צדק לירושלים, החרבה והאבלה מבלי בניה. את הצדק הזה יראו הגויים כנוגה יחד עם ישועתה של ירושלים. הצדק ייעשה גם עִם עַם ישראל, שהגויים אוכלים את עמלו:

> נִשְׁבַּע ה׳ בִּימִינוֹ וּבִזְרוֹעַ עֻזּוֹ, אִם אֶתֵּן אֶת דְּגָנֵךְ עוֹד מַאֲכָל לְאֹיְבַיִךְ, וְאִם יִשְׁתּוּ בְנֵי נֵכָר תִּירוֹשֵׁךְ אֲשֶׁר יָגַעַתְּ בּוֹ: כִּי מְאַסְפָיו יֹאכְלֻהוּ וְהִלְלוּ אֶת ה׳, וּמְקַבְּצָיו יִשְׁתֻּהוּ בְּחַצְרוֹת קָדְשִׁי:

(סב, ח-ט)

על פי מדרש חז״ל, על זרוע עוזו של ה׳ מונחת, כביכול, תפילה של יד שלו, ובה הוא נשבע שלא ייתן עוד לגויים לאכול את פרי עמלם של ישראל. כלומר, בתפילין שלו הוא נשבע על הצדק:

> אמר רבי אבין בר רב אדא אמר רבי יצחק: מנין שהקדוש ברוך הוא מניח תפילין – שנאמר: נִשְׁבַּע ה׳ בִּימִינוֹ וּבִזְרוֹעַ עֻזּוֹ.

(ברכות ו ע״א)

ג. חפצי בה

> לֹא יֵאָמֵר לָךְ עוֹד עֲזוּבָה וּלְאַרְצֵךְ לֹא יֵאָמֵר עוֹד שְׁמָמָה, כִּי לָךְ יִקָּרֵא חֶפְצִי בָהּ...
> כִּי חָפֵץ ה׳ בָּךְ... (סב, ד)

שם נוסף ייקרא לירושלים העזובה: חפצי בה. חפצי בה היה שם אימו של מנשה בן חזקיהו (מל״ב כא, א), כלומר, שם אשתו של חזקיהו. מן הגמרא בברכות (י ע״א) עשוי לעלות, שאשתו של חזקיהו, חפצי בה, הייתה בתו של ישעיהו הנביא. ישעיהו קרא לבניו על שם נבואותיו. בנו הגדול היה שאר ישוב (ראו ז, ג). כך גם אמר ישעיהו בנבואתו:

> שְׁאָר יָשׁוּב שְׁאָר יַעֲקֹב אֶל אֵל גִּבּוֹר: כִּי אִם יִהְיֶה עַמְּךָ יִשְׂרָאֵל כְּחוֹל הַיָּם שְׁאָר יָשׁוּב בּוֹ:

(י, כא-כב)

גם בנו של ישעיהו – מַהֵר שָׁלָל חָשׁ בַּז נקרא על שם נבואתו (ראו ח, א-ג) וכן עמנואל (ראו רש״י, רד״ק וראב״ע על יד, ז). הנביא עצמו מעיד:

הִנֵּה אָנֹכִי וְהַיְלָדִים אֲשֶׁר נָתַן לִי ה׳ לְאֹתוֹת וּלְמוֹפְתִים בְּיִשְׂרָאֵל מֵעִם ה׳ צְבָאוֹת הַשֹּׁכֵן בְּהַר צִיּוֹן:

(ח, יח)

נראה, שגם חפצי בה, בתו של ישעיהו, נקראה על שם נבואתנו ושמה החדש של ירושלים.

שם נוסף יקרא לירושלים בהפטרתנו: דְרוּשָׁה עִיר לֹא נֶעֱזָבָה (סב, יב). שם זה אינו יכול שלא להזכיר את הנאמר בתורה:

כִּי אִם אֶל הַמָּקוֹם אֲשֶׁר יִבְחַר ה׳ אֱלֹהֵיכֶם מִכָּל שִׁבְטֵיכֶם לָשׂוּם אֶת שְׁמוֹ שָׁם לְשִׁכְנוֹ תִדְרְשׁוּ וּבָאתָ שָׁמָּה:

(דברים יב, ה)

השם חֶפְצִי בָהּ מביע את רצונו של ה׳ בנו; פועל הדרישה מביע בעיקר את חפצנו בשכינת ה׳.

ד. הכלה והאישה הנבעלת

כִּי יִבְעַל בָּחוּר בְּתוּלָה – יִבְעָלוּךְ בָּנָיִךְ, וּמְשׂוֹשׂ חָתָן עַל כַּלָּה – יָשִׂישׂ עָלַיִךְ אֱלֹהָיִךְ:

(סב, ה)

בעילת הבחור את הבתולה נראית כמשל בלבד, ועדיין השומע תוהה על האסוציאציה המחרידה שמעלה המשל, שהיא גילוי עריות מן הסוג הירוד ביותר. זאת ועוד: איך תופיע האישה בפסוק אחד כבת זוג של בניה, וכבת זוגו של חתנה, אלוהיה?

דומה שיש לחלק מעט בהגדרת הכלה, האישה, בין חלקו הראשון של הפסוק לחלקו השני. בחלקו הראשון האישה היא אדמת ארץ ישראל, משהו מעין גופה של כנסת ישראל; בחלקו השני הכלה היא כנסת ישראל עצמה, הנמשלת לאישה, וכעולה משיר השירים. כמושג מופשט מבטאת ׳כנסת ישראל׳ את הופעתו הכללית של עם ישראל לדורותיו ורק בתכונותיו הטובות, שהן תכונותיו המובנות בתוכו לנצח. גם אם לעיתים מתגלה עם ישראל במהלך ההיסטוריה בתכונות שאינן טובות, התגלויות אלו נובעות מצוק העיתים ומהשפעה חיצונית וזמנית. ב׳כנסת ישראל׳ כאמור, רק תכונות טובות, ובהן היא מתגלה כ׳כלתו׳ של הקב״ה בנבואה.

גם בשיר השירים לעיתים מתגלית כנסת ישראל בדמותה של ארץ ישראל

ואדמתה, שאותה ׳בועלים׳ בניה. דבר זה אינו רק משל לשבר את האוזן (וכמשל היה כנראה מקום להעדיף ׳זיווג׳ שונה משל אישה עם בניה, אך כאן אין זה משל בלבד). החקלאי אכן ׳בועל׳ את אדמתו, בכך שהוא טומן בגופה את הזרע, והאדמה מצמיחה את הזרע בקרבה ליבול לסוגיו השונים. ה׳בעילה׳ היא הטמנת הזרע בגוף הנבעלת, הן כשמדובר באישה והן כשמדובר באדמה. היום האסוציאציה הנקשרת בבעילה היא בתחום האישות בלבד, אך לא כך הוא במקרא:

> בַּבֹּקֶר זְרַע אֶת זַרְעֶךָ וְלָעֶרֶב אַל תַּנַּח יָדֶךָ כִּי אֵינְךָ יוֹדֵעַ אֵי זֶה יִכְשַׁר הֲזֶה אוֹ זֶה וְאִם שְׁנֵיהֶם כְּאֶחָד טוֹבִים:

(קהלת יא, ו)

בבוקר אדם זורע בשדה; בערב הוא זורע באישה. עליו לקוות ולהאמין בהצלחתם של שני הזרעים: התבואה (הפרנסה) והילדים. זהו גם פשר לימוד קניין האישה בקידושין מקניין השדה:

> וכסף מנא לן? גמר קיחה קיחה משדה עפרון, כתיב הכא: כִּי יִקַּח אִישׁ אִשָּׁה, וכתיב התם: נָתַתִּי כֶּסֶף הַשָּׂדֶה קַח מִמֶּנִּי, וקיחה איקרי קנין, דכתיב: הַשָּׂדֶה אֲשֶׁר קָנָה אַבְרָהָם.

(קידושין ב ע״א)

ה. הנקמה באדום

> מִי זֶה בָּא מֵאֱדוֹם, חֲמוּץ בְּגָדִים מִבָּצְרָה? זֶה הָדוּר בִּלְבוּשׁוֹ צֹעֶה בְּרֹב כֹּחוֹ – אֲנִי מְדַבֵּר בִּצְדָקָה רַב לְהוֹשִׁיעַ: מַדּוּעַ אָדֹם לִלְבוּשֶׁךָ, וּבְגָדֶיךָ כְּדֹרֵךְ בְּגַת: פּוּרָה דָּרַכְתִּי לְבַדִּי, וּמֵעַמִּים – אֵין אִישׁ אִתִּי, וְאֶדְרְכֵם בְּאַפִּי וְאֶרְמְסֵם בַּחֲמָתִי, וְיֵז נִצְחָם עַל בְּגָדַי וְכָל מַלְבּוּשַׁי אֶגְאָלְתִּי: כִּי יוֹם נָקָם בְּלִבִּי, וּשְׁנַת גְּאוּלַי בָּאָה:

(סג, א–ד)

גאולת ישראל כרוכה אצל הנביא בהפטרתנו בנקמה באדום; בדומה לגאולת מצרים וסיום המלחמה באויבי ישראל בארץ, הכרוכה בנקמה בעמלק. הנביאים (עובדיה, ירמיהו) הרחיבו על הצורך לנקום באדום בגלל מעשיהם לסייע לחורבן הבית הראשון ולמכירת פליטי יהודה לעבדים:

שִׂישִׂי וְשִׂמְחִי בַּת אֱדוֹם יוֹשֶׁבֶת בְּאֶרֶץ עוּץ גַּם עָלַיִךְ תַּעֲבָר כּוֹס תִּשְׁכְּרִי וְתִתְעָרִי:
תַּם עֲוֺנֵךְ בַּת צִיּוֹן לֹא יוֹסִיף לְהַגְלוֹתֵךְ פָּקַד עֲוֺנֵךְ בַּת אֱדוֹם גִּלָּה עַל חַטֹּאתָיִךְ:
(איכה ד, כא-כב)

גם בתקופות קדומות יותר היה ליהודה חשבון פתוח וכואב במיוחד עם אדום. אפשר שגם בתקופת מנשה (המאה השביעית לפנסה"נ, שהם הימים המשוערים של נבואת ישעיהו כאן, לדעתנו), סייעו האדומים לאויבי ישראל, ובעיקר למעצמה האשורית, בעימותיה עם ממלכת יהודה.

ו. בנים לא ישקרו

וַיֹּאמֶר, אַךְ עַמִּי הֵמָּה, בָּנִים לֹא יְשַׁקֵּרוּ, וַיְהִי לָהֶם לְמוֹשִׁיעַ:
(סג, ח)

פסוקי סיום ההפטרה (החל מ־סג, ז) הם נבואה נפרדת, ועיקרה אחרי סיום הפטרתנו. בפסוק שהבאנו נזכרת התקווה, שאינם משקרים. שנאת השקר משותפת לכל המקרא, אך ראוי להבחין בין שני סוגי שקר שהנביאים דנו בהם: האחד הוא חוסר האמינות במשא ומתן, בעדויות, במשפט ובכל ענייני בין אדם לחברו. דן בכך בהרחבה הנביא זכריה:

כֹּה אָמַר ה' צְבָאוֹת לֵאמֹר, מִשְׁפַּט אֱמֶת שְׁפֹטוּ...
כֹּה אָמַר ה', שַׁבְתִּי אֶל צִיּוֹן וְשָׁכַנְתִּי בְּתוֹךְ יְרוּשָׁלָם, וְנִקְרְאָה יְרוּשָׁלַם עִיר הָאֱמֶת...
אֵלֶּה הַדְּבָרִים אֲשֶׁר תַּעֲשׂוּ, דַּבְּרוּ אֱמֶת אִישׁ אֶת רֵעֵהוּ, אֱמֶת וּמִשְׁפַּט שָׁלוֹם שִׁפְטוּ בְּשַׁעֲרֵיכֶם... וּשְׁבֻעַת שֶׁקֶר אַל תֶּאֱהָבוּ, כִּי אֶת כָּל אֵלֶּה אֲשֶׁר שָׂנֵאתִי, נְאֻם ה':
(זכריה ז, ט; ח, ג; טז-יז)

הסוג השני הוא מה שדן בו ישעיהו בנבואתנו: אמת בשמירת בריתנו עם הקב"ה, שלא להמירו חלילה, באל אחר. המרתו באל אחר היא שקר ואי־שמירת ברית האמון בינו ובינינו.

הנביא אומר, שה' שב ומושיע אותנו פעם אחר פעם בתקווה שלא נשקר בבריתו ושנשמור לו אמונים לנצח. האם אכן זה מה שקרה? בכך דנים המקראות שבהמשך להפטרתנו אחרי סיומה.

הפטרת השבת שבין ראש השנה ליום הכיפורים (וילך או האזינו)

יד ב ג שׁוּבָה יִשְׂרָאֵל עַד יהוה אֱלֹהֶיךָ כִּי כָשַׁלְתָּ בַּעֲוֺנֶךָ: קְחוּ עִמָּכֶם דְּבָרִים וְשׁוּבוּ הוש
ד אֶל־יהוה אִמְרוּ אֵלָיו כָּל־תִּשָּׂא עָוֺן וְקַח־טוֹב וּנְשַׁלְּמָה פָרִים שְׂפָתֵינוּ: אַשּׁוּר
לֹא יוֹשִׁיעֵנוּ עַל־סוּס לֹא נִרְכָּב וְלֹא־נֹאמַר עוֹד אֱלֹהֵינוּ לְמַעֲשֵׂה יָדֵינוּ אֲשֶׁר־
ה ו בְּךָ יְרֻחַם יָתוֹם: אֶרְפָּא מְשׁוּבָתָם אֹהֲבֵם נְדָבָה כִּי שָׁב אַפִּי מִמֶּנּוּ: אֶהְיֶה כַטַּל
ז לְיִשְׂרָאֵל יִפְרַח כַּשּׁוֹשַׁנָּה וְיַךְ שָׁרָשָׁיו כַּלְּבָנוֹן: יֵלְכוּ יֹנְקוֹתָיו וִיהִי כַזַּיִת הוֹדוֹ
ח וְרֵיחַ לוֹ כַּלְּבָנוֹן: יָשֻׁבוּ יֹשְׁבֵי בְצִלּוֹ יְחַיּוּ דָגָן וְיִפְרְחוּ כַגָּפֶן זִכְרוֹ כְּיֵין לְבָנוֹן:
ט אֶפְרַיִם מַה־לִּי עוֹד לָעֲצַבִּים אֲנִי עָנִיתִי וַאֲשׁוּרֶנּוּ אֲנִי כִּבְרוֹשׁ רַעֲנָן מִמֶּנִּי פֶּרְיְךָ
י נִמְצָא: מִי חָכָם וְיָבֵן אֵלֶּה נָבוֹן וְיֵדָעֵם כִּי־יְשָׁרִים דַּרְכֵי יהוה וְצַדִּקִים יֵלְכוּ בָם
וּפֹשְׁעִים יִכָּשְׁלוּ בָם:

ב יא וַיהוה נָתַן קוֹלוֹ לִפְנֵי חֵילוֹ כִּי רַב מְאֹד מַחֲנֵהוּ כִּי עָצוּם עֹשֵׂה דְבָרוֹ כִּי־גָדוֹל יואל
יב יוֹם־יהוה וְנוֹרָא מְאֹד וּמִי יְכִילֶנּוּ: וְגַם־עַתָּה נְאֻם־יהוה שֻׁבוּ עָדַי בְּכָל־לְבַבְכֶם מנהג
יג וּבְצוֹם וּבִבְכִי וּבְמִסְפֵּד: וְקִרְעוּ לְבַבְכֶם וְאַל־בִּגְדֵיכֶם וְשׁוּבוּ אֶל־יהוה אֱלֹהֵיכֶם הקדמ
יד כִּי־חַנּוּן וְרַחוּם הוּא אֶרֶךְ אַפַּיִם וְרַב־חֶסֶד וְנִחָם עַל־הָרָעָה: מִי יוֹדֵעַ יָשׁוּב וְנִחָם
וְהִשְׁאִיר אַחֲרָיו בְּרָכָה מִנְחָה וָנֶסֶךְ לַיהוה אֱלֹהֵיכֶם:
טו טז תִּקְעוּ שׁוֹפָר בְּצִיּוֹן קַדְּשׁוּ־צוֹם קִרְאוּ עֲצָרָה: אִסְפוּ־עָם קַדְּשׁוּ קָהָל קִבְצוּ רוב ה
יז זְקֵנִים אִסְפוּ עוֹלָלִים וְיֹנְקֵי שָׁדָיִם יֵצֵא חָתָן מֵחֶדְרוֹ וְכַלָּה מֵחֻפָּתָהּ: בֵּין הָאוּלָם מוסיפ
וְלַמִּזְבֵּחַ יִבְכּוּ הַכֹּהֲנִים מְשָׁרְתֵי יהוה וְיֹאמְרוּ חוּסָה יהוה עַל־עַמֶּךָ וְאַל־תִּתֵּן
יח נַחֲלָתְךָ לְחֶרְפָּה לִמְשָׁל־בָּם גּוֹיִם לָמָּה יֹאמְרוּ בָעַמִּים אַיֵּה אֱלֹהֵיהֶם: וַיְקַנֵּא

יט יהוה לְאַרְצוֹ וַיַּחְמֹל עַל־עַמּוֹ: וַיַּעַן יהוה וַיֹּאמֶר לְעַמּוֹ הִנְנִי שֹׁלֵחַ לָכֶם אֶת־
הַדָּגָן וְהַתִּירוֹשׁ וְהַיִּצְהָר וּשְׂבַעְתֶּם אֹתוֹ וְלֹא־אֶתֵּן אֶתְכֶם עוֹד חֶרְפָּה בַּגּוֹיִם:
כ וְאֶת־הַצְּפוֹנִי אַרְחִיק מֵעֲלֵיכֶם וְהִדַּחְתִּיו אֶל־אֶרֶץ צִיָּה וּשְׁמָמָה אֶת־פָּנָיו אֶל־
הַיָּם הַקַּדְמֹנִי וְסֹפוֹ אֶל־הַיָּם הָאַחֲרוֹן וְעָלָה בָאְשׁוֹ וְתַעַל צַחֲנָתוֹ כִּי הִגְדִּיל
כא כב לַעֲשׂוֹת: אַל־תִּירְאִי אֲדָמָה גִּילִי וּשְׂמָחִי כִּי־הִגְדִּיל יהוה לַעֲשׂוֹת: אַל־תִּירְאוּ
בַּהֲמוֹת שָׂדַי כִּי דָשְׁאוּ נְאוֹת מִדְבָּר כִּי־עֵץ נָשָׂא פִרְיוֹ תְּאֵנָה וָגֶפֶן נָתְנוּ חֵילָם:
כג וּבְנֵי צִיּוֹן גִּילוּ וְשִׂמְחוּ בַּיהוה אֱלֹהֵיכֶם כִּי־נָתַן לָכֶם אֶת־הַמּוֹרֶה לִצְדָקָה וַיּוֹרֶד
כד לָכֶם גֶּשֶׁם מוֹרֶה וּמַלְקוֹשׁ בָּרִאשׁוֹן: וּמָלְאוּ הַגֳּרָנוֹת בָּר וְהֵשִׁיקוּ הַיְקָבִים
כה תִּירוֹשׁ וְיִצְהָר: וְשִׁלַּמְתִּי לָכֶם אֶת־הַשָּׁנִים אֲשֶׁר אָכַל הָאַרְבֶּה הַיֶּלֶק וְהֶחָסִיל
כו וְהַגָּזָם חֵילִי הַגָּדוֹל אֲשֶׁר שִׁלַּחְתִּי בָּכֶם: וַאֲכַלְתֶּם אָכוֹל וְשָׂבוֹעַ וְהִלַּלְתֶּם
אֶת־שֵׁם יהוה אֱלֹהֵיכֶם אֲשֶׁר־עָשָׂה עִמָּכֶם לְהַפְלִיא וְלֹא־יֵבֹשׁוּ עַמִּי לְעוֹלָם:
כז וִידַעְתֶּם כִּי בְקֶרֶב יִשְׂרָאֵל אָנִי וַאֲנִי יהוה אֱלֹהֵיכֶם וְאֵין עוֹד וְלֹא־יֵבֹשׁוּ עַמִּי
לְעוֹלָם:

ז יח מִי־אֵל כָּמוֹךָ נֹשֵׂא עָוֹן וְעֹבֵר עַל־פֶּשַׁע לִשְׁאֵרִית נַחֲלָתוֹ לֹא־הֶחֱזִיק לָעַד מיכה
יט אַפּוֹ כִּי־חָפֵץ חֶסֶד הוּא: יָשׁוּב יְרַחֲמֵנוּ יִכְבֹּשׁ עֲוֹנֹתֵינוּ וְתַשְׁלִיךְ בִּמְצֻלוֹת הספרדים מוסיפים
כ יָם כָּל־חַטֹּאתָם: תִּתֵּן אֱמֶת לְיַעֲקֹב חֶסֶד לְאַבְרָהָם אֲשֶׁר־נִשְׁבַּעְתָּ לַאֲבֹתֵינוּ
מִימֵי קֶדֶם:

א. הקשר בין ההפטרה לעשרת ימי תשובה

ובשבת שבין ראש השנה ליום הכיפורים מפטירים לעולם שובה... (כ)שיש שבת בין יום הכיפורים לסוכות וקורין בו האזינו, מפטיר בו וידבר דוד. ויש אומרים... (כ)שוילך בין ראש השנה ליום הכיפורים, מפטירין בו דִּרְשׁוּ [ה׳ בְּהִמָּצְאוֹ]; ובשבת שבין יום הכיפורים לסוכות, שקורים האזינו, מפטירים שׁוּבָה. הגה: והמנהג כסברא הראשונה.

(שו״ע או״ח תכח, ח)

ההלכה מציינת אפשרות, הדחויה ממסקנת ההלכה, לקרוא בשבת שבתוך עשרת ימי תשובה את הפטרת תענית ציבור דִּרְשׁוּ ה׳ בְּהִמָּצְאוֹ (ישעיהו נה, ו), מפני שימים אלו נדרשו על עשרת ימי תשובה:

והכתיב: דִּרְשׁוּ ה׳ בְּהִמָּצְאוֹ! ... אמר רבה בר אבוה: אלו עשרה ימים שבין ראש השנה ליום הכפורים.

(ראש השנה יח ע״א)

אולם להלכה אנו קוראים תמיד בשבת זו את הפטרת שובה, המובאת כאן. הקשר בין שני הפסוקים הראשונים בפסקה מהושע לעניין התשובה מדבר בעד עצמו.

הקשר בין הפסקה העיקרית, מספר יואל, הפותחת בתִּקְעוּ שׁוֹפָר בְּצִיּוֹן, לעניין התשובה – אינו כה ברור; יש מן הראשונים שראו בהפטרה יותר בקשה על הגשמים לקראת חג הסוכות. מכל מקום, בפשטות יש בפסקה הזכרת תקיעת שופר (כבראש השנה) וצום (כביום הכיפורים), ויש בה תפילת הציבור של בקשת רחמים מאת ה׳ על עמו. כל אלו קשורים לימים הנוראים. הפסקה המציינת את התשובה מספר יואל (ב, יב-יד – וַה׳ נָתַן קוֹלוֹ לִפְנֵי חֵילוֹ) נעדרת ממנהג רוב בתי הכנסת האשכנזים, ונוהגת רק בחלק מהם. נעסוק בכך להלן.

הפסקה מהנביא מיכה מכונה ׳י״ג מידות של מיכה׳. מידות אלו מקבילות לי״ג מידות הרחמים המוכרות לנו מן התורה, והן עוסקות בבקשת רחמים מן הקב״ה לקראת יום הכיפורים, יום הרחמים. אנו נוהגים לסיים בהן גם את קריאתנו בספר יונה, במנחה של יום הכיפורים.

ב. שׁוּבָה יִשְׂרָאֵל

שׁוּבָה יִשְׂרָאֵל עַד ה׳ אֱלֹהֶיךָ, כִּי כָשַׁלְתָּ בַּעֲוֺנֶךָ: קְחוּ עִמָּכֶם דְּבָרִים וְשׁוּבוּ אֶל ה׳, אִמְרוּ אֵלָיו כָּל תִּשָּׂא עָוֺן וְקַח טוֹב, וּנְשַׁלְּמָה פָרִים שְׂפָתֵינוּ:

(הושע יד, ב-ג)

זוהי הנבואה החותמת את ספר הושע. על פי חז״ל, זו הייתה הנבואה הראשונה של הושע, שהייתה אמורה לפתוח את הספר:

וַיָּשָׁב רְאוּבֵן אֶל הַבּוֹר (בראשית לז, כט), ואיכן היה? ... רבי אליעזר אומר: עסוק היה בשקו ובתעניתו... אמר לו הקדוש ברוך הוא: מעולם לא חטא אדם לפני, ועשה תשובה – ואתה פתחת בתשובה תחלה, חייך שבן בנך עומד ופותח בתשובה תחלה! ואיזה הוא זה, הושע, שׁוּבָה יִשְׂרָאֵל עַד ה׳ אֱלֹהֶיךָ (הושע יד, ב).

(בראשית רבה פד)

נביאים רבים דיברו על תשובה. ייחודו של הושע, שפתח בתשובה ובאמירתו שׁוּבָה

יִשְׂרָאֵל. אפשר שמה שהביא את חז״ל לפרשנות שנבואת שׁוּבָה יִשְׂרָאֵל קשורה לראשית ספר הושע, היא הפתיחה הכפולה לספר הושע:

> תְּחִלַּת דִּבֶּר ה׳ בְּהוֹשֵׁעַ – וַיֹּאמֶר ה׳ אֶל הוֹשֵׁעַ, לֵךְ קַח לְךָ אֵשֶׁת זְנוּנִים וְיַלְדֵי זְנוּנִים, כִּי זָנֹה תִזְנֶה הָאָרֶץ מֵאַחֲרֵי ה׳:
>
> (הושע א, ב)

כמו במקומות נוספים שיש בהם פתיחות כפולות, הבינו חז״ל כאן, שפתיחת תְּחִלַּת דִּבֶּר ה׳ בְּהוֹשֵׁעַ רומזת על נבואה שלא הוזכרה בתחילת הספר, והיא נבואת שׁוּבָה יִשְׂרָאֵל.

נתאר לעצמנו על פי זה את תחילת נבואת הושע:

> ... וַיֹּאמֶר ה׳ אֶל הוֹשֵׁעַ לֵךְ קַח לְךָ אֵשֶׁת זְנוּנִים וְיַלְדֵי זְנוּנִים כִּי זָנֹה תִזְנֶה הָאָרֶץ מֵאַחֲרֵי ה׳: וַיֵּלֶךְ וַיִּקַּח אֶת גֹּמֶר בַּת דִּבְלָיִם...
>
> (שם, ב–ג)

הנביא לוקח זונה ידועה, גֹּמֶר בַּת דִּבְלָיִם, ומקדש אותה לאישה לעיני העם. ה׳צהובונים׳ של שומרון מלאים בכתבות עסיסיות על עיסוקיו ה׳מעניינים׳ של נביא ה׳, והולכי הרכיל בוחנים בעיניים בורקות את החופה המוזרה. עובדי ה׳ כועסים ומתביישים, והדרשנים שבציבור מן הסתם קושרים את הושע הנביא במייסד שבטו – ראובן. הם דורשים מן הסתם: וַיֵּלֶךְ רְאוּבֵן וַיִּשְׁכַּב אֶת בִּלְהָה פִּילֶגֶשׁ אָבִיו (בראשית לה, כב) – ׳אמר לו הקב״ה: אתה פתחת במעשה זנות, אף בן בנך, הושע, יישא אישה זונה׳.

הנביא עומד תחת החופה, מוציא טבעת, ניגש אל הכלה הנרגשת, ולפתע הוא פונה לעם ואומר: שׁוּבָה יִשְׂרָאֵל עַד ה׳ אֱלֹהֶיךָ כִּי כָשַׁלְתָּ בַּעֲוֺנֶךָ. העם מבין עתה היטב את משמעות לקיחת הזונה. זהו משל חי, המבטא את נכונות ה׳ לשוב אל עם ישראל שבגד בו כאישה שבגדה בבעלה, כזונה, ובלבד שהעם ישוב אליו. הדרשה על ראובן, אבי אביו של הנביא הושע מתהפכת לדרשה שנדרשה בבראשית רבה, והובאה לעיל – הדרשה על ראובן ששב בתשובה.

מדוע אפוא נדחתה הנבואה בעת עריכת הספר לסוף ספרו של הושע? אולי כדי לסיימו בטוב, ולא בנבואה האחרונה לפני נבואת שׁוּבָה יִשְׂרָאֵל, החותמת את הספר:

> תֶּאְשַׁם שֹׁמְרוֹן כִּי מָרְתָה בֵּאלֹהֶיהָ, בַּחֶרֶב יִפֹּלוּ עֹלְלֵיהֶם יְרֻטָּשׁוּ וְהָרִיּוֹתָיו יְבֻקָּעוּ:
>
> (שם יד, א)

נשוב לקריאתו של הושע: הנביא תובע לא רק תשובה, אלא גם תפילה: קְחוּ עִמָּכֶם דְּבָרִים... וּנְשַׁלְּמָה פָרִים שְׂפָתֵינוּ. הוא דורש מן העם לפנות אל ה׳ הנושא עוון – כָּל תִּשָּׂא עָוֹן (= כל עוון תשא) וְקַח טוֹב (= את תפילתנו, ולא את הקורבן).

חלק מן התפילה שעל העם יהיה להתפלל לה׳ הוא:

אַשּׁוּר לֹא יוֹשִׁיעֵנוּ עַל סוּס לֹא נִרְכָּב, וְלֹא נֹאמַר עוֹד אֱלֹהֵינוּ לְמַעֲשֵׂה יָדֵינוּ:

(שם, ד)

כלומר, לא נפנה עוד כדרכנו אל אשור ואל מצרים (ארץ מקור הסוסים, שעליהם לא נרכב) לעזרה, ולא נפנה עוד לעגלי הזהב – שהם מעשי ידינו – במקום לאלוהים.

ה׳ עתיד להתפייס, ויענה על התפילה שישראל יתפללו לפניו:

אֶרְפָּא מְשׁוּבָתָם אֹהֲבֵם נְדָבָה כִּי שָׁב אַפִּי מִמֶּנּוּ:

(שם, ה)

ג. שירת הלבנון

אֶהְיֶה כַטַּל לְיִשְׂרָאֵל יִפְרַח כַּשּׁוֹשַׁנָּה וְיַךְ שָׁרָשָׁיו כַּלְּבָנוֹן:
יֵלְכוּ יֹנְקוֹתָיו וִיהִי כַזַּיִת הוֹדוֹ וְרֵיחַ לוֹ כַּלְּבָנוֹן:
יָשֻׁבוּ יֹשְׁבֵי בְצִלּוֹ יְחַיּוּ דָגָן וְיִפְרְחוּ כַגָּפֶן זִכְרוֹ כְּיֵין לְבָנוֹן:

(הושע יד, ו-ח)

שירה זו היא דברי ה׳. מדוע ה׳ מדגיש בדבריו דווקא את ה׳לבנון׳? אפשר שחז״ל התקשו בכך, ולכן ראו ב׳לבנון׳ בנבואתנו את בית המקדש:

זִכְרוֹ כְּיֵין לְבָנוֹן... תני ר׳ שמעון בן יוחאי: למה נקרא שמו לבנון? שמלבין עוונותיהם שלישראל כשלג. הדא הוא דכתיב: אִם יִהְיוּ חֲטָאֵיכֶם כַּשָּׁנִים כַּשֶּׁלֶג יַלְבִּינוּ (ישעיהו א, יח)... ורבנן אמרי: על שום וְהָיוּ עֵינַי וְלִבִּי שָׁם כָּל הַיָּמִים (מל״א ט, ג).

(ויקרא רבה א, ב)

רשב״י רואה בשם ׳לבנון׳ את המקדש בעת הכרעת הגורל בין השעיר לה׳ לשעיר לעזאזל; בעת שהשעיר לעזאזל מכפר על עוונותיהם, והופך את הלשון האדומה

כשני ללבנה כשלג, המלבין את הריה הגבוהים והמושלגים של ארץ הלבנון הצפונית. חכמים רואים ב'לבנון' את המקדש, שהוא לבם של ישראל.

המקראות אכן קושרים את ארץ הלבנון הצפונית, במקדש:

גָּדוֹל ה' וּמְהֻלָּל מְאֹד בְּעִיר אֱלֹהֵינוּ הַר קָדְשׁוֹ: יְפֵה נוֹף מְשׂוֹשׂ כָּל הָאָרֶץ הַר צִיּוֹן יַרְכְּתֵי צָפוֹן:
כְּטַל חֶרְמוֹן שֶׁיֹּרֵד עַל הַרְרֵי צִיּוֹן, כִּי שָׁם צִוָּה ה' אֶת הַבְּרָכָה חַיִּים עַד הָעוֹלָם:
(תהלים מח, ב-ג; קלג, ג)

בדרך פשוטה יותר, המקדש עשוי להיות מכונה 'לבנון' משום שעיקר בניינו היה מארזי הלבנון וברושיו. בשם זה נקרא לימים היכל המשפט של שלמה, שהיה צמוד למקדש, ונבנה גם הוא מארזי הלבנון – בֵּית יַעַר הַלְּבָנוֹן (ראו מל"א ז, ב ועוד).

לעניין נבואתנו: תפילתנו אל ה' כפי שמנחה אותה הושע היא: וְלֹא נֹאמַר עוֹד אֱלֹהֵינוּ לְמַעֲשֵׂה יָדֵינוּ. כוונתו, שבעת תשובתם לה' יעזבו אנשי ממלכת שומרון את עגליהם, ויבואו מחדש למקדש בירושלים. אפשר שהוא ניבא כאן על ימי הושע בן אלה, מלך שומרון בימי חזקיהו מלך יהודה, שהסיר את המשמרות ואִפשר לאנשי ממלכתו לעלות לירושלים ולעשות את הפסח במקדש:

אַךְ אֲנָשִׁים מֵאָשֵׁר וּמְנַשֶּׁה וּמִזְּבֻלוּן נִכְנְעוּ וַיָּבֹאוּ לִירוּשָׁלָם... וַיֵּאָסְפוּ יְרוּשָׁלַם עַם רָב לַעֲשׂוֹת אֶת חַג הַמַּצּוֹת בַּחֹדֶשׁ הַשֵּׁנִי, קָהָל לָרֹב מְאֹד:
(דהי"ב ל, יא-יג)

לצערנו, לא נימנע מלומר, שמסע התשובה של הנביא הושע לא עלה יפה, ושומרון גלתה גולה אחר גולה למחוזות הרחוקים באשור. על גורלם של הגולים כתבנו בהפטרת היום השני של ראש השנה.

ד. נבואת יואל – וַה' נָתַן קוֹלוֹ לִפְנֵי חֵילוֹ

וַה' נָתַן קוֹלוֹ לִפְנֵי חֵילוֹ כִּי רַב מְאֹד מַחֲנֵהוּ, כִּי עָצוּם עֹשֵׂה דְבָרוֹ, כִּי גָדוֹל יוֹם ה' וְנוֹרָא מְאֹד – וּמִי יְכִילֶנּוּ: וְגַם עַתָּה נְאֻם ה' שֻׁבוּ עָדַי בְּכָל לְבַבְכֶם, וּבְצוֹם וּבִבְכִי וּבְמִסְפֵּד: וְקִרְעוּ לְבַבְכֶם וְאַל בִּגְדֵיכֶם וְשׁוּבוּ אֶל ה' אֱלֹהֵיכֶם, כִּי חַנּוּן וְרַחוּם הוּא אֶרֶךְ אַפַּיִם וְרַב חֶסֶד וְנִחָם עַל הָרָעָה: מִי יוֹדֵעַ יָשׁוּב וְנִחָם, וְהִשְׁאִיר אַחֲרָיו בְּרָכָה מִנְחָה וָנֶסֶךְ לַה' אֱלֹהֵיכֶם:
(יואל ב, יא-יד)

בפסקה זו פסוקי התשובה העיקריים בהפטרתנו. מידות ה׳ בפסוקים אלו זהות למידותיו בספר יונה, העתיד להיקרא ביום הכיפורים:

> וְיָשֻׁבוּ אִישׁ מִדַּרְכּוֹ הָרָעָה וּמִן הֶחָמָס אֲשֶׁר בְּכַפֵּיהֶם: מִי יוֹדֵעַ יָשׁוּב וְנִחַם הָאֱלֹהִים, וְשָׁב מֵחֲרוֹן אַפּוֹ וְלֹא נֹאבֵד: וַיַּרְא הָאֱלֹהִים אֶת מַעֲשֵׂיהֶם כִּי שָׁבוּ מִדַּרְכָּם הָרָעָה, וַיִּנָּחֶם הָאֱלֹהִים עַל הָרָעָה אֲשֶׁר דִּבֶּר לַעֲשׂוֹת לָהֶם – וְלֹא עָשָׂה... כִּי יָדַעְתִּי כִּי אַתָּה אֵל חַנּוּן וְרַחוּם, אֶרֶךְ אַפַּיִם וְרַב חֶסֶד וְנִחָם עַל הָרָעָה:
>
> (יונה ג, ח-י; ד, ב)

קריאת פסוקי התשובה ביואל וביונה בימי תענית ותשובה – מפורשת במשנה:[1]

> סדר תעניות כיצד? מוציאין את התיבה לרחובה של עיר; ונותנין אפר מקלה: על גבי התיבה, ובראש הנשיא, ובראש אב בית דין וכל אחד ואחד נותן בראשו; הזקן שבהן אומר לפניהן דברי כבושין: אחינו! לא נאמר באנשי נינוה ׳וירא אלהים את שקם ואת תעניתם׳, אלא: וַיַּרְא הָאֱלֹהִים אֶת מַעֲשֵׂיהֶם כִּי שָׁבוּ מִדַּרְכָּם הָרָעָה (יונה ג, י), ובקבלה הוא אומר: וְקִרְעוּ לְבַבְכֶם וְאַל בִּגְדֵיכֶם (יואל ב, יג).
>
> (תענית ב, א)

קריאת פסוקים אלו בהפטרת שבת תשובה, כמנהג המכונה ׳מנהג איטליה הקדמון׳, נהוגה מזה שנים בישיבתנו, ובקהילת אלון שבות. ברוב קהילות האשכנזים משמיטים פסוקים אלו וכדברי המהרי״ל, שהשפעתו על מנהג אשכנז גדולה מאוד:

> הפטרת שובה היא בתרי עשר סוף הושע. ומסיים אותו נביא, ומדלגין אז לנבואת יואל, ומתחילין: תִּקְעוּ שׁוֹפָר בְּצִיּוֹן קַדְּשׁוּ צוֹם, עד: וְלֹא יֵבֹשׁוּ עַמִּי לְעוֹלָם (ב, טו-כז). ונראה משום דשובה דסוף הושע הן רק תשעה פסוקים ואין פוחתין בנביא מכ״א פסוקים, לכן צריך למלאות בה מנבואת יואל, כדפירשתי.
>
> (מהרי״ל, ספר המנהגים, הלכות עשרת ימי תשובה ג)

מפשטי דבריו נראה שלא ייחס חשיבות גדולה לפסוקים מיואל, וראה בהם רק משלימים את פסוקי הושע – שהם עיקר ההפטרה לדעתו – לכ״א פסוקים. אולם

1. אפשר שיואל ויונה היו שניהם תלמידיו של אליהו הנביא; נימקנו הנחה זו בהרחבה בספרנו ׳המקראות המתחדשים׳ (אלון שבות תשע״ה), עמ׳ 416 הערה 1.

הפסקה שאנו עוסקים בה, ושהמהרי"ל פסח עליה, עומדת בלב ליבה של דרישת התשובה.

מספר ראשונים חשובים קדמו למהרי"ל באמירה שחלק ההפטרה מיואל פותח בתִקְעוּ שׁוֹפָר בְּצִיּוֹן. נביא לדוגמה את רש"י, ובעקבותיו ראשונים נוספים:

> וכשמפטירין אותה מפטירין: שׁוּבָה יִשְׂרָאֵל ותקעו שׁוֹפָר בְּצִיּוֹן, וַה׳ נָתַן קוֹלוֹ לִפְנֵי חֵילוֹ וכו׳.

(סידור רש"י תד)

אולם מדבריו של רש"י עולה בבירור, שכוונתו לפסוק בתחילת פרק ב: תִּקְעוּ שׁוֹפָר בְּצִיּוֹן וְהָרִיעוּ בְּהַר קָדְשִׁי יִרְגְּזוּ כֹּל יֹשְׁבֵי הָאָרֶץ כִּי בָא יוֹם ה׳ כִּי קָרוֹב (יואל ב, א). פסוק זה קודם במספר פסוקים לפסוקים הפותחים ב־וַה׳ נָתַן קוֹלוֹ לִפְנֵי חֵילוֹ, הממשיכים את ההפטרה לפי סידור רש"י.

גם תלמידי רש"י כוללים את פסוקי וַה׳ נָתַן קוֹלוֹ לִפְנֵי חֵילוֹ בהפטרה – רבנו שמחה, ורבנו תם:

> ולפיכך נכון לומר ׳שובה׳ אחר יום הכיפורים, אם חלה שבת אחריו, דעיקרה לגשמים: מ־וַיי" נָתַן קוֹלוֹ לִפְנֵי חֵילוֹ, עד: וְלֹא יֵבֹשׁוּ עַמִּי לְעוֹלָם (יואל ב, יא–כז):

(מחזור ויטרי רסב)

> ו׳שובה׳ בין כפור לסוכות, דכתיב בה: ׳ונתתי לך יורה ומלקוש׳, וכן: וַה׳ נָתַן קוֹלוֹ לִפְנֵי חֵילוֹ, דמישתעי במים, ושייך שפיר לפני סוכות. וזה המנהג לא ישתנה לעולם ע"פ הפסיקתא, וכן פירש ר"ת.

(תוספות מגילה לא ע"ב ד"ה ראש חודש)

גם בראשונים נוספים (ספר המנהגות לרבנו אשר מלוניל, אבודרהם, אגור) ההפטרה כוללת את פסוקי וַה׳ נָתַן קוֹלוֹ לִפְנֵי חֵילוֹ, וכך גם במדרשים הקדומים יותר העוסקים בהפטרות: בפסיקתא רבתי מ, פסיקתא דרב כהנא כה, וכן בילקוט שמעוני יואל תקלד.[2]

2. המדרשים והראשונים הובאו בלשונם במאמרנו הנ"ל בהערה הקודמת.

ה. תִּקְעוּ שׁוֹפָר בְּצִיּוֹן

הפסקה שכל קהילות האשכנזים נוהגים לקוראה פותחת בשופר ובצום, בתפילה ובעצרת ההמונית, הסובבים אותנו בעשרת ימי תשובה:

> תִּקְעוּ שׁוֹפָר בְּצִיּוֹן, קַדְּשׁוּ צוֹם קִרְאוּ עֲצָרָה: אִסְפוּ עָם קַדְּשׁוּ קָהָל קִבְצוּ זְקֵנִים אִסְפוּ עוֹלָלִים וְיֹנְקֵי שָׁדָיִם, יֵצֵא חָתָן מֵחֶדְרוֹ וְכַלָּה מֵחֻפָּתָהּ: בֵּין הָאוּלָם וְלַמִּזְבֵּחַ יִבְכּוּ הַכֹּהֲנִים מְשָׁרְתֵי ה׳, וְיֹאמְרוּ, חוּסָה ה׳ עַל עַמֶּךָ וְאַל תִּתֵּן נַחֲלָתְךָ לְחֶרְפָּה לִמְשָׁל בָּם גּוֹיִם, לָמָּה יֹאמְרוּ בָעַמִּים אַיֵּה אֱלֹהֵיהֶם:

(יואל ב, טו-יז)

הפסקה מתארת את בית המקדש בירושלים בעת משבר הקשור בבצורת כבדה, במכת ארבה קשה ובאויב בשר ודם המאיים על ירושלים (כפי שעולה מתפילת הכוהנים). הנבואה נאמרה כנראה באמצע החורף או בסופו, כשעדיין לא ירדו גשמים, ובתשובת ה׳, שקיבל את בקשת העם בתפילתם, וכפי שאומר הנביא:

> וַיַּעַן ה׳ וַיֹּאמֶר לְעַמּוֹ, הִנְנִי שֹׁלֵחַ לָכֶם אֶת הַדָּגָן וְהַתִּירוֹשׁ וְהַיִּצְהָר וּשְׂבַעְתֶּם אֹתוֹ, וְלֹא אֶתֵּן אֶתְכֶם עוֹד חֶרְפָּה בַּגּוֹיִם: וְאֶת הַצְּפוֹנִי (= הארבה) אַרְחִיק מֵעֲלֵיכֶם... וּבְנֵי צִיּוֹן גִּילוּ וְשִׂמְחוּ בַּה׳ אֱלֹהֵיכֶם, כִּי נָתַן לָכֶם אֶת הַמּוֹרֶה לִצְדָקָה, וַיּוֹרֶד לָכֶם גֶּשֶׁם מוֹרֶה וּמַלְקוֹשׁ בָּרִאשׁוֹן:

(שם, יט-כג)

היורה (הַמּוֹרֶה) ירד בחודש ניסן, החודש הראשון, וגם המלקוש ירד באותו חודש. הגשמים באותו חודש היו כנראה רבים מאוד, וגם אם לא היה בכוחם להציל את כל התבואה, הם מילאו את הבורות וסיפקו מי שתייה ומי השקייה לגינות השלחין במשך כל הקיץ. גם העצים, התאנה, הגפן והזית ניצלו:

> ... כִּי עֵץ נָשָׂא פִרְיוֹ תְּאֵנָה וָגֶפֶן נָתְנוּ חֵילָם... וּמָלְאוּ הַגֳּרָנוֹת בָּר וְהֵשִׁיקוּ הַיְקָבִים תִּירוֹשׁ וְיִצְהָר:

(שם, כב-כד)

מדברי הנביא עולה שגם התבואה ניצלה. בדרך הטבע קשה להבין זאת כשהגשם הראשון יורד בניסן. שמא היה כאן נס, או שהנביא מדבר על התבואה שבשנים הבאות.

הפטרת השבת שבין ראש השנה ליום הכיפורים (וילך או האזינו)

הארבה העצום מופיע כאמור, בפסוקים שלפני ההפטרה:

יוֹם חֹשֶׁךְ וַאֲפֵלָה יוֹם עָנָן וַעֲרָפֶל כְּשַׁחַר פָּרֻשׂ עַל הֶהָרִים, עַם רַב וְעָצוּם כָּמֹהוּ לֹא נִהְיָה מִן הָעוֹלָם, וְאַחֲרָיו לֹא יוֹסֵף עַד שְׁנֵי דּוֹר וָדוֹר: לְפָנָיו אָכְלָה אֵשׁ וְאַחֲרָיו תְּלַהֵט לֶהָבָה, כְּגַן עֵדֶן הָאָרֶץ לְפָנָיו וְאַחֲרָיו מִדְבַּר שְׁמָמָה, וְגַם פְּלֵיטָה לֹא הָיְתָה לּוֹ:
(שם, ב–ג)

הוא נזכר גם בהפטרתנו:

וְשִׁלַּמְתִּי לָכֶם אֶת הַשָּׁנִים אֲשֶׁר אָכַל הָאַרְבֶּה הַיֶּלֶק וְהֶחָסִיל וְהַגָּזָם, חֵילִי הַגָּדוֹל אֲשֶׁר שִׁלַּחְתִּי בָּכֶם:
(שם, כה)

הצרה הגדולה מאין כמותה הביאה לכינוס גדול בבית המקדש, לתשובה של קריעת הלב, ולתפילת ציבור בשברון לב גדול לפני מזבח ה׳. דומה שקובעי ההפטרה רצו לומר בכך, שצרתנו בכל שנה בעת שספרי חיים וספרי מתים פתוחים לפניו יתברך, משולה לצרה הגדולה שהייתה בימי יואל הנביא.

תשובת ה׳ המיידית לזעקת העם: הגשם, סילוק הארבה והאויב, הם הישג נבואי גדול שאינו מובן מאליו! גם הוא עשוי להזכיר את הדמיון לספר יונה, שם ה׳ נענה מייד לתשובתם של אנשי נינווה. כאן, ביואל, מדובר על ישועה גדולה ליושבי ירושלים, ישועה הנראית בסדר גודל של הישועה שהייתה בימי חזקיהו, בעת שמלאך ה׳ הכה את מחנה אשור בליל הפסח. גם כאן הישועה הייתה כאמור, בחודש ניסן.

ו. רקע היסטורי

דחינו את ההתמודדות עם שאלה זו לסוף דברינו בגלל הקושי לאתר את ימי יואל הנביא. יואל הוא מהנביאים הבודדים שלא כתוב בימי אילו מלכים ניבאו. הפורענות הקשה של הדבר ושל האויב, שמכר את בני ירושלים לעבדים בארצות רחוקות (ראו פרק ד) רומזת על כך שהוא היה בימי מלך רשע, שהדיח את עם ישראל מאחרי ה׳. דברינו להלן אינם אלא השערה ללא בסיס מוכח. בעל ׳סדר עולם׳ אומר שיואל ניבא בימי מנשה בן חזקיהו. אכן, בימי מנשה היו נביאים (כמפורש במל״ב כא, ובדהי״ב לג), אך הם לא נזכרו על שמו, וכנראה משום שהרג את הנביאים.

לעניות דעתנו יש בשיטה זו קשיים. נביא אחד מהם:

> וַה׳ מִצִּיּוֹן יִשְׁאָג וּמִירוּשָׁלַם יִתֵּן קוֹלוֹ וְרָעֲשׁוּ שָׁמַיִם וָאָרֶץ וַה׳ מַחֲסֶה לְעַמּוֹ וּמָעוֹז לִבְנֵי יִשְׂרָאֵל:

(יואל ד, טז)

> דִּבְרֵי עָמוֹס אֲשֶׁר הָיָה בַנֹּקְדִים מִתְּקוֹעַ אֲשֶׁר חָזָה עַל יִשְׂרָאֵל בִּימֵי עֻזִּיָּה מֶלֶךְ יְהוּדָה וּבִימֵי יָרָבְעָם בֶּן יוֹאָשׁ מֶלֶךְ יִשְׂרָאֵל שְׁנָתַיִם לִפְנֵי הָרָעַשׁ: וַיֹּאמַר ה׳ מִצִּיּוֹן יִשְׁאָג וּמִירוּשָׁלַם יִתֵּן קוֹלוֹ וְאָבְלוּ נְאוֹת הָרֹעִים וְיָבֵשׁ רֹאשׁ הַכַּרְמֶל:

(עמוס א, א–ב)

בסדר נביאי תרי עשר יואל ועמוס סמוכים זה לזה; יואל מסיים את נבואתו במטבע לשון, ועמוס פותח במטבע לשון זהה. אנו מעדיפים להניח שיש קשר בין הנביאים, ועמוס פותח בכוונה במה שסיים יואל: יואל אמר את הנבואה לנחמה על ישראל; עמוס הופך אותה למידת הדין על ישראל בשל מעשיהם ולפורענות.

הנחתנו תחייב אותנו להקדים את יואל לעמוס, שזמן נבואתו מוגדר. על פי זה יואל קדם לעוזיהו, שעמוס ניבא בימיו, או שהיה בזמנו. לכן נעדיף את שיטת הרד״ק:

> ויש אומרים כי בימי יהורם בן אחאב ניבא זה הנביא שיהיה רעב בארץ, כמו שאמר: כִּי קָרָא ה׳ לָרָעָב וְגַם בָּא אֶל הָאָרֶץ שֶׁבַע שָׁנִים (מל״ב ח, א): הד׳ שנים היו ד׳ מיני ארבה, והג׳ שנים היו הגשמים נעצרים.

(רד״ק יואל א, א)

נקבל את דברי ה׳יש אומרים׳ שהביא הרד״ק, בהסתייגות אחת: יהורם בן אחאב היה מלך שומרון. מנבואתנו עולה, שיואל ניבא בירושלים. בעיקר תקופת יהורם בן אחאב מֶלֶךְ שומרון מָלַךְ בירושלים יהורם בן יהושפט, ועל פי השערתנו הייתה הנבואה בזמנו, בימי אחזיהו בנו או בימי עתליה שמלכה אחריו. אכן, בימיו של יהורם בן יהושפט עלו הפלשתים והערבים על ירושלים ולקחו בשבי אנשים, גם ממשפחת המלך. זה מתאים לפרק ד ביואל על נקמת ה׳ בעמים אלו על מכירת בני ירושלים לעבדים.[3]

3. אומנם יש לדעתנו מקום לפצל בין הרעב שהרד״ק דן עליו בימי אלישע הנביא ובין הרעב בימי יהורם בן יהושפט. הרעב שהיה בימי אלישע (מל״ב ח, א) היה סמוך למותו של אלישע, וכעולה מגוף המעשה, שבסיום הרעב אלישע כבר לא היה בחיים (ואלישע מת בימי יואש בן יהואחז –

אפשר שתשובת ה' וישועתו באו בתחילת ימי יהואש בן אחזיהו, שהחלו עם מות עתליה, שבע שנים אחרי מות יהורם. בתחילת ימיו משל בירושלים למעשה יהוידע הכוהן הגדול, שעשה הישר בעיני ה'. שמא באה הישועה אחרי המתואר בספר מלכים:

וַיִּכְרֹת יְהוֹיָדָע אֶת הַבְּרִית בֵּין ה' וּבֵין הַמֶּלֶךְ וּבֵין הָעָם לִהְיוֹת לְעָם לַה', וּבֵין הַמֶּלֶךְ וּבֵין הָעָם: וַיָּבֹאוּ כָל עַם הָאָרֶץ בֵּית הַבַּעַל וַיִּתְּצֻהוּ, אֶת מִזְבְּחֹתָו וְאֶת צְלָמָיו שִׁבְּרוּ הֵיטֵב, וְאֵת מַתָּן כֹּהֵן הַבַּעַל הָרְגוּ לִפְנֵי הַמִּזְבְּחוֹת, וַיָּשֶׂם הַכֹּהֵן פְּקֻדּוֹת עַל בֵּית ה':
(מל"ב יא, יז-יח)

ז. 'שלוש עשרה מידות הרחמים של מיכה'

מִי אֵל כָּמוֹךָ נֹשֵׂא עָוֺן וְעֹבֵר עַל פֶּשַׁע לִשְׁאֵרִית נַחֲלָתוֹ, לֹא הֶחֱזִיק לָעַד אַפּוֹ כִּי חָפֵץ חֶסֶד הוּא: יָשׁוּב יְרַחֲמֵנוּ יִכְבֹּשׁ עֲוֺנֹתֵינוּ, וְתַשְׁלִיךְ בִּמְצֻלוֹת יָם כָּל חַטֹּאותָם: תִּתֵּן אֱמֶת לְיַעֲקֹב חֶסֶד לְאַבְרָהָם, אֲשֶׁר נִשְׁבַּעְתָּ לַאֲבֹתֵינוּ מִימֵי קֶדֶם:
(מיכה ז, יח-כ)

שלוש עשרה מידות הרחמים מדברות בעד עצמן. הן נאמרות בחתימת נבואתו של מיכה, בעת שאשור שולטת בירושלים שלטון ללא מְצרים, למרות תבוסת סנחריב בשערי ירושלים. נבואה זאת נאמרה כנראה בימי מנשה בן חזקיהו, שבימיו שלטו באימפריה האשורית שני גדולי מלכי אשור – אסרחדון ואשורבניפל. הנביא ניבא על יום נפילת אשור, בתפילה שאז ירחם ה' על עמו בי"ג מידותיו, ואת מידות אלו אנו מזכירים לפני כניסת יום הכיפורים, יום הרחמים.

ראו שם יג, יד. זה אינו בימי יהורם בן אחאב מלך ישראל ולא בימי יהורם בן יהושפט מלך יהודה. אומנם, היו בימי אלישע הקדומים יותר שנות רעבון נוספות (כמוכח שם ד, לח-מג וכן מהשוואת ו, כה לְ־ז, ב, שהרעב לא היה רק מחמת המצור אלא גם מחמת הבצורת).

הפטרת האזינו

כב א וַיְדַבֵּר דָּוִד לַיהוה אֶת־דִּבְרֵי הַשִּׁירָה הַזֹּאת בְּיוֹם שמו
הִצִּיל יהוה אֹתוֹ מִכַּף כָּל־אֹיְבָיו וּמִכַּף שָׁאוּל:
ב ג וַיֹּאמַר יהוה סַלְעִי וּמְצֻדָתִי וּמְפַלְטִי־לִי: אֱלֹהֵי
צוּרִי אֶחֱסֶה־בּוֹ מָגִנִּי וְקֶרֶן יִשְׁעִי מִשְׂגַּבִּי
ד וּמְנוּסִי מֹשִׁעִי מֵחָמָס תֹּשִׁעֵנִי: מְהֻלָּל
ה אֶקְרָא יהוה וּמֵאֹיְבַי אִוָּשֵׁעַ: כִּי אֲפָפֻנִי מִשְׁבְּרֵי־
ו מָוֶת נַחֲלֵי בְלִיַּעַל יְבַעֲתֻנִי: חֶבְלֵי
שְׁאוֹל סַבֻּנִי קִדְּמֻנִי מֹקְשֵׁי־
ז מָוֶת: בַּצַּר־לִי אֶקְרָא יהוה וְאֶל־
אֱלֹהַי אֶקְרָא וַיִּשְׁמַע מֵהֵיכָלוֹ
ח קוֹלִי וְשַׁוְעָתִי בְּאָזְנָיו: וַיִּתְגָּעַשׁ
וַתִּרְעַשׁ הָאָרֶץ מוֹסְדוֹת הַשָּׁמַיִם
ט יִרְגָּזוּ וַיִּתְגָּעֲשׁוּ כִּי־חָרָה לוֹ: עָלָה
עָשָׁן בְּאַפּוֹ וְאֵשׁ מִפִּיו
י תֹּאכֵל גֶּחָלִים בָּעֲרוּ מִמֶּנּוּ: וַיֵּט
שָׁמַיִם וַיֵּרַד וַעֲרָפֶל תַּחַת
יא רַגְלָיו: וַיִּרְכַּב עַל־כְּרוּב וַיָּעֹף וַיֵּרָא
יב עַל־כַּנְפֵי־רוּחַ: וַיָּשֶׁת חֹשֶׁךְ סְבִיבֹתָיו
יג סֻכּוֹת חַשְׁרַת־מַיִם עָבֵי שְׁחָקִים: מִנֹּגַהּ
יד נֶגְדּוֹ בָּעֲרוּ גַּחֲלֵי־אֵשׁ: יַרְעֵם מִן־שָׁמַיִם
טו יהוה וְעֶלְיוֹן יִתֵּן קוֹלוֹ: וַיִּשְׁלַח
טז חִצִּים וַיְפִיצֵם בָּרָק וַיָּהֹם: וַיֵּרָאוּ אֲפִקֵי

יָם   יִגָּלוּ מֹסְדוֹת תֵּבֵל   בְּגַעֲרַת
יז יהוה מִנִּשְׁמַת רוּחַ אַפּוֹ:   יִשְׁלַח מִמָּרוֹם
יח יִקָּחֵנִי   יַמְשֵׁנִי מִמַּיִם רַבִּים: יַצִּילֵנִי
מֵאֹיְבִי עָז   מִשֹּׂנְאַי כִּי אָמְצוּ
יט מִמֶּנִּי: יְקַדְּמֻנִי בְּיוֹם אֵידִי   וַיְהִי
כ יהוה מִשְׁעָן לִי: וַיֹּצֵא לַמֶּרְחָב
כא אֹתִי   יְחַלְּצֵנִי כִּי־חָפֵץ בִּי: יִגְמְלֵנִי
יהוה כְּצִדְקָתִי   כְּבֹר יָדַי יָשִׁיב
כב לִי: כִּי שָׁמַרְתִּי דַּרְכֵי יהוה   וְלֹא
כג רָשַׁעְתִּי מֵאֱלֹהָי: כִּי כָל־מִשְׁפָּטָו
כד לְנֶגְדִּי   וְחֻקֹּתָיו לֹא־אָסוּר מִמֶּנָּה: וָאֶהְיֶה
כה תָמִים לוֹ וָאֶשְׁתַּמְּרָה מֵעֲוֺנִי: וַיָּשֶׁב יהוה לִי
כו כְּצִדְקָתִי   כְּבֹרִי לְנֶגֶד עֵינָיו: עִם־
חָסִיד תִּתְחַסָּד   עִם־גִּבּוֹר תָּמִים
כז תִּתַּמָּם: עִם־נָבָר תִּתָּבָר   וְעִם־
כח עִקֵּשׁ תִּתַּפָּל: וְאֶת־עַם עָנִי
כט תּוֹשִׁיעַ   וְעֵינֶיךָ עַל־רָמִים תַּשְׁפִּיל: כִּי־
אַתָּה נֵירִי יהוה   וַיהוה יַגִּיהַּ
ל חָשְׁכִּי: כִּי בְכָה אָרוּץ גְּדוּד   בֵּאלֹהַי
לא אֲדַלֶּג־שׁוּר: הָאֵל תָּמִים
דַּרְכּוֹ   אִמְרַת יהוה צְרוּפָה   מָגֵן
לב הוּא לְכֹל הַחֹסִים בּוֹ:   כִּי מִי־אֵל מִבַּלְעֲדֵי
לג יהוה   וּמִי צוּר מִבַּלְעֲדֵי אֱלֹהֵינוּ:   הָאֵל
מָעוּזִּי חָיִל   וַיַּתֵּר תָּמִים
לד דַּרְכִּי: מְשַׁוֶּה רַגְלָי כָּאַיָּלוֹת   וְעַל־
לה בָּמוֹתַי יַעֲמִידֵנִי: מְלַמֵּד יָדַי
לו לַמִּלְחָמָה   וְנִחַת קֶשֶׁת־נְחוּשָׁה זְרֹעֹתָי: וַתִּתֶּן־
לז לִי מָגֵן יִשְׁעֶךָ וַעֲנֹתְךָ תַּרְבֵּנִי: תַּרְחִיב צַעֲדִי
לח תַּחְתֵּנִי   וְלֹא מָעֲדוּ קַרְסֻלָּי: אֶרְדְּפָה
אֹיְבַי וָאַשְׁמִידֵם   וְלֹא אָשׁוּב עַד־
לט כַּלּוֹתָם: וָאֲכַלֵּם וָאֶמְחָצֵם וְלֹא יְקוּמוּן   וַיִּפְּלוּ
מ תַּחַת רַגְלָי: וַתַּזְרֵנִי חַיִל

מא לַמִּלְחָמָה תַּכְרִיעַ קָמַי תַּחְתֵּנִי: וְאֹיְבַי
מב תַּתָּה לִּי עֹרֶף מְשַׂנְאַי וָאַצְמִיתֵם: יִשְׁעוּ וְאֵין
מג מֹשִׁיעַ אֶל־יהוה וְלֹא עָנָם: וְאֶשְׁחָקֵם
כַּעֲפַר־אָרֶץ כְּטִיט־חוּצוֹת אֲדִקֵּם
מד אֶרְקָעֵם: וַתְּפַלְּטֵנִי מֵרִיבֵי עַמִּי תִּשְׁמְרֵנִי
לְרֹאשׁ גּוֹיִם עַם לֹא־יָדַעְתִּי
מה יַעַבְדֻנִי: בְּנֵי נֵכָר יִתְכַּחֲשׁוּ־לִי לִשְׁמוֹעַ
מו אֹזֶן יִשָּׁמְעוּ לִי: בְּנֵי נֵכָר יִבֹּלוּ וְיַחְגְּרוּ
מז מִמִּסְגְּרוֹתָם: חַי־יהוה וּבָרוּךְ צוּרִי וְיָרֻם
מח אֱלֹהֵי צוּר יִשְׁעִי: הָאֵל הַנֹּתֵן נְקָמֹת
מט לִי וּמֹרִיד עַמִּים תַּחְתֵּנִי: וּמוֹצִיאִי
מֵאֹיְבָי וּמִקָּמַי תְּרוֹמְמֵנִי מֵאִישׁ חֲמָסִים
נ תַּצִּילֵנִי: עַל־כֵּן אוֹדְךָ יהוה בַּגּוֹיִם וּלְשִׁמְךָ
נא אֲזַמֵּר: מִגְדּוֹל יְשׁוּעוֹת
מַלְכּוֹ וְעֹשֶׂה־חֶסֶד לִמְשִׁיחוֹ
לְדָוִד וּלְזַרְעוֹ עַד־עוֹלָם:

א. הקשר בין הפרשה להפטרה

הפטרתנו היא שירת דוד על הצלתו בידי ה׳ ממלחמתו באויביו. הקשר בין הפטרתנו לפרשתנו כללי, וללא דמיון בפרטים רבים: שירת ׳האזינו׳ היא שירה בגלל פסוקיה האחרונים, המתארים את ניצחונו של ה׳ במלחמה העתידה באויביו – וכך גם ניצחונו של ה׳ במלחמת דוד באויביו, בהפטרתנו.

שירת דוד דומה יותר לשירת הים, ולכן היא גם הפטרת שביעי של פסח, יומה של שירת הים. מלבד זאת, הקשר בין שירת דוד שבהפטרתנו לשירת הים גדול וחשוב, ונפרט:

א. דוד רואה את עצמו כבני ישראל, שיַם סוף מאיים להטביעם, אם ייכנסו לתוכו כדי להימלט מן המצרים:

כִּי אֲפָפֻנִי מִשְׁבְּרֵי מָוֶת, נַחֲלֵי בְלִיַּעַל יְבַעֲתֻנִי: חֶבְלֵי שְׁאוֹל סַבֻּנִי:
(ה-ו)

הוא מתאר את נס בקיעת הים וההליכה על הקרקע שתחתיו:

וַיֵּרָאוּ אֲפִקֵי יָם יִגָּלוּ מֹסְדוֹת תֵּבֵל, בְּגַעֲרַת ה׳ מִנִּשְׁמַת רוּחַ אַפּוֹ: יִשְׁלַח מִמָּרוֹם יִקָּחֵנִי, יַמְשֵׁנִי מִמַּיִם רַבִּים:

(טז-יז)

דוד מדמה בשירתו את ישועת ה׳ להיחשפות קרקעית הים (אֲפִקֵי יָם ומֹסְדוֹת תֵּבֵל), וכך הוא מושיע את דוד, במשל, ממי הים הרבים המאיימים להטביעו; כדרך שהושיע את ישראל ממי ים סוף ביציאת מצרים.

ב. וַיִּשְׁלַח חִצִּים וַיְפִיצֵם, בָּרָק וַיָּהֹם:

(טו)

גם בקריעת ים סוף חיצי הברקים (שבעמוד האש) הימַמו את אויבי ישראל:

וַיַּשְׁקֵף ה׳ אֶל מַחֲנֵה מִצְרַיִם בְּעַמּוּד אֵשׁ וְעָנָן, וַיָּהָם אֵת מַחֲנֵה מִצְרָיִם:

(שמות יד, כד)

ג. החושך והענן (= סֻכּוֹת) הופנו כלפי המצרים בקריעת ים סוף, ומצד שני האור
הופנה כלפי ישראל:

וַיָּבֹא בֵּין מַחֲנֵה מִצְרַיִם וּבֵין מַחֲנֵה יִשְׂרָאֵל, וַיְהִי הֶעָנָן וְהַחֹשֶׁךְ וַיָּאֶר אֶת הַלָּיְלָה:

(שם, כ)

כך גם בשירת דוד:

וַיָּשֶׁת חֹשֶׁךְ סְבִיבֹתָיו סֻכּוֹת, חַשְׁרַת מַיִם עָבֵי שְׁחָקִים:
כִּי אַתָּה נֵירִי ה׳, וַה׳ יַגִּיהַּ חָשְׁכִּי:

(יב; כט)

ד. גם הפסוקים הבאים מתארים את הזעזוע הקשה העובר על תשתיות היקום, ושוב,
עם אש, עשן וענן (עֲרָפֶל), וכפי שאנו יכולים לתאר אותו לעצמנו גם בקריעת
ים סוף:

וַיִּתְגָּעַשׁ וַתִּרְעַשׁ הָאָרֶץ מוֹסְדוֹת הַשָּׁמַיִם יִרְגָּזוּ, וַיִּתְגָּעֲשׁוּ כִּי חָרָה לוֹ: עָלָה עָשָׁן
בְּאַפּוֹ וְאֵשׁ מִפִּיו תֹּאכֵל, גֶּחָלִים בָּעֲרוּ מִמֶּנּוּ: וַיֵּט שָׁמַיִם וַיֵּרַד, וַעֲרָפֶל תַּחַת רַגְלָיו:
יַרְעֵם מִן שָׁמַיִם ה׳, וְעֶלְיוֹן יִתֵּן קוֹלוֹ:

(ח-י; יד)

ב. חסד ודין בישועת ה׳ את דוד

יש בשירה שתי הנהגות של ה׳ את דוד, וראוי להבחין ביניהן. מצד אחד:

בַּצַּר לִי אֶקְרָא ה׳ וְאֶל אֱלֹהַי אֶקְרָא, וַיִּשְׁמַע מֵהֵיכָלוֹ קוֹלִי וְשַׁוְעָתִי בְּאָזְנָיו:

(ז)

דוד זועק אל ה׳ בעת צרתו, וה׳, השומע את שוועת הנדכאים, נחלץ להצילו, כשם ששמע את שוועת בני ישראל במצרים ועל שפת ים סוף. מצד שני:

יִגְמְלֵנִי ה׳ כְּצִדְקָתִי, כְּבֹר יָדַי יָשִׁיב לִי: כִּי שָׁמַרְתִּי דַּרְכֵי ה׳, וְלֹא רָשַׁעְתִּי מֵאֱלֹהָי:
כִּי כָל מִשְׁפָּטָו לְנֶגְדִּי, וְחֻקֹּתָיו לֹא אָסוּר מִמֶּנָּה: וָאֶהְיֶה תָמִים לוֹ, וָאֶשְׁתַּמְּרָה מֵעֲוֹנִי:
וַיָּשֶׁב ה׳ לִי כְּצִדְקָתִי, כְּבֹרִי לְנֶגֶד עֵינָיו:
הָאֵל תָּמִים דַּרְכּוֹ אִמְרַת ה׳ צְרוּפָה, מָגֵן הוּא לְכֹל הַחֹסִים בּוֹ:

(כא-כה; לא)

דוד משתבח בכך שישועת ה׳ אכן מגיעה לו מכוח מעשיו הטובים – ישועה שאינה בחסד אלא בדין. הקורא תמה מן הסתם: מה ראה דוד מלכנו להשתבח בעצמו כל כך, ומדוע לא זקף את הישועה לחסדו של הקב״ה. אפשר שרצה להבליט את חשיבות בלימתו את עצמו מלפגוע בשאול, בעת ההזדמנויות שנקרו לו במערה בעין גדי ובגבעת החכילה (שמ״א כד ו-כו). אפשר שרצה ללמדנו את ההבדל בין ישועת ה׳ במידת החסד ובין ישועתו במידת הדין, בעת שהאדם זכאי לישועתו, וכפי שנבאר להלן.

ג. מי פועל את הישועה – ה׳ או דוד?

כפי שהבאנו לעיל, השירה פותחת בשוועתו של דוד אל ה׳, שיצילנו בחסדו ורחמיו או בגלל רצונו וחפצו בדוד:

בַּצַּר לִי אֶקְרָא ה׳ וְאֶל אֱלֹהַי אֶקְרָא, וַיִּשְׁמַע מֵהֵיכָלוֹ קוֹלִי וְשַׁוְעָתִי בְּאָזְנָיו:

... וַיְהִי ה׳ מִשְׁעָן לִי: וַיֹּצֵא לַמֶּרְחָב אֹתִי, יְחַלְּצֵנִי כִּי חָפֵץ בִּי:

(ז; יט-כ)

ישועה זו דמתה, כפי שהבאנו, לקריעת ים סוף וטביעת המצרים במים. האחרונה הייתה ישועה שכולה בידי ה׳, והאדם אינו אלא קנה הצף על פני המים, עד שהוא מושלך על ידם לחוף מבטחים, ללא שיש לו חלק משלו בישועה.

אחרי תיאור ישועה זו מתאר דוד בפסוקים שהבאנו את מעשיו הטובים, שבגללם הוא זכאי לישועה, והוא מתאר בהרחבה את דרך ה׳ בכך:

עִם חָסִיד תִּתְחַסָּד, עִם גִּבּוֹר תָּמִים תִּתַּמָּם: עִם נָבָר תִּתָּבָר, וְעִם עִקֵּשׁ תִּתַּפָּל: וְאֶת עַם עָנִי תּוֹשִׁיעַ, וְעֵינֶיךָ עַל רָמִים תַּשְׁפִּיל:

(כו-כח)

התחסדותו של ה׳ עם חסידיו באה לידי ביטוי בישועה שונה:

כִּי בְכָה אָרוּץ גְּדוּד, בֵּאלֹהַי אֲדַלֶּג שׁוּר:

מְשַׁוֶּה רַגְלַי כָּאַיָּלוֹת, וְעַל בָּמוֹתַי יַעֲמִדֵנִי: מְלַמֵּד יָדַי לַמִּלְחָמָה, וְנִחַת קֶשֶׁת נְחוּשָׁה זְרֹעֹתָי:

תַּרְחִיב צַעֲדִי תַּחְתֵּנִי, וְלֹא מָעֲדוּ קַרְסֻלָּי: אֶרְדְּפָה אֹיְבַי וָאַשְׁמִידֵם, וְלֹא אָשׁוּב עַד כַּלּוֹתָם: וָאֲכַלֵּם וָאֶמְחָצֵם וְלֹא יְקוּמוּן, וַיִּפְּלוּ תַּחַת רַגְלָי: וַתַּזְרֵנִי חַיִל לַמִּלְחָמָה, תַּכְרִיעַ קָמַי תַּחְתֵּנִי: וְאֹיְבַי תַּתָּה לִּי עֹרֶף, מְשַׂנְאַי וָאַצְמִיתֵם:

וְאֶשְׁחָקֵם כַּעֲפַר אָרֶץ, כְּטִיט חוּצוֹת אֲדִקֵּם אֶרְקָעֵם:

הָאֵל הַנֹּתֵן נְקָמֹת לִי, וּמוֹרִיד עַמִּים תַּחְתֵּנִי: וּמוֹצִיאִי מֵאֹיְבָי, וּמִקָּמַי תְּרוֹמְמֵנִי:

(ל; לד-לה; לז-מא; מג; מח-מט)

כאן, אין הישועה מוציאה את האדם הניצול כשהוא פאסיבי וללא מעש. ה׳ נותן בידיו וברגליו כוח ותעוזה, והניצול עצמו, דוד, גובר בכוחו שלו על אויביו. עם זאת, הוא אינו שוכח לרגע שמי שנותן לו את הכוח לעשות חיל הוא ה׳ אלוהיו, ואילולא עשה זאת לא היה דוד יכול לעמוד אף לשעה קלה מול אויביו הרבים.

ישועה זו מזכירה לנו את תפילת ׳עַל הַנִּסִּים׳ שאנו אומרים בחנוכה על הישועה שה׳ נתן בידי המקבים, כשמסר גיבורים ביד חלשים ורבים ביד מעטים. לולא שׂמו המקבים וצבאותיהם את נפשם בכפם והסתערו על אויביהם בחיל ובתחבולות מלחמה, הם היו ניגפים לפני אויביהם. ה׳ נתן את הישועה בידם, אך בצדקתם לא הושיע אותם ישועה שהיא בבחינת ׳נהמא דכיסופא׳ (לֶחֶם של בושה, שהאוכלו אוכל אותו

מן הצדקה), אלא ישועה ששילבה גם את גבורתם שלהם, של המקבים במלחמתם עם אויביהם.

מי אפוא לָחַם את מלחמותיו של דוד: הוא עצמו, או ה׳ אלוהיו? אפשר שתשובת הפסוקים טמונה בחלק מן הקרי והכתיב הרבים שבשירה. אלו מותירים אותנו מספר פעמים בכפל משמעות:

לג: וַיַּתֵּר תָּמִים דרכו או וַיַּתֵּר תָּמִים דַּרְכִּי.
לד: מְשַׁוֶּה רגליו כָּאַיָּלוֹת או מְשַׁוֶּה רַגְלַי כָּאַיָּלוֹת.
נא: (ה׳) מגדיל יְשׁוּעוֹת מַלְכּוֹ או שמא מִגְדּוֹל יְשׁוּעוֹת מַלְכּוֹ (כלומר – הישועות מתגדלות מאליהן בידי המלך, דוד, עצמו).

האפשרות שככל שהמלך צדיק יותר, כך ייתן לו ה׳ יותר כוח להושיע לעצמו ולא רק ישועת ה׳ אותו, שהיא בבחינת ׳נהמא דכיסופא׳ באה לידי ביטוי במדרש חז״ל על פסוק בשירתנו (בנוסח שלה בספר תהלים):

זבדי בן לוי פתח... ארבעה מלכים היו: מה שתבע זה לא תבע זה, ואלו הן: דוד ואסא ויהושפט וחזקיהו.
דוד אמר: אֶרְדּוֹף אוֹיְבַי וְאַשִּׂיגֵם וגו׳ (תהלים יח, לח) – אמר לו הקב״ה: אני עושה כן. הדא הוא דכתיב: וַיַּכֵּם דָּוִד מֵהַנֶּשֶׁף וְעַד הָעֶרֶב לְמָחֳרָתָם (שמ״א ל, יז)...
עמד אסא ואמר: אני אין בי כח להרוג להם, אלא אני רודף אותם, ואתה עושה. אמר לו: אני עושה...
עמד יהושפט ואמר: אני אין בי כח לא להרוג ולא לרדוף, אלא אני אומר שירה, ואתה עושה. אמר לו הקב״ה: אני עושה...
עמד חזקיהו ואמר: אני אין בי כח לא להרוג, ולא לרדוף ולא לומר שירה, אלא אני ישן על מטתי, ואתה עושה. אמר לו הקב״ה: אני עושה.
(איכה רבה פתיחתא ל)

מסדרם של המלכים ומדבריהם עולה ירידת הדורות. דוד שהיה הטוב שבהם זכה לכך שה׳ ייתן בידו את אויביו, והוא ירדוף אחריהם ויכם. אסא זכה לרדוף אחרי אויביו רק אחרי שה׳ שלח את מלאכיו להכות אותם מכה רבה בתחילת המלחמה. יהושפט זכה רק לומר שירה אחרי שהקב״ה עשה בשבילו את כל העבודה הצבאית. חזקיהו אפילו לא אמר שירה.

*

שירת הים שאנו קוראים בה בתורה הייתה מעין האירוע שבימי יהושפט, שה׳ עשה את כל העבודה הצבאית, ועם ישראל אמר שירה. בידי דוד, בסופו של דבר, נתן ה׳ את אויביו, והוא הִכם ואמר על כך שירה, וזוהי המעלה הגדולה ביותר.

הפטרת וזאת הברכה – שמיני עצרת[1]

א א וַיְהִ֗י אַחֲרֵ֛י מ֥וֹת מֹשֶׁ֖ה עֶ֣בֶד יְהוָ֑ה וַיֹּ֤אמֶר יְהוָה֙ אֶל־יְהוֹשֻׁ֣עַ בִּן־נ֔וּן מְשָׁרֵ֥ת מֹשֶׁ֖ה יהושע
ב לֵאמֹֽר׃ מֹשֶׁ֥ה עַבְדִּ֖י מֵ֑ת וְעַתָּה֩ ק֨וּם עֲבֹ֜ר אֶת־הַיַּרְדֵּ֣ן הַזֶּ֗ה אַתָּה֙ וְכָל־הָעָ֣ם
ג הַזֶּ֔ה אֶל־הָאָ֕רֶץ אֲשֶׁ֧ר אָנֹכִ֛י נֹתֵ֥ן לָהֶ֖ם לִבְנֵ֥י יִשְׂרָאֵֽל׃ כָּל־מָק֗וֹם אֲשֶׁ֨ר תִּדְרֹ֧ךְ
ד כַּף־רַגְלְכֶ֛ם בּ֖וֹ לָכֶ֣ם נְתַתִּ֑יו כַּאֲשֶׁ֥ר דִּבַּ֖רְתִּי אֶל־מֹשֶֽׁה׃ מֵהַמִּדְבָּ֨ר וְהַלְּבָנ֜וֹן הַזֶּ֗ה
וְעַד־הַנָּהָ֨ר הַגָּד֤וֹל נְהַר־פְּרָת֙ כֹּ֚ל אֶ֣רֶץ הַחִתִּ֔ים וְעַד־הַיָּ֥ם הַגָּד֖וֹל מְב֣וֹא הַשָּׁ֑מֶשׁ
ה יִהְיֶ֖ה גְּבוּלְכֶֽם׃ לֹא־יִתְיַצֵּ֥ב אִישׁ֙ לְפָנֶ֔יךָ כֹּ֖ל יְמֵ֣י חַיֶּ֑יךָ כַּאֲשֶׁ֨ר הָיִ֤יתִי עִם־מֹשֶׁה֙
ו אֶהְיֶ֣ה עִמָּ֔ךְ לֹ֥א אַרְפְּךָ֖ וְלֹ֥א אֶעֶזְבֶֽךָּ׃ חֲזַ֖ק וֶאֱמָ֑ץ כִּ֣י אַתָּ֗ה תַּנְחִיל֙ אֶת־הָעָ֣ם הַזֶּ֔ה
ז אֶת־הָאָ֕רֶץ אֲשֶׁר־נִשְׁבַּ֥עְתִּי לַאֲבוֹתָ֖ם לָתֵ֥ת לָהֶֽם׃ רַק֩ חֲזַ֨ק וֶאֱמַ֜ץ מְאֹ֗ד לִשְׁמֹ֤ר
לַעֲשׂוֹת֙ כְּכָל־הַתּוֹרָ֗ה אֲשֶׁ֤ר צִוְּךָ֙ מֹשֶׁ֣ה עַבְדִּ֔י אַל־תָּס֥וּר מִמֶּ֖נּוּ יָמִ֣ין וּשְׂמֹ֑אול
ח לְמַ֣עַן תַּשְׂכִּ֔יל בְּכֹ֖ל אֲשֶׁ֥ר תֵּלֵֽךְ׃ לֹֽא־יָמ֡וּשׁ סֵ֩פֶר֩ הַתּוֹרָ֨ה הַזֶּ֜ה מִפִּ֗יךָ וְהָגִ֤יתָ בּוֹ֙
יוֹמָ֣ם וָלַ֔יְלָה לְמַ֙עַן֙ תִּשְׁמֹ֣ר לַעֲשׂ֔וֹת כְּכָל־הַכָּת֖וּב בּ֑וֹ כִּי־אָ֛ז תַּצְלִ֥יחַ אֶת־דְּרָכֶ֖ךָ
ט וְאָ֥ז תַּשְׂכִּֽיל׃ הֲל֤וֹא צִוִּיתִ֙יךָ֙ חֲזַ֣ק וֶאֱמָ֔ץ אַֽל־תַּעֲרֹ֖ץ וְאַל־תֵּחָ֑ת כִּ֤י עִמְּךָ֙ יְהוָ֣ה
י יא אֱלֹהֶ֔יךָ בְּכֹ֖ל אֲשֶׁ֥ר תֵּלֵֽךְ׃ וַיְצַ֣ו יְהוֹשֻׁ֔עַ אֶת־שֹׁטְרֵ֥י הָעָ֖ם לֵאמֹֽר׃ עִבְר֣וּ׀ הספרדים מסיימים כאן
בְּקֶ֣רֶב הַֽמַּחֲנֶ֗ה וְצַוּ֤וּ אֶת־הָעָם֙ לֵאמֹ֔ר הָכִ֥ינוּ לָכֶ֖ם צֵידָ֑ה כִּ֞י בְּע֣וֹד׀ שְׁלֹ֣שֶׁת יָמִ֗ים
אַתֶּם֙ עֹֽבְרִים֙ אֶת־הַיַּרְדֵּ֣ן הַזֶּ֔ה לָבוֹא֙ לָרֶ֣שֶׁת אֶת־הָאָ֔רֶץ אֲשֶׁר֙ יְהוָ֣ה אֱלֹֽהֵיכֶ֔ם
יב נֹתֵ֥ן לָכֶ֖ם לְרִשְׁתָּֽהּ׃ וְלָרֻֽאוּבֵנִי֙ וְלַגָּדִ֔י וְלַחֲצִ֖י שֵׁ֣בֶט הַֽמְנַשֶּׁ֑ה אָמַ֥ר
יג יְהוֹשֻׁ֖עַ לֵאמֹֽר׃ זָכוֹר֙ אֶת־הַדָּבָ֔ר אֲשֶׁ֨ר צִוָּ֥ה אֶתְכֶ֛ם מֹשֶׁ֥ה עֶֽבֶד־יְהוָ֖ה לֵאמֹ֑ר יְהוָ֤ה
יד אֱלֹֽהֵיכֶם֙ מֵנִ֣יחַ לָכֶ֔ם וְנָתַ֥ן לָכֶ֖ם אֶת־הָאָ֥רֶץ הַזֹּֽאת׃ נְשֵׁיכֶ֣ם טַפְּכֶם֮ וּמִקְנֵיכֶם֒ יֵשְׁב֕וּ
בָּאָ֕רֶץ אֲשֶׁ֨ר נָתַ֥ן לָכֶ֛ם מֹשֶׁ֖ה בְּעֵ֣בֶר הַיַּרְדֵּ֑ן וְאַתֶּם֩ תַּעַבְר֨וּ חֲמֻשִׁ֜ים לִפְנֵ֣י אֲחֵיכֶ֗ם

1. מומלץ לעיין גם בדבריו היפים של מוה"ר משה ליכטנשטיין בספרו 'נתיבי נבואה – מבט אל ההפטרות' (ישראל תשע"ה), בהפטרה זו ובהפטרות כל השנה.

טו כֹּל גִּבּוֹרֵי הַחַיִל וַעֲזַרְתֶּם אוֹתָם:עַד אֲשֶׁר־יָנִיחַ יהוה לַאֲחֵיכֶם כָּכֶם וְיָרְשׁוּ גַם־
הֵמָּה אֶת־הָאָרֶץ אֲשֶׁר־יהוה אֱלֹהֵיכֶם נֹתֵן לָהֶם וְשַׁבְתֶּם לְאֶרֶץ יְרֻשַּׁתְכֶם
וִירִשְׁתֶּם אוֹתָהּ אֲשֶׁר נָתַן לָכֶם מֹשֶׁה עֶבֶד יהוה בְּעֵבֶר הַיַּרְדֵּן מִזְרַח הַשָּׁמֶשׁ:
טז וַיַּעֲנוּ אֶת־יְהוֹשֻׁעַ לֵאמֹר כֹּל אֲשֶׁר־צִוִּיתָנוּ נַעֲשֶׂה וְאֶל־כָּל־אֲשֶׁר תִּשְׁלָחֵנוּ נֵלֵךְ:
יז כְּכֹל אֲשֶׁר־שָׁמַעְנוּ אֶל־מֹשֶׁה כֵּן נִשְׁמַע אֵלֶיךָ רַק יִהְיֶה יהוה אֱלֹהֶיךָ עִמָּךְ כַּאֲשֶׁר
יח הָיָה עִם־מֹשֶׁה: כָּל־אִישׁ אֲשֶׁר־יַמְרֶה אֶת־פִּיךָ וְלֹא־יִשְׁמַע אֶת־דְּבָרֶיךָ לְכֹל
אֲשֶׁר־תְּצַוֶּנּוּ יוּמָת רַק חֲזַק וֶאֱמָץ:

א. הקשר בין הפרשה להפטרה – ממשה ליהושע[2]

הקשר כאן מדבר בעד עצמו: הפרשה מסיימת במות משה ובהעברת המנהיגות אל יהושע; גם פרקנו מדבר על העברת המנהיגות ממשה ליהושע, ובהדגשת חלקו של יהושע בהעברה זו.

נציין בקצרה, שעל פי דין התלמוד (מגילה לא ע"א) היה עלינו לקרוא בנביאים את פרשת וַיַּעֲמֹד שְׁלֹמֹה (מל"א ח, כב-נג), שהיא תפילת שלמה לפני ה' בעת חנוכת המקדש. ימי חג הסוכות ושמיני עצרת היו באותה שנה ימי חנוכת המקדש, ותפילת שלמה שעימה. ההפטרה מציינת, כמו בכל החגים, את החג וזמנו, ולא את 'פרשת השבוע'. הפטרתנו מספר יהושע, המתייחסת לפרשה, נקבעה בתקופת הגאונים, וכך נותרה אצלנו, אף שיש מן הראשונים שערערו על כך:

> קורין בוְזֹאת הַבְּרָכָה (דברים לג) ומפטיר בוַיַּעֲמֹד שְׁלֹמֹה (מל"א ח). ויש מקומות שמפטירין בוַיְהִי אַחֲרֵי מוֹת מֹשֶׁה, ואומר ר"י שרב האיי תקנה, והלכה דאין מפטירין רק וַיַּעֲמֹד שְׁלֹמֹה, דאין להפטיר דבר שאינו בתלמוד אם לא ע"י ראיה.
> (תוספות הרא"ש מגילה לא ע"א)

*

מן הפרשה ובעיקר מן ההפטרה עולה לדעתנו התמונה הבאה: משה עלה אל הר העברים שבו מת, כשיהושע לידו, וכפי שעלה בזמנו עם יהושע להר סיני:

2. את עיקרו של המהלך הכתוב בשורות הבאות למדתי מפי אלופי ומיודעי, הרב אהרון פרידמן ראש ישיבת כרם ביבנה.

> וַיָּקָם מֹשֶׁה וִיהוֹשֻׁעַ מְשָׁרְתוֹ, וַיַּעַל מֹשֶׁה אֶל הַר הָאֱלֹהִים: וְאֶל הַזְּקֵנִים אָמַר, שְׁבוּ לָנוּ בָזֶה עַד אֲשֶׁר נָשׁוּב אֲלֵיכֶם, וְהִנֵּה אַהֲרֹן וְחוּר עִמָּכֶם, מִי בַעַל דְּבָרִים – יִגַּשׁ אֲלֵהֶם:

(שמות כד, יג-יד)

לא התפרש בתורה עד היכן עלה יהושע, אך הוא עלה להר סיני; שהה בו במשך כל ארבעים הימים (לא ברור מה אכל ושתה וממה התקיים), וירד עם משה מן ההר בעת מעשה העגל. בארבעים הימים הבאים (האמצעיים), שהה משה עם ה׳ באוהל מועד שמחוץ למחנה (אולי למרגלות הר סיני), וגם שם היה יהושע עימו:

> וּמֹשֶׁה יִקַּח אֶת הָאֹהֶל וְנָטָה לוֹ מִחוּץ לַמַּחֲנֶה הַרְחֵק מִן הַמַּחֲנֶה וְקָרָא לוֹ אֹהֶל מוֹעֵד, וְהָיָה כָּל מְבַקֵּשׁ ה׳ יֵצֵא אֶל אֹהֶל מוֹעֵד אֲשֶׁר מִחוּץ לַמַּחֲנֶה: וְהָיָה כְּצֵאת מֹשֶׁה אֶל הָאֹהֶל יָקוּמוּ כָּל הָעָם וְנִצְּבוּ אִישׁ פֶּתַח אָהֳלוֹ, וְהִבִּיטוּ אַחֲרֵי מֹשֶׁה עַד בֹּאוֹ הָאֹהֱלָה... וְדִבֶּר ה׳ אֶל מֹשֶׁה פָּנִים אֶל פָּנִים, כַּאֲשֶׁר יְדַבֵּר אִישׁ אֶל רֵעֵהוּ, וְשָׁב אֶל הַמַּחֲנֶה, וּמְשָׁרְתוֹ יְהוֹשֻׁעַ בִּן נוּן נַעַר לֹא יָמִישׁ מִתּוֹךְ הָאֹהֶל:

(שם לג, ז-יא)

נראה, שגם להר העברים עלה רק יהושע עם משה, ולהבנתנו עלה עימם גם אחד משני ספרי התורה שמשה כתב. ספר תורה זה היה חסר את שנים עשר פסוקיו האחרונים (החל מוַיַּעַל מֹשֶׁה – דברים לד). על ההר כתב משה ארבעה פסוקים נוספים (עד דברי ה׳ אליו: וְשָׁמָּה לֹא תַעֲבֹר – שם, ד); מסר את ספר התורה ליהושע – ומת. על יהושע היה להשלים את שמונת הפסוקים האחרונים (החל מוַיָּמָת שָׁם מֹשֶׁה – שם, ה).

ה׳ קבר את משה בגיא שלא לעיני יהושע, וכנראה בעת שהענן הפריד בין משה ליהושע כמו בהר סיני, ויהושע שב אל המחנה וספר התורה עימו. הפסוקים הראשונים בפרקנו מתרחשים בעת שיהושע עדיין על הר העברים; הענן כבר הפריד בינו ובין משה, ויהושע עדיין אינו יודע שמשה מת. הוא ממתין, וספר התורה שמסר לו משה בידו. כאן מתחיל פרקנו: ה׳ אומר ליהושע שמשה מת, ושעליו לעבור את הירדן ולהנהיג את בני ישראל אל הארץ. ה׳ אומר לו: מֵהַמִּדְבָּר וְהַלְּבָנוֹן הַזֶּה... (ד); משמע – יהושע רואה את הלבנון בעיניו. זה אינו יכול להיות בערבות מואב, אלא רק בפסגת הר העברים, שמשם ראה משה את כל הארץ. ה׳ אומר לו: לֹא יָמוּשׁ סֵפֶר הַתּוֹרָה הַזֶּה מִפִּיךָ (ח); משמע – יהושע אוחז את הספר בידיו, ועימו הוא יורד מן ההר.

ב. הבטחת הארץ ועזרת ה' בכיבושה בתמורה לדבקות בה' ובתורתו

המקראות הנאמרים ליהושע זהים במידה רבה לדבריו של משה אל העם במשנה תורה:

כִּי אִם שָׁמֹר תִּשְׁמְרוּן אֶת כָּל הַמִּצְוָה הַזֹּאת אֲשֶׁר אָנֹכִי מְצַוֶּה אֶתְכֶם לַעֲשֹׂתָהּ, לְאַהֲבָה אֶת ה' אֱלֹהֵיכֶם לָלֶכֶת בְּכָל דְּרָכָיו וּלְדָבְקָה בוֹ: וְהוֹרִישׁ ה' אֶת כָּל הַגּוֹיִם הָאֵלֶּה מִלִּפְנֵיכֶם, וִירִשְׁתֶּם גּוֹיִם גְּדֹלִים וַעֲצֻמִים מִכֶּם: כָּל הַמָּקוֹם אֲשֶׁר תִּדְרֹךְ כַּף רַגְלְכֶם בּוֹ – לָכֶם יִהְיֶה, מִן הַמִּדְבָּר וְהַלְּבָנוֹן מִן הַנָּהָר נְהַר פְּרָת וְעַד הַיָּם הָאַחֲרוֹן יִהְיֶה גְּבֻלְכֶם:

(דברים יא, כב-כד)

כָּל מָקוֹם אֲשֶׁר תִּדְרֹךְ כַּף רַגְלְכֶם בּוֹ לָכֶם נְתַתִּיו... מֵהַמִּדְבָּר וְהַלְּבָנוֹן הַזֶּה וְעַד הַנָּהָר הַגָּדוֹל נְהַר פְּרָת כֹּל אֶרֶץ הַחִתִּים וְעַד הַיָּם הַגָּדוֹל מְבוֹא הַשָּׁמֶשׁ, יִהְיֶה גְּבוּלְכֶם:

(ג-ד)

הבדל מעניין בין ההבטחות: ההבטחה במשנה תורה מותנה באהבת ה', בהליכה בדרכיו ובדבקות בו; ההבטחה ליהושע מותנה בהגות יומם ולילה בספר התורה. ההבדל אינו מעיד על שוני; אדרבה – מהבדל זה עולה משמעות ההגות המתמדת בספר התורה. הגות זו זהה ומביאה לאהבת ה', להליכה בדרכיו ולדבקות בו.

דמיון נוסף בין משנה תורה לפרקנו. במשנה תורה אומר משה ליהושע:

וַיִּקְרָא מֹשֶׁה לִיהוֹשֻׁעַ וַיֹּאמֶר אֵלָיו לְעֵינֵי כָל יִשְׂרָאֵל, חֲזַק וֶאֱמָץ, כִּי אַתָּה תָּבוֹא אֶת הָעָם הַזֶּה אֶל הָאָרֶץ אֲשֶׁר נִשְׁבַּע ה' לַאֲבֹתָם לָתֵת לָהֶם, וְאַתָּה תַּנְחִילֶנָּה אוֹתָם: וַה' הוּא הַהֹלֵךְ לְפָנֶיךָ הוּא יִהְיֶה עִמָּךְ לֹא יַרְפְּךָ וְלֹא יַעַזְבֶךָּ, לֹא תִירָא וְלֹא תֵחָת: וַיִּכְתֹּב מֹשֶׁה אֶת הַתּוֹרָה הַזֹּאת וַיִּתְּנָהּ אֶל הַכֹּהֲנִים בְּנֵי לֵוִי, הַנֹּשְׂאִים אֶת אֲרוֹן בְּרִית ה', וְאֶל כָּל זִקְנֵי יִשְׂרָאֵל:

(דברים לא, ז-ט)

ובפרקנו אומר לו ה':

לֹא אַרְפְּךָ וְלֹא אֶעֶזְבֶךָּ: חֲזַק וֶאֱמָץ... הֲלוֹא צִוִּיתִיךָ חֲזַק וֶאֱמָץ אַל תַּעֲרֹץ וְאַל תֵּחָת:

(ה-ו; ט)

ושוב, מן השווה אל השונה: במשנה תורה נותן משה בסמוך לדבריו את ספר התורה אל הכוהנים וזקני ישראל לצורך הקריאה בו במעמד הקהל. בפרקנו נותר ספר התורה אצל יהושע (כרמוז לעיל, היו שם שני ספרי תורה) לקרוא בו יומם ולילה, וההדבקות בו תלויה במנהיג ולא בעם ובנציגיו. שתי התמונות משלימות זו את זו.

*

נעיר בקצרה על דרשה נוספת בפסוקים, שאינה לגמרי מעניין הפטרתנו:[3]

רבי אלעזר בן עזריה דרש את חיוב הזכרת יציאת מצרים בלילות:

> מזכירין יציאת מצרים בלילות. אמר רבי אלעזר בן עזריה: הרי אני כבן שבעים שנה, ולא זכיתי שתאמר יציאת מצרים בלילות עד שדרשה בן זומא. שנאמר: לְמַעַן תִּזְכֹּר אֶת יוֹם צֵאתְךָ מֵאֶרֶץ מִצְרַיִם כֹּל יְמֵי חַיֶּיךָ (דברים טז, ג). יְמֵי חַיֶּיךָ – הימים, כֹּל יְמֵי חַיֶּיךָ – הלילות.

(משנה ברכות א, ה)

הקורא תוהה איך נדרוש מן המילה כֹּל את החיוב אף בלילות. כדי לענות על כך, נתבונן במצוות המלך ללמוד את ספר התורה שעימו – וְהָיְתָה עִמּוֹ וְקָרָא בוֹ כָּל יְמֵי חַיָּיו (דברים יז, יט). בהפטרתנו, התפרשה מצווה זו בדברי ה׳ אל יהושע:

> לֹא יָמוּשׁ סֵפֶר הַתּוֹרָה הַזֶּה מִפִּיךָ וְהָגִיתָ בּוֹ יוֹמָם וָלַיְלָה:

(א, ח)

משמע – כָּל יְמֵי חַיָּיו בא לרבות גם את הלילה ללימוד, בנוסף ליומם.

אם כנים דברינו, זכינו לחבר את הפטרתנו לא רק לפרשת וזאת הברכה, אלא גם לשמחת התורה, בלימודה יומם ולילה.

ג. (רַק) חֲזַק וֶאֱמָץ – דין מורד במלכות

שלוש פעמים (פסוקים ו, ז, ט) מופיעה בפרקנו דרישת ה׳ מיהושע: חֲזַק וֶאֱמָץ. היא תֵּאָמֵר פעם רביעית מפי העם, מנציגי שניים וחצי השבטים בפסוק יח:

3. גם כאן דברים שלמדתי מאלופי ומיודעי הרב אהרון פרידמן.

כָּל אִישׁ אֲשֶׁר יַמְרֶה אֶת פִּיךָ וְלֹא יִשְׁמַע אֶת דְּבָרֶיךָ לְכֹל אֲשֶׁר תְּצַוֶּנּוּ – יוּמָת, רַק חֲזַק וֶאֱמָץ:

חז"ל למדו מפסוק זה שתי הלכות:

ההלכה הראשונה – זכותו של המנהיג להמית את מי שממרה את דברו. הרמב"ם (הלכות מלכים ומלחמותיהם ג, ח) מביא הלכה זו על מלך, ואכן לשיטתו (פירוש המשנה יומא ז, ה) היו ליהושע דיני מלך. הר"ן בדרשותיו (יא) רואה ביהושע מנהיג, אך לא מלך. מה אפוא טיב זכותו להרוג את מי שימרה את פיו?

נראה, שעיקר דין זה נאמר על מנהיג העם במלחמה, מפקד הצבא. בעת מלחמה, ההסתכנות מחמת המראת פי המנהיג היא הסתכנות בתבוסה במלחמה, תבוסה העלולה להביא בעקבותיה מוות, אלמנות, שכול ויתמות בממדים עצומים. הצורך לתת כלי הרתעה חיוני זה בידי המנהיג הוא צורך חיוני עבור העם כולו. יהושע קיבל אותו כאן כמנהיג העם למלחמה הארוכה והמתישה עם עמי כנען, וממנו נלמד הדבר לדורות.

הסמכות ניתנה כאן ליהושע כדי לפעול בה נגד שבט או משפחה (משניים וחצי השבטים שנחלו במזרח, כמתבקש) שינסה להיאחז בנחלתו שבעבר הירדן, ולא יעבור להילחם עם כל העם במערב הירדן. משה חרד, שחטא כזה עלול להביא להתחדשות המצב שהיה בעת חטא המרגלים, שהביא למות המעפילים ולדחיית הכניסה לארץ בדור שלם. מנסיבות חמורות אלו ניתן לכאורה להסיק, שעל המנהיג להימנע מאצבע קלה על ההדק ומדיני נפשות בכל הממרה את פיו.[4]

ההלכה השנייה נלמדת מן המיעוט רַק שבפסוק, שאין חובה לשמוע בקול המלך או המנהיג כשהוא מבקש לעבור על דברי תורה. כך פסק הרמב"ם:

המבטל גזרת המלך בשביל שנתעסק במצות, אפילו במצוה קלה – הרי זה פטור; דברי הרב ודברי העבד – דברי הרב קודמין, ואין צריך לומר אם גזר המלך לבטל מצוה – שאין שומעין לו.

(הלכות מלכים ומלחמותיהם ג, ט)

הגמרא הוכיחה הלכה זו (גם) מעבדי שאול, אבנר ועמשא, שסירבו לקיים את הוראתו

4. יש כאן מקום לצלול לעומק סוגיית הריגת אוריה החתי על כך שהמרה את פי דוד, ולא ירד לביתו בעת שדוד שלחו לשם. זוהי סוגיה ארוכה, ואין כאן מקומה. עיינו בספרנו 'דוד ובת שבע – החטא, העונש והתיקון' (אלון שבות תשס"ב), עמ' 45-58.

להרוג את כוהני נוב, שסייעו לדוד בעת שנמלט מפני שאול (שמ"א כב, טו-טז), וטענה שלמדו זאת מן הפסוק בפרקנו:

> וְהֵשִׁיב ה' אֶת דָּמוֹ (= של יואב) עַל רֹאשׁוֹ אֲשֶׁר פָּגַע בִּשְׁנֵי אֲנָשִׁים צַדִּקִים וְטֹבִים מִמֶּנּוּ (= אבנר ועמשא) (מל"א ב, לב), טובים – שהיו דורשין אכין ורקין והוא לא דרש.
>
> (סנהדרין מט ע"א)

> שהם דרשו אכין ורקין – שלא לקיים מצות המלך לעבור על דברי תורה, עמשא כדאמרן, אבנר – כשאמר לו שאול לעבדיו: סֹבּוּ וְהָמִיתוּ כֹּהֲנֵי ה' וגו' (שמ"א כב, יז), וכתיב: וְלֹא אָבוּ עַבְדֵי הַמֶּלֶךְ לִשְׁלֹחַ אֶת יָדָם לִפְגֹעַ וגו' (שם).
>
> (רש"י שם)

כוונת הגמרא ל'רַק' חֲזַק וֶאֱמָץ שנאמר בפרקנו מפי נציגי שניים וחצי השבטים בהצהרת הנאמנות (המוגבלת) לצו של יהושע. ננסה לחבר דרשה זו גם לפשוטו של מקרא בפרקנו. נשוב לפסוקי חֲזַק וֶאֱמָץ הראשונים:

> חֲזַק וֶאֱמָץ כִּי אַתָּה תַּנְחִיל אֶת הָעָם הַזֶּה אֶת הָאָרֶץ:
> רַק חֲזַק וֶאֱמַץ מְאֹד לִשְׁמֹר לַעֲשׂוֹת כְּכָל הַתּוֹרָה אֲשֶׁר צִוְּךָ מֹשֶׁה עַבְדִּי:
> הֲלוֹא צִוִּיתִיךָ חֲזַק וֶאֱמָץ אַל תַּעֲרֹץ וְאַל תֵּחָת:
>
> (ו; ז; ט)

הפסוק הראשון והשלישי דורשים חֲזַק וֶאֱמָץ במלחמת כיבוש הארץ. הפסוק השני דורש חֲזַק וֶאֱמָץ על שמירת התורה והמצוות. פסוק זה עדיף על השניים האחרים משום שהוא מורה: חֲזַק וֶאֱמָץ מְאֹד. ניתן להבין ממנו, ששמירת התורה קודמת לכל צו אחר של המנהיג. עוד נוסף בפסוק זה: רַק חֲזַק וֶאֱמַץ מְאֹד. מזה ניתן ללמוד, ששמירת התורה באה למעט כל חֲזַק וֶאֱמָץ שממנו עולה דבר המנוגד לשמירת התורה.[5]

5. עיינו בדברינו על הפטרת יום ראשון של פסח. אנו דנים שם על 'התנגשות' אפשרית בין צו המלחמה בחֲזַק וֶאֱמַץ לבין הצו ללמוד תורה בביטוי דומה, ועל פתרונה של 'התנגשות' זו.

ד. שְׁלֹשֶׁת יָמִים

וַיְצַו יְהוֹשֻׁעַ אֶת שֹׁטְרֵי הָעָם לֵאמֹר: עִבְרוּ בְּקֶרֶב הַמַּחֲנֶה וְצַוּוּ אֶת הָעָם לֵאמֹר, הָכִינוּ לָכֶם צֵידָה, כִּי בְּעוֹד שְׁלֹשֶׁת יָמִים אַתֶּם עֹבְרִים אֶת הַיַּרְדֵּן הַזֶּה...
(י–יא)

יהושע מבקש מן העם להתכונן למעבר הירדן בעוד שלושת ימים. האומנם נועדו שלושת הימים רק להכנת צידה? לכאורה, מתבקש להשוות פסוק זה לנאמר ערב מעמד הר סיני:

וַיֹּאמֶר אֶל הָעָם, הֱיוּ נְכֹנִים לִשְׁלֹשֶׁת יָמִים – אַל תִּגְּשׁוּ אֶל אִשָּׁה:
(שמות יט, טו)

במעמד הר סיני דרשה ההכנה גם קדושה וטהרה לקראת המעמד. מעבר הירדן שיהושע מכין אליו את העם אינו רק מעשה טכני או אסטרטגי. הוא כולל גם את התגלות ה׳, אדון כל הארץ, באמצעות נשיאת ארון הברית בעת המעבר ועצירת מי הירדן. גם כיבוש יריחו דומה למעמד הר סיני בהתגלות מלאך ה׳ בשערי יריחו כהתגלותו בסנה, בשתים עשרה האבנים הגדולות שהוקמו גם בהר סיני וגם ליד הירדן. ההשוואה עולה בעיקר בפסוקים הבאים:

בִּמְשֹׁךְ הַיֹּבֵל הֵמָּה יַעֲלוּ בָהָר: (שם, יג)

וְהָיָה בִּמְשֹׁךְ בְּקֶרֶן הַיּוֹבֵל... וְנָפְלָה חוֹמַת הָעִיר תַּחְתֶּיהָ וְעָלוּ הָעָם אִישׁ נֶגְדּוֹ:
(ו, ה)

מסתבר אפוא, שגם זו הייתה מטרת שלושת הימים שציווה יהושע את העם.

*

על פי החשבון הפשוט החלו שלושת ימים אלו בז׳ בניסן של שנת הארבעים, שהרי שלושה ימים אחר כך חצו בני ישראל את הירדן:

וְהָעָם עָלוּ מִן הַיַּרְדֵּן בֶּעָשׂוֹר לַחֹדֶשׁ הָרִאשׁוֹן וַיַּחֲנוּ בַּגִּלְגָּל בִּקְצֵה מִזְרַח יְרִיחוֹ:
(ד, יט)

נקבל את ההנחה, ששלושת הימים הנידונים היו רצופים לסיום שלושים ימי האבל על משה (שמת בז׳ באדר, על פי מסורת חז״ל, ראו מגילה יג ע״ב) עד שתמו:

וַיִּבְכּוּ בְנֵי יִשְׂרָאֵל אֶת מֹשֶׁה בְּעַרְבֹת מוֹאָב שְׁלֹשִׁים יוֹם וַיִּתְּמוּ יְמֵי בְכִי אֵבֶל מֹשֶׁה:
(דברים לד, ח)

ניתן לומר, שבשלושת ימי הכנת הצידה הלכו שני מרגלי יהושע ליריחו, אך דחיסת הזמן לגביהם תהיה גדולה, שהרי התחבאו בהר שממערב ליריחו שלושה ימים. לכן נראה לנו שעדיף לומר, שהמרגלים יצאו לדרכם עוד לפני שתמו ימי בכי אבל משה.

ה. ההבטחה לשנים וחצי השבטים

וְלָראוּבֵנִי וְלַגָּדִי וְלַחֲצִי שֵׁבֶט הַמְנַשֶּׁה אָמַר יְהוֹשֻׁעַ לֵאמֹר: זָכוֹר אֶת הַדָּבָר אֲשֶׁר צִוָּה אֶתְכֶם מֹשֶׁה עֶבֶד ה׳... וְאַתֶּם תַּעַבְרוּ חֲמֻשִׁים לִפְנֵי אֲחֵיכֶם כֹּל גִּבּוֹרֵי הַחַיִל, וַעֲזַרְתֶּם אוֹתָם:
(יב-יד)

יש לנו כאן דוגמה מובהקת לכלל שדברי תורה עניים במקום אחד ועשירים במקום אחר, וכך המקרא מפרש את עצמו. בתורה (במדבר לב) רק ראובן וגד נושאים נותנים עם משה ומבטיחים לו לעבור חלוצים. חצי שבט המנשה נספח שם רק לנחלת חלקו בעבר הירדם המזרחי, אך לא למשא ומתן על ההתחייבות לעבור חלוצים. הוא לא ביקש להישאר בעבר הירדן בגלל מקנהו, וכנראה נספח לעבר הירדן המזרחי מסיבות אחרות.[6] כאן עולה, שגם בני חצי שבט המנשה התחייבו לעבור חלוצים לפני העם, ויהושע תובע זאת ממנו יחד עם תביעתו משבט ראובן ומשבט גד.

תשובתם של שנים וחצי השבטים הייתה מבחן המנהיגות הראשון של יהושע אחרי מות משה. יכולתו של יהושע לעמוס על שכמו את תפקידו של משה בהנהגת העם לא הייתה מובנת מאליה על אף שהקב״ה עצמו בחר בו, ומשה סמך עליו את ידיו, ואמר לו לעיני כל ישראל חֲזַק וֶאֱמָץ, והוא התלווה אל משה להר סיני ולאוהל מועד הנבדל מן המחנה, ולמרות הנהגתו את העם במלחמת עמלק ברפידים. יכולתו לעמוד כמנהיג במקום משה לא הייתה מובנת מאליה משתי סיבות:

6. בספרנו ׳כי קרוב אליך – במדבר׳ (ישראל 2014), עמ׳ 648-657, הרחבנו על הסיבה לנחלתו בעבר הירדן המזרחי, בנחלת עוג מלך הבשן.

א. גדולתו של משה הייתה יחידה במינה לדורות עולם; בעיקר לשיטת הרמב"ם, שראה בנבואתו קרבת אלוהים שאין דומה לה. היא באה לידי ביטוי ביציאת מצרים ובקריעת ים סוף; במתן תורה ובחטא העגל; בארבעים שנות המדבר ובמלחמת סיחון ועוג. היא העלתה סימן שאלה על יכולתו של יהושע לעמוד במקומו. על המעבר לימי יהושע אמרו חז"ל:

> זקנים שבאותו הדור אמרו: פני משה כפני חמה, פני יהושע כפני לבנה, אוי לה לאותה בושה, אוי לה לאותה כלימה.

(בבא בתרא עה ע"א)

> מיד תשש כחו של יהושע, ונשתכחו ממנו שלש מאות הלכות, ונולדו לו שבע מאות ספיקות, ועמדו כל ישראל להרגו... במתניתין תנא: אלף ושבע מאות קלין וחמורין, וגזירות שוות, ודקדוקי סופרים נשתכחו בימי אבלו של משה.

(תמורה טז ע"א)

ב. על יהושע היה להוביל את העם על משפחותיו למלחמה מתישה בת ארבע עשרה שנים, למפגש עם תרבות אלילית במלוא עוצמתה ולקבלת נחלת הארץ 'בין רב למעט'. המשימה להחזיק את שבטי ישראל השונים כעם אחד בתקופה כה קשה היא משימה קשה מאוד.

תשובתם הנחרצת של שנים וחצי השבטים ליהושע, אישורם את הבטחתם וקבלתם את מנהיגותו ללא עוררין – הם חלון להשקיף דרכו על עמדת חז"ל על שבחי דורו של יהושע:

> וְהֶבֶל הַיֹּפִי – זה דורו של יהושע.

(סנהדרין כ ע"א)

הפטרת יום ראשון של ראש השנה

א

א וַיְהִי אִישׁ אֶחָד מִן־הָרָמָתַיִם צוֹפִים מֵהַר אֶפְרָיִם וּשְׁמוֹ אֶלְקָנָה בֶּן־יְרֹחָם בֶּן־
ב אֱלִיהוּא בֶּן־תֹּחוּ בֶן־צוּף אֶפְרָתִי: וְלוֹ שְׁתֵּי נָשִׁים שֵׁם אַחַת חַנָּה וְשֵׁם הַשֵּׁנִית
ג פְּנִנָּה וַיְהִי לִפְנִנָּה יְלָדִים וּלְחַנָּה אֵין יְלָדִים: וְעָלָה הָאִישׁ הַהוּא מֵעִירוֹ מִיָּמִים
יָמִימָה לְהִשְׁתַּחֲוֺת וְלִזְבֹּחַ לַיהוה צְבָאוֹת בְּשִׁלֹה וְשָׁם שְׁנֵי בְנֵי־עֵלִי חָפְנִי וּפִנְחָס
ד כֹּהֲנִים לַיהוה: וַיְהִי הַיּוֹם וַיִּזְבַּח אֶלְקָנָה וְנָתַן לִפְנִנָּה אִשְׁתּוֹ וּלְכָל־בָּנֶיהָ וּבְנוֹתֶיהָ
ה ו מָנוֹת: וּלְחַנָּה יִתֵּן מָנָה אַחַת אַפָּיִם כִּי אֶת־חַנָּה אָהֵב וַיהוה סָגַר רַחְמָהּ: וְכִעֲסַתָּה
ז צָרָתָהּ גַּם־כַּעַס בַּעֲבוּר הַרְּעִמָהּ כִּי־סָגַר יהוה בְּעַד רַחְמָהּ: וְכֵן יַעֲשֶׂה שָׁנָה בְשָׁנָה
ח מִדֵּי עֲלֹתָהּ בְּבֵית יהוה כֵּן תַּכְעִסֶנָּה וַתִּבְכֶּה וְלֹא תֹאכַל: וַיֹּאמֶר לָהּ אֶלְקָנָה
אִישָׁהּ חַנָּה לָמֶה תִבְכִּי וְלָמֶה לֹא תֹאכְלִי וְלָמֶה יֵרַע לְבָבֵךְ הֲלוֹא אָנֹכִי טוֹב לָךְ
ט מֵעֲשָׂרָה בָּנִים: וַתָּקָם חַנָּה אַחֲרֵי אָכְלָה בְשִׁלֹה וְאַחֲרֵי שָׁתֹה וְעֵלִי הַכֹּהֵן יֹשֵׁב
י עַל־הַכִּסֵּא עַל־מְזוּזַת הֵיכַל יהוה: וְהִיא מָרַת נָפֶשׁ וַתִּתְפַּלֵּל עַל־יהוה וּבָכֹה
יא תִבְכֶּה: וַתִּדֹּר נֶדֶר וַתֹּאמַר יהוה צְבָאוֹת אִם־רָאֹה תִרְאֶה בָּעֳנִי אֲמָתֶךָ וּזְכַרְתַּנִי
וְלֹא־תִשְׁכַּח אֶת־אֲמָתֶךָ וְנָתַתָּה לַאֲמָתְךָ זֶרַע אֲנָשִׁים וּנְתַתִּיו לַיהוה כָּל־יְמֵי
יב חַיָּיו וּמוֹרָה לֹא־יַעֲלֶה עַל־רֹאשׁוֹ: וְהָיָה כִּי הִרְבְּתָה לְהִתְפַּלֵּל לִפְנֵי יהוה וְעֵלִי
יג שֹׁמֵר אֶת־פִּיהָ: וְחַנָּה הִיא מְדַבֶּרֶת עַל־לִבָּהּ רַק שְׂפָתֶיהָ נָּעוֹת וְקוֹלָהּ לֹא יִשָּׁמֵעַ
יד וַיַּחְשְׁבֶהָ עֵלִי לְשִׁכֹּרָה: וַיֹּאמֶר אֵלֶיהָ עֵלִי עַד־מָתַי תִּשְׁתַּכָּרִין הָסִירִי אֶת־יֵינֵךְ
טו מֵעָלָיִךְ: וַתַּעַן חַנָּה וַתֹּאמֶר לֹא אֲדֹנִי אִשָּׁה קְשַׁת־רוּחַ אָנֹכִי וְיַיִן וְשֵׁכָר לֹא שָׁתִיתִי
טז וָאֶשְׁפֹּךְ אֶת־נַפְשִׁי לִפְנֵי יהוה: אַל־תִּתֵּן אֶת־אֲמָתְךָ לִפְנֵי בַּת־בְּלִיָּעַל כִּי־מֵרֹב
יז שִׂיחִי וְכַעְסִי דִּבַּרְתִּי עַד־הֵנָּה: וַיַּעַן עֵלִי וַיֹּאמֶר לְכִי לְשָׁלוֹם וֵאלֹהֵי יִשְׂרָאֵל יִתֵּן
יח אֶת־שֵׁלָתֵךְ אֲשֶׁר שָׁאַלְתְּ מֵעִמּוֹ: וַתֹּאמֶר תִּמְצָא שִׁפְחָתְךָ חֵן בְּעֵינֶיךָ וַתֵּלֶךְ
יט הָאִשָּׁה לְדַרְכָּהּ וַתֹּאכַל וּפָנֶיהָ לֹא־הָיוּ־לָהּ עוֹד: וַיַּשְׁכִּמוּ בַבֹּקֶר וַיִּשְׁתַּחֲווּ לִפְנֵי
יהוה וַיָּשֻׁבוּ וַיָּבֹאוּ אֶל־בֵּיתָם הָרָמָתָה וַיֵּדַע אֶלְקָנָה אֶת־חַנָּה אִשְׁתּוֹ וַיִּזְכְּרֶהָ

כ יהוה: וַיְהִי לִתְקֻפוֹת הַיָּמִים וַתַּהַר חַנָּה וַתֵּלֶד בֵּן וַתִּקְרָא אֶת־שְׁמוֹ שְׁמוּאֵל כִּי
כא מֵיהוה שְׁאִלְתִּיו: וַיַּעַל הָאִישׁ אֶלְקָנָה וְכָל־בֵּיתוֹ לִזְבֹּחַ לַיהוה אֶת־זֶבַח הַיָּמִים
כב וְאֶת־נִדְרוֹ: וְחַנָּה לֹא עָלָתָה כִּי־אָמְרָה לְאִישָׁהּ עַד יִגָּמֵל הַנַּעַר וַהֲבִאֹתִיו וְנִרְאָה
כג אֶת־פְּנֵי יהוה וְיָשַׁב שָׁם עַד־עוֹלָם: וַיֹּאמֶר לָהּ אֶלְקָנָה אִישָׁהּ עֲשִׂי הַטּוֹב בְּעֵינַיִךְ
שְׁבִי עַד־גָּמְלֵךְ אֹתוֹ אַךְ יָקֵם יהוה אֶת־דְּבָרוֹ וַתֵּשֶׁב הָאִשָּׁה וַתֵּינֶק אֶת־בְּנָהּ עַד־
כד גָּמְלָהּ אֹתוֹ: וַתַּעֲלֵהוּ עִמָּהּ כַּאֲשֶׁר גְּמָלַתּוּ בְּפָרִים שְׁלֹשָׁה וְאֵיפָה אַחַת קֶמַח
כה וְנֵבֶל יַיִן וַתְּבִאֵהוּ בֵית־יהוה שִׁלוֹ וְהַנַּעַר נָעַר: וַיִּשְׁחֲטוּ אֶת־הַפָּר וַיָּבִאוּ אֶת־
כו הַנַּעַר אֶל־עֵלִי: וַתֹּאמֶר בִּי אֲדֹנִי חֵי נַפְשְׁךָ אֲדֹנִי אֲנִי הָאִשָּׁה הַנִּצֶּבֶת עִמְּכָה בָּזֶה
כז לְהִתְפַּלֵּל אֶל־יהוה: אֶל־הַנַּעַר הַזֶּה הִתְפַּלָּלְתִּי וַיִּתֵּן יהוה לִי אֶת־שְׁאֵלָתִי אֲשֶׁר
כח שָׁאַלְתִּי מֵעִמּוֹ: וְגַם אָנֹכִי הִשְׁאִלְתִּהוּ לַיהוה כָּל־הַיָּמִים אֲשֶׁר הָיָה הוּא שָׁאוּל
ב א לַיהוה וַיִּשְׁתַּחוּ שָׁם לַיהוה: וַתִּתְפַּלֵּל חַנָּה וַתֹּאמַר עָלַץ לִבִּי
ב בַּיהוה רָמָה קַרְנִי בַּיהוה רָחַב פִּי עַל־אוֹיְבַי כִּי שָׂמַחְתִּי בִּישׁוּעָתֶךָ: אֵין־קָדוֹשׁ
ג כַּיהוה כִּי־אֵין בִּלְתֶּךָ וְאֵין צוּר כֵּאלֹהֵינוּ: אַל־תַּרְבּוּ תְדַבְּרוּ גְּבֹהָה גְבֹהָה יֵצֵא
ד עָתָק מִפִּיכֶם כִּי אֵל דֵּעוֹת יהוה וְלוֹ נִתְכְּנוּ עֲלִלוֹת: קֶשֶׁת גִּבֹּרִים חַתִּים וְנִכְשָׁלִים
ה אָזְרוּ חָיִל: שְׂבֵעִים בַּלֶּחֶם נִשְׂכָּרוּ וּרְעֵבִים חָדֵלּוּ עַד־עֲקָרָה יָלְדָה שִׁבְעָה וְרַבַּת
ו ז בָּנִים אֻמְלָלָה: יהוה מֵמִית וּמְחַיֶּה מוֹרִיד שְׁאוֹל וַיָּעַל: יהוה מוֹרִישׁ וּמַעֲשִׁיר
ח מַשְׁפִּיל אַף־מְרוֹמֵם: מֵקִים מֵעָפָר דָּל מֵאַשְׁפֹּת יָרִים אֶבְיוֹן לְהוֹשִׁיב עִם־נְדִיבִים
ט וְכִסֵּא כָבוֹד יַנְחִלֵם כִּי לַיהוה מְצֻקֵי אֶרֶץ וַיָּשֶׁת עֲלֵיהֶם תֵּבֵל: רַגְלֵי חֲסִידָו יִשְׁמֹר
י וּרְשָׁעִים בַּחֹשֶׁךְ יִדָּמּוּ כִּי־לֹא בְכֹחַ יִגְבַּר־אִישׁ: יהוה יֵחַתּוּ מְרִיבָו עָלָו בַּשָּׁמַיִם
יַרְעֵם יהוה יָדִין אַפְסֵי־אָרֶץ וְיִתֶּן־עֹז לְמַלְכּוֹ וְיָרֵם קֶרֶן מְשִׁיחוֹ:

א. הקשר בין ההפטרה לקריאת התורה וליום

בראש השנה (קוראים) בַּחֹדֶשׁ הַשְּׁבִיעִי (ויקרא כג, כד), ומפטירין: הֲבֵן יַקִּיר לִי אֶפְרַיִם (ירמיהו לא, יט), ויש אומרים: וַה׳ פָּקַד אֶת שָׂרָה (בראשית כא, א), ומפטירין בחנה (שמ״א א). והאידנא דאיכא תרי יומי (= ועתה, כשיש שני ימים של ראש השנה), יומא קמא (= יום ראשון) – כיש אומרים, למחר – וְהָאֱלֹהִים נִסָּה אֶת אַבְרָהָם (בראשית כב), ומפטירין הֲבֵן יַקִּיר.

(מגילה לא ע״א)

קריאת התורה שהפטרתנו מתייחסת אליה, מספרת על ה׳, שפקד את שרה העקרה,

ונתן לה בן. בהפטרתנו פקד ה׳ את חנה ונתן לה בן. הגמרא (ראש השנה י ע״ב) אומרת, ששתיהן (ורחל עמהן) נפקדו בראש השנה. חנה הקדישה את בנה לה׳ מיום לידתו, וגם יצחק בן שרה הוקדש לעבודת ה׳ בעת עקדתו.

אפשר, שנוכל למצוא קשר נוסף וכבד משקל בין הפטרתנו ליום ראש השנה, והוא תפילת חנה:

קֶשֶׁת גִּבֹּרִים חַתִּים, וְנִכְשָׁלִים אָזְרוּ חָיִל: שְׂבֵעִים בַּלֶּחֶם נִשְׂכָּרוּ, וּרְעֵבִים חָדֵלּוּ, עַד עֲקָרָה יָלְדָה שִׁבְעָה, וְרַבַּת בָּנִים אֻמְלָלָה: ה׳ מֵמִית וּמְחַיֶּה, מוֹרִיד שְׁאוֹל וַיָּעַל: ה׳ מוֹרִישׁ וּמַעֲשִׁיר, מַשְׁפִּיל אַף מְרוֹמֵם: מֵקִים מֵעָפָר דָּל, מֵאַשְׁפֹּת יָרִים אֶבְיוֹן...

(ב, ד-ח)

תוכנה של התפילה קרוב מאוד לדברי רבי אמנון ממגנצא, ברשות שחיבר לקדושה של מוסף של ראש השנה:

בראש השנה ייכתבון, וביום צום כיפור יֵחָתמון... מי יחיה ומי ימות, מי בקִצו ומי לא בקִצו... מי ינוח ומי ינוע, מי יִשָּׁקט ומי יִטָּרף, מי יִשָּׁלו ומי יתיַסָּר, מי יֵעָני ומי יֵעָשר, מי יִשָּׁפל ומי יָרום.

(׳ונתנה תוקף׳)

גם בתפילתה של חנה ניכרת אימת יום הדין יחד עם התקווה הגדולה לשינוי רוע הגזרה על חנה העקרה ועל ישראל הנרמסים בידי הפלשתים.

ב. אלקנה

וַיְהִי אִישׁ אֶחָד מִן הָרָמָתַיִם צוֹפִים מֵהַר אֶפְרָיִם וּשְׁמוֹ אֶלְקָנָה בֶּן יְרֹחָם בֶּן אֱלִיהוּא בֶּן תֹּחוּ בֶן צוּף, אֶפְרָתִי...
וְעָלָה הָאִישׁ הַהוּא מֵעִירוֹ מִיָּמִים יָמִימָה לְהִשְׁתַּחֲוֹת וְלִזְבֹּחַ לַה׳ צְבָאוֹת בְּשִׁלֹה...

(א, א-ג)

רמתיים צופים, עירו של אלקנה, מזוהה במערב נחלת בנימין (קרוב לגבול הדרום-מערבי של נחלת אפרים), ולכן הוא נקרא ׳אפרתי׳. ייחוסו המלא (דהי״א ו, יח-כג) מלמד, שאלקנה היה מבני בניו של קורח ומזרעו של קהת בן לוי. המקראות מדגישים, שאלקנה היה נאמן למצוות העלייה לרגל למשכן ה׳ בשילה. גם חז״ל ייחסו לאלקנה עיסוק מיוחד בעלייה לרגל:

אמר ר' זעירא, אם נזדקנה אומתך, עמוד וגדרה, כשם שעשה אלקנה, שהיה מדריך את ישראל לפעמי רגלים. הדא הוא דכתיב: וְעָלָה הָאִישׁ הַהוּא מֵעִירוֹ [מִיָּמִים יָמִימָה לְהִשְׁתַּחֲוֹת וְלִזְבֹּחַ לַה' צְבָאוֹת בְּשִׁלֹה].
(ירושלמי ברכות פ"ט, ה"ה)

בהמשך להפטרתנו מתארים המקראות את מעשי בני עלי, חפני ופינחס, ואת עריצותם במשכן. התנהגותם של בני עלי מבארת היטב, מדוע חדלו ישראל לעלות לרגל לשילה באותה עת, וכנראה, שביקשו לעצמם תחליפים למשכן גם ב'מקדשים' לאלים אחרים, וכמתואר בתהלים, שהדור שלפני חורבן משכן שילה המיר את ה' באלים אחרים:

וַיַּכְעִיסוּהוּ בְּבָמוֹתָם, וּבִפְסִילֵיהֶם יַקְנִיאוּהוּ: שָׁמַע אֱלֹהִים וַיִּתְעַבָּר, וַיִּמְאַס מְאֹד בְּיִשְׂרָאֵל: וַיִּטֹּשׁ מִשְׁכַּן שִׁלוֹ, אֹהֶל שִׁכֵּן בָּאָדָם: וַיִּתֵּן לַשְּׁבִי עֻזּוֹ, וְתִפְאַרְתּוֹ בְיַד צָר:
(תהלים עח, נח-סא)

אלקנה המשיך לנסות ולחבב על עם ישראל את העלייה לרגל למשכן שילה. על פי מדרשים רבים בחז"ל, הוא היה איש האלוהים, שניבא על חורבן בית עלי:

אלקנה נקרא 'איש אלהים' – וַיָּבֹא אִישׁ אֱלֹהִים אֶל עֵלִי... (שמ"א ב, כז).
(ספרי דברים שמב)

ג. חנה ופנינה

וְלוֹ שְׁתֵּי נָשִׁים, שֵׁם אַחַת חַנָּה, וְשֵׁם הַשֵּׁנִית פְּנִנָּה, וַיְהִי לִפְנִנָּה יְלָדִים, וּלְחַנָּה אֵין יְלָדִים:
(א, ב)

וַיְהִי הַיּוֹם, וַיִּזְבַּח אֶלְקָנָה, וְנָתַן לִפְנִנָּה אִשְׁתּוֹ וּלְכָל בָּנֶיהָ וּבְנוֹתֶיהָ מָנוֹת: וּלְחַנָּה יִתֵּן מָנָה אַחַת אַפָּיִם, כִּי אֶת חַנָּה אָהֵב, וַה' סָגַר רַחְמָהּ: וְכִעֲסַתָּה צָרָתָהּ גַּם כַּעַס בַּעֲבוּר הַרְּעִמָהּ, כִּי סָגַר ה' בְּעַד רַחְמָהּ: וְכֵן יַעֲשֶׂה שָׁנָה בְשָׁנָה, מִדֵּי עֲלֹתָהּ בְּבֵית ה' כֵּן תַּכְעִסֶנָּה, וַתִּבְכֶּה וְלֹא תֹאכַל:
(שם, ד-ז)

כמו בביתו של יעקב אבינו גם בביתו של אלקנה האישה האהובה הייתה עקרה, והאישה שהייתה אהובה פחות זכתה לילדים. מצב כזה יוצר באופן טבעי מתח רב.

מלבד רצונו הטבעי של האב לשהות עם ילדיו, אֵם הילדים גוררת אותו לסייע לה לטפל בהם, ומנסה אגב כך לנתק אותו מאשתו האהובה, ולהיות יחד עימה. מתח זה היה קיים בין רחל ללאה, והוא קיים בעוצמה רבה יותר בין חנה ופנינה, שלא היו אחיות. אהבתו היתרה של אלקנה לחנה ניכרה במיוחד בעת חלוקת בשר הזבח בין נשיו בעת העלייה לרגל, ושם גם הכעיסה פנינה את חנה, על כך שאין לה ילדים. על פי המשך המעשה, אפשר, שהיה גורם נוסף שהביא את פנינה להכעיס את חנה דווקא בעת העלייה לרגל לשילה. חנה, כמו רבקה ורחל וכמו עקרות צדיקות אחרות, התפללה לה׳ שיגאלנה מעקרותה. נוכל להניח, שהיא שָׂמה את עיקר יהבה על תפילותיה מול ה׳ במשכנו, ואפשר, שבגללה היה אלקנה כה נאמן למצוות העלייה לרגל, כדי להיראות את פני ה׳ ולהתפלל לפניו. מתגובתה הלעגנית של פנינה ניתן להסיק, שחנה שבה מן המשכן פעם אחר פעם מאוכזבת ומרת נפש, ובתחושה שתפילתה לא התקבלה.

אפשר, שנוכל לקשור זאת לדרך שבה ניהלו שני בני עלי את המשכן, כשלא הניחו לאיש לעמוד במשכן ולהתפלל לה׳, איש על נֶגַע לבבו, ובוודאי שלא הניחו לאישה לעשות זאת. כל הבא אל המשכן היה צריך לספר לבני עלי את נֶגַע לבבו, והם התפללו בעבורו תמורת ׳פדיון׳, ובלשון גלויה יותר – תמורת בצע כסף. לדרכנו זו, חנה גורשה על ידי בני עלי פעם אחר פעם מתפילתה לפני ה׳, וצרתה, פנינה, לעגה לה על כך.

כל זה היה עד ליום שבו חנה החליטה בנחישות לעשות מעשה, קמה ונכנסה למשכן ללא רשות, ועמדה בדמעות להתפלל, כאשר רַק שְׂפָתֶיהָ נָּעוֹת, וְקוֹלָהּ לֹא יִשָּׁמֵעַ (א, יג).

ד. הפנייה אל ה׳ צבאות

וַתִּדֹּר נֶדֶר, וַתֹּאמַר, ה׳ צְבָאוֹת...

(א, יא)

שם זה של ה׳, ה׳ צבאות, נזכר לראשונה בתחילת פרקנו, וחז״ל אומרים, שחנה הייתה הראשונה שכינתה את הקב״ה בשם זה:

וַתִּדֹּר נֶדֶר וַתֹּאמַר, ה׳ צְבָאוֹת – אמר רבי אלעזר: מיום שברא הקדוש ברוך הוא את עולמו, לא היה אדם שקראו להקדוש ברוך הוא צבאות, עד שבאתה חנה, וקראתו צְבָאוֹת; אמרה חנה לפני הקדוש ברוך הוא: רבונו של עולם, מכל צבאי צבאות שבראת בעולמך, קשה בעיניך שתתן לי בן אחד?

(ברכות לא ע״ב)

ננסה לתת נימוק שונה במעט לחידוש הגדול שחידשה חנה בשם זה. להלן ננסה להוכיח, שחנה ברִתְחת דמעותיה התפללה, לא רק על הקושי שלה. היא התפללה על הקושי שהיה נחלתן של נשים רבות, שכבודן נפגע בעת שבאו למשכן ה׳, אם להביא קורבן ואם לתפילה. הן נפגעו מחמת פראותם וגאוותם של בני עלי, בני הכוהן הגדול, ששימשו בקודש:

> וְעֵלִי זָקֵן מְאֹד, וְשָׁמַע אֵת כָּל אֲשֶׁר יַעֲשׂוּן בָּנָיו לְכָל יִשְׂרָאֵל, וְאֵת אֲשֶׁר יִשְׁכְּבוּן אֶת הַנָּשִׁים הַצֹּבְאוֹת פֶּתַח אֹהֶל מוֹעֵד: וַיֹּאמֶר לָהֶם, לָמָּה תַעֲשׂוּן כַּדְּבָרִים הָאֵלֶּה, אֲשֶׁר אָנֹכִי שֹׁמֵעַ אֶת דִּבְרֵיכֶם רָעִים מֵאֵת כָּל הָעָם אֵלֶּה: אַל בָּנָי, כִּי לוֹא טוֹבָה הַשְּׁמֻעָה אֲשֶׁר אָנֹכִי שֹׁמֵעַ מַעֲבִרִים עַם ה׳:
>
> (ב, כב-כד)

דעה אחת בחז״ל גוננה על בני עלי מהאשמה המחרידה של ניאוף פתח אוהל מועד:

> אמר רבי שמואל בר נחמני אמר רבי יונתן: כל האומר בני עלי חטאו – אינו אלא טועה, שנאמר: וְשָׁם שְׁנֵי בְנֵי עֵלִי חָפְנִי וּפִנְחָס, כֹּהֲנִים לַה׳. אלא מה אני מקיים אֲשֶׁר יִשְׁכְּבוּן אֶת הַנָּשִׁים? מתוך ששהו את קיניהן,[1] שלא הלכו אצל בעליהן – מעלה עליהן הכתוב כאילו שכבום.
>
> (שבת נה ע״ב)

התבוננות במקראות אינה מחייבת שבני עלי אכן חטאו בהאשמה קשה זו. נאמר בהם, שעלי שמע שזה מה שעושים בניו, והוכיח אותם, על השמועה המופצת עליהם. אומנם השמועה אינה בהכרח אמת לאמיתה, אך היא מורה על הדרך שבה התייחסו בני עלי, אל הנשים שבאו אל אוהל מועד.

> אמר רב: מלקין על לא טובה השמועה, שנאמר: אַל בָּנָי, כִּי לוֹא טוֹבָה הַשְּׁמֻעָה.
>
> (קידושין פא ע״א)

די היה בעובדה שנשים, שרצו לוודא שקורבנן הוקרב, נאלצו לשהות לילה נוסף (ואולי

1. ׳קֵן׳ הוא קורבן שבא מן העוף, ובו עוסקת מסכת קִנִּים. אישה שטמאה בטומאת יולדת או בטומאת זיבה, חייבת להביא קורבן מן העוף כדי להשלים את טהרתה (ויקרא יג, ו-ח; טו, כח-ל), ומכיוון שבני עלי עיכבו את הקרבת הקורבנות, נאלצו הנשים להתעכב בשילה, ולא שבו לביתן (רש״י, שבת נה ע״ב).

אף יותר) בקרבת אוהל מועד ולישון שם תחת כיפת השמיים בקרבתם של בני עלי, שלא הצטיינו בצניעותם, כדי שרוח קנאה תעבור על בעליהן של אותם נשים, והן תיחשדנה כסוטות. הגמרא מעלה בעיה זו בלשון חריפה בפיה של חנה:

אִם רָאֹה תִרְאֶה (א, יא) – אמר רבי אלעזר: אמרה חנה לפני הקדוש ברוך הוא, רבונו של עולם, אִם רָאֹה – מוטב, ואם לאו – תִּרְאֶה, אלך ואסתתר בפני אלקנה בעלי, וכיון דמסתתרנא משקו לי מי סוטה, ואי אתה עושה תורתך פלסתר, שנאמר (במדבר ה, כח): וְנִקְּתָה וְנִזְרְעָה זָרַע.

(ברכות לא ע"ב)

מן הסתם, חנה לא התכוונה 'לאיים' על הקב"ה, שתלך להתייחד עם גבר זר כדי 'לאלץ' את הקב"ה לתת לה את מבוקשה. מסתבר, שהיא דיברה בשם כל הנשים הצובאות פתח אוהל מועד, שנחשדו במגע מיני עם בני עלי בגלל חיוך, קריצה או הערה שלא הייתה במקומה של בני עלי ועוזריהם. כשאֵלו היו משולבים בלינה מיותרת פתח אוהל מועד, תוך ציפייה להקרבת קורבן למוחרת, הם יכלו להביא לפריעת ראש האישה במשכן ה', וכפי שיש לעשות לאישה סוטה, גם לקללה מאיימת של הכוהן ולשתיית מים מאררים.[2]

נשוב לשורה שפתחנו בה את הפרק: לעניות הבנתנו, חנה המכנה את ה' בכינוי ה' צְבָאוֹת מכוונת לה' אלוהי הנשים הצובאות, הנשים הנאבקות על שארית כבודן כדי להיטהר לבעליהן, ונופלות לא פעם ולא פעמיים יחד עם קורבנן הדל, שתי ציפורים, בגלל עריצותם וגאוותם של בני עלי ועוזריהם. חנה פנתה אל ה' אלוהי הנשים הצובאות, כדי שיסייע בעדן לתקן את הטעון תיקון במשכן.

נחתום פרק זה במדרש שמובא בפירוש רש"י לתורה. המדרש מדבר בעד עצמו, ולא נוסיף עליו דבר:

וַיַּעַשׂ אֵת הַכִּיּוֹר נְחֹשֶׁת וְאֵת כַּנּוֹ נְחֹשֶׁת, בְּמַרְאֹת הַצֹּבְאֹת אֲשֶׁר צָבְאוּ פֶּתַח אֹהֶל מוֹעֵד:

(שמות לח, ח)

בְּמַרְאֹת הַצֹּבְאֹת – בנות ישראל היו בְיָדָן מראות, שרואות בהן כשהן מתקשטות, ואף אותן לא עִכְּבוּ מלהביא לנדבת המשכן, והיה מואס משה בהן, מפני

2. הרחבנו על כך בספרנו 'כי קרוב אליך – במדבר' (ישראל 2021), עמ' 81-88.

שעשויים ליצר הרע. אמר לו הקדוש ברוך הוא: קַבֵּל, כי אלו חביבין עלי מן הכל, שעל ידיהם העמידו הנשים צבאות רבות במצרים... וזהו שנאמר: בְּמַרְאֹת הַצֹּבְאֹת. ונעשה הכיור מהם, שהוא לשום שלום בין איש לאשתו, להשקות ממים שבתוכו את שקִנֵּא לה בעלה ונסתרה.

(רש"י שם)

ה. הנדר

וַתִּדֹּר נֶדֶר וַתֹּאמַר, ה׳ צְבָאוֹת, אִם רָאֹה תִרְאֶה בָּעֳנִי אֲמָתֶךָ, וּזְכַרְתַּנִי וְלֹא תִשְׁכַּח אֶת אֲמָתֶךָ, וְנָתַתָּה לַאֲמָתְךָ זֶרַע אֲנָשִׁים, וּנְתַתִּיו לַה׳ כָּל יְמֵי חַיָּיו, וּמוֹרָה לֹא יַעֲלֶה עַל רֹאשׁוֹ:

(א, יא)

נדון בפרק זה מה טיבו של נדר בכלל, ומה טיב תוכנו של נדר זה בפרט.

בשני מקומות התורה מתייחסת בכובד ראש לנדרו של אדם ולחובתו לעמוד בדיבורו ולקיימו:

אִישׁ כִּי יִדֹּר נֶדֶר לַה׳, אוֹ הִשָּׁבַע שְׁבֻעָה לֶאְסֹר אִסָּר עַל נַפְשׁוֹ, לֹא יַחֵל דְּבָרוֹ, כְּכָל הַיֹּצֵא מִפִּיו יַעֲשֶׂה:

(במדבר ל, ג)

כִּי תִדֹּר נֶדֶר לַה׳ אֱלֹהֶיךָ, לֹא תְאַחֵר לְשַׁלְּמוֹ, כִּי דָרֹשׁ יִדְרְשֶׁנּוּ ה׳ אֱלֹהֶיךָ מֵעִמָּךְ, וְהָיָה בְךָ חֵטְא:

(דברים כג, כב)

לעומת זאת, חז"ל ראו את הנדר ואת קיומו בשלילה, וראו צורך לבטלו באמצעות התרתו:

רבי נתן אומר: הנודר – כאילו בנה במה (= מזבח האסור בהקמה), והמקיימו – כאילו מקריב עליו קרבן (= שהוא פסול, ואסור באיסור חמור).

(נדרים כב ע"א)

מעקב אחרי כל הנדרים במקרא מעלה, שהנדר נועד למקרה אחד בלבד, ורק אז יש בו גם מצווה – נדר בשעת צרה, נדר של אדם החפץ שה׳ יחלצנו מצרתו, וב׳תמורה׳

לכך הוא מבטיח לה׳ דבר מיוחד, שאדם רגיל אינו מצוּוֶה בו. נדרה של חנה הוא נדר בשעת צרה, נדר של אישה עקרה, הרוצה מאוד ללדת בן. הנדר הראשון במקרא הוא נדרו של יעקב בבית אל (בראשית כח, כ), בעת שברח מעֵשָׂו אחיו אל בית לבן. ישראל נדרו נדר, בעת שהכנעני מלך ערד תקף אותם בנגב, ולקח מהם שבויים (במדבר כא, א-ב). יפתח נדר בעת צרתו מחמת מלך בני עמון (יא, כט-לא), אבשלום נָדר כאשר נאלץ לברוח מפני דוד אביו, אחרי שהרג את אמנון (שמ״ב טו, ז-ט) ועוד ועוד. במצבים אֵלו הנדר רצוי, ועל פי ההלכה, אכן אין אפשרות להתירו או לבטלו.

תוכן נדרה של חנה מזכיר את נדרו של יפתח בעת צרתו מחמת מלך בני עמון:

וַיִּדַּר יִפְתָּח נֶדֶר לַה׳, וַיֹּאמַר, אִם נָתוֹן תִּתֵּן אֶת בְּנֵי עַמּוֹן בְּיָדִי: וְהָיָה הַיּוֹצֵא, אֲשֶׁר יֵצֵא מִדַּלְתֵי בֵיתִי לִקְרָאתִי בְּשׁוּבִי בְשָׁלוֹם מִבְּנֵי עַמּוֹן, וְהָיָה לַה׳, וְהַעֲלִיתִהוּ עוֹלָה:
(שופטים יא, ל-לא)

בסופו של דבר התברר, שיפתח נדר להביא את בִּתו היחידה לה׳, כשם שחנה נדרה להביא את בנה היחיד (בינתיים!) לה׳. לא לגמרי ברור, שיפתח אכן שחט את בִּתו והזה את דמה על המזבח. לדעת ראב״ע ורד״ק, הוא הפריש אותה לכל ימיה להתבודד בעבודת ה׳,[3] ועל פי זה, קיים דמיון בינו לבין חנה, שמסרה את בנה לעבודת ה׳ במשכן, והקדישה אותו לכל ימיו. ישנם הבדלים בין שני הנדרים ובין שני הנודרים, ולא נעמוד עליהם כאן, אך נראה, שחנה נדרה את בנה לה׳, משום שחשה שהיה בכך צורך אמיתי – להחליף את שני הכוהנים המושחתים, ששלטו במשכן וניהלו אותו.

וכאן יש מקום לשאול: כיצד יכול היה שמואל, שהוא לוי, להחליף את שני הכוהנים, שהם קדושים מלידתם לעבודת ה׳? הזכרנו בתחילת דברינו, ששמואל בן אלקנה הוא לוי ממשפחת קורח,[4] וכך אמרו עליו חז״ל:

וקרח שפקח היה – מה ראה לשטות הזה? אלא עֵינו הטעתו, ראה שלשלת גדולה עומדת הימנו – שמואל ששקול כמשה ואהרן, שנאמר (תהלים צט, ו): מֹשֶׁה וְאַהֲרֹן בְּכֹהֲנָיו וּשְׁמוּאֵל בְּקֹרְאֵי שְׁמוֹ – עשרים וארבעה משמרות עומדות מבני בניו, שכולם מתנבאים ברוח הקודש – כָּל אֵלֶּה בָנִים לְהֵימָן (דהי״א כה, ה). אמר: אפשר הגדולה הזו עתידה לעמוד ממני, ואני אֶדום?!
(במדבר רבה יח, ח)

3. ראו דברינו בהפטרת חוקת.
4. ראו דבהי״א ו, ז-יג. על הקשר בין טענות קורח על משה לתפילת חנה הרחבנו בספר ׳כי קרוב אליך – במדבר׳ (ישראל, 2021), בפרשת קורח בעיקר בעמ׳ 330-333.

חנה המשיכה בנדרה את טענתו של קורח על הסכנה הגדולה בהתנשאותם של כוהנים, שקדושתם קבועה מלידה, ועל כך שכוהן אינו נבחר על פי מעשיו. חנה רצתה, שהבן שתלד יחליף את כוהני המקדש הנוכחיים, חפני ופינחס. היה צדק מסוים בטענתו של קורח, אך בשום פנים לא נגד אהרן עצמו. היה צדק גם בטענתה של חנה, אך רק כהוראת שעה, בעת שבניו של אהרן, בני עלי, חרגו בצורה כה קשה מדרכו של אהרן, אבי אביהם. שמואל אכן שימש בהוראת שעה בכהונה, ואפילו בכהונה גדולה,[5] והקריב בשם כל העם קורבן ציבור.

חנה כוללת בנדרה את נזירותו של בנה: וּמוֹרָה לֹא יַעֲלֶה עַל רֹאשׁוֹ, שהרי הנזיר הוא מעין כוהן גדול, וגם עליו נאמר (במדבר ו, ז): נֵזֶר אֱלֹהָיו עַל רֹאשׁוֹ (= שערותיו, במקביל לציץ של הכוהן הגדול), וגם הוא אסור להיטמא לקרובי משפחתו.[6] שמא יש להשוות בכך את שמואל ליוסף, שאף הוא היה נְזִיר אֶחָיו (בראשית מט, כו; דברים לג, טז). גם רחל סבלה מעקרותה ומן המתח בינה לבין צרתה – אֵם הבנים, לאה; גם היא התפללה, וה' שמע אליה. ושמא נדרה גם היא את בנה בנזיר, כפי שעשתה חנה.

הערה אחרונה על הנדר: להלכה אין בסמכותה של אישה להדיר את בנה ולכפות עליו נזירות, והדרת הבן בנזיר היא בסמכותו של האב בלבד (משנה נזיר ד, ו). לאור זה, אפשר שנזירותו של שמואל (שם ט, ה) הייתה קיום של מצוות כיבוד אם, כאשר שמואל מילא אחר נדרה של אימו. עוד אפשר, שהנדר הוקם על ידי אביו של שמואל, אלקנה, וכך חל הנדר להלכה.

התורה קובעת, שאם הבעל מקים את הנדר שנדרה אשתו, הנדר חל, וחובה לקיימו:

וְאִם הַחֲרֵשׁ יַחֲרִישׁ לָהּ אִישָׁהּ מִיּוֹם אֶל יוֹם, וְהֵקִים אֶת כָּל נְדָרֶיהָ אוֹ אֶת כָּל אֱסָרֶיהָ אֲשֶׁר עָלֶיהָ, הֵקִים אֹתָם, כִּי הֶחֱרִשׁ לָהּ בְּיוֹם שָׁמְעוֹ:

(במדבר ל, טו)

ההקמה שמתוארת בפסוק זה היא הקמה פאסיבית (בשתיקה בלבד), ובמקרה כזה

5. וכך אומר הזוה"ק בפרשת תרומה קמח ע"א: "...אלא כלהו לא זכו לנבואה ולכהונה עלאה כאהרן דהא אהרן זכה בנבואה עלאה על כל שאר כהני, זכה בכהונה על כלהו, משה זכה בנבואה ושמש בכהונה עלאה, שמואל זכה בתרווייהו" (תרגום חופשי: כולם לא זכו לנבואה ולכהונה גדולה כאהרן. שהרי אהרן זכה בנבואה עליונה על כל שאר הכהנים, זכה בכהונה על כולם. משה זכה בנבואה ושימש בכהונה גדולה. שמואל זכה בשניהם).

6. על מעמדו המיוחד של הנזיר תעיד מחלוקת התנאים (משנה נזיר ז, א) על כוהן גדול ונזיר שעומדים מול מת מצווה – האם עדיף שהנזיר ייטמא, או הכוהן הגדול.

הנדר מתייחס לאישה בלבד. אך אלקנה הקים את נדרה של חנה במפורש, ואפשר, שבמקרה כזה הנדר מתייחס גם אליו.

> וַיֹּאמֶר לָהּ אֶלְקָנָה אִישָׁהּ, עֲשִׂי הַטּוֹב בְּעֵינַיִךְ, שְׁבִי עַד גָּמְלֵךְ אֹתוֹ, אַךְ יָקֵם ה׳ אֶת דְּבָרוֹ.

(א, כג)

ו. החשד ושברו

> וְהָיָה כִּי הִרְבְּתָה לְהִתְפַּלֵּל לִפְנֵי ה׳, וְעֵלִי שֹׁמֵר אֶת פִּיהָ: וְחַנָּה הִיא מְדַבֶּרֶת עַל לִבָּהּ, רַק שְׂפָתֶיהָ נָּעוֹת, וְקוֹלָהּ לֹא יִשָּׁמֵעַ, וַיַּחְשְׁבֶהָ עֵלִי לְשִׁכֹּרָה: וַיֹּאמֶר אֵלֶיהָ עֵלִי, עַד מָתַי תִּשְׁתַּכָּרִין, הָסִירִי אֶת יֵינֵךְ מֵעָלָיִךְ: וַתַּעַן חַנָּה וַתֹּאמֶר, לֹא אֲדֹנִי, אִשָּׁה קְשַׁת רוּחַ אָנֹכִי, וְיַיִן וְשֵׁכָר לֹא שָׁתִיתִי, וָאֶשְׁפֹּךְ אֶת נַפְשִׁי לִפְנֵי ה׳: אַל תִּתֵּן אֶת אֲמָתְךָ לִפְנֵי בַּת בְּלִיָּעַל, כִּי מֵרֹב שִׂיחִי וְכַעְסִי דִּבַּרְתִּי עַד הֵנָּה: וַיַּעַן עֵלִי וַיֹּאמֶר, לְכִי לְשָׁלוֹם, וֵאלֹהֵי יִשְׂרָאֵל יִתֵּן אֶת שֵׁלָתֵךְ, אֲשֶׁר שָׁאַלְתְּ מֵעִמּוֹ:

(א, יב–יז)

עלי הזקן יושב בפתח ההיכל, ונראה, שהוא לא הורגל מעולם לראות אדם שנכנס למשכן ללא רשות וללא תיאום עם הכוהנים (תיאום שעלול לכלול תֶּשֶׁר מכובד), וקל וחומר לא הייתה אישה שהעיזה לעשות זאת. הוא ניסה ׳לקרוא׳ את המילים שאומרת חנה בתנועת שפתיה, אך בִּכְיָהּ והתפרצויותיה לא אפשרו לו לעשות זאת. עצם התפרצותה של האישה למשכן נראתה לו כעזות פנים, ועזות פנים הולמת התנהגות של אדם ששתה יין. האפשרות שהאישה היא שתוּיַת יין מעלה גם את החשד שמא היא שטופה בזימה, וכבר ביארנו, שהרכילויות סביב המשכן ומְנַהֲלָיו לא שללו חשד כזה. עלי, שלא הכיר את חנה, הגיב בנוקשות ובנזיפה. בתשובתה החד משמעית העלתה חנה את השאלה, כיצד קורה, שהכוהן הגדול, שאמור להתבונן בצרותיהם של יחידים ולהבין אותן, לא העלה על דעתו, שאישה קשת רוח ומרת נפש מבקשת את ה׳, ורוצה להתפלל אליו באופן ישיר וללא מתווכים. את דברי חנה: אַל תִּתֵּן אֶת אֲמָתְךָ לִפְנֵי בַּת בְּלִיָּעַל, ניתן לקרוא: אל תתן את אמתך לפני בְּנֵי בְלִיָּעַל (חפני ופינחס – ב, יב), וחנה התבטאה בדרך כבוד.

חשדו של עלי הכוהן שהיין הוא שהביא אותה לנהוג כפי שנהגה, מזכיר את חשדו של הכוהן, המצטרף לחשד הבעל, באישה המובאת לפניו עם מנחת סוטה. עלי חושד באישה כשרה שלא חטאה, והוא אכן מברך אותה, שתיגמל מעקרותה ותחבוק בן, שהרי זהו גם ׳שכרה׳ של אישה שנחשדה כסוטה, והתברר שהיא אישה כשרה.

בהפטרתנו חוברות שלוש פרשיות סמוכות בתורה, וסמיכותן מעידה על תוכנן: פרשת סוטה (הכוללת גם אישה טהורה, שנחשדה לחינם), פרשת נזיר וברכת כוהנים. הבאתו של שמואל למשכן ה׳ יכולה לצרף לכך גם את פרשת חנוכת המשכן, הסמוכה לשלוש הפרשיות הללו.

ז. השם שמואל

וַיְהִי לִתְקֻפוֹת הַיָּמִים, וַתַּהַר חַנָּה וַתֵּלֶד בֵּן, וַתִּקְרָא אֶת שְׁמוֹ שְׁמוּאֵל, כִּי מֵה׳ שְׁאִלְתִּיו:

(א, כ)

אֶל הַנַּעַר הַזֶּה הִתְפַּלָּלְתִּי, וַיִּתֵּן ה׳ לִי אֶת שְׁאֵלָתִי, אֲשֶׁר שָׁאַלְתִּי מֵעִמּוֹ: וְגַם אָנֹכִי הִשְׁאִלְתִּהוּ לַה׳, כָּל הַיָּמִים אֲשֶׁר הָיָה הוּא שָׁאוּל לַה׳, וַיִּשְׁתַּחוּ שָׁם לַה׳:

(שם, כז-כח)

השם ׳שמואל׳ הוא קיצור של ׳שאול מֵאֵל׳. שְׁאֵלָה במקרא משמעה בקשה, ושמואל הוא הנער שחנה ביקשה בתפילתה. החל מגמילתו מן החלב, כלומר מגיל שלוש, הוא ראוי לתואר ׳נער׳. זהו הגיל שבו יוצא ה׳נער׳ מחיק אימו ועובר לרשות אביו, ללמדו ולחנכו, ושמואל עובר לרשותו של עלי, הכוהן הגדול, שיחנכנו לתורת המשכן ולעבודותיו.

אפשר, שמֵעֵבר למשמעות ׳שאול׳ כמבוקש, יש כאן גם שְׁאֵלָה בלשון חכמים, משמעות שמוכרת לנו כאחד מארבעת השומרים – השואל. חנה ׳שאלה׳ את הילד לשלוש שנים כדי לחבוק אותו ולהניקו, ועתה היא משיבה אותו לבעליו, לה׳ שנתן לה אותו.

ח. תפילת חנה השנייה

נעמוד על נקודות בודדות בלבד:

קֶשֶׁת גִּבֹּרִים חַתִּים, וְנִכְשָׁלִים אָזְרוּ חָיִל: שְׂבֵעִים בַּלֶּחֶם נִשְׂכָּרוּ, וּרְעֵבִים חָדֵלּוּ, עַד עֲקָרָה יָלְדָה שִׁבְעָה, וְרַבַּת בָּנִים אֻמְלָלָה:
ה׳ יֵחַתּוּ מְרִיבָו, עָלָו בַּשָּׁמַיִם יַרְעֵם, ה׳ יָדִין אַפְסֵי אָרֶץ, וְיִתֶּן עֹז לְמַלְכּוֹ, וְיָרֵם קֶרֶן מְשִׁיחוֹ:

(ב, ד-ה; י)

חנה מרמזת בתפילתה על שלושה יריבים:

א. צרתה, פנינה רבת הבנים, שאפשר שקרה לה אסון, בעוד היא, חנה העקרה, יולדת עוד בנים ובנות. אומנם חנה לא ילדה שִׁבְעָה, כפי שאמרה בתפילתה, אלא שישה בלבד: שמואל, ואלו שבאו אחריו: כִּי פָקַד ה׳ אֶת חַנָּה, וַתַּהַר וַתֵּלֶד שְׁלֹשָׁה בָנִים וּשְׁתֵּי בָנוֹת (ב, כא), אך שִׁבְעָה הוא לשון ריבוי.

ב. בני עלי, שהצרו את צעדיה במשכן, שפגעו בנשים נוספות, שחנה בתפילתה רָבָּה את ריבן. דבריה על שְׂבֵעִים בַּלֶּחֶם נִשְׂכָּרוּ, וּרְעֵבִים חָדֵלּוּ, מזכירים את נבואת איש האלוהים על חורבן בית עלי:

וַהֲקִימֹתִי לִי כֹּהֵן נֶאֱמָן, כַּאֲשֶׁר בִּלְבָבִי וּבְנַפְשִׁי יַעֲשֶׂה, וּבָנִיתִי לוֹ בַּיִת נֶאֱמָן, וְהִתְהַלֵּךְ לִפְנֵי מְשִׁיחִי כָּל הַיָּמִים: וְהָיָה כָּל הַנּוֹתָר בְּבֵיתְךָ, יָבוֹא לְהִשְׁתַּחֲוֹת לוֹ לַאֲגוֹרַת כֶּסֶף וְכִכַּר לָחֶם, וְאָמַר, סְפָחֵנִי נָא אֶל אַחַת הַכְּהֻנּוֹת לֶאֱכֹל פַּת לָחֶם: (ב, לה-לו)

ג. בעת שנשאה חנה את תפילתה שלטו הפלשתים בישראל, ולאחר תבוסת צבא ישראל לפני פלשתים באבן העזר שלטונם של הפלשתים הפך לקשה עוד יותר. חנה מדברת על ההיפוך שיבוא, כאשר יתקיים: וְנִכְשָׁלִים אָזְרוּ חָיִל. היא מתנבאת כאן כמעט במפורש על המלחמה שבה שמואל יזעק אל ה׳, וה׳ יענהו (ז, י): וַיְהִי שְׁמוּאֵל מַעֲלֶה הָעוֹלָה, וּפְלִשְׁתִּים נִגְּשׁוּ לַמִּלְחָמָה בְּיִשְׂרָאֵל, וַיַּרְעֵם ה׳ בְּקוֹל גָּדוֹל בַּיּוֹם הַהוּא עַל פְּלִשְׁתִּים, וַיְהֻמֵּם, וַיִּנָּגְפוּ לִפְנֵי יִשְׂרָאֵל: זמן קצר אחר כך ימשח שמואל את המלך הראשון על ישראל – וְיִתֶּן עֹז לְמַלְכּוֹ. אחר כך עתיד שמואל למשוח את דוד מקרן השמן (טז, יג): וַיִּקַּח שְׁמוּאֵל אֶת קֶרֶן הַשֶּׁמֶן וַיִּמְשַׁח אֹתוֹ בְּקֶרֶב אֶחָיו וַתִּצְלַח רוּחַ ה׳ אֶל דָּוִד.

נציין, שחלק מתפילת חנה כרוך בניתוח מזמור קיג בתהלים, אך קצרה יריעתנו.

הפטרת יום שני של ראש השנה

ירמיה

לא א ב כֹּה אָמַר יהוה מָצָא חֵן בַּמִּדְבָּר עַם שְׂרִידֵי חָרֶב הָלוֹךְ לְהַרְגִּיעוֹ יִשְׂרָאֵל: מֵרָחוֹק
ג יהוה נִרְאָה לִי וְאַהֲבַת עוֹלָם אֲהַבְתִּיךְ עַל־כֵּן מְשַׁכְתִּיךְ חָסֶד: עוֹד אֶבְנֵךְ וְנִבְנֵית
ד בְּתוּלַת יִשְׂרָאֵל עוֹד תַּעְדִּי תֻפַּיִךְ וְיָצָאת בִּמְחוֹל מְשַׂחֲקִים: עוֹד תִּטְּעִי כְרָמִים
ה בְּהָרֵי שֹׁמְרוֹן נָטְעוּ נֹטְעִים וְחִלֵּלוּ: כִּי יֶשׁ־יוֹם קָרְאוּ נֹצְרִים בְּהַר אֶפְרָיִם קוּמוּ
ו וְנַעֲלֶה צִיּוֹן אֶל־יהוה אֱלֹהֵינוּ: כִּי־כֹה אָמַר יהוה רָנּוּ לְיַעֲקֹב שִׂמְחָה
וְצַהֲלוּ בְּרֹאשׁ הַגּוֹיִם הַשְׁמִיעוּ הַלְלוּ וְאִמְרוּ הוֹשַׁע יהוה אֶת־עַמְּךָ אֵת שְׁאֵרִית
ז יִשְׂרָאֵל: הִנְנִי מֵבִיא אוֹתָם מֵאֶרֶץ צָפוֹן וְקִבַּצְתִּים מִיַּרְכְּתֵי־אָרֶץ בָּם עִוֵּר וּפִסֵּחַ
ח הָרָה וְיֹלֶדֶת יַחְדָּו קָהָל גָּדוֹל יָשׁוּבוּ הֵנָּה: בִּבְכִי יָבֹאוּ וּבְתַחֲנוּנִים אוֹבִילֵם אוֹלִיכֵם
אֶל־נַחֲלֵי מַיִם בְּדֶרֶךְ יָשָׁר לֹא יִכָּשְׁלוּ בָּהּ כִּי־הָיִיתִי לְיִשְׂרָאֵל לְאָב וְאֶפְרַיִם בְּכֹרִי
ט הוּא: שִׁמְעוּ דְבַר־יהוה גּוֹיִם וְהַגִּידוּ בָאִיִּים מִמֶּרְחָק וְאִמְרוּ מְזָרֵה
י יִשְׂרָאֵל יְקַבְּצֶנּוּ וּשְׁמָרוֹ כְּרֹעֶה עֶדְרוֹ: כִּי־פָדָה יהוה אֶת־יַעֲקֹב וּגְאָלוֹ מִיַּד חָזָק
יא מִמֶּנּוּ: וּבָאוּ וְרִנְּנוּ בִמְרוֹם־צִיּוֹן וְנָהֲרוּ אֶל־טוּב יהוה עַל־דָּגָן וְעַל־תִּירֹשׁ וְעַל־
יב יִצְהָר וְעַל־בְּנֵי־צֹאן וּבָקָר וְהָיְתָה נַפְשָׁם כְּגַן רָוֶה וְלֹא־יוֹסִיפוּ לְדַאֲבָה עוֹד: אָז
תִּשְׂמַח בְּתוּלָה בְּמָחוֹל וּבַחֻרִים וּזְקֵנִים יַחְדָּו וְהָפַכְתִּי אֶבְלָם לְשָׂשׂוֹן וְנִחַמְתִּים
יג וְשִׂמַּחְתִּים מִיגוֹנָם: וְרִוֵּיתִי נֶפֶשׁ הַכֹּהֲנִים דָּשֶׁן וְעַמִּי אֶת־טוּבִי יִשְׂבָּעוּ נְאֻם־
יד יהוה: כֹּה אָמַר יהוה קוֹל בְּרָמָה נִשְׁמָע נְהִי בְּכִי תַמְרוּרִים רָחֵל
טו מְבַכָּה עַל־בָּנֶיהָ מֵאֲנָה לְהִנָּחֵם עַל־בָּנֶיהָ כִּי אֵינֶנּוּ: כֹּה אָמַר יהוה
מִנְעִי קוֹלֵךְ מִבֶּכִי וְעֵינַיִךְ מִדִּמְעָה כִּי יֵשׁ שָׂכָר לִפְעֻלָּתֵךְ נְאֻם־יהוה וְשָׁבוּ מֵאֶרֶץ
טז יז אוֹיֵב: וְיֵשׁ־תִּקְוָה לְאַחֲרִיתֵךְ נְאֻם־יהוה וְשָׁבוּ בָנִים לִגְבוּלָם: שָׁמוֹעַ שָׁמַעְתִּי
אֶפְרַיִם מִתְנוֹדֵד יִסַּרְתַּנִי וָאִוָּסֵר כְּעֵגֶל לֹא לֻמָּד הֲשִׁבֵנִי וְאָשׁוּבָה כִּי אַתָּה יהוה
יח אֱלֹהָי: כִּי־אַחֲרֵי שׁוּבִי נִחַמְתִּי וְאַחֲרֵי הִוָּדְעִי סָפַקְתִּי עַל־יָרֵךְ בֹּשְׁתִּי וְגַם־נִכְלַמְתִּי

יט כִּי נָשָׂאתִי חֶרְפַּת נְעוּרָי: הֲבֵן יַקִּיר לִי אֶפְרַיִם אִם יֶלֶד שַׁעֲשֻׁעִים כִּי־מִדֵּי דַבְּרִי
בּוֹ זָכֹר אֶזְכְּרֶנּוּ עוֹד עַל־כֵּן הָמוּ מֵעַי לוֹ רַחֵם אֲרַחֲמֶנּוּ נְאֻם־יהוה:

א. הקשר בין ההפטרה לקריאת התורה וליום

בראש השנה (קוראים) בַּחֹדֶשׁ הַשְּׁבִיעִי (ויקרא כג, כד), ומפטירין: הֲבֵן יַקִּיר לִי אֶפְרַיִם (ירמיהו לא, יט), ויש אומרים: וַה׳ פָּקַד אֶת שָׂרָה (בראשית כא, א), ומפטירין בחנה (שמ״א א). והאידנא דאיכא תרי יומי (= ועתה, כשיש שני ימים של ראש השנה), יומא קמא (= יום ראשון) – כיש אומרים, למחר – וְהָאֱלֹהִים נִסָּה אֶת אַבְרָהָם (בראשית כב), ומפטירין הֲבֵן יַקִּיר.

(מגילה לא ע״א)

אחד מפסוקי הנביאים בברכת זיכרונות הוא חתימת הפטרתנו:

הֲבֵן יַקִּיר לִי אֶפְרַיִם אִם יֶלֶד שַׁעֲשֻׁעִים, כִּי מִדֵּי דַבְּרִי בּוֹ זָכֹר אֶזְכְּרֶנּוּ עוֹד, עַל כֵּן הָמוּ מֵעַי לוֹ, רַחֵם אֲרַחֲמֶנּוּ, נְאֻם ה׳:

(יט)

אפשר, שניתן למצוא קשר נוסף: הגמרא אומרת (ראש השנה י ע״ב), ששרה, רחל וחנה נפקדו בראש השנה. היום הראשון הִשְׁוָה בין שרה היולדת את יצחק (בקריאת התורה), לבין חנה היולדת את שמואל (בהפטרה). בהפטרתנו רחל אינה יולדת את בנה; היא מבכה עליו (אחרי מותה) כאם שכולה, על מה שאירע לו בחלוף הדורות. שמא יש להשוותה לשרה בקריאת התורה. שרה אינה מופיעה בפרשת העקדה, אך צִילָהּ כאם, העלולה לשכול את בנה בעקדה, מרחף על הפרשה בעל כורחנו.

ב. הרקע לנבואה

נבואת הפטרתנו היא חלק מחטיבה ׳עצמאית׳ בספר ירמיהו – מגילת נבואות הנחמה, הפותחת בפרק כט ומסתיימת בפרק לג. אוסף זה של נבואות הנחמה אינו אחיד, והוא כולל נבואות נחמה בנושאים שונים ובזמנים שונים.

רחל מבכה בנבואתנו על בניה, ועל פי אחד המדרשים, רץ יוסף אל קברה והשתטח עליו, לאחר שנמכר לעבד, ורחל באה בטענה לקב״ה על מה שאירע לבנה, שנולד אחרי תפילות רבות וצער גדול. קשה ליישב מדרש זה עם הרֵאליה המקראית,

שהרי שיירת המדנים והישמעאלים ירדה מן הגלעד, חצתה את הירדן ובאה לעמק דותן, ומן הסתם המשיכה לעֵבר 'דרך ארץ פלשתים', הסמוכה לחוף הים הגדול, ומשם ירדה למצרים. קברה של רחל רחוק מדרך זו. אנו מתקשים לקבל את ההנחה המוּכֶּרת, שרחל בכתה על היוצאים לגלות אחרי חורבן בית המקדש הראשון, שהרי הרוב הגדול של הגולים לא היו בניה. גם הפסוק החותם את הנבואה מדבר על תקומת שבט אפרים, שהוא מבני בנה של רחל, ומשמע, שרחל בכתה עליו.

נראה אפוא, שהנבואה עוסקת בשיבת עשרת השבטים מגלות אשור אחרי כמאה שנות גלות, בשנת שמונה עשרה למלך יאשיהו, בעת ששלח את ירמיהו הנביא להשיב את שבטי אפרים אל מלכותו סביב ירושלים.

אלא אמר ר' יוחנן: ירמיה החזירן ויאשיה בן אמון מלך עליהן.
(ערכין לג ע"א)

ובשנים שגלו העשרת שבטים, לא היו מונין שמיטין ולא יובלות כלל, ואם כן כשהחזירם ירמיה ונהג יובל, הוצרכו לחזור ולהתחיל מניינם.
(תוד"ה 'הנך' שם יב ע"ב)

שיבתם של עשרת השבטים התפרשה בירמיהו:

וַיֹּאמֶר ה' אֵלַי, צִדְּקָה נַפְשָׁהּ מְשֻׁבָה יִשְׂרָאֵל מִבֹּגֵדָה יְהוּדָה: הָלֹךְ וְקָרָאתָ אֶת הַדְּבָרִים הָאֵלֶּה צָפוֹנָה, וְאָמַרְתָּ, שׁוּבָה מְשֻׁבָה יִשְׂרָאֵל, נְאֻם ה', לוֹא אַפִּיל פָּנַי בָּכֶם, כִּי חָסִיד אֲנִי, נְאֻם ה', לֹא אֶטּוֹר לְעוֹלָם:
שׁוּבוּ בָנִים שׁוֹבָבִים, נְאֻם ה', כִּי אָנֹכִי בָּעַלְתִּי בָכֶם, וְלָקַחְתִּי אֶתְכֶם אֶחָד מֵעִיר וּשְׁנַיִם מִמִּשְׁפָּחָה, וְהֵבֵאתִי אֶתְכֶם צִיּוֹן:
בַּיָּמִים הָהֵמָּה יֵלְכוּ בֵית יְהוּדָה עַל בֵּית יִשְׂרָאֵל, וְיָבֹאוּ יַחְדָּו מֵאֶרֶץ צָפוֹן, עַל הָאָרֶץ אֲשֶׁר הִנְחַלְתִּי אֶת אֲבוֹתֵיכֶם:
(ג, יא-יב; יד; יח)

נבואתנו היא נבואת נחמה שנאמרה לקראת שיבה זו, ובפרק הבא תוּכַח הנחה זו ממקראות נוספים.

ג. השיבה לנחלת אפרים

עוֹד תִּטְּעִי כְרָמִים בְּהָרֵי שֹׁמְרוֹן, נָטְעוּ נֹטְעִים וְחִלֵּלוּ: כִּי יֶשׁ יוֹם קָרְאוּ נֹצְרִים

בְּהַר אֶפְרָיִם, קוּמוּ וְנַעֲלֶה צִיּוֹן אֶל ה׳ אֱלֹהֵינוּ: הִנְנִי מֵבִיא אוֹתָם מֵאֶרֶץ צָפוֹן, וְקִבַּצְתִּים מִיַּרְכְּתֵי אָרֶץ, בָּם עִוֵּר וּפִסֵּחַ, הָרָה וְיֹלֶדֶת יַחְדָּו, קָהָל גָּדוֹל יָשׁוּבוּ הֵנָּה: בִּבְכִי יָבֹאוּ, וּבְתַחֲנוּנִים אוֹבִילֵם, אוֹלִיכֵם אֶל נַחֲלֵי מַיִם בְּדֶרֶךְ יָשָׁר לֹא יִכָּשְׁלוּ בָּהּ, כִּי הָיִיתִי לְיִשְׂרָאֵל לְאָב, וְאֶפְרַיִם בְּכֹרִי הוּא: וּבָאוּ וְרִנְּנוּ בִמְרוֹם צִיּוֹן, וְנָהֲרוּ אֶל טוּב ה׳... שָׁמוֹעַ שָׁמַעְתִּי אֶפְרַיִם מִתְנוֹדֵד, יִסַּרְתַּנִי וָאִוָּסֵר כְּעֵגֶל לֹא לֻמָּד, הֲשִׁיבֵנִי וְאָשׁוּבָה, כִּי אַתָּה ה׳ אֱלֹהָי: כִּי אַחֲרֵי שׁוּבִי נִחַמְתִּי, וְאַחֲרֵי הִוָּדְעִי סָפַקְתִּי עַל יָרֵךְ, בֹּשְׁתִּי וְגַם נִכְלַמְתִּי, כִּי נָשָׂאתִי חֶרְפַּת נְעוּרָי: הֲבֵן יַקִּיר לִי אֶפְרַיִם אִם יֶלֶד שַׁעֲשֻׁעִים, כִּי מִדֵּי דַבְּרִי בּוֹ זָכֹר אֶזְכְּרֶנּוּ עוֹד, עַל כֵּן הָמוּ מֵעַי לוֹ, רַחֵם אֲרַחֲמֶנּוּ, נְאֻם ה׳:

(ד-יט)

בפסוקים אלו נזכרים אפרים, השב לנחלתו, והשומרון. נזכרים גם הבכורה והעגל (או השור), שהוא דגלו של בית יוסף, ושתי קרניו הם אפרים ומנשה:

בְּכוֹר שׁוֹרוֹ הָדָר לוֹ, וְקַרְנֵי רְאֵם קַרְנָיו, בָּהֶם עַמִּים יְנַגַּח יַחְדָּו אַפְסֵי אָרֶץ, וְהֵם רִבְבוֹת אֶפְרַיִם, וְהֵם אַלְפֵי מְנַשֶּׁה:

(דברים לג, יז).

אך השיבה הנזכרת – כפולה היא: שיבה אחת – מארץ צפון לארץ ישראל, לשומרון, לנחלת אפרים. שיבה שנייה – מנחלת אפרים בשומרון אל מרום ציון, אל טוב ה׳, כלומר, לירושלים, מקום מקדשו. אפרים לא ישוב כְּעֵגֶל לֹא לֻמָּד לעגלים שהוצבו בבית אל ובדן; הוא ישוב אל מקום שכינת ה׳ בירושלים, ובמקרה דנן – אל עיר מלכותו של יאשיהו.

חשוב להזכיר את המובן מאליו: כמו בדברי הנביא הושע ובמקומות רבים אחרים במקרא – אפרים הוא השבט העיקרי בין עשרת השבטים, אך הנבואה מכוונת לכל עשרת השבטים, וכולם נקראים כאן בשם הכולל ׳אפרים׳, כטפלים אליו, ועל כן גם הם מתייחסים כאן אל רחל.

עוד נזכיר: שיבת עשרת השבטים בידי ירמיהו אל מלכותו של יאשיהו הייתה חלקית. רוב הגולים נותרו, כנראה, בגלות. חלק מן הנותרים בגלות שבו ארצה לאחר הצהרת כורש, ואולי גם בעליית עזרא. אחרים נותרו בגלותם, וכעולה מן הגמרא להלן:

אמר רב יהודה אמר רב אסי: עובד כוכבים שקידש (= אישה) בזמן הזה –

חוששין לקדושין, שמא מעשרת השבטים הוא. והא כל דפריש מרובא פריש! בדוכתא דקביעי;[1] דאמר רבי אבא בר כהנא:
[וַיֶּגֶל מֶלֶךְ אַשּׁוּר אֶת יִשְׂרָאֵל אַשּׁוּרָה] וַיַּנְחֵם בַּחְלַח וּבְחָבוֹר נְהַר גּוֹזָן וְעָרֵי מָדָי (מל"ב יח, יא), חְלַח – זה חלזון, וחָבוֹר – זו חדייב, נְהַר גּוֹזָן – זו גינזק, וְעָרֵי מָדָי – זו חמדן וחברותיה, ואמרי לה: זו ניהר וחברותיה.
(יבמות טז ע"ב – יז ע"א)

האם אלו שנותרו בגלותם עתידים לשוב?

עשרת השבטים אינן עתידין לחזור, שנאמר (דברים כט, כז): וַיַּשְׁלִכֵם אֶל אֶרֶץ אַחֶרֶת כַּיּוֹם הַזֶּה – מה היום הזה הולך ואינו חוזר, אף הם הולכים ואינם חוזרים, דברי רבי עקיבא. רבי אליעזר אומר: מה היום מאפיל ומאיר, אף עשרת השבטים שאפל להן, כך עתיד להאיר להן.
(משנה סנהדרין י, ג)

עם כל יופיה ואצילותה של שיטת רבי אליעזר בכך, נראה, שמסקנת הגמרא היא כרבי עקיבא:

איכא דאמרי: כי אמריתה קמיה דשמואל, אמר לי: לא זזו משם, עד שעשאום עובדי כוכבים גמורים.
(יבמות יז ע"א)

ד. רחל מבכה על בניה – חורבן שילה

כֹּה אָמַר ה׳, קוֹל בְּרָמָה נִשְׁמָע נְהִי בְּכִי תַמְרוּרִים, רָחֵל מְבַכָּה עַל בָּנֶיהָ, מֵאֲנָה לְהִנָּחֵם עַל בָּנֶיהָ, כִּי אֵינֶנּוּ: כֹּה אָמַר ה׳, מִנְעִי קוֹלֵךְ מִבֶּכִי וְעֵינַיִךְ מִדִּמְעָה, כִּי יֵשׁ שָׂכָר לִפְעֻלָּתֵךְ, נְאֻם ה׳, וְשָׁבוּ מֵאֶרֶץ אוֹיֵב: וְיֵשׁ תִּקְוָה לְאַחֲרִיתֵךְ, נְאֻם ה׳, וְשָׁבוּ בָנִים לִגְבוּלָם:
(יד–טז)

1. תרגום וביאור: שואלת הגמרא, והרי אנחנו מניחים שמי שפורש – מהרוב הוא פורש, והרוב הם גוים! עונה הגמרא, במקומם הקבוע לא מניחים כך.

עסקנו בקשר בין בְּכִיָּה של רחל לגלות עשרת השבטים ולשיבתם בימי יאשיהו. אומנם אפשר, שנבואת בְּכִיָּה של רחל קדומה, וירמיהו שיבץ בדבריו על דורו נבואה קדומה שהייתה מוּכֶּרת. בְּכִיָּה של רחל נשמע, מן הסברה הפשוטה, גם בימי חורבן שילה, שהייתה בזכות משכן ה׳ שבתוכה עיר מרכזית בלב נחלת אפרים, כשמצפון לה שכן שבט מנשה, ומדרום שבט בנימין, וכולם בני רחל. המלחמה, שהביאה לחורבן שומרון החלה באבן העזר בגבול נחלת בנימין, והתרחבה עד שילה, ואולי אף מצפון לה. מסתבר, שהחללים הרבים, כחמישים אלף איש, היו בעיקרם בני רחל. כך מתואר החורבן הגדול בתהלים:

> וַיִּטֹּשׁ מִשְׁכַּן שִׁלוֹ, אֹהֶל שִׁכֵּן בָּאָדָם: וַיִּתֵּן לַשְּׁבִי עֻזּוֹ, וְתִפְאַרְתּוֹ בְיַד צָר: וַיַּסְגֵּר לַחֶרֶב עַמּוֹ, וּבְנַחֲלָתוֹ הִתְעַבָּר: בַּחוּרָיו אָכְלָה אֵשׁ, וּבְתוּלֹתָיו לֹא הוּלָּלוּ: כֹּהֲנָיו בַּחֶרֶב נָפָלוּ, וְאַלְמְנֹתָיו לֹא תִבְכֶּינָה:

(תהלים עח, ס-סד)

ההנחה שעיקר הנספים היו בני רחל, עולה גם מן המזמור הסמוך בתהלים:

> רֹעֵה יִשְׂרָאֵל הַאֲזִינָה, נֹהֵג כַּצֹּאן יוֹסֵף, יֹשֵׁב הַכְּרוּבִים הוֹפִיעָה: לִפְנֵי אֶפְרַיִם וּבִנְיָמִן וּמְנַשֶּׁה עוֹרְרָה אֶת גְּבוּרָתֶךָ, וּלְכָה לִישֻׁעָתָה לָּנוּ: אֱלֹהִים, הֲשִׁיבֵנוּ, וְהָאֵר פָּנֶיךָ וְנִוָּשֵׁעָה: ה׳ אֱלֹהִים צְבָאוֹת, עַד מָתַי עָשַׁנְתָּ בִּתְפִלַּת עַמֶּךָ: הֶאֱכַלְתָּם לֶחֶם דִּמְעָה, וַתַּשְׁקֵמוֹ בִּדְמָעוֹת שָׁלִישׁ: תְּשִׂימֵנוּ מָדוֹן לִשְׁכֵנֵינוּ, וְאֹיְבֵינוּ יִלְעֲגוּ לָמוֹ: אֱלֹהִים צְבָאוֹת, הֲשִׁיבֵנוּ, וְהָאֵר פָּנֶיךָ וְנִוָּשֵׁעָה: גֶּפֶן מִמִּצְרַיִם תַּסִּיעַ, תְּגָרֵשׁ גּוֹיִם וַתִּטָּעֶהָ: ... לָמָּה פָּרַצְתָּ גְדֵרֶיהָ, וְאָרוּהָ כָּל עֹבְרֵי דָרֶךְ: יְכַרְסְמֶנָּה חֲזִיר מִיָּעַר, וְזִיז שָׂדַי יִרְעֶנָּה: אֱלֹהִים צְבָאוֹת, שׁוּב נָא, הַבֵּט מִשָּׁמַיִם וּרְאֵה, וּפְקֹד גֶּפֶן זֹאת: וְכַנָּה אֲשֶׁר נָטְעָה יְמִינֶךָ, וְעַל בֵּן אִמַּצְתָּה לָּךְ: שְׂרֻפָה בָאֵשׁ כְּסוּחָה, מִגַּעֲרַת פָּנֶיךָ יֹאבֵדוּ: תְּהִי יָדְךָ עַל אִישׁ יְמִינֶךָ, עַל בֶּן אָדָם אִמַּצְתָּ לָּךְ:

(שם פ, ב-יח)

המזמור מצרף לאפרים, בנימין ומנשה את יֹשֵׁב הַכְּרֻבִים, הרומז לארון הברית, שנפל בשבי הפלשתים במלחמה. הוא מזכיר את הגפן שעלתה ממצרים, שהיא יוסף, הנזכר בדברי יעקב האחרונים (בראשית מט, כב: בֵּן פֹּרָת יוֹסֵף בֵּן פֹּרָת עֲלֵי עָיִן, וכן בהמשך דבריו). הוא מזכיר פעמיים את ה׳ימין׳ ואת ה׳בן׳, המרמזים גם הם לבנימין.

הקשר של חורבן שילה לרחל עצמה ולאסונה עולה גם מן המקראות המתארים את חורבן שילה:

וְכַלָּתוֹ אֵשֶׁת פִּינְחָס הָרָה לָלַת, וַתִּשְׁמַע אֶת הַשְּׁמֻעָה אֶל הִלָּקַח אֲרוֹן הָאֱלֹהִים וּמֵת חָמִיהָ וְאִישָׁהּ, וַתִּכְרַע וַתֵּלֶד, כִּי נֶהֶפְכוּ עָלֶיהָ צִרֶיהָ: וּכְעֵת מוּתָהּ וַתְּדַבֵּרְנָה הַנִּצָּבוֹת עָלֶיהָ, אַל תִּירְאִי, כִּי בֵן יָלָדְתְּ, וְלֹא עָנְתָה וְלֹא שָׁתָה לִבָּהּ:
(שמ"א ד, יט-כ)

מותה של אשת פינחס הכוהן בלידתה כתוב בסגנון כמעט זהה למותה של רחל בעת לידתה את בְּנָהּ בֶּן אוֹנִי – בנימין.

ה. רָחֵל מְבַכָּה עַל בָּנֶיהָ – (כמעט) השמדתו של שבט בנימין במלחמת פילגש בגבעה

לאור דברינו, לא ניתן להתעלם מן הקשר שבין הפטרתנו לאירוע שקדם לחורבן שילה, ולהערכתנו, אז נכתבה בפעם הראשונה הנבואה על רחל שמבכה על בניה – מלחמת פילגש בגבעה.

עוֹד אֶבְנֵךְ וְנִבְנֵית, בְּתוּלַת יִשְׂרָאֵל, עוֹד תַּעְדִּי תֻפַּיִךְ, וְיָצָאת בִּמְחוֹל מְשַׂחֲקִים: עוֹד תִּטְּעִי כְרָמִים בְּהָרֵי שֹׁמְרוֹן, נָטְעוּ נֹטְעִים וְחִלֵּלוּ: ... אָז תִּשְׂמַח בְּתוּלָה בְּמָחוֹל וּבַחֻרִים וּזְקֵנִים יַחְדָּו, וְהָפַכְתִּי אֶבְלָם לְשָׂשׂוֹן וְנִחַמְתִּים, וְשִׂמַּחְתִּים מִיגוֹנָם:
(ג-ד; יב)

תיאור כרמי שומרון בהפטרתנו והבתולות המחוללות בהם, מוליך אותנו אל תיאורים אלו בעקבות הפיוס בפרשת פילגש בגבעה:

וַיֹּאמְרוּ, הִנֵּה חַג ה' בְּשִׁלוֹ מִיָּמִים יָמִימָה, אֲשֶׁר מִצְּפוֹנָה לְבֵית אֵל, מִזְרְחָה הַשֶּׁמֶשׁ לִמְסִלָּה הָעֹלָה מִבֵּית אֵל שְׁכֶמָה, וּמִנֶּגֶב לִלְבוֹנָה: וַיְצַוּ אֶת בְּנֵי בִנְיָמִן לֵאמֹר, לְכוּ וַאֲרַבְתֶּם בַּכְּרָמִים: וּרְאִיתֶם, וְהִנֵּה אִם יֵצְאוּ בְנוֹת שִׁילוֹ לָחוּל בַּמְּחֹלוֹת, וִיצָאתֶם מִן הַכְּרָמִים, וַחֲטַפְתֶּם לָכֶם אִישׁ אִשְׁתּוֹ מִבְּנוֹת שִׁילוֹ, וַהֲלַכְתֶּם אֶרֶץ בִּנְיָמִן:
(שופטים כא, יט-כא)

אפשר שהתחביר החריג בנבואתנו: מֵאֲנָה לְהִנָּחֵם עַל בָּנֶיהָ, כִּי אֵינֶנּוּ, בא לרמוז על 'בן אוני' – שמו של בנימין בפי רחל בעת שיצאה נפשה. במלחמת הגבעה בספר שופטים הושמד שבט בנימין כמעט לגמרי; נותרו ממנו שש מאות איש בלבד, כולם גברים, והושמדו בו כל הנשים. הגברים שנותרו לא יכלו לשאת נשים, כי 'איש ישראל'

נשבע במצפה, שלא לתת את בנותיו לאנשי שבט בנימין. על השבט נגזרה באותה שעה כְּלָיָה גמורה או נישואין עם נשים נוכריות ויציאה מכלל ישראל. זו השעה, על פי הנבואה העתיקה, שרחל באה לפני ריבונו של עולם, והזכירה את זכותה ואת מסירת נפשה בעת לידת בנימין.

נבהיר מעט: מלאך ה׳ ציווה את יעקב לצאת מחרן ולשוב אל ארץ מולדתו, ויעקב לא עשה דבר, לפני שהתייעץ עם נשיו. החשש העיקרי היה, שרחל תתנגד לכך בגלל רצונה בבן נוסף, רצון שהצהירה עליו בעת שנולד יוסף לאחר קשיים כה גדולים (בראשית כד, ל): יֹסֵף ה׳ לִי בֵּן אַחֵר. הרכיבה הארוכה על גמלים בעת ההימלטות מבית לבן, החששות לקראת פגישה עם עֵשָׂו ואנשי גדודו והמשך הנדודים – יש בהם כדי להשבית את תקוותה לבן נוסף. רחל הסכימה לכל זה, ובלבד שלא למנוע את יעקב מלשוב אל ארץ אבותיו. היא לא ויתרה על חלומה על הבן הנוסף, אולם כשבאה ללדת אותו בדרך, נהפכו עליה ציריה מחמת ההרפתקאות והצרות שעברה בעת הריונה, והיא לא שרדה את לידתו. אומנם, חלומה לבן נוסף קם והיה, אך עתה, כששבט בנימין עמד לפני כיליונו, באה רחל עם טענותיה לקב״ה. ה׳ שמע בקולה, ופתרון מחולות הבתולות בכרמים הקים את השבט מחדש, והוציא ממנו את מלכות ישראל הראשונה.

ירמיהו בנבואתנו רואה את הטענה השלישית של רחל כלפי הקב״ה, בעת ששבט אפרים, בן בנה של רחל, ושבטי ישראל חבריו כמעט כלו בגלותם, ובזכות תפילתה הלך ירמיהו לגלות אשור הרחוקה להשיבם ארצה.

ו. שורות סיום

בדיוננו הארוך על שיבת עשרת השבטים ועל גורלם של שבטי רחל כמעט שכחנו שאנו קוראים את הנבואה ביום הדין, בשעה שספרי חיים וספרי מתים פתוחים לפניו, יתברך, בראש השנה שבו ׳המלך יושב על כיסא רם ונישא׳.[2] נשוב לעיצומו של יום: עשרת השבטים, אֶפְרַיִם וְכָל בֵּית יִשְׂרָאֵל חֲבֵרָו (יחזקאל לז, טז), גלו אחרי מאות שנים שבהן זבחו לעגלים, וחמור מכך – לבעלים. עברו עוד מאה שנים נוספות, שבהן נשכחו מלב בגלותם הרחוקה, כשהם טובעים בתרבות נוכרית, בשפה נוכרית, וכנראה, גם בנישואין עם נשים נוכריות. מה נותר מהם כיהודים, ומה ערך היה לשרידים המעטים של מורשת אבותם, ממעמד הר סיני ומזיכרון מקדש ה׳ בירושלים? ולפתע בא ירמיהו, נביא חורבן, ואומר להם: מֵרָחוֹק ה׳ נִרְאָה לִי, וְאַהֲבַת עוֹלָם אֲהַבְתִּיךְ, עַל כֵּן מְשַׁכְתִּיךְ חָסֶד.

2. עפ״י ישעיהו ו, א.

שמא בראש השנה גם אנחנו משולים לבני אפרים, אחרי שבמשך שנה שלמה אולי שכחנו ואולי הזנחנו את תפקידנו ואת חובותינו כלפיו, יתברך. שעה קלה לפני התקיעות אנו שומעים בהפטרה את הצהרתו של ה׳: וְאַהֲבַת עוֹלָם אֲהַבְתִּיךְ, עַל כֵּן מְשַׁכְתִּיךְ חָסֶד ואת נכונותו לקבל אותנו, אם רק נשוב אליו בלב שלם, כמו שהיה מוכן לקבל אליו מחדש את בני אפרים ועשרת השבטים. אנו פותחים את הפטרת היום במילים: וְאַהֲבַת עוֹלָם אֲהַבְתִּיךְ, ומסיימים אותה כנזכר:

הֲבֵן יַקִּיר לִי אֶפְרַיִם, אִם יֶלֶד שַׁעֲשֻׁעִים, כִּי מִדֵּי דַבְּרִי בּוֹ זָכֹר אֶזְכְּרֶנּוּ עוֹד, עַל כֵּן הָמוּ מֵעַי לוֹ, רַחֵם אֲרַחֲמֶנּוּ, נְאֻם ה׳:

(יט)

הפטרת יום הכיפורים[1]

נז יד טו וְאָמַר סֹלּוּ־סֹלּוּ פַּנּוּ־דָרֶךְ הָרִימוּ מִכְשׁוֹל מִדֶּרֶךְ עַמִּי: כִּי כֹה אָמַר
רָם וְנִשָּׂא שֹׁכֵן עַד וְקָדוֹשׁ שְׁמוֹ מָרוֹם וְקָדוֹשׁ אֶשְׁכּוֹן וְאֶת־דַּכָּא וּשְׁפַל־רוּחַ
טז לְהַחֲיוֹת רוּחַ שְׁפָלִים וּלְהַחֲיוֹת לֵב נִדְכָּאִים: כִּי לֹא לְעוֹלָם אָרִיב וְלֹא לָנֶצַח
יז אֶקְצוֹף כִּי־רוּחַ מִלְּפָנַי יַעֲטוֹף וּנְשָׁמוֹת אֲנִי עָשִׂיתִי: בַּעֲוֹן בִּצְעוֹ קָצַפְתִּי וְאַכֵּהוּ
יח הַסְתֵּר וְאֶקְצֹף וַיֵּלֶךְ שׁוֹבָב בְּדֶרֶךְ לִבּוֹ: דְּרָכָיו רָאִיתִי וְאֶרְפָּאֵהוּ וְאַנְחֵהוּ וַאֲשַׁלֵּם
יט נִחֻמִים לוֹ וְלַאֲבֵלָיו: בּוֹרֵא נִיב שְׂפָתָיִם שָׁלוֹם שָׁלוֹם לָרָחוֹק וְלַקָּרוֹב אָמַר יהוה
כ וּרְפָאתִיו: וְהָרְשָׁעִים כַּיָּם נִגְרָשׁ כִּי הַשְׁקֵט לֹא יוּכָל וַיִּגְרְשׁוּ מֵימָיו רֶפֶשׁ וָטִיט:
נח כא א אֵין שָׁלוֹם אָמַר אֱלֹהַי לָרְשָׁעִים: קְרָא בְגָרוֹן אַל־תַּחְשֹׂךְ כַּשּׁוֹפָר
ב הָרֵם קוֹלֶךָ וְהַגֵּד לְעַמִּי פִּשְׁעָם וּלְבֵית יַעֲקֹב חַטֹּאתָם: וְאוֹתִי יוֹם יוֹם יִדְרֹשׁוּן
וְדַעַת דְּרָכַי יֶחְפָּצוּן כְּגוֹי אֲשֶׁר־צְדָקָה עָשָׂה וּמִשְׁפַּט אֱלֹהָיו לֹא עָזָב יִשְׁאָלוּנִי
ג מִשְׁפְּטֵי־צֶדֶק קִרְבַת אֱלֹהִים יֶחְפָּצוּן: לָמָּה צַּמְנוּ וְלֹא רָאִיתָ עִנִּינוּ נַפְשֵׁנוּ וְלֹא
ד תֵדָע הֵן בְּיוֹם צֹמְכֶם תִּמְצְאוּ־חֵפֶץ וְכָל־עַצְּבֵיכֶם תִּנְגֹּשׂוּ: הֵן לְרִיב וּמַצָּה תָּצוּמוּ
ה וּלְהַכּוֹת בְּאֶגְרֹף רֶשַׁע לֹא־תָצוּמוּ כַיּוֹם לְהַשְׁמִיעַ בַּמָּרוֹם קוֹלְכֶם: הֲכָזֶה יִהְיֶה
צוֹם אֶבְחָרֵהוּ יוֹם עַנּוֹת אָדָם נַפְשׁוֹ הֲלָכֹף כְּאַגְמֹן רֹאשׁוֹ וְשַׂק וָאֵפֶר יַצִּיעַ הֲלָזֶה
ו תִּקְרָא־צוֹם וְיוֹם רָצוֹן לַיהוה: הֲלוֹא זֶה צוֹם אֶבְחָרֵהוּ פַּתֵּחַ חַרְצֻבּוֹת רֶשַׁע
ז הַתֵּר אֲגֻדּוֹת מוֹטָה וְשַׁלַּח רְצוּצִים חָפְשִׁים וְכָל־מוֹטָה תְּנַתֵּקוּ: הֲלוֹא פָרֹס
לָרָעֵב לַחְמֶךָ וַעֲנִיִּים מְרוּדִים תָּבִיא בָיִת כִּי־תִרְאֶה עָרֹם וְכִסִּיתוֹ וּמִבְּשָׂרְךָ לֹא
ח תִתְעַלָּם: אָז יִבָּקַע כַּשַּׁחַר אוֹרֶךָ וַאֲרֻכָתְךָ מְהֵרָה תִצְמָח וְהָלַךְ לְפָנֶיךָ צִדְקֶךָ
ט כְּבוֹד יהוה יַאַסְפֶךָ: אָז תִּקְרָא וַיהוה יַעֲנֶה תְּשַׁוַּע וְיֹאמַר הִנֵּנִי אִם־תָּסִיר מִתּוֹכְךָ

1. דברינו כאן הם על ההפטרה של בוקר יום הכיפורים. על הפטרת מנחה של יום הכיפורים – ספר יונה, כתבנו בהרחבה בספרנו 'המקראות המתחדשים' (אלון שבות תשע"ה), עמ' 427–460.

י מוּטָה שְׁלַח אֶצְבַּע וְדַבֶּר־אָוֶן: וְתָפֵק לָרָעֵב נַפְשֶׁךָ וְנֶפֶשׁ נַעֲנָה תַּשְׂבִּיעַ וְזָרַח
יא בַּחֹשֶׁךְ אוֹרֶךָ וַאֲפֵלָתְךָ כַּצָּהֳרָיִם: וְנָחֲךָ יהוה תָּמִיד וְהִשְׂבִּיעַ בְּצַחְצָחוֹת נַפְשֶׁךָ
יב וְעַצְמֹתֶיךָ יַחֲלִיץ וְהָיִיתָ כְּגַן רָוֶה וּכְמוֹצָא מַיִם אֲשֶׁר לֹא־יְכַזְּבוּ מֵימָיו: וּבָנוּ מִמְּךָ
חָרְבוֹת עוֹלָם מוֹסְדֵי דוֹר־וָדוֹר תְּקוֹמֵם וְקֹרָא לְךָ גֹּדֵר פֶּרֶץ מְשֹׁבֵב נְתִיבוֹת
יג לָשָׁבֶת: אִם־תָּשִׁיב מִשַּׁבָּת רַגְלֶךָ עֲשׂוֹת חֲפָצֶךָ בְּיוֹם קָדְשִׁי וְקָרָאתָ לַשַּׁבָּת עֹנֶג
יד לִקְדוֹשׁ יהוה מְכֻבָּד וְכִבַּדְתּוֹ מֵעֲשׂוֹת דְּרָכֶיךָ מִמְּצוֹא חֶפְצְךָ וְדַבֵּר דָּבָר: אָז
תִּתְעַנַּג עַל־יהוה וְהִרְכַּבְתִּיךָ עַל־בָּמֳתֵי אָרֶץ וְהַאֲכַלְתִּיךָ נַחֲלַת יַעֲקֹב אָבִיךָ
כִּי פִּי יהוה דִּבֵּר:

א. הקשר בין ההפטרה ליום הכיפורים

ביום הכפורים קורין אחרי מות (ויקרא טז), ומפטירין: כִּי כֹה אָמַר רָם וְנִשָּׂא.
(מגילה לא ע״א)[2]

בפוסקים[3] נאמרו שני הסברים להפטרה זו. הראשון: עניין התענית והתשובה הנזכרות בלב הנבואה (נח, א–יב), ועֶרכו של הצום ביחס למצוות נוספות שאמורות להתלוות אליו. הנביא בהפטרתנו קובע, שאין ערך לצום ללא מעשי המצוות, והדבר מזכיר את המשנה הדנה בערכה של תענית:

סדר תעניות כיצד? מוציאין את התיבה לרחובה של עיר, ונותנין אפר מקלה על גבי התיבה ובראש הנשיא ובראש אב בית דין, וכל אחד ואחד נותן בראשו, הזקֵן שבהן אומר לפניהן דברי כִּבּושין: אחינו, לא נאמר באנשי נינוה: וירא אלהים את שקם ואת תעניתם, אלא: וַיַּרְא הָאֱלֹהִים אֶת מַעֲשֵׂיהֶם, כִּי שָׁבוּ מִדַּרְכָּם הָרָעָה (יונה ג, י).
(משנה תענית ב, א)

הנימוק השני לקריאת הפטרה זו ביום הכיפורים קשור לסופה של ההפטרה, לפסוק וְכִבַּדְתּוֹ מֵעֲשׂוֹת דְּרָכֶיךָ, שהגמרא דורשת אותו על כבודו של יום הכיפורים, ונעסוק

2. ראו טור ושו״ע אורח חיים, סי׳ תרכ״א סעי׳ א.
3. בית יוסף סי׳ תרכ״א.

בכך לקראת סיום דבָרֵנו. הנימוק הראשון מתקשר ליום הכיפורים בקשר חזק יותר מעצם הדיון על צום ללא מעשי מצווה, ונדון בכך להלן.

ב. משמעות תוכחת הנביא

כאמור, אפשר שבעניין התענית והתשובה הקשר ליום הכיפורים גדול יותר, ושההפטרה נאמרה ביום הכיפורים עצמו, ביום הכיפורים של שנת היובל:

> קְרָא בְגָרוֹן אַל תַּחְשֹׂךְ, כַּשּׁוֹפָר הָרֵם קוֹלֶךָ, וְהַגֵּד לְעַמִּי פִּשְׁעָם, וּלְבֵית יַעֲקֹב חַטֹּאתָם:
> לָמָּה צַּמְנוּ וְלֹא רָאִיתָ, עִנִּינוּ נַפְשֵׁנוּ וְלֹא תֵדָע...
> הֲלוֹא זֶה צוֹם אֶבְחָרֵהוּ, פַּתֵּחַ חַרְצֻבּוֹת רֶשַׁע, הַתֵּר אֲגֻדּוֹת מוֹטָה, וְשַׁלַּח רְצוּצִים חָפְשִׁים, וְכָל מוֹטָה תְּנַתֵּקוּ:

(נח, א; ג; ו)

מדברי הנביא עולה, שהם נאמרו ביום תענית של כלל הציבור. דימוי דברי הנביא לתקיעת השופר עשוי להזכיר את הנאמר בתורה:

> וְהַעֲבַרְתָּ שׁוֹפַר תְּרוּעָה בַּחֹדֶשׁ הַשְּׁבִעִי בֶּעָשׂוֹר לַחֹדֶשׁ, בְּיוֹם הַכִּפֻּרִים תַּעֲבִירוּ שׁוֹפָר בְּכָל אַרְצְכֶם: וְקִדַּשְׁתֶּם אֵת שְׁנַת הַחֲמִשִּׁים שָׁנָה, וּקְרָאתֶם דְּרוֹר בָּאָרֶץ לְכָל יֹשְׁבֶיהָ, יוֹבֵל הִוא תִּהְיֶה לָכֶם, וְשַׁבְתֶּם אִישׁ אֶל אֲחֻזָּתוֹ, וְאִישׁ אֶל מִשְׁפַּחְתּוֹ תָּשֻׁבוּ:

(ויקרא כה, ט-י)

שנת יובל מתקדשת בתקיעת שופר ביום הכיפורים, ובו ביום משתחררים העבדים ושבים אל משפחתם ואל אחוזתם. נראה, שעיקר תוכחת הנביא קשורה לעובדה שהעבדים הרצוצים נותרו במוטה, שקשרה אותם אל עול עבדותם בחרצובות רשע, ולא השתחררו לביתם. נראה, שמצוות שחרור העבדים נשכחה ונזנחה, ואפשר, שמניין שנות היובל נשכח ונזנח יחד עימה. העם התפלל לאלוהיו בתום לב, כְּגוֹי אֲשֶׁר צְדָקָה עָשָׂה, וּמִשְׁפַּט אֱלֹהָיו לֹא עָזָב, וְחָפֵץ בקרבת אלוהיו (נח, ב). העם תמה, מדוע לא ראה הקב"ה בצומו ובעינוי נפשו. כיצד ידע העם, שהקב"ה לא ראה בתעניתם? שמא נוכל להניח, שהסימן המובהק של היענות הקב"ה בתענית יום הכיפורים לא נתגלה באותה שנה – לשון הזהורית שבבית המקדש לא הלבינה. השעיר הפנימי נשחט, ואת דמו היזה הכוהן הגדול לפני ה' בקודש הקודשים, השעיר שבא עימו נשלח כהלכתו לעזאזל המדברה (ולפי מסורת חז"ל, הושלך מראש הצוק אל מותו), אך לשון הזהורית לא

הלבינה, והעם המבועת לא הבין, מדוע לא רצה ה׳ בתעניתו. הנביא מודיע לעם מפי ה׳, שעַד שלא יקיימו את עיקר מצוות יום הכיפורים של שנת היובל, מצוות שחרור העבדים, לא יחפוץ ה׳ בתעניתם. התענית והצום אינם רק הימנעות מאוכל, לבישת שק ואפר וכפיפת הראש כאגמון, בעת שהאגרוף מכה על החזה. האגרוף שבו הם מכים על חזם באמירת הווידוי, אינו אלא אגרוף רשע, אגרוף שבו הם כובשים בכוח את עבדיהם לעבודתם, ואינם משחררים אותם לביתם. הנביא מדגיש, שעיקר הצום והתשובה הוא שילוח העבדים.

ג. מתי תלבין לשון הזהורית?

אפשר, שלא היה זה צום יום הכיפורים הראשון בימי ישעיהו, שלא הלבינה בו לשון הזהורית. נראה, שלנבואה זו קדמה נבואה שנאמרה ביום כיפורים אחר (לאו דווקא בשנת יובל), וגם היא הייתה על חטאים דומים. שהרי כך נאמר בה:

> וּבְפָרִשְׂכֶם כַּפֵּיכֶם, אַעְלִים עֵינַי מִכֶּם, גַּם כִּי תַרְבּוּ תְפִלָּה, אֵינֶנִּי שֹׁמֵעַ, יְדֵיכֶם דָּמִים מָלֵאוּ: רַחֲצוּ, הִזַּכּוּ, הָסִירוּ רֹעַ מַעַלְלֵיכֶם מִנֶּגֶד עֵינָי, חִדְלוּ הָרֵעַ: לִמְדוּ הֵיטֵב, דִּרְשׁוּ מִשְׁפָּט, אַשְּׁרוּ חָמוֹץ, שִׁפְטוּ יָתוֹם, רִיבוּ אַלְמָנָה: לְכוּ נָא וְנִוָּכְחָה, יֹאמַר ה׳, אִם יִהְיוּ חֲטָאֵיכֶם כַּשָּׁנִים, כַּשֶּׁלֶג יַלְבִּינוּ, אִם יַאְדִּימוּ כַתּוֹלָע, כַּצֶּמֶר יִהְיוּ:
>
> (א, טו-יח)

ישעיהו מַתְנה את הלבנת לשון הזהורית בקיום המצוות הנזכרות בנבואה, ומדבריו נראה, שנבואתו הקשה נאמרה בעקבות אי הלבנתה של הלשון ביום הכיפורים. רמז נוסף ליום הכיפורים בנבואת פרק א מצוי גם בדבריו: גַּם כִּי תַרְבּוּ תְפִלָּה, אֵינֶנִּי שֹׁמֵעַ (שם, טו).

> מניין לנעילה? אמר ר׳ לוי: גַּם כִּי תַרְבּוּ תְפִלָּה – מכאן, שכל המרבה בתפלה, נענה.
>
> (ירושלמי ברכות פ״ד, ה״ב)

נעילה היא בבחינת ׳תַרְבּוּ תְפִלָּה׳, משום שאינה כנגד קורבן, לעומת שאר התפילות (כולל תפילת ערבית, שהיא כנגד איברים ופדרים העולים על המזבח בלילה) שנתקנו כנגד קורבנות. נעילה היא תפילה מיוחדת ליום הכיפורים (ולתעניות ציבור), ואפשר שיש כאן רמז נוסף, שנבואה זו נאמרה ביום הכיפורים.

אף שמדובר בנבואות שנאמרו על ידי ישעיהו בשני ימי כיפורים שונים ובשתי

לשונות זהורית שונות, יש דמיון בין החטאים שבהם הוא עוסק. בפרק א הוא עוסק בשפיכות דמים, בפרק נח, בהפטרתנו, הוא עוסק בהימנעות משחרור עבדים לחירותם בשנת היובל, חטא השקול, מבחינה מסוימת, כנגד כיבוש בן חורין לעבד נגד רצונו.

> כִּי יִמָּצֵא אִישׁ גֹּנֵב נֶפֶשׁ מֵאֶחָיו מִבְּנֵי יִשְׂרָאֵל, וְהִתְעַמֶּר בּוֹ וּמְכָרוֹ, וּמֵת הַגַּנָּב הַהוּא, וּבִעַרְתָּ הָרָע מִקִּרְבֶּךָ:

(דברים כד, ז)

התורה רואה חטא זה בחומרה יתרה, בדומה לחטא שפיכות דמים, ולכן גם בעקבותיו לא הלבינה לשון של זהורית.

ד. תיקון החטא

כדי שהלשון של זהורית תלבין, אין די בהימנעות מחטא שפיכות דמים או בשחרור עבדים. הנביא דורש גם עשייה חיובית של צדקה ומשפט. כך הם דבריו בפרק א (יז): לִמְדוּ הֵיטֵב, דִּרְשׁוּ מִשְׁפָּט, אַשְּׁרוּ חָמוֹץ, שִׁפְטוּ יָתוֹם, רִיבוּ אַלְמָנָה, וכך גם בהפטרתנו (נח, ז): הֲלוֹא פָרֹס לָרָעֵב לַחְמֶךָ, וַעֲנִיִּים מְרוּדִים תָּבִיא בָיִת, כִּי תִרְאֶה עָרֹם וְכִסִּיתוֹ, וּמִבְּשָׂרְךָ לֹא תִתְעַלָּם.

מדוע דווקא שלוש מצוות אלו? נראה, שיש קשר בינן לבין שלילת העבדות הכפויה. נתבונן שוב במקראות במשנה תורה:

> לֹא יַחֲבֹל רֵחַיִם וָרָכֶב, כִּי נֶפֶשׁ הוּא חֹבֵל: כִּי יִמָּצֵא אִישׁ גֹּנֵב נֶפֶשׁ מֵאֶחָיו מִבְּנֵי יִשְׂרָאֵל, וְהִתְעַמֶּר בּוֹ וּמְכָרוֹ, וּמֵת הַגַּנָּב הַהוּא, וּבִעַרְתָּ הָרָע מִקִּרְבֶּךָ: ... כִּי תַשֶּׁה בְרֵעֲךָ מַשַּׁאת מְאוּמָה, לֹא תָבֹא אֶל בֵּיתוֹ לַעֲבֹט עֲבֹטוֹ: בַּחוּץ תַּעֲמֹד, וְהָאִישׁ אֲשֶׁר אַתָּה נֹשֶׁה בוֹ, יוֹצִיא אֵלֶיךָ אֶת הַעֲבוֹט הַחוּצָה: וְאִם אִישׁ עָנִי הוּא, לֹא תִשְׁכַּב בַּעֲבֹטוֹ: הָשֵׁב תָּשִׁיב לוֹ אֶת הַעֲבוֹט כְּבוֹא הַשֶּׁמֶשׁ, וְשָׁכַב בְּשַׂלְמָתוֹ וּבֵרְכֶךָּ, וּלְךָ תִּהְיֶה צְדָקָה לִפְנֵי ה׳ אֱלֹהֶיךָ:

(דברים כד, ו-יג)

לפנינו ארבע מצוות. שלוש מהן עסקות בַּמַּלְוֶה שבא לגבות חוב מִלּוֶֹה, שאין בידו כסף לפרוע את חובו. מותר ליטול ממנו כל דבר תמורת החוב, פרט לשלושה מצרכי יסוד, שעליהם נאמרו שלושת האיסורים:

א. אסור לחבול (= ליטול חפץ תמורת חוב שלא נפרע) את כלי טחינת הקמח, את

הריחיים ואת הרכב, משום שבלעדיהם לא יהיה ללווה העני, שאינו מסוגל לפרוע את חובו, לחם לאכול.

ב. אסור להיכנס לביתו כדי ליטול עבוט תמורת החוב; יש להמתין מחוץ לבית, ולא לתת ללווה חדל הפירעון להרגיש שאיבד את רשות היחיד האחרונה שלו.

ג. אסור ליטול ממנו את בגדו האחרון, שבו הוא מתכסה בשנתו בלילה.

הדעת נותנת, שגם המצווה הנאמרת בתווך – האיסור החמור על שעבוד בן חורין בכפייה והפיכתו לעבד (ולצידו גם העונש הקשה) – קשורה גם היא לפירעון חוב מִלווה חדל פירעון. ואכן, במקומות רבים בחוקי העולם העתיק, גם במזרח וגם ביוון, אדם שלא פרע את חובו, נמכר לעבדות בתמורה לחובו. גם במקרא מצאנו תופעה זו:

> וְאִשָּׁה אַחַת מִנְּשֵׁי בְנֵי הַנְּבִיאִים צָעֲקָה אֶל אֱלִישָׁע לֵאמֹר, עַבְדְּךָ אִישִׁי מֵת, וְאַתָּה יָדַעְתָּ כִּי עַבְדְּךָ הָיָה יָרֵא אֶת ה', וְהַנֹּשֶׁה בָּא לָקַחַת אֶת שְׁנֵי יְלָדַי לוֹ לַעֲבָדִים:
>
> (מל"ב ד, א)[4]

התורה קובעת, שמי שישעבד את חברו לעבד או שימכרנו לאחֵר, גם אם אין לו במה לפרוע את חובו,[5] דינו מיתה. ישעיהו רואה במי שממשיך לשעבד את עבדו גם בשנת היובל ואחריה, כעובר על 'תולדה' של עבירה חמורה זו. עוד כתב ישעיהו בנבואתו על תיקון החטא שהביא לכך שלשון הזהורית לא התלבנה ביום הכיפורים:

> הֲלוֹא זֶה צוֹם אֶבְחָרֵהוּ, פַּתֵּחַ חַרְצֻבּוֹת רֶשַׁע הַתֵּר אֲגֻדּוֹת מוֹטָה, וְשַׁלַּח רְצוּצִים חָפְשִׁים, וְכָל מוֹטָה תְּנַתֵּקוּ: הֲלוֹא פָרֹס לָרָעֵב לַחְמֶךָ, וַעֲנִיִּים מְרוּדִים תָּבִיא בָיִת, כִּי תִרְאֶה עָרֹם וְכִסִּיתוֹ, וּמִבְּשָׂרְךָ לֹא תִתְעַלָּם.
>
> (נח, ו–ז)

בנוסף לשחרור העבדים עליו לפרוס לרעב מלחמו – הֲלוֹא פָרֹס לָרָעֵב לַחְמֶךָ, ולא חלילה ליטול ממנו את פת לחמו האחרונה – לֹא יַחֲבֹל רֵחַיִם, וָרָכֶב כִּי נֶפֶשׁ הוּא חֹבֵל. עליו להביא את העני לביתו – וַעֲנִיִּים מְרוּדִים תָּבִיא בָיִת, ולא חלילה לפלוש אל ביתו, אל פינתו היחידה: כִּי תַשֶּׁה בְרֵעֲךָ מַשַּׁאת מְאוּמָה, לֹא תָבֹא אֶל בֵּיתוֹ לַעֲבֹט עֲבֹטוֹ. בַּחוּץ תַּעֲמֹד, וְהָאִישׁ אֲשֶׁר אַתָּה נֹשֶׁה בוֹ, יוֹצִיא אֵלֶיךָ אֶת הַעֲבוֹט הַחוּצָה. עליו לכסות את העני בלבוש – כִּי תִרְאֶה עָרֹם, וְכִסִּיתוֹ, ולא חלילה ליטול ממנו את לבושו

4. וכן מופיע בנחמיה פרק ה. הרחבנו על כך בהפטרה לפרשת וירא ובהפטרה לפרשת משפטים.
5. אלא אם חובו נוצר מחמת גנבה, ואז בית הדין מוכרים אותו.

האחרון – וְאִם אִישׁ עָנִי הוּא, לֹא תִשְׁכַּב בַּעֲבֹטוֹ. הָשֵׁב תָּשִׁיב לוֹ אֶת הַעֲבוֹט כְּבוֹא הַשֶּׁמֶשׁ, וְשָׁכַב בְּשַׂלְמָתוֹ וּבֵרֲכֶךָּ.

ה. השבת ושבת שבתון

עוד מדבר הנביא בפרקנו על השבת:

> אִם תָּשִׁיב מִשַּׁבָּת רַגְלֶךָ עֲשׂוֹת חֲפָצֶיךָ בְּיוֹם קָדְשִׁי, וְקָרָאתָ לַשַּׁבָּת עֹנֶג, לִקְדוֹשׁ ה׳ מְכֻבָּד, וְכִבַּדְתּוֹ מֵעֲשׂוֹת דְּרָכֶיךָ, מִמְּצוֹא חֶפְצְךָ וְדַבֵּר דָּבָר: אָז תִּתְעַנַּג עַל ה׳, וְהִרְכַּבְתִּיךָ עַל בָּמֳתֵי אָרֶץ, וְהַאֲכַלְתִּיךָ נַחֲלַת יַעֲקֹב אָבִיךָ, כִּי פִּי ה׳ דִּבֵּר:
>
> (נח, יג-יד)

הטענה שהבאנו לעיל, שהנבואה בכללה עוסקת בצום יום הכיפורים, עשויה לבאר את דברי הגמרא, המבארת גם פסוקים אלו על יום הכיפורים:

> אמר ליה ריש גלותא לרב המנונא: מאי דכתיב לִקְדוֹשׁ ה׳ מְכֻבָּד? אמר ליה: זה יום הכפורים, שאין בו לא אכילה ולא שתיה, אמרה תורה: כַּבְּדהו בכסות נקיה.
>
> (שבת קיט ע״א)

אומנם על פי פשטי המקראות, הפסוקים בנבואה מדברים על יום השבת. ומה עניינה של השבת בנבואתנו?

אפשר שישעיהו כיוון לשבת הנזכרת בדִּבְּרות שבמשנה תורה:

> וְיוֹם הַשְּׁבִיעִי שַׁבָּת לַה׳ אֱלֹהֶיךָ, לֹא תַעֲשֶׂה כָל מְלָאכָה אַתָּה וּבִנְךָ וּבִתֶּךָ וְעַבְדְּךָ וַאֲמָתֶךָ וְשׁוֹרְךָ וַחֲמֹרְךָ וְכָל בְּהֶמְתֶּךָ וְגֵרְךָ אֲשֶׁר בִּשְׁעָרֶיךָ, לְמַעַן יָנוּחַ עַבְדְּךָ וַאֲמָתְךָ כָּמוֹךָ: וְזָכַרְתָּ, כִּי עֶבֶד הָיִיתָ בְּאֶרֶץ מִצְרַיִם, וַיֹּצִאֲךָ ה׳ אֱלֹהֶיךָ מִשָּׁם בְּיָד חֲזָקָה וּבִזְרֹעַ נְטוּיָה, עַל כֵּן צִוְּךָ ה׳ אֱלֹהֶיךָ לַעֲשׂוֹת אֶת יוֹם הַשַּׁבָּת:
>
> (דברים ה, יג-יד)

אף בספר שמות נזכרה שבת זו:

> שֵׁשֶׁת יָמִים תַּעֲשֶׂה מַעֲשֶׂיךָ, וּבַיּוֹם הַשְּׁבִיעִי תִּשְׁבֹּת, לְמַעַן יָנוּחַ שׁוֹרְךָ וַחֲמֹרֶךָ, וְיִנָּפֵשׁ בֶּן אֲמָתְךָ וְהַגֵּר:
>
> (שמות כג, יב)

השבת היא מעין שנת יובל בזעיר אנפין. העבד והבהמה נופשים ונחים בה, ואינם משועבדים בה. גם אם האדון לא יעשה מלאכה בשבת, אך הוא יחשוב עליה, ידבר עליה וידאג למלאכה הצריכה להיעשות, לעבד לא תהיה מנוחה. כאן חידש הנביא את איסור מִמְּצוֹא חֶפְצְךָ וְדַבֵּר דָּבָר.

ה. נחלת יעקב

הנביא מבטיח למי ששומר את השבת על איסוריה החדשים: וְהַאֲכַלְתִּיךָ נַחֲלַת יַעֲקֹב אָבִיךָ, כִּי פִּי ה׳ דִּבֵּר. חז״ל דרשו על כך:

> אמר רבי יוחנן משום רבי יוסי: כל המענג את השבת, נותנין לו נחלה בלי מְצָרים, שנאמר: אָז תִּתְעַנַּג עַל ה׳, וְהִרְכַּבְתִּיךָ עַל בָּמֳתֵי אָרֶץ, וְהַאֲכַלְתִּיךָ נַחֲלַת יַעֲקֹב אָבִיךָ.
>
> (שבת קיח ע״א-ע״ב)

בנחלת יעקב לא נאמרו גבולות. אך במה קשורה נחלה זו לשמירת השבת? אפשר, שלפני הנביא עמדו דבריו הקשים של אבינו יעקב ללבן, חותנו ומעבידו:

> הָיִיתִי בַיּוֹם אֲכָלַנִי חֹרֶב וְקֶרַח בַּלָּיְלָה, וַתִּדַּד שְׁנָתִי מֵעֵינָי: זֶה לִּי עֶשְׂרִים שָׁנָה בְּבֵיתֶךָ, עֲבַדְתִּיךָ אַרְבַּע עֶשְׂרֵה שָׁנָה בִּשְׁתֵּי בְנֹתֶיךָ וְשֵׁשׁ שָׁנִים בְּצֹאנֶךָ, וַתַּחֲלֵף אֶת מַשְׂכֻּרְתִּי עֲשֶׂרֶת מֹנִים: לוּלֵי אֱלֹהֵי אָבִי אֱלֹהֵי אַבְרָהָם וּפַחַד יִצְחָק הָיָה לִי, כִּי עַתָּה רֵיקָם שִׁלַּחְתָּנִי, אֶת עָנְיִי וְאֶת יְגִיעַ כַּפַּי רָאָה אֱלֹהִים, וַיּוֹכַח אָמֶשׁ:
>
> (בראשית לא, מ-מב)

לבן ניסה לשעבד את יעקב כעבד עולם ללא מנוחה. ה׳ הציל את יעקב מאֵימת השעבוד הכפוי ללבן. שומר מצוות היובל, המשחרר את עבדו, ושומר השבת הנותן לעבדו לנוח ולנפוש בה, יאכלו מנחלת יעקב, שקנה את חירות העולם לו ולבניו.

הפטרת יום ראשון של סוכות

זכריה יד א ב הִנֵּה יוֹם־בָּא לַיהוה וְחֻלַּק שְׁלָלֵךְ בְּקִרְבֵּךְ: וְאָסַפְתִּי אֶת־כָּל־הַגּוֹיִם אֶל־יְרוּשָׁלִַם
לַמִּלְחָמָה וְנִלְכְּדָה הָעִיר וְנָשַׁסּוּ הַבָּתִּים וְהַנָּשִׁים תִּשָּׁכַבְנָה וְיָצָא חֲצִי הָעִיר בַּגּוֹלָה
ג וְיֶתֶר הָעָם לֹא יִכָּרֵת מִן־הָעִיר: וְיָצָא יהוה וְנִלְחַם בַּגּוֹיִם הָהֵם כְּיוֹם הִלָּחֲמוֹ בְּיוֹם
ד קְרָב: וְעָמְדוּ רַגְלָיו בַּיּוֹם־הַהוּא עַל־הַר הַזֵּיתִים אֲשֶׁר עַל־פְּנֵי יְרוּשָׁלִַם מִקֶּדֶם
וְנִבְקַע הַר הַזֵּיתִים מֵחֶצְיוֹ מִזְרָחָה וָיָמָּה גֵּיא גְּדוֹלָה מְאֹד וּמָשׁ חֲצִי הָהָר צָפוֹנָה
ה וְחֶצְיוֹ נֶגְבָּה: וְנַסְתֶּם גֵּיא־הָרַי כִּי־יַגִּיעַ גֵּי־הָרִים אֶל־אָצַל וְנַסְתֶּם כַּאֲשֶׁר נַסְתֶּם
ו מִפְּנֵי הָרַעַשׁ בִּימֵי עֻזִּיָּה מֶלֶךְ־יְהוּדָה וּבָא יהוה אֱלֹהַי כָּל־קְדֹשִׁים עִמָּךְ: וְהָיָה
ז בַּיּוֹם הַהוּא לֹא־יִהְיֶה אוֹר יְקָרוֹת וְקִפָּאוֹן: וְהָיָה יוֹם־אֶחָד הוּא יִוָּדַע לַיהוה לֹא־
ח יוֹם וְלֹא־לָיְלָה וְהָיָה לְעֵת־עֶרֶב יִהְיֶה־אוֹר: וְהָיָה בַּיּוֹם הַהוּא יֵצְאוּ מַיִם־חַיִּים
מִירוּשָׁלִַם חֶצְיָם אֶל־הַיָּם הַקַּדְמוֹנִי וְחֶצְיָם אֶל־הַיָּם הָאַחֲרוֹן בַּקַּיִץ וּבָחֹרֶף יִהְיֶה:
ט י וְהָיָה יהוה לְמֶלֶךְ עַל־כָּל־הָאָרֶץ בַּיּוֹם הַהוּא יִהְיֶה יהוה אֶחָד וּשְׁמוֹ אֶחָד: יִסּוֹב
כָּל־הָאָרֶץ כָּעֲרָבָה מִגֶּבַע לְרִמּוֹן נֶגֶב יְרוּשָׁלִָם וְרָאֲמָה וְיָשְׁבָה תַחְתֶּיהָ לְמִשַּׁעַר
בִּנְיָמִן עַד־מְקוֹם שַׁעַר הָרִאשׁוֹן עַד־שַׁעַר הַפִּנִּים וּמִגְדַּל חֲנַנְאֵל עַד יִקְבֵי הַמֶּלֶךְ:
יא יב וְיָשְׁבוּ בָהּ וְחֵרֶם לֹא יִהְיֶה־עוֹד וְיָשְׁבָה יְרוּשָׁלִַם לָבֶטַח: וְזֹאת תִּהְיֶה
הַמַּגֵּפָה אֲשֶׁר יִגֹּף יהוה אֶת־כָּל־הָעַמִּים אֲשֶׁר צָבְאוּ עַל־יְרוּשָׁלִָם הָמֵק בְּשָׂרוֹ
יג וְהוּא עֹמֵד עַל־רַגְלָיו וְעֵינָיו תִּמַּקְנָה בְחֹרֵיהֶן וּלְשׁוֹנוֹ תִּמַּק בְּפִיהֶם: וְהָיָה בַּיּוֹם
הַהוּא תִּהְיֶה מְהוּמַת־יהוה רַבָּה בָּהֶם וְהֶחֱזִיקוּ אִישׁ יַד רֵעֵהוּ וְעָלְתָה יָדוֹ עַל־
יד יַד רֵעֵהוּ: וְגַם־יְהוּדָה תִּלָּחֵם בִּירוּשָׁלִָם וְאֻסַּף חֵיל כָּל־הַגּוֹיִם סָבִיב זָהָב וָכֶסֶף
טו וּבְגָדִים לָרֹב מְאֹד: וְכֵן תִּהְיֶה מַגֵּפַת הַסּוּס הַפֶּרֶד הַגָּמָל וְהַחֲמוֹר וְכָל־הַבְּהֵמָה
טז אֲשֶׁר יִהְיֶה בַּמַּחֲנוֹת הָהֵמָּה כַּמַּגֵּפָה הַזֹּאת: וְהָיָה כָּל־הַנּוֹתָר מִכָּל־הַגּוֹיִם הַבָּאִים
עַל־יְרוּשָׁלִָם וְעָלוּ מִדֵּי שָׁנָה בְשָׁנָה לְהִשְׁתַּחֲוֹת לְמֶלֶךְ יהוה צְבָאוֹת וְלָחֹג אֶת־חַג
יז הַסֻּכּוֹת: וְהָיָה אֲשֶׁר לֹא־יַעֲלֶה מֵאֵת מִשְׁפְּחוֹת הָאָרֶץ אֶל־יְרוּשָׁלִַם לְהִשְׁתַּחֲוֹת

יח לְמֶלֶךְ יהוה צְבָאוֹת וְלֹא עֲלֵיהֶם יִהְיֶה הַגָּשֶׁם: וְאִם־מִשְׁפַּחַת מִצְרַיִם לֹא־תַעֲלֶה
וְלֹא בָאָה וְלֹא עֲלֵיהֶם תִּהְיֶה הַמַּגֵּפָה אֲשֶׁר יִגֹּף יהוה אֶת־הַגּוֹיִם אֲשֶׁר לֹא יַעֲלוּ
יט לָחֹג אֶת־חַג הַסֻּכּוֹת: זֹאת תִּהְיֶה חַטַּאת מִצְרָיִם וְחַטַּאת כָּל־הַגּוֹיִם אֲשֶׁר לֹא
כ יַעֲלוּ לָחֹג אֶת־חַג הַסֻּכּוֹת: בַּיּוֹם הַהוּא יִהְיֶה עַל־מְצִלּוֹת הַסּוּס קֹדֶשׁ לַיהוה
כא וְהָיָה הַסִּירוֹת בְּבֵית יהוה כַּמִּזְרָקִים לִפְנֵי הַמִּזְבֵּחַ: וְהָיָה כָּל־סִיר בִּירוּשָׁלִַם
וּבִיהוּדָה קֹדֶשׁ לַיהוה צְבָאוֹת וּבָאוּ כָּל־הַזֹּבְחִים וְלָקְחוּ מֵהֶם וּבִשְּׁלוּ בָהֶם וְלֹא־
יִהְיֶה כְנַעֲנִי עוֹד בְּבֵית־יהוה צְבָאוֹת בַּיּוֹם הַהוּא:

א. הקשר בין ההפטרה לחג הסוכות

הקשר בין הפסוקים האחרונים שבהפטרה אל חג הסוכות מדבר בעד עצמו. הנביא מדבר על חגיגת חג הסוכות בבית ה׳ כחג לכל הגויים, גם אלו שהיו אויבי ירושלים והוכו במלחמתם בה. ההפטרה גם מצביעה על הקשר בין חג הסוכות לירידת גשמי השנה, וכפי שאנו מתפללים בהושענא רבה וביום השמיני, העצרת.

עוד בהפטרתנו: הצלת ירושלים בידי ה׳ והבאת הגויים הצרים עליה להשלים עמה, שהרי הוא הפורש סוכת שלום על ירושלים, וכאמירתנו בתפילה.

ועוד בהפטרתנו: חג הסוכות כתגובה לאיום הגדול והפחד הקיומי במלחמת הגויים בירושלים, וברעידת האדמה שתבוא בעקבות מלחמה זו. כך, במידה מסוימת, חג הסוכות המרגיע בכל שנה, בעקבות ימי הדין ויום הרחמים.[1]

ב. חֲצִי הָעִיר... וְיֶתֶר הָעָם

... וְנִלְכְּדָה הָעִיר וְנָשַׁסּוּ הַבָּתִּים וְהַנָּשִׁים תִּשָּׁכַבְנָה, וְיָצָא חֲצִי הָעִיר בַּגּוֹלָה וְיֶתֶר הָעָם לֹא יִכָּרֵת מִן הָעִיר: וְיָצָא ה׳ וְנִלְחַם בַּגּוֹיִם הָהֵם, כְּיוֹם הִלָּחֲמוֹ בְּיוֹם קְרָב: (ב–ג)

הנביא מדבר על אסון גדול העתיד לקרות בירושלים מחד גיסא, ועל ישועה גדולה מאת ה׳ מאידך גיסא. חצי מאנשי העיר ייספו באסון, ומחציתם השנייה תזכה לישועה.

1. גם במלחמת יום הכיפורים היו יום הכיפורים (שחל באותה שנה בשבת) וארבעת הימים הבאים אחריו קשים מנשוא. ביום ה׳ (השישי למלחמה) – יום טוב ראשון של חג הסוכות, החלה התקפת הנגד של צה״ל אל תוך שטח סוריה. יום א׳ (התשיעי למלחמה) – ג׳ של חול המועד סוכות, היה יום השתנות הזירה בחזית מצרים, לאחר השמדת כ־250 טנקים מצריים באותו יום. יממה וחצי אחר כך החלה צליחת התעלה.

הוא אינו מחלק בין סוגי אנשים (רשעים וצדיקים וכדו׳), ויש כאן חוסר בהירות. מן הסברה הפשוטה עולה, שכעס ה׳ וצורך להעניש את העיר יביאו לחורבנה המלא, ורצון ה׳ להושיעה אמור להציל את כולה. מה פשר חלוקתה לשני חצאים? שתי דרכים אנו רואים כדי לנסות להבין את דברי הנביא:

הדרך הראשונה

הדרך האחת היא להוסיף מדעתנו חלוקה בין צדיקים לרשעים. דבר דומה היה בעת יציאת מצרים: חז״ל טרחו במדרשיהם להודיענו, שלא כל ישראל יצאו ממצרים; רבים מתו בימי מכת החושך או במכת בכורות:[2]

> וַיִּקֹּד הָעָם וַיִּשְׁתַּחֲווּ וגו׳ (שמות יב, כז). למה השתחוו? משום שנאמר: וַחֲמֻשִׁים עָלוּ בְנֵי יִשְׂרָאֵל (שם יג, יח) – אחד מחמשה... ואימתי מתו? בשלשת ימי אפלה, שנאמר: לֹא רָאוּ אִישׁ אֶת אָחִיו (שם י, כג), שהיו קוברין מתיהן, והודו ושבחו שלא ראו אויבים ושמחו במפלתם.
>
> (מכילתא דר״י בא, מסכתא דפסחא, יב)

במצרים, ישראל שהיו שקועים בעבודה זרה ובשאר חטאים עדיין נחלקו לשתי קבוצות: אלו שהצליחו להתרומם לאמונה בה׳ ובמשה, ולהקריב את קורבן הפסח לעיני המצרים, ואלו שלא הצליחו לעשות זאת. נגאלו רק אלו שעמדו בתביעת האמונה. למדנו מכאן, שאין די ברצונו של ה׳ לגאול את ישראל ולקיים את שבועתו לאבותיהם – יש צורך גם ביכולת הבחירה החופשית של בני ישראל, כדי להניע את עצמם לקראת הגאולה.

כיוצא בו היה בימי חזקיהו מלך יהודה בירושלים, שבאה במצור מפני סנחריב מלך אשור. חז״ל מחלקים את גדולי ירושלים לשתי סיעות: הייתה סיעת חזקיהו, שהאמינה בנבואת ישעיהו והתעקשה לשמור על ירושלים ולייחל לתשועת ה׳, והייתה סיעת שבנא אשר על הבית, ראש השרים, שנשברה, ושיתפה פעולה עם מלך אשור – ולא זכתה לגאולה. כך מבטא הנביא יואל את חלוקה זו:

2. אפשרות זו מוכחת היטב ממספר הבכורות הקטן יחסית לעם ישראל כולו. הבודק את מספר הבכורות (בבמדבר ג) נוכח לענ״ד, שהוא היה כעשירית ממה שהיה אמור להיות. מכת בכורות יכולה להסביר זאת. על פי זה נניח שלא כל בני ישראל, וגם לא רובם, הקריבו את קורבן הפסח, וממילא לקו במכת בכורות. כתבנו על כך בהרחבה בספרנו ׳כי קרוב אליך – במדבר׳ (ישראל 2014), עמ׳ 42-43.

> וְהָיָה אַחֲרֵי כֵן אֶשְׁפּוֹךְ אֶת רוּחִי עַל כָּל בָּשָׂר וְנִבְּאוּ בְּנֵיכֶם וּבְנוֹתֵיכֶם, זִקְנֵיכֶם חֲלֹמוֹת יַחֲלֹמוּן בַּחוּרֵיכֶם חֶזְיֹנוֹת יִרְאוּ: וְגַם עַל הָעֲבָדִים וְעַל הַשְּׁפָחוֹת, בַּיָּמִים הָהֵמָּה אֶשְׁפּוֹךְ אֶת רוּחִי: וְנָתַתִּי מוֹפְתִים בַּשָּׁמַיִם וּבָאָרֶץ, דָּם וָאֵשׁ וְתִימְרוֹת עָשָׁן: הַשֶּׁמֶשׁ יֵהָפֵךְ לְחֹשֶׁךְ וְהַיָּרֵחַ לְדָם, לִפְנֵי בּוֹא יוֹם ה׳ הַגָּדוֹל וְהַנּוֹרָא: וְהָיָה כֹּל אֲשֶׁר יִקְרָא בְּשֵׁם ה׳ יִמָּלֵט, כִּי בְּהַר צִיּוֹן וּבִירוּשָׁלַםִ תִּהְיֶה פְלֵיטָה, כַּאֲשֶׁר אָמַר ה׳, וּבַשְּׂרִידִים אֲשֶׁר ה׳ קֹרֵא:
>
> (יואל ג, א-ה)

הגאולה תבוא, אך לא יזכו לה בירושלים ובהר ציון אלא מי שיקרא בשם ה׳. נבהיר שוב: רצון ה׳ הוא לגאול את כולנו. אך הגאולה תלויה מעצם טבעה גם בבחירה החופשית ובאמונה בעת המבחן, גם אם תהיה זו שעה קשה. ממילא, ייגאלו רק המאמינים הקוראים בשם ה׳. על פי זה, זכריה בהפטרתנו קורא בעקיפין לתושבי ירושלים להאמין בגאולה, ולעשות הכול כדי להיות ראויים לה, כדי לזכות להיות בסיעת הנגאלים, ולא חלילה בסיעת אלו שייספו באסון המלחמה.

הדרך השנייה

אומנם, כפי שאמרנו, קשה למצוא רמז בכתובים לחלוקת העיר למאמינים ולמי שאינם מאמינים. החלוקה נראית ממבט ראשון כמעט מקרית. היא מזכירה את המגפה בימי דוד ואת הינחמות ה׳ על הרעה וישועת השורדים את המגפה, אחרי שמתו בה שבעים אלף איש. היא מזכירה שוב את מצור סנחריב, את חורבן ערי יהודה, ולכיש הגדולה בתוכן, ואת ישועת ה׳ הגדולה בירושלים. היא מזכירה בעיקר את גלות יהויכין עם החרש והמסגר לבבל בידי נבוכדנאצר, ואת ההזדמנות הנוספת שניתנה לצדקיהו ושארית אנשי ירושלים להיגאל, וכנאמר בנבואת ירמיהו על יהויכין (כָּנְיָהוּ) מול צדקיהו (ה׳ צִדְקֵנוּ):

> הַעֶצֶב נִבְזֶה נָפוּץ הָאִישׁ הַזֶּה כָּנְיָהוּ, אִם כְּלִי אֵין חֵפֶץ בּוֹ? מַדּוּעַ הוּטְלוּ הוּא וְזַרְעוֹ, וְהֻשְׁלְכוּ עַל הָאָרֶץ אֲשֶׁר לֹא יָדָעוּ?:
> הִנֵּה יָמִים בָּאִים נְאֻם ה׳ וַהֲקִמֹתִי לְדָוִד צֶמַח צַדִּיק, וּמָלַךְ מֶלֶךְ וְהִשְׂכִּיל וְעָשָׂה מִשְׁפָּט וּצְדָקָה בָּאָרֶץ: בְּיָמָיו תִּוָּשַׁע יְהוּדָה וְיִשְׂרָאֵל יִשְׁכֹּן לָבֶטַח, וְזֶה שְּׁמוֹ אֲשֶׁר יִקְרְאוֹ – ה׳ צִדְקֵנוּ:
>
> (ירמיהו כב, כח; כג, ה-ו)

מן המקראות עצמם לא עולה הבדל ברור בין צדקתם או רשעתם של גולי יהויכין לזו

של שורדי ירושלים. נראה, שהייתה כאן התנגשות בין שני ערכים חשובים: הצורך במשפט צדק ובהענשת בני ירושלים החוטאים מחד גיסא, ורצונו של ה׳ להגן על ירושלים עירו, ועל שארית עמו מפני אויביהם, מאידך גיסא. שני הערכים באו לידי ביטוי בחצי העיר שיצא בגולה, וביתר העם שלא נכרת מן העיר, וקיבל הזדמנות נוספת לתקן את מעשיו. לדאבון ליבנו, הזדמנות זו לא נוצלה, והעם הנותר בירושלים עוד השחית יותר מקודמו. בסופו של דבר חרבה ירושלים כולה.

זכריה בנבואתנו, כאמור, מתאר מצב עתידי דומה (כך היה גם בעת חורבן הבית הראשון), הבא לענות גם על הצורך להעניש את העיר החוטאת וגם על אהבתו של ה׳ את ירושלים ורצונו להגן עליה במו ידיו. מצבים דומים היו בעם ישראל לא מעט פעמים, וכך גם הדמיון הבולט בין גורלה של ירושלים במלחמת העצמאות לנבואת זכריה, בעת שחצי העיר חרבה על רבים מתושביה, וחצי העיר, מערב ירושלים, ניצלה בישועה כיד ה׳ הטובה עלינו. נעלם מאיתנו מדוע אלו זכו, ואלו, לדאבוננו, לא זכו.

דברים דומים אמר זכריה בפרק הקודם בסמוך לנבואתנו:

וְהָיָה בְכָל הָאָרֶץ, נְאֻם ה׳, פִּי שְׁנַיִם בָּהּ יִכָּרְתוּ יִגְוָעוּ, וְהַשְּׁלִשִׁית יִוָּתֶר בָּהּ: וְהֵבֵאתִי אֶת הַשְּׁלִשִׁית בָּאֵשׁ וּצְרַפְתִּים כִּצְרֹף אֶת הַכֶּסֶף וּבְחַנְתִּים כִּבְחֹן אֶת הַזָּהָב, הוּא יִקְרָא בִשְׁמִי וַאֲנִי אֶעֱנֶה אֹתוֹ, אָמַרְתִּי: עַמִּי הוּא, וְהוּא יֹאמַר: ה׳ אֱלֹהָי:

(יג, ח-ט)

ג. רעש האדמה — התוצאות השליליות

וְעָמְדוּ רַגְלָיו בַּיּוֹם הַהוּא עַל הַר הַזֵּתִים אֲשֶׁר עַל פְּנֵי יְרוּשָׁלַם מִקֶּדֶם, וְנִבְקַע הַר הַזֵּיתִים מֵחֶצְיוֹ מִזְרָחָה וָיָמָּה גֵּיא גְּדוֹלָה מְאֹד, וּמָשׁ חֲצִי הָהָר צָפוֹנָה וְחֶצְיוֹ נֶגְבָּה: וְנַסְתֶּם גֵּיא הָרַי כִּי יַגִּיעַ גֵּי הָרִים אֶל אָצַל, וְנַסְתֶּם כַּאֲשֶׁר נַסְתֶּם מִפְּנֵי הָרַעַשׁ בִּימֵי עֻזִּיָּה מֶלֶךְ יְהוּדָה:

(ד-ה)

הרעש אינו בהכרח חלק ממלחמתו של ה׳ בגויים הצרים על ירושלים; הוא מביע את עצם הופעתו של הקב״ה. כיוצא בו אמר מיכה:

כִּי הִנֵּה ה׳ יֹצֵא מִמְּקוֹמוֹ, וְיָרַד וְדָרַךְ עַל בָּמֳתֵי אָרֶץ: וְנָמַסּוּ הֶהָרִים תַּחְתָּיו וְהָעֲמָקִים יִתְבַּקָּעוּ, כַּדּוֹנַג מִפְּנֵי הָאֵשׁ כְּמַיִם מֻגָּרִים בְּמוֹרָד:

(מיכה א, ג-ד)

עצם ׳דריכתו׳ של הקב״ה ב׳נעליו הגדולות׳ כביכול, על הארץ, גורמת לזעזוע האדמה, להרים הנמסים ולעמקים המתבקעים. אפשר שדבר דומה היה גם במעמד הר סיני, שה׳ ירד עליו באש. בין הקולות, הברקים, האש הגדולה, העשן, הענן הכבד וחרדת ההר הגדולה יש תיאור נוסף:

הִשָּׁמְרוּ לָכֶם עֲלוֹת בָּהָר וּנְגֹעַ בְּקָצֵהוּ, כָּל הַנֹּגֵעַ בָּהָר מוֹת יוּמָת: לֹא תִגַּע בּוֹ יָד
כִּי סָקוֹל יִסָּקֵל אוֹ יָרֹה יִיָּרֶה, אִם בְּהֵמָה אִם אִישׁ – לֹא יִחְיֶה:

(שמות יט, יב-יג)

אפשר שהעולה להר ייפגע מן האבנים הכבדות שההר פולט מתוכו ומעליו (סָקוֹל יִסָּקֵל) מכוח רעידתו, מחמת השכינה שירדה עליו, וכל אדם ובהמה שיהיו עליו יעופו אל מותם מחמת הדף הרעידה (יָרֹה יִיָּרֶה).

היכן ייבקע הר הזיתים? הנביא סתם ולא פירש, אך בהר הזיתים (בסמוך לגשר הכביש החוצה את נחל קדרון, ליד האנדרטה לחללי סיירת הצנחנים) יש ׳תפר׳ בין שני חלקי ההר. ׳תפר׳ זה הוא שלוחה של זעזוע אדמה, שאירע בשבר הסורי אפריקאי בנהר הירדן, שבר הגורם לתזוזה תמידית. שמא בו ייבקע הר הזיתים: בין שני חלקי ההר ייבקע נהר מכיוון מערב למזרח, אל ים המלח, ודרכו יזרמו המים החיים מירושלים אל הים הקדמוני. על פי התיאור בהפטרתנו, הבקע יהיה גם לכיוון מערב, ויוביל מים (אולי דרך נחל רפאים) אל נחל שורק ואל הים ׳האחרון׳ (= המערבי), הים הגדול.[3]

בגלל כיוונה של הבקיעה, ממערב למזרח דרך הר הזיתים, אנו נוטים לפרש וְנַסְתֶּם גֵּיא הָרַי לא מלשון מנוסה, אלא כתרגום (המיוחס ליהונתן) ורש״י, מלשון סתימה. היום יורד ערוץ נחל מאזור ארמון הנציב צפונה אל נחל קדרון; שמו הערבי הוא ׳ואדי יאסיל׳, ואפשר שהוא משמר את השם אָצַל.[4] גיא זה ייסתם מחמת תנועת האדמה בעת הרעש ובקיעת הנהר בהר הזיתים, ואליו ינוסו יושבי ירושלים כדרך מנוסתם בעת הרעש בימי עוזיה מלך יהודה.

רעש האדמה בימי עוזיה מלך יהודה (מקובל לזהותו עם הרעש שהיה בשנת

3. היום נמצא קו פרשת המים, היכול להעביר מים גם אל ים המלח וגם אל הים הגדול, מעל מרכז בגין בירושלים. משם יוצא גיא בן הינום אל נחל קדרון, וממנו אל ים המלח; משם יוצא נחל רפאים דרך מסילת הברזל הישנה אל נחל רפאים, וממנו אל נחל שורק. בקיעה בעקבות רעש אדמה עשויה לשים במרכז קו פרשת המים את בית המקדש, וממנו ייצאו המים אל שני הימים הנזכרים, וכדלהלן.

4. מו״ר חנן פורת ז״ל כינה עצמו בשם הספרותי ׳גיא בן אצל׳, בשיריו שבספרו ׳מעט מן האור׳. הוא התכוון לנבואתנו, וראה בגיא המגיע אל אצל מקום מקלט ומנוסה ביום ה׳ הנורא.

749 לפנסה"נ, שהייתה שנת שלושים ושש לעוזיהו[5]) פגע בכל הארץ, וטביעות אצבעותיו נמצאות גם בתל חצור הגלילית. עקבותיו מתוארים בעיקר בספר עמוס (שהחל להינבא שנתיים לפני הרעש), ושם מתוארים גם מוקדיו בתוך הים, שגרמו לשיטפונות קשים של מי הים הגדול בחופי הארץ (עיינו למשל עמוס ט, ה-ו). ירושלים והמקדש ניזוקו, ויותם בן עוזיהו עסק בשיקומם (עיינו דהי"ב כז, ג). גם ישעיהו (ו, ד) מתאר את אמות הסיפים של המקדש כמזדעזעים ברעש זה, שמן הבחינה הנבואית ביטא את סילוק השכינה מן המקדש, כנראה בעקבות הקטורת שהקטיר עוזיהו ומה שבעקבותיה. בנבואת זכריה שאנו עוסקים בה הרעש מבטא את חזרת השכינה למקדש, אחרי סילוקה ממנו ברעש שבימי עוזיה.

ד. רעש האדמה — התוצאות החיוביות

וְהָיָה בַּיּוֹם הַהוּא יֵצְאוּ מַיִם חַיִּים מִירוּשָׁלַםִ, חֶצְיָם אֶל הַיָּם הַקַּדְמוֹנִי וְחֶצְיָם אֶל הַיָּם הָאַחֲרוֹן, בַּקַּיִץ וּבָחֹרֶף יִהְיֶה:
יִסּוֹב כָּל הָאָרֶץ כָּעֲרָבָה מִגֶּבַע לְרִמּוֹן נֶגֶב יְרוּשָׁלָםִ, וְרָאֲמָה וְיָשְׁבָה תַחְתֶּיהָ לְמִשַּׁעַר בִּנְיָמִן עַד מְקוֹם שַׁעַר הָרִאשׁוֹן עַד שַׁעַר הַפִּנִּים וּמִגְדַּל חֲנַנְאֵל עַד יִקְבֵי הַמֶּלֶךְ:
(ח; י)

מלבד פורענות המנוסה שמתאר זכריה, מנוסה הרומזת על אסונות בירושלים, מתאר זכריה גם בחינות חיוביות של הרעש:

א. המים החיים הבוקעים מירושלים, כנראה (בהשוואה ליואל ד, יח ויחזקאל מז) מן המקדש, אל הים המזרחי והים המערבי, במסלולים שתוארו לעיל. החזון של ירושלים המספקת מים חיים לכל הארץ ומשקה ומצמיחה גם את אדמות המלח בימה של סדום, הוא חזון אחרית הימים גם בנביאים האחרים שנזכרו כאן.
לא נוכל לפסוח על טכנולוגיית טיהור המים המתקדמת של ישראל (בפסגת העולם), העתידה בעזרת ה' להביא לטיהורם המלא של מי הביוב של ירושלים המערבית, הזורמים היום בנחל שורק לחוף פלמחים בים הגדול, ושל מי הביוב של ירושלים המזרחית הזורמים באפיק נחל קדרון לים המלח.

ב. כל סביבי ירושלים יהפכו למישור – מגבע ורימון שבנחלת בנימין מצפון לירושלים, ועד נֶגֶב יְרוּשָׁלָם שמדרום לה. ירושלים עצמה תתרומם (וְרָאֲמָה) להר

5. על פי חשבונם של חז"ל היה הרעש כנראה בשנת עשרים ושבע לעוזיהו.

גבוה הבולט על כל סביבותיו. יש בכך כדי להזכיר את נבואת אחרית הימים בישעיהו ובמיכה:

וְהָיָה בְּאַחֲרִית הַיָּמִים נָכוֹן יִהְיֶה הַר בֵּית ה׳ בְּרֹאשׁ הֶהָרִים וְנִשָּׂא מִגְּבָעוֹת, וְנָהֲרוּ אֵלָיו כָּל הַגּוֹיִם:

(ישעיהו ב, ב; ודומה לו במיכה ד, א)

גם יחזקאל חוזה כך את ירושלים העתידית בחזון המקדש שלו:

בְּמַרְאוֹת אֱלֹהִים הֱבִיאַנִי אֶל אֶרֶץ יִשְׂרָאֵל, וַיְנִיחֵנִי אֶל הַר גָּבֹהַּ מְאֹד וְעָלָיו כְּמִבְנֵה עִיר מִנֶּגֶב:

(יחזקאל מ, ב)

על פי ישעיהו (ומיכה), כנראה כל עוד יְרוּשָׁלַם הָרִים סָבִיב לָהּ, והר המוריה מוסתר מכל כיוון בהרים הגבוהים ממנו – הגויים לא יעלו אל הר ה׳. אחרי רעש האדמה, שמתאר ישעיהו באותו פרק, יתרומם הר בית ה׳ ויבלוט מכל סביבותיו – ואז יבואו אליו גם כל הגויים. גם זכריה רואה כך את העיר, המתרוממת מכל סביבותיה בעקבות רעש האדמה, וכך יעלו כל הגויים אל ירושלים לחוג את חג הסוכות.

ה. האור ומלכות ה׳

וְהָיָה יוֹם אֶחָד הוּא יִוָּדַע לַה׳ לֹא יוֹם וְלֹא לָיְלָה, וְהָיָה לְעֵת עֶרֶב יִהְיֶה אוֹר:
וְהָיָה ה׳ לְמֶלֶךְ עַל כָּל הָאָרֶץ, בַּיּוֹם הַהוּא יִהְיֶה ה׳ אֶחָד וּשְׁמוֹ אֶחָד:

(ז; ט)

דומה, שזכריה דן כאן על חזון רחוק מאוד, חזון המוזכר גם בישעיהו:

וְהָיָה אוֹר הַלְּבָנָה כְּאוֹר הַחַמָּה וְאוֹר הַחַמָּה יִהְיֶה שִׁבְעָתַיִם כְּאוֹר שִׁבְעַת הַיָּמִים, בְּיוֹם חֲבֹשׁ ה׳ אֶת שֶׁבֶר עַמּוֹ וּמַחַץ מַכָּתוֹ יִרְפָּא:

(ישעיהו ל, כו)

החזון הוא שיבה לאור שהיה בעת ימי הבריאה או לאור של היום הראשון לבריאה, אור שנגנז, ובמקומו זרחה החמה ביום הרביעי. אור זה מתואר כאן חזק שבעתיים

מאור החמה, וממילא הקרנתו על הלבנה תהיה חזקה יותר, ואור הלבנה יהיה בעוצמת אור החמה היום. ממילא, לעת ערב יהיה אור, והלילה החשוך יבוטל לחלוטין.

חזון זה נראה מוזר, שהרי ברכה רבה יש בלילה ובחושך, המאפשרים שינה ומנוחה. אומנם, הלילה בהשקפת המקרא הוא פעמים רבות מקום מסתור לרשעים, פושעים, העושים את מעשיהם בחסות החושך, או לחיות טורפות המבטאות רשעה:

> הֵמָּה הָיוּ בְּמֹרְדֵי אוֹר, לֹא הִכִּירוּ דְרָכָיו וְלֹא יָשְׁבוּ בִּנְתִיבֹתָיו: לָאוֹר יָקוּם רוֹצֵחַ יִקְטָל עָנִי וְאֶבְיוֹן, וּבַלַּיְלָה יְהִי כַגַּנָּב: וְעֵין נֹאֵף שָׁמְרָה נֶשֶׁף לֵאמֹר: לֹא תְשׁוּרֵנִי עָיִן, וְסֵתֶר פָּנִים יָשִׂים: חָתַר בַּחֹשֶׁךְ בָּתִּים, יוֹמָם חִתְּמוּ לָמוֹ לֹא יָדְעוּ אוֹר: כִּי יַחְדָּו בֹּקֶר לָמוֹ צַלְמָוֶת, כִּי יַכִּיר בַּלְהוֹת צַלְמָוֶת:

(איוב כד, יג-יז)

> תָּשֶׁת חֹשֶׁךְ וִיהִי לָיְלָה, בּוֹ תִרְמֹשׂ כָּל חַיְתוֹ יָעַר: הַכְּפִירִים שֹׁאֲגִים לַטָּרֶף...

(תהלים קד, כ-כא)

ביטולם של הלילה והחושך עשוי להיות גם משל לביטול הרשעה בעולם. חזון חזרת היום האחד, יום בריאת האור, הוא שיבה לעולם מתוקן כפי שהקב"ה רצה אותו בעת בריאתו. בו ביום ישוב ה' להיות למלך על כל הארץ, וכולם יידעו שהוא המלך האחד – ואין בלתו. לכיוון זה הולכת גם ברכת מלכויות בראש השנה – היום האחד, שבו ברא ה' את אור שבעת הימים, ועד שלא גנזו לא בא הלילה.

ו. מלחמת ה' בגויים

> וְזֹאת תִּהְיֶה הַמַּגֵּפָה אֲשֶׁר יִגֹּף ה' אֶת כָּל הָעַמִּים אֲשֶׁר צָבְאוּ עַל יְרוּשָׁלָם: הָמֵק בְּשָׂרוֹ וְהוּא עֹמֵד עַל רַגְלָיו, וְעֵינָיו תִּמַּקְנָה בְחֹרֵיהֶן, וּלְשׁוֹנוֹ תִּמַּק בְּפִיהֶם: וְהָיָה בַּיּוֹם הַהוּא תִּהְיֶה מְהוּמַת ה' רַבָּה בָּהֶם, וְהֶחֱזִיקוּ אִישׁ יַד רֵעֵהוּ וְעָלְתָה יָדוֹ עַל יַד רֵעֵהוּ: וְגַם יְהוּדָה תִּלָּחֵם בִּירוּשָׁלָם, וְאֻסַּף חֵיל כָּל הַגּוֹיִם סָבִיב זָהָב וָכֶסֶף וּבְגָדִים לָרֹב מְאֹד: וְכֵן תִּהְיֶה מַגֵּפַת הַסּוּס הַפֶּרֶד הַגָּמָל וְהַחֲמוֹר וְכָל הַבְּהֵמָה אֲשֶׁר יִהְיֶה בַּמַּחֲנוֹת הָהֵמָּה, כַּמַּגֵּפָה הַזֹּאת:

(יב-טו)

כאמור לעיל, רעש האדמה בא רק כדי להביע את נוכחותו של ה' בזירה. המלחמה תיערך באמצעות מגפה ותחלואה קשה, וכן באמצעי הפועל במקרא מספר

פעמים[6] – סכסוך פנימי בין שונאי ירושלים המקיפים אותה, והפיכת מלחמתם המשותפת למלחמת איש ברעהו.[7]

יהודה תילחם בירושלים נגד אויבי ירושלים, וגם תושבי יהודה שאינם יושבי ירושלים יזכו בחלק מן השלל הרב, שייפול בירושלים בידי מגיניה.

ז. חג הסוכות של אומות העולם

וְהָיָה כָּל הַנּוֹתָר מִכָּל הַגּוֹיִם הַבָּאִים עַל יְרוּשָׁלָם, וְעָלוּ מִדֵּי שָׁנָה בְשָׁנָה לְהִשְׁתַּחֲוֹת לְמֶלֶךְ ה' צְבָאוֹת וְלָחֹג אֶת חַג הַסֻּכּוֹת: וְהָיָה אֲשֶׁר לֹא יַעֲלֶה מֵאֵת מִשְׁפְּחוֹת הָאָרֶץ אֶל יְרוּשָׁלַם לְהִשְׁתַּחֲוֹת לְמֶלֶךְ ה' צְבָאוֹת – וְלֹא עֲלֵיהֶם יִהְיֶה הַגָּשֶׁם: וְאִם מִשְׁפַּחַת מִצְרַיִם לֹא תַעֲלֶה וְלֹא בָאָה וְלֹא עֲלֵיהֶם, תִּהְיֶה הַמַּגֵּפָה אֲשֶׁר יִגֹּף ה' אֶת הַגּוֹיִם אֲשֶׁר לֹא יַעֲלוּ לָחֹג אֶת חַג הַסֻּכּוֹת: זֹאת תִּהְיֶה חַטַּאת מִצְרָיִם, וְחַטַּאת כָּל הַגּוֹיִם אֲשֶׁר לֹא יַעֲלוּ לָחֹג אֶת חַג הַסֻּכּוֹת:

(טז-יט)

בחז"ל רמזים מספר לכך שחג הסוכות חורג מתחומו הפרטי של עם ישראל אל עבר אומות העולם. חז"ל פירשו, ששבעים פרי החג הם כנגד שבעים אומות העולם:

אמר רבי אלעזר הני שבעים פרים כנגד מי – כנגד שבעים אומות.

(סוכה נה ע"ב)

הגשמים, שאנו מתפללים עליהם בחג, נועדו לתת חיים לעולם כולו, וכפי שניבא זכריה בנבואתנו. גם מצרים, שלכאורה אינה זקוקה לגשמים בשל היותה מלאה מים כגן הירק – תיאלץ לבוא ולבקש גשמים.

בעוד חג הפסח מציין את מלחמת ה' באומות העולם המשעבדות את ישראל, בחג הסוכות נפרסת סוכת שלום. בחג זה חנך שלמה את בית המקדש הראשון, כשמטרתו, כפי שהובעה בתפילתו, הייתה להיות בית תפילה לכל העמים:

6. השוו למשל דהי"ב כ, כב-כד. שם גם איסוף שלל רב כמו בנבואת הפטרתנו.
7. נוכל להשוות לכך את הסכם ריבנטרופ-מולוטוב בין שני רשעי עולם, היטלר וסטאלין, ערב מלחמת העולם השנייה, שהפך במבצע ברברוסה למלחמת איבה שלא הייתה כמותה, איבה שהצילה את העולם.

וְגַם אֶל הַנָּכְרִי אֲשֶׁר לֹא מֵעַמְּךָ יִשְׂרָאֵל הוּא, וּבָא מֵאֶרֶץ רְחוֹקָה לְמַעַן שְׁמֶךָ: כִּי יִשְׁמְעוּן אֶת שִׁמְךָ הַגָּדוֹל וְאֶת יָדְךָ הַחֲזָקָה וּזְרֹעֲךָ הַנְּטוּיָה, וּבָא וְהִתְפַּלֵּל אֶל הַבַּיִת הַזֶּה: אַתָּה תִּשְׁמַע הַשָּׁמַיִם מְכוֹן שִׁבְתֶּךָ וְעָשִׂיתָ כְּכֹל אֲשֶׁר יִקְרָא אֵלֶיךָ הַנָּכְרִי, לְמַעַן יֵדְעוּן כָּל עַמֵּי הָאָרֶץ אֶת שְׁמֶךָ לְיִרְאָה אֹתְךָ כְּעַמְּךָ יִשְׂרָאֵל, וְלָדַעַת כִּי שִׁמְךָ נִקְרָא עַל הַבַּיִת הַזֶּה אֲשֶׁר בָּנִיתִי:

(מל"א ח, מא-מג)

הפטרת שבת המועד סוכות[1]

לח יח וְהָיָה בַּיּוֹם הַהוּא בְּיוֹם בּוֹא גוֹג עַל־אַדְמַת יִשְׂרָאֵל נְאֻם אֲדֹנָי יֱהֹוִה תַּעֲלֶה חֲמָתִי
יט בְּאַפִּי׃ וּבְקִנְאָתִי בְאֵשׁ־עֶבְרָתִי דִּבַּרְתִּי אִם־לֹא בַּיּוֹם הַהוּא יִהְיֶה רַעַשׁ גָּדוֹל עַל
כ אַדְמַת יִשְׂרָאֵל׃ וְרָעֲשׁוּ מִפָּנַי דְּגֵי הַיָּם וְעוֹף הַשָּׁמַיִם וְחַיַּת הַשָּׂדֶה וְכָל־הָרֶמֶשׂ
הָרֹמֵשׂ עַל־הָאֲדָמָה וְכֹל הָאָדָם אֲשֶׁר עַל־פְּנֵי הָאֲדָמָה וְנֶהֶרְסוּ הֶהָרִים וְנָפְלוּ
כא הַמַּדְרֵגוֹת וְכָל־חוֹמָה לָאָרֶץ תִּפּוֹל׃ וְקָרָאתִי עָלָיו לְכָל־הָרַי חֶרֶב נְאֻם אֲדֹנָי יֱהֹוִה
כב חֶרֶב אִישׁ בְּאָחִיו תִּהְיֶה׃ וְנִשְׁפַּטְתִּי אִתּוֹ בְּדֶבֶר וּבְדָם וְגֶשֶׁם שׁוֹטֵף וְאַבְנֵי אֶלְגָּבִישׁ
כג אֵשׁ וְגָפְרִית אַמְטִיר עָלָיו וְעַל־אֲגַפָּיו וְעַל־עַמִּים רַבִּים אֲשֶׁר אִתּוֹ׃ וְהִתְגַּדִּלְתִּי
לט א וְהִתְקַדִּשְׁתִּי וְנוֹדַעְתִּי לְעֵינֵי גּוֹיִם רַבִּים וְיָדְעוּ כִּי־אֲנִי יהוה׃ וְאַתָּה
בֶן־אָדָם הִנָּבֵא עַל־גּוֹג וְאָמַרְתָּ כֹּה אָמַר אֲדֹנָי יֱהֹוִה הִנְנִי אֵלֶיךָ גּוֹג נְשִׂיא רֹאשׁ
ב מֶשֶׁךְ וְתֻבָל׃ וְשֹׁבַבְתִּיךָ וְשִׁשֵּׁאתִיךָ וְהַעֲלִיתִיךָ מִיַּרְכְּתֵי צָפוֹן וַהֲבִאוֹתִיךָ עַל־הָרֵי
ג ד יִשְׂרָאֵל׃ וְהִכֵּיתִי קַשְׁתְּךָ מִיַּד שְׂמֹאולֶךָ וְחִצֶּיךָ מִיַּד יְמִינְךָ אַפִּיל׃ עַל־הָרֵי יִשְׂרָאֵל
תִּפּוֹל אַתָּה וְכָל־אֲגַפֶּיךָ וְעַמִּים אֲשֶׁר אִתָּךְ לְעֵיט צִפּוֹר כָּל־כָּנָף וְחַיַּת הַשָּׂדֶה
ה ו נְתַתִּיךָ לְאָכְלָה׃ עַל־פְּנֵי הַשָּׂדֶה תִּפּוֹל כִּי אֲנִי דִבַּרְתִּי נְאֻם אֲדֹנָי יֱהֹוִה׃ וְשִׁלַּחְתִּי־
ז אֵשׁ בְּמָגוֹג וּבְיֹשְׁבֵי הָאִיִּים לָבֶטַח וְיָדְעוּ כִּי־אֲנִי יהוה׃ וְאֶת־שֵׁם קָדְשִׁי אוֹדִיעַ
בְּתוֹךְ עַמִּי יִשְׂרָאֵל וְלֹא־אַחֵל אֶת־שֵׁם־קָדְשִׁי עוֹד וְיָדְעוּ הַגּוֹיִם כִּי־אֲנִי יהוה
ח קָדוֹשׁ בְּיִשְׂרָאֵל׃ הִנֵּה בָאָה וְנִהְיָתָה נְאֻם אֲדֹנָי יֱהֹוִה הוּא הַיּוֹם אֲשֶׁר דִּבַּרְתִּי׃
ט וְיָצְאוּ יֹשְׁבֵי עָרֵי יִשְׂרָאֵל וּבִעֲרוּ וְהִשִּׂיקוּ בְּנֶשֶׁק וּמָגֵן וְצִנָּה בְּקֶשֶׁת וּבְחִצִּים וּבְמַקֵּל
י יָד וּבְרֹמַח וּבִעֲרוּ בָהֶם אֵשׁ שֶׁבַע שָׁנִים׃ וְלֹא־יִשְׂאוּ עֵצִים מִן־הַשָּׂדֶה וְלֹא יַחְטְבוּ
מִן־הַיְּעָרִים כִּי בַנֶּשֶׁק יְבַעֲרוּ־אֵשׁ וְשָׁלְלוּ אֶת־שֹׁלְלֵיהֶם וּבָזְזוּ אֶת־בֹּזְזֵיהֶם נְאֻם

1. אני נמנע מלהשתמש בביטוי השגור בפי העם 'שבת חול המועד', משום שמושגי החול והשבת נראים לי סותרים זה את זה. ימי המועד שבין הימים הטובים, הראשון ושמיני, העצרת, מתחלקים לטעמי לימי 'חול המועד' ו'שבת המועד'.

יא אֲדֹנָי יֱהֹוִה: וְהָיָה בַיּוֹם הַהוּא אֶתֵּן לְגוֹג מְקוֹם־שָׁם קֶבֶר בְּיִשְׂרָאֵל
גֵּי הָעֹבְרִים קִדְמַת הַיָּם וְחֹסֶמֶת הִיא אֶת־הָעֹבְרִים וְקָבְרוּ שָׁם אֶת־גּוֹג וְאֶת־
יב כָּל־הֲמוֹנֹה וְקָרְאוּ גֵּיא הֲמוֹן גּוֹג: וּקְבָרוּם בֵּית יִשְׂרָאֵל לְמַעַן טַהֵר אֶת־הָאָרֶץ
יג שִׁבְעָה חֳדָשִׁים: וְקָבְרוּ כָּל־עַם הָאָרֶץ וְהָיָה לָהֶם לְשֵׁם יוֹם הִכָּבְדִי נְאֻם אֲדֹנָי
יד יֱהֹוִה: וְאַנְשֵׁי תָמִיד יַבְדִּילוּ עֹבְרִים בָּאָרֶץ מְקַבְּרִים אֶת־הָעֹבְרִים אֶת־הַנּוֹתָרִים
טו עַל־פְּנֵי הָאָרֶץ לְטַהֲרָהּ מִקְצֵה שִׁבְעָה־חֳדָשִׁים יַחְקֹרוּ: וְעָבְרוּ הָעֹבְרִים בָּאָרֶץ
וְרָאָה עֶצֶם אָדָם וּבָנָה אֶצְלוֹ צִיּוּן עַד קָבְרוּ אֹתוֹ הַמְקַבְּרִים אֶל־גֵּיא הֲמוֹן גּוֹג:
טז וְגַם שֶׁם־עִיר הֲמוֹנָה וְטִהֲרוּ הָאָרֶץ:

הפטרתנו היא החלק האמצעי בנבואת 'גוג ומגוג' של יחזקאל, הכוללת את הפרקים לח-לט. בדברינו להלן נביא מקראות לא מעטים מנבואת גוג ומגוג, מן הפסוקים שלפני ההפטרה ומאלו שאחריה. גוג הוא הנשיא ומנהיג העמים הפולשים לאדמת ישראל; מגוג היא ארצו (ואולי גם עמו).

א. הקשר בין ההפטרה לחג הסוכות

> אמר רב: שבת שחל להיות בחולו של מועד, בין בפסח בין בסוכות, מקרא קרינן: רְאֵה אַתָּה (שמות לג, יב), אפטורי: בפסח – הָעֲצָמוֹת הַיְבֵשׁוֹת (יחזקאל לז), ובסוכות – בְּיוֹם בֹּוא גוֹג.

(מגילה לא ע"א)

הנימוק להפטרה זו נאמר בשם רב האיי גאון:

> והכי אמר רב האי: שמעתי מפי חכמים, כי תחיית המתים עתידה להיות בניסן, ונצחת גוג ומגוג בתשרי. ומשום הכי, בניסן – מפטירין הָעֲצָמוֹת הַיְבֵשׁוֹת, ובתשרי – בְּיוֹם בֹּוא גוֹג.

(טור או"ח תצ)

נאחז בשיפולי גלימתו של רב האיי[2] ונאמר, שאפשר שהקשר אל חג הסוכות הוא אופי התקפתו של גוג על יישובי ישראל בפסקה שלפני הפטרתנו:

2. נזכיר, ללא שום קשר לדבריו, את מלחמת יום הכיפורים שהייתה בחודש תשרי ובחג הסוכות.

כֹּה אָמַר אֲדֹנָי ה׳, וְהָיָה בַּיּוֹם הַהוּא יַעֲלוּ דְבָרִים עַל לְבָבֶךָ, וְחָשַׁבְתָּ מַחֲשֶׁבֶת רָעָה: וְאָמַרְתָּ: אֶעֱלֶה עַל אֶרֶץ פְּרָזוֹת אָבוֹא הַשֹּׁקְטִים יֹשְׁבֵי לָבֶטַח, כֻּלָּם יֹשְׁבִים בְּאֵין חוֹמָה, וּבְרִיחַ וּדְלָתַיִם אֵין לָהֶם: לִשְׁלֹל שָׁלָל וְלָבֹז בַּז, לְהָשִׁיב יָדְךָ עַל חֳרָבוֹת נוֹשָׁבֹת...

(לח, י-יב)

עיקר כעסו של הנביא על גוג הוא על מזימתו לתקוף עם שאינו חושב רעה על איש, אינו חפץ במלחמה, ובוטח, בתמימותו, ביושרם של הגויים שלא יתקפוהו, כשכל מטרתו לחיות בשקט ובשלום, והוא אף נתון בלא אמצעי הגנה.

תרעומתו של הנביא על גוג גדולה, משום שהוא בא להילחם עם עַם ישראל אחרי ששבעו תלאות רבות בגלות, ובאו בסופו של דבר ארצה כדי להתיישב בה בשקט ובלא מורא העמים וללא כוונות מלחמה:

מִיָּמִים רַבִּים תִּפָּקֵד, בְּאַחֲרִית הַשָּׁנִים תָּבוֹא אֶל אֶרֶץ מְשׁוֹבֶבֶת מֵחֶרֶב מְקֻבֶּצֶת מֵעַמִּים רַבִּים עַל הָרֵי יִשְׂרָאֵל אֲשֶׁר הָיוּ לְחָרְבָּה תָּמִיד, וְהִיא מֵעַמִּים הוּצָאָה וְיָשְׁבוּ לָבֶטַח כֻּלָּם: וְעָלִיתָ כַּשֹּׁאָה תָבוֹא כֶּעָנָן לְכַסּוֹת הָאָרֶץ תִּהְיֶה, אַתָּה וְכָל אֲגַפֶּיךָ וְעַמִּים רַבִּים אוֹתָךְ:

(שם, ח-ט)

כך נראה עם ישראל בחג הסוכות, כשאנשים יוצאים מביתם-מבצרם אל סוכה בלתי מוגנת (כמתואר בפסוק יא לעיל), והם סומכים רק על הקב״ה שיפרוש עליהם את סוכת שלומו ויגן עליהם. ה׳ אכן מגן עליהם, ולוחם לבדו בגוג ועמו.

חג הסוכות מציין גם עלייה ארוכה לרגל – לשמונה ימים (ולא רק עלייה לצורך קורבן פסח שלמוחרת בבוקר יפנה איש לאוהלו), והתורה מבטיחה בעלייה הארוכה לרגל: וְלֹא יַחְמֹד אִישׁ אֶת אַרְצְךָ בַּעֲלֹתְךָ לֵרָאוֹת אֶת פְּנֵי ה׳ אֱלֹהֶיךָ (שמות לד, כד). גוג ועמו מגיעים בעיקר כדי לשלול שלל ולבוז בז. בהמשך הנבואה עולה, שהשלל אינו רק רכוש, אלא גם שבי אנשים כדי למוכרם בשווקים לעבדים. ה׳, המגן על עמו במלחמת גוג, ימנע ממנו גם מטרה זו.

ב. גוג ואופי מלחמתו

הפרשנות היהודית על זהותו של גוג מגוונת מאוד, וכללה מלכים רבים לאורך ההיסטוריה של עושי הצרות לעם ישראל. אפשר שתליית מלכים כה רבים בגוג נבעה מכמיהה, שנבואת יחזקאל על גוג עונה עליה, שה׳ יילחם מלחמה זו בכוחו שלו,

ולא בכוח צבאי ישראלי, שלאורך ימי הגלות לא היה חלק מן התודעה היהודית המקובלת.

אכן, בחז״ל מצאנו מעין ׳גזרה קדמונית׳ של מלחמת גוג ומגוג שתבוא שעה אחת לפני גאולה, ואז יידעו כולם שהגאולה היא מאת ה׳:

> ביקש הקדוש ברוך הוא לעשות חזקיהו משיח, וסנחריב גוג ומגוג.[3]
>
> (סנהדרין צד ע״א)

חוקרי מקרא ניסו לראות את גוג המקראי כגוגו, מלך לידיה, שבמרכז אסיה הקטנה,[4] שמָלַךְ במחצית הראשונה של המאה השביעית לפנסה״נ, בימי מנשה בן חזקיהו מלך יהודה. הוא כבש ערים יווניות בחוף אסיה הקטנה והקים מלכות חזקה; תרבותו הייתה קרובה לזו של היוונים; שושלתו (המרמנדית) נמשכה חמישה דורות. המלך האחרון משושלתו היה קרויסוס, שהיה עשיר גדול, ונפל בסופו של דבר, עם כל עושרו, בידי כורש מלך פרס.

נבואתו של יחזקאל הייתה בימי שושלתו של גוגו, ואפשר שהתכוון למלך משושלתו, שיקום על עם ישראל אחרי שיבת ציון. לא מוכרת לנו התקיימות חזון כזה על מלך משושלתו של גוגו, אך היא עשויה להתקיים גם במלך אחר; מה גם שהשערתם של החוקרים על זהותו של גוג עם גוגו אינה בטוחה דיה.

ג. מטרת ה׳ במלחמתו בגוג

מטרה אחת למלחמת ה׳ עולה מעצמה – הרצון להגן על עם ישראל מהתוקפנות הבלתי מוצדקת, הרוצה למכור את בני ישראל לסוחרי העבדים משבא ודדן. הנביא מדבר על מטרה נוספת:

> וְעָלִיתָ עַל עַמִּי יִשְׂרָאֵל כֶּעָנָן לְכַסּוֹת הָאָרֶץ, בְּאַחֲרִית הַיָּמִים תִּהְיֶה וַהֲבִאוֹתִיךָ עַל אַרְצִי, לְמַעַן דַּעַת הַגּוֹיִם אֹתִי בְּהִקָּדְשִׁי בְךָ לְעֵינֵיהֶם גּוֹג:
>
> ... וְיָדְעוּ כִּי אֲנִי ה׳: וְאֶת שֵׁם קָדְשִׁי אוֹדִיעַ בְּתוֹךְ עַמִּי יִשְׂרָאֵל וְלֹא אַחֵל אֶת שֵׁם קָדְשִׁי עוֹד, וְיָדְעוּ הַגּוֹיִם כִּי אֲנִי ה׳ קָדוֹשׁ בְּיִשְׂרָאֵל:
>
> ... וְהָיָה לָהֶם לְשֵׁם, יוֹם הִכָּבְדִי, נְאֻם אֲדֹנָי ה׳:

3. להלן נראה את ההשוואות בין סנחריב לגוג.
4. היום ליד העיר הטורקית איזמיר. המלך ידוע יותר בכינויו היווני גיגס, אך באשורית הוא נקרא גוגו.

וְנָתַתִּי אֶת כְּבוֹדִי בַּגּוֹיִם, וְרָאוּ כָל הַגּוֹיִם אֶת מִשְׁפָּטִי אֲשֶׁר עָשִׂיתִי וְאֶת יָדִי אֲשֶׁר שַׂמְתִּי בָהֶם:
וְיָדְעוּ הַגּוֹיִם כִּי בַעֲוֹנָם גָּלוּ בֵית יִשְׂרָאֵל, עַל אֲשֶׁר מָעֲלוּ בִי וָאַסְתִּר פָּנַי מֵהֶם, וָאֶתְּנֵם בְּיַד צָרֵיהֶם – וַיִּפְּלוּ בַחֶרֶב כֻּלָּם:
לָכֵן כֹּה אָמַר אֲדֹנָי ה׳, עַתָּה אָשִׁיב אֶת שְׁבוּת יַעֲקֹב וְרִחַמְתִּי כָּל בֵּית יִשְׂרָאֵל, וְקִנֵּאתִי לְשֵׁם קָדְשִׁי:
בְּשׁוֹבְבִי אוֹתָם מִן הָעַמִּים וְקִבַּצְתִּי אֹתָם מֵאַרְצוֹת אֹיְבֵיהֶם, וְנִקְדַּשְׁתִּי בָם לְעֵינֵי הַגּוֹיִם רַבִּים:
(לח, טז; לט, ו–ז; יג; כא; כג; כה; כז)

נבאר: חילול השם שהיה לעיני הגויים, כשה׳ נתן את עמו למשיסה לגויים בגלויות – דורש כפרה. נתינת עם ישראל למשיסה בגויים אינה מתפרשת בעיניהם כעונש זמני שה׳ נותן לישראל, אלא כהעדר כוחו להציל את עמו, או כאפשרות שה׳ עזב את עמו לגמרי, ואולי בחר לו עם אחר. יחזקאל דן בכך בהרחבה לעיל בפרק לו (והרחבנו על כך בהפטרת פרשת פרה). במלחמת גוג יהיה ניצחונו של ה׳ חד־משמעי, ויבהיר לכל הגויים, שה׳ לא נטש את עמו, ויש לו כוח רב לפעול מול כל מי שירצה להתגרות בישראל ובאלוהיהם. מלחמת ה׳ בגוג היא הכפרה על חילול השם, שנגרם בעת יציאת ישראל לגלות.

יש למלחמה גם מטרה שלישית:

וְיָדְעוּ בֵּית יִשְׂרָאֵל כִּי אֲנִי ה׳ אֱלֹהֵיהֶם, מִן הַיּוֹם הַהוּא וָהָלְאָה:
וְיָדְעוּ כִּי אֲנִי ה׳ אֱלֹהֵיהֶם, בְּהַגְלוֹתִי אֹתָם אֶל הַגּוֹיִם וְכִנַּסְתִּים עַל אַדְמָתָם, וְלֹא אוֹתִיר עוֹד מֵהֶם שָׁם: וְלֹא אַסְתִּיר עוֹד פָּנַי מֵהֶם, אֲשֶׁר שָׁפַכְתִּי אֶת רוּחִי עַל בֵּית יִשְׂרָאֵל, נְאֻם אֲדֹנָי ה׳:
(לט, כב; כח–כט)

מטרה זו תושג בשתי דרכים:

א. ידיעת בית ישראל שבפסוק כב היא בעקבות פסוק כא: וְנָתַתִּי אֶת כְּבוֹדִי בַּגּוֹיִם וְרָאוּ כָל הַגּוֹיִם אֶת מִשְׁפָּטִי. בית ישראל ילמדו את כבודו ואת אלוהותו של ה׳ מן הגויים. רק אחרי שהגויים יכירו בכך – יכירו בכך גם בני ישראל. מעין זה מצאנו באגדה בסנהדרין:

אמר רבי תנחום בר חנילאי: בשעה שיצאו חנניה מישאל ועזריה מכבשן האש,

באו כל אומות העולם, וטפחו לשונאיהן של ישראל על פניהם. אמרו להם: יש לכם אלוה כזה, ואתם משתחוים לצלם? מיד פתחו ואמרו: לְךָ אֲדֹנָי הַצְּדָקָה וְלָנוּ בֹּשֶׁת הַפָּנִים כַּיּוֹם הַזֶּה (דניאל ט, ז).

(סנהדרין צג ע"א)

ב. עצם כל קיבוץ הגלויות לציון, וגילוי פניו יתברך מחדש לעמו ישראל ללא הסתרת פנים – גם היא תביא לבית ישראל את הידיעה, שה׳ הוא אלוהיהם.

ד. וְהִתְגַּדִּלְתִּי וְהִתְקַדִּשְׁתִּי

וְהִתְגַּדִּלְתִּי וְהִתְקַדִּשְׁתִּי וְנוֹדַעְתִּי לְעֵינֵי גּוֹיִם רַבִּים וְיָדְעוּ כִּי אֲנִי ה׳:

(לח, כג)

חשיבות שתי מילים אלו היא, שעל בסיסן התחברה תפילת ה׳קדיש׳ – "יתגדַל ויתקדַש שמיה רבה". חיבור שתי מילים אלו להקשרן הנבואי הופך את ה׳קדיש׳ לתפילה על גאולת ישראל מן הגלות ומן הגויים. העוצמה הרבה שבה יגאלנו ה׳ – היא תגדל ותקדש את שמו.

לאידך גיסא, התפלה התקבעה בתודעתנו בנסיבות הפוכות לחלוטין: בעת אמירת ה׳קדיש׳ דווקא על מותם של יהודים, ובעת שה׳ מסתיר את פניו, ואינו מציל אותם מן הפורענות הבאה עליהם. הברכה, בשם ובמלכות (בנוסח אשכנז), על קידוש שמו: "ברוך אתה ה׳ מקדש את שמך ברבים", מתחברת בתפילתנו לאמירת פרשת ׳שמע ישראל׳ כרבי עקיבא, שאמר אותה בעת שסרקו את בשרו במסרקות של ברזל על כך שלמד תורה, כלומר – בעת מוות על קידוש השם. מהו אפוא החיבור המתבקש בין פשטי המקראות בהפטרתנו, ששמו יתברך יתגדל ויתקדש, ובין התקבעות תפילת ה׳קדיש׳ בתודעתנו, ששמו מתגדל ומתקדש, בעת שישראל מוסרים את נפשם על אמונתם?

אפשר שמחברי התפילה עמדו בנבואת יחזקאל על הסתירה, בין ישועתו של ה׳ אותנו מחמת סבלנו ומחמת רחמיו ואהבתו אותנו, ובין הצורך לקדש את שמו באמצעות גאולתנו. בתפילת ה׳קדיש׳ הם הכריעו, שקידוש שמו חשוב יותר, ואף אם נצטרך לסבול ולמסור את חיינו עבורו – נלך בדרכם של רבי עקיבא וחבריו שעשו זאת, ולא חלילה, בדרכו של אלישע בן אבויה ששאל באותו דור היכן תורת הגמול, ומחמת זאת עזב את התורה ואת דרכה.

ויש אומר: על ידי שראה (= אלישע בן אבויה) לשונו של ר׳ יהודה הנחתום נתון

בפי הכלב, שותת דם, אמר: זו תורה וזו שכרה?! זהו הלשון שהיה מוציא דברי תורה כתיקנן! זה הוא הלשון שהיה יגע בתורה כל ימיו! זו תורה וזו שכרה?! דומה שאין מתן שכר ואין תחיית המתים.

(ירושלמי חגיגה פ"ב, ה"א)

ה. דרך מלחמת ה' בגוג

וּבְקִנְאָתִי בְאֵשׁ עֶבְרָתִי דִּבַּרְתִּי, אִם לֹא בַּיּוֹם הַהוּא יִהְיֶה רַעַשׁ גָּדוֹל עַל אַדְמַת יִשְׂרָאֵל: וְרָעֲשׁוּ מִפָּנַי: דְּגֵי הַיָּם, וְעוֹף הַשָּׁמַיִם, וְחַיַּת הַשָּׂדֶה, וְכָל הָרֶמֶשׂ הָרֹמֵשׂ עַל הָאֲדָמָה, וְכֹל הָאָדָם אֲשֶׁר עַל פְּנֵי הָאֲדָמָה, וְנֶהֶרְסוּ הֶהָרִים, וְנָפְלוּ הַמַּדְרֵגוֹת, וְכָל חוֹמָה לָאָרֶץ תִּפּוֹל: וְקָרָאתִי עָלָיו לְכָל הָרַי חֶרֶב, נְאֻם אֲדֹנָי ה', חֶרֶב אִישׁ בְּאָחִיו תִּהְיֶה: וְנִשְׁפַּטְתִּי אִתּוֹ בְּדֶבֶר וּבְדָם, וְגֶשֶׁם שׁוֹטֵף וְאַבְנֵי אֶלְגָּבִישׁ אֵשׁ וְגָפְרִית אַמְטִיר עָלָיו וְעַל אֲגַפָּיו וְעַל עַמִּים רַבִּים אֲשֶׁר אִתּוֹ:
וְשִׁלַּחְתִּי אֵשׁ בְּמָגוֹג וּבְיֹשְׁבֵי הָאִיִּים לָבֶטַח:

(לח, יט-כב; לט, ו)

מלחמת ה' תיערך באמצעות ניסים גלויים כרעש אדמה, שישבש את תנועת צבאותיו של גוג, ויגרום לנפילת אבני אלגביש עליו ועל אגפיו, כאבני בית חורון שנפלו על אדוניצדק מלך ירושלים ובעלי בריתו, במלחמתם ביהושע:

וַיְהִי בְּנֻסָם מִפְּנֵי יִשְׂרָאֵל הֵם בְּמוֹרַד בֵּית חוֹרֹן, וַה' הִשְׁלִיךְ עֲלֵיהֶם אֲבָנִים גְּדֹלוֹת מִן הַשָּׁמַיִם עַד עֲזֵקָה – וַיָּמֻתוּ, רַבִּים אֲשֶׁר מֵתוּ בְּאַבְנֵי הַבָּרָד מֵאֲשֶׁר הָרְגוּ בְּנֵי יִשְׂרָאֵל בֶּחָרֶב:

(יהושע י, יא)

עוד ימטיר עליו ה' אש וגופרית, וכפי שהמטיר על סדום הרשעה ועריה, תופעה הקורית בעת התפרצות הר געש:

וַה' הִמְטִיר עַל סְדֹם וְעַל עֲמֹרָה גָּפְרִית וָאֵשׁ, מֵאֵת ה' מִן הַשָּׁמָיִם: וַיַּהֲפֹךְ אֶת הֶעָרִים הָאֵל וְאֵת כָּל הַכִּכָּר, וְאֵת כָּל יֹשְׁבֵי הֶעָרִים וְצֶמַח הָאֲדָמָה:
(בראשית יט, כד-כה)

הניסים הנוספים הם מכת הדבר, וכפי שאולי הייתה במחנה סנחריב הצר על ירושלים:

וַיְהִי בַּלַּיְלָה הַהוּא וַיֵּצֵא מַלְאַךְ ה׳ וַיַּךְ בְּמַחֲנֵה אַשּׁוּר מֵאָה שְׁמוֹנִים וַחֲמִשָּׁה אָלֶף, וַיַּשְׁכִּימוּ בַבֹּקֶר וְהִנֵּה כֻלָּם פְּגָרִים מֵתִים:

(מל״ב יט, לה)

מכה נוספת מוכרת לנו היטב ממלחמות ה׳[5] – חרב איש באחיו. גוג וחבריו למלחמה לא היו בברית אחים; העמים הנלווים אליו באו בעיקר כסוחרים, כדי לקנות את השלל ואת השבי לצורך מכירתם לעבדים – לכן לא ייפלא שיהפכו להיות אויביו במהלך ימי הלחימה. לכל אלו נוסיף את השריפות בארץ מגוג.

ו. בעקבות מותם של גוג וחילותיו

... לְעֵיט צִפּוֹר כָּל כָּנָף וְחַיַּת הַשָּׂדֶה נְתַתִּיךָ לְאָכְלָה:
וְהָיָה בַיּוֹם הַהוּא אֶתֵּן לְגוֹג מְקוֹם שָׁם קֶבֶר בְּיִשְׂרָאֵל גֵּי הָעֹבְרִים קִדְמַת הַיָּם וְחֹסֶמֶת הִיא אֶת הָעֹבְרִים, וְקָבְרוּ שָׁם אֶת גּוֹג וְאֶת כָּל הֲמוֹנֹה, וְקָרְאוּ, גֵּיא הֲמוֹן גּוֹג: וּקְבָרוּם בֵּית יִשְׂרָאֵל, לְמַעַן טַהֵר אֶת הָאָרֶץ, שִׁבְעָה חֳדָשִׁים: וְקָבְרוּ כָּל עַם הָאָרֶץ וְהָיָה לָהֶם לְשֵׁם, יוֹם הִכָּבְדִי, נְאֻם אֲדֹנָי ה׳: וְאַנְשֵׁי תָמִיד יַבְדִּילוּ עֹבְרִים בָּאָרֶץ מְקַבְּרִים אֶת הָעֹבְרִים אֶת הַנּוֹתָרִים עַל פְּנֵי הָאָרֶץ לְטַהֲרָהּ, מִקְצֵה שִׁבְעָה חֳדָשִׁים יַחְקֹרוּ: וְעָבְרוּ הָעֹבְרִים בָּאָרֶץ וְרָאָה עֶצֶם אָדָם וּבָנָה אֶצְלוֹ צִיּוּן, עַד קָבְרוּ אֹתוֹ הַמְקַבְּרִים אֶל גֵּיא הֲמוֹן גּוֹג:

(לט, ד; יא-טו)

בתחילה נזכר, שהחיות הטורפות והציפורים הטורפות יאכלו את בשרם של צבאות גוג. דבר זה נזכר בהרחבה רבה במקראות שבעקבות הפטרתנו, והוא חלק מנקמת ה׳ בגוג וצבאותיו על רעתם, בהתקפתם על עם הַשֹּׁקְטִים יֹשְׁבֵי לָבֶטַח:

וְאַתָּה בֶן אָדָם, כֹּה אָמַר אֲדֹנָי ה׳, אֱמֹר לְצִפּוֹר כָּל כָּנָף וּלְכֹל חַיַּת הַשָּׂדֶה, הִקָּבְצוּ וָבֹאוּ הֵאָסְפוּ מִסָּבִיב עַל זִבְחִי אֲשֶׁר אֲנִי זֹבֵחַ לָכֶם זֶבַח גָּדוֹל עַל הָרֵי יִשְׂרָאֵל – וַאֲכַלְתֶּם בָּשָׂר וּשְׁתִיתֶם דָּם: בְּשַׂר גִּבּוֹרִים תֹּאכֵלוּ וְדַם נְשִׂיאֵי הָאָרֶץ תִּשְׁתּוּ, אֵילִים כָּרִים וְעַתּוּדִים פָּרִים מְרִיאֵי בָשָׁן כֻּלָּם: וַאֲכַלְתֶּם חֵלֶב לְשָׂבְעָה וּשְׁתִיתֶם דָּם לְשִׁכָּרוֹן, מִזִּבְחִי אֲשֶׁר זָבַחְתִּי לָכֶם: וּשְׂבַעְתֶּם עַל שֻׁלְחָנִי סוּס וָרֶכֶב גִּבּוֹר וְכָל אִישׁ מִלְחָמָה, נְאֻם אֲדֹנָי ה׳:

(שם, יז-כ)

5. עיינו בדברינו בהפטרת יום ראשון של סוכות.

אולם, בהפטרתנו מדובר על קבורה מסודרת באחד הגיאיות. על פי תרגום יהונתן הוא עמק כנרות; על פי חוקרים אחרים הוא עמק יזרעאל או עמק עירון; יש גם דעה שמדובר בסביבות ים המלח. שני הדברים שאומר הנביא אינם סותרים בהכרח: אפשר שהחיות יאכלו את בשרם של צבאות גוג – כעונש על מעשיהם, והעצמות תיקברנה – למען טהר את הארץ.

השלום העולמי שישרה בעולם אחרי תבוסת גוג, יבוא לידי ביטוי בשלל הנשק הגדול שייפול בידי ישראל, שלא ישמש עוד למלחמה אלא רק לעצי הסקה:

וְיָצְאוּ יֹשְׁבֵי עָרֵי יִשְׂרָאֵל וּבִעֲרוּ וְהִשִּׂיקוּ בְּנֶשֶׁק וּמָגֵן וְצִנָּה בְּקֶשֶׁת וּבְחִצִּים וּבְמַקֵּל יָד וּבְרֹמַח, וּבִעֲרוּ בָהֶם אֵשׁ שֶׁבַע שָׁנִים: וְלֹא יִשְׂאוּ עֵצִים מִן הַשָּׂדֶה וְלֹא יַחְטְבוּ מִן הַיְּעָרִים – כִּי בַנֶּשֶׁק יְבַעֲרוּ אֵשׁ:

(שם, ט-י)

הפטרות חנוכה

הפטרת שבת ראשונה של חנוכה מקבילה להפטרת פרשת בהעלתך (עמ׳ 364), ושם פירשנו אותה בהרחבה.

הפטרת שבת שנייה של חנוכה מקבילה להפטרת פרשת ויקהל האשכנזית (עמ׳ 226), ושם פירשנו אותה בהרחבה.

הפטרת שבת שקלים

מלכים ב׳

הספרדים מתחילים כאן

יא יז וַיִּכְרֹת יְהוֹיָדָע אֶת־הַבְּרִית בֵּין יהוה וּבֵין הַמֶּלֶךְ וּבֵין הָעָם לִהְיוֹת לְעָם לַיהוה וּבֵין
יח הַמֶּלֶךְ וּבֵין הָעָם׃ וַיָּבֹאוּ כָל־עַם הָאָרֶץ בֵּית־הַבַּעַל וַיִּתְּצֻהוּ אֶת־מִזְבְּחֹתָו וְאֶת־
צְלָמָיו שִׁבְּרוּ הֵיטֵב וְאֵת מַתָּן כֹּהֵן הַבַּעַל הָרְגוּ לִפְנֵי הַמִּזְבְּחוֹת וַיָּשֶׂם הַכֹּהֵן פְּקֻדֹּת
יט עַל־בֵּית יהוה׃ וַיִּקַּח אֶת־שָׂרֵי הַמֵּאוֹת וְאֶת־הַכָּרִי וְאֶת־הָרָצִים וְאֵת כָּל־עַם
הָאָרֶץ וַיֹּרִידוּ אֶת־הַמֶּלֶךְ מִבֵּית יהוה וַיָּבוֹאוּ דֶּרֶךְ־שַׁעַר הָרָצִים בֵּית הַמֶּלֶךְ וַיֵּשֶׁב
כ עַל־כִּסֵּא הַמְּלָכִים׃ וַיִּשְׂמַח כָּל־עַם־הָאָרֶץ וְהָעִיר שָׁקָטָה וְאֶת־עֲתַלְיָהוּ הֵמִיתוּ
יב א ב בַחֶרֶב בֵּית הַמֶּלֶךְ׃ בֶּן־שֶׁבַע שָׁנִים יְהוֹאָשׁ בְּמָלְכוֹ׃ בִּשְׁנַת־שֶׁבַע

האשכנזים מתחילים כאן

לְיֵהוּא מָלַךְ יְהוֹאָשׁ וְאַרְבָּעִים שָׁנָה מָלַךְ בִּירוּשָׁלָםִ וְשֵׁם אִמּוֹ צִבְיָה מִבְּאֵר שָׁבַע׃
ג ד וַיַּעַשׂ יְהוֹאָשׁ הַיָּשָׁר בְּעֵינֵי יהוה כָּל־יָמָיו אֲשֶׁר הוֹרָהוּ יְהוֹיָדָע הַכֹּהֵן׃ רַק הַבָּמוֹת
ה לֹא־סָרוּ עוֹד הָעָם מְזַבְּחִים וּמְקַטְּרִים בַּבָּמוֹת׃ וַיֹּאמֶר יְהוֹאָשׁ אֶל־הַכֹּהֲנִים כֹּל
כֶּסֶף הַקֳּדָשִׁים אֲשֶׁר יוּבָא בֵית־יהוה כֶּסֶף עוֹבֵר אִישׁ כֶּסֶף נַפְשׁוֹת עֶרְכּוֹ כָּל־כֶּסֶף
ו אֲשֶׁר יַעֲלֶה עַל לֶב־אִישׁ לְהָבִיא בֵּית יהוה׃ יִקְחוּ לָהֶם הַכֹּהֲנִים אִישׁ מֵאֵת מַכָּרוֹ
ז וְהֵם יְחַזְּקוּ אֶת־בֶּדֶק הַבַּיִת לְכֹל אֲשֶׁר־יִמָּצֵא שָׁם בָּדֶק׃ וַיְהִי בִּשְׁנַת
ח עֶשְׂרִים וְשָׁלֹשׁ שָׁנָה לַמֶּלֶךְ יְהוֹאָשׁ לֹא־חִזְּקוּ הַכֹּהֲנִים אֶת־בֶּדֶק הַבָּיִת׃ וַיִּקְרָא
הַמֶּלֶךְ יְהוֹאָשׁ לִיהוֹיָדָע הַכֹּהֵן וְלַכֹּהֲנִים וַיֹּאמֶר אֲלֵהֶם מַדּוּעַ אֵינְכֶם מְחַזְּקִים
אֶת־בֶּדֶק הַבָּיִת וְעַתָּה אַל־תִּקְחוּ־כֶסֶף מֵאֵת מַכָּרֵיכֶם כִּי־לְבֶדֶק הַבַּיִת תִּתְּנֻהוּ׃
ט י וַיֵּאֹתוּ הַכֹּהֲנִים לְבִלְתִּי קְחַת־כֶּסֶף מֵאֵת הָעָם וּלְבִלְתִּי חַזֵּק אֶת־בֶּדֶק הַבָּיִת׃
וַיִּקַּח יְהוֹיָדָע הַכֹּהֵן אֲרוֹן אֶחָד וַיִּקֹּב חֹר בְּדַלְתּוֹ וַיִּתֵּן אֹתוֹ אֵצֶל הַמִּזְבֵּחַ מִיָּמִין
בְּבוֹא־אִישׁ בֵּית יהוה וְנָתְנוּ־שָׁמָּה הַכֹּהֲנִים שֹׁמְרֵי הַסַּף אֶת־כָּל־הַכֶּסֶף הַמּוּבָא
יא בֵית־יהוה׃ וַיְהִי כִּרְאוֹתָם כִּי־רַב הַכֶּסֶף בָּאָרוֹן וַיַּעַל סֹפֵר הַמֶּלֶךְ וְהַכֹּהֵן הַגָּדוֹל
יב וַיָּצֻרוּ וַיִּמְנוּ אֶת־הַכֶּסֶף הַנִּמְצָא בֵית־יהוה׃ וְנָתְנוּ אֶת־הַכֶּסֶף הַמְתֻכָּן עַל־יְדֵי עֹשֵׂי
הַמְּלָאכָה הַמֻּפְקָדִים בֵּית יהוה וַיּוֹצִיאֻהוּ לְחָרָשֵׁי הָעֵץ וְלַבֹּנִים הָעֹשִׂים בֵּית

יג יהוה: וְלַגֹּדְרִים וּלְחֹצְבֵי הָאֶבֶן וְלִקְנוֹת עֵצִים וְאַבְנֵי מַחְצֵב לְחַזֵּק אֶת־בֶּדֶק בֵּית־
יד יהוה וּלְכֹל אֲשֶׁר־יֵצֵא עַל־הַבַּיִת לְחָזְקָה: אַךְ לֹא יֵעָשֶׂה בֵּית יהוה סִפּוֹת כֶּסֶף
מְזַמְּרוֹת מִזְרָקוֹת חֲצֹצְרוֹת כָּל־כְּלִי זָהָב וּכְלִי־כָסֶף מִן־הַכֶּסֶף הַמּוּבָא בֵית־יהוה:
טו טז כִּי־לְעֹשֵׂי הַמְּלָאכָה יִתְּנֻהוּ וְחִזְּקוּ־בוֹ אֶת־בֵּית יהוה: וְלֹא יְחַשְּׁבוּ אֶת־הָאֲנָשִׁים
אֲשֶׁר יִתְּנוּ אֶת־הַכֶּסֶף עַל־יָדָם לָתֵת לְעֹשֵׂי הַמְּלָאכָה כִּי בֶאֱמֻנָה הֵם עֹשִׂים:
יז כֶּסֶף אָשָׁם וְכֶסֶף חַטָּאוֹת לֹא יוּבָא בֵּית יהוה לַכֹּהֲנִים יִהְיוּ:

א. הקשר בין המפטיר להפטרה

פרשתנו היא הראשונה מבין ארבע הפרשיות הנקראות בחודש אדר (ב׳) וסביבותיו. שלוש מהן קשורות להכנות לחג הפסח, ואחת (השנייה) עוסקת במצוות המלחמה בעמלק, כפי שהתקיימה בימי מרדכי ואסתר ערב חג הפורים.

פרשת שקלים היא המקור למשנה בתחילת מסכת שקלים, הקובעת: "באחד באדר משמיעים על השקלים". השקלים היו נגבים לקראת חודש ניסן, ובו החלו לקנות את קורבנות הציבור מן השקלים החדשים, שנגבו בחודש אדר. זהו עיקר תפקידם של השקלים, שנגבו על פי חשבון מחצית השקל לאדם – להביא מהם את קורבנות הציבור: תמידים, מוספים, מנחת העומר, לחם הפנים ועוד. בפרשת שקלים, הנקראת השבת כ׳מפטיר׳, מדובר לכאורה על הוראת שעה; אומנם, באמנה שנכרתה אחרי שיבת ציון, והונהגה על ידי עזרא ונחמיה נאמר:

וְהֶעֱמַדְנוּ עָלֵינוּ מִצְוֹת לָתֵת עָלֵינוּ שְׁלִשִׁית הַשֶּׁקֶל בַּשָּׁנָה, לַעֲבֹדַת בֵּית אֱלֹהֵינוּ:
לְלֶחֶם הַמַּעֲרֶכֶת, וּמִנְחַת הַתָּמִיד וּלְעוֹלַת הַתָּמִיד, הַשַּׁבָּתוֹת הֶחֳדָשִׁים, לַמּוֹעֲדִים,
וְלַקֳּדָשִׁים, וְלַחַטָּאוֹת, לְכַפֵּר עַל יִשְׂרָאֵל, וְכֹל מְלֶאכֶת בֵּית אֱלֹהֵינוּ:

(נחמיה י, לג-לד)

השקלים השתנו בגודלם במהלך הדורות, ושלישית השקל בימי עזרא ונחמיה הייתה כמחצית השקל של משה. מכל מקום עולה, שמצוות מחצית השקל היא מצווה לדורות.

גם הפטרתנו עוסקת בגביית השקלים, אך היא נועדה לשיפוץ המקדש, כשם שאחד המפקדים למחצית השקל בימי משה (שעליו קראנו ב׳מפטיר׳), היה לצורך בניית המשכן:

בֶּקַע לַגֻּלְגֹּלֶת מַחֲצִית הַשֶּׁקֶל בְּשֶׁקֶל הַקֹּדֶשׁ, לְכֹל הָעֹבֵר עַל הַפְּקֻדִים מִבֶּן עֶשְׂרִים

שָׁנָה וָמַעְלָה, לְשֵׁשׁ מֵאוֹת אֶלֶף וּשְׁלֹשֶׁת אֲלָפִים וַחֲמֵשׁ מֵאוֹת וַחֲמִשִּׁים: וַיְהִי מְאַת כִּכַּר הַכֶּסֶף לָצֶקֶת אֵת אַדְנֵי הַקֹּדֶשׁ וְאֵת אַדְנֵי הַפָּרֹכֶת – מְאַת אֲדָנִים לִמְאַת הַכִּכָּר, כִּכָּר לָאָדֶן: וְאֶת הָאֶלֶף וּשְׁבַע הַמֵּאוֹת וַחֲמִשָּׁה וְשִׁבְעִים עָשָׂה וָוִים לָעַמּוּדִים, וְצִפָּה רָאשֵׁיהֶם וְחִשַּׁק אֹתָם:

(שמות לח, כו-כח)

הקשר, בין גביית השקלים בימי יהואש בהפטרתנו ובין מחצית השקל של משה הנזכרת ב'מפטיר', התפרש בדברי הימים, ושם מוגדרת תרומת מחצית השקל כמַשְׂאַת מֹשֶׁה. עוד מצאנו שם, שהתרומה הייתה גם לצורך שיפוץ המקדש והכלים, וגם לצורך קורבנות הציבור:

וַיִּתְּנוּ קוֹל בִּיהוּדָה וּבִירוּשָׁלַם לְהָבִיא לַה' מַשְׂאַת מֹשֶׁה עֶבֶד הָאֱלֹהִים עַל יִשְׂרָאֵל בַּמִּדְבָּר: וַיִּשְׂמְחוּ כָל הַשָּׂרִים וְכָל הָעָם, וַיָּבִיאוּ וַיַּשְׁלִיכוּ לָאָרוֹן עַד לְכַלֵּה: וַיְהִי בְּעֵת יָבִיא אֶת הָאָרוֹן אֶל פְּקֻדַּת הַמֶּלֶךְ בְּיַד הַלְוִיִּם, וְכִרְאוֹתָם כִּי רַב הַכֶּסֶף, וּבָא סוֹפֵר הַמֶּלֶךְ וּפְקִיד כֹּהֵן הָרֹאשׁ וִיעָרוּ אֶת הָאָרוֹן וְיִשָּׂאֻהוּ וִישִׁבֻהוּ אֶל מְקֹמוֹ, כֹּה עָשׂוּ לְיוֹם בְּיוֹם וַיַּאַסְפוּ כֶסֶף לָרֹב: וַיִּתְּנֵהוּ הַמֶּלֶךְ וִיהוֹיָדָע אֶל עוֹשֵׂה מְלֶאכֶת עֲבוֹדַת בֵּית ה', וַיִּהְיוּ שֹׂכְרִים חֹצְבִים וְחָרָשִׁים לְחַדֵּשׁ בֵּית ה', וְגַם לְחָרָשֵׁי בַרְזֶל וּנְחֹשֶׁת, לְחַזֵּק אֶת בֵּית ה': וַיַּעֲשׂוּ עֹשֵׂי הַמְּלָאכָה וַתַּעַל אֲרוּכָה לַמְּלָאכָה בְּיָדָם, וַיַּעֲמִידוּ אֶת בֵּית הָאֱלֹהִים עַל מַתְכֻּנְתּוֹ וַיְאַמְּצֻהוּ: וּכְכַלּוֹתָם הֵבִיאוּ לִפְנֵי הַמֶּלֶךְ וִיהוֹיָדָע אֶת שְׁאָר הַכֶּסֶף, וַיַּעֲשֵׂהוּ כֵלִים לְבֵית ה' כְּלֵי שָׁרֵת, וְהַעֲלוֹת וְכַפּוֹת, וּכְלֵי זָהָב וָכָסֶף, וַיִּהְיוּ מַעֲלִים עֹלוֹת בְּבֵית ה' תָּמִיד, כֹּל יְמֵי יְהוֹיָדָע:

(דהי"ב כד, ט-יד)

ב. רקע היסטורי[1]

החלטתו של יהושפט, המלך הצדיק שמלך בירושלים, לכרות ברית עם בית אחאב מלך שומרון, שֶׁעָבַד את הבעלים, ואשתו רדפה עד מוות את נביאי ה' – הביאה לקשרי חיתון בין שני הבתים. כך הפכה עתליה בת אחאב (או בת עומרי, כלומר, אחותו של אחאב[2]) לאשתו של יהורם בין יהושפט, והדיחה אותו מעבודת ה' לעבודת הבעלים. בנה של עתליה, אחזיהו בן יהורם, נהרג במהפכת יהוא. אחרי מותו החליטה עתליה אימו ליטול את המלכות לעצמה, והרגה לשם כך את נכדיה הקטנים מזרע

1. האשכנזים יוכלו לדלג על פרק זה, אך הוא לדעתי המעניין מכולם.
2. השוו במל"ב ח, בין פסוק יח לפסוק כו, בסתירה בשאלה בת מי הייתה עתליה.

המלוכה. היא מלכה בירושלים שש שנים, פרצה עם בניה (שהיו לה מאיש אחר) לבית המקדש, טימאה אותו והרסה חלקים ממנו, העמידה בירושלים מקדש לבעל, ובראשו מתן כוהן הבעל.

> כִּי עֲתַלְיָהוּ הַמִּרְשַׁעַת בָּנֶיהָ פָרְצוּ אֶת בֵּית הָאֱלֹהִים וְגַם כָּל קָדְשֵׁי בֵית ה׳ עָשׂוּ לַבְּעָלִים:

(דהי״ב כד, ז)

במשך שש שנות שלטונה של עתליה הייתה ירושלים תחת עבודת הבעלים, ונואשה מבית דוד, שלכאורה לא נותר ממנו שריד.[3] אולם יהושבע, אשתו של יהוידע הכוהן הגדול, גנבה את יואש בן אחזיה מבין בני המלך המומתים כשהיה בן שנה אחת והסתירה אותו, בתקווה להצמיח ממנו מחדש את מלכות בית דוד.[4] בשנה השביעית החליט יהוידע הכוהן שיואש כבר ראוי למלכות, למרות גילו הצעיר. הוא חשף אותו לפני אחיו הכוהנים ולפני שרי הצבא, והשביע אותם מחדש על נאמנותם לבית דוד. הוא ניצל את יום השבת שבו חילופי משמרות הכוהנים כדי להיות עם כוח כוהנים כפול, המשמרת המסיימת והמשמרת הנכנסת, והם המליכו את יהואש והרגו את עתליה ואת מתן כוהן הבעל.

כאן היה צורך במהלך רוחני חדש ושונה ממה שהיה עד עתה, בשנות מלכות בית אחאב ביהודה (שש שנות עתליה; שנת אחזיה בנה; ושמונה שנות יהורם בעלה), שהרבו בעבודת הבעל ובשפיכות דמים (על ידי יהורם ועתליה). במהלך רוחני זה פותחת הפטרתנו לפי מנהג הספרדים.

ג. הברית

> וַיִּכְרֹת יְהוֹיָדָע אֶת הַבְּרִית בֵּין ה׳ וּבֵין הַמֶּלֶךְ וּבֵין הָעָם לִהְיוֹת לְעָם לַה׳ וּבֵין הַמֶּלֶךְ וּבֵין הָעָם:

(יא, יז)

כאמור, אחרי חמש עשרה שנות בגידה בה׳ היה צורך בברית חדשה בין ה׳ ובין העם – שבטי יהודה ובנימין. בברית שותפים לא רק ה׳ והעם אלא גם המלך הצעיר יהואש. מה תפקידו של המלך בברית בין ה׳ ובין העם? נראה, שהמלך הוא הערב העיקרי

3. אפשר שבימים אלו נכתב מזמור פט בתהלים, הטוען כלפי הקב״ה שהפר את שבועתו לדוד.
4. עיינו בכל זה במל״ב יא, א–טז.

לקיומה של הברית: עליו מוטל להורות לעם ולהדריכו בדרך ה׳, לצורך קיום הברית. לאידך גיסא, חלק חשוב מן הטובות שה׳ עתיד להשפיע על העם בעקבות קיומם את הברית יעבור דרך המלך. ה׳ ייתן בידו כוח לנצח את אויביו, וחוכמה לנהל את העם.

הדגש במקראות כאן על התפקיד הנזכר של המלך חשוב בעיקר לאור דברי הרמב״ם:

שאין ממליכין מלך תחלה אלא לעשות משפט ומלחמות, שנאמר: וּשְׁפָטָנוּ מַלְכֵּנוּ וְיָצָא לְפָנֵינוּ וְנִלְחַם אֶת מִלְחֲמֹתֵנוּ (שמ״א ח, כ).
(הלכות מלכים ומלחמותיהם ד, י)

הרמב״ם, בדברו על מטרת העמדת מלך הסתייע במקרא שאמרו העם לשמואל בעת שביקשו מלך, אך שם הייתה לה׳ ולנביא ביקורת על דבריהם. בהפטרתנו נראה, שעיקר מצוות העמדת מלך[5] נועדה לערבותו לכך, שהעם יהיה לעם לה׳ וישמור את הברית עימו. רק ביכולתו של המלך לעשות זאת.

חלקה השני של הברית שכורת יהוידע הוא בין המלך ובין העם, והוא על חידוש נאמנותו של העם לבית דוד אחרי שנות מלכותה של עתליה. מכוח הברית בין ה׳ ובין העם הרגו את מתן כוהן הבעל; מכוח הברית בין המלך ובין העם הרגו את עתליה.

ד. יהוידע הכוהן

בימי האופל של מלכות עתליה, יהוידע הכוהן הגדול ואשתו יהושבע, אחות אחזיהו ודודתו של יואש,[6] מסרו את נפשם, ונטלו בגבורה סיכון רב על עצמם בהחלטתם להציל את מלכות בית דוד. יהוידע הוא עובד ה׳, ורואה עצמו אחראי לברית בין ה׳ ובין העם; בשעת המבחן הוא מתגלה גם כמצביא. הוא מזכיר את דרכו של מתתיהו החשמונאי, שחיבר לימים מסירות נפש, גבורת מלחמה ונכונות למרוד במלכות, כדי להשיב למקומה את הברית בין העם ובין ה׳. דומה שגם על יהוידע וגם על מתתיהו שיבוא שנים רבות אחריו נאמרו פסוקי ברכתו של משה על הכוהנים:

הָאֹמֵר לְאָבִיו וּלְאִמּוֹ לֹא רְאִיתִיו, וְאֶת אֶחָיו לֹא הִכִּיר, וְאֶת בָּנָו לֹא יָדָע, כִּי שָׁמְרוּ

5. לתנאים ולפוסקים שהעמדת מלך היא אכן מצווה, וזוהי גם עמדתו של הרמב״ם.
6. יהורם בן יהושפט אביה, עם כל נהייתו אחרי רשעותה של עתליה אשתו – השיא את יהושבע בתו ליהוידע הכהן הגדול, עובד ה׳.

אִמְרָתֶךָ וּבְרִיתְךָ יִנְצֹרוּ... בָּרֵךְ ה׳ חֵילוֹ וּפֹעַל יָדָיו תִּרְצֶה, מְחַץ מָתְנַיִם קָמָיו וּמְשַׂנְאָיו מִן יְקוּמוּן:

(דברים לג, ט-יא)

משה מתאר את מסירות נפשם של הכוהנים ואת נכונותם לסכן גם את משפחתם, ומבקש מה׳ לסייע בידם במלחמתם עם אויביהם. יש דמיון ביניהם גם בנס שהתגלגל דרכם: בימי יהוידע, כשלכולם היה ברור שלא נותר דבר ממלכות בית דוד – התגלה יורש העצר הקטן, שהיה חבוי בבית ה׳; בימי יהודה המקבי, בנו של מתתיהו, כשלכולם היה ברור שכל השמנים נטמאו – התגלה פך השמן הקטן, שהיה חבוי בבית ה׳, וגרם להאיר את המקדש ואת ימי הניצחון.

ה. יהואש ויהוידע

וַיַּעַשׂ יְהוֹאָשׁ הַיָּשָׁר בְּעֵינֵי ה׳ כָּל יָמָיו אֲשֶׁר הוֹרָהוּ יְהוֹיָדָע הַכֹּהֵן:

(יב, ג)

בעלי הטעמים פיסקו את המשפט כך, שמשמעו שיהואש עשה את הישר בעיני ה׳ כל ימיו. הוא הלך כל ימיו בדרך שהורהו יהוידע הכוהן – דרך התורה והמצוות ושמירת הברית עם ה׳. מה טוב אילו זאת הייתה האמת! בדברי הימים הפיסוק ומבנה המשפט שונה:

וַיַּעַשׂ יוֹאָשׁ הַיָּשָׁר בְּעֵינֵי ה׳ כָּל יְמֵי יְהוֹיָדָע הַכֹּהֵן:

(דהי״ב כד, ב)

משם עולה, שיהואש עשה הישר בעיני ה׳ רק באותם ימים, שבהם היה תחת השגחתו ותחת פיקוחו של יהוידע הכוהן. אז היה יהואש צעיר, ולא העז להמרות במשך שנותיו הראשונות את פי רבו ומחנכו, שהצילו מן המוות. אחרי מותו של יהוידע, שינה יהואש את דרכו מן הקצה אל הקצה והרשיע לעשות, כמבואר להלן.[7]

ו. השקלים וחידוש בית ה׳

תיארנו לעיל את ההרס שפרצו עתליה ובניה בבית ה׳. שיפוץ הבית ותיקון הנזקים

7. עיינו על כך בדהי״ב כד, יז-כב.

התבקש, ולצרכו גייס יהואש את הכסף באמצעות גביית השקלים, מַשְׂאַת מֹשֶׁה. מעשה גביית השקלים בהפטרתנו (ובמקבילתה בספר דברי הימים [ב׳ כד] בשינויים כלשהם) מדבר בעד עצמו מתוך המקראות, ולא נחזור עליו, אך נעיר עליו הערה:

את תפקידם של הכוהנים (ובדברי הימים גם הלוויים) במקדש ניתן לצמצם וניתן להרחיב. ודאי אין תחליף לכוהנים במעשי הקרבת הקורבן, החל מקבלת הדם ועד לזריקתו על המזבח, בעבודת המנורה, לחם הפנים והקטורת ובעבודת הכוהן הגדול ביום הכיפורים. הבאת קורבנות היחיד ודאי מוטלת על כל יחיד מישראל. שחיטת הקורבן, האחריות על קורבנות הציבור ועל אספקתם והאחריות על תחזוקת המקדש ושיפוצו הם תחומים ׳אפורים׳. הטלתם על הכוהנים עלולה להביא למצב של תחושה כללית שהמקדש ׳שייך׳ לשבט הכוהנים, והם אחראים על תחום הקדושה, ואילו העם הוא הפריפריה הנסמכת על הכוהנים ועל קשר הקדושה שהם מפתחים עם ה׳.

בימי הבית השני, בעת שהצדוקים ניהלו את המקדש, הם הנהיגו, שהכוהנים יביאו את קורבנות הציבור משלהם, וביקשו להפוך את המקדש לנחלתם. חכמי הפרושים התנגדו לכך, ודרשו שקורבנות הציבור יגיעו מכלל העם, שה׳ בתוכם. הכוהנים לשיטתם הם שליחי העם כולו בעבודת ה׳, ולא הממונים היחידים על הקדושה. זוהי גישה חברתית, וגישה לקדושה, השונה מן הקצה אל הקצה מזו של הצדוקים.[8]

בימי יהואש, הוטלה האחריות על שיפוץ המקדש ומימון השיפוץ על הכוהנים, אך הם לא חפצו בכך ולא עשו זאת. יהוידע הלך בדרך שונה, והטיל את אתגר התרומות לבית ה׳ על כל אדם הבא לבית ה׳. האנשים ניאותו לכך בשמחה, ומילאו את מכסת הכסף הנצרך לשיפוץ. גם הבונים ושאר בעלי המלאכה שיתפו פעולה, ועשו את מלאכתם נאמנה בלא צורך לעמוד ולפקח עליהם. התחושה הייתה כמו בעת הקמת המשכן, שכל העם התנדב בחפץ לב למלאכה עד לכך שהבונים אמרו שמַרְבִּים הָעָם לְהָבִיא מִדֵּי הָעֲבֹדָה לַמְּלָאכָה (שמות לו, ה).

ז. שתי הערות לסיום

א. ההפטרה מסיימת בנימה אופטימית של חידוש הברית על ידי יהוידע וחידוש מקדש ה׳. אולם, אחר מותו של יהוידע בשיבה טובה, מתאר ספר דברי הימים

8. בצד ה׳למדני׳־משפטי נוכל לדמות את שתי הגישות להבדל בין ׳שליחות׳ ל׳הרשאה׳: השליח פועל מכוח הבעלים, המשלח; המורשה שואב את הכוח של הבעלים אליו, והוא פועל מחמת עצמו ומן הכוח שהוענק לו.

את משקעי חילול הברית עם ה׳ שצפו ועלו. המלך ושריו עזבו את דרך ה׳, ושבו למעשים הרעים. הנורא מכול היה קשור בבנו של יהוידע, זכריהו:

> וְרוּחַ אֱלֹהִים לָבְשָׁה אֶת זְכַרְיָה בֶּן יְהוֹיָדָע הַכֹּהֵן, וַיַּעֲמֹד מֵעַל לָעָם, וַיֹּאמֶר לָהֶם, כֹּה אָמַר הָאֱלֹהִים: לָמָּה אַתֶּם עֹבְרִים אֶת מִצְוֹת ה׳ – וְלֹא תַצְלִיחוּ? כִּי עֲזַבְתֶּם אֶת ה׳ – וַיַּעֲזֹב אֶתְכֶם: וַיִּקְשְׁרוּ עָלָיו, וַיִּרְגְּמֻהוּ אֶבֶן בְּמִצְוַת הַמֶּלֶךְ, בַּחֲצַר בֵּית ה׳: וְלֹא זָכַר יוֹאָשׁ הַמֶּלֶךְ הַחֶסֶד אֲשֶׁר עָשָׂה יְהוֹיָדָע אָבִיו עִמּוֹ – וַיַּהֲרֹג אֶת בְּנוֹ, וּכְמוֹתוֹ אָמַר, יֵרֶא ה׳ וְיִדְרֹשׁ:
>
> (דהי״ב כד, כ-כב)

חז״ל יודעים להוסיף לנו במדרש (מדרש זוטא איכה א), שזכריהו נרגם למוות ביום הכיפורים שחל להיות בשבת. המקרא מדגיש מכל זה דווקא את כפיות הטובה של יהואש כלפי יהוידע. דמו של זכריה רתח במקדש וקטרג על עם ישראל עד יום חורבן המקדש (ראו גיטין נז ע״ב). העונש לא איחר לבוא גם על ירושלים כולה וגם על יהואש, והדברים כתובים בספר מלכים ובספר דברי הימים שם.

ב. קשה להתעלם מן הדמיון בין יהואש ששיפץ את המקדש למלך אחר, יאשיהו, שעסק אף הוא בשיפוץ המקדש אחרי שאבותיו, מנשה ואמון, לא שמרו על מקדש ה׳. הסגנון המקראי בשניהם דומה ושמם דומה. יאשיהו מלך בן שמונה, בדומה ליואש שמלך בן שבע. לא תמיד ניתן לאתר קשר מהותי בין שני דברים דומים, ובהיסטוריה דברים לעיתים חוזרים על עצמם. נעיר, שהשמות הדומים – יהואש ויאשיהו, באים מלשון ׳אושיות׳, שמשמעם יסודות. שניהם יסדו את המקדש מחדש מיסודותיו, ואפשר ששמם הוענק להם על ידי נביאי זמנם.

הפטרת שבת זכור[1]

הספרדים מתחילים כאן

שמואל א׳

האשכנזים מתחילים כאן

טו א וַיֹּאמֶר שְׁמוּאֵל אֶל־שָׁאוּל אֹתִי שָׁלַח יהוה לִמְשָׁחֲךָ לְמֶלֶךְ עַל־עַמּוֹ עַל־יִשְׂרָאֵל
ב וְעַתָּה שְׁמַע לְקוֹל דִּבְרֵי יהוה: כֹּה אָמַר יהוה צְבָאוֹת פָּקַדְתִּי אֵת
ג אֲשֶׁר־עָשָׂה עֲמָלֵק לְיִשְׂרָאֵל אֲשֶׁר־שָׂם לוֹ בַּדֶּרֶךְ בַּעֲלֹתוֹ מִמִּצְרָיִם: עַתָּה לֵךְ
וְהִכִּיתָה אֶת־עֲמָלֵק וְהַחֲרַמְתֶּם אֶת־כָּל־אֲשֶׁר־לוֹ וְלֹא תַחְמֹל עָלָיו וְהֵמַתָּה מֵאִישׁ
ד עַד־אִשָּׁה מֵעֹלֵל וְעַד־יוֹנֵק מִשּׁוֹר וְעַד־שֶׂה מִגָּמָל וְעַד־חֲמוֹר: וַיְשַׁמַּע
שָׁאוּל אֶת־הָעָם וַיִּפְקְדֵם בַּטְּלָאִים מָאתַיִם אֶלֶף רַגְלִי וַעֲשֶׂרֶת אֲלָפִים אֶת־אִישׁ
ה ו יְהוּדָה: וַיָּבֹא שָׁאוּל עַד־עִיר עֲמָלֵק וַיָּרֶב בַּנָּחַל: וַיֹּאמֶר שָׁאוּל אֶל־הַקֵּינִי לְכוּ סֻּרוּ
רְדוּ מִתּוֹךְ עֲמָלֵקִי פֶּן־אֹסִפְךָ עִמּוֹ וְאַתָּה עָשִׂיתָה חֶסֶד עִם־כָּל־בְּנֵי יִשְׂרָאֵל בַּעֲלוֹתָם
ז מִמִּצְרָיִם וַיָּסַר קֵינִי מִתּוֹךְ עֲמָלֵק: וַיַּךְ שָׁאוּל אֶת־עֲמָלֵק מֵחֲוִילָה בּוֹאֲךָ שׁוּר אֲשֶׁר
ח עַל־פְּנֵי מִצְרָיִם: וַיִּתְפֹּשׂ אֶת־אֲגַג מֶלֶךְ־עֲמָלֵק חָי וְאֶת־כָּל־הָעָם הֶחֱרִים לְפִי־חָרֶב:
ט וַיַּחְמֹל שָׁאוּל וְהָעָם עַל־אֲגָג וְעַל־מֵיטַב הַצֹּאן וְהַבָּקָר וְהַמִּשְׁנִים וְעַל־
הַכָּרִים וְעַל־כָּל־הַטּוֹב וְלֹא אָבוּ הַחֲרִימָם וְכָל־הַמְּלָאכָה נְמִבְזָה וְנָמֵס
י יא אֹתָהּ הֶחֱרִימוּ: וַיְהִי דְּבַר יהוה אֶל־שְׁמוּאֵל לֵאמֹר: נִחַמְתִּי כִּי־
הִמְלַכְתִּי אֶת־שָׁאוּל לְמֶלֶךְ כִּי־שָׁב מֵאַחֲרַי וְאֶת־דְּבָרַי לֹא הֵקִים וַיִּחַר לִשְׁמוּאֵל
יב וַיִּזְעַק אֶל־יהוה כָּל־הַלָּיְלָה: וַיַּשְׁכֵּם שְׁמוּאֵל לִקְרַאת שָׁאוּל בַּבֹּקֶר וַיֻּגַּד לִשְׁמוּאֵל
יג לֵאמֹר בָּא־שָׁאוּל הַכַּרְמֶלָה וְהִנֵּה מַצִּיב לוֹ יָד וַיִּסֹּב וַיַּעֲבֹר וַיֵּרֶד הַגִּלְגָּל: וַיָּבֹא
שְׁמוּאֵל אֶל־שָׁאוּל וַיֹּאמֶר לוֹ שָׁאוּל בָּרוּךְ אַתָּה לַיהוה הֲקִימֹתִי אֶת־דְּבַר יהוה:
יד טו וַיֹּאמֶר שְׁמוּאֵל וּמֶה קוֹל־הַצֹּאן הַזֶּה בְּאָזְנָי וְקוֹל הַבָּקָר אֲשֶׁר אָנֹכִי שֹׁמֵעַ: וַיֹּאמֶר

1. א. מעשה עמלק וגם הפטרתנו נותחו בהרחבה במאמרנו "עמלק", בספרנו 'המקראות המתחדשים' (אלון שבות תשע"ה), עמ' 266–349. הפטרתנו נותחה שם בעמ' 311–332.
ב. ההפטרה ארוכה, וגם דברינו עליה. שוב נמליץ לקורא לקרוא רק חלק מדברינו ולהותיר את שאריתם לשנים הבאות.

שָׁאוּל מֵעֲמָלֵקִי הֱבִיאוּם אֲשֶׁר חָמַל הָעָם עַל־מֵיטַב הַצֹּאן וְהַבָּקָר לְמַעַן זְבֹחַ
טז לַיהוה אֱלֹהֶיךָ וְאֶת־הַיּוֹתֵר הֶחֱרַמְנוּ: וַיֹּאמֶר שְׁמוּאֵל אֶל־שָׁאוּל הֶרֶף
יז וְאַגִּידָה לְּךָ אֵת אֲשֶׁר דִּבֶּר יהוה אֵלַי הַלָּיְלָה וַיֹּאמֶר לוֹ דַּבֵּר: וַיֹּאמֶר
שְׁמוּאֵל הֲלוֹא אִם־קָטֹן אַתָּה בְּעֵינֶיךָ רֹאשׁ שִׁבְטֵי יִשְׂרָאֵל אָתָּה וַיִּמְשָׁחֲךָ יהוה
יח לְמֶלֶךְ עַל־יִשְׂרָאֵל: וַיִּשְׁלָחֲךָ יהוה בְּדָרֶךְ וַיֹּאמֶר לֵךְ וְהַחֲרַמְתָּה אֶת־הַחַטָּאִים
יט אֶת־עֲמָלֵק וְנִלְחַמְתָּ בוֹ עַד־כַּלּוֹתָם אֹתָם: וְלָמָּה לֹא־שָׁמַעְתָּ בְּקוֹל יהוה וַתַּעַט
כ אֶל־הַשָּׁלָל וַתַּעַשׂ הָרַע בְּעֵינֵי יהוה: וַיֹּאמֶר שָׁאוּל אֶל־שְׁמוּאֵל אֲשֶׁר
שָׁמַעְתִּי בְּקוֹל יהוה וָאֵלֵךְ בַּדֶּרֶךְ אֲשֶׁר־שְׁלָחַנִי יהוה וָאָבִיא אֶת־אֲגַג מֶלֶךְ
כא עֲמָלֵק וְאֶת־עֲמָלֵק הֶחֱרַמְתִּי: וַיִּקַּח הָעָם מֵהַשָּׁלָל צֹאן וּבָקָר רֵאשִׁית הַחֵרֶם
כב לִזְבֹּחַ לַיהוה אֱלֹהֶיךָ בַּגִּלְגָּל: וַיֹּאמֶר שְׁמוּאֵל הַחֵפֶץ לַיהוה בְּעֹלוֹת
וּזְבָחִים כִּשְׁמֹעַ בְּקוֹל יהוה הִנֵּה שְׁמֹעַ מִזֶּבַח טוֹב לְהַקְשִׁיב מֵחֵלֶב אֵילִים:
כג כִּי חַטַּאת־קֶסֶם מֶרִי וְאָוֶן וּתְרָפִים הַפְצַר יַעַן מָאַסְתָּ אֶת־דְּבַר יהוה וַיִּמְאָסְךָ
כד מִמֶּלֶךְ: וַיֹּאמֶר שָׁאוּל אֶל־שְׁמוּאֵל חָטָאתִי כִּי־עָבַרְתִּי אֶת־פִּי־יהוה
כה וְאֶת־דְּבָרֶיךָ כִּי יָרֵאתִי אֶת־הָעָם וָאֶשְׁמַע בְּקוֹלָם: וְעַתָּה שָׂא נָא אֶת־חַטָּאתִי
כו וְשׁוּב עִמִּי וְאֶשְׁתַּחֲוֶה לַיהוה: וַיֹּאמֶר שְׁמוּאֵל אֶל־שָׁאוּל לֹא אָשׁוּב עִמָּךְ כִּי
כז מָאַסְתָּה אֶת־דְּבַר יהוה וַיִּמְאָסְךָ יהוה מִהְיוֹת מֶלֶךְ עַל־יִשְׂרָאֵל: וַיִּסֹּב שְׁמוּאֵל
כח לָלֶכֶת וַיַּחֲזֵק בִּכְנַף־מְעִילוֹ וַיִּקָּרַע: וַיֹּאמֶר אֵלָיו שְׁמוּאֵל קָרַע יהוה אֶת־מַמְלְכוּת
כט יִשְׂרָאֵל מֵעָלֶיךָ הַיּוֹם וּנְתָנָהּ לְרֵעֲךָ הַטּוֹב מִמֶּךָּ: וְגַם נֵצַח יִשְׂרָאֵל לֹא יְשַׁקֵּר וְלֹא
ל יִנָּחֵם כִּי לֹא אָדָם הוּא לְהִנָּחֵם: וַיֹּאמֶר חָטָאתִי עַתָּה כַּבְּדֵנִי נָא נֶגֶד זִקְנֵי־עַמִּי
לא וְנֶגֶד יִשְׂרָאֵל וְשׁוּב עִמִּי וְהִשְׁתַּחֲוֵיתִי לַיהוה אֱלֹהֶיךָ: וַיָּשָׁב שְׁמוּאֵל אַחֲרֵי שָׁאוּל
לב וַיִּשְׁתַּחוּ שָׁאוּל לַיהוה: וַיֹּאמֶר שְׁמוּאֵל הַגִּישׁוּ אֵלַי אֶת־אֲגַג מֶלֶךְ
לג עֲמָלֵק וַיֵּלֶךְ אֵלָיו אֲגַג מַעֲדַנֹּת וַיֹּאמֶר אֲגָג אָכֵן סָר מַר־הַמָּוֶת: וַיֹּאמֶר שְׁמוּאֵל
כַּאֲשֶׁר שִׁכְּלָה נָשִׁים חַרְבֶּךָ כֵּן־תִּשְׁכַּל מִנָּשִׁים אִמֶּךָ וַיְשַׁסֵּף שְׁמוּאֵל אֶת־אֲגָג
לד לִפְנֵי יהוה בַּגִּלְגָּל: וַיֵּלֶךְ שְׁמוּאֵל הָרָמָתָה וְשָׁאוּל עָלָה אֶל־בֵּיתוֹ
גִּבְעַת שָׁאוּל:

א. הקשר בין המפטיר להפטרה

הפטרה זו נקראת בשבת שלפני ימי הפורים, שבה אנו מקיימים בקריאת ה'מפטיר' את מצוות זכירת מעשה עמלק והחובה למחותו. על פי הגמרא במסכת מגילה נכנסה מגילת אסתר למקרא, לכאורה אחרי חתימתו, בגלל המלחמה בהמן האגגי

ובעשרת בניו, שהיו מזרע עמלק, משום שהתקיימה בכך מצוות התורה למחות את עמלק:

> שלחה להם אסתר לחכמים: כתבוני לדורות. שלחו לה: הֲלֹא כָתַבְתִּי לְךָ שָׁלִישִׁים (משלי כב, כ), שָׁלִישִׁים ולא רבעים. עד שמצאו לו מקרא כתוב בתורה: כְּתֹב זֹאת זִכָּרוֹן בַּסֵּפֶר, כְּתֹב זֹאת – מה שכתוב כאן ובמשנה תורה, זִכָּרוֹן – מה שכתוב בנביאים, בַּסֵּפֶר – מה שכתוב במגילה. כתנאי: כְּתֹב זֹאת – מה שכתוב כאן, זִכָּרוֹן – מה שכתוב במשנה תורה, בַּסֵּפֶר – מה שכתוב בנביאים, דברי רבי יהושע. רבי אלעזר המודעי אומר: כְּתֹב זֹאת – מה שכתוב כאן ובמשנה תורה, זִכָּרוֹן – מה שכתוב בנביאים, בַּסֵּפֶר – מה שכתוב במגילה.
> אמר רב יהודה אמר שמואל: אסתר אינה מטמאה את הידים. למימרא דסבר שמואל אסתר לאו ברוח הקודש נאמרה? והאמר שמואל: אסתר ברוח הקודש נאמרה! – נאמרה לקרות ולא נאמרה לכתוב.
>
> (מגילה ז ע״א)

פירוש דברי הגמרא: שלושת חלקי המקרא הם תורה, נביאים וכתובים, ושלושתם כבר נחתמו עד ימי אסתר.[2] חכמי הדור (אולי אנשי כנסת הגדולה) השיבו לאסתר שאין להוסיף 'רביעים', כלומר, חלק רביעי למקרא. לבסוף מצאו את הדרשה על צו ה' בעקבות מלחמת עמלק של משה, ביד יהושע: כְּתֹב זֹאת זִכָּרוֹן בַּסֵּפֶר וגו' (שמות יז, יד), ושם נרמזה כתיבה מאוחרת של המשך מלחמת עמלק – מלחמת מרדכי ואסתר. כך למד את המקראות רבי אלעזר המודעי, ונהגו לפיו. רבי יהושע למד את המקראות שיש לכתוב רק עד המשך מלחמת עמלק שבהפטרתנו, ב'נביאים'. גם רב יהודה, משמו של שמואל, טען שאין לכתוב את אסתר בין כתבי הקודש, אף שמצווה לקוראה בציבור.

להלכה אנו מנסים לצאת ידי שתי השיטות החולקות: מצד אחד, אנו קוראים את המגילה בציבור 'כאיגרת', כשהיא כולה פתוחה ומקופלת, ולא כספר מכתבי הקודש שהוא 'מגילה' כלומר גלול. מצד שני, אנו מברכים על המגילה בסיומה אחרי שאנו גוללים את המגילה, כספר מן המקרא. אנו גם קוראים אותה בטעמים, כאחד מספרי המקרא.

מכל מקום, אנו קוראים את פרשת זכור על מחיית עמלק דווקא לפני ימי

2. אומנם מרדכי ואסתר קדמו לעזרא ונחמיה, אך הלבטים האם להנציח לדורות את חג הפורים ולכותבו על ספר נמשכו עד ימי עזרא ונחמיה, שהיו סמוכים למעשה חג הפורים, וכבר הייתה תחושה שהמקרא נחתם.

הפורים, בגלל מלחמת עמלק בהמן האגגי ובבניו. הפטרתנו, שהיא מחיית עמלק שבנביאים, מזכירה לנו שאגג, אבי משפחתו של המן בן המדתא, אכן היה מלך עמלק. הפטרה זו נקראת שוב גם בשבת שבה חל פורים ירושלים;[3] בשנה כזו נקראת ההפטרה בירושלים (ובשאר הכרכים המוקפים), שתי שבתות ברציפות, שבוע לפני הפורים וביום הפורים עצמו.

ב. חטאו של עמלק

> כֹּה אָמַר ה׳ צְבָאוֹת פָּקַדְתִּי אֵת אֲשֶׁר עָשָׂה עֲמָלֵק לְיִשְׂרָאֵל אֲשֶׁר שָׂם לוֹ בַּדֶּרֶךְ בַּעֲלֹתוֹ מִמִּצְרָיִם:

(ב)

החטא המקובל של עמלק כלפי ישראל הוא המסופר בתורה בשמות יז על המלחמה ברפידים. מלחמה זו ארכה יומיים, ויהושע ניצח את עמלק בסוף היום השני, וידם של ישראל הייתה בו כל זמן שידיו של משה היו מורמות. האומנם היה חטאו של עמלק כה כבד במלחמה זו, שהצריך מצוות זיכרון לדורות של עוונו? המצרים הרעו לנו גם לפני עמלק ועמים רבים אחריו. עיון בשתי פרשיות מעשה עמלק מעלה, לכאורה, מסקנות סותרות. נעיין בהן מעט:

> וַיֹּאמֶר מֹשֶׁה אֶל יְהוֹשֻׁעַ, בְּחַר לָנוּ אֲנָשִׁים וְצֵא הִלָּחֵם בַּעֲמָלֵק, מָחָר, אָנֹכִי נִצָּב עַל רֹאשׁ הַגִּבְעָה וּמַטֵּה הָאֱלֹהִים בְּיָדִי: וַיַּעַשׂ יְהוֹשֻׁעַ כַּאֲשֶׁר אָמַר לוֹ מֹשֶׁה לְהִלָּחֵם בַּעֲמָלֵק, וּמֹשֶׁה אַהֲרֹן וְחוּר עָלוּ רֹאשׁ הַגִּבְעָה: וְהָיָה כַּאֲשֶׁר יָרִים מֹשֶׁה יָדוֹ וְגָבַר יִשְׂרָאֵל, וְכַאֲשֶׁר יָנִיחַ יָדוֹ וְגָבַר עֲמָלֵק... וַיַּחֲלֹשׁ יְהוֹשֻׁעַ אֶת עֲמָלֵק וְאֶת עַמּוֹ לְפִי חָרֶב:

(שמות יז, ט–יא; יג)

פרשה זו משדרת ניצחון ישראלי במלחמה בעמלק. לעומתה באה פרשת הזיכרון במשנה תורה:

> זָכוֹר אֵת אֲשֶׁר עָשָׂה לְךָ עֲמָלֵק, בַּדֶּרֶךְ בְּצֵאתְכֶם מִמִּצְרָיִם: אֲשֶׁר קָרְךָ בַּדֶּרֶךְ וַיְזַנֵּב בְּךָ כָּל הַנֶּחֱשָׁלִים אַחֲרֶיךָ וְאַתָּה עָיֵף וְיָגֵעַ, וְלֹא יָרֵא אֱלֹהִים: וְהָיָה בְּהָנִיחַ ה׳ אֱלֹהֶיךָ

3. הנקרא בלשון העם ׳פורים שושן׳ (או ׳שושן פורים׳, בתרגום שגוי מהשפה ה׳יהודית׳ [יידיש]).

לְךָ מִכָּל אֹיְבֶיךָ מִסָּבִיב בָּאָרֶץ אֲשֶׁר ה׳ אֱלֹהֶיךָ נֹתֵן לְךָ נַחֲלָה לְרִשְׁתָּהּ תִּמְחֶה אֶת זֵכֶר עֲמָלֵק מִתַּחַת הַשָּׁמָיִם, לֹא תִּשְׁכָּח:
(דברים כה, יז-יט)

פרשה זו משדרת תבוסה ישראלית, ומבקשת נקמה ביום שיתאפשר לעשות זאת. האם המלחמה בעמלק הסתיימה בניצחון או בתבוסה?

הסתירה כה כבדה שבעטיה אנו מטילים ספק אם מדובר באותה מלחמה. נטייתנו (שלא כמפרשים) לומר, שבמשנה תורה מדובר על מלחמה שהחלה רק בפרשת המעפילים בעקבות חטא המרגלים:

וַיַּעְפִּלוּ לַעֲלוֹת אֶל רֹאשׁ הָהָר, וַאֲרוֹן בְּרִית ה׳ וּמֹשֶׁה לֹא מָשׁוּ מִקֶּרֶב הַמַּחֲנֶה: וַיֵּרֶד הָעֲמָלֵקִי וְהַכְּנַעֲנִי הַיֹּשֵׁב בָּהָר הַהוּא, וַיַּכּוּם וַיַּכְּתוּם עַד הַחָרְמָה:
(במדבר יד, מד-מה)

לא ברור כמה העפילו. התורה מציינת שארון הברית ומשה לא עלו, וזה מאפשר להבין, שמספר המעפילים היה רב מאוד. זה אינו מופרך, שכן בשורת השהות במדבר למשך ארבעים שנה והמוות בו הייתה בשורה קשה מנשוא. כל המעפילים מתו במרומי הר הנגב,[4] מעל קדש ברנע, שממנה העפילו. הורגיהם היו העמלקי והכנעני, אך יש להניח שעיקר המלאכה נעשתה בידי עמלק, שמרומי הר הנגב היו מקום שבתו.

על פי התיאור במשנה תורה סביר להניח, שעמלק, ממרום שבתם בהר הנגב, הרעו לישראל מאוד, כל ימי שבתם בקדש ברנע וסביבותיה למרגלות הר הנגב.[5] יתרונם היה הגובה והיכולת לצפות על תנועתו של כל איש או אישה שיצאו ממחנה ישראל למרעה צאנם או לבאר בסביבה, לארוב להם ולחטוף אותם. כעבור ארבעים שנה מצווה אותנו התורה לקחת מהם את נקמתנו על שנות הפורענות הרבות.

4. אזורי הר שגיא, הר עריף, הר רמון, גבעת ברנע ועוד, המצויים היום בנגב המערבי, מדרום לניצנה ולעזוז.

5. א. על פי רש״י בדברים א ישבו בקדש ברנע תשע עשרה שנה.
ב. יתרון הגובה שלהם מזכיר את יתרון הגובה של הסורים על יישובי מזרח הכינרת וצפונה והירדן ההררי, במשך תשע עשרה שנות המדינה הראשונות; הסורים מיררו להם את החיים יום יום.
ג. לכאורה קשה על דברינו מהבטחת מחיית עמלק, שנזכרה בשמות יז, מייד אחרי המלחמה ברפידים. לעניות הבנתנו זוהי מחלוקת התנאים שהוזכרה לעיל בין רבי יהושע לרבי אלעזר המודעי. לדעת רבי אלעזר המודעי הפסוקים האחרונים של הפרשה ברפידים בשמות יז הם פסוקים מאוחרים מימי ספר דברים, לאחר שנגזר על משה שיהושע יחליף אותו (ולכן הושמו באוזני יהושע), והוקדמו בכתיבתם לספר שמות כדי לשייכם גם למעשה עמלק ברפידים.

ג. פָּקַדְתִּי – פוקד עוון אבות על בנים

הפרש הזמן בין מעשה עמלק במדבר כלפי בני ישראל ובין הפקידה ששמואל מצווה עליה את שאול הוא כארבע מאות שנה. האומנם ניתן לפקוד עוון כעבור שנים כה רבות על עם שאבות אבותיו לפני זמן כה רב חטאו כלפי ישראל? מה צדק יש בכך?! שאלה זו עולה על המתרחש בהפטרתנו. היא עולה על עצם המצווה למחות את זכר עמלק ביום מן הימים בלא שהתורה הגבילה זמן לנקמתנו על מעשה עמלק.

הכלל המקובל בידינו על פקידת עוונות נאמר בחז"ל:

> והא כתיב: פֹּקֵד עֲוֹן אָבוֹת עַל בָּנִים, וכתיב: וּבָנִים לֹא יוּמְתוּ עַל אָבוֹת ורמינן קראי אהדדי ומשנינן (= הקשינו מהכתובים אחד על השני, ותירצנו): לא קשיא, הא – כשאוחזין מעשה אבותיהם בידיהם, הא – כשאין אוחזין מעשה אבותיהם בידיהם!

(ברכות ז ע"א וכן בסנהדרין כז ע"ב)

בנים ייפקדו על מעשיהם הרעים של האבות רק כשהם ממשיכים את דרכם. עיון במעשי עמלק בספר שמואל, כחורבן שהעטו על צקלג (ראו להלן פרק ל), עירם של דוד ואנשיו, מלמד אותנו שעמלק של ימי ספר שמואל ממשיך את חטאי עמלק מימי יציאת מצרים. עמלק מנצלים את העובדה שהגברים הלוחמים בצקלג יצאו למלחמה בגלבוע, ולוקחים עימם את כל הנחשלים – האוכלוסייה הבלתי לוחמת, הנשים והילדים, עוברים איתם את נחל הבשור, כנראה בדרכם לשוקי העבדים במצרים כדי למוכרם שם. זה כנראה מה שעשה עמלק לנחשלי ישראל במדבר, בעת שצפה עליהם ממרום שבתו בהר הנגב – חטף אותם כדי להורגם או למוכרם לעבדים. עמלק התפרנס בכל הדורות מסחר עבדים בשוקי מצרים, אחרי שפשט על יישובים שקטים ותמימים ולקח מהם את ה'נחשלים' לצרכיו אלו. זו הייתה גם דרכו של המן האגגי – אך הוא בחר לאבד את כל היהודים מנער ועד זקן, טף ונשים ביום אחד.

הדוגמה שהבאנו מצקלג הייתה בימיו האחרונים של שאול, אחרי מלחמת עמלק המתוארת בהפטרתנו, והיא אינה מסבירה את העיתוי של פקידת ה' את מעשה עמלק דווקא בעת הזאת. סקר ארכאולוגי ראשוני שנערך לפני שנות דור ברמת הנגב גילה את שרידיהם של כמאה יישובים, שעלו באש או הוחרבו בדרך אחרת בתקופת 'הברזל 2' (מסוף המאה האחת עשרה לפנסה"נ) – ימי שאול. נראה, שהיו אלו יישובים יהודיים, שעמלק השמיד אותם כדי להרחיב את גבולו. אז פקד עליהם שמואל בצו ה' את חטאיהם מימות ראשית עם ישראל במדבר ועד היום הזה, היום שבו ציווה

שמואל את שאול לפקוד על עמלק את עוונו ולהכותו עד תום, בידיעה שלא יהיה שקט ליישובי ישראל בדרום עד שעמלק יוכרת.

ד. מִשּׁוֹר וְעַד שֶׂה[6]

עַתָּה לֵךְ וְהִכִּיתָה אֶת עֲמָלֵק וְהַחֲרַמְתֶּם אֶת כָּל אֲשֶׁר לוֹ וְלֹא תַחְמֹל עָלָיו וְהֵמַתָּה מֵאִישׁ עַד אִשָּׁה מֵעֹלֵל וְעַד יוֹנֵק מִשּׁוֹר וְעַד שֶׂה מִגָּמָל וְעַד חֲמוֹר:

(ג)

הבהמות ודאי לא חטאו במעשה עמלק, ואין טעם לפקוד עליהן את עוונו. יתר על כן, בפשטו של מקרא אין הכרח לקרוא בציווי תִּמְחֶה אֶת זֵכֶר עֲמָלֵק מִתַּחַת הַשָּׁמָיִם צורך להשמיד את הבהמות.[7] גם הרמב"ם וספר החינוך לא הזכירו את החרמת בהמות עמלק כחלק מן המצווה.

לכן מסתבר לנו, שהחרמת הבהמות למוות הייתה הוראת שעה של הנביא ולא מצוות התורה לדורות. ראיה ברורה לכך מדוד, שלחם בעמלק עד חורמה, ונטל שלל רב, כולל בהמות רבות. המקרא משבח את התנהגותו בשלל ואת חלוקתו הצודקת בין הלוחמים ליושבים על הכלים, ובין כלל אנשיו ליישובי יהודה בדרום, שסבלו מתגרת ידו של עמלק. משמע, שאין איסור עקרוני לקחת משלל עמלק ובהמותיו.

נעלה שלוש סיבות להוראת השעה של שמואל להחרים למוות את הבהמות:

א. בהמות עמלק ושללו היו כולם פרי שוד וגזל של שבטי עמלק מיישובים שלווים
בדרום: רובם ישראלים, ומיעוטם של פלשתים ושל עמים אחרים. הפיכת צבא ישראל לבוזזי שלל זה, פרי עמלם של אחרים, לא נראתה לשמואל, והוא העדיף להחרים את השלל למוות. דוד לקח את השלל מראש כדי לחלקו בין יישובי ישראל שנפגעו מעמלק, ולכך לא הייתה סיבה להתנגד. לא הייתה אפשרות לדרוש מן הלוחמים להפקיר את הבהמות ולא להורגן, כי אז היה פרי עמלם עובר לעמים אחרים, וזה ניסיון שהלוחם לא אמור לעמוד בו.[8]
ב. הצו לכלות את עמלק הוא צו אכזרי במיוחד, שאמור להיעשות רק מחוסר ברירה
של הצורך להבטיח את שלומם של יישובי ישראל בדרום לאורך ימים. היתר ביזה

6. אישה, עולל ויונק קודמים בפסוק לשור ושה, אך נדון בהם להלן.
7. אומנם, עיינו ברש"י בדברים כה, יט ובטו, ג.
8. האמירה שזה ניסיון שהלוחם לרוב אינו מסוגל לעמוד בו, מוכחת לענ"ד מדברי השוטרים אל העם על שחרור מן המלחמה של בונה בית ונוטע כרם, עיינו בדברים כ, ה-ו.

במלחמה כזאת משמעו, הפיכת הלוחם למנצל הרג אכזרי לצורך לקיחת שלל. אפשר ששמואל רצה להבהיר, שמלחמה כה אכזרית נעשית רק לשם מטרה חיובית של קיום צו ה׳ והבטחת שלום יישובי הדרום לזמן רב, בלא שתהיה מעורבת בה שום מטרת בצע ושלל. אפשר שכך יש לפרש את צו התורה בעיר הנידחת, שאסר לקחת את שללה. אוי לנו אם מלחמת אחים כמלחמת עיר הנידחת תהפוך למלחמת בצע ושלל. במלחמת דוד בעמלק היה ברור כשמש לכל הלוחמים, שהם נלחמים על חיי נשותיהם ובניהם שנשבו בידי עמלק, ולכן לא נאסר להם ליטול בסוף המלחמה את השלל.

ג. את הנימוק העיקרי לאיסור לקיחת הבהמות והשלל למדתי מדברי מו״ר הרב יואל בן נון.[9] איסור לקיחת השלל היה רק בזמן המלחמה עצמה, משום שאין כמו לקיחת שלל במלחמה כסיבה לרפיון ידיים מהמשך המלחמה, כשכל לוחם מטפל בשללו שלו, במקום להמשיך ולרדוף אחרי האויב. דוד נטל את השלל רק בתום המלחמה הגדולה בשבט העמלקי שהחריב את צקלג. שוב! מבחינה מעשית אין הבדל בין האיסור ליטול שלל ובין הצו להמית את הבהמות, כדי שלא ייקחון. כך נראה גם איסור לקיחת השלל במלחמת מרדכי ואסתר בצוררי ישראל ערב ימי הפורים – הצורך להספיק להכות כמה שיותר מצוררי ישראל, ביום הלחימה היחיד שהותר להם.

עדיין הכול בגדר הוראת שעה של הנביא ולא גוף המצווה לדורות.

ה. מֵעֹלֵל וְעַד יוֹנֵק

הצורך להרוג תינוקות וילדים צעירים במלחמת עמלק מתמיה ומקומם כאחד. לדברינו לעיל על הבהמות אפשר שאף הצורך להרוג מֵעֹלֵל וְעַד יוֹנֵק הוא הוראת שעה של שמואל. בתורה לא נאמר אלא תִּמְחֶה אֶת זֵכֶר עֲמָלֵק, ופשוטו של מקרא מכיל גם את האפשרות למחות את זכרם כעם, מכוח ניצחון מוחץ בשדה הקרב, אך ללא צורך ברור להורגם גם כיחידים, כשאינם מתקבצים לשבט עמלקי מוגדר. מדוע הורה שמואל לעשות זאת?

קשה להבין הוראת השמדה כה חד־משמעית, אם אינה מכילה בקרבה זעקת נקם עמוקה וקשה על חורבן עשרות רבות מיישובי ישראל ומכירת יושביהם לעבדים, או השמדתם בימי שמואל ושאול או מעט קודם, וכפי שכתבנו לעיל. אולם, גם זעקת

9. ״משא אגג״, **מגדים** ז (תשמ״ט), עמ׳ 49–63, ובעיקר בעמ׳ 59.

הנקם אינה מצדיקה כשלעצמה צו זה. אפשר שהצו הקשה של שמואל ניתן גם לצורך הרתעת שבטי מדבר אחרים מלשוב על מעשה עמלק ביישובי ישראל.

זאת ועוד, דומה, שיש להביא בחשבון, שהותרתם בחיים של הנשים והילדים משמעה לקיחתם כשלל – או לעמים ולשבטים אחרים בסביבה, וזה מעשה שלא היה יכול לבוא בחשבון מנקודת מבטם של לוחמי שאול, שסיכנו את חייהם במלחמה זו, או לעם ישראל. לקיחתם כשלל היא הכנסתם הביתה כעבדים, כשפחות וכפילגשים, כ׳אשת יפת תואר׳ וכזוגיות. הדבר היה גורם להטמעה תרבותית הדדית, ששמואל לא היה יכול להרשות את היווצרותה. יתר על כן! לקיחתם של הנשים והילדים כשלל לא תאפשר את המשך המלחמה, וכפי שכתבנו לעיל.

לשמואל היה צורך דחוף בהשמדתם של כל שבטי עמלק הפזורים בנגב ובסיני, ולפחות בעקירתם ככוח לוחם, כדי לאפשר את קיומה של התיישבות יהודית בנגב ובדרום הארץ. מילותיו הנחרצות על ההמתה המאסיבית מבטאות צורך במלחמה ללא פשרות, מלחמה מהירה המאפשרת התארגנות מהירה להמשכה במרחק עשרות קילומטרים מול שבטי עמלק נוספים, וכל זה אינו מאפשר הריגה בררנית, הבודקת כל אדם.[10] עדיין אפשרי שלא היה ציווי לרדוף אחרי כל ילד או אישה, הנמלטים לבדם משדה המערכה.

ו. מפקד העם

וַיְשַׁמַּע שָׁאוּל אֶת הָעָם וַיִּפְקְדֵם בַּטְּלָאִים מָאתַיִם אֶלֶף רַגְלִי וַעֲשֶׂרֶת אֲלָפִים אֶת אִישׁ יְהוּדָה:

(ד)

מספר הלוחמים במלחמת עמלק היה פחות משני שלישים ממספר הלוחמים שגויסו למלחמת בני עמון (שלוש מאות ושלושים אלף, ראו לעיל פרק יא). זאת, על אף שמלחמה בכל שבטי עמלק עד לשור מצרים היא מלחמה גדולה ומאומצת, המצריכה צבא רב. האם יש בכך להעיד על טענת חז״ל, ששאול יצא למלחמה זו כשליבו אינו שלם עימה, והמרץ שלו לגייס את העם לא היה גבוה?

הירידה הגבוהה והמפתיעה היא ב(אי־)התגייסותם של בני יהודה למלחמה – עשרת אלפים לוחמים בלבד למלחמה בחזית הקדמית שלהם, כשבט הגובל בעמלק,

10. גם בדורות האחרונים נערכו מלחמות רבות בדרך זו, שאינה מבדילה בין לוחם לאדם אחר. נזכיר את הפגזת ערי התעלה במלחמת ההתשה, שהפכו אותן לערי רפאים, ואת מבצעי ׳דין וחשבון׳ ו׳ענבי זעם׳ בלבנון – מבצעים שנועדו להביא שקט ליישובי הצפון.

לעומת שלושים אלף אנשי יהודה שהתגייסו למלחמה בבני עמון. האם רפו ידיהם של בני יהודה מלהחזיק את מלכות שאול, אחרי המלחמות הרבות שבשטחם עם הפלשתים ושוסי המדבר (עמלק) בשנים שחלפו עד למלחמה זו?

ז. עיר עמלק והקיני

וַיָּבֹא שָׁאוּל עַד עִיר עֲמָלֵק וַיָּרֶב בַּנָּחַל:

(ה)

השערות שונות יש בשאלה מה הייתה בירת עמלק ועירו של אגג מלכם.[11] בחרתי באחת מהן, שעיר עמלק היא שרוחן, המתנשאת מעל לנחל הבשור (או עוואריש, המזוהה באל עריש[12]). ממילא וַיָּרֶב (= ויארוב) בַּנָּחַל הוא שימת מארבים בצמחיית נחל הבשור הסבוכה של מרגלות תל שרוחן (או בוואדי אל עריש – נחל מצרים למרגלות אל עריש).

וַיֹּאמֶר שָׁאוּל אֶל הַקֵּינִי לְכוּ סֻּרוּ רְדוּ מִתּוֹךְ עֲמָלֵקִי פֶּן אֹסִפְךָ עִמּוֹ וְאַתָּה עָשִׂיתָה חֶסֶד עִם כָּל בְּנֵי יִשְׂרָאֵל בַּעֲלוֹתָם מִמִּצְרָיִם וַיָּסַר קֵינִי מִתּוֹךְ עֲמָלֵק:

(ו)

הקיני הם בני יתרו, וכנאמר:

וּבְנֵי קֵינִי חֹתֵן מֹשֶׁה עָלוּ מֵעִיר הַתְּמָרִים אֶת בְּנֵי יְהוּדָה מִדְבַּר יְהוּדָה אֲשֶׁר בְּנֶגֶב עֲרָד וַיֵּלֶךְ וַיֵּשֶׁב אֶת הָעָם:

(שופטים א, טז)

לא שמענו על חסד שיתרו עשה עם בני ישראל, מלבד עצתו הנבונה במינוי השופטים. את החסד עם בני ישראל עשה חובב, כנראה בנו של יתרו,[13] שליווה את עם ישראל

11. העדפתי את דעתו של פרופ' עמנואל וליקובסקי ('תקופות בתוהו' [ישראל תשנ"ז] עמ' 66) על דעתו של מו"ר הרב יואל בן נון במאמרו, ששיער שהיא מקום מצפון לדימונה. יש עדיפות לדעתו של הר"י בן נון בכך שבמקום נמצא שבט הקיני, שידוע לנו שישב בנגב ערד, אך לא ברור שישב רק שם.

12. זוהי דעתו של עמנואל וליקובסקי (בהערה הקודמת), עמ' 64 ו־71.

13. א. כדעת רוב המפרשים ושלא כרש"י, שטען שחובב הוא יתרו עצמו.
ב. הראב"ע בפירושו לתורה (שמות יט) טוען, שיתרו בא אחרי מתן תורה. התורה הקדימה את

בדרכו לארץ, והיה עימם כל ארבעים שנות גלותם במדבר. הוא קיבל לנחלה בשכר זה את 'דושנה של יריחו', עיר התמרים, אך בניו נאלצו לגלות משם אחרי שהמקום נכבש בידי עגלון מלך מואב. בית חבר הקיני גלה לגליל התחתון ולעמק כנרות,[14] ושאר שבט הקיני שב לנגב, וחי שם תחת חסותם של שבטי עמלק עד ליום ששאול העלה אותם משם כדי שלא ייפגעו במלחמה. הקיני סר כאן מעמלק בעקבות דרישת שאול. יש בכך להזכיר את המדרש הבא:

> אמר רבי יהודה בר סימון: מוכתב היה יתרו מאסרטיא של עמלק, וכיון שנפל בא ונתגייר.
>
> (מדרש שמואל יב, ב)

גם בימי יציאת מצרים היה שבט הקיני בתוך עמלק, אך בעקבות מלחמת ישראל בעמלק הצטרף לעם ישראל.

ח. חזית המלחמה ותפיסת אגג[15]

> וַיַּךְ שָׁאוּל אֶת עֲמָלֵק מֵחֲוִילָה בּוֹאֲךָ שׁוּר אֲשֶׁר עַל פְּנֵי מִצְרָיִם: וַיִּתְפֹּשׂ אֶת אֲגַג מֶלֶךְ עֲמָלֵק חָי וְאֶת כָּל הָעָם הֶחֱרִים לְפִי חָרֶב: וַיַּחְמֹל שָׁאוּל וְהָעָם עַל אֲגָג וְעַל מֵיטַב הַצֹּאן וְהַבָּקָר וְהַמִּשְׁנִים וְעַל הַכָּרִים וְעַל כָּל הַטּוֹב וְלֹא אָבוּ הַחֲרִימָם וְכָל הַמְּלָאכָה נְמִבְזָה וְנָמֵס אֹתָהּ הֶחֱרִימוּ:
>
> (ז–ט)

וַיַּךְ שָׁאוּל אֶת עֲמָלֵק (היושב) מֵחֲוִילָה בּוֹאֲךָ שׁוּר אֲשֶׁר עַל פְּנֵי מִצְרָיִם. ציון כל מרחב סיני לא בא לתאר את המערכה של שאול, אלא את מקום ישיבתם של שבטי עמלק – מחווילה עד לשור מצרים.[16] שאול הצטווה להכות את כל שבטי עמלק, אך הוא כנראה הסתפק בהכאת עיר עמלק, עיר הבירה, ותפיסת מלך עמלק חי.

כתיבת ביאתו למחנה ישראל, וסמכה אותה למלחמת עמלק, כדי להזכיר לבני ישראל להציל את בני יתרו כשיבואו להילחם בעמלק, וכפי שעשה שאול.

14. עיינו בדברינו המפורטים יותר בעניין זה בהפטרת בשלח.

15. מכאן ואילך עיקר דברינו יהיו על פי שיטתו של מו"ר, הרב יואל בן נון במאמרו המצוין "משא אגג" (לעיל הערה 9). במספר דברים נחלוק על שיטתו.

16. הסברו זה של הרב יואל בן נון יקל עלינו לקבל את דעת המומחים (ע' וליקובסקי [לעיל הערה 11] וי"מ גרינץ, 'מוצאי דורות' [תל אביב תשכ"ט], עמ' 39), שארץ החווילה נמצאת בתחתית נהר פרת ליד המפרץ הפרסי, והגבול מחווילה בואך שור מתאר את כל המדבר מהמפרץ הפרסי

המלחמה הסתיימה בעיר עמלק לאו דווקא מפני ששאול ביקש לסיימה שם; היא הסתיימה שם כי העם התעכב ללקיחת שלל. אנשים היוצאים מעיר כשכל אחד מהם מחזיק בידיו מספר עיזים וחמורים, לא יוכלו עוד להילחם במרחבי המדבר; עליהם לשמור על רכושם החדש, שלא יאבד בדרך. המכה שהכה שאול בעיר עמלק הייתה מכה כבדה, אך היא הותירה את עמלק חי, נושם ובועט, ומלחמתו הקשה בדוד בצקלג תוכיח. תוכניתו של הנביא מפי ה׳ נכשלה בגלל השלל שנלקח מעיר עמלק. העם עבר בלקיחת השלל על ציווי מפורש של הנביא בתחילת המלחמה. מה גרם לכך?

ניתן לענות על שאלה זו שתי תשובות שונות: האחת נחשבה נכונה בתחילת המשא ומתן בין שמואל לשאול להלן, והשנייה תוברר למסקנה להלן כתשובה הנכונה.

התשובה האחת: שאול העניו, שעלה מן הבקר ומן האתונות למלוך על עם ישראל, לא הצליח להטיל את מרותו על העם. חוסר המשמעת דרדר את הלוחמים אל תאוות הבצע שבשלל, וממילא לסיומה המוקדם של המלחמה. תשובה זו מתבססת על תוכחת שמואל לשאול:

וַיֹּאמֶר שְׁמוּאֵל הֲלוֹא אִם קָטֹן אַתָּה בְּעֵינֶיךָ רֹאשׁ שִׁבְטֵי יִשְׂרָאֵל אָתָּה...
(יז)

התשובה השנייה: העם ראה ששאול לוקח את אגג מלך עמלק כשהוא חי, והבין שכוונת המלך אינה להשמדת עמלק, אלא לכניסה עימו למשא ומתן מעמדת כוח. עמדת הכוח על עמלק הושגה בכיבוש עיר עמלק, עיר הבירה, ובלקיחת המלך כשבוי. אין עוד טעם ברדיפה במשך חודשים אחרי כל בדל שבט עמלקי במרחבי המדבר, וזה הזמן לקחת שלל לקראת מסדר הניצחון הצפוי בקרוב. כעבור שנים רבות, ערב חורבן הבית, ניסה נבוכדנאצר לקחת את יהויקים בן יאשיהו מלך יהודה בשבי, כדי לשלוט כך בממלכת יהודה. יהויקים מת בדרכו לבבל, כנראה סמוך לירושלים, ואז שב מלך בבל לירושלים כדי לקחת במקומו את יהויכין בנו, והוא אכן ישב בכלא הבבלי במשך שלושים ושבע שנים. כך שולט מלך בבל ביהודים שגלו לארצו, וכך הוא מנסה לשלוט גם בנותרים בירושלים בימי צדקיהו, ואחריו בימי גדליה בן אחיקם.

מניעיו של שאול עשויים להיות מובנים מהתבוננות במשולש הגבולות בנגב הצפוני – ישראל, פלשתים ועמלק. יריביו הגדולים של שאול היו הפלשתים. אם יצליח שאול לשסות בהם את עמלק מכוח שלטונו בעמלק – הוא יקצור רווח צבאי ופוליטי חשוב. שמואל דרש את השמדת עמלק מכוח הסתכלות פוליטית וצבאית

דרך חצי האי ערב עד סיני ועד שור (חומת) מצרים. קשה להניח ששאול הגיע למקומות אלו; קל יותר להניח, שעמלק לכל שבטיו שוכן במקומות אלו.

לטווח ארוך, ובעיקר מכוח הסתכלות ערכית על עמלק, ששאול הופך אותו עתה לשותפו הזוטר.[17]

ט. המשא ומתן בין שמואל לשאול

וַיְהִי דְּבַר ה׳ אֶל שְׁמוּאֵל לֵאמֹר: נִחַמְתִּי כִּי הִמְלַכְתִּי אֶת שָׁאוּל לְמֶלֶךְ כִּי שָׁב מֵאַחֲרַי וְאֶת דְּבָרַי לֹא הֵקִים וַיִּחַר לִשְׁמוּאֵל וַיִּזְעַק אֶל ה׳ כָּל הַלָּיְלָה: וַיַּשְׁכֵּם שְׁמוּאֵל לִקְרַאת שָׁאוּל בַּבֹּקֶר וַיֻּגַּד לִשְׁמוּאֵל לֵאמֹר בָּא שָׁאוּל הַכַּרְמֶלָה[18] וְהִנֵּה מַצִּיב לוֹ יָד וַיִּסֹּב וַיַּעֲבֹר וַיֵּרֶד הַגִּלְגָּל:

(י-יב)

ה׳ אינו אומר לשמואל במה חטא שאול לדברו. הוא סותם את דבריו, ושולח את שמואל לברר אצל שאול במה חטא. אפשר שה׳ רצה לתת לשאול הזדמנות לפרש את חטאו ולבקש תיקון לחטא, אך שאול לא ניצל הזדמנות זו. שמואל עצמו זועק כל הלילה לעורר את מידת רחמיו של ה׳ על שאול, אך גם לו ברור, שמידת הרחמים לא תפעל אם שאול לא יודה בחטאו ולא יבקש לו תיקון. מכל מקום, היה על שמואל לברר במה חטא שאול לדבר ה׳.

דומה שדבר אחד היה שמואל יכול לשער מעצם השיבה המהירה מן המלחמה. מלחמת עמלק ששאול הצטווה בה, הייתה אמורה להיות לרוחב כל המדבר עד שור מצרים, ואולי גם דרומה ומזרחה עד חווילה. היא הייתה אמורה להיות חודשים רבים, אך שאול שב לכרמל כנראה כעבור ימים או שבועות ספורים. משמע, הוא לא סיים את המלחמה בעמלק ולא כילה אותו.

17. לא אסתיר, שבעיניי קיים דמיון לא קטן בין חטאו של שאול בעמלק ובין הברית שמדינת ישראל כרתה בזמנו עם כנופיות הטרור של אש״ף, שהן לדעתי, תלמידותיו וממשיכותיו הנאמנות ביותר של עמלק המקראי. להלן ציטוט מן החדשות בימים אלו: ״ישראל תסייע לרשות הפלסטינית כדי למנוע את קריסתה״.

18. כרמל נמצאת בדרום-מזרח הר חברון, ממערב ליישוב כרמל היום, להבדיל מהר הכרמל בצפון הארץ, ששם זבח אליהו לה׳. ראו דברינו בהפטרת כי תשא, שם הזכרנו את דעת המפרשים שזיהו את הכרמל של שאול במלחמת עמלק עם הכרמל של אליהו במאבקו בנביאי הבעל. כאמור, לעניות דעתנו הנחרצת מדובר בשני מקומות שונים.
נבהיר מעט: ׳כרמל׳ הוא מקום ביניים, בין מקומות של יישובים מסודרים ובין שממה: וְהָיָה מִדְבָּר לַכַּרְמֶל וְהַכַּרְמֶל לַיַּעַר יֵחָשֵׁב (ישעיהו לב, טו). כרמל שבהר חברון נמצאת בספר המדבר, בין מקומות היישוב המסודרים לשממת מדבר יהודה. הר הכרמל הוא מקום ביניים, בין ההתיישבות המסודרת בעמק יזרעאל ובגליל התחתון ובין היער, שהוא גם הוא נחשב כשממה.

וַיָּבֹא שְׁמוּאֵל אֶל שָׁאוּל וַיֹּאמֶר לוֹ שָׁאוּל בָּרוּךְ אַתָּה לַה׳ הֲקִימֹתִי אֶת דְּבַר ה׳:

(יג)

דבריו של שאול צורמים את האוזן ששמעה את דבר ה׳. ה׳ אמר לשמואל: וְאֶת דְּבָרַי לֹא הֵקִים; שאול אומר לשמואל: הֲקִימֹתִי אֶת דְּבַר ה׳. בפשטות נראה, ששאול אכן האמין שהקים את דבר ה׳, ולא רק העמיד פנים שעשה זאת. שאול הכה את עיר עמלק ואת צבאה, שהיה הכוח הצמוד לאגג מלך עמלק. בכך הפכו שבטי עמלק לצאן שאין להם רועה ולגורם מדיני חסר השפעה עצמאית. שאול יחזיק בשבוי שלו – אגג מלך עמלק, וכך ימנע מעמלק להתנכל לישראל. שאול ראה זאת כהגשמת חזון המלחמה בעמלק גם אם לא ביצע את כל פרטי תכניתו של שמואל על השמדת הנשים והטף והבהמות, וגם אם לא רדף עד מעמקי המדבר אחרי בני עמלק אנונימיים. על העובדה שהלוחמים נתפסים בסופה של המלחמה כשוחרי בצע ושלל חשב שאול לכפר מכוח הקדשת כל הצאן והבקר לקורבנות לה׳.

וַיֹּאמֶר שְׁמוּאֵל וּמֶה קוֹל הַצֹּאן הַזֶּה בְּאָזְנָי וְקוֹל הַבָּקָר אֲשֶׁר אָנֹכִי שֹׁמֵעַ:

(יד)

שמואל עדיין אינו יודע דבר על חטא הותרת אגג בחיים, חטא שמשמעו חתירה להסכם מדיני עם אגג, ומכוח זה הותרתו כמלך עמלק הכפוף לשאול, ומנהל את שבטי עמלק מן הבור בחצרו של שאול. שמואל רק שומע את קול הצאן וקול הבקר, ומבין שאכן לקיחת השלל בלמה את המשך המלחמה. הוא מבין ששאול, הבטוח שהקים את דבר ה׳, נתן לדבר ה׳ פרשנות לא נכונה, פרשנות פוליטית שאינה לטווח ארוך, ושעמלק יצליח להתאושש ממנה ולשוב לפשעיו נגד יישובי ישראל בדרום. הוא גם הבין, שפרשנותו של שאול היא פרשנות שאינה ערכית, המוכנה לקבל את ערכיו של עמלק כלגיטימיים, ובלבד שיתנהג מבחינה פוליטית בדרך המתאימה למלכות ישראל המחזיקה בו.

וַיֹּאמֶר שָׁאוּל מֵעֲמָלֵקִי הֱבִיאוּם אֲשֶׁר חָמַל הָעָם עַל מֵיטַב הַצֹּאן וְהַבָּקָר לְמַעַן זְבֹחַ
לַה׳ אֱלֹהֶיךָ וְאֶת הַיּוֹתֵר הֶחֱרַמְנוּ:

(טו)

כאמור לעיל, שאול ביקש לכפר על חטא השלל בהקדשת הבהמות לקורבנות לה׳. לא ברור מה חשב לעשות עם הגמלים והחמורים, שמן הסתם גם הם נלקחו כשלל. אולי חשב להקדיש אותם ל׳בדק הבית׳ לצורכי כבוד ה׳, או לצורכי המקדש

העתיד להיבנות. כאן מקום להזכיר, שאכן שאול הקדיש חלק מאוצרותיו לבניית בית ה׳:

> וְכֹל הַהִקְדִּישׁ שְׁמוּאֵל הָרֹאֶה וְשָׁאוּל בֶּן קִישׁ וְאַבְנֵר בֶּן נֵר וְיוֹאָב בֶּן צְרוּיָה כֹּל הַמַּקְדִּישׁ עַל יַד שְׁלֹמִית וְאֶחָיו:

(דהי״א כו, כח)

שאול טעה במחשבתו על כפרה זו, וכפי ששמואל יבאר להלן.

> וַיֹּאמֶר שְׁמוּאֵל אֶל שָׁאוּל הֶרֶף וְאַגִּידָה לְּךָ אֵת אֲשֶׁר דִּבֶּר ה׳ אֵלַי הַלָּיְלָה וַיֹּאמֶר לוֹ דַּבֵּר: וַיֹּאמֶר שְׁמוּאֵל הֲלוֹא אִם קָטֹן אַתָּה בְּעֵינֶיךָ רֹאשׁ שִׁבְטֵי יִשְׂרָאֵל אָתָּה וַיִּמְשָׁחֲךָ ה׳ לְמֶלֶךְ עַל יִשְׂרָאֵל: וַיִּשְׁלָחֲךָ ה׳ בְּדָרֶךְ וַיֹּאמֶר לֵךְ וְהַחֲרַמְתָּה אֶת הַחַטָּאִים אֶת עֲמָלֵק וְנִלְחַמְתָּ בוֹ עַד כַּלּוֹתָם אֹתָם: וְלָמָּה לֹא שָׁמַעְתָּ בְּקוֹל ה׳ וַתַּעַט אֶל הַשָּׁלָל וַתַּעַשׂ הָרַע בְּעֵינֵי ה׳:

(טז-יט)

שמואל עדיין מנסה בכוח לראות את חטאו של שאול כקטן יחסית – הכניעה לעם והעובדה שלא נהג בהם ביד רמה, ובכך הפסיד את המשך המלחמה בעמלק במדבר הרחוק. שאול נתפס כאן, לדבריו של שמואל, רק בענווה יתרה ובחוסר מנהיגות מחמתה. שמואל מסיים את דבריו בשאלה: וְלָמָּה לֹא שָׁמַעְתָּ בְּקוֹל ה׳. הוא ממתין לתשובת שאול, שעדיין עשויה להיות הודאה בחטא ובקשת תיקון. אולם שאול אינו הולך בדרך זו, והוא חוטא בשתיים:

> וַיֹּאמֶר שָׁאוּל אֶל שְׁמוּאֵל אֲשֶׁר שָׁמַעְתִּי בְּקוֹל ה׳ וָאֵלֵךְ בַּדֶּרֶךְ אֲשֶׁר שְׁלָחַנִי ה׳ וָאָבִיא אֶת אֲגַג מֶלֶךְ עֲמָלֵק וְאֶת עֲמָלֵק הֶחֱרַמְתִּי: וַיִּקַּח הָעָם מֵהַשָּׁלָל צֹאן וּבָקָר רֵאשִׁית הַחֵרֶם לִזְבֹּחַ לַה׳ אֱלֹהֶיךָ בַּגִּלְגָּל:

(כ-כא)

שאול מתעקש על צדקת פרשנותו הפוליטית את מצוות ה׳ להכות את עמלק, ועל צדקת החייאתו את אגג מלך עמלק, ששרף יישובים ישראלים רבים, והרג את יושביהם או מכרם לעבדים. בכך חשף שאול, מבלי משים, את עומק חטאו לפני שמואל. בעייתו בשלל לא הייתה חוסר מנהיגות, אלא מנהיגות שאינה נכונה. בלקיחתו את אגג הוא הכריז על דרכו להסכם פוליטי עם עמלק, היריב הלגיטימי, ובכך התיר למעשה את לקיחת השלל ואת אי־המשך המלחמה, וכמו שכתבנו לעיל.

חטאו השני הוא, שגם בהתרכזו בחטא השלל ששמואל דיבר עליו, הוא מאשים את העם ומנקה בכך את עצמו. הוא מזכיר בכך מאוד את אדם הראשון בחטאו. ה׳ פנה אל אדם בשאלה: מִי הִגִּיד לְךָ כִּי עֵירֹם אָתָּה, הֲמִן הָעֵץ אֲשֶׁר צִוִּיתִיךָ לְבִלְתִּי אֲכָל מִמֶּנּוּ אָכָלְתָּ? (בראשית ג, יא). בכך נתן ה׳ לאדם הזדמנות לענות שחטא ולבקש תיקון, אך אדם בחר להאשים את אשתו, וכך לנקות את עצמו. ה׳ פנה גם אל האישה בשאלה, וגם היא העדיפה להאשים את הנחש ולנקות בכך את עצמה, במקום להודות בחטא ולבקש תיקון. כך נהג גם שאול בתליית החטא בעם.

כאן בולט ההבדל בין שאול לבין דוד בתגובתם לתוכחתו של הנביא:

כֹּה אָמַר ה׳ הִנְנִי מֵקִים עָלֶיךָ רָעָה מִבֵּיתֶךָ וְלָקַחְתִּי אֶת נָשֶׁיךָ לְעֵינֶיךָ וְנָתַתִּי לְרֵעֶיךָ וְשָׁכַב עִם נָשֶׁיךָ לְעֵינֵי הַשֶּׁמֶשׁ הַזֹּאת: כִּי אַתָּה עָשִׂיתָ בַסָּתֶר וַאֲנִי אֶעֱשֶׂה אֶת הַדָּבָר הַזֶּה נֶגֶד כָּל יִשְׂרָאֵל וְנֶגֶד הַשָּׁמֶשׁ: וַיֹּאמֶר דָּוִד אֶל נָתָן חָטָאתִי לַה׳:

(שמ״ב יב, יא-יג)

י. שְׁמֹעַ מִזֶּבַח טוֹב

וַיֹּאמֶר שְׁמוּאֵל הַחֵפֶץ לַה׳ בְּעֹלוֹת וּזְבָחִים כִּשְׁמֹעַ בְּקוֹל ה׳ הִנֵּה שְׁמֹעַ מִזֶּבַח טוֹב לְהַקְשִׁיב מֵחֵלֶב אֵילִים:

(כב)

דבריו של שמואל כאן יקרים וחשובים במיוחד. התורה מקדישה תשומת לב רבה מאוד לעבודת הקורבנות ולדיוק בה. היא אמורה להיות עבודה מרוממת, המקרבת מאוד את העובד לבוראו. אין בתורה רמזים ברורים להעדפת מצוות אחרות על עבודת הקורבנות, וניתן להבין מפשוטה, שאכן יש בכוחם של הקורבנות לכפר על החטאים גם בלא הצבת תנאים נוספים.

כולנו גדלנו על מוסר הנביאים, שאינו מכחיש במאומה את חביבותה של עבודת הקורבנות, אך מתנה אותה פעם אחר פעם בתנאים בל־יעבורו: שמירת המצוות (בין אדם למקום, ובעיקר בין אדם לחברו), ובקשת תיקון וכפרה על כל חטא שנעשה. תיקון זה יכול לבוא יחד עם הקורבן או לפניו, אך בלא תיקון זה ובלא בקשת סליחה וכפרה – הקורבן המובא, לא רק שאינו מכפר על החטא, אלא הוא עלול היות בבחינת זֶבַח רְשָׁעִים תּוֹעֵבָה (משלי כא, כז). שמואל הוא הראשון המפרש זאת;[19] הנביאים הלכו בעקבותיו. עיקרון כה מרכזי בתורה – מהיכן הוא שאוב בתורת ה׳?

19. לא נוכל בשום פנים להתעלם מקולה של חנה, אימו של שמואל, המדבר מתוך גרונו של הנביא.

נראה לי שעיקרו נלמד מפרשת בלעם,[20] שהיא פרשה ייחודית בתורה (ראו בבא בתרא יד ע"ב). בלעם סבר, שעל אף שה' אינו חפץ לקלל את ישראל, הוא יגיע אל בלק, ושם כבר ישכנע את הקב"ה לחזור בו ולהסכים לקללתו. הוא קיווה לשכנע את הקב"ה באמצעות המזבחות שבנה וקורבנותיו הרבים (עשרים ואחד פרים ועשרים ואחד אילים). התורה מדגישה, שהקב"ה לא חזר בו מן האיסור על העוול שבקללת עם ישראל, ולא השתכנע מן הקורבנות.

אפשר שזו משמעות הגדרת בלעם בנבואה כ'קוסם' (ראו יהושע יג, כב). הקוסם משוכנע בכוחו שלו להשפיע על העולמות הרוחניים, ולגרור את הקב"ה להסכים עימו, לפחות בדיעבד. הנביא לעומתו, יודע היטב שכל כוחו מן הקב"ה, והוא אינו אלא שליחו ושליח העם אליו.

גם מיכה הנביא ראה מסקנה זו, על עשיית משפט ואהבת חסד לפני הקרבת הקורבנות – כמתבקשת מפרשת בלעם:

עַמִּי זְכָר נָא מַה יָּעַץ בָּלָק מֶלֶךְ מוֹאָב וּמֶה עָנָה אֹתוֹ בִּלְעָם בֶּן בְּעוֹר מִן הַשִּׁטִּים עַד הַגִּלְגָּל לְמַעַן דַּעַת צִדְקוֹת ה': בַּמָּה אֲקַדֵּם ה' אִכַּף לֵאלֹהֵי מָרוֹם הַאֲקַדְּמֶנּוּ בְעוֹלוֹת בַּעֲגָלִים בְּנֵי שָׁנָה: הֲיִרְצֶה ה' בְּאַלְפֵי אֵילִים בְּרִבְבוֹת נַחֲלֵי שָׁמֶן... הִגִּיד לְךָ אָדָם מַה טּוֹב וּמָה ה' דּוֹרֵשׁ מִמְּךָ כִּי אִם עֲשׂוֹת מִשְׁפָּט וְאַהֲבַת חֶסֶד וְהַצְנֵעַ לֶכֶת עִם אֱלֹהֶיךָ:

(מיכה ו, ה-ח)

אפשר שגם שמואל מתייחס בדבריו כאן לבלעם:

כִּי חַטַּאת קֶסֶם מֶרִי וְאָוֶן וּתְרָפִים הַפְצַר, יַעַן מָאַסְתָּ אֶת דְּבַר ה' – וַיִּמְאָסְךָ מִמֶּלֶךְ: (כג)

הפסוק קשה ורבו בו הפירושים. נבאר על פי דרכנו: כִּי (קורבן) חַטַּאת קֶסֶם (העלול להתפרש כמעשה קסמים של כפרה אוטומטית על חטא – הוא) מֶרִי. הקורבן עלול להיות מכליו של הקוסם הממרה את פי ה', וסבור שהקורבן יפייס את ה' להסכים

כוונתנו לקולה במריבתה עם בני עלי על היחס בין הקורבנות כמכפרים בלעדיים למעמדו של המוסר, העולה ממצוות ה' בכל התורה ותפקידו ביחס לקורבן. הרחבנו על כך במאמרנו "על שתי הפטרות ועל שתי עקרות" בספרנו 'המקראות המתחדשים' (אלון שבות תשע"ה), עמ' 353-414.

20. עמדנו על כך בהפטרת בלק.

לו. ההַפְצַר (התפילה, ההפצרה בה׳ של המקריב) עלולה להיות אָוֶן וּתְרָפִים, שהם כלי עבודתו של הקוסם. אלו מתאימים לבלק ולבלעם, אך לא לשאול ולשמואל.

שמואל חותם בבשורה הקשה, שה׳ מאס בשאול. הוא אומר זאת אחרי שפעמיים ניסה להביא את שאול לחזור בו ולתקן את מעשיו, ושאול לא עשה זאת, אלא התעקש על חפותו ועל יכולתו לפייס את ה׳ בקורבן. נזכיר, ששאול היה מותרה ועומד עוד ממלחמת מכמש, שהעלה בתחילתה קורבן שאינו ראוי כדי לרצות את ה׳ ערב המלחמה (ראו לעיל פרק יג).

יא. קריעת כנף המעיל

וַיִּסֹּב שְׁמוּאֵל לָלֶכֶת וַיַּחֲזֵק בִּכְנַף מְעִילוֹ וַיִּקָּרַע: וַיֹּאמֶר אֵלָיו שְׁמוּאֵל קָרַע ה׳ אֶת מַמְלְכוּת יִשְׂרָאֵל מֵעָלֶיךָ הַיּוֹם וּנְתָנָהּ לְרֵעֲךָ הַטּוֹב מִמֶּךָּ:

(כז-כח)

מי קרע את כנף מעילו של מי? במדרשים ובמפרשים עולות שלוש אפשרויות:

א. שמואל סיבב עצמו ללכת; שאול אחז במעילו וביקש ממנו לעצור ולשמוע את
תחינתו, אך שמואל לא הסב את ראשו, והמשיך בהליכתו. התוצאה הייתה,
שמעילו של שמואל נקרע ביד שאול המחזיקה בו. בדרך זו מביע המעיל הקרוע,
יותר מכול, את הקרע שנוצר בין שאול לשמואל, שהמליכו, אהבו, וזעק אל ה׳
כל הלילה על גזר דינו. דרך זו עולה היטב בפשטי המקראות, שמשמע מהם,
שהמעיל נקרע שלא בכוונה, אלא כתוצאה מן ההחזקה המקרית.

ב. שמואל החזיק בכנף מעילו שלו, וקרעה באבלותו על שאול, וכנאמר להלן:

וְלֹא יָסַף שְׁמוּאֵל לִרְאוֹת אֶת שָׁאוּל עַד יוֹם מוֹתוֹ כִּי הִתְאַבֵּל שְׁמוּאֵל אֶל שָׁאוּל:

(טו, לה)

לשתי האפשרויות נקרע כנף מעילו של שמואל. אפשר שדבר זה עתיד להירמז ביומו האחרון של שאול, במעשה בעלת האוב:

וַיֹּאמֶר לָהּ מַה תָּאֳרוֹ וַתֹּאמֶר אִישׁ זָקֵן עֹלֶה וְהוּא עֹטֶה מְעִיל וַיֵּדַע שָׁאוּל כִּי שְׁמוּאֵל הוּא וַיִּקֹּד אַפַּיִם אַרְצָה וַיִּשְׁתָּחוּ:

(כח, יד)

אפשר שהמקרא קיצר ודילג על שאלת שאול את בעלת האוב: 'מהם סימני המעיל?', ובעלת האוב ענתה לו, שבמעיל יש קרע. אז ידע שאול שהעולה לקראתו הוא שמואל, ושהגיע זמנה של האבלות עליו, על שאול.

ג. שמואל החזיק בכנף מעילו של שאול וקרעָה, כדי לבטא את קריעת הממלכה ממנו. פירוש זה נתמך במה שיקרה להלן במערת עין גדי במעשה דוד ובתגובת שאול למעשהו:

וַיָּקָם דָּוִד וַיִּכְרֹת אֶת כְּנַף הַמְּעִיל אֲשֶׁר לְשָׁאוּל בַּלָּט... וְעַתָּה הִנֵּה יָדַעְתִּי כִּי מָלֹךְ תִּמְלוֹךְ וְקָמָה בְּיָדְךָ מַמְלֶכֶת יִשְׂרָאֵל:
(שם כד, ד; כ)[21]

יב. נֵצַח יִשְׂרָאֵל לֹא יְשַׁקֵּר וְלֹא יִנָּחֵם

וְגַם נֵצַח יִשְׂרָאֵל לֹא יְשַׁקֵּר וְלֹא יִנָּחֵם כִּי לֹא אָדָם הוּא לְהִנָּחֵם:
(כט)

המפרשים ביארו,[22] שנֵצַח יִשְׂרָאֵל הוא ה', המבטיח את ניצחונם של ישראל ובריתו עימם לנצח. על פירוש זה יש לשאול מן הפסוקים בנבואה זו:

וַיְהִי דְּבַר ה' אֶל שְׁמוּאֵל לֵאמֹר: נִחַמְתִּי כִּי הִמְלַכְתִּי אֶת שָׁאוּל לְמֶלֶךְ... וַה' נִחָם כִּי הִמְלִיךְ אֶת שָׁאוּל עַל יִשְׂרָאֵל:
(י-יא; לה)

משמע, ה' ניחם על גזרתו. כך ביקש גם משה מן ה': שׁוּב מֵחֲרוֹן אַפֶּךָ וְהִנָּחֵם עַל הָרָעָה לְעַמֶּךָ (שמות לב, יב), ומידה זו מופיעה בין י"ג מידות הרחמים במספר מקומות בנביאים (יואל ב, יג ויונה ד, ב). מדוע אפוא, גם כאן לא יינחם ה' על גזרתו על שאול, אם ישוב שאול מדרכו?!

21. עוד מקום להשוות זאת לנביא אחיה השילוני, הקורע את שלמתו של ירבעם (ראו מל"א יא), אך עת לקצר.
22. פרט לרד"ק, המפרש: "נצח ישראל לא יסור ממקומו, ולא ישקר אותו הב"ה – אבל יעמידהו".

שמא נֵצַח יִשְׂרָאֵל הוא מלכות ישראל העתידה, ולא הקב"ה.[23] כך עולה ממספר מדרשים:

> שנאמר: וְגַם נֵצַח יִשְׂרָאֵל לֹא יְשַׁקֵּר וְלֹא יִנָּחֵם. הוא שדוד אומר לישראל... הרי אתה מבושר שנצחת לאומות העולם, שנאמר: וְגַם נֵצַח יִשְׂרָאֵל.

(ויקרא רבה ל)

> ומיד מלאכי השרת שמחים, ואומרים: נצחו ישראל נצחו ישראל, וְגַם נֵצַח יִשְׂרָאֵל לֹא יְשַׁקֵּר וְלֹא יִנָּחֵם.

(מדרש תהלים יז)

כלומר, מלכות ישראל הנצחית לא תיסוג. היא תינתן לרעך הטוב ממך (דוד), שיידע להודות בחטאו ולקבל את דינו של ה', ואינה כאדם (שאול) הניחם על התחייבותו לה' ולנביא.

יג. הטקס

> וַיֹּאמֶר שָׁאוּל אֶל שְׁמוּאֵל חָטָאתִי כִּי עָבַרְתִּי אֶת פִּי ה' וְאֶת דְּבָרֶיךָ כִּי יָרֵאתִי אֶת הָעָם וָאֶשְׁמַע בְּקוֹלָם: וְעַתָּה שָׂא נָא אֶת חַטָּאתִי וְשׁוּב עִמִּי וְאֶשְׁתַּחֲוֶה לַה': וַיֹּאמֶר שְׁמוּאֵל אֶל שָׁאוּל לֹא אָשׁוּב עִמָּךְ כִּי מָאַסְתָּה אֶת דְּבַר ה' וַיִּמְאָסְךָ ה' מִהְיוֹת מֶלֶךְ עַל יִשְׂרָאֵל... וַיֹּאמֶר חָטָאתִי עַתָּה כַּבְּדֵנִי נָא נֶגֶד זִקְנֵי עַמִּי וְנֶגֶד יִשְׂרָאֵל וְשׁוּב עִמִּי וְהִשְׁתַּחֲוֵיתִי לַה' אֱלֹהֶיךָ: וַיָּשָׁב שְׁמוּאֵל אַחֲרֵי שָׁאוּל וַיִּשְׁתַּחוּ שָׁאוּל לַה': וַיֹּאמֶר שְׁמוּאֵל הַגִּישׁוּ אֵלַי אֶת אֲגַג מֶלֶךְ עֲמָלֵק וַיֵּלֶךְ אֵלָיו אֲגַג מַעֲדַנֹּת וַיֹּאמֶר אֲגָג אָכֵן סָר מַר הַמָּוֶת: וַיֹּאמֶר שְׁמוּאֵל כַּאֲשֶׁר שִׁכְּלָה נָשִׁים חַרְבֶּךָ כֵּן תִּשְׁכַּל מִנָּשִׁים אִמֶּךָ וַיְשַׁסֵּף שְׁמוּאֵל אֶת אֲגָג לִפְנֵי ה' בַּגִּלְגָּל:

(כד-לג)

שאול, למרבה האכזבה, אינו מתייחס לגזרה הקשה שקיבל אלא רק לטקס הניצחון האמור להתקיים עתה לפני העם. נדגיש שוב: הניצחון על עמלק היה גדול וחשוב מבחינה פוליטית. הוא הותיר שבטים פזורים של עמלק במדבר, ללא מלך עצמאי וללא עיר בירה. שאול מתוודה וידוי שטחי רק כדי ששמואל יבוא עימו (כשהוא

23. כך מתפרש ביטוי זה גם בשמה של ניל"י, תנועת המחתרת העברית, שהקימה משפחת אהרונסון במלחמת העולם הראשונה נגד השלטון הטורקי.

לבוש במעילו הקרוע) לטקס ההשתחוויה לה׳, השתחוויה, שכנראה אין מאחוריה אמת פנימית בוערת.

שמואל מסרב בתחילה לשוב עימו, כדי שלא יתפרש בעיני העם שבדיעבד הוא מסכים עם מעשה שאול בעמלק. כעבור שעה קלה הוא חוזר בו (׳ניחם׳ על סירובו), ושב עם שאול לטקס. אולם תמורת השתלבותו בדיעבד בטקס, שמואל דורש מחיר – להביא לפניו את אגג מלך עמלק. בגילו ובמראהו, שמואל אינו נראה כמי שמסוגל לכך, אך הוא משסף את אגג לעיני כל העם, לאחר שהוא מבהיר לכולם את פשעו ואת חוסר המוסר בהותרתו חי לצרכים פוליטיים הקשורים כאמור, במשולש הגבולות ישראל-עמלק-פלשתים. בכך הבהיר שמואל לכל העם את מחלוקתו הקשה עם שאול, ולא ברור מה נותר עוד מטעמו המתוק של טקס הניצחון.

טקס ׳מכובד׳ זה, שדוד לא ערך כמוהו בעת שהעלה את ארון ה׳ לירושלים (ראו שמ״ב ו), עתיד לעמוד במרכז המחלוקת בין דוד לאשתו, מיכל בת שאול, באותו מעמד.

הפטרת שבת פרה

לו טז יז וַיְהִי דְבַר־יהוה אֵלַי לֵאמֹר: בֶּן־אָדָם בֵּית יִשְׂרָאֵל יֹשְׁבִים עַל־אַדְמָתָם וַיְטַמְּאוּ יחזקאל
יח אוֹתָהּ בְּדַרְכָּם וּבַעֲלִילוֹתָם כְּטֻמְאַת הַנִּדָּה הָיְתָה דַרְכָּם לְפָנָי: וָאֶשְׁפֹּךְ חֲמָתִי
יט עֲלֵיהֶם עַל־הַדָּם אֲשֶׁר־שָׁפְכוּ עַל־הָאָרֶץ וּבְגִלּוּלֵיהֶם טִמְּאוּהָ: וָאָפִיץ אֹתָם בַּגּוֹיִם
כ וַיִּזָּרוּ בָּאֲרָצוֹת כְּדַרְכָּם וְכַעֲלִילוֹתָם שְׁפַטְתִּים: וַיָּבוֹא אֶל־הַגּוֹיִם אֲשֶׁר־בָּאוּ שָׁם
כא וַיְחַלְּלוּ אֶת־שֵׁם קָדְשִׁי בֶּאֱמֹר לָהֶם עַם־יהוה אֵלֶּה וּמֵאַרְצוֹ יָצָאוּ: וָאֶחְמֹל עַל־
כב שֵׁם קָדְשִׁי אֲשֶׁר חִלְּלֻהוּ בֵּית יִשְׂרָאֵל בַּגּוֹיִם אֲשֶׁר־בָּאוּ שָׁמָּה: לָכֵן
אֱמֹר לְבֵית־יִשְׂרָאֵל כֹּה אָמַר אֲדֹנָי יֱהוִה לֹא לְמַעַנְכֶם אֲנִי עֹשֶׂה בֵּית יִשְׂרָאֵל
כג כִּי אִם־לְשֵׁם־קָדְשִׁי אֲשֶׁר חִלַּלְתֶּם בַּגּוֹיִם אֲשֶׁר־בָּאתֶם שָׁם: וְקִדַּשְׁתִּי אֶת־
שְׁמִי הַגָּדוֹל הַמְחֻלָּל בַּגּוֹיִם אֲשֶׁר חִלַּלְתֶּם בְּתוֹכָם וְיָדְעוּ הַגּוֹיִם כִּי־אֲנִי יהוה
כד נְאֻם אֲדֹנָי יֱהוִה בְּהִקָּדְשִׁי בָכֶם לְעֵינֵיהֶם: וְלָקַחְתִּי אֶתְכֶם מִן־הַגּוֹיִם וְקִבַּצְתִּי
כה אֶתְכֶם מִכָּל־הָאֲרָצוֹת וְהֵבֵאתִי אֶתְכֶם אֶל־אַדְמַתְכֶם: וְזָרַקְתִּי עֲלֵיכֶם מַיִם
כו טְהוֹרִים וּטְהַרְתֶּם מִכֹּל טֻמְאוֹתֵיכֶם וּמִכָּל־גִּלּוּלֵיכֶם אֲטַהֵר אֶתְכֶם: וְנָתַתִּי לָכֶם
לֵב חָדָשׁ וְרוּחַ חֲדָשָׁה אֶתֵּן בְּקִרְבְּכֶם וַהֲסִרֹתִי אֶת־לֵב הָאֶבֶן מִבְּשַׂרְכֶם וְנָתַתִּי
כז לָכֶם לֵב בָּשָׂר: וְאֶת־רוּחִי אֶתֵּן בְּקִרְבְּכֶם וְעָשִׂיתִי אֵת אֲשֶׁר־בְּחֻקַּי תֵּלֵכוּ וּמִשְׁפָּטַי
כח תִּשְׁמְרוּ וַעֲשִׂיתֶם: וִישַׁבְתֶּם בָּאָרֶץ אֲשֶׁר נָתַתִּי לַאֲבֹתֵיכֶם וִהְיִיתֶם לִי לְעָם וְאָנֹכִי
כט אֶהְיֶה לָכֶם לֵאלֹהִים: וְהוֹשַׁעְתִּי אֶתְכֶם מִכֹּל טֻמְאוֹתֵיכֶם וְקָרָאתִי אֶל־הַדָּגָן
ל וְהִרְבֵּיתִי אֹתוֹ וְלֹא־אֶתֵּן עֲלֵיכֶם רָעָב: וְהִרְבֵּיתִי אֶת־פְּרִי הָעֵץ וּתְנוּבַת הַשָּׂדֶה
לא לְמַעַן אֲשֶׁר לֹא תִקְחוּ עוֹד חֶרְפַּת רָעָב בַּגּוֹיִם: וּזְכַרְתֶּם אֶת־דַּרְכֵיכֶם הָרָעִים
וּמַעַלְלֵיכֶם אֲשֶׁר לֹא־טוֹבִים וּנְקֹטֹתֶם בִּפְנֵיכֶם עַל עֲוֺנֹתֵיכֶם וְעַל תּוֹעֲבוֹתֵיכֶם:
לב לֹא לְמַעַנְכֶם אֲנִי־עֹשֶׂה נְאֻם אֲדֹנָי יֱהוִה יִוָּדַע לָכֶם בּוֹשׁוּ וְהִכָּלְמוּ מִדַּרְכֵיכֶם
בֵּית יִשְׂרָאֵל:
לג כֹּה אָמַר אֲדֹנָי יֱהוִה בְּיוֹם טַהֲרִי אֶתְכֶם מִכֹּל עֲוֺנוֹתֵיכֶם וְהוֹשַׁבְתִּי אֶת־הֶעָרִים

לד וְנִבְנוּ הֶחֳרָבוֹת: וְהָאָרֶץ הַנְּשַׁמָּה תֵּעָבֵד תַּחַת אֲשֶׁר הָיְתָה שְׁמָמָה לְעֵינֵי כָּל־
לה עוֹבֵר: וְאָמְרוּ הָאָרֶץ הַלֵּזוּ הַנְּשַׁמָּה הָיְתָה כְּגַן־עֵדֶן וְהֶעָרִים הֶחֳרֵבוֹת וְהַנְּשַׁמּוֹת
לו וְהַנֶּהֱרָסוֹת בְּצוּרוֹת יָשָׁבוּ: וְיָדְעוּ הַגּוֹיִם אֲשֶׁר יִשָּׁאֲרוּ סְבִיבוֹתֵיכֶם כִּי אֲנִי יהוה
לז בָּנִיתִי הַנֶּהֱרָסוֹת נָטַעְתִּי הַנְּשַׁמָּה אֲנִי יהוה דִּבַּרְתִּי וְעָשִׂיתִי: כֹּה אָמַר (הספרדים מסיימים כאן)
אֲדֹנָי יֱהוִה עוֹד זֹאת אִדָּרֵשׁ לְבֵית־יִשְׂרָאֵל לַעֲשׂוֹת לָהֶם אַרְבֶּה אֹתָם כַּצֹּאן אָדָם:
לח כְּצֹאן קָדָשִׁים כְּצֹאן יְרוּשָׁלַ͏ִם בְּמוֹעֲדֶיהָ כֵּן תִּהְיֶינָה הֶעָרִים הֶחֳרֵבוֹת מְלֵאוֹת
צֹאן אָדָם וְיָדְעוּ כִּי־אֲנִי יהוה:

א. הקשר בין המפטיר להפטרה

פרשת פרה עוסקת בטהרת האדם היחיד מטומאת מת. בטומאות אחרות די לטמא לטבול במקווה מים והוא נטהר בהערב (שקיעת) שמש. בטומאות החמורות (׳מטמאי משכב ומושב׳, כנידה) הוא זקוק לספור שבעה ימים קודם הטהרה, או אף לתהליך מסובך, שלא נפרט כאן, בטומאת צרעת. בטומאת המת, לטמא יש צורך, מלבד ספירת שבעת ימי הטומאה וטבילה שאחריהם, גם בהזאת מים חיים, שבתוכם אפר פרה אדומה, על ידי אזוב, ביום השלישי וביום השביעי לתחילת תהליך טהרתו.

נבואת ההפטרה עוסקת בטהרת עם ישראל כולו מטומאות חטאיו – שפיכות דמים (הכרוכה בטומאת מת, שכן גם הנוגע בחרב ההורגת נטמא בטומאת המת, לפי חלק מהראשונים), עבודה זרה וגילוי עריות (כְּטֻמְאַת הַנִּדָּה):

... כְּטֻמְאַת הַנִּדָּה הָיְתָה דַרְכָּם לְפָנָי: וָאֶשְׁפֹּךְ חֲמָתִי עֲלֵיהֶם עַל הַדָּם אֲשֶׁר שָׁפְכוּ עַל הָאָרֶץ, וּבְגִלּוּלֵיהֶם טִמְּאוּהָ:

(יז-יח)

הנביא כורך את טומאת שפיכות הדמים בטומאת העבודה הזרה.[1] מסתבר שכוונתו לשחיטת הילדים הרכים לבעל ולשריפתם למולך, כפי שנהגו עובדי עבודה זרה וישראל הכרוכים אחריהם בשעת חטאם. מכל מקום הוא מחייב אותם, כמו בטומאת מת, בהזאת מים חיים עליהם (אף שאינו מזכיר את אפר הפרה):

1. רבי עקיבא בתוספתא (זבים ה, ו וראו גם גמרא שבת פב-פג) מדמה את טומאת העבודה הזרה דווקא לטומאת נידה, הקודמת בפסוקנו לעבודה זרה. הוא מסתמך על פסוק אחר.

וְזָרַקְתִּי עֲלֵיכֶם מַיִם טְהוֹרִים וּטְהַרְתֶּם מִכֹּל טֻמְאוֹתֵיכֶם, וּמִכָּל גִּלּוּלֵיכֶם אֲטַהֵר אֶתְכֶם:

(כה)

שמא טומאת המת שעליהם, המצריכה זריקת מים חיים, כרוכה גם ב'ניתוח הלב הפתוח' שה' עתיד לעשות לנו:

וְנָתַתִּי לָכֶם לֵב חָדָשׁ וְרוּחַ חֲדָשָׁה אֶתֵּן בְּקִרְבְּכֶם וַהֲסִרֹתִי אֶת לֵב הָאֶבֶן מִבְּשַׂרְכֶם וְנָתַתִּי לָכֶם לֵב בָּשָׂר:

(כו)

ניתוח זה כמוהו כמוות שאחריו קמים לתחייה, וכפי שהנביא יפרט בפרק הבא (לז), בחזון העצמות היבשות. מכל מקום, קימה לתחייה מעצמות יבשות ומניתוח לב פתוח מחייבת, לדברי הנביא, גם טהרה מטומאת מת, בזריקת המים החיים על עם ישראל.

ב. גאולה ללא תשובה ממניעי קידוש השם[2]

וַיָּבוֹא אֶל הַגּוֹיִם אֲשֶׁר בָּאוּ שָׁם וַיְחַלְּלוּ אֶת שֵׁם קָדְשִׁי, בֶּאֱמֹר לָהֶם – עַם ה' אֵלֶּה וּמֵאַרְצוֹ יָצָאוּ: וָאֶחְמֹל עַל שֵׁם קָדְשִׁי, אֲשֶׁר חִלְּלוּהוּ בֵּית יִשְׂרָאֵל בַּגּוֹיִם אֲשֶׁר בָּאוּ שָׁמָּה: לָכֵן אֱמֹר לְבֵית יִשְׂרָאֵל, כֹּה אָמַר אֲדֹנָי ה', לֹא לְמַעַנְכֶם אֲנִי עֹשֶׂה בֵּית יִשְׂרָאֵל, כִּי אִם לְשֵׁם קָדְשִׁי אֲשֶׁר חִלַּלְתֶּם בַּגּוֹיִם אֲשֶׁר בָּאתֶם שָׁם: וְקִדַּשְׁתִּי אֶת שְׁמִי הַגָּדוֹל הַמְחֻלָּל בַּגּוֹיִם אֲשֶׁר חִלַּלְתֶּם בְּתוֹכָם, וְיָדְעוּ הַגּוֹיִם כִּי אֲנִי ה', נְאֻם אֲדֹנָי ה', בְּהִקָּדְשִׁי בָכֶם לְעֵינֵיהֶם:
לֹא לְמַעַנְכֶם אֲנִי עֹשֶׂה נְאֻם אֲדֹנָי ה', יִוָּדַע לָכֶם, בּוֹשׁוּ וְהִכָּלְמוּ מִדַּרְכֵיכֶם בֵּית יִשְׂרָאֵל:

(כ-כג; לב)

הנבואה בהפטרתנו מיוחדת בכך שה' גואל את ישראל למען שמו וכדי שלא יחולל, וכנאמר בתפילה: "ומביא גואל לבני בניהם למען שמו באהבה". במצב קיצוני באה

2. הנבואה מדברת בבירור על חילול שמו של הקב"ה, על חמלתו על שמו ועל קידוש שמו. כך גם בתורה ובכל מקום אחר במקרא. בלשוננו, איננו מזכירים את השם בהגייתו, ומתוך כך אנשים כותבים בטעות על "קידוש ה'" ועל "חילול ה'". הביטוי הנכון הוא קידוש השם וחילול השם, כמו בהפטרתנו.

גאולה זו גם בלא חזרה בתשובה, שתצדיק את הגאולה על פי תורת הגמול, השכר והעונש.

חשש חילול השם

לרוב, הגויים אינם מבינים הבנה של ממש את דברי משה בתורת ה׳, שהקב״ה מייסר את ישראל כַּאֲשֶׁר יְיַסֵּר אִישׁ אֶת בְּנוֹ (דברים ח, ה). גלותם של ישראל מעל אדמתם מתפרשת אצלם, בדרך כלל, באחת משלוש אפשרויות:

א. אצל עובדי אלילים מתפרשת גלות זו כחידלון כוחו של אלוהי ישראל להשיב את העם לארצו, ולהגן עליו מול ׳כוחם׳ של אליליהם.
ב. בנצרות התפרשה במשך קרוב לאלפיים שנה הגלות כראיה שהקב״ה נטש את עמו ישראל ומאס בו, ובחר ביש״ו ובתלמידיו, ובהולכים בדרכו, כ׳עם׳ הנבחר.
ג. באסלאם התפרשה גלות ישראל כתמיכה בממשיכי דרכו של ׳נביאם׳. חלק ניכר מביטוי תמיכתו בהם הוא מתן היכולת בידם להשפיל את כל יריביהם עד עפר.

יחזקאל עצמו הכיר כמובן, את הגישה הראשונה, המדברת על חולשת כוחו של ה׳, כביכול. ה׳ ממתין לשיבתם של ישראל אליו, כדי שגאולתם תהיה בזכות ולא בחסד חינם. אולם, אם שיבה זו תאחר לבוא, הוא יגאלם למען שמו, כדי שלא יתחלל בגויים. דבר זה משול לצורך של ישראל לקיים את שבועתם בשם ה׳ לגבעונים (יהושע ט) אף שהשבועה לא הייתה מוצדקת, והושגה על ידי הגבעונים ברמאות. החשש מחילול השם שבחילול השבועה בשם ה׳ גבר על הצורך להוריש את הגבעונים מן הארץ, ולעקור את נחלתם לדורות בהרים השולטים על ירושלים.

שני סוגי הגאולה בתורה

התורה מתייחסת לגאולה מטעמי חילול השם ולא מכוח תשובת בני ישראל – בשירת הסיום, שירת ׳האזינו׳. השירה מתארת מצב שבו עם ישראל חוטא דווקא בגלל הטוב שהקב״ה השפיע עליהם, והיא עוברת לפורענות הקשה שתבוא עליהם (ובשירה עצמה אינה נזכרת גלות!), ואינה מתייחסת כלל לחזרה בתשובה. היא מתארת גאולה שתבוא בגלל ׳חששו׳, כביכול, של הקב״ה מהבנת הגויים צוררי ישראל, שהם חזקים מן הקב״ה מגן ישראל:

אָמַרְתִּי אַפְאֵיהֶם, אַשְׁבִּיתָה מֵאֱנוֹשׁ זִכְרָם: לוּלֵי כַּעַס אוֹיֵב אָגוּר פֶּן יְנַכְּרוּ צָרֵימוֹ, פֶּן יֹאמְרוּ יָדֵנוּ רָמָה וְלֹא ה' פָּעַל כָּל זֹאת:
כִּי יָדִין ה' עַמּוֹ וְעַל עֲבָדָיו יִתְנֶחָם, כִּי יִרְאֶה כִּי אָזְלַת יָד וְאֶפֶס עָצוּר וְעָזוּב:
וְאָמַר אֵי אֱלֹהֵימוֹ, צוּר חָסָיוּ בוֹ: אֲשֶׁר חֵלֶב זְבָחֵימוֹ יֹאכֵלוּ יִשְׁתּוּ יֵין נְסִיכָם, יָקוּמוּ וְיַעְזְרֻכֶם יְהִי עֲלֵיכֶם סִתְרָה: רְאוּ עַתָּה כִּי אֲנִי אֲנִי הוּא וְאֵין אֱלֹהִים עִמָּדִי, אֲנִי אָמִית וַאֲחַיֶּה מָחַצְתִּי וַאֲנִי אֶרְפָּא וְאֵין מִיָּדִי מַצִּיל:
הַרְנִינוּ גוֹיִם עַמּוֹ כִּי דַם עֲבָדָיו יִקּוֹם, וְנָקָם יָשִׁיב לְצָרָיו וְכִפֶּר אַדְמָתוֹ עַמּוֹ:
(דברים לב, כו-כז; לו-לט; מג)

אכן, היו גאולות מסוג זה. המקרא מעיד על ירבעם בן יואש מלך ישראל שעשה הרע בעיני ה', ולמרות זאת גבר על אויביו, והרחיב את גבול ישראל ואת עוצמתם. הנביא מנמק זאת בדרך הרומזת לשירת 'האזינו':

בִּשְׁנַת חֲמֵשׁ עֶשְׂרֵה שָׁנָה לַאֲמַצְיָהוּ בֶן יוֹאָשׁ מֶלֶךְ יְהוּדָה, מָלַךְ יָרָבְעָם בֶּן יוֹאָשׁ מֶלֶךְ יִשְׂרָאֵל בְּשֹׁמְרוֹן אַרְבָּעִים וְאַחַת שָׁנָה: וַיַּעַשׂ הָרַע בְּעֵינֵי ה', לֹא סָר מִכָּל חַטֹּאות יָרָבְעָם בֶּן נְבָט אֲשֶׁר הֶחֱטִיא אֶת יִשְׂרָאֵל: הוּא הֵשִׁיב אֶת גְּבוּל יִשְׂרָאֵל מִלְּבוֹא חֲמָת עַד יָם הָעֲרָבָה, כִּדְבַר ה' אֱלֹהֵי יִשְׂרָאֵל, אֲשֶׁר דִּבֶּר בְּיַד עַבְדּוֹ יוֹנָה בֶן אֲמִתַּי הַנָּבִיא אֲשֶׁר מִגַּת הַחֵפֶר: כִּי רָאָה ה' אֶת עֳנִי יִשְׂרָאֵל מֹרֶה מְאֹד, וְאֶפֶס עָצוּר וְאֶפֶס עָזוּב וְאֵין עֹזֵר לְיִשְׂרָאֵל: וְלֹא דִבֶּר ה' לִמְחוֹת אֶת שֵׁם יִשְׂרָאֵל מִתַּחַת הַשָּׁמָיִם, וַיּוֹשִׁיעֵם בְּיַד יָרָבְעָם בֶּן יוֹאָשׁ:
(מל"ב יד, כג-כז)

*

שירת 'האזינו' חריגה בתורה בכך שהיא מבשרת גאולה ללא תשובה. התוכחה בברית הר סיני הזכירה בחטף תשובה חלקית כתנאי לגאולה:

וְהַנִּשְׁאָרִים בָּכֶם יִמַּקּוּ בַּעֲוֹנָם בְּאַרְצֹת אֹיְבֵיכֶם, וְאַף בַּעֲוֹנֹת אֲבֹתָם אִתָּם יִמָּקּוּ:
וְהִתְוַדּוּ אֶת עֲוֹנָם וְאֶת עֲוֹן אֲבֹתָם בְּמַעֲלָם אֲשֶׁר מָעֲלוּ בִי, וְאַף אֲשֶׁר הָלְכוּ עִמִּי בְּקֶרִי: אַף אֲנִי אֵלֵךְ עִמָּם בְּקֶרִי וְהֵבֵאתִי אֹתָם בְּאֶרֶץ אֹיְבֵיהֶם, אוֹ אָז יִכָּנַע לְבָבָם הֶעָרֵל וְאָז יִרְצוּ אֶת עֲוֹנָם: וְזָכַרְתִּי אֶת בְּרִיתִי יַעֲקוֹב, וְאַף אֶת בְּרִיתִי יִצְחָק, וְאַף אֶת בְּרִיתִי אַבְרָהָם אֶזְכֹּר, וְהָאָרֶץ אֶזְכֹּר:
(ויקרא כו, לט-מב)

התוכחה אינה מזכירה במפורש תשובה, אך היא מזכירה וידוי וכניעת הלב. יתרה עליה תוכחת ערבות מואב, המאריכה מאוד בתהליך התשובה שבזכותו ייגאלו ישראל מחורבנם:

וְהָיָה כִי יָבֹאוּ עָלֶיךָ כָּל הַדְּבָרִים הָאֵלֶּה, הַבְּרָכָה וְהַקְּלָלָה, אֲשֶׁר נָתַתִּי לְפָנֶיךָ, וַהֲשֵׁבֹתָ אֶל לְבָבֶךָ בְּכָל הַגּוֹיִם אֲשֶׁר הִדִּיחֲךָ ה׳ אֱלֹהֶיךָ שָׁמָּה: וְשַׁבְתָּ עַד ה׳ אֱלֹהֶיךָ וְשָׁמַעְתָּ בְקֹלוֹ כְּכֹל אֲשֶׁר אָנֹכִי מְצַוְּךָ הַיּוֹם, אַתָּה וּבָנֶיךָ בְּכָל לְבָבְךָ וּבְכָל נַפְשֶׁךָ: וְשָׁב ה׳ אֱלֹהֶיךָ אֶת שְׁבוּתְךָ וְרִחֲמֶךָ, וְשָׁב וְקִבֶּצְךָ מִכָּל הָעַמִּים אֲשֶׁר הֱפִיצְךָ ה׳ אֱלֹהֶיךָ שָׁמָּה:

(דברים ל, א-ג)

כך גם במקום נוסף:

וְהֵפִיץ ה׳ אֶתְכֶם בָּעַמִּים, וְנִשְׁאַרְתֶּם מְתֵי מִסְפָּר בַּגּוֹיִם אֲשֶׁר יְנַהֵג ה׳ אֶתְכֶם שָׁמָּה: וַעֲבַדְתֶּם שָׁם אֱלֹהִים מַעֲשֵׂה יְדֵי אָדָם, עֵץ וָאֶבֶן אֲשֶׁר לֹא יִרְאוּן וְלֹא יִשְׁמְעוּן וְלֹא יֹאכְלוּן וְלֹא יְרִיחֻן: וּבִקַּשְׁתֶּם מִשָּׁם אֶת ה׳ אֱלֹהֶיךָ – וּמָצָאתָ, כִּי תִדְרְשֶׁנּוּ בְּכָל לְבָבְךָ וּבְכָל נַפְשֶׁךָ: בַּצַּר לְךָ וּמְצָאוּךָ כֹּל הַדְּבָרִים הָאֵלֶּה, בְּאַחֲרִית הַיָּמִים, וְשַׁבְתָּ עַד ה׳ אֱלֹהֶיךָ וְשָׁמַעְתָּ בְּקֹלוֹ: כִּי אֵל רַחוּם ה׳ אֱלֹהֶיךָ לֹא יַרְפְּךָ וְלֹא יַשְׁחִיתֶךָ, וְלֹא יִשְׁכַּח אֶת בְּרִית אֲבֹתֶיךָ אֲשֶׁר נִשְׁבַּע לָהֶם:

(שם ד, כז-לא)

בעקבות סגנונה של בשורת הגאולה בפסוקים אלו הלך גם הנביא ירמיהו:

כִּי כֹה אָמַר ה׳ כִּי לְפִי מְלֹאת לְבָבֶל שִׁבְעִים שָׁנָה אֶפְקֹד אֶתְכֶם, וַהֲקִמֹתִי עֲלֵיכֶם אֶת דְּבָרִי הַטּוֹב לְהָשִׁיב אֶתְכֶם אֶל הַמָּקוֹם הַזֶּה... וּקְרָאתֶם אֹתִי, וַהֲלַכְתֶּם וְהִתְפַּלַּלְתֶּם אֵלָי – וְשָׁמַעְתִּי אֲלֵיכֶם: וּבִקַּשְׁתֶּם אֹתִי – וּמְצָאתֶם, כִּי תִדְרְשֻׁנִי בְּכָל לְבַבְכֶם: וְנִמְצֵאתִי לָכֶם, נְאֻם ה׳, וְשַׁבְתִּי אֶת שְׁבוּתְכֶם, וְקִבַּצְתִּי אֶתְכֶם מִכָּל הַגּוֹיִם וּמִכָּל הַמְּקוֹמוֹת אֲשֶׁר הִדַּחְתִּי אֶתְכֶם שָׁם, נְאֻם ה׳, וַהֲשִׁבֹתִי אֶתְכֶם אֶל הַמָּקוֹם אֲשֶׁר הִגְלֵיתִי אֶתְכֶם מִשָּׁם:

(ירמיהו כט, י; יב-יד)

מקומות נוספים בתורה ובנביאים על גאולה ללא תשובה

א. יציאת מצרים היא המקום הבולט ביותר שעם ישראל נגאל בו בלא תהליך ברור

של חזרה בתשובה. חז"ל טורחים לומר לנו, שבני ישראל הנגאלים היו שקועים במ"ט שערי טומאה של עבודה זרה. דבריו המחוצפים של העברי הניצה עם חברו אל משה: מִי שָׂמְךָ לְאִישׁ שַׂר וְשֹׁפֵט עָלֵינוּ וגו׳ (שמות ב, יד), פותחים לנו חלון צר להשקיף דרכו אל מצבם הרוחני של בני ישראל המשועבדים.
נרשום שתי הסתייגויות מדברינו:

1. לא נזכר בתורה במפורש חטא ברור שבגללו גלו ישראל למצרים. ממילא הדין נותן כדברי הנביא: חִנָּם נִמְכַּרְתֶּם וְלֹא בְכֶסֶף תִּגָּאֵלוּ (ישעיהו נב, ג), שלא ייגאלו רק מחמת תשובה.
2. בסופו של דבר בני ישראל היו צריכים לעמוד לפני הגאולה במבחן נאמנותם לה׳ בקורבן פסח ובהלכותיו. מי שלא הקריב אותו לא יצא ממצרים, או שנפגע, ובניו מתו במכת הבכורות.

ב. במעשה העגל התפלל משה לרחמיו של ה׳ על עם ישראל (גם) מטעם חילול השם, העלול להיות אם ה׳ ישמיד את העם על חטאו בעגל:

לָמָּה יֹאמְרוּ מִצְרַיִם לֵאמֹר, בְּרָעָה הוֹצִיאָם, לַהֲרֹג אֹתָם בֶּהָרִים וּלְכַלֹּתָם מֵעַל פְּנֵי הָאֲדָמָה? שׁוּב מֵחֲרוֹן אַפֶּךָ, וְהִנָּחֵם עַל הָרָעָה לְעַמֶּךָ:

(שמות לב, יב)

ג. בחטא המרגלים התפלל משה לרחמי ה׳ עליהם רק מחמת חילול השם שבהשמדתם:

וַיֹּאמֶר מֹשֶׁה אֶל ה׳, וְשָׁמְעוּ מִצְרַיִם כִּי הֶעֱלִיתָ בְכֹחֲךָ אֶת הָעָם הַזֶּה מִקִּרְבּוֹ: וְאָמְרוּ אֶל יוֹשֵׁב הָאָרֶץ הַזֹּאת, שָׁמְעוּ כִּי אַתָּה ה׳ בְּקֶרֶב הָעָם הַזֶּה, אֲשֶׁר עַיִן בְּעַיִן נִרְאָה אַתָּה ה׳ וַעֲנָנְךָ עֹמֵד עֲלֵהֶם וּבְעַמֻּד עָנָן אַתָּה הֹלֵךְ לִפְנֵיהֶם יוֹמָם וּבְעַמּוּד אֵשׁ לָיְלָה: וְהֵמַתָּה אֶת הָעָם הַזֶּה כְּאִישׁ אֶחָד, וְאָמְרוּ הַגּוֹיִם אֲשֶׁר שָׁמְעוּ אֶת שִׁמְעֲךָ לֵאמֹר: מִבִּלְתִּי יְכֹלֶת ה׳ לְהָבִיא אֶת הָעָם הַזֶּה אֶל הָאָרֶץ אֲשֶׁר נִשְׁבַּע לָהֶם – וַיִּשְׁחָטֵם בַּמִּדְבָּר: וְעַתָּה יִגְדַּל נָא כֹּחַ אֲדֹנָי, כַּאֲשֶׁר דִּבַּרְתָּ לֵאמֹר: ה׳ אֶרֶךְ אַפַּיִם וְרַב חֶסֶד נֹשֵׂא עָוֹן וָפָשַׁע, וְנַקֵּה לֹא יְנַקֶּה פֹּקֵד עֲוֹן אָבוֹת עַל בָּנִים עַל שִׁלֵּשִׁים וְעַל רִבֵּעִים:

(במדבר יד, יג-יח)

כך רואה גם יחזקאל בנבואתו את יציאת מצרים ואת חטאי ישראל במדבר:

וַיַּמְרוּ בִי וְלֹא אָבוּ לִשְׁמֹעַ אֵלַי, אִישׁ אֶת שִׁקּוּצֵי עֵינֵיהֶם לֹא הִשְׁלִיכוּ וְאֶת גִּלּוּלֵי מִצְרַיִם לֹא עָזָבוּ, וָאֹמַר לִשְׁפֹּךְ חֲמָתִי עֲלֵיהֶם לְכַלּוֹת אַפִּי בָּהֶם בְּתוֹךְ אֶרֶץ מִצְרָיִם:
וָאַעַשׂ לְמַעַן שְׁמִי לְבִלְתִּי הֵחֵל לְעֵינֵי הַגּוֹיִם אֲשֶׁר הֵמָּה בְתוֹכָם, אֲשֶׁר נוֹדַעְתִּי אֲלֵיהֶם לְעֵינֵיהֶם לְהוֹצִיאָם מֵאֶרֶץ מִצְרָיִם:
וַיַּמְרוּ בִי בֵית יִשְׂרָאֵל בַּמִּדְבָּר – בְּחֻקּוֹתַי לֹא הָלָכוּ, וְאֶת מִשְׁפָּטַי מָאָסוּ... וָאֹמַר לִשְׁפֹּךְ חֲמָתִי עֲלֵיהֶם בַּמִּדְבָּר לְכַלּוֹתָם: וָאֶעֱשֶׂה לְמַעַן שְׁמִי, לְבִלְתִּי הֵחֵל לְעֵינֵי הַגּוֹיִם אֲשֶׁר הוֹצֵאתִים לְעֵינֵיהֶם:
וַיַּמְרוּ בִי הַבָּנִים – בְּחֻקּוֹתַי לֹא הָלָכוּ, וְאֶת מִשְׁפָּטַי לֹא שָׁמְרוּ לַעֲשׂוֹת אוֹתָם... וָאֹמַר לִשְׁפֹּךְ חֲמָתִי עֲלֵיהֶם לְכַלּוֹת אַפִּי בָּם בַּמִּדְבָּר: וַהֲשִׁבֹתִי אֶת יָדִי וָאַעַשׂ לְמַעַן שְׁמִי, לְבִלְתִּי הֵחֵל לְעֵינֵי הַגּוֹיִם אֲשֶׁר הוֹצֵאתִי אוֹתָם לְעֵינֵיהֶם:

(יחזקאל כ, ח-ט; יג-יד; כא-כב)

לכן יגאל ה׳ את ישראל מגלותם גם בעל כורחם ובלא שירצו בה, כי יעשה זאת מול הגויים, למען שמו. הוא משווה את הגאולה העתידה לדור המדבר, שיצאו ממצרים בלא זכות מעשיהם הטובים. לכן לא הגיעו לארץ, ומתו במדבר:

חַי אָנִי נְאֻם אֲדֹנָי ה׳, אִם לֹא בְּיָד חֲזָקָה וּבִזְרוֹעַ נְטוּיָה וּבְחֵמָה שְׁפוּכָה אֶמְלוֹךְ עֲלֵיכֶם: וְהוֹצֵאתִי אֶתְכֶם מִן הָעַמִּים וְקִבַּצְתִּי אֶתְכֶם מִן הָאֲרָצוֹת אֲשֶׁר נְפוֹצֹתֶם בָּם, בְּיָד חֲזָקָה וּבִזְרוֹעַ נְטוּיָה וּבְחֵמָה שְׁפוּכָה: וְהֵבֵאתִי אֶתְכֶם אֶל מִדְבַּר הָעַמִּים, וְנִשְׁפַּטְתִּי אִתְּכֶם שָׁם פָּנִים אֶל פָּנִים: כַּאֲשֶׁר נִשְׁפַּטְתִּי אֶת אֲבוֹתֵיכֶם בְּמִדְבַּר אֶרֶץ מִצְרָיִם – כֵּן אִשָּׁפֵט אִתְּכֶם, נְאֻם אֲדֹנָי ה׳: וְהַעֲבַרְתִּי אֶתְכֶם תַּחַת הַשָּׁבֶט, וְהֵבֵאתִי אֶתְכֶם בְּמָסֹרֶת הַבְּרִית: וּבָרוֹתִי מִכֶּם הַמֹּרְדִים וְהַפּוֹשְׁעִים בִּי, מֵאֶרֶץ מְגוּרֵיהֶם אוֹצִיא אוֹתָם וְאֶל אַדְמַת יִשְׂרָאֵל לֹא יָבוֹא, וִידַעְתֶּם כִּי אֲנִי ה׳:
וִידַעְתֶּם כִּי אֲנִי ה׳ בַּעֲשׂוֹתִי אִתְּכֶם לְמַעַן שְׁמִי, לֹא כְדַרְכֵיכֶם הָרָעִים וְכַעֲלִילוֹתֵיכֶם הַנִּשְׁחָתוֹת בֵּית יִשְׂרָאֵל:

(שם, לג-לח; מד)

בגאולה זו, שהיא בעל כורחם של ישראל ורק למען שמו, יש גם נקודות רבות למחשבה על גאולתנו היום.

גאולה למען שמו וללא תשובה מנקודת מבטם של חז״ל

חז״ל העלו אפשרות של גאולה ללא תשובה:

> אמר רב: כלו כל הקיצין, ואין הדבר תלוי אלא בתשובה ומעשים טובים. ושמואל אמר: דיו לאבל שיעמוד באבלו. כתנאי, רבי אליעזר אומר: אם ישראל עושין תשובה – נגאלין, ואם לאו – אין נגאלין. אמר ליה רבי יהושע: אם אין עושין תשובה – אין נגאלין? אלא, הקדוש ברוך הוא מעמיד להן מלך שגזרותיו קשות כהמן, וישראל עושין תשובה ומחזירן למוטב.

(סנהדרין צז ע"ב)

רב אומר במפורש כנאמר לעיל בירמיהו. גם לאחר שיעברו שבעים שנה, וה' הבטיחם בגלות הבית הראשון שייגאלו מקץ שבעים שנה – ייגאלו רק אם יעשו תשובה. כך גם לגבי חישובי הקץ בגלות האחרונה. גם רבי אליעזר מסכים לכך שייגאלו רק מחמת תשובה וגם רבי יהושע, אלא שרבי יהושע מבטיח שה' יביא אותם לעשות תשובה מחמת הגזרות הקשות, וכמו שהיה בימי המן. שמואל טוען, שדי שיסבלו ישראל את ייסורי עונשם, וכשתימלא סאת ייסוריהם – ה' יגאלם.

בתלמוד הירושלמי גרסה שונה למחלוקתם:

> רבי ליעזר אומר: אם אין ישראל עושין תשובה – אין נגאלין לעולם, שנאמר: בְּשׁוּבָה וָנַחַת תִּוָּשֵׁעוּן (ישעיהו ל, טו). אמר לו רבי יהושע: וכי אם יעמדו ישראל ולא יעשו תשובה, אינן נגאלין לעולם? אמר לו ר"א: הקדוש ברוך הוא מעמיד עליהן מלך קשה כהמן, ומיד הן עושין תשובה – והן נגאלין.

(ירושלמי תענית פ"א, ה"א)

משמע, לרבי יהושע נגאלים אף ללא תשובה כלל. בהמשך הסוגיה (גם בבבלי) מביאים רבי אליעזר ורבי יהושע פסוקים המוכיחים את שיטותיהם במחלוקת (ובבבלי גרסה שונה המעמידה את המחלוקת כמו בירושלמי).

כך גם במקום נוסף:

> ואמר רבי יוחנן: אין בן דוד בא אלא בדור שכולו זכאי, או כולו חייב. בדור שכולו זכאי – דכתיב: וְעַמֵּךְ כֻּלָּם צַדִּיקִים לְעוֹלָם יִירְשׁוּ אָרֶץ (ישעיהו ס, כא), בדור שכולו חייב – דכתיב: וַיַּרְא כִּי אֵין אִישׁ וַיִּשְׁתּוֹמֵם כִּי אֵין מַפְגִּיעַ (שם נט, טז), וכתיב: לְמַעֲנִי אֶעֱשֶׂה (שם מח, יא).

(סנהדרין צח ע"א)

הגאולה בדור שכולו זכאי היא גאולה בזכות מעשיהם ותשובתם; הגאולה בדור שכולו חייב היא למען שמו יתברך וכדי למנוע את חילולו, וכעולה מן הפסוק המובא כראיה.

אולם, אם תבוא גאולה גם ללא תשובה, וכנאמר בהרחבה בהפטרתנו, מה תהיה המוטיבציה של העם לשוב אל ה׳ ומה ערכה של תורת הגמול? עם שאלה זו נתמודד בפרק הבא.

עד שלא נעסוק בתורת הגמול בעת גאולה ללא תשובה, נראה את התייחסות נבואתנו כאן לעם הנהנה מן ה׳מציאה׳ של גאולה ללא מאמץ התשובה:

> לֹא לְמַעַנְכֶם אֲנִי עֹשֶׂה נְאֻם אֲדֹנָי ה׳, יִוָּדַע לָכֶם, בּוֹשׁוּ וְהִכָּלְמוּ מִדַּרְכֵיכֶם בֵּית יִשְׂרָאֵל:
>
> (לב)

הגאולה המתוארת ביחזקאל היא בבחינת ׳נהמא דכיסופא׳ (לחם של בושה). עם ישראל לא הרוויח את הגאולה בעזרת מאמציו, ולכן נחלתו היא הבושה והכלימה. זאת סיבה מספקת לכך שלא נשאף לגאולה שכולה ׳למען שמו׳, ללא זכות מעשינו.

ג. מחירה של גאולה ללא תשובה

כאמור, גאולה ללא תשובה נראית סותרת את עקרונות תורת הגמול. לעניות הבנתי ביציאת מצרים, חז״ל מתייחסים לבעיה זו ואומרים:

> משום שנאמר: וַחֲמֻשִׁים עָלוּ בְנֵי יִשְׂרָאֵל (שמות יג, יח) – אחד מחמשה, וי״א אחד מחמשים, וי״א אחד מחמש מאות עלו.
>
> (מכילתא דר״י בא, מסכתא דפסחא, יב)

מדבריהם נראה (ולענ״ד הדבר מוכח מן המקראות), שבעת שיצאו ממצרים מתו רבים במגפה (אולי במכת חושך). זה עלול להיות מחירה של גאולה ללא תשובה.

דוגמה נוספת: בזמן השעבוד העמוני, ערב עלייתו של יפתח, עבדו בני ישראל עבודה זרה ועזבו את ה׳. בעת שצעקו מצרתם כבר לא רצה ה׳ להושיעם:

> וַיֹּסִפוּ בְּנֵי יִשְׂרָאֵל לַעֲשׂוֹת הָרַע בְּעֵינֵי ה׳, וַיַּעַבְדוּ אֶת הַבְּעָלִים, וְאֶת הָעַשְׁתָּרוֹת, וְאֶת אֱלֹהֵי אֲרָם, וְאֶת אֱלֹהֵי צִידוֹן, וְאֵת אֱלֹהֵי מוֹאָב, וְאֵת אֱלֹהֵי בְנֵי עַמּוֹן, וְאֵת אֱלֹהֵי פְלִשְׁתִּים, וַיַּעַזְבוּ אֶת ה׳ – וְלֹא עֲבָדוּהוּ... וַיִּזְעֲקוּ בְּנֵי יִשְׂרָאֵל אֶל ה׳ לֵאמֹר, חָטָאנוּ לָךְ, וְכִי עָזַבְנוּ אֶת אֱלֹהֵינוּ וַנַּעֲבֹד אֶת הַבְּעָלִים: וַיֹּאמֶר ה׳ אֶל בְּנֵי יִשְׂרָאֵל, הֲלֹא מִמִּצְרַיִם, וּמִן הָאֱמֹרִי, וּמִן בְּנֵי עַמּוֹן, וּמִן פְּלִשְׁתִּים: וְצִידוֹנִים וַעֲמָלֵק וּמָעוֹן לָחֲצוּ אֶתְכֶם, וַתִּצְעֲקוּ אֵלַי – וָאוֹשִׁיעָה אֶתְכֶם מִיָּדָם: וְאַתֶּם עֲזַבְתֶּם אוֹתִי וַתַּעַבְדוּ

אֱלֹהִים אֲחֵרִים, לָכֵן לֹא אוֹסִיף לְהוֹשִׁיעַ אֶתְכֶם: לְכוּ וְזַעֲקוּ אֶל הָאֱלֹהִים אֲשֶׁר בְּחַרְתֶּם בָּם, הֵמָּה יוֹשִׁיעוּ לָכֶם בְּעֵת צָרַתְכֶם: וַיֹּאמְרוּ בְנֵי יִשְׂרָאֵל אֶל ה׳, חָטָאנוּ, עֲשֵׂה אַתָּה לָנוּ כְּכָל הַטּוֹב בְּעֵינֶיךָ, אַךְ הַצִּילֵנוּ נָא הַיּוֹם הַזֶּה: וַיָּסִירוּ אֶת אֱלֹהֵי הַנֵּכָר מִקִּרְבָּם וַיַּעַבְדוּ אֶת ה׳, וַתִּקְצַר נַפְשׁוֹ בַּעֲמַל יִשְׂרָאֵל:

(שופטים י, ו; י-טז)

תשובתם לא הייתה שלמה, אך ה׳ לא רצה עוד לראות בעמלם ובהשתעבדותם לבני עמון האכזריים, והושיעם בידי יפתח. המחיר לגאולה זו היה נורא, ארבעים ושניים אלף הרוגים מבני אפרים, שנשחטו בידי יפתח ואנשיו.

גם ביחזקאל (פרק לח) יש מחיר קשה לגאולה ללא תשובה – מלחמת גוג ומגוג, שתיערך בארץ ישראל מול עם ישראל אחרי הגאולה. גם במלחמה זו יתקדש שמו של ה׳ בסופו של יום, אך המחיר אינו נקוב בנבואתו, ואפשר שהוא תלוי במידת זכאותו של דור הגאולה ובמידת חובתו. אנו נעסוק בהרחבה בסוגיית גוג ומגוג בע"ה בהפטרת שבת שבמועד חג הסוכות.

ד. הבחירה החופשית בזמן הגאולה

וְנָתַתִּי לָכֶם לֵב חָדָשׁ וְרוּחַ חֲדָשָׁה אֶתֵּן בְּקִרְבְּכֶם, וַהֲסִרֹתִי אֶת לֵב הָאֶבֶן מִבְּשַׂרְכֶם וְנָתַתִּי לָכֶם לֵב בָּשָׂר: וְאֶת רוּחִי אֶתֵּן בְּקִרְבְּכֶם, וְעָשִׂיתִי אֵת אֲשֶׁר בְּחֻקַּי תֵּלֵכוּ וּמִשְׁפָּטַי תִּשְׁמְרוּ וַעֲשִׂיתֶם:

(כו-כז)

הקורא תמה, כלום בזמן הגאולה לא תהיה עוד בחירה חופשית? כלום נהפוך למלאכים?

נבואה מעין זו ניבא גם ירמיהו, והיא מפורטת יותר:

בַּיָּמִים הָהֵם לֹא יֹאמְרוּ עוֹד, אָבוֹת אָכְלוּ בֹסֶר, וְשִׁנֵּי בָנִים תִּקְהֶינָה: כִּי אִם אִישׁ בַּעֲוֹנוֹ יָמוּת, כָּל הָאָדָם הָאֹכֵל הַבֹּסֶר – תִּקְהֶינָה שִׁנָּיו: הִנֵּה יָמִים בָּאִים, נְאֻם ה׳, וְכָרַתִּי אֶת בֵּית יִשְׂרָאֵל וְאֶת בֵּית יְהוּדָה בְּרִית חֲדָשָׁה: לֹא כַבְּרִית אֲשֶׁר כָּרַתִּי אֶת אֲבוֹתָם בְּיוֹם הֶחֱזִיקִי בְיָדָם לְהוֹצִיאָם מֵאֶרֶץ מִצְרָיִם, אֲשֶׁר הֵמָּה הֵפֵרוּ אֶת בְּרִיתִי וְאָנֹכִי בָּעַלְתִּי בָם נְאֻם ה׳: כִּי זֹאת הַבְּרִית אֲשֶׁר אֶכְרֹת אֶת בֵּית יִשְׂרָאֵל אַחֲרֵי הַיָּמִים הָהֵם, נְאֻם ה׳, נָתַתִּי אֶת תּוֹרָתִי בְּקִרְבָּם וְעַל לִבָּם אֶכְתְּבֶנָּה, וְהָיִיתִי לָהֶם לֵאלֹהִים – וְהֵמָּה יִהְיוּ לִי לְעָם: וְלֹא יְלַמְּדוּ עוֹד אִישׁ אֶת רֵעֵהוּ וְאִישׁ אֶת אָחִיו,

לֵאמֹר, דְּעוּ אֶת ה׳, כִּי כוּלָּם יֵדְעוּ אוֹתִי לְמִקְּטַנָּם וְעַד גְּדוֹלָם, נְאֻם ה׳, כִּי אֶסְלַח לַעֲוֹנָם – וּלְחַטָּאתָם לֹא אֶזְכָּר עוֹד:

(ירמיהו לא, כח-לג)

מציאות של אָבוֹת אָכְלוּ בֹסֶר וְשִׁנֵּי בָנִים תִּקְהֶינָה, ובלשון התורה – מציאות של פֹּקֵד עֲוֹן אָבֹת עַל בָּנִים (באוחזים מעשי אבותם בידיהם, ראו סנהדרין כז ע״ב) נכונה בעם שלם. ה׳ משהה את העונש שמא ישובו הבנים מחטאי אבותם, ומעניש אותם אם אינם עושים זאת. לא מצינו שה׳ פוקד על היחיד את עוון אביו או את עוון אבי אביו, שהרי גם בציווי ה׳ עלינו אמרה התורה במפורש לֹא יוּמְתוּ אָבוֹת עַל בָּנִים (דברים כד, טז). הברית החדשה שירמיהו מדבר עליה היא ברית עִם העָם כולו, שלא יחטא עוד כעם; אך לכל יחיד נשמרת הבחירה החופשית, לטוב או ל׳מוטב׳, והוא עתיד ליתן עליה את הדין. גם כשכולם יידעו את ה׳ תישמר הבחירה החופשית למרוד בו, אך לא יהיה מצב שכל העם יעשה זאת.[3]

עקרונות אלו עשויים להיות גם עקרונותיו הנבואיים של יחזקאל בגאולה העתידה, וגם בנבואתו תישמר בחירתו החופשית של כל איש.

ה. גאולת הארץ ועריה

כֹּה אָמַר אֲדֹנָי ה׳, בְּיוֹם טַהֲרִי אֶתְכֶם מִכֹּל עֲוֹנוֹתֵיכֶם, וְהוֹשַׁבְתִּי אֶת הֶעָרִים וְנִבְנוּ הֶחֳרָבוֹת: וְהָאָרֶץ הַנְּשַׁמָּה תֵּעָבֵד, תַּחַת אֲשֶׁר הָיְתָה שְׁמָמָה לְעֵינֵי כָּל עוֹבֵר: וְאָמְרוּ הָאָרֶץ הַלֵּזוּ הַנְּשַׁמָּה הָיְתָה כְּגַן עֵדֶן, וְהֶעָרִים הֶחֳרֵבוֹת וְהַנְשַׁמּוֹת וְהַנֶּהֱרָסוֹת בְּצוּרוֹת יָשָׁבוּ: וְיָדְעוּ הַגּוֹיִם אֲשֶׁר יִשָּׁאֲרוּ סְבִיבוֹתֵיכֶם, כִּי אֲנִי ה׳ בָּנִיתִי הַנֶּהֱרָסוֹת נָטַעְתִּי הַנְּשַׁמָּה, אֲנִי ה׳ דִּבַּרְתִּי וְעָשִׂיתִי: כֹּה אָמַר אֲדֹנָי ה׳, עוֹד זֹאת אִדָּרֵשׁ לְבֵית יִשְׂרָאֵל לַעֲשׂוֹת לָהֶם, אַרְבֶּה אֹתָם כַּצֹּאן אָדָם: כְּצֹאן קָדָשִׁים כְּצֹאן יְרוּשָׁלַם בְּמוֹעֲדֶיהָ כֵּן תִּהְיֶינָה הֶעָרִים הֶחֳרֵבוֹת מְלֵאוֹת צֹאן אָדָם, וְיָדְעוּ כִּי אֲנִי ה׳:

(לג-לח)

בפסקה זו הנביא אינו מתייחס לעם ישראל אלא לארץ ה׳ ולעריה, כנבואתו בתחילת פרק לו, וגם לעיל בפרק ו. שממותה של הארץ לעיני כל עובר גורמת לחילול השם, שהרי זו ארץ חמדתו.

3. בעניין זה יש לעיין היטב במחלוקת הרמב״ם והראב״ד בהלכות תשובה ו, ה, ועת לקצר.

בזמן שהעם בגלות מבטיחה התורה: וַהֲשִׁמֹּתִי אֲנִי אֶת הָאָרֶץ וְשָׁמְמוּ עָלֶיהָ אֹיְבֵיכֶם הַיֹּשְׁבִים בָּהּ (ויקרא כו, לב). הרמב"ן (שם) ראה בכך ברכה:

> וכן מה שאמר בכאן וְשָׁמְמוּ עָלֶיהָ אֹיְבֵיכֶם, היא בשורה טובה מבשרת בכל הגליות שאין ארצנו מקבלת את אויבינו, וגם זו ראיה גדולה והבטחה לנו, כי לא תמצא בכל הישוב ארץ אשר היא טובה ורחבה ואשר היתה נושבת מעולם והיא חרבה כמוה, כי מאז יצאנו ממנה לא קבלה אומה ולשון, וכולם משתדלים להושיבה ואין לאל ידם:

אין בכך ממש סתירה, משום שהרמב"ן התייחס לתועלת לעם ישראל משממת הארץ בזמן גלותם, שאין גוי היכול להיאחז בה אחיזה של ממש. עדיין לא יצאה בכך שממת הארץ מידי חילול השם בשממתה שמציין הנביא יחזקאל.

חילול השם של הארץ הנשמה ושל הערים הנשמות ייהפך לקידוש השם, כשהארץ תהיה כגן עדן, וכפי שהייתה במקורה לפני חטא האדם, שגן העדן נגנז מחמתו, והערים תימלאנה צאן אדם ותשבנה בצורות.

הפטרת שבת החודש

מה טז יז כֹּל הָעָם הָאָרֶץ יִהְיוּ אֶל־הַתְּרוּמָה הַזֹּאת לַנָּשִׂיא בְּיִשְׂרָאֵל: וְעַל־הַנָּשִׂיא יִהְיֶה יחזקאל
הָעוֹלוֹת וְהַמִּנְחָה וְהַנֵּסֶךְ בַּחַגִּים וּבֶחֳדָשִׁים וּבַשַּׁבָּתוֹת בְּכָל־מוֹעֲדֵי בֵּית יִשְׂרָאֵל
הוּא־יַעֲשֶׂה אֶת־הַחַטָּאת וְאֶת־הַמִּנְחָה וְאֶת־הָעוֹלָה וְאֶת־הַשְּׁלָמִים לְכַפֵּר בְּעַד
יח בֵּית־יִשְׂרָאֵל: כֹּה־אָמַר אֲדֹנָי יֱהֹוִה בָּרִאשׁוֹן בְּאֶחָד לַחֹדֶשׁ תִּקַּח
יט פַּר־בֶּן־בָּקָר תָּמִים וְחִטֵּאתָ אֶת־הַמִּקְדָּשׁ: וְלָקַח הַכֹּהֵן מִדַּם הַחַטָּאת וְנָתַן
אֶל־מְזוּזַת הַבַּיִת וְאֶל־אַרְבַּע פִּנּוֹת הָעֲזָרָה לַמִּזְבֵּחַ וְעַל־מְזוּזַת שַׁעַר הֶחָצֵר
כ הַפְּנִימִית: וְכֵן תַּעֲשֶׂה בְּשִׁבְעָה בַחֹדֶשׁ מֵאִישׁ שֹׁגֶה וּמִפֶּתִי וְכִפַּרְתֶּם אֶת־הַבָּיִת:
כא בָּרִאשׁוֹן בְּאַרְבָּעָה עָשָׂר יוֹם לַחֹדֶשׁ יִהְיֶה לָכֶם הַפָּסַח חַג שְׁבֻעוֹת יָמִים מַצּוֹת
כב כג יֵאָכֵל: וְעָשָׂה הַנָּשִׂיא בַּיּוֹם הַהוּא בַּעֲדוֹ וּבְעַד כָּל־עַם הָאָרֶץ פַּר חַטָּאת: וְשִׁבְעַת
יְמֵי־הֶחָג יַעֲשֶׂה עוֹלָה לַיהוה שִׁבְעַת פָּרִים וְשִׁבְעַת אֵילִים תְּמִימִם לַיּוֹם שִׁבְעַת
כד הַיָּמִים וְחַטָּאת שְׂעִיר עִזִּים לַיּוֹם: וּמִנְחָה אֵיפָה לַפָּר וְאֵיפָה לָאַיִל יַעֲשֶׂה וְשֶׁמֶן
כה הִין לָאֵיפָה: בַּשְּׁבִיעִי בַּחֲמִשָּׁה עָשָׂר יוֹם לַחֹדֶשׁ בֶּחָג יַעֲשֶׂה כָאֵלֶּה שִׁבְעַת
מו א הַיָּמִים כַּחַטָּאת כָּעֹלָה וְכַמִּנְחָה וְכַשָּׁמֶן: כֹּה־אָמַר אֲדֹנָי יֱהֹוִה שַׁעַר
הֶחָצֵר הַפְּנִימִית הַפֹּנֶה קָדִים יִהְיֶה סָגוּר שֵׁשֶׁת יְמֵי הַמַּעֲשֶׂה וּבְיוֹם הַשַּׁבָּת יִפָּתֵחַ
ב וּבְיוֹם הַחֹדֶשׁ יִפָּתֵחַ: וּבָא הַנָּשִׂיא דֶּרֶךְ אוּלָם הַשַּׁעַר מִחוּץ וְעָמַד עַל־מְזוּזַת
הַשַּׁעַר וְעָשׂוּ הַכֹּהֲנִים אֶת־עוֹלָתוֹ וְאֶת־שְׁלָמָיו וְהִשְׁתַּחֲוָה עַל־מִפְתַּן הַשַּׁעַר
ג וְיָצָא וְהַשַּׁעַר לֹא־יִסָּגֵר עַד־הָעָרֶב: וְהִשְׁתַּחֲווּ עַם־הָאָרֶץ פֶּתַח הַשַּׁעַר הַהוּא
ד בַּשַּׁבָּתוֹת וּבֶחֳדָשִׁים לִפְנֵי יהוה: וְהָעֹלָה אֲשֶׁר־יַקְרִב הַנָּשִׂיא לַיהוה בְּיוֹם הַשַּׁבָּת
ה שִׁשָּׁה כְבָשִׂים תְּמִימִם וְאַיִל תָּמִים: וּמִנְחָה אֵיפָה לָאַיִל וְלַכְּבָשִׂים מִנְחָה מַתַּת
ו יָדוֹ וְשֶׁמֶן הִין לָאֵיפָה: וּבְיוֹם הַחֹדֶשׁ פַּר בֶּן־בָּקָר תְּמִימִם וְשֵׁשֶׁת כְּבָשִׂים וָאַיִל
ז תְּמִימִם יִהְיוּ: וְאֵיפָה לַפָּר וְאֵיפָה לָאַיִל יַעֲשֶׂה מִנְחָה וְלַכְּבָשִׂים כַּאֲשֶׁר תַּשִּׂיג
ח יָדוֹ וְשֶׁמֶן הִין לָאֵיפָה: וּבְבוֹא הַנָּשִׂיא דֶּרֶךְ אוּלָם הַשַּׁעַר יָבוֹא וּבְדַרְכּוֹ יֵצֵא:

ט וּבְבוֹא עַם־הָאָרֶץ לִפְנֵי יהוה בַּמּוֹעֲדִים הַבָּא דֶּרֶךְ שַׁעַר צָפוֹן לְהִשְׁתַּחֲוֺת יֵצֵא
דֶּרֶךְ־שַׁעַר נֶגֶב וְהַבָּא דֶּרֶךְ־שַׁעַר נֶגֶב יֵצֵא דֶּרֶךְ־שַׁעַר צָפוֹנָה לֹא יָשׁוּב דֶּרֶךְ
י הַשַּׁעַר אֲשֶׁר־בָּא בוֹ כִּי נִכְחוֹ יֵצֵא׃ וְהַנָּשִׂיא בְּתוֹכָם בְּבוֹאָם יָבוֹא וּבְצֵאתָם יֵצֵאוּ׃
יא וּבַחַגִּים וּבַמּוֹעֲדִים תִּהְיֶה הַמִּנְחָה אֵיפָה לַפָּר וְאֵיפָה לָאַיִל וְלַכְּבָשִׂים מַתַּת יָדוֹ
יב וְשֶׁמֶן הִין לָאֵיפָה׃ וְכִי־יַעֲשֶׂה הַנָּשִׂיא נְדָבָה עוֹלָה אוֹ־שְׁלָמִים נְדָבָה
לַיהוה וּפָתַח לוֹ אֶת־הַשַּׁעַר הַפֹּנֶה קָדִים וְעָשָׂה אֶת־עֹלָתוֹ וְאֶת־שְׁלָמָיו כַּאֲשֶׁר
יג יַעֲשֶׂה בְּיוֹם הַשַּׁבָּת וְיָצָא וְסָגַר אֶת־הַשַּׁעַר אַחֲרֵי צֵאתוֹ׃ וְכֶבֶשׂ בֶּן־שְׁנָתוֹ תָּמִים
יד תַּעֲשֶׂה עוֹלָה לַיּוֹם לַיהוה בַּבֹּקֶר בַּבֹּקֶר תַּעֲשֶׂה אֹתוֹ׃ וּמִנְחָה תַעֲשֶׂה עָלָיו בַּבֹּקֶר
בַּבֹּקֶר שִׁשִּׁית הָאֵיפָה וְשֶׁמֶן שְׁלִישִׁית הַהִין לָרֹס אֶת־הַסֹּלֶת מִנְחָה לַיהוה
טו חֻקּוֹת עוֹלָם תָּמִיד׃ יַעֲשׂוּ אֶת־הַכֶּבֶשׂ וְאֶת־הַמִּנְחָה וְאֶת־הַשֶּׁמֶן בַּבֹּקֶר בַּבֹּקֶר
טז עוֹלַת תָּמִיד׃ כֹּה־אָמַר אֲדֹנָי יֱהֹוִה כִּי־יִתֵּן הַנָּשִׂיא מַתָּנָה לְאִישׁ
יז מִבָּנָיו נַחֲלָתוֹ הִיא לְבָנָיו תִּהְיֶה אֲחֻזָּתָם הִיא בְּנַחֲלָה׃ וְכִי־יִתֵּן מַתָּנָה מִנַּחֲלָתוֹ
לְאַחַד מֵעֲבָדָיו וְהָיְתָה לּוֹ עַד־שְׁנַת הַדְּרוֹר וְשָׁבַת לַנָּשִׂיא אַךְ נַחֲלָתוֹ בָּנָיו לָהֶם
יח תִּהְיֶה׃ וְלֹא־יִקַּח הַנָּשִׂיא מִנַּחֲלַת הָעָם לְהוֹנֹתָם מֵאֲחֻזָּתָם מֵאֲחֻזָּתוֹ יַנְחִל אֶת־
בָּנָיו לְמַעַן אֲשֶׁר לֹא־יָפֻצוּ עַמִּי אִישׁ מֵאֲחֻזָּתוֹ׃

א. הקשר בין המפטיר להפטרה

ה'מפטיר' עוסק בהכנת קורבן הפסח מהעשירי לחודש ניסן ועד ארבעה עשר בניסן, יום הקרבתו. ההפטרה עוסקת גם בקורבנות חודש ניסן לפני הפסח וגם בקורבנות שבעת ימי חג הפסח.[1] כמו כן, אפשר שההפטרה עוסקת בדיני הנשיא כי אחד בניסן הוא ראש השנה למלכים.[2]

ב. הקורבנות בהפטרתנו מול הקורבנות בתורה

הקורבנות הנזכרים בנבואתנו מהם שאינם נזכרים בתורה, ואלו הנזכרים נזכרים באופן

1. התורה מבדילה בין חג הפסח בי"ד בניסן, יום הקרבת קורבן הפסח, ובין חג המצות בט"ו-כ"א בניסן. בנבואה שבהפטרתנו חג המצות נקרא אף הוא 'פסח', ובלשון זו הלכו חז"ל בדבריהם, והיא השגורה בלשון העם.
2. מפי ידידי העורך, הרב רועי בראון.

שונה. על סתירה זו אמרה הגמרא שדברי יחזקאל 'סותרין דברי תורה', ואלמלא חנניה בן חזקיה היה הספר נגנז (ראו שבת יג ע"ב).

הרמב"ם סובר, שנבואת יחזקאל אינה אלא הוראת שעה של ימי המילואים של חנוכת בית המקדש השלישי (נביא יכול לשנות מדברי תורה רק בהוראת שעה, שאינה לדורות):

> כל שיעורי הנסכים האמורין בספר יחזקאל, ומנין אותן הקרבנות, וסדרי העבודה הכתובים שם – כולם מלואים הן, ואין נוהגין לדורות, אלא הנביא צוה ופירש כיצד יהיו מקריבין המלואין עם חנוכת המזבח בימי המלך המשיח, כשיבנה בית שלישי.
>
> (הלכות מעשה הקרבנות ב, יד)

גם רש"י פירשה על ימי המילואים של חנוכת המקדש, אך הוא פירש זאת על חנוכת הבית השני בספר עזרא:

> מילואים הקריבו; והך נבואה דיחזקאל על בית שני נתנבאה, שהקריבו מילואים:
>
> (רש"י מנחות מה ע"א ד"ה רב אשי)

לנו מסתבר כפירושו של י"צ מושקוביץ (בדעת מקרא), שהקורבנות בפרקנו אינם סותרים את פרשת הקורבנות בתורה, אלא מוסיפים עליה את קורבנות הנשיא. נבאר זאת לפי דרכנו.

ג. התרומה לנשיא וקורבנות הנשיא

הפטרתנו פותחת באמצע עניין, ופסוקה הראשון סתום ובלתי מובן בלא לקרוא את הפסוקים הקודמים לו:[3]

> זֹאת הַתְּרוּמָה אֲשֶׁר תָּרִימוּ, שִׁשִּׁית הָאֵיפָה מֵחֹמֶר הַחִטִּים, וְשִׁשִּׁיתֶם הָאֵיפָה מֵחֹמֶר הַשְּׂעֹרִים: וְחֹק הַשֶּׁמֶן הַבַּת הַשֶּׁמֶן מַעְשַׂר הַבַּת מִן הַכֹּר עֲשֶׂרֶת הַבַּתִּים חֹמֶר, כִּי עֲשֶׂרֶת הַבַּתִּים חֹמֶר: וְשֶׂה אַחַת מִן הַצֹּאן מִן הַמָּאתַיִם מִמַּשְׁקֵה יִשְׂרָאֵל לְמִנְחָה וּלְעוֹלָה וְלִשְׁלָמִים, לְכַפֵּר עֲלֵיהֶם נְאֻם אֲדֹנָי ה':
> כֹּל הָעָם הָאָרֶץ יִהְיוּ אֶל הַתְּרוּמָה הַזֹּאת, לַנָּשִׂיא בְּיִשְׂרָאֵל: וְעַל הַנָּשִׂיא יִהְיֶה הָעוֹלוֹת

3. אכן התימנים מתחילים את ההפטרה בתחילת הפסקה הקודמת, מה, ט.

> וְהַמִּנְחָה וְהַנֶּסֶךְ בַּחַגִּים וּבֶחֳדָשִׁים וּבַשַּׁבָּתוֹת בְּכָל מוֹעֲדֵי בֵּית יִשְׂרָאֵל, הוּא יַעֲשֶׂה אֶת הַחַטָּאת וְאֶת הַמִּנְחָה וְאֶת הָעוֹלָה וְאֶת הַשְּׁלָמִים לְכַפֵּר בְּעַד בֵּית יִשְׂרָאֵל:

(מה, יג–יז)

התרומה שנצטוו בני ישראל להפריש לנשיא היא שישית 'איפה' מ'חומר' (שהוא עשר 'איפות') חיטים, כלומר אחד משישים מן החיטה. 'בת' היא עשירית ה'חומר' ויש להפריש עשירית מן ה'בת', כלומר, יש להפריש לנשיא מאית מן השמן. כמו כן, יש להפריש לו שה אחד ממאתיים. את התרומה יתנו לנשיא, כדי שיקריב עבורם במקדש את קורבנות הציבור מתרומתם.

הנביא יחזקאל יחיד בנבואתו על קורבנות הציבור המיוחדים, בימים שיש בהם קורבן מוסף, שהנשיא מקריב כחלק מתפקידו כנשיא. ניתן למצוא רמז לכך בתורה בקורבנות הנשיאים בימי חנוכת המשכן (במדבר ז), וכן בעובדה שקורבנות המוספים של החגים (שעל משהו קרוב להם מדובר בהפטרתנו) לא נכתבו בספר ויקרא אלא בספר במדבר, העוסק בשבטים ובנשיאיהם, ובמשכן כליבו של עם ישראל. זאת בניגוד לספר ויקרא, העוסק במשכן כיחידת קודש נבדלת ונפרדת מהעם. בימי המוספים העיקריים, שלוש רגלים, כל העם מתכנס אל המקום אשר יבחר ה' – אל בית המקדש. נתינת מקום לנשיא, כמייצג את העם בהקרבת הקורבנות – יש בה אמירה ייחודית המתאימה 'לעתיד לבוא' ולנבואת יחזקאל. דבר זה נכתב לפני הפטרתנו:

> וַיֹּאמֶר אֵלַי ה' הַשַּׁעַר הַזֶּה סָגוּר יִהְיֶה לֹא יִפָּתֵחַ וְאִישׁ לֹא יָבֹא בוֹ כִּי ה' אֱלֹהֵי יִשְׂרָאֵל בָּא בוֹ וְהָיָה סָגוּר: אֶת הַנָּשִׂיא נָשִׂיא הוּא יֵשֶׁב בּוֹ לֶאֱכָל לֶחֶם לִפְנֵי ה' מִדֶּרֶךְ אֻלָם הַשַּׁעַר יָבוֹא וּמִדַּרְכּוֹ יֵצֵא:

(מד, ב–ג)

יחזקאל אינו מפקיע בכך את הקורבנות הרגילים. אפשר שלכן יוכל הנביא להוסיף על הקורבנות שהתורה ציוותה, כדברי הרד"ק:

> אלא על כרחנו חדוש יהיה בקרבנות לעתיד:

(רד"ק מה, כב)

ייתכן גם פירוש אחר, וכעולה מן הרמב"ם לעיל, שמדובר בהוראת שעה ביום חנוכת המקדש, ובה כאמור, ודאי נביא יכול להתערב.[4]

4. שמא היה מקום להשערה, שיחזקאל ניבא כאן על בית חשמונאי, שנשיאיהם היו כוהנים והקריבו

ד. קורבנות חודש ניסן – יום הפסח וחג המצות

קורבנותיו של הנשיא הם כאמור, קורבנות ציבור בשם כל העם, ולכן על כולם להשתתף בתרומה שבכספיה ייקנו הקורבנות.

כֹּה אָמַר אֲדֹנָי ה׳, בָּרִאשׁוֹן בְּאֶחָד לַחֹדֶשׁ תִּקַּח פַּר בֶּן בָּקָר תָּמִים, וְחִטֵּאתָ אֶת הַמִּקְדָּשׁ: וְלָקַח הַכֹּהֵן מִדַּם הַחַטָּאת וְנָתַן אֶל מְזוּזַת הַבַּיִת וְאֶל אַרְבַּע פִּנּוֹת הָעֲזָרָה לַמִּזְבֵּחַ, וְעַל מְזוּזַת שַׁעַר הֶחָצֵר הַפְּנִימִית: וְכֵן תַּעֲשֶׂה בְּשִׁבְעָה בַחֹדֶשׁ מֵאִישׁ שֹׁגֶה וּמִפֶּתִי, וְכִפַּרְתֶּם אֶת הַבָּיִת:

(מה, יח-כ)

קורבן הנשיא בשם העם הוא פר חטאת, הדומה במקצת לפר העלם דבר של ציבור (ראו ויקרא ד, יג-כא), ודומה לשעיר החטאת של יום הכיפורים, הבא לכפר על קודש הקדשים ועל ההיכל מטומאות בני ישראל:

וְשָׁחַט אֶת שְׂעִיר הַחַטָּאת אֲשֶׁר לָעָם וְהֵבִיא אֶת דָּמוֹ אֶל מִבֵּית לַפָּרֹכֶת, וְעָשָׂה אֶת דָּמוֹ כַּאֲשֶׁר עָשָׂה לְדַם הַפָּר, וְהִזָּה אֹתוֹ עַל הַכַּפֹּרֶת וְלִפְנֵי הַכַּפֹּרֶת: וְכִפֶּר עַל הַקֹּדֶשׁ מִטֻּמְאֹת בְּנֵי יִשְׂרָאֵל וּמִפִּשְׁעֵיהֶם לְכָל חַטֹּאתָם, וְכֵן יַעֲשֶׂה לְאֹהֶל מוֹעֵד הַשֹּׁכֵן אִתָּם בְּתוֹךְ טֻמְאֹתָם:

(ויקרא טז, טו-טז)

פרו של הנשיא בנבואתנו, הבא בראש חודש ניסן, מכפר על מקומות חיצוניים יותר: על הכניסה לחצר הפנימית (מְזוּזַת שַׁעַר הֶחָצֵר הַפְּנִימִית – ׳שער ניקנור׳, הנפתח לעזרת ישראל), על עזרת המזבח (אַרְבַּע פִּנּוֹת הָעֲזָרָה לַמִּזְבֵּחַ – ה׳סובב׳, ׳מדף׳ שהכוהנים הולכים עליו בעת עיסוקם בקורבנות שעל המזבח; ראו דברינו על הפטרת

קורבנות, וכך תיפתר במידה רבה הפליאה על מעמדו של הנשיא כמקריב קורבנות. נציין, שנשיאותם של הכוהנים בבית שני נרמזה גם בתורה בשני מקומות:

א. במגילת סתרים לרבנו ניסים גאון שהביא הרמב״ן בפירושו לבמדבר ח, א על ציווי המנורה שם, המרמז לחנוכת בית חשמונאי. הרחבנו על כך בספרנו ׳כי קרוב אליך – במדבר׳ (ישראל 2014), עמ׳ 127-132.

ב. בברכת משה לאהרן ולבניו במסגרת ברכתו ללוי, כשדיבר על ניצחונם של הכוהנים על קמיהם: בָּרֵךְ ה׳ חֵילוֹ וּפֹעַל יָדָיו תִּרְצֶה מְחַץ מָתְנַיִם קָמָיו וּמְשַׂנְאָיו מִן יְקוּמוּן (דברים לג, יא).

אולם, אם נלך בדרך זו יהיה עלינו לפצל בין הנבואה בפרק מה לזו שבפרק מו: בפרק מה נאמר שהנשיא ממש מקריב, כעולה לכאורה מפשוטו של מקרא, ובפרק מו נאמר, על פי המתפרש שם (בפסוק ב), שהנשיא מוסר את קורבנותיו לכוהנים.

תצווה) ועל הכניסה להיכל (מְזוּזַת הַבָּיִת). פר זה יכפר על טומאת המקדש בשל זדונות בית ישראל. בשביעי בניסן ייעשה פר נוסף על השגגות.

בָּרִאשׁוֹן בְּאַרְבָּעָה עָשָׂר יוֹם לַחֹדֶשׁ יִהְיֶה לָכֶם הַפָּסַח, חָג שְׁבֻעוֹת יָמִים מַצּוֹת יֵאָכֵל: וְעָשָׂה הַנָּשִׂיא בַּיּוֹם הַהוּא בַּעֲדוֹ וּבְעַד כָּל עַם הָאָרֶץ, פַּר חַטָּאת: וְשִׁבְעַת יְמֵי הֶחָג יַעֲשֶׂה עוֹלָה לַה׳ – שִׁבְעַת פָּרִים וְשִׁבְעַת אֵילִים תְּמִימִם לַיּוֹם שִׁבְעַת הַיָּמִים, וְחַטָּאת שְׂעִיר עִזִּים לַיּוֹם: וּמִנְחָה אֵיפָה לַפָּר וְאֵיפָה לָאַיִל יַעֲשֶׂה, וְשֶׁמֶן הִין לָאֵיפָה: בַּשְּׁבִיעִי בַּחֲמִשָּׁה עָשָׂר יוֹם לַחֹדֶשׁ בֶּחָג יַעֲשֶׂה כָאֵלֶּה שִׁבְעַת הַיָּמִים, כַּחַטָּאת כָּעֹלָה וְכַמִּנְחָה וְכַשָּׁמֶן:

(מה, כא-כה)

יחד עם קורבן הפסח יקריב הנשיא פר חטאת עבור כל העם. בשבעת ימי חג המצות יקריב כל יום שבעה פרים ושבעה אילים לעולה, וכן בשבעת ימי חג הסוכות, כקורבנו של בלעם לפני ה׳ (ראו במדבר כג, א; יד; כט). אולם, קורבנות נשיא ישראל כולם עולים על מזבח אחד – המזבח שבמקדש. אפשר שהדמיון מביע את רצונו של הקב״ה לברך את ישראל בחג המצות ובחג הסוכות, וכפי ששָׂם דבר בפי בלעם. נזכיר, שעיקר ברכת בלעם הייתה על כינונה של מלכות ישראל, ואף כאן הם קורבנות הנשיא.

מסתבר, ששעיר החטאת הנזכר בנבואה הוא שעיר החטאת הרגיל המוקרב עם המוספים בחג, והנביא חידש שיוקרב על ידי הנשיא.[5] קורבנות הנשיא בשם העם באים דווקא ברגלים, שהרי בהם בא כל העם לבית המקדש.

המנחה בהפטרתנו גדולה מאוד ביחס לקורבן: איפה לפר ואיפה לאיל, במקום שלוש עשיריות האיפה לפר ושתי עשיריות לאיל. בהפטרתנו ניתן הין שמן כדי לבלול את המנחה. זוהי כמות שמן מצומצמת יחסית לכמות השמן במנחה בתורה. נציין שהמנחה להלן לכבשים היא מתת ידו של הנשיא, והנביא אינו קוצב את מנחתו לכבשים. טיב השינוי בין המתפרש בנבואתנו לנאמר בתורה זקוק לדבריהם של רבי יהודה ורבי יוחנן במסכת מנחות (מה ע״א), ש״פרשה זו, אליהו[6] עתיד לדורשה״.

ה. פתיחת שער החצר הפנימית

כֹּה אָמַר אֲדֹנָי ה׳, שַׁעַר הֶחָצֵר הַפְּנִימִית הַפֹּנֶה קָדִים יִהְיֶה סָגוּר שֵׁשֶׁת יְמֵי הַמַּעֲשֶׂה,

5. כאמור, שמא הנשיא הוא הכוהן מבית חשמונאי, שעתיד לשמש כנשיא (או כמלך).
6. אליהו בתודעתנו הוא ממשיכו של משה (כנזכר במלאכי ג, כב-כג), והוא שילוב בין נביא ה׳ לחכם מוסמך בתורה.

וּבְיוֹם הַשַּׁבָּת יִפָּתֵחַ וּבְיוֹם הַחֹדֶשׁ יִפָּתֵחַ: וּבָא הַנָּשִׂיא דֶּרֶךְ אוּלָם הַשַּׁעַר מִחוּץ וְעָמַד עַל מְזוּזַת הַשַּׁעַר, וְעָשׂוּ הַכֹּהֲנִים אֶת עוֹלָתוֹ וְאֶת שְׁלָמָיו, וְהִשְׁתַּחֲוָה עַל מִפְתַּן הַשַּׁעַר וְיָצָא, וְהַשַּׁעַר לֹא יִסָּגֵר עַד הָעָרֶב: וְהִשְׁתַּחֲווּ עַם הָאָרֶץ פֶּתַח הַשַּׁעַר הַהוּא בַּשַּׁבָּתוֹת וּבֶחֳדָשִׁים, לִפְנֵי ה׳:

(מו, א-ג)

שער החצר הפנימית הוא שער העזרה הפנימית, שבה עומד המזבח (שהוא שער עזרת הכוהנים[7] על פי הרד"ק). העם מגיע לבית המקדש בשבתות ובחודשים, וכנאמר גם בישעיהו:

וְהָיָה מִדֵּי חֹדֶשׁ בְּחָדְשׁוֹ וּמִדֵּי שַׁבָּת בְּשַׁבַּתּוֹ, יָבוֹא כָל בָּשָׂר לְהִשְׁתַּחֲוֹת לְפָנַי אָמַר ה׳:

(ישעיהו סו, כג)

לכן אז ייפתח השער גם לנשיא המביא את קורבנות העם ועומד על מזוזת שער החצר הפנימית וצופה בקורבנותיו כשהם נעשים. השער נפתח גם לכל העם, להשתחוות דרכו מן החצר החיצונה כשהוא פתוח. בימי חול רגילים יכולים המגיעים לעזרה הפנימית (הכוהנים או מצורע בעת טהרתו) לבוא דרך שער הצפון או דרך שער הדרום של החצר הפנימית.[8] השער המזרחי הסגור, והאולם המוביל אליו – שמורים לנשיא, המביא את קורבנותיו או את קורבנות העם, לעמוד על קורבנותיו המוקרבים על ידי הכוהנים. השער נפתח עבורו גם בקורבנותיו האישיים ביום חול רגיל:

וְכִי יַעֲשֶׂה הַנָּשִׂיא נְדָבָה עוֹלָה אוֹ שְׁלָמִים נְדָבָה לַה׳ וּפָתַח לוֹ אֶת הַשַּׁעַר הַפֹּנֶה

7. שער זה אינו מצוין במסכת מידות, ואינו קיים כמפריד בין 'עזרת ישראל' ל'עזרת כוהנים' בשרטוטי המקדש המוכרים לנו.

8. רש"י משווה פסוק זה לנאמר לעיל (מד, א-ג): וַיָּשֶׁב אֹתִי דֶּרֶךְ שַׁעַר הַמִּקְדָּשׁ הַחִיצוֹן הַפֹּנֶה קָדִים וְהוּא סָגוּר: וַיֹּאמֶר אֵלַי ה׳ הַשַּׁעַר הַזֶּה סָגוּר יִהְיֶה לֹא יִפָּתֵחַ וְאִישׁ לֹא יָבֹא בוֹ כִּי ה׳ אֱלֹהֵי יִשְׂרָאֵל בָּא בוֹ וְהָיָה סָגוּר: אֶת הַנָּשִׂיא נָשִׂיא הוּא יֵשֶׁב בּוֹ לֶאֱכָל לֶחֶם לִפְנֵי ה׳ מִדֶּרֶךְ אֻלָם הַשַּׁעַר יָבוֹא וּמִדַּרְכּוֹ יֵצֵא.
אולם, על פי המשנה הכוונה שם היא לפשפש הדרומי שבין האולם להיכל, כדברי המשנה: "ושני פשפשין היו לו לשער הגדול: אחד בצפון, ואחד בדרום. שבדרום – לא נכנס בו אדם מעולם, ועליו הוא מפורש על ידי יחזקאל (מד, ב), שנאמר: וַיֹּאמֶר אֵלַי ה׳ הַשַּׁעַר הַזֶּה סָגוּר יִהְיֶה לֹא יִפָּתֵחַ וְאִישׁ לֹא יָבֹא בוֹ כִּי ה׳ אֱלֹהֵי יִשְׂרָאֵל בָּא בוֹ וְהָיָה סָגוּר. נטל את המפתח ופתח את הפשפש, ונכנס להתא, ומהתא להיכל; רבי יהודה אומר: בתוך עוביו של כותל היה מהלך. עד שנמצא עומד בין שני השערים, ופתח את החיצונות מבפנים ואת הפנימיות מבחוץ" (מידות ד, ב).

קָדִים וְעָשָׂה אֶת עֹלָתוֹ וְאֶת שְׁלָמָיו כַּאֲשֶׁר יַעֲשֶׂה בְּיוֹם הַשַּׁבָּת, וְיָצָא וְסָגַר אֶת הַשַּׁעַר אַחֲרֵי צֵאתוֹ:

(מו, יב)

השער לא ייסגר עד הערב בשבתות ובראשי חודשים, כדי שהעם הבא אל המקדש אל החצר החיצונה ישתחווה דרכו לכיוון ההיכל.

וְהָעֹלָה אֲשֶׁר יַקְרִב הַנָּשִׂיא לַה׳, בְּיוֹם הַשַּׁבָּת – שִׁשָּׁה כְבָשִׂים תְּמִימִם וְאַיִל תָּמִים: וּמִנְחָה אֵיפָה לָאַיִל וְלַכְּבָשִׂים מִנְחָה מַתַּת יָדוֹ, וְשֶׁמֶן הִין לָאֵיפָה: וּבְיוֹם הַחֹדֶשׁ פַּר בֶּן בָּקָר תְּמִימִם, וְשֵׁשֶׁת כְּבָשִׂם וָאַיִל – תְּמִימִם יִהְיוּ: וְאֵיפָה לַפָּר וְאֵיפָה לָאַיִל יַעֲשֶׂה מִנְחָה וְלַכְּבָשִׂים כַּאֲשֶׁר תַּשִּׂיג יָדוֹ, וְשֶׁמֶן הִין לָאֵיפָה: וּבְבוֹא הַנָּשִׂיא, דֶּרֶךְ אוּלָם הַשַּׁעַר יָבוֹא וּבְדַרְכּוֹ יֵצֵא:

(שם, ד–ח)

קורבנות הנשיא בשם העם בשבתות ובראשי חודשים (איל ושישה כבשים, ופר בראשי חודשים) לא נזכרו בתורה, והם ייחודיים לנבואת יחזקאל.

בנוסף לקורבנות התמיד והמוספים הרגילים בשבתות ובחודשים, ובנוסף לקורבנות הנשיא שצוינו כאן, העם מגיע, כאמור לעיל, להשתחוות לה׳ במקדש בחצר החיצונה (ולא בחצר הפנימית, שנועדה לקורבנות). הנשיא בא לשם כך עִם העָם. ההנחיה היא לא לשוב בשער שבאו בו, אלא להמשיך לשער הנגדי של החצר החיצונה:

וּבְבוֹא עַם הָאָרֶץ לִפְנֵי ה׳ בַּמּוֹעֲדִים הַבָּא דֶּרֶךְ שַׁעַר צָפוֹן לְהִשְׁתַּחֲוֹת יֵצֵא דֶּרֶךְ שַׁעַר נֶגֶב וְהַבָּא דֶּרֶךְ שַׁעַר נֶגֶב יֵצֵא דֶּרֶךְ שַׁעַר צָפוֹנָה, לֹא יָשׁוּב דֶּרֶךְ הַשַּׁעַר אֲשֶׁר בָּא בוֹ כִּי נִכְחוֹ יצאו יֵצֵא: וְהַנָּשִׂיא בְּתוֹכָם – בְּבוֹאָם יָבוֹא, וּבְצֵאתָם יֵצֵאוּ:

(שם, ט–י)

ו. אחוזת הנשיא

כֹּה אָמַר אֲדֹנָי ה׳, כִּי יִתֵּן הַנָּשִׂיא מַתָּנָה לְאִישׁ מִבָּנָיו נַחֲלָתוֹ הִיא לְבָנָיו תִּהְיֶה, אֲחֻזָּתָם הִיא בְּנַחֲלָה: וְכִי יִתֵּן מַתָּנָה מִנַּחֲלָתוֹ לְאַחַד מֵעֲבָדָיו וְהָיְתָה לּוֹ עַד שְׁנַת הַדְּרוֹר וְשָׁבַת לַנָּשִׂיא, אַךְ נַחֲלָתוֹ בָּנָיו לָהֶם תִּהְיֶה: וְלֹא יִקַּח הַנָּשִׂיא מִנַּחֲלַת הָעָם לְהוֹנֹתָם מֵאֲחֻזָּתָם – מֵאֲחֻזָּתוֹ יַנְחִל אֶת בָּנָיו, לְמַעַן אֲשֶׁר לֹא יָפֻצוּ עַמִּי אִישׁ מֵאֲחֻזָּתוֹ:

(מו, טז–יח)

אחוזת הנשיא, בחלוקת הנחלות החדשה לשבטים בארץ ובירושלים (לעיל מה, ז), נועדה גם להרים את קרנו, וגם להביא לכך שפרשת כרם נבות, של מלך הנוטל בכוח את נחלת אבותיו של אחד מן העם, לא תחזור על עצמה, חלילה. גם לעיל (מה, ח) וגם כאן נזכר האיסור על הנשיא לקחת מנחלת העם לו או לבניו. עוד חידש לנו כאן הנביא דין מעין ירושה מחיים בנחלה שהנשיא נותן לבניו, שמכוחה היא אינה מופקעת מהם ביובל.

הפטרת שבת הגדול[1]

ג ד ה וְעָרְבָה לַיהוה מִנְחַת יְהוּדָה וִירוּשָׁלָ͏ִם כִּימֵי עוֹלָם וּכְשָׁנִים קַדְמֹנִיּוֹת: וְקָרַבְתִּי
אֲלֵיכֶם לַמִּשְׁפָּט וְהָיִיתִי עֵד מְמַהֵר בַּמְכַשְּׁפִים וּבַמְנָאֲפִים וּבַנִּשְׁבָּעִים לַשָּׁקֶר
וּבְעֹשְׁקֵי שְׂכַר־שָׂכִיר אַלְמָנָה וְיָתוֹם וּמַטֵּי־גֵר וְלֹא יְרֵאוּנִי אָמַר יהוה צְבָאוֹת:
ו ז כִּי אֲנִי יהוה לֹא שָׁנִיתִי וְאַתֶּם בְּנֵי־יַעֲקֹב לֹא כְלִיתֶם: לְמִימֵי אֲבֹתֵיכֶם סַרְתֶּם
מֵחֻקַּי וְלֹא שְׁמַרְתֶּם שׁוּבוּ אֵלַי וְאָשׁוּבָה אֲלֵיכֶם אָמַר יהוה צְבָאוֹת וַאֲמַרְתֶּם
ח בַּמֶּה נָשׁוּב: הֲיִקְבַּע אָדָם אֱלֹהִים כִּי אַתֶּם קֹבְעִים אֹתִי וַאֲמַרְתֶּם בַּמֶּה קְבַעֲנוּךָ
ט י הַמַּעֲשֵׂר וְהַתְּרוּמָה: בַּמְּאֵרָה אַתֶּם נֵאָרִים וְאֹתִי אַתֶּם קֹבְעִים הַגּוֹי כֻּלּוֹ: הָבִיאוּ
אֶת־כָּל־הַמַּעֲשֵׂר אֶל־בֵּית הָאוֹצָר וִיהִי טֶרֶף בְּבֵיתִי וּבְחָנוּנִי נָא בָּזֹאת אָמַר יהוה
צְבָאוֹת אִם־לֹא אֶפְתַּח לָכֶם אֵת אֲרֻבּוֹת הַשָּׁמַיִם וַהֲרִיקֹתִי לָכֶם בְּרָכָה עַד־בְּלִי־
יא דָי: וְגָעַרְתִּי לָכֶם בָּאֹכֵל וְלֹא־יַשְׁחִת לָכֶם אֶת־פְּרִי הָאֲדָמָה וְלֹא־תְשַׁכֵּל לָכֶם
יב הַגֶּפֶן בַּשָּׂדֶה אָמַר יהוה צְבָאוֹת: וְאִשְּׁרוּ אֶתְכֶם כָּל־הַגּוֹיִם כִּי־תִהְיוּ אַתֶּם אֶרֶץ
יג חֵפֶץ אָמַר יהוה צְבָאוֹת: חָזְקוּ עָלַי דִּבְרֵיכֶם אָמַר יהוה וַאֲמַרְתֶּם
יד מַה־נִּדְבַּרְנוּ עָלֶיךָ: אֲמַרְתֶּם שָׁוְא עֲבֹד אֱלֹהִים וּמַה־בֶּצַע כִּי שָׁמַרְנוּ מִשְׁמַרְתּוֹ
טו וְכִי הָלַכְנוּ קְדֹרַנִּית מִפְּנֵי יהוה צְבָאוֹת: וְעַתָּה אֲנַחְנוּ מְאַשְּׁרִים זֵדִים גַּם־נִבְנוּ
טז עֹשֵׂי רִשְׁעָה גַּם בָּחֲנוּ אֱלֹהִים וַיִּמָּלֵטוּ: אָז נִדְבְּרוּ יִרְאֵי יהוה אִישׁ אֶל־רֵעֵהוּ
יז וַיַּקְשֵׁב יהוה וַיִּשְׁמָע וַיִּכָּתֵב סֵפֶר זִכָּרוֹן לְפָנָיו לְיִרְאֵי יהוה וּלְחֹשְׁבֵי שְׁמוֹ: וְהָיוּ
לִי אָמַר יהוה צְבָאוֹת לַיּוֹם אֲשֶׁר אֲנִי עֹשֶׂה סְגֻלָּה וְחָמַלְתִּי עֲלֵיהֶם כַּאֲשֶׁר יַחְמֹל
יח אִישׁ עַל־בְּנוֹ הָעֹבֵד אֹתוֹ: וְשַׁבְתֶּם וּרְאִיתֶם בֵּין צַדִּיק לְרָשָׁע בֵּין עֹבֵד אֱלֹהִים
יט לַאֲשֶׁר לֹא עֲבָדוֹ: כִּי־הִנֵּה הַיּוֹם בָּא בֹּעֵר כַּתַּנּוּר וְהָיוּ כָל־זֵדִים וְכָל־

1. דברינו על הפטרה זו הם מן הארוכים שכתבנו, ונמליץ לפני הקורא לקרוא רק את חלקם ולהותיר לשנים הבאות.

עֹשֵׂה רִשְׁעָה קַשׁ וְלִהַט אֹתָם הַיּוֹם הַבָּא אָמַר יהוה צְבָאוֹת אֲשֶׁר לֹא־יַעֲזֹב
כ לָהֶם שֹׁרֶשׁ וְעָנָף: וְזָרְחָה לָכֶם יִרְאֵי שְׁמִי שֶׁמֶשׁ צְדָקָה וּמַרְפֵּא בִּכְנָפֶיהָ וִיצָאתֶם
כא וּפִשְׁתֶּם כְּעֶגְלֵי מַרְבֵּק: וְעַסּוֹתֶם רְשָׁעִים כִּי־יִהְיוּ אֵפֶר תַּחַת כַּפּוֹת רַגְלֵיכֶם בַּיּוֹם
כב אֲשֶׁר אֲנִי עֹשֶׂה אָמַר יהוה צְבָאוֹת: זִכְרוּ תּוֹרַת מֹשֶׁה עַבְדִּי אֲשֶׁר
כג צִוִּיתִי אוֹתוֹ בְחֹרֵב עַל־כָּל־יִשְׂרָאֵל חֻקִּים וּמִשְׁפָּטִים: הִנֵּה אָנֹכִי שֹׁלֵחַ לָכֶם אֵת
כד אֵלִיָּה הַנָּבִיא לִפְנֵי בּוֹא יוֹם יהוה הַגָּדוֹל וְהַנּוֹרָא: וְהֵשִׁיב לֵב־אָבוֹת עַל־בָּנִים
וְלֵב בָּנִים עַל־אֲבוֹתָם פֶּן־אָבוֹא וְהִכֵּיתִי אֶת־הָאָרֶץ חֵרֶם:
הִנֵּה אָנֹכִי שֹׁלֵחַ לָכֶם אֵת אֵלִיָּה הַנָּבִיא לִפְנֵי בּוֹא יוֹם יהוה הַגָּדוֹל וְהַנּוֹרָא:

א. 'שבת הגדול'

שם זה ידוע במקורותינו מבית מדרשו של רש"י,[2] והוא כתוב בסידור רש"י, בספר הפרדס, בספר האורה וכן במחזור ויטרי של תלמידו. הדברים מבוססים על הנאמר בברייתא של 'סדר עולם' ובגמרא בשבת פז ע"ב, שיום יציאת בני ישראל ממצרים, ט"ו בניסן, היה ביום חמישי בשבוע. עולה מכך, שהעשור לחודש, שבו לקחו ישראל את פסחיהם על פי צו ה', היה יום השבת שלפני חג פסח, שהוא בלשון רש"י ותלמידיו 'שבת הגדול'. על יום זה ועל הנס שנעשה בו כתב הטור על פי הראשונים מבית מדרשו של רש"י:

שבת שלפני הפסח, קורין אותו: 'שבת הגדול', והטעם, לפי שנעשה בו נס גדול. שפסח מצרים מקחו בעשור, כדכתיב: בֶּעָשֹׂר לַחֹדֶשׁ הַזֶּה וְיִקְחוּ לָהֶם אִישׁ שֶׂה לְבֵית אָבֹת שֶׂה לַבָּיִת (שמות יב, ג); ופסח שיצאו ישראל ממצרים, היה ביום ה', כדאיתא בסדר עולם, ונמצא שי' בחדש היה שבת; ולקחו להם כל אחד שה לפסחו, וקשר אותו בכרעי מטתו, ושאלום המצריים: למה זה לכם? והשיבו: לשחטו לשם פסח, במצות השם עלינו. והיו שיניהם קהות על ששוחטין את אלהיהן, ולא היו רשאין לומר להם דבר, ועל שם אותו הנס קורין אותו: 'שבת הגדול'.

(טור או"ח תל)

2. ממה שידוע לי, קדם לרש"י בכך רק מנהג הקראים לקרותו 'שבת הגדול', וקצת תימה שהמנהג זלג אל מקורותינו. עיינו בהגדה שלמה לרמ"מ כשר יב, ד (ירושלים תשכ"א, עמ' 52).

החזקוני, ובעקבותיו ראשונים אחרים, 'ויתר' על הנס שנעשה ביום זה, ורומם במקומו את עצם המצווה שעשו ישראל:

> בֶּעָשׂר לַחֹדֶשׁ הַזֶּה וְיִקְחוּ לָהֶם – יום שבת היה, ולפי שעשו בו ישראל מצוה ראשונה, כגון מקח הפסח בעשור – נקרא: 'שבת הגדול'.
>
> (חזקוני שמות יב, ג)

עוד ניתנו נימוקים לשם 'שבת הגדול' בגלל דרשת הרב בהלכות הפסח בשבת זו, ולא נאריך בהם. נביא שני נימוקים נוספים:

א. יום טוב ראשון של פסח נקרא בתורה 'שבת' לעניין ספירת העומר, ולכן נקרא השבת שלפניו 'שבת הגדול' כדי להבדיל ביניהם, לפי ששבת בראשית קדושה יותר משבת הפסח (מספר המאורות הגדולים, בהגדה שלמה של הרמ"מ כשר).

ב. נימוק נוסף חשוב לענייננו, מביא 'מטה משה' (תקמב) בשם רבו המהרש"ל, שהשבת נקרא כך על שם הפטרתו, המסתיימת במילים לִפְנֵי בּוֹא יוֹם ה' הַגָּדוֹל וְהַנּוֹרָא. הרש"ל עצמו דחה טעם זה בסיבה דחוקה.

ב. ההפטרה

בעל הלבושים כתב שני טעמים לקריאת הפטרה מיוחדת לשבת זו, אף שאין בשבת 'מפטיר' המיוחד לה בספר תורה נוסף:[3]

> ונ"ל טעמא דמפטירין 'וערבה' בכל שבת הגדול, משום דכתיב בה: הִנֵּה אָנֹכִי שֹׁלֵחַ לָכֶם אֵת אליהו וגו' (מלאכי ג, כג), שהוא דומה לבשורת משה הגאולה במצרים, והוי מעין המאורע בכל שבת הגדול. ואותם שאין מפטירין 'וערבה' אלא כשחל שבת הגדול בערב פסח, טעמא אחריתא היא, משום דכתיב בה: הָבִיאוּ אֶת (כָּל) הַמַּעֲשֵׂר אֶל בֵּית הָאוֹצָר וגו' (שם, י), דהיינו ביעור המעשר בשנה רביעית דשמטה, וזמן הביעור לא היה אלא בערב פסח.
>
> (לבוש או"ח תל)

הנימוק שה'לבוש' נוטה לדחות (ביחס למנהגנו לקרוא הפטרה זו לא רק כששבת הגדול חל בערב פסח), הוא הזכרת ביעור המעשרות בהפטרתנו:

3. ודוגמתה רק בהפטרה המקבילה לה במחצית השנה השנייה – שבת 'תשובה' או 'שובה'.

הָבִיאוּ אֶת כָּל הַמַּעֲשֵׂר אֶל בֵּית הָאוֹצָר וִיהִי טֶרֶף בְּבֵיתִי, וּבְחָנוּנִי נָא בָּזֹאת, אָמַר ה׳ צְבָאוֹת, אִם לֹא אֶפְתַּח לָכֶם אֵת אֲרֻבּוֹת הַשָּׁמַיִם, וַהֲרִיקֹתִי לָכֶם בְּרָכָה עַד בְּלִי דָי:
(י׳)

ביעור של מעשר ראשון ומעשר עני, על פי התורה, הוא נתינתם למכותבים להם – הלוי והעני. ביעור מעשר שני או כסף חילולו בימינו הוא איבודו או הפקרתו של המעשר או הכסף בערב פסח של השנה הרביעית לשמיטה, ובשנת השמיטה עצמה (בשתיהן הכוונה לפסח שאחרי השנים השלישית והשישית, שבהן מפרישים מעשר עני). בגלל שנים אלו נהגו להזכיר את ביעור המעשרות בהפטרה כל שנה.

יש נימוקים לדחות הסבר זה (על פי פשטי המקראות מלאכי הנביא אינו מדבר על ביעור מעשרות), והסבר זה מתאים בעיקר למנהג לקרוא הפטרה זו רק בשבת שהיא ערב פסח, וכן כתב הלבוש.

נימוקו הראשון של הלבוש משתלב יותר בתוכנה של ההפטרה (ובנימוקו של המהרש״ל לעיל): יום הפסח הוא הדוגמה המקראית הברורה ביותר ליום ה׳ הַגָּדוֹל וְהַנּוֹרָא, שנביאים רבים דיברו עליו. הנביאים שדיברו על יום ה׳, נטלו את הדוגמות ממה שקרה בגאולת מצרים; ובעיקר הנביא יואל, שדיבר על יום ה׳ העתידי כיום שתהיינה בו מכות ארבה, דם וחושך; עם ישראל יצא בו לחירות ממשעבדיו וממוכריו בשוק העבדים, וה׳ ישפוך עליהם את רוחו.

הנביא מלאכי בהפטרתנו רואה את אליה(ו) הנביא מחליף את משה רבנו בהבאת יום ה׳ ובגאולת ישראל, וכמסורת המלווה אותנו בליל הסדר:

זִכְרוּ תּוֹרַת מֹשֶׁה עַבְדִּי, אֲשֶׁר צִוִּיתִי אוֹתוֹ בְחֹרֵב עַל כָּל יִשְׂרָאֵל חֻקִּים וּמִשְׁפָּטִים:
הִנֵּה אָנֹכִי שֹׁלֵחַ לָכֶם אֵת אֵלִיָּה הַנָּבִיא, לִפְנֵי בּוֹא יוֹם ה׳ הַגָּדוֹל וְהַנּוֹרָא:
(כב-כג)

מלווים בנימוק זה נצעד יחד בפירוש ההפטרה כולה.[4]

4. נזכיר, שלעיל בדברינו על הפטרת צו הבאנו נימוק נוסף לקריאה זו, הנזכר ב'אור זרוע' (חלק ב – הלכות קריאת ארבע פרשיות ומועדים שצג). בדרך כלל הפרשה הנקראת בשבת הסמוכה לפסח היא פרשת צו, שעיקר עיסוקה בתורת הקורבנות. הפטרתה, על פי הגמרא, היא נבואת ירמיהו המואסת בקורבנות, שהובאו דרך קבע למקדש בימי יהויקים בן יאשיהו. חביבותו של קורבן פסח (הסותר לכאורה את טענת ירמיהו בהפטרה: כִּי לֹא דִבַּרְתִּי אֶת אֲבוֹתֵיכֶם וְלֹא צִוִּיתִים בְּיוֹם הוֹצִיאִ אוֹתָם מֵאֶרֶץ מִצְרָיִם עַל דִּבְרֵי עוֹלָה וָזָבַח), הביאה להעדפת הפטרתנו, הפותחת במילים: וְעָרְבָה לַה׳ מִנְחַת יְהוּדָה וִירוּשָׁלָם, כִּימֵי עוֹלָם וּכְשָׁנִים קַדְמֹנִיּוֹת.

ג. הקשר בין המשפט והקורבנות

> וְעָרְבָה לַה' מִנְחַת יְהוּדָה וִירוּשָׁלָםִ, כִּימֵי עוֹלָם וּכְשָׁנִים קַדְמֹנִיּוֹת: וְקָרַבְתִּי אֲלֵיכֶם לַמִּשְׁפָּט, וְהָיִיתִי עֵד מְמַהֵר בַּמְכַשְּׁפִים וּבַמְנָאֲפִים וּבַנִּשְׁבָּעִים לַשָּׁקֶר, וּבְעֹשְׁקֵי שְׂכַר שָׂכִיר אַלְמָנָה וְיָתוֹם וּמַטֵּי גֵר – וְלֹא יְרֵאוּנִי, אָמַר ה' צְבָאוֹת:

(ד-ה)

התניית ערבות קורבנותינו לה' בעשיית משפט עולה בנביאים רבים. נביא שתי דוגמות:

> לָמָּה לִּי רֹב זִבְחֵיכֶם יֹאמַר ה' שָׂבַעְתִּי עֹלוֹת אֵילִים וְחֵלֶב מְרִיאִים, וְדַם פָּרִים וּכְבָשִׂים וְעַתּוּדִים לֹא חָפָצְתִּי:
> לִמְדוּ הֵיטֵב, דִּרְשׁוּ מִשְׁפָּט, אַשְּׁרוּ חָמוֹץ, שִׁפְטוּ יָתוֹם, רִיבוּ אַלְמָנָה:

(ישעיהו א, יא; יז)

> בַּמָּה אֲקַדֵּם ה' אִכַּף לֵאלֹהֵי מָרוֹם, הַאֲקַדְּמֶנּוּ בְעוֹלוֹת בַּעֲגָלִים בְּנֵי שָׁנָה: הֲיִרְצֶה ה' בְּאַלְפֵי אֵילִים בְּרִבְבוֹת נַחֲלֵי שָׁמֶן... הִגִּיד לְךָ אָדָם מַה טּוֹב וּמָה ה' דּוֹרֵשׁ מִמְּךָ, כִּי אִם עֲשׂוֹת מִשְׁפָּט וְאַהֲבַת חֶסֶד וְהַצְנֵעַ לֶכֶת עִם אֱלֹהֶיךָ:

(מיכה ו, ו-ח)

התנייה זו באה לידי ביטוי בסמיכות הסנהדרין, היושבת בלשכת הגזית, למזבח, וכמבואר במכילתא:

> וְאֵלֶּה הַמִּשְׁפָּטִים אֲשֶׁר תָּשִׂים (שמות כא, א). נמצינו למדין שסנהדרין באין בצד מזבח.

(מכילתא דר"י יתרו, מסכתא דבחדש, יא)

כך התפרשה סמיכות זו גם במשנה תורה:

> שֹׁפְטִים וְשֹׁטְרִים תִּתֶּן לְךָ בְּכָל שְׁעָרֶיךָ, אֲשֶׁר ה' אֱלֹהֶיךָ נֹתֵן לְךָ לִשְׁבָטֶיךָ וְשָׁפְטוּ אֶת הָעָם מִשְׁפַּט צֶדֶק: לֹא תַטֶּה מִשְׁפָּט לֹא תַכִּיר פָּנִים, וְלֹא תִקַּח שֹׁחַד, כִּי הַשֹּׁחַד יְעַוֵּר עֵינֵי חֲכָמִים וִיסַלֵּף דִּבְרֵי צַדִּיקִם: צֶדֶק צֶדֶק תִּרְדֹּף, לְמַעַן תִּחְיֶה וְיָרַשְׁתָּ אֶת הָאָרֶץ אֲשֶׁר ה' אֱלֹהֶיךָ נֹתֵן לָךְ: לֹא תִטַּע לְךָ אֲשֵׁרָה כָּל עֵץ, אֵצֶל מִזְבַּח ה' אֱלֹהֶיךָ אֲשֶׁר תַּעֲשֶׂה לָּךְ:

(דברים טז, יח-כא)

בשער כל עיר (בעת היתר במות) עמד מזבח, ולידו ישבו השופטים בשער ודנו בין האנשים. המתחייב שבועה היה נשבע ליד המזבח בנקיטת חפץ, בשימת ידו על המזבח.

גם בתפילת שלמה בחנוכת המקדש עולה הקשר בין מזבח ה׳, שנועד לקורבנות, לעשיית המשפט:

אֵת אֲשֶׁר יֶחֱטָא אִישׁ לְרֵעֵהוּ וְנָשָׁא בוֹ אָלָה לְהַאֲלֹתוֹ וּבָא אָלָה לִפְנֵי מִזְבַּחֲךָ בַּבַּיִת הַזֶּה: וְאַתָּה תִּשְׁמַע הַשָּׁמַיִם וְעָשִׂיתָ וְשָׁפַטְתָּ אֶת עֲבָדֶיךָ לְהַרְשִׁיעַ רָשָׁע לָתֵת דַּרְכּוֹ בְּרֹאשׁוֹ וּלְהַצְדִּיק צַדִּיק לָתֶת לוֹ כְּצִדְקָתוֹ:

(מל״א ח, לא-לב)

גם הנביא בהפטרתנו כורך את קבלת המנחה במשפט, אך הוא מזכיר דווקא את משפט ה׳ ברשעים, ובעיקר במדכאי המשפט: מטי הגר ושאר מקופחי החברה.

הרקע לטענת הנביא עולה במקראות הסמוכים להפטרה לפניה:

הוֹגַעְתֶּם ה׳ בְּדִבְרֵיכֶם, וַאֲמַרְתֶּם, בַּמָּה הוֹגָעְנוּ? בֶּאֱמָרְכֶם, כָּל עֹשֵׂה רָע טוֹב בְּעֵינֵי ה׳ וּבָהֶם הוּא חָפֵץ, אוֹ אַיֵּה אֱלֹהֵי הַמִּשְׁפָּט?: הִנְנִי שֹׁלֵחַ מַלְאָכִי וּפִנָּה דֶרֶךְ לְפָנָי, וּפִתְאֹם יָבוֹא אֶל הֵיכָלוֹ הָאָדוֹן אֲשֶׁר אַתֶּם מְבַקְשִׁים, וּמַלְאַךְ הַבְּרִית אֲשֶׁר אַתֶּם חֲפֵצִים – הִנֵּה בָא, אָמַר ה׳ צְבָאוֹת: וּמִי מְכַלְכֵּל אֶת יוֹם בּוֹאוֹ? וּמִי הָעֹמֵד בְּהֵרָאוֹתוֹ? כִּי הוּא כְּאֵשׁ מְצָרֵף, וּכְבֹרִית מְכַבְּסִים:

(ב, יז – ג, ב)

סגנונו של מלאכי, בכל נבואותיו, הוא ניהול שיח שאלות ותשובות בין ה׳ ובין העם. הנביא הוא בן דורם של עזרא ונחמיה, העושים כל מאמץ להשיב את העם אל ה׳ אלוהיהם, בימים של נישואי תערובת עם נוכרים, נטישת מצוות ה׳, ומלחמת קיום, הטבולה בשחיתות וחוסר משפט. האכזבה מן ההפרש הגדול, בין תקוות הגאולה בשיבת ציון ובבניין ירושלים והמקדש למציאות הדחוקה; עליית קרנם של צרי ישראל כאן בארץ; ועליבותם של המקדש וירושלים בתחילת בניינם – הייתה גדולה מנשוא. התחושה הייתה שאין גמול לצדיקים ועובדי ה׳, ונטישת דרכו משתלמת יותר.

הנביא מדבר על ׳יום ה׳׳, שבו יתגלה ה׳ כמו ביום יציאת מצרים, ויגאל את נאמניו מידי צריהם. הוא יבוא עם מלאכו-נביאו, כשם שהופיע במצרים עם משה ואהרן. קודם להתגלות הנכספת הוא שואל את העם:

וּמִי מְכַלְכֵּל אֶת יוֹם בּוֹאוֹ? וּמִי הָעֹמֵד בְּהֵרָאוֹתוֹ? כִּי הוּא כְּאֵשׁ מְצָרֵף, וּכְבֹרִית מְכַבְּסִים:

(ג, ב)

כלומר, כשיתגלה יום המשפט, האם אתם במעשיכם עכשיו תהיו מן הנגאלים, או שמא מן הנשפטים? הגאולה תהיה גדולה, אך המשפט יהיה כואב. כך היה גם בגאולת מצרים, כשרבים מישראל נספו, ולדעת חז"ל יצאו ממצרים חמישית מן היהודים בלבד. האומנם כדאי לכם שיבוא אלוהי המשפט?!

לכאורה התשובה חיובית, שהרי איננו נמנים בין הרשעים הגמורים: איננו מכשפים, ולא מנאפים, ונראה לנו שגם איננו טבולים בשחיתויות חברתיות. אולם, לפני שנשיב תשובה חיובית, נעיין בדבריו של רבי יוחנן, שחשש שהוא מן הנידונים בפסוק זה:

> רבי יוחנן, כי מטי להאי קרא – בכי: וְקָרַבְתִּי אֲלֵיכֶם לַמִּשְׁפָּט, וְהָיִיתִי עֵד מְמַהֵר בַּמְכַשְּׁפִים וּבַמְנָאֲפִים וּבַנִּשְׁבָּעִים לַשָּׁקֶר, וּבְעֹשְׁקֵי שְׂכַר שָׂכִיר (ג, ה), עבד שרבו מקרבו לדונו, וממהר להעידו, תקנה יש לו?

(חגיגה ה ע"א)

מכל מקום, בעת שיבוא ה' למשפט עימנו, ואף אנו נלמד לעשות משפט, אז יערבו עליו מנחותינו וקורבנותינו; ובעניינא דיומא – קורבן הפסח שנקריב לפניו, בעת שנבוא לחדש את הברית עימו.

ד. התשובה במצוות הפרשת המעשרות ושכרה

> לְמִימֵי אֲבֹתֵיכֶם סַרְתֶּם מֵחֻקַּי וְלֹא שְׁמַרְתֶּם, שׁוּבוּ אֵלַי – וְאָשׁוּבָה אֲלֵיכֶם, אָמַר ה' צְבָאוֹת, וַאֲמַרְתֶּם, בַּמֶּה נָשׁוּב: הֲיִקְבַּע אָדָם אֱלֹהִים, כִּי אַתֶּם קֹבְעִים אֹתִי? וַאֲמַרְתֶּם, בַּמֶּה קְבַעֲנוּךָ? – הַמַּעֲשֵׂר וְהַתְּרוּמָה: בַּמְּאֵרָה אַתֶּם נֵאָרִים וְאֹתִי אַתֶּם קֹבְעִים, הַגּוֹי כֻּלּוֹ: הָבִיאוּ אֶת כָּל הַמַּעֲשֵׂר אֶל בֵּית הָאוֹצָר וִיהִי טֶרֶף בְּבֵיתִי, וּבְחָנוּנִי נָא בָּזֹאת, אָמַר ה' צְבָאוֹת, אִם לֹא אֶפְתַּח לָכֶם אֵת אֲרֻבּוֹת הַשָּׁמַיִם, וַהֲרִיקֹתִי לָכֶם בְּרָכָה עַד בְּלִי דָי: וְגָעַרְתִּי לָכֶם בָּאֹכֵל וְלֹא יַשְׁחִת לָכֶם אֶת פְּרִי הָאֲדָמָה, וְלֹא תְשַׁכֵּל לָכֶם הַגֶּפֶן בַּשָּׂדֶה, אָמַר ה' צְבָאוֹת: וְאִשְּׁרוּ אֶתְכֶם כָּל הַגּוֹיִם, כִּי תִהְיוּ אַתֶּם אֶרֶץ חֵפֶץ, אָמַר ה' צְבָאוֹת:

(ז–יב)

מנקודת מבטנו היום, תפקידם של התרומות והמעשרות אינו אלא הכשרת התבואה, ה'חולין', לאכילה. בראשית ימי הבית השני ובמצוקת הרעב שהייתה אז, תפקיד התרומות והמעשרות היה לפרנס (פרנסה מזערית) את הכוהנים והלוויים העובדים במקדש והעושים את תפקידיהם בירושלים, כשמירת שערי העיר ביום השבת מפני

מסחר הגויים שחילל בה את השבת (ראו נחמיה יג, כב). כשהמעשר והתרומה לא ניתנו – הכוהנים והלוויים לא יכלו להרשות לעצמם לעבוד במקדש ולהיות בירושלים, ונאלצו לברוח אל שדותיהם ברחבי הארץ, או להשתכר כעובדים שכירים. כך מתואר בספר נחמיה, בן־זמנו של מלאכי, בעת שנחמיה נסע לפרס בשירות המלך ארתחשסתא ולא פיקח ביד חזקה על הנעשה בירושלים:

> וָאֵדְעָה כִּי מְנָיוֹת הַלְוִיִּם לֹא נִתָּנָה, וַיִּבְרְחוּ אִישׁ לְשָׂדֵהוּ הַלְוִיִּם וְהַמְשֹׁרְרִים עֹשֵׂי הַמְּלָאכָה:
>
> (נחמיה יג, י)

ב'הסכם' העבודה כביכול, בין ה' לעם עולה, שה' ייתן לעם את הגשמים ויגן על התבואה מן המזיקים החקלאיים, והעם יפרנס את הכוהנים והלוויים, העובדים במקדשו. כשמנות הכוהנים והלוויים לא ניתנו, נמצא העם 'עושק' (= קובע)[5] את אלוהיו, וגם ה' חדל מחלקו בהסכם. המארה פוגעת בתבואה; הגשמים אינם יורדים; הארבה ודומיו אוכלים את התבואה – והארץ הופכת לשממה. הנביא דורש מן העם לתת את חלקו במעשר ובתרומה, ולצפות לישועת האדמה; לגשמים שה' יברך בהם את האדמה; לשאר הברכה, שתבוא עד בלי די; ולכך שהגויים יראו את הארץ הטובה, שה' חפץ בה.

למדנו מן המקראות בהפטרתנו דבר נוסף: על פי דין התורה, נותן כל אדם את תרומותיו ומעשרותיו לכוהן וללוי שהוא בוחר בהם, ואולי אף יש לנותן 'טובת הנאה' מן הכוהן והלוי המקבלים את מתנותיו. יתר על כן: ההלכה המאוחרת מכירה גם ב'מכירי כהונה' – כוהנים המוחזקים לקבל את תרומתה של משפחה מסוימת, ובמידה מסוימת יש להם עליה תביעה ממונית משפטית. אנשי כנסת הגדולה בדורו של מלאכי תיקנו, מחמת המצוקה, שכולם יביאו את תרומותיהם ואת מעשרותיהם אל בֵּית הָאוֹצָר (ולהלן אל בתי אוצר רבים ביישובים השונים), לקופה מֶרכזית, ומקופה זו יחלקו הממונים את המעשרות בצדק וביושר לכוהנים וללוויים בחלוקה שווה, או על פי מידת עבודתם במקדש ובירושלים. אכן, העם קיבל עליו תקנה זו, ומצוות רבות נוספות, באמנה שנכרתה בהנהגת עזרא ונחמיה:[6]

5. קביעה היא עושק. השוו למשלי כב, כב-כג: אַל תִּגְזָל דָּל כִּי דַל הוּא וְאַל תְּדַכֵּא עָנִי בַשָּׁעַר: כִּי ה' יָרִיב רִיבָם וְקָבַע אֶת קֹבְעֵיהֶם נָפֶשׁ:

6. א. הדברים לא נתפרשו במקרא, אך מסתבר שתוכחת מלאכי קדמה לאמנה. בעקבות תוכחתו קיבלו עליהם את נתינת התרומות והמעשרות לאוצר בית ה'.
ב. כאמור לעיל, המקראות אינם חייבים להתפרש על מצוות ביעור מעשרות, אלא על עצם נתינתם.

וְאֶת רֵאשִׁית עֲרִיסֹתֵינוּ וּתְרוּמֹתֵינוּ וּפְרִי כָל עֵץ תִּירוֹשׁ וְיִצְהָר נָבִיא לַכֹּהֲנִים אֶל לִשְׁכוֹת בֵּית אֱלֹהֵינוּ, וּמַעְשַׂר אַדְמָתֵנוּ לַלְוִיִּם, וְהֵם הַלְוִיִּם הַמְעַשְּׂרִים בְּכֹל עָרֵי עֲבֹדָתֵנוּ: וְהָיָה הַכֹּהֵן בֶּן אַהֲרֹן עִם הַלְוִיִּם בַּעְשֵׂר הַלְוִיִּם, וְהַלְוִיִּם יַעֲלוּ אֶת מַעֲשַׂר הַמַּעֲשֵׂר לְבֵית אֱלֹהֵינוּ אֶל הַלְּשָׁכוֹת לְבֵית הָאוֹצָר: כִּי אֶל הַלְּשָׁכוֹת יָבִיאוּ בְנֵי יִשְׂרָאֵל וּבְנֵי הַלֵּוִי אֶת תְּרוּמַת הַדָּגָן הַתִּירוֹשׁ וְהַיִּצְהָר, וְשָׁם כְּלֵי הַמִּקְדָּשׁ וְהַכֹּהֲנִים הַמְשָׁרְתִים וְהַשּׁוֹעֲרִים וְהַמְשֹׁרְרִים, וְלֹא נַעֲזֹב אֶת בֵּית אֱלֹהֵינוּ:

(שם י, לח-מ)

אכן, אי־קיום תקנה זו משמעה עזיבת בית אלוהינו, ומן הסיבה שנתבארה לעיל. תקנת אנשי כנסת הגדולה בכך אכן התקיימה, וכפי שנחמיה מעיד:

וַיִּפָּקְדוּ בַיּוֹם הַהוּא אֲנָשִׁים עַל הַנְּשָׁכוֹת: לָאוֹצָרוֹת לַתְּרוּמוֹת, לָרֵאשִׁית וְלַמַּעַשְׂרוֹת, לִכְנוֹס בָּהֶם לִשְׂדֵי הֶעָרִים מְנָאוֹת הַתּוֹרָה לַכֹּהֲנִים וְלַלְוִיִּם, כִּי שִׂמְחַת יְהוּדָה עַל הַכֹּהֲנִים וְעַל הַלְוִיִּם הָעֹמְדִים:
וְכָל יִשְׂרָאֵל בִּימֵי זְרֻבָּבֶל וּבִימֵי נְחֶמְיָה נֹתְנִים מְנָיוֹת הַמְשֹׁרְרִים וְהַשֹּׁעֲרִים דְּבַר יוֹם בְּיוֹמוֹ, וּמַקְדִּשִׁים לַלְוִיִּם וְהַלְוִיִּם מַקְדִּשִׁים לִבְנֵי אַהֲרֹן:
וָאָרִיבָה אֶת הַסְּגָנִים, וָאֹמְרָה, מַדּוּעַ נֶעֱזַב בֵּית הָאֱלֹהִים? וָאֶקְבְּצֵם וָאַעֲמִדֵם עַל עָמְדָם: וְכָל יְהוּדָה הֵבִיאוּ מַעְשַׂר הַדָּגָן וְהַתִּירוֹשׁ וְהַיִּצְהָר – לָאוֹצָרוֹת: וָאוֹצְרָה עַל אוֹצָרוֹת שֶׁלֶמְיָה הַכֹּהֵן וְצָדוֹק הַסּוֹפֵר וּפְדָיָה מִן הַלְוִיִּם, וְעַל יָדָם חָנָן בֶּן זַכּוּר בֶּן מַתַּנְיָה, כִּי נֶאֱמָנִים נֶחְשָׁבוּ וַעֲלֵיהֶם לַחֲלֹק לַאֲחֵיהֶם:

(שם יב, מד; מז; יג, יא-יג)

ה. משבר האמונה ותורת הגמול

חָזְקוּ עָלַי דִּבְרֵיכֶם, אָמַר ה׳, וַאֲמַרְתֶּם, מַה נִּדְבַּרְנוּ עָלֶיךָ: אֲמַרְתֶּם, שָׁוְא עֲבֹד אֱלֹהִים, וּמַה בֶּצַע כִּי שָׁמַרְנוּ מִשְׁמַרְתּוֹ, וְכִי הָלַכְנוּ קְדֹרַנִּית מִפְּנֵי ה׳ צְבָאוֹת: וְעַתָּה אֲנַחְנוּ מְאַשְּׁרִים זֵדִים, גַּם נִבְנוּ עֹשֵׂי רִשְׁעָה גַּם בָּחֲנוּ אֱלֹהִים – וַיִּמָּלֵטוּ:

(יג-טו)

השיח הקשה בין העם ובין ה׳, דרך הנביא, ממשיך. הנביא הציע לעיל הצעה חריגה, שיש בה לכאורה איסור לנסות את ה׳:

עַשֵּׂר תְּעַשֵּׂר (דברים יד, כב)... – עשר בשביל שתתעשר... ומי שרי לנסוייה (= והאם מותר לנסות) להקדוש ברוך הוא? והכתיב: לֹא תְנַסּוּ אֶת ה׳ (דברים ו, טז)!

אמר ליה: הכי אמר רבי הושעיא: חוץ מזו, שנאמר: הָבִיאוּ אֶת כָּל הַמַּעֲשֵׂר אֶל בֵּית הָאוֹצָר וִיהִי טֶרֶף בְּבֵיתִי, וּבְחָנוּנִי נָא בָּזֹאת, אָמַר ה׳ צְבָאוֹת, אִם לֹא אֶפְתַּח לָכֶם אֵת אֲרֻבּוֹת הַשָּׁמַיִם, וַהֲרִיקֹתִי לָכֶם בְּרָכָה עַד בְּלִי דָי (ג, י).

(תענית ט ע״א)

ההצעה הייתה לבחון את ה׳, אם אכן יקיים את התחייבותו לשלם את חלקו ב׳הסכם׳, ויברך את האדמה בעקבות ההחלטה להביא את המעשרות אל בית האוצר, וקיומה בידי שומעי הנביא. אולם, למרות היתרו של רבי הושעיא לעשות כך על סמך נבואתנו, מנבואתנו דווקא עולה, שה׳ לא עמד בהתחייבותו בהסכם, כביכול, ולא בירך את האדמה. העם מסיקים מכך, שׁשָּׁוְא עֲבֹד אֱלֹהִים, ואין שכר למי שמצמצם את צרכיו (׳הולך קדורנית׳) כדי לשמור את משמרתו של ה׳, ולתת את תרומותיו ואת מעשרותיו. מדבריהם עולה, שאכן רבים (זֵדִים ועֹשֵׂי רִשְׁעָה) לא שמעו בקול הנביא, ׳בחנו׳ את אלוהים האם יעניש אותם – ונמלטו מעונשו.

איך קרה הדבר הזה, שנביא ה׳ הבטיח גמול ברור על הבאת המעשרות אל בית האוצר, התיר לבחון את ה׳ בכך, וה׳ ׳לא עמד (כביכול) במבחן׳?! לעיל רמזנו על הפתרון: בספר נחמיה ניקבו שמות המשפחות שחתמו על האמנה, על קיום המצוות ועל הבאת המעשרות אל בית האוצר. אולם משפחות אלו, אף שהיו רבות, לא היו רוב העם שישב בארץ. מבדיקת מספרי משפחות העולים עולה, שרוב העם לא הצטרף לאמנה. כאן (לדעתנו) נזרעו זרעי הפורענות של התפלגות הכתות בבית שני; מבחינה זו האמנה נכשלה.[7] המטרת גשמים וברכת האדמה הם ברכה לעם שלם ולא ליחידים, ברכה שהעם לא היה ראוי לה, כאמור. על מלאכי היה אפוא לתת פתרון אחר למאמיני ה׳ ההולכים בדרכיו, וכפי שיבואר להלן.

ו. הפתרון שהציע מלאכי – ספר הזיכרון

אָז נִדְבְּרוּ יִרְאֵי ה׳ אִישׁ אֶל רֵעֵהוּ, וַיַּקְשֵׁב ה׳ וַיִּשְׁמָע וַיִּכָּתֵב סֵפֶר זִכָּרוֹן לְפָנָיו לְיִרְאֵי ה׳ וּלְחֹשְׁבֵי שְׁמוֹ: וְהָיוּ לִי, אָמַר ה׳ צְבָאוֹת, לַיּוֹם אֲשֶׁר אֲנִי עֹשֶׂה סְגֻלָּה, וְחָמַלְתִּי עֲלֵיהֶם כַּאֲשֶׁר יַחְמֹל אִישׁ עַל בְּנוֹ הָעֹבֵד אֹתוֹ: וְשַׁבְתֶּם וּרְאִיתֶם בֵּין צַדִּיק לְרָשָׁע, בֵּין עֹבֵד אֱלֹהִים לַאֲשֶׁר לֹא עֲבָדוֹ: כִּי הִנֵּה הַיּוֹם בָּא בֹּעֵר כַּתַּנּוּר, וְהָיוּ כָל זֵדִים

7. תופעה דומה במשהו לאמנה הייתה לדעתנו החלטתו של החת״ם סופר לבדל את הקהילות, שהחליטו לשמור את התורה והמצוות כפי שהיו במסורת האבות בכל מחיר, בימי ההשכלה, בעת שהיה עליו להתגונן רוחנית מפני הנאולוגים (הרפורמים ואנשי תנועות ההשכלה בהונגריה). גם החילוקים בין התופעות – רבים.

וְכָל עֹשֵׂה רִשְׁעָה קַשׁ וְלִהַט אֹתָם הַיּוֹם הַבָּא, אָמַר ה' צְבָאוֹת, אֲשֶׁר לֹא יַעֲזֹב לָהֶם שֹׁרֶשׁ וְעָנָף: וְזָרְחָה לָכֶם יִרְאֵי שְׁמִי שֶׁמֶשׁ צְדָקָה וּמַרְפֵּא בִּכְנָפֶיהָ, וִיצָאתֶם וּפִשְׁתֶּם כְּעֶגְלֵי מַרְבֵּק: וְעַסּוֹתֶם רְשָׁעִים כִּי יִהְיוּ אֵפֶר תַּחַת כַּפּוֹת רַגְלֵיכֶם, בַּיּוֹם אֲשֶׁר אֲנִי עֹשֶׂה, אָמַר ה' צְבָאוֹת:

(טז-כא)

הפתרון שמלאכי מציע הוא פתרון ליחידים, גם אם הם רבים, כשאינם יכולים להיות מוגדרים כעם. ה' מקשיב, שומע וכותב ספר זיכרון, ובו זכויותיהם של אוהביו, כספר הזיכרון שנכתבה בו זכותו של מרדכי לפני אחשוורוש.[8] ספר הזיכרון אינו משפיע עתה, ואין בו עתה תשובה מספקת לשאלת הגמול. אולם יבוא יום, היום שה' יעשה סְגֻלָּה, וכולם יראו שה' אכן גומל טוב לצדיק ולעובד האלוהים. חז"ל מתארים את היום הזה על סמך פסוקינו:

דאמר רבי שמעון בן לקיש: אין גיהנם לעתיד לבא, אלא הקדוש ברוך הוא מוציא חמה מנרתיקה ומקדיר – רשעים נידונין בה, וצדיקים מתרפאין בה; רשעים נידונין בה, דכתיב: כִּי הִנֵּה הַיּוֹם בָּא בֹּעֵר כַּתַּנּוּר, וְהָיוּ כָל זֵדִים וְכָל עֹשֵׂה רִשְׁעָה קַשׁ וְלִהַט אֹתָם הַיּוֹם הַבָּא, אָמַר ה' צְבָאוֹת, אֲשֶׁר לֹא יַעֲזֹב לָהֶם שֹׁרֶשׁ וְעָנָף (ג, יט)... צדיקים מתרפאין בה, דכתיב: וְזָרְחָה לָכֶם יִרְאֵי שְׁמִי שֶׁמֶשׁ צְדָקָה וּמַרְפֵּא בִּכְנָפֶיהָ (שם, כ) וגו'.

(עבודה זרה ג ע"ב – ד ע"א)

השאלה הגדולה הנותרת פתוחה, היא: מתי יהיה יום זה? המקראות מצביעים על עתיד רחוק, שכרגע לא ניתן לראותו. העולם כרגע נראה למתבונן בו כחסר תורת גמול, ויש צדיקים שרע להם ורשעים שטוב להם. אין פתרון עכשיו לעיני המתבונן, והוא חי בתחושה, שלית דין ולית דיין, אם לא נחדיר לחינוכנו: את אמונת העולם הבא; את צדקותו האינסופית של הקב"ה; ואת האמונה שלעולם לא יוותר על משפט צדק.

הדיון סביב פסוקים אלו במלאכי מזכיר במידה לא מעטה את הוויכוח בין אלישע בן אבויה לרבי עקיבא:

אמרו: פעם אחת היה (= אלישע בן אבויה) יושב ושונה בבקעת גינוסר, וראה אדם אחד, שעלה לראש הדקל, ונטל האם על הבנים – וירד בשלום. במוצאי

8. מלאכי היה דור אחד אחרי מרדכי. לא מן הנמנע שנטל את הדמיון של ספר זיכרון על זכותם של יראי ה' מספר הזיכרון שכתב אחשוורוש על מרדכי, וביום מן הימים אכן גמל לו על זכותו.

שבת ראה אדם אחר, שעלה לראש הדקל, ונטל הבנים ושלח את האם – וירד והכישו נחש, ומת. אמר: כתיב: שַׁלֵּחַ תְּשַׁלַּח אֶת הָאֵם וְאֶת הַבָּנִים תִּקַּח לָךְ לְמַעַן יִיטַב לָךְ וְהַאֲרַכְתָּ יָמִים (דברים כב, ז). היכן טובו של זה, והיכן אריכות ימים של זה? ולא ידע, שדרשה ר׳ עקיבא בצבור: לְמַעַן יִיטַב לָךְ – בעולם שכולו טוב, וְהַאֲרַכְתָּ יָמִים – לעולם שכולו ארוך.

(רות רבה ו)

אלישע הבין מפשטי המקראות, ובצדק, שהשכר המובטח על שילוח הקן הוא בעולם שלנו. יש להניח, שאדם בעל מעלה כמוהו לא היה נוטש את דרך התורה והמצוות על סמך מקרה אחד. אלישע בן אבויה חי בימים שאחרי דיכוי מרד בר כוכבא, כשחכמי התורה, ארזי הלבנון וצדיקי עולם, מתו בעינויים, ולא נקברו בגזרת אדריאנוס קיסר. תורת הגמול של הקב״ה לא פעלה בעולם. רבי עקיבא חידש שהיא לא בטלה, ובזמן הסתר פנים היא ממשיכה ומתקיימת, אך בעולם עתידי שכולו טוב וכולו ארוך.

אובדנה של תורת הגמול בעולמנו הוא אובדנה של כל תורת הנביאים. הנביאים דיברו, בעקבות פרשת ׳והיה אם שמוע׳ ודומותיה, על הגמול שה׳ יגמול לנו על מעשינו, כאן ועכשיו. אובדנה של תורת הגמול, ועוד אחרי מבחן מפורש שהנביא הציב לה (וּבְחָנוּנִי נָא בָּזֹאת), משמעה לא פחות מסיומה של הנבואה בעם ישראל, עד ליום שה׳ יחפוץ להשיבה – ועדיין לא זכינו ליום זה. כל מעשינו נכתבים בספר, וממתינים ליום גמול עתידי, שאולי נפגוש אותו רק בעולם הבא.

ז. הפרֵדה והסיום

זִכְרוּ תּוֹרַת מֹשֶׁה עַבְדִּי, אֲשֶׁר צִוִּיתִי אוֹתוֹ בְחֹרֵב עַל כָּל יִשְׂרָאֵל חֻקִּים וּמִשְׁפָּטִים:
הִנֵּה אָנֹכִי שֹׁלֵחַ לָכֶם אֵת אֵלִיָּה הַנָּבִיא, לִפְנֵי בּוֹא יוֹם ה׳ הַגָּדוֹל וְהַנּוֹרָא: וְהֵשִׁיב
לֵב אָבוֹת עַל בָּנִים וְלֵב בָּנִים עַל אֲבוֹתָם, פֶּן אָבוֹא וְהִכֵּיתִי אֶת הָאָרֶץ חֵרֶם:

(כב-כד)

מלאכי, וכל הנבואה עימו, נפרדים מאיתנו בציווי לזכור מן הנבואה כל ימינו וימי בנינו את תורת משה, החוקים והמשפטים. מי שיבוא להחליפו ביום מן הימים יהיה אליה(ו). הוא המלאך הנזכר לפני הפטרתנו, המפנה את הדרך לפני ה׳:

הִנְנִי שֹׁלֵחַ מַלְאָכִי וּפִנָּה דֶרֶךְ לְפָנָי, וּפִתְאֹם יָבוֹא אֶל הֵיכָלוֹ הָאָדוֹן אֲשֶׁר אַתֶּם
מְבַקְשִׁים, וּמַלְאַךְ הַבְּרִית אֲשֶׁר אַתֶּם חֲפֵצִים – הִנֵּה בָא, אָמַר ה׳ צְבָאוֹת:

(ג, א)

הוא אליהו הבא על פי מסורתנו יום אחד לפני בוא משיח בן דוד, שהוא יום ה׳, בנבואה; הוא שנועד להכין את עם ישראל מבחינה רוחנית לקלוט את משמעותו של היום הגדול, יום ה׳, ולהעלותם לדרגה שלא יצטרכו להיספות חלילה, מחמת יום המשפט, שיבוא ביום הגאולה, יום ה׳. נוכל לדמותו למתתיהו החשמונאי, שבא עם בשורתו הרוחנית, לפני יהודה המקבי בנו, שבא עם בשורת הקמת מלכות ישראל. נוכל לדמותו עוד קודם ליהוידע הכוהן, הכורת את הברית עִם הָעָם להיות לעם ה׳, לקראת חידוש מלכות בית דוד מכוחו של יואש בן אחזיהו (ראו לעיל הפטרת שקלים).

כאן יבוא אליהו להשיב לב אבות על בנים ולב בנים על אבותם. מלאכי רואה לפניו את בני דורו, שרבים מהם בני נשים נוכריות שנישאו ליהודים שעלו מן הגולה, והבנים אינם מתייחסים אל אבותם (גם על פי הנביא, וגם על פי ההלכה המקובלת בידינו). אליהו יצטרך לתקן זאת. בימיו פעל אליהו, יותר מכול, לנתק את אחאב מלך ישראל מאיזבל, אשתו הנוכריה, כוהנת הבעל. הוא ניסה – ונכשל בכך; לכשיבוא לעתיד, ה׳ יסייעו – והוא יצליח.

ח. שתי הערות נספחות

המשורר יורם טהרלב הותיר לנו שיר אהוב, של ציפייה עמוקה לבואו של אליהו הנביא. בשירו המפורסם הוא מתאר את הנגר ואת הסנדלר, שמתגוררים ברחובנו הצר, ובחלומם על בואו של אליהו הנביא, הם יושבים בצריפם ולא עושים דבר.

השיר יפה ומרגש, אך אני חולק על המסר שבו מכול וכול. אנשים היושבים ואינם עושים דבר, כסנדלר והנגר שבשיר – אינם יכולים לצפות לאליהו שיבוא. להשקפתי – אליהו יבוא לבשר את הגאולה, רק אחרי שנעמול בזיעת אפנו ככל שרק נוכל, להביא את הגאולה החומרית, ואת הגאולה הרוחנית-האמונית לדורנו. אין גאולות בחינם!

מכאן להערה שנייה: אנו יושבים מסובים על כורסאותינו בליל הסדר, אחרי שאכלנו ושבענו את מאכליו המיוחדים, ואז אנו קמים לפתוח את הדלת לאליהו, שיבוא לגאול אותנו. אינני שותף לתקווה זו ולמעשה זה. אליי הביתה הוא לא יבוא, והוא אינו מוזמן להתיישב על הכורסה שלידי. אני מאמין גדול בפתיחת הדלת אחרי ברכת המזון, בשעת חצות הלילה, אחרי שאכלנו את האפיקומן, שהוא זכר לקורבן הפסח, שהיה נאכל על השובע. אנו פותחים את הדלת כמו שבני ישראל פתחוה במצרים אחרי חצות הלילה, אחרי שה׳ הכה את בכורות מצרים, ופרעה צעק: קוּמוּ צְּאוּ מִתּוֹךְ עַמִּי... וּלְכוּ עִבְדוּ אֶת ה׳ כְּדַבֶּרְכֶם (שמות יב, לא). גם אנו פותחים את הדלת כאבותינו, לא כדי שאליהו יבוא לבקר אותנו בביתנו, אלא כדי לצאת אחריו אל הגאולה, אל הר סיני ואל בית הבחירה שנבנה בע״ה במו ידינו ובעמל כפינו יחד עימו.

את האפיקומן, זכר לקורבן הפסח, אני אוכל כל שנה לא עם בגדי החג, שבהם אמרתי את ההגדה עד לסעודה ועד בכלל, אלא עם בגדי הטיול שלי ועם נעליי הגבוהות. על ראשי כובע רחב שוליים, על גבי מונח בעת אכילת האפיקומן תרמיל עם בקבוק גדול של מים, ובידיי שני מקלות ההליכה שלי. עם פתיחת הדלת אחרי ברכת המזון, אני יוצא עם נכדיי הרבים מן הבית למסע בדרכים, מסע לחיפוש אליהו, כדי ללכת אחריו במסלול הגאולה לירושלים, עיר קדשנו, ולהר קדשנו. אנו מחפשים אותו וקוראים לו בקול בשמו, וכל שנה שבים הביתה, מאוכזבים מעט שלא מצאנו אותו לדאבוננו, להמשך קריאת ההלל וה׳נרצה׳, ועם החלטה נחושה לשוב ולבקשו בשנה הבאה, כעת חיה.

הפטרת יום ראשון של פסח

ה ב בָּעֵת הַהִיא אָמַר יהוה אֶל־יְהוֹשֻׁעַ עֲשֵׂה לְךָ חַרְבוֹת צֻרִים וְשׁוּב מֹל אֶת־בְּנֵי־ יהושע
ג יִשְׂרָאֵל שֵׁנִית׃ וַיַּעַשׂ־לוֹ יְהוֹשֻׁעַ חַרְבוֹת צֻרִים וַיָּמָל אֶת־בְּנֵי יִשְׂרָאֵל אֶל־גִּבְעַת
ד הָעֲרָלוֹת׃ וְזֶה הַדָּבָר אֲשֶׁר־מָל יְהוֹשֻׁעַ כָּל־הָעָם הַיֹּצֵא מִמִּצְרַיִם הַזְּכָרִים כֹּל
ה אַנְשֵׁי הַמִּלְחָמָה מֵתוּ בַמִּדְבָּר בַּדֶּרֶךְ בְּצֵאתָם מִמִּצְרָיִם׃ כִּי־מֻלִים הָיוּ כָּל־
הָעָם הַיֹּצְאִים וְכָל־הָעָם הַיִּלֹּדִים בַּמִּדְבָּר בַּדֶּרֶךְ בְּצֵאתָם מִמִּצְרַיִם לֹא־מָלוּ׃
ו כִּי אַרְבָּעִים שָׁנָה הָלְכוּ בְנֵי־יִשְׂרָאֵל בַּמִּדְבָּר עַד־תֹּם כָּל־הַגּוֹי אַנְשֵׁי הַמִּלְחָמָה
הַיֹּצְאִים מִמִּצְרַיִם אֲשֶׁר לֹא־שָׁמְעוּ בְּקוֹל יהוה אֲשֶׁר נִשְׁבַּע יהוה לָהֶם לְבִלְתִּי
הַרְאוֹתָם אֶת־הָאָרֶץ אֲשֶׁר נִשְׁבַּע יהוה לַאֲבוֹתָם לָתֶת לָנוּ אֶרֶץ זָבַת חָלָב
ז וּדְבָשׁ׃ וְאֶת־בְּנֵיהֶם הֵקִים תַּחְתָּם אֹתָם מָל יְהוֹשֻׁעַ כִּי־עֲרֵלִים הָיוּ כִּי לֹא־מָלוּ
ח אוֹתָם בַּדָּרֶךְ׃ וַיְהִי כַּאֲשֶׁר־תַּמּוּ כָל־הַגּוֹי לְהִמּוֹל וַיֵּשְׁבוּ תַחְתָּם בַּמַּחֲנֶה עַד
ט חֲיוֹתָם׃ וַיֹּאמֶר יהוה אֶל־יְהוֹשֻׁעַ הַיּוֹם גַּלּוֹתִי אֶת־חֶרְפַּת מִצְרַיִם
י מֵעֲלֵיכֶם וַיִּקְרָא שֵׁם הַמָּקוֹם הַהוּא גִּלְגָּל עַד הַיּוֹם הַזֶּה׃ וַיַּחֲנוּ בְנֵי־יִשְׂרָאֵל בַּגִּלְגָּל
יא וַיַּעֲשׂוּ אֶת־הַפֶּסַח בְּאַרְבָּעָה עָשָׂר יוֹם לַחֹדֶשׁ בָּעֶרֶב בְּעַרְבוֹת יְרִיחוֹ׃ וַיֹּאכְלוּ
יב מֵעֲבוּר הָאָרֶץ מִמָּחֳרַת הַפֶּסַח מַצּוֹת וְקָלוּי בְּעֶצֶם הַיּוֹם הַזֶּה׃ וַיִּשְׁבֹּת הַמָּן
מִמָּחֳרָת בְּאָכְלָם מֵעֲבוּר הָאָרֶץ וְלֹא־הָיָה עוֹד לִבְנֵי יִשְׂרָאֵל מָן וַיֹּאכְלוּ מִתְּבוּאַת
יג אֶרֶץ כְּנַעַן בַּשָּׁנָה הַהִיא׃ וַיְהִי בִּהְיוֹת יְהוֹשֻׁעַ בִּירִיחוֹ וַיִּשָּׂא עֵינָיו וַיַּרְא
וְהִנֵּה־אִישׁ עֹמֵד לְנֶגְדּוֹ וְחַרְבּוֹ שְׁלוּפָה בְּיָדוֹ וַיֵּלֶךְ יְהוֹשֻׁעַ אֵלָיו וַיֹּאמֶר לוֹ הֲלָנוּ
יד אַתָּה אִם־לְצָרֵינוּ׃ וַיֹּאמֶר לֹא כִּי אֲנִי שַׂר־צְבָא־יהוה עַתָּה בָאתִי וַיִּפֹּל יְהוֹשֻׁעַ
טו אֶל־פָּנָיו אַרְצָה וַיִּשְׁתָּחוּ וַיֹּאמֶר לוֹ מָה אֲדֹנִי מְדַבֵּר אֶל־עַבְדּוֹ׃ וַיֹּאמֶר שַׂר־צְבָא
יהוה אֶל־יְהוֹשֻׁעַ שַׁל־נַעַלְךָ מֵעַל רַגְלֶךָ כִּי הַמָּקוֹם אֲשֶׁר אַתָּה עֹמֵד עָלָיו קֹדֶשׁ
ו א הוּא וַיַּעַשׂ יְהוֹשֻׁעַ כֵּן׃ וִירִיחוֹ סֹגֶרֶת וּמְסֻגֶּרֶת מִפְּנֵי בְּנֵי יִשְׂרָאֵל אֵין יוֹצֵא וְאֵין בָּא׃

כז וַיְהִי יהוה אֶת־יְהוֹשֻׁעַ וַיְהִי שָׁמְעוֹ בְּכָל־הָאָרֶץ׃

א. הקשר בין ההפטרה לחג

הקשר של ההפטרה אל יום טוב ראשון של פסח מדבר בעד עצמו. ההפטרה מתארת את הפסח הראשון שעשו בני ישראל בארץ ישראל עם יהושע, שהוא הפסח השלישי שעשו בכלל. הפסח הראשון היה במצרים, לפני מכת בכורות ויציאת מצרים; הפסח השני היה בשנה השנייה (במדבר ט). מאז לא הוקרב הפסח, כפי שיבואר להלן, עד לכניסתם לארץ ארבעה ימים לפני הפסח, וכאן התחדש חג הפסח, ונחוג בפעם השלישית.

ב. ברית המילה

מפרקנו למדנו, שהחל מן השנה השנייה ליציאתם ממצרים, בני ישראל חדלו לקיים את מצוות ברית המילה, עד לצו ה׳ מייד אחרי העלייה מן הירדן להימול, לקראת הקרבת קורבן הפסח. נבאר:

הרמב"ם אומר, שבגלות מצרים חדלו בני ישראל, פרט לשבט לוי, לקיים את מצוות ברית המילה:

> מילה היתה במצרים, שנאמר: וְכָל עָרֵל לֹא יֹאכַל בּוֹ (שמות יב, מח). מל אותם משה רבנו, שכולם ביטלו ברית מילה במצרים חוץ משבט לוי, ועל זה נאמר: וּבְרִיתְךָ יִנְצֹרוּ (דברים לג, ט).
>
> (הלכות איסורי ביאה יג, ב)

בני ישראל נימולו לפני יציאת מצרים, שהרי רק כך יכלו להקריב את פסח מצרים לפני יציאתם, שכן התורה התנתה את הקרבת קורבן פסח במילה:

> וְכִי יָגוּר אִתְּךָ גֵּר וְעָשָׂה פֶסַח לַה׳ – הִמּוֹל לוֹ כָל זָכָר וְאָז יִקְרַב לַעֲשֹׂתוֹ וְהָיָה כְּאֶזְרַח הָאָרֶץ, וְכָל עָרֵל לֹא יֹאכַל בּוֹ: תּוֹרָה אַחַת יִהְיֶה לָאֶזְרָח, וְלַגֵּר הַגָּר בְּתוֹכְכֶם: וַיַּעֲשׂוּ כָּל בְּנֵי יִשְׂרָאֵל, כַּאֲשֶׁר צִוָּה ה׳ אֶת מֹשֶׁה וְאֶת אַהֲרֹן כֵּן עָשׂוּ:
>
> (שמות יב, מח–נ)

ברית המילה מבטאת את הברית שה׳ כרת עם אבותינו: אברהם, יצחק ויעקב. ברית הפסח מבטאת את הברית שכרת עם משה ובני ישראל עמו במצרים. ההתגלות החדשה בסנה, ואחר כך במצרים, חוברת לברית האבות, באמצעות התניית קורבן הפסח במצוות המילה לברית האבות; היא אינה באה במקומה. הקשר בין שתי הבריתות בא לידי ביטוי גם בפסוק הבא:

וַיִּשְׁמַע אֱלֹהִים אֶת נַאֲקָתָם, וַיִּזְכֹּר אֱלֹהִים אֶת בְּרִיתוֹ; אֶת אַבְרָהָם, אֶת יִצְחָק, וְאֶת יַעֲקֹב:

(שם ב, כד)

כאן חברו יחדיו: העוול שנעשה לבני ישראל במצרים, והצורך לפדותם משם בגלל העוול הזה, יחד עם בריתו של ה׳ עם אבותינו.

בשנה השנייה, בהיותם עדיין בהר סיני, עשו בני ישראל את הפסח, ומשמע שהיו כולם נימולים, כולל ילדיהם שנולדו להם בשנה הראשונה במדבר, שהרי אי־מילת הבנים מעכבת גם את האב מלעשות את הפסח (ראו מכילתא דר״י בא, מסכתא דפסחא, טו). החל מן השנה השנייה לא נימולו, וכעולה מהפטרתנו, וממילא לא יכלו עוד לעשות את הפסח במשך כל שנות המדבר.[1] מדוע לא נימולו?

מן הגמרא (יבמות עא ע״ב – עב ע״א) עולה, שלא נימולו משום שלא נשבה להם רוח צפונית (במדבר סיני היא הרוח המקררת הבאה מכיוון הים; אצלנו זו הרוח המערבית). ללא הרוח המקררת היו הנימולים בסכנה מפני חום המדבר, ולכן לא נימולו. חז״ל (ספרי במדבר סז) דרשו זאת לגנותם של ישראל, ואכן התמיהה גדולה: כלום לא יכלו למצוא, במשך שלושים ושמונה שנות המדבר, ימים ספורים, שבהם יכלו לקיים את מצוות המילה?! וכי הסכנה מכך שלא נשבה רוח צפונית הייתה גדולה מהסכנה במילתם עתה, בעת הכניסה לארץ, כשהאויב צופה בהם מחומות עירו, ועלול לנצל את שלושת ימי כאבם ומחלתם, ולעשות להם כדרך שעשו שמעון ולוי לאנשי שכם, אחרי שנימולו?!

דומה שעל כורחנו נסכים, שגם העובדה שלא נשבה רוח צפונית כל ימי היותם במדבר, וגם העובדה שבני ישראל לא מצאו זמן מתאים כדי להימול – שתיהן קשורות להפרת הברית עם הקב״ה בחטא המרגלים (הנזכר בהפטרתנו); לכך שבני ישראל מאסו בארץ אבותיהם; ולכך שה׳ הודיעם שלא ייכנסו אליה וימותו במדבר. ברית המילה וברית הפסח ׳הוקפאו׳ למשך דור שלם, ובני ישראל כילו את חייהם במדבר כשהם נזופים למקום, וכל משימתם לא הייתה אלא לחנך את בניהם שלא ישובו על טעותם.

עתה, לאחר מות משה ובהנהגתו של יהושע, חודשה הברית הכפולה: של המילה ושל הפסח, בשער הכניסה לארץ. בעינו הטובה של ה׳ עליהם, לא תקפו אותם אויביהם בעת מחלתם מחמת המילה עַד חֲיוֹתָם. הנימולים הבריאו, והיו מוכנים למלחמה הארוכה והמתישה על כיבוש הארץ מידי הכנענים.

1. כך מפורש בספרי במדבר סז וברש״י במדבר ט, א.

ג. בין המילה לפריעה

בין באי הארץ היו אנשים רבים שנולדו במצרים, וממילא נימולו לפני הפסח שנעשה במצרים ערב יציאתם של בני ישראל למדבר. מכיוון שבעת חטא המרגלים בשנה השנייה הם עדיין לא היו בני עשרים – לא מתו בגזרת מתי מדבר ונכנסו לארץ. בפשטות הדברים, היה מקום לומר שהם לא נימולו על ידי יהושע בעת הכניסה לארץ, אך הגמרא ביבמות הבינה בדרך שונה:

... עֲשֵׂה לְךָ חַרְבוֹת צֻרִים, וְשׁוּב מֹל אֶת בְּנֵי יִשְׂרָאֵל **שֵׁנִית**:

(ה, ב)

ההבנה הפשוטה מורה, שהיה צורך בטקס מילה המוני כמו שעשה משה לפני הקרבת פסח מצרים. אולם, קריאת הפסוק כפי שהוא מעלה, שעל האנשים הנימולים היה לעבור בשנית את מצוות המילה. הייתכן?!

מעשה מילת הנולד מתחלק לשניים: מילה – כריתת עור העורלה הקשה, ופריעה – חיתוך עור הפריעה הרך, וקיפולו מסביב לאיבר המילה. חיתוך עור הפריעה הוא חלק מהמצוה, ו"מל ולא פרע – כאילו לא מל" (משנה שבת יט, ו). הגמרא מעלה בפירושה לפסוק, שאברהם נצטווה על מילה בלבד, ורק יהושע נצטווה גם על הפריעה. מֹל אֶת בְּנֵי יִשְׂרָאֵל שֵׁנִית, כלומר – פְּרַע את העור הפנימי של מקום מילתם:

אמר רבה בר יצחק אמר רב: לא ניתנה פריעת מילה לאברהם אבינו, שנאמר: בָּעֵת הַהִיא אָמַר ה' אֶל יְהוֹשֻׁעַ עֲשֵׂה לְךָ חַרְבוֹת צֻרִים וגו' [וְשׁוּב מֹל אֶת בְּנֵי יִשְׂרָאֵל שֵׁנִית].

(יבמות עא ע"ב)[2]

ההבדל העקרוני בין עור המילה לעור הפריעה הוא, שעור המילה נכרת ומושלך. התינוק מהול בעל כורחו ולא מבחירתו; הוא לעולם לא יוכל להשיב לעצמו את עור העורלה. עור הפריעה מקופל סביב איבר המילה, וכשיגדל הוא יכול למושכו ולהחזירו לכסות את איבר מינו, ולבטל בכך מבחירתו החופשית את מצוות מילתו. מי שעשה כך נקרא בלשון המשנה: 'מושך בעורלתו'.

2. הראשונים (בסוגיה; התוספות, הרמב"ן, הרשב"א ועוד) עסקו בשאלה: איך נביא אחרי משה חידש לנו מצווה? הם ענו שהפריעה התחדשה בימי משה; או כהלכה למשה מסיני, או שמשה נצטווה עליה לפני מותו, רק כלפי בני ישראל העוברים את הירדן; אך אברהם כאמור, לא נצטווה עליה.

המשנה באבות (ג, יא) קובעת, שמושך בעורלתו ("המפר בריתו של אברהם אבינו עליו השלום") – אין לו חלק לעולם הבא. תופעה כזו הייתה מוכרת לנו פעמיים: המתייוונים עשו זאת, בשל רצונם להתערות בתרבות הנוכרית. בימי גזרות אדריאנוס עשו זאת רבים כדי להינצל ממוות בידי הרומאים, אך שבו ונימולו אחרי ניצחונו (הזמני) של בן כוזבא:

> המשוך – צריך שימול. רבי יהודה אומר: משוך – לא ימול, מפני שהוא מסוכן. אמרו לו: הרבה מלו בימי בן כוזבא, והיו לו בנים – ולא מתו. שנאמר: הִמּוֹל יִמּוֹל (בראשית יז, יג) – אפילו מאה פעם; ואומר: (ו)אֶת בְּרִיתִי הֵפַר (בראשית יז, יד) – לרבות את המשוך.

(תוספתא שבת טו, ט)

נבהיר שוב: מה שהתחדש בברית המילה של יהושע, היה שיתוף הבחירה החופשית של הנימול במצוות המילה שהוא מקיים.

ד. הפסח והאכילה מן התבואה החדשה

> וַיַּחֲנוּ בְנֵי יִשְׂרָאֵל בַּגִּלְגָּל, וַיַּעֲשׂוּ אֶת הַפֶּסַח בְּאַרְבָּעָה עָשָׂר יוֹם לַחֹדֶשׁ בָּעֶרֶב בְּעַרְבוֹת יְרִיחוֹ: וַיֹּאכְלוּ מֵעֲבוּר הָאָרֶץ מִמָּחֳרַת הַפֶּסַח מַצּוֹת וְקָלוּי, בְּעֶצֶם הַיּוֹם הַזֶּה: וַיִּשְׁבֹּת הַמָּן מִמָּחֳרָת בְּאָכְלָם מֵעֲבוּר הָאָרֶץ וְלֹא הָיָה עוֹד לִבְנֵי יִשְׂרָאֵל מָן, וַיֹּאכְלוּ מִתְּבוּאַת אֶרֶץ כְּנַעַן בַּשָּׁנָה הַהִיא:

(ה)

הפסוקים שלפנינו שופכים אור חשוב על הצו של התורה:

> שָׁמוֹר אֶת חֹדֶשׁ הָאָבִיב וְעָשִׂיתָ פֶּסַח לַה׳ אֱלֹהֶיךָ, כִּי בְּחֹדֶשׁ הָאָבִיב הוֹצִיאֲךָ ה׳ אֱלֹהֶיךָ מִמִּצְרַיִם לָיְלָה:

(דברים טז, א)

ממצווה זו למדו חז"ל את הצורך לעבר את השנים, ולהקפיד על כך שקורבן הפסח יהיה צמוד לאביב, השעורה הבשלה. את השעורה יש להביא למנחת העומר בצמוד לקורבן הפסח, בט"ז בניסן, ולהתיר בכך את אכילת תבואת הארץ החדשה. התורה מדגישה זאת גם בשמות יג ועוד. היא מצמידה בכך את מגמת ברית יציאת מצרים לירושת הארץ (במקומות אחרים התורה מצמידה אותה למתן תורה) כדי לקיים את

מצוותיה, להביא את קורבנה לה', לאכול מפריה ולשבוע מטובה. הצמדה זו באה לידי ביטוי גם במילה, הארמית במקורה – עֲבוּר (עיבורא = תבואה). הפסח נעשה בָּעֶרֶב, 'בְּעַרְבוֹת' יְרִיחוֹ, ובני ישראל אכלו בעקבותיו 'מֵעֲבוּר' הָאָרֶץ.

עוד למדנו מפרקנו, שתבואת ארץ כנען מחליפה את המן – לחם האבירים הניסי, שירד במשך ארבעים שנה משמיים. תבואת ארץ כנען היא הלחם שה' ממשיך לתת לנו בהיותנו בארץ, כשם שנתן לנו את המן במדבר, ועל כך אנו מודים לו, בעיקר בברכה השנייה של ברכת המזון.[3]

*

יום מִמָּחֳרַת הַפֶּסַח המתייחס ליום אכילת התבואה החדשה הוא יום ט"ז בניסן, שבו מקריבים את העומר, והתבואה החדשה מותרת בו לאכילה. משמע – 'הַפֶּסַח' הוא ט"ו בניסן. לעומת זאת, בתיאור מסעות בני ישראל נאמר: וַיִּסְעוּ מֵרַעְמְסֵס בַּחֹדֶשׁ הָרִאשׁוֹן בַּחֲמִשָּׁה עָשָׂר יוֹם לַחֹדֶשׁ הָרִאשׁוֹן מִמָּחֳרַת הַפֶּסַח... (במדבר לג, ג). בפסוק זה מִמָּחֳרַת הַפֶּסַח הוא ט"ו בניסן, וממילא 'הַפֶּסַח' הוא י"ד בניסן.[4]

נראה שיום 'הַפֶּסַח' אינו יום של עשרים וארבע שעות[5], מצאת הכוכבים ועד השקיעה שלמוחרת, אלא יום בן שתים עשרה שעות, המתחיל בחצות יום י"ד בניסן, סמוך להקרבת הפסח, ומסתיים בחצות ליל ט"ו, בסיום זמן אכילתו.[6] זהו 'יום ה'', שאינו תלוי בגרמי השמיים. הפסוק מִמָּחֳרַת הַפֶּסַח בחומש הפקודים מתייחס לזמן

3. א. כאמור בפרקנו, המן שבת בט"ז בניסן. מן התורה עולה בפשטות, שהמן שבת בפעם הראשונה בבואם אל אֶרֶץ נוֹשָׁבֶת, כלומר, ביציאה מן המדבר אל ארצות אדום ומואב במזרח הירדן. לכן ביקשו ממלך אדום, ואחר כך מסיחון מלך האמורי, להשביר אותם בלחם תמורת תשלום, אך הם סירבו. לכן הוריד להם ה' מן בשנייה, עד בואם אל קצה ארץ כנען, עד שאכלו ממחרת הפסח מצות וקלוי בפרקנו. כך נאמר בפסוק שהסתמכנו עליו: וּבְנֵי יִשְׂרָאֵל אָכְלוּ אֶת הַמָּן אַרְבָּעִים שָׁנָה עַד בֹּאָם אֶל אֶרֶץ נוֹשָׁבֶת, אֶת הַמָּן אָכְלוּ עַד בֹּאָם אֶל קְצֵה אֶרֶץ כְּנָעַן (שמות טז, לה).
ב. צום שלושת הימים של אסתר בשושן החל, על פי המקראות, בי"ג בניסן ונמשך עד ט"ו בניסן. למוחרת, בט"ז בניסן, נתלה המן האגגי על העץ. הפייטן בסליחות מנצל את הדמיון ה'מקרי' בין המן, מזון המדבר, ששבת בט"ז בניסן, יום אחרי המן האגגי, ששבת בט"ו בניסן – "יָדַע רֶמֶז הַקּוֹרוֹת לְעַם מְעֻפָּר וּמְהֻדָּס/ כְּתָב הַסְּתֵר אַסְתִּיר וּמָר דְּרוֹר מְפֹרְדָּס/ לִשְׁבּוֹת הָמָּן מִמָּחֳרַת הֲמִן הָעֵץ קֻנְדָּס".

4. שאלה זו שאל ראב"ע (ויקרא כג, יא) והאריך בה. גם בעלי התוספות (קידושין לז ע"ב ד"ה ממחרת הפסח) הביאו משמו שאלה זו, ותירצו בה שני תירוצים, עיינו בדבריהם.

5. כך למדתי בצעירותי ממו"ר הרב יואל בן נון.

6. כשיטת רבי אלעזר בן עזריה בפסחים קכ ע"ב; לרבי עקיבא זמנו של הפסח מן התורה, הוא עד הבוקר.

הקרבתו, י״ד בניסן. הפסוק בהפטרתנו מתייחס לזמן אכילתו, שממחרתו אכלו מעבור הארץ. זמן אכילתו הוא ליל ט״ו, והם אכלו מעבור הארץ בט״ז בניסן.

*

הרמב״ם למד מפרקנו דבר חשוב נוסף בפולמוס שלו עם הבייתוסים, שהבינו שאת מנחת העומר יש להביא מִמָּחֳרַת הַשַּׁבָּת (ויקרא כג, טו) – ביום ראשון בשבוע, ולא כהבנתנו שהוא ממחרת יום טוב ראשון של פסח:

וכל כך (= הטקס הפומבי של קצירת העומר במוצאי יום טוב ראשון של פסח) למה? מפני אלו הטועים, שיצאו מכלל ישראל בבית שני. שהן אומרין, שזה שנאמר בתורה מִמָּחֳרַת הַשַּׁבָּת (ויקרא כג, טו) – הוא שבת בראשית, ומפי השמועה למדו שאינה שבת, אלא יום טוב. וכן ראו תמיד הנביאים והסנהדרין בכל דור ודור, שהיו מניפין את העומר בששה עשר בניסן; בין בחול בין בשבת, והרי נאמר בתורה: וְלֶחֶם וְקָלִי וְכַרְמֶל לֹא תֹאכְלוּ עַד עֶצֶם הַיּוֹם הַזֶּה (שם, יד), ונאמר: וַיֹּאכְלוּ מֵעֲבוּר הָאָרֶץ מִמָּחֳרַת הַפֶּסַח מַצּוֹת וְקָלוּי (יהושע ה, יא). ואם תאמר שאותו הפסח בשבת אירע, כמו שדמו הטפשים, היאך תלה הכתוב היתר אכילתם לחדש בדבר שאינו העיקר ולא הסיבה, אלא נקרה נקרה? אלא מאחר שתלה הדבר במחרת הפסח – הדבר ברור שמחרת הפסח היא העילה המתרת את החדש, ואין משגיחין על אי זה יום הוא מימי השבוע.

(הלכות תמידין ומוספין ז, יא)

הרמב״ם אינו מתפלמס עם הבייתוסים על פשטי המקראות, אלא על חשיבותה של המסורת בתורה שבעל פה כפי שעברה ממשה ליהושע, ושבאה לידי ביטוי בהפטרתנו.

ה. יהושע ומלאך ה׳

וַיְהִי בִּהְיוֹת יְהוֹשֻׁעַ בִּירִיחוֹ, וַיִּשָּׂא עֵינָיו וַיַּרְא וְהִנֵּה אִישׁ עֹמֵד לְנֶגְדּוֹ וְחַרְבּוֹ שְׁלוּפָה בְּיָדוֹ, וַיֵּלֶךְ יְהוֹשֻׁעַ אֵלָיו וַיֹּאמֶר לוֹ, הֲלָנוּ אַתָּה אִם לְצָרֵינוּ?: וַיֹּאמֶר, לֹא, כִּי אֲנִי שַׂר צְבָא ה׳, עַתָּה בָאתִי, וַיִּפֹּל יְהוֹשֻׁעַ אֶל פָּנָיו אַרְצָה וַיִּשְׁתָּחוּ, וַיֹּאמֶר לוֹ, מָה אֲדֹנִי מְדַבֵּר אֶל עַבְדּוֹ?: וַיֹּאמֶר שַׂר צְבָא ה׳ אֶל יְהוֹשֻׁעַ, שַׁל נַעַלְךָ מֵעַל רַגְלֶךָ, כִּי הַמָּקוֹם אֲשֶׁר אַתָּה עֹמֵד עָלָיו קֹדֶשׁ הוּא, וַיַּעַשׂ יְהוֹשֻׁעַ כֵּן:

(ה, יג–טו)

ה'איש' עמד וחסם את שער הכניסה ליריחו (שמן הסתם היה נעול, שהרי יריחו הייתה סֹגֶרֶת וּמְסֻגֶּרֶת), והיה כנראה בעל חזות מרשימה במיוחד. נראה, שיהושע זיהה בטביעת עינו שמדובר במלאך, אך לא ידע מדוע המלאך חוסם את דרכו ליריחו: שמא הוא ניצב מימים ימימה להגן על הכנענים ולהיאבק בו, כמלאך שנאבק ביעקב בעת חציית היבוק, או שהוא מלאך שבא עתה, ונועד לתמוך בו ולהילחם את מלחמתו.

המלאך עונה לו, שהוא שר צבא ה' שבא להפיל את יריחו לפני ישראל. עוד הוא מלמדו שהמקום שעתה שורה בו השכינה, הוא מקום קדוש, ולכן על יהושע לחלוץ את נעליו, כפי שנאמר למשה בעת שהשכינה שרתה בסנה. מה בא המעשה ללמדנו, מלבד הצורך של יהושע לחלוץ את נעליו?

חז"ל מזהים כאן ויכוח סמוי, וקורטוב של ביקורת על יהושע:

> וַיְהִי בִּהְיוֹת יְהוֹשֻׁעַ בִּירִיחוֹ, וַיִּשָּׂא עֵינָיו וַיַּרְא וְהִנֵּה אִישׁ עֹמֵד לְנֶגְדּוֹ... אמר לו: אמש בטלתם תמיד של בין הערבים, ועכשיו בטלתם תלמוד תורה! – אמר לו: על איזה מהן באת? – אמר לו: עַתָּה בָאתִי. מיד: "וילן יהושע בלילה ההוא בתוך העמק". אמר רבי יוחנן: מלמד שלן בעומקה של הלכה.
>
> (מגילה ג ע"א-ע"ב)

נראה שהמדרש מסתמך על הדמיון בין מעמד חליצת הנעליים של משה בסנה למעמד המקביל של יהושע בשער יריחו. הסנה היה בהר סיני, במקום נתינת התורה, ולהלן בפרק הבא יש דמיונות נוספים בין מעמד כיבוש יריחו למתן תורה בסיני. הרד"ק תמה על מדרש זה, ודחאו בפירושו:

> ויש בו דרש כי בא להפחידם על בטול תורה, ועל שבטלו היום שעבר תמיד של בין הערבים. אמר לו יהושע: על איזה מהם באת? אמר לו: עתה באתי, כלומר על בטול תורה שאתם בטלים עתה. מיד: "וילן יהושע בתוך העמק" – שלן בעומקה של הלכה. וזה הדרש רחוק, כי אין שעת המלחמה שעת תלמוד תורה.
>
> (רד"ק ה, יד)

הרד"ק תמה תמיהה עקרונית: בשעת מלחמה, תפקידו של המנהיג להדריך את העם ולערוך אותו לקראת המלחמה, ולא ללון בעומקה של הלכה.

בגלל הצדק שבדברי הרד"ק נצטרך לפרש, שהמלאך, ששלח את יהושע ואת העם ללמוד תורה, טען בכך שהשעה אינה שעת מלחמה, וממילא אין להם סיבה להתבטל מתורה. המלאך טוען שאת המלחמה יערוך הוא עצמו בעזרת צבא מרום, ולא

יהושע וצבאו. זוהי משמעות צו חליצת הנעליים: יהושע נעל את נעליו (הגבוהות!) לקראת יציאתו למלחמה; הצו לחלוץ את נעליו הוא שחרורו ממשימת המלחמה, שכן את התורה ניתן ללמוד גם ללא נעליים.

אכן, המלחמה נערכה בידי צבא מרום בפיקוד שר צבא ה׳, וצבא מרום (= הנס) הפיל את חומות יריחו, מקץ שבעה ימים של תקיעה בשופרות בהליכה אחרי ארון ברית ה׳. צבא יהושע נכנס למלחמה רק כעבור שבעה ימים, ולחלקה הקל של המלחמה, אחרי שנפלו חומותיה.

העיר הראשונה שנפלה בידי בני ישראל, יריחו, נכבשה בידי ה׳ וצבאו ולא בידי בני ישראל. לכן הייתה עתה סוגרת ומסוגרת לפניהם; לכן היה כל שללה חרם לה׳, ולא ביזת הלוחמים. הקפת חומות יריחו במשך שבעה ימים ביטאה את האיסור להיכנס אליה, בעקבות דבריו של מלאך ה׳. העיר הייתה כהר סיני, בעת שכבוד ה׳ ירד עליו במתן תורה. בהר סיני נאמר:

> הִשָּׁמְרוּ לָכֶם עֲלוֹת בָּהָר וּנְגֹעַ בְּקָצֵהוּ... בִּמְשֹׁךְ הַיֹּבֵל הֵמָּה יַעֲלוּ בָהָר:
>
> (שמות יט, יב-יג)

וכך נאמר ביריחו ערב כיבושה:

> וְהָיָה בִּמְשֹׁךְ בְּקֶרֶן הַיּוֹבֵל... וְעָלוּ הָעָם אִישׁ נֶגְדּוֹ:
>
> (ו, ה)

כיבושה בידי ה׳ בא כאן גם בעקבות הקרבת קורבן הפסח, כשם שמלחמתו של ה׳ במצרים במכת בכורות באה בעקבות הקרבת קורבן פסח מצרים.

הפטרת שבת המועד פסח[1]

לז א הָיְתָה עָלַי יַד־יהוה וַיּוֹצִאֵנִי בְרוּחַ יהוה וַיְנִיחֵנִי בְּתוֹךְ הַבִּקְעָה וְהִיא מְלֵאָה יחזקאל
ב עֲצָמוֹת׃ וְהֶעֱבִירַנִי עֲלֵיהֶם סָבִיב סָבִיב וְהִנֵּה רַבּוֹת מְאֹד עַל־פְּנֵי הַבִּקְעָה וְהִנֵּה
ג יְבֵשׁוֹת מְאֹד׃ וַיֹּאמֶר אֵלַי בֶּן־אָדָם הֲתִחְיֶינָה הָעֲצָמוֹת הָאֵלֶּה וָאֹמַר אֲדֹנָי יֱהֹוִה
ד אַתָּה יָדָעְתָּ׃ וַיֹּאמֶר אֵלַי הִנָּבֵא עַל־הָעֲצָמוֹת הָאֵלֶּה וְאָמַרְתָּ אֲלֵיהֶם הָעֲצָמוֹת
ה הַיְבֵשׁוֹת שִׁמְעוּ דְּבַר־יהוה׃ כֹּה אָמַר אֲדֹנָי יֱהֹוִה לָעֲצָמוֹת הָאֵלֶּה הִנֵּה אֲנִי
ו מֵבִיא בָכֶם רוּחַ וִחְיִיתֶם׃ וְנָתַתִּי עֲלֵיכֶם גִּידִים וְהַעֲלֵתִי עֲלֵיכֶם בָּשָׂר וְקָרַמְתִּי
ז עֲלֵיכֶם עוֹר וְנָתַתִּי בָכֶם רוּחַ וִחְיִיתֶם וִידַעְתֶּם כִּי־אֲנִי יהוה׃ וְנִבֵּאתִי כַּאֲשֶׁר צֻוֵּיתִי
ח וַיְהִי־קוֹל כְּהִנָּבְאִי וְהִנֵּה־רַעַשׁ וַתִּקְרְבוּ עֲצָמוֹת עֶצֶם אֶל־עַצְמוֹ׃ וְרָאִיתִי וְהִנֵּה־
ט עֲלֵיהֶם גִּדִים וּבָשָׂר עָלָה וַיִּקְרַם עֲלֵיהֶם עוֹר מִלְמָעְלָה וְרוּחַ אֵין בָּהֶם׃ וַיֹּאמֶר
אֵלַי הִנָּבֵא אֶל־הָרוּחַ הִנָּבֵא בֶן־אָדָם וְאָמַרְתָּ אֶל־הָרוּחַ כֹּה־אָמַר אֲדֹנָי יֱהֹוִה
י מֵאַרְבַּע רוּחוֹת בֹּאִי הָרוּחַ וּפְחִי בַּהֲרוּגִים הָאֵלֶּה וְיִחְיוּ׃ וְהִנַּבֵּאתִי כַּאֲשֶׁר צִוָּנִי
יא וַתָּבוֹא בָהֶם הָרוּחַ וַיִּחְיוּ וַיַּעַמְדוּ עַל־רַגְלֵיהֶם חַיִל גָּדוֹל מְאֹד מְאֹד׃ וַיֹּאמֶר אֵלַי
בֶּן־אָדָם הָעֲצָמוֹת הָאֵלֶּה כָּל־בֵּית יִשְׂרָאֵל הֵמָּה הִנֵּה אֹמְרִים יָבְשׁוּ עַצְמוֹתֵינוּ
יב וְאָבְדָה תִקְוָתֵנוּ נִגְזַרְנוּ לָנוּ׃ לָכֵן הִנָּבֵא וְאָמַרְתָּ אֲלֵיהֶם כֹּה־אָמַר אֲדֹנָי יֱהֹוִה
הִנֵּה אֲנִי פֹתֵחַ אֶת־קִבְרוֹתֵיכֶם וְהַעֲלֵיתִי אֶתְכֶם מִקִּבְרוֹתֵיכֶם עַמִּי וְהֵבֵאתִי
יג אֶתְכֶם אֶל־אַדְמַת יִשְׂרָאֵל׃ וִידַעְתֶּם כִּי־אֲנִי יהוה בְּפִתְחִי אֶת־קִבְרוֹתֵיכֶם
יד וּבְהַעֲלוֹתִי אֶתְכֶם מִקִּבְרוֹתֵיכֶם עַמִּי׃ וְנָתַתִּי רוּחִי בָכֶם וִחְיִיתֶם וְהִנַּחְתִּי אֶתְכֶם
עַל־אַדְמַתְכֶם וִידַעְתֶּם כִּי אֲנִי יהוה דִּבַּרְתִּי וְעָשִׂיתִי נְאֻם־יהוה׃

1. אני נמנע מלהשתמש בביטוי השגור בפי העם 'שבת חול המועד', משום שמושגי החול והשבת נראים לי סותרים זה את זה. ימי המועד שבין הימים הטובים, הראשון והשביעי, מתחלקים לטעמי לימי 'חול המועד' ו'שבת המועד'.

א. הקשר בין ההפטרה לחג הפסח

מקור ההפטרה, כמו מקורן של הפטרות כל החגים, בגמרא במגילה:

אפטורי, בפסח – הָעֲצָמוֹת הַיְבֵשׁוֹת.
(מגילה לא ע"א)

הטור מנמק זאת בשם רב האיי גאון:

והכי אמר רב האי: שמעתי מפי חכמים, כי תחיית המתים עתידה להיות בניסן.
(טור או"ח תצ)

בנוסף לדברי הגאון נעיר: תחיית העצמות בחזון יחזקאל מביעה את העלאת נידחי ישראל, שנפלו בייאושם בגלותם מארץ ישראל כעם בן חורין אל הגולה ואל השעבוד לגויים. תחילת חזון זה בחג הפסח שהיה במצרים, שמשם העלם ה', כדי להביאם אל ארץ חמדתו.

ב. באיזה אופן קמו המתים לתחייה?

הגמרא מביאה את דעתו של רבי יהודה, שתחיית המתים לא הייתה אלא משל לגאולה, אך לא אירעה במציאות:

מתים שהחיה יחזקאל... רבי יהודה אומר... באמת משל היה.
(סנהדרין צב ע"ב)

תנאים רבים נחלקו עליו, ונביא אותם להלן. הרמב"ם אומר שתחיית המתים המתוארת בנבואתנו אומנם הייתה, אך במראה הנבואה בלבד, ולא במציאות החומרית:

כן אמרו: וַיְנִיחֵנִי בְּתוֹךְ הַבִּקְעָה (לז, א), אמנם היה במראות אלהים.
(מורה הנבוכים ב, מו)

לדעת רבי אליעזר (ורבי יהושע), המתים שהחיה יחזקאל אכן עמדו על רגליהם, אך לא המשיכו לחיות, אלא אמרו שירה ומתו מייד, מפני שעדיין לא הגיע זמנה של תחיית המתים; כל מטרת הנבואה לא הייתה אלא להוכיח שהקב"ה מסוגל לעשות זאת:

> דתניא, רבי אליעזר אומר: מתים שהחיה יחזקאל עמדו על רגליהם, ואמרו שירה ומתו. מה שירה אמרו? ה׳ ממית בצדק ומחיה ברחמים. רבי יהושע אומר: שירה זו אמרו: ה׳ מֵמִית וּמְחַיֶּה מוֹרִיד שְׁאוֹל וַיָּעַל (שמ״א ב, ו).
> (סנהדרין צב ע״ב)

פסוקי השירה שאמרו המתים שחיו, עשויים להעלות את ההשערה, על פי המשנה בסנהדרין, שהמתים היו עדת קורח ודתן ואבירם, שהרי גם עליהם אומר רבי אליעזר שנאמר: ה׳ מֵמִית וּמְחַיֶּה מוֹרִיד שְׁאוֹל וַיָּעַל.

> עדת קרח אינה עתידה לעלות, שנאמר: וַתְּכַס עֲלֵיהֶם הָאָרֶץ (במדבר טז, לג) – בעולם הזה, וַיֹּאבְדוּ מִתּוֹךְ הַקָּהָל (שם) – לעולם הבא, דברי רבי עקיבא. רבי אליעזר אומר: עליהם הוא אומר: ה׳ מֵמִית וּמְחַיֶּה מוֹרִיד שְׁאוֹל וַיָּעַל (שמ״א ב, ו).
> (משנה סנהדרין י, ג)

נזכיר, שפסוק זה לקוח משירת חנה, והיא אמרה אותו לאחר שילדה את שמואל בנה, שהיה מזרעו של קורח, ובמידה רבה קם קורח דרכו לתחייה.

רבי אליעזר בנו של רבי יוסי הגלילי ורבי יהודה בן בתירא הבינו, שתחיית המתים אכן התקיימה בפועל, מכוח נבואת יחזקאל, והמתים חיו כבני אדם רגילים:

> רבי אליעזר בנו של רבי יוסי הגלילי אומר: מתים שהחיה יחזקאל עלו לארץ ישראל, ונשאו נשים והולידו בנים ובנות. עמד רבי יהודה בן בתירא על רגליו ואמר: אני מבני בניהם, והללו תפילין שהניח לי אבי אבא מהם.
> (סנהדרין צב ע״ב)

ג. הקשר בין גאולת ישראל לתחיית המתים

הקשר המהותי

נושא זה הוא עיקר תוכנה של הפטרתנו. תחיית המתים – בין אם הייתה במציאות גשמית, בבקעה שיחזקאל היה בה, ובין אם הייתה משל – היא משל בנבואה לגאולת ישראל. דרכו של משל, שהוא מובן יותר להגיונו של השומע, ומושג בו יותר מאשר הנמשל. קל יותר לדמיין מלך המגן על בנו, או רועה המגן על צאנו, מלדמיין את הקב״ה בעת שהוא מגן על ישראל, ולכן הגנת ה׳ על ישראל תופיע במשלים כאלו.

תחיית העצמות הפזורות בבקעה היא משל לגאולת ישראל. משמע, יותר

קל לשומע להכיל בקרבו ולהפנים תחייה של מתים, מאשר את גאולת ישראל. אכן, יש בגאולת ישראל משהו בלתי מושג ובלתי נתפס בהיגיון ההיסטורי, וכמוהו מעולם לא היה בשום עם ולשון. גם גאולת ישראל בדורותינו נראית כמנוף לאמונה בה׳ ולאהבתו יותר מכל דבר אחר, ואולי אף יותר מתחיית המתים, למי שיזכה לראותה.

מהו הקשר בין תחיית המתים לגאולה? התנאי הראשון לגאולה הוא קיבוץ גלויות. העצמות בנבואת יחזקאל פזורות ורחוקות זו מזו, והן מתקרבות עֶצֶם אֶל עַצְמוֹ. גם בקיבוץ גלויות אין די בקירוב, ויש צורך להפוך לגוף אחד. הגידים הצומחים מחדש בעצמות מקשרים אותן לגוף אחד, והבשר נותן להן את כוח התנועה וההתקדמות. העם המתקבץ, אין די לו בשכנות טובה של בני עמו. הייעוד הוא המפיח רוח חיים בגוף, רוח שתסייע לו לחתור אל ייעודו. הוא הופך אותם מיחיד לחלק מציבור, שיש לו מורשת וייעוד שאליו הוא הולך. החייל הגדול שקם מן העצמות הפזורות, יש בו כוח ויכולת לחתור אל הייעוד הלאומי והוא מגיע אל פסגת החזון:

וְנָתַתִּי רוּחִי בָכֶם – וִחְיִיתֶם, וְהִנַּחְתִּי אֶתְכֶם עַל אַדְמַתְכֶם, וִידַעְתֶּם כִּי אֲנִי ה׳
דִּבַּרְתִּי וְעָשִׂיתִי, נְאֻם ה׳:

(יד)

הרוח, הארץ הטובה והקדושה, וידיעת ה׳ – הם הכלים הגדולים להגשמת חזון הגאולה.[2]

קשר הזמנים

במעשה תחיית המתים שמחולל יחזקאל על פי ה׳, הוא מבשר את גאולת ישראל. האם באמונתנו כרוכה גאולת ישראל בתחיית המתים? היו מקדמונינו שסברו כך; נביא שניים לדוגמה:

2. מילה נוספת על נס קיבוץ הגלויות שזכינו לו בדורותינו: שבחו הגדול של דוד בן גוריון המקובל בציבור, הוא העזתו להכריז על תקומתה של המדינה היהודית בה׳ באייר תש״ח, למרות כל דבריהם ההגיוניים של אלו שהתנגדו לכך מחשש שלא נעמוד בהכרזה כזו מבחינה צבאית. שבחו השני, והפחות מדובר, הוא החלטתו הנחרצת נגד רבים במנהיגות דאז, לפעול להעלאת נידחי ישראל מכל מקום שהם, ובעיקר מארצות האסלאם לארץ, למרות תרבותם השונה ממה שהיה מקובל כאן. הסכנה שהייתה בהצפת הארץ הענייה במשאבים ובמים, בבאי כל הגלויות הייתה גדולה, אך הוא לא נרתע מכך. בנבואתנו קיבוץ הגלויות הוא הבסיס לתקומה הלאומית – התקרבות העצמות אישה אל רעותה.

הגמרא בסנהדרין (נא ע"ב) דנה בהלכות ארבע מיתות בית דין בשיטת רבי אליעזר, ותמהה על עצם הדיון על הלכה שאינה נוהגת היום: "אמר רב יוסף: הלכתא למשיחא?!" מפרש רש"י שם (ד"ה הכי קאמינא) את השאלה:

כשיבא המשיח ויחיה המתים, נשאל את ר' אליעזר באיזה לשון אמרה.

נראה מדבריו, שהגאולה והמשיח ותחיית המתים יבואו יחד. כך פייט גם רבי אברהם אבן עזרא בפיוטו 'צמאה לך נפשי':

זְכוֹר אַהֲבַת קְדוּמִים/ וְהַחֲיֵה נִרְדָּמִים/ וְקָרֵב הַיָּמִים/ אֲשֶׁר בֶּן יִשַׁי חָי.

הרמב"ם ניתק בין שתי התופעות וראה בהן עיקרי אמונה שונים. הוא מוכיח זאת מבר כוכבא, שרבי עקיבא דימה שהוא המשיח, וכך כתב:

ואל יעלה על דעתך, שהמלך המשיח צריך: לעשות אותות ומופתים; ומחדש דברים בעולם; או מחיה מתים, וכיוצא בדברים אלו – אין הדבר כך.
(הלכות מלכים ומלחמותיהם יא, ג)

אכן, גם בתפילה אנו מתפללים על בוא המשיח במהרה: 'את צמח דוד עבדך מהרה תצמיח', אך תחיית המתים אינה בין ברכות הבקשה. התפילה מביעה אמונה שהקב"ה עתיד להחיותם. בסגנון דומה הבדיל הרמב"ם בין שני עיקרי אמונה אלו.

ד. מי הן העצמות היבשות?

בגמרא יש דיון בין האמוראים מי הם המתים שהחיה יחזקאל:

ומאן נינהו (= ומי הם) מתים שהחיה יחזקאל?
אמר רב: אלו בני אפרים, שמנו לקץ וטעו, שנאמר: וּבְנֵי אֶפְרַיִם – שׁוּתָלַח, וּבֶרֶד בְּנוֹ וְתַחַת בְּנוֹ וְאֶלְעָדָה בְנוֹ וְתַחַת בְּנוֹ: וְזָבָד בְּנוֹ וְשׁוּתֶלַח בְּנוֹ וְעֵזֶר וְאֶלְעָד, וַהֲרָגוּם אַנְשֵׁי גַת הַנּוֹלָדִים בָּאָרֶץ וגו', וכתיב: וַיִּתְאַבֵּל אֶפְרַיִם אֲבִיהֶם יָמִים רַבִּים, וַיָּבֹאוּ אֶחָיו לְנַחֲמוֹ (דהי"א ז, כ-כב).
ושמואל אמר: אלו בני אדם שכפרו בתחיית המתים, שנאמר: וַיֹּאמֶר אֵלַי, בֶּן אָדָם, הָעֲצָמוֹת הָאֵלֶּה כָּל בֵּית יִשְׂרָאֵל הֵמָּה, הִנֵּה אֹמְרִים: יָבְשׁוּ עַצְמוֹתֵינוּ וְאָבְדָה תִקְוָתֵנוּ נִגְזַרְנוּ לָנוּ (יא).

רבי ירמיה בר אבא אמר: אלו בני אדם שאין בהן לחלוחית של מצוה, שנאמר: הָעֲצָמוֹת הַיְבֵשׁוֹת, שִׁמְעוּ דְּבַר ה׳ (ד).
רבי יצחק נפחא אמר: אלו בני אדם שחיפו את ההיכל כולו שקצים ורמשים, שנאמר: וָאָבוֹא וָאֶרְאֶה וְהִנֵּה כָל תַּבְנִית רֶמֶשׂ וּבְהֵמָה שֶׁקֶץ וְכָל גִּלּוּלֵי בֵּית יִשְׂרָאֵל מְחֻקֶּה עַל הַקִּיר סָבִיב סָבִיב וגו׳ (ח, י), וכתיב התם: וְהֶעֱבִירַנִי עֲלֵיהֶם סָבִיב סָבִיב (לז, ב).

(סנהדרין צב ע״ב)

לא התבררה לי היטב שיטת רב, אך נראה שהוא חיפש חַיִל גָּדוֹל מְאֹד מְאֹד, כנזכר בפסוק י בהפטרתנו – מתים שכולם גברים, ושלא הובאו מעולם לקבורה. בני אפרים, שיצאו ביציאה מוקדמת ממצרים (ראו דהי״א ז) ונפלו בקרבות עם אנשי גת – מתאימים לכך.[3] אומנם, אין טעם לחפש את גופותיהם בבקעה בבבל, שבה נגלה ה׳ ליחזקאל, על דרך הפשט; פירושו מתאים לדברי הרמב״ם, שהעצמות בבקעה נראו ליחזקאל במראה הנבואה. להלן נדון בסיבה נוספת לראות בקמים לתחייה את בני אפרים.

שמואל, רבי ירמיה ורבי יצחק נראים לי כשלושה גוונים של דעה אחת, הקרובה למה שכתבנו לעיל על עדת קורח: חזון תחיית המתים של יחזקאל מעניק אותה גם לרשעי עולם ולכופרים שבעם ישראל.

דברינו על פי שלושת האמוראים הנזכרים, נראים לכאורה נוגדים סוגיה אחרת בגמרא:

אבל המינין, והמסורות, והמשומדים והאפיקורסים, שכפרו בתורה, ושכפרו בתחיית המתים, ושפירשו מדרכי צבור, ושנתנו חיתיתם בארץ חיים, ושחטאו והחטיאו את הרבים, כגון ירבעם בן נבט וחבריו – יורדין לגיהנם, ונידונין בה לדורי דורות, שנאמר: וְיָצְאוּ וְרָאוּ בְּפִגְרֵי הָאֲנָשִׁים הַפֹּשְׁעִים בִּי וגו׳ (ישעיהו סו, כד) – גיהנם כלה והן אינן כלין.

(ראש השנה יז ע״א)

נראה שהסוגיה בסנהדרין, העוסקת בחזון העצמות שבהפטרתנו, באה להדגיש, בניגוד להלכה הפסוקה, שהתקווה עשויה לגבור על כל ייאוש – גם על הייאוש של הרשעים, שכפרו בכל תקווה. ככלל נראה, שהסוגיה האמוראית אימצה את שיטת

3. גם המעפילים יכלו להתאים לכך, וחטאם דמה לחטאם של בני אפרים.

רבי אליעזר במשנה בסנהדרין שלהלן, והסוגיה בראש השנה הולכת בשיטת רבי עקיבא החולק עליו:

> דור המדבר – אין להם חלק לעולם הבא, ואין עומדין בדין, שנאמר: בַּמִּדְבָּר הַזֶּה יִתַּמּוּ – וְשָׁם יָמֻתוּ (במדבר יד, לה) – דברי רבי עקיבא. רבי אליעזר אומר: עליהם הוא אומר: אִסְפוּ לִי חֲסִידָי, כֹּרְתֵי בְרִיתִי עֲלֵי זָבַח (תהלים נ, ה).
> עדת קרח אינה עתידה לעלות, שנאמר: וַתְּכַס עֲלֵיהֶם הָאָרֶץ וַיֹּאבְדוּ מִתּוֹךְ הַקָּהָל (במדבר טז, לג) לעולם הבא – דברי רבי עקיבא. רבי אליעזר אומר: עליהם הוא אומר: ה' מֵמִית וּמְחַיֶּה, מוֹרִיד שְׁאוֹל וַיָּעַל (שמ"א ב, ו).
> עשרת השבטים אינן עתידין לחזור, שנאמר: וַיַּשְׁלִכֵם אֶל אֶרֶץ אַחֶרֶת כַּיּוֹם הַזֶּה (דברים כט, כז); מה היום הזה הולך ואינו חוזר – אף הם הולכים ואינם חוזרים – דברי רבי עקיבא. רבי אליעזר אומר: מה היום מאפיל ומאיר – אף עשרת השבטים, שאפל להן, כך עתיד להאיר להן.
> (סנהדרין י, ג)

עיון בפרק כולו חושף את חידת העצמות היבשות:

> וַיְהִי דְבַר ה' אֵלַי לֵאמֹר: וְאַתָּה בֶן אָדָם, קַח לְךָ עֵץ אֶחָד וּכְתֹב עָלָיו, לִיהוּדָה וְלִבְנֵי יִשְׂרָאֵל חֲבֵרָו, וּלְקַח עֵץ אֶחָד וּכְתוֹב עָלָיו, לְיוֹסֵף עֵץ אֶפְרַיִם וְכָל בֵּית יִשְׂרָאֵל חֲבֵרָו: וְקָרַב אֹתָם אֶחָד אֶל אֶחָד לְךָ לְעֵץ אֶחָד, וְהָיוּ לַאֲחָדִים בְּיָדֶךָ: וְכַאֲשֶׁר יֹאמְרוּ אֵלֶיךָ בְּנֵי עַמְּךָ לֵאמֹר, הֲלוֹא תַגִּיד לָנוּ מָה אֵלֶּה לָּךְ: דַּבֵּר אֲלֵהֶם, כֹּה אָמַר אֲדֹנָי ה', הִנֵּה אֲנִי לֹקֵחַ אֶת עֵץ יוֹסֵף אֲשֶׁר בְּיַד אֶפְרַיִם וְשִׁבְטֵי יִשְׂרָאֵל חֲבֵרָו, וְנָתַתִּי אוֹתָם עָלָיו אֶת עֵץ יְהוּדָה וַעֲשִׂיתִם לְעֵץ אֶחָד, וְהָיוּ אֶחָד בְּיָדִי:
> וְעָשִׂיתִי אֹתָם לְגוֹי אֶחָד בָּאָרֶץ בְּהָרֵי יִשְׂרָאֵל וּמֶלֶךְ אֶחָד יִהְיֶה לְכֻלָּם לְמֶלֶךְ, וְלֹא יִהְיֶה עוֹד לִשְׁנֵי גוֹיִם וְלֹא יֵחָצוּ עוֹד לִשְׁתֵּי מַמְלָכוֹת עוֹד:
> (לז, טו-יט; כב)

הנביא מדבר על חיבור שבטי אפרים[4] וחבריו לשבט יהודה כאן בארץ. העצמות היבשות הן אפוא גולי שומרון, שנמקו בגלותם זמן רב לפני ששבט יהודה גלה מארצו. גולי שומרון התפזרו לקהילות קטנות ואף פחות מכך – ליחידים, ואלו איבדו זיקה

4. שמא לכך כוונו דברי רב לעיל, שהעצמות הם של בני אפרים. אומנם רב דיבר על בני אפרים שיצאו ביציאה המוקדמת ממצרים, והנביא מדבר כאן להשערתנו, על גולי שומרון בגלות עשרת השבטים.

של ממש ליהדותם ולמסורת אבותם, שהייתה חלשה אצלם גם לפני גלותם.[5] הם היו במצב הקרוב לטמיעה גמורה בגויים.[6]

הנביא מבשר כאן, שלמרות זאת ה׳ לא מאס בהם; הוא רוצה להשיב אותם אל ארצו, ועבדו (בן) דוד ימלוך עליהם.[7] הנביא אינו מדבר על עליית שבי שומרון בזמן יאשיהו, שהרי יחזקאל היה אחריו; הוא מדבר על עלייה נוספת ובעלת עוצמה גדולה יותר. אפשר שהוא מכוון למה שהחל בדרך רפה מן המצופה, בשיבת גולי עשרת השבטים יחד עם גולי יהודה בעת הצהרת כורש,[8] ואולי גם בימי עזרא. תחיית המתים המתוארת כאן, היא תחיית המתים של עם ישראל, המתקבץ מגלויותיו ושב אל ארץ אבותיו.

הפטרת שביעי של פסח

הפטרת שביעי של פסח מקבילה להפטרת פרשת האזינו (עמ׳ 530), ושם פירשנו אותה בהרחבה.

5. אמר הכותב: אני מתקשה להתעלם מהתקיימות חזון זה בדורנו בהתעוררות הפלאית שהייתה אצל יהודי ברית המועצות בעקבות מלחמת ששת הימים. יהודים אלו הודרו מכל לימוד של עברית ומסורת ישראל במשך שני דורות, וכמעט לא ידעו דבר על יהדותם. מלחמת ששת הימים עוררה את תחושתם הלאומית והיהודית עד לרמה של סיכון נפשם במאבק גלוי נגד השלטון העריץ של המעצמה האדירה, ועד לכך שניצחו אותו. היה זה חזון העצמות במיטבו!
6. שמואל (יבמות יז ע״א) טוען שלא זזו משם עד שעשאום כעובדי כוכבים גמורים. הוא לומד זאת מפסוק בהושע, כלומר, שעשו זאת כבר בדורות הראשונים לגלותם.
7. דבר זה למדתי ממו״ר הרב יואל בן נון.
8. כשליש משבי ציון יחד עם זרובבל ויהושע בן יהוצדק היו, כנראה, משבטי ישראל. זאת ניתן להסיק מפרטי המפקד והמשפחות המנויות בו.

הקריאה בנביא ביום העצמאות

י לב לג עוֹד הַיּוֹם בְּנֹב לַעֲמֹד יְנֹפֵף יָדוֹ הַר בַּת־צִיּוֹן גִּבְעַת יְרוּשָׁלָםִ׃ הִנֵּה ישעיה
הָאָדוֹן יהוה צְבָאוֹת מְסָעֵף פֻּארָה בְּמַעֲרָצָה וְרָמֵי הַקּוֹמָה גְּדֻעִים וְהַגְּבֹהִים
יא לד א יִשְׁפָּלוּ׃ וְנִקַּף סִבְכֵי הַיַּעַר בַּבַּרְזֶל וְהַלְּבָנוֹן בְּאַדִּיר יִפּוֹל׃ וְיָצָא חֹטֶר
ב מִגֵּזַע יִשָׁי וְנֵצֶר מִשָּׁרָשָׁיו יִפְרֶה׃ וְנָחָה עָלָיו רוּחַ יהוה רוּחַ חָכְמָה וּבִינָה רוּחַ
ג עֵצָה וּגְבוּרָה רוּחַ דַּעַת וְיִרְאַת יהוה׃ וַהֲרִיחוֹ בְּיִרְאַת יהוה וְלֹא־לְמַרְאֵה עֵינָיו
ד יִשְׁפּוֹט וְלֹא־לְמִשְׁמַע אָזְנָיו יוֹכִיחַ׃ וְשָׁפַט בְּצֶדֶק דַּלִּים וְהוֹכִיחַ בְּמִישׁוֹר לְעַנְוֵי־
ה אָרֶץ וְהִכָּה־אֶרֶץ בְּשֵׁבֶט פִּיו וּבְרוּחַ שְׂפָתָיו יָמִית רָשָׁע׃ וְהָיָה צֶדֶק אֵזוֹר מָתְנָיו
ו וְהָאֱמוּנָה אֵזוֹר חֲלָצָיו׃ וְגָר זְאֵב עִם־כֶּבֶשׂ וְנָמֵר עִם־גְּדִי יִרְבָּץ וְעֵגֶל וּכְפִיר וּמְרִיא
ז יַחְדָּו וְנַעַר קָטֹן נֹהֵג בָּם׃ וּפָרָה וָדֹב תִּרְעֶינָה יַחְדָּו יִרְבְּצוּ יַלְדֵיהֶן וְאַרְיֵה כַּבָּקָר
ח ט יֹאכַל־תֶּבֶן׃ וְשִׁעֲשַׁע יוֹנֵק עַל־חֻר פָּתֶן וְעַל מְאוּרַת צִפְעוֹנִי גָּמוּל יָדוֹ הָדָה׃ לֹא־
יָרֵעוּ וְלֹא־יַשְׁחִיתוּ בְּכָל־הַר קָדְשִׁי כִּי־מָלְאָה הָאָרֶץ דֵּעָה אֶת־יהוה כַּמַּיִם לַיָּם
י מְכַסִּים׃ וְהָיָה בַּיּוֹם הַהוּא שֹׁרֶשׁ יִשַׁי אֲשֶׁר עֹמֵד לְנֵס עַמִּים
יא אֵלָיו גּוֹיִם יִדְרֹשׁוּ וְהָיְתָה מְנֻחָתוֹ כָּבוֹד׃ וְהָיָה בַּיּוֹם הַהוּא יוֹסִיף
אֲדֹנָי שֵׁנִית יָדוֹ לִקְנוֹת אֶת־שְׁאָר עַמּוֹ אֲשֶׁר יִשָּׁאֵר מֵאַשּׁוּר וּמִמִּצְרַיִם וּמִפַּתְרוֹס
יב וּמִכּוּשׁ וּמֵעֵילָם וּמִשִּׁנְעָר וּמֵחֲמָת וּמֵאִיֵּי הַיָּם׃ וְנָשָׂא נֵס לַגּוֹיִם וְאָסַף נִדְחֵי יִשְׂרָאֵל
יג וּנְפֻצוֹת יְהוּדָה יְקַבֵּץ מֵאַרְבַּע כַּנְפוֹת הָאָרֶץ׃ וְסָרָה קִנְאַת אֶפְרַיִם וְצֹרְרֵי יְהוּדָה
יד יִכָּרֵתוּ אֶפְרַיִם לֹא־יְקַנֵּא אֶת־יְהוּדָה וִיהוּדָה לֹא־יָצֹר אֶת־אֶפְרָיִם׃ וְעָפוּ בְכָתֵף
פְלִשְׁתִּים יָמָּה יַחְדָּו יָבֹזּוּ אֶת־בְּנֵי־קֶדֶם אֱדוֹם וּמוֹאָב מִשְׁלוֹחַ יָדָם וּבְנֵי עַמּוֹן
טו מִשְׁמַעְתָּם׃ וְהֶחֱרִים יהוה אֵת לְשׁוֹן יָם־מִצְרַיִם וְהֵנִיף יָדוֹ עַל־הַנָּהָר בַּעְיָם
טז רוּחוֹ וְהִכָּהוּ לְשִׁבְעָה נְחָלִים וְהִדְרִיךְ בַּנְּעָלִים׃ וְהָיְתָה מְסִלָּה לִשְׁאָר עַמּוֹ אֲשֶׁר
יב א יִשָּׁאֵר מֵאַשּׁוּר כַּאֲשֶׁר הָיְתָה לְיִשְׂרָאֵל בְּיוֹם עֲלֹתוֹ מֵאֶרֶץ מִצְרָיִם׃ וְאָמַרְתָּ בַּיּוֹם
ב הַהוּא אוֹדְךָ יהוה כִּי אָנַפְתָּ בִּי יָשֹׁב אַפְּךָ וּתְנַחֲמֵנִי׃ הִנֵּה אֵל יְשׁוּעָתִי אֶבְטַח

ג וְלֹא אֶפְחָד כִּי־עָזִּי וְזִמְרָת יָהּ יהוה וַיְהִי־לִי לִישׁוּעָה: וּשְׁאַבְתֶּם־מַיִם בְּשָׂשׂוֹן
ד מִמַּעַיְנֵי הַיְשׁוּעָה: וַאֲמַרְתֶּם בַּיּוֹם הַהוּא הוֹדוּ לַיהוה קִרְאוּ בִשְׁמוֹ הוֹדִיעוּ בָעַמִּים
ה עֲלִילֹתָיו הַזְכִּירוּ כִּי נִשְׂגָּב שְׁמוֹ: זַמְּרוּ יהוה כִּי גֵאוּת עָשָׂה מוּדַעַת זֹאת בְּכָל־
ו הָאָרֶץ: צַהֲלִי וָרֹנִּי יוֹשֶׁבֶת צִיּוֹן כִּי־גָדוֹל בְּקִרְבֵּךְ קְדוֹשׁ יִשְׂרָאֵל:

א. הקשר בין הנבואה לשביעי של פסח ויום העצמאות

כינויו העממי של פרק זה הוא 'הפטרת יום העצמאות', אך הוא אינו 'הפטרה'. קריאתו אינה צמודה בהכרח לקריאת התורה, וגם לא נתקנו עליו ברכות ההפטרה. חביבות קריאתו ביום העצמאות ודמיונו להפטרה הביאה אותנו לשבצו במסגרת דברינו על ההפטרות. זאת ועוד: יום העצמאות חל שבועיים אחרי שביעי של פסח; ופרקים אלו הם הפטרת יום טוב שני של שביעי של פסח בגלויות.

נאמר מילים ספורות על בחירתו להפטרת שביעי של פסח בחו"ל:

וְהֶחֱרִים ה' אֵת לְשׁוֹן יָם מִצְרַיִם וְהֵנִיף יָדוֹ עַל הַנָּהָר בַּעְיָם רוּחוֹ, וְהִכָּהוּ לְשִׁבְעָה נְחָלִים וְהִדְרִיךְ בַּנְּעָלִים: וְהָיְתָה מְסִלָּה לִשְׁאָר עַמּוֹ אֲשֶׁר יִשָּׁאֵר מֵאַשּׁוּר, כַּאֲשֶׁר הָיְתָה לְיִשְׂרָאֵל בְּיוֹם עֲלֹתוֹ מֵאֶרֶץ מִצְרָיִם: וְאָמַרְתָּ בַּיּוֹם הַהוּא, אוֹדְךָ ה' כִּי אָנַפְתָּ בִּי, יָשֹׁב אַפְּךָ וּתְנַחֲמֵנִי: הִנֵּה אֵל יְשׁוּעָתִי אֶבְטַח וְלֹא אֶפְחָד, כִּי עָזִּי וְזִמְרָת יָהּ ה' וַיְהִי לִי לִישׁוּעָה:

(יא, טו - יב, ב)

הנביא מתאר את הגאולה העתידה בייבוש לשון ים מצרים (מפרץ סואץ), כדי שעם ישראל יעלה דרכה לארצו, כנראה בַּמָּקום שים סוף נקרע בו לרגלי בני ישראל בשביעי של פסח. גם השירה שתיאמר תכיל את כִּי עָזִּי וְזִמְרָת יָהּ ה' וַיְהִי לִי לִישׁוּעָה, כמו בשירת הים.

בחירת פרק זה לקוראו ביום העצמאות נראית מעט יומרנית. הפרק עוסק בהתגלות משיח בן דוד; יום העצמאות הוא אתחלתא דגאולה, אך אינו ימות המשיח. דרכנו עד להתגלות ה', כפי שצפו הנביאים לימות המשיח, עדיין ארוכה, ואמורה לכלול עוד דברים רבים, שבעוונותינו עדיין לא זכינו להם. אפשר שהיה מקום לבחור נבואה דוגמת יום שני של ראש השנה (ירמיהו לא), העוסקת בקיבוץ גלויות הבנים האובדים, ביישוב הארץ ובשמחה הגדולה מחמתו, או נבואות אחרות העוסקות בכך.

ב. רקע

עוֹד הַיּוֹם בְּנֹב לַעֲמֹד, יְנֹפֵף יָדוֹ הַר בַּת צִיּוֹן גִּבְעַת יְרוּשָׁלִָם:

(י, לב)

פסוק זה הוא המשך של קודמיו, ונושאו נזכר בפסוקים שלפניו. הנבואה עוסקת באשור ובמלכהּ, שברוב בטחונו העצמי וגאוותו הוא משוכנע, שיכניע את ירושלים עיר ה׳, כשם שהכניע את כל ממלכות האלילים שכבש. נבואתנו היא אחרי שמלכי אשור כבשו את שומרון והגלו את עשרת השבטים לצפון ולמזרח הרחוקים, ולאחר שכבשו חלק ניכר מממלכת יהודה בימי חזקיהו, והרסו את עריה. המלחמה בין אשור ליהודה בנבואתנו היא על ירושלים, אחרי שרוב ערי יהודה נהרסו. בפסוקים הקודמים ישנה רשימה של ערי מזרח בנימין, שמלך אשור כבר עבר בדרכו לירושלים:

בָּא עַל עַיַּת עָבַר בְּמִגְרוֹן, לְמִכְמָשׂ יַפְקִיד כֵּלָיו: עָבְרוּ מַעְבָּרָה, גֶּבַע מָלוֹן לָנוּ, חָרְדָה הָרָמָה, גִּבְעַת שָׁאוּל נָסָה: צַהֲלִי קוֹלֵךְ בַּת גַּלִּים, הַקְשִׁיבִי לַיְשָׁה, עֲנִיָּה עֲנָתוֹת: נָדְדָה מַדְמֵנָה, יֹשְׁבֵי הַגֵּבִים הֵעִיזוּ:

(שם, כח-לא)

בתחילת פרקנו הוא כבר עומד בנוב (כנראה הר הצופים) ורואה את ירושלים מצפון־מזרח. נציין מסע נוסף של סנחריב מלך אשור אל ירושלים, והוא מדרום־מערב, דרך לכיש ועריה (הנזכרות בעיקר במיכה א). הוא נזכר בספר מלכים:

וּבְאַרְבַּע עֶשְׂרֵה שָׁנָה לַמֶּלֶךְ חִזְקִיָּה עָלָה סַנְחֵרִיב מֶלֶךְ אַשּׁוּר עַל כָּל עָרֵי יְהוּדָה הַבְּצֻרוֹת – וַיִּתְפְּשֵׂם: וַיִּשְׁלַח חִזְקִיָּה מֶלֶךְ יְהוּדָה אֶל מֶלֶךְ אַשּׁוּר לָכִישָׁה לֵאמֹר, חָטָאתִי שׁוּב מֵעָלַי:

(מל״ב יח, יג-יד)

מסתבר, ששני המסעות לירושלים נערכו במקביל, והמצור נעשה בתנועת מלקחיים משני הכיוונים. יש בכך דמיון למצבה של ירושלים העברית בעת הכרזת העצמאות. בשני המקרים ירושלים ניצלה, אומנם במלחמת העצמאות ניצל בנס גדול רק חלקה המערבי. מכל מקום, נבואתנו נאמרת על רקע מצור סנחריב על ירושלים.[1]

1. חלק מן החוקרים טוענים שהפסוקים לעיל, המזכירים את עַיַּת, מגרון, מכמש וכו׳, אינם עוסקים

ג. וְהַלְּבָנוֹן בְּאַדִּיר יִפּוֹל

הִנֵּה הָאָדוֹן ה׳ צְבָאוֹת מְסָעֵף פֻּארָה בְּמַעֲרָצָה, וְרָמֵי הַקּוֹמָה גְּדוּעִים וְהַגְּבֹהִים יִשְׁפָּלוּ: וְנִקַּף סִבְכֵי הַיַּעַר בַּבַּרְזֶל, וְהַלְּבָנוֹן בְּאַדִּיר יִפּוֹל:

(י, לג)

הנביא ישעיהו (וגם יחזקאל) משתמש לא מעט בדימוי של עץ רם ונישא, המטיל את צילו על קטנים ממנו, בבואו לתאר את מלכה של אחת מן המעצמות. העץ שלנו כאן, אשור, עדיין לא ייעקר, אך ה׳, בגרזנו של חוטב עצים (מַעֲרָצָה), יקצץ (׳יסעף׳) באופן ניכר את ענפי העץ (פֻּארָה).

הביטוי וְהַלְּבָנוֹן בְּאַדִּיר יִפּוֹל אומר דורשני. מיהו הלבנון שייפול ומיהו האדיר שיפילנו? מצאנו על כך את מדרשו של רבן יוחנן בן זכאי. הגמרא מספרת, שערב חורבן ירושלים (בסוף ימי בית שני) יצא רבן יוחנן מירושלים לפגוש את אספסיאנוס, שר הצבא של נירון קיסר. רבן יוחנן כינה את אספסיאנוס: ׳המלך׳, ואספסיאנוס תמה וכעס על כך. רבן יוחנן ענה לו:

אמר לו: דקאמרת לאו מלכא אנא, איברא מלכא את, דאי לאו מלכא את – לא מימסרא ירושלים בידך,[2] דכתיב: וְהַלְּבָנוֹן בְּאַדִּיר יִפּוֹל, ואין אדיר אלא מלך, דכתיב: וְהָיָה אַדִּירוֹ מִמֶּנּוּ (ירמיהו ל, כא), ואין לבנון אלא בית המקדש, שנאמר: הָהָר הַטּוֹב הַזֶּה וְהַלְּבָנֹן (דברים ג, כה).

(גיטין נו ע״א-ע״ב)

רבן יוחנן דורש את הפסוק שבפרקנו, וְהַלְּבָנוֹן בְּאַדִּיר יִפּוֹל, על נפילת בית המקדש, שהוא הלבנון, בידי המלך האדיר של רומי. המקדש נקרא ׳לבנון׳ על פי הדרש, משום שמלבין את עוונותיהם של ישראל, ועל פי הפשט משום שנבנה על ידי שלמה (המקדש הראשון!) מעצי הלבנון.[3]

בסנחריב, אלא במלכים שקדמו לו והיו עוד בימי אחז, אביו של חזקיהו, והם: סרגון (השני), או תגלת פלאסר (השלישי). עיינו למשל מאמרה של ר׳ פז, ״הרקע ההיסטורי למסע הצבאי האשורי ביהודה המתואר בישעיהו י״, **מגדים** ט (תש״ן), עמ׳ 63-69.

2. תרגום חופשי וביאור: מה שאמרת ׳איני המלך׳, אומנם מלך אתה, ולולא כן לא הייתה ירושלים נמסרת בידך.

3. הלבנון עצמו נקרא כך על שם השלג הלבן הנשקף מהריו הגבוהים. כאן מתחבר מעט הפשט עם הדרש שהבאנו, שהרי על עבודת מקדש ראויה ונאותה נאמר: אִם יִהְיוּ חֲטָאֵיכֶם כַּשָּׁנִים כַּשֶּׁלֶג יַלְבִּינוּ (א, יח).

אולם הפשט בפסוקנו הפוך! מלך הצפון (הלבנון), סנחריב, ייפול בידי הקב"ה, שהוא המלך האדיר. הפסוק עשוי אפוא, להתפרש בשתי הצורות, ההפוכות זו מזו. כשישראל לא זכו, ערב חורבן הבית השני – הוא נדרש בידי רבן יוחנן לפורענות; אך פשטו בישעיהו מדבר על ישועה גדולה, על ניצחונו של הקב"ה על סנחריב.

ד. מלכותו העתידה של בן דוד

וְיָצָא חֹטֶר מִגֵּזַע יִשָׁי, וְנֵצֶר מִשָּׁרָשָׁיו יִפְרֶה: וְנָחָה עָלָיו רוּחַ ה׳, רוּחַ חָכְמָה וּבִינָה, רוּחַ עֵצָה וּגְבוּרָה, רוּחַ דַּעַת וְיִרְאַת ה׳: וַהֲרִיחוֹ בְּיִרְאַת ה׳, וְלֹא לְמַרְאֵה עֵינָיו יִשְׁפּוֹט, וְלֹא לְמִשְׁמַע אָזְנָיו יוֹכִיחַ: וְשָׁפַט בְּצֶדֶק דַּלִּים וְהוֹכִיחַ בְּמִישׁוֹר לְעַנְוֵי אָרֶץ, וְהִכָּה אֶרֶץ בְּשֵׁבֶט פִּיו וּבְרוּחַ שְׂפָתָיו יָמִית רָשָׁע: וְהָיָה צֶדֶק אֵזוֹר מָתְנָיו, וְהָאֱמוּנָה אֵזוֹר חֲלָצָיו:

(יא, א-ה)

פסוקים אלו הם בעלי משקל רב בתודעתנו, משום שהם מציינים את תכונותיו של המלך המשיח – משוש חיינו. העולה מן הפסוקים הוא:

א. גזע ישי נכרת, וכמעט אבדה התקווה לשיקומו, אך שרשיו טמונים באדמה, ומהם עתיד לצאת נצר, גם אם איש לא ציפה לו. בנקודה ההיסטורית שישעיהו עומד בה, הכוונה לחזקיהו, אף שעדיין אין לו בנים ולא תקווה להמשכו. אכן חז"ל אמרו, וכנראה על רקע פרק זה, שחזקיהו היה אמור להיות המלך המשיח:

ביקש הקדוש ברוך הוא לעשות חזקיהו משיח, וסנחריב גוג ומגוג.

(סנהדרין צד ע"א)

אכן, רעיון תקופת הייאוש ונמיכות הקומה לפני בוא המשיח מלווה את חז"ל פעמים רבות:

רבן גמליאל אומר: דור שבן דוד בא – בית הועד יהיה לזנות, הגליל יחרב, ואנשי הגליל יסובבו מעיר לעיר ולא יחוננו, וחכמת סופרים תסרח, ויראי חטא ימאסו, פני הדור כפני הכלב, והאמת נעדרת, וסר מרע משתולל.
ר' נהוראי אומר: דור שבן דוד בא – נערים ילבינו זקנים, זקנים יעמדו לפני נערים, בת קמה באמה, כלה בחמותה, ואין הבן מתבייש מאביו.

ר׳ נחמיה אומר: דור שבן דוד בא – עזות תרבה, והיקר יעוות, והגפן תתן פריה והיין יהיה ביוקר, והמלכות תהפך למינות, ואין תוכחת.
(מסכת דרך ארץ פרק רבי שמעון הלכה א)[4]

ב. על המלך תשרה רוח ה׳, רוח הקודש; היא תשרה עליו יראת ה׳, והיא תכוון את מעשיו.
ג. משפטו יהיה משפט צדק, והוא לא ישא פנים לעשירים ולחזקים. רוח הקודש (וַהֲרִיחוֹ) תכוון את משפטו אל האמת והצדק.
ד. די יהיה באישיותו החיובית כדי להנהיג את העם לכל גווניו, והוא לא ייזקק להפעלת כוח.

ננסח בקצרה את שלוש התכונות החשובות של בן דוד הנכסף: צדק ומשפט, אחדות פנימית שתיישב מחלוקת שלא בכוח, סייעתא דשמיא.

ה. זְאֵב עִם כֶּבֶשׂ

וְגָר זְאֵב עִם כֶּבֶשׂ, וְנָמֵר עִם גְּדִי יִרְבָּץ, וְעֵגֶל וּכְפִיר וּמְרִיא יַחְדָּו, וְנַעַר קָטֹן נֹהֵג בָּם: וּפָרָה וָדֹב תִּרְעֶינָה, יַחְדָּו יִרְבְּצוּ יַלְדֵיהֶן, וְאַרְיֵה כַּבָּקָר יֹאכַל תֶּבֶן: וְשִׁעֲשַׁע יוֹנֵק עַל חֻר פָּתֶן, וְעַל מְאוּרַת צִפְעוֹנִי – גָּמוּל, יָדוֹ הָדָה: לֹא יָרֵעוּ וְלֹא יַשְׁחִיתוּ בְּכָל הַר קָדְשִׁי, כִּי מָלְאָה הָאָרֶץ דֵּעָה אֶת ה׳, כַּמַּיִם לַיָּם מְכַסִּים:
(יא, ו-ט)

בפסוקים אלו מובאות שוב שלוש התכונות החשובות שצוינו לעיל: צדק לחלשים, מניעת כל אלימות (גם כשהיא צודקת) ודֵעָה אֶת ה׳, הכרוכה בסייעתא דשמיא. כשמדובר בבני אדם זה חלום אפשרי. האם גם כשמדובר בחיות השדה? מסברה נראה, שכך התנהלו החיים בגן העדן עד לחטא. אולם כיצד תשתנה קיבתם של הטורפים לאכול תבן? תשובה אפשרית – הטורפים יאכלו נבלות ולא ׳טריפות׳, כלומר – לא ימיתו בעלי חיים אחרים למען מזונם, אך יאכלו את גופותיהם. אפשר גם שעם צמצום מזונם, עם הזמן תפתח קיבתם וכלי העיכול האחרים שלהם, על דרך האבולוציה, גם אפשרות לאכול צמחים.

בשאלה זו דנו הרמב״ם והראב״ד:

4. בסוף מסכת סוטה אמירות דומות. בכוונה תחילה לא העתקתי את דברי חז״ל משם, ואכמ״ל.

אל יעלה על הלב שבימות המשיח יבטל דבר ממנהגו של עולם, או יהיה שם חידוש במעשה בראשית, אלא עולם כמנהגו נוהג. וזה שנאמר בישעיה (יא, ו): וְגָר זְאֵב עִם כֶּבֶשׂ, וְנָמֵר עִם גְּדִי יִרְבָּץ – משל וחידה. ענין הדבר, שיהיו ישראל יושבין לבטח עם רשעי עכו״ם, המשולים כזאב ונמר, שנאמר: זְאֵב עֲרָבוֹת יְשָׁדְדֵם נָמֵר שֹׁקֵד עַל עָרֵיהֶם (ירמיהו ה, ו), ויחזרו כולם לדת האמת, ולא יגזלו ולא ישחיתו, אלא יאכלו דבר המותר בנחת עם ישראל, שנאמר: וְאַרְיֵה כַּבָּקָר יֹאכַל תֶּבֶן (ישעיהו שם, ז). וכן כל כיוצא באלו הדברים בענין המשיח הם משלים, ובימות המלך המשיח יודע לכל לאי זה דבר היה משל, ומה ענין רמזו בהן.
[השגת הראב״ד] אמר אברהם: והלא בתורה: וְהִשְׁבַּתִּי חַיָּה רָעָה מִן הָאָרֶץ (ויקרא כו, ו)?!
(הלכות מלכים ומלחמותיהם יב, א)

בשיטת הראב״ד לא לגמרי ברור, האם הוא חולק על העיקרון שהציב הרמב״ם, שבימות המשיח ימשיך הטבע כמנהגו, או שהוא סובר כעולה מדברינו, שחוקי הטבע יוכלו להכיל בהדרגה את השינוי באורחות חייהן של החיות הטורפות. אכן גם אנו הכרנו את הנמרה שכונתה 'שלומציון', שחייתה בזמנו בקיבוץ עין גדי בשלום עם סביבתה, בני אדם ובעלי חיים. הרמב״ם כנראה הבין את הפסוק שהביא הראב״ד, שהחיות תמשכנה לטרוף בעלי חיים, אך הן תעזובנה את הארץ למקומות אחרים, וכפי שקורה היום.

מחלוקתם חשובה גם בפסוק כִּי מָלְאָה הָאָרֶץ דֵּעָה אֶת ה׳. הרמב״ם מבין זאת על אנשים, גם הגויים יֵדעו את ה׳; הראב״ד מבין זאת גם על בעלי חיים, שיחושו בנפשם את נוכחות ה׳ בעולמו ואת גדולתו, ודבר זה יהיה קו מנחה בהתנהגותם.

ו. גלות ישראל וגלות יהודה

וְהָיָה בַּיּוֹם הַהוּא יוֹסִיף אֲדֹנָי שֵׁנִית יָדוֹ לִקְנוֹת אֶת שְׁאָר עַמּוֹ, אֲשֶׁר יִשָּׁאֵר מֵאַשּׁוּר
וּמִמִּצְרַיִם וּמִפַּתְרוֹס וּמִכּוּשׁ וּמֵעֵילָם וּמִשִּׁנְעָר וּמֵחֲמָת וּמֵאִיֵּי הַיָּם: וְנָשָׂא נֵס לַגּוֹיִם
וְאָסַף נִדְחֵי יִשְׂרָאֵל, וּנְפֻצוֹת יְהוּדָה יְקַבֵּץ מֵאַרְבַּע כַּנְפוֹת הָאָרֶץ:
(יא, יא–יב)

הנבואה שאנו עוסקים בה נאמרה שנים ספורות לאחר הגלויות שגלו שבטי שומרון לאשור ועילם שבצפון־מזרח; יהודה עדיין לא גלו. מהיכן הגלויות שהנביא דן עליהן, הכוללות את נפוצות יהודה ואת עם ישראל הגולה גם במצרים, פתרוס וכוש שבמזרח אפריקה, שכולן בדרום־מערב? מהיכן הגיעו לאיי הים? נשוב לפסוקי סנחריב:

וּבְאַרְבַּע עֶשְׂרֵה שָׁנָה לַמֶּלֶךְ חִזְקִיָּה עָלָה סַנְחֵרִיב מֶלֶךְ אַשּׁוּר עַל כָּל עָרֵי יְהוּדָה הַבְּצֻרוֹת – וַיִּתְפְּשֵׂם:

(מל"ב יח, יג)

יש לנו רשימה של ארבעים ושש ערים שסנחריב לכד לפני בואו לירושלים (חלקן הגדול הוזכרו במיכה א). מכתובת סנחריב שנמצאה בלכיש אנו יודעים על מספר עצום של שבויים, שנלקחו מערי יהודה, וכנראה נמכרו לעבדים במקומות שונים בעולם. גם בדורות קודמים לחזקיהו נמכרו שבויי יהודה במקומות רחוקים, וכנראה גם במזרח אפריקה:

וַיָּעַר ה' עַל יְהוֹרָם אֵת רוּחַ הַפְּלִשְׁתִּים וְהָעַרְבִים אֲשֶׁר עַל יַד כּוּשִׁים: וַיַּעֲלוּ בִיהוּדָה וַיִּבְקָעוּהָ וַיִּשְׁבּוּ אֵת כָּל הָרְכוּשׁ הַנִּמְצָא לְבֵית הַמֶּלֶךְ וְגַם בָּנָיו וְנָשָׁיו:

(דהי"ב כא, טז-יז)

להשערתנו – גם על שבי זה נאמרה הנבואה הבאה, עוד לפני ימי חזקיהו:

וְקִבַּצְתִּי אֶת כָּל הַגּוֹיִם וְהוֹרַדְתִּים אֶל עֵמֶק יְהוֹשָׁפָט, וְנִשְׁפַּטְתִּי עִמָּם שָׁם עַל עַמִּי וְנַחֲלָתִי יִשְׂרָאֵל אֲשֶׁר פִּזְּרוּ בַגּוֹיִם וְאֶת אַרְצִי חִלֵּקוּ: וְאֶל עַמִּי יַדּוּ גוֹרָל, וַיִּתְּנוּ הַיֶּלֶד בַּזּוֹנָה וְהַיַּלְדָּה מָכְרוּ בַיַּיִן – וַיִּשְׁתּוּ: וְגַם מָה אַתֶּם לִי צֹר וְצִידוֹן וְכֹל גְּלִילוֹת פְּלָשֶׁת, הַגְּמוּל אַתֶּם מְשַׁלְּמִים עָלָי, וְאִם גֹּמְלִים אַתֶּם עָלַי – קַל מְהֵרָה אָשִׁיב גְּמֻלְכֶם בְּרֹאשְׁכֶם: אֲשֶׁר כַּסְפִּי וּזְהָבִי לְקַחְתֶּם, וּמַחֲמַדַּי הַטֹּבִים הֲבֵאתֶם לְהֵיכְלֵיכֶם: וּבְנֵי יְהוּדָה וּבְנֵי יְרוּשָׁלַם מְכַרְתֶּם לִבְנֵי הַיְּוָנִים, לְמַעַן הַרְחִיקָם מֵעַל גְּבוּלָם:

(יואל ד, ב-ו)

ישעיהו עצמו ניבא נבואה שלמה (פרק יח) על ארץ צִלצל כנפיים מעבר לנהרי כוש, ועל גלויות יהודה הנמצאות בה.

ז. חיבור יהודה וישראל לממלכה אחת

וְסָרָה קִנְאַת אֶפְרַיִם וְצֹרְרֵי יְהוּדָה יִכָּרֵתוּ, אֶפְרַיִם לֹא יְקַנֵּא אֶת יְהוּדָה וִיהוּדָה לֹא יָצֹר אֶת אֶפְרָיִם:

(יא, יג)

קללת הפלגנות וריב האחים ליוו את עם ישראל, מימי השופטים ועד ימי פילוג

ממלכת דוד ושלמה בימי רחבעם וירבעם, ואחריה עד חורבן שומרון ועד חורבן הבית השני, וגם פעמים רבות אחריו. במבט הסוקר מלמעלה את שלושת אלפים ויותר שנות ההיסטוריה של עם ישראל, אין ספק שקללת הפלגנות היא הפיגוע האסטרטגי הגדול מכולם, והמשחית יותר מאויבי ישראל לאורך הדורות.

נביאים נוספים (הושע, עמוס, ירמיהו ויחזקאל) הזכירו, שהגאולה תכלול את איחודם של ישראל ויהודה לעם אחד, תחת מלכותו של בן דוד. גם ישעיהו נביאנו בפרק זה רואה בכך את חזון הגאולה. במושגים שלנו, בדור הנוכחי, חיבור ישראל ויהודה הוא חיבור הישראליות והיהדות לחזון מנחה אחד, שיהיה בשם ה׳ ומכוח תורתו.

ח. ברוח קריעת ים סוף ושירת הים

וְהֶחֱרִים ה׳ אֵת לְשׁוֹן יָם מִצְרַיִם וְהֵנִיף יָדוֹ עַל הַנָּהָר בַּעְיָם רוּחוֹ, וְהִכָּהוּ לְשִׁבְעָה נְחָלִים וְהִדְרִיךְ בַּנְּעָלִים: וְהָיְתָה מְסִלָּה לִשְׁאָר עַמּוֹ אֲשֶׁר יִשָּׁאֵר מֵאַשּׁוּר, כַּאֲשֶׁר הָיְתָה לְיִשְׂרָאֵל בְּיוֹם עֲלֹתוֹ מֵאֶרֶץ מִצְרָיִם: וְאָמַרְתָּ בַּיּוֹם הַהוּא, אוֹדְךָ ה׳ כִּי אָנַפְתָּ בִּי, יָשֹׁב אַפְּךָ וּתְנַחֲמֵנִי: הִנֵּה אֵל יְשׁוּעָתִי אֶבְטַח וְלֹא אֶפְחָד, כִּי עָזִּי וְזִמְרָת יָהּ ה׳ וַיְהִי לִי לִישׁוּעָה:

(יא, טו – יב, ב)

נקצר, כיוון שעסקנו בכך בפרק הראשון. יציאת מצרים העתידית תכלול מחדש את קריעת ים סוף בלשון ים מצרים (מפרץ סואץ כיום), וגם כאן באמצעות היד החזקה (וְהֵנִיף יָדוֹ). היא תכלול שירת הודיה כשירת הים, והביטוי כִּי עָזִּי וְזִמְרָת יָהּ ה׳ וַיְהִי לִי לִישׁוּעָה הלקוח משירת הים ישוב גם כאן, אך הוא לא יהיה תפילת ההודיה היחידה:

וַאֲמַרְתֶּם בַּיּוֹם הַהוּא, הוֹדוּ לַה׳ קִרְאוּ בִשְׁמוֹ הוֹדִיעוּ בָעַמִּים עֲלִילֹתָיו...

(יב, ד)

אין מדובר כאן בפסוק בודד, אלא על מזמור שלם, שהנביא ניבא שייאמר ביום הגאולה – מזמור קה בתהלים, המתאר את גאולת מצרים שהייתה בחג המצות:

הוֹדוּ לַה׳ קִרְאוּ בִּשְׁמוֹ, הוֹדִיעוּ בָעַמִּים עֲלִילוֹתָיו... שָׁלַח מֹשֶׁה עַבְדּוֹ, אַהֲרֹן אֲשֶׁר בָּחַר בּוֹ: שָׂמוּ בָם דִּבְרֵי אֹתוֹתָיו, וּמֹפְתִים בְּאֶרֶץ חָם: שָׁלַח חֹשֶׁךְ וַיַּחְשִׁךְ, וְלֹא מָרוּ אֶת דְּבָרוֹ: הָפַךְ אֶת מֵימֵיהֶם לְדָם, וַיָּמֶת אֶת דְּגָתָם: שָׁרַץ אַרְצָם צְפַרְדְּעִים, בְּחַדְרֵי מַלְכֵיהֶם: אָמַר – וַיָּבֹא עָרֹב, כִּנִּים בְּכָל גְּבוּלָם: נָתַן גִּשְׁמֵיהֶם בָּרָד, אֵשׁ לֶהָבוֹת

בְּאַרְצָם: וַיַּךְ גַּפְנָם וּתְאֵנָתָם, וַיְשַׁבֵּר עֵץ גְּבוּלָם: אָמַר – וַיָּבֹא אַרְבֶּה, וְיֶלֶק וְאֵין מִסְפָּר: וַיֹּאכַל כָּל עֵשֶׂב בְּאַרְצָם, וַיֹּאכַל פְּרִי אַדְמָתָם: וַיַּךְ כָּל בְּכוֹר בְּאַרְצָם, רֵאשִׁית לְכָל אוֹנָם: וַיּוֹצִיאֵם בְּכֶסֶף וְזָהָב, וְאֵין בִּשְׁבָטָיו כּוֹשֵׁל: שָׂמַח מִצְרַיִם בְּצֵאתָם, כִּי נָפַל פַּחְדָּם עֲלֵיהֶם: פָּרַשׂ עָנָן לְמָסָךְ, וְאֵשׁ לְהָאִיר לָיְלָה: שָׁאַל – וַיָּבֵא שְׂלָו, וְלֶחֶם שָׁמַיִם יַשְׂבִּיעֵם: פָּתַח צוּר וַיָּזוּבוּ מָיִם, הָלְכוּ בַּצִּיּוֹת נָהָר: כִּי זָכַר אֶת דְּבַר קָדְשׁוֹ, אֶת אַבְרָהָם עַבְדּוֹ: וַיּוֹצִא עַמּוֹ בְשָׂשׂוֹן, בְּרִנָּה אֶת בְּחִירָיו: וַיִּתֵּן לָהֶם אַרְצוֹת גּוֹיִם, וַעֲמַל לְאֻמִּים יִירָשׁוּ: בַּעֲבוּר יִשְׁמְרוּ חֻקָּיו, וְתוֹרֹתָיו יִנְצֹרוּ הַלְלוּ יָהּ:

(תהלים קה, א; כו-מה)

הפטרת חג השבועות

א א וַיְהִי בִּשְׁלֹשִׁים שָׁנָה בָּרְבִיעִי בַּחֲמִשָּׁה לַחֹדֶשׁ וַאֲנִי בְתוֹךְ־הַגּוֹלָה עַל־נְהַר־ יחזקאל
ב כְּבָר נִפְתְּחוּ הַשָּׁמַיִם וָאֶרְאֶה מַרְאוֹת אֱלֹהִים: בַּחֲמִשָּׁה לַחֹדֶשׁ הִיא הַשָּׁנָה
ג הַחֲמִישִׁית לְגָלוּת הַמֶּלֶךְ יוֹיָכִין: הָיֹה הָיָה דְבַר־יהוה אֶל־יְחֶזְקֵאל בֶּן־בּוּזִי
ד הַכֹּהֵן בְּאֶרֶץ כַּשְׂדִּים עַל־נְהַר־כְּבָר וַתְּהִי עָלָיו שָׁם יַד־יהוה: וָאֵרֶא וְהִנֵּה רוּחַ
סְעָרָה בָּאָה מִן־הַצָּפוֹן עָנָן גָּדוֹל וְאֵשׁ מִתְלַקַּחַת וְנֹגַהּ לוֹ סָבִיב וּמִתּוֹכָהּ כְּעֵין
ה הַחַשְׁמַל מִתּוֹךְ הָאֵשׁ: וּמִתּוֹכָהּ דְּמוּת אַרְבַּע חַיּוֹת וְזֶה מַרְאֵיהֶן דְּמוּת אָדָם
ו ז לָהֵנָּה: וְאַרְבָּעָה פָנִים לְאֶחָת וְאַרְבַּע כְּנָפַיִם לְאַחַת לָהֶם: וְרַגְלֵיהֶם רֶגֶל יְשָׁרָה
ח וְכַף רַגְלֵיהֶם כְּכַף רֶגֶל עֵגֶל וְנֹצְצִים כְּעֵין נְחֹשֶׁת קָלָל: וִידֵי אָדָם מִתַּחַת כַּנְפֵיהֶם
ט עַל אַרְבַּעַת רִבְעֵיהֶם וּפְנֵיהֶם וְכַנְפֵיהֶם לְאַרְבַּעְתָּם: חֹבְרֹת אִשָּׁה אֶל־אֲחוֹתָהּ
י כַּנְפֵיהֶם לֹא־יִסַּבּוּ בְלֶכְתָּן אִישׁ אֶל־עֵבֶר פָּנָיו יֵלֵכוּ: וּדְמוּת פְּנֵיהֶם פְּנֵי אָדָם
וּפְנֵי אַרְיֵה אֶל־הַיָּמִין לְאַרְבַּעְתָּם וּפְנֵי־שׁוֹר מֵהַשְּׂמֹאול לְאַרְבַּעְתָּן וּפְנֵי־נֶשֶׁר
יא לְאַרְבַּעְתָּן: וּפְנֵיהֶם וְכַנְפֵיהֶם פְּרֻדוֹת מִלְמָעְלָה לְאִישׁ שְׁתַּיִם חֹבְרוֹת אִישׁ
יב וּשְׁתַּיִם מְכַסּוֹת אֵת גְּוִיֹּתֵיהֶנָה: וְאִישׁ אֶל־עֵבֶר פָּנָיו יֵלֵכוּ אֶל אֲשֶׁר יִהְיֶה־שָּׁמָּה
יג הָרוּחַ לָלֶכֶת יֵלֵכוּ לֹא יִסַּבּוּ בְּלֶכְתָּן: וּדְמוּת הַחַיּוֹת מַרְאֵיהֶם כְּגַחֲלֵי־אֵשׁ בֹּעֲרוֹת
כְּמַרְאֵה הַלַּפִּדִים הִיא מִתְהַלֶּכֶת בֵּין הַחַיּוֹת וְנֹגַהּ לָאֵשׁ וּמִן־הָאֵשׁ יוֹצֵא בָרָק:
יד טו וְהַחַיּוֹת רָצוֹא וָשׁוֹב כְּמַרְאֵה הַבָּזָק: וָאֵרֶא הַחַיּוֹת וְהִנֵּה אוֹפַן אֶחָד בָּאָרֶץ אֵצֶל
טז הַחַיּוֹת לְאַרְבַּעַת פָּנָיו: מַרְאֵה הָאוֹפַנִּים וּמַעֲשֵׂיהֶם כְּעֵין תַּרְשִׁישׁ וּדְמוּת אֶחָד
יז לְאַרְבַּעְתָּן וּמַרְאֵיהֶם וּמַעֲשֵׂיהֶם כַּאֲשֶׁר יִהְיֶה הָאוֹפַן בְּתוֹךְ הָאוֹפָן: עַל־אַרְבַּעַת
יח רִבְעֵיהֶן בְּלֶכְתָּם יֵלֵכוּ לֹא יִסַּבּוּ בְּלֶכְתָּן: וְגַבֵּיהֶן וְגֹבַהּ לָהֶם וְיִרְאָה לָהֶם וְגַבֹּתָם
יט מְלֵאֹת עֵינַיִם סָבִיב לְאַרְבַּעְתָּן: וּבְלֶכֶת הַחַיּוֹת יֵלְכוּ הָאוֹפַנִּים אֶצְלָם וּבְהִנָּשֵׂא
כ הַחַיּוֹת מֵעַל הָאָרֶץ יִנָּשְׂאוּ הָאוֹפַנִּים: עַל אֲשֶׁר יִהְיֶה־שָּׁם הָרוּחַ לָלֶכֶת יֵלֵכוּ
כא שָׁמָּה הָרוּחַ לָלֶכֶת וְהָאוֹפַנִּים יִנָּשְׂאוּ לְעֻמָּתָם כִּי רוּחַ הַחַיָּה בָּאוֹפַנִּים: בְּלֶכְתָּם

יֵלֵכוּ וּבְעָמְדָם יַעֲמֹדוּ וּבְהִנָּשְׂאָם מֵעַל הָאָרֶץ יִנָּשְׂאוּ הָאוֹפַנִּים לְעֻמָּתָם כִּי רוּחַ
כב הַחַיָּה בָּאוֹפַנִּים׃ וּדְמוּת עַל־רָאשֵׁי הַחַיָּה רָקִיעַ כְּעֵין הַקֶּרַח הַנּוֹרָא נָטוּי עַל־
כג רָאשֵׁיהֶם מִלְמָעְלָה׃ וְתַחַת הָרָקִיעַ כַּנְפֵיהֶם יְשָׁרוֹת אִשָּׁה אֶל־אֲחוֹתָהּ לְאִישׁ
כד שְׁתַּיִם מְכַסּוֹת לָהֵנָּה וּלְאִישׁ שְׁתַּיִם מְכַסּוֹת לָהֵנָּה אֵת גְּוִיֹּתֵיהֶם׃ וָאֶשְׁמַע אֶת־
קוֹל כַּנְפֵיהֶם כְּקוֹל מַיִם רַבִּים כְּקוֹל־שַׁדַּי בְּלֶכְתָּם קוֹל הֲמֻלָּה כְּקוֹל מַחֲנֶה
כה בְּעָמְדָם תְּרַפֶּינָה כַנְפֵיהֶן׃ וַיְהִי־קוֹל מֵעַל לָרָקִיעַ אֲשֶׁר עַל־רֹאשָׁם בְּעָמְדָם
כו תְּרַפֶּינָה כַנְפֵיהֶן׃ וּמִמַּעַל לָרָקִיעַ אֲשֶׁר עַל־רֹאשָׁם כְּמַרְאֵה אֶבֶן־סַפִּיר דְּמוּת
כז כִּסֵּא וְעַל דְּמוּת הַכִּסֵּא דְּמוּת כְּמַרְאֵה אָדָם עָלָיו מִלְמָעְלָה׃ וָאֵרֶא כְּעֵין חַשְׁמַל
כְּמַרְאֵה־אֵשׁ בֵּית־לָהּ סָבִיב מִמַּרְאֵה מָתְנָיו וּלְמָעְלָה וּמִמַּרְאֵה מָתְנָיו וּלְמַטָּה
כח רָאִיתִי כְּמַרְאֵה־אֵשׁ וְנֹגַהּ לוֹ סָבִיב׃ כְּמַרְאֵה הַקֶּשֶׁת אֲשֶׁר יִהְיֶה בֶעָנָן בְּיוֹם
הַגֶּשֶׁם כֵּן מַרְאֵה הַנֹּגַהּ סָבִיב הוּא מַרְאֵה דְּמוּת כְּבוֹד־יהוה וָאֶרְאֶה וָאֶפֹּל
עַל־פָּנַי וָאֶשְׁמַע קוֹל מְדַבֵּר׃

ג יב וַתִּשָּׂאֵנִי רוּחַ וָאֶשְׁמַע אַחֲרַי קוֹל רַעַשׁ גָּדוֹל בָּרוּךְ כְּבוֹד־יהוה מִמְּקוֹמוֹ׃

א. הקשר בין חג השבועות להפטרה

הפטרתנו מכונה במשנה 'מעשה מרכבה', והיא עוסקת בהתגלות ה', יחד עם פמליית מלאכיו, לנביא יחזקאל. כך דימו חז"ל גם את מתן תורה, העומד בתודעתנו במרכז חג השבועות, ובו עוסקת קריאת התורה:

> בשעה שנגלה הקב"ה על הר סיני ירדו עמו כ"ב רבבות של מלאכים, שנאמר:
> רֶכֶב אֱלֹהִים רִבֹּתַיִם אַלְפֵי שִׁנְאָן (תהלים סח, יח).

(במדבר רבה ב)

כמדרש זה (ומדרשים נוספים), יחד עם הבנה שדמות המלאכים הייתה כדמות חיות המרכבה, עולה גם מן המקראות במשנה תורה:

> וַתִּקְרְבוּן וַתַּעַמְדוּן תַּחַת הָהָר, וְהָהָר בֹּעֵר בָּאֵשׁ עַד לֵב הַשָּׁמַיִם חֹשֶׁךְ עָנָן וַעֲרָפֶל:
> וַיְדַבֵּר ה' אֲלֵיכֶם מִתּוֹךְ הָאֵשׁ, קוֹל דְּבָרִים אַתֶּם שֹׁמְעִים וּתְמוּנָה אֵינְכֶם רֹאִים —
> זוּלָתִי קוֹל... וְנִשְׁמַרְתֶּם מְאֹד לְנַפְשֹׁתֵיכֶם, כִּי לֹא רְאִיתֶם כָּל תְּמוּנָה בְּיוֹם דִּבֶּר
> ה' אֲלֵיכֶם בְּחֹרֵב מִתּוֹךְ הָאֵשׁ: פֶּן תַּשְׁחִתוּן וַעֲשִׂיתֶם לָכֶם פֶּסֶל תְּמוּנַת כָּל סָמֶל,

תַּבְנִית זָכָר אוֹ נְקֵבָה: תַּבְנִית כָּל בְּהֵמָה אֲשֶׁר בָּאָרֶץ, תַּבְנִית כָּל צִפּוֹר כָּנָף אֲשֶׁר תָּעוּף בַּשָּׁמָיִם: תַּבְנִית כָּל רֹמֵשׂ בָּאֲדָמָה, תַּבְנִית כָּל דָּגָה אֲשֶׁר בַּמַּיִם מִתַּחַת לָאָרֶץ:
(דברים ד, יא-יב; טו-יח)

התורה סוקרת את מעמד הר סיני, ומדגישה שהעם לא ראו את דמות כבוד ה׳. הם ראו תבניות של חיות, בהמות ועופות מתוך האש, אך היו אלו דמויות של מלאכים נלווים, כמו חיות המרכבה, ולא חלילה ׳דמותו׳ של ה׳, כביכול. זהו פשר איסור עשיית פסל ותמונה.

הפטרתנו מאששת את ההבנה שבפמלייתה של השכינה נמצאים מלאכים דמויי בעלי חיים מוכרים (אך הם רק הפמליה), הסובבים את המקום שממנו נשמע קול ה׳ – ולא נראה בו דבר, כמו הכרובים שעל הכפורת.

המכילתא מחברת במפורש את הדמויות המתוארות לעיל במשנה תורה, עם מעשה המרכבה שביחזקאל:

לא יעשה לו דמות כל אלה, אבל יעשה לו דמות מלאכים כרובים ואופנים וחשמלים? תלמוד לומר: אֲשֶׁר בַּשָּׁמַיִם (שמות כ, ד).
(מכילתא דר״י יתרו, מסכתא דבחֹדש, ו)

הפטרתנו היא מן ההפטרות הנוגדות את מה שנאמר בפרשה, ונותנות לנו את הצד השני, המשלים לפרשה.[1] הפרשה שאנו קוראים בחג השבועות מתארת את השראת שכינת ה׳ ופמלייתו לעיני בני ישראל בהר סיני, שהיא הבסיס לבניית המשכן. הפטרתנו מתארת בדרך דומה את סילוקה של השכינה מן המקדש, ערב חורבן הבית הראשון.

*

הגמרא במסכת מגילה מביאה שתי דעות בנוגע לקריאה ולהפטרה בחג השבועות:

בעצרת – שִׁבְעָה שָׁבֻעֹת (דברים טז, ט), ומפטירין בחבקוק. אחרים אומרים: בַּחֹדֶשׁ הַשְּׁלִישִׁי (שמות יט), ומפטירין במרכבה.
(מגילה לא ע״א)

לפי הדעה הראשונה, הקריאה אינה עוסקת בענייני מתן תורה אלא בחג השבועות

1. עסקנו בכך בהרחבה בדברינו להפטרת צו, וגם מעט בדברינו להפטרת קדושים ולהפטרת במדבר.

כחג הקציר, ובעיקר במצווה לחוגגו יחד עם הלוי, הגר, היתום והאלמנה. כדעה זו אומרת גם המשנה (מגילה ג, ה). ההפטרה בחבקוק היא זו שמתארת את מתן תורה ואת התגלותו של הקב"ה בהר סיני:

> אֱלוֹהַ מִתֵּימָן יָבוֹא וְקָדוֹשׁ מֵהַר פָּארָן סֶלָה, כִּסָּה שָׁמַיִם הוֹדוֹ וּתְהִלָּתוֹ מָלְאָה הָאָרֶץ: וְנֹגַהּ כָּאוֹר תִּהְיֶה קַרְנַיִם מִיָּדוֹ לוֹ, וְשָׁם חֶבְיוֹן עֻזֹּה: לְפָנָיו יֵלֶךְ דָּבֶר, וְיֵצֵא רֶשֶׁף לְרַגְלָיו: עָמַד וַיְמֹדֶד אֶרֶץ רָאָה וַיַּתֵּר גּוֹיִם וַיִּתְפֹּצְצוּ הַרְרֵי עַד שַׁחוּ גִּבְעוֹת עוֹלָם, הֲלִיכוֹת עוֹלָם לוֹ:

(חבקוק ג, ג–ו)

הפסוקים בחבקוק מזכירים היטב את המקראות במשנה תורה על מתן תורה:

> וַיֹּאמַר, ה׳ מִסִּינַי בָּא וְזָרַח מִשֵּׂעִיר לָמוֹ הוֹפִיעַ מֵהַר פָּארָן וְאָתָה מֵרִבְבֹת קֹדֶשׁ, מִימִינוֹ אֵשׁ־דָּת לָמוֹ:

(דברים לג, ב)

אך על פי התיאור בחבקוק ההתגלות אינה לצורך מתן תורה אלא למלחמת ה׳ לישועת עמו, כמו בהופעתו ב׳סיני׳ – הר תבור – במלחמת דבורה וברק בסיסרא שר צבא יבין. כאמור, כך גם בחבקוק שם:

> הֲבִנְהָרִים חָרָה ה׳ אִם בַּנְּהָרִים אַפֶּךָ אִם בַּיָּם עֶבְרָתֶךָ כִּי תִרְכַּב עַל סוּסֶיךָ מַרְכְּבֹתֶיךָ יְשׁוּעָה:
> שֶׁמֶשׁ יָרֵחַ עָמַד זְבֻלָה לְאוֹר חִצֶּיךָ יְהַלֵּכוּ לְנֹגַהּ בְּרַק חֲנִיתֶךָ:
> יָצָאתָ לְיֵשַׁע עַמֶּךָ לְיֵשַׁע אֶת מְשִׁיחֶךָ...

(חבקוק ג, ח; יא; יג).

מנהגנו בארץ ישראל, כאמור, כדעת ׳אחרים׳ בברייתא. הדעה הראשונה והמשנה הן היום מנהג חוץ לארץ, ביום טוב שני של שבועות. אנו נתרכז בהפטרת היום הראשון על פי מנהגנו – הפטרת ׳מעשה מרכבה׳.

ב. רקע היסטורי

> וָאֵרֶא וְהִנֵּה רוּחַ סְעָרָה בָּאָה מִן הַצָּפוֹן; עָנָן גָּדוֹל, וְאֵשׁ מִתְלַקַּחַת...

(ד)

נבואתנו פותחת ברוח סערה הבאה מן הצפון, בדומה לפתיחת נבואת ירמיהו, כשלושים וחמש שנים קודם לכך:

> וַיְהִי דְבַר ה׳ אֵלַי שֵׁנִית לֵאמֹר, מָה אַתָּה רֹאֶה? וָאֹמַר, סִיר נָפוּחַ אֲנִי רֹאֶה, וּפָנָיו מִפְּנֵי צָפוֹנָה: וַיֹּאמֶר ה׳ אֵלָי, מִצָּפוֹן תִּפָּתַח הָרָעָה עַל כָּל יֹשְׁבֵי הָאָרֶץ: כִּי הִנְנִי קֹרֵא לְכָל מִשְׁפְּחוֹת מַמְלְכוֹת צָפוֹנָה, נְאֻם ה׳, וּבָאוּ וְנָתְנוּ אִישׁ כִּסְאוֹ פֶּתַח שַׁעֲרֵי יְרוּשָׁלַם וְעַל כָּל חוֹמֹתֶיהָ סָבִיב וְעַל כָּל עָרֵי יְהוּדָה:

(ירמיהו א, יג-טו)

ירמיהו רואה סיר רותח ומעלה אדים, הנוטים, מחמת הרוח, מצפון לדרום, בדומה לענן ולאש המתלקחת בנבואתנו. ירמיהו מסביר את פשר הכיוון – הסערה באה מן הצפון. מדובר על חיל מלך בבל, שיבוא עם בעלי בריתו אל ארץ ישראל, מצפון לדרום. בבל נמצאת ממזרח לארץ ישראל, אך מסלול השיירות (והצבא) מבבל מגיע לארץ ישראל מצפון־מזרח. מכל מקום, נראה שזה ביאורה של פתיחת הפטרתנו, המתארת את הרוח הבאה מן הצפון.

נבואת ירמיהו ונבואת נביאי השקר בשנה הרביעית

נבואתנו נאמרה בשנה החמישית לגלות המלך יהויכין, שהיא השנה החמישית לצדקיהו מלך יהודה (שמלך מייד אחרי שיהויכין הוגלה).[2] שנה אחת קודם לכן, בשנה הרביעית לצדקיהו, היו שני אירועים, שנראה שהם עומדים ברקע נבואתנו.

האירוע הראשון היה נבואת המוסרות והמוטות של ירמיהו:

> כֹּה אָמַר ה׳ אֵלַי, עֲשֵׂה לְךָ מוֹסֵרוֹת וּמֹטוֹת, וּנְתַתָּם עַל צַוָּארֶךָ: וְשִׁלַּחְתָּם אֶל מֶלֶךְ אֱדוֹם, וְאֶל מֶלֶךְ מוֹאָב, וְאֶל מֶלֶךְ בְּנֵי עַמּוֹן, וְאֶל מֶלֶךְ צֹר, וְאֶל מֶלֶךְ צִידוֹן, בְּיַד מַלְאָכִים הַבָּאִים יְרוּשָׁלַם אֶל צִדְקִיָּהוּ מֶלֶךְ יְהוּדָה: וְצִוִּיתָ אֹתָם אֶל אֲדֹנֵיהֶם לֵאמֹר, כֹּה אָמַר ה׳ צְבָאוֹת אֱלֹהֵי יִשְׂרָאֵל, כֹּה תֹאמְרוּ אֶל אֲדֹנֵיכֶם: אָנֹכִי עָשִׂיתִי אֶת הָאָרֶץ אֶת הָאָדָם וְאֶת הַבְּהֵמָה אֲשֶׁר עַל פְּנֵי הָאָרֶץ בְּכֹחִי הַגָּדוֹל וּבִזְרוֹעִי הַנְּטוּיָה, וּנְתַתִּיהָ

2. הנביא סתם ולא פירש את דבריו הראשונים – וַיְהִי בִּשְׁלֹשִׁים שָׁנָה; על פי חז״ל והמפרשים, הייתה זו השנה השלושים למניין שנות היובל. שנת היובל הייתה שנת שמונה עשרה ליאשיהו המלך – השנה שנמצא בה ספר התורה בבית המקדש, ובעקבות זאת נאמרה נבואת החורבן של חולדה הנביאה (ראו מל״ב כב, טו-כ).

לַאֲשֶׁר יָשַׁר בְּעֵינָי: וְעַתָּה אָנֹכִי נָתַתִּי אֶת כָּל הָאֲרָצוֹת הָאֵלֶּה בְּיַד נְבוּכַדְנֶאצַּר מֶלֶךְ בָּבֶל עַבְדִּי, וְגַם אֶת חַיַּת הַשָּׂדֶה נָתַתִּי לוֹ לְעָבְדוֹ:

(ירמיהו כז, ב-ו)

נבואת המוסרות והמוטות נועדה לשכנע את צדקיהו, את עמו ואת שליחי האומות הנזכרות שבאו אליו, שלא למרוד בעולו של נבוכדנאצר, שהקב"ה הפקיד בידו את כל הארץ. ברקע נבואתו ניסרו נבואות של נביאי שקר, שתמכו במרד המשותף במלך בבל והבטיחו שכלי בית ה׳, שגלו לאוצרות נבוכדנאצר בבבל, יחד עם יהויכין ובני גלותו – ישובו לירושלים. ירמיהו אמר על כך:

וְאֶל הַכֹּהֲנִים וְאֶל כָּל הָעָם הַזֶּה דִּבַּרְתִּי לֵאמֹר, כֹּה אָמַר ה׳, אַל תִּשְׁמְעוּ אֶל דִּבְרֵי נְבִיאֵיכֶם הַנִּבְּאִים לָכֶם לֵאמֹר, הִנֵּה כְלֵי בֵית ה׳ מוּשָׁבִים מִבָּבֶלָה עַתָּה מְהֵרָה – כִּי שֶׁקֶר הֵמָּה נִבְּאִים לָכֶם: אַל תִּשְׁמְעוּ אֲלֵיהֶם! עִבְדוּ אֶת מֶלֶךְ בָּבֶל – וִחְיוּ, לָמָּה תִהְיֶה הָעִיר הַזֹּאת חָרְבָּה: וְאִם נְבִאִים הֵם וְאִם יֵשׁ דְּבַר ה׳ אִתָּם, יִפְגְּעוּ נָא בַה׳ צְבָאוֹת, לְבִלְתִּי בֹאוּ הַכֵּלִים הַנּוֹתָרִים בְּבֵית ה׳ וּבֵית מֶלֶךְ יְהוּדָה וּבִירוּשָׁלַםִ בָּבֶלָה: כִּי כֹה אָמַר ה׳ צְבָאוֹת; אֶל הָעַמֻּדִים, וְעַל הַיָּם, וְעַל הַמְּכֹנוֹת, וְעַל יֶתֶר הַכֵּלִים הַנּוֹתָרִים בָּעִיר הַזֹּאת: אֲשֶׁר לֹא לְקָחָם נְבוּכַדְנֶאצַּר מֶלֶךְ בָּבֶל בַּגְלוֹתוֹ אֶת יְכָנְיָה בֶן יְהוֹיָקִים מֶלֶךְ יְהוּדָה מִירוּשָׁלַםִ בָּבֶלָה, וְאֵת כָּל חֹרֵי יְהוּדָה וִירוּשָׁלָםִ: כִּי כֹה אָמַר ה׳ צְבָאוֹת אֱלֹהֵי יִשְׂרָאֵל, עַל הַכֵּלִים הַנּוֹתָרִים בֵּית ה׳ וּבֵית מֶלֶךְ יְהוּדָה וִירוּשָׁלָםִ: בָּבֶלָה יוּבָאוּ – וְשָׁמָּה יִהְיוּ, עַד יוֹם פָּקְדִי אֹתָם, נְאֻם ה׳, וְהַעֲלִיתִים וַהֲשִׁיבֹתִים אֶל הַמָּקוֹם הַזֶּה:

(שם, טז-כב)

בגלות יהויכין לקח נבוכדנאצר את כלי הזהב שֶׁבַּהיכל עצמו, והותיר בירושלים את כלי הנחושת הגדולים והכבדים שהיו בחצר המקדש. לענייננו חשובים, מסיבות שיפורטו להלן, בעיקר עשרת כיורי הנחושת ועשרת כניהם – ה׳מכונות׳. ירמיהו מזהיר בנבואתו, שאם צדקיהו ישתתף במרד נגד נבוכדנאצר – גם כלי הנחושת שנותרו, יגלו לבבל.

האירוע השני היה נבואת השקר של חנניה בן עזור, שכלי בית ה׳ שגלו לבבל – ישובו לירושלים. בעת הפולמוס על נבואתו, שבר חנניה בן עזור את המוטה, שהייתה בצו ה׳ על צווארו של ירמיהו. בסופו של אותו אירוע יצא חנניה כמנצח בעיני העם, משום שירמיהו שתק, ולא הגיב בעת שבירת המוטה:

וַיְהִי בַּשָּׁנָה הַהִיא בְּרֵאשִׁית מַמְלֶכֶת צִדְקִיָּה מֶלֶךְ יְהוּדָה, בַּשָּׁנָה הָרְבִעִית בַּחֹדֶשׁ

הַחֲמִישִׁי, אָמַר אֵלַי חֲנַנְיָה בֶן עַזּוּר, הַנָּבִיא אֲשֶׁר מִגִּבְעוֹן, בְּבֵית ה׳, לְעֵינֵי הַכֹּהֲנִים וְכָל הָעָם לֵאמֹר, כֹּה אָמַר ה׳ צְבָאוֹת אֱלֹהֵי יִשְׂרָאֵל לֵאמֹר: שָׁבַרְתִּי אֶת עֹל מֶלֶךְ בָּבֶל: בְּעוֹד שְׁנָתַיִם יָמִים אֲנִי מֵשִׁיב אֶל הַמָּקוֹם הַזֶּה אֶת כָּל כְּלֵי בֵּית ה׳, אֲשֶׁר לָקַח נְבוּכַדְנֶאצַּר מֶלֶךְ בָּבֶל מִן הַמָּקוֹם הַזֶּה וַיְבִיאֵם בָּבֶל:
וַיִּקַּח חֲנַנְיָה הַנָּבִיא אֶת הַמּוֹטָה מֵעַל צַוַּאר יִרְמְיָה הַנָּבִיא – וַיִּשְׁבְּרֵהוּ: וַיֹּאמֶר חֲנַנְיָה לְעֵינֵי כָל הָעָם לֵאמֹר, כֹּה אָמַר ה׳, כָּכָה אֶשְׁבֹּר אֶת עֹל נְבֻכַדְנֶאצַּר מֶלֶךְ בָּבֶל בְּעוֹד שְׁנָתַיִם יָמִים מֵעַל צַוַּאר כָּל הַגּוֹיִם, וַיֵּלֶךְ יִרְמְיָה הַנָּבִיא לְדַרְכּוֹ:
(שם כח, א-ג; י-יא)

הקשר בין כלי הנחושת שבחצר למרכבה העליונה

בספר מלכים מפורש שהכיורות, ובעיקר מכונותיהם, נבנו על פי עקרונות מבנה המרכבה העליונה:

וַיַּעַשׂ אֶת הַמְּכֹנוֹת עֶשֶׂר נְחֹשֶׁת, אַרְבַּע בָּאַמָּה אֹרֶךְ הַמְּכוֹנָה הָאֶחָת, וְאַרְבַּע בָּאַמָּה רָחְבָּהּ, וְשָׁלֹשׁ בָּאַמָּה קוֹמָתָהּ: וְזֶה מַעֲשֵׂה הַמְּכוֹנָה מִסְגְּרֹת לָהֶם, וּמִסְגְּרֹת בֵּין הַשְׁלַבִּים: וְעַל הַמִּסְגְּרוֹת אֲשֶׁר בֵּין הַשְׁלַבִּים אֲרָיוֹת בָּקָר וּכְרוּבִים וְעַל הַשְׁלַבִּים – כֵּן מִמָּעַל, וּמִתַּחַת לַאֲרָיוֹת וְלַבָּקָר – לֹיוֹת מַעֲשֵׂה מוֹרָד: וְאַרְבָּעָה אוֹפַנֵּי נְחֹשֶׁת לַמְּכוֹנָה הָאַחַת וְסַרְנֵי נְחֹשֶׁת, וְאַרְבָּעָה פַעֲמֹתָיו כְּתֵפֹת לָהֶם, מִתַּחַת לַכִּיֹּר הַכְּתֵפֹת יְצֻקוֹת מֵעֵבֶר אִישׁ לֹיוֹת: וּפִיהוּ מִבֵּית לַכֹּתֶרֶת וָמַעְלָה בָּאַמָּה וּפִיהָ עָגֹל מַעֲשֵׂה כֵן אַמָּה וַחֲצִי הָאַמָּה, וְגַם עַל פִּיהָ מִקְלָעוֹת, וּמִסְגְּרֹתֵיהֶם מְרֻבָּעוֹת לֹא עֲגֻלּוֹת: וְאַרְבַּעַת הָאוֹפַנִּים לְמִתַּחַת לַמִּסְגְּרוֹת וִידוֹת הָאוֹפַנִּים בַּמְּכוֹנָה, וְקוֹמַת הָאוֹפַן הָאֶחָד אַמָּה וַחֲצִי הָאַמָּה: וּמַעֲשֵׂה הָאוֹפַנִּים כְּמַעֲשֵׂה אוֹפַן הַמֶּרְכָּבָה, יְדוֹתָם וְגַבֵּיהֶם וְחִשֻּׁקֵיהֶם וְחִשֻּׁרֵיהֶם – הַכֹּל מוּצָק:
(מל״א ז, כז-לג)

חיות המרכבה, האופנים וידות האופנים העשויים נחושת, נראים כמו מקביליהם במעשה המרכבה בהפטרתנו, הנֹּצְצִים כְּעֵין נְחֹשֶׁת קָלָל. נראה שחיות הנחושת ואופני הנחושת במכונות הם ׳גופים׳ המכילים את ה׳נשמה׳, שהיא מלאכי המרכבה העליונה. המרכבה חונה בחצר המקדש, והשכינה בתוך המקדש. תפקיד המרכבה לאפשר לשכינה לנסוע מן המקדש ולצאת ממנו, בעת שמעשי בני ישראל אינם מצדיקים את השראת השכינה בתוכם – במקדש ובירושלים.

נבואתנו נאמרת בבבל, בדיוק שנה אחרי ההתמודדות בין ירמיהו לנביאי השקר בראשותו של חנניה בן עזור, בחודש החמישי של השנה החמישית לצדקיהו ולגלות

יהויכין. בחודש החמישי של השנה הרביעית טען חנניה שבעוד שנתיים ישובו כלי בית ה׳. חזון יחזקאל על נשיאת המרכבה מזרחה, לבבל, ממשיך במידה רבה את נבואת ירמיהו, נביא האמת, כנגד נבואת השקר של חנניה בן עזור – כלי הנחושת עתידים לנוע לבבל, כשם שהמרכבה העליונה נעה לשם.

ג. מסע המרכבה

וְהַחַיּוֹת רָצוֹא וָשׁוֹב, כְּמַרְאֵה הַבָּזָק:

(יד)

הפטרתנו מתארת תכונה גדולה של מסע, אך לא לכיוון מסוים. הרושם העולה הוא ׳רָצוֹא וָשׁוֹב׳, כלומר תנועה במקום הקבוע, אך ללא יציאה ממנו. על פי הנחתנו, שמסע המרכבה מן המקדש הוא סילוק השכינה מן המקדש ומירושלים, בשלב הזה, בשנה החמישית לצדקיהו, הדבר עדיין אינו קורה. סילוק השכינה הוא עדיין בגדר איום על העם ועל המלכות, ועדיין יש מקום לתשובה ולתיקון, ולהשקטת המרכבה במקומה.

אומנם, למעשה המרכבה בפרקנו יש המשך בשנים הבאות, בפרקים הבאים. בשנה השישית לצדקיהו (ולגלות יהויכין) רואה יחזקאל מראה אלוהים נורא, המתייחס לתועבות הנעשות במקדש:

וַיְהִי בַּשָּׁנָה הַשִּׁשִּׁית בַּשִּׁשִּׁי בַּחֲמִשָּׁה לַחֹדֶשׁ, אֲנִי יוֹשֵׁב בְּבֵיתִי וְזִקְנֵי יְהוּדָה יוֹשְׁבִים לְפָנָי, וַתִּפֹּל עָלַי שָׁם יַד אֲדֹנָי ה׳: וָאֶרְאֶה וְהִנֵּה דְמוּת כְּמַרְאֵה אֵשׁ, מִמַּרְאֵה מָתְנָיו וּלְמַטָּה – אֵשׁ, וּמִמָּתְנָיו וּלְמַעְלָה – כְּמַרְאֵה זֹהַר כְּעֵין הַחַשְׁמַלָה: וַיִּשְׁלַח תַּבְנִית יָד וַיִּקָּחֵנִי בְּצִיצִת רֹאשִׁי, וַתִּשָּׂא אֹתִי רוּחַ בֵּין הָאָרֶץ וּבֵין הַשָּׁמַיִם, וַתָּבֵא אֹתִי יְרוּשָׁלַ͏ְמָה בְּמַרְאוֹת אֱלֹהִים:

(ח, א–ג)

על פי הנאמר בנבואה, המראה ממשיך את מעשה המרכבה שבהפטרתנו:

וְהִנֵּה שָׁם כְּבוֹד אֱלֹהֵי יִשְׂרָאֵל, כַּמַּרְאֶה אֲשֶׁר רָאִיתִי בַּבִּקְעָה:

(שם, ד)

על פי נבואת השקר של חנניה בן עזור וחבריו היו צריכים כלי בית ה׳, ועימם השראת השכינה במלואה, לשוב לירושלים בשנה השישית. מה שקורה בנבואת יחזקאל הוא ההפך הגמור. המשך הפורענות בנבואת יחזקאל מתואר בפסוקים הבאים:

וּכְבוֹד אֱלֹהֵי יִשְׂרָאֵל נַעֲלָה מֵעַל הַכְּרוּב אֲשֶׁר הָיָה עָלָיו אֶל מִפְתַּן הַבָּיִת:
וַיָּרָם כְּבוֹד ה׳ מֵעַל הַכְּרוּב עַל מִפְתַּן הַבָּיִת, וַיִּמָּלֵא הַבַּיִת אֶת הֶעָנָן וְהֶחָצֵר מָלְאָה
אֶת נֹגַהּ כְּבוֹד ה׳: וְקוֹל כַּנְפֵי הַכְּרוּבִים נִשְׁמַע עַד הֶחָצֵר הַחִיצֹנָה, כְּקוֹל אֵל שַׁדַּי
בְּדַבְּרוֹ:
וַיֵּרֹמּוּ הַכְּרוּבִים, הִיא הַחַיָּה אֲשֶׁר רָאִיתִי בִּנְהַר כְּבָר: וּבְלֶכֶת הַכְּרוּבִים – יֵלְכוּ
הָאוֹפַנִּים אֶצְלָם, וּבִשְׂאֵת הַכְּרוּבִים אֶת כַּנְפֵיהֶם לָרוּם מֵעַל הָאָרֶץ – לֹא יִסַּבּוּ
הָאוֹפַנִּים גַּם הֵם מֵאֶצְלָם: בְּעָמְדָם – יַעֲמֹדוּ, וּבְרוֹמָם – יֵרוֹמּוּ אוֹתָם, כִּי רוּחַ הַחַיָּה
בָּהֶם: וַיֵּצֵא כְּבוֹד ה׳ מֵעַל מִפְתַּן הַבָּיִת, וַיַּעֲמֹד עַל הַכְּרוּבִים: וַיִּשְׂאוּ הַכְּרוּבִים אֶת
כַּנְפֵיהֶם וַיֵּרוֹמּוּ מִן הָאָרֶץ לְעֵינַי בְּצֵאתָם – וְהָאוֹפַנִּים לְעֻמָּתָם, וַיַּעֲמֹד פֶּתַח שַׁעַר
בֵּית ה׳ הַקַּדְמוֹנִי וּכְבוֹד אֱלֹהֵי יִשְׂרָאֵל עֲלֵיהֶם מִלְמָעְלָה:
וַיִּשְׂאוּ הַכְּרוּבִים אֶת כַּנְפֵיהֶם – וְהָאוֹפַנִּים לְעֻמָּתָם, וּכְבוֹד אֱלֹהֵי יִשְׂרָאֵל עֲלֵיהֶם
מִלְמָעְלָה: וַיַּעַל כְּבוֹד ה׳ מֵעַל תּוֹךְ הָעִיר, וַיַּעֲמֹד עַל הָהָר אֲשֶׁר מִקֶּדֶם לָעִיר:
וְרוּחַ נְשָׂאַתְנִי וַתְּבִיאֵנִי כַשְׂדִּימָה אֶל הַגּוֹלָה בַּמַּרְאֶה בְּרוּחַ אֱלֹהִים, וַיַּעַל מֵעָלַי
הַמַּרְאֶה אֲשֶׁר רָאִיתִי:

(ט, ג; י, ד-ה; טו-יט; יא, כב-כד)

מקראות אלו מתארים את מסע המרכבה הנוסעת מזרחה: 1. מבין שני הכרובים; 2.
אל מעל לכרוב; 3. למפתן הבית; 4. לחצר החיצונה; 5. משם אל פתח שער בית ה׳
הקדמוני (המזרחי); 6. אל תוך העיר; 7. אל ההר שמקדם לעיר (הר הזיתים); 8. אל
ארץ כשדים אל הגולה; 9. ומשם עלה המראה השמיימה. בלשון חז״ל:

אמר רב יהודה בר אידי אמר רבי יוחנן: עשר מסעות נסעה שכינה, מקראי.
וכנגדן גלתה סנהדרין, מגמרא. עשר מסעות נסעה שכינה, מקראי: מכפרת
לכרוב, ומכרוב לכרוב ומכרוב למפתן, וממפתן לחצר, ומחצר למזבח, וממזבח
לגג, ומגג לחומה, ומחומה לעיר, ומעיר להר, ומהר למדבר, וממדבר עלתה
וישבה במקומה.

(ראש השנה לא ע״א; בדרך שונה באבות דרבי נתן לד;
ובדרך נוספת באיכה רבה פתיחתא כה ובפסיקתא דרב כהנא יג)

השכינה לא נסתלקה אפוא לגמרי. היא יצאה בבלה, נמצאת שם עם גולי יהויכין,
ומצפה שישובו ארצה. דברים ברוח דומה אמר גם ירמיהו בנבואת התאנים (פרק כד),
וכך עולה גם מאיגרת רב שרירא גאון:

הוו יודעי׳ דמעקרא כד גלו ישראל בגלות יכניה והחרש והמסגר וכמה נביאים

עמהם אייתינהו לנהרדעא, ובנו יכניה מלך יהודה וסיעתו בי כנישתא ויסדוה באבנים ועפר שהביאו עמהם מבית המקדש, לקיים עליהם מה שנאמר: כִּי רָצוּ עֲבָדֶיךָ אֶת אֲבָנֶיהָ וְאֶת עֲפָרָהּ יְחֹנֵנוּ (תהלים קב, טו), וקריוה להההוא בי כנישתא: 'בי כנישתא דשף ויתיב' בנהרדעא, כלומר – שנסע בית המקדש, וישב כאן. והות שכינה עמהון, כדאמרינן במגילה (כט ע"א): בבבל היכא? – רב אמר: בכנשתא דהוצל, ושמואל אמר: בכנשתא דשף ויתיב בנהרדעא.[3]

(איגרת רב שרירא גאון [רבנן סבוראי] א)[4]

ד. בין מעשה המרכבה ביחזקאל למעשה המרכבה בישעיהו

חז"ל עסקו בהשוואת מעשה המרכבה המפורט בהפטרתנו, למעשה המרכבה בפרק ו בישעיהו, הנקרא כהפטרת פרשת יתרו, העוסקת במעמד הר סיני (המקראות שאנו קוראים גם בחג השבועות, חג מתן תורה). כך נאמר בישעיהו:

וָאֶרְאֶה אֶת אֲדֹנָי יֹשֵׁב עַל כִּסֵּא רָם וְנִשָּׂא, וְשׁוּלָיו מְלֵאִים אֶת הַהֵיכָל: שְׂרָפִים עֹמְדִים מִמַּעַל – לוֹ, שֵׁשׁ כְּנָפַיִם שֵׁשׁ כְּנָפַיִם לְאֶחָד; בִּשְׁתַּיִם יְכַסֶּה פָנָיו, וּבִשְׁתַּיִם יְכַסֶּה רַגְלָיו, וּבִשְׁתַּיִם יְעוֹפֵף: וְקָרָא זֶה אֶל זֶה וְאָמַר, קָדוֹשׁ, קָדוֹשׁ, קָדוֹשׁ ה' צְבָאוֹת, מְלֹא כָל הָאָרֶץ כְּבוֹדוֹ: וַיָּנֻעוּ אַמּוֹת הַסִּפִּים מִקּוֹל הַקּוֹרֵא, וְהַבַּיִת יִמָּלֵא עָשָׁן:

(ישעיהו ו, א-ד)

יש מספר הבדלים בין שני התיאורים:

א. מלאכי 'מרכבת ישעיהו' אינם 'חיות' כמו ביחזקאל, אלא 'שרפים' (אולי נקראו

3. א. תרגום חופשי וביאור: עליכם לדעת, שבתחילה, כשגלו ישראל בגלות יכניה והחרש והמסגר וכמה נביאים עימהם, הוא (נבוכדנאצר) הביאם לנהרדעא, ובנו יכניה מלך יהודה וסיעתו בית כנסת, ויסדוהו באבנים ועפר שהביאו עימהם מבית המקדש, לקיים עליהם מה שנאמר: כִּי רָצוּ עֲבָדֶיךָ אֶת אֲבָנֶיהָ וְאֶת עֲפָרָהּ יְחֹנֵנוּ (תהלים קב, טו), וקראו לאותו בית כנסת בית הכנסת ד'שף ויתיב' בנהרדעא, כלומר, שנסע המקדש וישב כאן. והייתה שכינה עימהם, כאמור במסכת מגילה, 'בבבל היכן? רב אמר בבית הכנסת של הוצל, ושמואל אמר בבית הכנסת דשף ויתיב בנהרדעא'.
ב. אפשר שרב שרירא החשיב דווקא את בית הכנסת בנהרדעא, משום שהוא עמד בבגדד בראש ישיבת פומבדיתא, שהייתה המשך לישיבתו של שמואל (קרוב לשבע מאות שנה אחרי שמואל) בנהרדעא, אחרי שנהרדעא חרבה.

4. הבנה זו תמוהה מאוד בעיניי, ונראית לי סותרת את הנאמר ביחזקאל כ, לט-מב. ה' יאיר עיניי, ואכמ"ל.

כך משום שהיו נראים כעשויים מנחושת לוהטת, כ'שָׂרָף' שעשה משה במדבר [ראו במדבר כא, ח-ט], וכנאמר בהפטרתנו – וְנֹצְצִים כְּעֵין נְחֹשֶׁת קָלָל).

ב. מלאכי 'מרכבת יחזקאל' הם בעלי ארבע כנפיים בלבד – שתיים מכסות את גופם, ושתיים חוברות לחבריהם משני צידיהם (יא), ואילו מלאכי 'מרכבת ישעיהו' הם בעלי שש כנפיים. כיסוי פניהם בשתיים מהכנפיים עשוי לבטא הסתר פנים; כיסוי הרגלים בשתי כנפיים עשוי להיות מעין 'קיפול הגלגלים' של מטוס בעת המראתו; ובשתי כנפיים הם מעופפים כלפי מעלה, ולא דוהרים מזרחה כמרכבה שרואה יחזקאל, הנודדת בבלה להיות שם עם יהודי הגלות. במקום שתי הכנפיים הממריאות, יש למלאכי 'מרכבת יחזקאל' אופנים, הנוסעים אופקית. 'מרכבת ישעיהו', לעומתה, ממריאה למעלה, השמיימה, ומסתלקת מעולמנו.[5] לכן המלאכים אומרים קָדוֹשׁ, קָדוֹשׁ, קָדוֹשׁ ה'... ה' 'קָדוֹשׁ', כלומר נבדל. אפשר שמלאכי 'מרכבת יחזקאל' אומרים במקום זאת בָּרוּךְ כְּבוֹד ה' מִמְּקוֹמוֹ (ג, יב), ואולי כוונתם – ממקומו החדש בגלות בבל.

ג. ביחזקאל, בשלב המתואר בפרק א, עדיין לא החלה התנועה לבבל עד לשנה השישית (פרקים ח-יא), ואילו בישעיהו התנועה מתחילה בעת הנבואה עצמה. אמות הסיפים הנעות והבית המלא עשן הם תוצר של הרעש ורעידת האדמה בימי עוזיהו מלך יהודה, באותה שנה ממש.

ה. כְּקוֹל מַיִם רַבִּים

וָאֶשְׁמַע אֶת קוֹל כַּנְפֵיהֶם כְּקוֹל מַיִם רַבִּים כְּקוֹל שַׁדַּי בְּלֶכְתָּם קוֹל הֲמֻלָּה כְּקוֹל מַחֲנֶה, בְּעָמְדָם תְּרַפֶּינָה כַנְפֵיהֶן:
(כד)

תיאור קול מקום השכינה כְּקוֹל מַיִם רַבִּים מוכר לנו ממעשה הבריאה:

וְהָאָרֶץ הָיְתָה תֹהוּ וָבֹהוּ וְחֹשֶׁךְ עַל פְּנֵי תְהוֹם, וְרוּחַ אֱלֹהִים מְרַחֶפֶת עַל פְּנֵי הַמָּיִם:
(בראשית א, ב)

5. העוקב אחרי הנבואה בישעיהו נוכח, שנבואת המרכבה (על פי הנחת חז"ל, שנאמרה בשנת עשרים ושבע לעוזיהו, וכפי שמסתבר גם בפשטי המקראות) היא הנבואה האחרונה שנאמרה עד אמצע ימי אחז, בעת שרצין ופקח עלו על ירושלים (ישעיהו ז). כלומר – השכינה הסתלקה למשך למעלה מארבעים שנה; גם נביאים אחרים לא ניבאו בתקופה זו.

רוּחַ אֱלֹהִים עשויה להתפרש כרוח חזקה מאוד, הגורמת לתנודת מים חזקה ולגלים ולמִשְׁבּרים אדירים, המבטאים את התֹהוּ וָבֹהוּ (במשמעות של חוסר סדר ומשטר) שלפני הבריאה. הדבר היחיד העולה מן המציאות הבלתי ברורה הזאת, הוא נוכחות ה׳, בעלת עוצמה אך ללא כיוון ברור, עד שלא נברא האור של היום האחד. קול זה מופיע בנסיבות דומות בעת המבול מסביב לתיבה הבודדת, ואף הוא קול נוכחותו של הקב״ה, האוחז במידת הדין, על העולם החרב.

הקול מוכר לנו היטב גם מנוכחות השכינה בעת קריעת ים סוף, ומאמירתם של ישראל בשירת הים:

> זֶה אֵלִי וְאַנְוֵהוּ, אֱלֹהֵי אָבִי וַאֲרֹמְמֶנְהוּ:
> ה׳ יִמְלֹךְ לְעֹלָם וָעֶד:

(שמות טו, ב; יח)

הקול על המים הרבים, עוד טרם בריאת העולם, עשוי להיות במידת הדין לפורענות – כמבול, או לישועה – כקריעת ים סוף. ביחזקאל הוא מבשר פורענות גדולה, שעדיין יכולה להפוך לישועה, אם בני ירושלים יחזרו בהם מרעתם. אילו אכן חזרו בהם – היינו זוכים לכיסא ה׳, במקום למרכבתו. היינו זוכים לשמוע על נבואת יחזקאל, הפטרתנו, את שירת הלוויים:

> נָכוֹן כִּסְאֲךָ מֵאָז, מֵעוֹלָם אָתָּה: נָשְׂאוּ נְהָרוֹת ה׳ נָשְׂאוּ נְהָרוֹת קוֹלָם, יִשְׂאוּ נְהָרוֹת דָּכְיָם: מִקֹּלוֹת מַיִם רַבִּים אַדִּירִים מִשְׁבְּרֵי יָם, אַדִּיר בַּמָּרוֹם ה׳: עֵדֹתֶיךָ נֶאֶמְנוּ מְאֹד לְבֵיתְךָ נַאֲוָה קֹדֶשׁ, ה׳ לְאֹרֶךְ יָמִים:

(תהלים צג, ב-ה)

ו. דְּמוּת כְּמַרְאֵה אָדָם

> וּמִמַּעַל לָרָקִיעַ אֲשֶׁר עַל רֹאשָׁם כְּמַרְאֵה אֶבֶן סַפִּיר דְּמוּת כִּסֵּא, וְעַל דְּמוּת הַכִּסֵּא דְּמוּת כְּמַרְאֵה אָדָם עָלָיו מִלְמָעְלָה:

(כו)

זהו הפסוק הקשה ביותר בהפטרתנו, ואולי הקשה ביותר במקרא. דמות המרכבה המוכרת לנו, היא הכפורת, שעל ארון העדות. ארון העדות הוא מעין כיסא מלכותו יתברך, והדום רגליו. כך עולה ממקומות מספר בנבואה:

לֹא יֹאמְרוּ עוֹד אֲרוֹן בְּרִית ה׳ וְלֹא יַעֲלֶה עַל לֵב, וְלֹא יִזְכְּרוּ בוֹ וְלֹא יִפְקֹדוּ וְלֹא יֵעָשֶׂה עוֹד: בָּעֵת הַהִיא יִקְרְאוּ לִירוּשָׁלַם – כִּסֵּא ה׳:

(ירמיהו ג, טז–יז)

לא נתעכב על ביאור הפסוק הקשה, אך עולה ממנו שאת אֲרוֹן בְּרִית ה׳ מחליף בנבואה כִּסֵּא ה׳.

וַיָּקָם דָּוִיד הַמֶּלֶךְ עַל רַגְלָיו וַיֹּאמֶר שְׁמָעוּנִי אַחַי וְעַמִּי אֲנִי עִם לְבָבִי לִבְנוֹת בֵּית מְנוּחָה לַאֲרוֹן בְּרִית ה׳ וְלַהֲדֹם רַגְלֵי אֱלֹהֵינוּ:

(דהי״א כח, א)

בדברי דוד הארון הוא ׳הדום רגלי אלוהים׳, וכך גם בפסוק רוֹמְמוּ ה׳ אֱלֹהֵינוּ וְהִשְׁתַּחֲווּ לַהֲדֹם רַגְלָיו קָדוֹשׁ הוּא (תהלים צט, ה). כך אמר גם יחזקאל נביאנו:

וַתִּשָּׂאֵנִי רוּחַ וַתְּבִיאֵנִי אֶל הֶחָצֵר הַפְּנִימִי, וְהִנֵּה מָלֵא כְבוֹד ה׳ הַבָּיִת... וַיֹּאמֶר אֵלַי, בֶּן אָדָם אֶת מְקוֹם כִּסְאִי וְאֶת מְקוֹם כַּפּוֹת רַגְלַי אֲשֶׁר אֶשְׁכָּן שָׁם בְּתוֹךְ בְּנֵי יִשְׂרָאֵל:

(מג, ה; ז)

נשוב אל הכפורת המכסה את ארון הברית. שני כרובי המרכבה פורשים עליה כנפיים, וכבוד ה׳ מדבר ביניהם, אך שום דבר אינו נראה, שהרי לא ניתן לדמות אותו יתברך, לדבר:

וּבְבֹא מֹשֶׁה אֶל אֹהֶל מוֹעֵד לְדַבֵּר אִתּוֹ, וַיִּשְׁמַע אֶת הַקּוֹל מִדַּבֵּר אֵלָיו מֵעַל הַכַּפֹּרֶת אֲשֶׁר עַל אֲרֹן הָעֵדֻת מִבֵּין שְׁנֵי הַכְּרֻבִים – וַיְדַבֵּר אֵלָיו:

(במדבר ז, פט)

איך ידמה אפוא יחזקאל את מראה דמותו יתברך, לדמות אדם?! אין בידינו לבאר יותר מן האמירה ש׳אדם׳ העומד במרכז חבורה של ׳חיות׳, כמו בגן העדן, שולט בהן ומנהיגן, הוא המשל להבנת הופעתו של ה׳ בין מלאכיו, כשהוא שולט בהם ומנהיגם כרצונו, גם כשאין לו דמות הגוף.[6]

6. בדומה לדברינו אלו נחלקו הרמב״ם וחכמי מונטפלייר בראשות רבי שלמה מן ההר, והדברים ארוכים. עיינו כתבי הרמב״ן, מהדורת רח״ד שעוועל (ירושלים תשכ״ד), כרך א, אגרות הרמב״ן אגרת ב, עמ׳ שמה.

ז. כְּמַרְאֵה הַקֶּשֶׁת

כְּמַרְאֵה הַקֶּשֶׁת אֲשֶׁר יִהְיֶה בֶעָנָן בְּיוֹם הַגֶּשֶׁם – כֵּן מַרְאֵה הַנֹּגַהּ סָבִיב, הוּא מַרְאֵה דְּמוּת כְּבוֹד ה׳, וָאֶרְאֶה – וָאֶפֹּל עַל פָּנַי...

(כח)[7]

מראה הקשת, כקשת הראשונה שראה נוח ביציאתו מן התיבה, מבטא את הרגיעה והתקווה הבאות אחרי המבול המחייב כל שומר נפשו למצוא מחסה. האדם הרטוב עד לשד עצמותיו והרועד מקור מצפה שהשמש תזרח, תייבש ותחמם אותו, וצבעיה ישתקפו במים הרבים – כְּמַרְאֵה הַקֶּשֶׁת.

כך ראתה גם דבורה הנביאה את לוחמיו המסורים של ברק בן אבינועם, לאחר שחיילי סיסרא הצורר אבדו בליל סערת הגשמים בנחל קישון. לוחמי ברק הרטובים והרועדים מקור המתינו לשוך הסערה, לשמש הטובה שתזרח על המים בכל צבעיה:

כֵּן יֹאבְדוּ כָל אוֹיְבֶיךָ ה׳, וְאֹהֲבָיו כְּצֵאת הַשֶּׁמֶשׁ בִּגְבֻרָתוֹ:

(שופטים ה, לא)

כך ראה גם אליהוא בן ברכאל הבוזי[8] את נחמתו העתידה של איוב, כשמש וכאור שאחרי ׳מבול׳ הצרות שהתרגשו עליו. באורה של השמש, המשתקף במי המבול הזורמים על הארץ אחרי שפסק – נראים צבעי הקשת:

כִּי לַשֶּׁלֶג יֹאמַר הֱוֵא אָרֶץ, וְגֶשֶׁם מָטָר, וְגֶשֶׁם מִטְרוֹת עֻזּוֹ... מִן הַחֶדֶר תָּבוֹא סוּפָה, וּמִמְּזָרִים קָרָה... אַף בְּרִי יַטְרִיחַ עָב, יָפִיץ עֲנַן אוֹרוֹ... הֲתֵדַע בְּשׂוּם אֱלוֹהַּ עֲלֵיהֶם, וְהוֹפִיעַ אוֹר עֲנָנוֹ... אֲשֶׁר בְּגָדֶיךָ חַמִּים, בְּהַשְׁקִט אֶרֶץ מִדָּרוֹם... וְעַתָּה לֹא רָאוּ אוֹר בָּהִיר הוּא בַּשְּׁחָקִים, וְרוּחַ עָבְרָה וַתְּטַהֲרֵם:

(איוב לז, ו; ט; יא; טו; יז; כא)

גם יחזקאל מבטיח בהפטרתנו, אחרי רוח הסערה מן הצפון, המביאה עתה בכנפיה את החורבן – את הנחמה, שתבוא בצבעי הקשת.

7. מו״ר הרב יואל בן נון מבאר דמיון זה באמצעות האור הלבן, המבטא את אחדות העולמות שביום האחד של בריאת העולם. אור זה מתפצל (במנסרה או מכוח המים) לצבעי הקשת הרבים, וכך מבטא הקב״ה בעולמו את אחדות הריבויים ואת מגוון הצבעים ההופך לאחד.

8. האם יש להשוותו ליחזקאל בן בוזי?!

הפטרת תשעה באב

ח יג אָסֹף אֲסִיפֵם נְאֻם־יהוה אֵין עֲנָבִים בַּגֶּפֶן וְאֵין תְּאֵנִים בַּתְּאֵנָה וְהֶעָלֶה נָבֵל ירמיה
יד וָאֶתֵּן לָהֶם יַעַבְרוּם׃ עַל־מָה אֲנַחְנוּ יֹשְׁבִים הֵאָסְפוּ וְנָבוֹא אֶל־עָרֵי הַמִּבְצָר
טו וְנִדְּמָה־שָּׁם כִּי יהוה אֱלֹהֵינוּ הֲדִמָּנוּ וַיַּשְׁקֵנוּ מֵי־רֹאשׁ כִּי חָטָאנוּ לַיהוה׃ קַוֵּה
טז לְשָׁלוֹם וְאֵין טוֹב לְעֵת מַרְפֵּה וְהִנֵּה בְעָתָה׃ מִדָּן נִשְׁמַע נַחְרַת סוּסָיו מִקּוֹל
מִצְהֲלוֹת אַבִּירָיו רָעֲשָׁה כָּל־הָאָרֶץ וַיָּבוֹאוּ וַיֹּאכְלוּ אֶרֶץ וּמְלוֹאָהּ עִיר וְיֹשְׁבֵי
יז בָהּ׃ כִּי הִנְנִי מְשַׁלֵּחַ בָּכֶם נְחָשִׁים צִפְעֹנִים אֲשֶׁר אֵין־לָהֶם לָחַשׁ וְנִשְּׁכוּ אֶתְכֶם
יח יט נְאֻם־יהוה׃ מַבְלִיגִיתִי עֲלֵי יָגוֹן עָלַי לִבִּי דַוָּי׃ הִנֵּה־קוֹל שַׁוְעַת
בַּת־עַמִּי מֵאֶרֶץ מַרְחַקִּים הַיהוה אֵין בְּצִיּוֹן אִם־מַלְכָּהּ אֵין בָּהּ מַדּוּעַ הִכְעִסוּנִי
כ כא בִּפְסִלֵיהֶם בְּהַבְלֵי נֵכָר׃ עָבַר קָצִיר כָּלָה קָיִץ וַאֲנַחְנוּ לוֹא נוֹשָׁעְנוּ׃ עַל־שֶׁבֶר
כב בַּת־עַמִּי הָשְׁבָּרְתִּי קָדַרְתִּי שַׁמָּה הֶחֱזִקָתְנִי׃ הַצֳרִי אֵין בְּגִלְעָד אִם־רֹפֵא אֵין
כג שָׁם כִּי מַדּוּעַ לֹא עָלְתָה אֲרֻכַת בַּת־עַמִּי׃ מִי־יִתֵּן רֹאשִׁי מַיִם
ט א וְעֵינִי מְקוֹר דִּמְעָה וְאֶבְכֶּה יוֹמָם וָלַיְלָה אֵת חַלְלֵי בַת־עַמִּי׃ מִי־יִתְּנֵנִי בַמִּדְבָּר
מְלוֹן אֹרְחִים וְאֶעֶזְבָה אֶת־עַמִּי וְאֵלְכָה מֵאִתָּם כִּי כֻלָּם מְנָאֲפִים עֲצֶרֶת בֹּגְדִים׃
ב וַיַּדְרְכוּ אֶת־לְשׁוֹנָם קַשְׁתָּם שֶׁקֶר וְלֹא לֶאֱמוּנָה גָּבְרוּ בָאָרֶץ כִּי מֵרָעָה אֶל־רָעָה
ג יָצָאוּ וְאֹתִי לֹא־יָדָעוּ נְאֻם־יהוה׃ אִישׁ מֵרֵעֵהוּ הִשָּׁמֵרוּ וְעַל־כָּל־אָח אַל־תִּבְטָחוּ
ד כִּי כָל־אָח עָקוֹב יַעְקֹב וְכָל־רֵעַ רָכִיל יַהֲלֹךְ׃ וְאִישׁ בְּרֵעֵהוּ יְהָתֵלּוּ וֶאֱמֶת לֹא
ה יְדַבֵּרוּ לִמְּדוּ לְשׁוֹנָם דַּבֶּר־שֶׁקֶר הַעֲוֵה נִלְאוּ׃ שִׁבְתְּךָ בְּתוֹךְ מִרְמָה בְּמִרְמָה
ו מֵאֲנוּ דַעַת־אוֹתִי נְאֻם־יהוה׃ לָכֵן כֹּה אָמַר יהוה צְבָאוֹת הִנְנִי
ז צוֹרְפָם וּבְחַנְתִּים כִּי־אֵיךְ אֶעֱשֶׂה מִפְּנֵי בַּת־עַמִּי׃ חֵץ שָׁחוּט לְשׁוֹנָם מִרְמָה דִבֵּר
ח בְּפִיו שָׁלוֹם אֶת־רֵעֵהוּ יְדַבֵּר וּבְקִרְבּוֹ יָשִׂים אָרְבּוֹ׃ הַעַל־אֵלֶּה לֹא־אֶפְקָד־בָּם
ט נְאֻם־יהוה אִם בְּגוֹי אֲשֶׁר־כָּזֶה לֹא תִתְנַקֵּם נַפְשִׁי׃ עַל־הֶהָרִים
אֶשָּׂא בְכִי וָנֶהִי וְעַל־נְאוֹת מִדְבָּר קִינָה כִּי נִצְּתוּ מִבְּלִי־אִישׁ עֹבֵר וְלֹא שָׁמְעוּ

י קוֹל מִקְנֶה מֵעוֹף הַשָּׁמַיִם וְעַד־בְּהֵמָה נָדְדוּ הָלָכוּ: וְנָתַתִּי אֶת־יְרוּשָׁלִַם לְגַלִּים
יא מְעוֹן תַּנִּים וְאֶת־עָרֵי יְהוּדָה אֶתֵּן שְׁמָמָה מִבְּלִי יוֹשֵׁב: מִי־הָאִישׁ
הֶחָכָם וְיָבֵן אֶת־זֹאת וַאֲשֶׁר דִּבֶּר פִּי־יהוה אֵלָיו וְיַגִּדָהּ עַל־מָה אָבְדָה הָאָרֶץ
יב נִצְּתָה כַמִּדְבָּר מִבְּלִי עֹבֵר: וַיֹּאמֶר יהוה עַל־עָזְבָם אֶת־תּוֹרָתִי
יג אֲשֶׁר נָתַתִּי לִפְנֵיהֶם וְלֹא־שָׁמְעוּ בְקוֹלִי וְלֹא־הָלְכוּ בָהּ: וַיֵּלְכוּ אַחֲרֵי שְׁרִרוּת
יד לִבָּם וְאַחֲרֵי הַבְּעָלִים אֲשֶׁר לִמְּדוּם אֲבוֹתָם: לָכֵן כֹּה־אָמַר יהוה
צְבָאוֹת אֱלֹהֵי יִשְׂרָאֵל הִנְנִי מַאֲכִילָם אֶת־הָעָם הַזֶּה לַעֲנָה וְהִשְׁקִיתִים מֵי־
טו רֹאשׁ: וַהֲפִצוֹתִים בַּגּוֹיִם אֲשֶׁר לֹא יָדְעוּ הֵמָּה וַאֲבוֹתָם וְשִׁלַּחְתִּי אַחֲרֵיהֶם אֶת־
טז הַחֶרֶב עַד כַּלּוֹתִי אוֹתָם: כֹּה אָמַר יהוה צְבָאוֹת הִתְבּוֹנְנוּ וְקִרְאוּ
יז לַמְקוֹנְנוֹת וּתְבוֹאֶינָה וְאֶל־הַחֲכָמוֹת שִׁלְחוּ וְתָבוֹאנָה: וּתְמַהֵרְנָה וְתִשֶּׂנָה עָלֵינוּ
יח נֶהִי וְתֵרַדְנָה עֵינֵינוּ דִּמְעָה וְעַפְעַפֵּינוּ יִזְּלוּ־מָיִם: כִּי קוֹל נְהִי נִשְׁמַע מִצִּיּוֹן אֵיךְ
יט שֻׁדָּדְנוּ בֹּשְׁנוּ מְאֹד כִּי־עָזַבְנוּ אָרֶץ כִּי הִשְׁלִיכוּ מִשְׁכְּנוֹתֵינוּ: כִּי־שְׁמַעְנָה
נָשִׁים דְּבַר־יהוה וְתִקַּח אָזְנְכֶם דְּבַר־פִּיו וְלַמֵּדְנָה בְנוֹתֵיכֶם נֶהִי וְאִשָּׁה רְעוּתָהּ
כ קִינָה: כִּי־עָלָה מָוֶת בְּחַלּוֹנֵינוּ בָּא בְּאַרְמְנוֹתֵינוּ לְהַכְרִית עוֹלָל מִחוּץ בַּחוּרִים
כא מֵרְחֹבוֹת: דַּבֵּר כֹּה נְאֻם־יהוה וְנָפְלָה נִבְלַת הָאָדָם כְּדֹמֶן עַל־פְּנֵי הַשָּׂדֶה וּכְעָמִיר
כב מֵאַחֲרֵי הַקֹּצֵר וְאֵין מְאַסֵּף: כֹּה אָמַר יהוה אַל־יִתְהַלֵּל חָכָם בְּחָכְמָתוֹ
כג וְאַל־יִתְהַלֵּל הַגִּבּוֹר בִּגְבוּרָתוֹ אַל־יִתְהַלֵּל עָשִׁיר בְּעָשְׁרוֹ: כִּי אִם־בְּזֹאת יִתְהַלֵּל
הַמִּתְהַלֵּל הַשְׂכֵּל וְיָדֹעַ אוֹתִי כִּי אֲנִי יהוה עֹשֶׂה חֶסֶד מִשְׁפָּט וּצְדָקָה בָּאָרֶץ כִּי־
בְאֵלֶּה חָפַצְתִּי נְאֻם־יהוה:

א. הקשר בין ההפטרה לתשעה באב

הפטרה זו נזכרת בגמרא במסכת מגילה, המתארת את מנהג העם לקרואה בתשעה באב:

אמר אביי: האידנא נהוג עלמא למיקרי כִּי תוֹלִיד בָּנִים (דברים ד, כה), ומפטירין אָסֹף אֲסִיפֵם.

(מגילה לא ע"ב)

לקראת סוף ההפטרה מופיעים הביטויים קִינָה, נֶהִי, דִּמְעָה וביטויים נוספים, המזכירים את יום הקינות והבכי, תשעה באב. ביטויי קינה רבים מופיעים גם בתחילת ההפטרה:

יָגוֹן, לִבִּי דַוָּי, דִּמְעָה, בְּכִי, וכן באמצעה – בְּכִי, נֶהִי, קִינָה. בתווך ישנה תוכחה מוסרית קשה, המזכירה את דברי הרמב"ם על יום צרה, יום תענית:

> יש שם ימים, שכל ישראל מתענים בהם, מפני הצרות שאירעו בהן, כדי לעורר הלבבות ולפתוח דרכי התשובה, ויהיה זה זכרון למעשינו הרעים ומעשה אבותינו, שהיה כמעשינו עתה, עד שגרם להם ולנו אותן הצרות, שבזכרון דברים אלו נשוב להיטיב, שנאמר (ויקרא כו, מ): וְהִתְוַדּוּ אֶת עֲוֺנָם וְאֶת עֲוֺן אֲבֹתָם וגו'... ותשעה באב, וחמשה דברים אירעו בו.

(הלכות תעניות ה, א; ג)

פתיחת ההפטרה מתארת את ימי חודש אב, בהם יֶשְׁנָה ציפייה לענבים בגפן ולתאנים על עץ התאנה. אך בעת אמירת הנבואה הייתה הארץ נתונה ברעב, העצים היו ללא יבול, אויב גדול בא מצפון, אויבים קטנים (= נְחָשִׁים צִפְעֹנִים) נמצאים בכל מקום, בארץ ישנם פסילים והבלי נכר וחללים ללא מספר.

ב. מִי יִתֵּן, מִי יִתְּנֵנִי

ההפטרה שָׁבָה על בקשה רטורית זו פעמיים:

> **מִי יִתֵּן** רֹאשִׁי מַיִם וְעֵינִי מְקוֹר דִּמְעָה, וְאֶבְכֶּה יוֹמָם וָלַיְלָה אֵת חַלְלֵי בַת עַמִּי:

(ח, כג)

> **מִי יִתְּנֵנִי** בַמִּדְבָּר מְלוֹן אֹרְחִים, וְאֶעֶזְבָה אֶת עַמִּי וְאֵלְכָה מֵאִתָּם, כִּי כֻלָּם מְנָאֲפִים, עֲצֶרֶת בֹּגְדִים:

(ט, א)

בפעם הראשונה המבקש הוא הנביא, שמקור דמעותיו יבש זה מכבר, ואין לו דמעות לבכות. העין היא איבר הראייה, אך עַיִן היא גם מעיין, ועֵין הראייה של האדם גם היא מעיין, מעיין הדמעות. כאן, יבש מעיין דמעותיו של הנביא, בעקבות בכי רב על האסונות המתחוללים בארץ.

נראה, שהמבקש השני (מִי יִתְּנֵנִי) הוא ה', העונה לנביא. הנביא מתאר את הפורענות הקשה, וה' מתאר את החטאים, שבגללם הוא מבקש לעזוב את עמו, את המנאפים והבוגדים, ולשוב למדבר, אולי לסנה, ששם שהתה השכינה, כאשר העם היה משועבד בגלות מצרים.

בימי התפלגות הכתות בבית שני הבינו רבים (בעיקר האיסיים) את הפסוקים האלו כקריאה לנטוש את ירושלים, שהייתה לדידם עֲצֶרֶת בֹּגְדִים, וללכת למדבר (יהודה) כדי לקיים בו חיי תורה, תפילה ומוסר. ביקורתנו עליהם, שהם התייאשו מוקדם מדי (קרוב למאתיים שנה לפני החורבן) מן המאבק על תיקון החברה ועל תיקון ירושלים, ונטמנו במערותיהם במדבר. חכמי הפְּרושים פעלו, כידוע, בדרך הפוכה. גם בהפטרתנו, ה' אומר מִי יִתְּנֵנִי, אך אינו נוטש את עמו, לפני שאבד סיכוי לתיקון.

ג. חטא הרכילות והמרמה

אִישׁ מֵרֵעֵהוּ הִשָּׁמֵרוּ, וְעַל כָּל אָח אַל תִּבְטָחוּ, כִּי כָל אָח עָקוֹב יַעְקֹב, וְכָל רֵעַ רָכִיל יַהֲלֹךְ:

(ט, ג)

איסור רִכילות מפורש בתורה:

לֹא תֵלֵךְ רָכִיל בְּעַמֶּיךָ, לֹא תַעֲמֹד עַל דַּם רֵעֶךָ, אֲנִי ה':

(ויקרא יט, טז)

רכילות היא הלשנה.[1] בדרך כלל, הרכילות שנידונה בפוסקים היא הלשנה על אדם שעשה רעה לחברו, והיא נאמרת לחבר, שכלפיו נעשתה הרעה. בעקבות ההלשנה – האחרון ישנא את מי שגרם לו רעה. ההלשנה שהתורה דנה בה, חמורה מכך, וכעולה מהפסוק שהבאנו, והיא עלולה להביא לשפיכת דמו של זה שסופרה עליו הרכילות. כך כתב גם יחזקאל בנבואתו:

אַנְשֵׁי רָכִיל הָיוּ בָךְ לְמַעַן שְׁפָךְ דָּם...

(יחזקאל כב, ט)

הרכילות שהתורה והנביאים דנים עליה היא הלשנה למלך או לשלטון, על פלוני שאינו נאמן להם. כשהמלך עריץ או קפדן, צפויים למי שהלשינו עליו ולבני משפחתו עינויים ואף מוות. נראה, שלכך מתכוון גם ירמיהו בנבואתנו, והדבר נראה מהדימויים שהוא משתמש בהם:

1. על שיטות הפוסקים השונות ברכילות ובלשון הרע הארכנו במאמרנו 'הערות בדיני לשון הרע', **עלון שבות** (תשפ"א), עמ' 11-38.

וַיַּדְרְכוּ אֶת לְשׁוֹנָם קַשְׁתָּם שֶׁקֶר...
(ט, ב)

חֵץ שָׁחוּט לְשׁוֹנָם, מִרְמָה דִבֵּר, בְּפִיו שָׁלוֹם אֶת רֵעֵהוּ יְדַבֵּר, וּבְקִרְבּוֹ יָשִׂים אָרְבּוֹ:
(שם, ז)

השפתיים דומות לקשת, בעיקר כאשר הן מחייכות, כביכול, אל קורבנן, שהרי בעל השפתיים – בְּפִיו שָׁלוֹם אֶת רֵעֵהוּ יְדַבֵּר. הלשון המשתרבבת מן השפתיים דומה לחץ הנורה מהן. בעת הרכילות – השפתיים והלשון משמשות כלי נשק, כחץ וקשת, להרוג בהן את קורבנן.

על פי הקשרה, הנבואה נאמרה, ככל הנראה, בימי יהויקים. יהויקים התמנה למלך מכוחו של פרעה נכו מלך מצרים, שהרג את יאשיהו, אביו, שניסה למנוע מפרעה את המעבר בארץ ישראל.[2] עם הארץ הזדרזו והמליכו את יהואחז הצעיר, משום שחששו מיהויקים ומדרכו. יהויקים הבטיח כסף רב לפרעה נכו תמורת מינויו במקום יהואחז אחיו (החורג), ואת הכסף שהבטיח לפרעה נכו, נגש מעם הארץ:

וַיִּקַּח עַם הָאָרֶץ אֶת יְהוֹאָחָז בֶּן יֹאשִׁיָּהוּ, וַיִּמְשְׁחוּ אֹתוֹ, וַיַּמְלִיכוּ אֹתוֹ תַּחַת אָבִיו... וַיַּאַסְרֵהוּ פַרְעֹה נְכֹה בְרִבְלָה בְּאֶרֶץ חֲמָת מִמְּלֹךְ בִּירוּשָׁלָםִ, וַיִּתֶּן עֹנֶשׁ עַל הָאָרֶץ מֵאָה כִכַּר כֶּסֶף וְכִכַּר זָהָב: וַיַּמְלֵךְ פַּרְעֹה נְכֹה אֶת אֶלְיָקִים בֶּן יֹאשִׁיָּהוּ תַּחַת יֹאשִׁיָּהוּ אָבִיו, וַיַּסֵּב אֶת שְׁמוֹ יְהוֹיָקִים, וְאֶת יְהוֹאָחָז לָקַח, וַיָּבֹא מִצְרַיִם וַיָּמָת שָׁם: וְהַכֶּסֶף וְהַזָּהָב נָתַן יְהוֹיָקִים לְפַרְעֹה, אַךְ הֶעֱרִיךְ אֶת הָאָרֶץ לָתֵת אֶת הַכֶּסֶף עַל פִּי פַרְעֹה, אִישׁ כְּעֶרְכּוֹ נָגַשׂ אֶת הַכֶּסֶף וְאֶת הַזָּהָב אֶת עַם הָאָרֶץ לָתֵת לְפַרְעֹה נְכֹה:
(מל"ב כג, ל-לה)

מדרך הטבע, לא היה יהויקים (שעריצותו מוכרת לנו ממקומות נוספים) מלך אָהוּד, ועמדו מולו מתנגדים רבים. הוא היה זקוק למלשינים, שיסייעו לו להיפטר ממי שנחשד על ידו כאחד ממתנגדיו, ואפשר, ששילם למלשינים על מלשינותם.[3] מנבואתנו עולה, שרבים עשו זאת גם ברמאות ובשקר, כלומר, ניצלו את מדיניותו של יהויקים כדי להיפטר מאנשים שחפצו ברעתם, כל אחד מסיבותיו שלו:

2. מל"ב כג, כט; דהי"ב לה, כ-כד.
3. הרצון של יהויקים להיפטר ממתנגדיו הביא אותו לדון רבים מהם למוות (כמורדים במלכות), ובעקבות כך הוא מתואר כמי ששפך דם נקי:
וְגַם דַּם הַנָּקִי אֲשֶׁר שָׁפָךְ, וַיְמַלֵּא אֶת יְרוּשָׁלַםִ דָּם נָקִי, וְלֹא אָבָה ה׳ לִסְלֹחַ: (מל"ב כד, ד, ועיין עוד ירמיהו כב, יז; כו, טו)

אִישׁ מֵרֵעֵהוּ הִשָּׁמֵרוּ, וְעַל כָּל אָח אַל תִּבְטָחוּ, כִּי כָל אָח עָקוֹב יַעְקֹב, וְכָל רֵעַ רָכִיל יַהֲלֹךְ: וְאִישׁ בְּרֵעֵהוּ יְהָתֵלּוּ, וֶאֱמֶת לֹא יְדַבֵּרוּ, לִמְּדוּ לְשׁוֹנָם דַּבֶּר שֶׁקֶר, הַעֲוֵה נִלְאוּ: שִׁבְתְּךָ בְּתוֹךְ מִרְמָה, בְּמִרְמָה מֵאֲנוּ דַעַת אוֹתִי, נְאֻם ה׳: ... לְשׁוֹנָם מִרְמָה דִבֵּר, בְּפִיו שָׁלוֹם אֶת רֵעֵהוּ יְדַבֵּר, וּבְקִרְבּוֹ יָשִׂים אָרְבּוֹ:

(ט, ג–ה; ז)

ד. חטא עזיבת התורה

מִי הָאִישׁ הֶחָכָם וְיָבֵן אֶת זֹאת, וַאֲשֶׁר דִּבֶּר פִּי ה׳ אֵלָיו, וְיַגִּדָהּ, עַל מָה אָבְדָה הָאָרֶץ, נִצְּתָה כַמִּדְבָּר מִבְּלִי עֹבֵר: וַיֹּאמֶר ה׳, עַל עָזְבָם אֶת תּוֹרָתִי, אֲשֶׁר נָתַתִּי לִפְנֵיהֶם, וְלֹא שָׁמְעוּ בְקוֹלִי, וְלֹא הָלְכוּ בָהּ: וַיֵּלְכוּ אַחֲרֵי שְׁרִרוּת לִבָּם, וְאַחֲרֵי הַבְּעָלִים אֲשֶׁר לִמְּדוּם אֲבוֹתָם:

(יא–יג)

על פי פשטה, עזיבת התורה מתפרשת כאן כהליכה אחרי אלוהי עבודה זרה, שהרי איסור זה הוא עיקר התורה, והוא מופיע בין שני הדיברות ששמעו מפי הגבורה במעמד הר סיני. אך חז״ל פירשו זאת בדרך שונה, ונלך בעקבותיהם:

דאמר רב יהודה אמר רב, מאי דכתיב: מִי הָאִישׁ הֶחָכָם וְיָבֵן אֶת זֹאת? דבר זה נשאל לחכמים ולנביאים ולא פירשוהו, עד שפירשו הקדוש ברוך הוא בעצמו, דכתיב: וַיֹּאמֶר ה׳, עַל עָזְבָם אֶת תּוֹרָתִי וגו׳, היינו לא שמעו בקולי, היינו לא הלכו בה?! אמר רב יהודה אמר רב: שאין מברכין בתורה תְּחִלָּה.

(נדרים פא ע״א; בבא מציעא פד ע״ב – פה ע״א)

המפרשים, ראשונים ואחרונים, התקשו בהבנת חומרת העבירה של הימנעות מברכת התורה, עבירה, שלדברי הגמרא, הביאה את החורבן. אפשר, שחז״ל רצו להציב משקל-נגד לחטא שהוזכר לעיל, חטא הרכילות שמביאה לשפיכות דמים, ובעיקר כשהיא באה בהעמדת פנים, בחוסר כנות ובחוסר יושר: בְּפִיו שָׁלוֹם אֶת רֵעֵהוּ יְדַבֵּר, וּבְקִרְבּוֹ יָשִׂים אָרְבּוֹ. גם דוד מלכנו, משורר תהלים, מעמיד חטא זה מול תורת ה׳, שמביעה את מידותיו של ה׳, שעלינו לדבוק בהן:

לַמְנַצֵּחַ עַל הַשְּׁמִינִית מִזְמוֹר לְדָוִד: הוֹשִׁיעָה ה׳ כִּי גָמַר חָסִיד, כִּי פַסּוּ אֱמוּנִים מִבְּנֵי אָדָם: שָׁוְא יְדַבְּרוּ אִישׁ אֶת רֵעֵהוּ, שְׂפַת חֲלָקוֹת, בְּלֵב וָלֵב יְדַבֵּרוּ: יַכְרֵת ה׳ כָּל שִׂפְתֵי חֲלָקוֹת, לָשׁוֹן מְדַבֶּרֶת גְּדֹלוֹת: אֲשֶׁר אָמְרוּ לִלְשֹׁנֵנוּ נַגְבִּיר שְׂפָתֵינוּ אִתָּנוּ,

מִי אָדוֹן לָנוּ: מִשֹּׁד עֲנִיִּים, מֵאַנְקַת אֶבְיוֹנִים, עַתָּה אָקוּם, יֹאמַר ה׳, אָשִׁית בְּיֵשַׁע יָפִיחַ לוֹ: אִמֲרוֹת ה׳ אֲמָרוֹת טְהֹרוֹת, כֶּסֶף צָרוּף בַּעֲלִיל לָאָרֶץ, מְזֻקָּק שִׁבְעָתָיִם:
(תהלים יב, א-ז)

המשורר מתאר את שפתי החלקות, המדברות בלב ולב ובחוסר כנות אל ה׳חבר׳, ומביאות לשוד עניים ולאנקת אביונים. המשורר אינו מזכיר שפיכות דמים, אך הוא מזכיר עבירות, העלולות להיות תוצאות ישירות של חטאי לשון ומלשינות, הבאים יחד עם ׳שפת חלקות׳. המשורר מקביל לשון טמאה זו ללשונו הטהורה של ה׳, הנותנת לנו אֲמָרוֹת טְהֹרוֹת, את תורתו הקדושה. המשורר רואה בחטאי הלשון הללו את ההיפך הגמור מתורת ה׳, ועל כך אמר הנביא: עַל עָזְבָם אֶת תּוֹרָתִי. כך גם בתלמוד הירושלמי, האומר במקביל למשנה:

אלו דברים שאדם אוכל פירותיהן בעולם הזה, והקרן קיימת לו לעולם הבא: כיבוד אב ואם וגמילות חסדים והבאת שלום בין אדם לחבירו ותלמוד תורה כנגד כולם:
(משנה פאה א, א)

וכנגדן ארבעה דברים שהן נפרעין מן האדם בעולם הזה והקרן קיימת לו לעולם הבא, ואלו הן: עבודה זרה, גילוי עריות, שפיכות דמים, **ולשון הרע כנגד כולן:**
(ירושלמי שם)

באומרו ׳לשון הרע׳ מתכוון הירושלמי לרכילות, מלשינות לשלטונות, והיא השקולה כנגד תלמוד התורה. לימוד תורה מבלי להודות בברכתה למי שנתנה לנו ובלא קישורה למידותיו, עלול להביא להפכה, לרכילות שופכת הדמים שהנביא מדבר עליה כאן.

ה. ידיעת ה׳

דַּבֵּר, כֹּה נְאֻם ה׳, וְנָפְלָה נִבְלַת הָאָדָם כְּדֹמֶן עַל פְּנֵי הַשָּׂדֶה וּכְעָמִיר מֵאַחֲרֵי הַקֹּצֵר, וְאֵין מְאַסֵּף: כֹּה אָמַר ה׳, אַל יִתְהַלֵּל חָכָם בְּחָכְמָתוֹ, וְאַל יִתְהַלֵּל הַגִּבּוֹר בִּגְבוּרָתוֹ, אַל יִתְהַלֵּל עָשִׁיר בְּעָשְׁרוֹ: כִּי אִם בְּזֹאת יִתְהַלֵּל הַמִּתְהַלֵּל הַשְׂכֵּל וְיָדֹעַ אוֹתִי, כִּי אֲנִי ה׳ עֹשֶׂה חֶסֶד מִשְׁפָּט וּצְדָקָה בָּאָרֶץ, כִּי בְאֵלֶּה חָפַצְתִּי, נְאֻם ה׳:
(כא-כג)

המעבר של הנבואה מהפורענות הצפויה, שתוארה בהרחבה, לפסוקים המדברים על

תהילתו של היודע את ה׳ – מפתיע, ואומר דורשני. אפשר, שידיעת ה׳ הנזכרת כאן קשורה באי עזיבת דרך התורה, שעסקנו בה בפרק הקודם. ידיעת ה׳ בפסוקים אלו אינה ידיעת ייחודו ואחדותו של ה׳, ואינה קשורה בסודות בריאת העולם או במבנה מרכבתו. ידיעת ה׳ קשורה בהכרת מידותיו של ה׳ ובעשייתו חסד, משפט וצדקה, אך היא אינה רק ידיעת חסדיו, משפטיו וצדקותיו של ה׳ בארץ. לימוד תורה סתמי עלול להסתפק בכך, אך ברכת התורה מחייבת דבקות במידות אלו, והבנה עמוקה, שאם אלו הם מעשי ה׳, הרי שמוטל גם עלינו לדבוק בהם ולעשותם. כך אמר ה׳ על אברהם אבינו:

> כִּי יְדַעְתִּיו, לְמַעַן אֲשֶׁר יְצַוֶּה אֶת בָּנָיו וְאֶת בֵּיתוֹ אַחֲרָיו, וְשָׁמְרוּ דֶּרֶךְ ה׳ לַעֲשׂוֹת צְדָקָה וּמִשְׁפָּט.

(בראשית יח, יט)

בני אברהם יעשו צדקה ומשפט, משום שזו היא דרך ה׳, וזוהי משמעות ידיעתו. כך יאמר ירמיהו גם בנבואות הבאות, ודווקא ליהויקים, שנבואת הפטרתנו נאמרה בעיקר כלפיו:

> הוֹי בֹּנֶה בֵיתוֹ בְּלֹא צֶדֶק וַעֲלִיּוֹתָיו בְּלֹא מִשְׁפָּט, בְּרֵעֵהוּ יַעֲבֹד חִנָּם, וּפֹעֲלוֹ לֹא יִתֶּן לוֹ: הָאֹמֵר, אֶבְנֶה לִּי בֵּית מִדּוֹת וַעֲלִיּוֹת מְרֻוָּחִים, וְקָרַע לוֹ חַלּוֹנָי, וְסָפוּן בָּאָרֶז, וּמָשׁוֹחַ בַּשָּׁשַׁר: הֲתִמְלֹךְ, כִּי אַתָּה מְתַחֲרֶה בָאָרֶז, אָבִיךָ הֲלוֹא אָכַל וְשָׁתָה וְעָשָׂה מִשְׁפָּט וּצְדָקָה, אָז טוֹב לוֹ: דָּן דִּין עָנִי וְאֶבְיוֹן, אָז טוֹב, הֲלוֹא הִיא הַדַּעַת אֹתִי, נְאֻם ה׳:

(כב, יג-טז)

גם בפסוקים אלה מדגיש הנביא, שידיעת ה׳ פירושה משפט וצדקה לעני, והוא קורא ליהויקים ללכת בדרכו של אביו (דבר שלצערנו לא קרה). דבר דומה אמר גם הנביא הושע ערב חורבן ממלכת שומרון:

> כִּי רִיב לַה׳ עִם יוֹשְׁבֵי הָאָרֶץ, כִּי אֵין אֱמֶת וְאֵין חֶסֶד, וְאֵין דַּעַת אֱלֹהִים בָּאָרֶץ:
> אָלֹה וְכַחֵשׁ וְרָצֹחַ וְגָנֹב וְנָאֹף פָּרָצוּ, וְדָמִים בְּדָמִים נָגָעוּ:

(הושע ד, א-ב)

נחמה פורתא, שאמירה זו מסיימת את הפטרתנו הקשה.

הפטרת שבת וראש חודש

א כֹּה אָמַר יהוה הַשָּׁמַיִם כִּסְאִי וְהָאָרֶץ הֲדֹם רַגְלָי אֵי־זֶה בַיִת אֲשֶׁר תִּבְנוּ־לִי
ב וְאֵי־זֶה מָקוֹם מְנוּחָתִי: וְאֶת־כָּל־אֵלֶּה יָדִי עָשָׂתָה וַיִּהְיוּ כָל־אֵלֶּה נְאֻם־יהוה
ג וְאֶל־זֶה אַבִּיט אֶל־עָנִי וּנְכֵה־רוּחַ וְחָרֵד עַל־דְּבָרִי: שׁוֹחֵט הַשּׁוֹר מַכֵּה־אִישׁ
זוֹבֵחַ הַשֶּׂה עֹרֵף כֶּלֶב מַעֲלֵה מִנְחָה דַּם־חֲזִיר מַזְכִּיר לְבֹנָה מְבָרֵךְ אָוֶן גַּם־
ד הֵמָּה בָּחֲרוּ בְּדַרְכֵיהֶם וּבְשִׁקּוּצֵיהֶם נַפְשָׁם חָפֵצָה: גַּם־אֲנִי אֶבְחַר בְּתַעֲלֻלֵיהֶם
וּמְגוּרֹתָם אָבִיא לָהֶם יַעַן קָרָאתִי וְאֵין עוֹנֶה דִּבַּרְתִּי וְלֹא שָׁמֵעוּ וַיַּעֲשׂוּ הָרַע
ה בְּעֵינַי וּבַאֲשֶׁר לֹא־חָפַצְתִּי בָּחָרוּ: שִׁמְעוּ דְּבַר־יהוה הַחֲרֵדִים אֶל־
דְּבָרוֹ אָמְרוּ אֲחֵיכֶם שֹׂנְאֵיכֶם מְנַדֵּיכֶם לְמַעַן שְׁמִי יִכְבַּד יהוה וְנִרְאֶה בְשִׂמְחַתְכֶם
ו ז וְהֵם יֵבֹשׁוּ: קוֹל שָׁאוֹן מֵעִיר קוֹל מֵהֵיכָל קוֹל יהוה מְשַׁלֵּם גְּמוּל לְאֹיְבָיו: בְּטֶרֶם
ח תָּחִיל יָלָדָה בְּטֶרֶם יָבוֹא חֵבֶל לָהּ וְהִמְלִיטָה זָכָר: מִי־שָׁמַע כָּזֹאת מִי רָאָה
כָּאֵלֶּה הֲיוּחַל אֶרֶץ בְּיוֹם אֶחָד אִם־יִוָּלֵד גּוֹי פַּעַם אֶחָת כִּי־חָלָה גַּם־יָלְדָה צִיּוֹן
ט אֶת־בָּנֶיהָ: הַאֲנִי אַשְׁבִּיר וְלֹא אוֹלִיד יֹאמַר יהוה אִם־אֲנִי הַמּוֹלִיד וְעָצַרְתִּי אָמַר
י אֱלֹהָיִךְ: שִׂמְחוּ אֶת־יְרוּשָׁלִַם וְגִילוּ בָהּ כָּל־אֹהֲבֶיהָ שִׂישׂוּ אִתָּהּ מָשׂוֹשׂ
יא כָּל־הַמִּתְאַבְּלִים עָלֶיהָ: לְמַעַן תִּינְקוּ וּשְׂבַעְתֶּם מִשֹּׁד תַּנְחֻמֶיהָ לְמַעַן תָּמֹצּוּ
יב וְהִתְעַנַּגְתֶּם מִזִּיז כְּבוֹדָהּ: כִּי־כֹה אָמַר יהוה הִנְנִי נֹטֶה־אֵלֶיהָ כְּנָהָר
שָׁלוֹם וּכְנַחַל שׁוֹטֵף כְּבוֹד גּוֹיִם וִינַקְתֶּם עַל־צַד תִּנָּשֵׂאוּ וְעַל־בִּרְכַּיִם תְּשָׁעֳשָׁעוּ:
יג יד כְּאִישׁ אֲשֶׁר אִמּוֹ תְּנַחֲמֶנּוּ כֵּן אָנֹכִי אֲנַחֶמְכֶם וּבִירוּשָׁלִַם תְּנֻחָמוּ: וּרְאִיתֶם וְשָׂשׂ
לִבְּכֶם וְעַצְמוֹתֵיכֶם כַּדֶּשֶׁא תִפְרַחְנָה וְנוֹדְעָה יַד־יהוה אֶת־עֲבָדָיו וְזָעַם אֶת־אֹיְבָיו:
טו כִּי־הִנֵּה יהוה בָּאֵשׁ יָבוֹא וְכַסּוּפָה מַרְכְּבֹתָיו לְהָשִׁיב בְּחֵמָה אַפּוֹ וְגַעֲרָתוֹ בְּלַהֲבֵי־
טז יז אֵשׁ: כִּי בָאֵשׁ יהוה נִשְׁפָּט וּבְחַרְבּוֹ אֶת־כָּל־בָּשָׂר וְרַבּוּ חַלְלֵי יהוה: הַמִּתְקַדְּשִׁים
וְהַמִּטַּהֲרִים אֶל־הַגַּנּוֹת אַחַר אַחַת בַּתָּוֶךְ אֹכְלֵי בְּשַׂר הַחֲזִיר וְהַשֶּׁקֶץ וְהָעַכְבָּר
יח יַחְדָּו יָסֻפוּ נְאֻם־יהוה: וְאָנֹכִי מַעֲשֵׂיהֶם וּמַחְשְׁבֹתֵיהֶם בָּאָה לְקַבֵּץ אֶת־כָּל־הַגּוֹיִם

יט וְהַלְּשֹׁנוֹת וּבָאוּ וְרָאוּ אֶת־כְּבוֹדִי: וְשַׂמְתִּי בָהֶם אוֹת וְשִׁלַּחְתִּי מֵהֶם פְּלֵיטִים
אֶל־הַגּוֹיִם תַּרְשִׁישׁ פּוּל וְלוּד מֹשְׁכֵי קֶשֶׁת תֻּבַל וְיָוָן הָאִיִּים הָרְחֹקִים אֲשֶׁר
כ לֹא־שָׁמְעוּ אֶת־שִׁמְעִי וְלֹא־רָאוּ אֶת־כְּבוֹדִי וְהִגִּידוּ אֶת־כְּבוֹדִי בַּגּוֹיִם: וְהֵבִיאוּ
אֶת־כָּל־אֲחֵיכֶם מִכָּל־הַגּוֹיִם מִנְחָה לַיהוה בַּסּוּסִים וּבָרֶכֶב וּבַצַּבִּים וּבַפְּרָדִים
וּבַכִּרְכָּרוֹת עַל הַר קָדְשִׁי יְרוּשָׁלִַם אָמַר יהוה כַּאֲשֶׁר יָבִיאוּ בְנֵי יִשְׂרָאֵל אֶת־
כא כב הַמִּנְחָה בִּכְלִי טָהוֹר בֵּית יהוה: וְגַם־מֵהֶם אֶקַּח לַכֹּהֲנִים לַלְוִיִּם אָמַר יהוה: כִּי
כַאֲשֶׁר הַשָּׁמַיִם הַחֲדָשִׁים וְהָאָרֶץ הַחֲדָשָׁה אֲשֶׁר אֲנִי עֹשֶׂה עֹמְדִים לְפָנַי נְאֻם־
כג יהוה כֵּן יַעֲמֹד זַרְעֲכֶם וְשִׁמְכֶם: וְהָיָה מִדֵּי־חֹדֶשׁ בְּחָדְשׁוֹ וּמִדֵּי שַׁבָּת בְּשַׁבַּתּוֹ יָבוֹא
כד כָל־בָּשָׂר לְהִשְׁתַּחֲוֹת לְפָנַי אָמַר יהוה: וְיָצְאוּ וְרָאוּ בְּפִגְרֵי הָאֲנָשִׁים הַפֹּשְׁעִים בִּי
כִּי תוֹלַעְתָּם לֹא תָמוּת וְאִשָּׁם לֹא תִכְבֶּה וְהָיוּ דֵרָאוֹן לְכָל־בָּשָׂר:
וְהָיָה מִדֵּי־חֹדֶשׁ בְּחָדְשׁוֹ וּמִדֵּי שַׁבָּת בְּשַׁבַּתּוֹ יָבוֹא כָל־בָּשָׂר לְהִשְׁתַּחֲוֹת לְפָנַי
אָמַר יהוה:

א. הקשר בין ההפטרה לשבת וראש חודש

ראש חדש שחל להיות בשבת, מפטירין וְהָיָה מִדֵּי חֹדֶשׁ בְּחָדְשׁוֹ.
(מגילה לא ע"א)

הקשר קיים בפסוק שבסוף ההפטרה: וְהָיָה מִדֵּי חֹדֶשׁ בְּחָדְשׁוֹ וּמִדֵּי שַׁבָּת בְּשַׁבַּתּוֹ יָבוֹא כָל בָּשָׂר לְהִשְׁתַּחֲוֹת לְפָנַי אָמַר ה'. נזכיר, שבמקרא סתם 'חֹדֶשׁ' הוא הנקרא בלשוננו ראש חודש.

הפסוק אינו מדבר על ראש חודש שחל בשבת, אלא על המשותף בין שבת לראש חודש. שניהם ימים שיש בהם עבודה מיוחדת בבית המקדש – הקרבת קורבן מוסף ושירת לוויים מיוחדת (וממילא יש בהם גם תפילה מיוחדת). כיום, רוב האנשים אינם חשים את אירוע ראש החודש, מלבד הזכרתו בתפילה ובברכת המזון, ומלבד תפילה ארוכה יותר בבוקר, הכוללת חצי הלל, קריאת התורה ותפילת מוסף. זהו יום רגיל, שאנשים משכימים בו לעבודתם ועושים בו כל מלאכה. הנביא מדבר עליו כעל יום שבמקום לצאת בו איש איש לעבודתו – יעלו בו למקדש להשתחוות ולהתפלל בו לפני ה'. דבר זה נזכר במקרא פעמים אחדות. לדוגמה:

וְהִשְׁתַּחֲווּ עַם הָאָרֶץ פֶּתַח הַשַּׁעַר הַהוּא בַּשַּׁבָּתוֹת וּבֶחֳדָשִׁים, לִפְנֵי ה':
(יחזקאל מו, ג)

ראש חודש היה כנראה יום שבתון מעבודה, אף שמלאכה מותרת בו. ביום זה גם היו הולכים לחכם או לנביא לשמוע דברי תורה ויראת שמיים. נביא דוגמות בודדות:

וַיֹּאמֶר, מַדּוּעַ אתי אַתְּ הֹלֶכֶת אֵלָיו הַיּוֹם לֹא חֹדֶשׁ וְלֹא שַׁבָּת:
(מל"ב ד, כג)

וְהִשְׁבַּתִּי כָּל מְשׂוֹשָׂהּ - חַגָּהּ, חָדְשָׁהּ, וְשַׁבַּתָּהּ, וְכֹל מוֹעֲדָהּ:
(הושע ב, יג)

מָתַי יַעֲבֹר הַחֹדֶשׁ – וְנַשְׁבִּירָה שֶּׁבֶר, וְהַשַּׁבָּת – וְנִפְתְּחָה בָּר:
(עמוס ח, ה)

גם הפטרת 'מחר חודש' (שמ"א כ) עוסקת בסעודה חגיגית על שולחן המלך בראש חודש.

ראש חודש איבד ממשמעותו הדתית והחגיגית, כנראה בעת שנתקן הלוח בידי הלל השני (ב־1670 ליציאת מצרים, באמצע המאה הרביעית לסה"נ), ובית הדין חדל מלקדש את החודש על פי עדות בדרך פומבית.

ב. רקע היסטורי[1]

הפטרתנו היא חלק מנבואה ארוכה יותר, המתחילה בתחילת פרק סה ועוברת לפרקנו, סו. בפרק סה ביטויים המזכירים מאוד את הפטרתנו, ונביא חלק מהם:

זֹבְחִים בַּגַּנּוֹת... הָאֹכְלִים בְּשַׂר הַחֲזִיר... יַעַן קָרָאתִי – וְלֹא עֲנִיתֶם, דִּבַּרְתִּי – וְלֹא שְׁמַעְתֶּם, וַתַּעֲשׂוּ הָרַע בְּעֵינַי וּבַאֲשֶׁר לֹא חָפַצְתִּי – בְּחַרְתֶּם... כִּי הִנְנִי בוֹרֵא שָׁמַיִם חֲדָשִׁים וָאָרֶץ חֲדָשָׁה... כִּי הִנְנִי בוֹרֵא אֶת יְרוּשָׁלִַם גִּילָה וְעַמָּהּ מָשׂוֹשׂ: וְגַלְתִּי בִירוּשָׁלִַם וְשַׂשְׂתִּי בְעַמִּי:

1. עיינו בהקדמה שכתבנו לנבואות ישעיהו, שבה שיערנו ונימקנו, שנבואותיו של ישעיהו מפרק מ ואילך הן מימי מנשה בן חזקיהו מלך יהודה. לגבי הפטרתנו מפורש בפסיקתא (רבתי ד) שהיא מימי מנשה: "וַיִּקַּח אֵלִיָּהוּ שְׁתֵּים עֶשְׂרֵה אֲבָנִים וגו' (מל"א יח, לא). זה שאמר הכתוב: הַשָּׁמַיִם כִּסְאִי וְהָאָרֶץ הֲדֹם רַגְלָי (סו, א), בסוף נבואתו של ישעיה נתנבא הפסוק הזה. ואימתי נתנבא אותו? – בימי מנשה, שכיון שהכניס מנשה את הצלם להיכל, התחיל מתנבא ישעיה לישראל, ואמר להם: מה אתם מתגאים לי בבית הזה שבניתם לי? העליונים והתחתונים אינם מחזיקים כבודי, והבית הזה שבניתם לי אני צריך? אֵי־זֶה בַיִת אֲשֶׁר תִּבְנוּ לִי (שם)".

בשני הפרקים הנביא דן בעימות פנימי קשה, בין יהודים עובדי ה׳ ליהודים שאינם עושים הישר בעיניו. הוא מבטיח להתערב בעימות, ולגמול לצדיקים כצדקם ולרשעים כרשעתם. נביא דוגמה לדבריו בפרק סה:

וְהוֹצֵאתִי מִיַּעֲקֹב זֶרַע וּמִיהוּדָה יוֹרֵשׁ הָרָי, וִירֵשׁוּהָ בְחִירַי וַעֲבָדַי יִשְׁכְּנוּ שָׁמָּה: וְהָיָה הַשָּׁרוֹן לִנְוֵה צֹאן וְעֵמֶק עָכוֹר לְרֵבֶץ בָּקָר, לְעַמִּי אֲשֶׁר דְּרָשׁוּנִי: וְאַתֶּם עֹזְבֵי ה׳ הַשְּׁכֵחִים אֶת הַר קָדְשִׁי, הַעֹרְכִים לַגַּד שֻׁלְחָן וְהַמְמַלְאִים לַמְנִי מִמְסָךְ: וּמָנִיתִי אֶתְכֶם לַחֶרֶב וְכֻלְּכֶם לַטֶּבַח תִּכְרָעוּ, יַעַן קָרָאתִי – וְלֹא עֲנִיתֶם, דִּבַּרְתִּי – וְלֹא שְׁמַעְתֶּם, וַתַּעֲשׂוּ הָרַע בְּעֵינַי וּבַאֲשֶׁר לֹא חָפַצְתִּי – בְּחַרְתֶּם: לָכֵן כֹּה אָמַר אֲדֹנָי ה׳, הִנֵּה עֲבָדַי יֹאכֵלוּ – וְאַתֶּם תִּרְעָבוּ, הִנֵּה עֲבָדַי יִשְׁתּוּ – וְאַתֶּם תִּצְמָאוּ, הִנֵּה עֲבָדַי יִשְׂמָחוּ – וְאַתֶּם תֵּבֹשׁוּ: הִנֵּה עֲבָדַי יָרֹנּוּ מִטּוּב לֵב – וְאַתֶּם תִּצְעֲקוּ מִכְּאֵב לֵב, וּמִשֵּׁבֶר רוּחַ תְּיֵלִילוּ:

(סה, ט-יד)

אנו משערים, שהעימות היה בימי מנשה – בין עובדי ה׳ מימי חזקיהו, שעשה הישר בעיני ה׳, ובין עוזבי ה׳ מסיעת מנשה, שעשה הרע בעיני ה׳, כתועבות הגויים. אפשר שהמבוגרים יותר התחנכו בימי חזקיהו על עבודת ה׳ בבית המקדש, בעת שירושלים הייתה ללא במות וודאי שללא מקומות לעבודה זרה. מנשה קם אחרי חזקיהו; בשלב הראשון היה עדיין נער צעיר, ומן הסתם היו שריו אלו ששמשו לפני חזקיהו. בשלב מסויים הפך מנשה את הקערה על פיה, ומילא את ירושלים בתועבות הגויים. הדור הצעיר בירושלים התחנך על דרך זו, ואפשר שנבואתנו משקפת את העימות בין שני הדורות.

ישעיהו ניבא בהפטרתנו על הגאולה בימי יאשיהו, העתיד לקום אחרי מנשה ואמון, לטהר את הארץ מהעבודה הזרה ולהשיב את עבודת ה׳ אל מקומה. אז יקבלו יראי ה׳ את שכרם, ויזכו גם לשמח את ירושלים. ישעיהו מדבר על שיבת הגלויות לירושלים, וכוונתו לגולי שומרון, עשרת השבטים, שאכן, חלקם עלו בימי יאשיהו.[2]

ג. ביקורתו של הנביא על הנעשה במקדש

כֹּה אָמַר ה׳, הַשָּׁמַיִם כִּסְאִי וְהָאָרֶץ הֲדֹם רַגְלָי, אֵי זֶה בַיִת אֲשֶׁר תִּבְנוּ לִי וְאֵי זֶה

2. ראו בהרחבה בדברינו להפטרת יום שני של ראש השנה.

מָקוֹם מְנוּחָתִי: וְאֶת כָּל אֵלֶּה יָדִי עָשָׂתָה וַיִּהְיוּ כָל אֵלֶּה, נְאֻם ה׳, וְאֶל זֶה אַבִּיט: אֶל עָנִי, וּנְכֵה רוּחַ, וְחָרֵד עַל דְּבָרִי: שׁוֹחֵט הַשּׁוֹר מַכֵּה אִישׁ, זוֹבֵחַ הַשֶּׂה עֹרֵף כֶּלֶב, מַעֲלֵה מִנְחָה דַּם חֲזִיר, מַזְכִּיר לְבֹנָה מְבָרֵךְ אָוֶן...

(א–ג)

כיסא ה׳ והדום רגליו אמור להיות מקדש ה׳:

וַיֹּאמֶר אֵלַי, בֶּן אָדָם אֶת מְקוֹם כִּסְאִי וְאֶת מְקוֹם כַּפּוֹת רַגְלַי אֲשֶׁר אֶשְׁכָּן שָׁם בְּתוֹךְ בְּנֵי יִשְׂרָאֵל:

(יחזקאל מג, ז)

כשישעיהו אומר בהפטרתנו שהשמיים הם כיסאו והארץ הדום רגליו, משמעו, שה׳ אינו חפץ במקדש – הוא מסלק מעליו את שכינתו, ומשכין אותה בצורה מאוד כללית בכל העולם, בין השמיים לארץ. יש להשוות אמירה זו לדבריו בעת סילוק שכינתו מן המקדש, בשנת מות המלך עוזיהו, אל כל הארץ:

וְקָרָא זֶה אֶל זֶה וְאָמַר, קָדוֹשׁ, קָדוֹשׁ, קָדוֹשׁ ה׳ צְבָאוֹת, מְלֹא כָל הָאָרֶץ כְּבוֹדוֹ:

(ו, ג)

כך סבר כנראה ירבעם, שבגלל חטאי שלמה עם נשיו הנכריות בירושלים הסתלקה ממנו השכינה אל מְלֹא כָל הָאָרֶץ, אל בין ה׳כרובים׳ כביכול שבנה – העגל שבדרום ממלכתו בבית אל, והעגל שבצפונה, בדן.

הסיבה לסילוק שכינתו יתברך מן המקדש בימי מנשה קשורה לעבודה הזרה הרבה, שהייתה בירושלים וחדרה עד למקדש פנימה. ישעיהו גם מציין, ששוחט השור לקורבן מכה בני אדם, ואולי מכה אותם למוות בסכינו, שבה שחט את השור לקורבן. זובח השה עורף כלב, כנראה לפולחן עבודה זרה, וכך גם המביא קורבן דם של חזיר. המעלה את הלבונה לאזכרה – מברך און, כנראה מול תרפים כלשהם.

ה׳ מעדיף על פני עובדי מקדש אלו את העני שבור הרוח החרד על דברו, שהרי: לֹא תַחְפֹּץ זֶבַח וְאֶתֵּנָה עוֹלָה לֹא תִרְצֶה: זִבְחֵי אֱלֹהִים רוּחַ נִשְׁבָּרָה לֵב נִשְׁבָּר וְנִדְכֶּה אֱלֹהִים לֹא תִבְזֶה (תהלים נא, יח–יט). במצב זה נמצאים בימי מנשה עובדי ה׳, ההולכים בעקבות חזקיהו, אביו של מנשה, שמנשה נישל אותם מכבודם, מן הסתם, ואולי מדברים נוספים.

ד. הפולמוס בין החרדים לדבר ה׳ לאחיהם שונאיהם

שִׁמְעוּ דְּבַר ה׳ הַחֲרֵדִים אֶל דְּבָרוֹ, אָמְרוּ אֲחֵיכֶם שֹׂנְאֵיכֶם מְנַדֵּיכֶם[3], לְמַעַן שְׁמִי יִכְבַּד ה׳, וְנִרְאֶה בְשִׂמְחַתְכֶם – וְהֵם יֵבֹשׁוּ: קוֹל שָׁאוֹן מֵעִיר קוֹל מֵהֵיכָל, קוֹל ה׳ מְשַׁלֵּם גְּמוּל לְאֹיְבָיו: בְּטֶרֶם תָּחִיל יָלָדָה, בְּטֶרֶם יָבוֹא חֵבֶל לָהּ – וְהִמְלִיטָה זָכָר: מִי שָׁמַע כָּזֹאת, מִי רָאָה כָּאֵלֶּה? הֲיוּחַל אֶרֶץ בְּיוֹם אֶחָד, אִם יִוָּלֵד גּוֹי פַּעַם אֶחָת? כִּי חָלָה גַּם יָלְדָה צִיּוֹן אֶת בָּנֶיהָ: הַאֲנִי אַשְׁבִּיר וְלֹא אוֹלִיד, יֹאמַר ה׳? אִם אֲנִי הַמּוֹלִיד, וְעָצַרְתִּי? אָמַר אֱלֹהָיִךְ:

(ה-ט)

מנדי החרדים, המביאים קורבנות יפים למקדש, אך אינם שומרים את דבר ה׳, אומרים על עצמם: לְמַעַן שְׁמִי יִכְבַּד ה׳. הם רואים את דרכם בכיבוד ה׳ בקורבנות כעיקר העבודה.

הנביא מבטיח לחרדים אל דבר ה׳, שהם כנאמר לעיל, עניים ונכי רוח, שעוד נראה בשמחתם של החרדים – ושונאיהם ייבושו. הנביא מתאר את הפורענות והייסורים שיבואו על כלל הציבור: על החרדים ועל שונאיהם כאחד, שכך היא דרכה של פורענות – שאינה פוסחת על איש. אולם, פורענותם של שונאי החרדים לדבר ה׳, היא הגמול שה׳ משלם לאויביו. כאבם של החרדים לדבר ה׳ הוא בבחינת ייסורי ההריון וצירי הלידה, ומהר מאוד יוולד ׳הזכר׳, כלומר – ישועת ה׳. ה׳ מבטיח שלא יעצור את הלידה בעת הישיבה על כיסא הלידה, כיסא המשבר.[4] כל זה אכן בא באמצע ימי יאשיהו, בשנת שמונה עשרה שנה למולכו.

ה. בשורת הנחמה

וּרְאִיתֶם וְשָׂשׂ לִבְּכֶם וְעַצְמוֹתֵיכֶם כַּדֶּשֶׁא תִפְרַחְנָה... (יד)

בשורה זו של ישעיהו התפרסמה כשנחשפה כתובת, כנראה מן התקופה הביזנטית, מתחת לקשת רובינסון, בפינה הדרומית מערבית של הר הבית. הארכאולוג פרופ׳ ב׳ מזר שיער, שהכתובת נכתבה אחרי אמצע המאה הרביעית, בימי הקיסר יוליאנוס

3. אפשר שיש קשר בין ׳החרדים׳ בהפטרתנו לכינוי זה כלפי היהודים המתכנים ה׳חרדים׳ היום, ושהוא קשור לא רק לחרדתם לדבר ה׳, אלא גם לזרות שבדרך כלל מקרינים כלפיהם (ולא חשוב מי האשם), כמו בפסוק הנזכר בנבואה.

4. הביטויים: ׳תחיל׳, ׳משביר׳ ו׳אוליד׳ הם הבסיס לשורה בשיר הכבוד המכנה את ה׳: ״משביר, מחולל ומוליד״. המשך הביטוי – ״צדיק כביר״, הוא תואר שונה והוא לקוח מאיוב לד, יז.

׳הכופר׳ (בנצרות), שהחליט להשיב את הקיסרות הרומאית לאמונתה הפגאנית ולבטל את השלטון הנוצרי. הוא ראה ביהודים בעלי ברית, והתיר להם לבנות מחדש את המקדש. הוא נהרג כעבור שנתיים בקרב באימפריה הסאסנית, ותוכניתו לא יצאה אל הפועל. גם רעש אדמה בירושלים ביטל את תוכניתו. אפשר שאז נכתבה הכתובת, בתקווה להתגשמות נבואת ישעיהו במלואה.[5]

בהמשך הנבואה מתאר הנביא את השפטים שה׳ יעשה באויביו, כנראה מנשה וסיעתו. הוא ממשיך לתאר את הגויים הרחוקים שעתידים להביא את פליטי ישראל, וכאמור לעיל – אפשר שהם גולי שומרון ששבו בימי יאשיהו, אל ירושלים אל מקדש ה׳. בכך ממשיך ישעיהו את חזונו על כך שהגויים ישתפו פעולה מרצונם הטוב עם שיבת ציון וגאולת ישראל.[6]

וְגַם מֵהֶם אֶקַּח לַכֹּהֲנִים לַלְוִיִּם, אָמַר ה׳:

(כא)

הנביא מתאר את הגולים השבים בעזרת הגויים. אף שבגלות לא שמרו את מצוות ה׳ כראוי, לא הם וגם לא הכוהנים והלוויים שבתוכם, ה׳ ייקח גם מהם את הכוהנים והלוויים לעבודת המקדש. דברים אלו מתיישבים היטב עם מה שאמרנו לעיל, שנבואת הנחמה שבפרק עולה על ימי יאשיהו. יאשיהו ביער את במות העבודה הזרה מממלכתו, וכך נאמר על יחסו לכוהנים שעבדו על במות אלו בימי מנשה:

וַיָּבֵא אֶת כָּל הַכֹּהֲנִים מֵעָרֵי יְהוּדָה, וַיְטַמֵּא אֶת הַבָּמוֹת אֲשֶׁר קִטְּרוּ שָׁמָּה הַכֹּהֲנִים...
אַךְ לֹא יַעֲלוּ כֹּהֲנֵי הַבָּמוֹת אֶל מִזְבַּח ה׳ בִּירוּשָׁלָם, כִּי אִם אָכְלוּ מַצּוֹת בְּתוֹךְ אֲחֵיהֶם:
(מל״ב כג, ח–ט)

כיאשיהו, נהגה לימים המשנה בסוף ימי הבית השני:

הכהנים ששמשו בבית חוניו – לא ישמשו במקדש בירושלם, ואין צריך לומר לדבר אחר, שנאמר: אַךְ לֹא יַעֲלוּ כֹּהֲנֵי הַבָּמוֹת אֶל מִזְבַּח ה׳ בִּירוּשָׁלָם כִּי אִם אָכְלוּ מַצּוֹת בְּתוֹךְ אֲחֵיהֶם (מל״ב כג, ט).

(מנחות יג, י)

5. א. ישנן השערות נוספות על מקור הכתובת, אך זו חביבה עלינו.
ב. האות כ׳ שבמילה ׳ועצמותיכם׳ הושמטה ממנה.

6. הרחבנו על כך בהפטרת עקב ובעיקר בהפטרת כי תבוא.

ישעיהו מוציא מכלל זה את הכוהנים שגלו עם עשרת השבטים, אף שבעת גלותם כנראה לא עבדו את ה׳. הוא כנראה מחשיב אותם כאנוסים מחמת גלותם (שלא ככוהני מקדש חוניו במצרים), ומקבלם בחזרה אל מקדשו.

ו. קץ הימין או מהפכת יאשיהו

> כִּי כַאֲשֶׁר הַשָּׁמַיִם הַחֲדָשִׁים וְהָאָרֶץ הַחֲדָשָׁה אֲשֶׁר אֲנִי עֹשֶׂה עֹמְדִים לְפָנַי, נְאֻם ה׳ – כֵּן יַעֲמֹד זַרְעֲכֶם וְשִׁמְכֶם: ... וְיָצְאוּ וְרָאוּ בְּפִגְרֵי הָאֲנָשִׁים הַפֹּשְׁעִים בִּי, כִּי תוֹלַעְתָּם לֹא תָמוּת וְאִשָּׁם לֹא תִכְבֶּה – וְהָיוּ דֵרָאוֹן לְכָל בָּשָׂר:

(כב; כד)

הפסוקים מתפרשים כפשוטם, וכמו בתחילת הנבואה, בפרק הקודם:

> כִּי הִנְנִי בוֹרֵא שָׁמַיִם חֲדָשִׁים וָאָרֶץ חֲדָשָׁה, וְלֹא תִזָּכַרְנָה הָרִאשֹׁנוֹת וְלֹא תַעֲלֶינָה עַל לֵב: כִּי אִם שִׂישׂוּ וְגִילוּ עֲדֵי עַד אֲשֶׁר אֲנִי בוֹרֵא, כִּי הִנְנִי בוֹרֵא אֶת יְרוּשָׁלַם גִּילָה וְעַמָּהּ מָשׂוֹשׂ:

(סה, יז-יח)

השמיים החדשים אינם בריאה חדשה מצד חומרם או מהותם, אלא שמיים שלא ייראה מתחתם עוול, שמחת רשעים ועיצבון רוח הצדיקים. כיוצא בהם גם הארץ החדשה. האם יש מקום להבנה של בריאה חדשה ממש, בעתיד רחוק ובלתי נראה? כך עולה בפשטות מן הגמרא:

> אבל המינין, והמסורות, והמשומדים והאפיקורסים, שכפרו בתורה, ושכפרו בתחיית המתים, ושפירשו מדרכי צבור, ושנתנו חיתיתם בארץ חיים, ושחטאו והחטיאו את הרבים, כגון ירבעם בן נבט וחבריו יורדין לגיהנם, ונידונין בה לדורי דורות, שנאמר: וְיָצְאוּ וְרָאוּ בְּפִגְרֵי הָאֲנָשִׁים הַפֹּשְׁעִים בִּי וגו׳ (סו, כד) – גיהנם כלה והן אינן כלין.

(ראש השנה יז ע״א)

עדיין נראה, שפשטי המקראות עוסקים בקורה כאן ועכשיו, מנקודת מבטו של הנביא, כלומר – בעובדי תועבות הגויים ומשפטם בידי יאשיהו המלך, העתיד לעמוד אחרי אבותיו הרשעים, מנשה ואמון. יאשיהו רצה לטמא את מזבחות הבעלים, כדי שלא

יוכלו לעולם לשמש לתועבות הגויים, ולכן טימא אותם באמצעות הוצאת כוהני הבמות מקברותיהם ושריפתם על המזבחות:

וַיִּפֶן יֹאשִׁיָּהוּ וַיַּרְא אֶת הַקְּבָרִים אֲשֶׁר שָׁם בָּהָר, וַיִּשְׁלַח וַיִּקַּח אֶת הָעֲצָמוֹת מִן הַקְּבָרִים, וַיִּשְׂרֹף עַל הַמִּזְבֵּחַ – וַיְטַמְּאֵהוּ:
וַיִּזְבַּח אֶת כָּל כֹּהֲנֵי הַבָּמוֹת אֲשֶׁר שָׁם עַל הַמִּזְבְּחוֹת, וַיִּשְׂרֹף אֶת עַצְמוֹת אָדָם עֲלֵיהֶם:
(מל"ב כג, טז; כ)

על כך אמר ישעיהו: וְיָצְאוּ וְרָאוּ בְּפִגְרֵי הָאֲנָשִׁים הַפֹּשְׁעִים בִּי כִּי תוֹלַעְתָּם לֹא תָמוּת וְאִשָּׁם לֹא תִכְבֶּה וְהָיוּ דֵרָאוֹן לְכָל בָּשָׂר.

וְהָיָה מִדֵּי חֹדֶשׁ בְּחָדְשׁוֹ וּמִדֵּי שַׁבָּת בְּשַׁבַּתּוֹ, יָבוֹא כָל בָּשָׂר לְהִשְׁתַּחֲוֹת לְפָנַי אָמַר ה':
(כג)

הפטרת שבת שבערב ראש חודש

שמואל א׳

יח יט וַיֹּאמֶר־לוֹ יְהוֹנָתָן מָחָר חֹדֶשׁ וְנִפְקַדְתָּ כִּי יִפָּקֵד מוֹשָׁבֶךָ: וְשִׁלַּשְׁתָּ תֵּרֵד מְאֹד
וּבָאתָ אֶל־הַמָּקוֹם אֲשֶׁר־נִסְתַּרְתָּ שָּׁם בְּיוֹם הַמַּעֲשֶׂה וְיָשַׁבְתָּ אֵצֶל הָאֶבֶן הָאָזֶל:
כ כא וַאֲנִי שְׁלֹשֶׁת הַחִצִּים צִדָּה אוֹרֶה לְשַׁלַּח־לִי לְמַטָּרָה: וְהִנֵּה אֶשְׁלַח אֶת־הַנַּעַר
לֵךְ מְצָא אֶת־הַחִצִּים אִם־אָמֹר אֹמַר לַנַּעַר הִנֵּה הַחִצִּים מִמְּךָ וָהֵנָּה קָחֶנּוּ
כב וָבֹאָה כִּי־שָׁלוֹם לְךָ וְאֵין דָּבָר חַי־יהוה: וְאִם־כֹּה אֹמַר לָעֶלֶם הִנֵּה הַחִצִּים מִמְּךָ
כג וָהָלְאָה לֵךְ כִּי שִׁלַּחֲךָ יהוה: וְהַדָּבָר אֲשֶׁר דִּבַּרְנוּ אֲנִי וָאָתָּה הִנֵּה יהוה בֵּינִי וּבֵינְךָ
כד עַד־עוֹלָם: וַיִּסָּתֵר דָּוִד בַּשָּׂדֶה וַיְהִי הַחֹדֶשׁ וַיֵּשֶׁב הַמֶּלֶךְ אֶל־הַלֶּחֶם
כה לֶאֱכוֹל: וַיֵּשֶׁב הַמֶּלֶךְ עַל־מוֹשָׁבוֹ כְּפַעַם בְּפַעַם אֶל־מוֹשַׁב הַקִּיר וַיָּקָם יְהוֹנָתָן
כו וַיֵּשֶׁב אַבְנֵר מִצַּד שָׁאוּל וַיִּפָּקֵד מְקוֹם דָּוִד: וְלֹא־דִבֶּר שָׁאוּל מְאוּמָה בַּיּוֹם הַהוּא
כז כִּי אָמַר מִקְרֶה הוּא בִּלְתִּי טָהוֹר הוּא כִּי־לֹא טָהוֹר: וַיְהִי מִמָּחֳרַת
הַחֹדֶשׁ הַשֵּׁנִי וַיִּפָּקֵד מְקוֹם דָּוִד וַיֹּאמֶר שָׁאוּל אֶל־יְהוֹנָתָן בְּנוֹ מַדּוּעַ לֹא־בָא
כח בֶן־יִשַׁי גַּם־תְּמוֹל גַּם־הַיּוֹם אֶל־הַלָּחֶם: וַיַּעַן יְהוֹנָתָן אֶת־שָׁאוּל נִשְׁאֹל נִשְׁאַל
כט דָּוִד מֵעִמָּדִי עַד־בֵּית לָחֶם: וַיֹּאמֶר שַׁלְּחֵנִי נָא כִּי זֶבַח מִשְׁפָּחָה לָנוּ בָּעִיר וְהוּא
צִוָּה־לִי אָחִי וְעַתָּה אִם־מָצָאתִי חֵן בְּעֵינֶיךָ אִמָּלְטָה נָּא וְאֶרְאֶה אֶת־אֶחָי עַל־
ל כֵּן לֹא־בָא אֶל־שֻׁלְחַן הַמֶּלֶךְ: וַיִּחַר־אַף שָׁאוּל בִּיהוֹנָתָן וַיֹּאמֶר לוֹ
בֶּן־נַעֲוַת הַמַּרְדּוּת הֲלוֹא יָדַעְתִּי כִּי־בֹחֵר אַתָּה לְבֶן־יִשַׁי לְבָשְׁתְּךָ וּלְבֹשֶׁת עֶרְוַת
לא אִמֶּךָ: כִּי כָל־הַיָּמִים אֲשֶׁר בֶּן־יִשַׁי חַי עַל־הָאֲדָמָה לֹא תִכּוֹן אַתָּה וּמַלְכוּתֶךָ
לב וְעַתָּה שְׁלַח וְקַח אֹתוֹ אֵלַי כִּי בֶן־מָוֶת הוּא: וַיַּעַן יְהוֹנָתָן אֶת־שָׁאוּל
לג אָבִיו וַיֹּאמֶר אֵלָיו לָמָּה יוּמַת מֶה עָשָׂה: וַיָּטֶל שָׁאוּל אֶת־הַחֲנִית עָלָיו לְהַכֹּתוֹ
לד וַיֵּדַע יְהוֹנָתָן כִּי־כָלָה הִיא מֵעִם אָבִיו לְהָמִית אֶת־דָּוִד: וַיָּקָם יְהוֹנָתָן
מֵעִם הַשֻּׁלְחָן בָּחֳרִי־אָף וְלֹא־אָכַל בְּיוֹם־הַחֹדֶשׁ הַשֵּׁנִי לֶחֶם כִּי נֶעְצַב אֶל־דָּוִד
לה כִּי הִכְלִמוֹ אָבִיו: וַיְהִי בַבֹּקֶר וַיֵּצֵא יְהוֹנָתָן הַשָּׂדֶה לְמוֹעֵד דָּוִד וְנַעַר

לו קָטֹן עִמּוֹ: וַיֹּאמֶר לְנַעֲרוֹ רֻץ מְצָא־נָא אֶת־הַחִצִּים אֲשֶׁר אָנֹכִי מוֹרֶה הַנַּעַר
לז רָץ וְהוּא־יָרָה הַחֵצִי לְהַעֲבִרוֹ: וַיָּבֹא הַנַּעַר עַד־מְקוֹם הַחֵצִי אֲשֶׁר יָרָה יְהוֹנָתָן
לח וַיִּקְרָא יְהוֹנָתָן אַחֲרֵי הַנַּעַר וַיֹּאמֶר הֲלוֹא הַחֵצִי מִמְּךָ וָהָלְאָה: וַיִּקְרָא יְהוֹנָתָן
אַחֲרֵי הַנַּעַר מְהֵרָה חוּשָׁה אַל־תַּעֲמֹד וַיְלַקֵּט נַעַר יְהוֹנָתָן אֶת־הַחִצִּים וַיָּבֹא אֶל־
לט מ אֲדֹנָיו: וְהַנַּעַר לֹא־יָדַע מְאוּמָה אַךְ יְהוֹנָתָן וְדָוִד יָדְעוּ אֶת־הַדָּבָר: וַיִּתֵּן יְהוֹנָתָן
מא אֶת־כֵּלָיו אֶל־הַנַּעַר אֲשֶׁר־לוֹ וַיֹּאמֶר לוֹ לֵךְ הָבֵיא הָעִיר: הַנַּעַר בָּא וְדָוִד קָם
מֵאֵצֶל הַנֶּגֶב וַיִּפֹּל לְאַפָּיו אַרְצָה וַיִּשְׁתַּחוּ שָׁלֹשׁ פְּעָמִים וַיִּשְּׁקוּ אִישׁ אֶת־רֵעֵהוּ
מב וַיִּבְכּוּ אִישׁ אֶת־רֵעֵהוּ עַד־דָּוִד הִגְדִּיל: וַיֹּאמֶר יְהוֹנָתָן לְדָוִד לֵךְ לְשָׁלוֹם אֲשֶׁר
נִשְׁבַּעְנוּ שְׁנֵינוּ אֲנַחְנוּ בְּשֵׁם יהוה לֵאמֹר יהוה יִהְיֶה בֵּינִי וּבֵינֶךָ וּבֵין זַרְעִי וּבֵין
זַרְעֲךָ עַד־עוֹלָם:

קריאת הפטרה מיוחדת לשבת שהיא בערב ראש חודש, קשורה להכרזה לפני התחדשות הלבנה על החודש המתקרב (השבת היא אכן 'שבת מברכין', שמכריזים בה על החודש המתקרב). הכרזה זו הייתה חיונית בימים שהלוח לא היה קבוע, והיה תלוי בראיית הלבנה על ידי עדים.

א. רקע למעשה שבהפטרתנו[1]

מיום ששאול שמע את הנשים המשחקות משבחות את דוד בשבח גדול מן השבח שנתנו לו, הוא החל להיות עוין את דוד. רוח ה' שסרה מעליו ועברה אל דוד הייתה רוח גבורה, ובחסרונה – הפחד השתלט עליו. שנאתו לדוד וקנאתו בו השתלבו בפחד זה, ושכנעו אותו שגם דוד עוין אותו ומבקש למלוך במקומו, וממילא, שדוד מבקש להורגו יחד עם יוצאי חלציו האמורים לרשתו.

שאול כבר ניסה פעמיים להטיל את חניתו על דוד ולהורגו בביתו; הוא דיבר עם עבדיו להמית את דוד; הוא שלח אותו למלחמות קשות בפלשתים, כדי שיהרגוהו; הוא שלח את שליחיו להעלות את דוד מביתו ולהביאו אליו, ודוד נמלט דרך החלון; הוא רדף אחריו עם שליחיו פעמים אחדות אל בית מדרשו של שמואל הנביא בניות ברמה; עד שגם יהונתן בן שאול, רעו הטוב של דוד, השתכנע בסכנה הגדולה הצפויה לדוד משאול אביו.

כאן מתחילה הפטרתנו – בערב ראש החודש שדוד, כחלק מן המשפחה (כבעלה של מיכל בת שאול), היה אמור לאכול על שולחן המלך את סעודת ראש החודש.

1. על פי פרקים יח–כ.

היה לו ברור, ששאול יטיל עליו שוב את החנית, או יתפסנו בדרך אחרת כדי להורגו, וכמו שאכן אמר שאול ליהונתן בנו בעת הסעודה:

... וְעַתָּה שְׁלַח וְקַח אֹתוֹ אֵלַי כִּי בֶן מָוֶת הוּא:

(לא)

ב. התוכנית של יהונתן

וַיֹּאמֶר לוֹ יְהוֹנָתָן, מָחָר חֹדֶשׁ, וְנִפְקַדְתָּ כִּי יִפָּקֵד מוֹשָׁבֶךָ: וְשִׁלַּשְׁתָּ תֵּרֵד מְאֹד וּבָאתָ אֶל הַמָּקוֹם אֲשֶׁר נִסְתַּרְתָּ שָּׁם בְּיוֹם הַמַּעֲשֶׂה, וְיָשַׁבְתָּ אֵצֶל הָאֶבֶן הָאָזֶל: וַאֲנִי שְׁלֹשֶׁת הַחִצִּים צִדָּה אוֹרֶה, לְשַׁלַּח לִי לְמַטָּרָה: וְהִנֵּה אֶשְׁלַח אֶת הַנַּעַר, לֵךְ מְצָא אֶת הַחִצִּים, אִם אָמֹר אֹמַר לַנַּעַר, הִנֵּה הַחִצִּים מִמְּךָ וָהֵנָּה קָחֶנּוּ וָבֹאָה, כִּי שָׁלוֹם לְךָ וְאֵין דָּבָר חַי ה׳: וְאִם כֹּה אֹמַר לָעֶלֶם, הִנֵּה הַחִצִּים מִמְּךָ וָהָלְאָה, לֵךְ כִּי שִׁלַּחֲךָ ה׳: וְהַדָּבָר אֲשֶׁר דִּבַּרְנוּ אֲנִי וָאָתָּה, הִנֵּה ה׳ בֵּינִי וּבֵינְךָ עַד עוֹלָם:

(יח-כג)

יהונתן יודע, שמחר יהיה (ראש) חודש. בימים שלא היה לוח קבוע, וראש החודש נקבע על פי עדות – איך ידע יהונתן שהחודש יתקדש מחר, והעדים עדיין לא ראו את מולד הלבנה? נראה, שיהונתן הכיר את מולד הלבנה וידע שבלילה תיראה. אפשר שהשמיים היו נקיים מעננים, ולא הייתה סיבה להניח שהירח ייסתר, ושהעדים לא יגיעו להעיד על התגלותו. אכן, למוחרת ישב שאול עם פמלייתו לסעודת ראש חודש, על אף שהחודש עדיין לא התקדש בבית הדין.

יהונתן מורה לדוד: וְשִׁלַּשְׁתָּ, כלומר – לך היסתר במורד שבו נסתרת בְּיוֹם הַמַּעֲשֶׂה, אולי הכוונה לפעם הקודמת שדוד נסתר מפני שאול, ויהונתן פייס אז את שאול שלא יהרוג את דוד (לעיל יט, א-ז. ראו רד״ק לפסוק שלנו). יהונתן אומר לדוד ׳לשלֵש׳, כלומר, להיסתר שם שלושה ימים: היום – ערב ראש חודש, מחר – ראש חודש, בעת שיהונתן ישב לסעודה עם אביו ודוד ייעדר משם, ומחרתיים, היום השלישי – בעת שיהונתן יצא עם נערו לירות בחצים, ואז יורה יהונתן לדוד מה לעשות.

יהונתן קובע מפגש עם דוד באבן האזל, אבן בולטת וידועה, וסמוך לה יציב יהונתן מטרה לחיציו. יהונתן (באופן חריג!) לא יפגע במטרה. אם יפגע בינו ובין המטרה, ויאמר לנער: מִמְּךָ וָהֵנָּה – דוד יכול לבוא; אם יעבור את המטרה, ויאמר לנער: מִמְּךָ וָהָלְאָה – על דוד יהיה לברוח. גם אם על דוד יהיה לברוח – השניים יישארו נאמנים בשבועתם זה לזה עד עולם.

ג. השיבוש בתוכנית

שלא כציפייתו של יהונתן – לא באו עדים לקדש את החודש. האם ענן פתע כיסה את הלבנה, או שהייתה סיבה אחרת – לא נדע, אך החודש לא התקדש ביום הראשון. סעודת ראש החודש בביתו של שאול נערכה מחדש גם ביום השני, שהוא היום השלישי להסתתרות דוד בשדה. התוכנית המקורית הייתה להיפגש בְּעֶרֶב הַשְּׁלִשִׁית, אולי כדי לדבר בחסות האפלה:

וַיֹּאמֶר דָּוִד אֶל יְהוֹנָתָן, הִנֵּה חֹדֶשׁ מָחָר, וְאָנֹכִי יָשֹׁב אֵשֵׁב עִם הַמֶּלֶךְ לֶאֱכוֹל?
וְשִׁלַּחְתַּנִי וְנִסְתַּרְתִּי בַשָּׂדֶה, עַד הָעֶרֶב הַשְּׁלִשִׁית:

(כ, ה)

ממילא ברור שהפגישה נדחתה לערב הרביעי, אך הפגישה התקיימה רק בבוקר (פסוק לה). מסתבר, שנדחתה ולא הוקדמה, כנראה מחמת עיכוב בלתי צפוי של יהונתן, והתקיימה אפוא רק ביום החמישי להסתתרותו של דוד. כשדוד הסתתר הוא לא לקח עימו אוכל. דחיית הפגישה ביום וחצי הייתה אסון מבחינתו – הוא ישב ללא אוכל עד היום החמישי! אחרי הפגישה הוא עתיד להגיע אחרי מסע לא קצר, בחשאי, אל נוב עיר הכוהנים, והוא יאכל שם את לחם הפנים, המוסר מאת השולחן במשכן – לחם המותר באכילה בכוהנים בלבד. חז"ל יבארו (באחת מן הדרכים) שעשה זאת מחמת רעבונו, שכבר היה בתחום סכנת נפשות:

הכי קא אמרו ליה: ליכא לחם כי אם לחם הפנים המוסרים מלפני ה׳, אמר להו: לא מיבעיא האי דכיון דנפק ליה ממעילה דרך חול הוא, אלא אפילו האיך נמי דהיום יקדש בכלי הבו ליה דליכול, מסוכן הוא![2]

(מנחות צה ע"ב)

על הותרתו של דוד במחבואו זמן כה רב בלא לחם, וגם אחרי פרידתם ועד שהגיע דוד לנוב עיר הכוהנים, אומרת הגמרא:

2. תרגום חופשי וביאור: אמרו לו (הכוהנים): אין לחם אלא לחם הפנים שהוסר מלפני ה׳ (דוד הגיע בשבת, ובשבת מחליפים את לחם הפנים הישן בחדש). ענה להם דוד שייתנו לו לא רק את הלחם הישן שיצא מכלל מעילה, אלא גם את החדש, שהושם היום, כיוון שהוא מסוכן מחמת הרעב.

דאמר רב יהודה אמר רב: אלמלי הלווהו יהונתן לדוד שתי ככרות לחם לא נהרגה נוב עיר הכהנים, ולא נטרד דואג האדמי, ולא נהרג שאול ושלשת בניו.
(סנהדרין קד ע"א)

*

העובדה שראש החודש נדחה ביום אחד, שלא כצפוי, גרמה לכך ששאול גילה שדוד ברח, ובכך הגיעו יחסיהם לניתוק גמור. זה בא לידי ביטוי מחריד, בראש ובראשונה, בהריגת כל נוב עיר הכוהנים – הכוהנים ומשפחותיהם.

ראש החודש נדחה כאמור, שלא כצפוי, ועדיין חז"ל מבקרים את יהונתן על כך שלא חש לכך, הותיר את דוד בלא לחם, וגרם בכך בעקיפין לחורבנה של נוב עיר הכוהנים.

ד. המריבה בין שאול ליהונתן

וַיִּחַר אַף שָׁאוּל בִּיהוֹנָתָן, וַיֹּאמֶר לוֹ, בֶּן נַעֲוַת הַמַּרְדּוּת, הֲלוֹא יָדַעְתִּי כִּי בֹחֵר אַתָּה לְבֶן יִשַׁי, לְבָשְׁתְּךָ וּלְבֹשֶׁת עֶרְוַת אִמֶּךָ: כִּי כָל הַיָּמִים אֲשֶׁר בֶּן יִשַׁי חַי עַל הָאֲדָמָה לֹא תִכּוֹן אַתָּה וּמַלְכוּתֶךָ, וְעַתָּה שְׁלַח וְקַח אֹתוֹ אֵלַי כִּי בֶן מָוֶת הוּא: וַיַּעַן יְהוֹנָתָן אֶת שָׁאוּל אָבִיו, וַיֹּאמֶר אֵלָיו, לָמָּה יוּמַת מֶה עָשָׂה: וַיָּטֶל שָׁאוּל אֶת הַחֲנִית עָלָיו לְהַכֹּתוֹ, וַיֵּדַע יְהוֹנָתָן כִּי כָלָה הִיא מֵעִם אָבִיו לְהָמִית אֶת דָּוִד: וַיָּקָם יְהוֹנָתָן מֵעִם הַשֻּׁלְחָן בָּחֳרִי אָף, וְלֹא אָכַל בְּיוֹם הַחֹדֶשׁ הַשֵּׁנִי לֶחֶם, כִּי נֶעְצַב אֶל דָּוִד כִּי הִכְלִמוֹ אָבִיו:

(ל-לד)

הטענה הבוטה של שאול כלפי יהונתן אומרת דורשני. מה ראה שאול להזכיר את ערוות אימו של יהונתן, שהיא אשת שאול, המלכה?! לשאול מובן מאליו, שאם הוא המלך – בנו הבכור, יהונתן, צריך למלוך אחריו. לא ניתן להתווכח עם העובדה שיהונתן הוא בנה של אימו, אחינועם אשת שאול, אך ניתן לכאורה לנסות ולערער על כך שיהונתן הוא בן שאול. מאן דהו עלול לטעון, שאחינועם אשת שאול זנתה או נאנסה, ושבנה הנולד, יהונתן, אינו בן שאול. יהונתן עצמו מתנהג, לטענת שאול, כמי שאינו בנו, שהרי הוא בוחר בבן ישי ולא באביו, ומוותר על ירושת אביו, שהיא מלכותו. בכך יהונתן מבייש את ערוות אימו, ומעלה את האפשרות (המופרכת, כמובן) שהרתה את יהונתן לזנונים.

עוד נציין במריבה ביניהם, ששאול אינו מזכיר את שמו של דוד. הוא מכנה

אותו שלוש פעמים בהפטרתנו: בֶּן יִשָׁי. זוהי דרך גנאי להזכיר אדם רק כבנו של אביו, וכמו אין לו שם בעצמו.

יהונתן מגן על דוד בחירוף נפש, עד ששאול כמעט ומטיל עליו את החנית. יהיו מי שיאמרו, ששאול מן הסתם לא העלה על דעתו להכות בחניתו את בנו. לאלו נזכיר שבמלחמת מכמש (לעיל פרק יד) הסכים שאול להריגת יהונתן, שיצא אשם בגורל על כך שאכל מעט דבש, ורק העם פדה את יהונתן ממוות בידי אביו.

ה. המפגש בין דוד ליהונתן

וַיְהִי בַבֹּקֶר וַיֵּצֵא יְהוֹנָתָן הַשָּׂדֶה לְמוֹעֵד דָּוִד, וְנַעַר קָטֹן עִמּוֹ: וַיֹּאמֶר לְנַעֲרוֹ, רֻץ מְצָא נָא אֶת הַחִצִּים אֲשֶׁר אָנֹכִי מוֹרֶה, הַנַּעַר רָץ וְהוּא יָרָה הַחֵצִי לְהַעֲבִרוֹ: וַיָּבֹא הַנַּעַר עַד מְקוֹם הַחֵצִי אֲשֶׁר יָרָה יְהוֹנָתָן, וַיִּקְרָא יְהוֹנָתָן אַחֲרֵי הַנַּעַר, וַיֹּאמֶר, הֲלוֹא הַחֵצִי מִמְּךָ וָהָלְאָה: וַיִּקְרָא יְהוֹנָתָן אַחֲרֵי הַנַּעַר, מְהֵרָה חוּשָׁה אַל תַּעֲמֹד, וַיְלַקֵּט נַעַר יְהוֹנָתָן אֶת הַחִצִּים וַיָּבֹא אֶל אֲדֹנָיו: וְהַנַּעַר לֹא יָדַע מְאוּמָה, אַךְ יְהוֹנָתָן וְדָוִד יָדְעוּ אֶת הַדָּבָר: וַיִּתֵּן יְהוֹנָתָן אֶת כֵּלָיו אֶל הַנַּעַר אֲשֶׁר לוֹ, וַיֹּאמֶר לוֹ, לֵךְ הָבֵיא הָעִיר: הַנַּעַר בָּא, וְדָוִד קָם מֵאֵצֶל הַנֶּגֶב וַיִּפֹּל לְאַפָּיו אַרְצָה וַיִּשְׁתַּחוּ שָׁלֹשׁ פְּעָמִים, וַיִּשְּׁקוּ אִישׁ אֶת רֵעֵהוּ...

(לה-מא)

המקרא טורח לספר לנו על אות החצים, שנועד לומר לדוד אם עליו לברוח, או שהוא יכול להתקרב ולבוא. מסיפור זה משמע, שיהונתן ודוד לא יכלו לדבר ביניהם מחשש עינא בישא של מלשין, שיספר לשאול על פגישה זו, או מחשש שנער יהונתן ידליף את פגישתם. בסופו של דבר הנער נשלח העירה עם כליו של יהונתן, ויהונתן דוד נפגשים ומדברים. מה אפוא טיבו של מעשה החיצים?

נראה, שחומרת מידת הרדיפה של שאול אחרי דוד לא הייתה ידועה ליהונתן בתחילת המעשה, בעת שביקש ללמד בפני דוד זכות על שאול אביו, שאינו ממש רודף את דוד. סעודת ראש החודש לימדה את יהונתן, כמה אביו מסוכן לדוד, וכמה דחוף שדוד יברח מפני אביו. את המעשה בפסוקים שהבאנו כאן ניתן לקרוא בשתי צורות, והקורא יבחר:

א. ליהונתן היה ברור, שהוא נפרד עתה מדוד לזמן רב מאוד,[3] ושספק אם יזכו עוד

3. אחרי מעשה זה הם נפגשו פעם אחת בלבד, ראו כג, טז-יח.

לראות איש את רעהו. לצורך פרֵדה נרגשת זו הוא נטל את הסיכון שיתגלה, ושינה מ'תוכנית החיצים'.

ב. יש לקרוא את הפסוקים לא לגמרי כסדרם. האות המוסכמת הייתה, שאם דוד צריך להימלט – יהונתן יירה את החץ 'ארוך', אל מעבר למטרה. יהונתן לא ירה את החץ רק אל מעבר למטרה, אלא למרחק רב מאוד, שיבטא את הצורך הדחוף שדוד יימלט למרחק רב מייד, מפני שהסכנה עתה הייתה כה גדולה. הזמן שהנער רץ כדי לחפש את החץ הספיק לדוד להתגלות, להיפרד מדוד את הפרֵדה המרגשת, ולהיעלם לפני שהנער שב אל יהונתן. את כליו נתן יהונתן לנער להביאם העירה, אחרי פרֵדתו מדוד.

ו. עד דוד הגדיל

... וַיִּבְכּוּ אִישׁ אֶת רֵעֵהוּ, עַד דָּוִד הִגְדִּיל: וַיֹּאמֶר יְהוֹנָתָן לְדָוִד, לֵךְ לְשָׁלוֹם, אֲשֶׁר נִשְׁבַּעְנוּ שְׁנֵינוּ אֲנַחְנוּ, בְּשֵׁם ה', לֵאמֹר, ה' יִהְיֶה בֵּינִי וּבֵינֶךָ וּבֵין זַרְעִי וּבֵין זַרְעֲךָ עַד עוֹלָם:

(מא-מב)

מה חשיבות יש לשאלה מי בכה יותר על כתפי רעהו? אפשר שבכייתו הגדולה יותר של דוד מבטאת אכזבה על כך שיהונתן לא בא עימו, בעת ירידתו למחתרת לזמן בלתי־מוגבל. השערה זו מתחזקת מכעסו של דוד לימים על מפיבושת בן יהונתן, שלא בא עימו בעת שברח מאבשלום (ראו שמ"ב יט, כה-ל).

יהונתן לא הלך עם דוד בגלל נאמנותו לשאול אביו. יהונתן היה קרוע עד יומו האחרון בין שתי אהבותיו:

שָׁאוּל וִיהוֹנָתָן הַנֶּאֱהָבִים וְהַנְּעִימִם בְּחַיֵּיהֶם וּבְמוֹתָם לֹא נִפְרָדוּ:

(שמ"ב א, כג)

איזו היא אהבה... ושאינה תלויה בדבר זו אהבת דוד ויהונתן:

(אבות ה, טז)

ז. 'דוד מלך ישראל חי וקיים'

משפט זה – אנו אומרים בעת ברכת הלבנה המתחדשת. אנו מוסיפים ומזכירים את דוד מלכנו בהמשך תפילתנו שם. הלבנה, המקבלת את אורה מן החמה, ממחישה

לנו את מלכות דוד, המקבלת את אורה מכבוד השכינה. ממשלתה בלילה מזכירה לנו את דוד.

הנביא עמד על הקשר בין נצחיות השמש והירח לנצחיותה של מלכות בית דוד:

> כֹּה אָמַר ה׳, אִם תָּפֵרוּ אֶת בְּרִיתִי הַיּוֹם וְאֶת בְּרִיתִי הַלָּיְלָה, וּלְבִלְתִּי הֱיוֹת יוֹמָם וָלַיְלָה בְּעִתָּם: גַּם בְּרִיתִי תֻפַר אֶת דָּוִד עַבְדִּי, מִהְיוֹת לוֹ בֵן מֹלֵךְ עַל כִּסְאוֹ:
>
> (ירמיהו לג, כ-כא)

במחציתו השנייה של החודש הולך אור הלבנה ומתמעט. הוא כבה לחלוטין בסוף החודש, ומאפשר לטעון, שעתה הפר ה׳ את בריתו גם עם דוד, כשם שהלבנה נעלמה. עם התחדשות אור הלבנה בראש החודש, נודע שגם בריתו של ה׳ עם מלכות בית דוד חיה וקיימת.

התמעטות אור הלבנה בפרקנו, בראש החודש, ביום שלפניו וביום שאחריו, כמעט ביטאה את סילוקו של דוד מתקוות מלכותו. הפטרתנו עסקה בימים האפלים ביותר בהתקדמותו של דוד אל חזון מלכותו. אחר כך באו ימים שאור הלבנה הלך וגבר; מלכות בית דוד התייצבה על מכונה, והותירה לנו את האמונה שהיא עוד תשוב אלינו, במהרה בימינו.

הפטרה לתענית ציבור

ו ז דִּרְשׁוּ יהוה בְּהִמָּצְאוֹ קְרָאֻהוּ בִּהְיוֹתוֹ קָרוֹב׃ יַעֲזֹב רָשָׁע דַּרְכּוֹ וְאִישׁ אָוֶן ישעיה
ח מַחְשְׁבֹתָיו וְיָשֹׁב אֶל־יהוה וִירַחֲמֵהוּ וְאֶל־אֱלֹהֵינוּ כִּי־יַרְבֶּה לִסְלוֹחַ׃ כִּי לֹא
ט מַחְשְׁבוֹתַי מַחְשְׁבוֹתֵיכֶם וְלֹא דַרְכֵיכֶם דְּרָכָי נְאֻם יהוה׃ כִּי־ גָבְהוּ שָׁמַיִם מֵאָרֶץ
י כֵּן גָּבְהוּ דְרָכַי מִדַּרְכֵיכֶם וּמַחְשְׁבֹתַי מִמַּחְשְׁבֹתֵיכֶם׃ כִּי כַּאֲשֶׁר יֵרֵד הַגֶּשֶׁם וְהַשֶּׁלֶג
מִן־הַשָּׁמַיִם וְשָׁמָּה לֹא יָשׁוּב כִּי אִם־הִרְוָה אֶת־הָאָרֶץ וְהוֹלִידָהּ וְהִצְמִיחָהּ וְנָתַן
יא זֶרַע לַזֹּרֵעַ וְלֶחֶם לָאֹכֵל׃ כֵּן יִהְיֶה דְבָרִי אֲשֶׁר יֵצֵא מִפִּי לֹא־יָשׁוּב אֵלַי רֵיקָם כִּי
יב אִם־עָשָׂה אֶת־אֲשֶׁר חָפַצְתִּי וְהִצְלִיחַ אֲשֶׁר שְׁלַחְתִּיו׃ כִּי־בְשִׂמְחָה תֵצֵאוּ וּבְשָׁלוֹם
יג תּוּבָלוּן הֶהָרִים וְהַגְּבָעוֹת יִפְצְחוּ לִפְנֵיכֶם רִנָּה וְכָל־עֲצֵי הַשָּׂדֶה יִמְחֲאוּ־כָף׃ תַּחַת
הַנַּעֲצוּץ יַעֲלֶה בְרוֹשׁ וְתַחַת הַסִּרְפַּד יַעֲלֶה הֲדַס וְהָיָה לַיהוה לְשֵׁם לְאוֹת עוֹלָם
א לֹא יִכָּרֵת׃ כֹּה אָמַר יהוה שִׁמְרוּ מִשְׁפָּט וַעֲשׂוּ צְדָקָה כִּי־קְרוֹבָה
ב יְשׁוּעָתִי לָבוֹא וְצִדְקָתִי לְהִגָּלוֹת׃ אַשְׁרֵי אֱנוֹשׁ יַעֲשֶׂה־זֹּאת וּבֶן־אָדָם יַחֲזִיק בָּהּ
ג שֹׁמֵר שַׁבָּת מֵחַלְּלוֹ וְשֹׁמֵר יָדוֹ מֵעֲשׂוֹת כָּל־רָע׃ וְאַל־יֹאמַר בֶּן־הַנֵּכָר הַנִּלְוָה
אֶל־יהוה לֵאמֹר הַבְדֵּל יַבְדִּילַנִי יהוה מֵעַל עַמּוֹ וְאַל־יֹאמַר הַסָּרִיס הֵן אֲנִי עֵץ
ד יָבֵשׁ׃ כִּי־ כֹה אָמַר יהוה לַסָּרִיסִים אֲשֶׁר יִשְׁמְרוּ אֶת־שַׁבְּתוֹתַי
ה וּבָחֲרוּ בַּאֲשֶׁר חָפָצְתִּי וּמַחֲזִיקִים בִּבְרִיתִי׃ וְנָתַתִּי לָהֶם בְּבֵיתִי וּבְחוֹמֹתַי יָד וָשֵׁם
ו טוֹב מִבָּנִים וּמִבָּנוֹת שֵׁם עוֹלָם אֶתֶּן־לוֹ אֲשֶׁר לֹא יִכָּרֵת׃ וּבְנֵי הַנֵּכָר
הַנִּלְוִים עַל־יהוה לְשָׁרְתוֹ וּלְאַהֲבָה אֶת־שֵׁם יהוה לִהְיוֹת לוֹ לַעֲבָדִים כָּל־שֹׁמֵר
ז שַׁבָּת מֵחַלְּלוֹ וּמַחֲזִיקִים בִּבְרִיתִי׃ וַהֲבִיאוֹתִים אֶל־הַר קָדְשִׁי וְשִׂמַּחְתִּים בְּבֵית
תְּפִלָּתִי עוֹלֹתֵיהֶם וְזִבְחֵיהֶם לְרָצוֹן עַל־ מִזְבְּחִי כִּי בֵיתִי בֵּית־תְּפִלָּה יִקָּרֵא לְכָל־
ח הָעַמִּים׃ נְאֻם אֲדֹנָי יֱהֹוִה מְקַבֵּץ נִדְחֵי יִשְׂרָאֵל עוֹד אֲקַבֵּץ עָלָיו לְנִקְבָּצָיו׃

א. הקשר בין תענית ציבור להפטרה

דִּרְשׁוּ ה׳ בְּהִמָּצְאוֹ, קְרָאֻהוּ בִּהְיוֹתוֹ קָרוֹב: יַעֲזֹב רָשָׁע דַּרְכּוֹ, וְאִישׁ אָוֶן מַחְשְׁבֹתָיו, וְיָשֹׁב אֶל ה׳ וִירַחֲמֵהוּ, וְאֶל אֱלֹהֵינוּ כִּי יַרְבֶּה לִסְלוֹחַ:

(ו-ז)

הפטרה זו אינה נזכרת בתלמוד, ומצאתי אותה בתשובת רב שר שלום גאון כהפטרה לתענית ציבור.[1] היא קשורה לתענית ציבור בשני פסוקיה הראשונים. הפסוק השני בהפטרה עוסק בתשובת הרשע מרשעו, ובדברי הרמב״ם זהו תפקידן של התעניות:

יש שם ימים שכל ישראל מתענים בהם, מפני הצרות שאירעו בהן כדי **לעורר הלבבות ולפתוח דרכי התשובה,** ויהיה זה זִכָּרון למעשינו הרעים ומעשה אבותינו שהיה כמעשינו עתה, עד שגרם להם ולנו אותן הצרות, **שבזכרון דברים אלו נשוב להיטיב,** שנאמר (ויקרא כו, מ): וְהִתְוַדּוּ אֶת עֲוֹנָם וְאֶת עֲוֹן אֲבֹתָם וגו׳.[2]
(הלכות תעניות ה, א)

גם הקריאה לדרוש את ה׳ בְּהִמָּצְאוֹ ולקרוא אליו בִּהְיוֹתוֹ קָרוֹב נכונה בתעניות ציבור, כשהציבור כולו מתכנס לתפילה וזעקה. הגמרא (ראש השנה יח ע״א) למדה מפסוק זה, שגזר דין לרעה שנגזר על ציבור עשוי להיקרע, אם ידרשו את ה׳; זוהי המשמעות של דִּרְשׁוּ ה׳ בְּהִמָּצְאוֹ.

*

הפסוק דִּרְשׁוּ ה׳ בְּהִמָּצְאוֹ, קְרָאֻהוּ בִּהְיוֹתוֹ קָרוֹב הוא פסוק טעון מאוד בחז״ל, בגלל צמצום הזמן הראוי לקריאה אל ה׳, שאינו בכל עת, אלא רק בְּהִמָּצְאוֹ וּבִהְיוֹתוֹ קָרוֹב. נעיין במדרש אחד בלבד הקשור לפסוק זה:

שמעון בן עזאי אומר: מצאתי מְגִלת יוחסין בירושלים... וכתוב בה: מנשה הרג את ישעיה. אמר רבא: מידן דייניה וקטליה (= דן אותו והרגו) – אמר ליה

1. בתשובתו (תשובות הגאונים מוסאפיה עט) הפטרה זו היא אחת משבע הפטרות לתעניות ציבור שונות, והיא היחידה ששרדה במנהגינו. רב שר שלום היה גאון סורא באמצע המאה התשיעית.
2. פסוק זה מופיע לאחר תיאור החורבן הצפוי: וַהֲשִׁמֹּתִי אֲנִי אֶת הָאָרֶץ... וְאֶתְכֶם אֱזָרֶה בַגּוֹיִם... וְהָיְתָה אַרְצְכֶם שְׁמָמָה וְעָרֵיכֶם יִהְיוּ חָרְבָּה:

(= מנשה)... משה רבך אמר (דברים ד, ז): כִּי מִי גוֹי גָּדוֹל, אֲשֶׁר לוֹ אֱלֹהִים קְרֹבִים אֵלָיו, כַּה׳ אֱלֹהֵינוּ בְּכָל קָרְאֵנוּ אֵלָיו, ואת אמרת: דִּרְשׁוּ ה׳ בְּהִמָּצְאוֹ?!

(יבמות מט ע"ב)

מנשה דן את ישעיהו (אבי אמו!) למיתה על שלוש ׳נבואות שקר׳, כביכול, והֲרָגוֹ. אחת מהן היא נבואתנו, שהגבילה את האפשרות לדרוש את ה׳ למצבים שבהם הוא נמצא וקרוב (לענייננו – בתענית ציבור). קביעה זו נראתה למנשה שונה מדברי משה שאמר, שבכל מצב ניתן לקרוא אליו – בְּכָל קָרְאֵנוּ. נבואת ישעיהו הכעיסה את מנשה, כי על פיה, הוא אינו זכאי לקרוא אל ה׳, בגלל עוונותיו שריחקו אותו מה׳. נציין, שאכן בניגוד לעולה כאן מנבואת ישעיהו, מנשה קרא אל ה׳ מן הכלא האשורי, שהיה נתון בו בעת רשעתו, וה׳ ענה לו וקיבל את תפילתו.

וַיָּבֵא ה׳ עֲלֵיהֶם אֶת שָׂרֵי הַצָּבָא אֲשֶׁר לְמֶלֶךְ אַשּׁוּר, וַיִּלְכְּדוּ אֶת מְנַשֶּׁה בַּחֹחִים, וַיַּאַסְרֻהוּ בַּנְחֻשְׁתַּיִם, וַיּוֹלִיכֻהוּ בָּבֶלָה: וּכְהָצֵר לוֹ חִלָּה אֶת פְּנֵי ה׳ אֱלֹהָיו, וַיִּכָּנַע מְאֹד מִלִּפְנֵי אֱלֹהֵי אֲבֹתָיו: וַיִּתְפַּלֵּל אֵלָיו, וַיֵּעָתֶר לוֹ, וַיִּשְׁמַע תְּחִנָּתוֹ, וַיְשִׁיבֵהוּ יְרוּשָׁלַם לְמַלְכוּתוֹ, וַיֵּדַע מְנַשֶּׁה כִּי ה׳ הוּא הָאֱלֹהִים:

(דהי"ב לג, יא-יג)

אמירתנו, שבסופו של דבר מנשה צדק יותר מישעיהו הנביא, עשויה להפתיע, ואולי אף לקומם את הקורא. נציין, שבענייני תשובה מצאנו מספר פעמים, שמלך שב בתשובה, גם אחרי שהנביא נואש משינוי גזרה, שנגזרה בגלל חטא, והמלך הוא זה שצָדק ולא הנביא. הדוגמה הבולטת היא תשובתו של מלך נינווה, שיונה הנביא לא האמין בה, וכעס על שה׳ קיבל אותה, למרות הגזרה נִינְוֵה נֶהְפָּכֶת (יונה ג, ד). דוגמה נוספת קשורה לאביו של מנשה, חזקיהו, ואף היא הייתה תוך ויכוח קשה עם ישעיהו:

... שנאמר (מל"ב כ, א): בַּיָּמִים הָהֵם חָלָה חִזְקִיָּהוּ לָמוּת, וַיָּבֹא אֵלָיו יְשַׁעְיָהוּ בֶן אָמוֹץ הַנָּבִיא, וַיֹּאמֶר אֵלָיו, כֹּה אָמַר ה׳, צַו לְבֵיתֶךָ, כִּי מֵת אַתָּה וְלֹא תִחְיֶה – מֵת אַתָּה בעולם הזה, וְלֹא תִחְיֶה – לעולם הבא... אמר ליה (חזקיהו לישעיהו): השתא הב לי ברתך, אפשר דגרמא זכותא דידי ודידך, ונפקי מנאי בנין דמעלו (= תן לי את בתך, וזכותנו המשותפת תתקן את הקלקלה). אמר ליה (ישעיהו): כבר נגזרה עליך גזרה. אמר ליה (חזקיהו): בן אמוץ, כלה נבואתך וצא! כך מקובלני מבית אבי אבא: אפילו חרב חדה מונחת על צוארו של אדם, אל ימנע עצמו מן הרחמים.

(ברכות י ע"א)

להבנתי, המדרש מבוסס על פשוטו של מקרא, אך לא נאריך בו. חזקיהו הורה לישעיהו לצאת מביתו, בעת שהוא התייאש מן האפשרות לתקן, ומנשה בנו הרג את ישעיהו, כשהאחרון התייאש מתיקונו. לגבי הסתירה, כביכול, בין נבואת משה לנבואת ישעיהו ראוי לציין, שמשה אמר לעם ישראל בְּכָל קָרְאֵנוּ אֵלָיו, בעת שהוא עושה את רצונו של הקב"ה:

וּשְׁמַרְתֶּם וַעֲשִׂיתֶם, כִּי הִוא חָכְמַתְכֶם וּבִינַתְכֶם לְעֵינֵי הָעַמִּים, אֲשֶׁר יִשְׁמְעוּן אֵת כָּל הַחֻקִּים הָאֵלֶּה, וְאָמְרוּ, רַק עַם חָכָם וְנָבוֹן הַגּוֹי הַגָּדוֹל הַזֶּה: כִּי מִי גוֹי גָּדוֹל, אֲשֶׁר לוֹ אֱלֹהִים קְרֹבִים אֵלָיו כַּה׳ אֱלֹהֵינוּ בְּכָל קָרְאֵנוּ אֵלָיו:

(דברים ד, ו-ז)

ישעיהו דיבר לדורו של מנשה, בעת שהיו רחוקים מאוד מלשמוע בקול ה׳, ועל כן אמר: דִּרְשׁוּ ה׳ (רק) בְּהִמָּצְאוֹ, קְרָאֻהוּ (רק) בִּהְיוֹתוֹ קָרוֹב.

ב. הישועה בעקבות דרישת ה׳ והתשובה

כִּי כַּאֲשֶׁר יֵרֵד הַגֶּשֶׁם וְהַשֶּׁלֶג מִן הַשָּׁמַיִם, וְשָׁמָּה לֹא יָשׁוּב, כִּי אִם הִרְוָה אֶת הָאָרֶץ, וְהוֹלִידָהּ וְהִצְמִיחָהּ, וְנָתַן זֶרַע לַזֹּרֵעַ וְלֶחֶם לָאֹכֵל: כֵּן יִהְיֶה דְבָרִי אֲשֶׁר יֵצֵא מִפִּי, לֹא יָשׁוּב אֵלַי רֵיקָם, כִּי אִם עָשָׂה אֶת אֲשֶׁר חָפַצְתִּי, וְהִצְלִיחַ אֲשֶׁר שְׁלַחְתִּיו: כִּי בְשִׂמְחָה תֵצֵאוּ, וּבְשָׁלוֹם תּוּבָלוּן, הֶהָרִים וְהַגְּבָעוֹת יִפְצְחוּ לִפְנֵיכֶם רִנָּה, וְכָל עֲצֵי הַשָּׂדֶה יִמְחֲאוּ כָף: תַּחַת הַנַּעֲצוּץ יַעֲלֶה בְרוֹשׁ, וְתַחַת הַסִּרְפַּד יַעֲלֶה הֲדַס, וְהָיָה לַה׳ לְשֵׁם, לְאוֹת עוֹלָם לֹא יִכָּרֵת: כֹּה אָמַר ה׳, שִׁמְרוּ מִשְׁפָּט וַעֲשׂוּ צְדָקָה, כִּי קְרוֹבָה יְשׁוּעָתִי לָבוֹא וְצִדְקָתִי לְהִגָּלוֹת:

(נה, ח – נו, א)

הנבואה מבטיחה, שה׳ יסלח לעם ששב בתשובה ודורש את ה׳, וגם ישועה וצדקה, חזרה מן הגלות (כִּי בְשִׂמְחָה תֵצֵאוּ, וּבְשָׁלוֹם תּוּבָלוּן), אדמה הנותנת את פירותיה, לעם השב אליה וגשמים בעיתם. התמורה שהנביא דורש מן העם, מלבד דרישת ה׳ ועזיבת הרשע את דרכו, היא משפט וצדקה, ובהמשך הנבואה – גם שמירת ברית ה׳ ושמירת השבת.

מן הנבואה נראה, שישעיהו מתמודד בעיקר עם חוסר אֵמון של העם, שתשובתם ושינוי מעשיהם יגיעו עד ה׳, ושה׳ יקבלם ויושיע את עמו. הנביא מבטיח לעם, שדְבַר נבואתו לא ישוב ריקם, ושישועת ה׳ וצדקתו קרובים להיגלות, אם רק ישובו אליו.

גם יחזקאל התמודד עם חוסר אֵמון של העם בתשובה:

וְאַתָּה בֶן אָדָם, אֱמֹר אֶל בֵּית יִשְׂרָאֵל, כֵּן אֲמַרְתֶּם לֵאמֹר, כִּי פְשָׁעֵינוּ וְחַטֹּאתֵינוּ עָלֵינוּ, וּבָם אֲנַחְנוּ נְמַקִּים, וְאֵיךְ נִחְיֶה: אֱמֹר אֲלֵיהֶם, חַי אָנִי נְאֻם אֲדֹנָי ה׳, אִם אֶחְפֹּץ בְּמוֹת הָרָשָׁע, כִּי אִם בְּשׁוּב רָשָׁע מִדַּרְכּוֹ וְחָיָה, שׁוּבוּ שׁוּבוּ מִדַּרְכֵיכֶם הָרָעִים, וְלָמָּה תָמוּתוּ בֵּית יִשְׂרָאֵל: ... כָּל חַטֹּאתָו אֲשֶׁר חָטָא, לֹא תִזָּכַרְנָה לוֹ, מִשְׁפָּט וּצְדָקָה עָשָׂה, חָיוֹ יִחְיֶה: וְאָמְרוּ בְּנֵי עַמְּךָ, לֹא יִתָּכֵן דֶּרֶךְ אֲדֹנָי, וְהֵמָּה דַּרְכָּם לֹא יִתָּכֵן:
(יחזקאל לג, י-יא; טז-יז)

שמא, זו הסיבה שהרצי״ה קוק זצ״ל הדפיס בתחילת ׳אורות התשובה׳ את איגרתו של הרב על הצורך הראשוני והיסודי לבאר את הביטחון בתשובה.

ג. השבת

... שֹׁמֵר שַׁבָּת מֵחַלְּלוֹ, וְשֹׁמֵר יָדוֹ מֵעֲשׂוֹת כָּל רָע... כִּי כֹה אָמַר ה׳, לַסָּרִיסִים אֲשֶׁר יִשְׁמְרוּ אֶת שַׁבְּתוֹתַי... כָּל שֹׁמֵר שַׁבָּת מֵחַלְּלוֹ, וּמַחֲזִיקִים בִּבְרִיתִי:
(נט, ב-ו)

הנביאים, וישעיהו בכלל, צמצמו מאוד את דרישת קיום המצוות, והתרכזו בעזיבת העבודה הזרה ובהליכה בדרך החסד, הצדקה והמשפט. אך ישעיהו (נו; נח), ירמיהו (יז) ויחזקאל (כ) השמיעו גם דרישה לשמירת השבת, וראו בה מרכיב בסיסי בברית של ה׳ עם עמו, ככתוב בתורה על השבת כקדושה, כאות וכברית:

אַךְ אֶת שַׁבְּתֹתַי תִּשְׁמֹרוּ, כִּי אוֹת הִוא בֵּינִי וּבֵינֵיכֶם לְדֹרֹתֵיכֶם, לָדַעַת כִּי אֲנִי ה׳ מְקַדִּשְׁכֶם... וְשָׁמְרוּ בְנֵי יִשְׂרָאֵל אֶת הַשַּׁבָּת לַעֲשׂוֹת אֶת הַשַּׁבָּת לְדֹרֹתָם בְּרִית עוֹלָם: בֵּינִי וּבֵין בְּנֵי יִשְׂרָאֵל אוֹת הִוא לְעֹלָם...
(שמות לא, יג-יז)

ד. הגר והסריס

וְאַל יֹאמַר בֶּן הַנֵּכָר הַנִּלְוָה אֶל ה׳, לֵאמֹר, הַבְדֵּל יַבְדִּילַנִי ה׳ מֵעַל עַמּוֹ, וְאַל יֹאמַר הַסָּרִיס, הֵן אֲנִי עֵץ יָבֵשׁ: כִּי כֹה אָמַר ה׳, לַסָּרִיסִים אֲשֶׁר יִשְׁמְרוּ אֶת שַׁבְּתוֹתַי, וּבָחֲרוּ בַּאֲשֶׁר חָפָצְתִּי, וּמַחֲזִיקִים בִּבְרִיתִי: וְנָתַתִּי לָהֶם בְּבֵיתִי וּבְחוֹמֹתַי יָד וָשֵׁם, טוֹב מִבָּנִים וּמִבָּנוֹת, שֵׁם עוֹלָם אֶתֶּן לוֹ, אֲשֶׁר לֹא יִכָּרֵת: וּבְנֵי הַנֵּכָר הַנִּלְוִים עַל ה׳ לְשָׁרְתוֹ, וּלְאַהֲבָה אֶת שֵׁם ה׳ לִהְיוֹת לוֹ לַעֲבָדִים, כָּל שֹׁמֵר שַׁבָּת מֵחַלְּלוֹ, וּמַחֲזִיקִים

בִּבְרִיתִי: וַהֲבִיאוֹתִים אֶל הַר קָדְשִׁי, וְשִׂמַּחְתִּים בְּבֵית תְּפִלָּתִי, עוֹלֹתֵיהֶם וְזִבְחֵיהֶם לְרָצוֹן עַל מִזְבְּחִי, כִּי בֵיתִי בֵּית תְּפִלָּה יִקָּרֵא לְכָל הָעַמִּים:

(נו, ג–ז)

ישעיהו מדבר על גֵּרים ועל סריסים כתופעה נפוצה, ודבר זה אומר דרשני, ונבאר את הרקע ההיסטורי לתופעה זו. נראה (ועל כך כתבנו בהפטרת ואתחנן, ובפרקי המבוא לספרנו), שנבואות ישעיהו מפרק מ ואילך, עיקרן מתקופת מנשה מלך יהודה. על פי המתואר בספר מלכים (ב׳ כא), ימי מנשה היו הימים הגרועים ביותר בממלכת יהודה בכל ימי הבית הראשון, והם החישו את גזרת החורבן. להידרדרות בימי מנשה יש מספר סיבות, ונדון כאן באחת מהן, שהיא חשובה ביותר.

מנשה מלך חמישים וחמש שנה. בחלק גדול מהן מלך באשור אסרחדון,[3] שהיה מגדולי מלכי אשור, והוא שלט גם על ארץ יהודה ועל מנשה ועַמו. אחת מפעולותיו הייתה לנצל את אזורי ממלכת שומרון, שחרבה בתחילת ימי חזקיהו, אביו של מנשה, ולהגלות אליהם עמים מן המזרח, שגם ארצותיהם נכבשו בידי אשור.[4] התערבותם של גויים אלו כיהודים למחצה (ראו להלן) בעם ישראל, שישב ביהודה, הייתה גורם שהשפיע על ההידרדרות הרוחנית התלולה מימי חזקיהו ועד ימי מנשה. ספר מלכים סָתם ולא פירש, מי היה המלך שהביא עמים אלו לשומרון וסביבותיה, אך הדברים התפרשו בספר עזרא.

וַיִּשְׁמְעוּ צָרֵי יְהוּדָה וּבִנְיָמִן, כִּי בְנֵי הַגּוֹלָה בּוֹנִים הֵיכָל לַה׳ אֱלֹהֵי יִשְׂרָאֵל: וַיִּגְּשׁוּ אֶל זְרֻבָּבֶל וְאֶל רָאשֵׁי הָאָבוֹת, וַיֹּאמְרוּ לָהֶם, נִבְנֶה עִמָּכֶם, כִּי כָכֶם נִדְרוֹשׁ לֵאלֹהֵיכֶם, וְלוֹ אֲנַחְנוּ זֹבְחִים מִימֵי אֵסַר חַדֹּן מֶלֶךְ אַשּׁוּר, הַמַּעֲלֶה אֹתָנוּ פֹּה:

(עזרא ד, א–ב)

מתיאור מערכת היחסים שנוצרה בין העמים שהוגלו לשומרון וסביבותיה לבין שבי ציון בראשות זרובבל ויהושע בן יהוצדק, עולים שני דברים עיקריים:

3. על פי המקובל, מלך אסרחדון משנת שש עשרה למנשה ועד שנת עשרים ושמונה למנשה. היו אלו שנים מכריעות בימי מלכות מנשה.

4. הגליית העמים שנכבשו אל ארצות רחוקות ממולדתם נועדה לצמצם את הסיכוי למרידה. עם שנותר על אדמתו, ורואה בכל יום את הכובש מתהלך בארצו – הסיכוי שימרוד גדול יותר. ניתן לצרף לכך את ההיכרות הטובה שיש לעַם עם ארצו, דבר שיכול להעניק לו יתרונות צבאיים גם מול כובש חזק.

א. העולים רצו להיות שותפים בהקמת בית המקדש השני לשם ה׳ ובהקרבת קורבנות בו לשם ה׳.

ב. שתי הקבוצות הנזכרות נחלקו בשאלה, מיהו היורש האמיתי של עם ישראל, שישב בארץ, והאווירה ביניהם הייתה חשדנית (ובמידה רבה של צדק) עד עוינֵת, ואווירה זו השפיעה על כתבי השִׂטְנה שנכתבו בעקבות דחיית בקשתם להצטרף לבניין המקדש.

הרקע הרוחני לכך מתואר בספר מלכים:

> וַיָּבֵא מֶלֶךְ אַשּׁוּר מִבָּבֶל וּמִכּוּתָה וּמֵעַוָּא וּמֵחֲמָת וּסְפַרְוַיִם, וַיֹּשֶׁב בְּעָרֵי שֹׁמְרוֹן תַּחַת בְּנֵי יִשְׂרָאֵל, וַיִּרְשׁוּ אֶת שֹׁמְרוֹן, וַיֵּשְׁבוּ בְּעָרֶיהָ: וַיְהִי בִּתְחִלַּת שִׁבְתָּם שָׁם, לֹא יָרְאוּ אֶת ה׳, וַיְשַׁלַּח ה׳ בָּהֶם אֶת הָאֲרָיוֹת, וַיִּהְיוּ הֹרְגִים בָּהֶם: וַיֹּאמְרוּ לְמֶלֶךְ אַשּׁוּר לֵאמֹר, הַגּוֹיִם אֲשֶׁר הִגְלִיתָ וַתּוֹשֶׁב בְּעָרֵי שֹׁמְרוֹן, לֹא יָדְעוּ אֶת מִשְׁפַּט אֱלֹהֵי הָאָרֶץ, וַיְשַׁלַּח בָּם אֶת הָאֲרָיוֹת, וְהִנָּם מְמִיתִים אוֹתָם, כַּאֲשֶׁר אֵינָם יֹדְעִים אֶת מִשְׁפַּט אֱלֹהֵי הָאָרֶץ: וַיְצַו מֶלֶךְ אַשּׁוּר לֵאמֹר, הֹלִיכוּ שָׁמָּה אֶחָד מֵהַכֹּהֲנִים אֲשֶׁר הִגְלִיתֶם מִשָּׁם, וְיֵלְכוּ וְיֵשְׁבוּ שָׁם, וְיֹרֵם אֶת מִשְׁפַּט אֱלֹהֵי הָאָרֶץ: וַיָּבֹא אֶחָד מֵהַכֹּהֲנִים אֲשֶׁר הִגְלוּ מִשֹּׁמְרוֹן, וַיֵּשֶׁב בְּבֵית אֵל, וַיְהִי מוֹרֶה אֹתָם, אֵיךְ יִירְאוּ אֶת ה׳: וַיִּהְיוּ עֹשִׂים גּוֹי גּוֹי אֱלֹהָיו, וַיַּנִּיחוּ בְּבֵית הַבָּמוֹת אֲשֶׁר עָשׂוּ הַשֹּׁמְרֹנִים גּוֹי גּוֹי בְּעָרֵיהֶם, אֲשֶׁר הֵם יֹשְׁבִים שָׁם... וַיִּהְיוּ יְרֵאִים אֶת ה׳, וַיַּעֲשׂוּ לָהֶם מִקְצוֹתָם כֹּהֲנֵי בָמוֹת, וַיִּהְיוּ עֹשִׂים לָהֶם בְּבֵית הַבָּמוֹת: אֶת ה׳ הָיוּ יְרֵאִים, וְאֶת אֱלֹהֵיהֶם הָיוּ עֹבְדִים, כְּמִשְׁפַּט הַגּוֹיִם אֲשֶׁר הִגְלוּ אֹתָם מִשָּׁם:

(מל״ב יז, כד-לג)

המסקנות העיקריות העולות מן הכתובים על ראשית דרכם של העמים שבאו לשומרון הן:

א. בני עמים אלו (להלן: הכותים) התגיירו וקיבלו עליהם את עיקרי התורה. לגֵרות כזאת יש תוקף, למרות שלא התגיירו מלכתחילה לשם שמיים, אלא מפחד האריות.[5]

ב. גיורם היה שטחי, ונעשה על ידי כוהן מממלכת שומרון, שגלה בגלות שומרון. יש להניח, שכוהני שומרון (שלא היו משבט לוי) איבדו חלק גדול ממסורת שמירת התורה כהלכתה במאות השנים בהן נותקו מירושלים ומן המקדש.

5. יבמות כד ע״ב.

ג. גם לאחר שהתגיירו, המשיכו גויים אלו להחזיק גם באלוהיהם, וממילא עמד גיורם על גבול ההיגיון וההלכה. לפי מסורת חז"ל, המשיך ספק זה ללוות את העם במשך מאות שנים, עד שמצאו דמות יונה בראש הר גריזים.[6]

נשוב להפטרתנו: אפשר, שבני הנכר שישעיהו מעודד אותם להילוות אל ה' ולהיות עבדיו, הם חלק מן הכותים, 'גֵרי האריות' שנלוו אל עם ישראל, ושחששו (בצדק) מהבדלתם מקהל ישראל. ישעיהו אומר להם, שה' יקבלם להיות עבדיו, והם ישמחו בבית תפילתו, במקדש, וה' יקבל ברצון את עולותיהם וזבחיהם.[7]

אפשר, שרבים מן הגויים שהועלו לארץ בידי מלך אשור היו סריסים בידי אדם, כעבדי הגויים בארצות מושבם במזרח בתרבות הנהוגה אז. גם להם מבטיח ישעיהו: יָד וָשֵׁם, טוֹב מִבָּנִים וּמִבָּנוֹת.

*

כִּי בְשִׂמְחָה תֵצֵאוּ וּבְשָׁלוֹם תּוּבָלוּן...

(נה, יב)

נְאֻם אֲדֹנָי ה', מְקַבֵּץ נִדְחֵי יִשְׂרָאֵל, עוֹד אֲקַבֵּץ עָלָיו לְנִקְבָּצָיו:

(נו, ח)

לפי דרכנו, למדנו גם על פשר נבואת קיבוץ הגלויות בישעיהו, שניבא שנים רבות לפני גלות בבל. הנביא מתייחס לתקווה הקרובה לקיבוץ נידחי ממלכת שומרון. דבר זה אכן אירע זמן לא ארוך אחרי ישעיהו, בשנה השמונה עשרה ליאשיהו בן אמון, וכמו שכתבנו בהרחבה בהפטרת יום שני של ראש השנה.

6. חולין ו ע"א, בפירוט יתר כתובות הלכות אלו במסכת כותים סוף פרק ב.
7. כדאי לשים לב, שדבריו 'מסירי מחיצת הלאום' של ישעיהו על בית המקדש כבית תפילה לכל העמים מתייחסים לשומרי שבת, שמחזיקים בבריתו של ה', הנכונים להיות עבדי ה'. כלומר, המקדָש יקבל בשעריו בזרועות פתוחות גם גֵרים, אך לא מדובר בנבואה זו על נוכרים. את יחסו של ישעיהו לנוכרים הבאים בשערי ה' יש ללמוד מדבריו בנבואת אחרית הימים (בפרק ב) ולא מפרקנו.

ההפטרות על סדר הנביאים